CB126211

DIREITO DO TRABALHO

ANTÓNIO MONTEIRO FERNANDES
PROFESSOR DO I.S.C.T.E.

DIREITO DO TRABALHO

Décima Quarta Edição

ALMEDINA

DIREITO DO TRABALHO

AUTOR
ANTÓNIO DE LEMOS MONTEIRO FERNANDES

EDITOR
EDIÇÕES ALMEDINA, SA
Av. Fernão Magalhães, n.º 584, 5.º Andar
3000-174 Coimbra
Tel.: 239 851 904
Fax: 239 851 901
www.almedina.net
editora@almedina.net

PRÉ-IMPRESSÃO | IMPRESSÃO | ACABAMENTO
G.C. GRÁFICA DE COIMBRA, LDA.
Palheira – Assafarge
3001-453 Coimbra
producao@graficadecoimbra.pt

Maio, 2009

DEPÓSITO LEGAL
293925/09

Os dados e as opiniões inseridos na presente publicação
são da exclusiva responsabilidade do(s) seu(s) autor(es).

Toda a reprodução desta obra, por fotocópia ou outro qualquer
processo, sem prévia autorização escrita do Editor, é ilícita
e passível de procedimento judicial contra o infractor.

Biblioteca Nacional de Portugal – Catalogação na Publicação

FERNANDES, António Monteiro

Direito do trabalho. – 14ª ed.
ISBN 978-972-40-3835-3

CDU 349

ABREVIATURAS

Ac. STA — Acórdão do Supremo Tribunal Administrativo (3.ª Secção – Contencioso do Trabalho e Previdência Social).
AD — Acordãos Doutrinais do Supremo Tribunal Administrativo», publicação mensal, Lisboa.
BMJ — «Boletim do Ministério da Justiça».
Bol. Fac. Dir. — «Boletim da Faculdade de Direito da Universidade de Coimbra».
Bol. MT — «Boletim do Ministério do Trabalho».
BTE — «Boletim do Trabalho e Emprego».
CCiv. — Código Civil.
«Col.» — «Colecção de Acórdãos do Supremo Tribunal Administrativo – Secção do Contencioso do Trabalho e Previdência Social».
CJ — «Colectânea de Jurisprudência».
CCom. — Código Comercial.
CCT — Convenção colectiva de trabalho.
CSoc — Código das Sociedades.
CP — Código Penal.
CPC — Código do Processo Civil.
CPT — Código do Processo de Trabalho.
CRP — Constituição da República Portuguesa.
CT — Código do Trabalho
Dec. — Decreto.
DL — Decreto-Lei.
DLRI — «Giornale di Diritto del Lavoro e Relazioni Industriali».
DR — «Diário da República».
ESC — «Estudos Sociais e Corporativos».
ET — *Estatuto de los Trabajadores* (Espanha), contido na Lei 8/1980, de 10 de Março.
IRC — Instrumentos de regulamentação colectiva.
L — Lei.
LBRL — Livro Branco das Relações laborais

LCT — Regime jurídico do *contrato individual de trabalho* (Decreto-Lei n.º 49 408, de 24 de Novembro de 1969).

LDT — Regime jurídico da *duração do trabalho* (Decreto-Lei n.º 409/71, de 27 de Setembro).

LG — Regime jurídico do *exercício do direito à greve* (Lei n.º 65/77).

LRCT — Regime jurídico das *relações colectivas de trabalho* (Decreto-Lei n.º 519-C1/79, de 29 de Dezembro).

PE — Portaria de extensão.

PCT — Portaria de condições de trabalho.

QL — «Questões Laborais»

RdA — «Recht der Arbeit»

RCM — Regulamento de condições mínimas

RCT — Regulamentação do Código do Trabalho de 2003 (L. 35/2004, de 29 de Julho)

RDES — «Revista de Direito e Estudos Sociais».

RE — Regulamento de extensão

RJT — «Revista Jurídica do Trabalho».

ROA — «Revista da Ordem dos Advogados».

Ao Meu Pai
Ao Ronald
Ao Pedro

NOTA À 14ª EDIÇÃO

Após muitas décadas em que a exposição doutrinal do Direito do Trabalho se fez em presença de um aglomerado de leis soltas – a que várias colectâneas de iniciativa particular procuraram imprimir alguma ordenação sistemática –, surgiu, em 2003, como verdadeira novidade, um "Código do Trabalho" que congregava uma parte das normas contidas nesse conjunto, introduzindo um certo número de modificações com importância, aliás, muito variável. Mais tarde, uma outra lei (a L. 35/2004, de 29 de Julho) veio regulamentar e completar o "Código", constituindo com ele um acervo normativo razoavelmente compacto.

Agora, e por imperativo do próprio legislador, surge uma versão revista desse conjunto, num único diploma legal: o "Código do Trabalho" aprovado pela L. 7/2009, de 12 de Fevereiro.

A sistematização utilizada nesta nova codificação é muito diferente da de 2003. E, em muitos domínios, em resultado de um longo processo de elaboração legislativa, verificaram-se alterações de regime, não tão importantes quanto uma verdadeira "reforma" implicaria, mas suficientemente significativas para merecerem consideração esclarecida e atenta.

Foi, por isso, tomada a opção de rever e ajustar cuidadosamente o texto deste manual ao Código do Trabalho revisto – não apenas no que toca às novas referências normativas, mas também no respeitante às soluções materiais e à abordagem das questões interpretativas e aplicativas suscitadas pelo novo texto –, embora numa perspectiva ainda minimalista, ou seja, sem que se proceda desde já, por manifesta inviabilidade, à reescrita global que, provavelmente, virá a justificar-se. Na mesma linha, não se cuida ainda da necessária renovação das referências bibliográficas e jurisprudenciais, a não ser onde ela se mostra imprescindível.

Em apoio desta opção prática militam, pelo menos, duas razões. A primeira consiste, naturalmente, na proximidade acentuada do Código revisto à versão de 2003 e, mesmo, à legislação pré-codicística. Não existe, entre elas, uma verdadeira descontinuidade dogmática. A segunda razão reside na necessidade de esperar que se desenvolva mais abundantemente, em torno da nova legislação, uma produção jurisprudencial e doutrinal própria, a partir da qual se imporá, decerto, a renovação profunda da manualística existente.

Lisboa, 28 de Fevereiro de 2009

António Monteiro Fernandes

I PARTE

NOÇÕES GERAIS

INTRODUÇÃO

§ 1. Objecto e âmbito do Direito do Trabalho.

1. *O objecto do Direito do Trabalho.*

1. A designação de Direito do Trabalho parece, num primeiro relance, inteiramente esclarecedora quanto à matéria de que se trata: um conjunto de normas cujo objecto é o *trabalho humano*, nas várias modalidades em que ele se apresenta na vida social.

Sendo um ramo de Direito, tender-se-ia a pensar que as normas que o constituem são, na sua totalidade, produtos da actividade legislativa do Estado. De posse da noção de que essas normas incidem sobre o trabalho, julgar-se-ia, porventura, com perfeita legitimidade, que o seu sentido deveria ser essencialmente regulador do comportamento das pessoas que trabalham, em nome da racionalidade das organizações e da ética das profissões. Sabendo-se como são diversificadas as formas pelas quais o trabalho humano se organiza e concretiza – o do operário na fábrica, o do agente de polícia, o dos que exercem as suas actividades «por conta própria», o da dona de casa (ou dono, também...) que garante a satisfação das necessidades familiares, o do estudante, o do militar, o do voluntário social, o do programador informático que trabalha no domicílio «em rede» com várias empresas, o do médico dum serviço hospitalar, o do sacerdote, o do jogador profissional de futebol, o do operador de tradução simultânea, o do actor de teatro ou de cinema, e por aí adiante –, e havendo decerto princípios comuns a salvaguardar, não seria absurdo partir do princípio de que as normas de Direito do Trabalho fossem de aplicação comum a todas essas formas de actividade.

Será, então, correcta a noção de que nele se contêm as normas reguladoras de todas as formas pelas quais o trabalho se revela e concretiza na vida social?

A resposta é negativa. *O Direito do Trabalho não é o Direito de todo o trabalho*. Não cabem no seu objecto todas as modalidades de exercício de uma actividade humana produtiva ou socialmente útil. Só *uma* dessas modalidades é tratada pelas suas normas. Importa, por isso, apontar, um a um, os caracteres diferenciadores dessa forma de organização e realização de trabalho ([1]).

Como ramo de Direito, o seu domínio é o dos fenómenos de *relação;* excluem-se dele as actividades desenvolvidas pelos indivíduos para satisfação imediata de necessidades próprias (a preparação de refeições, a arrumação da casa, a condução de meio de transporte pessoal, o preenchimento de documentação contabilística ou fiscal relativa aos rendimentos próprios, etc.). Mas essas mesmas actividades podem entrar no objecto do Direito do Trabalho se forem realizadas *em proveito alheio,* isto é, para satisfação imediata de necessidades de outra pessoa (e, ainda assim, em benefício indirecto de quem as realiza, se forem remuneradas) ([2]).

([1]) É certo, porém, que quase todas as modalidades de que o Direito do Trabalho se desinteressa são *relevantes para o Direito,* constituem objecto de regulamentação no âmbito de outros ramos ou sectores do ordenamento jurídico (Direito Civil, Direito Comercial, Direito Administrativo...). Advirta-se, de resto, que algumas dessas modalidades tradicionalmente excluídas da área jurídico-laboral vão sendo progressivamente atraídas para ela, como se observará a propósito da tendência expansiva deste ramo de Direito.

([2]) Parece dispicienda, sob o ponto de vista jurídico, a preocupação, frequentemente reflectida na literatura jurídico-laboral, de definir os contornos do *trabalho em sentido jurídico,* como alguns dizem; com efeito, "não é pensável nenhuma conduta humana permitida e conforme aos bons costumes que não

Em segundo lugar, tratar-se-á apenas de formas de trabalho *livre,* voluntariamente prestado; afastam-se assim as actividades *forçadas ou compelidas,* isto é, de um modo geral, aquelas que não se fundam num compromisso livremente assumido mas numa imposição externa (da lei ou da autoridade pública). É obvio que esse compromisso pode ser determinado por necessidades prementes e iniludíveis, como são as de subsistência, que redundam em limitação séria da liberdade psicológica; as pessoas são, neste sentido," obrigadas a trabalhar para subsistir". Mas a "liberdade" que está em causa na definição do objecto deste ramo de Direito é uma liberdade formal: consiste na possibilidade abstracta de aceitar ou recusar um compromisso de trabalho, de escolher a profissão ou género de actividade (art. 47.º CRP), e de concretizar tais escolhas mediante negócios jurídicos específicos (ao contrário do que ocorre na prestação de serviço militar obrigatório, no trabalho realizado sob requisição civil, no trabalho penitenciário) (1). Por isso, o Direito do Trabalho desenvolve-se em torno de um contrato – *o contrato de trabalho* – que é o título jurídico típico do exercício dessa liberdade.

Temos pois, desde já, que o Direito do Trabalho só regula o trabalho livre e em proveito alheio.

---

possa ser objecto de uma obrigação de trabalho" – ZÖLLNER, *Arbeitsrecht,* 3.ª ed., Munchen (1983) 44.

(1) Princípio fundamental da ordem jurídico-laboral é o da *liberdade de trabalho,* um princípio de conteúdo complexo como o demonstram as formulações de documentos internacionais como a *Declaração Universal dos Direitos do Homem* de 1948 (ratificada por Portugal em 1978), ao referir-se à "livre escolha do trabalho"; o *Pacto Internacional Sobre os Direitos Civis e Políticos* de 1976 (ratificado em 1978), proibindo a escravidão, a servidão e o trabalho forçado ou obrigatório (com excepções neste último caso); o *Pacto Internacional Sobre os Direitos Económicos, Sociais e Culturais* de 1976 (rat em 1978), exigindo que o direito ao trabalho se concretize por "um trabalho livremente escolhido ou aceite"; a *Convenção Europeia dos Direitos do Homem* de 1950 (também ratificada em 1978), com a interdição da escravidão, da servidão, do trabalho forçado e obrigatório; e a *Carta Social Europeia,* elaborada em 1961 no âmbito do Conselho da Europa (ratificada em 1991), ao referir-se a "um trabalho livremente empreendido".

Mas há que acrescentar outras notas delimitadoras da área de incidência deste ramo de Direito. E a primeira é a de que só lhe interessa o trabalho *remunerado,* isto é, aquele que se realiza mediante uma contrapartida económica fornecida pelo seu beneficiário directo. O trabalho gratuito só comporta três possibilidades na sua relação com o Direito: ou é juridicamente indiferente, quando se insere no quadro de relações familiares, afectivas, de cortesia, de filantropia; ou se apresenta sob formas ilícitas e liminarmente rejeitadas pela ordem jurídica, que assim se abstém de regular as condições da sua realização (servidão, trabalho forçado); ou, enfim, surge de modo inespecífico, como objecto de uma doação ou de um contrato de outra natureza, sujeitando-se às regras gerais que sejam aplicáveis a tais figuras jurídicas (1).

2. O trabalho livre, em proveito alheio e remunerado traduz-se sempre na *aplicação* de aptidões pessoais, de natureza física, psíquica e técnica; para a pessoa que o realiza, trata-se de "fazer render" essas aptidões, de as concretizar (em proveito alheio, recorde-se) de modo a obter, em contrapartida, um benefício económico.

Este objectivo pode ser alcançado, desde logo, mediante a *auto-organização* do agente: tendo em vista a obtenção de um resultado pretendido por outra pessoa, ele programa a sua actividade no tempo e no espaço, combina-a com os meios técnicos necessários, socorre-se, eventualmente, da colaboração de outras pessoas, e fornece, enfim, esse resultado. É o advogado que defende um cliente num processo judicial; é o contabilista que, no seu gabinete de assessoria fiscal, trata a documentação de várias empresas; é o mecânico de automóveis que, em oficina própria, faz reparações; é o arquitecto que, no seu "atelier", elabora projectos para empresas de construção; é o fotógrafo profissional que faz trabalhos para agências de publicidade, jornais e revistas. Em tais situações, o agente *dispõe da sua aptidão profissional* de acordo com o seu critério, define para si próprio as condições de tempo, de lugar e de processo

(1) Cfr. GALVÃO TELLES, *Contratos civis* in "Rev. Fac. Dir. Lisboa", vols. IX-X p.69.

técnico em que aplica esse potencial: auto-organiza-se, auto-determina-se, trabalha com *autonomia*.

Mas o mesmo indivíduo poderá aplicar as suas aptidões (a sua força de trabalho) numa actividade *organizada e dirigida por outrem*, isto é, pelo beneficiário do trabalho – deixando, com isso, de ser responsável pela obtenção do resultado desejado. Dentro de certos limites de tempo e de espaço, caberá então ao destinatário do trabalho determinar o"quando", o "onde" e o "como" da actividade a realizar pelo trabalhador; pode *dispor*, assim, da força de trabalho deste, mediante uma remuneração. Retomando os exemplos de há pouco, é o advogado do contencioso de uma empresa, é o mecânico de automóveis que trabalha numa oficina pertencente a outra pessoa, é o contabilista pertencente aos serviços financeiros de uma sociedade, é o arquitecto integrado no quadro de pessoal de uma construtora... O que caracteriza este outro esquema é, visivelmente, o facto de o trabalho ser *dependente:* é *dirigido* por outrem, e o trabalhador integra-se numa *organização* alheia. Trata-se de trabalho *juridicamente subordinado,* porque esta relação de dependência não é, como se verá, meramente factual: o Direito reconhece-a, legitima-a e estrutura sobre ela o tratamento das situações em que ocorre.

São as relações de trabalho *subordinado* que delimitam o âmbito do Direito do Trabalho: as situações caracterizadas pela autonomia de quem realiza trabalho em proveito alheio estão fora desse domínio e são reguladas no âmbito de outros ramos de Direito.

Posto isto, importa notar ainda que *nem todo* o trabalho dependente ou juridicamente subordinado é objecto de regulação pelo Direito do Trabalho: o estatuto dos trabalhadores *da função pública* assume, como adiante se observará, características diferenciadas relativamente ao das pessoas envolvidas em relações jurídico-privadas de trabalho; não pertence ao Direito do Trabalho, mas ao Direito Administrativo.

Em suma: o Direito do Trabalho regula as *relações jurídico-privadas de trabalho livre, remunerado e subordinado.*

3. Como se disse, o Direito do Trabalho não *cria* este modelo de relação de trabalho: limita-se a recolhê-lo da experiência social, reconhecendo-o e revestindo-o de um certo tratamento normativo.

A dependência ou subordinação que caracteriza esse modelo não é uma imposição legal, é um dado da realidade: quando alguém transmite a outrem a disponibilidade da sua aptidão laboral (em vez de se reservar a possibilidade de dispor dela num processo auto-determinado e auto-organizado), está não só a assumir o compromisso de *trabalhar* mas também o de *se submeter à vontade alheia* quanto às aplicações dessa aptidão. Está a obrigar-se a proceder em conformidade com os *actos de disposição* (ordens, instruções, regras de organização e disciplina) que a outra pessoa efectue. Esses actos de disposição, por muito variável que seja a sua amplitude, são sempre necessários: a força de trabalho não é um objecto que transite de mão em mão – é um conjunto de atributos da personalidade do seu detentor ([1]) O seu uso por outrem não pode ser imediato, passa pela vontade de quem a detém: a efectiva utilização da força de trabalho de A por B implica a *obediência* de A a B. E porque essa utilização só pode, na maioria nos casos, fazer-se em articulação com outros meios (trabalho de outras pessoas, emprego de equipamentos, uso de instalações e de energias, etc.), ela passa pela integração de A numa *organização* estruturada e mantida por B. Surge, assim, o trabalho *heterodeterminado* ([2]), *subordinado ou dependente* como realidade pré-jurídica, que constitui a chave do processo de aplicação do Direito do Trabalho.

Numa outra perspectiva, fala-se também do trabalho *por conta alheia* para caracterizar, com uma dominante económica ou patrimonial, o mencionado modelo de relação de trabalho. Trata-se de um elemento definitório e delimitador expressamente utilizado pela lei espanhola (art. 1.º ET) e cujo significado tem sido proposto em termos diferenciados na doutrina do país vizinho: a "alienidade" (*ajenidad*) consiste em "trabalhar sem assumir os riscos do trabalho" (alienidade nos riscos) (BAYON CHACÓN), em que "os frutos do trabalho são atribuídos inicial e directamente a pessoa distinta da

([1]) Cfr. WLOTZKE, *Leistungspflicht und Person des Arbeitnehmers in der Dogmatik des Arbeitsvertrages,* RdA (1965) 180 ss.; SMURAGLIA, *La persona del prestatore nel rapporto di lavoro,* Milano (1967).

([2]) SOLLNER, *Grundriss des Arbeitsrechts,* 8.ª ed., Munchen (1984) 1; SCHMID, *Grundzuge des Arbeitsrechts,* Munchen (1981) 11.

que executou o trabalho" (alienidade nos frutos) (ALONSO OLEA), ou em que "a utilidade patrimonial do trabalho se atribui a pessoa distinta do próprio trabalhador, isto é, o empresário" (alienidade na utilidade económica) (MONTOYA MELGAR) ([1]).

Esta maneira de encarar as coisas sugere duas breves anotações. Ela coloca em evidência o facto de, no trabalho subordinado, o resultado ou fruto dele ser objecto de uma atribuição *originária* a pessoa diferente do trabalhador: este não apenas se sujeita à determinação da sua actividade por outrem, mas ainda perde o controlo dos resultados dela, o que implica, afinal, o cruzamento das várias acepções atribuídas à "alienidade". O resultado da actividade e o risco da sua frustração escapam originariamente ao trabalhador ([2]).

Mas a nota essencial da relação de trabalho subordinado – ou, por outras palavras, aquela que justifica a sua exclusividade como chave aplicativa e explicativa da ordem jurídica laboral – está no elemento *subordinação ou dependência*. A fórmula do trabalho por conta alheia, embora não desprezível na caracterização das situações laborais típicas, revela certa insuficiência instrumental perante fenómenos de fronteira, como o trabalho domiciliário, o trabalho temporário e as actividades próprias das profissões liberais, se exercidas com base em contrato de trabalho ([3]).

([1]) Cfr. ALONSO OLEA, *Derecho del Trabajo,* 9.ª ed., Madrid (1985) 29; MONTOYA MELGAR, *Derecho del Trabalho,* 13.ª ed., Madrid (1992) 35 s..

([2]) Neste termos, pode dizer-se que a noção de trabalho por conta alheia não está ausente do critério delimitador da lei portuguesa. O Cód. Civ. define o *contrato de prestação de serviço* (gerador de relações de trabalho autónomo) como aquele pelo qual "uma das partes se obriga a proporcionar à outra certo resultado do seu trabalho" (art. 1154.°); o *contrato de trabalho,* por seu turno, atribui ao trabalhador a obrigação de "prestar a sua actividade intelectual ou manual a outra pessoa" (art. 1152.° Cód. Civ. e art. 1.° LCT). No primeiro caso, existe uma obrigação de resultado (que implica o controlo originário dele pelo devedor); no segundo, uma obrigação de actividade (que envolve *ab initio* a perda ou renúncia a esse controlo: o trabalhador não domina a obtenção do resultado e não é responsável por ela).

([3]) De resto, a lei espanhola invoca, cumulativamente com a *ajenidad, a dependência* do trabalhador na execução do trabalho (art. 1.° ET).

4. As situações abrangidas pelo Direito do Trabalho correspondem ao modelo largamente dominante no mercado de trabalho. Mais de 75% da população ocupada – isto é, quase 4 milhões de pessoas – são trabalhadores por conta de outrem, exercem a sua actividade remunerada em regime de subordinação, estão pois cobertos pela regulamentação laboral ([1]).

Deve, no entanto, assinalar-se um conjunto de factores que aponta no sentido de um progressivo desgaste desse paradigma, em especial na configuração que, manifestamente, serve de referência a boa parte da legislação do trabalho em vigor. Que configuração é essa?

Em primeiro lugar, a do *trabalho em empresa industrial ou comercial estruturada*, estabilizada sob os pontos de vista geográfico e funcional. A empresa como organização hierarquizada, que funciona num espaço edificado (fábrica, loja, oficina, escritório) onde um conjunto de pessoas trabalha sob a direcção de um ou mais "chefes", é uma concepção há muito subjacente ao regime do contrato de trabalho. Ela já dominava inteiramente a chamada "lei do contrato de trabalho" (LCT) que, em duas versões sucessivas, vigorou desde 1967, e continua a ser, embora com atenuações, o paradigma adoptado pelo Código do Trabalho (CT).

Depois, e como corolário dessa configuração da empresa, a *relação de trabalho estável ou permanente* (isto é, de duração indeterminada) *e a tempo completo*, tendendo para o preenchimento integral da vida profissional das pessoas. Ainda hoje é manifesta a preferência da lei por esse tipo de relações de trabalho – veja-se, nomeadamente, a restrição do uso dos contratos de trabalho a termo resolutivo (art. 140.° CT).

Ora, do lado das entidades empregadoras, há que notar que, actualmente, quase 80% dos trabalhadores por conta de outrem (e cerca de 60% da população empregada) são ocupados em actividades do sector terciário, expostas a formas de organização do

([1]) Os dados considerados são de 2008, produzidos pelo Instituto Nacional de Estatística (valores médios do ano). A informação pode ser consultada em www.ine.pt/ntg_server/attachfileu.look_parentBoui.

trabalho instáveis, flexíveis, frequentemente fragmentárias, porventura até com separação do local de trabalho em relação à instalação da empresa: veja-se o caso paradigmático do *teletrabalho* (1). De um modo geral, a evolução da economia tem ameaçado os fundamentos do emprego estável, quer em si mesmo, quer no que toca às condições de trabalho.

Vejamos a questão do lado dos trabalhadores. Se é verdade, como se disse, que mais de 75% das pessoas ocupadas são trabalhadores subordinados estatisticamente reconhecidos – e já veremos o que isto pode querer dizer –, e se é certo que, desses, 77% têm (ou tinham, em 2008) contratos de duração indeterminada, o que, desde logo, confirma a ideia de validade do paradigma descrito, é também certo que a percentagem dos trabalhadores com contrato a termo tem descrito uma trajectória sempre ascendente, ainda que muito suave, atingindo, na mesma altura, os 18,4%. Por seu turno, o trabalho a tempo parcial tem manifestado idêntica tendência, podendo estimar-se, em 2008, em mais de 15% dos trabalhadores por conta de outrem.

Por outro lado, o número de trabalhadores por conta própria registados (e que, enquanto tais, não estariam abrangidos pela legislação do trabalho) tem vindo a crescer, o que sugere uma inflexão nas preferências sociais no tocante à «organização» das actividades profissionais. Dir-se-ia: a diminuição da capacidade de oferta, pela economia, de postos de trabalho subordinado é correspondida, em paralelo, pelo aumento do número daqueles que assumem a iniciativa da organização e da promoção da sua própria actividade, em regime de autonomia.

Sendo correctas todas estas constatações de facto, e sendo exactas as interpretações que elas primariamente sugerem, estar-se-á perante sinais claros de crise do emprego tradicional (2),

---

(1) Sobre o tema, veja-se R. FIOLHAIS, *Sobre as implicações jurídico-laborais do teletrabalho subordinado em Portugal*, Lisboa (1998).

(2) Não se tratará já do desequilíbrio pontual do mercado de trabalho relacionado com uma conjuntura económica desfavorável, nem de dificuldades

com óbvias consequências na extensão do território coberto pelas leis do trabalho.

Essas inferências devem, em todo o caso, ser temperadas pela consideração do *alto grau de inefectividade* que as leis do trabalho atingiram em Portugal. A procura afanosa de flexibilidades e de economias imediatas, a fraqueza crónica dos sistemas de fiscalização, a insignificância das sanções aplicáveis por violação da lei do trabalho, os relativos vagares da justiça laboral, a cooperação dos próprios trabalhadores, na mira de benefícios imediatos ou da prevenção de desvantagens – eis alguns dos factores que convergiram no sentido de uma situação generalizada de desvalorização dos imperativos legais na gestão das relações de trabalho. Desenvolveu-se, assim, uma situação que poderá denominar-se de «desregulação de facto» (1).

Essa desregulação assenta, frequentemente, na *dissimulação do paradigma laboral* sob a capa de qualificações aparentes, com que se

---

generalizadas de emprego resultantes do não encaixe das qualificações profissionais existentes no mercado relativamente às novas necessidades estruturais da economia, mas da progressiva perda de densidade de um modo de utilização do trabalho na organização e no funcionamento das actividades económicas. Em torno desta constatação se têm desenvolvido notórias projecções e extrapolações, com carácter mais ou menos radical. Vejam-se, nomeadamente, W. BRIDGES, *Jobshift*, Londres (1996), e J. RIFKIN, *The end of work: the decline of the global labor force and the dawn of the post-market era*, Nova Iorque (1995). Mas devem ser registadas inúmeras e enfáticas refutações directas de tal corrente de pensamento. Vejam-se, nomeadamente, quanto à literatura francesa: AA. VV., *Le travail, quel avenir?*, Paris (1997); D. SCHNAPPER, *Contre la fin du travail*, Paris (1997); A.-M. GROZELIER, *Pour en finir avec la fin du travail*, Paris (1998). Para uma outra visão prospectiva, no horizonte de 2015, a partir da verificação das mesmas tendências, veja-se também o relatório *Le travail dans vingt ans* (1995), elaborado pela Comissão BOISSONAT constituída pelo Comissariado Geral do Plano francês e, mais recentemente, o relatório para a Comissão Europeia intitulado *Au-delà de l'emploi. Transformations du travail et devenir du droit du travail en Europe* (dir. ALAIN SUPIOT), Paris (1999). Existe tradução portuguesa, Coimbra (2003).

(1) Sobre o ponto, pode ver-se A. MONTEIRO FERNANDES, *Os sentidos de uma revisão «flexibilizante» das leis do trabalho*, «Questões Laborais» n.º 13 (1999), 45 ss..

visa alcançar o maior nível de flexibilidade e de economia de custos na utilização da força de trabalho. Por outras palavras: existem, na realidade, muitas mais relações de trabalho subordinado (pertencentes, de pleno direito, ao domínio de aplicação das leis laborais) do que as aparências formais, artificialmente criadas com intentos simulatórios, ou simplesmente explicáveis pela falta de informação, deixam perceber.

É necessário ter isto presente na interpretação dos dados relativos ao volume de trabalho autónomo nas estatísticas de emprego – as quais, até por se basearem normalmente em inquéritos, não supõem, necessariamente, a qualificação tecnico-jurídica rigorosa das situações registadas.

Segundo o INE, existiriam em Portugal, em 2008, cerca de 1 milhão e 200 mil pessoas trabalhando por conta própria, *dos quais uns estimáveis 900 mil seriam trabalhadores «isolados», ou seja, sem pessoal ao seu serviço.*

Existe, como se disse, a tendência para o «auto-emprego», nomeadamente o exercício de actividades profissionais por conta própria, não só como consequência da escassez da oferta de postos de trabalho subordinado, mas também como expressão de novas atitudes relativas à realização profissional, menos valorizadoras da segurança e mais voltadas para a iniciativa e para o risco.

Não obstante isso, há percepções sociais muito fortes, como a da utilização corrente de expedientes (por exemplo, o dos «recibos verdes») para a satisfação de normais necessidades de trabalho no quadro das empresas com dissimulação da existência de trabalho subordinado, que dão consistência à suposição de que *uma grande parte daquele contingente de trabalhadores autónomos «isolados»* – estimável em meio milhão – *é constituída por verdadeiros trabalhadores subordinados.* Esses trabalhadores estarão, na prática (embora não de direito), subtraídos ao alcance da legislação do trabalho, do regime contributivo da Segurança Social, e ainda, porventura, de uma parte dos encargos fiscais aplicáveis.

5. O Direito do Trabalho é, pois, o ramo de Direito que regula o trabalho subordinado, heterodeterminado ou não-autónomo.

À prestação de trabalho com esta característica corresponde, como se disse, um título jurídico próprio: *o contrato de trabalho.* É através dele que "uma pessoa se obriga, mediante retribuição, a prestar a sua actividade a outra ou outras pessoas, no âmbito de organização e sob a autoridade destas" (art. 11.º CT).

O ordenamento legal do trabalho surgiu e desenvolveu-se como uma reacção ou "resposta" às consequências da *debilidade contratual* de uma das partes (o trabalhador), perante um esquema negocial originariamente paritário como qualquer contrato jurídico-privado (¹). Essa disparidade originária entre os contraentes deve-se não só à diferente natureza das *necessidades* que levam cada um a contratar (a subsistência própria e familiar, no caso do trabalhador; o preenchimento de uma organização de trabalho, por parte do empregador), mas também às condições do *mercado de trabalho* (predominantemente desfavoráveis à procura de emprego). Mas, para além da desigualdade inicial, o próprio desenvolvimento das relações de trabalho, se meramente coberto pelo acordo dos sujeitos e pelo regime geral dos contratos, acentua a debilidade da posição do trabalhador, em virtude da subordinação e do correspondente estatuto de "poder" ou "autoridade" do empregador. Assume aqui particular acuidade, como possível instrumento da supremacia deste último, a faculdade de romper unilateralmente o contrato – perspectiva perante a qual se reproduzem os factores de fraqueza originária do trabalhador.

6. O Direito do Trabalho apresenta-se, assim, ao mesmo tempo, sob o signo da *protecção ao trabalhador* (²) e como um conjunto de *limitações à autonomia privada individual.* O contrato de trabalho é enquadrado por uma constelação de normas que vão desde as condições pré-contratuais, passam pelos direitos e deveres recí-

---

(¹) Cfr. CARINCI/DE LUCA TAMAJO/TOSI/TREU, *Diritto del Lavoro-2. Il rapporto di lavoro subordinato,* Torino (1985) 2.

(²) Esta linha de actuação mantém-se, não obstante a evolução verificada na condição social do trabalho; ela vai ajustando a trajectória a novos problemas, sem todavia se descaracterizar: cfr. SCHMID, *Grundzüge cit.* 1.

procos das partes, atendem com particular intensidade aos termos em que o vínculo pode cessar, e vão até aspectos pós-contratuais (como a preferência na readmissão e a abstenção de concorrência).

A intervenção da lei nesses domínios não é apenas ditada pela necessidade de "reequilibrar" substancialmente o posicionamento relativo do empregador e do trabalhador. O contrato de trabalho, como instrumento regulador, revela insuficiências noutros campos, inclusivamente na perspectiva dos empregadores: a vantagem de tornar os custos do factor trabalho "concorrencialmente neutros" e a necessidade de racionalizar as condições de trabalho nas empresas, mediante a sua (ao menos tendencial) uniformização, não se compadecem com a simples contratação individual, antes solicitam a padronização normativa em termos que se sobreponham à atomização contratual (1).

7. Para além das *relações individuais* fundadas no contrato de trabalho entre um empregador e um trabalhador, o Direito do trabalho cobre também as *relações colectivas* que se estabelecem entre organizações de trabalhadores (as associações sindicais) e empregadores, organizados ou não.

Como se assinalará, essas relações apresentam, entre outras, a peculiaridade de, em simultâneo, serem objecto de regulamentação – porque exprimem a actuação de conflitos de interesses – e de terem, elas próprias, um importante potencial normativo, visto tenderem para o estabelecimento de regras aplicáveis às relações de trabalho em certo âmbito. As formas de acção colectiva laboral – a negociação, os meios conflituais – são reguladas pelo ordenamento do trabalho, na dupla perspectiva da "normalização" social e da "formalização" jurídica: as normas do chamado direito colectivo do trabalho visam oferecer meios de racionalização e disciplina dos conflitos de interesses colectivos profissionais e definir as condições da recepção, na ordem jurídica, das determinações que eles venham

(1) Cfr. ZÖLLNER 2 55., que, a propósito, aponta a existência de um défice funcional" do contrato de trabalho, suprido pelo D.T. com os meios que lhe são próprios.

a produzir ([1]). Esse sector do Direito do Trabalho fundamenta-se no reconhecimento da autonomia e da autotutela colectivas.

Ainda na esfera dos fenómenos colectivos laborais, o Direito do Trabalho regula também as formas de organização e acção colectiva dos trabalhadores no interior da empresa, já não especificamente voltadas para a determinação das condições de trabalho, mas sim para a participação na vida da organização. É o que se passa com o regime das comissões de trabalhadores e do "controlo de gestão" que lhes incumbe. Ao ocupar-se de tal matéria, o ordenamento laboral assume um papel directamente condicionante do modo por que se estruturam e funcionam as empresas, isto é, dos termos em que a iniciativa económica dos empresários pode ser exercida. Ele apresenta-se assim numa feição organizatória ou estruturante, não já relativamente às relações de trabalho, mas à própria empresa.

2. *As funções do Direito do Trabalho*

8. A determinação das condições por que hão-de pautar-se as relações individuais de trabalho, realizada por uma via formalmente paritária (o contrato, produto de duas vontades abstractamente livres), é, na vasta maioria dos casos, dominada por quem oferece a oportunidade da ocupação, visando uma finalidade economico-organizativa (o preenchimento de um posto de trabalho), e não por quem procura essa oportunidade, com objectivos sobretudo atinentes à sua esfera pessoal (a subsistência própria e da família, a realização profissional).

Fala-se, por isso, da normal debilidade contratual do trabalhador, consistente na desvalorização da sua vontade real no processo

---

([1]) Medidas legislativas sobre as relações colectivas de trabalho fizeram parte, por todo o lado, da camada primária na formação do ordenamento laboral moderno. Essas intervenções assumiram, primeiro, carácter fundamentalmente repressivo – constituindo emanações típicas do liberalismo económico –, mas foram transitando para o domínio da tolerância e, depois, do reconhecimento dos fenómenos colectivos laborais. Nisto se traduziu, além do mais, o poderoso impulso do associativismo operário na formação do Direito do Trabalho industrial.

de formação do contrato. Em muitos casos, essa vontade tende a ser distorcida pela pressão da necessidade ou pelo receio de desvantagens várias, quando não vê a sua expressão útil reduzida à mera adesão a uma proposta, seja ela individualizada ou integrada por cláusulas contratuais gerais.

A função mais correntemente atribuída ao Direito do Trabalho é, justamente, a de *«compensar» a debilidade contratual originária do trabalhador, no plano individual* ([1]).

A assunção dessa finalidade diferencia o Direito do Trabalho no quadro geral do Direito Privado, tendo em conta os *padrões relacionais de referência*. Nesse quadro geral (e, nomeadamente, no direito comum das obrigações e dos contratos), o padrão de que se parte é de índole paritária, isto é, assume-se a igualdade originária dos sujeitos quanto às oportunidades e capacidades objectivas de realização de interesses próprios; os desequilíbrios de vantagens serão valorados como consequências do diferente aproveitamento dessas oportunidades e capacidades.

No Direito do Trabalho, o padrão de referência é marcado pela desigualdade originária dos sujeitos, ou seja, pela diferença de oportunidades e capacidades objectivas de realização de interesses próprios, e daí que a finalidade «compensadora» seja assumida como um pressuposto da intervenção normativa.

Este objectivo é prosseguido, antes do mais, pela *limitação da autonomia privada individual*, isto é, pelo condicionamento da liberdade de estipulação no contrato de trabalho. Uma parte do espaço originário dessa liberdade é barrada pela definição normativa de condições *mínimas* de trabalho: a vontade do legislador supre o provável défice de um dos contraentes.

Depois, e tendo em conta que a subordinação e a dependência económica do trabalhador são susceptíveis de limitar ou eliminar a sua capacidade de exigir e fazer valer os seus direitos na pendência da relação de trabalho, o ordenamento laboral *estrutura e*

([1]) Fala-se, a esse respeito, de uma «finalidade compensadora» do ordenamento laboral: A. MARTIN VALVERDE/F. RODRIGUEZ-SAÑUDO GUTIERREZ/J. GARCIA MURCIA *Derecho del Trabajo* (5ª ed), Madrid (1996) 52

delimita os poderes de direcção e organização do empregador, submetendo-os a controlo externo (administrativo, judicial e sindical). Legitima-se, assim, a «autoridade patronal», mas, do mesmo passo, são contidos os poderes fácticos do dono da empresa e do dirigente da organização dentro dos limites de faculdades juridicamente configuradas e reguladas.

Em terceiro lugar, o ordenamento laboral organiza e promove a *transferência do momento contratual fundamental do plano individual para o colectivo.* O reconhecimento da liberdade sindical e da autonomia colectiva e o favorecimento da regulamentação do trabalho por via da contratação colectiva tendem a reconduzir o contrato individual a um papel restrito: o de simples facto gerador da relação de trabalho, sem influência significativa nos termos em que ela se desenvolverá. Dado que, entre os sujeitos colectivos (sindicatos e associações patronais ou empresas), não existem relações de subordinação ou dependência, a determinação das condições de trabalho por essa via é, em si mesma, tendencialmente «compensadora», no sentido já visto. Só o não será, realmente e em todos os casos, porque as conjunturas políticas e económicas, nomeadamente as que incidem sobre o mercado de trabalho, influem poderosamente na relação de poderes contratuais entre esses sujeitos colectivos.

Em quarto lugar, o Direito do Trabalho estrutura um complexo *sistema de tutela dos direitos dos trabalhadores* que tende a suprir a sua diminuida capacidade individual de exigir e reclamar. A arquitectura desse sistema integra meios e processos administrativos (em particular, os que respeitam à actuação da inspecção do trabalho), meios jurisdicionais (tribunais especializados que seguem regras processuais especiais) e meios de autotutela colectiva (acção sindical na empresa, meios de luta laboral).

9. Mas a orientação protectiva do Direito do Trabalho não esgota a sua razão de ser e a sua função económica e social.

Em muitas situações, de resto, essa orientação teria reduzido ou nulo sentido útil. Existem relações de trabalho em cuja génese e em cujo desenvolvimento dificilmente se podem encontrar os factores de enfraquecimento da posição do trabalhador que justificam o papel protectivo do ordenamento laboral.

A escassez da oferta de mão-de-obra em alguns segmentos do mercado de trabalho – nomeadamente pelo elevado nível de qualificação técnica que implicam – pode inverter a relação de poderes contratuais a favor dos trabalhadores e reconduzir às estipulações individuais o momento regulador decisivo. Nas funções de direcção das empresas, ou na situação dos quadros técnicos superiores, ou ainda nos trabalhos caracterizados por elevada especialização, o peso do poder patronal no quotidiano das relações de trabalho tende a desvanecer-se (no caso dos dirigentes, é assumido por estes em delegação). E, todavia, tratar-se-ia sempre de trabalhadores subordinados, sob a cobertura do ordenamento laboral.

Para além dessa função de protecção, o Direito do Trabalho tem também a de promover a específica *realização, no domínio das relações laborais, de valores e interesses reconhecidos como fundamentais na ordem jurídica global*. Este vector deriva da constatação do elevado grau de implicação da *pessoa* do trabalhador na relação de trabalho e põe em relevo a necessidade de o desenvolvimento dessa relação não afectar negativamente a sua vida, a sua integridade física e psíquica, a sua dignidade moral e social, garantindo-lhe, nalguma medida, a realização pessoal e a afirmação da cidadania.

Nesta perspectiva, o ordenamento laboral liga-se muito estreitamente à esfera dos direitos fundamentais consagrados pela CRP. Como se verá, esse ordenamento está, entre nós, amplamente constitucionalizado. O elenco dos direitos, liberdades e garantias constitucionais contém o que poderíamos designar por «constituição laboral», integrada por um conjunto de referências enquadrantes para quase todos os domínios do direito individual e colectivo do trabalho: é a Constituição como "complexo normativo federador e integrador do actual Direito do trabalho" (1) (2). Resulta daí, além

---

(1) É a feliz formulação de BERNARDO XAVIER, no seu estudo *A Constituição portuguesa como fonte de Direito do Trabalho e os direitos fundamentais dos trabalhadores*, in AA.VV., *Estudos de Direito do Trabalho em Homenagem ao Professor Manuel Alonso Olea*, Coimbra (2004) 163 ss..

(2) A «constituição laboral» desempenha, também, uma função «reinterpretativa» e integradora da legislação ordinária do trabalho, que contribuiu para a

do mais, que a produção legislativa laboral pertence, em quase todos os temas, à área da competência reservada da Assembleia da República ([1]). Além disso, o Código do Trabalho compreende – no que é marcadamente original – um conjunto de disposições de garantia dos chamados "direitos de personalidade" no cenário das relações de trabalho (arts. 14.º a 22.º).

10. Uma terceira função do Direito do Trabalho diz respeito ao funcionamento da economia: é a de garantir uma certa *padronização das condições de uso da força de trabalho*. Essa padronização tem um duplo efeito regulador: condiciona a concorrência entre as empresas, ao nível dos custos do factor trabalho; e limita a concorrência entre trabalhadores, na procura de emprego e no desenvolvimento das relações de trabalho.

Neste sentido se tem dito que o ordenamento laboral actua à margem do mercado e, não raro, contra o mercado. Ele limita a plena flexibilidade no uso do trabalho que decorreria do livre funcionamento das leis do mercado, tendo como contrapartida a salvaguarda de uma certa ordem social no domínio das relações económicas.

Suscita-se aí, naturalmente, o problema da efectividade de um conjunto de padrões normativos que se confronta com a força dos factos e o jogo dos interesses económicos ([2]). Essa é uma questão crucial, e de grande actualidade, para o desenho das perspectivas de evolução do Direito do Trabalho.

A superação do problema passaria, para alguns, pela assunção de uma definida instrumentalidade económica do ordenamento laboral: as normas deveriam ser configuradas (e modificadas) em função dos objectivos de política económica visados em cada

---

continuidade, sem rupturas, de uma parte da regulamentação anterior a 1974, incluindo a importantíssima LCT de 1969. Esta pôde vigorar, em grande parte, até à publicação do Código do Trabalho em 2003.

([1]) Esta reserva de competência, se, por um lado, valoriza e dignifica o ordenamento do trabalho como instrumento de realização de valores e interesses constitucionalmente tutelados, prejudica os interesses da maleabilidade e da adequação que, na evolução do Direito do Trabalho, assumem notório relevo.

([2]) Cfr. J.-C. Javillier, *L'évolution des relations professionnelles et du droit du travail dans un monde en changement,* Genève (1996) 67 ss..

conjuntura. Mas uma tal visão seria contraditória com as duas anteriormente indicadas, e que oferecem, afinal, a razão de existência de um ramo de Direito autónomo com este objecto.

O favorecimento da efectividade das normas de trabalho não pode, contudo, passar ao lado da racionalidade económica: essas normas devem respeitar a adequação e a compatibilidade às exigências da gestão das empresas e às condições gerais da economia. Devem procurar a realização dos princípios e dos valores sociais inalienáveis, nos «ambientes» micro e macroeconómicos reais – sob pena de ficarem inaplicadas, ou mal aplicadas, e de se tornarem ineficazes, por falharem a função social que as explica e justifica.

A adequação e a compatibilidade são condições da efectividade dos padrões normativos de utilização da força de trabalho que o ordenamento laboral estabelece.

3. *Formação e evolução do Direito do Trabalho* (1).

A) *A "juridificação" das relações de trabalho.*

11. Com o conceito de "juridificação", abarca-se o conjunto dos "processos pelos quais o Estado intervém em áreas da vida social (relações industriais, instrução, família, bem-estar social, comércio) com métodos que limitam a autonomia dos indivíduos ou dos grupos na determinação dos seus negócios" (2).

---

(1) De notar que a história do Direito do Trabalho português constitui ainda um campo de investigação relativamente pouco explorado. Não pode no entanto ignorar-se o notável esforço de pesquisa empreendido por M. C. TAVARES DA SILVA *(Direito do Trabalho,* Lisboa (1964/65) 300-443), graças ao qual se dispõe de um contributo ímpar para o estudo das origens e evolução do nosso sistema, no quadro do desenvolvimento das ideias e dos factos sociais, políticos e económicos contemporâneos. Pena é que tal texto, bem como a obra em que se integra, permaneça pouco acessível numa versão copiografada (e incompleta) das lições proferidas pela autora no antigo Instituto de Estudos Sociais.

(2) CLARK/WEDDERBURN, *La giuridificazione nel diritto del lavoro britannico,* DLRI (1986), n.º 30, 279. Mas note-se que a aplicação da noção implica um "juízo de relação entre complexo ou instituto normativo, propósito da norma e

Foram as formas extremas e particularmente gritantes de exploração, emergentes da organização da produção em termos fabris, que forçaram os poderes públicos, por todo o lado em que o surto da industrialização ocorria, a abandonar a "neutralidade" exigida pelos princípios do liberalismo económico e intervir no domínio das condições em que o trabalho era prestado nas fábricas. Essas intervenções resumiram-se, de início, aos aspectos que mais impressionavam a opinião pública e mobilizavam a filantropia ou as primeiras forças contestatárias da época – o trabalho de menores e de mulheres, as condições de higiene e segurança nas instalações fabris. Mas o seu principal alcance consistiu na quebra da mencionada posição de neutralidade, e na abertura de todo um caminho de produção legislativa que levou à sedimentação do Direito do Trabalho moderno.

Esta sedimentação corresponde, na verdade, a um processo de adensamento da intervenção do Estado na regulação do trabalho subordinado, no quadro mais vasto da progressiva amplificação das suas funções nos domínios económico e social.

"O *activist state* suplanta o Estado não intervencionista, e passa-se de uma indiscutida prevalência dos acordos fundados no contrato a uma sociedade regulada pela lei" (1).

As dimensões e a multiplicidade das facetas dessa intervenção fizeram já perder de vista a matriz originária – que lhe era dada por um desígnio de *protecção marginal,* isto é, por um cuidado de prevenção social relativamente a situações delimitadas, de extrema carência ou de manifesto abuso, que as primeiras fases da industrialização geraram –, mas nem por isso deixa de ser exacto que o Direito do Trabalho permanece vivamente marcado pela sua índole de "reacção aos problemas sociais do sistema existente" (2).

---

comportamento regulado". O "grau" de juridificação não é pois mera questão de quantidade da produção normativa: supõe a análise das "disfunções entre norma e comportamento regulado" (inefectividade); das "relações de equilíbrio entre norma e sistemas regulados" (heteronomia e autonomia); e da "destinação da norma a promover fenómenos de auto-regulação": GIUGNI, *Giuridificazione e deregolazione nel diritto del lavoro italiano,* DLRI (1986), n.º 30, 319.

(1) SIMITIS, *La giuridificazione dei rapporti di lavoro,* DLRI (1986), n.º 30, 215.

(2) ZÖLLNER 13. Essa reacção traduz-se na já referida *função protectiva* e numa *função reguladora* e *pacificadora,* tendente à "conservação do *status quo* social", segundo a exposição de DÄUBLER, *Das Arbeitsrecht,* I (1985) 43 ss..

12. O ponto de partida do processo de formação do Direito do trabalho (como ramo autónomo de Direito) esteve no *primado do contrato de trabalho* como instrumento de regulação das situações do empregador e do trabalhador, na linha das concepções liberal-individualistas que serviram de suporte à Revolução Industrial. Esse processo de formação e autonomização conduziu à *desvalorização da autonomia privada individual* (o contrato de trabalho está, em geral, remetido a uma função genética perante a relação de trabalho e, não raro, a uma existência presumida), *à revalorização da autonomia privada colectiva* e a uma *afirmação legislativa* mais ou menos vincada, extensa e orgânica, conforme o cariz de cada sistema nacional.

O desenvolvimento do Direito do Trabalho operou-se, entre nós, sob o impulso dominante da lei. Mas esse desenvolvimento só foi possível quando se afirmou claramente o desígnio de *protecção "tipológica"*, isto é, centrada na tipificação de uma situação laboral – estruturada pela *subordinação jurídica* – como objecto de regulação, enquanto característica de um modo de inserção na vida social e económica e não já na perspectiva fragmentária, assistencial e humanitária dos primeiros passos ([1]). Como se notará, a óptica de protecção tipológica surge relativamente tarde, com a legislação da segunda década deste século e, sobretudo, com o ordenamento laboral corporativo, na perspectiva que lhe era própria.

13. Sem que esta marca de contraste se tenha até hoje desvanecido, o Direito do Trabalho sofreu, no entanto, ajustamentos de rumo, perante os constrangimentos de certas conjunturas económicas persistentes. O desequilíbrio crónico do mercado de emprego, as novas formas de organização do trabalho e de inserção deste na estrutura dos processos produtivos, as dificuldades económicas e financeiras que caracterizaram partes das décadas de oitenta e noventa do século passado, assim como os primeiros anos do novo século, conferiram uma dimensão inusitada aos desafios da *racionalidade* e da *compatibilidade*, tornados incontornáveis pelas

---

([1]) Cfr. GHERA, *Diritto del Lavoro*, Bari (1985) 14 ss..

ameaças consistentes de perda de eficácia e mesmo de autodestruição do intento protectivo originário da lei do trabalho ([1]).

Esses desafios não atingiram apenas o legislador do trabalho; também a contratação colectiva, modo fundamental de produção de normas laborais, veio a confrontar-se com a exigência de novos equilíbrios, tanto no plano dos procedimentos como no das soluções materiais. Na realidade, essa exigência não encontrou resposta na contratação colectiva. A dinâmica negocial foi neutralizada por uma atitude geral de crispação gerada pela disputa em torno dos benefícios e direitos laborais alcançados na década posterior a 1974. A contratação colectiva estagnou, parecendo inviável a sua renovação espontânea.

O Direito do Trabalho encontra-se, por conseguinte, numa fase longa de reponderação e reconstrução ([2]), em que podem inserir-se a iniciativa da elaboração do Código do Trabalho, e, muito recentemente (já em 2009), a sua revisão.

B) *A proto-história: O Código Civil de 1867.*

14. Se deixarmos à margem o primeiro diploma legal que, entre nós, se preocupou com os «estabelecimentos insalubres, incómodos e perigosos» (o *Decreto de 3 de Outubro de* 1860) – pois que ele assentava em cuidados de *salubridade pública,* não em ideias de protecção da integridade e sanidade dos trabalhadores – pode afirmar-se que pelo *Código Civil de* 1867 foi feita a primeira abordagem legislativa dos problemas do trabalho subordinado. Mas

([1]) Entre muitos outros, cfr. G. LYON-CAEN, *Ristrutturazioni delle imprese e mobilitá dei lavoratori,* DL (1980), I, 1 ss..; A. MONTOYA MELGAR, *Un debate europeo sobre crisis de empleo y reparto de trabajo,* "Civitas" (1984), 493 ss..; A. MONTEIRO FERNANDES, *A crise do Direito do Trabalho e o Direito do Trabalho "da crise",* "Rev. TRT – 8a Reg" (1985) 145 ss..

([2]) Cfr., nomeadamente, B. VENEZIANI, *Stato e autonomia colletiva,* Bari (1986), 25 ss.; T. TREU, Il *futuro del diritto del lavoro: contrattualismo, interventismo, liberismo,* "JUS" (1985) 387 ss..

em que termos? Naturalmente focando os tipos predominantes, à época, de relações de trabalho por conta de outrem: o *serviço doméstico,* o chamado *serviço salariado* e a *aprendizagem.*

O contrato de «serviço salariado» – definido, no art. 1391.°, como «o que presta qualquer indíviduo a outro, dia por dia, ou hora por hora, mediante certa retribuição, relativamente a cada dia ou a cada hora, que se chama salário» – constituía afinal a fórmula pela qual se operava a afectação de mão de obra à incipiente indústria manufactureira de então, sem esquecer, como é óbvio, o seu uso no domínio da actividade agrí-cola. Vale a pena examinar os preceitos consagrados pelo Código a este contrato (aliás, trata-se apenas de cinco artigos), para reconhecer não só a ainda escassa atenção que, como título negocial, ele merecia, mas sobretudo a simetria ou paridade *formal* que se procurava imprimir aos estatutos do assalariado e da «pessoa servida». Pode-se, assim, afirmar que essa regulamentação reflectia não só a atitude de não-intervenção no condicionamento das relações de trabalho, própria do legislador liberal, mas também a importância ainda relativamente escassa que a indústria manufactureira tinha em Portugal, em 1867.

Algo de diverso se passava – por razões de ordem económica e sociológica que não vamos abordar aqui – com a segunda modalidade prevista: o *serviço doméstico.* Nos termos do art. 1370.°, ele era definido como «o que é prestado temporariamente a qualquer indivíduo por outro, que com ele conviva, mediante retribuição». O regime deste contrato – cujos sujeitos eram sugestivamente designados, na lei, como «amo» e «serviçal» – estendia-se por mais vinte artigos, constituindo assim uma disciplina algo pormenorizada para uma modalidade de relação de trabalho cuja importância não se restringia ao domínio da organização familiar, pois se projectava igualmente no campo da actividade agrícola (os chamados «criados de lavoura»). Note-se que, quanto ao essencial, esse regime permaneceu aplicável ao trabalho doméstico, apesar de revogado o Código em que se inseria, até à publicação de diploma específico (hoje o DL 235/92, de 24/10).

O terceiro tipo de contrato – o de *aprendizagem* – só impropriamente se poderá incluir no mesmo campo, pois o Código definia-o fundamentalmente a partir da obrigação de ensino – a troco da prestação de trabalho a cargo do aprendiz – como resulta da leitura do art. 1424.º: «Chama-se contrato de prestação de serviço de ensino, ou contrato de aprendizagem, aquele que surge entre maiores e menores devidamente autorizados, pelo qual uma das partes se obriga a ensinar à outra uma indústria ou ofício». Citamo-lo, no entanto, porque tal tipo contratual servia (e serve ainda) em muitos casos como meio de acesso (disfarçado) ao trabalho de menores, em condições mais favoráveis do que as que regem as relações de trabalho subordinado. Basta notar que nem sequer é da essência deste contrato a existência de retribuição do contrato prestado (em proveito do «mestre»-empresário) pelo aprendiz (1).

E a tanto se pode resumir a cobertura normativa assegurada pelo CCiv. de 1867 às relações de trabalho subordinado. Nem a realidade social e económica da época reclamariam mais do que isso: Nada de semelhante a uma "revolução industrial" tinha ocorrido no país.

15. Cabe, ainda, assinalar a instituição, por uma lei de Agosto de 1889, dos *tribunais de árbitros-avindores,* uma curiosa experiência no domínio da resolução de litígios profissionais que era, ao mesmo tempo, testemunho do carácter rudimentar da legislação do trabalho existente. Esses órgão arbitrais (pois disso essencialmente se tratava) eram, com efeito, compostos de representantes dos patrões e dos trabalhadores. A sua competência era descrita, na referida lei, deste modo: «em geral, todas as controvérsias sobre a execução de contratos ou convenções de serviço, em assuntos industriais ou comerciais entre patrões, de uma parte, e os seus operários ou empregados, da outra; ou entre operários ou empregados entre si quando trabalham para o mesmo patrão; e em especial os que disserem respeito a salários, preço e qualidade da mão de obra, horas de trabalho, contratadas ou devidas, observância de estipulações

(1) O regime do contrato de aprendizagem encontra-se actualmente no DL 205/96, de 25/10, que acentua, na caracterização do contrato, o elemento *formação profissional,* e o submete a um conjunto de requisitos e formas de controlo destinado, manifestamente, a prevenir a dissimulação do mero assalariamento de menores e a garantia a articulação da aprendizagem com outros vectores da política de emprego.

especiais, imperfeição na qualidade da matéria-prima fornecida ou por modificação nas indicações de trabalho; indemnização pelo abandono da fábrica, ou por licenciamento ou abandono antes de findo o trabalho ajustado e indemnização por não cumprimento do contrato de aprendizagem».

C) *Os primeiros passos.*

16. Foi, porém, com o Dec. de 14 de Abril de 1891, regulador do *trabalho de menores e mulheres* (idade mínima de admissão, proibição de trabalhos penosos ou perigosos, duração máxima do trabalho, etc.), que se abriu verdadeiramente o ciclo de uma produção legislativa específica, e declaradamente impelida por propósitos protectivos, no campo das relações de trabalho. Note-se que a generalidade dos sistemas de Direito do Trabalho radica igualmente em medidas legislativas sobre essas matérias.

Ao longo da década de noventa, surgiram vários diplomas legais e regulamentares particularmente relacionados com os problemas de segurança e salubridade das condições trabalho, sem que, todavia, resulte sequer esboçado um sistema específico de responsabilidade pelos acidentes e doenças profissionais.

Mas é já em 1907 que, com o Decreto de 3 de Agosto, se ergue novo marco da legislação laboral: a consagração expressa do princípio da *obrigatoriedade do descanso semanal* («pelo menos 24 horas consecutivas de descanso em cada semana»), em regra coincidente com o domingo.

D) *A I República.*

17. Logo a seguir à proclamação da República, surgiu o reconhecimento (e a regulamentação) do *direito à greve* (e também ao *lock-out),* pelo Dec. 6 de Dezembro de 1910. Convém notar que as chamadas «coligações» eram até então configuradas como crimes e punidas pelo Código Penal (art. 277.º).

Noutra área, cabe assinalar a Lei n.º 83, de 24 de Julho de 1913, que instituiu um tratamento específico para o problema da *responsabilidade por acidentes de trabalho,* de acordo com a teoria do risco profissional, então em voga – embora o fizesse apenas para determinadas actividades industriais. Só seis anos mais tarde, com o Dec. n.º 5 637, de 10 de Março de 1919, vem a ser generalizado aquele regime, com a obrigatoriedade do seguro contra acidentes.

Em 22 de Janeiro de 1915, aparecem diplomas fundamentais que, pela primeira vez, instituem *regimes de duração de trabalho para o comércio* (Lei n.º 295) *e para a indústria* (Lei n.º 296), excluídos, neste caso, os estabelecimentos com 5 ou menos operários. O período máximo diário era fixado, por qualquer dessas leis, em 10 horas.

Esse regime foi alterado logo quatro anos depois, pelo Dec. n.º 5 616 de 10 de Maio de 1919 (data aliás marcada por um verdadeiro surto de leis relacionadas com problemas de trabalho) que, designadamente, estabeleceu os *períodos máximos diário de oito horas e semanal de quarenta e oito*, para a função pública, as actividades comerciais e industriais. Note-se que a jornada de oito horas já, pelo menos desde as últimas décadas do século passado, constituía uma pretensão repetidamente afirmada em manifestações de trabalhadores – e estava, de resto, legalmente consagrada, desde 1891, mas apenas para os manipuladores de tabacos.

Desde então, até ao advento do sistema corporativo, não abrandou a produção legislativa e, sobretudo, regulamentar, no tocante às relações de trabalho. No entanto, de harmonia com o critério de destacar apenas os momentos fulcrais dessa produção, anotaremos de seguida a *primeira referência legal à contratação colectiva* – cujos ante-cedentes são, de resto, muito pouco conhecidos – feita pelo Dec. n.º 10 415, de 27 de Dezembro de 1924 que, aliás, tinha outro objectivo: autorizar a constituição de uniões e federações de associações de classe. A estes organismos era expressamente reconhecida capacidade «para celebrar contratos colectivos de trabalho» (art. 3.º), sem que a lei cuidasse de caracterizar o fenómeno ou de lhe regular as consequências.

E) *O ordenamento laboral corporativo.*

18. Ao derrube da I República, pelo movimento de 28 de Maio de 1926, seguiu-se um período de relativa pobreza na legislação do trabalho (até 1933) – mas, de qualquer modo, logo assinalado pelo regresso à *proibição da greve* (Decreto n.º 13138, de 15 de Fevereiro de 1927).

Os alicerces jurídicos do sistema corporativo foram, como se sabe, lançados em 1933, com a Constituição Política e o chamado Estatuto do Trabalho Nacional (Decreto-Lei n.º 23 048, de 23 de Setembro daquele ano). Sob a égide desses diplomas, particularmente o segundo, e na linha dos princípios programáticos por eles enunciados em referência à quase totalidade da problemática das relações de trabalho, verificou-se posteriormente uma vasta produção legislativa, com carácter orgânico, que constituiu o primeiro conjunto sistemático registado pela história do Direito do Trabalho português.

A estruturação do ordenamento laboral corporativo fez-se sob o impulso de duas ideias-força, uma explicitada no Estatuto – a de *solidariedade* entre a propriedade, o capital e o trabalho – e outra apenas implícita nele, mas largamente evidenciada na produção legislativa e na prática administrativa subsequentes: a do primado da protecção legal da situação *individual* do trabalhador, em contraponto com o condicionamento e a contenção das formas de acção colectiva laboral (controlo administrativo das convenções colectivas, proibição da greve e do *lock-out*).

O princípio solidarístico (art. 11.º do Estatuto) – estreitamento ligado à exigência de paz *social* (art. 5.º) – exprimia-se, ao nível da empresa, pela cunhagem do princípio da *colaboração* ("o trabalhador intelectual ou manual é colaborador nato da empresa onde exerça a sua actividade e é associado aos destinos dela pelo vínculo corporativo" – art. 22.º). Mas temperava-o a consagração do *primado dos interesses do capital* sobre os do trabalho ("o direito de conservação ou amortização do capital da empresa e o do seu justo rendimento são condicionados pela natureza das coisas, não podendo prevalecer contra ele os interesses ou os direitos do trabalho" – art. 16.º).

O sistema legislativo que se alicerçou nos princípios da Constituição de 1933 e do Estatuto do Trabalho Nacional tem os seus pontos fulcrais nos seguintes diplomas:

a) DL 23870, de 18 de Maio de 1934 – punição da greve e do *lock-out* (revogado expressamente em 1974);

b) DL 24402, de 24 de Agosto de 1934 – regime da duração do trabalho (que, com alterações parciais, vigorou até 1971);

c) L 1942, de 27 de Julho de 1936 – regime dos acidentes de trabalho e doenças profissionais (revogado em 1965);

d) L 1952, de 10 de Março de 1937 – primeiro regime jurídico específico do contrato individual de trabalho (que se manteve em vigor até 1967);

e) DL 36173, de 6 de Março de 1947 – regime jurídico da contratação colectiva (que perdurou, com alterações, até 1969).

A notória longevidade destes diplomas não pode explicar-se simplesmente pelo intrínseco conservadorismo do regime. Eles reflectiam, sobretudo no tocante às situações de cariz individual, uma considerável abertura a ideias colhidas na doutrina e na jurisprudência de outros países europeus, que ofereciam um suporte dogmático bastante estável. (1) No domínio das soluções regulamentares, as leis dos anos trinta e quarenta puderam manter-se próximas da actualidade normativa, porque eram já de início relativamente avançadas. Esses factores conjugam-se com a lentidão do desenvolvimento das estruturas económicas e sociais entre as décadas de 30 e 60.

19. Sobretudo a partir de 1965, as alterações verificadas, nos domínios político e económico, no quadro do regime então vigente, determinaram um movimento de modernização do sistema de leis do trabalho que gerou, entre outros, os seguintes diplomas:

a) DL 47 032, de 27 de Maio de 1966, substituído depois pelo DL 49 408 de 24 de Novembro de 1969 – regime jurídico do contrato individual de trabalho, ainda parcialmente em vigor;

---

(1) Note-se, por exemplo, como a concepção comunitária das relações de trabalho permaneceu de pé, na doutrina e na jurisprudência alemãs, até fins dos anos sessenta. Cfr. DÄUBLER, *Das Arbeitsrecht,* 307 ss..

b) DL 409/71, de 27 de Setembro – regime de duração do trabalho;

c) DL 49212, de 28 de Agosto de 1969 – regime das relações colectivas (substituído em 1976);

d) L 2 127, de 3 de Agosto de 1965, e Dec. 360/71, de 21 de Agosto – regime de acidentes de trabalho e doenças profissionais (substituído em 1997).

F) *O Direito do Trabalho na transição e na crise.*

20. Com a abolição do regime corporativo, ou seja, após 25 de Abril de 1974, dir-se-ia estar aberto um largo caminho de renovação do ordenamento jurídico-laboral português. E logo o DL 203/74, de 15 de Maio (Programa do Governo Provisório), na esteira do Programa do Movimento das Forças Armadas (publicado em anexo à Lei Constitucional n.º 3/74, de 14 de Maio), previu em termos genéricos um vasto conjunto de medidas legislativas relacionadas com o domínio do Direito do Trabalho (por exemplo: extinção do sistema corporativo e sua substituição por um aparelho administrativo; revogação do Estatuto do Trabalho Nacional; garantias da liberdade sindical; estabelecimento de novos mecanismos de resolução de conflitos colectivos de trabalho; criação de um salário mínimo nacional; etc).

É sabido que, no entanto, essas perspectivas de renovação legislativa não foram correspondidas. O Estatuto do Trabalho Nacional não chegou a ser expressamente revogado; o regime jurídico do contrato individual de trabalho contido no DL 49408, de 24/11/69 (a LCT), manteve-se em grande parte em vigor durante décadas, até à elaboração do Código do Trabalho; a disciplina legal das relações colectivas de trabalho só em 1976 foi modificada (DL 164-A/76, de 28 de Fevereiro), e renovada em 1979 (pelo DL 519-C1/79, de 31/12), mas sempre sob forte influência do modelo regulatório corporativo; não chegou a ser instituído um verdadeiro salário mínimo nacional (caracterizado pela adequação e pela suficiência), mas apenas um sistema de retribuições mínimas garantidas; o regime dos acidentes de trabalho e doenças profissionais manteve-se em vigor por mais de duas décadas: só recentemente foi revisto (L 100/97, de 13/9) e agora incorporado no CT (arts. 281.º e segs.), mas de acordo com os pressupostos doutrinais antigos; a jurisdição do trabalho conserva traços essenciais da fisionomia que tinha antes de 1974, apesar do enorme crescimento da número e da complexidade dos litígios ([1]).

21. De qualquer modo, há que reconhecer a *inexistência de uma crise aguda de validade ou de operacionalidade do corpo normativo anterior a Abril de 1974* (quer na parte legislativa, quer na de origem convencional), não obstante a crise dos pressupostos ideológicos e das estruturas económicas e sociais a que se referenciava. Sumariamente, dir-se-á que as mesmas leis – e, por algum tempo, as próprias convenções outorgadas pelos sindicatos corporativos – continuaram a ser aplicadas.

A circunstância de a legislação então existente reunir já características de transição – no que especialmente respeitava ao estatuto individual do trabalhador subordinado – ajuda a explicar esse fenómeno de substancial «confirmação» e manutenção que, em relação a ela, se verificou após a mudança de regime político.

Mas não pode subestimar-se o significado de duas orientações político-jurídicas que aí se enxertaram, em conjunturas que não favoreciam a imediata apreensão do seu alcance.

A primeira dessas orientações ou inspirações foi a do *igualitarismo,* manifestando-se, por exemplo, através de limitações ao acréscimo dos salários mais elevados e da interdição de certos complementos retributivos; o estreitamento dos leques salariais e a uniformização de estatutos profissionais instalaram-se como *leitmotiv* da negociação colectiva e da experiência quotidiana das relações de trabalho.

([1]) Mereceria aqui referência a criação das *comissões de conciliação e julgamento,* pelo DL 463/75 de 27/8. Porém (e após larga controvérsia em torno da sua constitucionalidade), foram extintas pela L 82/77, de 6/12 (n.° 2 do art. 83.°), enquanto órgãos jurisdicionais, ao mesmo tempo que se operava a integração dos tribunais do trabalho (como tribunais de competência especializada, encarregados de exercer a «jurisdição social») na orgânica judiciária. Mais tarde, as CCJ foram eliminadas também como instâncias conciliatórias pré-judiciais (DL 115/85, de 1 8/4).

A segunda directriz consistiu no *enfraquecimento da posição de supremacia e controlo do empregador na relação individual de trabalho,* e positivou-se sobretudo na legislação sobre o despedimento individual. Emanada, na parte mais significativa e relevante, entre meados de 1975 e princípios de 1976, essa legislação parece ter tido inspiração complexa. Ela serviu, com efeito:

a) dois objectivos *conjunturais* – o de prevenir a hemorragia de empregos que a situação sócio-política tornava iminente e o de conter a diversidade de regimes convencionais sobre a cessação do contrato de trabalho, especialmente no que respeitava ao montante das indemnizações;

b) e uma meta *estrutural* menos ostensiva, não obstante a sua transcendência político-jurídica: a de *limitar o poder patronal,* privando-o do seu instrumento decisivo que é o despedimento imediato sem dependência de motivo grave e objectivo.

Acessoriamente, acentuava-se a «processualização» do poder disciplinar, em termos que, de resto, flutuaram acentuadamente em sucessivas revisões legislativas, mas sem jamais resultar desfocada a particularidade de se lhe conferir relevância substancial – isto é, incidência dos vícios processuais na própria validade das medidas disciplinares, sem margem para suprimento judicial.

22. Para além do que especialmente se referiu à temática da cessação do contrato de trabalho, a produção legislativa que se verificou a partir de meados de 1974 foi marcada, fundamentalmente, por conveniências de conjuntura e pela ausência de uma inspiração homogénea.

É possível, apesar de tudo, descobrir alguns vectores significativos nesse manancial de intervenções regulamentares:

a) Um desses vectores – muito ligado à situação vivida em 1974/75 e desactivado na década de oitenta – foi o da *limitação de benefícios ou regalias contratuais*, incidindo na negociação colectiva e nas estipulações individuais, mas tendo sobretudo em vista a primeira, com provável fundamento na percepção do desequilíbrio de poderes negociais (favorável, na época, às organizações de trabalhadores). São exemplos marcantes as restrições à redução dos períodos normais de trabalho (DL 505/74, de 1 de Outubro), os condicionamentos do aumento de salários (por último, o DL 409/78, de 19 de Dezembro) e da atribuição de benefícios pecuniários complementares (interdição do pagamento de impostos pela entidade empregadora, limitação dos valores acessórios da retribuição base, etc.). O traço mais impressivo que se distinguia nesse feixe de intervenções do legislador era o do impedimento de soluções mais favoráveis aos trabalhadores; traço que, não obstante a sua índole conjuntural, viria a ser mais tarde retomado em certa legislação de emergência ou *de crise,* como veremos; traço que, em suma, reflectiu o desajustamento da contratação colectiva à situação real do aparelho produtivo.

b) Outra linha de força foi, sem dúvida, a da *"constitucionalização» do ordenamento laboral,* a partir de 1976; mas ela não se condensou tanto na reformulação de institutos já adquiridos e estruturados como na especificação, pela lei ordinária, de directrizes constitucionais incidentes em zonas lacunosas do ordenamento. São exemplos salientes a *proibição dos despedimentos sem justa causa ou por motivos políticos ou ideológicos,* estabelecida no art. 52.º da CRP, que originou a tentativa penosa (e, em boa parte, votada à inanidade) de vasamento da realidade factual dos «saneamentos» e «afastamentos compulsivos» nos moldes formais da cessação dos contratos de trabalho (DL 40/77, de 29/1); a *fixação de retribuições mínimas garantidas,* iniciada antes da CRP (pelo DL 217/74, de 27/5) e prosseguida, depois da sua publicação, a ritmo normalmente anual; a *proibição de discriminação com base no sexo* (DL 392/79, de 20/9). Mas o movimento de «constitucionalização» assumiu particular relevo e substância no terreno dos *fenómenos colectivos laborais:* foram os ajustamentos à lei sindical, derivados do acolhimento constitucional do pluralismo (DL 773/76, de 27/10); foi a regulamentação do exercício do direito de greve e a proibição legal do *«lock-out»* (L 65/77, de 26/8); foi o regime da participação das organizações de trabalhadores na elaboração das leis do trabalho (L16/79, de 26/5); foram, enfim, o estatuto das comissões de trabalhadores e a disciplina do controlo de gestão (L 46/79, de 12/9). Assentes em precários consensos políticos e sociais, sem falar do carácter frequentemente difuso e ambíguo do armamento conceitual utilizado, esses diplomas manifestavam fundamentalmente o propósito de consolidar na experiência social concreta alguns axiomas tidos por estruturais na chamada «constituição social». Todavia, alguns deles terão correspondido sobretudo a desígnios pragmáticos de racionalização ou «normalização» de realidades pré-constitucionais: é o que, com alguma segurança, se poderá afirmar a propósito do exercício do direito de greve e da actividade das comissões de trabalhadores.

c) Terceira via de desenvolvimento: a do esboço de uma *legislação laboral de emergência ou de crise,* exprimindo o acolhimento de prioridades técnico-organizativas, nomeadamente as que se relacionavam com a eficiência do aparelho produtivo. Tratava-se de medidas declaradamente conjunturais, implicando a neutralização temporária de garantias sociais estabelecidas, embora balanceada com dispositivos compensatórios de índole assistencialista; visavam, de um modo geral, ajustar a realidade das organizações produtivas ao seu potencial de emprego, aligeirando os custos do trabalho e libertando as cadeias de execução dos excedentes que as condicionavam. Contudo, apareciam destituídas de uma inspiração coerente e, até, de condições operatórias adequadas; e, sobretudo, ao contrário do que ocorria noutros ordenamentos, caracterizavam-se pela ausência de consenso social e político, e, consequentemente, por uma limitada efectividade. Ocupou, neste quadro, uma posição central o regime da *declaração de empresas em situação económica difícil,* especialmente no que toca à possibilidade da temporária inaplicação de convenções colectivas e da suspensão de contratos individuais de trabalho (DL 353-H/77 e 353-I/77, de 29/8), assim como o regime de apoio financeiro a empresas atingidas por «catástrofes ou outras ocorrências graves» (DL 230/79, de 23/7) cujo âmbito de aplicação parecia revestir-se de considerável elasticidade. O modelo veio a cristalizar no regime da *suspensão do contrato de trabalho e da redução dos períodos de trabalho* (DL 398/83, de 2/11). Situando-se numa zona de fractura da evolução do nosso ordenamento laboral, esta legislação «de emergência» estendia, como se notou, as suas raízes ao período de 1974/75, devendo por isso articular-se, lógica e funcionalmente, com a adopção da técnica de *dupla imperatividade* por alguns outros diplomas importantes (como os que contêm o regime da cessação do contrato de trabalho e a disciplina dos feriados, férias e faltas).

G) *Anos noventa: uma década de legislação «concertada».*

23. Em 1989/91, surgiram os primeiros afloramentos de uma política legislativa descompressora do espaço de manobra dos empregadores na organização e direcção do trabalho. Sob a inspiração de um neo-liberalismo político-económico cuja voga não deixou de aumentar desde a segunda metade dos anos oitenta, desenhou-se então uma mudança de percurso na evolução do direito do trabalho português. As ideias-força que imprimiram essa reorientação foram as de *flexibilização e adaptabilidade das condições de uso da força de trabalho.*

Se, por um lado, é forçoso reconhecer que essa inflexão político-jurídica foi sempre marcada por uma certa gradualidade e pela preocupação de manter uma postura formal de garantia da situação dos trabalhadores, é verdade também que, ao menos numa primeira fase, ela se limitou aos aspectos *quantitativos* da política de flexibilização. A perspectiva dominante foi a de flexibilidade *externa*, referente aos modos de recrutar e eliminar efectivos. Destacaram-se, nesse quadro, os regimes da contratação a termo (arts. 41.º ss. DL 64-A//89, de 27/2) e do trabalho temporário (DL 358/89, de 17/10), quanto aos meios de *aquisição de* recursos humanos; a reforma da disciplina jurídica da cessação do contrato de trabalho (feita a dois tempos: DL 64-A/89, de 27/2, e DL 400/91, de 16/10), assim como a previsão do regime de pré-reforma (DL 261/91, de 25/7), quanto à *eliminação* de efectivos.

Mas também a flexibilidade *interna* – respeitante aos modos de utilização da força de trabalho disponível na empresa – foi encarada, a partir de 1991, através da concretização legislativa de um acordo de concertação social, o chama «Acordo Económico e Social», subscrito em fins de 1990. Assim, e entre outras medidas, surgiram alterações ao regime do direito a férias (DL 397/91, de 16/10) e à disciplina do trabalho suplementar (DL 398/91, de 16/10), além da consagração da figura (importada do regime da função pública) da comissão de serviço, para certos cargos e funções, nomeadamente de chefia (DL 404/91, de 16/10). Sob a influência de orientações ou tendências internacionalmente consagradas, registou-se a reconsideração, em moldes flexíveis, dos períodos normais de trabalho máximos (L 2/91, de 17/1), a reformulação da disciplina do trabalho de menores (DL 396/91, de 16/10) e, ainda, a longamente esperada regulamentação do trabalho no domicílio (DL 440/91, de 14/11).

Mais recentemente, e também na linha da adaptabilidade das organizações de trabalho, ocorreu, igualmente na sequência de um acordo obtido em processo de concertação social, a redução da semana de trabalho para 40 horas efectivas (L 21/96, de 23/7). E, em resposta parcial às novas preocupações relacionadas com a *desregulação* e a *inefectividade dos regimes laborais*, foram criadas medidas de antídoto a algumas formas de trabalho ilegal (Ls 38/96 e 39/96, de 31/8).

A adopção de um número importante de compromissos legislativos, através do «Acordo de Concertação Estratégica» firmado em fins de 1996, levou a que, em 1998 e 1999, tivessem sido publicados vários diplomas, de importância muito desigual para o desenvolvimento do sistema de direito do trabalho. O programa legislativo desse acordo compreendia, antes do mais, operações que sempre teriam que ser realizadas: a transposição de directivas europeias sobre *despedimento colectivo* (Dir. 92/56), *organização do tempo de trabalho* (93/104), *protecção dos jovens no trabalho* (94/33), *comités europeus de empresa* (94/45) e *licença parental* (96/34). Essa transposição foi feita, respectivamente, pelas Ls. 32/99, de 18/5; 73/98, de 10/11; 58/99, de 30/6; 40/99, de 9/6; e 142/99, de 31/8.

Na perspectiva do combate ao surto crescente de incumprimento das normas de trabalho, foi também publicado um novo regime das *sanções laborais*, cujo núcleo central constava da L. 116/99, de 4/8.

Outros diplomas, referentes a aspectos particularizados do regime das relações de trabalho (exemplo: a modificação do modo de determinação do período de trabalho nocturno, pelo DL 96/99, de 23/3), podiam ainda, de algum modo, embora sem obedecerem a uma estratégia legislativa definida, inserir-se na tendência flexibilizante que se manifestou ao longo da década de noventa.

H) *O Código do Trabalho.*

24. A acumulação de diplomas legais que assim se foi processando, ao sabor das necessidades conjunturais e das oscilações políticas, conduziu a um estado de notória desorganização do "sistema" de direito do trabalho português. Oriundas de épocas sociais, económicas e políticas diferentes, frequentemente elaboradas sem grandes primores de técnica legislativa, quando não portadoras de deficiências gramaticais e de imprecisões semânticas, essas leis não facilitavam o acesso ao direito nem a consistente aplicação das normas. O Código do Trabalho apareceu, em 2003, como forma de superação desse quadro desorganizado.

Independentemente da forma que viesse a ser adoptada, a reorganização dos materiais legislativos existentes era há muito uma necessidade consensualmente admitida. Tal consenso exprimiu-se, por fim, no texto do "Acordo de Concertação Estratégica" que foi assinado em fins de 1996: aí se preconizava a constituição de uma "equipa técnica" para "proceder ao levantamento, análise e sistematização das várias peças dessa legislação e propor as reformulações consideradas necessárias". Já em 2000, foi criada, por iniciativa governamental, a "Comissão de Análise e Sistematização da Legislação Laboral", que apresentou, em Setembro de 2001 ([1]) e em Maio de 2002, relatórios e anteprojectos "consolidados" respeitantes ao direito individual e ao direito colectivo.

Finalmente, em Julho de 2002, foi apresentado pelo Governo um anteprojecto que, após apreciação pública, discussão em concertação social, debate parlamentar e análise no Tribunal Constitucional, veio a originar o novo Código do Trabalho, aprovado pela L. 99/2003, de 27/8.

O art. 20.º da lei preambular previa a sua revisão no prazo de quatro anos após o início de vigência. No entanto, um longo processo preparatório, marcado pela preocupação de fundamentar

([1]) O relatório de 2001 foi publicado em volume pelo então Ministério do Trabalho e da Solidariedade, sob o título *Revisão da Legislação laboral,* Lisboa, (2002).

objectivamente a intervenção sobre o Código, levou a que só em Fevereiro de 2009, ou seja, após mais de cinco anos de vigência do Código de 2003, tenha sido publicada a lei de revisão (L. 7/2009, de 12/2).

25. O CT surge impelido por três ideias-força: a de *sistematização e concentração das normas laborais*, a de *aumento da flexibilidade da organização do trabalho*, e a de *descongelamento da contratação colectiva*.

Quanto à primeira, de entre as várias fórmulas concebíveis, foi escolhida a da codificação. Apesar das objecções que podiam ser-lhe opostas – a codificação foi sempre uma via desaconselhada em direito do trabalho –, a opção acabou por ser acolhida pacificamente, como contraponto para a situação de desorganização que se manteve e desenvolveu por longos anos. É hoje inegável a melhoria que daí decorre para o acesso às normas por parte dos seus destinatários. As muitas deficiências da sistematização adoptada não bastam para comprometer esse benefício. Por outro lado, a autonomia sistemática e dogmática do Direito do Trabalho resulta reforçada.

No que toca à flexibilização, as alterações introduzidas pelo CT são relativamente modestas: incidem, essencialmente, sobre os domínios da mobilidade funcional e geográfica, e também sobre o da organização dos tempos de trabalho, como se assinalará nos lugares próprios. Um aspecto negativo, nomeadamente do ponto de vista da adaptabilidade das normas às condições concretas das actividades económicas, reside na inexistência de qualquer esforço de revisão do paradigma de referência (trabalho juridicamente subordinado) e na escassa sensibilidade às formas novas, ditas "atípicas", de prestação e organização do trabalho.

No tocante à negociação colectiva, a modificação mais importante consiste na previsão da caducidade das convenções anteriores, certo tempo depois da sua denúncia – criando, assim, um mecanismo de pressão para a negociação e a obtenção de acordos novos.

A revisão de 2009, para além da modificação profunda da sistematização do Código, não inflectiu sensivelmente em nenhuma das orientações acima referidas. No entanto, a estratégia da revisão foi completada por propósitos de *combate à fraude laboral* e à *precariedade artificial* , em termos que adiante serão examinados.

4. *As fronteiras móveis do Direito do Trabalho.*

26. O objecto do Direito do Trabalho define-se, como foi referido, em torno da prestação de trabalho subordinado, livre, remunerado, no quadro de uma relação contratual jurídico-privada.

Fala-se aqui de trabalho *subordinado livre* porque se alude a uma situação em que a colocação de uma pessoa "no âmbito de organização e sob a autoridade" de outra ou outras (art. 11.º CT) não deriva de uma imposição alheia, antes se baseia num acto de vontade daquele que assim se subordina. Está-se, deste modo, a referenciar o momento em que se estabelece a relação de trabalho (justamente, esta funda-se num *contrato),* enfatizando o facto de a prestação de trabalho por conta de outrem não ser objecto de uma compulsão ou coacção externa – como ocorreria no trabalho obrigatório, no trabalho forçado ou no trabalho prisional (1) – mas de uma decisão ou "escolha" do prestador. A referência à *liberdade* restringe-se, aqui, como se vê, ao modo de determinação do vínculo *jurídico* de trabalho; não se trata da liberdade psicológica ou da livre opção económica – que muitas vezes não existem, dada a pressão das necessidades de subsistência.

Sob o ponto de vista jurídico, o tratar-se de trabalho livre (isto é, contratado) tem uma outra importante implicação. Ao vincular-se, o trabalhador "aliena" liberdade pessoal – pelo menos no sentido de que "coloca *o seu tempo* ao serviço dos fins do outro contraente" (2) –, mas *apenas* segundo a qualidade e a quantidade do trabalho ajustado. Fora desse âmbito, o trabalhador conserva, em geral, a auto-disponibilidade e o leque de opções pessoais e económicas que ela comporta. São, assim, incompatíveis com o trabalho livre, no sentido referenciado, a vinculação perpétua ou vitalícia e a omnicompreensividade da prestação (3).

O ordenamento jurídico-laboral ocupa-se da prestação de trabalho *remunerado;* estão fora do seu objecto as situações em que

---

(1) Cfr. Brito Correia, *Direito do Trabalho,* I, Lisboa (1980/81) 106; Zöllner 41.

(2) Ballerstedt, *Probleme einer Dogmatik des Arbeitsrechts,* RdA (1976) 8 ss.

(3) Cfr. Alonso Olea, *Introduccion al Derecho del Trabajo,* Madrid (1981) 38 ss.

alguém realiza uma actividade, em proveito de outrem, a título gratuito (actividades de cortesia, trabalho familiar) ou sem directa contrapartida económica (cooperação entre vizinhos, troca de serviços) ([1]), o que não exclui a sua relevância jurídica noutros quadrantes do ordenamento. Nisso se distingue também a situação do chamado sócio de indústria da do trabalhador que aufere participação nos lucros da empresa: enquanto o primeiro, contribuindo com serviços para uma sociedade (art. 980.º C. Civ.), pode ver-se privado da remuneração deles, por falta de lucros, o segundo terá em regra direito a uma retribuição pelo trabalho prestado (art. 260.º/1-d) CT).

Finalmente, ao Direito do Trabalho importam, em princípio, somente as relações *jurídico-privadas* de trabalho, isto é, tituladas por contrato de trabalho. As relações de emprego público (envolvendo os funcionários públicos e outros agentes administrativos) pertencem à esfera do Direito Administrativo. Não pode, no entanto, excluir-se a hipótese de relações de trabalho envolvendo uma entidade pública como empregador estarem sujeitas ao ordenamento laboral: é o que pode verificar-se quando o ente público assuma a veste de sujeito de direito privado, apresentando-se no comércio jurídico-laboral sem a autoridade característica do poder público – como sucede, nomeadamente, com as *empresas públicas* em relação ao seu pessoal ([2]) – e, ainda, quando "o trabalhador não exerça uma actividade inerente aos fins institucionais da pessoa colectiva *(pública),* ou directamente conexa com os fins publicísticos desta" ([3]).

Para lá destas fronteiras, existem modalidades jurídicas de *prestação de trabalho em benefício de outrem* cuja regulação escapa ao domínio do Direito do Trabalho. Mas as fronteiras não são fixas: o ordenamento (privatístico) do trabalho tende a alastrar a fenómenos que, originariamente, por não corresponderem de modo integral às características do trabalho assalariado (juridicamente subordinado), estão excluídos do seu âmbito.

([1]) Cfr. ALONSO OLEA, Cit. 43.

([2]) Cfr. J. A. ALVES LOURENÇO, *As relações de trabalho nas empresas públicas,* Coimbra (1984).

([3]) M. E. BIGOTTE CHORÃO, *Direito do Trabalho* (lições copiog.), Lisboa (1966/ 67) 27.

Aponta-se correntemente, por isso, uma *tendência expansiva* do Direito do Trabalho, no sentido de "responder à necessidade de tutela proveniente de figuras sociais conformes à que foi tomada como modelo na fase originária da sua construção, independentemente dos caracteres técnico-jurídicos do compromisso de prestar trabalho" ([1]). Por outras palavras, trata-se de retomar, como factores de legitimação, as ideias de *debilidade contratual* e de *dependência económica* que a adopção do modelo da subordinação jurídica, dados os desenvolvimentos historicamente verificados na condição jurídico-económica do salariato, fez perder quase inteiramente de vista.

Essa tendência manifesta-se, em particular, quanto a duas modalidades de prestação de trabalho tradicionalmente excluídas do objecto do Direito do Trabalho.

27. A primeira, aliás englobando numerosas espécies, é a que genericamente se designa por trabalho *autónomo ou autodeterminado*. Caracteriza-se por a *actividade* do prestador ser programada e conduzida pelo seu próprio critério de organização e funcionalidade, tendo em vista a obtenção de *um resultado devido* a outrem. Assim, como exemplos, podem citar-se as actividades características do médico, do advogado, do empreiteiro ou subempreiteiro de construção civil, do gestor de uma carteira de títulos, do produtor independente de programas de televisão, do cabeleireiro, do mediador de seguros, etc..

As relações de trabalho autónomo, pela simples razão de que nelas *não existe subordinação jurídica* do fornecedor de trabalho relativamente ao beneficiário final do respectivo resultado, estão fora do objecto do Direito do Trabalho. Isto significa, desde logo, que o ordenamento laboral não tem com tais situações uma conexão imediata e estrutural.

Mas o que latamente se designa por "trabalho autónomo" corresponde a uma grande diversidade de estatutos socioeconó-

---

([1]) GHEZZI/ROMAGNOLI, *Il rapporto di lavoro,* Bologna (1984) 32. Cfr. também ZÖLLNER 51.

micos. É sobretudo necessário reconhecer com nitidez a divisória para lá da qual se encontra o trabalho *autodeterminado* mas *dependente* (1).

Considere-se a situação do alfaiate que, em sua casa, e porventura com o auxílio de familiares, produz peças de vestuário para um armazém ou um estabelecimento de "pronto-a-vestir", utilizando fazendas, figurinos, até mesmo instrumentos de trabalho, fornecidos pela empresa que lhe absorve totalmente a produção para a lançar no mercado. Pense-se, ainda, no pequeno representante comercial que dedica todo o seu tempo à colocação no mercado de produtos de certa marca ou fabricados por determinada empresa. Encare-se, enfim, a imagem do profissional de reparação de pneus que, na sua pequena oficina, se ocupa em regime de exclusividade nas obras que lhe são remetidas por uma empresa de transportes rodoviários.

Em todos estes casos, existe, decerto, trabalho autónomo, no sentido de autodeterminado – mas, simultaneamente, uma *dependência económica* que, em regra, envolve debilidade contratual. Veremos adiante – nomeadamente a propósito do art. 10.º CT – como se estrutura essa relação de dependência e que postura assume perante ela o ordenamento laboral português.

A radicação da subordinação jurídica (no sentido correspondente à heterodeterminação) como critério delimitador do Direito do Trabalho levaria a deixar sem tutela juslaboral essas situações. Todavia, verifica-se uma tendência em sentido oposto, ainda que afirmada com intensidade diversa de ordenamento para ordenamento: essa tendência aponta, como se especificará mais à frente, no sentido de *estender* a tais modalidades de trabalho os dispositivos fundamentais da protecção juslaboral.

---

(1) Sobre a diferente aptidão delimitadora dos conceitos de subordinação *(Unselbständigkeit)* e dependência *(Abhängigkeit)*, vd. ZÖLLNER 45. A subordinação é, no entanto, correntemente descrita, na literatura alemã, como "dependência pessoal»: cfr. SCHMID 11; SÖLLNER 1; GAUL, *Das Arbeitsrecht in Betrieb*, 8.ª ed., Heidelberg (1986), I 29.

O processo de "juridificação laboral" dessas modalidades poderia desenvolver-se por dois caminhos: o da *amplificação* ou "enriquecimento" do conceito operatório de subordinação, mediante a introdução de características tiradas da posição socioeconómica do prestador de trabalho (como no caso italiano e, de certo modo, no espanhol) (1); ou o da manutenção da subordinação no seu perfil clássico, procedendo-se à *assimilação* ou *equiparação,* para efeitos limitados e específicos, das situações de dependência económica à relação de trabalho subordinado. A primeira perspectiva é, afinal, a da "recuperação", pelo Direito do Trabalho, de terrenos considerados pertencentes à sua originária esfera vocacional (2), e, neste sentido, traduz-se numa diligência re-legitimadora da tutela juslaboral. A segunda é a da "exportação" (3) de princípios e normas protectivas do ordenamento do trabalho para domínios que lhe seriam alheios, isto é, a da projecção ou influência *externa* desse ordenamento, com base numa similitude de situações meramente ditada pela comum *carência de tutela.*

Qualquer destas maneiras de encarar o problema comporta, decerto, razões para se pôr em causa o acerto da afirmação de uma verdadeira "tendência expansiva" do Direito do Trabalho. Mas também qualquer delas evidencia, a partir do próprio critério delimitador central (a subordinação), a relativa indeterminação ou "mobilidade" das fronteiras do ordenamento laboral.

28. Do objecto do Direito do Trabalho estão também, como se disse, excluídas as *relações jurídico-públicas do trabalho,* com especial relevo para as que se estabelecem entre o Estado e os *funcionários públicos.*

A fisionomia geral dessas relações pode desenhar-se pelos seguintes traços: "natureza pública do ente, correlação das funções

(1) Cfr. CARINCI/DE LUCA TAMAJO/TOSI/TREU, *Il rapporto di lavoro* cit. 15 55; MONTOYA MELGAR, *Derecho del Trabajo* cit. 304 ss.

(2) Cfr. GHEZZI/ROMAGNOLI, *Il rapporto di lavoro* cit., 32 ss..

(3) CARINCI/DE LUCA TAMAJO/TOSI/TREU, *Il rapporto* cit. 19.

com os fins institucionais do mesmo ente, continuidade da prestação, pré-determinação da retribuição, subordinação hierárquica" ([1]). Embora a configuração exterior do vínculo de emprego público apresente notória similitude com a da relação jurídico-privada de trabalho – o trabalhador coloca ao dispor de outrem a sua aptidão laboral, pelo que é retribuído, ficando sujeito a uma autoridade hierárquica no exercício da sua actividade –, assume nela um particular relevo a natureza dos interesses ou fins prosseguidos pela entidade empregadora, na medida em que a prestação de trabalho lhes está instrumentalmente cingida. Assim, o art. 269.º/1 CRP dispõe enfaticamente que, "no exercício das suas funções, os trabalhadores da Administração Pública e demais agentes do Estado e outras entidades públicas *estão exclusivamente ao serviço do interesse público,* tal como é definido, nos termos da Lei, pelos órgãos competentes da Administração". O que avulta aqui é, em todo o caso, a *inserção orgânica* e *funcional* do trabalhador no processo de realização dos *fins públicos* a cargo da entidade à qual está vinculado ([2]).

A subordinação ou dependência do trabalhador da função pública é, por esse motivo, mais acentuada que a do prestador de trabalho em regime jurídico-privado ([3]). Dir-se-á mesmo que a diferença não é só de grau, mas *qualitativa:* "a posição do trabalhador tende a ser concebida como um *status* jurídico global" ([4]), afectando numa extensão considerável aspectos da sua vida pessoal (ex: regime de domicílio necessário, dever de boa conduta na vida particular) e expondo-o a alterações não consensuais do conteúdo da relação de emprego ([5]). O regime de tais relações pertence à esfera do Direito Administrativo.

No entanto, uma tal configuração das relações entre o Estado e as pessoas que, nos mais diversos enquadramentos, se encontram

---

([1]) ID., *id* 60.

([2]) Cfr. já BIGOTTE CHORÃO, *Direito de Trabalho,* cit. 19 ss..

([3]) Cfr. J. ACÁCIO LOURENÇO, *As relações de trabalho* cit. 46 ss.

([4]) CARINCI/DE LUCA TAMAJO/TOSI/TREU 62.

([5]) J. ACÁCIO LOURENÇO, *As relações de trabalho* cit. 47 ss. Na doutrina italiana, construiu-se sobre as características da situação a "teoria da supremacia especial da Administração Pública" – cfr. M. RUSCIANO, *L'impiego pubblico in Italia,* Bologna (1978)124 ss.

ao seu serviço tem visto diminuir, progressivamente, a sua amplitude. Assiste-se, em Portugal como noutros países, a um movimento forte no sentido da privatização do emprego público.

Desde logo, há que ter em conta – sem qualquer novidade – a situação das pessoas que se vinculam a uma entidade pública por verdadeiro *contrato de trabalho,* ou seja, numa relação jurídico-privada, embora por vezes dotada de fisionomia especial e regulada aparte ([1]).

É, antes de mais, o que ocorre, de um modo geral, com os trabalhadores das *entidades públicas empresariais* ([2]). Por via de regra, sendo a situação (jurídico-privada) de empregador ocupada por um ente público, ou seja, surgindo este na relação empregatícia sem o atributo de supremacia inerente ao *ius imperii,* está-se no domínio de actuação do Direito do Trabalho. O Código do Trabalho é-lhes plenamente aplicável.

Contudo, deve notar-se que a natureza e o regime das relações de trabalho nas entidades públicas empresariais não são determináveis de modo genérico e *a priori*. O estatuto de cada uma delas aponta num ou noutro sentido – e, por vezes, admite a simultaneidade de regimes publicísticos e privatísticos – em resultado de opções que são ditadas, muitas vezes, pelos antecedentes das empresas e pela preocupação de salvaguarda dos interesses e expectativas dos trabalhadores envolvidos. A questão é assim decidida em função de considerações de oportunidade e não com fundamento nos critérios de aferição da *natureza* pública ou privada do vínculo de emprego. Deste modo, a aplicabilidade das regras do Direito do Trabalho não deriva da *qualificação* técnico-jurídica das relações laborais em causa, mas de uma *decisão* estatutária.

Para além disso, porém, e sobretudo após a entrada em vigor da L. 12-A/2008, de 27/2, uma vasta área da tradicional "função pública" – a dos trabalhadores que exercem "funções públicas" não enquadráveis nas chamadas "funções de soberania": Forças Armadas, representação externa do Estado, informações de segurança, inves-

---

([1]) Cfr. J. Acácio Lourenço 41.

([2]) Veja-se o DL 558/99, de 17/12.

tigação criminal, segurança pública, inspecção (arts. 2.º e 10.º da referida lei) – passou a estar coberta pelo regime de "contrato de trabalho em funções públicas", dotado de um regime especial (L. 59/2008, de 11/9) que é, em muito larga medida, tributário do regime jurídico geral do contrato de trabalho, constante do Código do Trabalho. Esse regime aplica-se à administração directa e indirecta do Estado (por exemplo, aos institutos públicos) e às administrações regionais e autárquicas.

No entanto, a sua aplicação não deixa de estar condicionada pelas *incompatibilidades* e pelos *impedimentos* impostos pela garantia de "imparcialidade no exercício de funções públicas" (arts. 25.º e ss. L. 12-A/2008).

Já anteriormente vigorava um regime jurídico do *contrato individual de trabalho na Administração Pública,* definido pela L. 23/2004, de 22/6. Esse diploma legal continha uma remissão genérica para o Código do Trabalho (de 2003), equiparando, para esse efeito, as pessoas colectivas públicas a empresas (consideradas "grandes empresas") e esclarecendo que a sua aplicação não conferia a qualidade de funcionário público ou agente administrativo aos trabalhadores [1]. Tratava-se já, desse modo, de cobrir com o regime do contrato de trabalho actividades que, por não serem inerentes ou condicionantes da prossecução do interesse público, não justificam a atribuição de natureza juridico-pública à relação de trabalho. No entanto, a utilização desse regime constituía apenas uma possibilidade dependente de decisão política a tomar em cada caso de preenchimento de postos de trabalho. A L. 12-A/2008 veio tornar forçosa a cobertura, por contrato de trabalho (um contrato de trabalho com regime especial) dessas actividades e de muitas outras que, em rigor, a lei precedente não contemplava.

A aproximação de regimes entre as relações de emprego privadas e públicas é também visível no campo das relações colectivas de trabalho. Assim, a *liberdade sindical*, reconhecida pelo art.

---

[1] De resto, o art. 6.º da L. 99/2003, de 27/8 (que aprovou o Código do Trabalho), já determinava a aplicação do CT a essas situações, "nos termos previstos em legislação especial, sem prejuízo dos princípios gerais em matéria de emprego público".

55.º/1 CRP, abrange os trabalhadores da função pública (1) (2). No que respeita à *contratação colectiva*, a situação é menos clara. O regime do contrato de trabalho em funções públicas prevê expressamente a regulamentação por acordos colectivos (de duas modalidades: a. c. de carreira e a. c. de entidade empregadora pública) (art. 2.º L. 59/2008, de 11/9; ver também art. 81.º/2 L. 12-A/2008 cit.). Mas a disciplina legal das outras formas de constituição de emprego público (nomeação e comissão de serviço) não contempla, entre as suas fontes, a convenção colectiva (arts. 80.º e 82.º L. 12-A/2008). Não parece, porém, que daí possa resultar a privação do "direito de contratação colectiva" (acolhido, sem distinção, pela lei fundamental) a esses trabalhadores. É, no mínimo, forçoso reconhecer-lhes o *direito de negociação colectiva*, embora nos limitados termos da L. 23/98, de 26/5 (3).

No regime legal que vigorou até 1998 (DL 45-A/84, de 3/2) esse direito tinha um alcance aparentemente limitado, dado que se articulava com a manutenção da regra da *unilateralidade* da regulamentação das condições de trabalho na Função Pública (4) Assim o produto da negociação entre as associações sindicais e a Administração não era um instrumento normativo, com força semelhante à de uma convenção colectiva de trabalho: nos termos da lei valia como simples "recomendação" (art. 5.º/3 do referido diploma), só produzindo

(1) Note-se que o reconhecimento da liberdade sindical neste âmbito já decorreria da ratificação, por Portugal, em 1977, da Convenção n.º 87 da O.I.T..

(2) O regime especial do exercício da liberdade sindical dos "trabalhadores da Administração Pública", contido no DL 84/99, de 19/3, mantém-se em vigor.

(3) Tratava-se, em todo o caso, da actuação legislativa dos princípios constantes da Convenção n.º 151 da OIT, ratificada pelo Estado português em 1980 (L. 17/80, de 15/7).

(4) Sobre o assunto, e ainda hoje com interesse informativo, pode ver-se H. Nascimento Rodrigues, *Função Pública: que direito de negociação colectiva?*, RDES (1986) 282 ss.. Mais recentemente: F. Liberal Fernandes, *Autonomia colectiva dos trabalhadores da Administração. Crise do modelo clássico de emprego público*, Coimbra (1995). Sobre o novo regime legal, e do mesmo Autor, veja-se *O direito de nego-ciação colectiva na Administração Pública,* "Questões Laborais", n.º 2 (1998) 221 ss..

efeitos através da sua "adopção pelo Governo", expressa em diploma legal ou regulamentar da autoria deste (art. 5.º/4) ([1]). Deve, todavia, assinalar-se que esse direito de negociação colectiva surgia, no contexto legal, em alternativa a um (outro) direito de participação (art. 9.º), este de carácter explicitamente consultivo. Já por ai podia chegar-se ao entendimento de que os acordos firmados entre os sindicatos e a Administração eram vinculantes para esta, no sentido de que a actividade regulamentar sobre as matérias convencionadas não podia ignorar o seu conteúdo.

O direito de negociação colectiva dos trabalhadores da Administração Pública foi reconfigurado pela L. 23/98. Com efeito, o art. 5.º/3 estabelece que um acordo celebrados entre as associações sindicais e a Administração "*obriga* o Governo a adoptar as medidas legislativas ou administrativas adequadas ao seu *integral e exacto cumprimento*, no prazo máximo de 180 dias". Perante tais acordos, desaparece a margem de determinação discricionária que, ao menos formalmente, o anterior regime ainda oferecia ao Governo. Nestes termos, não se tratando ainda de verdadeiras convenções colectivas de trabalho – pois, como se viu, a sua eficácia, no tocante à situação dos funcionários, fica dependente de transposição legal ou regulamentar –, estes acordos têm uma força vinculativa que, por um lado, se exprime numa "eficácia contratual imediata" ([2]) (o Governo fica obrigado ao que acordou) e, por outro, se traduz numa restrição (juridico-política) do poder de decisão normativa estatal.

Também a garantia do *direito de greve* só está expressamente consagrada e desenvolvida no regime do contrato de trabalho em funções públicas (arts. 392.º e ss. L. 59/2008 cit.), mas o art. 57.º CRP é bastante para que ela abranja os restantes domínios do emprego público.

([1]) A percepção que se recolhia das disposições citadas, quanto ao grau de vinculação decorrente de tais acordos, tinha que ser temperada com a consideração dos "princípios da boa-fé" aludidos no art. 3.º do diploma, e ainda com a necessária atendibilidade da convenção n.º 151 da OIT, referente ao direito de organização e ao processo de fixação das condições de trabalho da Função Pública (ratificada em 1980). Neste sentido, cfr. F. LIBERAL FERNANDES, *O direito de negociação colectiva* cit., nota 3.

([2]) F. LIBERAL FERNANDES, ob. e loc. cit..

A estratégia de aproximação do estatuto dos trabalhadores "em funções públicas" relativamente aos que o regime geral do contrato de trabalho abrange corresponde à evolução verificada no modo tradicional de encarar – e de construir juridicamente – a relação de emprego público, mediante a compatibilização (não raro difícil de estabelecer e dotada de escassa transparência) entre os princípios da supremacia especial, do primado do interesse público e da unilateralidade (esta atenuada pela intervenção parlamentar na elaboração do orçamento do Estado), por um lado, e a sedimentação, no plano sociopsicológico, de um novo tipo de consciência profissional dos trabalhadores da função pública. Assiste-se, assim, ao apontado fenómeno de "exportação" de princípios e soluções normativas do ordenamento laboral para o campo das situações jurídicas de emprego público, sem que, apesar de tudo, estas resultem (ainda) essencialmente descaracterizadas.

§ 2. O conteúdo do Direito do Trabalho.

29. A prestação de trabalho subordinado pode estar na origem de (e servir de fundamento a) relações jurídicas de diversa natureza. Destacando as que envolvem interesses propriamente laborais, podemos enumerar as seguintes:

a) relação individual de trabalho (cujos sujeitos são o trabalhador e a entidade empregadora, e cujo facto determinante é o contrato celebrado entre estes);

b) relação entre o empregador e o Estado (cujo conteúdo consiste em certo número de deveres que ao primeiro incumbe observar no desenvolvimento da relação individual, deveres inspirados na tutela dos interesses gerais que relevam do trabalho e cujo cumprimento é fiscalizado pela administração estadual do trabalho e sancionado por meios de natureza pública);

c) relações colectivas de trabalho (em que os sujeitos da relação individual aparecem considerados do ângulo das *categorias* em que se inserem; destas relações pode, designadamente, resultar a regulamentação de relações individuais, por via de convenção colectiva).

Nas relações do primeiro tipo, estão em jogo interesses meramente *individuais* e *privados*: nas do segundo, interesses *públicos* (além das conveniências particulares do dador de trabalho); na do terceiro, interesses *colectivos*, de classe, de categoria profissional ou de ramo de actividade económica.

30. Mais directamente ligadas à prestação de trabalho são as dos dois primeiros tipos. Com efeito, o trabalhador empenha, em diversos graus, a sua personalidade na conduta laboral ([1]), uma vez que se vincula à aplicação das suas aptidões – físicas, psíquicas e propriamente técnicas – na realização de fins alheios. O empregador, por seu turno, como é sabido, coloca-se na posição de poder dispor das referidas aptidões, de as utilizar, orientando-as conforme o sentido que melhor convenha aos seus interesses, e, no exercício de tal poder, estará naturalmente a exercer influência sobre a esfera pessoal do trabalhador. O pano de fundo é constituído por uma relação psicossociológica desnivelada, em que o trabalhador se apresenta não apenas como «fornecedor» de um factor produtivo, mas também como pessoa *dependente* de outra nos planos psicológico e social. Tal dependência pode ser potenciada, sobretudo quando se trata de trabalhadores com salários baixos ou fracas qualificações profissionais, pela perspectiva de benefícios imediatos em troca do não exercício de direitos.

Por todas essas razões, não é raro que o trabalhador contribua, com a sua conduta omissiva ou com o seu silêncio, para a neutralização de disposições legais que visam protegê-lo contra riscos que o trabalho gera para a sua integridade física e psíquica, ou garantir-lhe benefícios em horizonte mais amplo.

Tais serão os fundamentos em que se apoiam as exigências legais (dirigidas aos empregadores) de que sejam efectuadas *comunicações* ou obtidas *autorizações* da administração estadual do trabalho para a prática de certos actos (arts. 68.°/5, 144.°/2 e 3, 216.°/3,

---

([1]) Veja-se, em síntese, BIGOTTE CHORÃO 68 ss..

213.º/3 CT, entre outros), bem como as de determinada *forma* para o exercício de poderes patronais (art. 329.º, para o poder disciplinar; art. 99.º, para o poder regulamentar), e, sobretudo, um número importante de *limitações* ao exercício destes poderes (arts. 328/2.º e 331.º, nomeadamente, quanto ao poder disciplinar).

A inobservância de muitas das normas de direito do trabalho é sancionada por meios que mobilizam relações jurídico-públicas envolvendo os sujeitos do contrato de trabalho. O CT trata, no seu Livro II, da responsabilidade penal e contra-ordenacional resultante da violação das suas normas. No âmbito penal, são tratados os crimes de utilização indevida de trabalho de menor (art. 82.º), violação da autonomia e da independência sindicais (art. 407.º), retenção de quota sindical (art. 459.º), violação do direito à greve (art. 543.º), prática do *lock-out* (art. 545.º) e desobediência (a determinação da Inspecção-Geral do Trabalho) (art. 547.º). Os arts. 548.º e seguintes estabelecem o regime geral das *contra-ordenações laborais* e as *regras processuais* a observar na sua aplicação.

A noção legal de contra-ordenação laboral é a seguinte: "o facto típico, ilícito e censurável que consubstancie a violação de uma norma que consagre direitos ou imponha deveres a qualquer sujeito no âmbito de relação laboral e que seja punível com coima" (art. 548.º). A leitura deste enunciado sugere, desde logo, que tanto o empregador como o trabalhador podem ser alvo da aplicação de coimas. E o art. 551.º/2 ("quando um tipo contra-ordenacional tiver por agente o empregador...") confirma-o implicitamente. A circunstância de todo o regime contra-ordenacional estar construído sobre a hipótese normal – a de se tratar de infracções patronais – não exclui a possibilidade de violação pela qual seja responsável, neste mesmo plano, o trabalhador (1). As contra-ordenações são, no entanto, na generalidade, comportamentos imputáveis

(1) Com referência à lei anterior (L. 116/99, de 4/8, que continha o regime geral das contra-ordenações laborais), sustentámos em edições precedentes deste livro que o círculo dos possíveis responsáveis excluía os trabalhadores. Essa visão, embora reflectisse o próprio enunciado legal (art. 4.º/1 daquele diploma), não cobria todas as realidades, nomeadamente certas infracções ao regime de trabalho nos transportes rodoviários. Cfr., sobre o assunto, J. Soares Ribeiro, *Análise do novo regime geral das contra-ordenações laborais*, QL n.º 15, 2000, 12 ss..

àqueles que têm o poder e a responsabilidade de organizar e dirigir o trabalho. Sob outro ponto de vista, trata-se de infracções a deveres perante o Estado, em nome da protecção do trabalho.

31. Ora, a partir do isolamento daqueles três tipos de relações jurídicas assentes na prestação de trabalho, a doutrina tem destacado, no conjunto das normas que constituem o conteúdo do direito do trabalho, três *núcleos* de regulamentação: o das *normas (de direito privado) reguladoras da relação individual entre o dador de trabalho e o trabalhador,* definidoras dos direitos e deveres recíprocos que eles assumem por virtude do contrato e sancionadas por meios de direito privado (a sua inobservância pode dar origem ao *dever de indemnizar* o prejudicado ou à *invalidade* do próprio contrato); o dos *preceitos (de direito público) alusivos às relações entre o empregador e o Estado,* definidores dos deveres que ao primeiro incumbe observar, dos meios de controlo e das sanções correspondentes ao seu incumprimento, e fundados na defesa do interesse geral ([1]); finalmente, as *normas reguladoras das relações colectivas de trabalho,* votadas à tutela dos interesses colectivos, de categoria profissional e ramo de actividade.

Assinale-se que estes núcleos – cuja destrinça, como se notou, é produto de elaboração doutrinal – surgem imbricados no direito positivo, sobretudo os dois primeiros (em que simultaneamente se insere, por vezes, um mesmo artigo da lei), em termos de se tornar, muitas vezes, consideravelmente dificultosa a tarefa de qualificação dos preceitos segundo este critério.

O meio mais seguro de identificação consiste ainda em se verificar a natureza dos instrumentos sancionatórios correspondentes: se a lei estabelece uma multa ou uma coima para a inobservância de certo preceito, conclui-se que, pelo menos em parte, ele pertence ao núcleo das normas de natureza publicística; só que, por vezes, o comportamento exigido pela disposição legal em

([1]) Este núcleo costuma ser designado, abreviadamente, por direito de protecção do trabalho. Nalguns sistemas, como o alemão e o francês, ele é objecto de diplomas autónomos e de um tratamento doutrinal específico.

causa pode ser, ao mesmo tempo, um meio de satisfação do interesse público e do interesse particular do trabalhador (1) – razão por que, além da sanção penal administrativa ou «contra-ordenacional», pode haver ainda lugar a uma indemnização ao lesado.

(1) É o caso do direito a férias. A violação desse direito constitui contra-ordenação grave, punida com uma coima e, ainda, dá ao trabalhador o direito a uma compensação pecuniária (art. 246.° CT).

CAPÍTULO I

AS FONTES

§ 3. Noções gerais.

32. Usa-se a expressão *fontes de direito* em vários sentidos. Reteremos somente a acepção técnico-jurídica, segundo a qual se trata dos *modos de produção e revelação de normas jurídicas*, ou seja, dos instrumentos pelos quais essas normas são estabelecidas e, do mesmo passo, expostas ao conhecimento público.

Ao lado das fontes em sentido técnico, assumem grande relevo no Direito do Trabalho outros *factos reguladores* ou *conformadores* das relações laborais, que fornecem critérios de solução destituídos da autoridade das normas jurídicas, mas com forte penetração modeladora na experiência social daquelas relações. Queremos aludir a elementos como as *cláusulas contratuais gerais*, cujo regime é aplicável aos "aspectos essenciais do contrato de trabalho" quando o contrato seja celebrado por adesão (art. 105.º CT); os *actos organizativos* e *directivos* do empregador, quando assumam forma genérica (regulamentos, ordens de serviço, etc.); os *usos* e as *práticas* laborais, sobretudo quando gerados no quadro da empresa; as *correntes jurisprudenciais* desenvolvidas pelos tribunais superiores (Relações e STJ), a chamada *doutrina dominante*, nacional e estrangeira (esta com especial projecção num País, como o nosso, em que a elaboração teórica do Direito de Trabalho é escassa). Trata-se, obviamente, de um acervo muito heterogéneo de elementos, sem que entre eles possa definir-se uma relação hierárquica (1), e devendo, por outro lado, sob o ponto de vista técnico-jurídico, reconhecer-se a subordinação

(1) Cfr. ZÖLLNER, *Arbeitsrecht* cit., 62.

de todos às fontes em sentido próprio. A projecção reguladora desses factos manifesta-se fundamentalmente no plano sociojurídico, e só assume um significado singular neste ramo de Direito na medida em que ele se caracteriza por *um nexo particularmente intenso com a realidade social:* a efectivação do ordenamento laboral, correspondendo por certo ao "momento" crucial da sua dimensão jurídica – a actuação sobre o caso concreto –, implica exigências de *amplitude* e *adequação* especialmente acentuadas. A realidade laboral não é apenas multímoda e marcada pelo particularismo; é também um objecto de regulação muito difícil de cingir por comandos gerais e abstractos, pois opõe à vocação de efectividade destes a influência directa das leis do mercado, da racionalidade gestionária, das convicções dominantes e das relações de poder social. A consequente "abertura ao concreto" que o ordenamento do trabalho manifesta não é mais do que uma condição de efectividade. Aí intervêm os factos não-normativos, todavia dotados de aptidão conformadora sobre as relações laborais, e que é preciso, como se disse, não arvorar na condição de fontes de direito em sentido técnico. Eles exprimem, quando muito, o sentido da *compreensão* e *assimilação* sociais das normas de Direito do Trabalho; ou seja, a configuração *operatória* por elas assumida perante a realidade sócio-económica que é o seu alvo.

É, porém, sobre as fontes de Direito do Trabalho em sentido técnico que vamos debruçar-nos de seguida.

Existem tipos de fontes comuns à generalidade dos ramos de Direito. A *lei (ou o decreto lei)* é justamente um deles. Não cabe neste lugar um exame detalhado desses tipos comuns, embora se não deixe de indicar os diplomas neles enquadrados que, pelo seu conteúdo, pertencem ao Direito do Trabalho. Há, por outro lado, neste ramo de Direito, pelo menos um tipo *privativo* de fonte: a *convenção colectiva,* nas suas várias modalidades. Ser-lhe-á dedicada especial atenção, não só como *fonte de direito* mas também como *produto de negociação.*

Podem assim distinguir-se, no nosso domínio, fontes *heterónomas* e fontes *autónomas.* As primeiras (de que a lei constitui exemplo) traduzem intervenções externas – do Estado – na definição das condições de trabalho e aspectos conexos, ou seja na composição dos interesses de empregadores e trabalhadores. As segundas (as convenções colectivas) constituem formas de auto-regulação de interesses, isto é, exprimem soluções de equilíbrio ditadas pelos próprios titulares daqueles, os trabalhadores e os empregadores, colectivamente organizados ou não.

33. As fontes de Direito do Trabalho podem repartir-se em duas categorias fundamentais: a das fontes *internacionais* e a das fontes *internas*. Enquanto estas são o produto de mecanismos inteiramente regulados pelo ordenamento jurídico interno de cada país, as primeiras resultam do estabelecimento de relações internacionais, no âmbito de organizações existentes ou fora dele (isto é, através de negociação directa, bilateral ou plurilateral, entre Estados). Mas cabe, antes do mais, referir – como cúpula do sistema das fontes de Direito do Trabalho – a Constituição da República Portuguesa.

§ 4. A Constituição.

34. A importância que os temas juslaborais assumem na Constituição de 1976 (e que se mantém após as alterações de 1982, 1989 e 1997) justifica amplamente que se lhe dedique particular atenção, mesmo no quadro limitado das fontes específicas de Direito do Trabalho. Há, no entanto, que traçar uma divisória entre dois tipos de posturas constitucionais a esse respeito: o primeiro exprime sobretudo a projecção, no texto da lei fundamental, das tensões ideológicas e sociais que caracterizaram a atmosfera da sua elaboração, permanecendo em boa medida após as revisões (como exemplifica, no art. 55.º/1, a dispensável afirmação da liberdade sindical como "condição e garantia da construção da (...) unidade *(dos trabalhadores)* para defesa dos seus direitos e interesses"); o segundo, verdadeiramente constitucional e estruturante, representa, nos seus diferentes traços, a fisionomia do "Estado Social" querido pelo legislador constituinte, desenvolvendo um feixe de direitos fundamentais dos trabalhadores "enquanto tais" e projectando-se, necessariamente, no desenho de muitos institutos do Direito do Trabalho.

Para além disso (ou antes disso), há ainda que ter em conta vários direitos fundamentais de carácter "inespecífico", que podem ser postos em jogo nas relações laborais – como exemplos, o direito de resistência (art. 21.° CRP), o direito à integridade pessoal (art. 25.°) e outros direitos pessoais (art. 26.°), os direitos inerentes á protecção de dados pessoais (art. 35.°), a liberdade de expressão e informação (art. 37.°), a liberdade de consciência, de religião e de culto (art. 41.°) (1).

35. Os preceitos constitucionais com directa incidência no âmbito do Direito do Trabalho encontram-se, quase todos, nos Títulos II (*Direitos, liberdades e garantias)* e III *(Direitos e deveres económicos, sociais e culturais)*. De acordo com o art. 17.°, esse conjunto é abrangido pelo regime dos direitos, liberdades e garantias, com especial saliência para o princípio da *aplicação directa* (art. 18.°/1), isto é, da desnecessidade de intervenção mediadora da lei ordinária. Assim, as normas em causa vinculam imediatamente "as entidades públicas e privadas" (art. 18.°/1).

A aplicabilidade directa tem, pelo menos, duplo alcance. É óbvio que as disposições constitucionais de incidência juslaboral não reunem, todas elas, características operatórias que permitam reconhecer-lhes uma função regulamentar ou preceptiva imediata: umas sim (como, por exemplo, o art. 56.°/3: «Compete às associações sindicais exercer o direito de contratação colectiva (...)»), outras não (entre elas o art. 58.°/1: «Todos têm direito ao trabalho») (2). Quanto a este último grupo, a que pertence grande parte das normas consagradoras dos clássicos *direitos fundamentais* (dos

(1) Com grande interesse para a temática dos direitos fundamentais no Direito do Trabalho, ver F. Gamillscheg, *Die Grundrechte im Arbeitsrecht*, Berlin (1989), e J. João Abrantes, *Contrat de travail et droits fondamentaux*, Frankfurt am Main (2000).

(2) Cfr., sobre o ponto, Menezes Cordeiro, *Direito do Trabalho* cit. 260 ss.

trabalhadores) [1], não basta o facto de lhe faltar a aptidão dos comandos concretos para recusar a sua vinculatividade imediata, em certo sentido: no de que tanto o Estado (a quem são dirigidos, em regra, esses preceitos) como os particulares podem ser alvo de sanções por condutas positivas ou omissivas contrárias ao conteúdo valorativo das mesmas normas [2] [3].

36. Tendo presentes os vários domínios em que se desdobra a temática juslaboral, é necessário reconhecer que o grande peso *regulamentar* da CRP se faz sentir sobretudo na área do chamado Direito Colectivo. A lei fundamental não se limita aí a definir grandes princípios enquadrantes ou estruturantes: assume, antes, um papel directamente conformador quanto a alguns temas, como o das organizações de trabalhadores (comissões de trabalhadores e associações sindicais) e o dos conflitos colectivos. O tratamento de problemas relativos a qualquer desses domínios implica, quase sempre, a utilização de preceitos constitucionais.

Funcionando basicamente a título de referência valorativa, e não já como dispositivo regulamentar, surge o complexo normativo que sobretudo respeita à dimensão individual do trabalho: a liberdade de escolha de profissão (art. 47.º/1), a segurança no emprego (art. 53.º), o direito ao trabalho e o dever de trabalhar (art. 58.º/1 e 2) e, em geral, os direitos dos trabalhadores (art. 59.º).

A diferente postura do legislador constitucional perante as áreas do colectivo e do individual pode compreender-se – prescindindo de outras perspectivas, nomeadamente a ideológica – à luz das exigências operatórias que se impunham à lei fundamental no processo de transição do sistema corporativo para o regime laboral democrático.

---

(1) Vd., sobre o tema, J. CAUPERS, *Os direitos fundamentais dos trabalhadores e a Constituição,* Coimbra (1985).

(2) Assinale-se, neste sentido, o disposto no art. 22.º quanto à responsabilidade civil do Estado e outras entidades públicas, em regime de solidariedade com os funcionários e agentes, por actos ou omissões que violem os direitos, liberdades e garantias.

(3) Vd., sobre o tema, ZÖLLNER, *Arbeitsrecht* cit. 81 ss.

Na verdade, como se salientou atrás, a legislação ordinária sobre as relações individuais de trabalho tinha evoluído, na última década do corporativismo, em sentido convergente com as tendências gerais de desenvolvimento dos sistemas europeus, beneficiando, nos últimos anos, inclusivamente, do contributo de uma contratação colectiva dinamizada e inovadora. Foi decerto por isso que antigos diplomas fundamentais – a LCT e a LDT – se mantiveram vigentes, em grande parte, por várias décadas. Nesse domínio, a constituição democrática não tinha que consagrar transformações cruciais, bastava-lhe cuidar da consolidação de princípios e valores básicos da ordem sócio-laboral.

Pelo contrário, todo o sistema de relações colectivas – abrangendo as organizações, a contratação e os conflitos – entrou em colisão com o novo regime político e as transformações sociais e culturais que lhe vieram associadas. Os sindicatos corporativos, não obstante a operacionalidade revelada nos últimos anos do regime de que constituíam pedra angular, estavam enquadrados por uma legislação incompatível com a liberdade sindical; as convenções colectivas eram sujeitas a aprovação (homologação) ministerial: os conflitos confinavam apertadamente com a ilegalidade. A lei fundamental teve, em 1976, um decisivo papel na transformação dessas estruturas normativas (neutralizando, de passagem, os excessos da legislação imediatamente gerada pela mudança de regime político) em conformidade com princípios básicos como os da liberdade sindical, da autonomia e da autotutela colectivas. Bem se entende que esse papel devesse traduzir-se em intervenções abertamente reguladoras e conformadoras, sem prejuízo do espaço deixado à lei ordinária.

§ 5. Fontes internacionais.

1. *Convenções internacionais gerais.*

37. Com natureza idêntica à dos tratados internacionais clássicos ([1]), surge, antes de mais, um conjunto de instrumentos

([1]) G. LYON-CAEN/A. LYON-CAEN, *Droit social internacional et européen*, 7.ª ed., Paris (1991) 136.

convencionais que, pelo conteúdo, visam a definição "constitucional" de uma "ordem social internacional".

Refira-se, em primeiro lugar, a *Declaração Universal dos Direitos do Homem,* de 1948 ([1]), que assume o carácter de uma proclamação ou declaração de princípios sem carácter vinculante, mas tem para nós o interesse especial de constituir um referencial básico para a determinação do conteúdo, extensão e limites dos direitos fundamentais constitucionalmente consagrados. Com efeito, o art.º 16.º/2 CRP dispõe: "Os preceitos constitucionais e legais relativos aos direitos fundamentais devem ser interpretados e integrados de harmonia com a Declaração Universal dos Direitos do Homem". Entre esses *direitos fundamentais* encontram-se os "direitos, liberdade e garantias dos trabalhadores" (arts. 53.º a 57.º CRP) e os direitos económicos e sociais (arts. 58.º e 59.º, art.º 63.º CRP), que estruturam a "constituição laboral" e têm, por conseguinte, um significado preponderante na configuração do ordenamento jurídico do trabalho.

Na Declaração Universal são proclamados os princípios do direito ao trabalho, da liberdade de escolha de trabalho, da igualdade de tratamento, da protecção no desemprego, do salário equitativo e suficiente, da liberdade sindical, do direito ao repouso e aos lazeres, da limitação da duração do trabalho e do direito a férias (arts. 23.º e 24.º). Antes mesmo de se perfilar como referencial interpretativo e integrativo, a Declaração foi, manifestamente, utilizada como modelo para a própria redacção dos preceitos constitucionais alusivos àqueles temas.

Na linha de descendência directa da Declaração Universal, cabe referir em seguida a *Convenção Europeia dos Direitos do Homem,* concluída em Roma, 1950 ([2]). Trata-se já de um instrumento vinculativo para os Estados ratificantes, embora com um âmbito geográfico restrito.

([1]) Com publicação no *Diário da República* por Aviso de 9 de Março de 1978.

([2]) Aprovada para ratificação pela L. 65/78, de 13/10.

O art.º 4.º estabelece a proibição da escravatura, da servidão e do trabalho forçado ou obrigatório – atitude que viria, pouco depois, a ser reassumida no âmbito da Organização Internacional do Trabalho, através da Conv. 105 (1957).

O art.º 11.º consagra a liberdade sindical, mas apenas no tocante à liberdade de constituição de sindicatos e de filiação individual, na linha da Conv. 87 da O.I.T. (1948). Assim, no que toca ao ordenamento jurídico do trabalho, a vocação "normativa" da Convenção Europeia traduz-se numa projecção muito modesta ([1]).

Com incidência nos mesmos temas (escravidão, servidão, trabalho forçado; liberdade sindical), cabe referir de seguida o *Pacto Internacional sobre os Direitos Civis e Políticos,* concluído em Nova Iorque, em 1976 ([2]). Nos preceitos com interesse para o Direito do Trabalho (arts. 8.º e 22.º) ele é, praticamente, a reprodução – para um âmbito mais vasto – do texto dos arts. 4.º e 11.º da Convenção Europeia. Na mesma altura, foi também assinado um *Pacto Internacional sobre os Direitos Económicos, Sociais e Culturais* ([3]), que integra a explicitação do conteúdo do direito ao trabalho, a reiteração dos princípios de equidade e suficiência dos salários, do direito ao repouso, e da liberdade sindical, entre outros. A liberdade sindical surge aqui já encarada dos ângulos individual e colectivo (ou seja, como liberdade de constituição e inscrição, mas também como liberdade de acção colectiva organizada) e, na mesma linha, é consagrado o direito de greve (art.º 8.º).

Mas, antes destes Pactos Internacionais, já fora aprovada, em 1961, no âmbito do Conselho da Europa, a *Carta Social Europeia* ([4]). Trata-se de um documento caracterizado por certo hibridismo: ele combina, com efeito, os estilo de uma proclamação de princípios com sentido puramente programático (Parte I) e o teor de uma

---

([1]) Mas vide, em geral, M. Almeida Andrade, *O papel da Convenção Europeia dos Direitos do Homem na protecção dos direitos fundamentais no âmbito comunitário,* in *Documentação e Direito Comparado* n.os 45/46, Lisboa (1991) 35 ss.

([2]) Aprovado para ratificação pela L. 29/78, de 12/6.

([3]) Aprovado para ratificação pela L. 45/78, de 11/7.

([4]) Aprovada para ratificação por Resolução da Assembleia da República 21/91, de 6/8.

série de compromissos vinculativos para os Estados ratificantes (Parte II), sendo que a ratificação é considerada compatível com a assunção meramente parcial de tais obrigações (Parte III) ([1]).

A Carta Social Europeia é, porém, um documento claramente ambicioso na amplitude e na profundidade do seu conteúdo. Na parte vinculativa, desenvolve-se como um conjunto de obrigações a assumir pelos Estados ratificantes – obrigações de legislar, de criar serviços, de promover consultas às organizações laborais, de actuar administrativamente, no sentido da efectivação dos princípios e das garantias consagradas na parte programática (Parte I). Nestes termos, a Carta, como convenção internacional, vale sobretudo enquanto produto de um esforço «codificador», à escala europeia, de directrizes que já então estavam acolhidas, dispersamente, por cerca de uma centena de convenções da O.I.T. ([2]).

Mencione-se, finalmente, a *Carta Comunitária dos Direitos Sociais Fundamentais dos Trabalhadores,* de 1989. Elaborada no âmbito das Comunidades Europeias, surgiu como uma declaração de orientação política (subscrita somente por onze dos doze Estados membros) sem o valor de fonte de direito; o seu sentido fundamental poderá encontrar-se na enfatização da vertente social da integração europeia; a sua utilidade mais notória reside no programa de acção que a acompanhava e que veio a ser progressivamente concretizado por projectos de medidas da Comissão Europeia, muitos deles com destino incerto. Quanto ao conteúdo, a Carta Comunitária apresenta-se como enunciado de uma série de princípios que, de uma forma ou de outra, estavam já adquiridos em instrumentos convencionais com carácter obrigatório, nomeadamente a Carta Social Europeia e as convenções da O.I.T.

([1]) O carácter preceptivo da carta é, de resto, acentuado pela instituição de mecanismos de controlo da sua aplicação que foram manifestamente decalcados sobre o modelo da O.I.T. Vd. a Parte IV da Carta e cfr. G. Lyon-Caen/A. Lyon-Caen 142 ss.

([2]) Deve, porém, reconhecer-se à Carta Social Europeia a primazia da proclamação do *direito de greve* numa convenção internacional: cfr. G. Lyon-Caen/A. Lyon-Caen, 144. Na verdade, o *Pacto Internacional sobre os Direitos Eco-nómicos, Sociais e Culturais,* que retomou essa postura, só surgiria década e meia mais tarde.

Dos documentos internacionais que se acaba de referir, inserem-se no elenco das fontes de Direito do Trabalho português – embora com importância muito desigual – a Convenção Europeia dos Direitos do Homem, os Pactos Internacionais de Nova Iorque e a Carta Social Europeia, todos ratificados por Portugal.

2. *A convenções da O.I.T* ([1]).

38. As principais fontes internacionais de Direito do Trabalho português são as convenções celebradas sob os auspícios da Organização Internacional do Trabalho (O.I.T.).

Fundada em 1919, com a paz de Versailles, na órbita da Sociedade das Nações, a O.I.T. passou a ser, após a 2.ª Guerra Mundial, uma agência especializada da Organização das Nações Unidas. Trata-se de uma organização *tripartida* – quer dizer: nela têm assento representantes dos governos, das entidades patronais e dos trabalhadores dos vários países membros – que tem como objectivo preparar convenções ou recomendações referentes aos diversos problemas suscitados pelas relações de trabalho, a fim de influenciar as legislações internas no sentido de uma melhoria progressiva dos padrões existentes nesse domínio. Para além disso, assegura assistência técnica aos governos e desenvolve amplas actividades de pesquisa nos domínios económico, social e técnico das relações de trabalho. Portugal é membro-fundador da Organização.

As *convenções* e as *recomendações* diferem, como é óbvio, pelo grau de vinculação que delas resulta: só no primeiro caso se trata de verdadeiras normas susceptíveis de integração nas legislações internas; no segundo caso, há meras directrizes ou princípios programáticos sem verdadeiro carácter normativo ([2]).

A importância das recomendações não deve, porém, ser subestimada. Elas exprimem directrizes gerais que, embora num primeiro

---

([1]) Sobre o tema, veja-se JEAN-MICHEL SERVAIS, *Normes internationales du travail*, Paris (2004).

([2]) Vd. LEON-ELI TROCLET, *Eléments de droit social européen*, Bruxclas (1963) 64 ss..

momento não sejam susceptíveis de obter o consenso internacional necessário à aprovação de uma convenção, podem vir a estar na origem de um instrumento deste tipo. Exemplo característico desta situação é a Rec. 98, de 1954, e a Conv. 132, de 1970, sobre férias remuneradas. Noutros casos, a recomendação desempenha uma função complementar relativamente a uma convenção, recolhendo directrizes adicionais que nela não puderam figurar: vejam-se a Conv. 158 e a Rec. 166, ambas de 1982, sobre a cessação da relação de trabalho por iniciativa do empregador.

E, de qualquer modo, a recomendação não é irrelevante sob o ponto de vista da vinculação internacional dos Estados: em certos termos, naturalmente menos exigentes do que para as convenções, os Estados têm um dever de diligência relativamente à transposição das directrizes constantes de uma recomendação para as legislações nacionais ([1]).

39. Vigora no direito português, relativamente às normas constantes de convenções internacionais, o sistema da *recepção automática* na ordem jurídica interna. O art. 8.°/2 CRP dispõe, com efeito: «As normas constantes de convenções internacionais regularmente ratificadas ou aprovadas vigoram na ordem interna após a sua publicação oficial e enquanto vincularem internacionalmente o Estado português». Decorre deste preceito que as regras constantes das convenções *ratificadas* (e/ou *aprovadas)* ([2]) pelo Estado português, e publicadas no «Diário da República», passam a integrar o Direito interno *independentemente da transposição do seu conteúdo para a lei ordinária interna* (se ela fosse necessária, estar-se-ia perante o sistema da «transformação»).

A primeira condição dessa recepção consiste, naturalmente, *na entrada das convenções na ordem internacional,* a qual se opera, em regra (conforme indicação expressa de cada uma delas) doze meses após o registo da ratificação de *dois* Estados membros da Organização.

([1]) Cfr. G. Lyon-Caen/A. Lyon-Caen, *Droit social international et européen,* cit. 133.

([2]) Cfr. Gomes Canotilho/Vital Moreira 43.

A segunda condição é a da *aprovação* (que incumbe à Assembleia da República ou ao Governo, conforme se trate ou não de matéria da competência reservada do primeiro daqueles órgãos) e a *ratificação* (pelo Presidente da República, conforme o art. 135.° *b*) CRP).

A terceira reside na *publicação* do texto da convenção no «Diário da República», que aliás coincide com a do instrumento de ratificação e define o momento a partir do qual se opera a recepção na ordem interna.

Mas porque esta depende, nos termos do art. 8.°/2 CRP, da *vinculação internacional do Estado português,* há ainda que considerar o prazo (em regra de doze meses) que cada convenção estabelece para esse efeito – prazo que se conta desde a data do *registo da ratificação* pelo director-geral da O.I.T. Só nesse momento se acham reunidas todas as condições determinantes da recepção automática das normas da convenção na ordem jurídica portuguesa.

A vinculação internacional do Estado português pode cessar com a *denúncia* da convenção, nos termos que esta defina; no plano interno, a eficácia da denúncia (que se produz a partir do respectivo registo pelo director-geral da Organização) equivale à da revogação das normas incorporadas em consequência da ratificação.

40. As convenções da O.I.T., que se aproximam das duas centenas, cobrem uma enorme diversidade temática, situando-se em níveis variados de generalidade: encontramos convenções sobre a protecção contra os riscos de intoxicação com benzeno (Conv. 136, de 1971), e em geral, sobre a segurança, saúde dos trabalhadores e ambiente de trabalho (Conv. 155, de 1981); sobre os certificados de capacidade dos pescadores (Conv. 125, de 1966) e sobre consultas tripartidas para promover a execução das normas internacionais do trabalho (Conv. 144, de 1876).

Este enorme acervo normativo não está codificado, embora a Organização (através do *Bureau International du Travail,* ou B.I.T., seu órgão executivo) tenha publicado uma compilação sob o título de *Código Internacional do Trabalho.* Na verdade, a heterogeneidade e a inorganicidade do seu conteúdo são incompatíveis com a ideia de codificação.

É, no entanto, possível descortinar grandes linhas de orientação geral – ou, se se quiser, um feixe de ideias-força – no conjunto das convenções, cujas raízes devem procurar-se, sobretudo, no conteúdo da *Declaração de Filadélfia* (1944), que relançou a Organização para o pós-guerra.

Entre essas grandes directrizes, podem ser assinaladas as seguintes:

a) a *liberdade de trabalho,* que está subjacente às Conv. 29 (1930) e 105 (1957) sobre o trabalho forçado ou obrigatório;

b) a *não-discriminação,* seja com base na raça, na cor, no sexo, na religião, na opinião política ou na origem social (Conv. 19, de 1925; 100, de 1951; e, sobretudo, 111, de 1958);

c) a *liberdade sindical,* nas suas dimensões individual e colectiva, que é tratada pelas Conv. 87 (1948) e 98 (1949), e ainda, com menor generalidade, pelas Conv. 135 (1971) e 151 (1978), além de uma referente à promoção da contratação colectiva (Conv. 154, de 1981);

d) a *limitação da duração do trabalho,* tema da primeira convenção, aprovada em 1919 (para a indústria), e regulado num grande número de convenções sectoriais;

e) a *política de emprego,* que foi também uma das preocupações inicialmente afirmadas (Conv. 2, de 1919) e que deu origem a um certo número de convenções gerais e sectoriais, com especial relevo para a Conv. 122 (1964) sobre a política de emprego, e a Conv. 168 (1988) sobre a promoção do emprego e a protecção no desemprego;

f) a *protecção da higiene, da segurança e da saúde no trabalho,* inicialmente centrada na prevenção e reparação de acidentes e progressivamente desenvolvida, através da aprovação de numerosas convenções sectoriais, até adquirir a dimensão global na Conv. 155 (1981) sobre a segurança, saúde dos trabalhadores e ambiente de trabalho.

41. A riqueza da produção normativa da O.I.T. e o facto de Portugal ter ratificado um elevado número de convenções não bastam para garantir a *efectividade* das respectivas normas na ordem interna portuguesa (ou na de qualquer outro Estado membro da organização). Embora se trate de textos cuidadosamente elaborados, tendo em conta a diversidade dos ordenamentos nacionais, é verdade que só raramente eles se apresentam em condições de exequibilidade imediata; não obstante o efeito jurídico automático da ratificação, a emissão de lei ordinária interna em conformidade tem sido frequentemente condição da aplicabilidade das disposições da convenção. De resto, a ratificação só surge, na maioria dos casos, quando se entende que o direito interno já está de harmonia com o conteúdo da convenção. Assim, o efeito transformador dos actos normativos da O.I.T. assume proporções relativamente modestas.

3. *As fontes comunitárias.*

42. A União Europeia (1) é uma comunidade jurídica, dispõe de uma "ordem jurídica própria" (2): integra órgãos competentes para a criação de normas que se destinam a serem acolhidas nos ordenamentos internos dos Estados membros, possui uma organização judiciária e modelos processuais adequados à efectivação daquelas normas.

Essa ordem jurídica engloba um conjunto de disposições pertencentes ao âmbito do Direito do Trabalho.

Há, porém, que ter presente, para avaliar e compreender o alcance desse acervo normativo, esta consideração liminar: todo o processo da construção europeia foi, desde o Tratado de Roma (que designaremos por TCE, com a numeração resultante do Tratado de Amsterdão), orientado por uma finalidade essencial, a de criar e

---

(1) Designação consagrada com o Tratado de Maastricht (1992) para a Comunidade Económica Europeia, sublinhando o desígnio da criação de uma união económica, monetária e política.

(2) EVERLING, Zur *Bedeutung des Europaischen Gemeinschaftsrecht,* introd. de *Europarecht von* A-Z, 2.ª ed., Munchen (1993) XXXVI.

organizar um mercado interno no espaço geográfico comunitário. A temática das relações de trabalho estava necessariamente implicada na realização desse objectivo: ela respeitava não só à dimensão social da Comunidade (melhoria das condições de vida e de trabalho, numa perspectiva de "igualização no progresso": art. 136.º TCE), mas também e sobretudo ao desígnio económico da tendencial uniformização das condições de troca e de fluidificação da concorrência no âmbito comunitário. A vertente social da construção europeia surgiu quase sempre como condição instrumental da "organização do mercado" (1) e ainda, de certa forma, como fundamento de acções complementares ou supletivas relativamente aos efeitos sociais positivos que se esperavam do funcionamento do mercado comum europeu.

Daí que o TCE seja particularmente afirmativo, neste domínio, acerca da efectivação do princípio da *livre circulação dos trabalhadores* (art. 39.º), implicando a *não discriminação com base na nacionalidade* (art. 39.º/2), a *coordenação dos regimes de segurança social* (art. 42.º) e a instituição de um suporte financeiro (o Fundo Social Europeu) para o fomento do emprego e da *mobilidade geográfica e profissional dos trabalhadores* (arts. 146.º e ss.). Nestas bases assentou um conjunto de regulamentos (particularmente acerca do acesso aos vários sistemas de segurança social) prontamente editado, pouco depois da celebração do Tratado.

43. Não se pode dizer que o acto constitutivo da Comunidade fosse desprovido de preocupações sociais autónomas: elas revelam-se, sobretudo, na afirmação do princípio da *igualdade de remunerações entre os trabalhadores masculinos e os trabalhadores femininos num mesmo trabalho* (art. 141.º TCE). Mas é lícito afirmar-se que os aspectos sociais do Tratado assumiam, basicamente, uma função *organizatória* no projecto de criação de um mercado comum europeu.

De resto, o Tratado assentava no postulado de que a competência para a regulação das relações sociais de trabalho permane-

(1) G. LYON-CAEN/A. LYON-CAEN, *Droit social international et européen* cit. 172.

ceria, fundamentalmente, nos Estados membros: a competência dos órgãos comunitários era, nesse domínio, a excepção e não a regra. Em geral, preconizava-se "uma *colaboração estreita entre os Estados membros* no domínio social, nomeadamente nas matérias relativas ao emprego, *ao direito do trabalho e às condições de trabalho,* à formação e ao aperfeiçoamento profissionais, à segurança social, à protecção contra os acidentes e as doenças profissionais, à higiene do trabalho, *ao direito sindical e às negociações colectivas entre empregadores e trabalhadores"* (art. 137.º) – uma colaboração que seria promovida "através de estudos, pareceres e pela organização de consultas" (mesmo art. *in fine).*

Mas, para além disto, há que considerar que o TCE preconiza a *aproximação legislativa* entre os Estados membros, relativamente às matérias"que tenham incidência directa no estabelecimento ou no funcionamento do mercado comum" (art. 94.º). Entre essas matérias, há por certo que contar com as referentes ao regime das relações de trabalho, até porque das disparidades que aí se verifiquem pode resultar o"falseamento das condições de concorrência" (art 96.º). Essa harmonização, ou "aproximação das disposições legislativas, regulamentares e administrativas dos Estados membros" (art. 94.º), envolve a prática de *actos normativos comunitários* (directivas), alguns dos quais pertencem manifestamente ao âmbito do Direito do Trabalho ([1]).

44. O enquadramento dessa acção normativa foi profundamente alterado com o Tratado da União Europeia (Maastricht, 1992). Como anexo a esse tratado, surgiu um Protocolo sobre a Política Social, subscrito por somente onze Estados membros (dada

---

([1]) Na versão originária do Tratado, essas directivas tinham que ser todas aprovadas, no Conselho de Ministros, por *unanimidade* (art. 100.º). O Acto Único Europeu (1987) introduziu um art. 100.º-A (actual art. 95.º, na numeração do tratado de Amsterdão) admitindo a deliberação por *maioria qualificada,* mas com exclusão das disposições fiscais, das relativas à livre circulação das pessoas e das referentes aos *direitos e interesses dos trabalhadores assalariados* (n.º 2 do art. cit.).

a recusa da Grã-Bretanha), que serve de suporte a um Acordo sobre a Política Social (1).

O art.º 1.º desse Acordo é, desde logo, bem explícito na afirmação de *objectivos sociais comunitários:* a promoção do emprego, a melhoria das condições de vida e de trabalho, uma protecção social adequada, o diálogo social, o desenvolvimento dos recursos humanos de modo a permitir um nível de emprego elevado e durável e a luta contra as exclusões. Embora ressalvando a "diversidade das práticas nacionais" e a "competitividade", o Acordo confere uma acentuação nova – já não directamente instrumental – à acção comunitária no domínio social.

Esta primeira constatação é reforçada por duas vias:

a) o *alargamento das competências comunitárias* no mesmo domínio: prevê-se agora o estabelecimento de prescrições mínimas sobre matérias que englobam, para além do ambiente de trabalho, as condições de trabalho, a informação e a consulta dos trabalhadores, a igualdade entre homens e mulheres e a integração das pessoas excluídas do mercado de trabalho (n.os 1 e 2 do art.º 2.º);

b) a tendencial *generalização do método da maioria qualificada* nas decisões a tomar sobre aquelas matérias (n.º 2 do art.º 2.º): só ficam de fora os temas *explicitamente* reservados à unanimidade (n.º 3 do mesmo artigo).

Interessa-nos aqui, sobretudo, assinalar o facto de a intervenção normativa comunitária, assente em *maioria qualificada,* poder ter por objecto as "condições de trabalho" – uma expressão que começou por ser usada num sentido limitado às exigências do ambiente de trabalho, mas que hoje se tem, liquidamente, por compreensiva do conjunto das regras sobre as relações individuais de trabalho (2).

(1) O Acordo baseou-se, declaradamente, no propósito de "prosseguir na via traçada pela Carta Social de 1989" (Carta Comunitária dos Direitos Sociais Fundamentais dos Trabalhadores, atrás referida).

(2) Cfr. ROCCELLA/TREU, *Diritto del lavoro della Comunità Europea,* Pádua (1992) 32.

Este novo espaço de actuação é triplamente limitado: a intervenção comunitária só pode traduzir-se em "prescrições mínimas aplicáveis progressivamente" (n.º 2 do art.º 2.º); permanecem dependentes de *unanimidade* várias matérias importantes e sensíveis (a segurança social e a protecção social dos trabalhadores, a protecção dos trabalhadores em caso de cessação do contrato de trabalho, a representação e a defesa colectiva dos trabalhadores e dos empregadores, incluindo a cogestão, as condições de emprego dos oriundos de países terceiros, e as contribuições financeiras destinadas à promoção do emprego e à criação de postos de trabalho); finalmente, são excluídas da competência comunitária as remunerações (n.º 6 do art.º 2.º). Mas o alcance destas restrições não põe em causa o facto essencial: passou a ser viável a intervenção comunitária, mediante actos normativos (directivas) decididos por maioria qualificada, sobre a generalidade dos temas compreendidos no regime das relações individuais de trabalho [1].

Relativamente à dimensão *colectiva* das relações de trabalho, o conteúdo do Acordo articula duas perspectivas inteiramente diversas para dois domínios fundamentais aí compreendidos: relativamente à negociação colectiva, admite-se regulamentação comunitária, embora assente em unanimidade [2]; quanto aos conflitos colectivos, ou melhor, às formas de luta laboral, exclui-se em absoluto a competência comunitária (n.º 6 do art.º 2.º).

Todavia, é fundamentalmente na área das *fontes* de direito do trabalho comunitário que se manifesta o rasgo inovatório do Acordo sobre a Política Social.

A adopção e a actuação de medidas comunitárias no domínio da política social passaram, na verdade, a estar cingidas por uma trama processual que pode, esquematicamente, descrever-se nos seguintes termos (arts. 3.º e 4.º do Acordo sobre a Política Social).

---

(1) Um elenco semelhante de matérias encontra-se, como se notou, no art.º 118.º do Tratado de Roma (actual art. 137.º), mas como objecto de "colaboração estreita entre Estados membros" a promover pela Comissão.

(2) Não se vê que possa excluir-se a negociação colectiva do âmbito da referência, constante do n.º 3 do art.º 2.º, à "representação e defesa colectiva dos interesses dos trabalhos e dos empregadores".

a) *consulta prévia* da Comissão aos parceiros sociais a nível comunitário sobre a "possível orientação" de uma eventual proposta a apresentar;
b) *decisão* da Comissão sobre o carácter "desejável" da medida;
c) *segunda consulta* aos parceiros sociais sobre o conteúdo da proposta de directiva apresentar ao Conselho;
d) possibilidade de *iniciativa negocial* dos parceiros sociais sobre a matéria, visando a conclusão de uma convenção colectiva a nível comunitário em vez da emissão da directiva projectada;
e) possibilidade de *transposição* de uma directiva (n.º 4 do art.º 2.º) ou de uma convenção comunitária (n.º 2 do art.º 4.º) por contratação colectiva a nível nacional.

A enfatização do papel dos parceiros sociais, a nível comunitário e no plano nacional, apresenta-se como um adensamento e uma concretização, no domínio dos instrumentos jurídicos disposíveis, da ideia de "diálogo social", que correspondeu, primeiro, a uma prática desencadeada em 1985, sem enquadramento institucional (o "diálogo social" de Val Duchesse), e, depois, foi incorporada no TCE, pelo Acto Único Europeu, através do art.º 118.º-B (hoje 139.º): "A Comissão esforça-se por desenvolver o diálogo social a nível europeu, *que pode conduzir, se estes últimos o entenderem desejável, a relações convencionais"* (itálico nosso). Com o Acordo de Maastricht, essa possibilidade foi desenvolvida e explicitada a tal ponto que o próprio sistema de fontes comunitárias parece sofrer uma significativa reconfiguração. Adiante veremos como.

O Tratado de Amsterdão (1997), para além da inclusão de um novo Título sobre emprego, definiu o novo texto do Tratado constitutivo, operando a renumeração dos artigos, mas mantendo, em substância, o conteúdo "social" até então definido.

45. A ordem jurídica comunitária desenvolve-se em dois níveis hierarquicamente relacionados: o do *direito comunitário originário* e o do direito *comunitário derivado.*

O direito comunitário originário, como a própria designação inculca, é fundamentalmente integrado pelo conteúdo dos tratados que instituiram o perfil constitucional das Comunidades (os de Paris, 1951, e Roma, 1957; e ainda o Acto Único Europeu, 1987, e o Tratado da União Europeia, 1992; o Tratado de Amsterdão, 1997), definindo a sua orgânica, as competências dos vários órgãos e as regras de funcionamento (além dos já referidos, os de Bruxelas, 1965 e 1975); e consagraram as várias fases do seu alargamento (os de 1972, quanto à Dinamarca, à Irlanda e ao Reino Unido; o de 1979, relativo à Grécia; o de 1985 respeitante à adesão de Portugal e Espanha; e o de 1994, referente à Austria, à Finlândia e à Suécia ([1])).

Nos termos do art.° 8.°/2 CRP, a adesão de Portugal determinou a *recepção automática do Direito comunitário originário no Direito interno,* com as consequentes limitações da soberania. Este efeito está, de resto, assumido nos ordenamentos jurídicos de todos os Estados membros.

O direito comunitário derivado ou secundário é o conjunto das normas emitidas pelos órgãos comunitários dotados de competência para o efeito. O art.° 249.° TCE estabelece, a esse propósito, o seguinte: "(...) o Conselho e a Comissão adoptam regulamentos e directivas, tomam decisões e formulam recomendações ou pareceres".

Este elenco compreende fontes não vinculativas, que são as recomendações e os pareceres (último parágrafo do art.° 249.°), e fontes vinculativas: os regulamentos, as directivas e as decisões.

46. O *regulamento* tem carácter geral, é obrigatório em todos os seus elementos e directamente aplicável em todos os Estados membros (2.° parágrafo do art.° 249.°). É uma verdadeira "lei comunitária", à qual devem, directamente, obediência não só as autoridades nacionais (administrativas e judiciárias), mas também os cidadãos de cada país. Se, por vezes, os regulamentos só se

([1]) Também a Noruega subscreveu este tratado de adesão, mas acabou por não o ratificar.

tornam aplicáveis mediante a emissão de normas de execução a nível nacional, o mesmo ocorre com algumas leis internas. Existem, de resto, também a nível comunitário, regulamentos de execução com a mesma finalidade.

Por seu turno, a *directiva* caracteriza-se, genericamente, pelo facto de definir aos Estados membros um "resultado a alcançar", cabendo-lhes escolher e actuar os instrumentos, nomeadamente normativos, adequados à obtenção daquele. A directiva assume natureza *vinculante* para os Estados: cria-lhes a obrigação de concretizarem, ou pôrem em prática, pelos meios adequados, a orientação definida *(transposição* para a ordem jurídica interna). A escolha desses meios é, no entanto, da competência de cada Estado; o teor de uma lei nacional concretizadora da directiva pode ser diferente do de outra. Daí que se possa dizer que "as directivas não constituem, por si, direito comunitário uniforme" ([1]). No entanto, a prática comunitária, nomeadamente no domínio jurídico-laboral, tem revelado desvios em relação ao modelo configurado pelo art.° 249.°: algumas directivas são tão pormenorizadas que quase não deixam espaço para particularização por diplomas próprios de cada Estado ([2]). Perante tal fenómeno, a jurisprudência do Tribunal de Justiça tem encarado o problema dos efeitos das mencionadas directivas (criação de direitos e obrigações para os particulares?) de modo evolutivo: já foi afirmada a natureza "regulamentar" das directivas "pormenorizadas" (e, portanto, a sua aplicabilidade pelos particulares face aos tribunais nacionais), e tende-se, recentemente, para uma visão mais mitigada, segundo a qual elas só são oponíveis ao Estado, às empresas públicas e concessionárias de serviço público (isto é, a um conjunto amplificado de entidades relativamente às quais actuaria o dever de concretização inerente às directivas) ([3]).

([1]) ROCCELLA/TREU 57.

([2]) É o caso das directivas sobre os despedimentos colectivos, a transmissão de empresas ou estabelecimentos e a insolvência do empregador.

([3]) Cfr. ROCCELLA/TREU, *Diritto del Lavoro* cit. 58-59; G. LYON-CAEN/A. LYON-CAEN, *Droit Social International* cit 167-168.

O instrumento típico de transposição de uma directiva para a ordem jurídica interna de um Estado membro é a *lei* em sentido lato, ou seja, o produto da actividade normativa estatal (ainda que, tecnicamente, possa revestir o carácter de regulamento). É o que, aliás, decorre do facto de os *destinatários* das directivas, nos termos do art.° 249.° TCE, serem *os Estados,* que ficam como responsáveis e garantes da concretização delas.

Todavia, como se viu, o Acordo sobre Política Social, anexo ao Tratado de Maastricht, veio estabelecer formalmente a possibilidade de concretização de directivas por *convenção colectiva:* nos termos do n.° 4 do art.° 2.° daquele Acordo, "um Estado membro pode confiar aos parceiros sociais, a seu pedido conjunto, a transposição das directivas adoptadas em aplicação dos n.os 2 e 3" (1). No entanto, o Estado permanece, como se disse, responsável pela garantia dos resultados definidos pelas mesmas directivas.

Por outro lado, deve retomar-se aqui a função alternativa que o aludido Acordo confere à *contratação colectiva europeia* (isto é elaborada entre os parceiros sociais a nível comunitário) relativamente à emissão de directivas sobre matérias do "domínio da política social" (art.° 3.°). Ao contrário do regime da transposição por via contratual (que a faz depender de um "acto de delegação" do Estado, responsável final pela garantia do resultado pretendido: "Um Estado membro pode *confiar* aos parceiros sociais...", diz o n.° 4 do art.° 2.°), o conjunto das regras contidas nos art.os 3.° e 4.° do Acordo sobre Política Social coloca nas mãos dos parceiros sociais a faculdade de *obstarem* à consumação de uma directiva estabelecendo um processo negocial sobre o mesmo tema, com vista à celebração de um acordo que pode *adquirir o valor de uma directiva* mediante decisão do Conselho sob proposta da Comissão (n.° 2 do art.° 4.°) (2). Isto significa, em suma, que uma acção

---

(1) De resto, trata-se de uma possibilidade já antes discutida, e admitida em certos termos pelo Tribunal de Justiça, tendo nomeadamente em conta a relevância dominante que a contratação colectiva assume nalguns países europeus (como o Reino Unido).

(2) Não parece, com efeito, que a transposição de tais acordos seja, sem tal decisão, obrigatória. O n.° 2 do art.° 4.° refere-se a ela, mas abrindo uma larga

comunitária tida por desejável pode vir a consumar-se sob forma contratual e não por via de directiva.

Resta referir, de entre os actos comunitários de natureza vinculativa, as *decisões*. Nos termos do art.º 249.º (4.º parágrafo) TCE, "a decisão é obrigatória em todos os seus elementos para os destinatários que ela designar". Esta noção já sugere que o elemento distintivo das decisões está no seu carácter individual e não geral: elas têm destinatários concretamente identificados, que podem ser Estados e/ou particulares, admitindo-se, inclusivamente, que produzam certos efeitos entre os destinatários e terceiros.

47. O pecúlio comunitário, no que toca ao Direito do Trabalho, é notoriamente modesto ([1]). Constituem-no alguns regulamentos e directivas concernentes a condições da *livre circulação dos trabalhadores* (proibição de discriminação no acesso ao emprego, igualdade de tratamento em matéria de condições de trabalho entre nacionais dos Estados membros) e um pequeno número de directivas sobre aspectos específicos do regime das *relações individuais de trabalho.*

Destas últimas, três surgiram enquadradas num período caracterizado pelo desenvolvimento da crise de desemprego (a partir de meados da década de 70) determinada pelas subidas do preço do petróleo e pela crise económica generalizada que se lhes seguiu.

Foi, em primeiro lugar, a *Directiva 75/129,* de 17/2/75, sobre os *despedimentos colectivo* (que veio a ser alterada pela *Directiva 92/56*, de 24/06/92 e pela *Directiva 98/59*, de 20/7/98) ([2]). Dois anos depois, surgiu a *Directiva 77/187,* de 14/2/77, referente à manutenção dos direitos dos trabalhadores em caso de *transmissão de empresas ou estabelecimentos* ([3]).

---

margem de disponibilidade para os parceiros sociais a nível nacional e para os Estados membros.

([1]) Veja-se, sobre o tema, SABINA PEREIRA DOS SANTOS, *Direito do Trabalho e Política Social na União Europeia, Lisboa,* 1999.

([2]) J.O.L 245, de 26/8/92.

([3]) J.O.L 61, de 5/3/77.

Seguiu-se a *Directiva 80/987*, de 20/10/80, relativa à protecção dos trabalhadores face à *insolvência do empregador* (falta ou atraso do pagamento de salários) ([1]).

Só muito mais tarde apareceu um acto comunitário directamente enquadrável no regime das relações individuais de trabalho: a *Directiva 91/533*, de 14/10/91 ([2]), referente à obrigação dos empregadores de *comunicarem aos trabalhadores as condições aplicáveis ao contrato ou à relação de trabalho* (elemento de prova da relação de trabalho) ([3]).

A década de 90 foi marcada por uma reanimação dos temas sociais na regulamentação comunitária, em parte explicável pelo impulso do programa de acção anexo à Carta Comunitária dos Direitos Sociais Fundamentais dos Trabalhadores (1989) ([4]) . Deve, aliás, sublinhar-se que os instrumentos comunitários surgidos nesta fase foram já, todos eles, transpostos para o direito interno português.

Entre os produtos dessa nova dinâmica reguladora, cabe destacar, desde logo, a *Directiva 93/104*, de 23/11/93, referente à *organização do tempo de trabalho*, na perspectiva da saúde e segurança ([5]).

Depois, merecem referência as *Directivas 96/34*, de 3/6/90 ([6]), e *97/81*, de 15/12/97 ([7]), que formalizaram, em conformidade com o processo estabelecido pelo Acordo sobre Política Social

---

([1]) J.O.L 283, de 28/10/80.

([2]) J.O.L 288, de 18/10/91.

([3]) Esta directiva e a que, em 1992, alterou a referente aos despedimentos colectivos, constituem concretizações do programa de acção, anexo à Carta Comunitária dos Direitos Sociais Fundamentais dos Trabalhadores (1989), programa de que constam diversos outros actos comunitários ainda não consumados.

([4]) Veja-se, sobre o tema, P. RODIÈRE, *Droit social de l'Union Européenne* Paris (1998) 101 ss..

([5]) A transposição desta Directiva para o nosso direito interno operou-se com a L. 73/98, de 10/11, cujo conteúdo, inserido no Código do Trabalho, será analisado no lugar próprio.

([6]) J.O. L 145, de 19/6/96.

([7]) J.O. L 14, de 20/1/98.

anexo ao Tratado de Maastricht, dois acordos-quadro celebrados pelos parceiros sociais a nível comunitário – respectivamente, sobre a *licença parental* (1) e o *trabalho a tempo parcial* (2). Bem se poderá retomar aqui o juizo de que o interesse principal destas directivas «é largamente exterior ao seu conteúdo» (3) e reside no facto de constituirem manifestações primeiras de um novo modo de produzir direito social comunitário.

Sob o ponto de vista substancial, merecem porventura maior destaque a *Directiva 92/85*, de 19/10/92, sobre a *protecção das trabalhadoras grávidas, puérperas ou lactantes* (4), e a *Directiva 94/33*, de 22//6/94, relativa à *protecção dos jovens no trabalho* (5).

Assume ainda grande relevo, sob o ponto de vista da evolução dos modos de representação e participação dos trabalhadores na vida da empresa, a *Directiva 94/45*, de 22/9/94, respeitante à instituição de um *conselho de empresa europeu* ou de um *procedimento de informação e consulta dos trabalhadores*, em empresas e grupos de empresas de dimensão comunitária (isto é, transnacionais) (6).

---

(1) Esta Directiva – ou o conteúdo do acordo-quadro por ela formalizado – foi transposta para a L. 4/84, de 5/4, na versão resultante da L. 142/99, de 31/8 (art. 17.°), que tem correspondência nos arts. 33.° e segs. CT.

(2) As orientações consagradas nesse acordo-quadro foram acolhidas pela L. 103/99, de 26/7, cujo conteúdo foi recolhido nos arts. 150.° e segs. CT.

(3) P. Rodière 363.

(4) J. O. L 348, de 28/11/92. A transposição foi assegurada pela L. 142/99, de 31/8; a matéria está hoje compreendida nos arts. 33.° e segs. CT.

(5) J. O. L 216, de 20/8/94. A transposição foi realizada pela L. 58/99, de 30/6; actualmente, a matéria está inserida nos arts. 66.° e segs. CT.

(6) J. O. L 254, de 30/9/94. Esta directiva foi transposta para o direito interno português pela L. 40/99, de 9/6, cujo conteúdo essencial se mantém integrado no CT de 2003 (arts. 471.° e segs.) e na L. 35/2004 (RCT), arts. 365.° a 395.°

§ 6. Fontes internas.

1. *O elenco legal.*

48. Encontra-se no art. 1.º CT a indicação das fontes internas *específicas* do Direito do Trabalho.

Não são, pois, aí referidos os tipos de fontes que são *comuns* à generalidade dos ramos de Direito e alimentam também o Direito do Trabalho. Incluem-se no elenco das fontes comuns as *leis constitucionais,* como as que aprovaram e reviram várias vezes a Constituição da República Portugesa, a qual inclui diversos preceitos relativos às questões laborais, mas também as *leis ordinárias* comuns – isto é, não especificamente dirigidas à «regulamentação do trabalho» – com particular relevo para o Código Civil, na parte referente ao regime comum dos contratos e das obrigações. Tenha-se presente que o contrato de trabalho, aparte os aspectos particularizados na legislação laboral propriamente dita, está coberto pelas normas daquele regime comum. Neste sentido, o Direito do Trabalho é direito privado especial.

Tratando somente das fontes "específicas", o art. 1.º CT refere, apenas, os *instrumentos de regulamentação colectiva de trabalho* e os *usos laborais.*

De entre os instrumentos de regulamentação colectiva, haverá que destacar as convenções colectivas, que constituem uma contribuição própria do Direito do Trabalho para o elenco das fontes de direito. O reconhecimento de carácter normativo às cláusulas acordadas entre as associações sindicais e as associações de empregadores ou empresas implica algumas particularidades, nomeadamente as que derivam do facto de essas cláusulas se aplicarem, não segundo um critério categorial ou outro apontado a uma caracterização genérica dos destinatários, mas com base no "princípio da filiação", segundo o qual são abrangidos por uma convenção apenas os membros das associações subscritoras (art. 496.º CT).

Ao lado das convenções, produtos da negociação colectiva, figuram actos normativos da Administração: a portaria de extensão e a portaria de condições de trabalho, a que se refere o art. 2.º/4.

A noção de "instrumento de regulamentação colectiva de trabalho" – de antiga tradição legislativa – abrange, pois, realidades de natureza bem distinta. Não pode sequer falar-se, verdadeiramente, de um regime comum que confira unidade a essa noção. O que é comum aos referidos "instrumentos" é o facto de as normas por eles estabelecidas não terem âmbito genérico, mas particularizado por certos perímetros de interesses colectivos – o do sector, o da profissão, o da empresa.

Quanto aos usos, a formulação do art. 1.º é consideravelmente diversa da que constava da lei anterior ao CT. O art. 12.º LCT tratava dos "usos da profissão do trabalhador e das empresas" em preceito próprio e separado (o seu n.º 2), declarando-os simplesmente "atendíveis" mediante três condições negativas: não contrariarem as normas legais e convencionais, não serem contrários aos "princípios da boa fé" e não ter sido convencionada outra coisa por escrito. No CT, os "usos laborais" são, aparentemente, colocados no mesmo plano de normatividade que os instrumentos de regulamentação colectiva, ficando apenas sob a condição de compatibilidade com a boa fé. Adiante procuraremos esclarecer o alcance desta inflexão.

2. *Leis do trabalho.*

A) *Da legislação avulsa ao Código do Trabalho.*

49. Com a designação de "leis do trabalho" podem ser abrangidas, no seu conjunto, as «fontes estaduais», ou seja, todas as normas jurídicas (de regulamentação do trabalho), criadas e emitidas pelos órgãos do Estado dotados de competência para o efeito, o que inclui as leis ordinárias, os decretos-leis, os decretos regulamentares (1).

(1) Num passado ainda recente, diversas medidas de política laboral foram traduzidas nas chamadas *resoluções* do Conselho de Ministros, de tão diversa amplitude e projecção que, nuns casos, visaram solucionar dificuldades ou conflitos concretos e, noutros, continham proposições de carácter geral. Por

Excluem-se as normas emitidas pelo Ministro do Trabalho (anteriormente, sob a forma de "regulamentos de condições mínimas"; doravante, com a designação de "portarias de condições de trabalho"), por pressuporem uma atribuição (e delimitação) de competência pela lei e, também, por estarem submetidos a regras que, na aparência, pelo menos, as aparentam às convenções colectivas (sendo, em conformidade, inseridas na mesma "família", a dos instrumentos de regulamentação colectiva).

50. Foram numerosos os diplomas legais publicados antes de 25 de Abril de 1974 que, total ou parcialmente, se mantiveram em vigor até à publicação do Código do Trabalho. Destacaremos apenas os seguintes, com indicação das siglas que têm sido ou serão utilizadas doravante, nas referências que, necessariamente, deverão ainda ser-lhes feitas:

- *Decreto-Lei* n.°49 408, de 24/11/69 – Regime jurídico do contrato individual de trabalho (LCT), parcialmente revogado;
- *Decreto-Lei* n.° 409/71, de 27/11 – Regime da duração do trabalho e descanso semanal (LDT).

O labor legislativo posterior à deposição do regime corporativo dedicou considerável atenção ao ordenamento jurídico do trabalho. Mesmo assim, porém, e como já se sugeriu, nada existe que se assemelhe a um novo sistema normativo; inclusivamente, algumas das providências legislativas adoptadas neste período assumiram alcance meramente conjuntural, reflectindo as indefinições e incertezas do processo político e a frequente necessidade de pronta resposta legislativa a problemas decorrentes de tentativas de transformação das estruturas económicas, fora de uma concepção ou projecto globalmente construído. Assim, as alterações do sistema jurídico-laboral têm-se processado através de medidas parcelares e, frequen-

---

outro lado, é sabido que a CRP não prevê as *Resoluções* no âmbito da competência legislativa do Governo (art. 198.°). A nosso ver, tais documentos assumem carácter idêntico ao dos *despachos conjuntos* (embora de todos os Ministros), carecendo, portanto, do valor de diplomas legislativos. O seu alcance normalmente programático ajusta-se à concretização da competência do Conselho de Ministros *enquanto tal,* sobretudo em alguns dos aspectos focados pelo art. 200.° CRP. Importa salientar as *resoluções* pelas quais o Conselho de Ministros reconhece a necessidade da requisição civil (art. 4.°/1 DL 637/74, de 20/11).

temente, instáveis – com novas mudanças ou revogações a curto prazo – traduzindo, por outro lado, uma importante acumulação de experiências ditadas pela própria evolução das realidades sociais e económicas.

Apontamos apenas os principais diplomas emanados posteriormente a Abril de 1974 e que permaneceram em vigor até ao aparecimento do Código do Trabalho:

- *Lei n.° 65/77, de 26/8* – Regulamentação do exercício do direito à greve (LG) ([1]);
- *Decreto-Lei n.° 215-B/75, de 30/4* – Regime jurídico das associações sindicais (LS);
- *Decreto-Lei n.° 215-C/75, de 30/4* – Regime jurídico das associações patronais (LAP);
- *Decreto-Lei n.° 874/76, de 28/12* – Regime jurídico do direito a férias, da licença sem retribuição, dos feriados e das faltas;
- *Lei n.° 46/79, de 12/9* – Regime das comissões de trabalhadores (LComT);
- *Decreto-Lei n.° 392/79, de 20/9* – Garante às mulheres a igualdade com os homens em oportunidades e tratamento no trabalho e no emprego;
- *Decreto-Lei n.° 519-C 1/79, de 29/12* – Regime jurídico das relações colectivas de trabalho (LRCT) ([2]);
- *Decreto-Lei n.° 398/83, de 2/11* – Regime jurídico da suspensão do contrato de trabalho e da redução temporária dos períodos normais de trabalho ([3]);
- *Decreto-Lei n.° 421/83, de 2/12* – Regime jurídico do trabalho suplementar;
- *Lei n.° 4/84, de 5/4* – Protecção da maternidade e da paternidade ([4]);
- *Lei n.° 17/86, de 14/6* – Regime dos salários em atraso;

([1]) Alterada pela L 30/92, de 20 de Outubro.

([2]) Alterado pelos DLs 87/89, de 23 de Março, e 209/92, de 2 Outubro.

([3]) Alterado pelo DL 64-B/89, de 27 de Fevereiro, e pelo DL 210/92, de 2 de Outubro.

([4]) Regulamentada pelo DL 136/85, de 3 de Maio, e alterada pela L. 17/95, de 9/6, pela L. 102/97, de 13/9, pela L. 18/98, de 28/4, e pela L. 142/99, de 31/8.

- *Decreto-Lei n.° 69-A/87, de 9/2* – Regime jurídico da remuneração mínima garantida;
- *Decreto-Lei n.° 64-A/89, de 27/2* – Regime jurídico da cessação do contrato de trabalho e da celebração de contratos a termo (NLDesp.); (1)
- *Decreto-Lei n.° 358/89, de 17/10* – Regime jurídico do trabalho temporário e da cedência ocasional de trabalhadores (2).
- *Lei n.° 2/91, de 17/1* – Redução do período normal de trabalho;
- *Decreto-Lei n.° 261/91, de 25/7* – Regime da pré-reforma;
- *Decreto-Lei n.° 396/91, de 16/10* – Regulamentação do trabalho de menores;
- *Decreto-Lei n.° 400/91, de 16/10* – Regime da cessação do contrato de trabalho por inadaptação do trabalhador;
- *Decreto-Lei n.° 404/91, de 16/10* – Regime do trabalho em comissão de serviço;
- *Decreto-Lei n.° 440/91, de 16/10* – Regulamentação do trabalho no domicílio.
- *Decreto-Lei n.° 235/92, de 24/10* – Regime jurídico do contrato de serviço doméstico.
- *Decreto-Lei n.° 5/94, de 11/1* – Estabelece a obrigação do empregador de informar o trabalhador sobre as condições aplicáveis à relação trabalho.
- *Lei n.° 105/97, de 13/9* – Regime de garantia do direito à igualdade de tratamento no trabalho e no emprego;
- *Lei n.° 116/97, de 4/11* – Estatuto do trabalhador-estudante.
- *Lei n.° 20/98, de 12/5* – Regime do trabalho de estrangeiros;
- *Lei n.° 28/98, de 26/6* – Regime jurídico do contrato de trabalho do praticante desportivo;
- *Lei n.° 73/98, de 10/11* – Regras sobre a organização do tempo de trabalho;
- *Decreto-Lei n.° 96/99, de 23/3* – Alteração do modo de fixação do período de trabalho nocturno;

---

(1) Alterado pela L 38/96, de 31/8.

(2) Alterado pela L 39/96, de 31/8.

- *Lei n.º 32/99, de 18/5* – Alteração do regime do despedimento colectivo;
- *Lei n.º 36/99, de 26/5* – Explicitação do direito de participação das associações patronais;
- *Lei n.º 40/99, de 9/6* – Instituição do conselho de empresa europeu ou dum procedimento de informação e consulta aos trabalhadores nas empresas transnacionais;
- *Decreto-lei n.º 219/99, de 15/6* – Regime do Fundo de Garantia Salarial;
- *Lei n.º 58/99, de 30/6* – Alteração do regime do trabalho de menores;
- *Lei n.º 61/99, de 30/6* – Dispensa de adaptabilidade de horários para certos grupos de trabalhadores e simplificação de procedimentos administrativos referentes à duração do trabalho;
- *Lei n.º 103/99, de 26/7* – Regime do trabalho a tempo parcial;
- *Lei n.º 116/99, de 4/8* – Regime geral das contra-ordenações laborais.

Grande parte destes diplomas legais resultou, quer da obrigação de transpor directivas comunitárias para a ordem jurídica interna, quer da concretização do vasto programa legislativo constante do Acordo de Concertação Estratégica celebrado, em 1996, entre o Governo e os Parceiros Sociais, no quadro da Comissão Permanente de Concertação Social. Estes dois vectores convergiram, aliás, nalguns diplomas, como a L. 73/98, de 10/11.

Por outro lado, o elenco acima apresentado não inclui alguns relevantes diplomas respeitantes à jurisdição do trabalho, quer nos aspectos orgânicos, quer no tocante às regras processuais aplicadas.

Nele se não inserem, também, mas por razões diferentes, diplomas recentes e de grande importância. Assim, a *L 21/96*, de 23/7, relativa à redução da semana de trabalho para 40 horas efectivas, tinha um ciclo de efectivação gradual que se encerrou em 1 de Dezembro de 1997; para além disso, incorporava alterações parciais a diplomas que fazem parte do elenco acima. A *L 100/97*, de 13/9 (novo regime jurídico dos acidentes de trabalho e das doenças profissionais) veio por termo à longa vigência de uma lei de 1965.

51. O *Código do Trabalho*, aprovado pela L. 7/2009, de 12/2, cobre todos os grandes temas do regime das relações individuais e colectivas de trabalho, e insere ainda princípios básicos em matéria de segurança, higiene e saúde no trabalho e de acidentes de trabalho e doenças profissionais – domínios confiados a legislação específica extravagante –, além do regime da responsabilidade contra-ordenacional. Para além disso, o CT compreende um conjunto de disposições sobre direitos fundamentais (direitos de personalidade, igualdade e não discriminação) com os quais se pretende ligar a dimensão de cidadania ao estatuto dos trabalhadores subordinados.

Sob o ponto de vista sistemático, o CT compreende dois Livros – o Livro I, respeitante à "parte geral", em que se trata das fontes e da aplicação das normas (Título I), do regime do contrato de trabalho (Título II) e do direito colectivo (Título III); o Livro II, reunindo as normas respeitantes à "responsabilidade penal e contra-ordenacional".

No entanto, o CT não é exaustivo. Para além da previsão de diplomas regulamentares – cuja publicação, em muitos casos, condiciona a substituição da legislação anterior e, por conseguinte, o início de vigência de partes do Código (art. 12.º da lei prembular) –, há que referir o grande número de remissões para legislação especial.

A primeira versão do Código, aprovada pela L. 99/2003, de 27/8, tinha sido complementada e regulamentada, no ano seguinte, pela L. 35/2004, de 29/7. A revisão aprovada pela L. 7/2009 manifesta a aspiração de reunir num só corpo o essencial dos dois diplomas, deixando – como eles, de resto, também deixavam – bastante matéria para legislação especial ou regulamentação posterior. A codificação das normas laborais continua a ser, em Portugal, um desígnio incompletamente realizado.

B) *A participação na elaboração das leis do trabalho.*

a) O regime de apreciação pública.

52. A CRP institucionaliza um certo tipo de *participação* das comissões de trabalhadores (art. 54.º/4 *d)*) e das associações sindicais (art. 56.°/2 *a)*) na elaboração da «legislação do trabalho» – noção que, como veremos a seguir, importa determinar, dado que a inobservância do procedimento participativo pode originar a inconstitucionalidade dos diplomas legais relativamente aos quais se verifique.

Importa ter em conta duas notas preliminares.

A primeira diz respeito à *natureza* e ao *alcance* da participação de que se trata. A CRP não a especifica, deixando assim espaço à actuação da lei ordinária. Naturalmente, o aspecto crucial desta determinação respeita ao peso que se atribua aos pontos de vista formulados pelas organizações participantes no processo legislativo, ou seja, à questão de saber se se tratará de uma participação meramente consultiva (ou seja, da formulação de opiniões não vinculativas) ou de uma verdadeira co-decisão normativa (em tais termos que não possa prevalecer uma norma projectada contra o parecer de uma organização participante).

A questão é tratada nos arts. 469.° e segs. CT. Os projectos de diplomas legais são previamente publicados para que, desse modo, as «comissões de trabalhadores ou as respectivas comissões coordenadoras, as associações sindicais e as associações de empregadores» (art. 470.°) tenham a oportunidade de se pronunciarem sobre o seu conteúdo, devendo as suas opiniões ser «tidas em conta pelo legislador como elementos de trabalho» (art. 475.°/1). Ou seja, esses pareceres não têm carácter vinculativo.

O alcance deste tipo de participação situa-se, essencialmente, no plano político. O processo legalmente estabelecido para o seu exercício implica a abertura de um importante espaço de debate social antes do acabamento de qualquer medida legislativa no domínio laboral. O legislador terá querido, com a fisionomia que atribuíu ao processo participativo, enfatizar a importância de que se reveste a procura de um mínimo de consenso social para a eficácia (e até a efectividade, que respeita ao grau de observância que venham a ter) das normas de direito do trabalho. Deixou, com efeito, de ser possível legislar «de surpresa», ou com total unilateralismo, em matéria de relações laborais ([1]).

([1]) Mas também é verdade que deste procedimento participativo, e dos seus naturais corolários sócio-políticos, decorre uma perda importante de adap-

A segunda nota preliminar diz respeito à *titularidade* deste direito de participação. Como se viu, ele é atribuído, pela CRP, somente às comissões de trabalhadores e às associações sindicais. Em conformidade com essa postura da lei fundamental, a L. 16/79 (que primeiramente regulou o tema) tratava sempre das «organizações de trabalhadores» como titulares do direito de participação ([1]). Mas a L. 36/99, de 26/5, estendeu esse direito às associações patronais, acolhendo assim uma prática que era corrente há muito tempo: a de se tomar em conta, com expressa referência nos preâmbulos dos diplomas, as posições assumidas, durante a «apreciação pública», por essas organizações ([2]). Saltava aos olhos a artificialidade do modo por que o reconhecimento desse direito era feito pela L. 36/99. A preocupação de «separar» o direito das organizações de trabalhadores do direito das associações patronais, porventura com base no facto de só um deles ser constitucionalmente consagrado (pelo menos de modo explícito), tinha expressão simbólica na L. 36/99: ela não se limitava a introduzir uma alteração à L. 16/79, remetia

---

tabilidade da legislação do trabalho, não só às rápidas mudanças que ocorrem na sociedade e na economia, mas também aos factores de inefectividade que condicionam a realização das suas finalidades.

([1]) Deve, todavia, assinalar-se que a própria L. 16/79 já sugeria uma amplificação do direito de participação. A publicação prévia dos projectos de diplomas legais destinava-se, nos termos do art. 4.º/1 dessa lei, a possibilitar a apreciação pelas organizações de trabalhadores e, ainda, a permitir «mais ampla divulgação» (fórmula que, de resto, perdurou no CT: art. 527.º/1). Várias disposições da mesma lei referiam-se, expressamente, à «apreciação pública» dos projectos, o que era manifestamente mais do que a participação das organizações de trabalhadores. E o art. 7.º/2 já impunha (como hoje o CT) que o «resultado da apreciação pública» fosse publicado no preâmbulo ou relatório do diploma legal – o que sempre foi feito, na prática, através da indicação das posições das organizações de trabalhadores e das associações patronais.

([2]) O preâmbulo do DL 64-A/89, de 27/2 (regimes jurídicos da cessação do contrato de trabalho e do contrato a termo), revogado pelo CT, procurava justificar a atenção dada às posições das associações patronais com o argumento de que a participação dessas organizações «é igualmente assegurada pela ratificação de diversas Convenções da Organização Internacional do Trabalho, em que é garantido o tripartismo e a obrigação de consulta aos dois parceiros sociais (sic), tendo estas garantias integrado a ordem jurídica interna, por força do n.º 2 do artigo 8.º da Constituição».

para ela; e ia ao ponto de configurar (em anexo) um modelo de impresso próprio para as associações patronais se pronunciarem ([1]). O CT institui um regime homogéneo para o conjunto das organizações laborais.

53. Há razões para se duvidar de que os contornos da "legislação do trabalho", para o efeito da aplicação das regras concretizadoras do direito de participação, coincidam com as fronteiras tradicionais Direito do Trabalho. É certo que, no enunciado legal, nada sugere *imediatamente* a não coincidência; mas uma aproximação sistemática um pouco mais detida põe em causa essa primeira suposição.

É necessário, desde logo, ter em conta a já mencionada "mobilidade" das referidas fronteiras. Sabe-se que o Direito do Trabalho se relaciona ou corresponde com regiões contíguas da ordem jurídica – cuja proximidade tanto pode advir de razões materiais (caso do regime jurídico-administrativo das relações de emprego público) como de motivos instrumentais (como ocorre com a disciplina processual e da organização judiciária) – e que esses nexos, de uma forma ou de outra, podem conduzir à legitimação de perspectivas operatórias do legislador que não se cinjam estritamente a uma visão compartimentada do ordenamento. Não se pode, em suma, excluir *a priori* que o conceito normativo de *legislação do trabalho* abranja domínios e matérias que, não pertencendo ao território tradicional do ordenamento juslaboral na sua estrita demarcação técnica, manifestam suficiente identidade de razão funcional para que quanto a eles actue o peculiar modo de produção normativa que se tem em vista.

De resto, essa possibilidade é, de algum modo, imposta pelas virtualidades lógicas da noção legal. Notar-se-à, com efeito, e por exemplo, que, entre os domínios expressamente apontados pelo art. 469.º CT, conta-se o do "direito colectivo de trabalho" que abrange, na própria sistemática do Código, os regimes das organizações de trabalhadores e empregadores, dos instrumentos de regulamentação colectiva e dos conflitos colectivos, incluindo os processos de

(1) A medida corporizada na L. 36/99 foi objecto de expressa consideração no âmbito do «Acordo de Concertação Estratégica» de 1996. Essa lei constituía, pois, um produto de «concertação legislativa», fenómeno que estudaremos adiante.

resolução e o exercício do direito de greve. Ora qualquer destas matérias interessa ao estatuto jurídico dos trabalhadores com funções públicas. De resto, a L. 59/2008, reguladora do contrato de trabalho em funções públicas, reconhece o direito de participação às associações sindicais (art. 310.º) e às comissões de trabalhadores (art. 232.º do regulamento anexo). Mas, para além do contrato de trabalho, o emprego público pode ser constituído por nomeação e por comissão de serviço. Não é concebível que as organizações de trabalhadores nessas situações estejam privadas do direito de participação na elaboração da legislação que as tenha por objecto. Parece difícil recusar que, por exemplo, uma providência legislativa referente à negociação colectiva nesse domínio – embora esteja sujeita a regime especial – se contém na noção de legislação do trabalho assim desenhada e, como tal, sujeita ao processo participativo que a CRP e a lei estabelecem com o fito na *substância social das* matérias reguladas e não na *configuração jurídico-formal* das modalidades em que podem manifestar-se.

54. O conceito de legislação do trabalho é susceptível de abranger as matérias que contendem com o problema vital da *efectividade* das normas. A efectividade assume, no Direito do Trabalho, mais que noutros domínios da ordem jurídica, alcance verdadeiramente substancial dado que contende com a consistência (com a expressão prática) dos direitos laborais, sendo, por isso, um factor *constitutivo ou conformador* da realidade das relações de trabalho. A organização judiciária do trabalho e o correspondente regime processual devem considerar-se funcionalmente compreendidos no conceito de legislação do trabalho. Idêntico entendimento se apresenta como válido quanto aos dispositivos inerentes às modalidades de intervenção da administração estadual do trabalho. Para além disso, notar-se-á o facto de o Tribunal Constitucional considerar que pertence ao âmbito da legislação do trabalho, para estes efeitos, o regime da representação dos trabalhadores nos órgãos de gestão das empresas – embora se tratasse de posição muito controvertida no próprio seio daquele órgão jurisdicional (1).

(1) Ac. TC n.º 117/86, *DR* 1.ª série, de 19/5/86.

É, em suma, uma compreensão *ampla* do conceito de legislação do trabalho – compatível com o carácter não taxativo da enumeração do art. 469.º/1 CT – que parece ajustar-se ao seu alcance operatório – o qual consiste em proporcionar a expressão de certos interesses colectivos (identificados pela alusão aos "trabalhadores e empregadores, enquanto tais") no âmbito dos processos legislativos em que a consistência e a viabilidade desses interesses sejam *especificamente* afectados. Ficam, assim, naturalmente excluídas as "matérias de que são destinatários os cidadãos em geral", embora o correspondente projecto "autonomize na sua vocação normativa determinados grupos ou entidades ou tenha por objecto assunto que também a estes interessem" ([1]).

55. O reconhecimento formal, às comissões de trabalhadores e às associações sindicais, do direito de participação na elaboração da legislação do trabalho provém da primeira versão da CRP (art. 56.º *d)* e art. 58.º *a)*), cujos termos se mantiveram, aliás, *ipsis verbis,* embora com diversa colocação, nas versões posteriores da lei fundamental.

Deve, no entanto, apontar-se uma diferença na formulação constitucional, com possíveis consequências na delimitação do sentido funcional da participação das comissões de trabalhadores. Estas eram definidas (art. 55.º/1) por referência à defesa dos interesses dos trabalhadores e à intervenção democrática deles na vida da empresa, mas com a designação de finalidades de ordem sócio-política – «o reforço da unidade das classes trabalhadoras e a sua mobilização para o processo revolucionário de construção do poder democrático dos trabalhadores». Esta referência foi eliminada, como se sabe, na revisão de 1982. E a alteração não é, obviamente, destituída de alcance para a determinação do *sentido* de participação; esta resulta assim polarizada em pressupostos de natureza mais marcadamente sócio-profissional, incluindo aqueles que decorrem do enquadramento dos trabalhadores em organizações técnico-laborais que funcionam como suportes do emprego. Embora outras inter-

([1]) Parecer PGR n.º 219/78, de 16/11.

pretações sejam possíveis – e, porventura, até mais conformes com o "espírito" do compromisso constitucional de 1982 –, parece dever entender-se que a intervenção das comissões de trabalhadores resultou "politicamente" desvalorizada ou rarefeita, ao menos na medida em que deixou de lhes estar reconhecido o papel de instrumento de realização de um projecto político expressamente assumido pelo legislador constitucional ([1]).

56. O mecanismo de participação engloba três exigências processuais sucessivas:

a) a *publicação dos projectos e propostas* de diplomas nos boletins oficiais adequados, com indicação do prazo para apreciação pública, que não será, em regra, inferior a 30 dias (art. 473.º);

b) *o anúncio,* através dos órgãos de comunicação social, da publicação feita (art. 472.º/3);

c) a *indicação dos resultados da apreciação pública,* no preâmbulo do diploma (quando se trate de decreto-lei ou decreto regional) ou no relatório anexo ao parecer da comissão parlamentar ou da comissão da assembleia regional (quando o diploma emanar da Assembleia da República ou de uma assembleia regional) (art. 475.º).

([1]) Com isso, bem se poderá dizer engrandecido o problema de legitimidade suscitado pela existência de uma duplicidade de canais de representação dos interesses dos trabalhadores – nomeadamente no que respeita ao processo de formação das leis do trabalho. A duplicidade torna-se particularmente ostensiva – sem que possa, em rigor, descortinar-se um critério de diferenciação funcional entre as intervenções das comissões de trabalhadores e das associações sindicais – no paralelismo com que a CRP e a lei encaram e regulam a participação das duas instâncias no processo legislativo. A taxa de sindicalização parece ser, em Portugal, relativamente baixa – estimativas não oficiais apontam para números não superiores a 25% –, mas a verdade é que a presença das comissões, pujante no início da década de oitenta, foi perdendo expressão e está hoje reduzida a algumas dezenas de empresas. Mesmo esta ponderação não permite disfarçar a perplexidade que, sob o ponto de vista da legitimação, sempre despertará o sistema de intervenções paralelas que a CRP, após sucessivas revisões, persistiu em manter neste domínio.

O art. 470.º CT estabelece que não pode ser discutido ou votado, no seio do órgão legislativo, nenhum projecto ou proposta de diploma sem que tenha sido propiciada a intervenção das organizações de trabalhadores e empregadores. A inobservância deste imperativo constitui fundamento de *inconstitucionalidade formal.*

Poderia duvidar-se – como já se assinalou – de que tal consequência seja comum às hipóteses de inobservância do direito de participação das organizações de trabalhadores e de empregadores. Relativamente a estes últimos, esse direito não tem suporte constitucional, resulta de uma opção do legislador ordinário; não pareceria viável garanti-lo pela via da inconstitucionalidade. Todavia, se bem olharmos os dados da questão, torna-se claro que ela não tem consistência real.

Independentemente do formal reconhecimento desse direito de participação, primeiramente pela mencionada L. 36/99, agora pelo CT, a verdade é que *ele já existia*, no próprio quadro primitivo de aplicação da L. 16/79. Embora o regime contido neste diploma se reportasse, fundamentalmente, às condições de exercício da participação das organizações de trabalhadores no processo legislativo, certo é que ele punha de pé um mecanismo destinado a originar uma *apreciação pública generalizada.*

O texto do diploma era, a esse respeito, perfeitamente explícito: por um lado, esclarecia-se, no art. 4.º/1, que a publicação prévia se destina não só a permitir a participação pelas organizações de trabalhadores, mas também a garantir «mais ampla divulgação»; depois, designava-se, repetidamente, o período durante o qual podiam ser emitidos pareceres sobre os projectos publicados como «prazo de apreciação pública», manifestamente por entidades que podiam não ser organizações de trabalhadores; enfim, o mesmo decorria dos tratamentos dados às «posições das organizações de trabalhadores» (art. 7.º/1) e ao «resultado da apreciação pública» (art. 7.º/2), sugerindo que se tratava de realidades com distintas naturezas e amplitudes.

Resultava daí que, para além da explícita estruturação constitucional de um direito das comissões de trabalhadores e das associações sindicais, a L. 16/79 abria, desde logo, espaço para uma generalizada possibilidade de participação na elaboração das leis do trabalho, um espaço em que cabiam, indistintamente, todas as entidades potencialmente interessadas (incluindo associações patronais e até empregadores isolados) na providência legislativa em preparação. A lei estruturava assim um direito de participação homogéneo e comum a esses potenciais interessados.

A experiência concreta dos processos legislativos correspondeu a esta abertura. Tal correspondência traduziu-se não só no aproveitamento, pelos interessados, da abertura à «apreciação pública», mas também – como atrás se disse – pelo expresso reconhecimento, nos preâmbulos de vários diplomas legais, da atendibilidade das opiniões recebidas de organizações patronais.

Assim, o próprio regime da L. 16/79 era (e sempre foi, de resto, considerado) o *regime da apreciação pública prévia* dos diplomas legais enquadráveis no conceito legal de «legislação do trabalho». O CT não faz mais do que formalizar esse dado da experiência reguladora e aplicativa, configurando um só e homogéneo direito de participação. A inobservância desse regime não parece pensável apenas relativamente às associações patronais. O incumprimento das obrigações em que se traduz a relevância da participação importa sempre a neutralização do direito de participação em geral, com consequências também comuns.

b) A concertação legislativa.

57. Mas existe um outro mecanismo de participação na elaboração da legislação do trabalho: é a chamada «concertação social». O CT menciona-o no próprio capítulo em que se trata dessa participação, embora como uma mera possibilidade (art. 471.º). Mas a passagem dos projectos legislativos em matéria de trabalho pelo processo de concertação social está há muito consagrada entre nós como uma fase necessária da elaboração das leis laborais.

Desde logo, à Comissão Permanente de Concertação Social (CPCS), integrada no Conselho Económico e Social (CES), devem ser apresentados, para apreciação, todos os projectos legislativos do Governo em matéria socio-laboral, designadamente de legislação de trabalho. Estabelece-o o art. 4.º do Regulamento Interno da CPCS [1] que, por ter sido elaborado no seu seio, é, ele próprio,

---

[1] Publicado no *Diário da República*, II série, n.º 204 (31/8/93) 9144 (183-186).

um compromisso de concertação entre o Governo e as confederações sindicais e patronais.

E a verdade é que – para além dos mais recentes "acordos tripartidos" que serviram de suportes ao Código do Trabalho de 2003 e à sua revisão de 2009 –, alguns acordos formais de concertação social (o Acordo Económico e Social, de 1990, o Acordo de Concertação Social de Curto Prazo, de 1996, e o Acordo de Concertação Estratégica, também de 1996) integravam *programas de produção legislativa*, com diversa amplitude, mas tendo em comum o facto de corporizarem verdadeiros compromissos trilaterais de política legislativa, ou seja, de traduzirem a pré-contratação de diplomas a elaborar ([1]).

Acresce que, nesta última modalidade, a própria *concretização* dos compromissos legislativos assumidos é regulada, nos respectivos acordos, de modo a garantir a participação dos parceiros sociais na fase anterior ao processo legislativo formal, isto é, na própria fase de elaboração dos anteprojectos de diplomas pelo Governo. Tal participação (normalmente efectivada através das chamadas «comissões de acompanhamento», criadas pelos acordos para controlo do seu cumprimento) tem assumido graus de intensidade diversos, desde a mera apreciação consultiva até a negociação detalhada e exaustiva dos textos.

58. Assim, os projectos de legislação laboral que *não* constituam concretização de compromissos assumidos entre o Governo e os parceiros sociais devem, ainda assim, com base numa vinculação política genérica que consta do regulamento da CPCS, ser submetidos à «apreciação» desta.

([1]) Cfr. o nosso estudo *Aspectos jurídicos da concertação social*, in *Os acordos de concertação social em Portugal (I – Estudos)*, CES, Lisboa (1993) 91 ss.; sobre o sentido e o conteúdo dos compromissos legislativos assumidos no âmbito do Acordo Económico e Social de 1990, veja-se, no mesmo volume, o estudo de FURTADO MARTINS, *O Acordo Económico e Social e a evolução do direito do trabalho português* (117 ss.).

Tal apreciação assumirá, naturalmente, o perfil de uma negociação orientada para o máximo consenso possível, mas o projecto discutido poderá seguir o rumo normal do processo legislativo independentemente do resultado. E o projecto será, no âmbito do processo legislativo, agora já por imperativo legal, sujeito ao mecanismo de apreciação pública atrás descrito.

Há, pois, nestes casos, *dois níveis ou «momentos» participativos*: um, baseado num compromisso genérico de concertação, em que intervêm somente as confederações sindicais e patronais, e que pode assumir índole negocial; outro, legalmente imposto, em que são chamadas a pronunciar-se as organizações de trabalhadores, mas através de um mecanismo que possibilita a audição de quaisquer outras entidades e organizações.

59. Há, depois, que considerar os diplomas legais que surgem como concretizações de compromissos trilaterais assumidos no âmbito da concertação social. Atinge-se aí o máximo grau de participação das organizações sociais envolvidas (confederações de empregadores e de trabalhadores) na produção legislativa.

Essa participação verifica-se, num primeiro nível, através da negociação das *directrizes politico-legislativas* que integram os acordos de concertação social. Tais directrizes podem, desde logo, ser muito precisas e detalhadas, deixando uma escassa ou nula margem de decisão posterior por parte do Governo ([1]).

Num segundo nível, os parceiros sociais subscritores dos acordos participam na definição dos *textos dos projectos legislativos* destinados a concretizarem aquelas directrizes, no âmbito da CPCS ([2]).

([1]) Veja-se o conjunto de «medidas e propostas» constante do Apêndice ao Acordo Económico e Social de 1990, assim como a pormenorizada formulação do mecanismo legal da redução da semana de trabalho para 40 horas, no Acordo de Concertação Social de Curto Prazo celebrado em Janeiro de 1996.

([2]) Este momento participativo não tem base legal, e assume expressão variável nos textos dos acordos, mas estabeleceu-se na prática da concertação, revelando aí natureza verdadeiramente negocial. Assim, embora o Acordo Económico e Social de 1990 se limitasse a exigir «a prévia audição do CPCS» sobre os projectos legislativos, a verdade é que eles foram definidos, ponto por ponto,

Esta participação representa o momento de controlo da execução dos compromissos assumidos pelo Governo em matéria de legislação laboral.

Por fim, já no desenvolvimento do processo legalmente estabelecido para a feitura das leis do trabalho, ocorre a *apreciação pública*, nos termos já vistos.

Distinguem-se, assim, *três «momentos» participativos* no processo de elaboração das leis laborais que constituem concretizações de acordos de concertação social.

60. O tipo de participação que se verifica na concertação social sobre legislação do trabalho distingue-se, claramente, do que está regulado nos arts. 469.º e segs. CT.

O primeiro traço distintivo reside, justamente, no facto de a concertação legislativa não ser resultante de um imperativo legal (susceptível de condicionar a regularidade formal do processo legislativo), mas de compromissos políticos assumidos no próprio quadro da negociação trilateral.

A inobservância de tais compromissos, por parte de quem exerce a iniciativa da produção legislativa (o Governo), só se expõe a sanção política, e não é susceptível de afectar a validade jurídica dos diplomas.

---

através de negociação do Governo com os parceiros. Se o Acordo de Concertação Social de Curto Prazo cometia simplesmente ao Governo o encargo de «diligenciar» no sentido da concretização legislativa das directrizes sobre a redução dos horários para 40 horas semanais, a adaptabilidade e a polivalência, facto é que o projecto correspondente foi discutido com os parceiros sociais. E o Acordo de Concertação Estratégica, celebrado em Dezembro de 1996, instituiu uma (controversa) *comissão de acompanhamento*, integrando representantes do Governo e dos parceiros sociais subscritores, à qual caberia «apreciar» os anteprojectos de diplomas laborais concretizadores do mesmo Acordo, «antes de iniciado o processo legislativo aplicável». Essa «apreciação» assumiu também, na prática, uma fisionomia puramente contratual – o que explica as enormes delongas da produção legislativa em causa. Neste caso, a «apreciação» na comissão de acompanhamento seria ainda seguida da «audição» da CPCS. No processo legislativo que culminou na publicação do Código do Trabalho, o modelo de procedimento seguido na CPCS parece ter sido consideravelmente diverso, assumindo natureza essencialmente consultiva.

Em segundo lugar, a apreciação pública imposta pelo CT insere-se no processo de *decisão legislativa final* (antecede a apreciação em Conselho de Ministros dos projectos de decretos-lei, ou a votação das propostas de lei na Assembleia da República), ao passo que a concertação actua em *fase preliminar*, na decisão de iniciativa e na elaboração dos anteprojectos.

Depois, a apreciação pública deve ser promovida, conforme os casos, pelo Governo (quanto aos projectos de decretos-lei) e pela Assembleia da República (relativamente às propostas de lei); a concertação é um mecanismo exclusivamente aplicável nos *processos de decisão do Governo*, como parte que é do esquema trilateral de negociação. Quando se trata de leis da Assembleia da República, os resultados da concertação realizada na fase de elaboração das respectivas propostas pelo Governo são juridicamente indiferentes para a decisão legislativa final: as propostas são tomadas como meras expressões da iniciativa legislativa do Governo.

Finalmente, se a apreciação pública constitui um processo «aberto» de consulta, capaz de acarretar para o processo legislativo contributos de um número indeterminável de organizações e entidades, inclusivamente de indivíduos interessados, a concertação é um processo «fechado» de negociação, em que participam exclusivamente certas organizações (as confederações sindicais e patronais com assento na CPCS), independentemente da natureza e amplitude dos interesses em jogo na legislação discutida.

3. *Portarias de condições de trabalho e portarias de extensão.*

61. Entre as fontes estaduais do Direito do Trabalho incluem-se, no sistema português, as normas (de regulamentação do trabalho) emitidas pelo Ministro do Trabalho dentro da competência que por lei lhe está atribuída.

Trata-se de *actos genéricos* da Administração – por isso qualificados como "instrumentos de regulamentação colectiva de trabalho não negociais" (vd. art. 2.º/4 CT) – pelos quais são criadas normas jurídico-laborais aplicáveis às relações de trabalho dentro de certas categorias de empresas e de trabalhadores, e, por vezes também, com um domínio geográfico limitado (o distrito, por exemplo). A circunstância de o seu âmbito de aplicação ser definido, precisamente, por *categorias,* nos mesmos termos das convenções colectivas, explica que tais actos normativos sejam, juntamente com aquelas, abarcados pela designação de «instrumentos de regulamentação colectiva de trabalho», embora esta devesse ser, em rigor, exclusivamente aplicada aos actos normativos resultantes do uso da chamada *autonomia colectiva* pelas associações de trabalhadores e de entidades patronais.

Estes instrumentos "não negociais" podem destinar-se a alargar o âmbito originário de aplicação de convenções colectivas e decisões arbitrais *(portaria de extensão)*, ou ter por objecto a definição directa das condições de trabalho a praticar em certo sector *(portaria de condições de trabalho)*. Esta última espécie seria, naturalmente, a mais relevante no contexto das fontes de Direito do Trabalho, se não se desse o caso de ter, praticamente, caído em desuso. É, com efeito, extremamente rara a sua emissão.

62. As portarias de extensão (PE), são, como se disse, instrumentos administrativos de alargamento do âmbito originário de convenções colectivas e decisões arbitrais – efeito que pode ser também obtido por um meio convencional, o «acordo de adesão» (art. 504.º CT).

Uma PE pode ser emitida quando existem, *no âmbito sectorial e profissional* de aplicação de uma convenção colectiva ou decisão arbitral, empregadores e trabalhadores *não abrangidos por essa nem por outra convenção* (art. 515.º).

O CT de 2003 descrevia de modo mais analítico os pressupostos da extensão, e parece que eles se mantêm válidos após a revisão. Assim, previam-se duas situações típicas (art. 575.º):

a) a de existirem, *na área geográfica e no âmbito sectorial e profissional de aplicação* de uma convenção colectiva ou decisão arbitral, empregadores do mesmo sector e trabalhadores das profissões abrangidas, ou análogas, que não sejam filiados nas associações outorgantes, ou partes na arbitragem, e estejam portanto fóra do âmbito de aplicação pessoal da convenção ou decisão;

b) a de existirem, *em área geográfica diversa* daquela em que a convenção ou decisão se aplica, empregadores e trabalhadores do mesmo âmbito sectorial e profissional, *não havendo associações sindicais ou patronais* legitimadas para os representar, e verificando-se «identidade ou semelhança económica e social».

Embora, em qualquer caso, a função da PE seja a de suprir a inexistência de cobertura convencional de certo universo laboral mediante o aproveitamento de uma regulamentação pactícia pré-existente, a verdade é que assume sempre particular relevo a efectivação da *igualdade de tratamento* no domínio objectivo e/ou subjectivo de aplicação da convenção ou decisão existente ([1]). Daí que a extensão seja sobretudo justificável pela "identidade ou semelhança económica e social das situações no âmbito da extensão e no do instrumento a que se refere" (art. 514.º/2 CT). A prioridade deste objectivo poderia, inclusivamente, conduzir à frustração da iniciativa negocial autónoma de associações sindicais que não tivessem outorgado a convenção a que se refere o RE, se o art. 515.º CT não restringisse a emissão deste aos casos de falta de instrumento negocial. Ressalva esta que, por respeito à notória preocupação de assegurar o primado da regulamentação autónoma, deve entender-se aplicável também no caso de uma convenção específica ser firmada no âmbito da extensão e *depois* desta.

A extensão não comporta a possibilidade de inovação, no sentido da criação de novas normas ou da modificação das que constam da convenção sobre a qual recai. A PE é um mero instrumento de "ampliação" do âmbito de aplicação de uma convenção pré-definida. No entanto, o facto de ser admitida a *extensão parcial* (art. 514.º/1) já constitui desvio a essa configuração. A extensão de apenas "parte" da convenção – e, portanto, a quebra da sua unidade – implica, ou pode implicar, só por si, um *rearranjo negocial*, particularmente se a parte estendida for combinar-se com outros regimes, convencionais ou não. Muitas vezes, tratar-se-á apenas da tabela salarial; nem por isso deixa de haver modificação do quadro de custos e benefícios definido pelo processo de negociação da convenção objecto de extensão.

([1]) Cfr. BARROS MOURA, *Notas para uma introdução* cit. 311.

63. As portarias de condições de trabalho (PCT), por seu turno, são actos administrativos de conteúdo genérico (normativo) ([1]), da competência do Ministro do Trabalho e do Ministro da tutela ou responsável pelo sector de actividade (art. 518.º/1 CT).

A lei define os pressupostos da emissão de PCT: inexistência de associações sindicais ou de empregadores, verificação de "circunstâncias sociais e económicas que o justifiquem" – não sendo possível o recurso a regulamento de extensão (art. 517.º).

O CT manifesta aqui (desde 2003) uma importante inflexão de política legislativa.

A lei anterior ao CT de 2003 (veja-se, em especial, o art. 36.º DL 519-C1/79, de 29/12) fixava com algum rigor, e de forma exaustiva, os pressupostos da emissão de "portarias de regulamentação do trabalho" (PRT), antecessoras dos RCM. Podia ser elaborada uma PRT se ocorresse uma destas situações: inexistência de associações sindicais ou patronais, recusa de uma das partes (num processo de contratação colectiva) em negociar, prática de actos ou manobras manifestamente dilatórias. Para além da situação de "vazio representativo" (em que a PRT surgia como verdadeiro sucedâneo de uma convenção impossível), as hipóteses consideradas sugeriam que o legislador atribuía às PRT o papel de "desbloqueador" de processos negociais em que há sinais de falta ou deficiência de vontade contratual de uma ou ambas as partes. O regime das PRT estava, na LRCT, arrumado no capítulo dos "conflitos colectivos de trabalho" (arts. 30.º ss.), ao lado dos mecanismos clássicos de resolução desses conflitos (a conciliação, a mediação e a arbitragem) – como uma espécie de "arbitragem pública" a cargo do Governo.

No actual regime das PCT (tal como já no dos RCM no CT de 2003), a definição dos pressupostos da sua emissão é feita por uma fórmula vaga ("estando em causa circunstâncias económicas e sociais que o justifiquem"), que reconduz a decisão ao produto de

---

([1]) A exemplo do que se entendia acerca das "portarias de regulamentação do trabalho", antecessoras das PCT, estas são, pela razão referida no texto, e de acordo com orientação jurisprudencial pacífica, insusceptíveis de impugnação contenciosa.

um juizo amplamente discricionário do Ministro do Trabalho; por outro lado, o regime das PCT não surge incorporado na regulamentação dos processos de resolução de conflitos colectivos (522.° ss. CT). A PCT não é, pois, configurada como um instrumento de superação de conflitos – função que, de resto, nunca verdadeiramente desempenhou na vigência da lei anterior a 2003 –, mas como um verdadeiro instrumento de intervenção regulamentar administrativa, utilizável ao serviço da política laboral pública. Neste sentido, parece verificar-se um reaproximação à matriz corporativa da regulamentação do trabalho por via administrativa.

Todavia, a elaboração de uma PCT não implica o afastamento dos interlocutores negociais – se existirem. Eles são chamados a fazerem-se representar, através de "assessores", numa "comissão técnica", constituída por despacho do Ministro do Trabalho, e que é ou pode ser uma sede informal de concertação dos interesses em presença. Finalmente, a referida inflexão tem um alcance reduzido, pelo facto de que este tipo de instrumento de regulamentação de trabalho é, há vários anos, de uso extremamente raro.

4. *Convenções colectivas de trabalho.*

64. Na generalidade dos sistemas de Direito do Trabalho, a regulamentação por via convencional ocupa lugar proeminente, muito embora lhe caibam funções algo variáveis conforme a natureza e a estrutura do regime de relações sociais e económicas em vigor. O principal instrumento desse tipo de regulamentação é a convenção colectiva de trabalho – um *acordo celebrado entre associações de empregadores e de trabalhadores, ou entre empresas e organizações representativas de trabalhadores.* Ao primeiro caso, aplica-se o rótulo de «contrato colectivo» (em que agem associações de ambos os lados); ao segundo, o de «acordo colectivo» (em que intervém uma pluralidade de empregadores para diferentes empresas) e o de «acordo de empresa» (de que é parte um só empregador para uma empresa ou estabelecimento), conforme o disposto no art. 2.°/3 CT. Este catálogo tem-se mantido nos mesmos termos há décadas;

mas as duas primeiras designações provêm já da tradição legislativa anterior a 1974 ([1]) ([2]).

Trata-se, através de tais convenções, de estabelecer, para determinado sector da actividade económica, um regime particularizado e complexo, abarcando a regulamentação das relações de trabalho propriamente ditas e a disciplina de certos aspectos complementares que, no seu conjunto, definem juridicamente a *situação profissional* dos trabalhadores envolvidos.

65. A convenção colectiva (CCT) tem uma faceta *negocial* e uma faceta *regulamentar.*

Por um lado, resulta de um *acordo* obtido através de negociações, valendo como uma fórmula de equilíbrio (sempre transitória) entre os interesses colectivos dos trabalhadores e dos empregadores envolvidos. Daí decorrem, como seus efeitos (segundo o modelo comum dos contratos), *obrigações* recíprocas entre os próprios contraentes – o sindicato, de um lado; a associação patronal ou a empresa, do outro. Ao sentido genérico dessas obrigações – que, em grande parte, se destinam a servir de suporte à manutenção

---

([1]) A escolha entre essas duas modalidades (o contrato colectivo e o acordo colectivo) não era, todavia, inteiramente desvinculada – como foi, até 1970, no próprio âmbito do regime corporativo. Nesse ano, porém, uma alteração da disciplina jurídica da contratação colectiva (DL 492/70) redundou na atribuição de papéis diferenciados a cada um dos tipos de convenção colectiva. Em síntese, o acordo colectivo de trabalho (em que, pelo lado patronal, participam empresas singularmente consideradas) passou a estar numa relação de subsidiariedade com o *contrato* colectivo. Assim, como regra, o instrumento utilizável era este último: sê-lo-ia, com prioridade cronológica, sempre que as empresas interessadas tivessem representação associativa. O acordo colectivo somente teria lugar se não houvesse organismo representativo da(s) empresa(s) em causa, ou se – existindo já contrato colectivo – tivesse por fim «unificar a regulamentação das suas relações de trabalho ou conceder tratamento mais favorável aos seus trabalhadores». A regulamentação posterior a 1974 excluíu qualquer condicionamento desse tipo.

([2]) Não existe, também, desnível hierárquico entre as modalidades de convenção: Ac. Rel. Coimbra 19/7/79 (CJ 79, 4,1144).

de uma *trégua social* – refere-se o art. 492.°/2-a) CT. A CCT é, em suma, um contrato gerador de obrigações entre as partes.

Mas, por outro lado, a CCT é também um acto normativo: do acordo nascem normas jurídicas incidentes sobre os contratos individuais do trabalho vigentes ou futuros, dentro do seu âmbito de aplicação (art. 496.° CT). Tem, assim, uma função regulamentar: as cláusulas convencionadas condicionam directamente o conteúdo dos contratos individuais no seu âmbito, no duplo sentido de que preenchem os pontos deixados em claro pelas partes (superando as consequências do carácter frequentemente elementar das estipulações individuais) e, sendo de carácter imperativo, se substituem às condições, individualmente contratadas, que delas divirjam (art. 121.°/2 CT) ([1]).

Estas duas facetas *(obrigacional e regulamentar)* articulam-se em qualquer CCT, condicionando-se entre si. Mas reveste-se de algum interesse a destrinça entre elas: por um lado, no respeitante à *formação* do acordo, à sua *interpretação* e *integração,* entende-se correntemente serem aplicáveis, a título subsidiário, as regras pertencentes à disciplina jurídica *dos contratos* (e não das leis), nomeadamente os arts. 224.° a 257.° CCiv.; por outro, as *condições de eficácia* das CCT são idênticas às das leis (art. 519.° CT), designadamente as que resultam dos arts. 5.°, 7.° e 12.° CCiv.

Dado que, na III Parte, será estudado o regime das relações colectivas, no qual se inserem os problemas referentes à negociação colectiva (ou seja, aos aspectos *contratuais* da CCT), aborda-se aqui somente o essencial acerca do tema da regulamentação colectiva (quer dizer, os aspectos *normativos* da CCT), particularmente o conteúdo e as condições de eficácia destes instrumentos.

([1]) Note-se que, na lei anterior ao Código de 2003, essa substituição só era estabelecida para o caso de o contrato de trabalho conter tratamento menos favorável ao trabalhador do que o fixado por regra imperativa. A formulação do CT 2003 articulou-se com a regra do art. 4.°/1, segundo a qual os instrumentos de regulamentação colectiva podiam fazer variar em qualquer dos sentidos o regime legal, desde que este não seja imperativo. Adiante, no texto, será analisada a inflexão de política legislativa que assim se manifestou, bem como a evolução operada, na matéria pela revisão de 2009.

66. Define a lei certos *elementos identificativos* de cada CCT que, por isso, nela devem figurar obrigatoriamente: a designação das entidades celebrantes, o nome e qualidade em que intervêm os representantes das entidades celebrantes, a área e âmbito de aplicação, a data da celebração, a identificação da convenção alterada, o prazo de vigência acordado (art. 492.°/1). Sem eles, não é possível, ou pode suscitar dúvidas sérias, a determinação do campo de aplicação da convenção no tempo e no espaço. Daí que a sua omissão seja considerada um obstáculo à própria eficácia do clausulado, estando sujeita a controlo *administrativo: o depósito* da CCT no Ministério do Trabalho, sem o qual não há publicação (nem, por conseguinte, entrada em vigor), pode ser recusado na falta de qualquer das referidas indicações (art. 494.°/4-c)).

O citado art. 492.° inclui no "conteúdo obrigatório" das convenções outras referências, já não relacionadas com a determinação exacta do seu campo de aplicação, mas sim com propósitos de acompanhamento e controlo dos respectivos efeitos económicos e sociais: valores remuneratórios acordados, estimativa do número de trabalhadores e empregadores abrangidos. Entretanto, também a omissão desses elementos pode, nos termos do art. 492.°, justificar a recusa do depósito.

67. As CCT só entram em vigor após a sua publicação no *Boletim do Trabalho e Emprego,* em termos idênticos aos estabelecidos para os diplomas legais (art. 519°). Significa isto, além do mais, que, na falta de menção expressa, a convenção entra em vigor no quinto dia após a publicação (art. 2.° L 6/83, de 29/7).

O art. 519.°/3 CT obriga à publicação integral dos instrumentos de regulamentação colectiva que sejam objecto de três alterações. Trata-se de uma medida aconselhada pelas dificuldades de fixação dos textos em vigor, à medida que vão sendo publicadas alterações parciais, muitas vezes sobrepostas, dos clausulados originários. A publicação integral não afecta, naturalmente, a diferenciação de períodos de efi-cácia dos acordos parciais que se encontrem em vigor.

5. *Os usos laborais* ([1]).

68. A lei inclui no elenco das "fontes específicas" de Direito do Trabalho os "usos laborais que não contrariem o princípio da boa fé" (art. 1.º CT).

Diga-se desde já: a formulação do Código é, desde 2003, diferente da que pertencia à tradição legislativa anterior. Com efeito, na LCT de 1969 (art. 12.º/2), os "usos da profissão do trabalhador e das empresas" eram declarados "atendíveis... salvo se outra coisa for convencionada por escrito"; e essa atendibilidade era ainda condicionada pela conformidade com as "normas" (legais, convencionais e administrativas) e com os "princípios da boa fé".

A formulação legal adoptada na codificação de 2003, e mantida na revisão de 2009, suscita grandes dificuldades de interpretação. Importa verificar se ela representa, simplesmente, uma inflexão estilística ou se, pelo contrário, envolve uma verdadeira alteração do estatuto dos usos laborais no domínio das fontes de direito.

A expressão "usos laborais" acomoda, sem dificuldades de maior, a anterior referência aos usos "das profissões e das empresas". E que se queria, na lei de 1969, sinalizar com esta expressão, qualificada como era pela ideia de "atendibilidade"?

Tratava-se, meramente, de *práticas usuais, normais ou tradicionais*, definidoras de soluções comuns ou uniformes para questões práticas que podem suscitar-se nas das relações de trabalho, e constatáveis pela observação da realidade do modo por que se desenvolvem essas relações neste ou naquele sector de actividade e, sobretudo, nesta ou naquela empresa.

> Assim, por exemplo, na empresa A é usual o pagamento do salário por cheque, na profissão B pratica-se o regime de jornada contínua, na empresa C é normalmente dada preferência na contratação aos familiares dos empregados. Em nenhum destes casos existe a obrigatoriedade própria de uma norma jurídica. A empresa

---

([1]) Veja-se também o tratamento desenvolvido do tema em BERNARDO XAVIER, *Curso de Direito do Trabalho*, 3ª ed., vol. I, Lisboa (2004) 524 ss..

A pode, porventura, passar a pagar as retribuições por transferência bancária; um trabalhador da profissão B pode, ao ser admitido na empresa, colocar como condição não ter que cumprir jornada contínua; e a empresa C pode, em qualquer caso, recrutar técnicos de acordo com uma selecção em que não são atendidas as relações familiares.

O que caracteriza as referidas práticas é a repetição, a continuidade, que define uma "solução padronizada", mas não um imperativo incontornável. É-lhes estranha a «convicção generalizada de juridicidade», elemento subjectivo do costume como fonte de direito (1).

Por isso referia a LCT a mera *atendibilidade* dos usos. Aí, apareciam, de facto, como meras práticas *habituais* (referentes ao local do pagamento da retribuição, ao processo de admissão do trabalhador, etc.), que não se revestiam de características preceptivas, mas exprimiam uma "normalidade" e podiam, por isso, ser utilizadas como *elemento de interpretação e integração das estipulações individuais* (ou seja: destinado a preencher condições a que as partes se não referiram, ou a fixar o sentido de estipulações menos claras, de harmonia com a "solução normal"). Tratar-se-ia, em suma, dos chamados "usos interpretativos", instrumentos de reconstrução da vontade contratual em casos de omissão ou obscuridade das estipulações. Ainda assim, porém, sempre sustentámos que a sua aplicação só seria admissível, ou, dito de outro modo, que eles só seriam "atendíveis", no caso de não haver, nas fontes enumeradas pela LCT, disposições supletivas aplicáveis.

Essa função seria, pois, a seguinte: não havendo, sobre certo aspecto da relação de trabalho, disposição imperativa ou supletiva da lei ou de regulamentação colectiva, nem manifestação expressa da vontade das partes, entende-se que estas quiseram, ou teriam querido, adoptar a *conduta usual* no que respeita a esse ponto (2) – e daí, talvez, que não tivessem curado de se exprimir sobre o ponto.

---

(1) Cfr. A. J. MOTTA VEIGA, *Lições de Direito do Trabalho*, 8ª ed., Lisboa (2000) 102.

(2) Pode igualmente ser atribuída uma função *interpretativa* aos usos laborais relativamente às estipulações expressas. O sentido a dar às cláusulas pouco claras

A importância deste elemento integrador resulta-lhe, fundamentalmente, da *informalidade* que caracteriza, por via de regra, a constituição da relação jurídica de trabalho: o contrato correspondente é, como se mostrou, puramente consensual; as estipulações negociais reduzem-se, normalmente, ao mínimo indispensável e podem ser verbais. Em certas modalidades de trabalho subordinado, os usos (no sentido de práticas tradicionais) assumem até uma importância singular, pela própria natureza do quadro sociocultural em que se inserem: é o caso, nomeadamente, do trabalho agrícola ([1]).

69. Mas é preciso assinalar que o art. 3.º/1 CCiv. considera, ele também, "atendíveis" os usos não contrários aos princípios da boa fé, "quando a lei o determine". A relevância dos usos depende, aí, de remissão legal. Neste sentido, pode dizer-se que o uso preenche um dos sentidos normativos possíveis (ou um elemento do critério de valoração) que uma disposição legal compreende. Porém o n.º 2 do mesmo artigo coloca os usos em posição subordinada às "normas corporativas", que, em leitura actualizada, correspondem às convenções colectivas de trabalho. Nestes termos, os usos aparecem como fonte *mediata* de direito: a solução de casos concretos com base neles depende de expressa remissão legal e da não contrariedade de disposição convencional colectiva.

Essa remissão não é invulgar na legislação do trabalho. O CT contém várias disposições que apontam os usos como elemento definitório de condições de trabalho: vejam-se, a título de exemplo, os arts. 197.º/2-a) (interrupções de trabalho compreendidas no tempo de trabalho), 154.º/3-b) (subsídio de refeição dos trabalhadores a tempo parcial), 258.º/1 (composição da retribuição), 260.º/1-a) (ajudas de custo), 260.º/3-a) (gratificações), 278.º/1 (periodicidade do pagamento da retribuição).

---

poderá ser procurado *também* mediante o recurso às práticas habituais na profissão, na empresa ou no ramo de actividade em causa, sem que isso importe a dispensa da utilização dos restantes critérios de interpretação dos negócios jurídicos. Cfr. HUECK/NIPPERDEY 134 ss..

([1]) Vejam-se as Bases XV, XVII/2, XXXIV/3 e XXXVI/2 da PRT para a Agricultura, pub. no BTE 1ª série, n.º 21, de 876/79.

Mas o art. 1.º CT vai, manifestamente, além disso: a relevância dos usos ou práticas empresariais não depende de remissão legal expressa. Poderia entender-se que o art. 1.º CT contém uma "remissão legal geral" para os usos laborais. Mas não parece que isso corresponda ao sentido do preceito. A lei não assume aí a fisionomia de "norma em branco" a preencher por via remissiva: ela reconhece a certas realidades a natureza de padrões vinculantes aos quais estão "sujeitos" os contratos de trabalho.

70. Na verdade, com o CT, a modificação da linguagem utilizada – os usos deixam de ser meramente "atendíveis", os contratos de trabalho passam a estar-lhes "sujeitos" – inculca que o legislador tem em vista realidades diferentes, e, sobretudo, um grau de vinculação diverso. Se os contratos estão "sujeitos" aos usos, não podem, aparentemente, afastar-se do padrão que eles definem. Não haverá então aí meras práticas usuais ou normais – tratar-se-á de soluções *obrigatórias* para os contraentes, às quais se não poderá sobrepor a vontade deles. Se assim é, os usos surgem como factor limitativo da liberdade de estipulação, ao lado das normas imperativas da lei e das convenções colectivas.

Há, com efeito, práticas generalizadas (na empresa) que são susceptíveis, pelas características de que se revestem, e nomeadamente pela expectativa de continuidade que geram, de fundamentar obrigações de conduta (positiva ou abstensiva) das partes.

Sem que a convenção colectiva de trabalho aplicável o estabeleça, o empresário divide, anualmente, pelos trabalhadores, em partes iguais, 10% do resultado líquido da empresa antes de impostos. Fá-lo há vários anos, obedecendo ao mesmo critério. Nem a lei, nem os contratos individuais prevêm tal prática. Pode o empregador, após vários anos desta prática, deixar de atribuir esse benefício a todos, ou a alguns, ou passar a atribuí-lo em prestações desiguais? A sua repetição, a sua constância, são susceptíveis de tornar a prática obrigatória, isto é, de servir de fundamento a expectativas de ganho juridicamente relevantes.

Numa empresa hoteleira, desde a sua entrada em funcionamento, nenhum trabalhador goza férias entre Maio e Outubro, ou seja, durante a época alta, mas é livre de marcar e gozar as férias fora desse período (isto é, o empregador não se lhe opõe). Isso não consta de nenhuma convenção colectiva, nem dos contratos individuais, nem de regulamento interno. Assenta, simplesmente, na compreensão colectiva da necessidade da empresa. O empregador organiza o trabalho e planeia o negócio no pressuposto de que não tem que recrutar pessoal adicional para a época alta. A situação dura há anos. A sua permanência e a legítima expectativa de continuidade com base na qual o empregador se tem conduzido, em domínio que a própria lei confia ao consenso das partes (art. 217.º/1 CT), é de molde a converter a prática em vinculação (1).

71. Está-se perante uma possibilidade diferente da que antes se tinha considerado: a de uma prática repetida no âmbito de uma organização se tornar vinculante para os elementos da mesma organização.

Esta possibilidade depende, manifestamente, de diversas condições (2): a *generalidade* (não pode tratar-se de práticas individuais, mas adoptadas para (e por) a colectividade dos trabalhadores), a *fixidez* (a prática deve manter sempre as suas características) e a *constância* (deve ser repetida, permanente, e não pontual ou descontínua) (3).

Depois, depende da sua conformidade com as disposições imperativas da lei e da convenção colectiva eventualmente aplicável. Uma prática ilegal, mesmo que generalizada e repetida, não pode ascender à dignidade que lhe é reconhecida pelo art. 1.º CT. Por outro lado, um uso pode ser suprimido em consequência de alteração legislativa ou convencional que o contrarie.

(1) Assinale-se que a conversão em modelo obrigatório de conduta supõe a inexistência de conflito com a lei ou com convenção colectiva aplicável. O uso não é atendível, nem pode tornar-se vinculante, se for contrário, não apenas ao "princípio da boa fé", mas também às fontes de direito propriamente ditas.

(2) Seguimos aqui a síntese de J. Le Goff, *Droit du travail et société – 1. Les relations individuelles de travail*, Rennes (2001) 95.

(3) O carácter vinculante dos usos é admitido, noutros sistemas, somente quando se trata de práticas atributivas de benefícios aos trabalhadores. Vd. J. Le Goff, *ob. cit.*, 93 ss.; Brox/Rüthers, *Arbeitsrecht*, 14ª ed., Stuttgart (1999) 43.

Finalmente, o uso (e a vinculação que se lhe associa) tem que estar de acordo com a boa fé: esta é, afinal, o fundamento do seu carácter vinculativo. A vinculação deriva do facto de ser atendível (conforme à boa fé) a expectativa de continuidade da prática da empresa ([1]). Essa expectativa está ligada ao valor ou desvalor da prática em si mesma. Uma prática repetida porque o empregador a vai tolerando (por exemplo, a entrada ao serviço com atraso, ou a violação da proibição de fumar) não pode transformar-se em uso vinculante. Nem estaria de acordo com a boa fé a formação de uma vinculação se o empregador, tendo instituído um benefício para os trabalhadores (por exemplo, um prémio) a título precário e reversível, e renovando a concessão explicitamente como tal em cada ano, se esquece num certo ano de o fazer.

72. Parece, pois, que os usos laborais, independentemente dos termos em que têm sido referenciados pela lei, podem surgir em diversas vestes e com distintas funções jurídicas.

Assim, e em primeiro lugar, temos os *usos interpretativos*, a que aludia expressamente o art. 12.º LCT, mas que, em rigor, não necessitariam de menção expressa para serem "atendíveis": sendo práticas normais, tradicionais ou correntes, e reflectindo soluções reveladas pela realidade social, são naturalmente utilizáveis para ultrapassar as dificuldades de interpretação e as omissões que os contratos revelem. A vinculação dos contraentes à observância dessas soluções "normais" pode, apesar de tudo, ligar-se à vontade deles, pois nada impediria que as afastassem por manifestações de vontade em sentido diverso.

Em segundo lugar, surgem os *usos integradores da lei*, apontados pelo art. 3.º CCiv., e que, constituindo também soluções de normalidade, assum o aspecto particular de que a lei os incorpora como instrumento de valoração da realidade. As "ajudas de custo" são elemento da retribuição do trabalhador na medida em que assim "se devam considerar pelos usos" (art. 260.º/1-a); a perio-

---

([1]) Colocando, de forma impressiva, as práticas vinculantes no âmbito da *Treu und Glauben*, vd. ZÖLLNER, *Arbeitsrecht*, 3ª ed., München (1983) 57-68.

dicidade do pagamento da retribuição poderá ser diferente da semana, quinzena ou mês se houver uso nesse sentido (art. 278.°/1). Por definição, trata-se sempre de casos de remissão legal expressa, pelo que a vinculatividade decorre da lei e não de características próprias da prática em causa.

Finalmente, há que referir os *usos laborais autónomos*, que são vinculantes por si mesmos ou em função das características que certas práticas assumem. A repetição, a uniformidade e a continuidade dessas práticas, aliadas à sua licitude e à razoabilidade da expectativa de que se mantenham, transformam-nas em padrões de comportamento exigíveis. O carácter vinculante destas práticas é-lhes intrínseco, e pode ser, ou não, explicitamente reconhecido pela lei. Parece ser este o alvo principal da menção constante do art. 1.° CT.

Em qualquer destas configurações, os usos laborais são, como de início se observou (§ 3), *factos reguladores ou conformadores* das relações de trabalho em certos âmbitos, e muito particularmente no da empresa concreta, sem, verdadeiramente, assumirem a natureza de "fontes intencionais" deste ramo de Direito.

§ 7. Hierarquia das fontes.

1. *A relação entre as fontes internacionais e as fontes internas.*

73. A primeira questão que o tema da hierarquia das fontes de Direito do Trabalho suscita é a da relação existente entre as fontes internacionais (em especial, as convenções da O.I.T. e o direito comunitário derivado respeitante à matéria laboral), após a sua recepção nos termos do art. 8.°/2 CRP, e as fontes internas deste ramo de Direito.

O ponto só releva no tocante às leis ordinárias, visto que a supremacia das normas constitucionais relativamente ao direito internacional recebido se mostra indiscutível. Mas deverá considerar-se, por exemplo, uma convenção da O.I.T. ratificada como prevalente sobre um decreto-lei que disponha sobre o mesmo assunto em termos divergentes? A resposta afirmativa (1) implicaria que o regime do decreto-lei fosse tido por inaplicável (2), mesmo se *posterior* à ratificação da convenção. No entendimento oposto, as duas fontes encontram-se no mesmo nível hierárquico, aplicando-se o efeito revogatório da mais recente (3).

O argumento fundamental da primeira tese – o de que a norma interna contrária à norma internacional recebida entra em conflito com a própria CRP, na medida em que esta consagra a recepção automática – não se afigura convincente. Na verdade, o problema só adquire corpo, na prática, quando a norma interna seja *posterior* à recepção da norma internacional (no caso oposto, não há dúvida de que a norma interna resulta revogada); e, sendo assim, verificar-se-á meramente o confronto entre dois mecanismos de geração de direito interno, *ambos constitucionalmente regulados.*

Só que a CRP garante, no art. 8.°/2, a *vigência* das normas internacionais recebidas "enquanto vincularem internacionalmente o Estado português"; não é, pois, viável cindir o plano da vigência interna e da vinculação externa – como se imporia na lógica da tese que parifica as normas internacionais recebidas às normas internas. E daí que optemos pelo entendimento contrário, isto é, pelo da supremacia hierárquica das fontes internacionais, com a óbvia ressalva da Constituição.

---

(1) Cfr. Gomes Canotilho/Vital Moreira, *Constituição* cit., 1 92-93; F. Ribeiro Lopes, *Direito do Trabalho* cit. 50-56; A. Menezes Cordeiro, *Direito do Trabalho* cit. 293.

(2) Embora, como assinalam os constitucionalistas, não seja claro o tipo de vício a apontar nesse caso: cfr. Gomes Canotilho/Vital Moreira, *Constituição* cit., 193.

(3) Cfr. Barros Moura, *Notas para uma Introdução* cit. 171-174.

2. A *hierarquia das fontes internas.*

74. As fontes de Direito do Trabalho arrumam-se segundo uma ordem de *prioridade na aplicação* a atender nos casos em que se verifique coincidência nos domínios espacial, pessoal ou material de algumas delas. Se, por exemplo, o CT estabelece, para o regime de adaptabilidade com base em convenção colectiva, a semana máxima de trabalho de sessenta horas (art. 204.º), e uma convenção colectiva para a indústria de panificação fixar esse limite em sessenta e cinco horas, qual dos regimes deverá aplicar-se aos trabalhadores desta actividade?

Nem sempre é fácil a resposta. Com efeito, prontamente se constata que existe, entre as fontes aludidas, uma graduação respeitante à sua solenidade ou dignidade formal e à própria amplitude dos interesses tutelados: nestes dois planos, a lei tem prioridade ante a convenção colectiva, por exemplo; esta última, como se sabe, não provém de órgãos dotados de competência normativa originária e aparece, funcionalmente, referenciada a *interesses colectivos sectoriais,* de ramo de actividade ou categoria profissional.

Por seu turno, a lei (em sentido material) parte normalmente de interesses mais gerais, concretizando princípios aplicáveis a qualquer relação de trabalho, seja qual for a natureza deste ou o sector de actividade a que respeite. O CT visa a generalidade das relações de trabalho. As regras contidas no Código constituem, por assim dizer, a moldura dentro da qual poderão surgir regimes de trabalho particularizados – é o que expressamente estabelece o art. 9.º CT.

75. Na LCT, encontrava-se uma afirmação expressa da articulação hierárquica das fontes de Direito do Trabalho. O art. 13.º/1 LCT estabelecia o seguinte: «As fontes de direito superiores prevalecem sempre sobre as fontes inferiores, salvo na parte em que estas, sem oposição daquelas, estabelecem tratamento mais favorável para o trabalhador» (1). Este enunciado ligava-se a um elenco de

(1) Sobre a problemática envolvida, vd. N. ALIPRANTIS, *La place de la convention collective dans la hierarchia des normes,* Paris (1980).

fontes, contido no art. 12.º LCT, que englobava, em sucessão (correspondente a uma "ordem de precedência"), vários elementos: as normas legais de regulamentação do trabalho, as emitidas pelo Ministro do Trabalho dentro da competência atribuída por lei (PRT e PE) e as convenções colectivas de trabalho.

Estava, pois, claro que a ordenação hierárquica das fontes era a seguinte: lei/regulamentação administrativa/convenção colectiva. Em princípio, as regras definidas por convenção colectiva teriam que ser conformes às disposições correspondentes da lei. A relação entre regulamentação administrativa e convenção assumia relevo praticamente nulo, dado que a primeira supunha, em regra, a inexistência da segunda.

Complementarmente, havia ainda que tomar em conta o art. 6.º do DL 519-C1/79, já citado, segundo o qual os instrumentos de regulamentação colectiva do trabalho não podiam (sob pena de invalidade) "contrariar normas legais imperativas" nem "incluir qualquer disposição que importe para os trabalhadores tratamento menos favorável do que o estabelecido por lei".

Por outro lado, o art. 13.º/1 LCT continha uma segunda proposição, segundo a qual uma fonte inferior podia "prevalecer" sobre uma fonte superior, mediante a verificação de duas condições: não haver "oposição" da fonte superior; e resultar da fonte inferior um tratamento mais favorável para o trabalhador.

A referida disposição requeria, naturalmente, o esclarecimento de duas questões: primeiro, a de saber em que poderia consistir a "oposição" da fonte superior; segundo, que papel seria o da noção de "tratamento mais favorável ao trabalhador".

76. Quanto à primeira questão era evidente que – como já sugeria a leitura do art. 6.º DL 519-C1/79, acima referido – a "oposição" da lei à aplicação de uma regra constante de convenção colectiva só podia ocorrer quando entre esta regra e a correspondente norma da lei existisse *conflito*, tratando-se de norma legal *imperativa*. Se a convenção era mais favorável ao trabalhador, mas a norma da lei era do tipo *imperativo-fixo*, ou estabelecia uma vantagem *máxima* para os trabalhadores, a convenção deparava com a *oposição* da lei e não podia prevalecer. Mas se, ao invés, se tratasse de norma legal *dispositiva* ou definidora de uma vantagem *mínima* para os trabalhadores, o conflito seria, naquele caso, inexistente, não podendo falar-se de oposição da lei. A cláusula mais favorável da convenção situar-se-ia no espaço oferecido pelo legislador à regulação por fontes inferiores.

Temos, assim, em suma, que da interpretação combinada do art. 13.º/1 LCT e do art. 6.º DL 519-C1/79 resultavam as seguintes consequências:

a) tratando-se de norma legal imperativa-fixa, não era viável qualquer variação de regime por instrumento de regulamentação colectiva;

b) tratando-se de norma legal definidora de vantagem mínima (para o trabalhador), valia e prevalecia regime mais favorável estabelecido por instrumento de regulamentação colectiva;

c) tratando-se de norma legal definidora de vantagem máxima, não era viável (salvo se expressamente autorizado pela lei) regime menos favorável fixado por instrumento do tipo referido (art. 6.º DL 519-C1/79).

77. A segunda questão que o art. 13.º/1 LCT suscitava era a do sentido da menção que aí se fazia ao "tratamento mais favorável ao trabalhador".

A questão era, já então, muito pertinente. Não faltava quem opusesse reservas à utilização de um princípio de favorecimento na aplicação de normas reguladoras de uma relação contratual como a de trabalho. A invocação do sentido protector que historicamente marcou a formação e o desenvolvimento do Direito do Trabalho pôde tentar alguns operadores jurídicos a usar o critério do tratamento mais favorável de modo inadmissível, para resolver dúvidas em matéria de facto, para escolher uma das interpretações possíveis da norma aplicável, ou até mesmo para identificar, de entre normas supostamente concorrentes, aquela que deveria ser aplicada. A jurisprudência guarda exemplos vários da utilização indiscriminada de um "princípio" que teria o seu afloramento no art. 13.º/1 LCT.

Que alcance poderia atribuir-se à referência ao "tratamento mais favorável" no contexto desse preceito?

A nosso ver, este papel consistia em munir o intérprete da *presunção* de que a norma a interpretar admitia a *especificação em mais* (no sentido da maior vantagem para o trabalhador); ou seja, por outras palavras, a presunção de que se tratava de *norma definidora de condições mínimas,* imperativa-limitativa. Assim, o princípio do tratamento mais favorável assumiria fundamentalmente o sentido de que as normas jurídico-laborais, *mesmo as que não denunciam expressamente o carácter de preceitos limitativos,* devem ser *em princípio* consideradas como tais.

78. A posição do legislador alterou-se, de modo significativo, com o CT. Há, no entanto, uma importante diferença entre as soluções consagradas na versão de 2003 e na de revisão de 2009, como, em seguida, se evidenciará.

Não é feita, no CT, nenhuma específica afirmação de uma ordem hierárquica das fontes – que sempre seria, de facto, desnecessária, dadas as regras contidas nos arts. 1.º e 3.º CCiv.. Por outro lado, o art. 3.º/1 do CT revisto (em termos praticamente iguais aos da versão de 2003) regula, em termos gerais, a relação funcional entre fontes nos seguintes termos: "As normas legais reguladoras do contrato de trabalho podem ser afastadas por instrumento de regulamentação colectiva de trabalho, salvo quando delas resultar o contrário".

A primeira constatação que este enunciado suscita é a de que não está em causa o primado da lei imperativa. Tal como na LCT, em que se falava de "oposição" da lei, o CT obsta ao "afastamento" das normas legais por fonte inferior, quando daquelas normas "resultar o contrário", isto é, que *não podem ser afastadas.* São duas maneiras de dizer a mesma coisa. De resto, o art. 478.º CT mantém a interdição de cláusulas de instrumentos de regulamentação colectiva que contrariem normas legais imperativas.

Não está, portanto, em causa a prevalência das disposições do CT que estabelecem (de modo imperativo) vantagens mínimas ou máximas para os trabalhadores. A imperatividade de tais limites opõe uma barreira intransponível à sua alteração por fontes de nível inferior.

Restam duas diferenças importantes para o regime anterior ao Código.

A primeira consiste na (implícita) admissibilidade de disposições *menos favoráveis*, estabelecidas por instrumentos de regulamentação colectiva, quando as disposições legais em confronto sejam de natureza dispositiva ou estabeleçam vantagens máximas para os trabalhadores.

A segunda ressalta do enunciado legal: o "tratamento mais favorável ao trabalhador" deixa de constituir referencial interpretativo, nos termos expostos. No CT, o ponto de partida da operação interpretativa-qualificativa incidente sobre a norma legal (para se saber se pode aplicar-se a fonte inferior de conteúdo diferente) já não é a presunção de que essa norma admite variação em sentido mais favorável ao trabalhador, mas a de que *admite variação em qualquer dos sentidos*. Tal presunção só é afastada se da norma legal resultar inequivocamente que nenhuma variação é legítima, ou que só o será num dos sentidos possíveis (ou seja, usando as palavras da lei, se dela "resultar o contrário").

Tal é a "posição de princípio" adoptada pelo legislador em 2003, e mantida (como tal) na revisão de 2009 (art. 3.º/1). No entanto, o Código revisto restringe fortemente o alcance dessa directriz geral. O art. 3.º/3 *repõe a prevalência do tratamento mais favorável* relativamente a um largo elenco de matérias, no qual se compreende tudo o que pode considerar-se essencial na construção do estatuto socio-laboral derivado para o trabalhador do contrato de trabalho. Trata-se, manifestamente, de uma solução de compromisso que, todavia, acaba por representar, sob o ponto de vista prático, um verdadeiro retorno à situação anterior ao Código.

CAPÍTULO II

O CONTRATO DE TRABALHO

§ 8. A noção legal do contrato individual de trabalho

79. Como já foi dito, o Direito de Trabalho tem o seu campo de actuação delimitado pela situação de trabalho subordinado. E esta delimitação é feita em termos práticos pela conformação de um certo tipo de contrato que é aquele em que se funda a prestação de tal modalidade de trabalho: trata-se do *contrato individual de trabalho ou*, mais correntemente, *contrato de trabalho.*

É decerto por isso que o regime jurídico do contrato individual de trabalho, constante do Título II do Livro I do Código do Trabalho, abre com a definição desse contrato (art. 11.º):

«Contrato de trabalho é aquele pelo qual uma pessoa singular se obriga, mediante retribuição, a prestar a sua actividade a outra ou outras pessoas, no âmbito de organização e sob a autoridade destas».

Importa desde já analisar esta noção, focando cada um dos seus elementos fundamentais.

A) *Objecto do contrato: a actividade do trabalhador* (1).

80. O primeiro elemento a salientar consiste na natureza da prestação a que se obriga o trabalhador. Trata-se de uma prestação

---

(1) Não é, obviamente, rigoroso dizer-se que o objecto do contrato de trabalho consiste na obrigação a cargo do trabalhador. Dele faz parte também o débito salarial. Mas, em sentido menos exacto, há muito se salienta que a

de *actividade,* que se concretiza, pois, em *fazer algo* que é justamente a aplicação ou exteriorização da força de trabalho tornada disponível, para a outra parte, por este negócio.

Este traço característico constitui um primeiro elemento da distinção entre as relações de trabalho subordinado e as relações de trabalho autónomo: nestas, precisamente porque o fornecedor de força de trabalho mantém o controlo da aplicação dela, isto é, da *actividade correspondente,* o objecto do seu compromisso é apenas o *resultado* da mesma actividade – só este é *devido* nos termos pré-determinados no contrato; os meios necessários para o tornar efectivo em tempo útil estão, em regra, *fora do contrato,* são de livre escolha e organização por parte do trabalhador. No contrato de trabalho, pelo contrário, o que está em causa é a própria *actividade* (1) do trabalhador, que a outra parte organiza e dirige no sentido de um resultado que (aí) está por seu turno *fora do contrato;* assim, nomeadamente, e por princípio (sujeito, no entanto, a restrições que serão oportunamente indicadas), o trabalhador que tenha cumprido diligentemente a sua prestação não pode ser responsabilizado pela frustração do resultado pretendido.

Cabe no entanto sublinhar que o dizer-se que é a actividade do trabalhador que preenche, do seu lado, o objecto do contrato não esgota a realidade. Em certas situações, o trabalhador cumpre a sua obrigação contratual embora esteja inactivo. Na prática das relações laborais, são frequentes descontinuidades mais ou menos

---

obrigação laboral é na verdade o «objecto *característico* do contrato de trabalho» [Santoro-Passarelli, *Nozioni di diritto del lavoro* (Nápoles) 1964, 16.ª ed., 125]. Com efeito, o que distingue o contrato de trabalho defronte de outros tipos negociais é, como se sugeriu já, a circunstância de nele se fundar a obrigação de *trabalho subordinado* (o dever retributivo é comum a outros contratos) – donde, também, o recorte do seu regime específico em função das exigências postas pelo ciclo vital daquela obrigação.

(1) Como se notará, esta fundamental distinção é feita, no CCiv., justamente pelo critério da *actividade* e do *resultado* (cfr. arts. 1152.º e 1154.º); na mesma esteira, e quanto à jurisprudência, vejam-se por exemplo os Acs. STJ 6/3/91 (CJ 91, 3,115) e 8/5/91 (AD 365, 478), e o Ac. Rel. Lisboa 29/1/92 (CJ 92. 1, 200).

longas na actividade do trabalhador, sem que por isso ele deixe de observar o comportamento contratualmente devido.

Em primeiro lugar, existem situações em que o próprio objecto do contrato de trabalho aparece definido sem referência imediata a uma *concreta* actividade, no sentido de conjunto ou série de *actos* com alguma expressão física.

É o que ocorre nos serviços de vigilância de instalações fora dos períodos de laboração e com as estruturas de socorros nos aeroportos. Os trabalhadores estão, aí, obrigados à *presença* e à *disponibilidade;* o cumprimento do contrato não se esgota, como é óbvio, na efectiva *actuação* perante as emergências que podem surgir. Tal actuação concreta nem sequer depende da vontade directiva do empregador; é aleatória como o são as situações a combater. É claro que, mesmo nas hipóteses apontadas, o cumprimento do contrato implica uma certa tensão da vontade e, portanto, um imperativo de *diligência* – que, quando menos, se traduz na atenção e na prontidão necessárias. Mas só forçadamente se avistará aí uma "actividade" em sentido próprio, a não ser a que se componha do conjunto de actos preparatórios e condicionantes da referida prontidão.

Outro tipo de situações a considerar caracteriza-se pela *inactividade pura*: compreendem-se nele os casos de inexecução do trabalho estipulado por causa ligada à empresa.

Num estaleiro de reparação naval, as obras a realizar em certo dia apenas requerem cinco soldadores; os restantes poderão, embora presentes no estaleiro, ficar parados nesse dia ou em parte dele, a não ser que o empregador encontre tarefas compatíveis para lhes atribuir. Um estabelecimento comercial encerra por dois dias para limpeza e arranjo das montras, trabalhos que ocuparão apenas alguns dos seus empregados; os outros ficarão sem prestar serviço efectivo durante aquele período. Outros exemplos se poderiam apresentar, aliás na linha do que inicialmente se afirmou como sendo o fenómeno formalizado pelo contrato de trabalho: a alienação ou transferência da disponibilidade da força de trabalho. Aqueles trabalhadores inactivos permanecem, com efeito, *à disposição do empregador* e aí reside o essencial da chamada obrigação de trabalho.

Na verdade, aquilo a que o trabalhador se obriga é, fundamentalmente, a colocar e manter a sua força de trabalho (conjunto de aptidões psíquicas e físicas) *disponível* pela entidade patronal, em certos termos e dentro de certos limites qualitativos e quantitativos, enquanto o contrato vigorar. É óbvio que tal disponibilidade contém a *necessitas* do serviço efectivo (se, quando, onde e como o empregador determinar), mas o serviço efectivo não esgota o comportamento devido pelo trabalhador com base no mesmo contrato. É o que, com toda a clareza, estabelece o art. 197.º/1 CT: tempo de trabalho é todo aquele em que "o trabalhador exerce a actividade *ou permanece adstrito à realização da prestação*".

Quando se aponta a actividade do trabalhador como objecto do contrato, quer-se significar que é esse – a actividade, *não o resultado* – o especial modo de concretização da força laboral que interessa directamente ao contrato de trabalho. A referenciação do vínculo à *actividade* indica pois que o trabalhador *não suporta o risco* da eventual frustração do resultado pretendido pela contraparte.

Como se notará um pouco adiante, o fim visado pelo empregador não é irrelevante na execução do contrato de trabalho, pois pode ser tomado em conta na determinação do comportamento devido pelo trabalhador, se e na medida em que for conhecido ou cognoscível por ele. Mas a consideração do fim ou resultado da actividade vale apenas (dentro desses limites) no quadro da apreciação da *diligência* a empregar pelo trabalhador; a obtenção ou a prestação do resultado não relevam em si, directamente, para a determinação do cumprimento ou incumprimento do contrato. Assim, por exemplo, se um vendedor de uma firma que se dedica ao comércio de electrodomésticos vê diminuir o número ou o volume das transacções por si realizadas, num período de crise generalizada de consumos, não pode concluir-se que exista deficiência no cumprimento das suas obrigações contratuais: à entidade empregadora cabe suportar o risco correspondente ([1]).

81. Na definição do Código, não existe a referência ao carácter «manual» ou «intelectual» da actividade a que o trabalhador se obriga. Essa referência, incluída na definição do art. 1.º LCT, era redundante e, portanto, dispensável. No entanto, ela explicava-se

([1]) Cfr. Ac. Rel. Coimbra 22/4/82 (CJ, 82, 2, 145).

pelo facto de, na legislação anterior à LCT (particularmente na L 1952, de 10/3/37, que primeiro regulou entre nós o contrato de trabalho), ser expressamente feita a distinção entre os trabalhadores manuais *(operários, assalariados)* e os trabalhadores intelectuais *(empregados)*, dando-se-lhes tratamento diferenciado (mais favorável aos empregados), nomeadamente no que toca a períodos de férias e indemnizações por despedimento. De resto, a distinção é ainda hoje corrente noutros países (França e Alemanha, por exemplo). A LCT tinha já eliminado a utilidade da diferenciação, estabelecendo um tratamento uniforme para os trabalhadores subordinados. O Código não tinha motivos para retomar essa referência.

82. A actividade visada no contrato de trabalho pode ser parcial ou totalmente constituída pela prática de *actos jurídicos, em nome ou por conta do empregador.* É o que, desde logo, ocorre com os advogados que exercem funções no quadro do serviço de contencioso de uma empresa. Mas tal possibilidade tem âmbito bastante mais vasto do que à primeira vista pode supor-se: o empregado de balcão num estabelecimento de venda ao público, a empregada doméstica que adquire géneros num supermercado para a casa onde trabalha, são trabalhadores em cujas funções se integra a conclusão de negócios jurídicos em nome e por conta dos seus empregadores. A tais situações se reporta expressamente o art. 115.°/3 CT, esclarecendo que, nelas, «o contrato de trabalho concede ao trabalhador os necessários poderes (de representação do empregador) (...)» ([1]).

83. O trabalhador não se obriga apenas a dispender mecanicamente certa «quantidade» de energia, cuja aplicação compete ao empregador determinar em cada momento. Como se notou, ele deve, antes do mais, colocar e manter na mão do empregador a disponibilidade da sua força de trabalho.

([1]) Tendo em vista as situações em que uma actividade jurídica (por conta do empregador) preenche o objecto do contrato, propôs SANTORO-PASSARELLI a designação de «contrato de trabalho gestório» – cfr. *Nozioni* 68.

Mas, quando se trate de aplicar essa força de trabalho, não basta a simples prática de actos segundo o modelo ou a espécie definidos pelo credor, para que o trabalhador cumpra a sua obrigação contratual. Torna-se evidente a possibilidade de o trabalhador *não cumprir* essa obrigação, muito embora exerça efectivamente a *sua* actividade de acordo com o modelo acordado com o empregador. Um certo tipo de greve (a *greve de zelo)* caracteriza-se mesmo, *grosso modo,* pela ocorrência de comportamentos individuais com tal aspecto. Na verdade, a prestação de trabalho é *instrumental* em relação aos fins da entidade patronal: é a *finalidade* (o resultado previsto e desejado pelo empregador e que constitui a sua motivação negocial) que confere sentido, forma e limites – como objecto de uma obrigação – à *actividade* comprometida pelo trabalhador.

Já vimos que a obtenção do *resultado* da actividade não está, em regra, dentro do círculo do comportamento devido pelo trabalhador; esse resultado ou efeito pode, todavia, constituir elemento *referencial* necessário ao próprio recorte do comportamento devido, em termos que procuraremos definir um pouco adiante.

Por outro lado, o fim da actividade só é, neste plano, relevante *se e na medida em que for ou puder ser conhecido pelo trabalhador.* Já se vê que tal conhecimento pode ser impossível quanto ao escopo *global e terminal* visado pelo empresário-empregador; todavia, o processo em que a actividade do trabalhador se insere é naturalmente pontuado por uma série de objectivos *imediatos,* ou, na terminologia dos autores alemães, fins *técnico-laborais (arbeitstechnische Zwecke), os* quais, ou uma parte dos quais (pelo menos os *directamente condicionados* pela execução do trabalho), se pode exigir – e presumir – sejam nitidamente representados pelo trabalhador.

84. A relevância do *fim* da actividade comprometida pelo trabalhador manifesta-se, antes de tudo, no elemento *diligência* que integra o comportamento por ele devido com base no contrato. Ele fica, nos próprios termos da lei, obrigado a «realizar o trabalho com zelo e diligência» (art. 128.º/1-c) CT).

Em sentido normativo, a diligência pode genericamente definir-se como «o grau de esforço exigível para determinar e executar a conduta que representa o cumprimento de um dever» ([1]). No que concerne à prestação de trabalho, a diligência devida varia fundamentalmente com a *natureza* desse trabalho ([2]), com o nível da *aptidão técnico-laboral* do trabalhador para aquele e com o *objectivo imediato* visado (tal como atrás o mencionamos).

É perante estas «circunstâncias de cada caso» (art. 487.° C. Civ.) que se determina a diligência requerida pelo cumprimento da obrigação do trabalhador. E determina-se, no nosso sistema, *em abstracto*, ou seja, pelo padrão de «um bom pai de família» (art. cit.). Segundo a doutrina que temos por preferível, toma-se em conta a «diligência que teria uma pessoa média colocada na situação concreta em que se encontra o agente, com o seu grau de cultura, de força, de preparação profissional, e *é em função da tensão e do esforço da vontade (...) que essa pessoa teria tido, que se julga a tensão e o esforço de vontade que o agente teve»* ([3]) na execução das tarefas cometidas pelo empregador.

De modo algum poderíamos, pois, autonomizar um «dever de diligência» perante a obrigação principal assumida pelo trabalhador: a diligência constitui um elemento integrador da conduta pela qual essa obrigação é cumprida.

B) *Sujeitos: o trabalhador e a entidade empregadora.*

Na terminologia legal mais utilizada entre nós, os sujeitos do contrato de trabalho designam-se por *trabalhador e empregador.*

85. Relativamente ao primeiro termo, notar-se-á apenas que ele traduz o carácter de generalidade que a correspondente situação foi ganhando, depois de, noutras épocas, se terem diferenciado, no plano verbal, vários «tipos» de trabalhadores (empregados, assalariados, etc.).

([1]) PESSOA JORGE, *Ensaio sobre os pressupostos da responsabilidade civil*, Lisboa (1968) 76.

([2]) Vd. DE TOMMASO, *Valore e valutazione della diligenza del prestatore di lavoro subordinato*, «Il diritto dell'economia», Milão (1970) n.° 3, 429 ss..

([3]) PESSOA JORGE, *Ensaio* 100.

De resto, as designações utilizadas em concreto variam bastante, não só por razões tradicionais, mas também por conotação ideológica. Assim, é da tradição o uso do termo «operário» para designar o trabalhador fabril da indústria; a designação de «criado» (doméstico e de lavoura) quando ocorre coabitação com o empregador; a de «assalariado» para os trabalhadores agrícolas ([1]); a de «empregado» para a generalidade dos trabalhadores não-fabris da indústria e dos serviços. Pode ter, por outro lado, uma conotação ideológica o rótulo de «colaborador» – aliás com apoio na lei (art. 126.º/2 CT) – bastante generalizado na linguagem corrente; e o de «produtor», consagrado nalguns sistemas latino-americanos. Essa diversidade não impede, no entanto, que o denominador comum seja, entre nós, presentemente, a palavra *trabalhador.*

Do ponto de vista do Direito do Trabalho, o trabalhador é apenas *aquele que, por contrato, coloca a sua força de trabalho à disposição de outrem, mediante retribuição* ([2]).

86. Considerações semelhantes se podem formular acerca das designações aplicadas à outra parte – isto é, àquele que , através do contrato, adquire a disponibilidade da força de trabalho alheia, devendo pagar uma retribuição –, a partir de uma raiz fortemente implantada desde os primórdios da industrialização: a noção de «patrão». Este termo resumia em si as ideias de supremacia ou *autoridade absoluta* e de *paternalismo* que caracterizaram, aos olhos de

---

([1]) Note-se que o termo geralmente empregue na França, inclusivamente nos textos legais, não é *travailleur,* mas sim *salarié.*

([2]) Já se vê que a delimitação do âmbito deste ramo de Direito pode ser realizada com base no conceito de *contrato de trabalho* (como é de uso na Itália, em França, e entre nós, a partir da própria lei) ou no de *trabalhador* (como ocorre, nomeadamente, na Alemanha). No primeiro caso, será corrente dizer-se que o Direito do Trabalho «regula as relações de trabalho subordinado»; no segundo, entender-se-á que ele «não é o direito especial de certos negócios jurídicos, como o contrato de trabalho» mas lhe pertencem «todas as normas jurídicas que vigoram precisamente porque as pessoas directa ou indirectamente envolvidas são trabalhadores» (HUECK-NIPPERDEY 5). A questão básica não muda de natureza e sentido com estes cambiantes do ângulo de observação: trata-se sempre de apontar a situação de trabalho subordinado como alvo do ordenamento jurídico laboral.

grandes massas de trabalhadores, a figura do dono da fábrica no sistema de manufactura. Por longo período, na legislação portuguesa, a designação utilizada foi a de *entidade patronal* – com o que não só se terá procurado atenuar um pouco a ressonância daquele termo, mas sobretudo cobrir as hipóteses, cada vez mais frequentes, de tal posição ser ocupada por uma pessoa colectiva. No entanto, a crescente despersonalização de tal estatuto conduz a que se acentue antes o elemento empresa (e fala-se então – como na Itália – de "empresário" contraposto a trabalhador) ou o facto de se tratar de fonte da ocupação ou emprego, e usa-se, então, no quadro de certos sistemas estrangeiros, os rótulos «empregador» (França) e «dador de trabalho» (Alemanha, Itália). Recentemente, a legislação portuguesa tem adoptado a expressão *entidade empregadora.*

Entidade patronal, empregador ou entidade empregadora é a *pessoa individual ou colectiva que, por contrato, adquire o poder de dispor da força de trabalho de outrem, no âmbito de uma empresa ou não, mediante o pagamento de uma retribuição.*

C) *Retribuição.*

87. É elemento *essencial* do contrato individual de trabalho que, em troca da disponibilidade da força de trabalho, seja devida ao trabalhador uma retribuição [1], normalmente em dinheiro

---

[1] A jurisprudência é unânime no reconhecimento do carácter essencial da retribuição no contrato de trabalho; mas tal reconhecimento é, amiúde, expresso em termos de se estabelecer uma pretensa equivalência entre a onerosidade do contrato e a existência de *subordinação económica* por parte do trabalhador – transformada esta, por tal via, em elemento característico ou requisito do contrato de trabalho, ao lado da subordinação jurídica. Cfr., neste sentido, entre outros, Ac. STJ 19/1/84 (BMJ 333, 338), Ac. Rel. Coimbra 29/10/85 (CJ 85, 4, 113). Ora, como se procurará esclarecer adiante no texto, sendo óbvio que a dependência económica pressupõe a retribuição, já não é invariavelmente seguro que a existência desta coloque o trabalhador em situação de dependência económica. Tal situação requer, nomeadamente, que a vinculação a certo empregador seja exclusiva e que o salário constitua o único ou o principal rendimento do trabalhador – o que, naturalmente, nem sempre ocorre, sobretudo nos tempos actuais, no quadro do contrato de trabalho. Nesta perspectiva, vd. Ac. STJ 14/11/90 (AD 350, 261).

(embora possa ser paga, parcialmente, em géneros – art. 259.º/1 CT). Qualquer forma de trabalho gratuito é, como se sabe, excluída deste âmbito.

Anote-se, por outro lado, que o termo *retribuição* não é o único usado para designar a prestação devida pela entidade patronal. As normas reguladoras do contrato de trabalho, desde o Código Civil de 1867, recorreram a nomes diversos: *salário* (vd., por exemplo, o DL 292/75, de 16 de Junho, já revogado), *ordenado* (tal era a designação utilizada, relativamente aos empregados, pela L 1952), *soldada* (para o serviço doméstico, no CCiv. 1867), *vencimento* (para «serviços prestados no exercício das artes e profissões liberais», também no CCiv. 1867).

Em capítulo próprio serão examinados os problemas fundamentais da teoria jurídica do salário.

D) *Subordinação jurídica* (1).

88. Para que se reconheça a existência de um contrato de trabalho, é fundamental que, na situação concreta, ocorram as características da subordinação jurídica por parte do trabalhador (2).

A subordinação jurídica consiste numa *relação de dependência necessária da conduta pessoal do trabalhador na execução do contrato face às ordens, regras ou orientações ditadas pelo empregador, dentro dos limites do mesmo contrato e das normas que o regem* (3).

O dizer-se que esta subordinação é *jurídica* comporta dois significados: primeiro, que se trata de um elemento *reconhecido* e mesmo *garantido* pelo Direito (nomeadamente, como se verá, pela

---

(1) Vd. SAVINO, *La subordinazione nel rapporto di lavoro,* Torino (1944); SPAGNUOLO VIGORITA, *Subordinazione e diritto del lavoro. Problemi storico-critici,* Napoli (1967); PEDRAZZOLI, *Democracia industriale e subordinazione. Poteri e fattispecie nel sistema giuridico del lavoro,* Milano (1984).

(2) Cfr. Ac. STJ 6/3/91 (AD 354, 813).

(3) A relevância do elemento pessoal na subordinação – cfr., por exemplo, SANTORO-PASSARELLI, 66 – explica que nomeadamente os autores alemães se refiram a uma «dependência pessoal» *(persönliche Abhängigkeit),* embora sem a considerarem elemento distintivo seguro entre as categorias fundamentais «trabalho autónomo» e «trabalho subordinado». Cfr. HUECK-NIPPERDEY 3-4.

atribuição de um *poder disciplinar* à entidade patronal); segundo, que, ao lado *desse* tipo de subordinação, outras formas de dependência podem surgir associadas à prestação de trabalho, sem que, todavia, constituam elementos distintivos do contrato em causa, como em seguida se notará.

89. A subordinação pode não transparecer em cada instante do desenvolvimento da relação de trabalho. Muitas vezes, a aparência é de autonomia do trabalhador, que não recebe ordens directas e sistemáticas da entidade patronal; mas, a final, verifica-se que existe, na verdade, subordinação jurídica.

Antes do mais, porque é suficiente um estado de dependência *potencial* (conexo à *disponibilidade* que o patrão obteve pelo contrato), não é necessário que essa dependência se manifeste ou explicite em actos de autoridade e direcção efectiva. Isto é tanto mais real quanto mais se avança na sofisticação e diferenciação das qualificações profissionais. Muitos trabalhadores conhecem melhor o trabalho que têm a realizar do que o empregador.

Esta é uma noção adquirida em todos os sistemas. Entre nós, já se recolhia de um Ac. S.T.A. de 22/6/43, segundo o qual «existe a subordinação jurídica do trabalhador para com um patrão logo que este tenha o direito de lhe dar ordens ou de dirigir ou fiscalizar o seu serviço, não se exigindo que de facto e permanentemente o faça» (1).

Neste sentido, observava, já há décadas, MAZZONI (2): «Quanto mais o trabalho se refina e assume carácter intelectual, mais difícil é estabelecer uma nítida diferenciação, porque a subordinação tende a atenuar-se cada vez mais, na relação de trabalho subordinado, e a avizinhar-se daquela genérica supervisão, por parte do empregador, que se encontra também na relação de trabalho autónomo e que corresponde a um direito do comitente».

---

(1) No mesmo sentido, Acs. STA 5/4/49 («Col.» XI, 202), 3/3/53 («Col.» XV,111), 8/7/58 («Col.» XX, 623), 5/11/63 (AD 25.°, 83); e, mais recentemente, por exemplo, Ac. Rel. Porto 15/12/80 (CJ 80, 5, 157) e Ac. Rel. Évora 23/10/90 (CJ 90, 4, 304).

(2) *Manuale* I 249.

90. Para além das situações em que, *de facto*, não ocorrem comportamentos directivos do empregador, há que considerar aquelas em que constituem objecto de contrato de trabalho (e, por conseguinte, são exercidas em subordinação jurídica) actividades cuja natureza implica a salvaguarda absoluta da *autonomia técnica* do trabalhador (p. ex. um médico ou um engenheiro): é a possibilidade admitida pelo art. 116.º CT. Em tais casos, o trabalhador apenas ficará adstrito à observância das directrizes mais gerais do empregador em matéria de organização do trabalho (local, horário, normas de procedimento burocrático, regras disciplinares): *existe subordinação jurídica sem dependência técnica* (1).

O reconhecimento legal dessa possibilidade – não sendo mais do que o reflexo da evolução sofrida, no plano sociológico, pelas chamadas «profissões liberais», em confronto com novas formas de organização económica e social (2) – acarreta, naturalmente, um acréscimo de dificuldades. Passa a ser necessário, perante cada situação concreta, saber-se ao certo se o médico, o advogado ou o engenheiro actuam, perante a entidade que aproveita os seus serviços, como seus empregados ou, ao invés, como «profissionais livres», isto é, trabalhadores autónomos. Tendo em consideração a natureza de tais profissões, deve-se *presumir* que os negócios tendo por objecto actividades próprias delas são contratos de prestação de serviço, isto é, negócios constitutivos de relações de trabalho autonomo (3). De resto, persistem, amiúde, nessas mesmas situações de trabalho subordinado, resquícios do conteúdo tradicional dos contratos de prestação de serviço, em cujos moldes se vazava, com prevalência, o exercício das chamadas profissões liberais. (4) Apontaremos, entre eles, o regime de retribuição por tarefa e a correlativa maleabilidade do esquema de duração do trabalho.

---

(1) Cfr. Ac. Rel. Porto 15/12/80 (CJ 80, 5,167) e Ac. Rel. Lisboa 31/1/90 (CJ 90,1,198).

(2) Veja-se, nomeadamente, BRUN-GALLAND, *Droit du travail,* Paris (1958) 355 ss..

(3) Cfr. uma referência, neste sentido, em PIRES DE LIMA-ANTUNES VARELA II 464.

(4) Vejam-se as posições sustentadas por VALADAS FERNANDES e SEQUEIRA ZILHÃO no II Congresso dos Advogados Portugueses, in ROA, 86, III, 915 ss..

91. A subordinação jurídica também se não confunde com a de *dependência económica*.

Esta revela-se por dois traços fundamentais e normalmente associados: o facto de quem realiza o trabalho, exclusiva e continuamente, para certo beneficiário, encontrar na retribuição o seu *único ou principal meio de subsistência* (há assim uma dependência da *economia do trabalhador* perante a do mesmo beneficiário); e, de outro ângulo, o facto de a actividade exercida, ainda que em termos de autonomia técnica e jurídica, *se inserir num processo produtivo dominado por outrem* (verificando-se pois dependência sob o ponto de vista da *estrutura* do mesmo processo).

Isto pode ocorrer até quando o trabalhador é juridicamente autónomo, exercendo a sua actividade em estabelecimento próprio – se, porventura, todo o produto dessa actividade se destina a inserir-se num processo produtivo mais amplo, promovido e dominado por certa entidade. P. ex.: o alfaiate que, em sua casa, faz exclusivamente casacos e calças para um estabelecimento de pronto-a-vestir. Existe aí *dependência económica sem subordinação jurídica*. Adiante se verá como tal tipo de situações solicita tratamento paralelo ao do trabalho subordinado, face ao carácter verdadeiramente *salarial* de que se reveste o rendimento do trabalho. Para já, assinale-se que o art. 10.º CT «equipara», de algum modo, aquele contrato ao contrato de trabalho.

Pode, por outro lado, *não existir dependência económica* (no primeiro dos sentidos indicados, pelo menos) *no trabalho subordinado*. Um médico pode ser empregado no serviço de saúde de uma empresa, mas auferir o essencial do seu rendimento no consultório. O mesmo pode ocorrer em quase todas as actividades profissionais, que podem ser exercidas em qualquer dos dois regimes (subordinação e autonomia) ou em ambos.

92. Vimos que a subordinação jurídica não é o mesmo que a dependência técnica, a necessidade de cumprir ordens quanto à execução do trabalho; nem equivale ou compreende a dependência económica, a debilidade contratual em que o trabalhador pode encontrar-se por razões económicas. Um trabalhador subordinado, coberto pelo Direito do Trabalho, pode – por várias razões – não ter ordens para cumprir e ser economicamente independente.

Há, pois, uma progressiva desvalorização dos comportamentos directivos na caracterização do trabalho subordinado. Se se adoptar como critério identificativo a ocorrência de ordens e instruções pelas quais o trabalhador, em regime de obediência, paute o seu comportamento na execução do contrato, deixar-se-á à margem da regulamentação laboral um número crescente de situações de verdadeiro "emprego", em tudo merecedoras do mesmo tratamento. Na verdade, a subordinação consiste, essencialmente, no facto de uma pessoa exercer a sua actividade em proveito de outra, no quadro de uma organização de trabalho (seja qual for a sua dimensão) concebida, ordenada e gerida por essa outra pessoa. Este elemento organizacional implica que o prestador de trabalho está adstrito a observar os parâmetros de organização e funcionamento definidos pelo beneficiário, submetendo-se, nesse sentido, à autoridade que ele exerce no âmbito da organização de trabalho, ainda que execute a sua actividade sem, *de facto*, receber qualquer indicação conformativa que possa corresponder à ideia de "ordens e instruções" – nem, porventura, o beneficiário estar em condições (técnicas ou práticas) de a formular.

O elemento chave de identificação do trabalho subordinado há-de, pois, encontrar-se no facto de o trabalhador não agir no seio de uma organização própria – antes se integrar numa *organização de trabalho alheia,* dirigida à obtenção de fins igualmente alheios – que tanto pode ser uma empresa como um lar de família –, o que implica, da sua parte, a submissão às regras que exprimem o poder de organização do empregador – à *autoridade* deste, em suma, derivada da sua posição na mesma organização.

É nesta perspectiva que se entende o enunciado, nessa parte, da definição legal do contrato de trabalho adoptada no Código revisto: a (muito) antiga referência à "direcção" do empregador é substituída pela alusão ao facto de o trabalho ser executado "no âmbito de organização" dele, e, naturalmente, sob a sua "autoridade".

A subordinação que releva na caracterização do contrato de trabalho constitui um «estado jurídico» (1) contraposto a uma situação (jurídica) de poder; no dizer expressivo de alguma jurisprudência, ela «não deve entender-se em sentido social, económico ou técnico», bastando, para a identificar, que um trabalhador – embora *praticamente* independente no modo de exercer a sua actividade – se integre na «esfera de domínio ou autoridade» de um empregador (2).

93. A subordinação implica um *dever de obediência* para o trabalhador.

O art. 128.º/1-e) CT, que expressamente o consagra, completa pois a definição do art. 11.º no aspecto considerado. Segundo aquele preceito, o trabalhador deve «cumprir as ordens e instruções do empregador em tudo o que respeite à execução e disciplina do trabalho, salvo na medida em que se mostrem contrárias aos seus direitos e garantias». Admite-se, portanto, a possibilidade de uma *desobediência legítima* – o que implica a ideia de que existe uma área demarcada de subordinação e de que o poder patronal tem limites fixados pela própria lei e pelos instrumentos regulamentares de grau inferior. Estes limites deveriam, em princípio, resultar do simples objecto do contrato: o trabalhador deve obediência dentro do que se obrigou a fazer, e não fora disso... Só que esse objecto quase nunca é recortado com nitidez; e, por outro lado, a direcção patronal refere-se também à articulação do trabalho no conjunto da empresa (à sua disciplina, portanto).

Assim, a delimitação do dever de obediência implica que se ponderem vários elementos, nomeadamente: a actividade contratada; o local estipulado para o trabalho; e as garantias gerais dos trabalhadores (art. 129.º CT), bem como as especialmente definidas pela regulamentação colectiva aplicável.

---

(1) MAZZONI 250 n. 41.

(2) Ac. Rel. Lisboa 19/1/79 (CJ, 79, 1, 94) e Ac. Rel. Lisboa 31/1/90 (CJ 90, 1, 190).

§ 9. A diferenciação do contrato de trabalho.

A) *Importância da distinção e dificuldades operatórias.*

94. Como se disse logo de início, o Direito do Trabalho não recobre todo o trabalho, nem mesmo todas as modalidades em que alguém beneficia da força de trabalho de outrem, mediante uma contraprestação pecuniária. Só a prestação de trabalho numa relação de certa estrutura lhe interessa: trata-se do *trabalho subordinado*. Significa isto que espécies importantes de relações sociais baseadas na aplicação da força de trabalho são deixadas à margem do Direito de Trabalho – o que, em princípio, redunda na sua sujeição às regras gerais do direito privado referentes às obrigações e aos contratos, ou seja, na ausência de qualquer protecção legal *específica* para quem fornece, no quadro dessas relações, a força de trabalho em proveito alheio ([1]).

Constitui por isso tarefa decisiva e delicada a da *determinação concreta do trabalho subordinado* – ou, noutros termos, da *identificação do contrato de trabalho* que, como se assinalou, é o facto gerador e o suporte da mencionada relação.

95. Tal tarefa depara, frequentemente, com sérias dificuldades, dada a extrema variabilidade das situações concretas, e até em consequência do carácter informal do contrato de trabalho. A subsunção dos factos na noção de trabalho subordinado é, muitas vezes, inviável. Há que recorrer, amiúde, a métodos aproximativos, baseados na interpretação de indícios.

Essas dificuldades são ainda consideravelmente acrescidas pela circunstância de certas relações em que tudo sugere a inexistência

---

([1]) Entre as razões pelas quais se entende não carecer normalmente o trabalho autónomo de protecção idêntica à do subordinado aponta-se a de que aquele, «requerendo mais elevadas capacidades (mesmo criativas), é menos frequente, portanto mais procurado e, daí, tendencialmente mais bem retribuído», além de que «o trabalhador autónomo suporta um risco». – GHIDINI, *Diritto del Lavoro,* Padova (1971) 183.

de subordinação evidenciarem, vistas de outro ângulo, traços de debilidade económica, por parte de quem fornece o trabalho, de todo o ponto idênticos aos que moveram o legislador laboral. E a inversa também ocorre: situações estruturalmente correspondentes à de trabalho subordinado (e, portanto, fundadas em verdadeiro *contrato de trabalho*) podem estar bem longe do quadro de carência e debilidade contratual que esteve na origem do Direito do Trabalho e constitui o motor do seu desenvolvimento. Pense-se, por exemplo, no director de empresa, no quadro superior, no médico ou no membro do contencioso.

Pode causar também dificuldades de qualificação a *variabilidade* dos *regimes de retribuição* praticados nas relações de trabalho subordinado, de par com a bivalência desses regimes, alguns dos quais, na verdade, comuns a certas espécies de trabalho autónomo. É o caso da retribuição à peça ou por tarefa que, muito embora sugerindo fortemente que o objecto do contrato é o resultado «peça» ou «tarefa», não raro surge como fórmula especial de pagamento da actividade do trabalhador, exercida em termos de subordinação jurídica.

Enfim, cabe apontar as dificuldades *provocadas:* é corrente o uso de expedientes simulatórios, destinados a disfarçar a natureza das relações de trabalho e a evitar a qualificação de contrato de trabalho. Normalmente, esses expedientes visam a criação da aparência de autonomia na execução do trabalho. Alguns deles serão versados nos pontos próprios da nossa exposição.

B) *Os tipos contratuais: contrato de trabalho e contrato de prestação de serviço.*

96. A destrinça fundamental entre o trabalho subordinado e o trabalho autónomo, situada no plano dos conceitos operatórios, reflecte-a a lei na conformação de correspondentes *tipos de contratos* por ela definidos em termos que já supõem um critério (o legal) de demarcação dos dois campos e, portanto, de delimitação do ambito do Direito do Trabalho.

Já se sabe que o tipo de contrato especificamente destinado a cobrir o trabalho subordinado é o *contrato de trabalho,* cujos elementos característicos se procurou apontar atrás. Ele aparece definido, no CCiv. (art. 1152.º), nos exactos termos que foram usados no art. 10.º CT de 2003, agora ajustados, nos termos vistos, pela revisão de 2009. Acerca dele, limita-se o legislador civil a acrescentar (art. 1153.º) que ficará sujeito a regime especial (hoje, fundamentalmente, o do Código do Trabalho). Assim, a menção feita pelo CCiv. a este tipo de contrato, na parte em que trata «dos contratos em especial» (Título II do Livro II), acaba por desempenhar praticamente o papel de termo de comparação (logo, de distinção) relativamente a outro tipo (ou espécie) de contratos em que, estando igualmente envolvido o trabalho em proveito alheio, todavia não concorre a subordinação jurídica do fornecedor desse trabalho, e que é definido no art. 1154.º – o «contrato de prestação de serviço». A lei define-o nestes termos: «aquele em que uma das partes se obriga a proporcionar à outra certo resultado do seu trabalho intelectual ou manual, com ou sem retribuição». Avulta, neste enunciado, a contraposição fundamental do *resultado do trabalho* (como objecto do contrato) à *actividade,* em si mesma, que caracteriza o contrato de trabalho (1) (2).

---

(1) De acordo com um critério semelhante, distinguem-se na doutrina alemã os dois tipos contratuais que, nos termos do BGB, têm por objecto o trabalho remunerado. De um lado, o «contrato de serviços» (*Dienstvertrag*), visando o «trabalho como tal» (*die Arbeit als solche*) ou, na terminologia de VON GIERKE, «um actuar» (*ein Wirken*) – o que leva a incluir no âmbito de tal conceito o contrato de trabalho, não directamente invocado por aquele código. De outro lado, o «contrato de obra» (*Werkvertrag*) cujo objecto é um «resultado do trabalho» (*Arbeitserfolg*) ou «uma obra» (*ein Werk*). Tal dicotomia oferece as mesmas dúvidas a que se refere o texto. Vd. HUECK-NIPPERDEY 119 ss.. Cabe, por outro lado, lembrar a conhecida raiz romanística da destrinça (aí nas formas de *locatio conductio operarum e locatio conductio operis).* Cfr., sobre este ponto, BIGOTTE CHORÃO 131 ss.

(2) O critério do resultado tem feito carreira na nossa jurisprudência: vd. por exemplo Acs. Rel. Coimbra 13/12/78 (CJ 78, 5, 1515), Rel. Porto 30/4/79 (CJ 79, 2, 529), Rel. Évora 10/1/84 (CJ 84, 1, 315), Ac. STJ 26/9/90 (AD 343,

A colocação do acento tónico no *resultado* do trabalho significa, além do mais, que o *processo* conducente à produção dele, a *organização dos meios* necessários e a *ordenação da actividade* que o condicionam, estão, em princípio, *fora do contrato,* não são *vinculados* – mas antes determinados pelo próprio fornecedor do mesmo trabalho ([1]). É claro que, em última análise, tais contratos se traduzem numa *alienação de trabalho* (o que, justamente, se incorpora no resultado devido) – só que esse trabalho não é dominado e organizado pelo beneficiário final (que apenas controla o *produto),* e sim por quem o fornece: trabalho *autónomo,* portanto.

A exterioridade dos *meios* utilizados (e, nomeadamente, das actividades empregues), relativamente à vinculação do prestador de serviço, pode não ser absoluta – e daí que, mais uma vez, o critério fundado na distinção entre obrigações de meios e obrigações de resultado se revista de notória relatividade na distinção entre contrato de trabalho e contrato de prestação de serviço. Pode dar-se o caso de o trabalhador autónomo se encontrar contratualmente obrigado a utilizar certos materiais, ou a seguir um dado modelo ou figurino, ou até a realizar pessoalmente a actividade necessária à consecução do resultado. Mas tratar-se-à então de condições *contratualmente estabelecidas,* fundadas no consenso das partes e não na autoridade directiva (supra-ordenação) de uma perante a outra. Dentro dos limites traçados pelas estipulações contratuais, a escolha dos meios e processos a utilizar, bem como a sua organização no tempo e no espaço, cabe ao prestador de serviço. Em regra, pode ele até socorrer-se da actividade de outras pessoas, em regime de subordinação (contratos de trabalho) ou de autonomia (subempreitadas), para a efectivação do fim visado.

97. Conforme indica o art. 1155.º CCiv., são modalidades do contrato de prestação de serviço o mandato, o depósito e a empreitada. E estes tipos contratuais aparecem definidos e regulados nas disposições subsequentes.

1622), Ac. STJ 14/11/90 (AD 350, 261), Ac. STJ 6/3/91 (AD 354, 813) e Ac. STJ 8/5/91 (AD 365, 678).

([1]) Cfr. Ac. Rel. Évora 10/1/84 (CJ 84,1, 315), Ac. STJ 25/7/86 (BMJ 359, 513) e Ac. Tribunal de Conflitos 11/1/89 (AD 344-345,1133).

Assim, o contrato de *mandato* ([1]) é aquele pelo qual uma das partes se obriga a praticar um ou mais actos jurídicos por conta da outra (art. 1 157.°) e presume-se gratuito – ou seja, não retributivo – salvo se os actos a praticar forem próprios da profissão do mandatário (p. ex. se ele for advogado) – art. 1158.°/1. Avulta aqui a natureza do *serviço* a prestar (ou, noutros termos, do resultado a proporcionar): trata-se de actos jurídicos, ou seja, actos produtivos de efeitos jurídicos (celebração de contratos, actos integrados num processo judicial, requerimentos, etc.), efeitos esses que interessam ao mandante, e que, havendo prévia atribuição de poderes de representação ao mandatário, se vão imediatamente produzir na esfera jurídica do mesmo mandante, como se fosse ele a praticar os actos em causa.

O contrato de *depósito* ([2]) é aquele pelo qual «uma das partes entrega à outra uma coisa, móvel ou imóvel, para que a guarde, e a restitua quando for exigida» (art. 1185.°), presumindo-se gratuito, isto é, sem remuneração do depositário, excepto se este fizer disso profissão – como é o caso dos bancos que aceitam o depósito de jóias e outros bens não permutáveis (art. 1186.°).

A terceira modalidade do contrato de prestação de serviço é o contrato de *empreitada* ([3]), porventura até a mais importante, quer pela sua frequência real, quer pela proximidade que, nalgumas das suas formas concretas, ele mostra relativamente ao contrato de trabalho. A lei define-o do seguinte modo (art. 1207.°): «Empreitada é o contrato pelo qual uma das partes se obriga em relação à outra a realizar certa obra, mediante um preço». Afirma-se aqui, em termos mais concretos, a ideia de *obra,* isto é, de «produto» em que se incorpora o trabalho (fornecido pelo empreiteiro), e a de *retribuição* (preço), agora já como elemento característico do contrato. E cabe notar que tanto se está perante uma empreitada no caso da construção de um prédio como no da elaboração de um parecer económico ou no da confecção de certo número de fatos para um estabelecimento de pronto-a-vestir – referindo apenas três exemplos. Como é óbvio, nalgumas dessas situações poderá verificar-se

---

([1]) Pires de Lima-Antunes Varella, II, 467 ss..
([2]) Pires de Lima-Antunes Varella, II, 512 ss..
([3]) Pires de Lima-Antunes Varella, II, 543 ss..

grande semelhança com outras que merecem a qualificação de contratos de trabalho; é porventura aqui que a destrinça se mostra, amiúde, mais delicada.

C) *A determinação da subordinação*

98. A evolução da doutrina e da jurisprudência, no quadro de diversos sistemas jurídicos, nomeadamente o português, conduziu a uma sensível depuração da metodologia utilizável na despistagem da subordinação.

O caminho seguido passou pelo reconhecimento de que, quanto a este ponto, o discurso definitório ou conceitual, constituindo obviamente um pressuposto metodológico, não permite contudo esgotar as necessidades operatórias envolvidas na *qualificação* das situações concretas. Deve ter-se presente que essa qualificação provoca o enlace da situação concreta com um regime jurídico limitativo da liberdade contratual e, por isso, exposto a manobras simulatórias.

Sendo a subordinação definida (pelo art. 11.º CT) por referência ao "âmbito de organização" e à «autoridade» do empregador, ou construída (pela doutrina) como um estado de *heterodeterminação* em que o prestador de trabalho se coloca, nem assim fica o julgador munido de instrumentos suficientes e seguros para a qualificação dos casos concretos. Já percorremos as razões dessa dificuldade.

A *determinação* da subordinação não se pode, na maioria dos casos, fazer por mera subsunção nesse conceito. A subordinação é um *conceito-tipo* que se determina por um conjunto de características (1) que podem surgir combinadas, nos casos concretos, de muitas maneiras.

Os tribunais têm que ultrapassar a dificuldade porque, por um lado, não podem abster-se de decidir, e, por outro, devem identificar a legislação aplicável aos casos concretos. Como já vimos, essa

---

(1) Cfr. ZÖLLNER, Arbeitsrecht cit. 48.

identificação joga, fundamentalmente, com o regime juridico-laboral do contrato de trabalho e o regime civilístico do contrato de prestação de serviço.

Para cumprirem o seu papel decisório (que não é tanto o de definir uma qualificação categórica, como o de escolher uma lei aplicável), os tribunais utilizam um "método tipológico", baseado na procura de *indícios* ([1]) que são outras tantas características parcelares do trabalho subordinado, segundo *id quod plerumque accidit* ([2]) ou, melhor, de acordo com o modelo prático em que se traduz o conceito de subordinação em estado puro.

Deste modo, a determinação da subordinação, feita através daquilo que alguns caricaturam como uma «caça ao indício» ([3]), não é configurável como um juízo subsuntivo ou de correspondência biunívoca, mas como um mero *juízo de aproximação* ([4]) entre dois «modos de ser» analiticamente considerados: o da situação concreta e o do *modelo típico* da subordinação. Os elementos deste modelo que assumam expressão prática na situação a qualificar serão tomados como outros tantos *indícios* de subordinação, que, no seu conjunto, definirão uma zona mais ou menos ampla de correspondência e, portanto, uma maior ou menor *proximidade* entre o conceito-tipo e a situação confrontada. Repare-se que o objectivo da operação é o de identificar a lei aplicável: o uso deste método permite ao tribunal reconhecer que *existe uma semelhança suficiente entre o tipo e o caso concreto para que lhes seja aplicado o mesmo regime jurídico.*

É também por isso que a determinação da subordinação se considera, liquidamente, matéria de facto e não de direito ([5]).

99. No elenco de indícios de subordinação, é geralmente conferido – agora com acrescida razão, dado o facto de a definição

---

([1]) SÖLLNER, *Grundriss* cit. 19/20.

([2]) Cfr. CARINCI/TAMAJO/TOSI/TREU, 2, 15 ss..

([3]) GHEZZI/ROMAGNOLI, *Il rapporto* cit. 33.

([4]) CARINCI/TAMAJO/TOSI/TREU 22/23.

([5]) (Cfr. Ac. Rel. Coimbra 20/11/80 (BMJ 303, 276), Ac. Rel. Évora 4/7/85 (BTE, 1986,1020) e Ac. STJ 6/3/91 (AD 354, 813).

legal, expressamente, valorizar esse aspecto – ênfase particular aos que respeitam ao chamado «momento organizatório» da subordinação [1]: a vinculação a *horário* de trabalho, a execução da prestação em *local* definido pelo empregador, a existência de controlo externo do *modo* de prestação, a obediência a *ordens,* a sujeição à disciplina da empresa – tudo elementos retirados da situação típica de *integração* numa organização técnico-laboral predisposta e gerida por outrem. Acrescem elementos relativos à modalidade de *retribuição* (em função do tempo, em regra), à propriedade dos *instrumentos de trabalho* e, em geral, à disponibilidade dos *meios complementares* da prestação. São ainda referidos [2] indícios de carácter *formal* e externo, como a observância dos regimes fiscal e de segurança social próprios do trabalho por contra de outrem.

Cada um destes elementos, tomado de per si, reveste-se de patente relatividade. O juízo a fazer, nos termos expostos, é ainda e sempre um juízo de *globalidade,* conduzindo a uma representação *sintética* da tessitura jurídica da situação concreta e comparação dela com o tipo trabalho subordinado [3]. Não existe nenhuma fórmula que pré-determine o doseamento necessário dos vários índices, desde logo porque cada um deles pode assumir um valor significante muito diverso de caso para caso.

---

[1] SCHAUB, *Arbeitsrechts-Handbuch,* 5.ª ed., München (1983) 33 ss..

[2] Cfr. ainda SCHAUB, *ob* e loc. cits.. Na jurisprudência portuguesa, vd., nomeadamente, o Ac. STJ 17/2/94, CJ 94, 1, 294.

[3] No *common law* britânico, e pela razão óbvia que consiste na importância que os métodos casuísticos nele assumem, o critério dominante para a identificação do *contract of service* (ou, mais precisamente, da relação *employee--employer)* parece ser hoje o critério indiciário ou «múltiplo» *(multiple test).* Este surgiu e desenvolveu-se a partir da insuficiência e dificuldade de aplicação do critério da subordinação ou do «controlo» *(control test)* que teve, e continua ainda a ter, larga nomeada na jurisprudência britânica. Assinale-se, enfim, o avanço recente de um critério baseado na existência ou inexistência de incorporação na empresa ou organização técnico-laboral alheia *(organisation test),* ao qual se tende, pelo menos, a conferir um alcance complementar no âmbito do método tipológico. Cfr. DRAKE, *Labour Law,* Londres (1973) 23 ss.; P. DAVIES/M. FREEDLAND, *Labour Law. Text and Materials,* 2ª ed., London (1986) 83.

O próprio conjunto dos traços que integram o chamado «momento organizatório» de subordinação carece de valor absoluto na identificação do contrato de trabalho: a subordinação não é corolário *forçoso* de *qualquer* tipo ou grau de articulação da prestação de trabalho na organização da empresa. O contrato de prestação de serviço pode harmonizar-se com a *inserção funcional* dos resultados da actividade (art. 1154.° do Cód. Civ.) no metabolismo da organização empresarial ([1]).

D) *As presunções de existência de um contrato de trabalho.*

100. Das dificuldades que a qualificação laboral envolve, e dos meios correntemente utilizados para as ultrapassar, ressalta claramente a importância operatória de que se revestem as *presunções* neste domínio-chave para a aplicação do ordenamento do trabalho. Tratar-se-á, como diz o art. 349.° CCiv., de tirar certas ilações "de um facto conhecido para firmar um facto desconhecido".

A presunção da existência de contrato de trabalho pode surgir a propósito de dois problemas: o da consideração da existência de um contrato de trabalho em *situações que não se fundam em manifestações expressas de vontade das partes*, e o da qualificação laboral de outras situações, em que *as declarações das partes, ou outros elementos indicativos, apontem para a identificação de outro tipo contratual* ([2]).

A circunstância de o contrato de trabalho estar coberto pelo princípio da liberdade de forma (art. 110.° CT) e a fluidez do mercado de trabalho conduzem a que, como se notará adiante, as relações de trabalho se estabeleçam, em muitos casos, sem que possam detectar-se declarações expressas de vontade das partes: na maioria dos casos, o contrato assenta em uma ou mesmo duas manifestações de vontade tácita ([3]). Esse «silêncio» de uma ou de

([1]) Cfr. GHERA, *Diritto del Lavoro* cit. 49 ss..

([2]) Cfr. A. MARTIN VALVERDE/F. RODRIGUEZ-SANUDO GUTIERREZ/J GARCIA MURCIA, *Derecho del trabajo* cit. 462.

([3]) Referimo-nos, naturalmente, aos contratos de duração indeterminada. Para os contratos de trabalho a termo, que hoje constituem um meio de recru-

ambas as partes não dispensa o julgador de se pronunciar sobre a existência da relação contratual e sobre a sua qualificação, para escolher o regime jurídico aplicável.

Para tal efeito, serve a definição do art. 11.º CT: se, no caso concreto, existe uma pessoa que presta a outra a sua actividade manual ou intelectual, mediante retribuição, e estando a primeira sob a autoridade e o domínio organizacional da segunda, conclui-se, mesmo sem suporte declarativo expresso, a existência de um contrato de trabalho. O elemento não detectável por observação dos factos – a existência de um *contrato* gerador de uma *obrigação* que, dessa forma, se cumpre – é adquirido pelo julgador, através de um juízo de normalidade que se traduz por uma *presunção judicial* (art. 351.º CCiv.). Essa conclusão pode ser neutralizada se, por exemplo, se provar que o trabalho é realizado a título puramente facultativo e ocasional, no quadro de uma relação familiar ou de amizade.

A via presuntiva está, pois, presente na prática judiciária quotidiana, na identificação do contrato de trabalho, embora a lei não se lhe refira a esse propósito, como ocorre no ordenamento espanhol. É uma das funções implícitas da noção contida no art. 11.º CT, e correspondente a uma necessidade operatória absolutamente imperiosa, dado o modo por que se apresentam, na realidade social, as relações de trabalho.

Numa segunda perspectiva, a presunção judicial pode funcionar também na diferenciação do contrato de trabalho face a tipos negociais próximos ou alternativos. É, justamente, o que ocorre, a nosso ver, na aplicação do método indiciário ou tipológico atrás descrito.

Com efeito, o juizo de proximidade entre o conceito-tipo (contrato de trabalho) e a situação concreta a qualificar – hoje corrente na jurisprudência – traduz-se numa *inferência* de certos elementos da relação de trabalho subordinado *não verificados* (em particular, a subordinação) mas indispensáveis à sua identificação

tamento utilizado pelas empresas com grande frequência, a lei requer forma escrita. O mesmo ocorre com as situações de trabalho temporário.

ou diferenciação, a partir de factos adquiridos ou provados (a existência de um horário de trabalho, a regularidade da retribuição, a propriedade das instalações e equipamentos, etc.). É uma presunção judicial, correspondente também à descrição do art. 351.º CCiv..

A qualificação vem, deste modo, a resultar da integração de elementos do conceito-tipo que estão verificados, com outros que são inferidos, isto é, adquiridos por presunção.

101. Existem, por outro lado, *presunções legais* (art. 350.º CCiv.) da existência de contrato de trabalho. Com efeito, em determinadas hipóteses, é a própria lei que liga à verificação de certos factos uma conclusão (provisória ou defiinitiva) sobre factos desconhecidos.

Partindo da constatação de que determinadas características das relações de trabalho andam normalmente associadas à existência de subordiinação, a lei pode estabelecer que, perante elas, o julgador *presuma* a existência de trabalho subordinado, embora ressalvando a possibilidade de prova em contrário (isto é, de prova da existência de trabalho autónomo).

As presunções legais da existência de contrato de trabalho estão admitidas em várias legislações estrangeiras.

É o caso, nomeadamente, do art. 8.º/1 do Estatuto dos Trabalhadores espanhol: o contrato de trabalho «presumir-se-á existente entre todo aquele que presta um serviço por conta e dentro do âmbito de organização e direcção de outro e o que o recebe em troca de uma retribuição àquele». Trata-se, aqui, de uma presunção legal.

São também configuráveis presunções legais da *não-existência* de contrato de trabalho. Em França, uma lei de 1994 (conhecida como "lei MADELIN") introduziu no *Code du travail* uma dessas presunções, que, muito criticada pela doutrina, acabou por ser eliminada em 2000.

A presunção legal, quando existe, tem influência na atribuição do ónus da prova: face à alegação e prova, pelo trabalhador, da execução de uma actividade remunerada em proveito de outrem, caberia ao empregador demonstrar a inexistência de trabalho subordinado. Para a objecção usual de que se trataria de provar factos negativos existe resposta segura: o que se trata de provar é *a existência de uma relação de trabalho autónomo*, ou seja, factos positivos excludentes da subordinação.

102. Entre nós, o art. 12.º CT, após a revisão de 2009, consagra uma verdadeira presunção legal da existência de contrato de trabalho. A base dessa presunção é constituída pela verificação de "algumas" – isto é, pelo menos duas – de entre cinco características factuais da relação a qualificar: a actividade ser realizada em lugar pertencente ao beneficiário da prestação, ou por ele determinado; serem dele os equipamentos e instrumentos de trabalho; haver um horário imposto pelo mesmo beneficiário; ser periodicamente paga uma quantia certa como contrapartida do trabalho; e, porventura, o prestador ser dirigente ou chefe na estrutura da empresa. Constatada a ocorrência de "alguns" destes traços, passará a caber ao empregador o encargo de provar a existência de uma situação de trabalho por conta própria, ou autónomo.

Disse-se atrás que a revisão do CT instituíu uma *verdadeira* presunção legal da existência de contrato de trabalho. A afirmação precisa de ser explicada. A versão inicial do CT (de 2003) parecia consagrar também, no seu art. 12.º, uma tal presunção legal. Mas tratava-se de uma simples aparência, como o seu quê de bizarro. Aquele artigo estabelecia, com efeito, que se presumia ter sido celebrado um contrato de trabalho quando se verificassem, *cumulativamente*, cinco condições: a inserção do prestador de trabalho numa organização do beneficiário da actividade e a realização da prestação sob as orientações deste; que o trabalho fosse realizado na empresa beneficiária ou em local por ela controlado, com observância de horário previamente definido; a prática de retribuição em função do tempo de trabalho ou a dependência económica do prestador de trabalho face ao seu beneficiário; o fornecimento dos instrumentos de trabalho pelo beneficiário da actividade; e, finalmente, que uma situação com essas características dure, sem interrupção, mais de noventa dias.

A leitura do preceito conduzia a uma conclusão perturbadora: o primeiro dos suportes da "presunção de contrato de trabalho" preencheria já o essencial da noção legal desse contrato; a verificação das quatro primeiras condições permitiria alicerçar, mais do que uma presunção (ilidível, nos termos do art. 350.º/2 CCiv.), a *certeza* da existência de contrato de trabalho; e o quinto elemento da enumeração legal (duração superior a noventa dias) parecia inteiramente destituído de aptidão qualificativa.

Tratava-se, pois, se tanto, de presunção *iuris et de iure*, embora o teor da lei não apontasse nesse sentido. De qualquer modo, as razões que podiam conferir a uma presunção de contrato de trabalho uma utilidade concreta para o afinamento da aplicação das normas laborais não eram atendidas. Pelo contrário: a exigência da verificação *cumulativa* das características enumeradas – sendo uma delas, já de si, concludente, e outra manifestamente imprópria (a de duração da situação) – podia levar a que se suscitassem dúvidas sobre a qualificação de situações que, sem esse preceito, os tribunais considerariam, liquida e correctamente, cobertas pelas leis do trabalho.

Com a L. 9/2006, de 20/3, o art. 12.º CT foi modificado, mas, na realidade, pouco melhorado. Passou a constituir base da "presunção" a verificação de que "o prestador esteja na dependência e inserido na estrutura organizativa do beneficiário da actividade e realize a sua prestação sob as ordens, direcção e fiscalização deste, mediante retribuição". Não se estava aqui perante elementos concretos de facto susceptíveis de prova, mas de conceitos normativos e abstractos; e, no fim de contas, não se oferecia uma presunção, mas uma definição (uma segunda definição) do contrato de trabalho. Continuava, pois, a não existir no CT uma verdadeira presunção da existência de contrato de trabalho.

E) *As «situações equiparadas» ao trabalho juridicamente subordinado*

a) O art. 10.º CT: a noção de «situações equiparadas»

103. Há relações de trabalho *formalmente* autónomo (em que o trabalhador auto-organiza e auto-determina a actividade exercida em proveito alheio) mas que são *materialmente* próximas das de trabalho subordinado, induzindo necessidades idênticas de protecção. São aquelas em que o trabalhador se encontra *economicamente dependente* daquele que recebe o produto da sua actividade.

A dependência económica suscita ao legislador preocupações idênticas às que se ligam à subordinação jurídica. A função compensatória do Direito do Trabalho (face a situações que, na origem, são de desigualdade material) é aqui também, solicitada. Mas a verdade é que, por razões já apontadas, a subordinação jurídica (e só ela) continua a ser a chave aplicativa do ordenamento laboral.

A questão de saber se, e como, pode assegurar-se às situações de trabalho economicamente dependente uma tutela semelhante à do trabalho juridicamente subordinado – questão que, bem vistas as coisas, põe em causa a razão de ser e a adequação social do Direito do Trabalho –, para além de ser muito discutida na doutrina juslaboral, tem tido respostas diversas nas próprias legislações. Vale a pena referir os exemplos italiano e alemão, como amostras de duas posturas distintas ante o problema.

Na Itália, a lei processual do trabalho admitiu a extensão de algumas garantias próprias do trabalho subordinado a situações (como as dos agentes e representantes comerciais) de dependência económica ([1]); e a lei sobre o trabalho no domicílio (L 877, de 18/12/73) adoptou um conceito próprio de subordinação que combina a obrigação de «observar as directivas sobre as modalidades de execução, as características e os requisitos do trabalho» com a inserção deste «na execução parcial, no acabamento ou na laboração total de produtos objecto da actividade do empresário comitente» (art. 1.º). Este conceito de subordinação, sobre o qual se discutiu se era mais ou menos amplo que o de subordinação jurídica, pretende *converter em regra a colocação do trabalho domiciliário no campo da protecção laboral* ([2]).

A solução da lei alemã é a de criar uma figura específica – a das «pessoas assimiladas a trabalhadores» – caracterizada pela dependência económica e por merecer protecção social identicamente aos trabalhadores subordinados. São os traços da definição oferecida

([1]) A doutrina italiana construiu, a propósito, a noção de «para-subordinação». Vd., em geral, G. SANTORO PASSARELLI, *Il lavoro «parasubordinato»*, Milão (1979).

([2]) Cfr. CARINCI/DE LUCA TAMAJO/TOSI/TREU, *Il rapporto di lavoro subordinato* cit. 331 ss..

pela lei sobre a contratação colectiva (art. 12.º). Está nela implícita a inexistência de subordinação («dependência pessoal») por parte do trabalhador. E a função do conceito de «pessoa assimilada a trabalhador» é a de servir de chave de acesso à aplicação de normas ou regimes contidos em *algumas* leis do trabalho, que expressamente o referem: a lei da contratação colectiva, a lei das férias, a lei dos tribunais do trabalho. Mas o pressuposto é o de que *a legislação do trabalho não lhes é, em princípio, aplicável*. E casos tipicamente englobados no conceito de «pessoas assimiladas» são os do trabalhador no domicílio e do industrial caseiro [1].

104. O art. 10.º CT aborda essas situações caracterizando-as exactamente assim: "situações em que ocorra prestação de trabalho por uma pessoa a outra, sem subordinação jurídica, sempre que o prestador de trabalho deva considerar-se na dependência económica do beneficiário da actividade".

O enunciado do art. 10.º CT – que tem as suas raízes da LCT de 1969 – traduz o reconhecimento da proximidade material entre essas situações e a do trabalhador subordinado, estendendo-lhes certos regimes próprios do estatuto deste último: "as normas legais respeitantes a direitos de personalidade, igualdade e não discriminação e segurança e saúde no trabalho".

O CT de 2003, na esteira da lei de 1969, previa também, no seu art. 13.º, os "contratos equiparados", mas mantinha a indefinição – que já vinha daquele antigo diploma legal – quanto às consequências jurídicas desse reconhecimento. Embora declarando as situações descritas sujeitas aos «princípios definidos neste Código», o CT logo precisava que lhes caberia «regulamentação em legislação especial». Entretanto – e tratava-se aí de inovação do Código – esclarecia-se que estavam, "nomeadamente", em causa os "princípios" respeitantes aos direitos de personalidade, à igualdade e não discriminação, e à segurança, higiene e saúde no trabalho.

Não faltou quem entendesse (ainda ao abrigo da LCT) que a referência aos «princípios» da lei tinha sentido útil imediato – o de fornecer os meios necessários à integração da lacuna existente, no

---

(1) Cfr. G. Schaub 38 ss..

ordenamento, quanto aos respectivos contratos ([1]). Por nossa parte, não vimos maneira de extrair do art. 2.º LCT (e, depois, do art. 13.º CT de 2003) mais do que um «projecto» do legislador, no sentido de vir a regulamentar os mesmos contratos em moldes semelhantes ou de harmonia com inspiração idêntica (segundo os mesmos «princípios») à do regime do contrato de trabalho.

Assim, o expediente utilizado pelo legislador português era já, como ocorreu na Alemanha, o da «equiparação» ou "assimilação». Todavia, e ao contrário do exemplo germânico, não ligava à equiparação consequências jurídicas precisas, nomeadamente quanto às *normas* aplicáveis. Revelando sensibilidade a certas carências de protecção, o legislador português não ia, porém, tão longe que as concretizasse em soluções jurídicas operatórias ([2]). Só com a revisão de 2009 se deu esse passo, embora sem ampliar a sua extensão.

b) O regime legal do trabalho no domicílio

105. Existia, pois, no domínio da LCT, uma lacuna de regulamentação no tocante às situações de trabalho em regime de dependência económica. Essa lacuna subsistiu intacta por mais de duas décadas, reflectindo as enormes dificuldades de que a realização do «projecto» do legislador se revestia. Podem apontar-se, entre outras, as seguintes: a presença dominante do trabalho domiciliário na área da economia paralela e do mercado de trabalho informal, refractária por natureza a injunções legais e institucionais; a necessidade de articular a tutela e o controlo das condições de trabalho com a salvaguarda da privacidade pessoal e familiar.

Essa carência normativa foi superada, no respeitante ao trabalho no domicílio, pelos arts. 14.º ss. L. 35/2004, que regulamentou e complementou nalgumas matérias o Código do Trabalho de

([1]) B. Lobo Xavier 38-39.

([2]) Ressalve-se o regime da reparação de acidentes de trabalho e doenças profissionais: o art. 18.º L. 99/2003 (que aprovou o CT) estende expressamente o seu âmbito aos «trabalhadores que prestem a sua actividade mediante contrato equiparado ao contrato de trabalho», assim como, em geral, aos que "sem subordinação jurídica, desenvolvam a sua actividade na dependência económica da pessoa servida".

2003[1]. Com a revisão de 2009, esse regime foi salvaguardado face à revogação do diploma de que fazia parte, por força do art. 12.º/6-a) L. 7/2009 (articulado preambular do CT), até que entre em vigor diploma específico sobre a matéria. Encontra-se, pois, vigente.

106. O regime em causa toma como *referencial* o sistema de ideias básicas em que assenta a disciplina do contrato de trabalho, sem, todavia, proceder a uma verdadeira *extensão* dos seus dispositivos regulamentares.

Assim, e sem embargo do intuito manifesto de contribuir para a «formalização» do fenómeno, a lei abstém-se de definir forma específica para os contratos que tenham por objecto a prestação de trabalho no domicílio. Exige-se apenas que o «dador de trabalho» (designação escolhida para o beneficiário da obra ou serviço) mantenha, «no estabelecimento em cujo processo produtivo se insere a actividade realizada», *o registo* dos trabalhadores domiciliários ocupados (art. 19.º).

Em linha semelhante deve situar-se a obrigatoriedade, imposta ao dador de trabalho, da realização de *exames médicos* iniciais, periódicos e ocasionais ao trabalhador domiciliário, devidamente documentados (arts. 16.º e 19.º).

A lei atribui a ambos os contraentes *deveres acessórios* que, à semelhança dos consagrados no domínio do contrato de trabalho, têm em conta a estreiteza dos contactos que o vínculo proporciona entre as suas esferas de interesses. Assim, o *trabalhador* tem um dever de sigilo quanto às técnicas e aos modelos de que lhe seja dado conhecimento (art. 15.º/4) e um amplo dever de custódia relativo às matérias-primas e equipamentos utilizados (art. 15.º/5). O *beneficiário da actividade,* por seu turno, deve respeito pela privacidade e pela autodisponibilidade do trabalhador e da sua família (art. 15.º/1).

No tocante a *remuneração do trabalho,* institui-se um sistema articulador do «tempo médio de execução do bem à peça ou do serviço» – equivalente ao normalmente consumido na execução de trabalho semelhante no estabelecimento do beneficiário da actividade – e de um valor remuneratório de referência, que pode ser o

[1] Esta lei absorveu praticamente o conteúdo do diploma que, antes, regulava o trabalho domiciliário: o DL 440/91, 14/11.

convencionalmente definido para a categoria que corresponda, na empresa, a esse trabalho, ou o da retribuição mensal mínima garantida (art. 20.º).

Está nisto patente a intenção de prevenir o «barateamento» especulativo do trabalho utilizado pela empresa ao recorrer ao trabalhador no domicílio. No mesmo sentido, de resto, estendem-se a estas situações o regime de contribuições e benefícios de segurança social dos trabalhadores por conta de outrem, com adaptações (art. 26.º), e o regime dos acidentes de trabalho e doenças profissionais aplicável aos mesmos trabalhadores (art 16.º/1) ([1]).

Matéria particularmente complexa é a da *cessação dos contratos* que têm por objecto a prestação de trabalho no domicílio: a utilização do padrão regulatório do contrato de trabalho parece inadequada. Mas o legislador procurou manifestamente uma plataforma de equilíbrio entre a salvaguarda de alguma «certeza» ou «estabilidade» da ocupação do trabalhador domiciliário e a flexibilidade inerente ao uso de tal recurso pelas empresas.

Assim, prevê-se uma panóplia de formas de desvinculação que procura corresponder a todas as hipóteses configuráveis: a *denúncia* por qualquer das partes, para o termo da «execução da incumbência de trabalho»; a *caducidade* resultante da inexistência de encomendas por certo tempo (60 dias); a *resolução* por incumprimento, promovida por qualquer das partes; a mesma *resolução* pelo dador de trabalho, com «motivo justificado» e mediante aviso prévio, ou pelo trabalhador, apenas com observância de aviso prévio (n.os 1 a 5 do art. 20.º).

As consequências económicas da cessação do contrato são diversificadas (art. 24.º):

a) no caso de *caducidade,* é devida ao trabalhador uma indemnização correspondente ao aviso prévio aplicável;

b) tratando-se de *resolução pelo beneficiário da actividade* (invocando incumprimento ou motivo justificado), a insubsistência do fundamento obriga-o ao pagamento de uma compensação fixada em função da duração do contrato (60 ou 120 dias de remuneração);

([1]) Como se disse, estão abrangidos pelo regime de reparação dos danos emergentes de acidentes de trabalho os trabalhadores vinculados por «contrato equiparado» ao contrato de trabalho.

c) na hipótese de *resolução sujeita a aviso prévio,* a inobservância total ou parcial deste obriga a parte promotora a compensar a outra pelo período de aviso prévio em falta ([1]).

F) *Contratos de trabalho com regime especial.*

107. Há ainda que considerar que existem *verdadeiros contratos de trabalho* (isto é, obedecendo à caracterização essencial do art. 11.º) que estão sujeitos a regulamentação especial. Isso não descaracteriza as correspondentes relações de trabalho (como relações de trabalho subordinado), nem, portanto, as afasta do *âmbito do Direito do Trabalho.* Ocorre apenas que se trata de *contratos de trabalho especiais,* carecendo de regulamentação adequada às suas particularidades. O art. 9.º CT considera que lhes são aplicáveis as "regras gerais deste Código que sejam compatíveis com a sua especificidade". Não há, pois, verdadeira exclusão do âmbito de aplicação do Código, mas a sujeição de tais contratos à combinação duma lei geral (o CT) com uma regulamentação especial ([2]).

Neste plano, há que ter em consideração os seguintes contratos:

a) *Serviço doméstico*, caracterizado essencialmente pela inerência da prestação de trabalho à satisfação directa de necessidades pessoais de um agregado familiar ou equiparado ([3]). O seu regime encontra-se hoje no DL 235/92, de 24 de Outubro

---

([1]) O facto de a remuneração ser, nos termos do art. 6.º, calculada em função do resultado e não do tempo gera uma aparente incongruência no modo de determinação destas compensações. O legislador procura superá-la, estabelecendo que a base de cálculo é uma *remuneração média mensal* apurada nos 12 últimos meses ou nos de execução do contrato (art. 9.º/3).

([2]) Podem ainda considerar-se contratos especiais de trabalho, embora estando a sua regulamentação específica no Código, o "contrato para prestação subordinada de teletrabalho" (arts. 165.º a 171.º) e o contrato para a prestação de actividade em comissão de serviço (arts. 161.º a 164.º). Esses contratos estão, por exemplo, em desvio à regra geral, sujeitos a forma escrita.

([3]) O art. 2.º do DL 235/92 define este contrato nos seguintes termos: «Contrato de serviço doméstico é aquele pelo qual uma pessoa se obriga,

b) *Trabalho rural,* que abrange as actividades directamente ligadas à exploração agrícola e recolha dos produtos, e as destinadas a tornar possível ou a assegurar aquela exploração ([1]).

c) *Trabalho portuário*, abarcando a estiva, carga e descarga, etc., que só deve considerar-se afastado da aplicação directa do CT nos aspectos que são directamente regulados por lei especial (DL 280/93, de 13/8; DL 298/93, de 28/8).

d) *Trabalho a bordo*, remetido a legislação especial – há, fundamentalmente, que atender ao DL 74/73, de 1 de Março (marinha do comércio) e à L 15/97, de 31 de Maio (embarcações de pesca).

e) *Contratos de trabalho com pessoas colectivas públicas,* que está hoje regulado pela L. 59/2008, de 11/9 ([2]).

---

mediante retribuição, a prestar a outrém, com carácter regular, sob a sua direcção e autoridade, actividades destinadas à satisfação das necessidades próprias ou específicas de um agregado familiar, ou equiparado, e dos respectivos membros». Esta noção geral é seguida de uma enumeração exemplificativa de tipos de actividades característicos do objecto do contrato em causa.

A lei prevê ainda certas situações não propriamente enquadráveis no contrato de serviço doméstico (prestação de trabalhos do mesmo tipo a pessoas colectivas de fins não lucrativos, ou por conta destas a agregados familiares), estabelecendo que, à falta de outra cobertura normativa, lhes seja aplicável o mesmo regime, com adaptações.

([1]) Existe um regime específico do trabalho rural, instituído pela "PRT para a Agricultura" publicada no BTE, 1ª Série, n.º 21, de 08/06/79. O destino dessa regulamentação, face ao Código do Trabalho, é incerto. Por um lado, o CT, embora previna a existência de "contratos de trabalho com regime especial", não os identifica. Em princípio, portanto, o regime do CT é aplicável, como regime geral, a quaisquer relações de trabalho subordinado. Nenhum contrato de trabalho está excluído dessa aplicabilidade. Por outro lado, as PRT deixam, no domínio do CT, de ter base legal. O regime de 1979, já anteriormente discutido por razões muito diferentes, não pode deixar de confrontar-se com a nova realidade legislativa.

([2]) O DL 558/99, de 17/12, consagra para o conjunto do sector empresarial do Estado (constituído pelas empresas públicas, incluindo as sociedades de capital integral ou maioritariamente público e as entidades públicas empresariais, e pelas empresas participadas) o princípio da aplicabilidade da legislação laboral

G) *O contrato de trabalho e figuras contratuais próximas* (1).

a) Contrato de empreitada.

108. Já se referiu a definição legal deste contrato, assente na prestação de um *resultado* (obra) por meios que ao devedor dessa prestação compete agenciar e organizar. Trata-se de um dos tipos negociais correspondentes ao fenómeno do trabalho autónomo. Mas, como também se anotou, nem sempre resulta clara, face às situações concretas, a identificação deste contrato em detrimento do de trabalho. O critério básico da identificação é o da subordinação jurídica; todavia, não só se trata aí de um conceito elástico (no qual encontram cabimento formas vincadas de dependência pessoal, ao lado de situações de aparente autonomia), mas há ainda que contar com a própria plasticidade das relações entre empreiteiro e dono da obra, sob o ponto de vista do grau de ingerência deste na execução do correspondente contrato. É, com efeito, possível que o dono da obra detenha, com base no próprio contrato, faculdades de extensa e precisa determinação dos moldes por que há-de pautar-se o resultado visado (fornecendo o projecto da casa, o figurino das peças de vestuário a confeccionar) e até de mais ou menos apertada e constante fiscalização dos trabalhos.

109. Com vista à superação da ambiguidade de numerosas situações reais, podem ser usados alguns elementos (2) para a identificação da empreitada: o facto de o objecto do contrato consistir num *produto* ou *resultado* (3) e não numa actividade (ou na disponi-

---

privada (arts. 7.º e 23.º). Vd. CABRAL BASTO, *Contratos especiais de trabalho*, ESC 31, 82 ss.. De resto, parece ser factor decisivo para a conformação do estatuto do pessoal dessas empresas públicas a natureza (pública ou privada) do regime aplicável a cada um dos trabalhadores nas entidades que as tenham precedido.

(1) Sobre o tema, veja-se o apontamento de J. ACÁCIO LOURENÇO, *Contrato de trabalho e figuras afins* (texto copiog.), Lisboa (1978).

(2) Veja-se, por todos, RIVERO/SAVATIER, *Droit du Travail* 305 ss..

(3) Cfr. Ac. STJ 20/7/82 (BMJ 319, 273).

bilidade de força de trabalho); a remuneração *em função do resultado* e não do tempo (de trabalho); a habitual realização da actividade *perante uma clientela ou um mercado aberto,* não para uma só entidade; a ocupação, na realização do serviço, de *trabalhadores subordinados ao devedor,* e não a disponibilidade pessoal deste perante o interessado no mesmo serviço. Mas a prática demonstra que qualquer destes elementos é bastante falível. Como se observou já, o fim (ou o resultado) da actividade prometida assume importante relevância na estrutura da prestação de trabalho; e, mesmo para além disso, o resultado (produto) do trabalho pode ser directamente visado no próprio objecto do contrato de trabalho, *maxime* quando este se celebra exclusivamente em ordem à realização de «um serviço determinado precisamente definido e não duradouro» (art. 140.°/2-*g*) CT). Também no contrato de trabalho ocorre a remuneração pelo resultado (trabalho à peça ou à tarefa) (1), implicitamente admitida no art. 261.° CT. Por fim, há situações em que um autêntico empreiteiro executa a obra sem recurso a trabalho alheio (especialmente no domínio das profissões liberais).

Assim, é da análise das posições contratuais dos sujeitos, com vista à detecção dos traços característicos da subordinação jurídica, que em último termo pode retirar-se uma qualificação segura de cada situação concreta, como sendo de empreitada (trabalho autónomo) ou não. Que essa análise se opere com recurso aos índices ou sintomas aludidos, é algo que pode até ser imposto pela ambiguidade do caso, mas o essencial será desfibrar a estrutura da relação jurídico-económica originada pelo contrato, de modo a colocar, ou não, em evidência a situação de «hetero-disponibilidade» pessoal em que se funda a noção de subordinação jurídica.

b) *Trabalho temporário* (2).

110. Tem-se recorrido à designação de «trabalho temporário» para apontar a situação típica em que uma empresa cede, a título

---

(1) Cfr. FELICIANO RESENDE, *As prestações das partes no contrato de trabalho* ESC n.° 32, 27.

(2) Vd. *Temporary work and the law,* dir. R. BLANPAIN, Deventer (1978); E. CORDOVA, *De l'emploi total au travail atypique,* «Rev. Int. Trav.», 1986, 715 ss.; CARINCI/TAMAJO/TOSI/TREU 104 55.; ALONSO OLEA 80 ss.; ZÖLLNER 269 ss.

oneroso ou gratúito, e por tempo limitado, a outra empresa a disponibilidade da força de trabalho de certo número de trabalhadores. Na prática corrente, tais relações são também designadas, com maior ou menor impropriedade, como «locação de mão-de-obra», «empreitada de mão-de-obra», etc.. O que particulariza este modelo perante a empreitada é que há uma cedência da disponibilidade de um ou mais trabalhadores por parte do seu empregador a outra empresa que efectivamente os utiliza em seu proveito: o pessoal cedido, embora seja remunerado pela entidade cedente, fica funcionalmente integrado na organização da empresa utilizadora – e, nomeadamente, enquadrado pela sua direcção ou chefia.

Trata-se de um expediente a que amiúde recorrem, sobretudo, as empresas com unidades industriais em que, periodicamente, são forçosos grandes trabalhos de revisão, limpeza e reparação de máquinas, e ainda as empresas de serviços cuja actividade regista fases de «ponta» acentuada – em ambos os casos se visando cobrir necessidades *previsíveis* (e até programadas) de acréscimo da força de trabalho disponível, sem as desvantagens económicas e funcionais do alargamento dos quadros de pessoal próprio.

O fenómeno da «cedência de mão-de-obra» não surge numa configuração única. Ele ocorre em múltiplas modalidades: há «cedência» no caso de empresas cujo objecto consiste, *exclusivamente,* no fornecimento de pessoal qualificado para tarefas transitórias de que outras empresas carecem; mas existe também quando organizações produtivas da indústria ou do comércio «prestam serviços» a outras mediante o destacamento de trabalhadores seus, tratando-se, ou não, de sociedades coligadas (cfr. arts. 481.° ss. CSoc); e verifica-se, ainda, em certas formas de «descentralização» empresarial, caracterizadas pela formação, em torno de uma organização produtiva, de uma «coroa» de empresas aparentes cujo papel consiste, somente, em colocar à disposição daquela trabalhadores contratados *ad hoc.*

111. Estas situações possuem características que, naturalmente, as colocam em contacto com a figura do contrato de trabalho. Elas traduzem, por assim dizer, esquemas atípicos de circulação da força de trabalho, os quais, todavia, implicam a subordinação jurídica. A atipicidade deriva-lhes da cisão, operada no estatuto do empregador, entre a *obrigação de pagar o salário* (que permanece na entidade cedente) e a *utilização directa dos serviços do trabalhador* (que cabe ao cessionário). O primeiro problema que se suscita é, pois, o da determinação das posições jurídicas envolvidas. A circunstância de o trabalhador «cedido» se integrar na organização da empresa utilizadora, ficando sob as ordens da hierarquia desta e obrigado a ater-se às regras de disciplina interna aí vigente, sugere dúvidas como as que se referem à *titularidade do poder disciplinar* e à *responsabilidade pelas contribuições de segurança social.*

Mas, antes disso, o esquema do «trabalho temporário» suscita dúvidas, no plano da *política legislativa*, quanto à atitude a tomar (de proibição, de aceitação controlada, de liberalização) pelo ordenamento laboral.

A fragmentação da posição jurídica da entidade empregadora, a consequente perda de nitidez da situação contratual do trabalhador e a inerente debilitação de direitos e garantias, colocam em evidência traços anti-sociais do trabalho temporário que, nalguns países, levaram à proibição da sua prática. Todavia, por outro lado, esse esquema oferece vantagens significativas às empresas e a muitos profissionais.

As empresas que se vêem perante uma específica necessidade de trabalho muito limitada no tempo são libertas dos encargos e dos riscos do recrutamento directo: a via do trabalho temporário permite-lhes aceder a trabalhadores cujas aptidões e qualificações são atestadas por outra entidade, a qual, além disso, se encarrega de todas as tarefas de administração correspondentes. Os trabalhadores que dispõem de qualificações específicas e de fracções de tempo utilizável têm, deste modo, acesso a oportunidades de trabalho que, de outro modo, seriam mais difíceis de localizar.

Entre vantagens e inconvenientes, o legislador pode, como se disse, adoptar posturas diversas. Caso interessante é o da Espanha, onde à proibição geral e expressa da cedência de trabalhadores, estabelecida pelo art. 43.º do Estatuto dos Trabalhadores, sucedeu, já na década de noventa, a abertura de uma excepção para a actividade das «empresas de trabalho temporário» legalizadas e controladas (1).

---

(1) Hoje reguladas por diploma próprio: a L. 14/1994, de 1 de Junho, conhecida como lei das empresas de trabalho temporário (LETT). Cfr., para

112. Entre nós, o trabalho temporário está legalmente regulado (arts. 172.º a 192.º CT) no sentido do acolhimento da realidade – em si mesma muito anterior à lei (1) – e da sujeição dessa realidade a controlo administrativo.

O fenómeno da cedência de pessoal – ou da relação de trabalho triangular – é considerado pela lei em duas modalidades: a do *trabalho temporário como objecto de uma actividade empresarial* (arts. 172.º a 192.º CT) e a de *cedência ocasional de trabalhadores por uma empresa a outra* (arts. 288.º ss. CT).

No primeiro caso, trata-se da actividade das empresas de trabalho temporário (ETT), cujo regime específico (licenciamento, requisitos, etc.) se encontra ainda na L. 19/2007, de 19/5.

No segundo caso, está-se perante situações em que as empresas ou entidades de qualquer sector, não constituidas como ETT, cedem a terceiros a utilização temporária de trabalhadores seus.

Assim, enquanto a cedência de pessoal pode constituir objecto de exploração empresarial, pode também, em certas situações, surgir como uma ocorrência isolada na vida de empresas que se dedicam a qualquer ramo de actividade.

Na sua configuração típica e regular, ou seja, quando se enquadrem na actividade das ETT, as situações de cedência de pessoal são tratadas pela lei como decomponíveis em dois vinculos contratuais articulados entre si: *o contrato de utilização de trabalho temporário*, que se estabelece entre uma entidade fornecedora ou cedente e uma entidade utilizadora (arts. 175.º ss. CT) e *o contrato de trabalho temporário,* que é um verdadeiro contrato de trabalho a

---

uma síntese do regime respectivo, A. Martin Valverde/F. Rodriguez Sañudo Gutierrez/ J. Garcia Murcia, *Derecho del Trabajo* cit. 444.

(1) Existia já jurisprudência relativamente abundante sobre o tema, utilizando designações não estabilizadas (contrato de cessão de trabalho, locação de mão-de-obra, contrato de trabalho temporário, contrato temporário), mas reflectindo um curioso esforço de enquadramento conceitual que sobrevalorizava o papel (juslaboral) da entidade cedente, concentrando nela, cautelarmente, o essencial da posição patronal. Cfr. as decisões citadas em Abílio Neto, *Contrato de trabalho – Notas práticas*, 16ª ed., Lisboa (2000) 378 ss..

termo resolutivo entre a entidade cedente e um trabalhador e que está sujeito a regime idêntico ao do contrato a termo (art. 180.º ss.). A articulação funcional entre os dois é enfatizada pela lei: o contrato de trabalho temporário só pode ser celebrado nos casos em que é admissível o contrato de utilização (art. 180.º/1), e que estão enumerados no art. 175.º (1).

Acresce uma terceira possibilidade: a de *contrato de trabalho por tempo indeterminado para cedência temporária* (arts. 183.º e 184.º). A ETT celebra com um trabalhador um contrato de trabalho sem termo, ou seja, estabelece com ele um *vínculo permanente,* ficando com a faculdade (expressamente estipulada: art. 183.º/1-b)) de o ceder temporariamente, através de sucessivos contratos de utilização, a empresas que dele necessitem. Pode isso justificar-se sobretudo quando se trate de qualificações raras no mercado ou que exijam um esforço importante de formação do trabalhador pela ETT. Nesses casos, haverá ou poderá haver períodos em que não ocorre cedência. Para tais períodos, a lei prevê duas hipóteses: ou o trabalhador presta normalmente trabalho à própria ETT e como tal é remunerado ou, não havendo tal possibilidade, recebe uma "compensação", cujo valor é fixado pela convenção colectiva aplicável (se existir) ou equivale a dois terços da última retribuição auferida ou da remuneração mínima mensal garantida, conforme o mais elevado (art. 184.º/2).

Por seu turno, as situações em que a cedência ocasional de trabalhadores é considerada lícita (e adiante veremos se são muitas ou poucas), e que correspondem à configuração *atípica* do trabalho temporário, têm uma estruturação jurídica simplificada: os trabalhadores cedidos são já elementos do quadro de pessoal da empresa cedente, pelo que não faria sentido a celebração de um contrato de trabalho temporário; só a cedência, em si mesma, tem que ser objecto de negócio específico: o chamado «acordo de

(1) Esta articulação funcional é, porém, limitada: o contrato de utilização pode «cobrir» vários contratos de trabalho temporário; a cessação de cada um destes não afecta a vigência daquele (art. 188.º).

cedência ocasional» (art. 290.º CT), um contrato de utilização simplificado, que carece de declaração de concordância do trabalhador (art. 290.º/1-*e*).

113. Independentemente da estrutura contratual correspondente a cada uma das suas modalidades, e apesar de elas terem hoje sedes legais distintas, o trabalho temporário tem características que permitem considerá-lo de forma unitária.

O aspecto central consiste na *cisão* da posição contratual do empregador: a direcção e organização do trabalho pertencem ao *utilizador* (modo, lugar, duração do trabalho e suspensão do contrato), e o trabalhador deve obediência aos dispositivos e prescrições de higiene, segurança e saúde no trabalho, assim como às condições de acesso aos equipamentos sociais da *empresa utilizadora*; mas as obrigações contratuais (nomeadamente as remuneratórias), os encargos sociais, e, inclusivamente, o exercício do poder disciplinar, pertencem à entidade que é parte no contrato de trabalho temporário: a *empresa cedente*. É o que resulta do art. 185.º CT.

"A qualidade de empregador não pertence a quem exerce sobre o trabalhador o poder de direcção, mas sim ao fornecedor de mão-de-obra" (1). Sob o ponto de vista jurídico, o vínculo laboral estabelece-se, não com quem recebe o trabalho e dele tira proveito imediato, mas com quem o cede a terceiro, remunerando directamente o trabalhador. Diz-se, por isso, que o trabalho temporário se traduz numa relação triangular (trabalhador-cedente-utilizador), mas melhor parece dizer que se trata de uma relação *angular*, visto que não a integra qualquer vínculo jurídico directo entre o trabalhador e o utilizador. A obrigação de prestar o trabalho, que o trabalhador cumpre no âmbito da organização do utilizador, é uma obrigação assumida por ele *perante o cedente*, quer com fundamento no contrato de trabalho temporário, quer (na cedência

---

(1) JAVILLIER, *Droit du Travail*, Paris (1978)231. Já nesse sentido, cfr. Ac. STA 11/6/75 (AD 166, 55) iniciador da posição da jurisprudência sobre o assunto e Ac. STJ 24/1/90 (AD 347, 1435).

ocasional) sob a cobertura do normal contrato de trabalho e da declaração de concordância a que alude o art. 289.º/1-c).

Assim, a situação típica de trabalho temporário pode representar-se graficamente do seguinte modo:

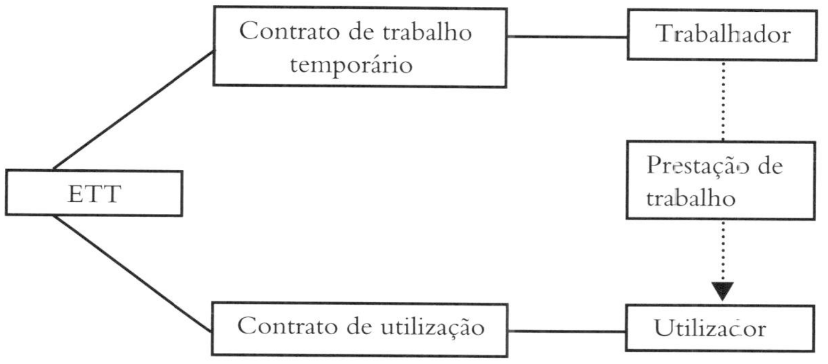

Na modalidade atípica que ocorre na cedência ocasional de trabalhadores, o esquema toma o seguinte aspecto:

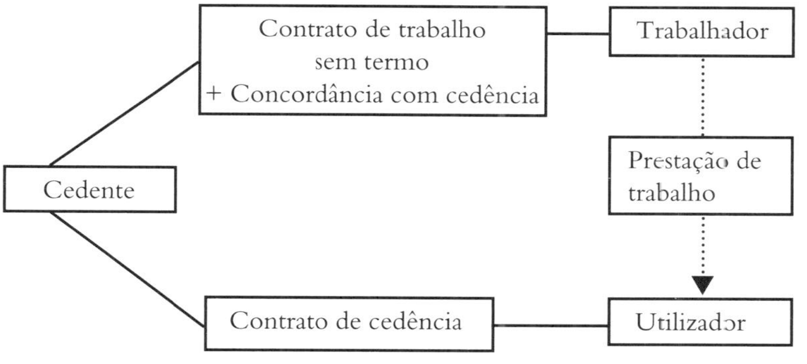

Mas o que verdadeiramente caracteriza o trabalho temporário é o que constitui denominador comum às suas modalidades: a estrutura obrigacional que envolve os três personagens.

Há, aqui, que considerar dois laços distintos: *por um*, o trabalhador coloca-se à disposição do cedente, aceita prestar o trabalho a terceiro, sob a direcção deste, e recebe do cedente o salário; *por outro*, o cedente transfere a força de trabalho de que dispõe para o utilizador, mediante um preço, em regra horário. Assim:

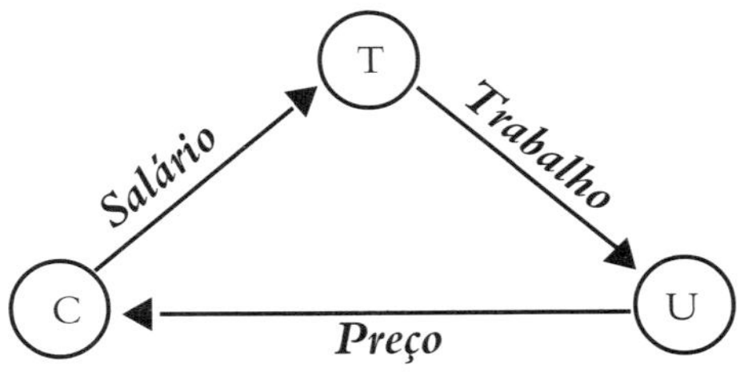

Como se disse, este esquema é comum ás situações de exercício da actividade das empresas de trabalho temporário e às de cedência ocasional de trabalhadores. A diferença entre estes dois modelos consiste em que, sendo normalmente encarada a actividade das empresas de trabalho temporário como uma actividade lícita, desde que exercida nas condições que a lei estabelece, a cedência ocasional é, em principio, ilícita e proibida, estabelecendo a lei os casos em que não opera essa proibição (arts. 289.° CT).

É que a actividade das *empresas de trabalho temporário* (ETT) está condicionada por um conjunto de exigências (autorização prévia, dependente de prova de idoneidade profissional e financeira; prestação de caução), destinadas a garantir a seriedade, fiabilidade e capacidade financeira dessas empresas; pelo contrário, a cedência ocasional é um fenómeno, que, como se disse, pode surgir na vida de qualquer empresa ou entidade, independentemente de garantias de consistência e regularidade na sua prática.

Note-se, entretanto, que a consideração das situações em que a cedência ocasional é admitida pela lei leva a reconhecer que ela pode ser praticada com muito considerável latitude, configurando-se como um importante instrumento de flexibilidade na gestão de efectivos das empresas.

Com efeito, o art. 289.° CT define um conjunto de condições que, a serem observadas, tornam viável a cedência ocasional de trabalhadores num grande número de casos. A cedência ocasional surge aí como meio de aproveitamento ou rentabilização de efectivos *permanentes* da empresa cedente, e que porventura se encontrem em situação de excedentários. É particularmente expressiva, nesse sentido, a condição de que a cedência se verifique «no quadro da colaboração entre sociedades coligadas, em relação societária de participações recíprocas, de domínio ou de grupo, ou entre empregadores, independentemente da natureza societária, que mantenham estruturas organizativas comuns» (al. *b*) do n.º 1 do art. cit.): a cedência ocasional pode aí ser vista até como instrumento de gestão de pessoal em várias modalidades de agrupamentos de empresas, como alternativa para a fórmula da "pluralidade de empregadores" admitida pelo art. 101.º.

114. A utilização do esquema do trabalho temporário está, como se disse, legalmente limitada e condicionada. Assim, e nomeadamente: as ETT carecem de autorização prévia (mediante alvará) e prestação de caução para poderem exercer a actividade; o contrato de utilização de trabalho temporário só pode ser celebrado em certas situações legalmente tipificadas (art. 175.º/1) e com duração máxima dependente do fundamento invocado (n.º 3 do mesmo artigo); o contrato de utilização está sujeito a forma escrita e tem conteúdo obrigatório (art. 177.º); o contrato de trabalho temporário só é admissível nas situações em que pode haver contrato de utilização, e deve ser reduzido a escrito, com conteúdo obrigatório (arts. 180.º e 181.º); a cedência ocasional está também limitada a certas situações e carece de formalismo (arts. 289.º e 290.º CT).

A sanção mais significativa para a inobservância de tais condições é a que corresponde à «atipicidade» do trabalho temporário, como esquema contratual de utilização da força de trabalho, no quadro das valorações que continuam a prevalecer no nosso ordenamento laboral. Essa sanção consiste na consideração legal da *existência de contrato de trabalho de duração indeterminada*.

Na maioria das situações, esse contrato ligará o trabalhador à *entidade utilizadora*: são os casos do prosseguimento do trabalho ao serviço desta, por mais de dez dias além da cessação do contrato de utilização (art. 178.º/4), da falta de contrato de utilização escrito ou da omissão dos motivos da sua celebração (art. 177.º/5), e, ainda, mediante opção do trabalhador, da cedência ocasional ilícita ou com vício de forma (art. 292.º).

O contrato sem termo considera-se existente entre o trabalhador e a *empresa de trabalho temporário* quando a cedência é feita sem contrato de trabalho temporário (art. 173.º/5), ou quando este é celebrado sem observância da forma escrita ou sem indicação suficiente de motivo justificativo (art. 181.º).

Uma hipótese também considerada pela lei é da celebração de contrato de utilização com empresa de trabalho temporário não autorizada: considera-se, estranhamente, existir contrato sem termo *com esta empresa* (art. 173.º/3) ([1]).

Para além destas consequências de natureza civil, as infracções ao regime legal do trabalho temporário são sancionadas através de coimas.

c) Contrato de mandato.

115. Também já se referiu o conceito legal deste contrato, como igualmente se tornou clara a sua contraposição ao modelo do contrato de trabalho. Assinalou-se também que a *prática de actos jurídicos,* característica do objecto do mandato, pode igualmente inserir-se no do contrato de trabalho sem que por isso ele resulte descaracterizado (art. 115.º/3 CT). Por outras palavras, a realização de actos jurídicos por conta de outrem pode assumir a forma de trabalho subordinado. Tais situações não suscitam dificuldades sérias quando ocorre uma combinação da actividade jurídica com uma actividade material diversa na prestação de trabalho (por exemplo, no caso dos empregados de balcão, no dos trabalhadores domésticos, no dos motoristas de táxi). Mas a qualificação já não será tão evidente quando o comportamento devido seja total ou predominantemente preenchido pela prática de actos jurídicos (como ocorre com os advogados que exercem a profissão para

([1]) Com a redacção que lhe foi dada pela L 39/96, de 31 de Agosto.

uma empresa), até porque tais situações podem ser indiferentemente tituladas por qualquer dos tipos contratuais mencionados (art. 116.º CT). Haverá, nesses casos, que proceder à análise das relações estabelecidas entre o profissional e o utente dos seus serviços, no sentido de verificar se concorrem nelas os indicadores da subordinação jurídica – nomeadamente a sujeição a horário de trabalho e às regras de disciplina interna da empresa.

116. Para além disto, no entanto, há que considerar também situações menos nítidas, ainda por vezes controvertidas, como as de *administrador* ou *gerente* de uma sociedade (incluindo porventura a de administrador de uma empresa pública) – situações respeitantes a áreas de contacto entre o contrato de trabalho e o mandato.

Constitui orientação pacífica a de que os administradores das sociedades anónimas e os gerentes das sociedades por quotas, enquanto tais, preenchem as características do mandato e não as do contrato de trabalho ([1]). Entende-se no entanto também que a titularidade da gerência comercial pode cumular-se na mesma pessoa com a posição de trabalhador subordinado, *maxime* quando nela não concorra a qualidade de sócio ([2]).

Há, no entanto, que assinalar o facto de a mesma designação – *gerente* – cobrir realidades juridicamente diversas. Uma é a situação da pessoa nomeada no pacto social como gerente de uma sociedade por quotas (e que, de resto, cumula frequentemente essa qualidade com a de sócio), situação a que, sem dúvida, corresponde a configuração do mandato. Outro é o estatuto da pessoa incumbida de dirigir um ou mais estabelecimentos pertencentes a uma sociedade de que não é membro: é o *gerente comercial,* cuja posição encaixa sem dificuldade no esquema do contrato de trabalho (e, de resto, é frequentemente contemplada, como definidora de uma categoria profissional, nas convenções colectivas) ([3]).

([1]) Vd. Ac. Rel. Lisboa 9/5/90 (CJ 90, 3,179).

([2]) Cfr. Acs. 9/VI/42 (DG 25/VI/42) e 11/1/72 (AD 127,1100) e Ac. Rel. Lisboa 13/7/88 (CT 88, 4,150).

([3]) Cfr. Ac. Rel. Lisboa 29/11/83 (CJ, 83, 5, 125).

A convergência das duas qualidades («gerente social» e «gerente do estabelecimento») pode, ela sim, suscitar dúvidas. Mas, a nosso ver, o estatuto de mandatário da sociedade deve prevalecer, pelo menos quando se trate de sócio dela.

117. Cabe, enfim, mencionar o *contrato de agência* (1), "pelo qual uma das partes se obriga a promover por conta da outra a celebração de contratos, de modo autónomo e estável e mediante retribuição, podendo ser-lhe atribuída certa zona ou determinado círculo de clientes," (art. 1.° DL 178/86, de 3/7, alterado pelo DL 118/93, de 13/4) (2). Alguns traços deste modelo negocial – o carácter duradouro e oneroso, sobretudo – explicam que, para mais na ausência de regime legal próprio, se tenham suscitado frequentes questões de fronteira com o contrato de trabalho, perante situações concretas da prática comercial. A definição legal, em si, não oferece dúvidas: trata-se de actividade *autónoma.* É também certo que, mesmo antes da publicação do DL 178/86, já existia orientação jurisprudencial pacífica no sentido de caracterizar a agência como um "contrato de gestão autónoma ou gestão livre" (3), portanto muito próximo do conceito de mandato. O problema que ainda aqui se coloca, perante cada situação concreta, é o de saber se a conclusão de negócios jurídicos é uma actividade prosseguida com autonomia (e estar-se-á perante verdadeiro contrato de agência) ou antes um dos elementos da conduta devida, no âmbito de organização e sob a autoridade do beneficiário (como admite o art. 115.°/3 CT), correspondendo então ao contrato de trabalho (4).

d) Sociedade.

118. Embora o recorte legal dos contratos de trabalho e de sociedade não deixe dúvidas quanto às diferenças essenciais entre

---

(1) Vd. PESSOA JORGE, *O mandato sem representação,* Lisboa (1961) 237 SS..

(2) Cfr. Ac. STJ 26/5/70 (BMJ 197, 359); vd. ainda Acs. STA Pleno 19/2/71 (Col. 1971, 48), 17/3/71 (AD 112, 569), Ac. STJ 11/7/85 (BMJ 349, 460) e Ac. STJ 17/4/86 (BMJ 356, 342).

(3) Cfr. Acs. STA 27/1/76 (AD 171, 444), Rel. Coimbra 19/7/79 (CJ, 80, 3, 329).

(4) Cfr. ainda Ac. STJ 15/10/80 (BMJ 300, 244).

eles, são usualmente assinaladas, pelo menos, duas áreas de confusão possível – as que respeitam à situação do *sócio de indústria* e à do *trabalhador com participação no capital social.*

Em ambos os casos ocorre, ao menos no plano formal, convergência das qualidades de prestador de trabalho e de membro de uma colectividade de sócios. A primeira questão que pode colocar-se é a da *admissibilidade* de tal convergência em todas as situações dos tipos aludidos; a segunda é a de saber se aos indivíduos em causa se pode considerar aplicável o estatuto dos trabalhadores subordinados – isto é, a cobertura do Direito de Trabalho.

Relativamente à situação do *sócio de indústria*, não se oferecem dificuldades de monta. A própria definição legal do contrato de sociedade, contida no art. 980.° C. Civ, esclarece: «é aquele em que duas ou mais pessoas se obrigam a contribuir com bens ou serviços para o exercício em comum de certa actividade económica (...)». Só que o sócio de indústria não tem, na sociedade de que faz parte, uma posição subordinada que possa fazê-lo entrar no âmbito de ordenamento jurídico-laboral.

Convém todavia notar que a especial natureza da entrada (*apport*) de tais sócios determina soluções próprias no tocante à distribuição dos lucros e das perdas. As regras supletivas contidas no art. 992.° C. Civ. tratam o sócio de indústria em paridade com os restantes no referente à distribuição dos lucros, *mas não no que respeita à das perdas*, no plano das relações internas (n.° 2): da verificação de prejuízos, ou mesmo da simples inexistência de lucros, decorre já a *ausência de remuneração dos serviços* com que o sócio de indústria entrou para a sociedade – ou seja, a perda do valor do trabalho prestado.

A coexistência, na mesma pessoa, das qualidades de participante no capital e trabalhador subordinado de uma sociedade constitui fenómeno corrente e a que nenhum obstáculo jurídico se opõe nas chamadas «sociedades de capitais», maxime na sociedade anónima. A incompatibilidade apenas ocorre quando, pelo tipo de sociedade (e é o caso da sociedade em nome colectivo), as pessoas dos sócios de algum modo se «confundam» com a do próprio ente colectivo, ou seja, consubstanciem a figura do empregador. Fora destes casos limítrofes, o vínculo de subordinação estabelece-se entre o trabalhador e a sociedade, representada pelos órgãos de gestão estatutariamente competentes.

e) Associação em participação (1).

119. O art. 21.° DL 231/81, de 28/7, define o *contrato de associação em participação* como um negócio pelo qual se produz "a associação de uma pessoa a uma actividade económica exercida por outra, ficando a primeira a participar nos lucros ou nos lucros e perdas que desse exercício resultarem para a segunda". À parte que conduz e gere a actividade dá-se a designação de *associante* e aos que são interessados nos respectivos ganhos e perdas a de *associados*. Não há aqui margem para confusão com o contrato de sociedade (2), pois não decorre necessariamente da associação em participação o fenómeno característico de se *porem em comum* os bens ou serviços de uma pluralidade de pessoas, mas apenas o da *complementaridade* entre dois (ou mais) centros de imputação de ganhos e perdas, relativamente ao exercício de certa actividade económica por uma pessoa, que sobre ela mantém controlo gestionário.

Embora se trate de situação menos usual, a associação em participação pode dar-se entre um comerciante e *um trabalhador ao seu serviço,* sem que se descaracterize o contrato de trabalho existente entre ambos (3). A circunstância de o trabalhador ser interessado nos ganhos e perdas do comerciante, mantendo o exercício da sua actividade em regime de subordinação jurídica, não o coloca obviamente na posição de «empregador de si próprio»: os poderes de direcção e organização do funcionamento da empresa (e, portanto, do trabalho nela prestado) permanecem nas mãos do associante, e só nas dele – não se transferem nem dividem por efeito do contrato.

---

(1) Vd. SPAGNUOLO VIGORITA, *Lavoro sobordinato e associazione in partecipazione*, «Riv. Dir. civile» (1965), 1399 ss..

(2) Assim o entendeu sempre a jurisprudência relativamente à conta em participação: veja-se, por exemplo, o Ac. Rel. Lisboa 31/10/75 (BMJ 252) cit. por J. A. ALVES LOURENÇO 40. Cfr., ainda, Ac. STA 7/2/74 (AD 160, 559) e 14/1/75 (AD 162, 855).

(3) Cfr. STA 17/12/74 (AD 160, 559) e 14/1/75 (AD 162, 855).

§ 10. Caracterização jurídica do contrato de trabalho.

A) *Contrato sinalagmático.*

120. Dizem-se sinalagmáticos ou bilaterais os contratos pelos quais «ambas as partes contraem obrigações, havendo entre elas correspectividade ou nexo causal» ([1]), isto é, surgindo reciprocamente condicionadas, segundo a vontade das partes. Assim, cada um dos sujeitos do contrato se compremete a realizar certa prestação *para que* e *se* o outro efectivar uma prestação que ao primeiro interessa. É o que sucede no contrato de compra e venda – e no contrato de trabalho ([2]).

Com efeito, da noção legal transcrita resulta claramente que são elementos *definidores* e, portanto, *essenciais* deste contrato a obrigação de trabalho e a obrigação de retribuir, ligadas por um nexo de condicionalidade recíproca. Este nexo não releva, porém, somente na formação do contrato, isto é, no momento em que os sujeitos assumem aquelas obrigações, pois projecta-se no desenvolvimento da relação jurídico-laboral.

É por isso que, no regime da suspensão do contrato de trabalho, se entende que a formulação do art. 295.º/1 CT – "durante a redução ou suspensão mantêm-se os direitos, deveres e garantias das partes na medida em que não pressuponham a efectiva prestação de trabalho" – contém implícito o *princípio* segundo o qual sem prestação de trabalho não há direito a salário. Este princípio sofre, como se verá, desvios explícitos relativamente a certas modalidades de suspensão do contrato (em que, por conseguinte, não há trabalho mas há direito a retribuição) – veja-se, em especial, o art. 309.º/1. Mas a lei nada diz a esse respeito para o caso de a suspensão assentar em impossibilidade da prestação do trabalho por facto ligado ao trabalhador: não há desvio ao princípio, este aplica-se em pleno.

([1]) M. Andrade, *Teoria Geral da Relação Jurídica,* vol. II, Coimbra (1964) 43.

([2]) Cfr. AC. Rel. Porto 27/4/81 (CJ, 81, 2, 152).

121. No regime legal das faltas, porém, vigora, há muito tempo, a regra oposta: as faltas justificadas não determinam a perda da retribuição, salvo em determinadas situações que se podem definir pelo traço comum de ao trabalhador serem presumivelmente assegurados *rendimentos sucedâneos do salário* (art. 255.º CT).

Decerto que a presente orientação da lei nesse ponto reflecte uma desvalorização progressiva do clássico sinalagma entre trabalho e salário. Mas assume ainda um outro significado, que se relaciona com a caracterização do *comportamento devido* pelo trabalhador com base no contrato – e, nesta perspectiva, não colide com o carácter sinalagmático do mesmo contrato.

Já se notou, com efeito, que a obrigação laboral não se efectiva, *essencialmente,* pela execução material do trabalho, mas sim pela colocação e permanência do trabalhador na disponibilidade da contraparte; ora esta situação de disponibilidade comporta-se dentro dos limites do *exigível* e harmoniza-se, por isso, com situações eventuais de *ausência justificada* – quer dizer, situações em que a comparência do trabalhador se não possa ter por socialmente exigível, *não prejudicando tais faltas a disponibilidade por ele devida,* na medida em que o é.

B) *Contrato consensual.*

a) A liberdade de forma.

122. Para que certos contratos sejam válidos, a lei exige que na sua celebração sejam observadas determinadas formalidades (por exemplo, documento escrito). Não basta que a vontade dos sujeitos seja declarada por qualquer meio: a lei estabelece «que a declaração de vontade negocial só tem eficácia quando realizada através de certo tipo de comportamento ou acções declarativas. Esse tipo é que constitui a forma negocial» (1). Quando a lei formula, quanto a certo contrato, uma tal imposição está-se perante um contrato *formal.*

---

(1) M. Andrade, *ob. cit., 48.*

Não é essa, porém, a regra válida para a generalidade dos contratos, e para o contrato de trabalho em particular. Este, segundo o art. art. 110.° CT, "não depende da observância de forma especial, salvo quando a lei determinar o contrário" – diz-se, por isso, que é um contrato *consensual* ([1]).

A liberdade de forma, assim reconhecida, exprime uma opção, feita pelo legislador, entre as vantagens de celeridade e maleabilidade no estabelecimento das relações de trabalho e a conveniência (particularmente acentuada, como é óbvio, pela natureza protectiva de muitas normas de direito do trabalho e pela necessidade de fiscalização da sua observância) de se dispor de meios de prova concludentes sobre o conteúdo das estipulações.

123. Este último aspecto não é, todavia, negligenciado pela lei no que diz respeito a certos pontos mais melindrosos da situação em que os sujeitos do contrato se colocam. Assim, exige-se forma escrita em casos como os previstos pelos arts. 103.°/1 (promessa de contrato de trabalho), 104.° (contrato de trabalho de adesão), 135.° (condição e termo suspensivos), 136.° e 137.° (pactos de não concorrência e de permanência), 141.° (contrato de trabalho a termo), 153.° (contrato de ntrabalho a tempo parcial), 162.° (contrato de trabalho em comissão de serviço), 166.° (contrato de teletrabalho subordinado), 181.° (contrato de trabalho temporário), 288.° (acordo de cedência ocasional) todos CT. Além disso, a natureza de certas actividades susceptíveis de constituirem objecto de contrato de trabalho (como a dos médicos) impõe a necessidade de, na celebração deste, ser utilizado documento escrito, designadamente para efeitos de controlo da observância das regras deontológicas da profissão ([2]).

Finalmente, há que referir a exigência de forma escrita no contrato de trabalho para que seja possível invocar, com base nele, certos regimes especiais. São os casos da dispensa temporária de

---

([1]) Cfr. Ac. Rel. Lisboa 16/11/83 (CJ, 83, 5. 183).

([2]) Coisa semelhante, embora por motivos diversos, sucede no respeitante aos «contratos entre empresas ou entidades que realizam espectáculos ou divertimentos públicos e os profissionais de espectáculos e estagiários», os quais, nos termos do art. 18.° D 43190, *«serão obrigatoriamente reduzidos a escrito»*.

contribuições de segurança social e da atribuição de incentivos à criação de emprego para jovens à procura do primeiro emprego e desempregados de longa duração (DL 89/95, de 6/5, e DL 34/96, de 18/4). A exigência legal surge aí fundamentada em necessidades de prova e, ainda, no propósito de garantir a consistência dos contratos celebrados.

124. As consequências da inobservância dessas exigências formais não são idênticas para todos os casos. Assim, se é certo que a falta de forma escrita determina a *invalidade total* do contrato celebrado com um médico para o exercício de actividade própria da profissão ([1]), é igualmente verdadeiro que a inobservância dessa forma no contrato a termo apenas vicia a aposição de termo, ou seja, implica mera invalidade *parcial* – o contrato vale sem termo (art. 147.º CT).

Por outro lado, a falta de forma escrita nos casos previstos pelo DL 89/95 e pelo DL 34/96, acima referidos, não contende, obviamente, com a validade dos contratos, mas apenas com a produção dos *efeitos derivados* da celebração deles – concretamente, com a invocabilidade, pelo empregador, dos correspondentes benefícios.

b) O dever de informação do empregador.

125. Como se disse, a liberdade de forma no contrato de trabalho (como noutro qualquer) traduz a preferência do legislador pela facilidade ou simplicidade no estabelecimento de relações de trabalho, sobre a conveniência de se garantir a certeza e a consistência das condições estipuladas. De resto, há que contar com o facto de que o contrato de trabalho, como se anotou várias vezes, só em medida muito limitada constitui o instrumento modelador das condições em que se desenvolverão as relações entre as partes: a lei e, sobretudo, a contratação colectiva (esta, naturalmente, mais mutável do que aquela) preenchem grande parte do conteúdo

([1]) Mas cfr. Ac. STJ 5/2/82 (AD 244, 554).

regulatório característico do contrato de trabalho. A exigência de forma legal para este contrato não significaria, assim, um reforço importante para a certeza e a consistência das posições contratuais.

É nesta lógica que deve ser situado o regime contido nos arts. 97.° e segs. CT ([1]). Ele impõe às entidades empregadoras, sem excepção, o *dever de informarem o trabalhador sobre "aspectos relevantes" do contrato de trabalho* (art. 106.°) ([2]). Tal informação, cujo objecto é detalhadamente definido no n.° 3 do mesmo artigo, deve constar de um ou vários *documentos escritos* (art. 107.°/1) a entregar ao trabalhador dentro dos 60 dias subsequentes ao início da execução do contrato (art. 107.°/4).

É óbvio que a natureza consensual do contrato de trabalho não resulta afectada por esta imposição legal ([3]) – antes, de certo modo, se reforça, visto que é retirado à alternativa oposta grande parte do seu fundamento. Por outro lado, o legislador quis também recusar a redundância: se o contrato de trabalho está reduzido a escrito, e contém todos os elementos de informação que o art. 106.°/3 requer, o dever de informação «considera-se cumprido» (art. 107.°/3).

([1]) Este artigo reflecte a transposição, para a ordem jurídica interna, da Directiva 91/533/CEE, de 14 de Outubro.

([2]) O n.° 2 do mesmo art. 97.°, revelando uma aguda preocupação de simetria, impõe ao trabalhador, também, "o dever de informar o empregador sobre aspectos relevantes", já não do contrato, mas "para a prestação da actividade laboral". Mais adiante, o art. 101.°/3 estende essa obrigação às "alterações relevantes para a prestação da actividade laboral". Trata-se de um dever geral de informação cuja delimitação se há-se fazer, pelo menos, tendo em atenção a tutela dos "direitos de personalidade" abordados nos arts. 14.° e segs. CT. Por outro lado, a lei não estabelece (a simetria tem os seus limites) um correlativo dever geral de informação, a cargo do empregador, sobre as circunstâncias e os factores da vida da empresa que podem condicionar a prestação de trabalho, e até a subsistência futura do contrato.

([3]) O próprio preâmbulo do 5/94, de 11/1, de que derivou este regime esclarece que as exigências por ele instituídas «não modificam as regras existentes sobre a forma do contrato de trabalho».

C) *Contrato duradouro ou de execução duradoura.*

126. Quando duas pessoas celebram um contrato de compra e venda, ficam obrigadas a executar duas prestações (a entrega da coisa vendida e o pagamento do preço) que, em princípio, se esgotam num só momento, são *instantâneas.*

Não acontece o mesmo noutros contratos, cuja execução se protrai no tempo, por as prestações implicarem uma conduta continuada ou uma série de actos e comportamentos: está-se, então, perante contratos duradouros ou de execução duradoura, entre os quais alinha o contrato de trabalho.

Da própria noção legal do art. 11.º CT ressalta esta característica: a obrigação de actividade que o trabalhador assume implica, de certo modo, *continuidade* (uma «actividade» é, logicamente, uma série de actos que se entendem no tempo); a *situação* de subordinação (e o correlativo exercício de poderes de organização e autoridade pelo empregador) tem carácter duradouro, supõe a integração estável de uma das partes na organização de meios predisposta pela outra.

Esta «vocação para perdurar» está há muito tempo reconhecida na legislação, através da *regra* segundo a qual o contrato de trabalho tem, por assim dizer, "naturalmente", duração indeterminada. Essa regra permanece no Código do Trabalho. Assim, o art. 140.º/1 diz o seguinte: "O contrato de trabalho a termo resolutivo só pode ser celebrado para a satisfação de necessidade temporária da empresa e pelo período estritamente necessário à satisfação dessa necessidade".

Por isso se diz que, no contrato de trabalho, «o termo vale como elemento acidental do negócio» (1), e que este contrato se destina a perdurar até que ocorram «determinadas circunstâncias declaradas, pela lei ou pelos contraentes, idóneas a extinguir a relação que ele disciplina» (2).

(1) RIVA SANSEVERINO *Diritto del Lavoro* 279.

(2) RIVA SANSEVERINO loc. cit.

Com é bem sabido, a realidade tem-se distanciado desse paradigma legal. Longe de constituir um "acidente" que recai sobre certos contratos de trabalho, o termo resolutivo passou, nas últimas décadas, à normalidade estatística. Voltaremos ao ponto mais adiante. Mas agora importa, desde já, assinalar que o legislador mostrou não ser insensível a evolução referida: o contrato a termo surge, no CT revisto, não simplesmente como um contrato a que é aposta uma cláusula acessória, mas como uma *modalidade* diferenciada do contrato de trabalho (arts. 139.º ss.).

127. A potencial durabilidade do contrato de trabalho relaciona-se com relevantes interesses das partes.

Assim, sob o ponto de vista do *trabalhador,* o carácter duradouro do contrato faz surgir o interesse na *estabilidade;* encarado deste ângulo, o vínculo tem por alcance a atribuição de uma determinada *situação* económica e social ao trabalhador, não só dentro dos limites da organização laboral mas também com reflexos no seu círculo familiar e social.

Na mesma perspectiva, a cessação do contrato significará a destruição de um «quadro de vida» – a quebra de um processo contínuo de angariação de meios de subsistência, o apagamento de perspectivas de «carreira», uma crise de «segurança», em suma.

Também do lado do *empregador* se manifestam interesses ligados à perdurabilidade do contrato. Esses interesses, é certo, concorrem com os da adaptabilidade da organização de trabalho. Mas ambos devem ser reconhecidos: se o empregador tem vantagem em ajustar a duração do contrato à necessidade efectiva de trabalho, é verdade também que a participação contínua do trabalhador no processo de realização de escopos alheios gera a sua progressiva identificação com esses escopos e desenvolve assim as suas aptidões específicas, «reforçando e cimentando o complexo dos actos volitivos de apego e de fidelidade à empresa, e atenuando a subordinação» (1). Nesta medida, a continuidade pode ser um factor favorável à adaptabilidade.

---

(1) CASSI, *La durata della prestazione di lavoro,* II, Milão, (1961)110.

§ 11. O contrato de trabalho e a relação de trabalho.

128. Quando uma pessoa coloca, por via de um contrato, a sua força de trabalho à disposição de outra, passam a desenrolar-se entre ambas contactos de diversa natureza, através dos quais vão sendo emitidas directerizes e precisados objectivos, ao mesmo tempo que se vai concretizando, por forma continuada ou sucessiva, a actividade laboral oferecida. Simultaneamente, as esferas pessoais dos sujeitos entram também em múltiplos contactos, com projecções psicológicas, económicas e sociais. Todos estes elementos constituem uma relação interindividual complexa que podemos designar, como HUECK/NIPPERDEY, por «relação factual de trabalho» (*faktiches Arbeitsverhältnis*) [1].

Noutro plano – precisamente o plano jurídico –, surge-nos a *relação jurídica de trabalho,* que é o produto da conformação dada pelo Direito aquele complexo factual.

Interessa agora recordar que uma relação jurídica é fundamentalmente uma *relação da vida social disciplinada pelo Direito, mediante a atribuição a uma pessoa* (em sentido jurídico) *de um direito subjectivo e a correspondente imposição a outra pessoa de um dever ou de uma sujeição* (MANUEL ANDRADE). Todavia, este é apenas um modelo genérico: «também podemos dar o nome de relação jurídica a um conjunto de direitos subjectivos e de deveres ou sujeições, quando tais direitos e deveres ou sujeições advêm de um mesmo facto jurídico» [2].

Diz-se, nesta última hipótese, que há uma *relação jurídica complexa ou múltipla.*

A este modelo corresponde a relação jurídica de trabalho: o seu conteúdo é integrado por um conjunto de direitos e deveres assumidos pelo trabalhador e pelo dador de trabalho, por efeito de um certo facto jurídico – *o contrato individual de trabalho.*

---

(1) Cfr. *Lehrbuch* 104-105. No contexto da controvérsia de que em seguida se dá notícia, tal concepção constitui um complemento da *teoria do contrato* – e não tem lugar no quadro da *teoria da incorporação,* o que explica a posição adversa de NIKISCH 150-151.

(2) MANUEL ANDRADE, *Teoria geral da relação jurídica,* reimp., I, Coimbra (1964) 4.

A distinção entre relação factual e relação jurídica resulta, afinal, de uma dualidade de perspectivas que podem ser utilizadas na observação de uma só realidade – realidade una para o Direito, pelo menos.

Assim, a relação de trabalho tem uma dimensão jurídica e uma dimensão factual, obviamente entrecruzadas. Se, por um lado, o trabalhador e a entidade patronal se vêem ligados por direitos e obrigações que se vão renovando com o decurso do tempo, e que constituem o *conteúdo da relação jurídica* que entre eles se estabeleceu – é também, por outro lado, certo que essa relação jurídica (definida pelos direitos e deveres entre as partes) pode ser «modelada», no decurso da sua existência, pelas vicissitudes acontecidas no contacto entre o trabalhador e a entidade patronal ou que nele se reflictam.

129. É a este propósito que se coloca a questão de saber que nexo existe entre o *contrato de trabalho* (acordo entre os sujeitos) e a *relação de trabalho* que, como se notou já, é constituída pelo conjunto dos direitos e deveres entre as partes. Questão que se desenvolveu sobretudo na Alemanha (quer na doutrina, quer na jurisprudência), entre as chamadas teorias *do contrato* (*Vertragstheorie*) e *da incorporação* (*Eingliederungstheorie*) (1).

Segundo a primeira (HUECK-NIPPERDEY, DIETZ, SITZLER, SCHNORR VON CAROLSFELD), a relação *jurídica* do trabalho é *constituída* e *modelada* pelo contrato. A celebração deste é suficiente para investir os contraentes (trabalhador e empregador) nos direitos e deveres relativos ao trabalho e à retribuição, que constituem os elementos principais e definidores da relação jurídica de trabalho (2).

Os defensores da teoria da incorporação (sobretudo NIKISCH, mas também SIEBERT, MOLITOR, MAUS, embora com matizes diversos) entendiam, ao invés, que o contrato individual nada mais cria do que uma relação obrigacional – sujeita aos princípios gerais do direito das obrigações – cujo conteúdo é definido pelo *dever* (*para a entidade patronal*) *de oferecer ocupação efectiva ao trabalhador* e pela

(1) Pode ver-se uma exposição sintética destas teorias em HUECK/NIPPERDEY, *Compendio de derecho del trabajo* (trad. esp.), Madrid, (1963) 84 ss..

(2) Segue-se aqui o essencial da exposição de HUECK/NIPPERDEY 105 ss..

obrigação (investida no trabalhador) de entrar ao serviço da outra parte [1]. A relação jurídica de trabalho (dever de trabalhar, dever de retribuir, além de outros deveres de carácter acessório) só se constitui quando surge o elemento *factual* da ocupação: a incorporação (*Eingliederung*) na organização de meios estabelecida pela entidade patronal (a empresa). A entrada ao trabalho, possibilitada pelo empregador – isto é, o início da ocupação efectiva – é pois o acto determinante da relação jurídica em causa [2].

A controvérsia inscreveu-se numa alongada evolução dogmática, frequentemente penetrada pela influência de condições ambientais (no plano ideológico e no da acção política) e de certo modo paralela à linha de desenvolvimento da discussão sobre a natureza (obrigacional/comutativa ou comunitária/jurídico-pessoal) da relação laboral. É o próprio NIKISCH quem evoca aquela evolução [3], em que se sucederam a concepção contratualista de LOTMAR; a tese incorporacionista de POTHOFF – negando já o carácter comutativo da relação de trabalho e qualificando-a como "relação organizatória de índole jurídico-pessoal" –, retomada por MOLITOR e DERSCH; o pleno acolhimento da ideia da "comunidade de empresa" na lei nacional-socialista sobre o "trabalho nacional (1934) e a construção, por SIEBERT, da relação laboral como "relação jurídico-pessoal de participação na comunidade de empresa" para a qual seria decisivo o *facto* da entrada (incorporação) na mesma empresa; o contraponto oferecido, ainda na década de 30, pelo pensamento contratualista – embora ainda respeitador do dogma comunitário: o contrato de trabalho seria "um contrato gerador de uma comunidade" – de HUECK, NIPPERDEY e DIETZ; enfim, a condensação realizada, no pós-guerra, por NIKISCH, de um lado, e HUECK/NIPPERDEY, por outro, das duas teses fundamentais em confronto.

130. O interesse prático da polémica centrava-se fundamentalmente nas situações em que ocorre, na prática, a prestação do trabalho subordinado e pago, embora *não havendo contrato válido* (p.

---

(1) Esta é – note-se – a formulação evoluída e mitigada que NIKISCH por último apresentou.

(2) Cfr. NIKISCH 140 55..

(3) Cfr. NIKISCH, *Arbeitsrecht* cit., I 137 ss.

ex.: o médico de empresa sem contrato escrito; o trabalhador que presta serviço de electricista sem carteira profissional; o trabalhador com idade inferior à mínima imposta por lei). E convém notar que a teorização referida se desenvolveu na ausência de normas legais directamente aplicáveis a tais situações – destinando-se, por conseguinte, a servir de base à integração das correspondentes lacunas.

Não cabe aqui aprofundar mais os termos da controvérsia, nem examinar – para já – os corolários práticos e as virtualidades interpretativas de cada uma das concepções expostas (1). No direito positivo português, como na maioria dos sistemas europeus (e mesmo no alemão) (2), a perspectiva contratualista é dominante. Não se discute, entre nós, à face do direito positivo, que o contrato individual de trabalho é o facto gerador da relação jurídica de trabalho; isso não impede, todavia, como a seu tempo será salientado, que ao *facto* da incorporação do trabalhador, isto é, ao início da «relação factual» de trabalho, devam ser atribuídos importantes reflexos na fisionomia daquela relação jurídica. Mostrá-lo-emos, sobretudo, no tocante à antiguidade do trabalhador, ao regime da invalidade do contrato e ao poder disciplinar da entidade patronal (3) (4).

---

(1) Há, contudo, que averbar no activo da teoria da incorporação o ter acentuado «a influência da organização laboral e da estrutura colectiva da empresa na relação de trabalho e na posição jurídica do trabalhador subordinado», e lançar no seu passivo a relativa imprecisão conceitual que a caracteriza, embora (diremos nós) certamente em menor medida do que outras formulações de cariz institucionalista. – BIGOTTE CHORÃO 49. No mesmo sentido, cfr. SÖLLNER, *Arbeitsrecht* cit. 245.

(2) Cfr. ZÖLLNER, *Arbeitsrecht* cit. 123; SÖLLNER cit. I e 245.

(3) É curioso notar que a controvérsia aqui sintetizada se manifestou também na doutrina juslaboral dos países socialistas, embora em torno de questões teóricas diferenciadas – como seja a da determinação do início do emprego como fundamento da aplicação das leis do trabalho, ou a da definição do critério qualificativo da relação de trabalho ou de emprego (esta última sobretudo na antiga U.R.S.S.). Parecia ser largamente preferida a tese contratualista quanto à criação e fundamentação jurídica da relação de trabalho: cfr. WELTNER, *Fundamental traits of socialist labour law,* Budapest (1970) 116 ss..

(4) O problema da invalidade do contrato de trabalho constitui, justamente, o fulcro da polémica, tal como se desenvolveu na doutrina germânica. Como se notará, o art. 122.º CT dispõe que o contrato de trabalho nulo produz efeitos

§ 12. Os direitos fundamentais no ambiente de trabalho ([1]).

131. O cenário das relações de trabalho – normalmente o da empresa – é também um daqueles em que alguns direitos fundamentais, consagrados constitucionalmente, se expõem a situações de compressão ou mesmo lesão grave.

Concorrem para isso várias circunstâncias, entre as quais podem ser indicadas as seguintes: *primeiro*, a de a relação de trabalho ser uma relação de poder de uma pessoa sobre outra, sendo que esse poder é, ele próprio, juridicamente revestido e dotado de instrumentos que podem ser usados de várias maneiras; *segundo*, a de à subordinação jurídica se associar, normalmente, a dependência económica, o que acresce a vulnerabilidade de um dos personagens da relação de trabalho relativamente ao interesse económico e às restantes motivações possíveis do outro; *terceiro*, a de a relação de trabalho ser, por natureza, limitativa da liberdade de acção do trabalhador (liberdade de movimentos no espaço, liberdade de organização do tempo) e confinante, quando não abertamente conflituante, com outras esferas da existência pessoal dele, nomeadamente a familiar; e *quarto*, a de a execução do contrato de trabalho envolver uma implicação profunda da pessoa do trabalhador, nas suas várias dimensões, que não apenas as técnico-profissionais.

A redução da abordagem normativa das relações de trabalho às dimensões de um contrato e das obrigações nele fundadas seria, perante esse quadro de circunstâncias, insuficiente.

---

como se fosse válido quanto ao período em que esteve em execução (contra o princípio geral de que a declaração de nulidade destrói os efeitos do contrato desde o início: art. 289.°/1 CCiv.). Pois bem: não existe preceito idêntico na lei alemã, assim como na francesa. Daí a necessidade da construção jurisprudencial e doutrinal de soluções correspondentes às características peculiares que o problema assume – construção essa que compreensivelmente apontou para a desvalorização do papel «genético» do contrato de trabalho e para a atribuição de relevância preponderante ao elemento fáctico da relação laboral (integração do trabalhador, ocupação efectiva).

([1]) Ver, sobre o tema, a monografia fundamental de José João Abrantes, *Contrato de trabalho e direitos fundamentais*, Coimbra (2005).

Esta insuficiência deriva, desde logo, da enorme relevância que tem que ser atribuída, como se verá a propósito de vários aspectos da relação de trabalho, ao facto de esta relação, embora fundada num contrato, surgir "em referência" a uma organização e se desenvolver no quadro do funcionamento dessa organização.

Num outro plano, a insuficiência de uma aproximação estritamente contratualística resulta da necessidade de incorporar, no "ambiente" da relação de trabalho, para além das consequências obrigacionais do vínculo voluntariamente assumido por empregador e trabalhador, elementos "meta-contratuais" que são os respeitantes à tutela da personalidade dos trabalhadores, não estritamente nesta qualidade, mas na perspectiva da *cidadania.*

Existe, em suma, uma área em que se sobrepõem os direitos inerentes à capacidade jurídica das *pessoas*, os direitos e liberdades reconhecidos aos *cidadãos,* e os direitos dos *trabalhadores* enquanto tais. Essa área é a das relações de trabalho e a sua localização característica é a empresa.

132. A CRP ([1]) contém um rol bastante vasto de direitos, liberdades e garantias dos cidadãos enquanto tais – desde o direito à vida (art. 24.º) e à integridade pessoal (art. 25.º) até à liberdade de consciência, religião e culto (art. 41.º) e a liberdade de criação cultural (art. 42.º).

Alguns desses direitos, antes mesmo de serem atributos de cidadania, são elementos inalienáveis da capacidade jurídica das *pessoas* e encontram, por isso, acolhimento no próprio do Código Civil (arts. 70.º e segs.).

Mas, para além disso, a CRP consagra também um conjunto de direitos, liberdades e garantias *dos trabalhadores*, a começar pela "garantia da segurança do emprego" (art. 53.º) e a terminar no direito à greve e na proibição do lock-out (art. 57.º).

([1]) Desenvolvendo aquilo que designa como a "cartografia constitucional relativa ao trabalho", veja-se BERNARDO XAVIER, *A Constituição portuguesa como fonte de Direito do Trabalho e os direitos fundamentais dos trabalhadores,* em AA.VV., *Estudos de Direito do Trabalho em homenagem ao Professor Manuel Alonso Olea*, Coimbra (2004), especialmente 181 ss..

E ainda, logo a seguir, sob a epígrafe "Direitos e deveres económicos", desenrola uma lista de direitos dos trabalhadores, que é encabeçada pelo direito ao trabalho (art. 58.º) – um direito subjectivo público que não assume, porém, a consistência prática da garantia de uma vantagem individual –, mas que adquire o essencial do seu relevo no art. 59.º, intitulado "Direitos dos trabalhadores". Neste artigo, surgem não apenas direitos dos trabalhadores, mas também "incumbências do Estado" tendentes a garantir-lhes consistência e realidade.

A garantia da "segurança do emprego", constante do art. 53.º, e os direitos consagrados no art. 59.º, oferecem os alicerces constitucionais a todo o regime legal das relações individuais de trabalho, que preenche o Título II da Parte Geral do Código do Trabalho. Por outro lado, os arts. 54.º a 57.º (comissões de trabalhadores, liberdade sindical, direito de greve) enquadram todo o chamado "direito colectivo", que se compreende no Título III.

A Constituição desempenha, pois, nesta parte, a função de fonte "específica" de Direito do Trabalho ([1]), ao configurar direitos fundamentais privativos da condição de trabalhador e susceptíveis de pautarem a acção do legislador ordinário na regulação das relações individuais e colectivas de trabalho, ou seja, na abordagem dos tópicos essenciais da regulamentação do trabalho ([2]).

133. Muitos outros direitos fundamentais que a CRP consagra – próprios do estatuto geral de "cidadão" – podem ser postos em jogo em situações próprias dos ambientes de trabalho. A "transposição" desses direitos para o domínio especificamente laboral é realizada pelo próprio Código do Trabalho (art.[os] 14.º a 22.º).

A "transposição" não seria necessária para garantir eficácia plena a esses direitos. Bastaria constarem do texto constitucional.

Mas o facto de a lei laboral os retomar tem duplo alcance.

([1]) A propósito disto se tem falado da existência de uma "Constituição laboral", destacável no conjunto do ordenamento constitucional.

([2]) A legislação ordinária do trabalho está, por isso, sempre sujeita a um escrutínio particularmente intenso e rigoroso de constitucionalidade material.

Por um lado, fá-los penetrar no conteúdo das relações de trabalho, criando novas referências para a definição dos comportamentos devidos pelas partes. Isso é particularmente relevante no que respeita a práticas de direcção e controlo em que os poderes do empregador podem desafiar abertamente a privacidade e a própria dignidade pessoal do trabalhador: vejam-se as regras sobre protecção de dados pessoais (art. 17.º), sobre testes e exames médicos (art. 19.º), sobre meios de vigilância a distância (art. 20.º) e sobre o uso de meios de comunicação da empresa (art. 22.º).

Por outro lado, permite definir-lhes condições ou limitações derivadas do enquadramento organizacional em que vão operar (1). Vejamos dois exemplos. No art. 17.º/1, admite-se que o empregador exija ao candidato a emprego informações relativas à sua vida privada, se "estritamente necessárias e relevantes para avaliar da respectiva aptidão no que respeita à execução do contrato de trabalho". O art. 19.º/1 proíbe ao empregador a exigência de testes ou exames médicos para verificação das condições físicas ou psíquicas do trabalhador, "salvo quando estes tenham por finalidade a protecção e segurança do trabalhador ou de terceiros, ou quando particulares exigências inerentes à actividade o justifiquem".

> Dado que a formulação constitucional destes direitos é, frequentemente, irrestrita, e nunca sensível à realidade do trabalho na empresa, e tendo em conta que o art. 18.º/2 CRP estabelece o princípio de que só são admitidas restrições expressamente previstas pela própria lei fundamental, as limitações do CT têm que legitimar-se através da aplicação (necessariamente problemática, ainda que imperiosamente exigida pela natureza das coisas) de um critério de admissibilidade de limites não expressamente autorizados aos direitos fundamentais (2).

---

(1) A constitucionalidade dessas restrições poderia ser posta em causa, e daí que tivessemos sugerido a conveniência da sua submissão ao controlo do Tribunal Constitucional.

(2) Sobre o tema, veja-se a obra fundamental de JORGE REIS NOVAIS, *As restrições aos direitos fundamentais não expressamente autorizadas pela Constituição*, Coimbra (2003).

CAPÍTULO III

O TRABALHADOR

§ 13. A noção jurídica de "trabalhador".

134. A pessoa que, no dizer do art. 11.º CT, «se obriga, mediante retribuição, a prestar a sua actividade a outra ou outras pessoas, no âmbito de organização e sob a autoridade destas» é o personagem central na regulamentação das relações laborais. De facto, a própria noção legal de contrato de trabalho se constrói sobre a figura do trabalhador: o contrato de trabalho poderia, mais sinteticamente, definir-se como aquele pelo qual se adquire a posição de *trabalhador subordinado.*

É neste sentido que utilizaremos o termo trabalhador, muito embora, como se viu, existam outras modalidades jurídicas de prestação de trabalho (por uma pessoa em proveito de outra), e a própria legislação utilize por vezes a designação tendo em vista situações em que não ocorre subordinação jurídica (veja-se o art. 10.º CT).

A lei actual cobre com o rótulo de *trabalhador* a generalidade das pessoas que exercem uma actividade por conta de outrem em regime de subordinação jurídica. Desapareceu da lei, como já foi notado, a distinção que era feita anteriormente [1] entre os trabalhadores com actividade predominantemente física – os *assalariados* ou *operários* – e aqueles que desenvolvem um esforço de carácter sobretudo mental – os *empregados.* Tal distinção tinha correspondência numa diferenciação de estatutos jurídicos favorável aos

---

[1] Como na primeira lei sobre o contrato de trabalho, a L. 1952, de 10/3/37.

empregados, particularmente no tocante à duração das férias anuais pagas e à protecção no despedimento. Note-se que a destrinça permanece nalguns sistemas jurídicos, como o francês e o alemão ([1]).

A indiferenciação, apesar de ainda controversa ([2]), constitui um fenómeno generalizado, consequência não só, nem principalmente, de propósitos igualitários, mas sobretudo de subtis e continuadas transformações respeitantes à organização do trabalho, que se vão traduzindo numa «substancial homogeneização da relação homem-máquina/sistema» ([3]). Nessa direcção aponta a chamada «terciarização», não apenas no sentido de que o sector terciário tende a ser económica e socialmente dominante, mas também no de que o trabalho nos outros sectores se transforma, se «terciariza», com a inovação tecnológica e as modificações processuais consequentes ([4]). A automação e a informatização conduzem a que muitas tarefas

---

([1]) Em *França,* a distinção entre *ouvrier* e *employé* depara com as mesmas dificuldades a que se expõe a definição do trabalho manual e do trabalho intelectual. Na lei existe apenas (e para certo efeito: o da eleição dos *conseils de prud'hommes* que comportam secções separadas para cada uma daquelas classes de trabalhadores) um conceito de operário no qual se abrangem os trabalhadores «que tomam parte, materialmente, na execução de trabalhos industriais» (art. 21.° do decreto de 22/12/58) considerando-se empregados os restantes. Na *República Federal da Alemanha,* é pelo contrário a noção de operário *(Arbeiter)* que assume carácter residual, embora, na doutrina, se faça igualmente assentar na predominância do trabalho manual (*Handarbeit*); quanto ao conceito de empregado (*Angestelte*) ele resulta de vários preceitos legais de que se salienta o § 3 da lei sobre o seguro social dos empregados de 1957 (*AnVNG*) com uma longa enumeração exemplificativa. Como critério geral, a doutrina tem construído uma fórmula em que se cruzam a natureza da actividade (trabalho comercial, de escritório, directivo etc.) e o predomínio do esforço mental (*überwiegend geistige Arbeit*). Vd., sobre o tema; RIVERO/SAVATIER, *ob cit.*[5], 317 ss.; FRANÇOIS, *La distinction entre ouvriers et employés en droit allemand, belge, français et italien,* Liège (1963); PEREZ BOTIJA, *Los intelectuales y el derecho del trabajo* in *Estudios dedicados al professor Garcia Oviedo,* Sevilha (1954), v. 11, 33 ss.; HUECK-NIPPERDEY 61 ss.; NIKISCH 56 ss.; DÄUBLER II 655 ss..

([2]) Cfr. MENEZES CORDEIRO, *Direito do Trabalho* (lições copiog.), Lisboa (1987) 1,197.

([3]) CARINCI, *Rivoluzione tecnologica e diritto del lavoro: il rapporto individuale,* DLRI 26 (1985) 226.

([4]) CARINCI/TAMAJO/TOSI/TREU 128.

com carácter predominantemente «intelectual», assim como trabalhos tradicionalmente efectuados por aplicação do esforço físico humano, passem a ser realizados por máquinas. O «operário» industrial vê-se hoje incumbido de actividades que são sobretudo de condução e controlo processual ([1]); o clássico «empregado» fica progressivamente cingido à operação de meios informáticos, envolvendo insidiosos desgastes físicos e mentais. Ao menos tendencialmente, a evolução das realidades tecnológicas e organizativas esboça no horizonte a configuração de um tipo homogéneo de trabalhador; mas, no imediato, conduz já a proporções incomportáveis as dificuldades que a diferenciação entre trabalhadores «manuais» e «intelectuais» sempre envolveu, sobretudo tendo-se em vista uma correspondente destrinça de estatutos jurídico-laborais.

135. Reveste-se, ao invés, de plena actualidade uma outra distinção que, essa, nunca assumiu o devido relevo na nossa tradição jurídica: a que destaca, na generalidade dos trabalhadores, os chamados *dirigentes,* isto é, aqueles cujo contrato de trabalho tem por objecto actividades de coordenação e orientação de outros trabalhadores, envolvendo delegações de poder do empregador e a inerência de responsabilidades na gestão da empresa.

O facto de exercerem a autoridade do empregador sobre os trabalhadores que chefiam ou dirigem não lhes retira o carácter de assalariados, isto é, de trabalhadores juridicamente subordinados. Eles estão integrados numa organização alheia, disponibilizam as suas aptidões para a realização de fins que não são próprios, devem obediência a regras e instruções que exprimem a disciplina da organização.

Mas a qualidade de *chefes* ou *dirigentes* introduz factores específicos que devem ser tomados em conta no tratamento jurídico dessas situações. As pessoas que exercem tais funções encontram-se numa situação híbrida, com elementos do trabalhador subordinado e outros do mandatário. O factor "confiança pessoal" (e não mera-

---

([1]) Cfr. DÄUBLER, *Nuove tecnologie: un nuovo diritto del lavoro,* DLRI 25 (1985) 66.

mente funcional) assume aí relevo muito vincado: essas pessoas vão exercer, em nome e por conta do empregador, importantes poderes de direcção e disciplina. Não basta que se trate de pessoas competentes e qualificadas; é preciso que o empregador possa esperar que os referidos poderes vão ser praticados como ele o faria. A relevância do elemento "confiança pessoal" é tanto maior quanto mais elevado for o nível hierárquico do dirigente. E introduz, naturalmente, no regime das relações de trabalho uma exigência de *flexibilidade* e *reversibilidade* que pode não se fazer sentir nas relações de trabalho comuns.

Esta espécie de trabalhadores subordinados tem tratamento jurídico específico em diversos sistemas ([1]). No nosso direito, porém, não existe uma abordagem global da matéria; ela é atendida apenas de modo fragmentário: vejam-se os regimes da comissão de serviço (art. 161.° CT), da isenção de horário de trabalho (art. 218.°) e do despedimento ilícito (art. 392.°/1).

De iure constituendo, a mencionada acentuação do elemento *fiduciário*, assim como o facto de a subordinação aparecer aí articulada com uma posição de *poder* na organização de trabalho, são notas susceptíveis de justificar a construção de um regime próprio para os dirigentes, com desvalorização da segurança do emprego, redução dos constrangimentos em matéria de duração do trabalho, mobilidade funcional e geográfica, e alargamento da admissibilidade do contrato a termo.

136. Como é sabido, o Direito não atribui personalidade somente aos indivíduos, pessoas singulares ou físicas; por razões e em termos que não cabe aqui examinar, o ordenamento jurídico concebe também *pessoas colectivas,* ou seja, entidades destituídas do suporte físico do indivíduo humano, mas que se apresentam dotadas de uma unidade funcional e susceptíveis de serem consideradas centros de imputação de direitos e deveres jurídicos dimensionados pelos seus fins específicos.

([1]) Cfr. CARINCI/TAMAJO/TOSI/TREU 129; GAUL 32 ss.; DÄUBLER II 659 ss.

Ora a lei, ao descrever a figura do trabalhador, sempre se limitou – inclusivamente no Código de 2003 – a usar o termo «pessoa», deixando, apesar de tudo, espaço para que se perguntasse: só pessoa física ou também pessoa colectiva?

Também é verdade que, desde cedo, se tornou pacífico o entendimento de que a situação de trabalhador subordinado, descrita nos termos da lei, só pode ser assumida por uma pessoa física ([1]). Na verdade, a própria noção do art. 10.° do CT de 2003, aliás idêntica à da lei antiga, o sugeria fortemente: primeiro, ao mencionar a «*sua* actividade» (do trabalhador), sendo óbvio que as pessoas colectivas não têm, no plano *naturalístico* (mas tão só sob o ponto de vista jurídico), actividade própria (actividade *manual* ou *intelectual,* repare-se); segundo, ao referir a «autoridade e direcção» do dador de trabalho, e portanto a *subordinação jurídica* do trabalhador, colocava-nos perante uma situação em que só uma pessoa física podia encontrar-se: a de *obediência* e *submissão* (que implica *vontade* própria) à mesma autoridade.

Sugestivos eram, também, vários núcleos de preceitos que definiam a situação do trabalhador. Assim, por exemplo, implicam notoriamente a personalidade singular as normas que possibilitam a aplicação de sanções disciplinares, o regime de descanso semanal e das férias, a disciplina das faltas ao trabalho, etc.. Enfim, no mesmo sentido apontava o conjunto dos preceitos (arts. 15.° e segs.) que, no CT de 2003, era, de modo original, dedicado à evidenciação dos chamados «direitos de personalidade», em conexão directa aos direitos fundamentais consagrados pela CRP.

A revisão de 2009 inclui, como se sabe, a explicitação desse elemento do contrato de trabalho, em harmonia com a convicção há muito assente: nos termos do art. 11.°, o trabalhador é, necessariamente, uma "pessoa singular".

137. Certas relações de trabalho que, no plano prático, se estabelecem com um grupo de trabalhadores encarado como uma *unidade técnico-laboral* – é o chamado *trabalho de grupo,* de *esquadra*

([1]) A lei federal do trabalho *mexicana* (1970) por exemplo é expressa quando a este ponto: «Trabalhador é a pessoa física que presta a outra, física ou moral, um trabalho pessoal subordinado» (art. 8.°).

ou de *equipa autónoma* (*Eigengruppe*) – não desmentem o que acabamos de observar. Esses grupos não são verdadeiras pessoas colectivas, pois deve entender-se que, sob o ponto de vista jurídico, cada um dos seus membros fica *individualmente* vinculado ao dador de trabalho; o chefe do grupo limita-se a actuar como um *representante* dos outros membros, quer na celebração do contrato, quer na cobrança do salário quer noutras relações de ordem organizativa ou disciplinar ([1]).

138. Não se pode falar, em sentido rigoroso, de um «estatuto» do trabalhador, como um quadro de direitos, deveres e garantias que em forma acabada e globalmente, seja *adquirido* através do contrato de trabalho.

É certo, porém, que a *posição* jurídica do trabalhador envolve alguns elementos comuns, condicionantes de certos direitos e deveres *típicos*. Referimos apenas, além da *subordinação jurídica* – que já se abordou como traço distintivo do contrato de trabalho –, a *categoria* e a *antiguidade*.

§ 14. A posição funcional ([2]).

1. *A actividade contratada e a categoria.*

139. A posição do trabalhador na organização em que se integra pelo contrato define-se a partir daquilo que lhe cabe fazer,

---

([1]) Exemplifica-se, no sistema espanhol, com os grupos de 4 ou menos trabalhadores que em conjunto se empregam na confecção de peças de vestuário: vd. ALONSO OLEA, *Introdução ao Direito do Trabalho* Coimbra (1969) 210.

No mesmo sentido, e acentuando a articulação ou interdependência dos vários contratos, aponta-se igualmente o direito alemão, onde o *Eigengruppe* é qualificado como uma sociedade civil. Veja-se em síntese NIKISCH 229 ss.

([2]) Para maior desenvolvimento, vd. ARANGUREN, *La qualifica nel contratto di lavoro. Il diritto soggetivo alla qualifica* Milão (1961); GIUGNI, *Mansioni e qualifica nel rapporto di lavoro,* Nápoles (1963).

isto é, pelo «conjunto de serviços e tarefas que formam o objecto da prestação de trabalho» (1) e que se determina a partir da actividade contratada com o empregador (art. 115.° CT).

Dadas as características do contrato de trabalho, esta estipulação pode fazer-se de várias maneiras: por expressa e detalhada caracterização das funções visadas (pelo menos as que o são no momento da contratação); por uma fórmula genérica como "funções administrativas"; pela remissão para uma "categoria" cuja descrição funcional consta da convenção colectiva aplicável ou de regulamento interno da empresa (art. 115.°/2) – tudo isto através de estipulação expressa, escrita ou oral. Nalguns casos, a ocupação pelo trabalhador de um posto de trabalho ou função cujo conteúdo está formalmente definido na organização da empresa é bastante para identificar a "actividade contratada". Mas, muitas vezes, aquilo que as partes efectivamente quiseram não consta de nenhum documento nem pode demonstrar-se por testemunhos: tem que deduzir-se da própria prática das relações de trabalho.

A determinação do estatuto jurídico concreto do trabalhador depende de se saber qual foi a actividade contratada, que constitui o cerne do seu compromisso perante o empregador. E quando não existe contrato escrito, ou dele não consta a indicação da natureza do trabalho, a determinação da "actividade contratada" tem que deduzir-se da prática das relações de trabalho, isto é, dos comportamentos pelos quais pode entender-se que as partes exprimem o seu acordo. O género de trabalho que melhor corresponda ao que realmente é feito nesse quadro pode traduzir-se por uma designação sintética ou abreviada (1): contínuo, operador

---

(1) B. LOBO XAVIER, A *determinação qualitativa da prestação de trabalho* (separata E.S.C. 10) 18.

(1) Não deve, porém exagerar-se o alcance destas designações sintéticas na protecção do estatuto profissional do trabalhador. O que fundamentalmente importa é o complexo de tarefas ou funções que elas ocultam. Assim, p. ex., na empresa *A* as funções do «chefe de secção» podem implicar níveis de qualificação técnica e de responsabilidade muito diferentes das de idêntico posto na empresa *B*. Isso mostrar-se-á com particuiar nitidez nos casos de *fusão* de empresas: as categorias de chefia na empresa resultante daquele fenómeno podem ter

de consola, pintor de automóveis, encarregado de expedição, etc.. A posição assim estabelecida e indicada é a *categoria* do trabalhador. Ela resulta do jogo de dois factores pré-contratuais: pelo lado do empregador, a «vaga» existente na organização e que se define pela «função» ou pelos «serviços» necessários; pelo lado do trabalhador, a sua profissão ou as qualificações profissionais adquiridas [1], ou, mais simplesmente, as suas aptidões laborais (físicas, psíquicas e técnicas).

A categoria exprime, assim, um «género» de actividades contratadas. Há-de caber nesse género, pelo menos na sua parte essencial ou característica, a *função principal* que ao trabalhador está atribuída na organização (art. 118.° CT), e que é já uma aplicação ou concretização da "actividade contratada".

A categoria constitui um fundamental meio de determinação de direitos e garantias do trabalhador – ou, noutros termos, de caracterização do seu *estatuto profissional* na empresa. É ela que define o posicionamento do trabalhador na hierarquia salarial, é ela que o situa no sistema de carreiras profissionais, é também ela que funciona como referencial para se saber o que pode e o que não pode a entidade empregadora exigir ao trabalhador.

Deve assinalar-se que o CT de 2003 – em preceitos que a revisão de 2009 manteve, praticamente, inalterados – introduziu uma importante mudança de perspectiva em relação à que longamente vigorou neste domínio. Para a captar, basta comparar o teor do art. 22.°/1 LCT (de 1969) com o do art. 151.°/1 CT de 2003. O primeiro preceito dispunha: "O trabalhador deve, em princípio, exercer uma actividade correspondente à categoria para que foi

---

uma amplitude de funções e responsabilidades mais ou menos diferentes da que caracterizava as categorias «correspondentes» em cada uma das empresas fusionadas, com o inerente reflexo no plano salarial. A classificação do pessoal na nova empresa pode pois não se traduzir numa transposição mecânica com base nas designações das categorias («chefe de secção» para «chefe de secção» etc.).

[1] Tem isto importância, sobretudo, quando se trate de actividade cujo exercício se encontre «legalmente condicionado à posse de título profissional, designadamente carteira profissional» (art. 117.° CT). Em tais casos, a falta do referido documento determina a nulidade do contrato.

contratado". A categoria delimitava, pois, o género de trabalhos que podia ser exigido ao abrigo do contrato – retratava o objecto deste. A segunda norma estabeleceu: "O trabalhador deve, em princípio, exercer funções correspondentes à actividade para que foi contratado". E esta actividade, como se notou já, pode ser, ou não, definida "por remissão para categoria constante do instrumento de regulamentação colectiva de trabalho aplicável (...)" (art. 111.º/2 do CT de 2003, art. 115.º/2 no CT revisto).

A categoria perde o seu carácter delimitador dos trabalhos exigíveis; a vontade das partes é soberana na definição de qualquer arranjo de actividades que melhor lhes convenha. O legislador quis deixar às partes a possibilidade de combinar, por exemplo, tarefas constantes das definições de várias "categorias", ajustando da forma mais racional as qualificações do trabalhador às necessidades da empresa. A partir desse arranjo (a "actividade contratada"), encontrar-se-á a categoria a atribuir ao trabalhador como expressão mais cabal do género predominante de trabalho envolvido no objecto do contrato. Mas agora com consequências que não se reflectem na definição rígida da actividade exigível: a categoria assume apenas, como se notou, o papel de elemento de conexão do trabalhador com um certo *estatuto profissional* na empresa.

140. Convém aqui assinalar que não há motivo para se supor que a *profissionalidade* seja exigível quanto à actividade prometida (1). O trabalhador, ainda que atribua a natureza de actividade profissional principal a certo género de trabalho, pode obrigar-se a exercer actividade diversa das que nele se comportem. Nada impede que um engenheiro se empregue como recepcionista num hotel ou que um electricista seja contratado para exercer funções de segurança numa fábrica. Pela própria natureza das coisas, o trabalho prometido corresponderá normalmente à profissão, mas nada o impõe, a não ser nos casos (expressamente definidos por lei) em que se exige a posse de carteira profissional ou título com valor legal equivalente (art. 117.º CT).

(1) Cfr. Hueck-Nipperdey 44.

Note-se, porém, que as qualificações tecnico-profissionais do trabalhador constituem um parâmetro importante para a delimitação do que lhe pode ser exigido.

Em geral, o empregador deve escolher, de entre as tarefas compreendidas na actividade contratada, aquelas que melhor correspondam às "aptidões e qualificação profissional" do trabalhador (art. 118.º/1) – nem outra coisa, decerto, lhe convirá. Mas não só isso. Como se observará um pouco adiante, o trabalhador pode ser solicitado a exercer tarefas exteriores à actividade contratada, desde que sejam "afins ou funcionalmente ligadas" a essa actividade e, ainda, sob condição de que ele "detenha a qualificação profissional adequada" (art. 118.º/2 CT), o que pode implicar um esforço de formação a cargo do empresário (art. 118.º/4).

141. A categoria, precisamente por, de algum modo, reflectir a posição contratual do trabalhador (além de sinalizar o seu estatuto socioprofissional), é objecto de certa protecção legal e convencional.

Assim, e por via de regra, o dador de trabalho não pode «baixar a categoria do trabalhador» (art. 129.º/1-*e*)), a não ser que este aceite (1) e haja autorização da inspecção do trabalho – mas, mesmo assim, só quando a baixa seja «imposta por necessidades prementes da empresa ou por estrita necessidade do trabalhador» (2) (art. 119.º).

---

(1) Como se observará adiante, cabe à entidade patronal definir a categoria do trabalhador, quer dizer, a *função* e a *designação* que no quadro da organização produtiva lhe caberão. Neste sentido, vd., por exemplo, Acs. STA 23/1/73 (AD 135.º, 426) e 12/3/74 (AD 151.º, 962). No entanto, essa faculdade sofre duas importantes restrições. A primeira consiste na necessidade da adequação entre a função efectivamente exercida e a actividade contratada (art. 118.º/1 CT), quer esta seja identificável pela organização interna da empresa quer resulte de instrumento de regulamentação colectiva. Trata-se pois de um *poder vinculado:* cfr., entre outros, Ac. STA 2/3/71 (AD 113.º, 764). Em segundo lugar, o exercício dessa faculdade é também *vinculante* para a entidade patronal: a categoria dada só pode sofrer alteração em certos termos, como se verá [Ac. STA 18/2/75 (AD 161,736)]. Cfr. ainda Ac. STJ 6/2/91 (AD 355,923).

(2) Os casos de *estrita necessidade do trabalhador* são, especialmente, aqueles em que a própria manutenção do contrato, com a qualificação inicial, se torna

Consagra assim a nossa lei o princípio da «irreversibilidade da carreira» no âmbito da empresa ([1]). No seu significado autónomo – isto é, encarado à margem do princípio da irredutibilidade do salário (art. 129.º/1-*d*)) que com ele se relaciona estreitamente –, traduz-se num meio de protecção da *profissionalidade* como valor inerente à pessoa do trabalhador ([2]).

Mas deve notar-se que, sendo a categoria uma forma de exprimir (de modo aproximativo) o núcleo central do objecto do contrato, a sua inalterabilidade já decorreria das regras gerais; e, nesta perspectiva, é também indiscutível a *consensualidade da promoção,* isto é, da atribuição de categoria mais elevada ao trabalhador, quando implique modificação de tarefas ou funções.

Não é, em regra, o que sucede nas chamadas «promoções automáticas» – hoje vulgarizadas pela contratação colectiva – que, na verdade, redundam, geralmente, na mera subida de nível retributivo sem alteração do género de actividade a realizar. Como meio de ascensão salarial em função do tempo, a promoção automática não contende com o objecto do contrato (considerado, como se tem feito, do ângulo das obrigações do trabalhador).

Mas se o empregador pretende atribuir ao trabalhador uma categoria mais alta, envolvendo alteração de funções e responsabilidades, está-se no domínio em que a consensualidade prevalece: o trabalhador *pode opor-se,* afastando assim o significado de uma aquiescência tácita que ao seu silêncio poderia ser atribuído.

142. É sabido que, no uso corrente da contratação colectiva – sede própria, entre nós, para o estabelecimento do quadro de categorias, classes, níveis ou graus profissionais, bem como para a descrição das pertinentes funções –, o primeiro sentido que se atribui ao conceito de categoria é o de constituir um *rótulo* ou

---

impossível ou duvidosa: por exemplo, o caso de uma telefonista que começa a ficar surda ou um contabilista que sofre um esgotamento nervoso.

([1]) MAZZONI 486 ss.

([2]) Cfr. anot. de LISO ao art. 13.º do *Statuto dei lavoratori* italiano, in *Lo statuto dei lavoratori – Commentario,* dir. G. GIUGNI, Milão (1979) 157 ss..

designação sintética a que, por assim dizer, mecanicamente, se prende um certo estatuto ou tratamento contratual. A prática justifica-se por razões óbvias de simplicidade e prevenção de litígios: surge assim uma espécie de *código* aceite pela generalidade dos interessados e que vai dominar, em muitos aspectos, a peculiar linguagem do quotidiano das relações de trabalho.

A categoria assume, assim, a natureza de *conceito normativo* – no sentido de que converte uma realidade empírica, a da execução consensual de certos trabalhos, num título de acesso a certos direitos, benefícios e garantias pré-definidos, integradores de um estatuto profissional reivindicável pelo trabalhador.

Como se assinalou, ao contrário do que sucedia na vigência da LCT, a categoria já não desempenha a função de circunscrever positiva e negativamente as funções a exercer em concreto pelo trabalhador, ou, noutros termos, de a sua definição indicar precisamente as tarefas prometidas e excluir actividades diferentes ([1]). Mas não deixa, por isso, de ser um elemento importante para a aplicação das normas laborais. Ela incorpora um especial "dever-ser", que já não respeita ao que pode ou não ser ordenado ao trabalhador, mas sim ao estatuto (direitos, deveres, expectativas) que lhe corresponde com base no seu trabalho. Continua, pois, a ser válida a afirmação de que existe uma relação de necessidade jurídica entre o exercício de certa função e a titularidade de certa categoria. E, tal como provém da tradição jurisprudencial, a *qualificação de funções* (em que se concretiza essa relação de necessidade) apresenta-se como *questão de direito* ([2]).

([1]) Cfr., nestas duas direcções, o art. 118.º/1 e 119.º CT. Vejam-se também as observações produzidas, entre muitos outros, por CORRADO (in *Nuovo trattato di diritto del lavoro,* dir. RIVA SANSEVERINO e MAZZONI, vol. II, Pádua (1971) 201 ss.), KASKEL-DERSCH (*Derecho del trabajo,* Buenos Aires (1961), 223) e SANTORO-PASSARELLI (*Nozioni di diritto del lavoro* cit. 91-92) acerca do sentido a atribuir *à permanência da «posição substancial» do trabalhador* como requisito do exercício do *ius variandi* do empregador – sentido que se reconduz à necessidade de a função temporariamente atribuída ter «afinidade» com a normal, ou ficar «dentro do raio de actividade profissional» do trabalhador afectado.

([2]) Cfr. M. C. TAVARES DA SILVA 698.

Não pode, contudo, ignorar-se que nem sempre essa necessária correspondência é observada. A designação categorial realmente atribuída a um trabalhador não constitui factor decisivo, mas simples elemento indiciário, para a determinação da concreta posição funcional que lhe corresponde na organização técnico-laboral da empresa. As próprias convenções colectivas jogam com essa realidade, sempre no sentido de superarem os efeitos duma aplicação mecânica dos rótulos profissionais, para fazerem aderir os estatutos definidos *às funções efectivas* ([1]).

Sempre tais situações representarão, em graus e por motivações diferentes, tentativas de fuga à aplicação do devido estatuto profissional, nomeadamente no plano remuneratório. O empregador é, com efeito, o primeiro "classificador profissional": é ele que reconhece ao trabalhador uma certa categoria e o trata em conformidade. Não custa admitir que o faça de acordo com o seu interesse, escolhendo a solução mais económica ou mais flexível.

A classificação profissional do empregador, precisamente porque redunda na fixação de direitos, deveres e expectativas do trabalhador, está sujeita a controlo externo, nomeamente judicial. E esse controlo – como, de resto, indica o pertinente clausulado das convenções colectivas – obedece a um critério único, que é o de *privilegiar a função efectiva sobre a designação categorial* com vista à polarização do estatuto do trabalhador em causa ([2]).

([1]) Trata-se de onentação pacífica na jurisprudência. Cfr., por exemplo, Acs. Rel. Porto 12/2/79 (CJ 79, 1, 299), Rel. Lisboa 4/6/79 (CJ 79, 3, 857), STJ 29/5/81 (BMJ 307, 152), Rel. Lisboa 29/6/81 (BMJ 313, 354) e 22/2/82 (CJ 82, 1, 248, Rel. Évora 10/1/84 (CJ 84, 1, 316), Ac. STJ 14/10/87 (BMJ 370, 445 e Ac. Rel. Lisboa 6/12/89 (CJ 89, 5, 174).

([2]) Veja-se, como síntese exemplar de princípios conducentes ao restabelecimento do nexo salário-função, a fórmula do art. 13.° do *Statuto dei lavoratori* vigente na Itália desde 1970 (Lei n.° 300, de 20 de Maio desse ano).

2. *A estrutura da empresa, a organização do trabalho e o objecto do contrato.*

143. Dir-se-ia, face às observações precedentes, que a determinação da actividade contratada, objecto do contrato de trabalho – e, por consequência, da categoria que melhor lhe corresponde –, é mera questão de interpretação desse contrato, ou seja, de apuramento do que as partes quiseram realmente estabelecer. Mas as coisas não são tão simples.

Essa determinação pode depender, em grau significativo, de elementos de natureza objectiva e pré-contratual, como o modo pelo qual a empresa se encontra estruturada (enquanto complexo hierárquico em que a direcção ou chefia do trabalho se distribui por diferentes níveis) e o modo por que a organização dos processos de trabalho se acha fixada pelo empresário.

Se, com efeito, é possível proceder a uma identificação e valorização «objectiva» (1) do trabalho devido quando se trata de certos tipos de profissionais – cuja actividade se pode reconduzir a "modelos" estabilizados, como os programadores de informática, os fogueiros, os pilotos de aviação civil, e tantos outros relativamente aos quais é possível listar tarefas caracterizadas por graus diferenciados de esforço físico e/ou mental e de envolvimento na realização bem sucedida do processo técnico-produtivo (2) –, já essa determinação se torna menos líquida, se relativiza, face a um grande número de situações funcionais com que se depara nas empresas.

---

(1) No sentido de admitir critérios de qualificação independentes do modo por que a empresa está organizada e do «peso específico» que tem a função em causa no quadro da mesma organização.

(2) Sobre os critérios de qualificação de funções, vd., entre outras, a obra clássica de OMBREDANE/FAVERGE, *L'Analyse du travail,* Paris (1955). Mais recentemente, numa exposição de conjunto das várias orientações existentes, S. VALLÉE, *Qualification du Travail,* cap. IX de *Organization technique de l'entreprise industrille.*

144. É, antes de tudo, o caso daquelas funções (nomeadamente hierárquicas) que constituem os «pontos de amarração» da estrutura da empresa.

Existem, com efeito, posições funcionais que são insusceptíveis de correcta avaliação – nomeadamente para efeitos de controlo da classificação profissional atribuída – sem que se tome como um *dado* a estrutura da empresa, a importância relativa dos papéis e o específico modo de articulação estabelecido entre os vários níveis de poder e responsabilidade. O exercício do poder de organização da empresa, pertencente ao titular dela, constitui assim um pressuposto da classificação profissional, pois do critério do empregador/empresário dependem, originariamente, o número e a distribuição funcional dos postos de trabalho – e, muito particularmente, *da classificação dos lugares (e dos trabalhadores) a que correspondam funções de enquadramento* (1).

Se, como é normal, não existe um critério normativo pré-estabelecido para a qualificação e o consequente escalonamento dessas funções (isto é, se a convenção colectiva aplicável não prevê nem define como "categorias" os vários níveis hierárquicos), torna-se forçoso utilizar, como meio de verificação do acerto da classificação gizada pelo empregador, a estrutura hierárquica que *ele próprio* delineou. Um «chefe de departamento» será, nessas condições, aquele que se encontra provido no lugar de chefia de uma unidade orgânico-funcional *designada* por «departamento» – sendo certo que essa como outras denominações comportam significados organizacionais muito variáveis (2). Deste modo, «o empregador continua a ser senhor da estrutura da sua empresa, da

---

(1) Desta afirmação não resulta, obviamente, que a classificação profissional originária seja objecto de um poder incontrolável do empregador, mas apenas que a este cabe lançar, seguindo em exclusivo o seu critério, condições prévias que assumirão carácter referencial para aquela classificação. Esta ideia será, de resto, clarificada um pouco adiante.

(2) Não existe, com efeito, um glossário uniforme para as funções hierárquicas: a *divisão, o departamento, o serviço* podem escalonar-se de diversas maneiras na estrutura concreta das empresas.

hierarquia e da qualificação dos empregos oferecidos» (1), particularmente no que toca às funções de enquadramento que, em seu critério, entenda deverem existir.

A determinação da prestação de trabalho e da categoria correspondente em função da estrutura da empresa (2) depara, por vezes, com limitações por parte da contratação colectiva – limitações tendentes a «objectivar», através de índices que normalmente se reportam aos níveis de responsabilidade (número de trabalhadores enquadrados, relações de dependência hierárquica, como simples exemplos), o critério de atribuição das categorias «organizacionais» ou de enquadramento a que nos temos referido. Essas tentativas têm-se mostrado, em geral, ineficientes. O que prevalece é a *estrutura concreta* da organização empresarial, tal como promanou da vontade do seu titular.

As observações precedentes podem ser condensadas na constatação de que, ao lado de *categorias «funcionais»*, atribuíveis a partir do reconhecimento de certo *tipo* de tarefas ou funções objectivamente descritas, existem, em qualquer estrutura empresarial, *categorias «organizacionais»* cuja atribuição depende mais do modo por que a empresa se articula concretamente – e se repartem as delegações de poder inerentes a qualquer hierarquia – do que do tipo ou natureza das tarefas exercidas. Categorias «organizacionais» diversas podem, na verdade, ser conferidas no âmbito de um conjunto materialmente homogéneo de funções – isto porque, e só porque, o organizador da empresa quis discriminar um certo número de escalões hierárquicos onde outro empresário teria porventura preferido criar um só nível de chefia. Numa empresa, pode haver um "departamento de recursos humanos", enquanto noutra se configura uma "direcção de pessoal" que engloba um "departamento de administração do pessoal", outro de "formação" e outro de "relações de trabalho". Qualquer destas soluções organizacionais contende com os títulos atribuíveis às pessoas que vão desempenhar funções nos seus âmbitos e, porventura, aos respectivos estatutos profissionais.

---

(1) CAMERLYNCK/LYON-CAEN, *Droit du Travail,* Paris, 10.ª ed. (1980), 273

(2) Que, tradicionalmente, e até por virtude da sua «tecnicidade», conduzia ao estabelecimento unilateral da «hierarquia de empregos» pelos empregador. Cfr. N. CATALA, *L'entreprise,* Paris (1980), 7.

145. Mas o fenómeno não respeita apenas às funções de direcção ou chefia na empresa. Outros postos de trabalho – virtualmente todos – podem ser condicionados, no seu real conteúdo funcional, e para além mesmo do que tenha sido estipulado nos respectivos contratos de trabalho, pelo critério de *organização do trabalho* adoptado pelo empregador.

Como já se assinalou, e melhor se verá adiante, o trabalhador pode ser solicitado não só a desempenhar tarefas compreendidas na "actividade contratada", mas também outras que lhe sejam "afins ou funcionalmente ligadas" (art. 118.º CT).

Esta extensão do objecto do contrato depende, naturalmente, do critério organizacional do empregador. Uma secretária de administração pode estar obrigada a realizar tarefas de reprografia e expediente, se é essa a regra de organização do trabalho existente – ou não, se as funções de reprografia e expediente em toda a empresa estiverem entregues a departamentos próprios. A contratualização da actividade devida é, assim, complementada pelo critério de organização do trabalho adoptado pelo empregador.

3. *A categoria e a função.*

146. A categoria é, como disse, um rótulo, uma designação abreviada ou sintética que exprime um género de actividades. Ela (ou deve ser) atribuída por aplicação de um critério de correspondência ou adequação entre a definição abstracta de funções que a identifica e o arranjo concreto de funções que se traduz na "actividade contratada".

Uma pessoa é contratada para prestar "serviços administrativos" no escritório de um hipermercado, adquire a categoria de «técnico administrativo» e exerce a função de «assegurar o expediente próprio das relações com as instituições de Segurança Social». Outro trabalhador foi também contratado para "serviços administrativos", tem a mesma categoria, mas cabe-lhe manter permanentemente actualizado o registo do "stock" do hipermercado.

Dois trabalhadores podem, assim, ser contratados para a mesma "actividade", ingressar na mesma categoria e exercer funções diferentes.

> Um trabalhador é contratado por uma oficina de reparação de automóveis para exercer actividades de mecânica-auto, é-lhe reconhecida a categoria de "1.º oficial" e atribuída a função de verificar e reparar caixas de velocidades; outro trabalhador é admitido na mesma oficina e também para actividades de mecânica-auto, mas é-lhe conferida a categoria de "encarregado da oficina" e entregue a função de receber clientes, fazer o diagnóstico inicial e distribuir diariamente o serviço pelos mecânicos.

Dois trabalhadores contratados para a mesma "actividade" podem ter categorias e exercer funções diferentes.

Frequentemente, os «conteúdos funcionais» correspondentes às categorias estão pré-determinados: as convenções colectivas de trabalho inserem, quase sempre, «descritivos» das funções que caracterizam cada uma das categorias de um elenco também contratualmente definido. Quando a classificação profissional aparece assim normativamente condicionada – o que, pode dizer-se, constitui a regra na indústria, no comércio e nos serviços –, há que colocar a questão das *correlações entre categoria e função,* sob o ponto de vista da certeza do estatuto profissional de cada trabalhador.

Não se trata, aliás, de uma só questão, mas de várias: tem o trabalhador que ser classificado numa das categorias descritas, ainda que a função principal exercida por ele não se compreenda inteiramente no «descritivo» de qualquer delas? podem ser-lhe atribuídas funções diversas das que correspondem à sua categoria? *têm* que ser-lhe cometidas funções previstas no "descritivo" da categoria que detém? pode a entidade empregadora, unilateralmente, alterar a função exigida ao trabalhador, mantendo-se dentro dos limites das que correspondem à sua categoria?

147. O primeiro problema – *o de saber se é obrigatória a atribuição de uma categoria ao trabalhador, mesmo que a actividade contratada não corresponda directamente a nenhuma das possíveis* – é, de um modo geral, expressamente resolvido pelas próprias convenções colectivas: a entidade empregadora está obrigada a atribuir ao trabalhador uma das categorias convencionalmente fixadas. Uma vez que o critério de classificação profissional é contratualizado, assumido assim valor normativo, há que subsumir nos «modelos» categoriais previstos a função concretamente exercida pelo trabalhador. Se não é possível o encaixe pleno, deve ser reconhecida a categoria cujo «descritivo» mais se aproxime do tipo de actividade concretamente prestado; se duas categorias parecem igualmente ajustadas, tem que atribuir-se a mais elevada (isto é, a correspondente às funções mais valorizadas, de entre as que estão cometidas ao trabalhador) ([1]).

Estas directrizes reflectem, como se disse, o primado de um *critério normativo* de classificação profissional – critério ao qual não pode substituir-se o da entidade empregadora. Convém ter presente, neste ponto, que a categoria significa, para o trabalhador, não só a garantia de um certo estatuto remuneratório, mas também um referencial indispensável à salvaguarda da sua profissionalidade.

Todavia, nada impede que a entidade empregadora, enquanto titular de uma organização de trabalho, aplique internamente o seu próprio critério de classificação de funções, definindo, inclusivamente, designações funcionais próprias e ligando-lhes consequências privativas, nomeadamente no que toca a remunerações. Os postos de trabalho na empresa podem, assim, ser identificados segundo uma nomenclatura não coincidente com a que a convenção colectiva aplicável consagra, e o mesmo se dirá das práticas retributivas. A convenção colectiva de trabalho não é um meio de padronização da estrutura das empresas nem um modelo imperativo de organização do trabalho. É, sim, uma norma reguladora das *relações de trabalho,* definidora de direitos e obrigações que se inscrevem nos

---

([1]) Trata-se de soluções não só consagradas pela prática contratual, mas também acolhidas há muito na jurisprudência: vejam-se, nomeadamente, os Acs. STJ 14/10/87 (AD 313, 138), quanto à atribuição da categoria mais elevada; STJ 22/9/89 (AD 336, 1584), relativamente à obrigatoriedade da atribuição da categoria «institucionalizada» e à afirmação do critério da «maior proximidade», também retomado, por exemplo, no Ac. STJ 25/3/92 (AD 376, 480).

contratos individuais de trabalho, e a cuja efectividade se acha instrumentalizado um certo sistema de classificação profissional. Mas o papel de um tal sistema esgota-se aí. *Desde que o estatuto profissional decor-rente da categoria convencionalmente aplicável esteja salvaguardado,* nada impede que a situação funcional do trabalhador, na concreta organização em que está integrado, seja qualificada e tratada de acordo com um diferente critério e segundo uma lógica diversa ([1]). De outro modo, o sistema convencional de classificação conferiria à organização e à gestão da empresa, naturalmente dinâmicas, uma rigidez artificial e desnecessária.

Assim, e concretizando: um trabalhador classificado, à luz da convenção colectiva aplicável, como «técnico administrativo» pode ser internamente designado como «processador A», desde que a sua remuneração e os restantes elementos do estatuto correspondente àquela categoria convencional lhe estejam garantidos.

148. A segunda questão é a de saber *se podem ser atribuídas ao trabalhador funções diferentes das que definem a sua categoria.* E, de certo modo, a terceira questão oferece-se como o reverso dessa: *têm que ser-lhe atribuídas funções integráveis na categoria*? Trataremos de ambas em conjunto.

E a resposta à primeira (com reflexo imediato na segunda) é, desde logo, afirmativa: a "actividade contratada", que é o núcleo central do objecto do contrato, pode transcender os limites da categoria atribuída ao trabalhador, pois pode constituir uma combinação de tarefas ou funções susceptíveis de caberem em várias categorias.

O art. 118.º/1 dispõe que «o trabalhador deve, em princípio exercer funções correspondentes à actividade para que foi contratado», o que pode, como se viu, ir além das tarefas enquadráveis na categoria.

Mesmo quando, nos termos do art. 115.º/2 CT, a actividade contratada é definida pelas partes através de "remissão para categoria

---

([1]) Já neste sentido, veja-se o importante Ac. Rel. Lisboa 11/10/82 (CJ 82, 4, 180).

de instrumento de regulamentação colectiva ou de regulamento interno de empresa", continua a ser admitido ao empregador que exija ao trabalhador uma prestação de trabalho mais vasta ou complexa, integrando as "funções afins ou funcionalmente ligadas" a que se refere o art. 118.º/2.

A categoria reconhecida não é, mais uma vez o notamos, elemento delimitador do círculo de tarefas exigíveis ao trabalhador.

De resto, o art. 120.º CT confere ainda ao empregador um direito de variação temporária da actividade do trabalhador: nas condições estabelecidas por esse artigo, e a que voltaremos adiante, podem ser exigidas "funções não compreendidas na actividade contratada".

A correlação entre a categoria e a função efectivamente desempenhada não é, assim, biunívoca: a categoria deve ser atribuída com base na correspondência entre a sua descrição funcional e a actividade contratada, mas esta pode não se conter na primeira.

Quando muito, poderá dizer-se que os elementos centrais e característicos da actividade contratada se espelham na descrição da categoria atribuída. E daqui resulta um condicionamento para a margem de manobra do empregador na atribuição de tarefas ao trabalhador: o primeiro não pode obrigar o segundo a dedicar-se, *exclusiva ou principalmente, e a título permanente ou definitivo,* à execução de tarefas sem nenhuma correspondência na categoria. Se isso ocorrer, verificar-se-á uma de duas hipóteses: ou tais tarefas caracterizam uma categoria *superior,* e esta deverá então ser reconhecida (configurando uma promoção); ou correspondem a uma categoria *inferior,* e estar-se-á perante uma (encapotada) baixa de categoria, que a lei proíbe fora do apertado condicionamento do art. 119.º CT ([1]). Esta última situação pode ocorrer mesmo que se mantenha a retribuição anteriormente paga: a tutela da categoria

---

([1]) Há, evidentemente, uma terceira hipótese: a de as novas funções corresponderem a uma categoria do mesmo nível, com identidade de estatutos retributivos. Ainda aqui – tratando-se de uma tentativa de alteração unilateral do objecto do contrato – o trabalhador pode opor-se; se o não fizer, deverá ser-lhe reconhecida nova categoria.

não visa apenas a garantia dos ganhos do trabalhador, tem igualmente em vista a salvaguarda da sua profissionalidade (1).

Mas as coisas nem sempre se apresentam, na prática, com esta linearidade. A comparação entre funções, quando não seja feita com recurso a métodos científicos de valorização relativa, pode revelar-se muito difícil e exposta a equívocos. Uma secretária presta serviço em apoio de um director; a certa altura é substituída e passa a assegurar o secretariado de um chefe de departamento (subordinado do primeiro), embora mantendo o seu estatuto profissional e remuneratório. Há baixa de categoria? Ou, não havendo, poderá a trabalhadora opor-se eficazmente à mudança? A verdade é que o *tipo de actividade* exigido não se altera, e o conjunto dos direitos e deveres contratuais das partes também não. Parece, pois, inteiramente lícita (e não contestável juridicamente) a mudança de situação funcional que meramente se traduz num novo posicionamento do trabalhador na organização da empresa (2).

Outro tipo de situações problemáticas é o dos trabalhadores *admitidos* para o exercício de funções de chefia, sobretudo quanto estas definem categorias no regime convencional aplicável (3). Se

---

(1) O valor da «profissionalidade» como referência autónoma na tutela da categoria tem tido, recentemente, acolhimento sistemático na jurisprudência pelo menos desde o Ac. STJ 19/1/89 (AD 328, 558).

(2) Embora não de todo coincidente, apresentava estas características essenciais o caso apreciado no Ac. STJ 22/9/93 (CJ 93, 3, 265), que decidiu no sentido da ilicitude da modificação. Lê-se na fundamentação do aresto o seguinte: «porque as funções passaram a ser exercidas perante quadro hierarquicamente subordinado àquele em que antes prestava serviço, do que resulta uma alteração qualitativa nas funções exercidas, de índole negativa, enquanto implicam colaboração profissional com graus de responsabilidade e de confiança, a nível da empresa, não equivalentes, nem coincidentes». Esta lógica não parece consistente; nela não coube, sequer, a consideração do especial peso que, justamente, o elemento *confiança* (funcional e pessoal) assume em funções como as de secretariado. Sobre todo o problema, na doutrina, veja-se HENRIQUES MONTEIRO, *Da vontade contratual na configuração da prestação de trabalho,* RDES Jan./Dez. 1990, 325 ss..

(3) Notar-se-á, todavia, que o problema proposto existe também quando não haja definição normativa das categorias hierárquicas. A admissão para um cargo de chefia pode merecer o significado da fixação de uma «categoria contratual» correspondente ao objecto (inicial) do vínculo.

tal condição se verifica, o trabalhador fica detentor da *categoria* respectiva (director, chefe de serviço, ou outra). Deverá entender-se que a entidade empregadora fica adstrita a cometer a esse trabalhador *exclusivamente* cargos hierárquicos, desse mesmo nível ou superior? E, uma vez que, como se verá adiante, sobre o empregador recai um dever de ocupação efectiva, está este obrigado a, em cada momento, ao longo da vigência do contrato, confiar funções *de direcção ou chefia* ao mesmo trabalhador? Imagine-se que, entendendo o empregador que é conveniente para a gestão da empresa colocar naquele posto de chefia outra pessoa, resolve atribuir ao titular exonerado funções de assessoria técnica, requerendo qualificações académicas e profissionais de nível idêntico ao das que ele possui – e isto sem alteração do seu regime remuneratório. Pode o trabalhador opor-se eficazmente, sob a alegação de mudança (baixa) de categoria?

Já vimos que as funções inerentes à estrutura hierárquica da empresa podem e devem ser consideradas de dois ângulos diferentes e colocam os trabalhadores nelas investidos numa posição funcional híbrida.

Por um lado, trata-se de actividades que envolvem o exercício de um «mandato» implícito da entidade empregadora (ideia bem vincada pelo art. 329.º/4 CT: «O poder disciplinar pode ser exercido directamente pelo empregador, ou por superior hierárquico do trabalhador, nos termos estabelecidos por aquele»): os titulares de cargos de direcção e chefia exercem *poderes* cujo titular originário é o empregador, e exercem-nos dentro dos limites e da estrutura por ele traçados. Nesta vertente, trata-se de funções de que o elemento «confiança» é suporte fundamental; e na atribuição da sua titularidade deve prevalecer o interesse (e a vontade) do empregador.

Encaradas de outro posto de observação, essas funções traduzem a aplicação de certas capacidades mentais e técnicas no âmbito da organização, constituem uma das formas possíveis de *exercício profissional,* e é justamente por isso que se mostram aptas a preencher o objecto de um contrato de trabalho, correspondendo-lhes um certo feixe de direitos (nomeadamente remuneratórios) e obrigações característicos desse contrato.

Dadas estas premissas, seria, em primeiro lugar, absurdo considerar-se a existência de um qualquer «direito ao cargo de chefia», ainda que inicialmente visado no contrato de trabalho. A atribuição de funções hierárquicas não pode deixar de ser unilateralmente revogável, à semelhança do mandato. E isto não só no que respeita às funções originariamente «contratadas», mas também relativamente a todo o desenvolvimento das relações de trabalho. A entidade empregadora não pode ter-se por adstrita a confiar cargos de chefia a certa pessoa, pelo facto de a ter recrutado para funções desse tipo, ou de, supervenientemente, lhe ter atribuído a titularidade delas. Trata-se – sublinhemo-lo de novo – de dar expressão adequada à noção da chefia como «delegação» ou «mandato» da entidade empregadora ([1]). Dessa noção deriva a valorização específica dos elementos «confiança» e «nível de responsabilidade atribuída», entre si correlacionados, e a que não pode ligar-se qualquer direito ou expectativa jurídica do trabalhador.

E, sendo assim, é forçoso admitir que a um trabalhador nessas condições (exonerado de funções de direcção ou chefia) sejam exigidas actividades de natureza diferente (isto é, não hierárquicas), *se bem que necessariamente equiparáveis sob o ponto de vista das exigências técnico-profissionais envolvidas.*

Aspecto diverso é o do *estatuto contratual* do trabalhador, isto é, o dos direitos e garantias que, como empregado, lhe assistem. O reconhecimento normativo da categoria hierárquica tem aqui o seu fundamental alcance. Ele protege a consistência e a estabilidade daquele estatuto, por sobre a natural precaridade da situação funcional de partida. Tudo o que possa considerar-se elemento da *remuneração* auferida no cargo de chefia – e veremos adiante como

---

([1]) A lei oferece um instrumento razoavelmente adequado para a separação desta perspectiva (a do «mandato» inerente à titularidade da chefia) face à do normal conteúdo do contrato de trabalho: o regime de comissão de serviço, constante dos arts. 161.° ss. CT. A aplicação desta possibilidade é susceptível de prevenir muitos dos problemas que se têm suscitado em torno da situação categorial dos chefes e dirigentes de empresa. No entanto, como no lugar próprio se observará, o regime legal da comissão de serviço é excessiva e desnecessariamente restritivo quanto ao uso de tal instrumento.

se coloca o problema da qualificação remuneratória – deve manter-se, apesar de cessar a titularidade do cargo; exceptuar-se-ão, apenas, evidentemente, os direitos que, de acordo com o próprio regime convencional aplicável, sejam inerentes *ao exercício efectivo* de tais funções ([1]).

149. A última questão que se relaciona com o nexo categoria/função é esta: *pode a entidade empregadora, sem o assentimento do trabalhador, modificar a actividade exigida dentro do «género» correspondente à categoria que ele detém?*

Mais uma vez se salienta que a categoria não tem, à luz do CT, um papel delimitador do trabalho exigível ao trabalhador. O conceito fundamental é, hoje, o de *actividade contratada,* que, como se notou, pode abarcar tarefas ou funções integráveis em várias categorias – e, simultaneamente, não abranger todas as que em cada uma delas se compreendem. O art. 118.º/1 prevê que o empregador atribua ao trabalhador funções "no âmbito da actividade para que foi contratado" e, dentro deste âmbito, o exercício da direcção do trabalho pode traduzir-se nas modificações que o processo de trabalho impuser. Os limites a atender são os da actividade contratada e não os da categoria.

Todavia, é necessário ter em conta a necessidade de salvaguardar o estatuto profissional (e, em especial, remuneratório) do trabalhador.

> Imagine-se que um «técnico administrativo» presta apoio à rede de vendas da empresa, auferindo, por isso, uma percentagem nos valores cobrados; e suponha-se que o empregador decide, a certa altura, atribuir-lhe funções na secção de expediente e arquivo, onde deixará de receber aquela quantia. A modificação, não conflituando com a categoria, afecta, sensivelmente, o estatuto retributivo e acaba, assim, por traduzir-se numa alteração unilateral do contrato, o que abre espaço à possibilidade de oposição do trabalhador.

([1]) Estas chaves de tratamento das situações concretas implicam, naturalmente, que seja obrigatório o reconhecimento permanente da categoria hierárquica, por força das normas aplicáveis – isto é, que a convenção colectiva preveja e descreva («institucionalize», como dizem os tribunais) tal categoria.

No entanto, subsiste a ideia básica de que releva do poder de organizar e gerir a empresa, investido na entidade empregadora, a escolha das actividades exigíveis ao trabalhador (isto é, das funções que, em cada momento, deverá exercer), dentro dos limites da "actividade contratada".

4. *Flexibilidade funcional: a reconfiguração legal do objecto do contrato de trabalho.*

150. Uma compreensão rígida do objecto do contrato de trabalho, e da categoria como elemento delimitador absoluto da situação jurídica do trabalhador, entraria em conflito com os interesses de qualquer das partes.

O empregador veria plenamente impossibilitado qualquer ajustamento do trabalho disponível às necessidades sempre variáveis (também na qualidade) do funcionamento da empresa. Todo o tipo de trabalho não compreendido nas categorias existentes, por mais pontual, esporádica ou acessória que fosse a sua necessidade, implicaria o recurso a novos trabalhadores, ainda que para exercerem actividade por curtos períodos em cada dia, ficando inactivos o resto do tempo, ou para serem, repetidamente, admitidos e afastados do emprego. A rigidez da estrutura funcional da organização inviabilizaria qualquer gestão racional do trabalho.

Por seu lado, o trabalhador, em contrapartida da plena certeza do seu «papel» na empresa, veria muito limitadas (se não excluídas) as possibilidades de desenvolvimento pessoal e de valorização profissional: encerrado no casulo da «sua categoria», entregue à repetição continuada do correspondente padrão de actividade, restar-lhe-iam as oportunidades de mudança por iniciativa do empregador, para poder alargar ou diversificar o leque das hipóteses de aplicação e desenvolvimento de aptidões e, por conseguinte, de realização pessoal pelo trabalho. Fora disso, só o decurso do tempo (a antiguidade) e eventuais compensações pelo mérito no desempenho da função lhe permitiriam melhorar o estatuto profissional.

A realidade das relações de trabalho, e o próprio jogo dos interesses das partes, apontam no sentido de uma certa *flexibilidade funcional* (1), isto é, para a possibilidade de se conceber a actividade contratada como «núcleo central» da posição contratual do trabalhador, sem que fiquem excluídas outras aplicações da sua força de trabalho, dentro de certos limites e mediante determinadas condições.

É um tema que contende, antes do mais, com a *delimitação do objecto do contrato de trabalho*, com a aceitação ou rejeição de coeficientes de «elasticidade» e de «porosidade» nesse objecto. É, depois, um tema que suscita, naturalmente, a questão da *amplitude e das condições de exercício do poder de direcção* do empregador: flexibilizar, nas relações de trabalho, é sempre acrescer a margem de escolha livre, e portanto de *poder*, da entidade empregadora.

O Código do Trabalho contempla dois instrumentos de flexibilidade funcional: a chamada «polivalência» (2), consagrada nos n.os 2 a 4 do art. 118.°, e o direito de variação da actividade, tratado no art. 120.°.

151. A (impropriamente) chamada «polivalência funcional» (3) assenta na declaração, contida no art. 118.°/2, de que "a actividade contratada (...) compreende as funções que lhe sejam afins ou funcionalmente ligadas, para as quais o trabalhador tenha qualificação adequada e que não impliquem desvalorização profissional" (4).

---

(1) Vejam-se, a este respeito, as observações de JORGE LEITE, *Flexibilidade funcional*, in «Questões Laborais», ano IV, 1997, n.os 9-10, 5 ss..

(2) Retoma-se aqui a expressão usada no texto do Acordo de Concertação Social de Curto Prazo (Janeiro de 1996), em que se baseou a alteração do (então vigente) art. 22.° LCT nos termos examinados no texto. A noção geral de polivalência é, no entanto, muito mais ampla do que essa.

(3) Veja-se, também, o estudo de AMADEU DIAS, *Polivalência funcional (Alteração do art. 22.° da Lei Geral do Trabalho)*, «Questões Laborais», Ano IV (1997), n.os 9-10, 38 ss..

(4) Não deixará de notar-se a fraca qualidade desta formulação – constante do CT de 2003 e mantida na revisão de 2009 –, menos compreensível por se inserir numa operação codificadora que viabilizaria um maior apuro redaccional. A fórmula adoptada envolve, desde logo, um absurdo lógico: o de um elemento *compreender* outro que lhe é, por definição, exterior. O enunciado antecedente –

O exercício dessa faculdade de ordenar ao trabalhador a execução dessas tarefas está consideravelmente limitado. O empregador não pode, unilateralmente, subverter a estrutura da actividade contratualmente devida pelo trabalhador. O género de trabalho reflectido na categoria continuará a ser o elemento central e nuclear da situação do trabalhador (a sua «actividade principal»). A lei admite que sejam exigidas ao trabalhador outras tarefas, fora da categoria, mas como actividades *acessórias* (art. 118.º/4), o que, antes do mais, implica que elas ocupem, no horário de trabalho, menos tempo do que a principal.

De qualquer modo, decorre do art. 118.º/2 que o empregador pode utilizar a força de trabalho do trabalhador *para além dos limites da actividade contratada,* embora em funções *ainda delimitáveis a partir dela.* Essas actividades devem ser «afins» ou «conexas» às que definem a categoria.

A *afinidade* parece só poder significar semelhança, proximidade quanto à *natureza* e às características do trabalho: a lei ilustra esta ideia com a fórmula "actividades compreendidas no mesmo grupo ou carreira profissional" (art. 118.º/3). Este enunciado pode ser clarificador, ou não, conforme o sistema de organização das categorias que cada convenção colectiva de trabalho adopte. Mas fornece uma indicação útil no sentido de que deve tratar-se de trabalhos que envolvem aptidões psicofísicas do mesmo tipo ([1]).

Essa exigência de semelhança – relacionada com a tutela da profissionalidade – não é, porém, absoluta: são também admitidas tarefas com *ligação funcional* à actividade contratada que constitui a principal ocupação do trabalhador.

---

o do art. 22.º/2 LCT – era muito deficiente, mas não ilógico, e tinha a atenuante de transpor, *ipsis verbis*, um trecho negociado em sede de concertação social.

([1]) A perspectiva, sugerida por JORGE LEITE (*est. cit.* 33), de utilizar um critério de aproximação ao regime da formação profissional (segundo o qiual a afinidade correseponderia à identidade ou proximidade de conteúdos formativos e bases científicas) é seguramente pertinente e útil, mas pode mostrar-se insuficiente. Sendo um critério de apreciação extrínseca, não funcionará quando a «afinidade» só decorrer da natureza do trabalho, sendo muito diversas as exigências formativas.

Como requisito autónomo, a *ligação funcional* está manifestamente relacionada com o modo por que se encontra organizado o processo de laboração da empresa. Uma actividade está, neste sentido, ligada a outra quando é condição dela ou condicionada por ela (1), ou quando é ante-cedente ou consequente dela, ou ainda quando ambas fazem parte da mesma sequência (2). Há aqui que atender à contiguidade ou proximidade logico-funcional entre as duas actividades – não podendo bastar que elas constituam segmentos, mais ou menos distanciados, de um mesmo «processo». Se bastasse, perder-se-ia todo o sentido limitativo da exigência legal.

152. Mas o condicionamento do recurso a essa possibilidade não se limita à relação qualitativa e funcional entre as actividades em causa.

É, ainda, requerido que o trabalhador tenha «qualificação profissional adequada» para o exercício das actividades adicionais.

O elemento qualificação aponta para a existência da *formação profissional* necessária ao adequado exercício da actividade adicional. O elemento capacidade referencia, a nosso ver, sobretudo, as *condições físicas e psíquicas* necessárias ao normal desempenho dessa actividade. O trabalhador não pode ser chamado a prestar trabalho para o qual não esteja devidamente formado ou que implique esforços (físicos ou psíquicos) desproporcionados para as suas «capacidades». No prolongamento dessa linha, atribui o art. 151.°/3 ao trabalhador um "direito a formação profissional não inferior a dez horas anuais" quando o exercício das funções acessórias exigir qualificações especiais.

O mesmo quadro de valorações se exprime ainda no art. 151.°/4 (o empregador deve atribuir ao trabalhador «as funções mais

(1) Esta condicionalidade pode traduzir-se numa relação de *instrumentalidade* (numa garagem, a condução do automóvel para o elevador, e o accionamento deste, para proceder à mudança de óleo ou a uma reparação) ou de mera *sequencialidade* (o esvaziamento do depósito de óleo para posterior enchimento).

(2) Não basta, porém, a nosso ver, a mera «correlação, por integração num mesmo processo produtivo» (AMADEU DIAS, est. cit 48). A exigência legal tem propósito claramente limitativo – não pode implicar que ao trabalhador seja exigível, em último termo, tudo aquilo que se faz na empresa ou na fábrica.

adequadas às suas aptidões e qualificação profissional»). Por outras palavras, o poder de direcção não é legitimamente exercido quando, embora dentro do objecto do contrato de trabalho, ultrapassa o exigível ao trabalhador, nas condições (subjectivas) de formação e aptidão psico-física em que ele se encontra.

Mas, para além disso, a lei quer também evitar que o uso da «polivalência» se traduza em directo prejuizo do estatuto profissional e da situação económica do trabalhador: o exercício de actividades acessórias não pode implicar "desvalorização profissional" (art. 151.°/2).

Finalmente, o art. 118.° atribui ao trabalhador o direito à retribuição mais elevada que corresponda às actividades acessórias, "enquanto tal exercício se mantiver".

O Código do Trabalho não consagra, porém, o *direito à reclassificação* (na categoria correspondente a essas actividades), após seis meses de exercício, como o fazia o art. 22.°/5 LCT. O art. 120.°/5 CT é mesmo explícito na exclusão dessa hipótese, no caso de não ser expressamente estipulada.

153. O corolário mais importante da introdução deste regime na nossa lei está na *reconfiguração do objecto do contrato de trabalho*, a partir da «actividade contratada» (art. 118.°). A concepção tradicional de que esse objecto está «retratado» na categoria sofre com isto novo abalo. Com efeito, parece indubitável que o regime daquele artigo se move ainda dentro dos limites do objecto do contrato: não se trata aí de uma faculdade extraordinária, limitada a uso transitório, como é o caso do direito de variação regulado art. 120.° CT, mas de uma faculdade inserida no padrão normal de desenvolvimento das relações de trabalho.

O legislador tomou, deste modo, posição definitiva e indubitável perante a questão da rigidez ou impermeabilidade da categoria, como elemento delimitador do objecto do contrato (qualidades que lhe estavam atribuídas no âmbito da legislação anterior ao Código). E essa posição é a de que o compromisso do trabalhador abrange não só as actividades integráveis na sua categoria, mas ainda, porventura, outras que se compreendem na "actividade contratada" e, adicionalmente, tarefas conexas que caibam nas suas possibilidades e no seu tempo de trabalho, sem que se traduzam em prejuizo profissional ou económico.

5. *Flexibilidade funcional (cont.): o direito de variação da actividade.*

154. Para além da possibilidade de atribuição (a título permanente ou não) de actividades acessórias em relação às que definem a categoria, a lei reconhece ainda ao empregador uma faculdade «anormal» de exigir ao trabalhador, temporariamente, a realização de serviços não abrangidos pelo objecto do contrato (1).

A «anormalidade» da solução decorre do facto de a lei admitir, abertamente, que o empregador faça ao trabalhador exigências vinculativas *fora do objecto do contrato*. Essas exigências, desde que obedeçam a certos requisitos legais, devem ser obedecidas; se os requisitos são cumpridos, a eventual recusa da prestação dos serviços determinados será ilegítima e poderá acarretar consequências disciplinares.

Este «poder modificativo» (2), que funciona não só para além da categoria, mas também fora do próprio objecto do contrato (reconfigurado nos termos do art. 118.º), surge como uma derrogação ao princípio segundo o qual os contratos não são alteráveis unilateralmente. A derrogação é legitimada pela necessidade de ajustar a gestão da força de trabalho ao «dinamismo da realidade tecnico-organizativa da empresa» (3) e, portanto, como uma emanação da «liberdade de iniciativa e de organização empresarial» (art. 80.º/c) CRP). Por outras palavras, é da flexibilidade funcional que também aqui se trata – com reflexo directo na estrutura e no conteúdo da posição de poder do empregador.

---

(1) Contra a ideia de que esta faculdade seja susceptível de exercício unilateral, ou seja, sustentando que o *ius variandi* supõe acordo do trabalhador, vd. Ac. Rel.Lisboa 17/7/85 (CJ 85,4,192).

(2) Cfr. G. GHEZZI/U. ROMAGNOLI, *Il rapporto di lavoro*, 2ª ed , Bolonha (1987) 157 ss..

(3) G. GHEZZI/U. ROMAGNOLI, *ob. cit.* 157.

Todavia, se é certo que os liga esse traço comum, não há lugar para se confundir este direito de variação com a faculdade estabelecida no art. 118.º. Em primeiro lugar, a chamada «polivalência» traduz possibilidades que se contêm no objecto do contrato; o direito de variação extravasa o objecto do contrato, como decorre do art. 120.º/1. Há, neste segundo caso, maior risco de lesão da profissionalidade, além de que o regime legal não exclui a hipótese de "desvalorização profissional", o que significa que a modificação pode ser «para pior». Por isso, o recurso ao direito de variação é, como se verá, mais fortemente condicionado. E, desde logo, só pode ser *transitório*, ao contrário da «polivalência».

Vejamos, então, que requisitos específicos estabelece a lei para o exercício do *ius variandi* da actividade. São os seguintes:

a) *o interesse da empresa assim o exigir* (interesse de carácter objectivo, ligado a ocorrências ou situações anómalas na vida da empresa ([1]), e que portanto se não confunde com as conveniências pessoais do empregador);

b) *ser uma variação transitória* (de contrário, estar-se-ia perante uma mudança de categoria, que só pode fazer-se nos termos do art. 119.º)

c) *não implicar diminuição da retribuição nem modificação substancial da posição do trabalhador;*

d) ser dado ao trabalhador o *tratamento mais favorável* (designadamente em matéria de retribuição) que eventualmente corresponda ao serviço não convencionado que lhe é cometido;

e) haver *ordem expressa* do empregador, com *indicação do motivo e da duração da variação.*

([1]) Exemplos: doença ou outro impedimento temporário de um trabalhador que exerce funções de continuidade imprescindível ao funcionamento da empresa; necessidade da fiscalização da obra de construção de uma nova fábrica por um engenheiro da empresa interessada, o qual trabalha normalmente no departamento de controlo de qualidade na mesma empresa; acréscimo, súbito e temporário, de trabalho numa secção da empresa, requerendo a deslocação de trabalhadores de outra sub-ocupada.

155. De entre estes requisitos, cabe salientar, pelas dúvidas que têm suscitado, a *transitoriedade da variação, a inexistência de modificação substancial* e a *irredutibilidade da retribuição.*

Para além dos casos em que existe regulamentação convencional a consagrar o direito de acesso à categoria (quando superior) que as funções temporárias definem, após certo tempo de exercício delas, não se dispõe de qualquer padrão utilizável para determinar a divisória entre a «transitoriedade» e a «permanência» (entendida esta como título de aquisição daquele direito de acesso ou «direito à promoção»). A jurisprudência tem, aliás, assumido posições de grande elasticidade na aplicação deste requisito, parecendo bastar-se com a aparência de transitoriedade criada por declaração do empregador ([1]).

Mas não pode deixar-se de acautelar neste domínio, a hipótese de fraude à lei. O carácter temporário da alteração de funções há-de ser susceptível de objectivação pelas características de cada situação concreta.

É preciso que resulte que as tarefas em causa são *extraordinárias* relativamente aos padrões de funcionamento da empresa, não justificando, pela sua provisoriedade, que o quadro de pessoal seja remodelado para as abranger.

Igualmente se poderá ter por verificado o requisito legal se houver *substituição* do titular de um posto de trabalho por outro empregado, sendo claramente transitório o impedimento daquele; dir-se-á que o direito de variação existe enquanto funcionar (relativamente ao substituído) o mecanismo de suspensão do contrato que o art. 294.º/1 CT faz assentar, também, no carácter temporário da impossibilidade da prestação de trabalho.

Mas, para além das situações típicas, não resta senão o recurso das regras de experiência em matéria de organização do trabalho na empresa para aferir a transitoriedade invocada em abono da variação de funções.

([1]) Cfr. Acs. Rel. Porto 27/10/80 (CJ, 80, 4, 244), Rel. Lisboa 6/7/81 (CJ, 81, 4, 153), Rel. Coimbra 7/10/82 (CJ, 82, 4, 86), Rel. Coimbra 4/11/82 (CJ, 82, 5, 70), Rel. Lisboa 15/11/89 (CJ 89, 5, 164) e Rel. Porto 7/7/86 (CJ 86, 4, 261).

O requisito da *inexistência da modificação substancial da posição do trabalhador* significa, desde logo, que o trabalhador não pode ser, pelo exercício do direito de variação, colocado numa "situação hierárquica injustamente penosa" ([1]). Mas não basta, para se verificar "modificação substancial", que as tarefas temporariamente exigidas correspondam a categoria inferior: como se verá, a lei admite a variação *in peius*. É necessário que o desnível hierárquico se mostre susceptível de provocar desprestígio ou afectar a dignidade profissional do trabalhador.

Todavia, o alcance deste requisito só é bem definido à luz de outra ordem de considerações. Ele há-de relacionar-se com a óbvia necessidade de articular o princípio geral da inalterabilidade do objecto do contrato por acto unilateral de qualquer dos sujeitos com o reconhecimento de um direito de variação ao empregador, com incidência nesse mesmo objecto. Essa articulação far-se-á à luz de duas ordens de exigências: a da "flexibilidade" no uso da mão-de-obra disponível e a de tutela das potencialidades e perspectivas profissionais do trabalhador. Ora esta tutela não pode satisfazer-se com o simples afastamento do "vexame" ou da "indignidade": ela tem que interferir com a natureza dos serviços temporariamente exigidos, na sua relação com o género de aptidões profissionais colocadas pelo contrato à disposição do empregador. A "modificação substancial" existe, por conseguinte, sobretudo quando se não verifique qualquer *afinidade* entre as tarefas temporariamente cometidas e as que definem a categoria do trabalhador ([2]).

No que respeita à exigência de que *a alteração não implique diminuição da retribuição*, pode bem questionar-se a sua utilidade. É evidente que, tomado em conta o art. 129.°/1-d) CT e a manifesta imunidade da categoria de que o trabalhador é titular perante o fenómeno da alteração temporária de funções (art. 120.°/5), estaria sempre fora de causa a diminuição da retribuição,

---

([2]) F. RESENDE, *As prestações das partes no contrato de trabalho*, ESC 32, 14.

([1]) Cfr., em sentido aproximado, J. LEITE/F. COUTINHO DE ALMEIDA, *Colectânea* cit. 72.

mesmo que a lei se lhe não referisse. Sendo a intangibilidade do salário uma *consequência* do exercício do direito de variação *in peius* (isto é, da atribuição de funções correspondentes a categoria mais baixa), mal se entende que ela surja, na lei, como um *requisito* desse exercício. E a perplexidade que a formulação legal suscita poderia até conduzir a que ela fosse interpretada como impeditiva da mencionada variação *in peius:* ao referir a inadmissibilidade da diminuição do salário, o legislador estaria, do mesmo passo, a vedar a mudança *para tarefas a que corresponde retribuição mais baixa.*

Tal interpretação pecaria por artificial, por desajustada à efectivação do «interesse de uma relativa mobilidade da força de trabalho» ([1]) que constitui um dos suportes do *ius variandi*. De resto, o art. 120.° CT e, muito antes dele, o art. 22.° da LCT de 1969, recolheram quase literalmente o teor do art. 2103.° do Cód. civil italiano, na versão anterior a 1970 (ano em que foi publicado o *Statuto dei lavoratori,* cujo art. 13.° reformulou, em sentido fortemente restritivo, essa disposição da lei civil) – e nunca ofereceu grandes dificuldades, à doutrina e à jurisprudência de ambos os países, o reconhecimento da admissibilidade da variação *in peius.*

Repete-se que o exercício deste «direito de variação» ([2]) não afecta a categoria assumida pelo trabalhador, nem – como se vê – tem qualquer reflexo desfavorável sobre o seu estatuto laboral: as prerrogativas correspondentes à categoria que lhe pertence mantêm-se íntegras; somente poderão melhorar se a função transitória corresponder a uma qualificação superior ou que, em aspectos isolados, se mostre mais vantajosa.

([1]) PERA, *Diritto del Lavoro,* Pádua (1980) 502.

([2]) Embora mais correntemente usada a propósito do tipo de actividade exigido ao trabalhador, a expressão é válida também para outras modificações que o empregador pode fazer no domínio das condições de trabalho, sob certos requisitos legais: alterações do local de trabalho, do horário de trabalho, da estrutura da retribuição. Aí se deparará com outros "direitos de variação" do empregador.

6. *Flexibilidade funcional (cont.): o exercício de funções em comissão de serviço.*

156. A correlação estabelecida pela lei entre o exercício continuado de certas funções e a «aquisição» do estatuto profissional que lhes esteja ligado sofre um importante desvio quando se torna aplicável o regime de *comissão de serviço.*

O art. 161.° CT contempla a atribuição ao trabalhador de certas funções – genericamente caracterizáveis por «uma especial relação de confiança» – a título *reversível.*

Com alguma tradição na regulamentação colectiva e na prática de certas empresas, o dispositivo da comissão de serviço radica, no entanto, principalmente no regime da função pública ([1]).

O que caracteriza esse dispositivo é a *transitoriedade* da função e a *reversibilidade* do respectivo título profissional. O trabalhador detém uma categoria básica ou «de origem», relativamente à qual funciona em pleno a tutela estabilizadora já indicada; exerce, contudo, por tempo pré-determinado ou não, uma função diversa da que aquela categoria reflecte, acedendo a um título profissional e a um estatuto laboral (nomeadamente remuneratório) que, como essa função, podem cessar a qualquer momento. Dá-se, neste caso, o retorno à categoria de base e ao correspondente estatuto (com eventual descida na valorização relativa das funções e no montante da retribuição).

157. A aplicação do regime da comissão de serviço só pode ter lugar, nos termos do mencionado artigo, relativamente a «cargos de administração ou equivalentes, de direcção dependentes da administração» e, ainda, a «funções de secretariado pessoal» ou outras previstas em instrumento de regulamentação colectiva, «cuja *natureza também suponha especial relação de confiança*».

([1]) Aí, com efeito, desde o DL 191-F/79, de 26/6, o provimento do «pessoal dirigente» é feito sob a exclusiva forma de comissão de serviço (art. 4.°). Veja-se, no mesmo sentido, o art. 19.° L. 2/2004, de 15/1.

O exercício de funções nesse regime pressupõe *acordo escrito* entre o empregador e o trabalhador, do qual deve constar, nomeadamente (art. 162.°/3-*c*) e *d*)):

a) tratando-se de trabalhador já ao serviço da empresa, «a actividade que exerce, bem como, sendo diversa, a que vai exercer após cessar a comissão";

b) se o trabalhador for admitido em regime de comissão de serviço, mas para permanecer depois ao serviço da empresa, «a actividade que vai exercer após cessar a comissão».

Note-se, porém, que o acordo pode estabelecer que o próprio contrato de trabalho se extinga com a cessação da comissão (art. 164.°/1-*c*) *in fine*). Haverá então *contrato de trabalho em regime de comissão de serviço*, celebrado especificamente para que certa pessoa exerça, a título transitório, uma função com cabimento no art. 161.°.

Assim, o regime de comissão de serviço pode surgir em três configurações: com fundamento num acordo "intercalar", celebrado entre trabalhador e empregador no decurso de uma relação de trabalho estável (comissão de serviço interna); com fundamento num contrato de trabalho cujo objecto é o exercício de funções em comissão de serviço (comissão de serviço externa), mas que pode ter um de dois destinos, conforme o estipulado: ou apresentar-se, desde logo, como de duração limitada à do exercício das funções em causa; ou prevendo-se a continuidade do contrato, noutras actividades, após a cessação da comissão.

158. A *cessação* da comissão de serviço pode ser decidida por qualquer das partes, não carecendo de fundamentação expressa; mas a parte promotora da cessação deve dar pré-aviso à outra (30 ou 60 dias, conforme a comissão tenha durado até dois anos ou mais de dois anos) (art. 163.°/1).

Excepto no caso de extinção do contrato por efeito imediato da cessação da comissão, esta tem sempre por consequência a passagem do trabalhador a funções que correspondam à actividade contratualmente prevista (art. 164.°/1-*a*)).

Mas o trabalhador, confrontado com a decisão da entidade empregadora de pôr termo ao exercício das suas funções de confiança, pode preferir a desvinculação definitiva. A lei reconhece-lhe o direito de *resolver* o contrato – e, nesse caso, como no de cessação do vínculo por efeito directo do termo da comissão, deve ser-lhe paga indemnização de antiguidade (art. 164.°/1-*b*) e *c*)).

É sobretudo pela organização das regras aplicáveis às situações constituídas ou a constituir que vale a iniciativa do legislador; secundariamente, este regime poderá desempenhar um papel promocional relativamente ao uso de um instrumento que particularmente se adequa a certas situações *(maxime* as dos dirigentes) a que um regime baseado na tutela da estabilidade se mostra desajustado

§ 15. A antiguidade ([1]).

159. O contrato de trabalho tem carácter duradouro, é de execução duradora. A actividade do trabalhador não surge, juridicamente, como uma pluralidade de actos mas como uma *unidade ou sequência lógica* correspondente a uma *disposição global e contínua* do agente. Daí que o *tempo* seja um dos factores mais influentes na fisionomia da relação de trabalho concreta e na conformação da disciplina jurídica que a tem por objecto ([2]).

A relação de trabalho não se esgota num momento, numa prestação instantânea. Seja qual for a sua duração, ela implica sempre alguma *continuidade*, um «estado de facto que indica a mais ou menos prolongada inserção de um trabalhador numa organização empresarial" ([3]).

A continuidade determina, na esfera jurídica do trabalhador, a *antiguidade*. Em cada momento, ele *tem uma certa antiguidade* que

---

([1]) Vd. RIVA SANSEVERINO 287 55.; SAETTA, *L'anzianità come fatto giuridico,* «Rev. Dir. Lav.» (1974) n.° 1, 210 55..

([2]) Veja-se DE LUCA TAMAJO, *Il tempo nel rapporto di lavoro,* DLRI 31, 1986, 433 55.

([3]) BARASSI *Diritto del Lavoro* cit. 188.

lhe é juridicamente reconhecida por dela decorrer, para a sua posição na relação laboral, um certo conteúdo. A antiguidade reflecte-se na dimensão e no conteúdo dos direitos do trabalhador e, em particular, nos efeitos económicos da cessação do seu contrato.

Convém, no entanto, distinguir – como o fazem por vezes as convenções colectivas – entre a antiguidade *na empresa,* que corresponde ao significado legal do termo, e a antiguidade *na categoria,* à qual são ligados certos dispositivos como os das «diuturnidades» (1) e das «promoções automáticas» (2). Nesta segunda acepção, como é óbvio, está apenas em causa o tempo de permanência do trabalhador em determinada categoria ou função; cada mudança de categoria envolve o regresso ao ponto-zero.

---

(1) Hoje existe uma definição legal de diuturnidade (art. 262.º/2-b) CT). Na fórmula mais usual, o sistema de diuturnidades visa compensar as dificuldades de progresso do trabalhador no seu estatuto socioprofissional, particularmente nos casos de *categorias sem acesso obrigatório* (por não fazerem parte de uma carreira) ou de *promoção condicionada pela abertura de vagas* (isto é, não directamente imposta pelo decurso do tempo ou mesmo pelo exercício continuado de funções correspondentes ao posto de trabalho superior). A diuturnidade constitui, conforme o ângulo de observação, um *período* de permanência na mesma categoria (dois, três, cinco anos) e o *complemento ou acréscimo da retribuição* correspondente a essa categoria (5%; 3€) a que tal permanência dá direito.

Em regra, também, e como lógico corolário do objectivo que se indicou, estes acréscimos destinam-se a ser consumidos pelo aumento de retribuição decorrente de posterior promoção. Com as características indicadas, a diuturnidade liga-se claramente à «antiguidade na categoria». Vejam-se, entre outros, os Acs. STA 21/1/76 e 27/7/76 (AD 171.°, 430 e 432), particularmente no que toca à fundamentação geral das diuturnidades.

(2) A «promoção automática» consiste na subida de categoria pelo mero decurso do tempo, nem sequer se exigindo, normalmente, que se trate de tempo de serviço efectivo, mas apenas de *permanência* na categoria de origem. Na regulamentação colectiva, o sistema de promoções automáticas combina-se, em proporções diversas, com critérios de valorização de aptidões e experiências profissionais; pode todavia dizer-se, com alguma segurança, que aquele sistema tende a generalizar-se nas *linhas funcionais homogéneas*, ou seja, no trânsito entre categorias a que podem ser, em princípio, indistintamente associadas as mesmas funções (por exemplo, as de 3.° a 1.° escriturário), resultando a destrinça entre elas de uma concreta organização de trabalho, plasmada, normalmente, num «quadro» ou «organigrama» de que constam diferentes dotações.

A problemática que em seguida se aborda diz respeito à noção legal de antiguidade, que é também, de resto, a mais geralmente acolhida na regulamentação colectiva.

Sob o ponto de vista do trabalhador, ela relaciona-se intimamente com o *risco de ruptura:* quanto maior a duração do contrato, mais profunda a integração psicológica do trabalhador na empresa, mais indesejável ou perturbadora, portanto, a possibilidade de cessação do contrato. Assim, a antiguidade cria e vai acrescendo uma *expectativa de segurança* no trabalhador.

Pelo que diz respeito aos interesses do empregador, ela significa que a empresa pôde concretizar, ao longo de certo período, as disponibilidades de trabalho de que carecia, mantendo incorporado um elemento de cuja integração nos objectivos da empresa é garantia esse mesmo tempo de vinculação.

Por isso se entende que o regime da antiguidade só se ajusta plenamente às situações de *trabalho na empresa.*

160. A antiguidade é, pois, um período cuja dimensão varia de caso para caso. A primeira questão que se pode por é a de saber *a partir de que momento* se conta a antiguidade do trabalhador.

Trata-se de averiguar se a antiguidade é computada a partir do momento da celebração do contrato (isto é, desde que as partes se acham juridicamente vinculadas) ou com base na duração efectiva do serviço, isto é, a partir do início da execução do mesmo contrato. Estes dois momentos podem achar-se mais ou menos distanciados ([1]), e não é por isso indiferente, mesmo na prática, a opção por qualquer deles.

Como se disse, o reconhecimento da antiguidade como "facto jurídico" está ligado à integração do trabalhador na organização laboral mantida pelo empregador. Essa integração opera-se, na maioria dos casos, por imediato efeito de celebração do contrato, mas nem sempre. Com efeito, o vínculo é muitas vezes contraído com reserva de um prazo para o início da execução (até, eventualmente, no decurso do período de aviso-prévio de uma rescisão declarada noutra empresa...); e mesmo quando isso não seja expli-

([1]) A própria lei o admite a outros propósitos (cfr., por exemplo, o art. 113.º/1 CT).

citado, a situação de facto, aceite por ambas as partes, pode resultar assim: o trabalhador só "entra ao serviço" algum tempo depois da celebração do contrato.

Mas, por outro lado, também não se pode, sem mais, concluir que é com o início da prestação de trabalho que deve começar a contar-se a antiguidade do trabalhador (1).

A integração do trabalhador na organização técnico-laboral pode não coincidir, no tempo, com o começo da realização da actividade prometida. Um trabalhador pode integrar-se na empresa (entrando, por exemplo, em formação interna ou, simplesmente, em fase de familiarização) sem começar a exercer plenamente a função contratada. Está integrado, está mesmo a cumprir o contrato, mas não está a executar a actividade contratada. É já, de qualquer modo, um elemento da organização.

É o momento da *efectiva admissão* do trabalhador, isto é, aquele em que o trabalhador passa realmente a encontrar-se «ao serviço» da empresa (embora, porventura, para ela ainda não trabalhe propriamente...), que deve relevar para efeitos de contagem da antiguidade. Esta não se identifica, pois, propriamente, com a «duração do trabalho efectivo» (2), mas com a duração da «pertinência à empresa» (3) que começa, não com a celebração do contrato, mas com a incorporação na empresa (4). Trata-se de uma aplicação do modelo analítico fornecido pela *teoria da incorporação,* cujos traços básicos indicámos atrás.

O entendimento exposto encontra apoio em diversos preceitos legais, sobretudo o do art. 147.º/3, segundo o qual, após a conversão do contrato a termo em contrato sem termo, a antiguidade do trabalhador se conta «desde o início da prestação de

---

(1) E parecia ser este o ponto de vista de alguns autores, como BARASSI 192 ss.

(2) BARASSI, *ob.* e loc. cits.

(3) A expressão é retirada da linguagem jurídica germânica (*Betriebszugehörigkeit*).

(4) NIKISCH 616. Note-se que a afirmação não se reporta ao nosso conceito de antiguidade, mas à noção germânica de «ocupação» *(Beschäftigting)* que, no plano dos efeitos jurídicos, pode parificar-se àquele.

trabalho»; e do art. 112.°/6, que consagra a regra segundo a qual «a antiguidade do trabalhador conta-se desde o início do período experimental».

161. Outra questão é a da *contagem* da antiguidade a partir daquele momento. Com efeito, a antiguidade do trabalhador não se restringe à dimensão temporal do serviço efectivamente prestado.

Há que ter em conta, em primeiro lugar, os períodos que a lei ou as convenções colectivas mandam *adicionar* à duração efectiva do trabalho prestado, sem que se possam identificar na realidade *situações de facto* correspondentes.

Assim, para o caso de *cessação do contrato* numa altura do ano em que o trabalhador ainda não tenha gozado as férias devidas, estabelece o art. 245.°/2 CT que *esse período de férias será adicionado à antiguidade*. Por aplicação deste preceito, pode acontecer frequentemente que a antiguidade do trabalhador seja maior do que a duração do contrato...

Vejamos um exemplo. Um trabalhador admitido em 1990 vê cessar o seu contrato em 15 de Dezembro de 2003. Nos termos da lei, tinha direito a vinte e dois dias úteis de férias por ano. Se não houver gozado férias em 2003, terá direito (art. 245.°) a uma compensação correspondente a 22 dias úteis (por essas férias vencidas e não gozadas), mais 3/12, ou seja, a quarta parte dos 22 dias úteis que teria direito a gozar em 2004, se o contrato subsistisse – num total de 27,5 dias de salário (acrescido de idêntico valor a título de subsídio). Mas, além disso, *aqueles* 22 dias (já vencidos) contam-se na antiguidade (art. 245.°/2). Ou seja: se nenhuma ocorrência anterior tiver provocado descontos na antiguidade, esta será igual à duração da relação de trabalho *mais um mês*.

Há, em segundo lugar, várias situações em que não ocorre prestação de trabalho mas também não pode falar-se de incumprimento do contrato pelo trabalhador.

Assim, contam-se na antiguidade os períodos de *licença sem retribuição* (art. 317.°/5, remetendo para o art. 295.°), de *faltas justificadas* (art. 255.°), de *suspensão por impedimento prolongado*, ainda que conexo ao trabalhador (art. 295.°/2).

Estas hipóteses, somadas umas às outras, aproximam-se tanto de uma cobertura total da possível «descontinuidade» do serviço efectivo, que confirmam a convicção de que o legislador concebe a antiguidade como «duração da pertinência à empresa» – só se interrompendo, por via de regra, quando ocorre a cessação do contrato.

Verdadeiramente, apenas fogem a esta linha geral os casos de *faltas não justificadas* (art. 256.°/1), que, pelos mesmos motivos que podem conduzir à integração de um tipo de infracção disciplinar (n.° 2 do mesmo art.), se presume constituirem manifestações de uma atitude de desconformidade com a ordem interna da empresa – ou seja, quebras culposas da «disponibilidade» do trabalhador.

Nos lugares próprios – e muito especialmente a propósito do direito a férias e do regime da cessação do contrato – serão indicados os principais efeitos da antiguidade.

162. A antiguidade beneficia de uma específica protecção. Ela é assegurada pelo art. 129.°/1-*j*), que *proíbe* a cessação do contrato seguida de readmissão, com o propósito de prejudicar a antiguidade, mesmo no caso de o trabalhador ter dado o seu acordo.

A inobservância da proibição legal é, nos termos do n.° 2 do mesmo artigo, contra-ordenação muito grave. Mas não só isso. A infracção em causa terá ainda a consequência normal da prática de um acto proibido, com o propósito de produzir certo efeito jurídico – ou seja, *a frustração desse efeito*. A cessação do contrato inicial, ainda que feita de harmonia com as regras aplicáveis, será *ineficaz* se se provar que o empregador agiu assim face ao trabalhador com «o propósito de o prejudicar em direitos ou garantias decorrentes da antiguidade».

No entanto, o alcance de tal protecção parece um tanto relativo. Com efeito, e nos termos do preceito proibitivo que citámos, é necessário provar que existe o *propósito de prejudicar* o trabalhador em direitos ou garantias decorrentes da antiguidade. Esta intenção dolosa, como em muitos outros casos, pode ser extremamente difícil de demonstrar. E pa-rece de aceitar o entendimento segundo o qual a própria conduta em causa (ruptura seguida de readmissão) indicia, pela sua natureza, a existência da intenção de prejudicar – será esse o seu *normal* significado –, cabendo por conseguinte ao empregador o encargo de justificar de outro modo o seu procedimento.

§ 16. Os deveres acessórios do trabalhador ([1]).

1. *Enunciado geral.*

163. Para além da obrigação principal que assume através do contrato – a de executar o trabalho de harmonia com as determinações da entidade patronal –, recaem sobre o trabalhador outras obrigações, conexas à sua integração no complexo de meios pré-ordenado pelo empregador, sendo umas de base legal (como o chamado *dever de lealdade)* e outras de origem convencional (como, em certas actividades económicas, a *obrigação de não fumar*).

Alguns autores ([2]) propõem, no domínio desses deveres acessórios de conduta, uma distinção entre aqueles que são *autónomos ou complementares* relativamente à prestação de trabalho (assim, por exemplo, o dever de lealdade adiante citado) e os que são *auxiliares* ou *integrativos* daquela prestação (como o chamado dever de obediência). Tal destrinça oferece sérias dificuldades teóricas e não deixa de ser, por isso, nomeadamente na doutrina italiana, alvo de frontal contestação ([3]). Entretanto, o mencionado esquema constitui un modelo fortemente sugestivo na sua traça geral: tendo em vista a *execução do trabalho efectivo* (que, todavia, não esgota o objecto da obrigação *principal* do trabalhador, como já se sugeriu), há efectivamente «deveres» que constituem afinal *modalidades* daquele comportamento, estão «dentro dele», como a *obediência* e a *diligência;* e há, por outro lado, situações subjectivas «laterais», que favorecem e complementam a execução do trabalho, mas podem não coincidir com ela, como as de *lealdade, assiduidade* e *custódia.*

([1]) Vd., em geral, entre muitos outros: MANCINI, *La responsabilitá contrattuale del prestatore di lavoro,* Milão (1957); MAZZONI, *Manuale di diritto del lavoro,* I 371 ss.; DE TOMMASO, *Valore e valutazione della diligenza del prestatore di lavoro subordinato,* «Il diritto dell'economia» (1970) n.° 3, 392 ss..

([2]) Na Itália, por exemplo, GIUGNI, *Mansioni e qualifica nel rapporto di lavoro,* Nápoles (1963) 161.

([3]) Vd., entre outros, PERSIANI, *Contratto de lavoro e organizzazione,* Pádua (1966) 231; e, nalguns aspectos, MANCINI, *La responsabilità contratuale del prestatore di lavoro,* Milão (1957) 102.

2. *Dever de lealdade* [1].

164. Decorre do art. 128.º/1-*f*) CT a consagração de um «dever de lealdade» do trabalhador para com o empregador; e, ainda, que são manifestações típicas desse dever a interdição de concorrência e a obrigação de sigilo ou reserva *(riservatezza,* na terminologia italiana) quanto à «organização, métodos de produção ou negócios» do empregador.

A elasticidade que, potencialmente ao menos, caracteriza estes conceitos – e, muito em especial, o próprio conceito de lealdade – torna difícil a fixação de critérios para a sua aplicação. Não pode, todavia, ignorar-se que, neste ponto, a inspiração da nossa lei (desde o art. 21.º da velha LCT) se encontra no art. 2105.º do C. Civil italiano, o qual dispõe que «o prestador de trabalho não deve negociar (*trattare affari*), por conta própria ou de terceiros, em concorrência com o empresário, nem divulgar informações (*notizie*) referentes à organização ou aos métodos de produção da empresa, ou fazer uso delas de modo a poder causar-lhe prejuízo».

A doutrina italiana construiu, a partir daí, um dever *geral* de fidelidade (*fedeltà*) ou lealdade do trabalhador. Esse dever geral tinha um alcance funcional preciso: o de servir de fundamento à proibição de qualquer comportamento do trabalhador «que possa constituir um atentado à segurança da posição do dador de trabalho ou

---

[1] Também nesta matéria o CT é largamente tributário da LCT de 1969. Contudo, há diferenças significativas a assinalar. No art. 21.º/1 dessa lei, a palavra "lealdade" surgia em duas alíneas diferentes, e com significados também distintos. Na al. a), estava associada a noções como as de "respeito" e "urbanidade", mais apropriadas a regras éticas de boa convivência do que a comportamentos contratualmente devidos. A lealdade era aí sinónimo de franqueza, transparência, honestidade, como condições de um bom trato pessoal. Na al. c), o termo assumia um conteúdo juridico-positivo mais vincado e servia para designar um dever de conteúdo essencialmente (embora não exclusivamente) abstensivo, como se verá no texto. O CT abandonou o termo na primeira acepção – substituindo-o, correctamente, por "probidade" – e manteve-o para o uso operatório consolidado que já tinha na vigência da LCT.

prejudicar de outro modo a actividade para cuja realização ele assumiu o compromisso de colaborar» [1].

Entende-se, com efeito, que a exigência geral de boa-fé na execução dos contratos – e que se exprime pela necessidade de obviar a que as prestações neles deduzidas sejam funcionalmente desvirtuadas pelo comportamento dos prestadores, isto é, de impedir que o fim visado pelo credor (ou credores) seja anulado ou compensado por um prejuízo resultante do modo e do *animus* do cumprimento – assume particular acentuação no desenvolvimento de um vínculo que se caracteriza também pelo carácter duradouro e pessoal [2] das relações emergentes. Estas notas típicas das relações de trabalho subordinado têm contribuído para que, nalgumas construções doutrinais e jurisprudenciais, se coloque o acento tónico no elemento *fiduciário* das mesmas relações, isto é, na necessidade de subsistência de um estado de confiança entre as partes como fundamento objectivo da permanência do vínculo [3].

É verdade, porém, que a concepção da lealdade sofreu, na Itália, uma revisão profunda, a partir da publicação, em 1970, do *Statuto dei Lavoratori:* algumas das suas disposições reflectiam uma nova perspectiva das relações de trabalho, segundo a qual só podia atribuir-se relevo às qualidades do trabalhador na medida em que fossem "inerentes ao conteúdo profissional da prestação" [4]. Esta postura do legislador levava ao afastamento definitivo dos resíduos

---

(1) R. Corrado, *Il lavoratore nell' organizzazione dell'impresa, in Nuovo Trattato di Diritto del Lavoro* dir. L. Riva Sanseverino, G. Mazzoni, II, 243. Neste sentido, veja-se o Ac. STJ 21/1/92 (AF 373, 108).

(2) Cfr. Camerlynck/Lyon-Caen, 295.

(3) A concepção fiduciária das relações de trabalho subordinado tem hoje uma projecção doutrinal limitada. Todavia, subsiste em pleno quanto àquelas funções que, por vezes, a própria lei qualifica como correspondentes a «cargos de direcção ou de confiança», ou seja, quanto às relações laborais que envolvem a partilha ou a delegação de poderes patronais, bem como às que têm por objecto o aconselhamento, assessoria ou auditoria da direcção e gestão das empresas.

(4) Carinci/Tamaso/Tosi/Treu 152.

comunitários que ainda sobrenadavam no modo de construir um dever *geral* de lealdade com base legal, de resto, pouco consistente ([1]).

Firmou-se, assim, o entendimento dominante de que não é viável extrair-se da lei um dever *geral autónomo* de lealdade, mas apenas os deveres específicos de sigilo e não-concorrência expressamente identificados ([2]). Para além disso, admite-se que um enunciado genérico da lealdade derive, para o contrato de trabalho, da boa-fé, mas apenas como elemento ou modalidade do comportamento devido pelo trabalhador no cumprimento da sua obrigação principal ([3]).

165. É altura de indagar se a lealdade se configura, no ordenamento português, como um dever *geral,* com duas especificações que o não esgotam, ou se, pelo contrário, há-de entender-se que é um conceito com dois sentidos normativos isolados e exclusivos. A questão assume particular complexidade porque a concepção do dever *geral* de lealdade está historicamente associada a uma visão comunitária e solidarística das relações de trabalho que, fazendo parte do quadro político-jurídico do corporativismo, podia considerar-se de pé na época em que a LCT foi publicada, mas foi, a nosso ver, superada com o regime jurídico-constitucional posterior a 1974.

Contudo, não parece que o problema se reduza a esta ligação ideológica. O dever geral de lealdade é compatível com uma concepção contratualista e comutativa das relações laborais. Demonstra-o, no plano doutrinal, o facto de alguns autores germânicos com posição adversa à concepção comunitária ([4]), e inclusivamente dubitativos ante a formulação tradicional daquele dever, desembocarem em resultados operatórios semelhantes aos da

([1]) Na verdade, o único suporte residia na epígrafe do art. 2105.° do Cód. *Civ.* (*Obbligo di fedeltà*); o texto respectivo refere apenas, sem qualquer envolvente conceitual, os deveres de sigilo ou reserva e de não-concorrência.

([2]) Cfr., para desenvolvimento, TRIONI, *L'obbligo di fedeltà nel rapporto di lavoro,* Milano (1982).

([3]) Neste sentido, CARINCI/TAMAJO/TOSI/TREU 152.

([4]) Cfr. ZÖLLNER, *Arbeitsrecht* cit. 145 ss.; SÖLLNER, *Grundriss* cit. 255 ss..

orientação anterior ([1]), considerando a lealdade como "fonte" de deveres acessórios de conduta inominados e como elemento da configuração de todas as obrigações (principais e acessórias) na relação de trabalho ([2]). A recondução do tema à boa-fé – pois é disso que se trata – permite, em todo o caso, deixar para trás a matriz comunitária com que o dever de lealdade adquiriu notória acentuação nos ordenamentos corporativos.

Ora não parece que a alteração de pressupostos verificada, também, na evolução do ordenamento laboral português permita, sem mais, ignorar que a proposição jurídica referente à lealdade lhe confere um alcance normativo superador dos limites do sigilo e da não-concorrência. Retome-se o art. 128.º/1-*f)* CT: "guardar lealdade ao empregador, nomeadamente...". Este preceito não foi confrontado – como o art. 2105.º do Cód. Civ. italiano – com uma atitude limitativa explícita do legislador que obrigasse a reformular a posição jurídica do trabalhador em face dos riscos de prejuízo, surgidos no contexto da relação de trabalho, para o empregador e a empresa. Não obstante certas sugestões constitucionais – demasido ténues para servirem de suporte a uma orientação diversa –, a "objectivação" ou "despersonalização" dos contactos entre as esferas do trabalhador e do empregador é, entre nós, uma construção jurídica incompleta, desde logo porque distante da necessária assimilação cultural. A jurisprudência tem persistido em enfatizar os ingredientes fiduciários da relação de trabalho, para os quais o dever geral de lealdade assume uma função estruturante.

166. Assim, e em geral, o dever de fidelidade, de lealdade ou de «execução leal» tem o sentido de garantir que a actividade pela qual o trabalhador cumpre a sua obrigação representa de facto a *utilidade* visada, vedando-lhe comportamentos que apontem para a neutralização dessa utilidade ou que, autonomamente, determinem

---

([1]) Cfr. DÄUBLER, *Das Arbeitsrecht* cit., 2, 313.

([2]) ZÖLLNER 147. No mesmo sentido, aliás, vai a jurisprudência mais recente do Tribunal Federal do Trabalho (BAG): DÄUBLER 314.

situações de «perigo» [1] para o interesse do empregador ou para a organização técnico-laboral da empresa [2]. «O trabalhador deve, em princípio, abster-se de qualquer acção contrária aos interesses do empregador, mas o dever de lealdade tem igualmente um conteúdo *positivo*. Assim, deve o trabalhador tomar todas as disposições necessárias (por exemplo, informar um superior hierárquico, alertar os bombeiros, a polícia, etc.) quando constata uma ameaça de prejuízo ou qualquer perturbação da exploração, ou quando vê terceiros, em particular outros trabalhadores, ocasionar danos» [3].

A relativa nitidez do perfil deste dever geral do trabalhador subordinado articula-se com uma acentuada elasticidade de conteúdo e uma variada graduação de intensidade. Com efeito, a natureza, a dimensão, os objectivos e o próprio estilo concreto de direcção da empresa – a começar, de resto, pela circunstância de ela existir ou não, como quadro das relações de trabalho – condicionam estreitamente o feixe das específicas manifestações deste dever, bem como o grau de exigência, quanto à conduta do trabalhador, que ele incorpora. É, por exemplo, evidente que, nos já aludidos «cargos de direcção ou de confiança», a obrigação de lealdade constitui uma parcela *essencial*, e não apenas acessória, da posição jurídica do trabalhador. Este juízo assenta na realidade de que tais cargos envolvem um peculiar grau de confiança, não apenas no plano subjectivo, mas também no que toca às condições objectivas (inserção orgânica e funcional do trabalhador) que induzem riscos particularmente intensos para a realização dos interesses do empregador.

Mas pouco mais se pode especificar *a priori* quanto à natureza genérica das condutas positivas ou abstensivas que devem considerar-se no círculo de manifestações do dever de lealdade. Embora, de um modo geral, as legislações (incluindo a portuguesa, como

---

[1] Cfr. CESSARI, *Fedeltà, lavoro, impresa,* Milão (1969), 58.

[2] MAZZONI, *Manuale* cit., I 518.

[3] BOLDT, *Le contrat de travail dans le droit de la Republique Fédérale d'Allemagne in Le contrat de travail dans le droit des pays membres de la C.E.C.A.*, Luxemburgo (1965), 267.

de início se assinalou) tipifiquem um certo número de obrigações contidas nesse círculo, é necessário admitir que tais indicações assumem invariavelmente um carácter exemplificativo e não dispensam que se continue a operar com um *dever geral* de conteúdo não especificado. Donde a notável relevância da aplicação jurisprudencial do conceito de lealdade ou fidelidade, que nalguns países (sobretudo os do *common law*) originou uma vasta casuística (1).

167. O dever geral de lealdade tem uma faceta *subjectiva*, que decorre da sua estreita relação com a permanência de *confiança* entre as partes (nos casos em que este elemento pode considerar-se suporte *essencial* de celebração do contrato e da continuidade das relações que nele se fundam).

É necessário – quanto a este aspecto do dever de lealdade – que a conduta do trabalhador não seja, em si mesma, susceptível de destruir ou abalar tal confiança, isto é, capaz de criar no espírito do empregador a dúvida sobre a idoneidade futura da conduta daquele (2). Como se observou, este traço do dever de lealdade é tanto mais acentuado quanto mais extensa for a (eventual) delegação de poderes no trabalhador e quanto maior for a atinência das funções exercidas à realização final do interesse do empregador (3). Além disso, a diminuição de confiança não está dependente da verificação de prejuízos nem – salvo no tocante à medida ou grau – da existência de culpa grave do trabalhador; com efeito, se é certo que o *animus* revelado no comportamento em causa determina, ou pode determinar, um maior ou menor abalo às expec-

(1) Vd. DRAKE, *Labour Law*, Londres (1973), 134; CAMERLYNCK, *Contrat de travail*, in *Traité de Droit du Travail* dir. CAMERLYNCK, vol. I, Paris (1968), 205. Cfr. ainda Ac. Rel. Lisboa 13/10/80 (CJ 80, 4, 161), ACS. STJ 29/6/84 (AD 27[illegible], 1490) e 7/12/84 (AD 279, 361); e ainda AC. Rel. Lisboa 21/3/90 (CT 90, [illegible], 195).

(2) Cfr. Ac. STJ 18/6/85 (AD 287, 1277), Ac. Rel. Lisboa 29/11/89 (CJ 89, 5, 170), Ac. Rel. Porto 5/3/90 (CJ 90, 2, 254), Ac. STJ 5/6/91 (AD 35[illegible], 1306) e Ac. Rel. Lisboa 7/11/90 (CJ 90, 5, 165).

(3) Cfr. em sentido próximo, ZÖLLNER, *Arbeitsrecht* cit., 146.

tativas de segurança do empregador, é também verdade que da simples materialidade desse comportamento, aliada a um grau moderado de culpa, pode, em certos contextos (funções requerendo a «máxima confiança», como as de caixa dum banco, assistente de administração, director-geral ou director), decorrer, razoavelmente, um efeito redutor das aludidas expectativas.

Encarado de um outro ângulo, o dever de lealdade apresenta também uma faceta *objectiva,* que se reconduz à necessidade do ajustamento da conduta do trabalhador ao princípio da boa-fé no cumprimento das obrigações (art. 762.° C. Civ.). «O devedor não pode cingir-se a uma observância puramente literal das cláusulas do contrato, se a obrigação tiver natureza contratual. Mais do que o respeito *farisaico* da fórmula na qual a obrigação ficou condensada, interessa a colaboração *leal* na satisfação da necessidade a que a obrigação se encontra adstrita. Por isso ele se deve ater, não só *à letra,* mas principalmente ao *espírito* da relação obrigacional» (1).

É o que hoje, em geral, resulta do art. 126.°/1 CT: o empregador e o trabalhador, na execução do contrato, "devem proceder de boa fé".

Desta exigência promana, no que especialmente respeita ao trabalhador, o imperativo de uma certa *adequação funcional* – razão pela qual se lhe atribui um cariz marcadamente objectivo – da sua conduta à realização do interesse do empregador, na medida em que esse interesse esteja «no contrato», isto é, tenha a sua satisfação dependente do cumprimento (e do modo do cumprimento) da obrigação assumida pela contraparte. «Do que se trata é de apurar, dentro do contexto da lei ou da convenção donde emerge a obrigação, os *critérios gerais objectivos* decorrentes do dever de leal cooperação das partes, na realização *cabal* do interesse do credor com o *menor sacrifício* possível dos interesses do devedor (...)» (2). Ou seja – noutros termos – o conteúdo de um dever geral de lealdade, com o sentido que lhe é sinalizado pelo art. 126.°/1 CT.

---

(1) ANTUNES VARELA, *Das obrigações em geral,* vol. II, 2.ª ed., Coimbra (1978), 11.

(2) ANTUNES VARELA, *ob. cit.* 12.

168. Como se observou, o dever de lealdade tem, nas relações de trabalho subordinado, manifestações muito variadas e insusceptíveis de previsão exaustiva.

Há, porém, expressões *típicas* desse dever, que se traduzem em específicas vinculações do comportamento do trabalhador.

Elas estão contempladas no art. 128.º/1-*f*): o trabalhador não deve *negociar por conta própria ou alheia em concorrência com o empregador* nem *divulgar informações referentes à sua organização, métodos de produção ou negócios.* Trata-se, respectivamente, da proibição de concorrência e da obrigação de sigilo ou reserva profissional.

O isolamento destas figuras só assume algum sentido operatório na medida em que, através delas, se objectivam *tipos de comportamento* infractores da lealdade.

Ambas assentam num mesmo juízo normativo: o de que a posição funcional do trabalhador, no desenvolvimento das relações laborais, não deve instrumentalizar-se à produção de resultados negativos para o interesse contratual do empregador.

Quer a concorrência, quer a divulgação de informações reservadas, são condutas que se caracterizam por algo mais do que a possibilidade de efeitos prejudiciais para a entidade patronal: o juízo legal de censura assenta também no facto de elas serem facilitadas e potenciadas quanto aos seus efeitos *pela especial posição em que o trabalhador se encontra* na organização técnico-laboral do empregador.

> De resto, existe uma notória coincidência nos campos de actuação do dever de não-concorrência e da obrigação de sigilo; as exigências práticas que cada um deles se destina a cobrir sobrepõem-se em grande parte. Assim, a concorrência movida pelo trabalhador, em nome próprio ou alheio, reveste-se da especial gravidade (para os interesses do empregador) derivada do conhecimento que aquele tenha da organização, métodos de fabrico e mercado da empresa em que está integrado pelo contrato de trabalho; por isso se sustenta, num sector minoritário da doutrina italiana, a construção autónoma (face ao dever de lealdade) de uma concorrência «diferencial» ou «qualificada» do trabalhador nessas condições ([1]).

([1]) Cfr. CORRADO, *ob. cit.*, 260. Em sentido próximo ao dessa orientação, CAMERLYNCK e LYON-CAEN admitem a existência de «concorrência desleal caracterizada» (*cit.* 296). Neste sentido, vd. Ac. Rel. Évora 25/6/91 (CJ 91, 3, 321).

Na inversa, a divulgação de informações reservadas implica, entre outros, o risco de potenciação da concorrência movida pelos empresários que as obtenham do trabalhador, ainda que este não participe directamente, com a sua actividade, no exercício dessa concorrência.

169. É necessário aprofundar um pouco o conteúdo do dever de não-concorrência. Aquilo que a lei veda ao trabalhador é que ele *negoceie por conta própria ou alheia em concorrência com a entidade empregadora* (1). Que condutas estão aqui envolvidas?

A abstenção de concorrência não atinge apenas as situações em que o trabalhador efectua «negócios», isto é, transacções comerciais em concorrência com o empregador. A formulação da lei abrange, necessariamente, todas as actividades profissionais que, exercidas por conta própria ou em regime de subordinação a um outro empregador, sejam susceptíveis de influir negativamente na posição que o primeiro empregador tem no respectivo mercado.

Como escrevemos noutra oportunidade, o que está em causa «é a necessidade de prevenir que, do exercício da actividade profissional para um segundo empregador, *possa resultar* (ou resulte) *uma limitação do volume de negócios e de proveitos do primeiro*. E o fenómeno assim visado é, claramente, o *desvio de clientela*» (2).

Há, no entanto, que precisar melhor a ideia de *concorrência* que serve de suporte à interdição legal.

E a primeira observação a fazer, embora evidente, é que *não concorrência* e *exclusividade* não são noções coincidentes. Trata-se de conceitos diversos. O *dever de não concorrência pressupõe a admissibilidade do pluriemprego* – isto é, a possibilidade da prestação de trabalho a mais de um empregador, sem que qualquer destes possa arrogar-se, sem mais, o direito de exigir essa prestação em exclusivo.

(1) Sobre o tema, vd. a anotação de MENEZES CORDEIRO, *Concorrência laboral e justa causa de despedimento*, ROA 46, 495, de cuja orientação divergimos em vários pontos.

(2) Cfr. o nosso *Sobre o «Dever de Lealdade» no contrato de trabalho*, in «Revista Jurídica do Trabalho», n.º 4, Janeiro-Março 1989, 106.

Quando a lei proíbe ao trabalhador actividades concorrenciais, *não está, seguramente, a impor-lhe a exclusividade da prestação de trabalho a um empregador.*

Depois, é obviamente necessário não perder de vista que a abstenção de concorrência, como expressão de lealdade, corresponde a um comando votado à *defesa do interesse económico e empresarial do empregador.*

Trata-se, com efeito, de salvaguardar um bem particular que é *a posição ocupada pelo empresário no mercado concorrencial.* Por outras palavras, trata-se de evitar que a actuação de um trabalhador por ele empregado contribua para o *desvio da sua clientela actual ou potencial para outro empresário actuando no mercado.*

Para que possa realizar-se com adequação e legitimidade o confronto de uma situação concreta com o dever de não concorrência é, pois, necessário ter em conta, mais do que a identidade ou a semelhança dos bens ou serviços produzidos pelas empresas consideradas, e muito mais do que o facto de pertencerem ao mesmo «ramo», «género» ou «sector» de actividade económica, este requisito elementar da hipótese de concorrência: *a possibilidade factual do desvio de clientela.*

Enfim, é necessário que no caso concreto concorra um elemento *subjectivo* capaz de relacionar, nalguma medida, *o efeito negativo* sofrido pelo empregador originário com a *vontade* do trabalhador.

Queremos dizer com isto, desde logo, que a concorrência pode ser *consentida* pelo empregador; noutros termos: a prestação de trabalho a um concorrente pode ser *conhecida* e *autorizada* pelo empregador originário. Num balanço de vantagens e desvantagens, é verosímil e até razoável que o empregador prefira manter ao seu serviço um trabalhador altamente qualificado e conceituado, ainda que sabendo-o a trabalhar também para uma empresa concorrente.

O trabalhador tem, em suma, o dever de revelar ao empregador originário o facto de passar a prestar trabalho nas condições referidas; se nada lhe for oposto, a situação entra no domínio da correcção e da licitude.

Significa isto que a incorporação da não concorrência na lealdade – isto é, na boa fé – inviabiliza a hipótese de se lhe conferir uma dimensão puramente *objectiva:* não basta a constatação do *facto* da concorrência, é necessário que esse facto assuma um sentido *negatório da boa fé,* isto é, surja como *violação da lealdade* e, portanto, seja *subjectivamente censurável.*

Enfim, a determinação dos comportamentos adequados ao dever de não concorrência tem que fazer-se em *concreto,* como, de algum modo, resulta das observações precedentes. Não existe, em suma, a possibilidade de hipotização abstracta de condutas infractoras da lealdade pela via da concorrência. As circunstâncias particulares de cada caso têm de ser ponderadas e poderão pôr em causa a adequação de meros juízos de subsunção em previsões esquemáticas.

De resto, não deve também esquecer-se que o dever de não concorrência se perfila como uma restrição legal à *liberdade de trabalho;* até por aí se afigura necessário acautelar os riscos da formulação *abstracta* e da mera *subsunção* no despiste das violações à abstenção de concorrência: esta determinação há-de permanecer no domínio da casuística, por força da exigência, que lhe é imanente, de uma adequada ponderação das circunstâncias concretas de cada caso; de outro modo, isto é, pela via da configuração abstracta de hipóteses de violação, estar-se-á a incorrer na possibilidade de artificial e ilegítima amplificação da área operatória em que o dever em causa se destina a actuar.

3. *Dever de assiduidade e pontualidade.*

170. Estabelece o art. 128.º/1-*b*) CT que o trabalhador deve «comparecer ao serviço com assiduidade e pontualidade». Este dever, se bem olharmos, inclui-se na própria obrigação de trabalho – é apenas uma das suas faces, que exprime a permanência da disponibilidade do trabalhador nos períodos estipulados. Mas é conveniente autonomizá-lo, já que a assiduidade é, por vezes, e para certos efeitos, *valorizada* em si mesma.

A assiduidade reflecte a observância, por parte do trabalhador, do "programa" da prestação de trabalho, no tempo e no espaço.

Significa, em suma, que ele deve estar *disponível* nas horas e locais previamente definidos. Como se verá, os parâmetros da assiduidade são o *horário de trabalho,* que ao empregador cabe definir (art. 212.°/1), e o *local de trabalho,* que constitui um dos elementos da caracterização contratual da prestação (veja-se o art. 193.°/1). A assiduidade associa-se, por conseguinte, à *pontualidade,* isto é, ao cumprimento preciso das horas de entrada e saída em cada jornada de trabalho.

Mas tudo isso, naturalmente, apenas na medida em que seja *socialmente exigível* a comparência do trabalhador. Não pode considerar-se violado o dever de assiduidade pelo facto de o trabalhador ser forçado à ausência, em virtude de circunstâncias suficientemente justificativas de tal conduta. Se ele se encontra doente, não pode impor-se-lhe a obrigação de comparecer na hora e no local de trabalho. É o regime *das faltas justificadas* (art. 249.° ss.) que aqui se torna necessário evocar: a justificabilidade implica o reconhecimento da não-exigibilidade da comparência, isto é, a neutralização do dever de assiduidade.

171. Mas esta noção de assiduidade releva apenas para a configuração do *dever contratual* a que alude o art. 128.°. Nesta acepção, não pode o trabalhador ser responsabilizado (a título contratual ou disciplinar) por quebra da assiduidade devida, no caso de faltar ao serviço com justificação atendível. A nossa lei é, até, particularmente radical neste domínio: afirma o princípio de que «a falta justificada não afecta qualquer direito do trabalhador», nomeadamente a da retribuição (art. 255.°/1).

A assiduidade pode ser encarada e tratada de modo diferente, na contratação colectiva e na regulamentação interna das empresas. É, por exemplo, conhecida a prática dos «prémios de assiduidade», muito difundida a partir da contratação colectiva dos anos 80 do século passado. Com o propósito de combater índices de absentismo considerados excessivos, esses prémios foram regulados de modo que todas ou quase todas as modalidades de ausência do trabalho influem no seu montante ou podem determinar a sua perda. No fundo, a lógica de tais medidas é esta: em muitos casos, a presença do trabalhador não é *exigível*, mas é *possível*, dependendo, em parte, da sua disponibilidade psicológica; o prémio tenderá, justamente, a actuar no sentido de acrescer esta disponibilidade.

A noção de assiduidade com que assim se joga é diferente da que está na base do art. 128.° CT. Não se trata já de definir um *dever contratual* do trabalhador, aquilo a que ele está obrigado ou que lhe é exigível – mas, sim, de, tendencialmente, conter a ausência do serviço dos limites da impossibilidade material. E a consequência da «falta de assiduidade», nesses termos, não consiste numa perda ou prejuízo verificável no balanço das prestações contratualmente fixadas, mas na redução ou não-ganho de um benefício adicional – um prémio – cujas condições estão pré-definidas.

172. A assiduidade pode ser objecto *de formas de controlo*, por parte da entidade empregadora, sobretudo nas organizações de maiores dimensão e complexidade. Esse controlo faz-se em modalidades mais ou menos sofisticadas, mas todas tendentes a permitir a verificação das horas de entrada e saída de cada trabalhador em cada dia. Daí podem extrair-se dados susceptíveis de influir no processamento de remunerações, ou de serem utilizados em estatísticas de vários tipos.

Trata-se de uma prática inerente à gestão do pessoal na empresa e ao exercício da direcção do trabalho, cabendo, portanto, inteiramente, no âmbito dos poderes originários do empregador; ainda que seja instituída a partir de certo momento, não pode ser vista como alteração das condições contratuais, visto que não passa, justamente, de um instrumento de verificação formal do cumprimento do contrato. A oposição ou desobediência do trabalhador não será, pois, juridicamente fundada (1).

(1) A questão não é académica: o controlo de assiduidade pode ser encarado como uma imposição incómoda e até desprestigiante para o trabalhador, traduzindo-se numa adicional obrigação de conduta gerada pela vontade unilateral da entidade empregadora. Sobre este problema, e em sentido coincidente com as afirmações produzidas no texto, veja-se o Ac. STJ 25/5/84 (AD 274, 1192).

4. *Dever de custódia.*

173. O chamado *dever de custódia* resulta do art. 128.º/1-*g*): o trabalhador está obrigado a «velar pela conservação e boa utilização de bens relacionados com o trabalho que lhe forem confiados pelo empregador». É uma consequência do facto de a aplicação da força de trabalho requerer o uso de meios de produção que não pertencem ao trabalhador, mas que lhe ficam adstritos (quando é esse o caso). A existência e a intensidade do dever de custódia dependem, por conseguinte, da natureza do trabalho, do grau de exclusividade do uso do instrumento ou da máquina, e ainda dos usos profissionais.

De resto, a situação do trabalhador a quem o empregador entregou ferramentas, equipamentos de segurança ou outros bens utilizáveis no serviço, para os manter à sua guarda enquanto necessário no âmbito da relação de trabalho, é idêntica à do depositário no contrato de depósito (arts. 1185.º ss. CCiv.). Em especial, as obrigações referidas no art. 1187.º – para além da simples "guarda da coisa depositada" – são, naturalmente, aplicáveis a esse trabalhador.

5. *Dever de prevenção.*

174. A necessidade de manter condições adequadas de segurança, higiene e saúde no trabalho – fortemente valorizada na última década, sob impulso da legislação comunitária (1) – impõe ao empregador um conjunto de diligências, tendentes à instauração de um "sistema" de prevenção de riscos na empresa. Mas é também imperioso o envolvimento dos trabalhadores na funcionalização de tal "sistema". Se o empregador tem a obrigação de criar os dispositivos e disponibilizar os equipamentos necessários à prevenção, o trabalhador deve observar, na execução da prestação de

(1) Trata-se, em especial, da Directiva 89/391/CE, que foi transposta para a ordem interna pelo DL 441/91, de 14/11.

trabalho e, em geral, no seu comportamento na empresa, modelos de conduta e procedimentos que permitam tornar eficientes esses meios.

O comportamento contratualmente devido por ele incorpora, assim, actos e omissões exigidos pelo cumprimento das regras e prescrições de higiene, segurança e saúde no trabalho, na medida em que são conhecidas pelo trabalhador e exequíveis pelos meios postos à disposição pelo empregador.

As als. *i*) e *j*) do art. 128.º/1 CT contemplam, de vários ângulos, o dever de prevenção dos trabalhadores: ele tem uma dimensão *colectiva*, referente à concepção e controlo do sistema de prevenção (a cargo dos "representantes dos trabalhadores eleitos para esse fim"), e uma dimensão *individual*, inerente à execução do contrato de trabalho.

CAPÍTULO IV

O EMPREGADOR

§ 17. A noção jurídica de empregador.

175. Como se sabe, a designação de "empregador" é a actualmente usada pelo legislador para indicar a posição contratual daquela ou daquelas pessoas que recebem a prestação de trabalho e estão obrigadas a pagar a retribuição ao trabalhador.

O «estatuto» do empregador pode sinteticamente definir-se como uma *posição de poder* ou de *autoridade* – que é, afinal, o reverso da subordinação em que o trabalhador se coloca pelo contrato.

Quem adquire um objecto ou um prédio – através de um contrato de compra e venda, por hipótese – fica tendo, em princípio, a possibilidade de o *usar,* de recolher os seus frutos ou rendimentos. A semelhança com a situação gerada pelo contrato de trabalho só não é plena porque nem a força de trabalho nem a sua disponibilidade são *coisas* que se transmitam de mão em mão; mas é esta mesma diferença que explica a autoridade patronal (e a subordinação do trabalhador): o acesso do adquirente àquilo que, pelo contrato, obteve não é imediato (como no exemplo apresentado) pois, sendo o trabalho uma emanação da personalidade, esse acesso *depende da vontade do alienante* (trabalhador). Assim, o contrato consiste, também, no compromisso, por parte deste, de que pautará a sua vontade pelos actos de disposição (ou seja, em termos correntes: *obedecerá às ordens e instruções)* da outra parte Desde já, pois, o contrato de trabalho surge a implicar, para uma das partes, uma (mais ou menos intensa e ampla) autolimitação da liberdade pessoal – motivada, como é sabido, pela necessidade de subsistência através do salário.

O que, por vezes, sucede é que a autoridade inerente a esse poder de disposição aparece a ser concretamente exercida, não pelo beneficiário da prestação de trabalho (quer dizer: o titular da organização produtiva), mas por outros trabalhadores cuja função consiste em dirigir a laboração, parcial ou totalmente (o encarregado, o chefe de secção, o director técnico). Mas essa autoridade pertence originariamente ao empresário (entidade patronal, que celebrou o contrato), e é *delegada* nos aludidos trabalhadores por exigências da própria organização produtiva ([1]).

176. Coisa idêntica se pode afirmar relativamente às organizações produtivas cuja titularidade não pertence a uma sociedade comercial, mas ao *Estado* ([2]) ou outro ente público (o que ocorre nas *entidades públicas empresariais* ([3]), e nas *empresas públicas*), e cujo regime geral está definido no DL 558/99, de 17/12. Surge aí a figura do *gestor público,* que é uma pessoa *mandatada* ([4]) pela entidade titular da empresa para exercer, além dos poderes de gestão propriamente ditos, as faculdades de direcção do pessoal que se contêm na posição patronal assumida pelo Estado ou ente público detentor do capital. Também aí, por outro lado, surgem *trabalhadores* investidos em funções directivas ou de chefia directa, por efeito de uma delegação de poderes expressa ou implícita nas tarefas que lhes estão conferidas por efeito dos seus contratos de trabalho.

177. Há, pois, que distinguir, tanto nas empresas individuais e societárias (privadas), como nas empresas públicas e de capitais públicos, as seguintes posições típicas:

([1]) Cfr., nomeadamente, o art. 128.°/2 e o art. 329.°/4 CT.

([2]) Não se trata aqui da situação do *Estado-accionista* (em sociedades comerciais) que, do ponto de vista do Direito do Trabalho, não envolve quaisquer particularidades, mesmo quando se trate de uma posição maioritária.

([3]) A lei (art. 23.°/1 DL 558/99) define-as como «pessoas colectivas de direito público, com natureza empresarial, criadas pelo Estado», que eram, anteriormente àquele diploma, rotuladas de "empresas públicas".

([4]) No entanto, se esses gestores forem, originariamente, trabalhadores da mesma ou de outra empresa, manterão o correspondente estatuto no essencial dos direitos e garantias que o constituem.

a) empresário/empregador (titular do capital) – o indivíduo, a sociedade comercial, o Estado, o ente público;
b) o gestor ou administrador (mandatário do empresário);
c) o dirigente ou chefe directo (trabalhador subordinado ao empresário e, por aí, dependente do gestor ou administrador).

De resto, como em seguida se verá, nem sempre coincidem plenamente as qualidades de empresário e empregador.

§ 18. A empresa e o empregador.

1. *Empresa, empresário, empregador.*

178. Ao contrário do que sucede com a situação do trabalhador, a do empregador pode ser assumida por uma pessoa singular ou por uma pessoa colectiva. A tendência vai até neste último sentido. Hoje, uma grande massa de trabalhadores, inseridos em qualquer sector da economia, tem defronte de si um empregador que é uma *sociedade* explorando certa ou certas *empresas* em que aqueles se incorporam.

Ora a posição jurídico-prática do empregador pode assumir cambiantes muito diversos conforme se trate de uma relação puramente interindividual, entre pessoas físicas que prosseguem objectivos também individuais (é o caso extremo da relação de serviço doméstico) ou de uma relação entre um trabalhador e a *sociedade* que o emprega *no quadro de uma empresa. Os* interesses em vista, neste último caso, transcendem a esfera individual: trata-se de interesses da colectividade de sócios (que são ou podem ser pessoas singulares), mas são também interesses que a própria existência da empresa determina e que, em suma, se ligam à sua *permanência* e ao seu *desenvolvimento* como complexo produtivo ([1]).

([1]) Esta referência é naturalmente muito discutível. Haverá, de facto, interesses ou exigências *próprios* da empresa como *organização,* distintos dos interesses

O regime jurídico do trabalho subordinado assenta, em larga medida, no enquadramento das realidades laborais num esquema empresarial – quer dizer, no âmbito de uma organização de factores produtivos dotada de certa complexidade e visando uma actividade produtiva.

Facilmente se verifica que o Código do Trabalho contém, no fundo, o *regime jurídico do trabalho na empresa.*

179. Fala-se de «empresa» em sentidos vários ([1]), como se sabe. Na linguagem corrente, por exemplo, surgem amiúde

---

do empresário-patrão, no plano das relações de trabalho? O CT admite-o, em diversas disposições que aludem ao «interesse da empresa» (por exemplo, o 120.º/1), a «necessidade premente da empresa» (art. 119.º), diferenciando-os implicitamente do interesse próprio do empregador. Confrontam-se, neste terreno, duas fundamentais concepções da empresa: a *concepção «clássica» ou individualista,* que polariza na figura do empresário os diversos elementos constitutivos da empresa, recusando, portanto, a possibilidade de se autonomizarem exigências próprias desta última, face ao interesse económico do primeiro; e a *concepção institucional* que retrata a empresa como organização comunitária e hierarquizada, onde o empresário é o «chefe» socialmente responsável pela organização e pelo funcionamento do conjunto, e nomeadamente pela sua coesão e permanência. Podem ver-se uma exposição e crítica sintéticas destas teorias em CAMERLYNCK/ /LYON CAEN, *Droit du Travail* cit. 259/272. Por nossa parte, consideramos que é desnecessário tomar posição perante tal controvérsia para responder à questão inicialmente posta. Há pelo menos um aspecto – o da *permanência* da empresa enquanto organização produtiva e, portanto, suporte de emprego – em que se pode falar de exigências específicas relativamente aos interesses do empresário. Até porque também os trabalhadores têm nisso vantagem. Coisa bem diversa será a confusão frequente entre as conveniências do empresário-entidade patronal e pretensos interesses da «empresa em si», nomeadamente no tocante às garantias da disponibilidade da força de trabalho obtida pelo contrato. Para além disso, julga-se que as referidas menções legais podem e devem ser também interpretadas no sentido de excluirem decisões não fundadas em razões objectivas e demonstráveis, implicando a possibilidade de inutilização judicial dos seus efeitos.

([1]) Cabe fazer aqui também uma referência à distinção que se faz na Alemanha entre a empresa como organização técnico-laboral *(Betrieb)* e a empresa como organização económica *(Unternehmen).* A primeira é caracterizada como «unidade organizatória de meios de trabalho com base na qual alguém, por si só

referências como estas: «a empresa *A* paga *x* ao consultor económico»; «a empresa *B* faliu»; etc.. Está-se então a *personalizá-la,* isto é, a identificá-la com a pessoa que age, no comércio jurídico, através da empresa (de que é titular) – ou seja, com o *empresário.* Note-se que o uso da palavra empresa em tal acepção surge na própria lei. O art. 230.° CCom., p. ex., começa assim: «Haver-se-ão por comerciais as empresas, *singulares ou colectivas,* que se *propuserem:* 1.° *Transformar,* por meio de fábricas ou manufacturas, matérias-primas, *empregando* para isso, ou só operários, ou operários e máquinas...»

Por outro lado, as *empresas públicas* são *juridicamente personalizadas* (sociedades controladas pelo Estado e entidades públicas empresariais). A personalização das empresas públicas traduz pois as fórmulas encontradas para funcionar, quanto às empresas «criadas ou controladas pelo Estado», em paralelo com as da sociedade comercial ou do empresário individual titulares das empresas privadas – e envolvendo as ideias de «autonomia administrativa, financeira e patrimonial» (art. 25.° DL 558/99) que as convertem em centros de imputação de direitos e obrigações dis-tintos do Estado.

Mas, noutro sentido, também aparece a palavra empresa para designar a *actividade produtiva* em si mesma, ou, se se quiser, o objectivo visado pelo titular da organização de meios produtivos. Será esse, porventura, o significado mais próximo da raiz etimológica do termo – a empresa como *empreendimento.* Diz-se então: «*A* votou-se a uma difícil empresa», por exemplo.

Em terceiro lugar, aponta-se o significado mais usual na lei e também mais relevante para o nosso ponto: a empresa como *orga-*

---

ou em conjunto com os seus colaboradores, prossegue continuadamente um determinado fim técnico-laboral *(arbeitstechnische Zweck)»* – NIKISCH 126. Trata-se aí do escopo imediato (produzir frigoríficos, vender automóveis) e não do fim económico último, nomeadamente o da obtenção de lucros. Esse escopo remoto (porventura envolvendo diversos *Betriebe,* ou seja, várias unidades produtivas) define, por outro lado, a «empresa económica», que se apresenta como «unidade organizatória que é determinada através do fim económico ou ideal servido por uma empresa laboral, ou várias organicamente ligadas, do mesmo empresário» – HUECK/NIPPERDEY 85.

nização de meios (materiais e humanos) articulada ou montada por alguém para, através dela, exercer certa actividade económica. Esses meios podem ser, concretamente, matérias-primas, máquinas, edifícios, força de trabalho, dinheiro, tecnologia, etc. E é em obediência a certo plano ou estratégia que o empresário articula e ordena esses meios, num complexo mais ou menos vasto, conferindo-lhes assim unidade e funcionalidade.

180. Esses meios ou bens produtivos podem ser carreados para a organização da empresa através de diversas vias; mas sempre que o «organizador» não disponha deles na sua própria esfera pessoal e patrimonial (isto é, não possa bastar-se com o seu *trabalho* e, porventura, de familiares; não seja proprietário do *local* das instalações; não tenha *dinheiro* aforrado em quantidade suficiente: não produza, pelos seus meios, as *matérias-primas* necessárias, etc.), essas vias implicam *relações jurídicas* através das quais ele obtenha acesso a bens idênticos de pertença alheia. Irá assim contrair empréstimos de dinheiro (celebrando contratos de *mútuo)* ou interessar directamente no empreendimento outras pessoas que lhe forneçam (e constituir-se-á então uma *sociedade,* através do correspondente contrato). Arrendará o edifício ou parte do edifício para instalações (e teremos o contrato de *arrendamento).* Com o dinheiro obtido, comprará matérias-primas e máquinas (celebrando contratos de *compra e venda).* E assegurará a disponibilidade da força de trabalho de outras pessoas – através de contratos de *trabalho.*

Neste último caso, o *empresário* torna-se *empregador;* e as pessoas que lhe transmitiram, mediante salário, a possibilidade de dispor da sua força de trabalho (os trabalhadores), precisamente porque esta se não pode separar das suas individualidades (como o prédio ou o dinheiro se podem separar dos seus donos), são *integrados,* através do contrato, no conjunto da organização – passam a «pertencer-lhe», ficando sujeitas, como já se notou abundantemente, ao domínio do titular da organização.

181. Convém pois discernir com nitidez estas três noções – a de empresa, a de empresário e a de empregador – com que joga o

Direito do Trabalho. Tomaremos a primeira no seu sentido *objectivo,* ou seja, como organização ou complexo articulado de meios produtivos; o segundo, como promotor, titular e interessado directo da actividade a que aquele complexo se adequa instrumentalmente; a terceira, como adquirente da disponibilidade de força de trabalho alheia, através do correspondente contrato. Não é pois a empresa que o trabalhador defronta nas relações de trabalho ([1]) – mas o empresário/empregador detentor do capital nela envolvido. Um empresário pode não ser empregador – quando utilize somente trabalho próprio ou familiar (é o caso de muitas microempresas). Um empregador pode não ser empresário – como ocorre no serviço doméstico, bem como no trabalho prestado às chamadas associações de fim ideal.

2. *Relevância jurídico-laboral da empresa.*

A) *Relações de trabalho empresariais e não empresariais.*

182. A natureza das relações de trabalho varia conforme a existência ou inexistência de empresa e o grau de complexidade desta.

É óbvio que o trabalho subordinado pode surgir fora de um quadro empresarial – ou seja, nas relações de indivíduo a indivíduo, em que a força de trabalho é destinada não a integrar uma actividade lucrativa mas à produção de utilidades que imediatamente satisfazem necessidades próprias do empregador. É o caso típico do *serviço doméstico* (a que corresponde, como se sabe, um contrato especial de trabalho); mas da mesma natureza são, em geral, diversas situações quotidianamente verificáveis, como a do

([1]) De modo algo estranhável, o CT de 2003, na parte respeitante aos *sujeitos* do contrato de trabalho (a Secção II do Capítulo I do Título dedicado ao contrato de trabalho), incluía uma subsecção respeitante às *empresas.* Na revisão de 2009, passou, nessa posição, a figurar uma divisão intitulada *O empregador e a empresa.*

pintor, a do pedreiro ou a do electricista que realizam reparações ou modificações no domicílio de um particular – desde que actuem sob a direcção deste.

O contrato de trabalho é, por assim dizer, *diferente* nesses casos, quanto aos seus efeitos *práticos,* isto é, quanto ao modo por que concretamente se desenvolvem as relações nele fundadas.

Havendo empresa, os contactos pessoais entre os sujeitos do contrato tendem a ser menos frequentes e duradouros, diluem-se numa organização hierarquizada que resulta de uma teia de delegações dos poderes patronais nos vários «directores», «chefes», «encarregados», etc. – os quais, como se notou já, estão normalmente vinculados por contratos de trabalho. Acentua-se a divisão de trabalho e a especialização de funções, bem como a sua articulação num processo pré-ordenado e estrurado. Daí, nomeadamente (no que toca à posição patronal): a despersonalização das relações de trabalho; a diminuição da intensidade «aparente» do poder directivo; o aparecimento de um ordenamento disciplinar complexo e «institucionalizado», de que se podem encontrar as bases gerais nos arts. 328.º ss. CT.

Fora do quadro empresarial, as coisas passam-se quase às avessas, dado o carácter acentuadamente pessoal e inorgânico das relações de trabalho: o poder de direcção exerce-se, ou pode exercer-se, em termos amplos, intensos e permanentes (o empregador está em contacto pessoal e directo com o trabalhador, orienta-o momento a momento, dá-lhe instruções pormenorizadas): a acção disciplinar quase perde razão de ser, quer porque há contacto pessoal e duradouro, quer porque estão em causa interesses puramente individuais e subjectivos do empregador, não se verificando exigências postas pela integridade e pelo funcionamento articulado de uma organização produtiva propriamente dita.

Em suma: as relações de trabalho variam, quanto ao seu conteúdo, conforme sejam ou não enquadradas por uma empresa, e ainda – naturalmente – em função da complexidade de que esta se revista.

Como se disse, a legislação do trabalho e a contratação colectiva surgem-nos centradas sobre as *relações de trabalho na empresa.*

Essa atinência é de tal modo vincada que, em larga medida, a compreensão e a aplicação das normas implicam que se tome em conta a perspectiva "organizacional" e o facto de o contrato de trabalho se executado num contexto *colectivo,* em conjunto com outros contratos do mesmo tipo que com ele de algum modo se relacionam.

Veremos em seguida como se comportam os contratos de trabalho nas situações de mudança da titularidade da empresa ou do estabelecimento. Mas na mesma linha se podem citar outras vicissitudes da vida empresarial, como a diminuição de laboração, o encerramento da empresa a título temporário ou definitivo, a falência do empresário, a própria reorganização industrial – tudo fenómenos através dos quais o regime dos contratos de trabalho sofre importantes reflexos do quadro empresarial em que os trabalhadores se inserem. Adiante estudaremos essas implicações.

B) *A transmissão da empresa.*

183. A empresa pode surgir como *objecto* de relações jurídicas, quando encarada no sentido acima referido – isto é, estabelecida a equivalência entre *empresa* e *organização técnico-laboral* (ou estabelecimento). Pode nomeadamente ocorrer *mudança de titular* (passando a ser empresário outra pessoa): é o caso da transmissão da titularidade ou da exploração da empresa ou estabelecimento (arts. 285.º ss. CT).

Está aí em causa um conjunto muito diversificado de fenómenos – desde o "trespasse" até à reversão de uma concessão de exploração, passando pelas fusões e cisões e pelas modificações que podem ocorrer na titularidade do capital das sociedades – de que pode resultar a mudança de identidade do interlocutor contratual com que o trabalhador se defronta, sem que este tenha no facto qualquer participação. Entretanto, dele podem resultar sérias implicações nas relações de trabalho do pessoal envolvido.

Será que a transmissão implica a permanência dos contratos de trabalho, havendo *substituição automática* da entidade patronal? Neste caso, estão os trabalhadores condenados a aceitar a mudança de empregador, ou podem opor-se a essa mudança? Poderá, pelo contrário, o adquirente considerar-se alheio a tais contratos, celebrados pelo primitivo empresário, e recrutar pessoal inteiramente novo, da sua confiança? São questões importantes que decorrem do facto de os contratos de trabalho serem instrumentos integradores da empresa, o que os expõe à sorte desta. E a lei laboral tem assim que oferecer-lhes resposta.

A resposta está sintetizada na segunda parte do art. 285.º/1 CT: "transmitem-se para o adquirente a posição do empregador nos contratos de trabalho dos respectivos trabalhadores, bem como a responsabilidade pelo pagamento de coima aplicada pela prática de contraordenação laboral".

> A matéria é tratada, a nível comunitário, na Directiva 2001/ /23/CE do Conselho, de 12 de Março de 2001, que abrange os casos de "trasferência de uma entidade económica que mantém a sua identidade, entendida como um conjunto de meios organizados, com o objectivo de prosseguir uma actividade económica, seja ela essencial ou acessória" (art. 1.º/1-b)). O primeiro parágrafo do art. 3.º da Directiva é do seguinte teor: "Os direitos e obrigações do cedente emergentes de um contrato de trabalho ou de uma relação de trabalho existentes á data da transferência são, por esse facto, transferidos para o cessionário".

Assim, os contratos de trabalho não cessam nem sofrem descontinuidade; os trabalhadores acompanham, em princípio, o movimento da organização a que estão contratualmente ligados. Por outro lado, a transmissão deve ser precedida de informação e consulta aos representantes dos trabalhadores ou aos próprios, se não houver representantes (art. 286.º). E os créditos dos trabalhadores, anteriores à transmissão, são garantidos pela responsabilidade solidária do transmitente e do adquirente, durante certo período (art. 285.º/2) ([1]).

([1]) Veja-se, sobre o tema, ainda ao abrigo do art. 37.º LCT, M. Costa Abrantes, *A transmissão do estabelecimento comercial e a responsabilidade pelas dívidas laborais*, QL n.º 11 (1998) 1 ss.. Mais recentemente, veja-se o amplo tratamento do tema em Júlio Gomes, *Direito do Trabalho*, vol. I, Coimbra (2007) 808 ss.

184. Há ainda, no tocante à empresa, outros fenómenos regulados pela lei comercial que podem reflectir-se no destino e no conteúdo das relações de trabalho.

Trata-se, em primeiro lugar, das *modificações* que ocorrem no plano da *titularidade do capital* das sociedades, e, por consequência, na estrutura e dimensão das organizações económicas através das quais actuam: a *fusão* e a *cisão* de sociedades comerciais, fenómenos regulados pelo Código das Sociedades (arts. 97.°-129.°).

A fusão consiste na reunião de duas ou mais sociedades numa só (art. 97.°/1 CSoc.); a cisão ocorre em várias modalidades previstas no art. 118.° CSoc.: destaque de parte do património de uma sociedade para com ela se constituir outra; dissolução de uma sociedade e divisão do património em partes destinadas à constituição de outras tantas novas sociedades; e destaque ou dissolução para, por fusão patrimonial com partes de outras, se constituírem novas sociedades.

Do ponto de vista jurídico-laboral, é evidente que essas transformações envolvem problemas merecedores de específico tratamento, pois afectam directamente o perfil do empregador. Ainda que a empresa (organização produtiva) permaneça idêntica e a funcionar, a posição patronal nos contratos de trabalho passa a ser ocupada por uma entidade diversa da originária. À falta de uma regulamentação específica, tem-se entendido que o problema do destino dos contratos de trabalho deve considerar-se abrangido pelo disposto nos já citados arts. 285.° ss. CT ([1]). A solução é expressamente consagrada pelo art. 119.°/*p*) CSoc. quanto ao caso de cisão ([2]).

([1]) No sentido da aplicabilidade do regime geral da transmissão de estabelecimentos a qualquer tipo de transferência convencional ou fusão, veja-se o art. 1.°/1 da Directiva 77/187/CEE, adoptada em 14/2/77.

([2]) A Directiva 2001/23/CE, citada no texto, inclui no âmbito de aplicação do seu regime tanto os casos de "cessão convencional" como os de "fusão" (art. 1.°/1-*a*)).

C) *Os grupos empresariais.*

185. Há que considerar, depois, os fenómenos característicos da constituição e desenvolvimento de *grupos económicos* em que uma pluralidade de *empresários* (sociedades comerciais) se articula mediante relações de interdependência gestionária e financeira, o que pode ocorrer de harmonia com fórmulas jurídico-económicas variadas (1).

O regime das *sociedades coligadas* (arts. 481.° ss. CSoc.) prevê os esquemas de simples participação (art. 483.°/1), participações recíprocas (art. 485.°), domínio (art. 486.°/1) e grupo (arts. 488.° ss.). Quanto às sociedades em relação de grupo, configura a lei as situações de domínio total, inicial ou superveniente (arts. 488.° e 489.°), de grupo paritário (art. 492.°/1) e de subordinação (art. 493.°/1). Estes diversos arranjos ou combinações, incidentes sobre a estrutura do capital e os poderes de gestão das sociedades envolvidas, não afectam contudo a entidade jurídica de cada uma delas (2), que assim permanece apta a assumir o papel de empregador relativamente a certo número de trabalhadores (3).

As vicissitudes que podem afectar a evolução e o destino de cada sociedade coligada, assim como as possibilidades de gestão

---

(1) Veja-se, sobre o tema, J. N. ZENHA MARTINS, *A descentralização produtiva e os grupos de empresas ante os novos horizontes laborais*, QL 18 (2001) 190 ss..

(2) É o entendimento tradicional da jurisprudência: cfr. Ac. STA 19/11/74 (AD 159, 405).

(3) De resto, como assinala J. N. ZENHA MARTINS, haverá que ainda que "atentar na emergência crescente de formas de cooperação empresarial de nível horizontal que proliferam a um ritmo vertiginoso (*v.g.* consórcios, agrupamentos complementares de empresas, associações em participação) e que do ponto de vista material podem defraudar a tutela juslaboral" – *A descentralização produtiva* cit. 214. A verdade é que a existência de parte plúrima do lado patronal, no contrato de trabalho, está admitida há muito, desde que se verifiquem as características da subordinação jurídica relativamente a cada empregador. O regime do CT, longe de resolver os complexos problemas do contrato de trabalho executado no seio do grupo de empresas (vd. a monografia fundamental de CATARINA CARVALHO, *Da mobilidade dos trabalhadores no âmbito dos grupos de empresas nacionais. Perspectiva das relações individuais de trabalho*, Coimbra, 2001), introduz elementos para uma abordagem restritiva da pluralidade de empregadores.

articulada dos recursos humanos abrangidos pela coligação, conferem notória acuidade à tutela da posição dos trabalhadores e à definição de responsabilidades comuns no seio da mesma coligação. Exemplos de tais vicissitudes são: a extinção de uma das empresas, subsistindo as restante do mesmo grupo; a chamada de trabalhadores de uma empresa a prestarem serviço noutra ou noutras do grupo; a mora no pagamento de salários numa empresa do grupo, e só nessa.

A consideração da personalidade jurídica de cada uma das sociedades agrupadas leva a que não seja, em geral, viável encarar o grupo como empregador. Pode ser que lhe caiba esse papel sob o ponto de vista económico e organizacional, mas, juridicamente, cada uma das sociedades é, em princípio, centro autónomo de imputação de direitos e obrigações. Esta configuração continua a prevalecer entre nós, embora com algumas atenuações. Veja-se, por exemplo, o art. 501.° CSoc., referente ao regime de subordinação, mas extensivo, por força do art. 491.°, à modalidade de domínio total: a sociedade dominante *(directora)* é responsável pelas obrigações da subordinada, anteriores ou posteriores ao contrato de subordinação (ou à criação do domínio total), mas essa responsabilidade "não pode ser exigida antes de decorridos 30 dias sobre a constituição em mora da sociedade subordinada".

Trata-se, como é óbvio, de um dispositivo *inespecífico* perante as exigências juslaborais acima apontadas, mas que pode seguramente utilizar-se em defesa dos interesses dos trabalhadores afectados.

Não há dúvida, porém, sobre a insuficiência de um mero dispositivo de responsabilidade por dívidas.

> Se o grupo X é constituído pelas sociedades A, B e C, titulares de empresas porventura pertencentes a diferentes ramos de actividade, mas intercomunicantes nos planos financeiro e de gestão, a dissolução da sociedade C e o encerramento da empresa correspondente poderão levar ao despedimento dos trabalhadores nela ocupados. Outra hipótese ainda: o trabalhador *Y*, vinculado à sociedade *B*, é transferido para *A*; do ponto de vista estritamente legal, a operação pode traduzir-se num *despedimento* e na celebração de *novo contrato* – iniciando-se também nova contagem da antiguidade...

Contra tais consequências, tem-se desenhado (aliás, timidamente) uma orientação no sentido da consideração *global* dos agrupamentos económicos (isto é, da chamada "desconsideração da personalidade jurídica" de cada uma das sociedades envolvidas), para certos efeitos e em certos termos, sob o ponto de vista dos contratos de trabalho ([1]) ([2]).

186. O domínio em que se situam estas realidades é abordado no Código do Trabalho segundo uma perspectiva particular: a da "pluralidade de empregadores" (art. 101.º).

O pressuposto das estatuições contidas nesse artigo é o de que um trabalhador se obriga a "prestar trabalho a vários empregadores entre os quais exista uma relação societária de participações recíprocas, de domínio ou de grupo" (art. 101.º/1) ou que, independentemente da natureza societária, «tenham estruturas organizativas comuns" (art. 101.º/2). É necessário que o contrato de trabalho seja escrito, que todos os empregadores sejam identificados e que esteja designado aquele que representa os demais "no cumprimento dos deveres e no exercício dos direitos emergentes do contrato de trabalho" (art. 101.º/2-*c*)). A estatuição fundamental do art. 101.º encontra-se no n.º 3: os empregadores em causa "são solidariamente responsáveis pelo cumprimento das obrigações decorrentes do contrato de trabalho (...) cujo credor seja o trabalhador ou terceiro".

Mas a hipótese considerada está muito longe de corresponder à grande massa dos casos carecidos de solução: normalmente, trata-se de trabalhadores vinculados contratualmente a *uma* só empresa, porventura antes ou independentemente do facto de ela entrar em relações de grupo e semelhantes, e que são utilizados e "geridos" no interior da estrutura empresarial policêntrica, sujeitando-se às vicissitudes que nela se podem verificar.

([1]) Como expressão dessa tendência, a propósito da *tutela da antiguidade*, vd. Ac. Rel. Lisboa 24/10/84 (CJ, 84, 4, 185).

([2]) Cfr. J. N. ZENHA MARTINS, *ob. cit.* 220 ss.

§ 19. Os poderes do empregador.

1. *Enunciado geral.*

187. Como detentor dos restantes meios de produção (porventura não como proprietário, mas tendo, por qualquer forma, acedido a eles) e empenhado num projecto de actividade económica (corporizado na empresa), o empregador obtém, por contratos, a disponibilidade de força de trabalho alheia – o que tem como consequência que fique a pertencer-lhe uma certa autoridade sobre as pessoas dos trabalhadores admitidos. De um modo geral, diz o art. 11.º CT, estes ficam «no âmbito de organização e sob a autoridade» do empregador (ou dos empregadores, no caso de pluralidade a que se refere o art. 101.º). Assim, a posição patronal caracteriza-se, latamente, por um *poder de organização e direcção* legalmente reconhecido, o qual corresponde à titularidade da empresa.

Em que posições jurídicas subjectivas se desdobra a "autoridade" a que alude o art. 11.º?

188. A situação subsequente à celebração de um contrato de trabalho permite identificar os seguintes vectores da posição jurídica do empregador:

a) *um poder determinativo da função,* em cujo exercício é atribuído ao trabalhador um certo posto de trabalho na organização concreta da empresa, definido por um conjunto de tarefas que se pauta pelas necessidades da mesma empresa e pelas aptidões (ou qualificação) do trabalhador;

b) *um poder conformativo da prestação,* que é a faculdade de determinar o modo de agir do trabalhador, mas cujo exercício tem como limites os próprios contornos da função previamente determinada;

c) *um poder regulamentar,* referido à organização em globo, mas naturalmente projectado também sobre a força de trabalho disponível que nela se comporta (ou seja, sobre *todos* e *cada um* dos trabalhadores envolvidos);

d) *um poder disciplinar,* que se manifesta tipicamente pela possibilidade da aplicação de *sanções internas* aos trabalhadores cuja conduta se revele desconforme com ordens, instruções e regras de funcionamento da empresa.

Analisemos, uma a uma, estas prerrogativas do empregador.

2. *Poder determinativo da função.*

189. Quanto ao que designámos por *poder determinativo da função,* ele não se afasta essencialmente, quanto à intensidade da posição activa em que coloca o empregador, do *poder de escolha* que por vezes é reconhecido ao credor nas obrigações genéricas ([1]). Designadamente, o grau de «subordinação» resultante para o devedor é semelhante: não estamos aqui, de facto, perante uma manifestação típica da subordinação jurídica que individualiza o contrato de trabalho. Dentro do género de actividades comprometido pelo trabalhador (a "actividade contratada", nos termos do art. 115.º), e tendo em conta a organização da empresa, o empregador pode definir a concreta função ou o conjunto de tarefas que caracterizam o "posto de trabalho" a ocupar. Está-se no domínio da determinação do objecto do contrato, não no da direcção concreta do modo de execução do trabalho.

190. Segundo o art. 118.º/1 CT, o empregador deve atribuir a cada trabalhador, «no âmbito da referida actividade, as funções mais adequadas às suas aptidões e qualificação profissional». Como é óbvio, trata-se de mera «recomendação» sem sentido vinculativo e, portanto, sem que a sua inobservância implique qualquer sanção para a entidade patronal.

([1]) Diz-se genérica «a obrigação cujo objecto é apenas determinado pelo seu género (mediante a indicação das notas ou características que o distinguem) e pela sua quantidade (...)». ANTUNES VARELA, *Das obrigações em geral* cit. 588.

A configuração deste poder patronal sofreu certo ajustamento com as alterações introduzidas pela L 21/96, de 23 de Julho, no art. 22.° LCT, que o CT de 2003 recolheu e a revisão de 2009 igualmente adoptou, nos n.os 2 e ss. do art. 118.°. Com efeito, já vimos que resulta do n.° 2 deste artigo que a entidade empregadora tem a faculdade de encarregar o trabalhador de desempenhar, para além da actividade correspondente à categoria ou expressamente estipulada, outras "funções que lhe sejam afins ou funcionalmente ligadas, para as quais o trabalhador tenha qualificação adequada e que não impliquem desvalorização profissional".

Isto significa – como já se assinalou – que há tarefas que não pertencem à função normal do trabalhador nem se enquadram na sua categoria, mas que ainda *integram o objecto do contrato de trabalho* e são, por isso, exigíveis pelo empregador, no exercício do seu poder de direcção.

Pode resultar daí que a «função» confiada ao trabalhador (entendendo-se como tal o complexo de actividades que define a sua posição na organização e no funcionamento da empresa) seja integrada por um núcleo de tarefas correspondentes à categoria e por algumas outras que a esta não pertencem mas que se consideram «afins» ou «ligadas» às primeiras.

Esta estruturação da posição funcional do trabalhador pode assumir carácter contingente (correspondendo a uma necessidade ocasional e transitória de trabalho) ou revestir-se de permanência, oferecendo o desenho de um *posto de trabalho flexível*. Em qualquer dos casos, tratar-se-á de aplicações do poder determinativo da função no quadro da organização do trabalho.

3. *Poder conformativo da prestação.*

191. O *poder conformativo da prestação* tem outro alcance, pois encontra como correlativo, na esfera do trabalhador, um *dever de obediência* (art. 128.°/1-*e*)), que beneficia de tutela disciplinar. Trata-se, aqui, de definir as modalidades concretas que a actividade do trabalhador deve assumir para que a execução do contrato se ajuste às finalidades com que foi celebrado.

O âmbito e a intensidade deste poder são, como já se assinalou, muito variáveis. Nuns casos, o trabalhador encontra-se em situação de dependência técnica, o que abre a *possibilidade,* para o empregador, de definir «os termos em que o trabalho deve ser prestado » (art. 97.º CT) indo ao ponto de determinar o modo, a ordenação dos actos e condutas e as técnicas utilizáveis – tudo, é claro, «dentro dos limites decorrentes do contrato e das normas que o regem» (art. cit.). Mas, noutros casos (cada vez mais frequentes), a subordinação jurídica não obsta à *autonomia técnica* do trabalhador (art. 116.º): em tais situações, o poder conformativo terá que limitar-se à definição do tempo e do local de trabalho, bem como às regras gerais derivadas da disciplina e da organização da empresa.

4. *Poder regulamentar.*

192. Estas regras podem, aliás, ser estabelecidas por meio de um instrumento único, dotado de aplicabilidade genérica aos elementos que constituem a organização: o chamado *regulamento interno.* O *poder regulamentar* do dador de trabalho (reconhecido no art. 99.º CT) refere-se à «organização e disciplina do trabalho» e só se justifica, em via de regra, nas empresas de maiores dimensões e complexidade.

Nestas, com efeito, os poderes reconhecidos genericamente ao empregador – a «autoridade» de que fala o art. 11.º – aparecem, por força, *fraccionados* pelos vários níveis de uma hierarquia: a orientação do trabalho, nomeadamente, deixa de poder imputar-se, na prática, à vontade e ao critério de uma só pessoa. A figura clássica do «empregador» dilui-se, *de facto,* na organização hierárquica da empresa, em que se inserem *dirigentes,* beneficiários da delegação de certa medida dos poderes patronais. Este quadro explica também, de determinado ângulo, a necessidade de um conjunto de regras básicas, alusivas à organização e à disciplina do trabalho, que uniformizem processos, critérios e directrizes de funcionamento, dentro das exigências globais da empresa.

193. A importância de que o regulamento interno se reveste explica a necessidade de verificação pela inspecção do trabalho, a exigência de que lhe seja dada publicidade «na sede da empresa e nos locais de trabalho» (art. 99.°/3) e a possibilidade de se tornar, por convenção colectiva, obrigatória a sua elaboração quanto a determinadas matérias (n.° 4).

De resto, como mais adiante se referirá, o regulamento interno pode *funcionar* também como *proposta contratual* do dador de trabalho, considerando-se celebrado o contrato pela simples adesão, expressa ou tácita, do trabalhador (art. 104.° CT).

Esta última circunstância esclarece, só por si, que as normas constantes de regulamento interno devam subordinar-se à regulamentação legal e convencional das relações de trabalho ([1]).

194. Ao lado do regulamento interno – que, em princípio, é um instrumento regulador *global* dos comportamentos no âmbito do funcionamento da empresa –, há que apontar outras expressões formais do poder de direcção e organização, com âmbito mais restrito e, porventura, destinatários mais particularizados. São as «ordens de serviço», «comunicações» ou «instruções» de serviço, usualmente emitidas pelos órgãos de gestão (conselho de administração, conselho de gerência, comissão executiva, etc.), mas podendo também ser oriundas de titulares da hierarquia da empresa, reportando-se, neste último caso, a sectores ou departamentos definidos.

Através desses documentos, são estabelecidos, de modo mais ou menos avulso, regras de funcionamento e critérios de interpretação e aplicação de normas a que a empresa se encontra sujeita; são estabelecidos organigramas, cadeias hierárquicas, quadros de pessoal, delegações de competência; como podem, enfim, ser formalizados actos de gestão de natureza mais concreta, por exemplo nomeações, transferências, promoções, substituições temporárias, etc..

Apesar da diversidade do conteúdo e da amplitude destes actos de direcção ou organização, julga-se possível reconduzir

---

([1]) O regulamento interno não é fonte de direito, não estando, por isso, sujeito a controlo de constitucionalidade (mas sim de licitude): Ac. TC 20/1196 (DR 2.ª Série, 7/2/97, 1651).

todos eles – desde o regulamento interno até à ordem de serviço que formaliza uma promoção – a uma só categoria jurídica, isto é, à daqueles que exprimem o exercício do *poder regulamentar* do empregador, com apoio, não na natureza do conteúdo de cada um deles, mas antes no *fundamento da sua legitimidade* (o poder de direcção e organização) e na *forma que condiciona a sua eficácia* (a de declarações endereçadas a uma generalidade de destinatários).

É, com efeito, aí que se descobre o sinal distintivo comum a tais documentos: para além da força vinculante que advém da titularidade do referido poder directivo e organizativo na entidade emissora, é a especial forma de expressão ou transmissão utilizada que os caracteriza.

Mas está aí também implícita a constatação de que se trata de *actos directivos ou organizativos de formação complexa,* envolvendo um *processo* mais ou menos tramitado (em que, por vezes, – referimo-o a título de exemplo – ocorrem intervenções de entidades alheias ao órgão emissor, como sejam a comissão de trabalhadores, os delegados sindicais, a administração do trabalho ([1])), cujo momento terminal, o da *eficácia do acto,* se localiza na sua publicação.

Assim, não basta naturalmente que se forme a decisão ou deliberação no seio do órgão competente, ainda que com plena observância de regras estatutárias, para que ela se transforme em *determinação eficaz.* O regulamento interno e, com ele, as ordens e instruções de serviço, são declarações receptícias, o que significa que necessitam ser levadas ao conhecimento dos destinatários – naturalmente pela via instituída na organização – para que produzam os seus efeitos. A publicação é pois o estádio pelo qual se perfecciona o acto directivo e, igualmente, aquele em que se torna eficaz.

Não faria, porém, sentido estender a todos esses actos regulamentares a globalidade do regime contido no art. 99.º CT: algumas instruções de serviço podem ter difusão limitada a certo ou certos sectores da empresa, muitas ordens de serviço não têm

---

([1]) Vd., quanto às comissões de trabalhadores, aos delegados sindicais e as comissões sindicais e intersindicais, o art. 99.º/2 CT. Quanto à intervenção da inspecção do trabalho, não basta para que ele assuma a natureza de acto normativo público (Ac. TC 29/6/88, DR 2.ª Série, 17/9/88).

implicações que justifiquem a audição da comissão de trabalhadores (por não contenderem, directa ou indirectamente, com o volume e as condições de emprego). A sua emissão visa obter efeitos imediatos ou rápidos no funcionamento da organização. A sujeição ao controlo da administração do trabalho seria igualmente desproporcionada e inviabilizante. A aplicação do art. 99.º só é indiscutível no caso dos chamados "regulamentos gerais de empresa" ou "regulamentos internos", verdadeiros códigos de conduta pormenorizados, com não raras implicações contratuais, e que incorporam o propósito de consagrar uma espécie de "ordenamento privativo" da empresa.

5. *Poder disciplinar* (1).

A) *Noções gerais.*

195. Por fim, cabe referir, pela sua importância e pela delicadeza dos problemas que levanta, o *poder disciplinar.*

Consiste ele na faculdade, atribuída ao empregador, de aplicar, internamente, *sanções* aos trabalhadores cuja conduta conflitue com os padrões de comportamento definidos na empresa ou se mostre inadequada à correcta efectivação do contrato. Diz-se, então, que ocorre uma *infracção disciplinar;* a lei não fornece uma noção mas indica tipos avulsos de infracção: veja-se, por exemplo, o art. 256.º/2 CT (2).

---

(1) Vd., em geral, LEGA, *Il potere disciplinare del datore di lavoro,* Milão (1956); MONTUSCHI, *Potere disciplinare e rapporto di lavoro,* Milano (1973); GARCIA PEREIRA, *O poder disciplinar da entidade patronal. Seu fundamento,* Lisboa (1983); M. R. PALMA RAMALHO, *Do fundamento do poder disciplinar laboral,* Coimbra (1993).

(2) Na regulamentação do poder disciplinar não tem, pois, aplicação o princípio *da tipicidade* das infracções e das penas *(nullum crimen sine lege; nulla poena sine lege)* que domina o direito criminal – ou seja, o regime do poder punitivo do Estado. Em diversas legislações (entre as quais se poderia, aliás, incluir a portuguesa, embora seja das mais explícitas nesta matéria), nem mesmo se encontra uma *noção legal* de infracção disciplinar, remetendo-se à jurisprudência

Assim, o dador de trabalho dispõe da singular faculdade (singular porque se trata de relações *entre particulares)* de *reagir,* por via *punitiva* e não meramente reparatória ou compensatória, à conduta censurável do trabalhador, no *âmbito da empresa* e na *permanência do contrato.* A sanção disciplinar tem, sobretudo, um objectivo *conservatório* e *intimidativo,* isto é, o de se manter o comportamento do trabalhador no sentido adequado ao interesse da empresa. Visa, em primeira linha, a prevenção especial e geral. Não pode, pois, ser conceituada como uma reacção de sentido reparatório, destinada a actuar sobre certa situação materialmente em desacordo com a consecução do escopo económico do dador de trabalho. É, antes, uma reacção que visa, em primeira linha, a *pessoa do trabalhador* (como elemento intermédio entre o potencial de trabalho e actividade efectiva), de modo a reprimir a sua conduta inadequada, a levá-lo a proceder de harmonia com as regras de disciplina, reintegrando-o assim no padrão de conduta visado.

O regime do poder disciplinar encontra-se, no Código do Trabalho, enquadrado no capítulo respeitante ao "incumprimento do contrato" (arts. 323.º ss.), ao lado da matéria respeitante ao incumprimento das prestações pecuniárias a cargo do empregador. Trata-se de uma opção sistemática duvidosa. Nela se evidencia o pendor contratualista da concepção adoptada pelo legislador de 2003, e que a revisão de 2009, neste ponto, manteve — uma concepção pouco sensível ás dimensões colectiva e organizacional das relações de trabalho, tão relevantes para a compreensão dos problemas que suscita o regime dessas relações. Como adiante se mostrará, não parece possível explicar o poder disciplinar sem tomar em conta essas dimensões, e, particularmente, as necessidades regulatórias que as actividades "organizadas" postulam.

---

o encargo de construir, caso a caso, os critérios da qualificação, e à doutrina a tarefa de conceptualização correspondente. É o que se verifica no direito *francês,* em que a lei remete para o conteúdo do regulamento interno a definição do regime disciplinar (art. L. 122-34 *Code du Travail*); e é sobretudo o caso do direito *alemão,* em que não existe referência legal expressa ao poder disciplinar na empresa, sendo a matéria objecto de ampla elaboração doutrinal e jurisprudencial.

O poder disciplinar constitui uma prerrogativa do empregador, mas tanto é exercido por esta como pelos superiores hierárquicos do trabalhador (art. 329.º/4), e está sujeito a limitações não só pelo que se refere à *medida* das sanções (art. 328.º/3) mas também à própria *qualificação* das condutas do trabalhador como infracções disciplinares (art. 331.º).

B) *As sanções disciplinares.*

196. Existe um elenco legal de sanções (art. 328.º/1) que inclui a *repreensão*, a *repreensão registada*, a *sanção pecuniária*, *a perda de dias de férias*, a *suspensão do trabalho com perda de retribuição e antiguidade* e o *despedimento imediato sem qualquer indemnização ou compensação*. Entende-se, todavia – nos próprios termos da lei –, que outros tipos podem ser fixados por instrumento de regulamentação colectiva ([1]).

O elenco legal dos tipos de sanções disciplinares suscita algumas observações de pormenor. A *repreensão*, enquanto *sanção* (e não como mera expressão reprovadora e correctiva de um gesto ou conduta indesejáveis, que é própria do mais rotineiro quotidiano das relações de trabalho), só pode ser entendida como um acto dotado de certa solenidade, praticado em presença do colectivo de trabalhadores, e envolvendo, nesses termos, um certo grau de penalização moral para o visado. Mesmo nessa configuração, porém, não parece compatível com exigências procedimentais complicadas, que vão além da audiência prévia (oral) exigida pelo art. 329.º/6 CT. A *repreensão registada*, por seu turno, parece requerer documento escrito que se destine a ser "registado" ou inserido no processo individual do trabalhador. De qualquer modo, inclui um momento "formal" que parece pouco compatível como a mera expressão oral. A *sanção pecuniária* corresponde à antiga multa (de muito rara aplicação) e tem a particularidade de implicar a prestação de trabalho gratúito, pois se efectiva através de desconto no salário. Todavia, a

([1]) Não deixará de se notar que, na LCT (art. 27.º), a criação de outros tipos de sanções estava reservada ás convenções colectivas, deixando de lado a regulamentação por via administrativa.

importância pecuniária respectiva tem que ser remetida pelo empregador ao Instituto de gestão Financeira de Segurança Social (art. 330.º/3). O mesmo não ocorre com as retribuições não pagas em consequência da aplicação da *suspensão do trabalho com perda de retribuição e antiguidade*: essas são retidas pelo empregador (que não recebe também o trabalho correspondente), mas este é obrigado a pagar à Segurança Social, por inteiro, as contribuições a seu cargo e a descontar na retribuição remanescente a que o trabalhador tem direito a contribuição a cargo deste. A *perda de dias de férias* é um tipo de sanção novo, aliás excluído por algumas legislações (como a espanhola), mas acaba por assumir dimensão relativamente moderada, pois o trabalhador tem a garantia mínima de vinte dias úteis de férias (art. 328.º/3-*b*)).

A criação de sanções pela regulamentação colectiva está sujeita a uma limitação genérica: não pode envolver «prejuízo dos direitos e garantias gerais dos trabalhadores», que se encontram, no essencial, compendiados pelo art. 129.º CT. Resulta daí a inadmissibilidade de certos tipos de sanção que, de uma forma ou de outra, pertencem à mais antiga tradição da disciplina na empresa: à *despromoção*, nomeadamente, opõe-se a negativa da lei à baixa de categoria. Ao invés, a conjugação do art. 328.º com o teor do art. 128.º/*f*) parece conduzir ao desaparecimento de obstáculo legal (que existia na vigência da lei anterior à primeira codificação) à inclusão da *transferência* para outro local na lista das sanções, por determinação de um instrumento de regulamentação colectiva.

É certo que as "garantias gerais" do art. 128.º fazem contraponto, em primeira linha, aos poderes de decisão unilateral do empregador; mas o art. 328.º pretende, manifestamente, fazê-las actuar também como marcos de fronteira para a regulamentação colectiva. O que bem se compreende: as cláusulas colectivas que criem novas sanções estarão a legitimar futuras decisões unilaterais do empregador.

Daí que as convenções colectivas actuais se limitem, na sua maioria, a reproduzir o elenco legal de sanções; e boa parte das que se desviam desse padrão não faz mais do que introduzir escalões quantitativos de alguns tipos de pena, alargando assim o leque das reacções disciplinares disponíveis e facilitando a sua graduação (por exemplo: suspensão até 3 dias; suspensão de 4 a 8 dias; suspensão de 9 a 12 dias; e por aí adiante até 30 dias).

197. Suscita-se neste ponto o problema [1] do *critério de graduação* das sanções disciplinares.

Nele estão em causa dois momentos fundamentais: o da *escolha do tipo de sanção* (dentro do elenco legal ou convencional existente) e o da determinação da *medida* da punição a aplicar em concreto (questão que se põe apenas, obviamente, nos casos de multa e suspensão).

Relativamente ao segundo aspecto, estabelece a lei apenas *limites* (art. 328.º/3 CT), aliás susceptíveis de agravamento (art. 328.º/4) [2]; quanto ao primeiro, e de resto em termos muito gerais, há que tomar em conta o disposto no art. 330.º/1: «A sanção disciplinar deve ser proporcional à gravidade da infracção e à culpabilidade do infractor, não podendo aplicar-se mais de uma pela mesma infracção».

O uso do termo "proporcional", pelo CT, em vez de "proporcionada", como na LCT de 1969, não parece feliz. Não se trata de verdadeiros sinónimos, e a ideia expressa pelo segundo parece ajustar-se melhor às características da apreciação disciplinar (quer a que é feita pelo empregador, quer a que caberá ao tribunal, se for o caso), em que devem ser atendidos factores diversos (culpa, gravidade, circunstâncias) cruzados entre si, praticamente insusceptíveis de quantificação e de comparação com outras situações. Enquanto a ideia de "proporcional" envolve uma comparação de grandezas, a ideia de "proporcionado" implica apenas uma exigência de equilíbrio, de racionalidade global na prática disciplinar do mesmo empregador.

Resulta destes dados a existência de uma vasta margem de julgamento por parte do empregador: apenas lhe estará, *a priori*, vedado *criar* novas sanções, e ultrapassar, dentro de cada tipo ou

---

[1] Pode ver-se o nosso estudo *As sanções disciplinares e a sua graduação*, ESC 36, 23 ss.

[2] Esses limites foram, de resto, consideravelmente alargados pelo CT em relação à lei precedente.

espécie, o máximo legal. Daí que, no estado actual do regime do poder disciplinar na empresa, se entenda que o critério de valoração (e de controlo) dos juízos disciplinares concretos só pode ser construído *a posteriori,* como que por via indutiva. O dimensionamento da «pena», em concreto, releva sobretudo do *critério objectivado na própria prática disciplinar da organização* ([1]). Duas faltas ao trabalho, sem justificção, podem determinar, na empresa *A*, simples repreensão (além dos efeitos gerais das faltas não autorizadas); na empresa *B*, multa ou suspensão por igual número de dias; e, na empresa *C*, o despedimento do trabalhador. Assim, repete-se, a enorme largueza do espaço deixado, pela lei, ao arbítrio da entidade patronal, em confronto com a sindicabilidade das decisões disciplinares (por via reclamatória interna ou por via judicial), obriga a que se procure a objectivação do critério proposto no art. 330.°/1 *a partir dos produtos daquele mesmo arbítrio, o qual estará assim a limitar-se ao passo que vai sendo exercido.*

([1]) Com a atendibilidade da prática disciplinar da empresa (não apenas considerada face à generalidade dos trabalhadores, mas também à luz dos antecedentes disciplinares do trabalhador concretamente considerado) relaciona-se a construção germânica, de raiz jurisprudencial, de um «princípio de igualdade de tratamento» (*Gleichbehandlungsgrundsatz*), relacionado com a posição de *poder* do empregador (GÖTZ HUECK, *apud* ZÖLLNER 178). Deve notar-se, porém, que a doutrina alemã, na sua maioria, recusa a plena aplicação de tal princípio exactamente aos casos de despedimento, *maxime* quando se trate de medida individual ditada por motivos ligados à pessoa do trabalhador (e, portanto, aquelas situações em que, como se verá, o despedimento surge em resposta a um comportamento culposo do trabalhador). Nesse sentido, HUECK/NIPPERDEY 390 ss. e ZÖLLNER 181; em sentido diverso, FREY, *Der Grundsatz der Gleichbehandlung im Arbeitsrecht*, Munique (1954) 33; vd. também SCHAUB 681. No nosso sistema, a individualização da justa causa disciplinar (art. 351.°/3 CT) e da sanção disciplinar em geral (art. 330.°/1) inculca decerto um entendimento semelhante. Nem, aliás, julgamos defensável a aplicação de um princípio de igualdade absoluta em tais domínios. Todavia, nenhum dos aspectos apontados implica a rejeição da ideia de que o *precedente* constitui, nos juízos disciplinares, se não o único, ao menos o principal factor de avaliação da sua justeza, como manifestação de um presumível critério do empregador, através de cuja «fixação» *a posteriori* resulta de algum modo limitado o seu arbítrio originário.

Voltaremos ao ponto quando for altura de examinar o conceito de justa causa de despedimento, dado que também aí estará em causa um problema de graduação das reacções disciplinares.

C) *A acção disciplinar.*

198. Tendo, decerto, em vista o modelo de uma organização empresarial complexa, o legislador alude, no art. 329.° a um *procedimento disciplinar* de que faz parte a *audiência prévia* do trabalhador (n.° 6) e em cujo termo este pode *reclamar* internamente da decisão ou recorrer a mecanismos, eventualmente existentes, de composição de conflitos, sem prejuízo do direito de impugnar judicialmente a sanção (n.° 7).

O sentido deste «processo» de apreciação da conduta do trabalhador e de definição da sanção eventualmente aplicável presta-se a equívocos e – na configuração que acabou por assumir na prática das empresas, muito por influência das que, nos anos 70 e 80 do século passado, integravam o sector público – pode envolver efeitos mistificatórios.

O procedimento disciplinar laboral não se destina a apurar, imparcial e objectivamente, uma verdade material – visa fundamentar uma decisão *de parte* que é a decisão disciplinar. O seu objectivo é o de sustentar uma convicção *do empregador* – titular do poder de disciplina – que pode ter-se formado antes dele, e que se exprimirá pela decisão de aplicar, ou não, certa sanção. Esta decisão não é, como pode parecer em face da complexidade burocrática de certos modelos procedimentais, uma decisão para- ou pré-judicial: é uma reacção de um contraente contra outro, que ficará sujeita ao escrutínio judicial se houver litígio.

A única verdadeira exigência legal, para todos os casos em que não esteja em jogo o despedimento, é a de "audiência prévia do trabalhador" (art. 329.°/6), que pode assumir muitas formas, mas que nada impõe que seja preenchida através de escritos.

É certo que existe um procedimento especificamente definido para a acção disciplinar que vise o *despedimento por justa causa* (arts. 352.° ss. CT) e pode questionar-se se esse procedimento não será, afinal, aplicável a qualquer acção disciplinar, mesmo quando a infracção verificada não seja susceptível de integrar justa causa de despedimento.

Poderia, com efeito, raciocinar-se assim: potencialmente, qualquer procedimento disciplinar comporta, *a priori,* a hipótese de aplicação do despedimento (o apuramento da gravidade da falta há-de conter-se no próprio processo); e não é concebível que se deva retornar sobre uma tramitação já seguida para reiniciar o processo, pelo facto de se passar a considerar adequada a sanção de despedimento.

Mas esse raciocínio seria desajustado à lei. Nos termos do art. 353.º/1 CT, juntamente com a *nota de culpa,* que contém a «descrição circunstanciada dos factos» imputados ao trabalhador, o empregador deve emitir *comunicação escrita da intenção de proceder ao despedimento.* Isto é: apurados os *factos* (através de inquérito ou investigação preliminar), o titular do poder de disciplina formula (ou não) um «pré-juízo» (1) acerca da adequação objectiva desses factos ao preenchimento de justa causa. Restará ainda determinar a existência e o grau de culpa do arguido; e daí poderá resultar que o projecto de sanção é inadequado. Mas, feita a aludida comunicação, *e só se o tiver sido,* o processo é *susceptível* de conduzir à decisão de despedimento.

Nada impede, a nosso ver, que, não havendo intenção de despedir (por falta de correspondência objectiva entre os factos e a noção de justa causa), a tramitação seguida não coincida com a dos arts. 353.º ss. CT. A gravidade da consequência prevista para a acção disciplinar nos casos regulados por estes preceitos explica e justifica que – tendo inclusivamente em vista a necessidade de se dispor de instrumentos precisos de conhecimento e avaliação do processo decisório do empregador – o grau de formalização seja particularmente elevado. Igualmente se entende, embora com reservas *de iure constituendo*, que a eficácia do despedimento seja colocada na dependência de certos momentos formais tidos por *essenciais* – a dedução de *nota de culpa* de que constem, concretamente, os factos imputados ao arguido, incluindo as «condições de modo, tempo e

(1) B. LOBO XAVIER. A *recente legislação dos despedimentos (O processo disciplinar na rescisão por justa causa),* sep RDES, Coimbra (1976) 173.

lugar em que ocorreram» ([1]), e o envio dela ao trabalhador, bem como a *audiência do arguido*, entendida como a «oportunidade de se defender e produzir prova» ([2]), documental ou não ([3]) – mas nada disso parece forçoso quando se trate de assegurar, como pede o art. 329.º/6, a "audiência prévia do trabalhador".

D) *Caducidade da acção disciplinar e prescrição da infracção.*

199. A lei estabelece, actualmente, *três* condicionamentos temporais do exercício da acção disciplinar: dois prazos de *caducidade do direito de acção disciplinar* (art. 329.º/1 e 2) e um prazo de *prescrição do procedimento disciplinar* (art. 329º/3).

Trata-se, em qualquer deles, da *extinção*, em função do decurso do tempo, de faculdades de actuação reconhecidas ao empregador no âmbito do poder disciplinar.

O primeiro prazo, de um ano, refere-se ao "direito de exercer o poder disciplinar", isto é, de encetar qualquer procedimento destinado a fundamentar a eventual aplicação de uma sanção. Conta-se a partir do momento em que os factos tenham *ocorrido*, independentemente do conhecimento ou desconhecimento deles por parte do empregador. O decurso desse prazo traduz-se no esgotamento do poder disciplinar em relação aos factos qualificáveis como infracções (daí que estas prescrevam também com a cessação do contrato de trabalho). A lei toma em conta a necessidade de evitar que a perspectiva da punição de uma eventual falta seja mantida como uma ameaça suspensa indefinidamente sobre o trabalhador, a fim de lhe condicionar o comportamento e, inclusive, a capacidade reclamatória. Por outro lado, o excessivo

([1]) Não bastam, assim, meros «juízos conclusivos» ou que reproduzam «abstracta e genericamente as disposições legais» – é necessário, em suma, que o conteúdo da nota de culpa coloque o arguido em condições de «organizar uma defesa consciente e eficaz». Vd. Acs. Rel. Lisboa 20/7/81 (CJ, 81, 4, 156), Rel. Évora 21/7/81 (C,J, 81, 4, 299), Rel. Porto 11/1/82 (CJ, 82, 1, 326) e 25/1/82 (CJ, 82, 1, 331), Rel. Lisboa 19/7/82 (CJ, 82, 4, 169) e 15/11/82 (CJ, 82, 5, 182).

([2]) B. Lobo Xavier cit. 177.

([3]) B. Lobo Xavier cit. 174-175.

distanciamento entre a infracção e a possível sanção não se adequa ao carácter e aos fins próprios desta última – fins que são sobretudo preventivos e não retributivos.

No CT de 2003, como na lei anterior, este prazo era de *prescrição da infracção disciplinar*, o que legitimava o entendimento – seguido nas anteriores edições deste livro – de que se tratava, directamente, de um condicionamento da *punibilidade*. A jurisprudência dominante já há muito alinhava, porém, pela ideia de duplo prazo de caducidade, e a revisão de 2009 veio eliminar todas as dúvidas acerca da sua adopção. A construção tinha, no entanto, o inconveniente grave – a que tornaremos um pouco adiante – de tornar irrelevante a duração do procedimento. O novo prazo do art. 329.º/3 vem cobrir esta deficiência.

O prazo de caducidade – de sessenta dias –, por seu turno, assenta na ideia de que a maior ou menor lentidão no desencadeamento do processo disciplinar exprime o grau de relevância atribuído pelo empregador à conduta (eventualmente) infractora; o facto de esse processo não se iniciar dentro dos sessenta dias subsequentes ao *conhecimento* da referida conduta constitui presunção *iuris et de iure* de irrelevância disciplinar. Assim, o direito de "agir" contra o trabalhador, iniciando o procedimento disciplinar, extingue-se.

Está-se, pois, até, aqui, no fundo, perante dois prazos de *caducidade do direito de acção disciplinar*: esta só pode iniciar-se dentro de sessenta dias após o conhecimento da infracção e um ano depois da sua ocorrência. Claro que, indirectamente, o que está em causa é o *direito de punir*: a aplicação de uma sanção torna-se legalmente inviável sem que o procedimento seja licitamente realizado.

O terceiro prazo, também de um ano, constitui inovação do Código revisto e é, no fundo, também, um condicionamento do *direito de punir*: trata-se, nele, como no primeiro prazo, de evitar a eternização da crise disciplinar, através do prolongamento do processo. O decurso do prazo, contado a partir da *instauração do processo* (ou melhor, do envio de nota de culpa), provoca a extinção do *direito de acção* de disciplinar e, por conseguinte, do direito de punir.

200. O art. 353.º/3 estabelece que a comunicação da nota de culpa ao trabalhador interrompe ([1]) qualquer dos dois primeiros prazos. Esta solução tem, desde logo, o significado de um reforço à ideia de que é com essa comunicação que se inicia o procedimento disciplinar.

Por outro lado, havia que contemplar a hipótese de ser necessária a realização de inquérito preliminar para que o complexo factual em causa possa considerar-se conhecido (em termos de se poder fazer dele a «descrição circunstanciada» a que alude o art. 353.º/1) e, assim, susceptível de servir de base a uma acusação disciplinar. Esta hipótese é contemplada, novamente em relação aos dois prazos de caducidade, no art. 352.º. Aí se determina a interrupção do prazo no caso de «procedimento prévio de inquérito», desde que, mostrando-se aquele procedimento «necessário para fundamentar a nota de culpa», seja iniciado e conduzido de forma diligente, não mediando mais de 30 dias entre a suspeita de existência de comportamentos irregulares e o início do inquérito, nem entre a sua conclusão e a notificação da nota de culpa.

A regra do art. 353.º/3 harmoniza-se plenamente com o sentido da caducidade prevista no art. 329.º/2, estabelecendo certa conexão temporal entre o conhecimento (pleno) dos factos e a acusação; na mesma lógica, só com a conclusão do inquérito preliminar (quando realizado) deveria iniciar-se a contagem ([2]). Compreende-se que, a ser consagrada tal solução, a insegurança do trabalhador poderia resultar seriamente agravada (pela tardia iniciativa do inquérito), embora o prazo do art. 329.º/1 pareça garantir nesse ponto uma protecção bastante.

201. E que dizer acerca da aplicação do mesmo esquema à caducidade prevista no art. 329/1?

Em rigor, a extinção do direito de punir (que, como vimos, está implícita nesse modelo) só deveria ser impedida pela decisão

---

([1]) Não se vendo como possa ser, no caso, retomado o curso do prazo, pareceria mais correcto falar aqui de *interrupção.*

([2]) Vd., neste sentido, o Ac. Rel. Lisboa 4/7/90 (CJ 90, 4, 187).

sancionatória. No entanto, como já se assinalou, antes da publicação do Código de 2003 e na falta de regra expressa, a jurisprudência já se norteava pela ideia de que a prescrição se interrompe com a instauração do processo disciplinar; e, conjugando os dois prazos legais, decidiu-se que «o procedimento disciplinar deve ser exercido nos sessenta dias imediatos ao conhecimento da infracção se, entretanto, não tiver decorrido um ano sobre a sua prática» ([1]).

Essa orientação inspirava-se, decerto, nas soluções consagradas pelo Estatuto Disciplinar dos Funcionários e Agentes da Administração Pública ([2]), correntemente utilizado como regime subsidiário para a acção disciplinar nas relações privadas de trabalho..

Mas o problema básico era, antes do Código, o de saber se, após a instauração do procedimento, poderia ainda verificar-se, por excessiva demora no seu curso, a prescrição da infracção. Da tese jurisprudencial que se apontou, resultava a possibilidade de eternização da acção disciplinar, sem que o poder de punir se extinguisse. De resto, na mesma linha se decidiu que não existe qualquer limite legal da duração do processo disciplinar, devendo mesmo reputar-se ilegais os preceitos das convenções colectivas que fixassem prazos para a conclusão desse processo ([3]).

O art. 353.º/3 CT vem ao encontro da orientação jurisprudencial anterior. Com a comunicação da nota de culpa (ou com a instauração de inquérito prévio, sendo caso disso, nos termos do art. 352.º), deixaria de ser possível a caducidade do direito de acção disciplinar e, sobretudo, a extijnção do direito de punir, durasse o processo o tempo que durasse. É por isso que o n.º 3 do mesmo artigo introduz um terceiro prazo decorrido o qual deixa de ser possível a reacção disciplinar: um prazo que condiciona a duração do processo, impedido o seu excessivo prolongamento.

([1]) Ac. Rel. Porto 5/3/79 (CJ, 79, 4, 501). Cfr. também Ac. Rel. Lisboa 17/1/x: J. 83, 1, 170).

([2]) Vigorava então o Estatuto aprovado pelo DL 24/84, de 16 de Janeiro. Os preceitos citados no texto coincidem, salvo levíssimas e irrelevantes diferenças de redacção, com os do anterior Regulamento, aprovado pelo DL 191-D/79, de 25 de Junho.

([3]) Cfr. Ac. Rel. Lisboa 17/1/83 cit..

Depois de inciado, o procedimento disciplinar não pode estender-se por mais de um ano.

202. Cabe introduzir aqui uma breve nota acerca do *fundamento do poder disciplinar* – questão teórica muito controvertida, e com boas razões, dada a notória singularidade de que a acção disciplinar (no seu aspecto punitivo, sobretudo) se reveste no campo das relações privadas ([1]).

A ideia a que mais frequentemente se recorre para, a um tempo, *explicar* e *justificar* aquele poder é a de que a incorporação do trabalhador numa organização (*maxime* a da empresa) implica a sujeição dele a regras de conduta correspondentes às «exigências próprias da mesma organização», isto é, destinadas a manter a coesão e a articulação funcional dos elementos produtivos que a constituem.

A verdade, porém, é que a mencionada prerrogativa é reconhecida pela lei às entidades patronais independentemente da existência de organização empresarial, ou mesmo de qualquer outro tipo de organização de meios. É possível, naturalmente, *ficcionar* o aspecto organizativo mesmo nas relações de trabalho mais elementares – como as que se processam entre indivíduos, visando a satisfação de necessidades pessoais e privativas de um deles. Mas dificilmente se compreenderia que sobre tal ficção se pudesse construir um poder de carácter excepcional (nas relações entre particulares, as únicas que aqui interessam) como é o poder disciplinar.

203. Esquematicamente, podem reconduzir-se as diversas explicações tentadas na doutrina juslaboral a dois modelos básicos ([2]):

a) As teses *contratualistas*, segundo as quais o contrato de trabalho estaria na *origem* do poder disciplinar, assentando este

---

([1]) Cfr. MONTUSCHI, *Potere disciplinare e rapporto de lavoro*, Milano (1973).

([2]) Para uma crítica detalhada destas correntes, vd. o estudo de GARCIA PEREIRA, *O poder disciplinar* cit. e a importante monografia de M. R. PALMA RAMALHO, *O fundamento* cit., 299 ss..

no consenso prévio entre o trabalhador e a entidade patronal. Tal posição começou por se afirmar no sentido da proximidade entre as sanções disciplinares e as *cláusulas penais,* também denominadas *penas convencionais* (cfr. arts. 810.° ss. CCiv.) – termos que, aliás, correspondem, no fundamental, à tradição do direito *alemão,* pouco aberto à ideia de um verdadeiro *poder* disciplinar patronal autónomo. Mas, perante as fáceis críticas que, no quadro de outros sistemas jurídicos, tal pensamento suscitava (a infracção disciplinar pode não causar qualquer dano ao credor de trabalho; a sanção pode não ter carácter patrimonial, e, ainda quando o assuma, o respectivo produto não se destina à entidade patronal – vd. art. 330.°/3 –; ao passo que as cláusulas penais são afinal meios de assegurar, quer preventivamente, quer a título indemnizatório, a realização do interesse do credor na prestação devida), a tese contratualista evoluiu no sentido de explicar o poder disciplinar pelo facto de ser o contrato de trabalho que investe a entidade patronal numa posição de «autoridade» sobre o trabalhador (vd. art. 11.° CT) (1).

b) As teses *institucionalistas ou comunitárias* que, encarando a empresa como *organização de meios* dotada de exigências próprias concernentes à sua coesão, ao seu equilíbrio estrutural e à optimização do seu funcionamento, tidas como distintas do interesse económico do seu titular, encontra naquelas exigências o fundamento do poder disciplinar e explica a sua atribuição ao empresário pelo facto de este ser o *chefe* da organização, *responsável* pela sua permanência e pelo seu funcionamento. Como é óbvio, a semelhança utilizada é a do poder hierárquico existente em qualquer organização privada ou pública, permitindo simultaneamente justificar do mesmo modo a disciplina laboral nas empresas capitalistas e nas empresas socialistas. Entronca neste feixe de ideias o entendimento atrás referido como sendo o mais corrente.

---

(1) Neste sentido, vd. LEGA, *Il potere disciplinare del datore di lavoro,* Milão (1956), 1 15 ss.

204. Tudo ponderado, entendemos que não se pode explicar o poder de disciplina sem directa ligação à estrutura das relações de trabalho, tal como resultam do correspondente contrato. Vimos que por este se transfere a disponibilidade da força de trabalho de uma pessoa para outra (mediante um «preço» – o salário). Igualmente notámos que o exercício efectivo dessa disponibilidade implica uma modelação da vontade do trabalhador pelos ditames do beneficiário do seu trabalho: o uso da força de trabalho *passa* pela pessoa do trabalhador. É evidente, em terceiro lugar, que tal uso se não traduz simplesmente em «fazer trabalhar», em *determinados tempos e lugares,* com exacta (ou pontual) correspondência no processo global de laboração programado. Isto envolve, ou pode envolver, a necessidade de condutas, e mesmo abstenções, que *não são apenas o trabalho especificado* mas antes exprimem condições do seu uso (e portanto da efectivação da disponibilidade transmitida pelo contrato), v.g. a obrigação de não fumar, a de envergar certo uniforme, etc.. Ora o trabalhador pode não cumprir alguma dessas regras – tornando-se, quanto a ela, *indisponível,* ou, noutros termos, orientando a sua vontade de forma *desviada* em relação à da entidade patronal.

A acção disciplinar surge então como um conjunto de medidas destinadas a agir, *de modo contraposto, sobre a vontade do trabalhador,* procurando modificá-la no sentido desejado – isto é, procurando *recuperar a disponibilidade* perdida ou posta em causa. As sanções disciplinares não têm, pois, primariamente, finalidade «retributiva» – isto é, não se destinam apenas a retribuir a falta com um prejuízo – mas eminentemente *preventiva.* Por outro lado, elas têm também uma função (secundariamente) *conservatória* da vinculação entre entidade patronal e trabalhador, na medida em que se destinam a repor a situação de disponibilidade acima referida e, com ela, as condições de viabilidade do contrato de trabalho. Daqui resulta, além do mais, que o despedimento do trabalhador só poderá considerar-se harmónico com a concepção legal do poder disciplinar (no caso, como é óbvio, de ser reacção a uma falta disciplinar) quando se mostre inviável ou inútil qualquer das sanções cuja aplicação pressupõe a permanência do vínculo (a sanção pecuniária, p. ex.).

§ 20. Os deveres acessórios do empregador.

205. Tal como o trabalhador, também o empregador tem deveres acessórios de conduta, fundados na situação de integração do trabalhador na organização produtiva ordenada e dirigida por aquela entidade. Não vamos aqui abordar os deveres *secundários* em relação à obrigação (principal) de pagamento do salário – cujo tratamento terá sede mais apropriada –, mas sim apenas os deveres (patronais) que podemos designar por *acessórios da prestação de trabalho,* seja porque condicionam a sua exequibilidade, seja porque respeitam ao quadro ambiental em que a actividade do trabalhador vai inserir-se (em suma, porque constituem condições *materiais* e *sociais* da sua execução.

1. *Deveres de cuidado e prevenção.*

206. Ao criar, organizar e dirigir a empresa, o empregador cria riscos: não apenas o risco económico do negócio, mas também riscos para a segurança das pessoas que vão estar integradas no processo produtivo. Esses riscos são de gravidade muito variável, mas existem sempre, mesmo nos ambientes de trabalho – como o escritório ou o estabelecimento comercial – onde é menos fácil imaginar acidentes ou doenças relacionados com o trabalho. Compreende-se, pois, que a lei atribua ao empregador a obrigação de organizar e por em prática as medidas adequadas à prevenção dos riscos profissionais.

Por outro lado, o local de trabalho – seja ele a fábrica, a oficina, o gabinete, o *atelier*, o laboratório, um terreno ao ar livre – constitui o ambiente em que o trabalhador passa grande parte do seu tempo. Tanto sob o ponto de vista do bem-estar e da realização pessoal que se associa ao trabalho, como na própria perspectiva da produtividade, a qualidade do ambiente oferecido pelo empregador não é um elemento neutro nas relações de trabalho.

O legislador exige, por isso, ao empregador, os comportamentos previstos no art. 128.º/1-*c*), *d*), *g*), *h*) e *i*) CT, que podem ser englobados sob a designação de deveres de cuidado e prevenção e correspondem, aproximadamente, ao conteúdo atribuído, na doutrina e na jurisprudência alemãs, ao *dever de assistência* ou protecção (*Füsorgepflicht*) do empregador ([1]): cabe ao empregador assegurar as *condições de higiene e segurança do local de trabalho,* nomeadamente pela observância das exigências legais e regulamentares que visam a prevenção de acidentes de trabalho e doenças profissionais ([2]), além de lhe ser exigível que ofereça aos trabalhadores o melhor ambiente de trabalho possível.

No direito germânico – onde a elaboração teórica da matéria é particularmente rica – o conteúdo deste dever (concebido como uma cláusula geral) é bem mais amplo, na linha da concepção outrora dominante – sobretudo na jurisprudência – da relação de trabalho como «relação comunitária jurídico-pessoal» (*personenrechtliches Gemeinchäftsverhaltnis*). São aí incluídos comportamentos que relevam, em geral, da boa-fé na formação dos contratos (vd., entre nós, o art. 227.° CCiv.), seja o dever de esclarecimento do trabalhador acerca das características da prestação de trabalho que lhe será

([1]) Cfr., por todos, SCHAUB, *Arbeitsrecht* cit. 642 ss. Na formulação sintética de HUECK-NIPPERDEY (que, como NIKISCH, 406, e contra KASKEL-DERSH, nele incluia o elemento *lealdade* da entidade patronal, configurado como a contrapartida do dever idêntico do trabalhador) este dever lança sobre o empregador o encargo de «defender o trabalhador, prestar-lhe protecção e assistência e suprimir tudo aquilo que possa causar-lhe algum prejuízo nos seus interesses» (*Lehrbuch* cit., 357). Para além das projecções normativas expressas de tal obrigação – entre as quais avulta a *protecção da vida e saúde* do trabalhador (§ 618 BGB) –, a doutrina alemã, concebendo aquele como uma «cláusula geral» de natureza semelhante à da boa-fé contratual, construiu a partir dele outras obrigações da entidade patronal, como a de *protecção da propriedade do trabalhador* (abrangendo os objectos pessoais que este leva para o local de trabalho), etc. .Vd. ainda, sobre estes pontos, no quadro de um conjunto de «deveres de protecção» do empregador, ZÖLLNER 167 ss.

([2]) Veja-se sobretudo o D.L. 441/91, de 14 de Novembro, que (apesar da inclusão, no CT, de um conjunto de regras e princípios sobre a matéria – arts. 281.° ss. – e da sobrevigência provisória dos arts. 272.°-312.° do CT de 2003) continua a ser a lei-quadro sobre higiene, segurança e saúde no trabalho, e da qual derivam numerosos dispositivos específicos para diferentes tipos de instalações e actividades propensas ao risco.

requerida ([1]), seja a observância das normas de protecção do trabalho *(Arbeitsschutzrecht)*, pertencentes ao Direito Público, e até a das regras concernentes ao esquema de seguros sociais ([2]).

Não falta quem, no contexto da investigação teórica do dever de assistência, se ponha dúvidas acerca da legitimidade e da utilidade da extensão que lhe vai sendo atribuída: «chegou o momento de tomar consciência de que ultimamente a interpretação extensiva de tal dever torna necessário colocar a questão de saber se não se alcançou já o *ponto culminante* nesse aspecto, ou mesmo se não terá sido por vezes ultrapassado; não no sentido de que os resultados dessa evolução devam negar-se em geral, mas no sentido de que esses mesmos resultados talvez pudessem atingir-se, melhor e de forma mais directa, de maneira distinta da que consiste em reduzi-los a manifestações do dever de assistência» ([3]). E, com efeito a tendência desenhada no sentido de encaixar em tal conceito numerosos juízos de equidade ou de adequação social, transformando-o numa espécie de «remédio mágico» através do qual se procurou enquadrar outro tantos desvios às regras civilísticas ([4]), não só mantém e alimenta a imprecisão do seu conteúdo como, em relação a certos domínios fulcrais – por exemplo, o da responsabilidade –, acabou por inspirar o recurso a outros instrumentos dotados de

---

([1]) Cfr. Kaskel/Dersch 315.

([2]) Cfr. Schaub 642 ss. Diz-se, acerca das primeiras, que a sua violação culposa pelo empregador «é não só um acto ilícito, nos termos do § 823 n.° 2 BGB, mas supõe ainda uma violação contratual positiva» – evidenciando-se com isto a existência de uma obrigação autónoma *para com o trabalhador* (justamente o dever de assistência). Julgamos que se ajusta melhor ao nosso sistema a ideia de convergência do interesse público com o interesse privado do trabalhador em certo comportamento da entidade patronal (gerando assim, de um lado, a norma jurídico-pública de protecção e, do outro, o direito subjectivo do trabalhador, ambos apontados ao mesmo comportamento), a fim de explicar a duplicidade de sanções que ocorre quando aquelas normas são infringidas, com base em deveres precisamente individualizados e concretos.

([3]) Kaskel/Dersch 313. Só que a alternativa oferecida não primava por ser particularmente directa nem precisa: a explicação baseada no «princípio protectivo do direito social» (*sozialrechtliches Schutzprinzip*).

([4]) Cfr. Gamillscheg, *Die Haftung des Arbeitnehmers gegenüber Dritten, in Ius Privatum Gentium – Festschrift für Max Rheinstein,* vol II, Tübingen (1969) 1 043 ss.

maior rigor, como seja a ideia do risco de estabelecimento (*Betriebsrisiko*), adiante exposta.

O dever de assistência parece dever ser redimensionado progressivamente, face aos dois fenómenos seguintes:

a) por um lado, e sob o ponto de vista da *fundamentação genérica* dos deveres acessórios de conduta da entidade patronal, o recurso à mencionada ideia do «risco de estabelecimento» *(Betriebsrisiko)*, aliás também de origem germânica, ou então, mais amplamente, da oneração do empregador com riscos proporcionados por uma organização de meios produtivos que ele erigiu;

b) por outro, e no que toca à destrinça dos referidos deveres, o facto de que diversos «corolários» primitivos do dever de assistência (enquanto expressão do carácter comunitário que se quis reconhecer na relação de trabalho) – tal o caso do direito a férias pagas ([1]) – se terem consolidado e transmutado em deveres jurídicos autónomos, independentes até da existência de uma organização técnico-laboral relevante, antes inerentes ao conteúdo da relação jurídica estabelecida entre um trabalhador e um empregador.

207. De qualquer modo, uma concepção ampla como a do dever de assistência não parece ter acolhimento no nosso Código.

Fundamentalmente, está consagrado, nas suas manifestações mais relevantes e características, o aludido dever de cuidado e prevenção, o qual traduz a responsabilidade do empregador pelas condições de segurança e de vida que são oferecidas no âmbito da organização que criou e dirige. As suas manifestações são:

a) a exigência da oferta de «boas condições de trabalho, do ponto de vista físico e moral» (art. 128.º/1-*c*));

b) o dever de prevenção de riscos profissionais (art. 128.º/1-*g*), *h*) e *i*), com desenvolvimento nos arts. 281.º ss. CT e, no art. 284º, remissão para legislação específica).

À margem dessas exigências legais, podem ser referenciados outros deveres atribuídos aos empregadores pelas convenções

([1]) KASKEL/DERSCH 325 s.

colectivas (e por vezes também através de regulamentação interna), tendo por objecto prestações de natureza social (como um subsídio para material escolar dos filhos) ou complementares das que são asseguradas pelos esquemas de benefícios de segurança social (assim, por exemplo, as prestações complementares do subsídio de doença e da pensão de reforma, a comparticipação da empresa no custo de medicamentos). Todavia, essas obrigações não integram a configuração genérica da posição jurídica de "empregador".

2. *A cooperação creditória e o dever de ocupação efectiva.*

208. A execução do contrato implica, da parte do empregador, o fornecimento das condições materiais indispensáveis ao exercício da actividade prometida pelo trabalhador. Incluem-se aqui a definição da categoria e da função a exercer, do local e do tempo de trabalho; e ainda o fornecimento das matérias primas, instrumentos e máquinas necessárias à laboração ([1]).

É sabido que, para se tornar viável a prestação efectiva de trabalho, não basta que o trabalhador se coloque à disposição para ela; é necessária ainda a *cooperação do empregador* que se traduzirá na oferta das aludidas condições materiais e organizativas (o *Arbeitssubstrat* a que amiúde se referem os autores alemães). Trata-se de uma ilustração particularmente nítida (como consequência da natureza da obrigação de trabalho) da cooperação creditória que a lei prevê tendo em vista o cumprimento das obrigações (art. 813.° CCiv.) ([2]).

209. Num plano de exigência mais elevado, discutiu-se abundantemente a existência de um verdadeiro «dever de ocupação efectiva» do empregador relativamente ao trabalhador, a partir do contrato entre ambos celebrado.

([1]) Cfr. BRUN/GALLAND, *Droit du travail,* cit., 478.
([2]) Cfr. PIRES DE LIMA/ANTUNES VARELA II 61.

Este dever, a existir, distingue-se obviamente, quanto ao seu conteúdo útil para o trabalhador, do *direito ao trabalho* afirmado pelo art. 58.º CRP ([1]). Este direito é afirmado perante o Estado e condensa um conjunto de exigências referentes às políticas públicas de promoção e defesa do emprego. O dever de ocupação é investido

---

([1]) O art. 58.º/1 CRP estabelece que «que todos têm *direito ao trabalho*». Este princípio aparece, no mesmo artigo, conjugado com o da *livre escolha da profissão ou género de trabalho* – o que de resto ocorre, *mutatis mutandis,* noutros sistemas constitucionais, como, por exemplo, o francês e o italiano. Entre nós, já a Const. 1933 incluía também o direito ao trabalho no elenco dos «direitos, liberdades e garantias individuais dos cidadãos portugueses» (art. 8.º). E o significado de tal direito estava longe de ser incontroverso. Apontavam-se, nomeadamente, fórmulas segundo as quais se trataria do «direito de exigir ao Estado uma ocupação remunerada», ou do mero direito (liberdade) de trabalhar, ou da imposição do Estado do prevenir «práticas restritivas do acesso a certas profissões», ou ainda do «direito dos cidadãos a que o Estado adopte as providências necessárias – providências complexas, susceptíveis de revestirem múltiplas formas – para assegurar a todos e a cada um a possibilidade de fazerem face aos encargos da existência pelo seu próprio trabalho». Vd., sobre todas estas hipóteses, com adopção da última, M. C. TAVARES DA SILVA 31 ss..

Na medida em que o reconhecimento do direito ao trabalho pode ser também encarado como uma via de superação de obstáculos *jurídicos* (como a liberdade de iniciativa do empresário e o poder de organização da empresa), ele comportaria, no mínimo (e, sobretudo, na ausência de uma afirmação constitucional tão explícita como a da CRP), a configuração de um "direito de facilitação" relativamente à política de emprego e à busca de ocupação: é a concepção de DÄUBLER, *Das Arbeitsrecht* cit., 2, 67.

O texto constitucional português, porque inclui um preceito (art. 58.º/2) relativo às *obrigações do Estado* no tocante à *garantia* do direito ao trabalho, reduz muito consideravelmente o âmbito da questão. É, assim, no plano dos «direitos do homem perante a sociedade» (RIVERO/SAVATIER 341) que ela vem a colocar-se. O direito ao trabalho é um *«direito positivo* dos cidadãos perante o Estado» (GOMES CANOTILHO/VITAL MOREIRA, *Constituição* cit., I 319), embora também, secundariamente, um direito de «conteúdo negativo» (ID., loc. cit.), no sentido do afastamento de *obstáculos* à obtenção de emprego. Na sua primeira e fundamental faceta, o direito ao trabalho determina um «programa de acção do Estado» [SCONAMIGLIO, *Diritto del Lavoro,* Bari (1969) 234] que deve compreender a definição de instrumentos de promoção e controlo do emprego, de formação e orientação profissionais, de cobertura do risco social de desemprego. Cfr., ainda, GAUL, *Das Arbeitsrecht* cit., I 435.

no empregador, relativamente a pessoas empregadas, ou melhor, vinculadas por contrato de trabalho. Se a distinção se mostra clara e fácil, não pode, todavia, esquecer-se que os valores de referência são, em boa parte, comuns: a dignidade humana, a realização pessoal, a inclusão social.

Trata-se de saber se, celebrado o contrato, o trabalhador tem o direito (algum direito) de ser efectivamente ocupado, ou se, pelo contrário, o empregador pode, sem justificação definida, deixá-lo inactivo e improdutivo.

A questão não é académica: profissões há em que a prestação de trabalho efectivo corresponde a interesses importantes do trabalhador, podendo a inactividade injustificada (embora com manutenção do direito ao salário) causar-lhe desvantagens profissionais e pessoais sérias. Ponderem-se os casos dos actores e profissionais de espectáculos em geral, dos jornalistas, dos profissionais de desporto, dos deficientes (por motivos diversos, é claro), entre outros (1).

E mesmo *em geral* se pode dizer que a efectivação do trabalho corresponde a interesses concretos, na ordem profissional e na ordem moral, de qualquer trabalhador, *maxime* quando a função se ajusta às suas específicas aptidões e preferências. A inactividade forçada (embora remunerada) constitui, em regra, um factor de desvalorização pessoal e profissional para o trabalhador.

Assim, logo no plano dos princípios, reconhece-se como legítima e digna de protecção a aspiração do trabalhador à ocupação efectiva correspondente à actividade contratada (2), justificando que, em simetria, se construa «a obrigação jurídica e moral do empregador de não fazer o trabalhador conformar-se simples-

(1) O reconhecimento do direito à ocupação efectiva nesses casos não oferece, de há muito, quaisquer dificuldades teóricas, mesmo no quadro de uma concepção adversa, em linha de princípio, à existência de uma tal posição jurídica do trabalhador em geral. Cfr. CARINCI/TAMAJO/TOSI/TREU 197 ss.; SCHAUB 665.

(2) Cfr. já NIKISCH 437; e, ainda, além dos autores citados na nota anterior, ZÖLLNER 171; SÖLLNER 246; GAUL, *Das Arbeitsrecht* cit., I 437; DÄUBLER, *Das Arbeitsrecht*, 2, 280 ss.. Há, todavia, notória divergência no que toca à fundamentação do direito à ocupação efectiva.

mente com o pagamento do salário, sem utilizar a sua capacidade de trabalho, deixando-a improdutiva arbitrariamente» ([1]).

210. O dever de ocupação efectiva situa-se, como se disse, em nível de exigência mais elevado do que a mera cooperação creditória. Embora na mesma linha logico-conceitual, o dever de ocupação tem, contudo, maior intensidade e consequências mais importantes do que a cooperação do empregador na execução do trabalho.

A cooperação do empregador incide fundamentalmente no momento da chamada *incorporação* do trabalhador e traduz-se, como foi dito, na atribuição de uma função e do posto de trabalho, com o fornecimento das adequadas condições materiais e organizativas. Se aquela atribuição não é feita, e ainda se estas condições não são fornecidas ou sofrem interrupção, a prestação de trabalho torna-se impossível (o trabalhador não pode definir ele próprio a sua função nem escolher o seu posto de trabalho à revelia do empregador) e, se a entidade patronal não dispõe de «motivo justificado» (art. 813.° CCiv.), poderá falar-se de mora do credor ([2]), com o efeito fundamental da inversão do risco (art. 815.°), ou seja, em suma, de se manter sobre ele o encargo do pagamento do salário.

Por isso se diz que «não parece viável configurar a cooperação creditória como mais do que um ónus» ([3]). O efeito da não cooperação é que o trabalhador pode simplesmente exigir o salário, apesar da verificada inviabilidade do serviço efectivo.

([1]) KASKEL/DERSCH 333.

([2]) Sobre esta concepção de algum modo restritiva da *mora creditoris* relativamente à prestação de trabalho, vd. NIKISCH 440. Na mesma linha, entende-se que não há mora (antes, pelo contrário, se verifica a prestação básica do trabalhador: colocar e manter a sua força de trabalho à disposição da entidade patronal) quando, depois da «colocação» (*Einstellung*) do trabalhador, lhe não é permitido executar os seus serviços. Tal distinção não é pacífica: contra, p. ex., HUECK-NIPPERDEY 163.

([3]) B. LOBO XAVIER, A *repercussão do encerramento definitivo* cit., 2 283.

Por seu turno, o dever de ocupação opera como um verdadeiro dever de *prestação* do empregador. Pressupõe que o trabalhador esteja integrado na organização produtiva e traduz-se na exigência de que *lhe seja dada a oportunidade de exercer efectivamente a actividade estipulada* – ressalvadas situações especiais, como as resultantes do encerramento temporário da fábrica, a suspensão preventiva em procedimento disciplinar, o cumprimento da pena de suspensão sem salário, e outras em que circunstâncias objectivas motivem a não ocupação efectiva. Assim concebido, e tendo em atenção os seus fundamentos, o dever de ocupação, no caso de ser violado, envolve mais do que um problema de risco – implica a *responsabilização do empregador pelos prejuízos emergentes para o trabalhador* (1).

211. Cabe agora indagar se pode ter-se como consagrado, no sistema juslaboral português, um dever (positivo) de ocupação efectiva a cargo do empregador.

Deve assinalar-se que o reconhecimento de um dever *geral* de ocupação efectiva constitui uma das ideias-força da evolução recente dos ordenamentos laborais. Constata-se maior soma de dúvidas quanto à sua fundamentação do que no tocante à sua existência. Desde a primitiva impostação da jurisprudência germânica – assente num "direito à consideração ou reconhecimento" do modo porque o trabalho é realizado (2) – até à forte enfatização da "tutela da profissionalidade" na doutrina e na jurisprudência italianas (3), o

---

(1) Tal é a solução preconizada na doutrina germânica, com base no regime da violação contratual positiva (§ 276 BGB). Concebe-se ainda a possibilidade de o trabalhador dar à entidade patronal um certo prazo para o ocupar efectivamente, requerendo depois ao tribunal, no caso de incumprimento, uma indemnização fixada segundo o critério daquele (§ 61, n.º 4 AGG.) – Cfr. NIKISCH 442; KASKEL/DERSCH 335; HUECK/NIPPERDEY 351 ss. Relativamente ao sistema italiano, vd. as indicações em sentido idêntico de CARINCI/DE LUCA TAMAJO/ /TOSI/TREU, *Il rapporto* cit. 197.

(2) Cfr. SCHAUB, *Handbuch* cit. 666.

(3) Com base nos arts. 13.º e 18.º do *Statuto dei lavoratori:* cfr. CARINCI/ /TAMAJO/TOSI/TREU 197 ss..

travejamento do dever de ocupação utilizou materiais de diversas qualidades e proveniências. Ele reveste-se, por certo, de particular liquidez quando o ordenamento constitucional oferece explícita prioridade à tutela dos valores da personalidade, inserindo nesse quadro o trabalho como meio de realização e desenvolvimento pessoal e de afirmação social ([1]).

É, todavia, necessário ter presente que não basta apontar a existência, no exercício efectivo de actividade profissional, de implicações pessoais ou sociais positivas, para que se possa, sem mais, considerar verificado um núcleo de interesses "relevantes" sob o ponto de vista jurídico; importa, obviamente, indagar se tais implicações são ou não reconhecidas no direito positivo.

212. A primeira constatação é a de que a CRP acolhe uma visão do trabalho que ultrapassa os paradigmas da "fonte de rendimento" e dos "meios de subsistência": ele é reconhecido, explicitamente, como meio de "realização pessoal" e ao modo por que ele é organizado associa-se, como conotação valorativa, a "dignificação social" do trabalhador (art. 59.°/1*b*); ademais, essa maneira de ver deve relacionar-se com o direito ao "bom nome e reputação" (art. 26.°/1) que a forçada e injustificada inactividade – com garantia de remuneração – é susceptível de por em causa.

Na linha desse entendimento constitucional, a lei ordinária oferece várias indicações inequívocas acerca do valor autónomo da efectiva prestação de trabalho, sob o ponto de vista dos interesses dos trabalhadores.

Só assim se se explica, por exemplo, que a suspensão disciplinar – art. 328.°/1-*e*) CT – constitua sanção *qualitativamente distinta* da sanção pecuniária (e mais grave do que esta). No mesmo quadro de valorações cabem os preceitos que fazem decorrer da relação de trabalho obrigações (para o empregador) de propiciação de formação profissional (art. 131.° CT) e de adequação do trabalho às aptidões do trabalhador (art. 118.°/1). Estas disposições

---

([1]) Como claramente sucede com a Constituição alemã (arts. 1.° e 2.°): cfr. ZÖLLNER 86 s.; GAUL 437.

fornecem o esboço de uma "tutela da profissionalidade", ainda que não atinja a intensidade adquirida noutros ordenamentos. Assinale-se ainda a oposição da lei a que do desempenho de funções acessórias decorra "desvalorização profissional" (art. 118.°/2) e a que do exercício do *ius variandi* funcional resulte "modificação substancial da posição do trabalhador" (art. 120°.°/1); esta restrição – seja qual for o alcance que se lhe atribua – só adquire sentido à luz duma concepção do trabalho que tanscende a sua expressão económica (como meio produtivo ou como fonte de rendimento), fazendo dele um factor de satisfação moral e de consideração social.

Já aí se trata de um conjunto de afloramentos normativos da posição básica de *valorização autónoma do efectivo exercício da actividade contratada* como suporte de interesses relevantes do trabalhador [1], interesses que adquirem uma específica intensidade em certos tipos de trabalho – como o dos profissionais de espectáculos, jornalistas, cientistas, etc. –, mas que são comuns a todas actividades.

Mas há, na lei, uma indicação expressa e inequívoca no mesmo sentido. O art. 129.°/1-*b*) CT inclui entre as garantias gerais dos trabalhadores a proibição, dirigida ao empregador, de "obstar, injustificadamente, à prestação efectiva de trabalho".

Aparentemente, não se trata de um dever de acção, que tenha por objecto a criação e a manutenção de condições materiais e organizacionais que possibilitem o trabalho efectivo; trata-se de uma obrigação abstensiva, que tem por objecto a (não) criação de impedimentos ou obstáculos à prestação de trabalho.

Mas a verdade é que os poderes de organização e direcção do trabalho pertencem ao empregador e uma forma de "oposição" ou "obstaculização" à prestação efectiva de trabalho pode consistir, simplesmente, na privação da função e no esvaziamento do posto

---

[1] Para uma crítica desta fundamentação, veja-se P. Furtado Martins, *Despedimento ilícito, reintegração na empresa e dever de ocupação efectiva*, Lisboa (1992) 173 ss.. Contra a existência do direito à ocupação, nos termos descritos, vd. A. Nunes de Carvalho, *Sobre o dever de ocupação efectiva do trabalhador*, RDES (1991) 261 ss..

de trabalho. A "marginalização" do trabalhador na organização da empresa, a colocação dele "na prateleira" – sem razões objectivas de natureza técnica ou funcional –, sendo acções ao alcance dos poderes de organização do empregador, reconduzem-se à ideia de "oposição" que está traduzida na formulação do art. 129.º.

Deve, pois, entender-se que o contrato de trabalho envolve o compromisso da ocupação efectiva (de resto, como imperativo da boa-fé no cumprimento do contrato: art. 126.º/1 ([1])), não merecendo protecção as motivações (como a de combater a concorrência ou, até, obstar directamente ao desenvolvimento profissional do trabalhador) que levem o empregador a manter o trabalhador inactivo *podendo* objectivamente ocupá-lo.

A questão vem, assim, a colocar-se no plano da *exigibilidade* ([2]): não se pode deixar de reconhecer como atendíveis as situações em que o empregador esteja *objectivamente impedido* de oferecer ocupação ao trabalhador, assim como aquelas em que se esteja em presença de *interesses legítimos* do mesmo empregador na colocação do trabalhador em estado de inactividade (por razões económicas, disciplinares ou outras) ([3]).

213. Esta doutrina, para além do suporte legal de que agora beneficia, tem há muito tempo acolhimento na nossa jurisprudência. Várias decisões afirmam, de modo frontal, e para a generalidade dos trabalhadores, um *direito à ocupação efectiva* ([4]) – ou, do ângulo oposto, um dever correspondente do empregador. As consequências da sua violação podem consistir no preenchimento de justa causa para a rescisão do contrato pelo trabalhador e/ou na responsabilidade patronal pelos danos patrimoniais e não patrimoniais causados pela não ocupação.

([1]) Cfr. o nosso *Reflexões acerca da boa fé na execução do contrato de trabalho* no volume *V Congresso Nacional de Direito do Trabalho*, coord. António José Moreira, Coimbra (2003), 109 ss..

([2]) Cfr. SÖLLNER 246; GAUL 438.

([3]) Cfr. ZÖLLNER 171; SCHAUB 666.

([4]) Cfr., por exemplo, os ACS. STJ 12/7/85 (AD 287,1293), 14/10/87 (BMJ 370,445), 29/1/88 (BMJ 373,451),13/1/93 (CJ 93,1,220).

Deve notar-se, porém, que a jurisprudência sobre a ocupação efectiva revela, por vezes, certa e injustificável radicalidade – quer pela desvalorização do problema da exigibilidade, quer pela «equiparação» de situações de menor ocupação (1). Em contra-partida, regista-se alguma indefinição no que toca às consequências da inobservância da ocupação efectiva, quando judicialmente determinada: numa perspectiva que reduz o conteúdo do direito à sua dimensão económica (remuneratória), reconduzem-se essas consequências ao modelo da liquidação em execução para prestação de facto, havendo que fixar simplesmente, de tempos a tempos, o montante das retribuições devidas pelo tempo de inocupação (2).

Existe, para além disso, a possibilidade da aplicação de sanção pecuniária compulsória, nos termos do art. 829.º-A CCiv. (3), se não for demonstrada a existência de condições objectivas (4) que determinam a inexigibilidade da ocupação (5).

---

(1) Veja-se, por exemplo, o caso versado no AC. Rel. Porto 1/10/84 (CJ 84,4,267): uma trabalhadora, directora do controlo de produção, cessou essas funções e foi afecta a um centro de estudos a criar, sendo mantida em estado de inactividade durante quatro meses, salvo a solicitação de um estudo isolado.

Esta situação foi, aliás, considerada pelo Tribunal como «violação do direito ao trabalho»!

(2) Cfr., por exemplo, os Acs. 22/11/84 (BMJ 341, 378) e 9/1/87 (AD 306, 912), referentes – mas tanto monta – à decisão de reintegração por despedimento ilícito. Como se verá, perfilhamos o entendimento de que essa decisão não tem senão os efeitos da declaração judicial do direito à ocupação efectiva.

(3) Recorde-se o texto do art. 829.º-A/1: «Nas obrigações de prestação de facto infungível, positivo ou negativo, salvo nas que exigem especiais qualidades científicas ou artísticas do obrigado, o tribunal deve, a requerimento do credor, condenar o devedor ao pagamento de uma quantia pecuniária por cada dia de atraso no cumprimento ou por cada infracção, conforme for mais conveniente às circunstâncias do caso».

(4) A nosso ver, o afastamento da exigibilidade pode, neste domínio, fundar-se em *juízos de conveniência* (de natureza objectiva), alimentados pelas circunstâncias concretas de cada caso, e relativos à existência de condições mínimas para o restabelecimento de normais relações de trabalho. Imagine-se que um caixa dum banco, por mera suspeita (de confirmação inviável), é afastado das respectivas funções; ou que um chefe de departamento, alvo de despedimento disciplinar por quebra de lealdade, vê anulado o despedimento por vícios pro-

Tal possibilidade constitui um corolário da orientação político--jurídica segundo a qual o direito à ocupação é *mais* do que uma mera salvaguarda da retribuição: o seu reconhecimento pressupõe a ideia de que pode ser exigido a uma entidade empregadora que, sem ou mesmo contra a sua vontade, utilize efectivamente os serviços de um trabalhador na organização de que é titular.

3. *O dever de formação.*

214. O art. 127.º/1-*d*) CT atribui ao empregador o dever de "contribuir para a elevação do nível de produtividade e empregabilidade do trabalhador, nomeadamente proporcionando-lhe formação profissional adequada a desenvolver a sua qualificação". Esta obrigação é retomada no art. 131.º ss., onde se desenvolvem as responsabilidades do empregador em matéria de *formação contínua* dos trabalhadores ao seu serviço ([1]).

O empregador é, deste modo, expressamente incorporado no "sistema de formação profissional" – em que o Estado ocupa, naturalmente, posição proeminente (art. 6.º L. 7/2009) –, como agente da formação contínua, destinada ao desenvolvimento das qualificações dos trabalhadores. Nesse papel, cabem-lhe obrigações recortadas com certo rigor, como a de assegurar formação, anualmente, a um mínimo de 10% dos trabalhadores da empresa e a de garantir a cada um deles um mínimo de horas anuais de formação certificada (art. 131.º/2 a 5).

cessuais; ou, ainda, que um trabalhador, acusado e punido com suspensão do trabalho por injúrias a um superior hierárquico, exige a retoma do posto de trabalho que ocupava, não havendo outro correspondente à mesma categoria. A ocupação efectiva seria, em qualquer dos casos, materialmente viável, mas, provavelmente, inexigível.

([5]) Nesse sentido decidiu o Ac. STJ 29/1/88 (AD 317, 697); mais recentemente, veja-se o Ac. Rel. Évora 27/11/90 (CJ 90, 5, 286).

([1]) De notar, também, o dever específico de formação que o art. 131.º/2 CT atribui aos empregadores, relativamente aos trabalhadores contratados a termo por duração superior a três meses.

II PARTE

AS RELAÇÕES INDIVIDUAIS DE TRABALHO

CAPÍTULO I

A FORMAÇÃO DO CONTRATO DE TRABALHO

§ 21. Nota preliminar.

215. É altura de passarmos à análise do «processo» através do qual surge, se desenvolve e cessa a relação jurídica de trabalho. Digamos que se vai tratar da «dinâmica» dessa relação, tema cuja particular importância resulta do carácter *continuativo* do contacto entre as partes e da correspondente *durabilidade* do contrato que lhe serve de suporte. É que a relação de trabalho não se esgota, na verdade, em dois actos simples (como sucede na generalidade das relações de troca) praticados em certo momento; pelo contrário, ela traduz-se normalmente numa série de actos e situações, ligados entre si por um período mais ou menos longo em que, portanto, os sujeitos (trabalhador e entidade patronal) se acham em contacto duradouro, vendo os seus interesses confrontados com as sucessivas vicissitudes que nele podem suscitar-se.

216. Assim, o estudo da relação individual de trabalho vai ser aqui abordado tomando por base o «ciclo vital» do *contrato* que lhe serve de suporte (pois já vimos que não há, face ao sistema jurídico-laboral português, margem para isolar, sob o ponto de vista funcional, a relação de trabalho e o contrato de trabalho). E o material normativo de que se alimentará essa análise é o que se contém no Título II do Livro I do Código do Trabalho, compreendendo os arts. 11.º a 403.º.

§ 22. Os processos de formação do contrato de trabalho.

1. *Contrato oral e escrito.*

217. Como é sabido, a formação de qualquer contrato resulta de duas declarações negociais: a *proposta* e a *aceitação.* Conforme se conclui, além do mais, do disposto nos arts. 233.° e 234.° CCiv., da proposta – que exprime a iniciativa de um dos sujeitos – devem constar todos os elementos do negócio, de modo que, para a sua conclusão, baste a *pura e simples aceitação* do seu destinatário. Se este incluir, na sua declaração, aditamentos, limitações ou outras modificações ao conteúdo da proposta, considera-se que a *rejeita* e, quando muito («se a modificação for suficientemente precisa» – diz o art. 233.°), tem-se tal declaração por equivalente a nova proposta. Ora, no nosso domínio e por razões já anotadas, o proponente é, em regra, o empregador: a iniciativa da celebração do contrato liga-se, funcionalmente, por princípio, a uma carência de força de trabalho, antes que à necessidade de obtenção do salário. Não se trata, como é óbvio, de uma regra absoluta, desde logo porque a estrutura do mercado de trabalho pode introduzir-lhe importantes limitações.

A proposta do contrato de trabalho e a sua aceitação assumem, basicamente, três formas:

a) proposta verbal e aceitação expressa (verbal) ou tácita;

b) proposta e aceitação escritas;

c) proposta manifestada através de contrato-tipo, que pode ser o regulamento interno (por parte do empregador), e aceitação, por adesão expressa ou tácita, do trabalhador.

218. O contrato de trabalho é, como se disse, um contrato *consensual,* pois «não depende da observância de forma especial.

salvo quando se determinar o contrário» (art. 110.° CT). Assim, as situações mais correntes são as de o contrato ser formado por duas declarações *orais* (ou verbais, se se quiser), portanto expressas ([1]). A hipótese de *proposta e aceitação verbais* predomina largamente, salvo na constituição de relações de trabalho no contexto de empresas de maior dimensão. A aceitação tácita ocorrerá «logo que a conduta da outra parte (*o trabalhador, em regra*) mostre a intenção de aceitar a proposta» (art. 234.° CCiv.).

Assim, por exemplo, se uma pessoa declara a um jardineiro que pretende encarregá-lo de tratar do seu jardim mediante a retribuição *x*, o contrato de trabalho considera-se concluído logo que o destinatário de tal proposta comece a exercer a actividade visada, embora não tendo declarado expressamente a sua aceitação.

219. A *proposta e a aceitação por escrito* têm lugar, pelo menos, nos casos em que – de harmonia com a ressalva do art. 110.° – a lei expressamente impõe essa forma.

Já vimos atrás que o próprio CT impõe a forma escrita a diversas modalidades "atípicas" de contrato de trabalho, como o contrato a termo resolutivo. Para além delas, a mesma exigência vale também para *o contrato de trabalho de profissionais de espectáculo* (art. 18.° D. 43 190, de 30/9/60), o *contrato de trabalho a bordo* ou de *matrícula* (art. 186.°/§ 2 D. 45 969, de 15/10/64) e o *contrato que tenha por objecto o exercício da medicina* (art. 83.° Est. Ord. Médicos – DL 40651 de 21/6/56), entre outros.

Mesmo fora do âmbito em que há exigência legal de forma, as declarações tendentes à conclusão de um contrato de trabalho são, frequentemente, escritas. Isso pode resultar, ou da própria vontade dos sujeitos (fala-se, então, de uma forma convencional – art. 223.° CCiv.), do simples facto da inexistência de contacto pessoal entre eles (casos em que é normal que tanto a proposta

---

([1]) Esclarece o art. 217.°/1 CCiv.: «A declaração negocial pode ser expressa ou tácita: é expressa, quando feita por palavras, escrito ou qualquer outro meio directo de manifestação da vontade, e tácita quando se deduz de factos que, com toda a probabilidade, a revelam».

como a aceitação sejam transmitidas por carta) ou até de usos das empresas, que se encontram sobretudo nas de maior dimensão.

2. *O contrato de trabalho por adesão.*

220. Modalidade especial de contrato escrito é a do chamado *contrato de adesão.*

Oportunamente se assinalou que o regulamento interno, quando existe, pode desempenhar duas funções diferentes: a de *forma de expressão do poder organizativo (regulamentar)* do empregador (art. 99.º CT) e a de meio de *manifestação da vontade contratual* desta (art. 104.º/1) (1).

Na verdade, o regulamento inclui ou pode incluir regras alusivas às carreiras na empresa, ao horário, à retribuição, às férias, etc., que constituem elementos próprios do conteúdo do contrato – isto é, dos contratos de trabalho que o titular da empresa está na disposição de celebrar. Assim, o regulamento pode funcionar, nessa parte, como uma «proposta-tipo» da entidade patronal. Para que um contrato se celebre basta que certo trabalhador dê a sua *adesão* (ou seja, a sua aceitação global) ao conteúdo do regulamento. Esta adesão pode ser expressa (designadamente por uma assinatura aposta a um documento de que ela conste) ou tácita, isto é, por exemplo, através do mecanismo indicado no art. 104.º/2. Vale, nos termos desse preceito, como adesão tácita *(presumida),* a falta de oposição do trabalhador (que deve ser deduzida por escrito) «no prazo de 21 dias, a contar do início da execução do contrato ou da divulgação do regulamento, se esta for posterior» (2).

(1) O tratamento das duas funções do regulamento – contratual e técnico-disciplinar – em preceitos legais separados só surgiu com a segunda versão da LCT, publicada em 1969. O modelo de regulação então adoptado foi mantido nas duas versões do Código.

(2) A segunda hipótese prevista – publicação do regulamento posterior ao «início da execução do contrato» – suscita o problema de saber se haverá aí lugar a um *novo contrato,* conforme ao teor do regulamento, com a cessação do

Significa isto que a lei define um critério para a adesão tácita (de que a presumida é uma das modalidades), descrevendo uma conduta que poderá servir-lhe de suporte. Quando menos, é de supor que se trata da indicação de uma base mínima para que a adesão se presuma; com efeito, o prazo de 21 dias fixado no art. 104.°/2 funda-se na necessidade de se ter como certo o *efectivo conhecimento,* por parte do trabalhador, do conteúdo do regulamento publicado, e de se assegurar, além disso, que o mesmo trabalhador tenha feito sobre ele a conveniente *ponderação.*

221. É o que de resto, decorre do regime das *cláusulas contratuais gerais* (DL 446/86, de 25/10, com as alterações introduzidas pelo DL 220/95, de 31/08), em cuja previsão indiscutivelmente se inserem as disposições regulamentares do empregador que este pretenda usar como proposta de contrato de trabalho. Esse regime impõe, com efeito, a prévia comunicação integral das referidas cláusulas, de modo a possibilitar o «conhecimento completo e efectivo por quem use de comum diligência» (art. 5.°), assim como a informação e esclarecimento de aspectos menos claros, por parte do proponente (art. 6.°).

O art. 3.°/1-*e*) do diploma citado exclui do seu âmbito de aplicação as cláusulas de instrumentos de regulamentação colectiva de trabalho. Mas o Código do Trabalho, de modo algo surpreendente, veio inflectir essa orientação: o art. 105.° considera aplicável o regime das cláusulas contratuais gerais mesmo na parte em que o conteúdo do contrato de trabalho "se determine por remissão para instrumento de regulamentação colectiva de trabalho".

vínculo por força do qual o trabalho fora anteriormente prestado. Na verdade, a lei parece admitir que essa publicação exprima uma *proposta de alteração dos contratos existentes* com a generalidade do pessoal ao serviço do dador de trabalho; daí que a não-oposição dos trabalhadores, nos 30 dias seguintes, permita presumir a sua adesão – isto é, a conclusão de contratos em conformidade com os termos do regulamento. Mas não cremos que isto autorize a suposição de que os trabalhadores que recusem a sua adesão – opondo-se por escrito às cláusulas do regulamento publicado – ficam automaticamente *desvinculados* (do contrato que tinham). A publicação do regulamento pode valer como uma *proposta geral de alteração dos contratos,* mas não como um *meio de cessação dos mesmos.*

Para além de apontar cláusulas proibidas (art. 21.° e 22.°), o diploma cria um meio judicial de defesa dos destinatários – *a acção inibitória* – para a qual dispõem de legitimidade activa, no domínio laboral, as associações sindicais (art. 25.°/1 *b*).

3. *A promessa de contrato de trabalho.*

222. O CT prevê expressamente (art. 103.°) a hipótese de *promessa* de contrato de trabalho, exigindo documento assinado pelo promitente ou promitentes, mas especificando – em razão da peculiaridade do vínculo laboral – que não lhe é aplicável o mecanismo de suprimento judicial, configurado pelo art. 830.°/1 CCiv. para o caso de incumprimento da promessa.

A promessa pode ser, frequentemente, confundida com o próprio contrato de trabalho, visto que, não raro, fica entendido entre os contraentes que só em momento posterior ao da celebração do contrato começarão a produzir-se os seus efeitos (início do trabalho, crédito retributivo).

Existem, com efeito, situações em que, após o estabelecimento de consenso acerca da *futura* admissão do trabalhador ao serviço de um empregador, uma das partes aparece a denunciar tal consenso, pretendendo que, assim, se opera a frustração de uma promessa de contrato e não a rescisão de um contrato já celebrado.

Quando tal iniciativa pertence ao empregador, a opção entre essas duas qualificações assume particular relevo: o não cumprimento da promessa é, decerto, indutor de responsabilidade por prejuízos, mas não judicialmente suprível, dada a inaplicabilidade do art. 830.° CCiv. O efeito prático-jurídico visado (neutralização do vínculo) consuma-se.

Mas se, ao invés, a situação for encarada como de ruptura do contrato de trabalho, haverá despedimento individual que, nos termos da lei, pode ser declarado ilícito e ver inutilizados os seus efeitos, mediante a reintegração do trabalhador (art. 389.°/1-*b*) CT).

223. A verdade, porém, é que tanto a promessa de contrato de trabalho como a atribuição de eficácia diferida ao mesmo contrato estão sujeitas a rigorosas exigências de forma: a promessa há-de, como se viu, constar de *documento* de que conste a «declaração, *em termos inequívocos,* da vontade de o promitente ou promitentes se obrigarem a celebrar» o contrato definitivo, e,ainda, a «actividade a prestar e correspondente retribuição» (art. 103.º/1) ([1]); a condição e o termo suspensivos devem ser estipulados "por escrito" (art. 135.º).

Estes dois preceitos esgotam as hipóteses em que o compromisso de emprego *pode não ter efeitos imediatos:* a de esse compromisso representar uma simples promessa de contrato e a de lhe ser aposto termo ou condição; hipóteses que, em todo o caso, importa tornar *claramente identificáveis e comparáveis,* através de documento explícito. Não se compreenderia, em suma, que, para além das situações prevenidas nos arts. 103.º e 135.º, restasse espaço para alguma outra possibilidade de não coincidência entre o consenso negocial e o início da sua eficácia; nem mesmo a eventual invocação de usos da profissão ou da empresa seria de atender, face ao que a propósito dispõe o art. 1.º CT.

Assim, não existindo, *formal* e *inequivocamente,* promessa de contrato, nem estipulação *formal* de termo ou condição, o contrato de trabalho produz os efeitos que lhe são próprios *a partir do momento em que é celebrado.*

([1]) Cfr. Ac. Rel. Évora 14/1/80 (CJ 80, 1, 283), Acs. Rel. Lisboa 26/2/86 (CJ 86, 1, 148) e 17/4/91 (CJ 91, 2, 227); e ainda o importante Ac. STJ 11/3/92 (AD 376, 470).

§ 23. Pressupostos subjectivos e objectivos.

1. *Os pressupostos subjectivos: capacidade das partes.*

A) *Capacidade jurídica.*

224. Como foi dito, a qualidade de trabalhador subordinado (que se assume pela celebração do contrato de trabalho) só pode recair sobre uma pessoa física ou singular. Significa isto que as pessoas colectivas não possuem a correspondente capacidade jurídica: não podem ser titulares dos direitos e das obrigações próprios do trabalhador (1).

A capacidade jurídica para o trabalho não é originária. Depende da articulação entre factores de *idade* e de *escolaridade*. «A idade mínima de admissão para prestar trabalho é de 16 anos», diz o art. 68.º/2 CT (2). Admite-se, porém, que um menor com idade inferior a 16 anos, desde que tenha concluído a escolaridade obrigatória (que é de nove anos), seja ocupado na prestação de «trabalhos leves» que «não sejam susceptíveis de o prejudicar no que respeita à integridade física, segurança e saúde, assiduidade escolar, participação em programas de orientação ou de formação, capacidade para beneficiar da instrução ministrada, ou ainda o seu desenvolvimento físico, psíquico, moral, intelectual e cultural» (art. 68.º/3) (3).

---

(1) Não se trata aqui da capacidade jurídica referente à qualidade do dador de trabalho; as poucas especialidades de que o tema pode revestir-se face às regras gerais do direito civil escapam, ainda assim, ao domínio do ramo de direito em estudo.

(2) Essa idade mínima já resultava do DL 396/91, de 16/10. Ao abrigo desse regime, chegou-se à fixação do limite mínimo de 16 anos por forma evolutiva: ela foi atingida em 1 de Janeiro do ano seguinte àquele em que foi concluída pelo primeiro grupo de alunos a escolaridade obrigatória de 9 anos, fixada pela L. 46/86, de 14/10 – ou seja, em 1 de Janeiro de 1997.

(3) O CT não especifica que tipos de trabalho podem estar cobertos pela fórmula legal transcrita no texto. Essa indicação consta ainda dos arts. 115.º ss. L. 35/2004 (lei regulamentar do CT de 2003), que continua a definir os «trabalhos

Para além da idade – e independentemente dela –, também a *escolaridade* condiciona o acesso ao emprego. Mesmo que tenha mais de 16 anos, o menor não deve, em princípio, assumir a qualidade de trabalhador se não tiver completado a escolaridade obrigatória. Os desvios a este princípio são impostos pela necessidade de, em certos casos, se articular a frequência escolar com a economia familiar (art. 69.º). A lei manifesta, a este respeito, uma atitude maleável e prudente, com a qual se procura atender às condições objectivas da sociedade portuguesa, ao preço de uma menos rigorosa exigência em matéria de escolaridade e qualificação. Notar-se-á, por exemplo, que a escolaridade obrigatória não é exigida para o acesso de maiores ao emprego.

225. A *nacionalidade* não contende com a capacidade jurídica no tocante às relações de trabalho de direito privado. O art. 15.º/1 CRP estabelece um princípio geral que vale também neste domínio: «Os estrangeiros e os apátridas que se encontrem ou residam em Portugal gozam dos direitos e estão sujeitos aos deveres do cidadão português» (1). Este princípio dispensa, como se vê, a reciprocidade que é de uso tomar em conta nesta matéria. Pode, pois, suceder que seja legalmente recusado o emprego a cidadãos portugueses num país cujos nacionais terão, em Portugal, oportunidades de trabalho idênticas às dos naturais.

O acesso ao emprego em Portugal por trabalhadores estrangeiros está hoje regulado pelos arts. 4.º e 5.º CT.

---

leves» por um enunciado genérico: eles devem consistir em «tarefas simples e definidas que não exijam esforços físicos ou mentais susceptíveis de por em risco a integridade física, a saúde e o desenvolvimento físico, psíquico e moral do menor» (art. 115º/1). Mais esclarecedora e precisa é a definição dos actividades proibidas, constante dos arts. 116.ºss. do mesmo diploma.

(1) O princípio vale, como se disse, fundamentalmente na área das relações juridico-privadas. Os números seguintes do art. 15.º CRP exceptuam ou tratam de maneira especial os direitos políticos, o acesso a funções públicas, o acesso à titularidade de órgãos de sobernia, o serviço nas forças armadas, a carreira diplomática, etc..

O regime legal assenta na *igualdade de direitos* no exercício da actividade profissional, entre um estrangeiro e um português, desde que o primeiro "esteja autorizado a exercer uma actividade profissional subordinada em território português".

A lei divide, depois, os estrangeiros em dois grupos: o primeiro grupo, relativamente ao qual não exige a lei formalidades específicas para a contratação, é integrado pelos «nacionais dos países membros do espaço económico europeu» (os da União Europeia e os que restam da antiga E.F.T.A.), e dos países que pratiquem a igualdade de tratamento em matéria de livre exercício de actividade profissionais; o segundo grupo, sujeito a exigências formais mais apertadas, é composto pelos restantes cidadãos estrangeiros.

Esta divisão implica, como se sugeriu, uma certa diferenciação de tratamento, embora apenas no plano formal.

No primeiro grupo, os contratos de trabalho são celebrados e extintos exactamente nos mesmos termos que os dos cidadãos portugueses. A igualdade de regime é integral. Tudo quanto a entidade empregadora tem a fazer é indicar, nos mapas de pessoal, o tipo de trabalhadores estrangeiros a que esses pertencem.

No que respeita ao segundo grupo, a lei exige que o contrato seja celebrado sob forma *escrita* e compreenda um conjunto de indicações, sendo acompanhado de documento comprovativo da legalidade da residência ou permanência em território português (art. 5.º/1 CT). Além disso, o contrato escrito deve ser remetido à Inspecção-Geral do trabalho antes de iniciada a actividade (art. 5.º/5 CT). O conteúdo destes contratos de trabalho está, pois, sujeito a controlo administrativo.

Do exposto não resultam, como se vê, verdadeiras restrições à capacidade juridica dos estrangeiros no tocante à aquisição da qualidade de trabalhador em território português ([1]).

([1]) Nem mesmo subsiste a imposição do limite de 10% de mão-de-obra não portuguesa nas empresas nacionais, constante do regime legal anterior ao Código (DL 97/77, de 17/3).

B) *Capacidade para o exercício de direitos.*

226. Quanto à capacidade para o exercício – isto é, à possibilidade de uma pessoa exercer por si própria os direitos de que é titular –, a regra é, como se sabe, a de que ela se adquire com a *maioridade,* isto é, ao completarem-se 18 anos (art.[os] 122.° e 130.° CCiv.) [1].

Ora, no que respeita aos direitos e deveres próprios do trabalhador subordinado, a capacidade de exercício adquire-se aos 16 anos, com a escolaridade obrigatória concluída, embora com ressalva da possibilidade de oposição dos representantes legais do (então) menor (art. 70.°/1 CT). Antes dessa idade, ou não estando concluída a escolaridade, o menor só pode assumir a qualidade de trabalhador, nos casos permitidos, se o correspondente contrato for celebrado com autorização escrita do seu representante legal (art. 70.°/2). Mas, em qualquer das situações, o menor que trabalhe pode receber directamente a retribuição, salvo se os representantes legais se opuserem por escrito (art. 70.°/3).

227. Como se sabe, são também incapazes para o exercício de direitos os *interditos* (art 138.° ss. CCiv.), os *inabilitados* (art. 152.° ss.), *os insolventes* (art. 1313.° CPC) e os *falidos* (art. 1135.° CPC).

Recorde-se que, no tocante à *mulher casada,* a LCT de 1969 (art. 117.°/2) estabelecia ainda uma limitação à plena capacidade de exercício no domínio laboral: o marido podia *opor-se* à celebração ou à manutenção do contrato (quando já celebrado), «alegando razões ponderosas», desde que não estivesse separado judicialmente ou de facto da mulher. Este preceito resultou prejudicado pela consagração constitucional do *princípio da igualdade dos cônjuges* (art. 36.°/3 CRP) que penetrou também no CCiv. através do DL 496/77, de 25/11. O art. 1677.°-D, introduzido por este diploma no Código, dispõe: «Cada um dos cônjuges pode exercer qualquer profissão ou actividade sem o consentimento do outro». De resto, mais tarde o art. 117.° LCT foi abrangido por disposição revogatória expressa do DL 136/85, de 3/5 (art. 40.°/1).

---

[1] Redacção dada pelo DL 496/77, de 25/11.

Quanto à capacidade para o exercício correspondente à qualidade de empregador, nada diremos aqui por se tratar de tema sem particularidades significativas do ponto de vista juslaboral.

C) *Efeitos das incapacidades.*

228. Quando seja celebrado um contrato de trabalho por quem (pessoa colectiva ou singular) não disponha da correspondente *capacidade jurídica,* o contrato é *nulo.* Adiante se observarão os aspectos peculiares que assume, neste domínio, o regime da *invalidade,* de que a nulidade é um tipo. É, de todo o modo, a sanção para um contrato de trabalho celebrado com um menor de 10 anos ou que não possua habilitações literárias exigidas, nos termos há pouco anotados.

Se, em vez disso, faltar a *capacidade para o exercício de direitos* que se requer para a conclusão do contrato, a sanção é, em regra, a *anulabilidade* do contrato, cujas características e regime serão também oportunamente estudados.

É a esta dualidade de sanções que alude a lei quando, em preceitos como o do art. 122.°/1 CT, trata do «contrato de trabalho *declarado nulo* ou *anulado...*».

2. *Os pressupostos objectivos: determinabilidade, possibilidade física, licitude.*

A) *Preliminares.*

229. De harmonia com o art. 280.° CCiv., são os seguintes os requisitos gerais do objecto do negócio: *possibilidade física e legal, não contrariedade à lei, determinabilidade, não contrariedade à ordem pública, e conformidade aos bons costumes.*

A possibilidade legal propriamente dita tem escasso interesse como requisito a que deve obedecer o objecto do contrato de trabalho. Como é sabido, diz-se que é legalmente impossível somente «aquilo a que a lei põe um obstáculo tão completo e intransponível como aquele que as leis da natureza põem à realização de certos factos materiais» ([1]). O que apenas pode verificar-se, quanto ao objecto de um negócio jurídico, se ele consistir na «produção de quaisquer efeitos jurídicos» ([2]), isto é, quando o mesmo objecto seja constituído pela *conclusão válida* de outro negócio jurídico. Se este último for ferido, pela lei, de invalidade, é claro que o objecto do primeiro se mostra impossível. Ilustração clássica do que se diz são os chamados contratos promessa. Quando muito, no contrato de trabalho, pode pôr-se o problema quando – nos termos do art. 115.º/3 CT – «a natureza da actividade envolver a prática de negócios jurídicos»; o tema levanta, contudo, dificuldades que desaconselham o seu tratamento neste lugar.

No plano doutrinal, pode conceber-se um só pressuposto objectivo (sob a designação de *licitude*) que abranja os requisitos, exigidos pelo art. 280.º CCiv., de *não contrariedade à lei, não contrariedade à ordem pública e conformidade com os bons costumes.* Estes últimos, embora não tomem como referência preceitos legais, partem de complexos valorativos que impregnam a ordem jurídica e que, aliás, fornecem muitas vezes o critério para a qual a lei remete, preenchendo assim o seu conteúdo normativo. Não vemos, portanto, razão séria que contrarie a agregação de todas estas exigências na chamada *licitude,* aliás de acordo com certa tradição doutrinal ([3]).

B) *Determinabilidade.*

230. É necessário que o objecto do contrato esteja *determinado* para que as obrigações sobre ele incidentes possam ser cumpridas; mas isso é obviamente compatível com a *indeterminação inicial* do mesmo objecto. No momento da celebração do contrato, bastará uma referência *genérica* ou *alternativa* ao conteúdo concreto da prestação a realizar; tudo está em que, mais tarde, seja viável a

([1]) MANUEL ANDRADE, *Teoria Geral da Relação Jurídica* 329.

([2]) ID., *idem.*

([3]) M. ANDRADE 332 ss.

determinação, segundo um critério legal ou constante do próprio contrato: basta, em suma, que o objecto deste seja *determinável.*

É evidente o carácter socialmente inadmissível de um contrato pelo qual um trabalhador se comprometa a fazer *seja o que for,* isto é, coloque ao dispor da outra parte *todas* as suas energias e aptidões, admitindo as mais variadas e díspares aplicações. Um tal negócio repugnaria ao senso jurídico e à consciência moral, pois, se o tra-balhador se obriga a realizar, em proveito (e sob a autoridade e a direcção) do empregador, *toda e qualquer actividade,* coloca-se numa situação praticamente servil, com perda total da sua autonomia pessoal. Precisamente porque lhe é exigível que, na execução da actividade prometida, aplique todas as energias e aptidões correspondentes, importa limitar ou definir, quantitativa e qualitativamente, o campo dessas aplicações: *é necessário que o trabalho subordinado ocupe, na vida do devedor, um espaço limitado, de modo que o crédito laboral se não apresente como algo de semelhante a um direito sobre a sua pessoa.* Assim, há razões peculiares, neste campo, que jogam no sentido da delimitação do compromisso de trabalho, através do regime da actividade contratada e da tutela do local e do tempo de trabalho.

231. A propósito dos poderes do empregador, foi já examinada a função que lhe cabe na determinação do objecto do contrato. Partindo do modelo das obrigações genéricas, é-lhe atribuído um «poder de escolha» cuja amplitude coincide com o que denominámos *poder determinativo da função.* A indeterminação da prestação de trabalho – enquanto «objecto de contrato» – resolve-se, com efeito, através da *atribuição de certo posto ou função na empresa,* isto é, mediante a opção por um dos *tipos de actividade* que se achem contidos no *género* de trabalho convencionado. Como é óbvio, a atribuição da função implica, por outro lado, a *descrição* das actividades que ela comporta, para conhecimento do trabalhador. Ora a determinação do objecto condiciona a *exigibilidade* do cumprimento da correspondente obrigação ([1]); e assim, se a mera

([1]) M. ANDRADE, *Teoria geral das obrigações* cit. 191.

determinação *da função* basta para este efeito, o trabalhador ficará em estado de incumprimento se não aceitar tal função ou não executar as actividades nela abrangidas – independentemente de haver, ou não, ordens ou instruções do dador de trabalho.

Repare-se, na verdade, que é através daquela «escolha» que o credor se vincula a aceitar, como integrando um cumprimento pontual, a actividade que o trabalhador concretamente exerça, dentro dos limites da função. É ainda sobre o momento em que se realiza tal escolha que incidem certas intervenções da lei, destinadas a integrar ou condicionar o *critério* a que ela deverá obedecer (art. 118.°/1 CT). Enfim, pode também dizer-se que é na determinação da função que se concretiza a *integração do trabalhador na organização de meios* predisposta à obtenção dos resultados visados: é, em suma, o «momento organizatório», em que se concentra o débito laboral no âmbito de uma concreta «organização de meios».

A *conformação da prestação concreta* pelo empregador (através de ordens, instruções, etc.) *pode não ocorrer, nem ter cabimento* (vd. art. 116.°), sem que haja lugar para a suposição de que o objecto do contrato fica por determinar e de que o cumprimento da obrigação correspondente não pode ser exigido.

C) *Possibilidade física.*

232. Para que o contrato de trabalho seja válido, exige-se que seja *fisicamente possível* a actividade estipulada. Este requisito entende-se em termos de abranger condições bastante diversas, materiais ou naturais, isto é, derivadas da «natureza das coisas» (1), cuja falta implica a inexequibilidade da prestação.

De harmonia com orientação que já provinha do Código de 1867 (art. 670.°), o art. 401.°/3 CCiv. dispõe: «Só se considera impossível a prestação que o seja relativamente ao objecto e não apenas em relação à pessoa do devedor». É a regra geral de que só a impossibilidade *objectiva* da prestação (verificando-se, bem entendido,

(1) M. ANDRADE 328.

desde o início ([1])) poderá afectar a validade do negócio. Tal regra deixa à margem os casos em que a prestação só seja impossível para o devedor concreto, isto é, *subjectivamente*.

Contudo, como se observou na altura própria, a prestação de trabalho é pessoal e presume-se *infungível*. É a actividade de *certo* trabalhador – enquanto aplicação das *suas* energias e aptidões, inseparáveis da *sua* pessoa – que o contrato tem por objecto. Por ser assim, tem-se entendido que a própria impossibilidade *subjectiva* da prestação de trabalho afecta a validade do contrato ([2]), bastando que a realização da actividade estipulada seja impedida pelas características pessoais do trabalhador (quer delas decorra um *obstáculo positivo*, quer o impedimento resulte da *inexistência* de virtualidades naturais indispensáveis) ([3]). Será, pois, nulo o contrato pelo qual alguém se obrigue a transportar às costas barras de aço com o peso de uma tonelada, ou um surdo se comprometa a desempenhar funções de telefonista.

233. Há, todavia, que considerar ainda o *elemento finalístico* da prestação de trabalho e a consequente inserção do trabalho numa organização de meios e num «programa» de produção de utilidades. Esta inserção confere ao trabalho um certo revestimento circunstancial que, nomeadamente, se explicita através da fixação de condições de *tempo* e de *lugar*. *É em presença do conjunto das estipulações definidoras do condicionamento material da prestação* que a sua possibilidade natural deve ser apreciada – precisamente porque, nos termos observados, esse condicionamento «penetra» no objecto do dever laboral, delimitando o âmbito do compromisso do trabalhador.

([1]) Na verdade, a impossibilidade *superveniente* da prestação de trabalho tem tratamento diverso, que se encontra, em certas modalidades, regulada nos arts. 294.° ss. CT.

([2]) Veja-se M. C. TAVARES DA SILVA 638.

([3]) A mesma doutrina vale para a determinação da *impossibilidade superveniente definitiva* da prestação de trabalho – que, todavia, acarreta a *caducidade* do contrato (art. 343.°/*b*) CT) – assim como para a impossibilidade superveniente *temporária*, que constitui o fundamento da suspensão do contrato por impedimento prolongado (art. 294.°/1).

Assim, a actividade prometida (p. ex. a construção de um muro), possível em si mesma, será impossível se ao contrato for aposto um prazo demasiado curto, ou se tiver que ser realizada em local inacessível ao trabalhador, ou ainda (noutras hipóteses) se este tiver que efectivá-la sozinho.

D) *Licitude.*

224. O objecto do contrato não deve ser «contrário à lei», diz o art. 280.°/1 CCiv.. Em termos gerais – recordemo-lo –, está nessas condições o objecto de um negócio jurídico «quando viola uma disposição da lei, isto é, quando a lei não permite uma combinação negocial com aqueles efeitos (...) ou sobre aquele objecto mediato» ([1]). Será o caso de um indivíduo se comprometer, por «contrato», a espancar os devedores de outro; ou de uma mulher que se obriga a seduzir homens casados, para que outra possa exercer chantagem sobre eles. Trata-se de contratos nulos por ilicitude do objecto (art. 124.° CT).

No entanto, a actividade prometida pode ser *lícita em si mesma;* e, todavia, ter que se considerar ilícita por virtude de certos elementos conexos ou concomitantes. Tal é, em primeiro lugar, o caso em que a actividade é atingida pela ilicitude do fim a que se destina. Um exemplo clássico: *A*, fingindo instalar um estabelecimento de fabrico e venda de chaves, contrata *B*, serralheiro, para nele trabalhar; *A* utiliza a actividade deste para obter chaves falsas que lhe permitem praticar assaltos. O trabalho de *B*, apesar de lícito em si mesmo, constitui condição necessária e directa do fim ilícito visado por *A*. Insere-se pois num processo todo dominado pela ilicitude dos objectivos em vista.

Será naturalmente regra que o trabalhador *conheça*, pelo menos nos seus traços fundamentais, os fins (contrários à lei) em vista dos quais tenha sido contratado – e em tal hipótese não restará sombra de dúvida acerca da ilicitude *da própria actividade, em si mesma considerada.*

([1]) MOTA PINTO, *Notas sobre alguns temas da doutrina geral do negócio jurídico, segundo o novo Código Civil,* Lisboa (1967) 186.

Todavia, o escopo ilícito pode ser *oculto* ao trabalhador, nem por isso deixando de existir o nexo de condicionalidade entre a tarefa (lícita) e o fim (ilícito) do dador de trabalho. Aqui, apenas se poderá dizer que a actividade é ilícita em razão do *fim* (um fim *alheio* ao agente, mas em cuja efectivação ele *se obrigou* a participar *diligentemente...)*. Tanto basta para justificar que o art. 124.º estabeleça regime igual para os casos de *actividade ilícita* e de *fim ilícito* ([1]): a invalidade do contrato e um mecanismo sancionatório da «parte que conhecia a ilicitude».

225. Outros casos em que a licitude do trabalho em si mesmo não obsta a que se considere ilícito o objecto do contrato relacionam-se com certas actividades perante as quais a lei estabelece proibições ou limitações fundadas em elementos conexos *à pessoa do trabalhador.*

Trata-se, nomeadamente, de casos em que relevam a *idade* e o *sexo.* Assim, o art. 68.º, por um lado, e o art. 62.º/5, por outro, envolvem a possibilidade do condicionamento, limitação ou proibição do exercício de certos tipos de actividade, respectivamente, por menores e por mulheres grávidas, puérperas ou lactantes. Há *determinadas actividades* cuja realização está vedada aos menores, por serem perigosas «para o seu desenvolvimento físico, psíquico, moral, intelectual e cultural». Identicamente, qualquer mulher nas referidas condições está impedida de exercer *certos trabalhos* «susceptíveis de apresentarem um risco específico" para a sua segurança e saúde ou para as do nascituro. É evidente que não se trata aqui de autênticas incapacidades para o exercício, pois a natureza de tais situações arreda a possibilidade de suprimento pelos meios conhecidos (representação legal e assistência); as normas referidas pressupõem até tratar-se de pessoas capazes juridicamente e para o exercício de direitos «laborais», nos termos já assinalados.

Nessas hipóteses, o que se verifica é a *ilicitude do objecto* do contrato, muito embora se entre, na determinação dessa ilicitude,

---

([1]) Assinale-se que, de harmonia com o art. 281.º CCiv., os motivos do contrato só relevam (sendo ilícitos) quando sejam *comuns* a ambas as partes.

com elementos ligados à pessoa do trabalhador. É o *modo de ser da actividade prometida* que, em último termo, determina a proibição; e o que está em jogo, na atitude que a lei exprime, é a defesa da *integridade* do trabalhador, valores que, nos casos dos menores e das mulheres, assumem particular melindre. É só esta *maior intensidade* dos riscos envolvidos em certos tipos de trabalho que conduz o legislador a proibi-los ou condicioná-los *expressamente;* bem vistas as coisas, *a defesa dos referidos valores impõe-se, em geral, para quaisquer trabalhadores e seja qual for o género de actividade estipulado* (vd., designadamente, o art. 127.º/1-*c*), *g*) e *h*), e o n.º 2 do mesmo artigo). Ora certamente se reconhecerá que é ferido de nulidade por ilicitude do objecto (e não por incapacidade) o contrato pelo qual um indivíduo se comprometa a realizar uma actividade suicida ou que lhe cause graves ferimentos (p. ex. atirar-se de um precipício durante a rodagem de um filme).

§ 24. O termo e a condição.

226. São elementos acidentais do contrato de trabalho o termo e a condição; significa isto, em suma, que eles não participam do conteúdo essencial ou típico deste contrato: podem ser nele introduzidos, por vontade das partes, mas, se o não forem, o contrato manterá a sua identidade característica.

A importância de que estes elementos acidentais se revestem, à face do regime jurídico do contrato de trabalho, é muito desigual: o termo tem aqui, como veremos, um relevo bastante mais acentuado e por isso se aborda em primeiro lugar.

1. *O contrato de trabalho a termo* ([1]).

A) *O domínio legal da contratação a termo.*

227. «Se for estipulado que os efeitos do negócio jurídico comecem ou cessem a partir de certo momento» – seguindo a formulação do art. 278.° CCiv. –, diz-se que ao mesmo negócio foi aposto um *termo,* respectivamente, *suspensivo* (inicial) ou *resolutivo* (final) ([2]).

Assim, um trabalhador pode celebrar, em 1 de Janeiro, um contrato de que conste uma cláusula segundo a qual só estará obrigado a comparecer ao serviço em 15 do mesmo mês (termo suspensivo ou inicial); como pode, no mesmo contrato, estipular-se que cessará em 31 de Dezembro seguinte (termo resolutivo ou final).

A primeira cláusula é admitida pelo art. 135.° CT, embora com a exigência de que conste de documento escrito. A segunda cabe no âmbito do regime instituído pelos arts. 139.° ss. CT. Como já se assinalou, a revisão de 2009 fez-se eco do fenómeno de «banalização» do contrato de trabalho a termo resolutivo, não já como negócio em que é estipulada uma simples cláusula acessória, mas como "modalidade" de contrato de trabalho, isto é, como uma das formas (atípicas, em todo o caso) em que ele pode surgir. A compreensão do alcance esta postura do legislador impõe algumas observações complementares.

([1]) Veja-se, para maior desenvolvimento: ASSANTI, *I termine finale nel contratto di lavoro* Milão (1958); MENGHINI, *Il lavoro a termine,* Milão (1980); SCHAUB, *Arbeitsrecht* cit. 163 ss.; ALONSO OLEA, *Derecho del Trabajo* cit. 396 ss..

([2]) Refira-se também a destrinça entre *termo estabilizador* (prazo antes de cujo esgotamento se acha vedada a desvinculação unilateral sem justa causa), que era o visado antigamente no art. 10.° LCT, e *termo limitativo* (prazo durante o qual a referida faculdade se mantém, extinguindo-se o contrato por caducidade, quando aquele se esgota sem anterior desvinculação das partes). Cfr. R. VENTURA, *A extinção da relação jurídica de trabalho,* ROA, 1950. n.ºs 1 e 2, 225.

228. Já resultava do art. 10.° da LCT de 1969 (há muito revogado) que, *como regra*, o contrato de trabalho não tivesse duração prefixa. A existência de termo final devia manifestar-se em «estipulação escrita» ou decorrer «da natureza do trabalho ou dos usos».

Recordamos esse velho texto legal porque ele exprimia, abertamente, a vocação de perdurabilidade atribuída a tal contrato. Ora essa vocação, na perspectiva do legislador, continua de pé, mesmo após a publicação do CT: o art. 140.°/1 restringe o uso do contrato a termo à "satisfação de necessidade temporária da empresa e pelo período estritamente necessário à satisfação dessa necessidade". Também é verdade que – um pouco contra a voz corrente — a consideração excepcional desta forma de contratação continua a corresponder aos dados da realidade social: a imensa maioria dos vínculos laborais (perto de 80%) continua a ser de duração indeterminada.

Perdurabilidade não pode equivaler a perpetuidade (1): a regra da duração indeterminada articula-se com a possibilidade da *desvinculação unilateral* (2). De outro modo, a relação de trabalho poderia colocar o trabalhador num estado de servidão, de absoluta carência de liberdade; e, sob o ponto de vista do empregador, poderia gerar situações incomportáveis de encargos sem contrapartida, à margem de toda a racionalidade empresarial.

Por isso, o art. 1371.° CCiv. de 1867 feria de nulidade «o contrato de prestação de serviço doméstico, estipulado por toda a vida dos contraentes» (3), e tal preceito entendia-se extensivo aos restantes tipos de contrato de trabalho (4).

---

(1) Vd. M. C. TAVARES DA SILVA 585.

(2) Como no lugar próprio se notará, essa possibilidade só existe verdadeiramente, no estado actual da legislação, para o trabalhador – não para a entidade patronal que, nos contratos sem prazo, só pode validamente desvincular-se em situações anómalas e excepcionais (despedimento por justa causa, despedimento colectivo).

(3) Como se assinalou, as disposições do CCiv. antigo que regulamentavam o contrato de serviço doméstico mantiveram-se aplicáveis até 1980.

(4) M. C. TAVARES DA SILVA, *loc. cit.*

Por outro lado, é também indiscutível que uma vasta maioria de admissões ao trabalho se faz através do contrato a termo resolutivo. Este tornou-se a modalidade «normal» de acesso ao trabalho, apesar da dimensão actual do período de experiência nos contratos de duração indeterminada. Tal realidade desenvolveu-se aceleradamente, desde fins da década de setenta do século XX, em grande parte à margem da lei, mas também beneficiando de uma espécie de tolerância ou consenso social resultante das dificuldades existentes no mercado de trabalho. A opção sistemática do legislador, na revisão de 2009, é consequência manifesta dessa realidade.

De resto, a aposição de termo final envolve, de certo modo, uma *consolidação* do contrato pelo tempo estipulado: qualquer dos sujeitos (nomeadamente o trabalhador) só pode legitimamente desvincular-se *antes do termo* se ocorrer *justa causa* ou, então, indemnizando o outro por valor equivalente ao que teria que pagar-lhe se o contrato cumprisse o destino previsto (art. 393.º CT).

229. A disciplina do contrato de trabalho a termo encontra-se hoje, como foi dito, nos arts. 139.º ss. CT ([1]). São três as ideias mestras deste regime, abstraindo dos aspectos que especificamente respeitam à cessação dos vínculos em causa:

a) admissibilidade do contrato a termo certo e incerto;

b) exigência de uma razão objectiva e explícita para a celebração de contratos a termo, certo ou incerto, e independentemente da duração;

c) permissão do encadeamento de contratos a termo certo (por um máximo de duas renovações) até ao limite de três anos, como regra.

230. Como se sabe, existe termo *certo* quando se trata de um momento ou acontecimento que seguramente ocorrerá em momento rigorosamente determinado (*certus an, certus quando*):

([1]) Vd. J. J. NUNES ABRANTES, *Breve apontamento sobre o novo regime jurídico do contrato de trabalho a prazo*, sep. da «Revista Jurídica», Lisboa (1990) 241 ss..

uma data de calendário, o acesso à maioridade de um indivíduo. Fala-se, ao invés, de termo *incerto* para significar um evento que seguramente ocorrerá, mas em momento indeterminado (*certus an, incertus quando*).

Constituem exemplos de termo incerto a conclusão de uma obra, a morte de um indivíduo, a saída do cartaz de uma peça de teatro.

O velho art. 10.° LCT admitia ambas as modalidades, o mesmo resultando do contemporâneo art. 100.°/1 b) LCT, que determinava a caducidade do contrato «alcançando-se o fim ou concluindo-se a tarefa para que foi celebrado». Estas hipóteses são, de resto, aquelas que usualmente relevam, a título de termo incerto, no contrato de trabalho: «pressupõe-se nesses casos que a declaração do objectivo da ocupação não traduz apenas o motivo da admissão mas também há-de ser tomada no sentido de uma fixação de termo, devendo ser assim igualmente entendido pelo trabalhador» ([1]). Só que, além do mais, a circunstância de apenas o empregador ter, normalmente, conhecimento global da finalidade visada ou da extensão das tarefas em causa implica que a definição do seu términus dependa, em regra, de *declaração* daquele (não uma declaração extintiva, como se verá, a explicitação de uma apreciação factual) – e daí a abertura de uma larga margem de arbítrio quanto ao estabelecimento da duração efectiva do contrato, com riscos sérios para a estabilidade do emprego que, apesar de tudo, o aprazamento do contrato fundamenta.

Decerto por isso, o antigo regime jurídico do contrato a termo, publicado em 1976 (DL 781/76), admitia apenas a estipulação de termo *certo* ou "prazo".

Esta posição da lei era fortemente limitativa da adaptação entre os recursos humanos das empresas e as necessidades efectivas (permanentes ou temporárias) da laboração. Tal dificuldade tornar-se-ia particularmente sensível em sectores de actividade económica que, por sua natureza, e em função dos usos, postulam grande flexibilidade no recurso à força de trabalho – como a construção civil, os espectáculos, as actividades sazonais.

([1]) Nikisch 550.

Em 1989, um novo diploma legal (o DL 64-A/89, de 27/02) passou a admitir a contratação de trabalho a termo incerto. Fê-lo, todavia, numa postura restritiva e cautelar: eram tipificadas, dentro da lista de hipóteses a que, em geral, se liga a possibilidade da celebração do contrato de trabalho a termo, aquelas, em reduzido número, que se considerava justificarem a aposição de termo incerto.

Com o Código do Trabalho, a área do contrato a termo incerto passou a coincidir, praticamente, com a do contrato a termo certo. O cotejo dos n.os 1 e 2 do art. 140.º evidencia que a lei apenas excluíu da aplicação do contrato a termo incerto a situação de substituição de trabalhador a tempo completo (que passa, a prazo, para o regime de tempo parcial). E a revisão de 2009 acentuou a proximidade de regimes: contra toda a tradição legislativa, é fixado um limite temporal para o contrato a termo incerto: seis anos (art. 148.º/4).

A faculdade de aprazamento de vínculos laborais pode acarretar uma extrema instabilidade do trabalhador, sem qualquer justificação social ou económica. Com o propósito de conservar o máximo de liberdade de decisão quanto ao volume de trabalho disponível, o empregador não deixaria, em muitos casos, de optar por sucessivos vínculos de curta vigência. Tal situação traduzir-se-ia na plena instabilidade do emprego, e é certamente nesta perspectiva que o legislador restringe a validade da aposição de prazo curto (inferior a seis meses) a certas hipóteses (art. 142.º).

B) *A indicação do motivo.*

231. A celebração do contrato de trabalho a termo resolutivo implica a observância de forma escrita e o documento respectivo deve conter um conjunto preciso de indicações (art. 141.º/1), entre as quais a do "motivo justificativo" do termo estipulado (al. *e*) deste art.).

A lei exige não só que exista *motivação* ou *justificação* da celebração do contrato a termo, mas também que ela se integre na *tipologia* descrita pelo art. 129.º CT. Esta tipologia, encimada pelo advérbio "nomeadamente" e combinada com a fórmula geral do n.º 1, sugere carácter meramente exemplificativo ou, pelo menos, não exaustivo. O modo por que o n.º 4 do mesmo artigo se refere à fórmula geral e não à lista de situações-tipo reforça esta ideia. A verdade, porém, é que a enumeração do n.º 2 tem sido usada como exaustiva – e a verdade é que dificilmente se pode conceber alguma situação de legítimo recurso à contratação transitória que não esteja aí contemplada.

Assim, se a situação concreta não preencher nenhuma das hipóteses enumeradas no art. 140.º/2, ou se a aposição de termo tiver fim fraudulento, ou se não constar do contrato a «indicação do motivo justificativo», a consequência é a mesma: tem-se por inválida a estipulação do termo, o vínculo é considerado de duração indeterminada (art. 147.º/1) ([1]).

Esta solução, que provém da regulamentação anterior ao Código, confere particular seriedade à exigência de justificação do termo. A não ser assim, o problema da consistência dessa justificação suscitar-se-ia apenas, em regra, depois de uma das partes (o empregador, por princípio) dar como terminada a vinculação por esgotamento do prazo; e com isso ficaria a descoberto a consistência das expectativas do trabalhador *na constância do vínculo,* valor claramente atendido pelo legislador como prioritário neste tipo de contratos de trabalho.

232. A exigência legal de justificação da aposição de termo poderia ser facilmente iludida se bastasse incluir no contrato de trabalho a menção de alguma das fórmulas genéricas que o art. 140.º estabelece. Foi, aliás, esse o expediente utilizado outrora, com enorme frequência, para facilitar a mais ampla utilização deste tipo de contrato no recrutamento corrente de trabalhadores para as empresas.

A indicação de que o contrato era celebrado a termo "por acréscimo excepcional de actividade da Empresa", ou com fundamento na "execução de tarefa ocasional ou serviço determinado precisamente definido e não duradouro" era tida por suficiente

([1]) Sobre a exigência de «motivo objectivo» para o aprazamento, no sistema alemão, vd. DÄUBLER, *ob. cit.*, 763 ss..

para "legitimar" esse recurso, e serviu para dar cobertura a uma das grandes vias de precarização das relações de trabalho ([1]).

Uma intervenção legislativa anterior ao CT de 2003 exigiu que a indicação do motivo justificativo do contrato a termo contivesse a menção *concreta* dos "factos e circunstâncias que integram esse motivo" (art. 3.º L. 38/96, de 31 de Agosto). Assim, tornou-se claro aquilo que, de algum modo, já se podia deduzir das formulações iniciais da lista de situações justificativas, como condição de consistência e efectividade dessa exigência legal ([2]). A simples utilização de uma das fórmulas genéricas constantes dessa lista não permitiria a apreciação externa da veracidade e da validade do motivo evocado.

Na mesma linha, o art. 141.º/3 CT exige a "menção expressa dos factos" que integram o motivo, "devendo estabelecer-se a relação entre a justificação invocada e o termo estipulado".

Assim, não basta invocar a «substituição temporária de um trabalhador», é necessário identificar esse trabalhador e indicar a natureza do impedimento; não basta referir-se um «acréscimo temporário de actividade», é exigido que se concretize o tipo de actividade em que se verifica intensificação e a causa desta.

É necessário, em suma, que a indicação requerida permita duas coisas: a verificação externa da conformidade da *situação concreta* com a tipologia do art. 140.º; e a *realidade* e a *adequação* da própria justificação invocada face à duração estipulada para o contrato.

([1]) A expansão do fenómeno, que praticamente se traduziu na neutralização dos constrangimentos legais à contratação a termo, beneficiou, inclusivamente, de algum contributo da jurisprudência. Algumas decisões relativamente recentes admitiram, por exemplo, que funções permanentes na empresa fossem preenchidas, em certas circunstâncias, por trabalhadores a prazo (veja-se, nomeadamente, o Ac. Rel. Lisboa 17/10/92, no BTE 2ª série, 4-5-6/92, 827). Também a não concretização do motivo justificativo, inclusivamente tratando-se da substituição temporária de um trabalhador, foi admitida, por exemplo, no Ac. Rel Coimbra 27/5/93, CJ 93, 3, 89.

([2]) Com efeito, já era, apesar de tudo, esse o entendimento corrente na jurisprudência: Acs. Rel. Évora 8/11/94 (CJ 94,5, 298) e 8/12/94 (BMJ 442, 277), Acs. Rel. Porto 20/3/95 (CJ 95, 2, 246) e 11/3/96 (CJ 96, 2, 255), Ac. Rel. Lisboa 13/7/95 (CJ 95, 4, 152).

Na verdade, a exigência legal da indicação de motivo justificativo é uma consequência do carácter excepcional que a lei atribui à contratação a termo ([1]) e do princípio de tipicidade funcional que se manifesta no art. 140.º: o contrato a termo só pode ser (validamente) celebrado para certos fins e na medida em que estes o justifiquem.

Para além das situações em que ocorrem necessidades temporárias de trabalho, a lei admite o uso do contrato de trabalho a termo por razões muito diferentes dessas. O contrato a termo surge aí como *instrumento* ao serviço de finalidades que pouco ou nada têm que ver com a transitoriedade do trabalho. Referimo-nos às hipóteses contempladas no art. 140.º/4 CT: o lançamento de nova actividade, o início de laboração de uma empresa ou estabelecimento pertencente a empresa com menos de 750 trabalhadores; a contratação de trabalhador à procura de primeiro emprego, desempregado de longa duração ou em outra situação contemplada em sede de política de trabalho. Se esta última hipótese pode justificar--se em termos de agilização do acesso a emprego em casos difíceis, já a primeira parece menos fácil de fundamentar. Ela conduz a que, praticamente, qualquer empresa possa iniciar a laboração com um quadro de pessoal integralmente preenchido através de contratos a termo e manter-se assim durante os primeiros dois anos de existência (art. 148.º/1-*b*)). As várias soluções que a lei oferece para situações em que se torna necessário o reajuste do pessoal das empresas (desde logo, o despedimento colectivo) tornam claramente excessiva e infundada esta excepção ao regime (altamente restritivo) do contrato a termo.

C) *A renovação do contrato a termo.*

233. As necessidades de ajustamento da força de trabalho disponível às exigências da laboração da empresa, mesmo no contexto da execução de tarefas ou obras concretamente determi-

---

([1]) Cfr., lapidarmente, Ac. STJ 9/2/93 (AD 379, 831).

nadas, pode ser correspondida pelo recurso ao expediente de vinculações a termo certo sucessivamente renovadas.

> Uma empresa de construção inicia a execução de uma empreitada (p. ex., uma ponte) prevista para durar dois anos. Necessita de contratar pessoal técnico e operários em grande quantidade, para além daqueles que figura no seu quadro permanente, com vista à satisfação das exigências concretas (e temporárias) da edificação de uma ponte. Passado o período previsto, verifica-se que a obra está incompleta e requer mais seis meses de trabalhos. À empresa convirá *renovar* aqueles contratos por seis meses, ou mais, se for previsível novo atraso. O que decerto não lhe interessará é permitir que os mesmos contratos passem a ficar libertos de termo, o que equivaleria a integrar os trabalhadores em causa nos seus quadros e portanto a coberto da hipótese de despedimento sem justa causa.

O expediente referido, ou seja, o encadeamento de contratos a prazo ou celebração de contratos em cadeia *(Kettenverträge,* na terminologia alemã) é de legitimidade muito discutida, pelo menos no tocante à extensão dos fundamentos que podem coonestá-lo ([1]); e nalguns sistemas é mesmo vedado, com fundamento na necessidade de evitar que seja defraudada a protecção do trabalhador contra o despedimento nos contratos de duração indeterminada ([2]); ou estabelecem-se, quanto à cadeia de contratos, exigências idênticas as que valem para os contratos sem prazo ([3]), o que vem a traduzir-se no mesmo.

O art. 149.º CT admite, no entanto, o encadeamento de vínculos laborais, apenas se estabelecendo, no art. 148.º, como *regra*, os limites de três renovações e três anos para a duração global da série.

Por outro lado, e de modo inovatório, o CT de 2009 determina a consideração, na aplicação daquele limite, dos tempos correspondentes a outras formas de contratação de trabalho envolvendo os mesmos sujeitos: trabalho temporário e prestação de serviço (art. 148.º/5).

([1]) A jurisprudência alemã exige «motivo objectivo» para cada segmento da cadeia: DÄUBLER 768.

([2]) CAMERLYNCK/LYON-CAEN, *Droit du Travail* 119.

([3]) Cfr. GHIDINI 362.

Um outro aspecto importante do regime da renovação de contratos a termo, e em que se verificou inovação por parte do Código do Trabalho, encontra-se no art. 140.º/3: aí se estabelece expressamente que as "exigências materiais" da celebração do contrato a termo devem verificar-se também na sua renovação. Trata-se, obviamente, da existência (ou da subsistência) do "motivo justificativo" em que se apoiou a aposição do termo. Na lei anterior, essa indicação explícita não existia, embora constituisse pressuposto lógico do regime legal.

Pode pois entender-se que o encadeamente é justificado – não havendo lugar à invalidade da estipulação de prazo – quando «de antemão se verifica existir apenas uma necessidade de ocupação temporária, sem que, todavia, se possa prever com segurança a sua duração» ([1]), como ocorre no exemplo acima apontado. Mas isso implica que se trate do *mesmo motivo justificativo* da celebração do contrato a termo.

234. O contrato a termo é, como se notou já, um negócio formal. Trata-se de uma exigência de forma ad *substantiam* ou *ad essentiam* ([2]), mas apenas no tocante à cláusula de duração.

O Art. 3.º/2 L. 38/96, de 31 de Agosto, exigia também expressamente a forma escrita para a "prorrogação do contrato a termo por período diferente do estipulado inicialmente". Esse diploma (em que se tratava dessa e doutras matérias) foi revogado pelo CT de 2003, mas a regra acima mencionada continua de pé. Com efeito, o art. 149.º/3 sujeita à forma escrita a "renovação do contrato" no caso de "se estipular período diferente" do inicial.

De que situações se trata? Na sequência da celebração de um contrato a termo, e como que dentro do ciclo de renovações automáticas admitidas por lei, surge frequentemente o fenómeno da extensão do vinculo por período diferente do inicialmente acordado, sem que quanto a ele fosse observada qualquer formalidade.

([1]) Nikisch 553.

([2]) No mesmo sentido, expressamente, a lei italiana: Carinci/Tamajo//Tosi/Treu 51.

> Por exemplo: um contrato de seis meses renovado automaticamente por outros seis, e tendo, por isso, durado doze meses, é agora *prorrogado por mais quatro*, dado que é essa a previsão da necessidade de trabalho, e isto como se se observasse a possibilidade legal de uma segunda renovação. A prorrogação é ajustada verbalmente, ou objecto de mera comunicação escrita do empregador ao trabalhador, como se estivesse, de algum modo, «coberta» pelo contrato inicial.

A lei prevê, no entanto, duas hipóteses de vinculação laboral transitória não titulada por contrato escrito.

Uma era e continua a ser a de renovação automática *ope legis*, resultante da falta de declaração das partes em contrário (art. 149.º/2).

Outra – introduzida pela revisão de 2009 – é a do contrato de trabalho de *muito curta duração*: não superior a uma semana (art. 142.º). Esta possibilidade é, no entanto, admitida somente em casos particulares: actividade sazonal agrícola ou realização de evento turístico. Basta, nessas hipóteses, comunicação à Segurança Social contendo os elementos fundamentais do contrato. A duração total desses contratos, entre um mesmo trabalhador e um mesmo empregador, não pode ultrapassar sessenta dias no ano civil (art. 142.º/2).

Para além da automática, o CT individualiza, como vimos, uma outra forma de renovação – a *renovação convencional*, que decorre de novo acordo das partes e que estabelece para o vínculo um acréscimo de duração que pode ser ou não igual á anteriormente estipulada.

Essa renovação carece pois de forma escrita, e está sujeita às restantes exigências formais do art. 141.º. Nessas situações, há novo ajuste contratual e é nele que se funda a extensão da vinculação.

Entre essas exigências da "renovação por prazo diferente" (preferiríamos falar aí de "prorrogação", pois, justamente, o contrato inicial não se reproduz inteiramente e, nesse sentido, não se "renova") inclui-se a da indicação do motivo justificativo, como resulta claro do art. 149.º/3.

D) *As consequências da estipulação ilegal do termo.*

235. A sanção comum às situações de incumprimento do regime legal do contrato a que foi aposta a cláusula acessória de termo é a que decorre da neutralização dessa cláusula: o contrato "considera-se" celebrado sem termo.

É o que se dispõe no art. 147.º/1 para a inobservância da *forma e do conteúdo obrigatório* de tais contratos: não redução a escrito, falta da assinatura e identificação das partes, omissão das datas de início do contrato e da prestação de trabalho, omissão ou insuficiência da indicação de motivo justificativo.

Mas essa consequência jurídica aplica-se noutras hipóteses previstas pela lei.

Há que referir, desde logo, a cláusula geral do art. 147.º/1-*a*): para além da exigência da verificação, em concreto, de uma das situações enumeradas no art. 140.º, a lei ainda prevê a possibilidade de a aposição do termo visar "iludir as disposições que regulam o contrato sem termo", nomeadamente as que condicionam a cessação deste por decisão unilateral do empregador. Pode, com efeito, ser invocado no contrato a termo um motivo justificativo enquadrável no elenco do art. 140.º, mas não ser produzida (pelo empregador: art. 140.º/5) prova dos factos que o suportam, ou provar-se, ao invés, a intenção de fraude á lei. Essa intenção pode coexistir com um motivo invocável: algumas das hipóteses enumeradas no art. 140.º comportam margens de manipulação suficientes para isso. Em tal caso – diz o art. 147.º/1-*a*) – "considera-se sem termo o contrato de trabalho".

O mesmo tratamento terá, nos termos do art. 147.º/1-*d*), um contrato celebrado a termo com um trabalhador que tenha estado na mesma situação, sem observância do intervalo fixado pelo art. 143.º/1, desde que se trate do preenchimento do mesmo posto de trabalho ([1]). Fora das situações descritas nas quatro alíneas do n.º 2 –

([1]) A ambiguidade deste preceito é quase insuperável. Parece, por um lado, que o regime só se aplica quando se trate do *mesmo* trabalhador – não quando a "sucessão" de contratos envolve um trabalhador diferente. Nesta perspectiva, a

e que cobrem, de resto, um campo bastante vasto de possibilidades –, o legislador presume que a sucessão de contratos a termo para o mesmo trabalho se destina a dissimular uma situação funcional de natureza permanente.

Nesses casos, ocorre aquilo que poderíamos designar por *requalificação* do contrato, através da desconsideração do termo estipulado.

Há, depois, um segundo grupo de casos em que, embora o contrato tenha sido regularmente celebrado com termo, o seu desenvolvimento é feito em violação de condicionamentos legais. O legislador fala, então, da *conversão* do contrato (que era, como se disse, legalmente a termo) (art. 147.º/2).

Incluem-se nesse grupo os casos em que o contrato se renova sem que subsista o motivo justificativo inicialmente invocado, e ainda, sendo a "renovação" feita por prazo diferente do originário, se não for cumprida a exigência de forma escrita (art. 149.º/4). A mesma consequência terá a ultrapassagem dos limites legais referentes ao número de renovações e à duração total da vinculação a termo (art. 148.º). Finalmente, se o contrato tiver sido celebrado a termo incerto, a continuação da prestação de trabalho para além da data da caducidade indicada pelo empregador ou decorridos 15 dias sobre a verificação do termo.

Apesar da diferença de conceitos, o regime é o mesmo: em qualquer destes casos, a antiguidade do trabalhador conta-se desde o início da prestação de trabalho, como se tivesse havido, desde então, um contrato de duração indeterminada (art. 147.º/3).

---

ratio do preceito seria a mesma que a da al. *j*) do art. 129.º/1 CT, onde se proíbe ao empregador a prática de fazer cessar ficticiamente o contrato com um trabalhador para logo a seguir o admitir de novo, visando defraudar a lei. Mas também é plausível o entendimento de que o mesmo regime se aplicará quando se trate de admitir trabalhador diferente – visando, então, impedir o sistemático preenchimento de postos de trabalho (na verdade, permanentes) através de vínculos precários. Inclinamo-nos, com alguma hesitação, para esta segunda leitura, por duas razões: o primeiro tipo de situações estava já coberto e sancionado no art. 129.º, e, afinal, também cabe no âmbito da segunda interpretação, sob o ponto de vista do combate ao recurso sistemático ao contrato a termo.

2. *Condição.*

236. De harmonia com a formulação do art. 270.° CCiv., designa-se por *condição* «um acontecimento futuro e incerto» ao qual as partes subordinem «a produção dos efeitos do negócio jurídico ou a sua resolução». Teremos assim, respectivamente, uma condição *suspensiva* ou uma condição *resolutiva*.

Exemplo da primeira será o seguinte: um empresário teatral contrata um actor para desempenhar certo papel numa peça, se para ela obtiver financiamento; enquanto este não surgir, a eficácia do contrato está suspensa. Para exemplificação da segunda: um operário adoece gravemente e deixa o serviço por essa razão; a entidade patronal recruta outro para o substituir, ficando entendido que este contrato cessará se e quando o primeiro puder regressar ao trabalho.

237. Assinale-se que nem todos os negócios suportam a estipulação de condições: há contratos «incondicionáveis» (o de casamento, por exemplo). Será o de trabalho um deles?

Quanto à condição suspensiva, não há qualquer dúvida: o já citado art. 135.° CT admite-a, desde que estipulada por escrito.

No que toca à condição resolutiva, a lei é omissa e há que preencher a lacuna pelos meios usuais.

Poderia sustentar-se [1] que a inclusão de tal cláusula traduz, basicamente, um acordo das partes quanto aos pressupostos da cessação do contrato (só que se trata de pressupostos incertos no momento da estipulação), acordo esse admissível nos mesmo termos em que o é o de revogação do contrato de trabalho com ou sem prazo (art. 349.°).

Tal posição seria decerto a mais plausível num contexto legislativo diverso do actual [2]; em sentido oposto jogava a extrema saliência assumida pela preocupação de estabilidade ou segurança

---

[1] Foi a tese defendida nas primeiras edições deste livro.

[2] Veja-se M. C. TAVARES DA SILVA 594.

do emprego, e, mais particularmente, a posição que o legislador assumiu em face da contratação de trabalho a termo. Ponderava-se, nesse contexto, que «o motivo pelo qual a lei proibe (...) o termo resolutivo incerto radica no interesse do trabalhador em manter um vínculo contratual estável, o qual apenas cede perante necessidades temporárias de mão-de-obra por parte das empresas» (1).

Ora a condição resolutiva traduz-se, no plano prático, em consequências muito próximas das do termo incerto, admitido pela lei para um número relativamente vasto de hipóteses. Por isso, a actual admissibilidade da contratação a termo incerto leva-nos a encarar como susceptível de legitimar a aposição de condição resolutiva a ocorrência de situação enquadrável na tipologia abrangida pelo art. 140.°/3 CT.

§ 25. A invalidade do contrato de trabalho (2).

238. A falta de capacidade dos sujeitos e a inidoneidade do objecto, além de outros vícios que tenham afectado a formação do contrato (3), reflectem-se sobre a sua validade, quer tornando-o nulo quer fazendo-o anulável.

A diferença entre as duas sanções consiste em que a primeira é «invocável a todo o tempo por qualquer interessado e pode ser declarada oficiosamente pelo tribunal» (art. 286.° CCiv.), ao passo que a segunda só pode ser arguida pelas «pessoas em cujo interesse a lei a estabelece e só dentro do ano subsequente à cessação do

---

(1) F. RIBEIRO LOPES, *Direito do Trabalho* cit. 89 ss..

(2) Veja-se, para maior desenvolvimento: RAÚL VENTURA, *Nulidade total e nulidade parcial do contrato de trabalho*, «O Direito» n.° 94 e *Regime das nulidades do contrato de trabalho*, ESC n.° 6; BRITO CORREIA, *Efeitos jurídicos dos contratos de trabalho executados*, Lisboa (1970); DELL'OLIO, *La prestazione di fatto del lavoro subordinato*, Padova (1970); MAGNO, *Estinguibilità del rapporto di lavoro per vizi genetici*, Roma (1980); DÄUBLER 121 ss..

(3) Designadamente os *vícios da vontade* e as *divergências entre a vontade e declaração,* cujo regime geral não sofre, neste domínio, desvios apreciáveis. Vejam-se os arts. 240.° ss. CCiv.

vício que lhe serve de fundamento» (art. 287.°/1 CCiv.). De resto, «tanto a declaração de nulidade como a anulação têm efeito retroactivo, devendo ser restituído tudo o que tiver sido prestado ou, se a restituição em espécie não for possível, o valor correspondente» (art. 289.°/1). Tais são as grandes linhas do regime da nulidade e da anulabilidade, conforme se encontra definido na lei civil.

Mas, no contrato de trabalho, há que atender a certas particularidades. O CT (arts. 122.° e 123.°), mantendo a orientação que provinha da LCT, adopta perante o tema posições semelhantes às que, na generalidade dos sistemas, tem inspirado a singular relevância da *execução* do contrato – isto é, das «relações factuais de trabalho» (HUECK) ou da «incorporação» (NIKISCH) a que se fez referência – nos casos em que seja posta em causa a validade do vínculo *jurídico* respectivo.

Suponha-se, na verdade, que um contrato de trabalho celebrado (e começado a executar) em 1 de Março é declarado nulo – por insuficiência de idade do trabalhador – em 30 de Abril. A regra do art. 289.°/1 CCiv. determina que o trabalhador restitua ao empregador os valores recebidos, a título de retribuição, entre aquelas duas datas [1]; e o empregador, por seu turno, na patente impossibilidade de restituir... o trabalho prestado, teria que entregar o valor deste – que se traduziria, afinal, conforme o ajuste feito, na *retribuição paga*.

Desse modo, o próprio funcionamento do mecanismo montado pela lei civil conduziria à *neutralização dos efeitos da nulidade relativamente ao período em que o contrato foi executado*: o trabalhador, depois de devolver o salário, recebê-lo-ia de novo; e, quanto ao trabalho prestado, nem mesmo seria possível a restituição.

A doutrina – sobretudo na Alemanha – encontrou nisto a razão, porventura mais sólida, para conferir um relevo, de certo

[1] O que, só por si, constituiria já resultado inaceitável em face do carácter essencial que, segundo as próprias concepções do legislador, o salário assume na economia do trabalhador.

modo *autónomo,* à relação «factual» ou «posta em prática» pelo trabalhador e pelo empregador (1).

A solução proposta é bastante pacífica em si mesma (que não no tocante aos fundamentos invocados), independentemente dos quadros teóricos de partida. Ela consiste, afinal, em se fazer funcionar a invalidade somente *para futuro,* deixando portanto incólumes os efeitos que o contrato tenha produzido até à correspondente declaração. E assim, no exemplo apresentado, nenhuma «restituição» teria lugar quanto ao período de 1 de Março a 30 de Abril.

239. Assim, dos citados arts. 122.º e 123.º decorre que, declarado nulo ou anulado o contrato de trabalho:

a) ele produz efeitos *como se fosse válido* em relação ao tempo durante o qual esteve em execução;

b) produzem efeitos, nos termos do respectivo regime legal, os *actos extintivos* (mútuo acordo, despedimento, rescisão pelo trabalhador) praticados naquele período;

c) se o contrato foi celebrado com estipulação de termo, as consequências normais da aposição de tal cláusula no respeitante ao regime da cessação do vínculo deixam de se produzir, substituindo-se-lhes os regimes do despedimento ilícito ou da denúncia pelo trabalhador sem aviso prévio;

d) produzem efeitos os *actos modificativos inválidos* (mudanças de categoria ou de local de trabalho, alterações de horário de trabalho ou do período normal de trabalho, em qualquer caso sem observância das condições legais) desde que "não afectem as garantias do trabalhador" (2).

(1) Cfr. DÄUBLER 122 ss.; ZÖLLNER 126 ss..

(2) Esta posição do CT deve ser sublinhada, pois contraria o direito anterior. O art. 15.º/2 LCT só salvaguardava os efeitos dos actos modificativos praticados até á declaração de invalidade do contrato, *desde que esses actos não fossem, eles próprios, inválidos.* O CT adopta uma formulação mais flúida, que ressalva "as garantias" do trabalhador, menção pouco explícita e rigorosa, sem excluir a eficácia dos actos inválidos.

§ 26. O período experimental ([1]).

240. O carácter duradouro da relação de trabalho põe em movimento relevantes interesses das partes. Do ponto de vista do *empregador,* interessa que a situação resultante do contrato só se *estabilize* se, na verdade, o trabalhador contratado mostrar que possui as aptidões laborais procuradas; do ângulo do *trabalhador,* pode ser que as condições concretas do trabalho, na organização em que se incorporou, tornem intolerável a permanência indefinida do vínculo assumido. Quanto a ambas as partes, só o desenvolvimento factual da relação de trabalho pode esclarecer, com alguma nitidez, a compatibilidade do contrato com os respectivos interesses, conveniências ou necessidades. Daí que a lei considere, justamente, experimental o período inicial da execução do contrato de trabalho (art. 111.º/1 CT) ([2]).

241. A necessidade dessa experiência (ou «período de prova») existe sobretudo nos contratos de duração indeterminada. Se há prazo estipulado, é de presumir que a força de trabalho se destine a um objectivo concreto e delimitado, em relação ao qual é mais fácil estabelecer previamente a adequação entre o homem e a função; por outro lado, a própria circunstância de o contrato ter vida limitada, quer dizer, durabilidade restrita, torna menos graves

---

([1]) Veja-se, para maior desenvolvimento: PUPO CORREIA, *Da experiência no contrato de trabalho,* Supl. Bol. Fac. Dir., XVIII (1970); RAÚL VENTURA, *O período de experiência nos contratos de trabalho,* «O Direito» (1961) n.º 4, 247 ss.; M. C. TAVARES DA SILVA 595 ss.; MARTIN VALVERDE, *El periodo de prueba en el contrato de trabajo,* Madrid (1976); SCHAUB 170 ss..

([2]) Assinale-se que, na L. n.º 1952, de 10/3/37, o período experimental era previsto em termos de funcionar apenas *em benefício da entidade patronal* (§ único do art. 12.º, arts. 14.º e 15.º); só com o DL 47 032, de 27/5/66, e depois com o DL 49 408 (actual L.C.T.) surgiu legalmente consagrada a *bilateralidade da experiência.* Cf. M. C. TAVARES DA SILVA 595 ss.. Curiosa, ainda, a designação de "quarentena contratual" usada em certa jurisprudência – Ac. Rel. Lisboa 15/6/94 (CJ 94, 3, 177).

os eventuais desajustamentos que se venham a manifestar. Daí que, na lei anterior à codificação (art. 44.° LCT), o período experimental constituísse regra nos contratos sem prazo e excepção nos de duração determinada. Relativamente aos primeiros, poderia ser excluída, *por escrito,* a experiência; quanto aos segundos, poderia ser estipulada, *também por escrito,* a existência do período de prova.

Não é, porém, assim no CT (arts. 111.°-112.°). O período de experiência constitui a *regra* em qualquer modalidade de contrato de trabalho. Para que não exista, é necessário acordo expresso das partes. Exceptuam-se apenas os contratos em comissão de serviço. Neste último caso, é exigida estipulação expressa.

Por outro lado, a lei admite a *exclusão* do período experimental por acordo escrito entre as partes (art. 111.°/3), e a sua *redução* tanto por acordo escrito a nível individual como por instrumento de regulamentação colectiva de trabalho (art. 112.°/5) ([1]). Apesar das observações anteriores, não custa aceitar a solução quando se pondera que, pela via do aprazamento, podem efectivamente surgir e desenvolver-se vínculos prolongados, porventura mesmo destinados a perder a limitação no tempo. Mas afigura-se difícil entender a posição do legislador enquanto *generalizada* aos contratos a termo, independentemente da extensão deste: alguns desses vínculos podem até durar menos de quinze dias, outros terão vigência tão curta que a existência daquele período de prova será, na prática, claramente aberrante.

242. Nos contratos de duração indeterminada, a duração do período de experiência é diversificada em função da natureza das actividades que constituem objecto do contrato (art. 112.°): para a generalidade dos casos, é de 90 dias; quando se trate de «cargos de complexidade técnica, elevado grau de responsabilidade ou que pressuponham uma especial qualificação», de «funções de confiança»,

---

([1]) Parece resultar liquidamente do regime do CT que os períodos de experiência não podem ser aumentados, por qualquer das vias convencionais admitidas para a redução e eliminação.

a duração da experiência é de 180 dias; para pessoal de direcção e quadros superiores, é de 240 dias ([1]).

Como se disse, também nos contratos a termo tem cabimento o período experimental: ele será de 30 ou 15 dias consoante a duração prevista do contrato (superior, ou não, a 6 meses) (art. 112.º/2). Quando exista nos contratos em comissão de serviço, não pode exceder 180 dias (art. 112.º/3).

Tal como no regime do contrato a termo certo, também no cômputo do período de experiência se incluem outros tempos de trabalho por títulos diversos (contrato a termo, trabalho temporário, prestação de serviço) (art. 112.º/4).

243. O que representa, na prática, a existência de período experimental?

Como se verá, a cessação do contrato, por acto *unilateral* de qualquer das partes, é rodeada de condicionamentos, restrições e cautelas, que se fundam na gravidade de que pode revestir-se, dado o carácter duradouro da relação de trabalho, face às expectativas de estabilidade dos sujeitos – sobretudo, é claro, o trabalhador. *Ora estas limitações à liberdade de desvinculação não valem no período experimental:* nos termos do art. 114.º CT, durante aquele período é livre a ruptura do contrato – a lei adopta a presunção de que a cessação do contrato é determinada por inaptidão do trabalhador ou por inconveniência das condições de trabalho oferecidas pela empresa. No entanto, não pode excluir-se a hipótese de abuso de direito. O art. 53.º CRP não é neutralizado pelo regime da experiência. Um despedimento realizado nesse período pode ser discriminatório, fundado em motivos ideológicos, ou em razões estranhas às relações de trabalho, ou simplesmente arbitrário – e, sendo assim, não poderá considerar-se coberto pela "franquia" do art. 114.º, recaindo sobre ele o regime geral do despedimento.

Para que o período de experiência desempenhe a função que lhe corresponde no pensamento da lei, é necessário que o contrato esteja a ser executado, isto é, que se inicie a prestação de

---

([1]) Vd. Ac. Rel. Lisboa 18/1/82 (CJ, 82, 1, 229).

trabalho no seio da organização. Por isso, a lei estabelece que ele «corresponde ao tempo inicial de *execução* do contrato» (art. 111.º/1) e não, como outrora se entendia, à primeira fase da *vigência* do vínculo. Na verdade, como se sabe, entre a celebração (e o início da eficácia jurídica) do contrato de trabalho, de um lado, e o começo da prestação de trabalho (isto é, da relação factual entre as partes), por outro lado, pode mediar algum tempo. Só o segundo momento é compatível com a finalidade do instituto ([1]).

Na mesma perspectiva, o despedimento declarado antes desse momento, sem observância do condicionamento geral da lei, será ilícito: o período experimental não se iniciou, não existe portanto a liberdade de desvinculação a que alude o art. 114.º/1 ([2]).

Todo este esquema legal é, porém, susceptível de ser afastado por acordo das partes; trata-se, pois, de um tema em que a lei atende, através de normas supletivas, aos interesses *privados* em jogo. Assim, como se viu, pode não haver período experimental ([3]), ou ser de algum modo limitada a liberdade de desvinculação das partes no seu decurso.

([1]) O art. 28.º/1 DL 372-A/75, de 16 de Julho, chegou a restringir o período experimental aos «primeiros quinze dias de vigência do contrato». No entanto, a incongruência que daí ressaltava (e que, por certo, se relaciona com uma postura político-legislativa globalmente adversa à liberdade de desvinculação unilateral pelo empregador; basta dizer que o período-regra era de quinze dias) era já sentida e ultrapassada pela jurisprudência: veja-se, por exemplo, o Ac. Rel. Lisboa 20/1/88 (CJ 88, 1, 175), em que, ao arrepio da lei, se fixava o início do período de expenência no «início da prestação efectiva de trabalho». Na mesma linha, mas de modo mais harmonizável com o texto legal, o Ac. STJ 25/6/86 (AD 299, 1417) configurava como abuso de direito o despedimento no período experimental sem que tivesse sido dada oportunidade para o início da prestação de trabalho.

([2]) De modo congruente, tem que se tomar em conta a execução do contrato para o decurso do período experimental. Este suspende-se durante qualquer impedimento temporário do trabalhador ou da empresa. Cfr. Acs. Rel Porto 18/4/88 (CJ 88, 2, 245) e Rel. Lisboa 18/1/95 (CJ 95, 1, 174).

([3]) Mas é sempre exigível, para o efeito, acordo escrito: Ac. Rel. Lisboa 8/5/96 (CJ 96, 3, 157), Ac. STJ 25/9/96 (AD 420, 1501).

244. A experiência pode, contudo, falhar, não sendo esclarecedora nem concludente para qualquer dos sujeitos. Pode dar-se que o empregador, no seu decurso, trate o trabalhador com particular deferência e urbanidade, lhe ofereça um ambiente de trabalho agradável e salubre, se mantenha dentro dos limites das faculdades resultantes do contrato – e altere depois, progressivamente, essas condições, à medida que a relação de trabalho se estabiliza. O trabalhador pode declarar aptidões que não possui, exercer durante a experiência a sua actividade por forma diligente e hábil – vindo mais tarde a revelar um rendimento normal muito inferior, ou uma imperícia inesperada.

A preocupação de responder a tais situações manifestou-se na LCT de 1969, a qual, para além do período experimental, mantinha a possibilidade, para ambos os sujeitos, de fazer cessar unilateralmente o contrato, com base na inaptidão para o trabalho ou na deficiência das condições oferecidas pela empresa, preenchendo, assim, uma situação de justa causa (arts. 102.°/*a e* 103.°/*b*)).

No entanto, a referência à «manifesta inaptidão do trabalhador para as funções ajustadas» deixou há muito de figurar no elenco das situações indicadas pela lei como possíveis justas causas de despedimento pelo empregador (hoje nos arts. 396.°/3, 403.° e 407.° CT). Esta alteração pode entender-se à luz da ne-cessidade de defesa do trabalhador contra o arbítrio patronal, que serve de ideia-força ao citado diploma. Mas podem *prima facie* resultar daí consequências práticas muito difíceis de admitir.

Dir-se-ia que a inclusão da inadaptação do trabalhador ao posto de trabalho entre as causas de cessação do contrato por iniciativa do empregador ([1]) veio alterar o cenário da questão.

Mas a verdade é que a situação aí visada pres-supõe a mudança dos moldes e requisitos técnicos da prestação de trabalho, ou seja, a modificação das condições objectivas em que o vínculo foi contraído e, portanto, a experiência se efectivou. Para que a «inadaptação» possa ser invocada é, com efeito, necessário que seja "superveniente" e que «tenham sido introduzidas modificações no

([1]) Pelo DL 400/91, de 16/10. Esse regime permanece praticamente inalterado, na actual versão do CT: arts. 373.° ss..

posto de trabalho» derivadas da alteração dos processos de fabrico, da tecnologia ou dos equipamentos utilizados e, ainda, que ao trabalhador tenha sido facultada formação adequada (art. 375.º). Não se trata, pois, da inaptidão *originária* – ou seja, daquela que o período de experiência se destina a apurar.

245. Parece, em suma, que perdeu quase toda a cobertura legal o risco de frustração da experiência, o que, sobretudo do ponto de vista do empregador, pode conduzir a situações incompatíveis com a própria boa-fé contratual.

Mas vejamos: há que distinguir claramente a *inaptidão* ou *imperícia* da *negligência* ou redução da diligência inerente à natureza do trabalho e da função desempenhada. Neste segundo caso, está-se perante um aspecto que releva da *vontade* do trabalhador; no primeiro, trata-se de uma questão de *capacidade mental, técnica e/ou física* para as tarefas ajustadas ([1]).

No tocante à *diligência* como aspecto do comportamento devido pelo trabalhador, a sua relevância reflecte-se na verificação do cumprimento pontual do débito laboral, nomeadamente pela via da acção disciplinar (vd. art. 351.º/2-*d*)).

Pelo contrário, a *imperícia*, em si mesma, só releva, segundo cremos, na sede do *erro* sobre as qualidades do outro sujeito; mas a função do período experimental traduz-se, justamente, a nosso ver, na neutralização da relevância que tal erro assumiria nos termos gerais (art. 251.º CCiv.), pois faz cristalizar a presunção de que, muito embora as características do trabalhador não fossem exactamente conhecidas pelo empregador no momento da celebração do contrato, o decurso de certo tempo de execução deste permite avaliá-las suficientemente, em condições normais. Ora, segundo cremos, isto só não será válido se houver *actuação dolosa* do trabalhador, quer na preparação e conclusão do vínculo (tornando-o anulável e induzindo responsabilidade civil: art. 254.º CCiv., art.

([1]) Cfr. GHIDINI 542; BARREIRO, *Diligencia y negligencia en el cumplimiento de las obligaciones,* Madrid (1981).

102.º CT), quer na fase de experiência (induzindo acção disciplinar que pode conduzir ao despedimento, por violação do *dever de lealdade* já versado). Digamos, em suma, que a imperícia apenas relevará, após o período de prova, se revestida de *dolo* do trabalhador – ou seja, excepcionalmente ([1]).

Mas a verdade é que as situações de *frustração da experiência,* nos termos aludidos mais atrás, relacionam-se, na maioria dos casos, *com a diligência,* não com a aptidão mental, técnica ou física para a função acordada. A diligência encontra-se, pela sua mesma conexão à *vontade* do trabalhador, muito mais exposta a expedientes enganadores do que a perícia para as tarefas especificamente visadas no contrato. Daí que se possa dizer que, na sua projecção prática, a alteração legislativa até aqui referenciada não deixou a descoberto as situações significativas de inutilidade do período de prova.

246. A título meramente informativo, cabe referir aqui, em breve síntese, os termos em que tem sido proposto o debate em torno da natureza jurídica do período experimental. Assinale-se, todavia, a relatividade que o caracteriza, dado que algumas das construções enunciadas provêm da análise de dados normativos diferentes entre si, de legislação para legislação. O conjunto dessas construções pode reconduzir-se a três fórmulas básicas: a da autonomização do período de prova como *contrato preliminar* em relação ao vínculo laboral definitivo (falando-se então de um «contrato de prova»); a da configuração da experiência como equivalente à aposição de uma *condição suspensiva* (para uns) ou *resolutiva* (para outros) ao contrato de trabalho; e a da concepção do período de prova como uma simples *fase* do ciclo vital do contrato de trabalho ([2]). Face ao nosso sistema, só esta última ideia pode ser aceite (veja-se a própria letra do art. 111.º/1 CT).

([1]) Neste, sentido, vd. Ac. Rel. Lisboa 16/2/81 (CJ, 81, 1, 293).

([2]) Veja-se, por todos, PUPO CORREIA, *Da experiência no contrato de trabalho* cit..

CAPÍTULO II

O TEMPO DE TRABALHO

§ 27. A dimensão temporal da prestação de trabalho.

247. A medida da prestação de trabalho faz-se a partir da sua dimensão temporal. Sendo objecto do contrato de trabalho a actividade do trabalhador, trabalhar mais equivale, em regra, a trabalhar *mais tempo*.

Mais rigorosamente, como se notou, a obrigação assumida contratualmente pelo trabalhador incide, antes do mais, na *disponibilidade* da sua força de trabalho, estado que se prolonga por mais ou menos *tempo*. É verdade que a medida da disponibilidade que o trabalhador compromete através do contrato se relaciona, em primeiro lugar, com a amplitude do leque de aplicações possíveis da sua força de trabalho: é a temática da determinação *qualitativa* da prestação de trabalho. Mas, em segundo lugar, a medida da disponibilidade define-se pelo tempo em que, contratualmente ela deve predurar. É o tema da determinação *quantitativa* da prestação de trabalho.

Essa determinação quantitativa é necessária, desde logo, porque a prestação de trabalho não pode invadir totalmente a vida pessoal do trabalhador: é necessário que, por aplicação de normas ou por virtude de compromissos contratuais, esteja limitada a parte do trabalho na vida do indivíduo, para que se afaste qualquer semelhança com a escravatura ou a servidão. Trata-se, aqui, da necessária limitação da heterodisponibilidade do trabalhador, em nome da liberdade e da dignidade pessoal.

Em segundo lugar, essa determinação é uma exigência de protecção da vida e da integridade física e psíquica das pessoas que trabalham. Definir o tempo de trabalho é também definir os espaços de repouso e lazer que são necessários para a recomposição de energias e para a salvaguarda da integração familiar e social do trabalhador.

Tais são os fundamentos do direito "a um limite máximo da jornada de trabalho" consagrado no art. 59.º/1 *d*) CRP, assim como da exigência constitucional da "fixação, a nível nacional, dos limites da duração do trabalho" (al. *b*) do n.º 2 do mesmo art.). Não deixará de se notar como esses preceitos articulam a limitação dos tempos de trabalho com o direito ao repouso e aos lazeres.

Quer por uma, quer por outra das razões apontadas, a temática da duração do trabalho tem tido, historicamente, lugar central no quadro das reinvidicações operárias (recorde-se que a própria solenidade do "1.º de Maio" comemora um episódio de luta relacionado com a exigência da jornada de 8 horas) e mantém-se entre os temas mais frequentes nos conflitos colectivos de trabalho ([1]).

No entanto, a evolução que se verifica no tocante aos regimes de duração do trabalho não se explica somente pela pressão reinvidicativa dos trabalhadores no sentido da sua progressiva redução. Outros factores – nomeadamente a necessidade social da partilha do emprego existente, a evolução tecnológica, as mudanças organizacionais – influenciam fortemente a disciplina do tempo de trabalho, não só no respeitante aos seus princípios gerais (por exemplo, a fixação do período máximo de trabalho diário e semanal) mas também à particularização das regras referentes às várias indústrias e profissões (como é o caso do regime de laboração contínua, havendo lugar à organização do trabalho por turnos).

([1]) Recorde-se, a título de exemplo, entre nós, o prolongado conflito social que se desenvolveu em torno da aplicação da L 21/96 (lei das 40 horas), sobretudo nos sectores dos têxteis e calçado, e na região Norte. A enorme sensibilidade política e social de que se reveste o tema ficou bem à vista nesse episódio.

248. A determinação quantitativa da prestação de trabalho relaciona-se, estreitamente com a medida da retribuição. A unidade de cálculo utilizada para a determinação do valor desta é, em regra, uma unidade de tempo (a hora, o dia) e a correspectividade que caracteriza as prestações das partes no contrato de trabalho estabelece-se entre um certo *período* de trabalho (normalmente um mês) e um *valor* económico (o ordenado, o salário).

Assim, por exemplo, o vencimento de 604 euros por mês corresponde (por hipótese) a 22 dias de trabalho, a 8 horas por dia. Isto significa que o valor-hora do trabalho é de 4 euros.

Esta correlação pode expôr-se a diversas contigências: por doença, o trabalhador falta num mês oito dias; noutro mês, foi prestado trabalho, não em 22 mas em 26 dias; em certo dia, um trabalhador foi obrigado a prolongar o seu serviço por mais 4 horas; em consequência de uma alteração da contratação colectiva aplicável, o período normal de trabalho diário passou de 8 para 7 horas.

Em todas estas situações ocorre a necessidade de se reexaminar a correlação existente entre trabalho e retribuição. Seguindo a ordem dos exemplos, o trabalhador que esteve doente não receberá, no salário seguinte, o valor de 604 e, mas o resultado da dedução dos 8 dias de falta (1); o trabalhador que prestou serviço em 4 dias de descanso semanal deve ser remunerado por esse trabalho com acréscimo de 100% (ou seja, utilizando um valor-hora de 8 euros), o que redundará num total 256 euros; as 4 horas adicionais de trabalho prestadas num certo dia são também pagas com acréscimo nos termos do regime do trabalho suplementar (art. 268.º CT); a redução do período diário de 8 para 7 horas, sem diminuição do salário, implica o aumento do valor-hora de trabalho (de 4 e para 4.57 euros), o que terá consequências nos descontos por faltas e nas remunerações por trabalho suplementar.

---

(1) Não se refere aqui, por razões expositivas, o direito ao subsídio de doença a pagar pela Segurança Social; deixamos de lado também a possibilidade, relativamente frequente, de esse subsídio ser complementado por prestação a cargo da entidade empregadora.

Os parâmetros a que obedece a determinação quantitativa da prestação de trabalho, isto é, a definição dos tempos de trabalho a que cada trabalhador está ligado, assumem, assim, um importante significado económico: ela contende directamente com o equilíbrio económico entre as prestações a que as partes se obrigaram pelo contrato de trabalho.

249. A dimensão temporal da prestação de trabalho de cada trabalhador resulta da conjunção dos seguintes parâmetros:

a) A *duração convencionada*, que a lei (art. 198.º CT) designa por «período normal de trabalho» (1) (PNT): é o número de horas diárias e semanais que o trabalhador está contratualmente obrigado a prestar.

Este parâmetro é definido por contrato individual, quer explicitamente, quer mediante integração pelo uso ou prática da empresa ou do sector; nalguns casos, resulta de acordos de empresa que estabelecem, a nível colectivo, os períodos normais de trabalho a praticar pelos trabalhadores da organização.

O PNT pode ser *fixo* (isto é, igual em cada dia e em todas as semanas) ou *variável* (quer dizer: mais longo numas semanas e mais curto noutras); esta última possibilidade (de horários adaptáveis), admitida pelos arts. 204.º a 206.º CT, depende de expressa previsão em convenção colectiva ou de estipulação individual, como adiante se assinalará. O PNT está *legalmente* limitado (art. 203.º), mas podem ser estabelecidos limites ainda inferiores aos legais *por instrumento de regulamentação colectiva*. Os limites (legais ou colectivos) incidem sobre os PNT *fixos*, ou sobre os PNT *médios* quando exista adaptabilidade de horários, como se verá um pouco adiante. Neste último caso, além do limite definido em termos médios (ex.: 40 horas semanais, em média num período de três meses), aplicam-se limites *absolutos*, isto é, limites que não podem ser ultrapassados em nenhuma das unidades de tempo consideradas (vejam-se os do art. 204.º/1 e 2 e o art. 205.º/2).

(1) A designação contrapõe-se à de «trabalho suplementar».

b) O *período de funcionamento* da organização de trabalho (art. 201.º CT), definido pelas horas de abertura e encerramento diário e pelo dia de encerramento semanal.

O período de funcionamento toma a designação de «período de abertura», quando se trata de estabelecimentos de venda ao público, e a de «período de laboração» no caso dos estabelecimentos industriais. Os *períodos de abertura* (incluindo os estabelecimentos de prestação de serviços) estão regulados, em termos gerais, pelo DL 48/96, de 15 de Maio. Aí se estabelecem períodos máximos, variáveis com o tipo de estabelecimento (art. 1.º), admitindo-se, contudo, o encurtamento ou alargamento desses períodos por decisão das câmaras municipais (1), ouvidos os sindicatos, as associações patronais e as associações de consumidores (art. 3.º) (2). O *período de laboração*, por seu turno, é fixado por uma decisão organizativa da empresa, mas dentro de certos marcos normativos. Se o período de laboração pretendido for maior do que os limites dos PNT, terão que «ser organizados turnos de pessoal diferente», de acordo com certas prescrições legais (art.os 221.º e 222.º).

c) O *horário de trabalho*, que é um esquema respeitante a cada trabalhador (3), no qual se fixa a distribuição das horas do PNT ao longo do dia e da semana: horas de entrada e de saída, intervalos de descanso, dia de descanso semanal.

---

(1) Pela lei anterior ao Código (art. 24.º/2 LDT), a fixação dos períodos de abertura competia, em geral, às câmaras municipais, limitando-se o legislador a apontar-lhes o critério geral da consideração dos «interesses do público» (art. 25.º).

(2) Essa possibilidade é excluída quanto às «grandes superfícies comerciais contínuas», cujo horário de funcionamento é definido por portaria do Ministro da Economia (art. 1.º/6 DL 48/96).

(3) Importa evitar a confusão (muito frequente na prática) entre *o horário de trabalho* (relativo a cada trabalhador) e *o mapa de horário de trabalho,* que é um documento a afixar no local de trabalho, de que constam os horários de todo o pessoal do estabelecimento (art. 215.º CT), e que se destina a permitir o controlo da legalidade desses horários. Os mapas devem ser remetidos à Inspecção-Geral do Trabalho, mas deixaram, com o DL 65/87, de 6 de Fevereiro, de estar sujeitos a aprovação desse organismo; a inexistência de reacção da IGT não pode, pois, ser interpretada como tácito reconhecimento da legalidade dos horários.

Nos termos da lei, cabe ao empregador estabelecê-lo, com observância dos condicionamentos legais (art. 212.º/1), no quadro dos poderes de direcção e organização do trabalho, mas com consulta prévia aos representantes internos dos trabalhadores (art. 212.º/3). Mas nada impede que o horário de trabalho seja *acordado* no âmbito do contrato individual de trabalho (1), o que se traduzirá, obviamente, em restrição àqueles poderes; e nada obsta, também, a que os horários de trabalho sejam objecto de negociação e acordo *a nível colectivo* (isto é, envolvendo a representação sindical dos trabalhadores em causa), com o significado de uma renúncia da entidade empregadora a uma parte das suas prerrogativas de gestão e organização da empresa. Mesmo no regime de horários adaptáveis decorrente da definição do PNT em termos médios, nas condições referidas pelos arts. 204.º a 206.º CT, tem que estar, em cada momento, claramente estabelecido o horário a cumprir (2). Há, nesta perspectiva, que distinguir três noções por vezes confundidas ou misturadas: a de *horário flexível*, em que estão delimitados períodos de presença obrigatória do trabalhador, mas podendo este, com respeito por esses períodos, escolher, dentro de certas margens, as horas de entrada e saída do trabalho, de modo a cumprir o PNT a que está obrigado (ex.: o PNT é de 40 horas semanais; o período de presença obrigatória diária é das 10h às 12h.30m. e das 15h às 17h.30m.; o trabalhador pode, em cada dia, entrar ao serviço entre as 8h e as 10h, interromper para almoço entre as 12h. 30m. e as 15h., e escolher a hora de saída entre as 17h. 30m. e as 19h. 30m.; mas terá que cumprir as 40 horas de trabalho por semana); a de *horário adaptável*, que consiste em o empregador ter a faculdade de definir horários (em regra) semanais diferentes de semana para semana, ou de mês para mês, ou com outra pendularidade, de modo a respeitar, num período de referência (quatro meses, por exemplo), um certo número *médio* de horas de trabalho semanal (ex.: o PNT é de 40 horas semanais; o

(1) Veja-se o Ac. Rel. Lisboa 9/3/94 (CJ 94, 2, 162).

(2) E, nos termos do art. 217.º/2 CT, cada alteração do horário deve, em regra, ser feita com a antecedência mínima de sete dias (três no caso das microempresas).

período de referência é o semestre; no 1.º trimestre de cada ano, são praticados horários de 35 horas por semana; no 2.º, de 45 horas; no 3.º, de 37,5 horas; no 4.º, de 42,5 horas); e a de *isenção de horário de trabalho*, figura reservada pela lei para corresponder às características de certas actividades profissionais (art. 218.º ss.), e que se traduz na possibilidade, para o empregador, de contar com a disponibilidade do trabalhador sem localização precisa no tempo (sem horário), com a contrapartida de uma remuneração especial (art. 265.º), assunto a que voltaremos adiante.

Temos, pois, que a concreta configuração da prestação de trabalho no tempo (isto é, na organização de vida do trabalhador) deriva do horário de trabalho que, por sua vez, traduz o modo pelo qual o período normal de trabalho se enquadra no período de funcionamento.

Perguntar-se-á que grau de *estabilidade* tem essa configuração temporal da prestação de trabalho – ou, noutros termos, em que medida estará ela imune a modificações decorrentes das necessidades da empresa e do interesse do empregador.

250. O período normal de trabalho não pode ser unilateralmente *aumentado*: ao fazê-lo, o empregador estaria a modificar, por sua exclusiva vontade, o objecto do contrato de trabalho no seu aspecto quantitativo (1).

Mas pode verificar-se *diminuição* do PNT por decisão do empregador. Como se assinalará em detalhe (a propósito da suspensão do contrato de trabalho e da redução de horários, reguladas pelos arts. 294.º ss. CT), tal diminuição poderá provir de uma *decisão de gestão* ou de outro facto imputável ao empregador (caso em que não pode acarretar diminuição da retribuição: art. 309.º/1-*b*)), ou resultar de *caso fortuito ou de força maior* (havendo, então, redução do salário para 75%: art. 309.º/1-*a*)) (2). E poderá,

(1) Cfr., por todos, Ac. STJ 8/2/95 (AD 404-405, 991).

(2) Cfr. Ac. Rel. Lisboa 10/2/88 (BTE 2.ª série, 4-5-6/91, 430).

ainda, enquadrar-se no regime estabelecido nos arts. 298.º ss., em que a redução dos períodos normais de trabalho é configurada como medida transitória de emergência, para situações de *crise grave da empresa*, susceptível de ser decidida pelo empregador no termo de um processo de consultas aos representantes dos trabalhadores. Nesta configuração, a redução do PNT tem consequências no plano remuneratório: os trabalhadores afectados deixam de auferir a retribuição normal e entram num regime de «compensação retributiva» (art. 305.º/3) (1).

> Situação distinta desta é a de o empregador *acordar* com os trabalhadores a redução do período normal de trabalho, que pode, inclusivamente, traduzir-se na diminuição do número de dias de actividade por semana, com proporcional redução dos salários. Tais acordos não são invulgares, sobretudo perante circunstâncias que fazem temer pelo futuro da empresa e dos postos de trabalho. O referido acordo pode surgir no quadro do processo regulado pelos arts. 298.º ss., visto que ele é também um processo de negociação (cfr. art. 300.º). Mas nada parece impedir que a redução de horários, com redução proporcional dos salários, se processe consensualmente à margem daquele processo (2).

Pode ainda ocorrer alteração do período normal de trabalho por *consenso individual*, mesmo tácito, entre as partes. Exemplo típico é o de mudança de um trabalhador (com o seu acordo) para um posto de trabalho que, nas condições de organização e funcionamento concretas, implica a prestação de maior número de horas de trabalho (3). Mesmo que não ocorra proporcional aumento do salário, essa alteração é admissível: ela está compreendida no acordo modificativo em que se funda a transferência do trabalhador. Para além disso, a redução do período normal de trabalho,

(1) Trata-se de uma das raríssimas situações em que, no nosso ordenamento, é admitida a modificação substancial das condições contratuais, por decisão unilateral do empregador.

(2) Veja-se, neste sentido, o Ac. Rel. Évora 3/3/88 (BTE 2.ª série, 4-5-6/90, 494).

(3) Decidiu-se sobre caso semelhante no Ac. Rel. Porto 14/6/82 (CJ 82, 3, 258).

individualmente acordada, pode ocorrer nas situações (também necessariamente consensuais) de *passagem de tempo completo a tempo parcial* (art. 155.º) e de *pré-reforma* (art. 318.º ss.).

251. A questão da alterabilidade coloca-se também no tocante ao *horário de trabalho*. A lei confere, como se disse, ao empregador a faculdade de o estabelecer «dentro dos limites da lei» (art. 212.º/1). Mas, depois de definido o horário, poderá o empregador modificá-lo sem necessidade de acordo do trabalhador?

Há, pelo menos, uma situação em que essa possibilidade existe sem qualquer dúvida: a de, por convenção colectiva ou acordo individual, estar consagrado um regime de adaptabilidade de horários, como expressamente se admite nos 204.º a 206.º CT. Com efeito, a *adaptação* é feita através de periódicas e sucessivas modificações dos horários de trabalho, de modo correspondente à oscilação das necessidades de trabalho.

Para além desses casos, o problema reveste-se de delicadeza manifesta. Por um lado, a faculdade de definir o horário de trabalho releva do poder de organização do trabalho que, em geral, pertence à entidade empregadora, e que é um instrumento fundamental de gestão da empresa. Mas, por outro lado, o horário de trabalho é uma referência fundamental da organização de vida do trabalhador; alterá-lo sem acordo pode afectar seriamente interesses e conveniências pessoais respeitáveis ([1]).

A verdade, porém, é que alterar o horário de trabalho é, afinal, fixar um *novo* horário. Nesta situação, o trabalhador pode ser forçado a ajustamentos na sua organização de vida – como o terá sido relativamente ao horário inicial. Se as condições origi-

([1]) A consideração destes interesses, numa perspectiva hipergarantística, leva a que se veja na modificação do horário uma «alteração substancial do contrato de trabalho», – apesar de, em regra, o horário ser um elemento extra ou pós-contratual. É a tese de F. LIBERAL FERNANDES, *Alteração unilateral do horário de trabalho*, in «Questões Laborais», ano I, n.º 3 (1994) 163.

nárias dessa organização de vida se revestem de essencialidade, haverá a possibilidade de garantir contratualmente o horário de partida.

De resto, a lei rodeia hoje de cautelas significativas a alteração de horários de trabalho. O art. 217.º CT estabelece para isso um conjunto de exigências, entre as quais cabe salientar a de consulta prévia aos representantes dos trabalhadores, com a antecedência mínima (como regra) de sete dias, e o dever de ressarcimento económico aos trabalhadores que, por força da alteração de horário, tenham que suportar um aumento de despesas.

A alterabilidade dos horários de trabalho, por decisão unilateral da entidade empregadora, dentro dos apontados condicionamentos legais, só está afastada nos casos em que o horário de trabalho conste (expressamente) do contrato individual, ou tenha sido posteriormente acordado entre as partes (art. 217.º/4), e ainda naqueles em que haja regra da convenção colectiva aplicável, no sentido de que a alteração de horário só pode operar-se por acordo [1].

§ 28. Tempos máximos de trabalho e adaptabilidade de horários.

1. *Os (vários) limites da duração do trabalho.*

252. Entre os direitos fundamentais dos trabalhadores consagrados pela CRP, conta-se o direito «a um limite máximo da jornada de trabalho» e, ainda, no âmbito das «condições de trabalho (...) a que os trabalhadores têm direito», a «fixação, a nível nacional, dos limites da duração do trabalho» (art. 59.º/1*d*) e 2*b*) CRP).

---

[1] Trata-se de directrizes consolidadas na jurisprudência: Ac. Rel. Lisboa 19/10/88 (CJ 88, 4, 160), Ac. Rel. Porto 16/1/89 (CJ 89, 1, 224), Ac. Rel. Lisboa 25/3/90 (CJ 90, 2, 194), Ac. Rel. Coimbra 18/10/90 (CJ 90, 4, 116), Ac. Rel. Lisboa 25/11/92 (CJ 92, 5, 193), Ac. Rel. Coimbra 22/4/93 (CJ 93, 2, 80); Ac. STJ 29/9/93 (AD 385, 112), Ac. STJ 29/9/93 (CJ 3, 276).

Nessa linha, a lei estabelece limites à duração diária e semanal do trabalho, os quais devem ser respeitados pelas estipulações individuais, pela organização do trabalho nas empresas e, também, pela regulamentação convencional colectiva.

As convenções colectivas definem, elas próprias, limites diários e semanais, cujo valor é, em todo o caso, bastante variável. Nos *acordos de empresa*, os limites fixados tendem a coincidir com os períodos normais de trabalho efectivamente praticados: há aí como que uma transposição para o plano colectivo da estipulação sobre períodos diários e semanais de trabalho; a convenção colectiva desempenha um papel essencialmente contratual. Nos *contratos colectivos*, dado que têm âmbito sectorial e cobrem empresas com dimensões e organizações muito diferenciadas, verifica-se, frequentemente, não coincidência com os períodos diários e semanais praticados: fixa-se limites normalmente inferiores aos máximos legais mas superiores aos praticados; a convenção colectiva está mais próxima do papel da lei do que do do contrato.

A fixação, pela lei, de limites à jornada e à semana de trabalho segue, normalmente, a esteira aberta pelo movimento da contratação colectiva. Assim deve ser, por princípio. A progressiva redução dos tempos de trabalho acompanha modificações da organização do trabalho, aperfeiçoamentos tecnológicos e melhorias de qualificação dos trabalhadores, que permitem absorver o impacto da redução na economia das empresas (pela melhoria da produtividade) e atribuir-lhe sinal positivo no processo de crescimento económico. Mas o balanceamento correcto e concreto dos factores favoráveis e desfavoráveis à redução de tempos de trabalho tem a sua sede mais apropriada na contratação colectiva de trabalho (1).

(1) E nessa sede se tem processado, quanto ao essencial, o movimento de redução do tempo de trabalho em Portugal. Basta anotar que, tendo sido fixada, em 1919, a semana máxima de 48 horas, só em 1991 (pela L 2/91, de 17 de Janeiro) foi baixado esse limite legal para 44 horas. Nesse momento, a redução atingiu efectivamente *menos de 5%* dos trabalhadores: a contratação colectiva já fizera recuar a média nacional dos horários normais para perto das 42 horas. Também a redução imposta pela L. 21/96 (para 40 horas) foi concretizada, em ritmos e modalidades diversos, pela contratação colectiva – incluindo precisões respeitantes às controversas noções de "pausa" e de "trabalho efectivo".

Deve, ainda, salientar-se o papel que tem desempenhado, neste domínio, a concertação social. O tema da duração do trabalho – sobretudo no tocante às modalidades e condições da redução – adquiriu uma posição central na agenda dos processos de negociação trilateral que se desenvolvem no quadro da Comissão Permanente de Concertação Social. Tudo o que de importante ocorreu nesta matéria, desde o início da década de noventa do século passado, foi enquadrado por compromissos de concertação social. E bem se compreende que assim seja: a temática do tempo de trabalho contende com a gestão de recursos humanos nacionais, com a competitividade das empresas e da economia, com a fórmula de distribuição dos ganhos de produtividade, a nível sectorial e de empresa – com um conjunto de áreas de interesses que são, justamente, aquelas que se cruzam na agenda da concertação social.

253. Recordemos como se processou, ao longo das duas últimas décadas, a evolução dos limites legais da duração do trabalho.

A L 2/91, de 17 de Janeiro, fixou o limite máximo do período normal do trabalho semanal em 44 horas (art. 1.º), limite que veio a ser introduzido na LDT, sob a forma de alteração ao art. 5.º, pelo DL 398/91, de 16 de Outubro. Levou, assim, quase três quartos de século a redução, pela lei, do limite máximo semanal de 48 para 44 horas.

Mantinha-se, entretanto, o limite da jornada de trabalho ([1]) estabelecido em 1919: oito horas.

A L 2/91 concretizava um compromisso constante do *Acordo Económico e Social* (AES) celebrado em fins de 1990. Mas a matéria tinha aí mais amplo tratamento. Estabelecia-se, com efeito, no mesmo Acordo, um programa de redução gradual dos períodos normais de trabalho, *por via da contratação colectiva*, até finais de 1995 de modo a estabelecer-se, nessa altura, o «tecto» semanal em 40 horas ([2]) – mais precisamente, «visando atingir as 40 horas em 1995».

([1]) Embora se trate de expressão equívoca, usá-la-emos no texto como sinónima de «período normal de trabalho diário».

([2]) Esse programa incluía várias linhas orientadoras, entre as quais um ritmo de redução de uma hora/ano, a consagração de um dia de descanso

Esse programa ficou, quase totalmente, por cumprir. A circunstância de o próprio AES estabelecer, como pressuposto das reduções a negociar, um certo balanceamento com regras de adaptabilidade na organização do tempo de trabalho explica que a prevista contratação colectiva tenha ficado, em grande parte, bloqueada: não se negociou reduções de horário porque não havia disponibilidade para negociar regras de adaptabilidade dos tempos de trabalho. A situação não era, em fins de 1995, muito diferente da que existia, à partida, em 1991.

O *Acordo de Concertação Social de Curto Prazo* (ACSCP), subscrito em Janeiro de 1996, contemplava uma solução de compromisso (1) para a nova redução dos tempos de trabalho, que veio a ser transposta, quase *ipsis verbis*, para a L 21/96, de 23 de Julho (2).

Essa solução seguia uma lógica nova entre nós: tratava-se de *reduzir os horários em tempo de trabalho efectivo*, de modo a atingir a meta de *40 horas de trabalho efectivo* (3).

---

complementar susceptível de repartição e a admissão de princípios de adaptabilidade na organização do trabalho.

(1) A necessidade de uma solução de compromisso para a concretização do objectivo que fora fixado em 1990 ligou-se à constatação de que a redução encarada teria enorme impacto, envolvendo algum risco potencial para o emprego. Segundo as estimativas ventiladas à época da negociação do ACSCP, tratar-se-ia de reduzir os horários (sem perda salarial) de cerca de metade dos trabalhadores, afectando, essencialmente, indústrias tradicionais, responsáveis por grandes volumes de emprego, mas vivendo da exportação e, aí, expostas a forte concorrência com base nos custos. Foi também invocada a escassa capacidade de adaptação organizacional de grande parte dessas empresas.

(2) O teor do ACSCP, sobre o assunto, e o conteúdo da L 21/96 estiveram no centro de uma polémica que, aliás, se desenvolveu, simultaneamente, na frente das lutas laborais (sobretudo no sector têxtil), em sede de doutrina tecnico-jurídica, e, também, no domínio institucional (pois envolveu situações de fricção entre Governo, Parlamento e Provedor de Justiça, além dos parceiros sociais com assento na CPCS). Vale a pena salientar, pela sua importância, os estudos publicados na revista «Questões Laborais», ano IV, 1997, n.os 9-10.

(3) Já o AES 1990 fazia menção deste critério de redução. Estabelecia, com efeito, que devia «ter-se em conta, na redução da duração normal do trabalho, *o trabalho efectivo*, sem prejuízo das pausas justificadas em razões de saúde, higiene e segurança ou cláusulas fixadas na negociação colectiva» (Anexo 15).

O art. 1.º/3 L 21/96 dizia que a noção de trabalho efectivo excluía "todas as interrupções de actividade resultantes de acordos, de normas de instrumentos de regulamentação colectiva ou da lei e que impliquem a paragem do posto de trabalho ou a substituição do trabalhador».

Apesar de ter optado pela máxima aproximação à linguagem (muito deficiente sob o ponto de vista técnico-juridico) do acordo em que se baseou, o legislador não se furtou, com isso, à ambiguidade, nem impediu que se gerasse prolongada polémica em torno da aplicação do diploma.

A circunstância de, para a L 21/96, só interessar o trabalho efectivo punha em crise, embora apenas *para os efeitos dessa lei*, o modo tradicional de contar o tempo de trabalho. No período de permanência do trabalhador no espaço da empresa distinguiam-se certos lapsos de tempo não considerados "tempo de trabalho". Tratava-se, *realmente*, de interrupções de trabalho, mas que, face à contratação colectiva, ou até aos usos, eram tradicionalmente «consideradas» tempo de trabalho. Exemplos: o intervalo para descanso e refeição dos trabalhadores de turnos (que não implica descontinuidade do processo produtivo, mas pode envolver afastamento de trabalhadores desse processo), as pequenas interrupções da laboração (de dez, quinze minutos) para repouso, café, etc..

A inconsideração de tais interrupções no processo de contagem do tempo de trabalho, tradicional entre nós, derivava do facto de o regime da duração do trabalho se ter condensado em torno da noção de *horário de trabalho* – esquema definido por certas horas de «entrada» e de «saída» do local de trabalho, e que, por conseguinte, não é um «cronograma de actividades», mas sim um «plano de permanência no local de trabalho». Tudo o que se passa entre uma «entrada» e a «saída» subsequente era, na perspectiva tradicional do nosso ordenamento (e da cultura laboral que lhe estava associada), «tempo de trabalho». Tal foi a perspectiva segundo a qual se fixou, em 1991, o limite máximo da semana de trabalho de 44 horas.

O ponto de vista em que se colocou a L 21/96 era diferente: algumas situações localizadas entre a «entrada» e a «saída» do trabalhador *podiam não ser tempo de trabalho* para o efeito específico que essa lei visava: a redução de horários com vista às 40 horas efectivas.

Essa dualidade de perspectivas teve uma consequência talvez não prevista: passou a haver *dois limites legais* à duração da semana de trabalho. Um dizia respeito ao tempo coberto pelo horário de trabalho, isto é, ao tempo de permanência na empresa: 44 horas. Outro era o fixado pela L 21/96 e incidia sobre o tempo de trabalho efectivo: 40 horas.

Em muitos casos (todos aqueles em que não existissem interrupções de trabalho pré-definidas), os dois critérios coincidiam e o limite semanal aplicável era o de 40 horas *tout court*.

Nos restantes casos, cruzavam-se dois critérios de limitação da semana de trabalho, e ambos tinham que ser obviamente respeitados.

254. Com a L. 73/98, de 10 de Novembro, a matéria dos limites à duração do trabalho sofreu novo ajustamento. Essa lei operou a transposição (1) de uma directiva europeia – a Directiva n.º 93/104/CE, do Conselho, de 23 de Novembro – referente a «determinados aspectos da organização do tempo de trabalho» (2).

---

(1) Aliás com atraso significativo: o art. 18.º da Directiva fixava em 18 de Novembro de 1996 o limite do prazo de transposição. Esse atraso deve ser, provavelmente, atribuído à extrema complexidade de que essa tarefa se revestia, não só no plano da técnica legislativa, dada a teia intrincada de derrogações e excepções a tomar em conta, mas também sob o ponto de vista politico-jurídico, visto que a obrigação de transposição se perfilava em simultâneo com o polémico processo de redução de horários para 40 horas. De resto, a transposição era ainda assumida (um tanto redundantemente) como compromisso trilateral no *Acordo de Concertação Estratégica* assinado em 20 de Dezembro de 1996.

(2) O art. 1.º/1 da L. 73/98, reproduzindo, de resto, a mesma parte do texto da directiva, declarava que se tratava de «prescrições de segurança e de saúde em matéria de organização do tempo de trabalho». É evidente que toda a matéria da organização do tempo de trabalho, e dos condicionamentos à sua duração, está intimamente ligada à protecção da saúde e da segurança no trabalho. Mas a razão desta explicitação não se encontra no plano da construção teórica do tema, é bastante mais prosaica. O longo processo de negociação da directiva seria frustrado se houvesse necessidade de deliberação do Conselho por unanimidade – o que, após o Tratado de Maastricht, seria exigível se o assunto fosse considerado do ângulo dos «direitos e interesses dos trabalhadores assalariados» (art. 100.º-A/2 do Tratado de Roma, alterado). Adoptada a perspectiva

O diploma retomou a questão do conceito de «tempo de trabalho». A Directiva 93/104/CE incluía, ela própria, uma definição (art. 2.º/1): tempo de trabalho é «qualquer período durante o qual o trabalhador está a trabalhar ou se encontra á disposição da entidade patronal e no exercício da sua actividade ou das suas funções, de acordo com a legislação e/ou a prática nacionais». Esta definição foi transcrita para a al. *a*) do n.º 1 do art. 1.º L. 73/98.

Ela limita-se a exprimir, com mais ou menos rigor vocabular, aquilo que em geral já se podia considerar ser a dimensão temporal da prestação de trabalho, entendida esta, na sua essência, como um «estar à disposição» para a actividade contratada. Apenas a copulativa entre esse estar à disposição e o «exercício da (...) actividade ou das (...) funções», apontando para o carácter *cumulativo* da disponibilidade e da actividade, poderia sugerir que não devia considerar-se tempo de trabalho o mero estado de disponibilidade não utilizada. Mas essa só podia ser uma aparência gerada pela imprecisão do texto: de contrário, teria que admitir-se o absurdo do exercício das funções sem disponibilidade do trabalhador. E sobre esse absurdo nasceria outro: o período em que tal exercício ocorresse não seria tempo de trabalho!

Para além dessa noção geral, a L. 73/98 incluíu precisões que não figuravam no texto da directiva [1]. No art. 2.º/2, com efeito, contemplava-se um conjunto de hipóteses de *descontinuidade do trabalho efectivo*, englobáveis no conceito de tempo de trabalho.

Várias dessas hipóteses eram puras explicitações do entendimento mais corrente do tempo de trabalho. Era o caso das interrupções de trabalho ditadas por razões técnicas, dos intervalos para refeição em que o trabalhador tivesse que permanecer à disposição

---

da melhoria das «condições de trabalho» para protecção da segurança e da saúde dos trabalhadores, viabilizava-se a base jurídica oferecida pelo art. 118.º-A/2, que admitia maioria qualificada. Assim se tornou possível a adopção da directiva.

[1] Deve, todavia, notar-se que o enunciado da noção de tempo de trabalho estabelecida pela directiva concluía com a ressalva «de acordo com a legislação e/ou a prática nacional». Ficou, assim, margem para particularidades definitórias, eventualmente derivadas da contratação colectiva ou dos usos laborais, mas de qualquer modo enquadráveis na operação de transposição da directiva.

da entidade empregadora, das interrupções impostas por prescrições específicas de segurança e saúde no trabalho. Menos evidentes, mas ainda comportáveis no espaço da «legislação e/ou prática nacional» aberto pela Directiva, eram as situações de interrupção consideradas tempo de trabalho pelas convenções colectivas e as «resultantes de usos e costumes reiterados das empresas» (1), assim como as interrupções ocasionais (seguramente de curta duração) inerentes à satisfação de necessidades inadiáveis do trabalhador (idas à casa de banho, atendimento de telefonemas urgentes), ou decorrentes de tolerância ou concessão do empregador (pequena deslocação ao exterior para uma compra, interrupção do trabalho para receber uma visita).

Todas estas descontinuidades eram, no entendimento do legislador de 1998, e – convém não o esquecer – «para os efeitos da aplicação da presente lei» (art. 2.º/1), *tempo de trabalho*. Dir-se-ia que assim se processava um retorno à perspectiva tradicional: o regime da L. 73/98, nomeadamente naquilo que restrigia o tempo de trabalho, ligava-se mais directamente à lógica tradicional do que à da L. 21/96.

Com efeito, a L. 73/98, abordando a limitação da duração do trabalho, adopta para isso um «instrumento» conceitual próprio – o do *tempo de trabalho* –, no qual se compreendem muitas das interrupções que a L. 21/96 não considerava tempo de trabalho *efectivo*, e que se identifica com a noção mais usual na nossa tradição legislativa. Contempladas todas as hipóteses insertas no art. 2.º/2, estar-se-ia perante uma compreensão do «tempo de trabalho» equivalente à do tempo que vai da entrada à saída do serviço, nos termos do horário de trabalho – ou seja, a noção em que assentava o regime geral da LDT (2).

---

(1) Esta expressão, constante da al. *a*) do n.º 2 do art. 2.º, revela bem, mais uma vez, o que são os resultados tecnicamente pouco felizes de processos legislativos miudamente compromissórios, como decerto foi o deste diploma – muito particularmente neste trecho. O que são, com efeito, usos e costumes «reiterados» das empresas?

(2) Com isto, sofria, mais uma vez, radical desmentido a opinião daqueles que quiseram ver na L. 21/96 a introdução de um «novo» conceito de «tempo de trabalho», desfigurador dos regimes pré-vigentes e susceptível de infectar toda

Não existia, nesse quadro, qualquer incongruência por parte do legislador. Não havia então, no nosso ordenamento, uma pluralidade de conceitos de tempo de trabalho (1). Tinha-se *uma só* noção jurídica de tempo de trabalho – integrada pelo cumprimento do horário de trabalho, mais o trabalho suplementar, mais os tempos de ausência ou inactividade normativamente *considerados* (ou equivalentes *a*) tempos de trabalho –, que servia de base aos limites contidos na lei. E *houve* um conceito (mais apertado) de *trabalho efectivo*, adoptado para certo e restrito efeito, o qual se esgotou de acordo com o programa temporal da L. 21/96.

---

a legislação subsequente. A noção de «trabalho efectivo» estava, assim, claramente reconduzida ao papel de mero instrumento da concreta operação de redução de horários lançada pela L. 21/96. Por outro lado, a L. 73/98 veio evidenciar, por uma vez, o carácter absolutamente insustentável da surpreendente doutrina do Ac. STJ 17/3/97, comentada por J. Leite na nota *«Trabalho é trabalho, descanso é descanso» ou o modo de ser do direito*, na revista «Questões Laborais», n.º 12 (1998) 205 ss.. Essa doutrina retrata-se bem com a seguinte passagem do Acórdão: «Não se concebem períodos de trabalho «faz de conta» ou de «trabalho virtual», sob pena de se admitir a reivindicação de trabalho extraordinário com origem nessa «realidade virtual», puramente imaginária, do descanso poder valer como prestação de trabalho. Trata-se duma concepção juridicamente mórbida, susceptível de afectar a saúde laboral das empresas que a praticassem – com inconvenientes evidentes capazes de afectar essas empresas, e por tabela os respectivos trabalhadores». Recorde-se que a situação discutida dizia respeito à vigência do limite de 44 horas semanais, estabelecido pela L. 2/91 e introduzido no art. 5.º LDT pelo DL 398/94, de 16 de Outubro. E assinale-se, por outro lado, que a mesma linha decisória vinha já da 1ª instância (Tribunal do Trabalho da Maia) e da Relação do Porto (embora, em qualquer das Instâncias, com fundamentação própria).

(1) De pouco valerá, a nosso ver, questionar a precisão linguística das expressões utilizadas, a este e a outros respeitos, pela conceptologia legislativa. Se, por exemplo, discutirmos o rigor da expressão «trabalho efectivo», porque só há «trabalho» e «não trabalho», estaremos a inconsiderar a específica finalidade com que o legislador lançou mão do conceito, e a vontade (ou necessidade?) de a alcançar numa perspectiva conflituante com a visão comum das realidades laborais. E estaremos, por outro lado, a abrir espaço para concepções como a que o Ac. STJ 17/3/97 sustentou.

255. Mas, se não havia vários conceitos de tempo de trabalho, perfilavam-se *vários limites à duração do trabalho*. Já vimos dois: o de 44 horas, dirigido aos horários de trabalho; e o de 40 horas, referente ao trabalho efectivo normal. Mas a L. 73/98 fez avançar um novo critério de limitação do tempo de trabalho.

O art. 3.º/1 dessa lei ressalvava, antes do mais, a «duração máxima do trabalho normal semanal, estabelecido na lei». Daí resultam duas coisas: que, por um lado, o regime por ela introduzido devia ser *cumulativamente* considerado com as normas vigentes em matéria de limitação da duração do trabalho (na época, o art. 5.º/1 e 2 LDT e com o art. 1.º/1 L. 21/96); por outro lado, que o objectivo da lei não era já somente o de restringir o tempo de «trabalho normal», mas também o de conter o *trabalho suplementar*.

Este objectivo devia relacionar-se com o facto de, em muitos casos, a redução dos períodos de trabalho normal ter como única consequência um aumento equivalente do número de horas suplementares de actividade, o que até pode corresponder a interesses imediatos convergentes do empregador e do trabalhador ([1]). Estes interesses conflituam, porém, frontalmente com os objectivos de uma política de redução do tempo de trabalho, que são, em gradações diversas, os de promover o aumento do volume de emprego, de partilhar o trabalho existente ([2]), e de aumentar o tempo livre de cada trabalhador.

Não seria, pois, eficaz – sob qualquer destes pontos de vista – um regime legal que se cingisse á limitação dos períodos normais de

---

([1]) O empregador evita assim admitir novos trabalhadores, visto que consegue manter o volume de trabalho disponível; o trabalhador ganha mais trabalhando o mesmo que antes.

([2]) Fala-se, no primeiro caso, de «redução ofensiva», e, no segundo, em que não há aumento mas salvaguarda do volume de emprego existente, de «redução defensiva». Veja-se, sobre isto, o relatório de D. TADDEI, *La réduction du temps de travail*, Paris (1997) 17. Sobre o tema, em geral, e particularmente na perspectiva das suas implicações micro e macroeconómicas, pode ver-se, de entre toda uma abundantíssima literatura, G. CETTE/D. TADDEI, *Réduire la durée du travail. De la théorie à la pratique*, Paris (1997).

trabalho ([1]). A experiência histórica evidencia que os tempos de trabalho efectivamente realizados ([2]) têm diminuído mais lentamente do que os limites normativos dos períodos normais de trabalho. Por outro lado, o recurso a trabalho suplementar estava, entre nós, muito radicado como forma de garantir alguma adaptabilidade da organização do trabalho.

256. No que toca à limitação do tempo de trabalho, o art. 3.º/1 L. 73/98 preceituava que «a duração média do trabalho semanal, incluindo as horas suplementares, não pode exceder quarenta e oito horas».

Surgia assim – sob o impulso da Directiva 93/104/CE, que introduziu a solução – uma barreira no domínio do tempo total ou «efectivo» de trabalho, isto é, da quantidade de esforço de facto exigível a cada trabalhador, independentemente de se tratar do cumprimento do «horário de trabalho» ou da prestação de actividade fóra dele ([3]). Tal perspectiva da limitação do tempo de trabalho era, de resto, a única harmonizável com a declarada atinência

---

([1]) Os limites contidos na LDT obedeciam a esta mesma lógica. Por um lado, com a introdução dos n.os 7 e 8 do art. 5.º, pelo já referido DL 398/91, os limites passaram a poder ser calculados em termos médios, mas com respeito absoluto pela semana máxima de cinquenta horas, *em que se incluía o trabalho suplementar não justificado por força maior*. Por outro lado, esses limites eram complementados pelo regime legal do trabalho suplementar, estabelecido pelo DL 421/83, de 2 de Dezembro. Este diploma procurava conter o recurso a trabalho suplementar por duas vias: a fixação de limites ao número de horas diárias e anuais (art. 5.º) e a imposição do descanso compensatório (art. 9.º). O CT mantém, no essencial, essa orientação (art.os 227.º a 230.º). No entanto, a efectividade destes regimes foi sempre altamente problemática, desde logo por força da referida convergência de interesses imediatos entre empregadores e trabalhadores, em sentido oposto.

([2]) Esta «efectividade» não deve ser confundida com a que se refere na L. 21/96. Quer-se aqui sinalizar o somatório do trabalho normal com o trabalho suplementar – o seja, o volume de trabalho que *de facto* (independentemente da sua natureza normal ou extraordinária) foi prestado.

([3]) E independentemente, também, da causa da prestação de trabalho suplementar; não eram exceptuadas as situações de força maior, como ocorria no art. 5.º/7 LDT (limites da duração do trabalho normal semanal).

do regime da lei (também nisso tributária da Directiva) às exigências de segurança e saúde laborais (art. 1.º/1).

Esta demarcação do volume médio de trabalho efectivamente prestado era de aplicação geral, com ressalva, apenas, dos «quadros dirigentes e outras pessoas com poder de decisão autónomo que estejam isentos de horário de trabalho» (art. 12.º/2) (1).

O limite assim introduzido no nosso ordenamento implica, por exemplo, que um período normal de trabalho médio de 40 horas admitirá, no máximo, uma média semanal de oito horas suplementares. A prestação frequente de trabalho em dias de descanso complementar pode esgotar facilmente esta média.

257. O cálculo da duração média do trabalho semanal, para os efeitos do art. 3.º/1 daquele diploma, implicava a pré-determinação de um *período de referência*. Dentro dele, os dias, as semanas e/ou os meses podiam ter grandes diferenças quanto ao número de horas de trabalho, quer porque os *horários de trabalho* iriam sendo mudados (2) conforme as necessidades, quer porque o recurso ao *trabalho suplementar* seria também dimensionado por solicitações flutuantes.

O período de referência a tomar em conta devia ser estabelecido por convenção colectiva, não podendo, se o fosse, ultrapassar

(1) A ligação ao regime da isenção de horário de trabalho (art. 218.º CT), figura privativa do direito pátrio, facilita o enquadramento dogmático da solução, mas explica a (desnecessária) omissão pela lei de outras situações também previstas na directiva (art. 17.º/1): o trabalho de familiares e o dos «trabalhadores do domínio litúrgico, das igrejas e das comunidades religiosas». Por outro lado, o regime da isenção de horário não exclui a qualificação como suplementar do trabalho prestado em dias de descanso e feriados – trabalho que, nos casos referidos no texto, não estava sujeito a outros limites que não fossem os do art. 5.º DL 421/83.

(2) Essas mudanças de horário estavam, já então, sujeitas a certas condições (estabelecidas pelo art. 12.º/3 LDT, com a redacção que lhe foi dada pela L. 21/96): necessidade de informação e consulta prévia aos representantes dos trabalhadores, e de observância da antecedência mínima de duas semanas entre a fixação do novo horário e a sua aplicação.

o limite de doze meses. Não havendo fixação convencional, aplicava-se o período supletivo de quatro meses ([1]). A lei cuidava, ainda, de «neutralizar» certas ocorrências no cálculo da duração média. Os *dias de férias* eram subtraídos ao período de referência, de modo a não influenciarem a média como dias de não-trabalho. Por outro lado, entravam no cálculo, *como dias de trabalho*, os de ausência por doença, de licença de maternidade ou paternidade e de licença especial para assistência a deficientes e doentes crónicos (art. 3.º/2).

Também nesses pontos, a lei foi além da directiva transposta. Mas a consideração desses dias como «não-trabalho» teria, obviamente, consequências negativas no plano da limitação do recurso a trabalho suplementar, objectivo claramente sssumido pela directiva e pela lei de transposição. As horas de ausência ou de licença poderiam ser «convertidas» numa espécie de «crédito» de horas extraordinárias dentro da média legalmente admitida. A solução da lei constituía, pois, uma melhoria à luz dos propósitos da directiva.

258. Perante estes antecedentes, como se define o Código do Trabalho no tocante a limites da duração do trabalho?

Para além da adopção de conceitos em conformidade com a tradição legislativa – os de período normal de trabalho (art. 198.º), horário de trabalho (art. 200.º) e período de funcionamento (art. 201.º) –, o Código recolheu o essencial do regime proveniente da L. 73/98 ([2]), sem excluir o conjunto de "interrupções e inter-

---

([1]) A lei situava-se, nestes pontos, em posições-limite admitidas pela directiva europeia que transpõe. De resto, a definição dos períodos de referência constituía uma boa ilustração da complexidade que compromissos sucessivos conferiram ao conteúdo da directiva. Ela começa por estabelecer, no art. 16.º/2, o período «máximo» de *quatro* meses. Depois, no art. 17.º/4, admite derrogações por via convencional até um novo «máximo de *seis* meses»; mas concede, logo a seguir, a possibilidade de se ir até *doze* meses, mediante condições bastante vagas e pouco controláveis (o respeito pelos «princípios gerais de protecção da segurança e da saúde dos trabalhadores», a existência de «razões objectivas, técnicas ou de organização do trabalho»).

([2]) Incluindo um platónico preceito sobre os princípios a que o empregador deve obedecer na organização do trabalho (art. 127.º/2), transposto da L. 73/98 tão literalmente como essa lei o tinha importado da Directiva 93/104/CE.

valos" que se consideram compreendidos no tempo de trabalho (art. 197.º/2) (1).

Os limites dos períodos normais de trabalho são de oito horas diárias e quarenta horas por semana (art. 203.º) (2). É assim consolidada a redução pretendida com a L. 21/96, arredando-se definitivamente o limite de 44 horas estabelecido em 1991.

Por outro lado, o art. 211.º CT acolhe também o limite – quarenta e oito horas – da duração média do trabalho semanal, incluindo trabalho suplementar, estabelecido na Directiva 93/104/ /CE e transposto para o art. 3.º L. 73/98.

Assim, as fundamentais inovações do CT (mantidas na revisão de 2009) no domínio específico dos limites à duração do trabalho consistem no seguinte:

a) alargamento do papel das convenções colectivas aos instrumentos de regulamentação colectiva em geral;

b) fixação de apenas dois tipos de limitação da duração do trabalho: período normal de quarenta horas semanais; duração média de quarenta e oito horas semanais, incluindo trabalho suplementar.

---

(1) No entanto, e no tocante à al. *a*) desse artigo (referente às "interrupções de trabalho como tal consideradas em instrumento de regulamentação colectiva de trabalho, em regulamento interno de empresa ou resultantes dos usos reiterados da empresa"), o art. 5.º da lei preambular do CT apenas permite considerar o que venha a ser estabelecido em convenções colectivas *futuras*, afastando com isso o que resultava da aplicação do art. 2.º/2-*a*) L. 73/98. Ao mesmo tempo, esse art. 5.º mantém em vigor (em detrimento do art. 155.º CT) a defeituosa definição de "tempo de trabalho" constante do art. 2.º/1-*a*) da lei de 1998, assim como as ambíguas e controversas indicações do art. 1.º L. 21/96. Tudo isto até que surja convenção colectiva pós-codicística. Trata-se, seguramente, de um conjunto de concessões bem características do processo de concertação social – geradoras, como outras do passado, de dúvidas e indefinições interpretativas, assim como de atritos aplicativos indesejáveis.

(2) O art. 203.º permite, porém, a ultrapassagem destes limites para certos tipos de actividades nele descritos.

2. *A adaptabilidade dos horários de trabalho.*

259. A recente evolução dos limites legais aplicáveis aos períodos normais de trabalho semanais foi acompanhada da introdução e do desenvolvimento de regras de *adaptabilidade* na organização do tempo de trabalho.

Em síntese, essas regras põem em causa a tradição de *fixidez* do horário de trabalho, que está profundamente radicada na nossa cultura laboral e que é uma das referências básicas (se não a principal) da história legislativa referente à matéria da duração do trabalho.

A afirmação do valor da *estabilidade* das situações laborais fazia-se também aí. Se as contingências dos processos produtivos obrigassem a utilizar mais trabalho nuns dias do que noutros, esse trabalho seria, simplesmente, prestado «fora do horário» e pago com acréscimo, como suplementar (1). E isto apesar de, eventualmente, noutros dias, ou semanas, ou meses, o tempo de trabalho correspondente às necessidades de laboração ser menor do que o compreendido no «horário» – o que significa que algumas horas deste não são utilizáveis –, sem que isso tenha qualquer reflexo nos custos do funcionamento da empresa, uma vez que os trabalhadores continuam a receber o mesmo salário.

Pode, assim, dizer-se que, em matéria de organização do tempo de trabalho, o único instrumento de adaptabilidade com carácter geral era o recurso ao trabalho suplementar – uma solução para os acréscimos de trabalho, mas não para as diminuições de laboração.

260. Também neste domínio se verificou uma importante evolução, na última década do século passado.

---

(1) Veja-se a definição de trabalho suplementar, constante do art. 226.º/1 CT. O trabalho suplementar não é, simplesmente, trabalho a mais (ou seja: tempo de trabalho que ultrapassa o normal e convencionado). É «o prestado fora do horário de trabalho». Está aqui excluída qualquer apreciação quantitativa: o que interessa é saber se se trata de actividade prestada de acordo com o esquema pré-definido ou à margem dele.

Em 1991, a mesma lei que baixou o limite da semana de trabalho para 44 horas (a L 2/91, já referida) abriu uma possibilidade nova: a da definição dos períodos normais de trabalho, por convenção colectiva, *em termos médios*, por referência a certos lapsos de tempo (art. 2.º). Essa possibilidade foi, num primeiro momento, contemplada e regulada numa nova redacção dos n.os 7 e 8 do art. 5.º LDT.

De acordo com esse regime, as convenções colectivas podiam passar a definir a duração normal do trabalho em termos médios, por referência a certo período fixado pela mesma via, estabelecendo a lei, supletivamente, o período de referência de três meses.

A possibilidade de variação dos períodos normais de trabalho diário e semanal não ficava, porém, liberta de restrições. Com efeito, a lei só admitia que o período normal de trabalho diário se estendesse, nas fases de maior carga, até ao máximo de *duas horas* acima do limite geral (de oito horas); e a duração de trabalho semanal não poderia, em nenhuma semana, ultrapassar *cinquenta horas*, limite em que se compreendia o próprio trabalho suplementar, com excepção do prestado por motivo de força maior.

A introdução destes factores de adaptabilidade no funcionamento das empresas e no desenvolvimento das relações de trabalho ficou a depender da disponibilidade negocial dos sindicatos e das associações patronais. Convém, a este respeito, recordar que os principios de adaptabilidade consagrados pela L. 2/91 e pelo DL. 398/91 decorriam do AES de 1990, no qual, expressamente, se articulava essa matéria com os processos negociais de redução gradual da duração do trabalho. As possibilidades consignadas nos n.os 7 e 8 do art. 5.º LDT destinavam-se a facilitar os avanços negociais necessários à gradual redução da semana de trabalho. As dificuldades que se verificaram num dos domínios atingiram também o outro, pelo que assumiu proporções relativamente modestas o desenvolvimento negocial das reduções de horário e das regras de adaptabilidade.

261. Por seu turno, a L. 21/96, de 23 de Julho (que fixou a semana de 40 horas), estabeleceu também regras de adaptabilidade estreitamente articuladas com a redução dos tempos de trabalho.

A particularidade fundamental dessa lei consistia no facto de que tanto a cadência da redução como as regras de adaptabilidade com ela articuladas eram estabelecidas imperativamente pela lei e não deixadas a concretização convencional, embora o legislador manifestasse, ainda, certa preferência por esta última via.

Os dispositivos de adaptabilidade desenhados pela L. 21/96 tomavam em conta a maior ou menor amplitude das reduções de horário que as empresas tinham que efectuar de modo a atingirem o limite das *quarenta horas* de trabalho efectivo em 1 de Dezembro de 1997. Assim, os limites máximos semanais a respeitar, no quadro da adaptabilidade, eram mais elevados quando os períodos normais de trabalho semanal de que se partia eram também os maiores, havendo, portanto, que realizar redução mais acentuada (art. 3.º/3)

262. Como atrás se viu, a transposição da Directiva n.º 93/104/ /CE para o ordenamento interno português, operada pela L. 73/98, forneceu novo contributo para esta tendência. Ao estabelecer um limite semanal em termos *médios* (quarenta e oito horas, incluindo trabalho suplementar), esta lei veio, afinal, criar a necessidade de uma verificação generalizada dos horários de trabalho e dos tempos de trabalho extra-horário, para controlo da observância desse limite. Com isso, parece ter sido aberto *pela lei* um novo e mais amplo espaço para a adaptabilidade da organização do tempo de trabalho, visto que a LDT apenas admitia a adaptabilidade *convencionada*, e a L. 21/96 estabelecia regras de adaptação de horários *restritamente aplicáveis aos casos de redução* da semana de trabalho.

Todavia, o alcance inovatório da L. 73/98 não era tão vasto como pareceria a uma primeira leitura. Admitia, é certo, de modo generalizado, o apuramento dos períodos *máximos* de trabalho semanal em média num certo período de referência. Mas, ao mesmo tempo, ressalvava o sistema anteriormente vigente de limites à duração do «trabalho normal semanal». Esse sistema era integrado por disposições da LDT e da L. 21/96. E, como foi dito, os n.os 7 e 8 do art. 5.º LDT (1) admitiam e regulavam a definição da duração normal do trabalho, em termos médios, *por convenção colectiva*.

(1) Disposições que permaneceram em vigor até ao início da vigência do CT: as regras de adaptabilidade da L. 21/96 eram de aplicação restrita aos casos

Esta fórmula não foi posta de lado pela lei de 1998. À L. 73/98 não importavam os critérios e a os modos de cálculo utilizados para a determinação do período normal de trabalho; era-lhe indiferente que essa determinação fosse feita de modo fixo, válido para todas e cada uma das semanas, ou de modo variável e adaptável. Não era disso que a lei cuidava, não era esse o seu objecto de regulação. A L. 73/98 tratava dos limites ao *tempo total ou efectivo de trabalho*, que dependia do *período normal* e da quantidade de *trabalho suplementar*, sendo, portanto, compatível com horários fixos e com horários variáveis. Por isso, permaneceram de pé as regras respeitantes à organização do tempo de trabalho que vigoravam antes do diploma de 1998.

É, no entanto, indiscutível que essa lei reforçou uma tendência, oferecendo nova sugestão no sentido de que toda a matéria fosse pensada em moldes diferentes dos que vinham da tradição legislativa e da prática laboral corrente. O modelo dos horários diários e semanais fixos, largamente predominante, tem desvantagens importantes: suscita o recurso imoderado a trabalho suplementar, muitas vezes só parcialmente pago, como único instrumento de adaptação disponível; consequentemente, dificulta ou bloqueia a redução dos tempos de trabalho, tornando-a insuportavelmente onerosa para muitas empresas; rigidifica os termos em que se articula a vida profissional e a vida familiar dos trabalhadores. Múltiplos factores, ligados a conveniências das empresas e dos trabalhadores, apontam para a superação desse modelo tradicional.

263. Uma das linhas fundamentais de política legislativa que orientaram a concepção do Código do Trabalho de 2003 (e de que a revisão de 2009 não se afastou) foi, justamente, a da acentuação das condições de adaptabilidade na organização dos tempos de trabalho. O CT situou-se, pois, na continuidade da tendência apontada.

Partindo de regimes de adaptabilidade (e, portanto, variabilidade) de horários que deviam basear-se em convenção colectiva ou (sem necessidade de "autorização" convencional) ligar-se ao

---

de redução de horários por ela imposta. Não comungamos, pois, da opinião de J. Leite/F. J. Coutinho de Almeida, *Legislação do Trabalho*, 11ª ed., Coimbra (1997) 128 (anotação ao art. 5.º LDT).

processo de redução para as 40 horas semanais, o CT estabelece agora três possibilidades: a de adaptabilidade fundada em *instrumento de regulamentação colectiva* (que pode ser de natureza administrativa), nos termos do art. 204.°; a de adaptabilidade legitimada por *acordo entre o empregador e cada trabalhador* (individualmente considerado), com observância das condições impostas no art. 205.°; e, finalmente, a adaptabilidade chamada «grupal» (regulada na revisão de 2009), que assenta na possibilidade da *extensão a toda uma unidade funcional* de um regime de adaptabilidade aplicável a uma maioria qualificada dos seus trabalhadores (art. 206.°).

Aquilo que, na epígrafe do art. 206°, se designa por *adaptabilidade grupal* compreende, afinal, dois modelos com suportes de legitimidade diferentes:

a) uma variante do primeiro tipo (adaptabilidade fundada em instrumento de regulamentação colectiva): pode ser *estipulado colectivamente* que, sendo o regime de adaptabilidade aplicável (por filiação sindical ou por escolha individual) a, pelo menos, 60% dos trabalhadores da unidade funcional, ele possa ser estendido à totalidade do respectibvo pessoal;

b) uma variante do segundo tipo (adaptabilidade fundada em acordo individual): se o regime de adaptabilidade proposto pelo empregador for aceite por, pelo menos, 75% dos trabalhadores de uma unidade funcional, ele poderá ser aplicado ao conjunto dos respectivos trabalhadores.

Na hipótese de adaptabilidade fundada em disposição colectiva, os parâmetros de variabilidade de horários são os seguintes: nenhum dia de trabalho pode ir além de doze horas, nenhuma semana pode exceder sessenta horas, a média semanal, em dois meses, não pode ultrapassar cinquenta horas. Estes limites semanais incluem o trabalho suplementar, com excepção do que seja imposto por motivo de força maior.

Na modalidade assente em acordos individuais, as condições legais de variabilidade são mais estritas: um dia de trabalho não pode exceder dez horas, a semana não pode exceder cinquenta horas, incluído o trabalho suplementar que não se funde em motivo de força maior.

Finalmente, na «adaptabilidade grupal», exactamente por se tratar de variantes das duas primeiras, os limites são os correspondentes a cada uma delas.

No que respeita ao período de referência para o apuramento da duração média do trabalho, o art. 207.º CT mantém as soluções da L. 73/98: esse período é fixado por instrumento de regulamentação colectiva, até ao máximo de doze meses; e, supletivamente, aplica-se o de quatro meses (1).

264. A lei reconhece a trabalhadores que se encontrem em situações particularmente adversas a formas de instabilidade da organização de vida o direito de serem dispensados da prestação de trabalho em regime de adaptabilidade de horários (2).

Em geral, podem beneficiar dessa dispensa a título permanente os *menores* (art. 74.º) e as *pessoas com deficiência ou doença crónica* (art. 87.º), assim como as *trabalhadoras grávidas, puérperas ou lactantes* (3) (art. 58.º).

No tocante aos menores e às pessoas com deficiência ou doença crónica, a dispensa não é automática; tem que ser pedida à entidade empregadora, com certificação médica de que a prática de horários adaptáveis pode prejudicar a saúde ou a segurança no trabalho. A dispensa não é inerente à condição de trabalhador menor, ou deficiente; depende de ser requerida e de haver certificação dos específicos efeitos nocivos da irregularidade de horários. Mas também *não pode ser recusada* pela entidade empregadora, se esses passos estiverem cumpridos.

---

(1) O art. 207.º admite o alargamento do período de referência supletivo para seis meses num conjunto de hipóteses que a Directiva 93/104/CE contemplava numa longa lista de derrogações ao seu regime geral. No entanto, o respeito do CT pelo âmbito dessas derrogações não parece indiscutível.

(2) O CT recolheu, neste ponto, soluções que tinham sido consagradas pela L. 61/99, de 30/6.

(3) De notar que este direito é extensível a casos em que não há amamentação (art. 58.º/2).

Já a situação das grávidas, puérperas e lactantes é diversa: a condição (transitória por natureza) em que se encontram basta para fundamentar o direito à exclusão dos regimes de adaptabilidade.

§ 29. O trabalho suplementar.

265. "Considera-se trabalho suplementar o prestado fora do horário de trabalho", diz o art. 226.°/1 CT.

Na lei antiga (a LCT), considerava-se que haveria trabalho *suplementar* pelo menos quando o período normal de trabalho de um trabalhador fosse *excedido*. Nesse sentido, o art. 46.°/1 LCT, definindo o conceito de trabalho "extraordinário" – designação mais tradicional entre nós –, dizia: "o prestado *para além* do período normal". Posteriormente, o art. 16.° LDT passou a caracterizá-lo como "o prestado *fora* do período normal", parecendo, assim, querer abranger não só os casos de *excesso* de tempo de trabalho, mas também os de *exterioridade* da prestação relativamente ao horário estabelecido.

As questões que a conjugação desses preceitos poderia suscitar foram ultrapassadas pelo DL 421/83, de 2/12 (antigo regime jurídico do trabalho suplementar), que, no art. 2.°/1, definia o trabalho suplementar como sendo "todo aquele que é prestado *fora do horário de trabalho*".

Essa formulação foi, pois, mantida, quase nos seus exactos termos, pelo CT.

A definição do art. 226.° atribui todo o relevo à localização do trabalho perante o horário concretamente definido. E bem se compreende a posição do legislador. Todo o trabalho excedentário (em quantidade) é forçosamente exterior ao horário. A inversa já não seria verdadeira (o trabalhador pode ser dispensado de comparecer ao serviço numa parte do horário, e solicitado a trabalhar para além do seu termo, sem que o período normal seja excedido). Mas, embora a fixação do horário de trabalho caiba na competência do empregador, a sua estabilidade corresponde a um importante interesse do trabalhador: o de contar com certo *programa temporal* da sua prestação. Depois de definido, há-de ser observado – até que o empregador o altere formalmente. Assim, a transposição dos limites do *horário,* embora possa não implicar "trabalho a mais", equivale à violação daquele programa – ou, melhor, à utilização de horas que seriam, normalmente, *disponíveis para o trabalhador* (1).

266. Na linguagem comum, e também no clausulado de algumas convenções colectivas, usa-se sobretudo a expressão "trabalho extraordinário", que, embora tenha tido uso legislativo no passado, não foi acolhida no CT. Em todo o caso, o conceito de *trabalho suplementar* é mais amplo que o de *trabalho extraordinário*; naquele cabem todas as situações de desvio ao programa normal de actividade do trabalhador: trabalho fora do horário em dia útil, trabalho em dias de descanso semanal e feriados; o de trabalho extraordinário refere-se essencialmente ao trabalho prestado em dias úteis. Esta agregação linguística de hipóteses típicas não envolve, todavia, a uniformização do seu tratamento jurídico, sobretudo no que respeita à remuneração.

O regime do trabalho suplementar é, porém, homogéneo pelo que se refere a alguns aspectos relevantes: a sua obrigatoriedade (art. 227.°/3), os pressupostos da prestação (art. 227.°/1 e 2), os limites quantitativos (art. 228.°), as exigências formais (art. 231.°) e as sanções pela inobservância do condicionamento legal, hoje inseridas em cada um dos pertinentes artigos.

267. Pode acontecer que o trabalhador se mantenha no local de trabalho, e até em serviço, fora do horário normal. É mesmo frequente tal situação nas grandes empresas, em que não existe contacto directo entre o empregador e os trabalhadores, estando as

---

(1) A valorização do *horário de trabalho,* como esquema de organização de tempos, é, na verdade, característica da nossa tradição legislativa em matéria de duração do trabalho. A circunstância de o horário ser uma das manifestações do poder de direcção e organização do empregador (vd., por exemplo, o art. 212.° CT) é de molde a justificar, pelo contrário, a sua desvalorização como termo de referência para a aplicação do regime tutelar do tempo de trabalho.

concretas necessidades de trabalho entregues, pelo menos em parte, à avaliação dos próprios empregados. Nessas situações, acontece muitas vezes que os trabalhadores decidem permanecer nos seus postos de trabalho para além do horário, mesmo sem necessidade, com o único objectivo de acrescer os seus ganhos através da remuneração especial que, como se verá, a lei e as convenções colectivas ligam ao trabalho extraordinário.

A questão que se suscita é, assim, a de saber se existe trabalho suplementar independentemente de ordens (e até do simples conhecimento) do empregador ou dos superiores hierárquicos.

À falta de norma expressa, uma antiga orientação da jurisprudência [1] pronunciava-se no sentido de que, embora não solicitado nem conhecido pelo empregador, o trabalho efectivamente prestado fora do horário normal, desde que necessário (do ponto de vista objectivo da empresa) ou implicando vantagem económica para aquele, deveria considerar-se coberto pelo regime do trabalho suplementar.

O art. 7.°/4 DL 421/83 (com a redacção dada pelo DL 398/91, de 16/10) afastou-se dessa orientação, assumindo posição expressa e categórica perante o problema: não era exigível o pagamento da remuneração que corresponderia a trabalho suplementar se a prestação não tiver sido «prévia e expressamente determinada pela entidade empregadora».

Esta regra não contemplava, porém, situações em que o trabalhador – nomeadamente por virtude do dever de lealdade – está *vinculado* a desenvolver actividade mesmo para além do horário e independentemente de ordem expressa e antecipada do empregador: são, em especial, os casos de força maior e os de necessidade imperiosa de prevenir prejuízos graves para a empresa, que o próprio diploma de 1983 previa no seu art. 4.°/2.

O CT responde à questão com uma norma, a do art. 268.°/3, que considera remunerável o trabalho suplementar ordenado pelo empregador ou realizado em condições que excluiriam a hipótese de oposição da parte dele.

---

[1] Cfr., por exemplo, o Ac. STA 17/4/56 (*Col. XVIII*, 306).

268. A prestação do trabalho suplementar é *obrigatória* (art. 227.º/3 CT) desde que determinada pelo empregador com fundamento nas situações a que alude o art. 227.º e dentro dos limites quantitativos do art. 228.º.

Essa obrigatoriedade não existe, porém, como se disse, nos casos da trabalhadora grávida ou de trabalhador ou trabalhadora com filho de menos de um ano (art. 59.º/1), de trabalhadora que amamenta (art. 59º/2); e de trabalhador com deficiência ou doença crónica (art. 88.º). Por outro lado, o trabalho suplementar está vedado a menores (art. 75.º).

Fora desses casos especiais, o trabalhador incorre em desobediência se, não tendo solicitado expressa e fundadamente a dispensa, se recusa a efectuar o trabalho ordenado. Mas a desobediência é *legítima* quando não se verifiquem os pressupostos indicados no art. 227.º ou sejam ultrapassados os limites do art. 228.º: estar-se-á perante ordens ilegítimas do empregador, para as quais, aliás, a lei comina sanções ([1]).

Na verdade, o condicionamento legal do recurso ao trabalho suplementar funda-se em considerações de interesse e ordem pública – as quais se relacionam, quer com a prevenção do excessivo desgaste pelo trabalho, quer com a abertura de postos de trabalho no contexto de uma crise de desemprego.

Quando estejam preenchidos os pressupostos do dever de prestação de trabalho extraordinário, pode ainda o trabalhador libertar-se dele mediante a *dispensa* a que alude o art. 227.º/3 – ou seja, através da não-exigência da prestação por parte do empregador.

A circunstância de o legislador configurar – para os casos em que a prestação de trabalho extraordinário conflitua com interesses ou conveniências *atendíveis* do trabalhador – a «dispensa» pelo empregador tem, a nosso ver, dois corolários significativos.

O primeiro é o de que se eliminam todas as dúvidas quanto ao carácter obrigatório dessa prestação, quando fundadamente

---

([1]) Na esteira do art. 11.º DL 421/83, com a redacção dada pela L. 118/99, de 11/8.

exigida: o trabalho extraordinário, apesar de constituir um aparente desvio ao objecto do contrato (à duração do trabalho convencionado), não supõe o acordo das partes, pode basear-se em decisão unilateral do empregador (desde que motivada nos termos da lei).

O segundo é o de que a exoneração do trabalhador, ao abrigo do art. 227.º, depende de um juízo sobre a atendibilidade da justificação por ele apresentada, juízo esse que há-de fazer-se pelo confronto entre a gravidade da situação que conduz ao recurso a trabalho extraordinário e a premência dos motivos invocados pelo trabalhador para o não prestar. Esse juízo *pertence inicialmente ao empregador* – tal como na justificação das faltas e na valoração disciplinar – mas é susceptível de censura externa e *a posteriori*.

Quer dizer: a dispensa *deve* ser concedida nos termos do art. 227.º, mas *pode* ser recusada se o pressuposto aí referido («motivos atendíveis») não ocorrer, segundo o critério do empregador. E, se houver recusa da dispensa – é o que sobretudo importa acentuar –, o trabalhador não está legitimado a desobedecer à ordem de prestação de trabalho extraordinário; poderá, sendo caso disso, responsabilizar civilmente a outra parte pelos prejuízos decorrentes dessa imposição, desde que se mostre inadequado o balanço de conveniências e interesses em que o juízo do empregador se baseou.

269. A formalização do trabalho suplementar faz-se, internamente, pela anotação em *registo* próprio, com menção das horas de início e termo e do fundamento de tal recurso, confirmado ("visado") caso a caso pelo trabalhador (art. 231º). Para além disso, a lei exige que a entidade empregadora envie, anualmente, à inspecção do trabalho, uma *relação nominal* dos trabalhadores que, em qualquer modalidade, tenham prestado trabalho suplementar, com o visto da comissão de trabalhadores ou, para os sindicalizados, do sindicato (art. 231.º/7).

Estas formalidades destinam-se a permitir o controlo externo da observância do regime legal.

Mas a lei impõe ainda um formalismo que, embora também útil sob o ponto de vista da fiscalização, serve uma outra finalidade: a de garantir, futuramente, meio de prova do trabalho suplementar prestado. Essa prova é, muitas vezes, difícil, se não impossível. Nos termos do art. 231.º/8, o empregador deve manter durante cinco anos a relação nominal pormenorizada dos casos de prestação de trabalho suplementar.

270. A prestação de trabalho suplementar confere ao trabalhador o direito a *remuneração acrescida* e a *descanso compensatório*.

O CT (art. 268.º) estabelece os acréscimos remuneratórios *mínimos* de 50% (para a primeira hora), 75% (para as horas ou fracções subsequentes) e 100% (para o trabalho prestado em dia de descanso ou feriado). Estes acréscimos incidem sobre o valor do salário-hora, calculado pela fórmula do art. 271.º. Assim, uma hora suplementar em dia útil (sendo única) implica que, para além da sua remuneração normal, o trabalhador receba o valor de uma vez e meia a sua retribuição horária. Se, em certo mês, trabalhar oito horas num feriado, receberá, para além do seu vencimento mensal, uma importância equivalente a dezasseis vezes a sua retribuição horária.

Além disso, o trabalhador tem direito a *descanso compensatório* em certa proporção do trabalho suplementar prestado (arts. 229.º e 230.º).

A consagração do direito a descanso compensatório para qualquer tipo de trabalho suplementar constituiu inovação do DL 421/83. Anteriormente, só o serviço prestado em dia de *descanso semanal obrigatório* conferia esse direito (art. 41.º/2 LDT). Com o diploma de 1983 (art. 9.º), foi generalizada a obrigatoriedade da atribuição de repouso compensatório, em medida correspondente a 25% do tempo de trabalho suplementar realizado, quando este ocorresse em dia útil, em dia de descanso semanal complementar ou em dia feriado; quanto ao trabalho suplementar em dia de descanso semanal obrigatório, manteve-se o descanso compensatório de duração equivalente. Esse regime foi, mais tarde, ajustado à dimensão da empresa: com excepção dos casos de descanso semanal obrigatório, o repouso compensatório só era aplicável nas empresas com mais de 10 trabalhadores (alteração introduzida pelo DL 398/91); e, quando se tratasse de dias úteis ou feriados, o direito a repouso compensatório passava a ser substituível, mediante acordo das partes, por prestação de trabalho remunerado em dobro.

Os arts. 229.° e 230.° CT revisto contêm um regime que se situa na perfdeita continuidade dos seus antecedentes. O tempo de descanso compensatório é diferenciado por várias modalidades de trabalho suplementar:

a) trabalho suplementar em dia útil, dia de descanso semanal complementar ou feriado: 25% das horas prestadas, substituível (mediante acordo, em geral; por vontade unilateral do empregador, nas microempresas e pequenas empresas) por compensação em dinheiro;

b) trabalho suplementar impeditivo do gozo do descanso diário: tempo equivalente;

c) trabalho suplementar em dia de descanso semanal obrigatório, para substituição de trabalhador faltoso, não excedendo duas horas: tempo equivalente;

d) trabalho suplementar em dia de descanso semanal obrigatório com duração igual ou superior a duas horas: um dia de descanso.

§ 30. A isenção de horário de trabalho.

271. Certas actividades laborais são como que «refractárias» à definição de um horário de trabalho, não apenas pela flutuação diária das necessidades a que correspondem, mas também pelo carácter sistemático do recurso a «horas extraordinárias».

A lei admite, quanto a tais trabalhadores – entre outros, os que exercem "cargos de administração, de direcção, de confiança, de fiscalização ou de apoio aos titulares desses cargos» –, a *isenção do horário de trabalho* (arts. 218.° e 219.° CT). Outras situações de isenção podem ainda ser previstas em instrumento de regulamentação colectiva (art. 218.°/2).

A isenção, implicando por parte do trabalhador uma «renúncia» à compensação por trabalho suplementar, confere-lhe o direito a receber, regularmente, uma *retribuição especial,* nas condições indicadas pelo art. 265.° CT.

Na sua tradicional configuração – na lei anterior à codificação de 2003 (a LDT de 1971) –, a isenção de horário de trabalho obedecia a um modelo único. De acordo com esse modelo, ela traduzia-se na possibilidade (para o empregador) de utilização dos serviços do trabalhador, não só à margem de um definido *esquema* cronológico de prestação (horário), mas também independentemente dos «limites máximos dos períodos normais de trabalho». A isenção só não abrangia os dias de descanso semanal nem os feriados; se o trabalhador «isento» fosse chamado a prestar a sua actividade nesses dias, deveria auferir as compensações correspondentes (arts. 41.° e 42.° LDT). Por outro lado, a isenção devia ser requerida à administração do trabalho e dependia do deferimento (que podia, em todo o caso, ser tácito) do pedido.

272. O CT inova consideravelmente nesta matéria. A isenção de horário de trabalho, outrora tratada como um mecanismo absolutamente excepcional, cuja aplicação estava sujeita a controlo administrativo – tendo em vista que a existência de horário de trabalho era de interesse e ordem pública –, é agora regulada como mais um instrumento de flexibilidade na organização do trabalho, entre outros cujo uso fica entregue à gestão dos interessados.

Desde logo, o CT admite a previsão (por via regulamentar colectiva) de novas hipóteses de isenção, para além daquelas que são contempladas nas três alíneas do art. 218.°/1.

Depois, faz depender a isenção de mero acordo das partes (empregador e trabalhador), que tem que ser escrito e enviado (para efeitos de fiscalização) à inspecção do trabalho (art. 218.°/1 e 3). Esse acordo só pode ser eficaz se ocorrer alguma das situações descritas na lei. Mas não há dúvida de que – tendo em conta o que está essencialmente em causa: a inexistência de horário de trabalho e a possibilidade de ultrapassagem dos limites de tempo de trabalho legalmente definidos – o CT baixou aqui, consideravelmente, o nível de tutela, abrindo largo espaço à transacção entre as partes.

O legislador terá atendido a algumas tendências verificáveis na prática: um certo desvirtuamento que a noção de isenção de horário foi sofrendo (convertendo-se, amiúde, numa forma de garantir compensação adicional ao trabalhador) conduziu a que, frequentemente, ela não fosse formalizada, surgindo como *situação de facto* sustentada num consenso expresso ou tácito das partes no contrato. Uma orientação jurisprudencial relativamente recente (e bastante duvidosa, no contexto legal de então) considerou mesmo que, nesses casos, era também aplicável o regime legal da isenção, pelo menos no tocante à remuneração especial ([1]).

Desta mudança de regime decorre uma consequência importante. Encarada, na lei anterior, fundamentalmente como uma facilidade ou um benefício para o empregador, que, assim, adquiria um meio excepcional de dispor flexivelmente da força de trabalho, ela podia cessar por sua iniciativa unilateral, que, em regra, se exprimiria pela omissão do pedido de renovação anual a dirigir à Inspecção-Geral do Trabalho. E, cessando a isenção, cessaria também o direito à correspondente retribuição especial ([2]). O CT, ao invés, confia a gestão do assunto a ambas as partes, faz assentar a isenção em acordo escrito e inviabiliza, com isso, a hipótese de cessação por vontade unilateral do empregador.

273. Por outro lado, o CT admite *três* modalidades de isenção, que se diferenciam pelo tratamento dado aos períodos normais de trabalho: desconsideração plena desses períodos, possibilidade de alargamento pré-determinado do período diário ou semanal, observância plena dos mesmos períodos (art. 219.°/1).

Qualquer das modalidades supõe, como é óbvio, a inexistência de horário de trabalho. Trata-se apenas de definir a medida em que a isenção afecta a própria quantidade de trabalho exigível ao trabalhador. Ou seja: o legislador assume, claramente, que a isenção não tem apenas por objecto o horário, mas também (em medida variável conforme a modalidade) o cumprimento dos limites legais e contratuais da prestação de trabalho.

([1]) Cfr. Ac. Rel Coimbra 17/6/93 (BMJ 428, 694) e Ac. STJ 3/7/96 (AD 419, 1341).

([2]) Cfr. Ac. STJ 13/11/96 (AD 425, 684).

Esta perspectiva já estava presente na lei anterior; mas subsistiam dúvidas consistentes sobre o seu alcance e as suas consequências, sobretudo face a certas hipóteses limite (como a de trabalho ininterrupto ao longo dos dias úteis da semana). O CT vem eliminá-las totalmente, ao tornar claro que a isenção deixa intactos, não só o direito ao descanso semanal obrigatório e complementar, e o direito de paragem nos feriados, mas também o descanso diário fixado no art. 214.º/1 (mínimo de onze horas seguidas entre dois períodos diários de trabalho consecutivos).

A diferenciação das modalidades de isenção reflecte-se no plano retributivo. O art. 265.º CT assenta no pressuposto de que, em qualquer caso, a isenção justificará suplemento remuneratório, o qual, em todo o caso, é renunciável [1]. A fixação do seu valor é, em primeira linha, confiada à contratação colectiva. Na falta de regulamentação colectiva sobre o ponto, aplicam-se dois limites mínimos definidos no art. 265.º: em geral, o valor de uma hora suplementar por dia; no caso particular da isenção que implique observância dos limites do período normal de trabalho, o valor de duas horas de trabalho suplementar por semana.

§ 31. O trabalho nocturno.

274. Todo o regime legal das relações de trabalho está construído com base na ideia de actividade *diurna*. É essa a concepção de normalidade que o legislador acolhe, situando-se na linha do dizer popular: «a noite fez-se para o descanso».

Todavia, a prestação de trabalho pode ocorrer durante a noite, quer porque a isso obriga a especial natureza de certas actividades (espectáculos, jornalismo, recolha de lixo, hotelaria, fabrico de pão), quer porque o regime de funcionamento adoptado, a partir

---

[1] A renúncia ocorrerá, sobretudo, nos casos de funções de direcção superior, em que a compensação pela inexistência de horário se considerará compreendida na remuneração base.

de critérios de racionalidade técnica ou económica, implica a não interrupção durante a noite (fábricas em regime de laboração contínua, transportes), quer, ainda, por força da ocorrência de necessidades anormais de trabalho (épocas de balanço, períodos de procura excepcional de bens ou serviços).

A lei trata de maneira diferenciada o trabalho prestado durante a noite, ou melhor, o «trabalho nocturno» (uma parte do qual pode, no Verão, ter ainda luz do dia). Esta noção é hoje muito flexível ([1]). Nos termos do art. 223.º CT, o período considerado de trabalho nocturno poderá ser estabelecido por instrumento de regulamentação colectiva, dentro de certas condições: pode oscilar entre sete e onze horas de duração, compreendendo obrigatoriamente o intervalo entre as 0 e as 5 horas. Se não houver definição por aquela via, aplica-se a definição supletiva de período de trabalho nocturno: entre as 22 horas de um dia e as 7 horas do dia seguinte.

O padrão legal que vigorou por muito tempo (período das 20 às 7) foi, assim, modificado ([2]). Para que o período de trabalho nocturno se afaste desse padrão, eventualmente no sentido do seu encurtamento, é necessário que haja regulamentação colectiva (convencional ou não) em conformidade.

275. A primeira particularidade do regime do trabalho nocturno diz respeito à *remuneração*. Nos termos do art. 266.º CT, ele será "pago com acréscimo de 25% relativamente ao pagamento de trabalho equivalente prestado durante o dia». Isto significa, eviden-

---

([1]) A flexibilidade da noção de trabalho nocturno não é novidade, pelo menos no tocante à sua localização no arco de vinte e quatro horas. A versão primitiva do art. 29.º LDT admitia a «deslocação» do período de trabalho nocturno, por convenção colectiva, mas sempre salvaguardada a duração de onze horas. A redacção dada pelo DL 96/99, de 23/3, possibilitava já o encurtamento dessa duração, por convenção colectiva, em resultado da articulação de soluções contidas na Conv. N.º 171 da OIT e na Directiva 93/104/CE, de 23/11.

([2]) Contudo, num quadro de compromisso, ele foi mantido para certos efeitos específicos: veja-se o art. 60.º CT.

temente, que o acréscimo incide, conforme os casos, sobre o salário normal ou sobre a retribuição do trabalho suplementar.

O acréscimo pode ser dado indirectamente, através da diminuição do período normal de trabalho, e pode ainda ser estabelecido de modo fixo ou permanente quando o trabalho nocturno assuma carácter sistemático, como ocorre no regime de turnos rotativos (art. 266.º/2).

Este regime não é, legalmente, aplicável a todo o trabalho prestado durante a noite, ou melhor, durante o período considerado de «trabalho nocturno».

Em primeiro lugar, retomando uma norma antiga e nunca revogada – o art. 1.º/1 DL 348/73, de 11/7 –, o CT, no art. 266.º/3, afasta o acréscimo retributivo, quanto a actividade «exercida exclusiva ou predominantemente durante período nocturno, designadamente espectáculo ou diversão pública» (na qual, por conseguinte, o trabalho nocturno é o recurso normal) e, ainda, a «actividade que, pela sua natureza ou por força da lei, deva funcionar à disposição do público durante o período nocturno, designadamente empreendimento turístico, estabelecimento de restauração ou de bebidas, ou farmácias, em período de abertura».

Este regime legal coloca-se em confronto com a tendência dominante na contratação colectiva pré-codicística. As convenções anteriores consideravam, em geral, remunerável com acréscimo todo o trabalho prestado no referido período. Mesmo o trabalho nocturno integrado nos horários de turnos rotativos era correspondido com uma compensação que, declaradamente, se incorporava no chamado «subsídio de turnos». Tal tendência exprimia o reconhecimento de que a actividade realizada durante a noite é sempre especificamente penosa e desgastante, ainda que corresponda à normalidade do regime de trabalho adoptado.

Para além desses casos, o CT admite ainda que não seja aplicada a regra de acréscimo remuneratório quando "a retribuição seja estabelecida atendendo à circunstância de o trabalho dever ser prestado em período nocturno" (art. 266.º/3-*c*)). É o que ocorre nos regimes de turnos rotativos, quando as convenções colectivas aplicáveis expressamente declaram incluído no "subsídio de turnos" o acréscimo remuneratório devido por trabalho nocturno.

276. Para além do tratamento retributivo, o trabalho nocturno é rodeado, pela lei, de um conjunto de cautelas destinadas a prevenir ou reduzir os efeitos dessa actividade sob os pontos de vista da segurança e da saúde no trabalho.

Para esse fim, o art. 224.º (1) configura uma categoria normativa designada *trabalhador nocturno*: é "o que presta, pelo menos, três horas de trabalho normal nocturno em cada dia ou que efectua durante o período nocturno parte do seu tempo de trabalho anual correspondente a três horas por dia, ou outra definida por instrumento de regulamentação colectiva de trabalho».

A especial protecção de que a lei rodeia este grupo – aliás um tanto vaga e abstracta – está explanada nos arts. 224.º e 225.º:

a) em regime de adaptabilidade, limitação do período normal de trabalho diário a oito horas (em média semanal) (2);

b) em actividades que impliquem riscos especiais ou *stress* significativo, limite de oito horas de trabalho em vinte e quatro em que exerça actividade nocturna (3);

c) exames médicos inicial e periódicos (4), para avaliação do estado de saúde, e eventual transferência para serviço diurno;

d) organização das actividades e dos meios de protecção e prevenção, em matéria de segurança e saúde no trabalho, de modo adequado à situação dos trabalhadores nocturnos.

---

(1) Na linha da L. 73/98, que o CT, nesta matéria, praticamente reproduz.

(2) Este limite é alterável por instrumento de regulamentação colectiva, o que corresponde, de resto, à prática anterior ao Código.

(3) Restrição que, tal como a da al. *a*), não se aplica a "trabalhadores que ocupem cargos de administração e de direcção ou com poder de decisão autónomo que estejam isentos de horário de trabalho" (mesmo art./4). Trata-se de situações em que a organização do tempo de trabalho é, presumivelmente, definida ou gerida pelo próprio trabalhador. Para além delas, as restrições à prestação de trabalho nocturno são, por outras razões, afastadas em situações de emergência ou quando se trate de actividades que não admitem descontinuidades (ainda art. 224º/6).

(4) Antes da L. 73/98, a obrigatoriedade dos exames médicos inicial e periódicos existia apenas para os trabalhadores de estabelecimentos industriais (art. 34.º LDT).

Além disso, o trabalho nocturno (mais exactamente, entre as 20 horas de um dia e as 7 do dia seguinte, ou seja, no período nocturno que vigorava anteriormente ao CT) está absolutamente vedado antes dos 16 anos; e mesmo dos 16 aos 18 anos, ele só é admissível com observância de um apertado condicionamento legal (art. 76.° CT).

Por seu turno, os trabalhadores com deficiência ou doença crónica beneficiam de dispensa do trabalho no período das 20 horas de um dia às 7 do dia seguinte, desde que apresentem atestado médico de que esse trabalho pode prejudicar a saúde ou a segurança no trabalho (art. 87.°).

277. O trabalho nocturno das mulheres nos estabelecimentos industriais ([1]) esteve proibido durante muito tempo, com excepção das funções de direcção ou de responsabilidade técnica e dos «serviços de higiene ou bem estar» que não implicassem trabalho manual. Era ainda esse o regime na lei de 1971 sobre a duração do trabalho.

Mas os princípios constitucionais da igualdade (art. 13.° CRP) e da igualdade de oportunidades (art. 58.°/2 *b*) CRP) vieram por em crise tais restrições. No domínio do direito comunitário, apontava claramente no mesmo sentido o art. 5.° da Directiva n.° 76/ /207/CE, em que se descrevia o conteúdo do princípio da igualdade de tratamento «no que se refere às condições de trabalho» e se determinava aos Estados-membros que adoptassem as medidas necessárias à supressão das disposições legislativas e convencionais que o contrariassem – entre as quais, inequivocamente, deviam compreender-se as proibitivas do trabalho nocturno das mulheres ([2]).

([1]) Vd. F. Liberal Fernandes, *Sobre o trabalho nocturno feminino na indústria*, «Questões Laborais» n.° 1 (1994) 24 ss..

([2]) A jurisprudência do Tribunal de Justiça exclui qualquer dúvida sobre a aplicação desses directrizes ao trabalho nocturno das mulheres. Lê-se, por exemplo, nas conclusões do Acórdão de 25/7/91 (caso *Stoeckel*)que aquele preceito da directiva citada «é suficientemente preciso para impor aos Estados-membros a obrigação de não instituir como princípio legislativo a proibição de trabalho nocturno de mulheres (...) quando não existe qualquer proibição de trabalho

Embora ainda bastante anterior à adesão de Portugal às Comunidades, surgiu pouco depois na lei nacional a concretização dessa orientação geral. O DL 392/79, de 20/9, determinou a eliminação de todas as disposições (legais ou outras) «que limitem por qualquer forma o acesso das mulheres a qualquer emprego, profissão ou posto de trabalho» (art. 4.º/2), abrangendo-se nessa fórmula a proibição do trabalho nocturno das mulheres.

Na mesma linha se situa o art. 30.º/1 CT, qualificando como discriminatória (e, portanto, ilícita) qualquer "exclusão ou restrição de acesso de candidato a emprego ou trabalhador em razão do sexo a determinada actividade".

Não ficou, porém, excluída a possibilidade de dispensa temporária da prestação de trabalho nocturno a pedido da trabalhadora, por motivos ligados à maternidade (art. 60.º CT). Tal possibilidade resulta, aliás, directamente, do art. 7.º da Conv. OIT n.º 171 [1], ratificada por Portugal em 1994.

§ 32. O trabalho a tempo parcial.

277. A duração do trabalho definida pelo contrato pode ser inferior à normal para a mesma função, dentro da mesma empresa. Razões do interesse do empregador e do trabalhador convergem, por vezes, nesse sentido.

Existem, não raro, volumes de trabalho que não justificam a utilização plena da jornada de trabalho de uma pessoa, mas que também não são racionalmente garantidos pelo simples recurso a trabalho suplementar dos já empregados. Em actividades com curvas

---

nocturno para homens». Veja-se o texto do Acórdão em J. LEITE/F. LIBERAL FERNANDES/J. REIS, *Colectânea de jurisprudência social comunitária. Tomo II: 1986-91*, Lisboa (1996) 341 ss..

[1] Aí se pretende garantir «uma alternativa ao trabalho nocturno» para as trabalhadoras em situação de gravidez ou pós-parto, ao mesmo tempo que se estabelecem garantias contra o despedimento, o prejuizo na carreira e a privação de rendimentos.

de produtividade pronunciadas e longas, pode ser mais vantajoso contratar duas pessoas para ocuparem, sucessivamente, um posto de trabalho, obtendo, desse modo, o melhor rendimento de cada uma delas.

Trabalhadores com qualificações que lhes permitem a pluriactividade poderão preferir não entregar toda a sua jornada de trabalho a um só empregador, ou ocupar uma parte dela em actividades por conta própria. Trabalhadores com responsabilidades de família terão, por vezes, necessidade de obter emprego que lhes ocupe apenas algumas horas por dia, possibilitando a conciliação da vida profissional com a familiar.

Genericamente, pode dizer-se que existe trabalho a tempo parcial sempre que a prestação de trabalho contratada tem uma duração diária e/ou semanal inferior à que é normal na mesma organização e actividade.

É claro que situações desse tipo não dependem de regulamentação específica para poderem existir e para disporem de regime jurídico adequado. O trabalho a tempo parcial – ou em *part-time* – é uma prestação de trabalho cuja única particularidade consiste em se situar abaixo da duração normal. Ora a lei só cuida, como é sabido, de fixar limites superiores à duração do trabalho. Nada impede que um contrato de trabalho seja celebrado para a prestação de actividade durante meia-hora por dia, ou num só dia por semana.

Uma situação destas estaria sempre sujeita ao conjunto das disposições gerais da regulamentação individual do trabalho, havendo apenas que respeitar um princípio de *proporcionalidade* no tocante a certos aspectos quantitativos dessa regulamentação, e sobretudo em relação à medida da retribuição. Nessa perspectiva se situava a lei anterior ao CT (art. 43.° LDT): o trabalho a tempo parcial, sendo objecto característico de negociação colectiva, devia ser correspondido por remuneração não inferior «à fracção da retribuição do trabalho a tempo completo correspondente ao período de trabalho ajustado».

278. Todavia, um tal tratamento jurídico enfermava de excessivo simplismo. Uma análise mais detalhada e profunda do fenómeno evidencia que existem necessidades de regulamentação muito para além do mero princípio de proporcionalidade remuneratória.

Desde logo, suscita-se esta questão: qual é o limite do trabalho a tempo parcial? Imagine-se que a generalidade dos trabalhadores de uma empresa presta 40 horas de serviço por semana; mas três deles trabalham apenas 39 horas. Há aqui *part-time*? A 40ª hora desses trabalhadores será suplementar ou normal?

Outras dúvidas: no plano remuneratório, terão os trabalhadores a tempo parcial os mesmos direitos que os de *full-time*? Deverá ser-lhes igualmente pago o subsídio de refeição, por exemplo? Poderão os trabalhadores passar do regime de trabalho a tempo completo para o de tempo parcial, e regressar ao inicial, consoante as suas conveniências (por exemplo familiares), ou com base considerações de oportunidade para a empresa? Um trabalhador a tempo parcial é totalmente livre de exercer a actividade profissional como lhe aprouver (por exemplo a favor de uma empresa concorrente do seu primeiro empregador) no tempo livre de que dispõe?

279. A definição de uma política legislativa consistente sobre esta matéria reveste-se de notórias dificuldades.

A necessidade de esclarecer algumas das questões aludidas explica, em parte, o aparecimento de um primeiro regime legal detalhado do trabalho a tempo parcial – a L. 103/99, de 26/7 –, que o CT veio a absorver quase integralmente.

Dizemos "quase", porque o CT deixou de lado uma parte do diploma de 1999 que tinha inspiração e finalidades específicas: nessa parte, ligava-se, manifestamente, a considerações de política de emprego, nomeadamente à convicção de que algumas oportunidades de trabalho poderiam ser criadas através da chamada «partilha do posto de trabalho». Foi nessa perspectiva que o Acordo de Concertação Estratégica de 1996 integrou no capítulo das *medidas de política activa de emprego* a de «incentivar o trabalho a tempo parcial, desde que voluntário e reversível e quando daí resulte a contratação de novos trabalhadores» ([1]). E aí reside a explicação do carácter promocional que o diploma de 1999 assumiu em relação ao desenvolvimento da prática do trabalho a tempo parcial.

Ora o CT abstém-se de prosseguir essa acção promocional, limitando-se a fornecer o quadro normativo fundamental de um particular arranjo a que pode obedecer a relação de trabalho.

Mas o diploma de 1999 tinha outra inspiração, esta oriunda do direito comunitário. Tratava-se da Directiva 97/81/CE, de 15/12 ([2]), que formalizou ([3]) um acordo-quadro celebrado, em 6/ /7/97, pelos parceiros sociais a nível comunitário ([4]), configurando o trabalho a tempo parcial como instrumento de *flexibilidade*.

Com efeito, e antes do mais, esta modalidade de prestação de trabalho pode ser um instrumento de *flexibilidade* para o empregador ([5]). Desde logo, de flexibilidade pré-contratual e externa, ou seja, no tocante ao leque de opções oferecido pela lei para a decisão de contratar um trabalhador. O empregador tem a possibilidade de ajustar o volume de trabalho adquirido à necessidade produtiva que o motiva a contratar. Depois, também, flexibilidade interna e pós-contratual, na gestão da força de trabalho disponível, desde que a lei não impeça o recurso a horas suplementares ou complementares ([6]), e admita o cômputo da duração normal do trabalho em termos de média, ou seja, com adaptabilidade do horário.

Por outro lado, o regime legal deve viabilizar a *partilha* de postos de trabalho já existentes, ou seja, o desdobramento do período normal de trabalho completo cumprido por um trabalhador

---

([1]) *Acordo de Concertação Estratégica*, edição do Conselho Económico e Social, Lisboa (1997) 122. O sentido dessa medida era explicitado mais atrás: «partilhar o tempo de trabalho disponível por mais empregos» (p. 63).

([2]) Veja-se o *Jornal Oficial* n.º L 14, de 20/1/98.

([3]) Em conformidade com o Acordo sobre a Política Social anexo ao Tratado de Maastricht: vd. *supra* § 5..

([4]) Cfr. P. RODIÈRE, *Droit Social de l'Union Européenne*, Paris (1998) 364 ss..

([5]) Cfr., sobre isto, em síntese, A. MAZEAUD, *Droit du travail*, Paris (1998) 287.

([6]) São horas «complementares» as que podem ser exigidas ao trabalhador, sem majoração remuneratória, isto é, pagas pelo salário-hora normal, para além da duração do trabalho inicialmente ajustada. Trata-se de uma possibilidade admitida, nomeadamente, pela lei francesa: art. L. 212-4-3 *Code du Travail*.

em dois segmentos, assegurados por dois trabalhadores. Um tal resultado só é, porém, concebível se for aceite por ambas as partes no contrato de trabalho originário.

Ora a partilha, para o empregador, pode ter alguma vantagem sob o ponto de vista da produtividade, mas cria um acréscimo de exigência no tocante à organização e gestão do trabalho.

Por outro lado, as únicas razões imagináveis (em termos de plena liberdade de escolha) para que um trabalhador a tempo completo aceite a partilha do seu horário e a consequente «divisão» do seu salário são razões da conveniência «activa» desse trabalhador: designadamente, o desejo de diversificar a vida profissional (pluriactividade) e o de conciliar melhor a vida profissional com as responsabilidades familiares. Ora estes desígnios tornar-se-ão muito dificilmente realizáveis se existir a possibilidade do recurso a horas adicionais (pagas com acréscimo ou sem ele) ou adaptabilidade dos horários de trabalho – isto é, se o trabalho a tempo parcial não for rigidamente estruturado.

Todas estas questões devem estar presentes na análise de um qualquer regime legal do trabalho a tempo parcial, nomeadamente o que se contém nos arts. 150.º ss. CT.

280. O art. 150.º CT define trabalho a tempo parcial como aquele em que o período normal de trabalho semanal é «inferior ao praticado a tempo completo em situação comparável», sendo certo que pode incidir em todos ou apenas alguns dias da semana, sem prejuizo do descanso semanal (n.º 3 do mesmo art.).

Esta definição foi introduzida pela revisão de 2009. Com efeito, a primeira versão do CT, na linha da lei anterior, estabelecia um tecto de 75% para o trabalho a tempo parcial – limitação na verdade pouco razoável quando se toma como referência o tempo completo em situação comparável (idêntico trabalho, mesmo estabelecimento ou mesma empresa). De qualquer modo, oa fixação de um *plafond* pode ainda ser feita por convenção colectiva (art. 150º/6).

Esclarece o art. 150.º que há *situações comparáveis* (1) quando os trabalhadores, no mesmo estabelecimento, prestem idêntico tipo de

(1) Outros critérios de comparação podem ser definidos por instrumento de regulamentação colectiva (art. 150.º/6).

trabalho, ou o confronto seja feito com trabalhador ocupado noutro estabelecimento da mesma empresa onde se desenvolva idêntica actividade (n.º 4). Não sendo praticável nenhuma das hipóteses, "atende-se", como diz o n.º 5, "ao disposto em instrumento de regulamentação colectiva de trabalho ou na lei para trabalhador a tempo completo e com as mesmas antiguidade e qualificação".

Este último mecanismo de comparação (que, é certo, constitui uma solução de recurso) expõe-se a críticas sérias. Não sendo estabelecida nenhuma conexão (semelhança, identidade, proximidade, complementaridade) entre o meio de trabalho em que está o trabalhador a tempo parcial e o âmbito de aplicação do instrumento de regulamentação colectiva que, em última análise, será utilizado, fica-se sem saber que critério deverá presidir à escolha deste último. Pode, com efeito, haver, para a mesma área geográfica, várias convenções colectivas (respeitantes a actividades muito diferentes) que prevejam a mesma categoria profissional, com idênticas exigências de habilitação e qualificação. Parece que se trata de um expediente gerador, no mínimo, de incerteza jurídica.

A prestação de trabalho nesta modalidade pode fundar-se em contrato de trabalho, quando se trate de admitir um trabalhador (art. 153.º), ou em acordo novatório de um contrato de trabalho já existente, quando é o caso de alteração do tempo de trabalho, ou seja, da aludida «partilha» do posto de trabalho (art. 155.º) ([1]). Em qualquer dos casos, a lei exige a observância de forma *escrita*.

Mesmo que, como se verificou no passado em bastantes casos, a convenção colectiva de trabalho aplicável restrinja ou proíba o recurso a trabalho a tempo parcial, os contratos e acordos novatórios celebrados com esse objecto são válidos e prevalecem sobre tais disposições convencionais (art. 151.º). Igualmente, se novas convenções vierem a opor restrições ou impedimentos à realização desses negócios, verão, pela mesma norma, frustrado tal objectivo.

Tanto o contrato como o acordo novatório podem ser celebrados a termo ou por período indeterminado. Pode suscitar-se a

---

([1]) Caso particular de passagem do tempo completo ao tempo parcial é o que se prevê como «direito» dos trabalhadores com filhos menores de 12 anos (art. 55.º CT).

questão de saber qual a consequência do esgotamento desse período. Consistirá ela na *automática* reversão da situação, isto é, regresso ao regime de tempo completo – consequência natural do acordo inicialmente estabelecido, mas susceptível de causar perturbação ao interesse de uma ou de ambas as partes? Ou dependerá a reversão de novo acordo? Ou, ainda, poderá ela ser determinada por vontade unilateral de qualquer das partes?

O Código de 2003 conferia ao trabalhador o direito de reversão, desde que o termo fosse *inferior a três anos* ([1]), podendo, pois, ele retomar, atingido o termo, a prestação de trabalho a tempo completo ([2]). A lógica da solução era a de que, prolongando-se significativamente a prática do regime de tempo parcial, a situação deveria considerar-se estabilizada, salvo se as partes concordassem na reversão.

O Código revisto oferece à questão uma resposta linear (art. 155.º/4): o trabalhador tem o *direito de reversão* após o esgotamento do prazo, seja este qual for. O princípio da reversibilidade do regime de trabalho a tempo parcial só assim fica devidamente salvaguardado.

O princípio fundamental, no que toca à estruturação do regime jurídico aplicável às situações de trabalho a tempo parcial, é o da *igualdade de tratamento* em relação ao trabalho a tempo completo, ressalvada (pela própria natureza das coisas) a proporcionalidade, quando aplicável (veja-se *infra*), e eventuais «razões objectivas», porventura definidas em instrumento de regulamentação

---

([1]) O art. 186.º/4 do CT de 2003, em que o ponto era tratado, podia, apesar de tudo, suscitar alguma dúvida em torno da sua interpretação. Indagava-se se, ao referir o «máximo de três anos», a lei estava a fixar um limite ao termo convencionável, em harmonia com o art. 139.º do mesmo Código, ou a estabelecer o termo máximo atendível para o reconhecimento do direito de reversão. Nesta segunda perspectiva, o acordo novatório por mais de três anos seria legal mas irreversível. Como resulta do texto, a interpretação que nos parecia plausível era esta última.

([2]) A reversão pode, fóra de tal hipótese, decorrer de novo acordo. O empregador tem um dever de informação sobre as possibilidades de mudança de regime que existam na empresa (art. 156.º/2).

colectiva de trabalho ([1]), que justifiquem tratamento diferenciado (art. 154.º/1 e 2).

281. A disciplina jurídica da duração do trabalho, nesta modalidade, compreende poucos aspectos específicos.

Em primeiro lugar, notar-se-á que a lei prevê, expressamente, a hipótese de o trabalho a tempo parcial ser organizado através de *horários adaptáveis*, ou seja, de modo desigual de semana a semana (art. 150.º/2), ou mesmo, como se notou, por uma distribuição não regular nos dias da mesma semana (art. 150.º/3). A duração convencionada poderá, pois, nos termos gerais, ser tornada computável por média de um período de referência. É obvio que tal possibilidade se mostra contraditória com as razões que podem levar os trabalhadores a aceitar este regime de trabalho.

O segundo aspecto a salientar, no domínio das regras sobre o tempo de trabalho, é a admissibilidade do recurso a trabalho suplementar, dentro de certo limite quantitativo (oitenta horas por ano), mas, praticamente, sem restrições quanto aos motivos de tal utilização (art. 228.º/1-*c*)). Sabe-se, com efeito, que a menção a "acréscimos eventuais de trabalho" equivale à abertura de espaço não controlável para qualquer juizo de conveniência do empregador.

Por outro lado, esse limite legal pode ser ampliado, por acordo individual escrito, até às cento e trinta horas/ano e, por instrumento de regulamentação colectiva, até às duzentas horas/ano (art. 228.º/3). A largueza com que este recurso é admitido permite prever situações de confusão quanto à sua natureza e ao regime aplicável: horas suplementares em regime de tempo parcial? horas normais em regime de tempo completo?

282. Quanto à *retribuição* do trabalho a tempo parcial, o princípio básico é, naturalmente, o da *proporcionalidade*. O art. 154.º/ /3-*a*) dispõe que o trabalhador a tempo parcial tem direito «à

([1]) No regime anterior à codificação de 2003 (L. 103/99, cit.), as «razões objectivas» invocadas como justificação de tratamentos desiguais só seriam atendíveis se estivessem especificamente definidas em convenção colectiva.

retribuição base e outras prestações, com ou sem carácter retributivo, previstas na lei ou em instrumento de regulamentação colectiva de trabalho ou, caso sejam mais favoráveis, às auferidas por trabalhador a tempo completo numa situação comparável, *na proporção do respectivo período normal de trabalho semanal*».

Todavia, o subsídio de refeição é objecto de tratamento específico, como bem se compreende: quando previsto em geral, ele é devido integralmente aos trabalhadores a tempo parcial que prestem, pelo menos, cinco horas de serviço por dia (art. 154.º/3-*b*)).

Esta solução chama a atenção para dois aspectos do princípio da proporcionalidade.

Primeiro: este princípio supõe a «divisibilidade» das situações jurídicas subjectivas, como tipicamente ocorre com o direito à retribuição. Não é concebível a proporcionalidade (eventualmente no sentido de uma «atenuação») a propósito da exigência de processo disciplinar para despedimento, ou do direito do trabalhador à ocupação efectiva, ou do direito a um complemento de abono de família por cada filho.

Mas a «indivisibilidade» (e, portanto, a inaplicação do princípio da proporcionalidade) pode ser só aparente. A proporção entre o período normal completo e o período de trabalho parcial pode agir na *raiz* (ou na base de cálculo) de certos direitos.

Veja-se o caso do direito a férias, cuja duração (em dias úteis) não está obviamente sujeita à proporcionalidade, no sentido de poder ser «dividido», mas que realiza «organicamente» a proporcionalidade pelo facto de cada dia de férias significar menos tempo livre do que no regime de tempo completo. Por isso – e bem – o CT não contém nenhuma regra específica do trabalho a tempo parcial em matéria de férias pagas.

Outro exemplo é-nos dado pelas situações de trabalho remunerado com acréscimo, em particular os vários tipos de trabalho suplementar (art. 268.º): as taxas de acréscimo aplicáveis são exactamente as mesmas, pois incidem sobre o valor da retribuição horária (art. 271.º) e as horas de trabalho são «iguais» no tempo parcial e no tempo completo. Quanto ao descanso compensatório a que esse trabalho dê direito, as regras aplicáveis são exactamente as mesmas (art. 229.º), mas a proporcionalidade é por elas realizada, quer no tocante ao número de horas de trabalho que serve de fundamento a um dia de descanso, quer pelo que respeita ao tempo livre que esse dia representa.

283. Como se disse, a L. 103/99, de 26/7, assumia ([1]) um papel promocional e *incentivador* do recurso ao trabalho a tempo parcial.

Uma parte dos incentivos visava a já referida *partilha do posto de trabalho* e tinha como destinatários ambos os sujeitos no contrato de trabalho.

O *trabalhador* era assim estimulado a encarar uma nova forma de estruturar a vida profissional (pluriactividade) ou de a articular com a vida familiar. A atitude incentivadora da lei terá estado relacionada com a propensão relativamente baixa dos trabalhadores estáveis a tempo completo para a passagem ao regime de trabalho a tempo parcial. Para o *empregador*, como se disse atrás a partilha pode ser uma medida vantajosa, em certas circunstâncias, mas brigará sempre com tendências conservadoras na organização do trabalho e introduzirá factores de complexidade acrescida na gestão da empresa. Daí que a lei ligasse a esta situação um quadro «comum» de incentivos, válido também para os casos de *criação de postos de trabalho* ([2]) por via de contrato de trabalho a tempo parcial.

Para além disso, a lei estimulava também os *desempregados* beneficiários de subsídio de desemprego a aproveitarem oportunidades de trabalho a tempo parcial, garantindo-lhes a manutenção de um «subsídio de desemprego parcial» (art. 11.º/3 DL 119/99, de 14/4).

O regime do trabalho a tempo parcial constante do CT não abrange essa vertente incentivadora e promocional – o que se afigura correcto, tendo em conta que os estímulos anteriormente consagrados assumiam natureza previdencial e não eram, portanto, integráveis no regime das relações contratuais de trabalho.

([1]) Desde logo, a própria epígrafe da lei esclarecia que nela se tratava de regular o trabalho a tempo parcial e estabelecer «incentivos à sua dinamização».

([2]) É óbvio que, sendo o posto de trabalho partilhado, surgem duas oportunidades de trabalho e de ganho, mas não é criado nenhum novo posto de trabalho.

§ 32-A. O trabalho intermitente.

283-a. Nos termos do art. 157.º CT, pode ser acordada entre um empregador e um trabalhador a prestação de trabalho em regime de *intermitência*, isto é, sendo essa prestação «intercalada por um ou mais períodos de inactividade». Tal possibilidade existe apenas quando se trate de "empresa que exerça actividade com descontinuidade ou intensidade variável".

O trabalho em regime de intermitência é mais um dos dispositivos desenhados pelo legislador na perspectiva da flexibilização das regras de trabalho. A descontinuidade ou a variável intensidade das necessidades de trabalho, em muitas empresas, é um facto inegável e cada vez mais saliente, à medida que se acentua a volubilidade dos mercados. Mas, para além disso, há sectores em que essas oscilações são particularmente profundas e, por outro lado, pertencem à natureza característica das respectivas actividades. Exemplo óbvio é o da exploração de infraestruturas turísticas.

O paradigma legal é, como se sabe, o da continuidade, regularidade e linearidade da execução do contrato de trabalho. O regime deste contrato está, tradicionalmente, conformado de acordo com essa visão das relações laborais. Nos seus estritos termos, ele leva, por um lado, a que, nas actividades mais atingidas pelas oscilações de mercado (hoje praticamente todas), se generalize a utilização de vínculos precários; e, por outro lado, a que, nos períodos de redução ou paragem de actividade, as empresas se separem de muitos trabalhadores nelas formados, e esses trabalhadores fiquem perante a incerteza do seu futuro profissional.

O regime de trabalho intermitente permite que os contratos de trabalho se mantenham, ajustando-se o ciclo da sua execução ao das necessidades efectivas de trabalho que a empresa experimenta, sem que esta se desligue do seu «capital humano» nem o trabalhador viva uma situação de precariedade e incerteza.

283-b. O contrato de trabalho intermitente é celebrado por escrito (art. 158.º) e, necessariamente, com duração indeterminada (art. 157.º/2). A ideia fundamental é, justamente, a de configurar uma relação de trabalho cuja *estabilidade* é conseguida através da *intermitência*.

A organização dos tempos de trabalho e de inactividade está confiada a estipulações das partes, devendo figurar no contrato apenas uma indicação: a do número de horas de trabalho ou a do número de dias a tempo completo a prestar *por ano* (art. 158.º/1-*b*)). No entanto, a lei impõe um mínimo (também anual): seis meses de trabalho a tempo completo, sendo quatro consecutivos (art. 159.º/2).

A questão fundamental que se suscita no âmbito de um tal regime é, naturalmente, a dos efeitos remuneratórios do contrato de trabalho intermitente.

Durante os períodos de execução do trabalho, não se suscitam grandes dúvidas: é aplicável o regime retributivo normal e correspondente à actividade prestada.

Nos períodos inactividade, o trabalhador tem direito a receber do empregador uma *compensação retributiva* que, não estando fixada em instrumento de regulamentação colectiva, será, no mínimo, de 20% da retribuição base normal (art. 160.º/1). Entretanto, e apesar de o contrato de trabalho se manter em vigor (em estado semelhante ao da suspensão a que se referem os arts. 294.º ss.), o trabalhador pode exercer outra actividade remunerada (art. 160.º/3), com respeito pelo dever de lealdade consagrado no art. 128.º/1-*f*). O rendimento obtido através dessa actividade substitutiva e transitória não tem qualquer influência no valor da compensação retributiva.

§ 33. As faltas ao trabalho.

1. *A noção de "falta".*

284. A *falta* é toda a situação de não-comparência do trabalhador ao serviço, isto é, no local e no período normal de trabalho (art. 248.º/1 CT), independentemente do motivo que a determine.

Para que haja falta é, pois, necessário que seja inobservado o programa temporal de prestação, isto é, que a não-comparência ocorra numa altura em que *deveria* ser prestado trabalho. Excluem-se, assim, os casos de ausência nos feriados, no dia de descanso semanal, nas férias – casos em que a abstenção de trabalho se insere no domínio da execução do contrato, ou dos seus efeitos normais.

Por outro lado, a não prestação de trabalho suplementar sem motivo atendível não é configurável como falta: a noção do art. 248.º/1 aponta, claramente, para o programa de prestação normal de trabalho. Haverá, naquele caso, desobediência ilegítima mas não falta propriamente dita.

Nem sempre, por outro lado, a falta constitui uma situação de incumprimento da obrigação de trabalho: o empregador pode, nos termos do art. 249.º/2-*i*), *autorizar* o prestador a não comparecer em certo dia, ou aprovar posteriormente essa não comparência, exonerando-o assim do dever de prestação quanto a tal período.

2. *Modalidades e efeitos.*

285. As faltas são *justificadas ou injustificadas* (art. 249.º/1). Como se distinguem estas modalidades?

Para que se possa considerar justificada uma falta, não basta que exista um motivo forte para não comparecer ao trabalho: é necessário *alegá-lo* (perante o dador de trabalho) e, porventura, *comprová-lo, se* tal for exigido (art. 254.º). Só se considera justificada, pois, a falta relativamente à qual o trabalhador invoque (e prove, se necessário) um motivo suficientemente importante.

Em que deverá consistir esse motivo?

O art. 249.º CT contém uma lista de situações típicas que justificam a não comparência ao trabalho, lista essa que se apresenta como exaustiva (n.º 3).

De resto, todo o regime das faltas é (com excepção das dadas por representantes dos trabalhadores) insusceptível de modificação por instrumento de regulamentação colectiva ou contrato individual (art. 250.º).

A rigidificação das justificações de faltas é um fenómeno posterior à abolição do regime corporativo. A LCT de 1969 fornecia um elenco de justificações atendíveis – que, todavia, se não reputava taxativo, quer pela letra do preceito, quer pela inconveniência que daí resultaria para os interesses de qualquer das partes. Veio, mais tarde, o DL 874/76, de 28/12, a consagrar um *elenco taxativo de justificações atendíveis*, como claramente resultava do seu art. 23.º/3: «são consideradas injustificadas todas as faltas não previstas no número anterior».

Tal atitude da lei dificilmente se explica por razões emergentes de uma ponderação dos interesses particulares dos sujeitos da relação laboral – interesses que, em termos abstractos, apontariam, como se disse, no sentido da maior flexibilidade do dispositivo de justificação de faltas. É a outras luzes (e evocando um cenário o muito diferente do que hoje nos oferece o panorama das relações laborais) que deve entender-se a posição do legislador. À época (1976), as tensões reivindicativas e a intensidade dos movimentos laborais faziam da negociação colectiva (por vezes, também, informal e ao nível da empresa) uma fonte de constante ampliação de benefícios para os trabalhadores, também em consequência da escassa capacidade de resistência das organizações patronais e dos empresários. O legislador pós-revolucionário actuou, nesta matéria, sob a preocupação de combater o absentismo ([1]); e, por outro lado (em conexão com esse desidério), sob a de travagem de concessões que, no domínio da aceitação e justificação de faltas, constituíram, muitas vezes, moeda de troca na contratação colectiva.

Entende-se, por isso, menos bem a permanência dessa lógica na legislação actual.

Mas o carácter taxativo da enumeração do art. 249.º é mais aparente do que real.

Basta ver que a al. *i*) contempla faltas "autorizadas ou aprovadas pelo empregador", o que torna evidente que, em grande medida, a problemática da justificação de faltas está dominada por juízos de oportunidade e conveniência do mesmo empregador.

([1]) Já no preâmbulo do DL 874/76 se lia: « (...) é criado um novo regime de faltas, que surge na sequência dos propósitos, já afirmados repetidamente pelo Governo, de estímulo à produção e combate ao absentismo (...)».

Na verdade, qualquer falta, seja qual for a sua motivação, pode ser autorizada, aprovada (ou ignorada) pelo empregador.

Depois, o elenco constante do art. 249.º CT nem sequer abrange a totalidade das situações em que a ausência do trabalho é *legalmente* admitida. A al. *j*) deixa, com efeito, aberta a porta a outras determinações legais sobre situações não tipificadas.

As situações consideradas são de natureza bastante diversa. Vão desde o *exercício de cargos políticos electivos* (L 3/85, de 13/3, quanto aos deputados; L 29/87, de 30/6, para os autarcas) até à *dação de sangue* (L 25/89, de 2/8; DL 294/90, de 21/9), passando pela *prática desportiva de alta competição*, incluindo dirigentes (DL 125/95, de 31/5; Dl 267/95, de 18/10).

Em todos esses casos, a lei estabelece a *dispensa* do trabalho ou admite que ela seja concedida se solicitada; em todo o caso, a ausência do trabalho não chega a ser qualificável como falta, visto haver prévia exoneração do dever de prestar trabalho ([1]).

286. Vale a pena, entretanto, dedicar alguma atenção às situações tipificadas no art. 249.º/2.

a) *Casamento* – Fixa-se – ao contrário da lei anterior, que estabelecia apenas o limite máximo de «onze dias seguidos, excluindo os dias do descanso intercorrentes», o que redundava em onze dias *úteis* seguidos, quer dizer, sem possibilidade de interpolação – um período inflexível de "quinze dias seguidos". Dado, porém, que se trata da justificação de faltas, esse período acaba por funcionar como limite máximo, e de duração equivalente ao do regime antigo.

b) *Luto* – A eficácia desta motivação de faltas é também limitada a certos períodos, variáveis com o grau de proximidade familiar entre o trabalhador e a pessoa falecida, até ao 2.º grau da linha colateral (em que se situam os irmãos ou cunhados, conforme se trate de parentes ou afins), ou, independentemente de tal fronteira, tratando-se de pessoas

---

([1]) Cfr., neste sentido, Ac. Rel. Coimbra 11/5/95 (BMJ 447, 584).

que vivam em "união de facto ou economia comum" com o trabalhador (art. 251.°/2). Esses prazos são de *cinco dias* quanto ao falecimento do cônjuge não separado ou de parente ou afim no 1.° grau da linha recta (pais e filhos), e de *dois dias* quanto aos restantes;

c) *Prestação de provas em estabelecimento de ensino* – Trata-se de um tipo de justificação que, há muito tempo, penetrou no regime legal por influência da regulamentação colectiva. Note-se que não é conferido qualquer relevo à circunstância de se tratar de ensino particular ou oficial, ao contrário do que por vezes resulta da negociação colectiva. O art. 89.° CT não faz distinção quanto à natureza da "instituição de ensino" frequentada pelo trabalhador. Por outro lado, os arts. 90.°/2 e 91.° prevêem, respectivamente, hipóteses de "dispensa de trabalho para frequência de aulas" e o direito de não comparência ao serviço para prestação de provas de avaliação. É evidente que o estatuto do trabalhador estudante se cruza aqui com o regime da justificação de faltas ([1]).

d) *Impossibilidade de prestação de trabalho por facto não imputável ao trabalhador, nomeadamente doença, acidente ou cumprimento de obrigações legais* – Este tipo de justificação é objecto de particular atenção do legislador, devido ao facto de com ele se relacionar uma grande massa de ausências ao trabalho. Deixando de lado a hipótese de "cumprimento de obrigações legais" – que cobre situações tão diversas como a prestação de testemunho em juízo e o cumprimento do serviço militar obrigatório ou serviço cívico (ver o art. 296.°/1 CT) –, é no absentismo por doença que se concentra o esforço do legislador no sentido de garantir a veracidade da justificação das faltas. Assim, a verificação da realidade da doença por iniciativa do empregador está

([1]) O CT prevê que o trabalhador seja dispensado até 6 horas por semana para *frequência de aulas* (art. 90.°/3) e permite-lhe ausentar-se para *prestação de exame ou provas de avaliação* por períodos que compreendem o dia anterior ao da prova (art. 91.°), tudo isto sem perda de retribuição. Ademais, o trabalhador-estudante pode dispor, anualmente, de até 10 dias de licença não-remunerada (art. 92.°/2).

prevista no art. 254.º/3 CT, e regulada nos arts. 191.º a 201.º e 206.º RCT, que se mantêm em vigor até que surja nova regulamentação específica (art. 12.º/6 L. 7/2009). Esse regime habilita o empregador a obter a fiscalização por médico da segurança social ou, não sendo ela feita, por médico da sua própria escolha. Assinale-se que as faltas por doença determinam (legalmente) a perda da retribuição correspondente, desde que o trabalhador seja beneficiário de subsídio de doença da segurança social (art. 255.º/2-*a*)). No entanto, uma consistente orientação da contratação colectiva vem, desde há longos anos, e mesmo contra certas dificuldades legais, a consagrar o direito à complementação do subsídio de doença, a cargo do empregador.

e) *«Assistência inadiável e imprescindível»* – Encontra-se nesta rubrica do elenco do art. 249.º/2 um dos pontos do regime legal das faltas que há muito vêm suscitando grandes dificuldades de aplicação. Trata-se de prestação de assistência a filho, neto ou a membro do agregado familiar do trabalhador – o que, desde logo, sugere a possibilidade de a pessoa assistida, nos dois primeiros casos, não habitar com o trabalhador. Sobre os pressupostos da justificação de faltas nestes termos, a primeira nota a salientar é a seguinte: a referência feita à «necessidade de prestação de assistência inadiável e imprescindível» como possível justificação de faltas pelo trabalhador surge, desde logo, como uma espécie de «válvula de segurança» na tipologia apertada da lei. Em contraste com o relativo rigor dos contornos das situações antecedentes, existe aqui uma larga margem de apreciação discricionária da motivação de faltas. Trata-se de uma noção que só pode ser precisada mediante uma casuística consistente ([1]).

([1]) Uma importante tentativa de definição de um critério da «assistência inadiável» consubstanciou-se no Ac. Rel. Porto 3/5/82 (CJ, 82, 3, 243). Assentando na cumulação dos requisitos *necessidade* e *inadiabilildade,* aquele Tribunal considerou que o primeiro «supõe a imprescindibilidade de a assistência ser prestada por certa pessoa, e exactamente o trabalhador que por esse facto tem que faltar ao trabalho. E isso por não ter possibilidade de fazer-se substituir nessa assistência». Nesses termos, a necessidade não se verifica (segundo o mesmo

Todavia, haverá sempre que ponderar a adequação de cada situação concreta à *impossibilidade da prestação de trabalho* que directamente determina a falta; ou seja, o juízo de apreciação terá que reflectir um critério de adequação social aplicado à não comparência ao serviço e à ocorrência invocada como suporte de «assistência inadiável». Mas, para além do problema da *inadiabilidade,* há ainda que ter em conta o facto de o Código (na esteira da lei precedente) prever, em termos específicos, ausências do trabalho para prestação de «assistência inadiável e imprescindível», em caso de *doença ou acidente,* a filhos (art. 49.°) e netos (art. 50.°/3), e ainda a cônjuge ou pessoa que viva em união de facto ou economia comum com o trabalhador, e a parente ou afim na linha recta ascendente (pais, avós) ou no 2.° grau da linha colateral (irmãos) (art. 252.°/1.°). Como é obvio, permanece a possibilidade de «assistência inadiável e imprescindível» por motivos diferentes da doença e acidente e a outros membros do agregado familiar. No que diz respeito ao destino da retribuição, a posição da lei é ambígua. Do art. 255.°/2 parece decorrer que estas faltam, com excepção das previstas no art. 252.°/1, não determinam desconto no salário. Mas o art. 65.°/1-*f*) e *g*) clarifica que há lugar a esse desconto, tratando-se de faltas *por assistência a filho ou neto.* Se nos ativermos à letra da lei, parece que as faltas dadas por assistência a outros membros do agregado familiar não dão lugar a desconto. A incongruência é tal que nos parece de aplicar aqui a analogia.

f) *Acompanhamento escolar* – Este tipo de justificação surge como novidade no regime geral das faltas ao trabalho. Trata-se, por certo, de um dos meios encarados para combater o absentismo, que resulta, em muitos casos, da incompatibilidade

---

Acórdão) quando a pessoa assistida se encontra em internamento hospitalar. Quanto ao segundo requisito – inadiabilidade –, a decisão entendeu que ele significa «a impossibilidade de protelamento» da assistência, condição que, obviamente, carece de comprovação médica. Vejam-se, ainda, os Acs. STJ 9/7/82 (BMJ 319, 199), Rel. Lisboa 8/11/82 (CJ 82, 5, 177), Rel. Lisboa 3/1/85 (CJ 85, 1, 209) e Rel. Coimbra 11/3/86 (CJ 86, 2, 83).

entre a obrigação de trabalho e os imperativos da vida familiar. Note-se, porém, o conjunto de cautelas de que a lei rodeia esta facilidade: limite de quatro horas por trimestre, "tempo estritamente necessário", justificação pelo encarregado de educação. Trata-se de faltas que não implicam desconto na retribuição.

g) *Exercício de funções de "representação colectiva de trabalhadores"* – Prevêem-se dentro desta rubrica as faltas motivadas pelo desempenho de funções em *associações sindicais,* ou na qualidade de *delegado sindical,* ou na de *membro de uma comissão ou subcomissão de trabalhadores, representante dos trabalhadores para a segurança e saúde no trabalho* ou ainda *membro de um conselho de empresa europeu* (art. 404.º). Os actos impeditivos da comparência ao serviço estão aqui delimitados por um certo quadro institucional, havendo assim que entender-se restritos ao domínio das atribuições da associação ou comissão e da competência do órgão a que o trabalhador nelas pertença; bem como ao conteúdo da acção sindical na empresa – tal qual resulta da lei e da regulamentação colectiva – e ao campo das atribuições da comissão de trabalhadores e do conselho de empresa europeu, conforme os casos. Por outro lado, a lei atribui aos trabalhadores investidos nessas funções os chamados "créditos de horas" (arts. 422.º, 467.º e 468.º) que mais não são do que autorizações legais de não comparência ao trabalho, a utilizar no exercício dessas funções, e que, por conseguinte, funcionam (também) como dispensas de alegação e prova do motivo de não comparência dentro das fronteiras temporais correspondentes. Ora, nos termos do art. 409.º, esta justificação das faltas só opera relativamente às ausências que excedam tais "créditos". Mas, no caso dos delegados sindicais, a lei é particularmente exigente: a justificação só é aceitável se se tratar de ausências devidas à prática de *actos necessários e inadiáveis* (1), no exercício dessas funções (art. 409.º/2).

(1) Cfr. Ac. Rel. Porto 25/1/88 (CJ 88, 1, 247), Ac. Rel. Coimbra 8/10/92 (CJ 92, 4, 121).

h) *Campanha eleitoral para cargos públicos* – Este tipo de justificação é também novidade no regime geral das faltas ao trabalho, embora constasse há muito de diversa legislação específica, quer no tocante às eleições legislativas, quer para as autárquicas ([1]).

i) *Autorização ou aprovação do empregador* – Poderá localizar-se nas chamadas «faltas autorizadas ou aprovadas» uma segunda «válvula de segurança» para a (pelo menos aparente) rigidez do sistema. Com efeito, atribui-se assim à entidade patronal a possibilidade de alargar, a seu critério, mediante apreciação discricionária dos motivos do trabalhador, o círculo das situações em que a não comparência ao serviço não envolverá violação contratual nem infracção disciplinar. No entanto, e ao contrário da solução que vigorava antes do Código, estas faltas dão agora lugar a perda da retribuição (art. 255.º/2-*e*)), o que se afigura difícil de justificar. Com efeito, trata-se de verdadeiras *dispensas* do serviço. Certas situações de conveniência exclusiva do trabalhador e simples aceitação do empregador, a que a nova solução se ajustaria, encontrariam guarida no regime das licenças (arts. 317.º ss.).

287. Situação particular e muito discutida é a do trabalhador que falta ao serviço por motivo de *prisão*. Trata-se de uma impossibilidade material, resultante de decisões de entidades alheias à relação de trabalho, e que pode, inclusivamente, estender-se por longo tempo. Deverá ser dado a essas ausências o tratamento das faltas justificadas?

Se se trata do *cumprimento de pena de prisão,* as faltas devem considerar-se imputáveis ao trabalhador: são consequência, embora mediata, de um comportamento cujo carácter culposo foi judicialmente apurado. A opção de conduta do trabalhador resultou, ou devia ter resultado, da ponderação de todas as suas sequelas, inclusivamente a do impedimento de comparecer ao trabalho. Cessa,

---

([1]) Veja-se a lista desses diplomas em J. Leite/F. J. Coutinho de Almeida, *Legislação do trabalho*, 16ª ed., Coimbra (2001) 208.

pois, a atendibilidade da causa imediata das faltas como sua justificação ([1]).

Pelo contrário, e em princípio, as ausências determinadas por *prisão preventiva* – uma vez que esta não permite estabelecer um juízo de imputabilidade – deverão ser tratadas segundo o regime das faltas justificadas. No entanto, se se seguir a condenação do trabalhador, e o cumprimento da pena correspondente, a imputabilidade assim apurada alastra a todo o tempo de detenção e, portanto, de não comparência ao trabalho ([2]).

Estas linhas de solução supõem, naturalmente, que, *em sede de aplicação do regime de faltas,* se cuide apenas do facto da ausência do trabalho e das suas consequências na execução do contrato. A valoração das faltas não passa pela apreciação do comportamento delitual que originou a pena de prisão, mas sim pela análise dos efeitos que a inexecução da prestação de trabalho, na sua concreta duração, e considerada imputável ao trabalhador, terá sobre o futuro das relações de trabalho. É por essa via que relevam as faltas ao trabalho, para os específicos efeitos que a lei prevê ([3]).

Com isto, não se quer dizer que seja necessariamente irrelevante, sob o ponto de vista jurídico-laboral, a conduta criminosa do trabalhador (fora do local e do tempo de trabalho e não relacionada com a empresa) ([4]). Pelo contrário, tem que admitir-se a possibilidade de essa conduta, embora localizada na esfera privada

---

([1]) Cfr. Acs. Rel. Lisboa 28/1/87 (CJ, 1, 178), STJ 30/10/87 (BMJ 370, 472), Rel. Lisboa 20/4/88 (CJ 88, 2, 182), Rel. Lisboa 6/5/92 (CJ 92, 3, 255).

([2]) Assim se decidiu, nomeadamente, nos Acs. STJ 3/11/88 (BMJ 381, 489) e 25/2/93 (CJ 93, 1, 260); Rel. Porto 17/5/93 (CJ 93, 3, 268), embora com fundamentação discutível, como se dirá no texto.

([3]) É nesta perspectiva que se nos afigura criticável a doutrina explanada nos Acórdãos citados na nota anterior: parece, com efeito, que esses arestos ajuizam sobre a natureza das faltas à luz do grau de censurabilidade dos *comportamentos* punidos com prisão.

([4]) Se estas circunstâncias se verificarem, pode a entidade empregadora proceder disciplinarmente contra o trabalhador, independentemente da sua responsabilização criminal. Cfr., neste sentido, o art. 27.°/4 LCT e o Ac. Rel. Lisboa 14/11/84 (CJ 84, 5, 200).

do trabalhador, afectar irremediavelmente as bases em que o contrato de trabalho assentou e comprometer a sua viabilidade futura. Sendo assim, ela terá relevância disciplinar e poderá ser, por esta via, sancionada ([1]). Apenas três exemplos: um perito de uma companhia de seguros envolveu-se numa rede internacional de traficantes de droga e foi, por isso, punido com prisão maior; o caixa de uma dependência bancária falsificou a assinatura de um cliente de outro banco, para sacar cheques que lhe furtou da pasta; o encarregado da segurança de uma fábrica foi condenado por homicídio voluntário. Estas situações são, claramente, de molde a produzir as consequências a que alude o art. 351.º CT.

Só que, nestes casos, o que avulta é o próprio comportamento criminoso do trabalhador, nas suas possíveis repercussões disciplinares (que podem, até, não existir, face à natureza desse comportamento e às características concretas da relação de trabalho) – ao passo que, para a qualificação das faltas resultantes de prisão, tendo em vista as consequências descritas nos art.os 255.º e 256.º, o objecto de valoração é, exclusivamente, *o facto da não comparência ao trabalho.*

288. A destrinça entre faltas justificadas e injustificadas reveste-se de assinalável importância prática.

Com efeito, e salvo excepções – que são, em geral, explicáveis pela existência de sucedâneos do salário –, as faltas justificadas não determinam a perda da retribuição correspondente, nem afectam quaisquer direitos do trabalhador (art. 255.º).

Pelo contrário, as injustificadas têm como consequência a *perda da retribuição, o desconto na antiguidade* e ainda, em casos graves, uma possível *acção disciplinar* (art. 256.º).

A diferença de tratamento que merecem as duas modalidades de faltas ao trabalho tem fácil explicação no contexto do sistema legal. A falta injustificada é encarada como expressão de quebra *culposa* da disponibilidade (no sentido já observado) a que o trabalhador se vinculou (o art. 256.º/1 qualifica-a de "violação do dever de assiduidade"): daí, por um lado, a «interrupção» da

---

([1]) Cfr. Acs. Rel. Porto 21/10/85 (CJ 85, 4, 281), 16/12/85 (BMJ 352, 429), 16/12/85 (CJ, 85, 5, 212) e, ainda, o Ac. STJ 31/10/86 (BMJ 360, 468).

antiguidade, e por outro, a relevância disciplinar que lhe é associada em casos mais graves.

§ 34. O direito ao repouso e aos lazeres.

1. *O significado do «direito ao repouso».*

289. A CRP consagra, no art. 59.º/1 *d*), *o direito ao repouso e aos lazeres,* implicando a limitação da jornada de trabalho, o descanso semanal e férias periódicas pagas.

Esta garantia apresenta-se, pelo menos, como bidimensional. Por um lado, ela supõe um direito subjectivo público tendo por objecto a criação, por parte do Estado, de condições favoráveis à recuperação de energias pelos trabalhadores de um modo geral – nomeadamente pelo «desenvolvimento sistemático de uma rede de centros de repouso e de férias, em cooperação com organizações sociais». Por outro lado, o direito ao descanso desdobra-se num feixe de situações jurídicas subjectivas enquadradas nos efeitos do contrato individual de trabalho, perante as quais o Estado assume, ainda, o papel de garante dos interesses gerais subjacentes a tal garantia constitucional. É apenas nesta segunda perspectiva que o tema será em seguida abordado – ou seja, tendo-se em vista os «créditos de repouso» que, na execução do contrato, se investem no trabalhador perante a entidade patronal, sob tutela do Estado.

As expressões legais e convencionais que, no plano apontado, assume o «direito ao repouso e aos lazeres» não podem ser lidas, segundo cremos, simplesmente à luz das exigências de restauração de energias consumidas pela execução do trabalho. Esta não tem apenas, na vida do trabalhador, a consequência do gasto de energias físicas e psíquicas; como já se observou, a prestação de trabalho subordinado implica ainda uma limitação de liberdade, visto que envolve a renúncia à disponibilidade de si próprio; isto é, pela via da subordinação no exercício da actividade laboral desemboca-se na dependência pessoal. Assim, os já referidos «créditos de repouso» assumem um significado que vai além da mera regeneração da capacidade para o trabalho: as paragens obrigatórias de actividade permitem, em suma, que o trabalhador disponha de si próprio, sem por isso ficar privado de emprego. Esta ideia tem, de resto, expressa consagração legal: a propósito do *direito a férias,* explicita-se no art. 237.º/4 CT [1] que ele «deve ser exercido de modo a proporcionar ao trabalhador a recuperação física e psíquica, condições mínimas de disponibilidade pessoal, integração na vida familiar e participação social e cultural».

A formulação do Código de 2003, oriunda da lei anterior, parecia mais feliz. Aí se referia, não o *exercício* do direito (que cabe ao seu titular, o trabalhador) mas a sua *efectivação* (que depende também do empregador).

290. Nem todas as situações de interrupção do trabalho por imperativo legal ou convencional se enquadram rigorosamente no círculo de manifestações do «direito ao repouso e aos lazeres». Os dias feriados obrigatórios, nomeadamente, encontram fundamento em considerações de ordem bastante diversa, como um pouco adiante se mostrará. Razões decorrentes da sistemática legal levam-nos a incluí-los nesta parte da matéria, sendo uma delas – a mais importante, de resto – a de que o regime jurídico dos feriados se entrecruza, em alguns pontos de relevo, com o do descanso semanal.

Por outro lado, cuidaremos de algumas interrupções do trabalho – como o chamado intervalo de descanso ou repouso intercalar, que «divide» a jornada de trabalho (art. 213.º CT), e o descanso diário, que separa duas jornadas de trabalho sucessivas (art. 214.º) – cujos regimes adquiriram certo relevo a partir de legislação recente anterior ao Código.

---

[1] Este enunciado do CT reproduz, quase literalmente, o art. 2.º/3 do DL 874/76 – o que torna claro que se trata de uma concepção estabilizada no nosso ordenamento.

2. *Intervalo de descanso.*

291. Começaremos pela interrupção que, no decurso de um normal horário de trabalho, deve separar duas partes do dia, destinando-se, normalmente, a uma refeição, em geral o almoço. O art. 213.º/1 impõe, como regra, a interrupção do trabalho diário por período não inferior a uma hora nem superior a duas, «de modo que o trabalhadores não preste mais de cinco horas de trabalho consecutivo».

Trata-se daquilo que a lei designa por «intervalo de descanso», e que é um período de plena auto-disponibilidade do trabalhador. Ele é livre de usar esse tempo como lhe aprouver, onde mais lhe convenha. Muitas vezes, não chegará a abandonar as instalações da empresa, porque a refeição é aí fornecida em instalação adequada (cantina ou refeitório) e também porque existem espaços e equipamentos (sala de convívio ou de jogos, por exemplo) destinados ao recreio e ao lazer do pessoal. Mas se, mesmo assim, preferir ausentar-se e, por exemplo, tomar a refeição em casa, ou noutro local, nada o poderá impedir. O trabalho que seja chamado a prestar nesse período será qualificado de suplementar e como tal deverá ser remunerado.

Estas características diferenciam o intervalo de descanso de outras interrupções de trabalho durante as quais, de uma forma ou de outra, o trabalhador se considera disponível e permanece ao alcance do poder directivo do empregador. Por isso, tais interrupções são contabilizadas como *tempo de trabalho* (e não, verdadeiramente, como aplicações do direito ao repouso). Enumera-as o art. 197.º/2 CT: as que são como tais qualificadas por instrumento de regulamentação colectiva, por regulamento interno ou pelos usos (1), as interrupções ocasionais para satisfação de necessidades

(1) Dir-se-ia que, com esta menção, o legislador teria querido resolver, definitivamente, a questão, longamente debatida no processo de aplicação gradual da L. 21/96 (lei das 40 horas), da contabilização das «pausas» qualificadas como tempo de trabalho pelas convenções colectivas aplicáveis a certas actividades. Com efeito, poucas serão as pausas (pequenas interrupções sem auto-

pessoais inadiáveis ou concedidas pelo empregador; as interrupções «técnicas», impostas pela organização da produção ou por outras razões que levem o empregador a decidi-las; os intervalos para refeição em que o trabalhador se mantenha disponível (1) para o serviço; e as interrupções ou pausas impostas por normas de segurança, higiene e saúde no trabalho (2).

-disponibilidade do trabalhador) que não estejam explicitamente qualificadas pelas convenções existentes, ou encaradas no âmbito dos usos, como se fossem tempo de trabalho. Mas não. O art. 5.º L. 7/2009 (reproduzindo o art. 10.º L. 99/2003) estabelece que essa definição "não é aplicável até à entrada em vigor de convenção colectiva que disponha sobre a matéria" – o que significa, em suma, não serem atendíveis as qualificações constantes de convenções pré-codicísticas. Em coerência com essa postura, o mesmo art. 5.º declara, provisoriamente, em vigor os preceitos (da L. 21/96 e da L. 73/98) que serviam de suporte à aludida controvérsia. Do texto correspondente na L. 73/98 (art. 2.º/ /2-*a*)), parecia decorrer que as definições e qualificações estabelecidas seriam válidas somente para os efeitos da aplicação da mesma lei, o que sugere o cuidado de deixar intacto o círculo dos efeitos produzidos pela aplicação da L. 21/96 (e continuando, pois, a ser correcto não considerar as pausas como tempo de trabalho para a efectivação do limite das 40 horas). O CT continua a guardar, pois, distância em relação ao problema, abstendo-se de directamente o arbitrar. Todavia, terá que reconhecer-se a extrema dificuldade de se admitir *hoje* a subsistência de horários que (contando os tempos de «pausa») ultrapassem as 40 horas semanais a que, sem precisões nem qualificações, se refere o art. 203.º/1.

(1) Há que precisar a noção de disponibilidade aqui utilizada. Não se trata, obviamente, de um estado psicológico de «prontidão» para o trabalho que seja necessário. O texto legal é, de resto, suficientemente esclarecedor: as situações consideradas são aquelas em que «o trabalhador *tenha de* permanecer no espaço habitual de trabalho ou próximo dele», de modo a «poder ser chamado a prestar trabalho normal em caso de necessidade». Ou seja: trata-se da disponibilidade em sentido juridico-obrigacional que caracteriza a posição contratual do trabalhador no contrato de trabalho. Ele está «disponível» no sentido de que está obrigado a corresponder positivamente às solicitações que lhe sejam dirigidas.

(2) Como decorre da articulação desta referência normativa com o disposto no art. 127.º/2, pode dizer-se que todas as pausas, e muito particularmente as que assumem o carácter de elementos da estrutura dos horários de trabalho (o que sobretudo ocorre nas actividades de carácter repetitivo e monótono), são justificáveis por razões de higiene, segurança e saúde no trabalho. Acresce que o são também na lógica estrita da máxima produtividade: as pausas

Se percorrermos este elenco legal, verificaremos que nele figuram, por um lado, situações de interrupção do trabalho com manutenção da disponibilidade dos trabalhadores, e, por outro, descontinuidades do serviço legitimadas ou impostas por normas ou práticas usuais e que, como tais, fazem parte do «padrão de normalidade concreta» das relações de trabalho.

O intervalo de descanso é, ao invés, um período de descontinuidade sem disponibilidade, uma verdadeira «quebra» na execução diária do contrato de trabalho, não podendo, por conseguinte, ser qualificado, à luz de nenhum critério, como tempo de trabalho.

292. Nos termos do art. 213.º/2 (1), podem ser estabelecidos desvios à regra estabelecida no n.º 1 do mesmo artigo, por instrumento de regulamentação colectiva (2). O período máximo de trabalho seguido pode, por essa via, ser elevado até seis horas, assim como o intervalo ser reduzido até trinta minutos ou aumentado para além das duas horas. Outros intervalos de descanso podem ser inseridos na jornada de trabalho.

Mas, para além disso, o art. 213.º/3 (3) admite ainda a *redução* e a *dispensa* do intervalo de descanso, mediante autorização adm-

---

podem contribuir para estabelecer a ligação entre os perfis mais elevados da curva de produtividade individual. Todavia, a lei assumiu a posição cautelosa (e restritiva) de exigir «normas especiais», isto é, regras explícitas ditadas pelas características particulares desta ou daquela actividade.

(1) Que tem a sua origem no art. 10.º/2 LDT, com a redacção introduzida pela L. 21/96, de 23/7.

(2) Neste ponto, como em muitos outros, a antiga reserva de competência das convenções colectivas, isto é, do exercício da autonomia colectiva, foi afastada pelo CT, para se admitir a intervenção reguladora de instrumentos de regulamentação não negociais. Essa postura político-jurídica será mais facilmente justificável numas matérias do que noutras. No que toca ao intervalo de descanso (e à sua redução ou eliminação), onde a administração do trabalho desempenha (ainda) papel relevante, a exclusão da referida reserva parece das mais difíceis de explicar.

(3) Com origem no art. 10.º/3 LDT, com a redacção introduzida pela L. 61/99, de 30/6.

nistrativa ([1]), que supõe requerimento do empregador e declaração escrita de concordância dos trabalhadores abrangidos. Esta possibilidade é compreensível à luz da circunstância de que o intervalo de descanso, não sendo computável como tempo de trabalho, contribui, em maior ou menor medida, para o alongamento da jornada de trabalho, isto é, para o distanciamento entre a «entrada» e a «saída» do serviço para regresso à vida pessoal e familiar. Por isso, coloca a lei um limite-regra (de duas horas) à duração desse intervalo. E por isso, também, admite a redução e a dispensa do intervalo, mas somente após a ponderação balanceada (a ser feita pela inspecção do trabalho) dos interesses dos trabalhadores e das características da actividade, sob o ponto de vista da segurança e saúde.

Todavia, a dispensa não pode ser autorizada «se a mesma implicar a prestação de mais de seis horas consecutivas de trabalho» (art. 213.º/4).

Esta restrição ([2]) decorre da transposição da Directiva n.º 93/ /104/CE, de 23/11, cujo art. 4.º impõe interrupções do trabalho («pausas», na linguagem do legislador comunitário, que é diferente da do nacional) quando o horário ultrapasse as seis horas seguidas; a regra do CT, tributária do art. 4.º L. 73/98, não coincidindo literalmente com o texto correspondente da directiva, corporiza a forma particular que a transposição assumiu na legislação portuguesa.

([1]) De notar que o silêncio da inspecção do trabalho para além de 15 dias implica o deferimento tácito do requerimento.

([2]) A lei admite períodos mais longos de trabalho consecutivo quando se trate de "actividades de pessoal operacional de vigilância, transporte e tratamento de sistemas electrónicos de segurança e indústrias em que o processo de laboração não possa ser interrompido por motivos técnicos", assim como nos casos de exercício de "cargos de administração e de direcção", e ainda nos de "pessoas com poder de decisão autónomo", sempre que estejam (os dois últimos grupos) cobertos por isenção de horário.

3. *Descanso diário.*

293. Segue-se o chamado «descanso diário», que é o intervalo entre o termo de uma jornada de trabalho e o início da que imediatamente lhe sucede. É o tempo de recuperação das energias consumidas no dia de actividade (nomeadamente através do sono), mas é também o período de reinserção na vida familiar e no círculo social a que o trabalhador pertence.

O regime do descanso diário foi, até há poucos anos, praticamente monopolizado pela contratação colectiva. A lei anterior ao CT (a LDT de 1971), por exemplo, na sua versão originária, não continha qualquer preceito sobre o tema ([1]). Foi com a L. 21/96 (conhecida como a «lei das 40 horas», mas, na realidade, abarcando diversos aspectos para além da duração semanal do trabalho) que surgiu, com carácter de universalidade, a imposição legal de um descanso diário mínimo de doze horas. A preocupação subjacente a essa intervenção do legislador foi a de impedir que a aplicação das regras de adaptabilidade de horários, constantes do referido diploma, conduzissem a situações de insuficiência do tempo de repouso. A característica básica dessas regras é a de que elas incidem, fundamentalmente, na extensão (variável) da jornada de trabalho; daí o cuidado de evitar que jornadas longas envolvessem descansos diários excessivamente curtos. Mas se esse foi o móbil inicial da intervenção legislativa, a verdade é que a regra do descanso mínimo assume hoje carácter geral.

O descanso mínimo de doze horas devia, nos próprios termos do preceito que o estabelecia, separar dois períodos *normais* de trabalho sucessivos. Mas a possibilidade da prestação de trabalho suplementar gera o risco de diminuição, porventura significativa, desse tempo de liberdade e descanso entre dois dias de trabalho. Daí que a lei tivesse voltado ao tema ([2]). O art. 5.º L. 73/98 garantia

---

([1]) No entanto, um artigo aditado à LDT pela L. 58/99, de 30/6, já impunha um "descanso diário mínimo de catorze horas consecutivas ou de doze horas consecutivas, respectivamente", para trabalhadores menores com idade inferior a 16 anos, e igual ou superior a 16 anos.

([2]) Também – é necessário dizê-lo – pela necessidade de transposição da Directiva 93/104, que impunha regra idêntica.

aos trabalhadores («sem prejuízo do intervalo mínimo de doze horas entre jornadas de trabalho normal») «um período mínimo de descanso de onze horas seguidas entre dois períodos diários consecutivos de trabalho» – incluindo, por conseguinte, a eventual prestação de trabalho suplementar. É preciso ter presente que esta lei veio generalizar o princípio da adaptabilidade dos horários de trabalho, ao estabelecer uma duração máxima da semana de trabalho (normal mais suplementar) em termos médios num período de referência A solução referida constituía uma peça fundamental desse esquema normativo.

Qual é a perspectiva em que o CT se coloca perante o descanso diário?

O art. 214.°/1 CT retoma a garantia do descanso diário de onze horas seguidas entre jornadas de trabalho (normal e suplementar) consecutivas, nos termos da lei anterior, mas não mantém a regra do descanso de doze horas entre períodos normais de trabalho diário – regra essa cuja necessidade se relaciona sobretudo com a prática de horários adaptáveis. Por outro lado, a consagração do descanso diário não é incondicional: o art. 214.° – utilizando amplamente a margem de derrogação oferecida, quanto a este ponto, pela Directiva 93/104/CE – estende um longo rol de excepções e desvios a essa regra.

4. *Descanso semanal* (1).

294. A regra contém-se no art. 232.°/1(2) (3) CT: seja qual for o tipo de trabalho, a modalidade de vinculação ou o modo de

---

(1) Mantêm actualidade as anotações aos arts. 51.° e 54.° da LCT em ALMEIDA POLICARPO/MONTEIRO FERNANDES *Lei do contrato de trabalho anotada,* Coimbra 1970) 127 ss..

(2) As raizes deste artigo encontram-se no art. 51.° LCT e no art. 37.° LDT.

(3) Por evidente lapso, o DL 874/76 incluiu na legislação revogada toda a Secção I (arts. 51.° a 54.°) do cap. IV da LCT, a qual continha o regime básico do descanso semanal e dos feriados. Na verdade, só quanto a estes instituiu aquele diploma uma disciplina sucedânea; a atender-se em pleno ao que nele se

organização da actividade, o *trabalhador tem direito a, pelo menos, um dia de descanso por semana*. Esse período de repouso deverá cobrir um dia de calendário, isto é, um segmento temporal iniciado às 0 horas e terminado às 24; além disso, a duração do descanso semanal abrange um período de onze horas correspondente ao descanso diário (art. 233.º/1) ([1]). Resulta daqui que o horário de trabalho pode prever a reentrada ao serviço logo às 0 horas do dia subsequente, o que constitui facilidade utilizável no regime de turnos rotativos. No entanto, o art. 233.º/2 admite que a parcela do descanso diário seja absorvida pelo descanso semanal complementar.

Questão específica é a de saber se o art 232.º redunda, ou não, em obstáculo absoluto a que um horário de turnos rotativos preveja algum segmento de sete dias consecutivos de trabalho (pressupondo, naturalmente, que esteja ressalvado o gozo de, *em média*, um dia de descanso *por* semana). A orientação tradicional da jurisprudência era frontalmente adversa a tal possibilidade ([2]), apesar de a administração estadual do trabalho a admitir explicitamente ([3]), embora sem força vinculante. Actualmente, e apesar de se fazerem ouvir algumas vozes discordantes ([4]), predomina na jurisprudência e na doutrina a orientação oposta, a qual, de resto, se afigura ser a única susceptível de viabilizar a estruturação de horários de turnos rotativos sem *automática* ampliação do período de repouso semanal ([5]).

---

dispunha, haveria que considerar «abolido» (no plano da lei ordinária, não no constitucional: vd. art. 59.º CRP) o direito ao descanso sema-nal... A apressada e infeliz disposição revogatória atingiu ainda outro instituto fundamental: a suspensão do contrato de trabalho. Entre a evidência destes lapsos e a inexistência de rectificação, gerou-se uma situação de incerteza que só cessou com o CT.

([1]) Esta solução provém da L. 73/98 que, por sua vez, a transpôs da Directiva 93/104/CE.

([2]) Cfr., por exemplo, a fundamentação do AC. STA 19/10/76 (AD 181, 1780).

([3]) Cfr. Desp. 3/4/78 (BTE, 1.ª série, 15,22/4/78).

([4]) Nomeadamente J. LEITE/COUTINHO DE ALMEIDA, *Colectânea* cit. 137; BARROS MOURA, *Compilação* cit. 283.

([5]) Cfr. Acs. STJ 28/2/86 (BMJ 354, 412), 20/2/87 (AD 314, 273), 12/1/ /90 (AJ 5/90, 14). Na doutrina, R. VENTURA/A. MONTEIRO FERNANDES, *Parecer* (CJ 85, 2, 11).

O direito ao descanso semanal *não abrange* a remuneração correspondente: a lei não obriga o dador de trabalho a pagá-la. Era o que se entendia já na doutrina, ao abrigo da lei anterior ao CT ([1]) – e é o que hoje continua a poder afirmar-se, a partir da fórmula do art. 271.º CT. Todavia, *nada impede* que os instrumentos de regulamentação colectiva e os próprios contratos individuais estabeleçam tal benefício, o qual, de resto, quase só assume sentido útil quando se trate de trabalhadores cuja remuneração seja calculada com base no *dia* ([2]).

A regra é a do descanso *dominical* (art. 232.º/2). Todavia, é uma regra exposta a desvios (ao contrário da do próprio descanso semanal), quer por o empregador estar dispensado de encerrar um dia por semana ([3]), quer por o dia de encerramento ser outro que não o domingo. Existem ainda actividades que, por sua natureza, admitem o descanso semanal não dominical (art. 232.º/2).

295. Para além do dia de descanso semanal, que constitui prerrogativa mínima da generalidade dos trabalhadores, disseminou-se, na década de setenta do século passado, a prática correspondente às chamadas «semana inglesa» e «semana americana», que se traduzem na atribuição do direito a um período complementar de repouso semanal, com a duração, respectivamente, de meio dia

---

([1]) Vd. Almeida Policarpo, *Pagamento ou não pagamento ao trabalhador da remuneração correspondente ao dia de descanso semanal,* E.S.C. n.º 23 (1967) 61-82; Almeida Policarpo/Monteiro Fernandes 134-135.

([2]) Não é, contudo, totalmente indiferente o ponto nos restantes casos. Com efeito, é por vezes necessário calcular a remuneração *diária* (embora ela seja normalmente computada com base na semana ou na quinzena), para efeitos de pagamento de horas extraordinárias, desconto por faltas, retribuição pelas férias – e essa será diferente conforme se parta da semana de *seis* ou *sete* dias.

([4]) Há que distinguir entre o *encerramento semanal* do local de trabalho e o *descanso semanal* do pessoal respectivo. Este pode ser gozado por alguns trabalhadores em dia de laboração do estabelecimento; aquele é independente da existência de pessoal juridicamente subordinado: a sua observância é exigida, como regra, quanto a todos os estabelecimentos. É verdade, porém, que o dia de encerramento (quando existe) e o de descanso do pessoal coincidem normalmente.

ou um dia completo. É o que a lei designa por "descanso semanal complementar".

> Esses regimes não apareciam previstos na LCT ([1]), mas a LDT (dois anos depois) abordou-os. O mecanismo pelo qual estes períodos de repouso eram efectivados traduzia-se, normalmente, numa *redistribuição das horas de trabalho* do período deixado livre, pelos restantes dias úteis. Existem ainda vestígios dessa lógica no regime do CT: o art. 233.º/2 admite, como vimos, que a adição do período de descanso diário ao dia de descanso semanal seja substituída pela concessão de descanso complementar, desde que contíguo àquele. Na prática convencional colectiva, a instituição do descanso semanal complementar foi frequentemente associada a processos de redução do período normal de trabalho, tendo em vista a redução de dificuldades para a organização do trabalho nas empresas ([2]).

Embora se trate, aparentemente, de meros alongamentos do dia de descanso semanal, os descansos complementares não merecem, na lei, cobertura idêntica à daquele. Com efeito, o seu regime é mais próximo do estabelecido para os feriados obrigatórios, designadamente no tocante ao aspecto central do tratamento dado às situações em que é prestado serviço em tais dias. Resulta do art. 258.º/2, que o trabalho prestado em dia de descanso semanal, obrigatório ou complementar, e em dia feriado, será pago *com acréscimo de 100% da retribuição normal*; mas, enquanto o trabalho em dia de descanso obrigatório confere ao trabalhador o direito a *um dia de descanso compensatório remunerado* a gozar num dos três dias seguintes (art. 229.º/4), a prestação de serviços em dia de descanso semanal complementar apenas assegura ao trabalhador *descanso compensatório correspondente a 25% do tempo de trabalho suplementar prestado* (art. 229.º/1).

([1]) No entanto, existia já alguma jurisprudência sobre o tema, dado que a prática era bastante anterior (vd., nomeadamente, os Acs. STA de 21/267 e de 15/4/69).

([2]) A "gestão" dos descansos complementares no quadro da organização do trabalho encontra, no CT, novas possibilidades, como adiante se refere no texto: as de repartição e descontinuidade dos respectivos períodos (art. 232.º/3).

Por outro lado, o art. 232.°/3 admite as hipóteses de *repartição* e de *descontinuidade* do descanso complementar (a estabelecer por instrumento de regulamentação colectiva). Trata-se de um conjunto de possibilidades que contribuem para a adaptabilidade na organização do trabalho. Longe dos velhos regimes de "semana inglesa" e de "semana americana", a lei viabiliza arranjos diversos, incluindo, no limite, a divisão das horas de descanso complementar pelos dias da semana de trabalho.

A concretização do direito ao repouso e aos lazeres, em referência à semana de trabalho, faz-se segundo um *modelo articulado* que se pode exprimir da maneira seguinte:

a) consagração de um *direito ao descanso semanal* (que designaríamos como «primário» ou «prescrito por lei») com a duração mínima de *um dia* e a localização normal no *domingo;*

b) reconhecimento da *possibilidade* de, por várias vias (acto unilateral do empregador, estipulação individual, instrumento de regulamentação colectiva), e *sob certas condições,* ser instituído um *período adicional* de repouso por semana, com a duração de meio dia ou um dia completo, com a designação de «descanso complementar».

Neste modelo, a partir do qual se constrói a disciplina das situações de prestação de trabalho em período de repouso, avulta desde logo a *heterogeneidade funcional* dos seus componentes.

O direito ao descanso semanal «prescrito por lei» constitui um elemento *essencial* das relações de trabalho, como meio de protecção de bens jurídicos primordiais que o desenvolvimento dessas relações é susceptível de pôr em causa (a integridade psico-física e a liberdade pessoal do trabalhador): ele representa, em suma, uma típica corporização do direito constitucional «ao repouso e aos lazeres» (hoje consagrado no art. 59.°/1 *d*) da CRP). Nenhuma relação de trabalho subordinado é concebível, em condições de licitude, sem que no seu conteúdo se compreenda esse direito. Por isso, é o repouso, o *não-trabalho,* que, em termos infungíveis, aí se visa: não é, em geral, aceite pela lei a conversão do descanso em equivalente pecuniário.

Ao invés, o descanso semanal «complementar» apresenta-se como um elemento *acidental* das relações laborais; ele não se funcionaliza à concepção legal de bens jurídicos carecidos de tutela, mas à fórmula de equilíbrio das posições contratuais das partes. Como «repouso contratado» (individual ou colectivamente), ele traduz-se, ou numa *reestruturação* do período normal de trabalho semanal (como chegou a ser usual numa primeira fase), ou numa *redução* desse período. Neste sentido, o descanso complementar desenvolve-se – repetimo-lo –, não como uma expressão directa e característica do «direito ao repouso», mas como um factor actuante ao nível da *correspectividade das prestações contratualmente devidas,* isto é, na *medida da prestação de trabalho* a que corresponde a retribuição acordada. Trata-se, nele, não propriamente de garantir uma extensão do descanso, mas de assegurar tempo livre adicional, independentemente do arranjo pelo qual se concretize.

5. *Feriados obrigatórios* (1).

296. Os *feriados obrigatórios* são dias em que, por força da lei, deve ser normalmente suspensa a laboração nas empresas, tendo em vista possibilitar a celebração colectiva de acontecimentos considerados notáveis, nos planos político, religioso, cultural, etc..

A paragem da prestação de trabalho nesses dias é *consequência da suspensão de laboração* a que as entidades patronais estão adstritas perante o Estado. Em rigor, portanto, não se trata de um verdadeiro *direito* do trabalhador face à entidade patronal, que se insira no conteúdo da relação individual de trabalho, mas de uma obrigação do empresário relativamente ao Estado, que se articula com um direito subjectivo público dos trabalhadores. Não estamos, pois, no âmbito das manifestações do *direito ao repouso e aos lazeres,* o que se reflecte claramente no regime legal dos feriados obrigatórios. O essencial desse regime encontra-se hoje nos arts. 234.º a 236.º CT (2).

---

(1) Vd. J. Leite/Coutinho Almeida, *Colectânea* cit. 177 ss..

(2) Veja-se também o Desp. de 6/2/76, dos Ministros da Administração Interna e do Trabalho (*Diário do Governo,* I série, n.º 292, de 19/12/75).

Como se disse, a regra é a da *suspensão do trabalho,* o que normalmente implica *encerramento* do local de serviço. A lei antiga era explícita nesse sentido. Mas a regra sofre natural desvio quanto às actividades de laboração contínua e, em geral, às que sejam permitidas aos domingos; e pode também não ser aplicada, fora de tal quadro, em situações isoladas, para as quais os IRC estabelecem, com frequência, condições idênticas às exigidas relativamente à prestação de trabalho em dia de descanso semanal ([1]).

297. Precisamente porque a suspensão de trabalho nesses dias se apoia em interesses gerais, e não visa um benefício susceptível de individualização na pessoa do trabalhador, os dias considerados *feriados obrigatórios* são *retribuídos* e não podem ser compensados com trabalho suplementar (art. 269.°/1 CT) ([2]).

Pela mesma razão (não é o repouso propriamente dito, mas a mera *abstenção do trabalho* que está na base do feriado obrigatório), os serviços prestados em tal dia não conferem o direito a descanso equivalente num dos três dias seguintes, como sucede com o repouso semanal, mas apenas à razão de 25% (art. 202.°/1). Serão, todavia, também remunerados pelo *dobro,* o que se conexiona com o carácter excepcional de tal recurso (art. 268.°/1). E se o trabalho prestado em feriado for "normal", isto é, em cumprimento do horário de trabalho (o que ocorre, caracteristicamente, nos horários por turnos), o empregador pode optar entre a remuneração pelo dobro ou a atribuição de descanso compensatório equivalente (art. 269.°/2).

([1]) A prestação de trabalho em feriados obrigatórios já foi rodeada de exigências (art. 52.°/2 LCT: «motivos ponderosos» e autorização administrativa) que hoje se encontram totalmente ultrapassadas.

([2]) Entenda-se esta última proposição em termos hábeis: o que há muito deixou de se admitir (porque já constou do regime legal dos feriados) é a distribuição do tempo de serviço perdido com o feriado «pelos dias imediatamente antecedentes ou subsequentes», sem remuneração suplementar. Permanece, todavia, obviamente, a possibilidade de compensação com o trabalho extraordinário *como tal retribuído.*

298. Os feriados obrigatórios são exclusivamente os fixados pela *lei* (art. 236.°/2) ([1]). Mas não só isso. Os próprios feriados *facultativos* – em que a suspensão de actividade não é imposta às empresas – estão legalmente definidos (art. 235.°), em termos bastante estritos. É pois qualquer possibilidade de suspensão de trabalho a título comemorativo ou festivo que a lei pretende cingir na moldura traçada.

6. *As férias anuais.*

A) *A aquisição e o vencimento do direito a férias; as férias no ano da admissão.*

299. As férias são interrupções da prestação de trabalho, por vários dias (em regra consecutivos), concedidos ao trabalhador com o objectivo de lhe proporcionar um repouso anual, sem perda de retribuição. Mas, como se assinalou, não é só o repouso como forma de recuperação de energias que está subjacente a este direito: participa do seu escopo a devolução temporária de disponibilidade pessoal ao trabalhador, nomeadamente em ordem à sua «integração na vida familiar» e à sua «participação social e cultural» ([2]). O incumprimento do dever de atribuir férias (através de obstáculo culposo ao seu gozo) onera o empregador com o pagamento de uma indemnização ao trabalhador (correspondente ao *triplo* da retribuição normal) e de uma coima (art. 246.° CT).

A *aquisição* do direito a férias está legalmente conexionada à assunção da *qualidade de trabalhador subordinado* ([3]), o mesmo é que

---

([1]) Veja-se, porém, o art. 11.°/4 da lei preambular, que admite a fixação de outros feriados nas Regiões Autónomas.

([2]) Cfr., por exemplo, o Parecer PGR 23/7/81 (BMJ 313, 141).

([3]) De notar que o direito a férias foi, entre nós, pela primeira vez, consagrado legalmente em 1937 (arts. 7.° e 8.° da L. n.° 1952), aliás segundo um figurino que lhe conferia um sentido *recompensatório* pelo «bom e efectivo serviço» de *certos* trabalhadores em *certas* empresas (as de maior dimensão). Só com o

dizer à celebração do contrato de trabalho. Mas o facto de o trabalhador, com a celebração do contrato, se tornar desde logo *titular* do direito a férias não lhe oferece imediatamente a possibilidade de as gozar. A exigibilidade desse gozo depende do *vencimento* do direito, que ocorre segundo um ciclo anual, em 1 de Janeiro de cada ano civil (art. 237.º/1).

No entanto, a ideia de que a titularidade do direito se adquire com a celebração do contrato viabiliza o gozo de férias no próprio ano em que este facto ocorra. Com efeito, após seis meses de trabalho, o trabalhador tem o direito de gozar dois dias úteis de férias por cada mês que o contrato tenha durado, até ao máximo de vinte dias (art. 239.º/1). A exigência desse "período de espera" (1) não pode, com efeito, encarar-se como um pressuposto da *constituição* do direito a férias: ele já existe desde a celebração do contrato. Trata-se, sim, de evitar uma consequência aberrante da configuração do sistema; a possibilidade da exigência de férias no início da relação de trabalho, antes da prestação de qualquer actividade significativa (2).

300. Esta solução parece dificilmente harmonizável com o princípio segundo o qual o direito às férias a gozar em certo ano «se reporta» ao trabalho prestado no ano civil anterior (art. 237.º/2). Perante a dificuldade, que provinha do direito anterior, o CT de 2003 introduziu a locução "em regra". Mas o princípio parece não

---

DL 47 032, de 27/5/66, esse direito se generalizou, associando-se assim à mera qualidade de trabalhador subordinado – concepção que continua a estar na base do regime legal das férias pagas.

(1) Trata-se de uma solução introduzida pelo CT de 2003. A lei anterior apenas exigia sessenta dias de trabalho efectivo para que o gozo de férias fosse admitido, nos contratos celebrados no primeiro semestre. Quanto aos do segundo semestre, era igualmente requerida a prestação de seis meses de serviço efectivo, o que redundaria no gozo de férias já no decurso do ano subsequente ao da admissão (art. 3.º DL 874/76).

(2) O direito a férias supõe *algum* trabalho – Ac. Rel. Coimbra 18/11/93 (CJ 93, 5, 76).

ter, bem vistas as coisas, quase nenhum alcance prático nem significado útil para a construção teórica do regime jurídico das férias. Com efeito, nele se deveriam conter, pelo menos, dois tipos de consequências: primeiro, a de que não houvesse direito de gozar férias no ano da celebração do contrato (ou, melhor, da ocupação efectiva do trabalhador); segundo, a de que a insuficiência ou inexistência de «trabalho prestado» em cada ano se repercutisse no conteúdo, se não na própria subsistência, do direito às férias a gozar no ano seguinte.

Na realidade, ambas as consequências são abertamente negadas pelo dispositivo legal em vigor.

Assim, quanto à primeira, já se viu que a possibilidade do gozo de férias no próprio ano da admissão é admitida em condições bastantes latas ([1]).

Quanto à segunda, e para além da proposição expressa no próprio art. 237.º/2 (o direito a férias «não está condicionado à assiduidade ou efectividade de serviço (...)»), basta apontar a solução oferecida, no art. 239.º/6, à *vexata quaestio* do tratamento do direito a férias após a cessação da impossibilidade temporária da prestação de trabalho – solução essa que justamente comporta a possibilidade de gozo de férias após um ano civil (ou vários) de *inactividade* do trabalhador e de suspensão do contrato. Ao contrário da lei antecedente, que admitia o gozo das férias anuais integrais, o CT reintroduz, habilmente, a solução do art. 239.º/1, tratando o ano da cessação da suspensão e do regresso do trabalhador como se fosse o ano da admissão.

Como já se assinalou, a exigência de seis meses de trabalho, que assim se torna também aplicável neste caso, não constitui pressuposto da constituição ou do vencimento do direito a férias – mas

---

([1]) Trata-se de uma saliente inovação no nosso sistema juslaboral. Com efeito, a LCT, na versão aprovada pelo DL 49 408, ia ao ponto de limitar o direito às férias a gozar no próprio ano *subsequente* ao da admissão; mas o que é, porventura, mais significativo é que a versão constante do DL 47 032, de 27/5/66, consagradora de uma concepção segundo a qual *as férias a gozar em cada ano se reportavam ao trabalho prestado nesse mesmo ano*, não se coibia, mesmo assim, de afastar a hipótese de direito a férias no primeiro ano (completo, não civil) de execução do contrato.

sim, e apenas, um expediente destinado a prevenir certos abusos, como o de a situação de impedimento ser artificialmente «interrompida» apenas pelo tempo necessário para o gozo das férias e a recepção do subsídio respectivo. De resto, a mesma exigência refere-se ao próprio ano da efectivação do direito a férias e *não ao anterior.*

301. Foi observado que o princípio da referenciação do direito a férias ao trabalho prestado no ano civil anterior se afigura quase destituído de alcance prático. Há, no entanto, uma projecção relevante do mesmo princípio que – na esteira de um regime já oriundo da lei anterior – o CT acolhe. Referimo-nos ao mecanismo do cálculo da compensação pelas férias cujo gozo seja impossibilitado *pela cessação do contrato de trabalho,* matéria tratada no art. 245.º.

Esse mecanismo cuida de compensar o trabalhador não apenas pela inutilização do período de férias de que beneficiaria no ano em que ocorre a cessação do contrato (férias já vencidas em 1 de Janeiro desse ano), mas ainda pela *frustração da expectativa referente às férias a gozar no ano seguinte* – isto é, daquelas que se venceriam em 1 de Janeiro desse ano, se o contrato não cessasse antes de tal data. Esta última (ou primeira, porque é tratada em primeiro lugar) parcela da compensação é determinada através de um critério que assenta necessariamente no princípio da ligação das férias ao ano anterior: o trabalhador receberá uma importância equivalente a um período de férias e respectivo subsídio «proporcionais ao tempo de serviço prestado até à data da cessação» (art. 245.º/1). Pressupõe-se, em suma, que o direito às férias iniciadas no dia 1 de Janeiro de certo ano *se vai progressivamente sedimentando ao longo do ano anterior* – de tal modo que, a *meio deste,* o trabalhador é já considerado titular de uma expectativa (juridicamente tutelada, como se vê) respeitante a *metade* do *futuro* período de férias.

O princípio do art. 237.º/2 é, pois, um postulado do regime de férias. E nem é – a nosso ver – indispensável negar ou pôr reservas a esta constatação para compreender os preceitos referentes ao gozo de férias no ano da admissão e às relações entre o direito a férias e a suspensão do contrato por impedimento prolongado do trabalhador.

302. No que toca ao dispositivo no art. 239.º/6 (efeitos da suspensão do contrato de trabalho sobre o direito a férias), não cremos também que ele forneça apoio à neutralização do princípio afirmado no art. 237.º/2. Com efeito, o que pode certamente criticar-se ao legislador é o uso infeliz (neste último preceito) da expressão «trabalho prestado no ano civil anterior» – a qual, de resto, provém da lei antiga.

É verdade que o regime do CT aponta no sentido de um reforço da importância do «serviço efectivo» no funcionamento do sistema do direito a férias. Mas a projecção desse elemento não atinge o «modo de ser» do direito, cinge-se a alcançar alguns aspectos da sua concretização – e respeita, portanto, fundamentalmente à mecânica do vencimento dele – em situações-limite que conduziriam a consequências incompatíveis com a razão de ser do mesmo direito.

Cremos pois que continua, no quadro do CT, a ser válida a afirmação de que a lei não quer, essencialmente, reportar o direito a férias a trabalho efectivo, mas a tempo de vigência do contrato ou de vinculação (correspondendo a efectividade do serviço ao significado prático normal dessa situação). O direito a férias constitui-se com a celebração do contrato, não com o início da prestação do serviço – assim como é a subsistência do contrato, ainda que em estado de suspensão, que serve de suporte ao sucessivo vencimento de períodos de férias, ainda que sem prestação de trabalho no ano anterior ao da sua efectivação. Essa concepção é, de resto, a que melhor se harmoniza com a bivalência deste direito, em que, para além do descanso, está em causa a recuperação temporária da liberdade pessoal plena.

303. Em resumo, pode-se assentar nas seguintes ideias básicas:

a) O direito a férias é inerente à qualidade de trabalhador subordinado, assumida pela celebração do contrato;

b) O direito às férias de cada ano vence-se anualmente, sem dependência da efectividade do serviço;

c) A possibilidade de gozo de férias no ano da celebração do contrato constitui uma solução «social», que se desvia da coerência interna do regime legal para atender às exigências superiores que estão na base do direito a férias.

B) *A duração das férias.*

304. O sistema legal de determinação da duração das férias não foi sempre o mesmo. Pelo contrário, evoluíu de forma muito pouco linear desde que, há mais de setenta anos, o direito a férias pagas alcançou reconhecimento legal entre nós.

A L. 1952, de 10 de Março de 1937, reconheceu e regulou (arts. 7.º e 8.º) pela primeira vez o direito a férias, diferenciando, contudo, o seu regime relativamente a dois tipos de trabalhadores – os "empregados" e os "assalariados" –, exclusivamente dos "quadros permanentes". A duração das férias (fixada em períodos mínimos) era variável com o número de anos de serviço ("bom e efectivo") que cada trabalhador tivesse. Essa duração era, para os "empregados", de quatro, oito ou doze dias, correspondendo a um, três ou cinco anos de bom e efectivo serviço; e, para os "assalariados", de três ou seis dias, conforme tivessem mais de três ou de seis anos de bom e efectivo serviço. Tratava-se, declaradamente, de um prémio ao bom trabalhador. Acresce que este direito só existia nas empresas acima de certa dimensão: as que tivessem pelo menos seis empregados ou vinte assalariados [1]. Os períodos de férias poderiam ser aumentados por convenção colectiva ou pelos usos das empresas.

A LCT, na versão de 1969 (aprovada pelo DL 49408, de 24 de Novembro daquele ano), já não estabelecia qualquer diferenciação

---

[1] A fisionomia cautelosa do regime legal foi justificada, no Parecer que a Câmara Corporativa produziu sobre a proposta de lei, pelo propósito de afastar qualquer semelhança com "um dos processos preconizados por certos elementos revolucionários para enfraquecer ou arruinar as empresas capitalistas, e assim preparar o advento de uma nova ordem económica". Vd. *Legislação Corporativa e do Trabalho,* Lisboa (1952), 79.

entre categorias de trabalhadores, mas fixava ainda a duração das férias em termos de períodos mínimos, que dependiam da antiguidade – o que retirava às férias o carácter originário de prémio pela assiduidade e a qualidade do trabalho. Esses períodos eram de seis, doze ou dezoito dias úteis, correspondendo a três escalões de antiguidade: até dois anos, de dois a dez anos e mais de dez anos.

Depois da mudança de regime político, um novo regime legal alterou significativamente o perfil deste direito, nomeadamente no que toca à duração das férias. O art. 4.° DL 874/76, de 28 de Dezembro (na sua redacção originária), depois de, no art. 3.°, introduzir o princípio da aquisição do direito a férias na celebração do contrato de trabalho, estabelecia um período mínimo (vinte e um dias) e um período máximo (trinta dias), em termos de dias *consecutivos ou de calendário* (art. 4.°).

Esse regime foi modificado pelo DL 397/91, de 16 de Outubro, que introduziu nova redacção do mencionado art. 4.°. Esta nova redacção dispunha que «o período anual de férias é de 22 dias úteis» (n.° 1), esclarecendo que «a contagem dos dias úteis compreendia os dias da semana de segunda-feira a sexta-feira, com a exclusão dos feriados, não sendo como tal considerados o sábado e o domingo» (n.° 5).

O novo enunciado legal traduzia duas fundamentais inflexões relativamente ao regime anterior.

Em primeiro lugar, definia-se uma *duração fixa e universal* do período de férias para os contratos de duração indeterminada, em vez de – como era norma antiga – se indicarem períodos mínimos, com a possibilidade de variação convencional.

Depois, a contagem das férias deixava de se fazer em dias consecutivos ou de calendário (abrangendo, portanto, dias feriados e de descanso semanal), e voltava a tomar em conta apenas os *dias úteis*. Normalmente, o resultado final seria idêntico: 22 dias úteis correspondem a um mês, período que já anteriormente era não só o máximo legal mas, também, o mais correntemente adoptado. Este método de contagem já tinha, de resto, algum acolhimento na contratação colectiva.

305. O CT define um período mínimo legal (vinte e dois dias), cuja contagem se faz em dias úteis (art. 238.°/1). De resto, na linha do combate ao absentismo, fixa, ele próprio, períodos de férias majorados para os trabalhadores mais assíduos (art. 238.°/3).

O CT acolhe o critério de determinação dos dias úteis que já vigorava no direito anterior (art. 238.°/2). Nos regimes de horário de trabalho em que os dias de descanso semanal e complementar não coincidem sempre com o domingo e o sábado (caso típico dos horários de turnos rotativos inerentes ao regime de laboração contínua), podem ser considerados como dias de férias dias que seriam, de acordo com o horário, de descanso (e, portanto, no caso específico, «não úteis»), e não contados no período de férias outros dias que seriam, nos mesmos termos, «trabalháveis» e, por conseguinte, «úteis». O sistema envolve algumas dificuldades de aplicação e introduz factores de rigidez na marcação das férias em regime de turnos, mas inspira-se, claramente, num desígnio de equidade que terá concretização na maioria dos casos.

Quanto ao sistema de majorações estabelecido pelo art. 238.°/ /3 – e, originariamente, pelo art. 213.° CT de 2003 –, o menos que pode dizer-se é que a sua interpretação levantou dificuldades quase intransponíveis aos operadores jurídicos. Para uns, os dias adicionais de férias deveriam somar-se, em qualquer caso, ao mínimo legal de vinte e dois; para outros, deveriam acrescentar-se ao período (porventura superior) que estivesse concretamente definido para os trabalhadores em causa. Na verdade, algumas convenções colectivas, e a prática de certas empresas, já contemplam períodos de férias superiores a vinte e dois dias úteis. Reconhecendo que existem bons argumentos em favor da tese oposta, temos defendido que o ponto de partida da majoração deve ser o período de férias concretamente aplicável no ambiente de trabalho de que se trate; só assim se garante o respeito pelo desígnio legal de compensar em certos termos os níveis mais elevados de assiduidade. Na verdade, a opinião oposta implica a possibilidade de neutralização total ou parcial da intenção do legislador.

C) *A marcação das férias e a violação do direito.*

306. A violação, total ou parcial, do direito a férias – isto é, o facto de o empregador *obstar culposamente,* dentro do ano em que se enquadre, à fruição do período legal ou convencional de repouso – acarreta, como se disse, uma duplicidade de sanções, decorrente da própria diversidade dos interesses afectados: uma compensação pecuniária ao trabalhador e uma coima, por ser considerada contra-ordenação grave (art. 246.º) ([1]).

A violação pode, aliás, não consistir em recusa ou obstrução directa do empregador, mas, simplesmente, na omissão de diligências (como a *marcação* das férias) que lhe cabem e que condicionam a efectivação do direito. Existe, pois, uma conexão estreita entre a caracterização da violação do direito e o regime da marcação da época de férias.

307. A *época* em que o trabalhador fruirá o seu período anual de repouso é *normalmente* fixada ([2]) pelo empregador (art. 241.º/2), muito embora o princípio legal aponte no sentido de que o seja através de acordo entre as partes (n.º 1 do mesmo art.). A marcação pelo empregador está não só sujeita a audição prévia da comissão de trabalhadores (quando exista), mas também limitada, em regra, a certo período do ano (entre 1 de Maio e 31 de Outubro) (art. 241.º/3). Esta última restrição não se aplica, porém, ás micro-empresas.

Na revisão de 2009, foi ainda introduzida uma regra particular para as actividades ligadas ao *turismo:* na falta de acordo, o empregador apenas é obrigado a marcar na referida época 25% do período de férias (ou percentagem superior que seja fixada por instrumento de regulamentação colectiva), cujo gozo è obrigatoriamente contínuo (art. 241º/4).

Depois de fixada, a localização das férias é, em princípio, inalterável. Mas a lei não podia ignorar a possibilidade de surgirem impedimentos na esfera de qualquer das partes. Quando o interesse da empresa ("exigências imperiosas do funcionamento da empresa", diz a lei) exigir a mudança, o trabalhador será indemni-

---

([1]) Esta norma sancionatória tem a sua raiz no art. 15.º DL 874/76, com a redacção dada pela L. 118/99, de 11/8.

([2]) E em regra só pode sê-lo dentro de certos meses do ano (art. 241.º/3).

zado de eventuais prejuízos (art. 243.º/1). No caso de impedimento do trabalhador (não imputável a este) nas datas estabelecidas, caberá ao empregador fazer nova marcação, agora sem limitação quanto a época do ano (art. 244.º/2).

D) *Continuidade e irrenunciabilidade das férias.*

308. Um dos princípios que regem a efectivação do direito a férias é o da *continuidade,* de harmonia com o fundamento desse direito, isto é, com a necessidade de se assegurar um *período* de repouso efectivo (e eficaz) ao trabalhador por cada ano de serviço ([1]).

O princípio comporta, no entanto, desvios: por acordo entre empregador e trabalhador, o gozo do período de férias pode ser fraccionado ("interpolado" é o termo tradicionalmente usado pelo legislador), com ressalva de um mínimo de dez dias úteis seguidos (art. 241.º/8); e o fraccionamento pode resultar de interrupção do gozo das férias, no interesse do empregador, caso em que deve ser salvaguardada a continuidade de metade do período a que o trabalhador tenha direito (art. 243.º/2).

309. O direito a férias é, por outro lado, nos termos do art. 237.º/3 CT, *irrenunciável.* A lei procura assegurar que o direito a férias se concretize em *repouso efectivo* ([2]), evitando que o trabalhador substitua este por um benefício pecuniário imediato ([3]). Ademais, é entendimento pacífico o de que a própria *indemnização* por

---

([1]) O princípio era expressamente consagrado pela LCT, mas já não constava, explicitamente, do DL 874/76, e também não é referido no CT.

([2]) Veja-se o Ac. Rel. Évora 5/1/93 (CJ 93, 1, 289).

([3]) Como se mostra a seguir no texto, esta posição da lei não é categórica. O CT afasta-se, assim, da perspectiva mais rigorosa em que se situava o direito anterior: é certo que o DL 874/76 ressalvava certos «casos expressamente previstos na lei», mas esses desvios nunca se caracterizavam por uma *renúncia* ou por uma *troca* realizada pelo trabalhador, mas pela simples substituição, *ex vi legis*, do repouso por uma compensação pecuniária.

férias não gozadas é irrenunciável, o que encontra fácil justificação no que anteriormente se observou.

Mas o art. 238.°/5 CT admite abertamente a renúncia parcial ao gozo de férias, mantendo-se o direito à retribuição e ao subsídio, desde que fique intocado um período mínimo de 20 dias (úteis) de férias efectivas. A contradição é patente, mas não grave. Por um lado, esta possibilidade deve ser articulada com a majoração do período de férias por assiduidade, matéria tratada no mesmo artigo. Por outro, a renúncia tem uma fronteira (vinte dias) que lhe confere alcance insignificante em relação ao período normal (vinte e dois dias). Provavelmente, a lei pretende abrir a possibilidade alternativa de a especial assiduidade do trabalhador ser premiada em dinheiro.

E) *O regime remuneratório.*

310. Relativamente ao período em que a prestação do trabalho se interrompe para o repouso anual do trabalhador, *mantém-se o dever de retribuir,* por parte do empregador (arts. 237.°/1 e 264.°), prevendo-se ainda (art. 264.°/2) a obrigatória atribuição de um benefício pecuniário adicional *(subsídio de férias),* que constitui criação da contratação colectiva ([1]) depois acolhida na lei.

Trata-se, ainda aqui, de propiciar condições para o descanso efectivo; um dos riscos a que este se expõe é, justamente, o de o período correspondente ser aproveitado pelo seu beneficiário para exercer outra actividade remunerada, de modo a acrescer o seu rendimento, frustrando assim as finalidades em vista das quais o direito a férias é reconhecido.

311. A *retribuição* a pagar pelo período de férias equivale à que o trabalhador normalmente aufere, na totalidade (art. 264.°/1). No caso de haver retribuição variável (por exemplo, comissões), o valor correspondente, para este efeito, é determinado de acordo

([1]) Cfr. BRANCA AMARAL, *Do subsídio de férias. A sua generalização. A estruturação do seu regime,* ESC n.° 35 (1973) 67 ss.

com o art. 261.º/3: calcula-se a média dos valores que o trabalhador recebeu ou tinha direito a receber nos últimos doze meses. Desse cálculo apenas poderão ser excluídas prestações que, pela sua razão de ser, estejam incindivelmente ligadas ao serviço efectivo (como, em muitos casos, o subsídio de refeição).

O *subsídio de férias*, por seu turno, tem um processo de cálculo próprio ([1]): é constituído pela retribuição base – definida pelo art. 250.º/2-*a*) – e pelas "demais prestações retributivas que sejam contrapartida do modo específico da execução do trabalho" (art. 255.º/2). Esta enigmática formulação legal, proveniente do Código de 2003, permite, apesar de tudo, alcançar algum resultado aplicativo: pelo menos as "anuidades" e "diuturnidades", que correspondem à antiguidade de serviço, estão seguramente excluídas; o mesmo acontecerá com diversos subsídios (de transporte, de estudos, de refeição, etc.) que, tendo carácter retributivo, não se relacionam com o "modo específico" de prestação de trabalho. Por outro lado, o Código revisto oferece resposta a uma das dúvidas que se suscitavam na determinação desta prestação: no caso de majoração do período de férias, por aplicação do disposto no art. 238.º/3, o valor do subsídio de férias não é aumentado (art. 264.º/3).

([1]) Na legislação antiga, o seu valor era igual ao da retribuição pelo período de férias.

CAPÍTULO III

O LOCAL DE TRABALHO

§ 35. Noção e relevância do local de trabalho ([1]).

312. Um dos elementos concretizadores ([2]) da prestação de trabalho é o local em que ela deve ser executada. Trata-se de um elemento relevante para a situação socioprofissional do trabalhador e, desde logo, para a sua posição contratual; a determinação dele resultará sempre de *acordo* – muito embora tal acordo se obtenha em regra por *adesão,* eventualmente tácita, do trabalhador.

O local de trabalho desempenha uma função delimitadora relativamente à subordinação jurídica; é, com efeito, a «dimensão espacial» desta última que está em jogo. Um dos aspectos da conformação da prestação de trabalho (a cargo do empregador)

([1]) Veja-se, ainda com actualidade: B. LOBO XAVIER, *O lugar da prestação do trabalho,* ESC n.° 33, 11 ss.

([2]) Diz-se mesmo que o local de trabalho é «modalidade essencial ou substancial da mesma prestação» – B. LOBO XAVIER, *O lugar da prestação de trabalho* cit. 12. Do mesmo estudo, transcreve-se o seguinte (n.° 1): «Debalde oferecerá o trabalhador a sua prestação em local diverso – com efeito, que utilidade dela extrairá a entidade patronal se não a conjugar com a força de trabalho, a maquinaria, as matérias-primas e a clientela que se encontram no lugar estabelecido?». E, mais adiante: «(...) fixado no contrato o lugar da prestação, o trabalhador vai dispor nesses termos a sua maneira de viver (...) pois é tendo em vista o sítio onde desempenha a sua actividade que o trabalhador fixa a sua residência, resolve o problema dos seus transportes, cuida da educação dos filhos e programa até o gozo dos seus ócios (...)».

respeita à sua *localização*, ou seja, à definição do lugar preciso em que deve ser executado. Mas esta determinação é já condicionada pelo conteúdo do acordo das partes no tocante ao local do trabalho ([1]).

A importância de que se reveste, no contrato de trabalho, a determinação do local acordado é, de certo modo, contrariada pelo facto de se tratar, manifestamente, de uma noção relativa. Tanto pode dar-se-lhe a amplitude de uma província (ou de um país), como a de um certo compartimento em determinado edifício ([2]).

E, na verdade, tem que admitir-se que tal noção corresponda a realidades concretas variáveis, *em função da finalidade das normas que a utilizam como referencial* ([3]). A sua relatividade decorre não só dos diferentes modos por que, em concreto, a execução do contrato de trabalho se «localiza», de acordo com a natureza da prestação e a sua articulação funcional na organização da empresa (pense-se nos casos contrastantes de um porteiro e um motorista de transportes rodoviários interurbanos), mas também da diversidade que pode assumir a *ratio* dos preceitos que partem da mesma noção. Não custa entender que, por exemplo, sejam portadoras de conteúdos eventualmente diversos as referências ao local de trabalho feitas pelo art. 194.º (regime da mobilidade geográfica), pelo art. 277.º/1 (lugar do pagamento da retribuição) e pelo art. 281.º/4 (obrigações dos empregadores em matéria de segurança, higiene e saúde no trabalho), todos CT.

313. O local de trabalho é, em geral, o *centro estável* (*ou permanente*) *de actividade de certo trabalhador* e a sua determinação obedece essencialmente ao intuito de se dimensionarem no espaço as obrigações e os direitos e garantias que a lei lhe reconhece.

([1]) B. Xavier, *ob. cit.*, n.º 2.

([2]) Cfr. Acs. Rel. Porto 10/12/79 (CJ 79, 5, 1531) e 4/2/80 (CJ 80, 1, 80); Ac. Rel. Lisboa 12/7/82 (CJ 82, 4, 163), Ac. Rel. Lisboa 6/10/88 (CJ 88, 4, 156), Ac. Rel. Porto 9/1/89 (CJ 89, 1, 222), Ac. Rel. Lisboa 23/1/91 (CJ 91, 1, 206) e Ac. Rel. Lisboa 17/4/91 (CJ 91, 2, 230).

([3]) Cfr. Ghezzi/Mancini/Montuschi/Romagnoli, *Statuto dei diritti dei lavoratori. Art. 1-13*, 2.ª ed., Bolonha (1979) 248 n. 11.

Assim:

a) O trabalhador não pode, em princípio, ser *transferido para outro local de trabalho* (arts. 129.º/1-*f*)). Mas este «local» tem diferente amplitude conforme se trate de um empregado de balcão, de um motorista do serviço de transportes colectivos ou de um caixeiro-viajante: no primeiro caso, será o estabelecimento concreto; no segundo e no terceiro, as áreas percorridas na prestação de trabalho (1). Trata-se, em suma, de definir o *âmbito espacial em que normalmente é prestada a actividade*. O princípio da proibição de transferência para outro local (aliás, sujeito aos desvios logo previstos no art. 129.º/1-*f*)) funda-se na necessidade de assegurar *estabilidade* (sob esse ponto de vista) à posição profissional do trabalhador, com reflexos na sua vida familiar e social (2) (3).

b) *A retribuição deve ser paga no local do trabalho* (art. 277.º/1). Como é óbvio, trata-se ainda de conferir relevo ao centro *estável* de actividade, designadamente poupando ao trabalhador a necessidade de uma deslocação para o efeito. Remete-se, pois, para o que se observou na al. *a*).

c) Em princípio, consideram-se *«acidentes de trabalho» os* que ocorram «no local e no tempo do trabalho» (art. 284.º/1 do CT 2003, mantido em vigor nesta matéria pelo art. 12.º/3 L. 7/2009), e o empregador é responsável perante o trabalhador pelos prejuízos resultantes (art. 127.º/1-*g*)).

---

(1) As dificuldades que se suscitam nos dois últimos casos são concretamente resolvidas, nas convenções colectivas, pelo recurso ao local da *sede* da empresa ou à *área onde se inicia o trabalho.*

(2) Não há, porém, transferência, mas uma deslocação temporária (com manutenção do mesmo centro de actividade) noutros casos (um electrotécnico que vai participar na montagem de uma central eléctrica, p. ex.).

(3) A garantia da *inamovibilidade* (B. XAVIER) assim estabelecida sofre, todavia, como adiante se notará, os importantes desvios previstos no art. 194.º: inexistência de «prejuízo sério» para o trabalhador ou mudança total ou parcial da organização em que se acha incorporado.

d) Por vezes, a lei remete a regulamentação de certos aspectos da relação de trabalho para os *usos locais* – entenda-se: para os usos existentes na área ou região em que se situa o local de trabalho.

e) Este releva também quanto à *aplicabilidade dos instrumentos de regulamentação colectiva* – cujo âmbito é definido nas respectivas cláusulas. Para este efeito, é necessária uma demarcação particularmente rigorosa do local do trabalho; nos casos em que ela se mostre mais difícil, é costume *convencionar-se* um local como a freguesia da sede da empresa ou o ponto onde se *inicia* o trabalho diário (caso dos motoristas de transportes rodoviários interurbanos).

Deste modo, o local de trabalho será o que resulte das estipulações expressas ou tácitas (1) das partes ou, na sua falta, o critério estabelecido na regulamentação aplicável a cada tipo de actividade (2).

§ 36. A mudança de local de trabalho.

1. *A transferência colectiva.*

314. Como se observou, o *princípio de inamovibilidade* consagrado no art. 129.º/1-*f*) comporta importantes desvios – os decorrentes do art. 194.º – que, bem vistas as coisas, lhe retiram grande parte do sentido útil.

Na verdade, prevê-se desde logo uma situação em que a mudança do local de trabalho, por determinação da entidade patronal, é admitida, sem que o trabalhador possa opor-se-lhe eficazmente: a de *mudança, total ou parcial, do estabelecimento em que*

(1) Integrados pelos usos da empresa ou da profissão – B. Xavier, *ob. cit.*, n.º 4.

(2) Cfr. Ac. Rel. Lisboa 12/7/82 (CJ, 82, 4, 163).

presta serviço (art. 194.º/1-*a*)). Nesses casos, a transferência do trabalhador não é mais do que uma sequela prática da deslocação do próprio suporte da prestação de trabalho (1).

O fundamento da admissibilidade da transferência, nesse tipo de situações, aproxima-se do do sistema instituído pelo art. 285.º para a transmissão do estabelecimento: o estatuto contratual do trabalhador prende-se, em certos termos, à organização técnico-laboral em que ele se insere, segue-lhe o destino e as vicissitudes. A própria letra do art. 194.º o sugere, quando admite a transferência se «resultar da mudança, total ou parcial, do estabelecimento». Em todo o caso, esse «resultado» não é automático – como a sucessão na posição contratual do empregador por parte do adquirente do estabelecimento –, dever-se-á a uma decisão da entidade patronal. A necessidade desta decisão deriva não só do facto de se admitirem mudanças *parciais* dos estabelecimentos, mas ainda da hipótese de existência de *vários estabelecimentos* da empresa na mesma área – casos em que permanece no domínio da viabilidade a manutenção do local de trabalho deste ou daquele trabalhador, apesar da deslocação do suporte originário da sua prestação.

A prevalência atribuída pela lei aos interesses subjacentes à mudança geográfica do estabelecimento – «caso em que legítimos interesses dos trabalhadores cedem passo à decisão da entidade patronal, entendida não já como portadora de interesses próprios, mas como intérprete das conveniências da empresa» (2) – coloca assim o trabalhador num estado semelhante ao de sujeição face à determinação dessa mudança.

(1) «Com efeito, não raro as empresas são forçadas a mudar o seu lugar de laboração por efeito de «factum principis», para obedecer a novas regras de segurança, de higiene, de urbanização, etc.. Outras vezes, o jogo das forças económicas obriga as empresas a concentrarem-se para obterem melhor dimensionamento e consequente melhoria de produtividade, ou a alterarem a sua localização para facilitar o escoamento de produtos e a obtenção de matérias-primas». – B. LOBO XAVIER, est. cit. 23.

(2) B. LOBO XAVIER, est. cit. 38.

315. O único meio de resistência à alteração do local de trabalho, nesses casos, parece consistir na *resolução do contrato* (art. 194.º/5), procedimento que, seguindo a letra da lei, o trabalhador só pode adoptar "se houver prejuizo sério". O exercício desse direito de resolução dará lugar à *indemnização* hoje fixada no art. 366.º.

O CT parece impor aqui uma solução diferente da que provinha da lei que vigorava até 2003. O art. 24.º LCT reconhecia ao trabalhador a faculdade romper o contrato, atribuindo-lhe o direito à indemnização «salvo se a entidade patronal provar que da mudança não resulta prejuízo sério para o trabalhador». Quer dizer: a ordem de transferência seguida de rescisão pelo trabalhador constituía a presunção de que esta última se deve à expectativa de prejuízo sério derivado da mudança, mas essa presunção podia ser elidida pela entidade patronal, provando que a transferência não era de molde a determinar tal prejuízo (1). À luz desse regime, o que podia ser posto em causa era, meramente, o *direito à indemnização*, não a faculdade de rescisão (ruptura imediata) – que a lei reconhecia ao trabalhador, nesse caso específico, independentemente do pressuposto normal que era (e continua a ser) a existência de justa causa.

Mas é necessário fazer uma leitura menos passiva do texto legal. O art. 394.º/3 CT admite a resolução fundada em "alteração substancial e duradoura das condições de trabalho no exercício legítimo de poderes do empregador" – situação que é de justa causa "não culposa" e, por conseguinte, não dá ao trabalhador o direito a indemnização. Mesmo que da transferência não resulte para o trabalhador "prejuízo sério", pode haver perturbação significativa da sua organização de vida, ou mesmo transtornos no plano puramente subjectivo dos gostos e dos afectos, que o levem a preferir não acompanhar a mudança decidida pelo empregador. Trata-se, sem dúvida, de uma "alteração substancial e duradoura das condições de trabalho" que, nos termos gerais, autorizam a resolução, embora sem indemnização.

---

(1) B. LOBO XAVIER, est. cit. 51 e *passim*. No mesmo sentido, cfr. Ac. Rel. Porto 12/3/79 (Cl, 79, 2, 504). e Ac. Rel. Évora 5/12/89 (BMJ 392, 534).

Ora o art. 194.º faz depender a própria *faculdade de resolução* do contrato da "existência" (melhor se diria: probabilidade elevada) de prejuízo sério, identificando, com isso, uma "justa causa" invocável ([1]) para legitimar a ruptura imediata do vínculo, e atribuindo ao trabalhador – em desvio à regra do art. 396.º/1, que exige justa causa "culposa" – a indemnização pertinente.

A conjugação deste regime com a disciplina geral da resolução pelo trabalhador implica, a nosso ver, que a previsão de prejuízo sério seja tomada como geradora de uma situação equiparada à de justa causa culposa, e nada mais do que isso. O legislador terá dito demais. Para aquém dessas situações mais graves, haverá que considerar duas possibilidades de reacção negativa legítima do trabalhador perante a transferência: a resolução nos termos do art 394.º/3 (se puder considerar-se que a mudança de local significa "alteração substancial e duradoura"); e a denúncia nos moldes do art. 400.º, isto é, com aviso prévio.

316. Uma tese que chegou a esboçar-se na jurisprudência era a de que, tratando-se de uma mera faculdade (a de rescindir o contrato), o seu não exercício não teria consequências específicas: o trabalhador poderia preferir manter-se, «à disposição» do empregador, no primitivo local de trabalho, com todos os direitos contratuais em vigor ([2]). A questão era relativamente académica e a tese referida bem pouco consistente: já à luz do art. 24.º LCT era bastante claro que a rescisão tinha como alternativa a obrigação de apresentação no novo local (independentemente de prejuízo). Mas há uma situação diferente a considerar: a de o trabalhador, sem rescindir, permanecer no antigo local, sem que o empregador reaja, nomeadamente invocando faltas ao trabalho. O contrato mantém-se (não caduca, como chegou a sustentar-se), nomeadamente no que toca ao direito ao salário, até que lhe seja posto termo por alguma das vias legalmente admitidas ([3]).

([1]) E até, porventura, enquadrável na ampla fórmula do art. 394.º/3-*b*): "alteração substancial e duradoura das condições de trabalho no exercício lícito de poderes do empregador".

([2]) Cfr., nomeadamente, o Ac. STJ 14/4/88 (BMJ 376, 513).

([3]) Cfr. Acs. STJ 28/3/95 (CJ 95, 1, 286) e 25/10/95 (CJ 95, 3, 285).

2. *A transferência individual.*

317. Diferente é o tratamento da chamada *transferência individual,* ou seja, das situações em que a mudança de local de trabalho envolve também modificação do enquadramento orgânico (mudança de *posto de trabalho)* do trabalhador. A organização permanece instalada no mesmo local, o trabalhador é que é transferido para outro.

Este tipo de transferência pode resultar de iniciativa do empregador ou de conveniências do próprio trabalhador. Nada impede que esses interesses convirjam ou se harmonizem, fazendo-se a transferência com suporte em acordo das partes. A lei interfere, sobretudo, nas situações em que a mudança de local é do interesse de uma só das partes.

O art. 195.º CT prevê, especificamente, uma hipótese em que o trabalhador adquire mesmo o *direito* de ser transferido: a de se tratar de vítima de *violência doméstica.* Para que tal regime se aplique é, porém, necessário, em primeiro lugar, que haja outro estabelecimento da empresa (ou mesmo outro local, geograficamente diferenciado, em que a empresa exerça actividade, mesmo sem o carácter de estabelecimento); e, depois, é preciso que exista já queixa-crime e que à transferência se ligue a mudança de residência (n.º 1 do art. cit.). Nestas condições, o empregador só pode *adiar* (não recusar) a transferência por «exigências imperiosas ligadas ao funcionamento da empresa ou serviço» ou por, de todo, não existir posto de trabalho disponível (n.º 2). Em caso de adiamento, o trabalhador tem o direito de suspender o contrato até à consumação da transferência (n.º 3).

Quanto às transferências no interesse do empregador, importa considerar o regime dos arts. 194.º e 196.º CT.

A posição da lei perante tal tipo de situações modificou-se, a nosso ver, com o CT de 2003, cujo regime se manteve, quanto ao essencial, na revisão de 2009. No regime anterior ao Código (art. 24.º LCT), era explicitamente afirmada a prevalência do interesse do trabalhador na «estabilidade geográfica» da prestação sobre as conveniências empresariais (porventura objectivamente ponderosas) que apontam para a mobilidade do pessoal – sobretudo quando se trate de organizações geograficamente dispersas. O empregador *não podia, em princípio, operar a transferência* (princípio oposto, note-se, ao que já vigorava nos casos de mudança do estabelecimento). Mais rigorosamente: *só podia* impor a transferência mediante certa condição. Com isso, a posição da lei revelava consistência: o teor do art. 24.°, referente à mobilidade geográfica, mostrava-se em linha com o princípio de inamovibilidade. O art. 24.° estabelecia (e exprimia-se como) uma *excepção* à proibição geral.

A mera formulação usada pelo CT revela especial sensibilidade ao interesse do empregador (ou da empresa). O "princípio" afirmado no art. 194.°/1 é o de que o empregador *pode transferir*, tem essa faculdade em geral; mas é uma faculdade com um limite, que se situa na eventual existência de prejuízo sério para o trabalhador. O legislador cai na inconsistência: a verdade é que, embora matizada pela admissão de desvios através de instrumento de regulamentação colectiva ou de "acordo" (individual) ([1]), a proibição legal continua a figurar no art. 129.°/1-*f*) CT.

318. De todo o modo, em qualquer dos quadros legais, subsiste a inadmissibilidade da imposição de uma transferência individual quando dela possa esperar-se "prejuízo sério" para o trabalhador. Se as circunstâncias do caso concreto apontarem nessa direcção, a lei atribui prevalência ao interesse do trabalhador na estabilidade geográfica da sua actividade.

Mas, para que tal interesse deva prevalecer, é necessário que assuma seriedade e consistência. Que sentido faria invocar o princípio da inamovibilidade para impedir uma transferência do 2.° para o 3.° andar de um prédio, ou de um para outro edifício da mesma rua?

([1]) A hipótese de acordo individual não estava em causa no art. 24.° LCT. Já se admitia que a transferência individual pudesse consumar-se com base nesse tipo de acordo. O regime do art. 24.° referia-se apenas às faculdades de decisão unilateral do empregador no domínio da mobilidade geográfica – isto é, às possibilidades de *imposição* da transferência ao trabalhador.

A relatividade da noção de local de trabalho está aqui bem à vista. Pode ser, com efeito, que a mudança do trabalhador de um «sítio» para outro *não deva sequer qualificar-se como verdadeira transferência*, no sentido do art. 194.º CT. E, ainda que o seja, pode dar-se o caso de não provocar ao trabalhador transtornos de tal modo significativos que se sobreponham às vantagens funcionais porventura visadas pela empresa ([1]). Como diremos adiante, a própria noção de "prejuízo sério" é marcada pela relatividade: a seriedade do prejuízo deve ser apurada *também* em confronto com a importância das consequências que a não transferência acarretará à empresa.

Se as consequências da mudança para o trabalhador, quer em absoluto, quer em confronto com as necessidades da empresa, carecerem de "seriedade", não vale a proibição de transferência: inverte-se a hierarquia de interesses que se encontra subjacente ao princípio da inamovibilidade. O empregador estará legitimado a determinar – pois, convém não o esquecer, é de uma atitude unilateral que se trata – a mudança do local do trabalho ([2]).

Nos restantes casos, vigora em pleno a interdição de transferência, nos termos do art. 129.º; e isto não significa apenas, a nosso ver, que a mudança ordenada possa constituir, no quadro do art. 394.º/2-*b*), justa causa para o trabalhador resolver o contrato; implica, sobretudo, a *legitimidade da desobediência* a tal determinação, ao abrigo do art. 128.º/1-*e*) CT. A resolução seria, com efeito, fraco remédio para a situação criada por uma ordem que, nos próprios termos do art. 129.º/1-*f*), contraria frontalmente a garantia de certa estabilidade geográfica da prestação de actividade. E se

([1]) Temos, com efeito, por implícita no regime da transferência a ideia de que, em qualquer caso, esta só será lícita se fundada em razões de natureza funcional – e não, por exemplo, em motivos disciplinares. Não cremos que, no quadro do CT, seja admissível a sanção da transferência: o art. 328.º, ao ressalvar os «direitos e garantias do trabalhador», está a reportar-se, além do mais, aos princípios protectivos consagrados no art. 129.º – entre os quais o da inamovibilidade.

([2]) Cfr. Ac. STJ 23/11/94 (BMJ 441, 178).

a expressa previsão legal da desobediência legítima não visasse, em primeira linha, a tutela das garantias enunciadas no art 129.º, mal se divisaria, afinal, o seu sentido útil.

319. Quer a propósito da mudança do estabelecimento, quer no tocante à transferência individual, a noção de «prejuízo sério» assume particular relevo.

O «prejuízo sério» a que a lei se refere é, como evidenciou BERNARDO XAVIER, uma consequência *hipotética* ou *virtual* ([1]) da transferência; quando, no art. 194.º/1 CT, se emprega a expressão «não implique prejuízo sério para o trabalhador», está-se a significar que a transferência não deve ser *de molde a,* face às circunstâncias concretas, *provocar* tal prejuízo.

Trata-se de um juízo antecipado de *probabilidade* ou de *adequação causal*, que, no entanto, implica a consideração de elementos de facto *actuais* – como as condições de habitação do trabalhador, os recursos existentes em matéria de transportes, o número, idade e situação escolar dos filhos, a situação profissional do cônjuge e de outros elementos do agregado familiar, a medida das compensações financeiras que o empregador oferece.

A natureza e a extensão de tal «prejuízo» não são susceptíveis de uma definição abstracta: a determinação do «prejuízo sério» depende sempre do confronto entre as características da alteração unilateral do local de trabalho (distância, condições concretas do novo local) e as condições de vida do trabalhador. A mesma transferência pode ser prejudicial para um trabalhador e vantajosa para outro ([2]). De resto, o carácter *virtual* do «prejuízo sério» implica uma ponderação de condições concretas que podem, como se viu, pertencer ao foro privado do trabalhador. Os fundamentos do direito à conservação do local de trabalho relacionam-se muito estreitamente, com a tutela de *interesses pessoais* (e não tanto profis-

---

([1]) B. LOBO XAVIER, *ob.* cit., 48.

([2]) Imagine-se que um trabalhador com filhos em idade escolar é transferido de uma fábrica em local isolado para um escritório da empresa situado em cidade distante, mas com boas estruturas escolares.

sionais) do trabalhador (1). A consideração de uma transferência como «causa adequada» de prejuízos importantes – e, portanto, a determinação da possibilidade de *recusa* da alteração unilateral do lugar de trabalho – só pode resultar de uma análise das condições concretas da organização de vida do trabalhador, *que são justamente o objecto de tutela da garantia de inamovibilidade.*

Por outro lado, é necessário que o prejuízo expectável seja *sério,* assuma um peso significativo em face do interesse do trabalhador, e não se possa reduzir à pequena dimensão de um «incómodo» ou de um «transtorno» suportáveis. A "seriedade" do prejuízo pode (e deve) ser apreciada *em absoluto*, na dimensão que assume perante o quadro normal de vida de uma família – a necessidade de o trabalhador gastar mais uma hora em transportes por dia, ou de mudar os filhos para outra escola a meio do ano lectivo, ou de o cônjuge abandonar um emprego a tempo parcial, ou de adquirir uma nova casa em local mais dispendioso –, e também *em termos relativos*, confrontando-se com os motivos que o empregador tem para determinar a transferência e com as consequências que, para a empresa, envolverá a sua não realização (2).

320. O grau de «cedência» que a lei admite quanto à integridade e estabilidade da organização de vida do trabalhador mede-se,

---

(1) É óbvio, no entanto, que a divisória entre interesses pessoais e profissionais não pode considerar-se impermeável: pense-se nos casos de inadaptação ao novo ambiente de trabalho (Ac. STA 18/4/72, in AD 126, 866). Mas, como se disse, predominam aqui as considerações ligadas ao arranjo ou organização de vida do trabalhador, em especial as respeitantes ao *tempo de trajecto entre o local de trabalho e a residência* (Ac. STA 16/11/76, in *BTE*, 2.ª série, 3/77, 341; Sent. TT Lisboa, 6.ª vara, 6/3/76, in BTE, 2.ª série, 4/78, 677), na medida em que contende com a largueza da autodisponibilidade do trabalhador. Cfr. ainda Ac. Rel. Évora 16/7/87 (CJ 87, 4, 318), Ac. Rel. Évora 1/6/88 (CJ 88, 3, 335) e Ac. Rel. Coimbra 16/1/90 (CJ 90, 1, 124).

(2) Considere-se a situação de uma fábrica cujo responsável de manutenção se afastou da empresa, tendo esta no seu quadro um único técnico com a qualificação requerida, a trabalhar em unidade fabril situada no outro extremo do país.

portanto, pela *dimensão* ou «seriedade» dos prejuízos consequentes; mas esta dimensão só é cabalmente determinável a partir da manifestação, pelo trabalhador, daquilo que é *essencial* naquele quadro de existência. O empregador não tem, em muitos casos – se não sempre –, mais do que uma visão genérica do modo por que cada trabalhador articula a vida profissional com a existência pessoal e familiar, nomeadamente no que concerne ao binómio local de trabalho/residência.

Por isso se considera forçoso atribuir ao trabalhador o ónus de alegar o «prejuízo sério» susceptível de derivar da transferência, enunciando as condições de facto que lhe servem de suporte. O carácter conjectural do «prejuízo sério» e a sua inerência a circunstâncias pertencentes à esfera de vida do trabalhador são ponderações que não podem deixar de conduzir a esse resultado. E a atribuição do ónus de alegação ao trabalhador tem sido, na jurisprudência, a solução adoptada para qualquer das hipóteses agora contempladas no 194.° CT – mesmo apesar de, na lei antecedente ao Código, ser expressamente lançado sobre o empregador o ónus da *prova* da *inexistência de prejuízo sério* (relativamente às situações de transferência resultante de «mudança total ou parcial do estabelecimento») sobre o empregador (art. 24.°/2 LCT) (1).

321. Quanto ao ónus da *prova* de «prejuízo sério», acabamos de ver que a lei anterior o atribuía ao empregador, relativamente ao caso de transferência provocada por «mudança total ou parcial do estabelecimento». Mas nada dispunha quanto à prova do "prejuízo sério" na transferência individual.

Importa ver, antes de mais, em que poderá consistir essa "prova" – questão relevante, dado que, como se observou, não se tratará de prejuízos actuais, verificados, mas de prejuízos prováveis ou expectáveis. Retomamos a ideia já exposta: a "prova" do prejuízo sério, enquanto confirmação ou certificação de *factos*, só pode ter por objecto circunstâncias actuais da vida pessoal e

(1) Cfr., por exemplo, o Ac. STA 14/3/78 (AD 200, 1105) e o Ac. Rel. Coimbra 16/1/90 (CJ 90, 1, 124).

familiar do trabalhador que, confrontadas com a transferência, sofrerão impacto negativo ou terão que ser penosamente alteradas. O prejuízo sério não é, pois, nem pode ser, tema probatório, mas o produto de um juízo de adequação causal e de uma valoração de consequências que pertence já ao domínio da matéria de direito.

Perguntar-se-á que distribuição do encargo probatório estará suposta no art. 194.° CT, uma vez que o preceito (ou conjunto de preceitos) se não refere ao assunto.

Dir-se-á, *a priori*, que *a solução poderia não ser a mesma,* visto tratar-se de hipóteses estruturalmente diversas sob o ponto de vista jurídico: a função do «prejuízo sério», na transferência «individual», é diferente da que desempenha na transferência «colectiva».

O art. 194.°/5 concebe, na verdade, o «prejuízo sério» como pressuposto do *direito à indemnização,* no caso de o trabalhador por termo ao contrato. O «prejuízo sério» não contende aí com a estrutura da faculdade de transferência do empregador; o interesse organizativo e gestionário beneficia de plena protecção no caso de mudança geográfica do estabelecimento. O que está em causa é a constituição e subsistência do *direito à indemnização.* A atribuição do ónus da prova ao trabalhador constituirá aplicação da regra geral do art. 342.°/1 CCiv.: «àquele que invocar um direito cabe fazer a prova dos factos constitutivos do direito alegado».

Diversamente, o «prejuízo sério» aparece referenciado, no art. 194.°/1, a propósito da transferência individual, como limitação ou *impedimento* à faculdade de transferência do empregador. Uma transferência que cause prejuízo sério *não é permitida* – e, como vimos, pode ser desobedecida. A "existência" – no sentido que se procurou esclarecer – do prejuízo sério constitui (para os efeitos do art. 342.° CCiv) *facto impeditivo* do direito de alterar o local de trabalho no interesse da empresa – cabendo, pois, também neste caso, o encargo probatório ao trabalhador.

Em suma, o art. 342.° CCiv. implica, tanto na transferência individual como na colectiva, a atribuição do ónus da prova dos factos (que servirão de suporte à apreciação das consequências expectáveis) *ao trabalhador* ([1]) – em homologia, de resto, com o que se constatou a propósito do ónus da alegação.

3. *A alteração convencional das condições de transferência.*

322. O art. 194.º/2 aceita que, por estipulação contratual (individual), seja alargada ou restringida a "faculdade" de transferência reconhecida, no mesmo artigo, ao empregador. Tal estipulação caduca ao fim de dois anos, se nesse período, não for concretizada.

São, assim, admitidos desvios contratuais *em qualquer dos sentidos possíveis* (exclusão total da faculdade de transferência, com fixidez absoluta do local de trabalho; liberdade plena de afectação geográfica do trabalhador, ou seja, mobilidade ilimitada) ([2]). Esta posição da lei harmoniza-se com a tonalidade discreta que a "garantia de inamovibilidade" revela no art. 129.º/1-*f*). O propósito de ampliar as margens de mobilidade geográfica constituiu, declaradamente, um dos vectores da política legislativa prosseguida com o CT. Ficou, assim, claramente afastada uma das hipóteses interpretativas lançadas no âmbito da LCT: a de que a "estipulação em contrário" aí admitida jogaria *num só desses sentidos*, ou seja, no de poder apenas eliminar-se, ou limitar-se mais, contratualmente, a própria faculdade condicionada que a lei admitia ([3]).

O local de trabalho é, caracteristicamente, objecto de estipulação no contrato de trabalho. As partes podem dar-lhe a amplitude que quiserem; e, ainda que expressamente o não façam, poderá ser inferido da natureza da actividade, dos comportamentos das partes, e até da regulamentação laboral aplicável, um espaço mais ou menos vasto de mobilidade. É o que, nomeadamente, ocorre com a construção civil e obras públicas: a jurisprudência fixou-se no entendimento de que, se a empresa, com conheci-

---

([1]) No mesmo sentido, veja-se o Ac. STJ 14/4/88 (BMJ 376, 513).

([2]) Cfr. B. LOBO XAVIER, *Curso de Direito do Trabalho*, Lisboa (1992) 353.

([3]) Vd. J. BARROS MOURA, *Compilação de Direito do Trabalho*, Coimbra (1980) 92.

mento prévio dos trabalhadores, realiza obras *em todo o território nacional*, é este o «local de trabalho» de todos eles (1). A determinação do local de trabalho está na plena disponibilidade das partes.

Nestas condições, não parecia haver fundamento convincente para que se excluísse algum dos sentidos possíveis da regulação contratual do local de trabalho. O que constitui preocupação central do legislador é evitar que o empregador manipule o local de trabalho à margem do contrato e sem o acordo superveniente do trabalhador. De uma tal manipulação é que resultariam consequências intoleráveis (os «prejuizos sérios» prevenidos pelo legislador): as inerentes à frustração das expectativas de estabilidade geográfica ancoradas no contrato. Mas a situação altera-se profundamente se a mobilidade constitui uma regra convencionada para o desenvolvimento das relações de trabalho, com afastamento das restrições legais.

De resto, mesmo antes da entrada em vigor do CT de 2003, era já esse o entendimento da jurisprudência dominante (2).

323. A mencionada possibilidade de alargamento ou restrição da faculdade de transferência, por estipulação contratual *individual*, diz naturalmente respeito à faculdade em si – ao espaço de decisão unilateral que é reconhecido ao empregador no n.º 1 desse artigo – e não a todos os aspectos do regime do art. 194.º CT.

Desde logo, porque não está em causa a "amplitude" da referida faculdade, o meio de reacção desenhado no art. 194.º/5, para a transferência indesejada pelo trabalhador, mantém-se utilizável em qualquer caso. E o mesmo se dirá da importante disposição que se contém no art. 194.º/4, acerca do custeio das despesas inerentes à transferência. A norma especifica, com efeito, que se trata de lançar sobre o empregador uma parte das *despesas correntes* do trabalhador, na situação em que ficará após a mudança – e não só as despesas "directamente impostas pela transferência", como

(1) Cfr. Acs. Rel. Lisboa 6/10/88 (CJ 88, 4, 156), 17/4/91 (CJ 91, 2, 230) e 8/4/92 (CJ 92, 2, 206).

(2) Cfr., nomeadamente, o Ac. STJ 19/5/94 (BMJ 437, 342).

exigia o direito anterior. A nova regra impõe-se independentemente da latitude com que a mobilidade geográfica seja contratualmente estabelecida.

No entanto, esses elementos do regime legal são susceptíveis de afastamento por *instrumento de regulamentação colectiva* (art. 194.º/ /6) – são colectivamente, não individualmente, disponíveis.

Já são de natureza claramente imperativa as exigências procedimentais do art. 196.º, que constituem inovação do Código: a de comunicação escrita do empregador ao trabalhador anunciando a mudança, os seus fundamentos e a sua duração previsível (sendo temporária), com antecedência significativa em relação à data em que deverá ocorrer.

CAPÍTULO IV

A RETRIBUIÇÃO

§ 37. Significado e função da retribuição do trabalho.

1. *Noções gerais.*

324. A retribuição do trabalho é, como se notou, um dos elementos *essenciais* do contrato de trabalho (vd. art. 11.° CT). Significa isto que a prestação gratuita de serviços fica à margem deste tipo negocial e, por consequência, a descoberto do seu regime jurídico, embora possa, naturalmente, ser objecto de negócio jurídico [1].

Trata-se da principal obrigação que se investe no empregador através do contrato de trabalho, aparecendo como a *contrapartida* dos serviços recebidos. Este elemento de correspectividade ressalta de diversas disposições do CT, desde o art. 11.° («*mediante* retribuição») até ao art. 258.° («como *contrapartida* do seu trabalho»). O salário está, pois, à face da lei, ligado por um nexo de reciprocidade à prestação de trabalho – tal é a primeira visão que os dados legais nos oferecem acerca da concepção *funcional* da retribuição

---

[1] Recorde-se que, por seu turno, o *contrato de prestação de serviço* pode não envolver retribuição (art. 1 154.° CCiv.); a onerosidade *presume-se* somente, no mandato, se o mandatário tiver por profissão a prática dos actos que constituem objecto do contrato (art. 1 158.°/1), o mesmo se aplicando ao depósito (art. 1 186.°); a empreitada, pelo contrário, inclui a retribuição entre os seus elementos essenciais (art. 1 207.°).

no contrato de trabalho e que está na base do brocardo germânico *kein Arbeit, kein Lohn* (sem trabalho não há salário). Há-de ver-se, no entanto, que tal ideia sofre importantes desvios por parte da própria lei (e sobretudo da contratação colectiva), desvios tanto mais salientes quanto mais estreito for o nexo estabelecido entre o salário e a prestação de trabalho *efectivo*.

2. *Concepções do salário. Sua relevância jurídica.*

A) *Ideia geral.*

325. A retribuição a que o trabalhador tem direito com base no contrato e nas normas que o regem pode ser encarada de vários pontos de vista, com reflexos jurídicos diferenciados.

Desde logo, o salário *não é a mesma coisa* para o trabalhador e para a entidade patronal: aquele tende a encará-lo como meio de subsistência e a estabelecer uma correlação entre a penosidade do trabalho e o grau de satisfação (ou insatisfação) das suas necessidades pessoais e familiares; para o empregador, ao invés, a retribuição do trabalho aproximar-se-á de um preço que se incorpora nos *custos* de produção, pelo que irá confrontá-la com o rendimento obtido e, em geral, com a capacidade económica da empresa. Ou seja: entre os padrões de avaliação do trabalhador (necessidades próprias) e da entidade patronal (produtividade) não há coincidência, nem mesmo tendencial. Para um, o salário é algo como um *crédito alimentar;* para o outro, é o *preço de um factor produtivo.* A negociação colectiva sobre a matéria salarial encontra aqui uma parte das razões da sua dificuldade, por vezes insuperável em termos pacíficos: o critério de uma das partes é basicamente *social* – o da outra é sobretudo *económico.*

Acresce que o salário (para além do modo por que se projecta nas esferas do trabalhador e da empresa) tem igualmente reflexos muito importantes na conjuntura económica global: ele repercute-se (necessariamente ou não) nos *preços,* quer pela via dos custos de produção, quer pela do nível de consumo que possibilita. A problemática do salário é pois um elemento fundamental para a política económica e, em especial, no tocante à política de preços e rendimentos.

Quer a concepção do salário como *correspectivo da prestação de trabalho,* quer a que faz avultar nele o carácter de *meio de satisfação de necessidades* pessoais e familiares do trabalhador, quer ainda a que sublinha o seu aspecto de *dado e instrumento de política económica* – qualquer delas tem ilustrações claras na legislação portuguesa. E vamos rapidamente observá-las, antes mesmo de examinar com alguma profundidade o papel que a lei desempenha – em confronto e articulação com o contrato individual e os IRCT – no campo da determinação qualitativa e quantitativa dos salários.

B) *O salário como correspectivo.*

326. Do ponto de vista *jurídico-formal,* a retribuição surge como a *contraprestação* da entidade patronal face ao trabalho *efectivamente* realizado pelo trabalhador. Assim é que, por exemplo, as *faltas* não justificadas, e mesmo algumas das justificadas, conferem (legalmente) ao empregador o direito ao desconto na retribuição (arts. 255.°/2 e 256.°/1). Outra amostra: se o trabalhador estiver temporariamente impedido, por motivos ligados à sua pessoa (mas que não lhe sejam imputáveis), nomeadamente por doença, de prestar trabalho, o empregador fica exonerado do pagamento do salário enquanto durar a impossibilidade (art. 295.°) ([1]). O mesmo

---

([1]) Poderá objectar-se que esta afirmação não é propriamente legal, mas doutrinal (pois o preceito citado não estabelece expressamente a suspensão do pagamento do salário) e que ela se baseia já na concepção do salário como correspectivo da prestação do trabalho efectivo. Não é, porém, assim. Observe-se como, relativamente às situações de impossibilidade por facto ligado ao empregador ou à empresa (arts. 305.° e 309.° CT), *a lei regula expressamente o destino do salário,* mantendo-o nuns casos, oferecendo noutros uma alternativa: fá-lo decerto por, de harmonia com a concepção «retributiva», admitir que o silêncio equivaleria à confirmação da regra «sem trabalho não há salário» mesmo nessas hipóteses.

dispositivo é aplicável no caso de a interrupção do trabalho ser devida a *greve,* embora esta corresponda a um direito dos trabalhadores (art. 536.º).

327. Não é, porém, exacto que a correspectividade se estabeleça entre a retribuição e o trabalho *efectivamente prestado* – nem isso estaria de acordo com o conteúdo preciso da relação de trabalho, tal como atrás o analisámos. É a *disponibilidade* do trabalhador – mais do que o serviço efectivo – que corresponde ao salário; o trabalhador está, muitas vezes, *inactivo* porque o empregador não carece transitoriamente dos seus serviços ou o coloca em situação de não poder prestá-los, embora mantendo-se ele *disponível* e, portanto, a cumprir a sua obrigação contratual. É sugestiva no mesmo sentido a noção legal do contrato de trabalho (art. 11.º CT), onde se diz que o trabalhador *«se obriga, mediante retribuição* (...)» – ou seja (é uma leitura possível), se coloca numa posição de disponibilidade para o trabalho, *em troca* do salário.

Mas há outras manifestações da mesma ideia, e essas sem margem para dúvidas. É, desde logo, o conjunto de hipóteses previstas no art. 309.º/1-*b*) (encerramento temporário do estabelecimento ou diminuição de laboração por facto imputável ao empregador ou por razões de interesse desta), em que se englobam as situações caracterizadas por uma impossibilidade temporária da prestação de trabalho *criada* pela entidade patronal. *Embora inactivo, o trabalhador mantém o direito ao salário.* E estão abrangidos por esta regra não apenas os casos de encerramento *decidido* pela entidade patronal (p. ex. para renovação do equipamento, limpeza de máquinas ou fornos, ou ainda para economia de energia e poupança do equipamento em período de falta de encomendas), mas também aqueles em que o estabelecimento fecha por motivos que lhe sejam de qualquer modo *imputáveis* (nomeadamente quando o encerramento é imposto pela autoridade em consequência da verificação de delitos anti-económicos ou contra a saúde pública) ([1]).

([1]) Só assim não é nas situações-limite a que se reportam os arts. 298.º a 308.º CT, nas quais fica em causa «a viabilidade da empresa e a manutenção dos postos de trabalho» (art. 298.º/1).

Outro exemplo é o respeitante à *suspensão preventiva* do trabalhador no procedimento disciplinar (art. 329.°/5), pois corresponde a conveniências do empregador.

C) *O salário como meio de satisfação de necessidades. A protecção específica do salário.*

328. A destinação do salário à satisfação das *necessidades* pessoais e familiares do trabalhador constitui uma outra perspectiva a que o legislador atribui particular saliência. Pode dizer-se que é essa a concepção subjacente a todo o regime jurídico da retribuição no CT. Desde logo, o critério legal para a determinação qualitativa da retribuição é largamente tributário dela: ele assenta na ideia de *regularidade* do seu recebimento pelo trabalhador, ou seja, parte da existência de *expectativas* deste quanto ao *grau de satisfação de necessidades correntes* que os rendimentos do trabalho lhe asseguram.

Na perspectiva de se correlacionar o salário com as necessidades do trabalhador situa-se o regime da *remuneração mínima mensal garantida,* cuja primeira versão constou do DL 217/74, de 27/5, e que hoje integra os arts. 273.° ss. CT (1) (2) (3).

---

(1) O âmbito de aplicação de tal garantia foi sendo também modificado no sentido dum progressivo alargamento. Assim, o diploma de 1974 excluía os funcionários públicos e administrativos, os trabalhadores rurais e domésticos, os menores de 20 anos e ainda as empresas com menos de 10 trabalhadores e sem capacidade económica para suportar a aplicação daquela medida; o de 1975, por seu turno, de entre os servidores do Estado apenas arredava os elementos das forças armadas, e ressalvava somente as empresas economicamente débeis com menos de cinco trabalhadores, mantendo as restantes excepções. o de 1977 reduziu as ressalvas aos trabalhadores do serviço doméstico e aos menores de 20 anos – fixando no entanto uma retribuição mínima garantida *inferior* para os trabalhadores rurais (3 500$00). Em 1978, finalmente, ficaram cobertos (embora a nível inferior) os trabalhadores domésticos, e estabeleceram-se soluções para os menores (art. 2.°). O DL 69-A/87, de 9/2, estabeleceu ainda um conjunto de reduções do valor-padrão, algumas das quais vieram a ser revogadas no início dos anos 90 – mas tudo isto no pressuposto de que o regime era de aplicação

Esse regime tem raiz constitucional: o art. 59.°/2 *a*) CRP vincula o Estado a estabelecer e actualizar o *salário mínimo nacional*, «tendo em conta, entre outros factores, as necessidades dos trabalhadores, o aumento do custo de vida...» (¹). A verdade porém é que, não obstante a aparência criada (nomeadamente por diversas passagens dos preâmbulos dos diplomas que sobre o assunto foram surgindo, ao longo dos anos), não pode dizer-se que existe um autêntico «salário mínimo nacional». O sentido normativo desta noção (como, de resto, ressalta do teor do preceito constitucional) engloba uma conotação de *suficiência* que, para ser correspondida, implicaria a correlação com um *mínimo de subsistência* familiar previamente determinado. Haveria, em suma, que fixar um quantitativo mínimo bastante para cobrir as necessidades tidas por essenciais dum agregado familiar com certa dimensão, face ao nível atingido pelo custo de vida. Não é, seguramente, esse o conteúdo da garantia existente: a lei fixa um quantitativo que (suficiente ou

---

universal. Tal universalidade é hoje enfaticamente afirmada pelo Código do Trabalho (art. 266.°/1). Apesar dessa amplificação – diga-se de passagem –, os índices disponíveis assinalam que a percentagem de beneficiários directos decresceu muito sensivelmente desde 1974 (o DL 217/74 parece ter revertido em aumento de salários, efectivo ou potencial, para mais de metade da população activa).

(²) No Código de 2003, figurava apenas uma sucinta disposição sobre o tema (o art. 266.°) que abria espaço para regulamentação em diploma separado. O Código de 2009 absorveu essa regulamentação nos arts. 273.° a 275.°.

(³) A pormenorização de alguns aspectos do regime da retribuição mínima mensal garantida encontrava-se, antes da revisão de 2009, nos arts. 207.° ss. RCT, que estão agora revogados.

(¹) No mesmo sentido, antes da CRP, surgiu a Resolução do Conselho de Ministros, de 5 de Março de 1976 *(Diário do Governo* n.° 73, *Suplemento,* de 26 de Março), em que se adoptaram «medidas de política de carácter prioritário» como a «fixação de um salário mínimo nacional em proporção com o custo de satisfação das necessidades essenciais avaliadas aos preços vigentes» e a criação de um mecanismo de *indexação salarial.* Na mesma Resolução, previu-se a criação do Conselho Nacional de Política de Rendimentos e Preços, composto de representantes governamentais, sindicais e patronais e de peritos. Mais tarde surgiu a intervenção consultiva do Conselho Económico e Social (art. 9.°/2 DL 69-A/87) e, finalmente, no CT, a audição da Comissão Permanente de Concertação Social (art. 273.°/1).

não) se tem por *irredutível*, obstando a que níveis remuneratórios inferiores sejam consignados na negociação colectiva ou nos contratos individuais.

E, ainda assim, o anterior regime, constante do DL 69-A/87, previa *desvios* para menos, relativamente a certas actividades (serviço doméstico, trabalho artesanal) ou em função de determinadas características dos trabalhadores (menores, praticantes, aprendizes, estagiários, ou com capacidade de trabalho reduzida). Só estas últimas – com excepção da referente aos *menores* – se mantiveram no CT (art. 275.°/1) ([1]).

Sublinhe-se, por outro lado, que, quanto aos critérios a adoptar na definição da remuneração mínima garantida, o CT se aproxima, mais do que a lei anterior, dos desígnios constitucionais relativos ao salário mínimo: devem ser objecto de ponderação "as necessidades dos trabalhadores, o aumento do custo de vida e a evolução da produtividade" (art. 273.°/2).

329. Todavia, as expressões mais significativas do nexo estabelecido entre a retribuição e as necessidades do trabalhador consistem num conjunto de normas legais que oferece uma especial tutela da integridade dos valores que compõem o salário. Essa tutela aponta mesmo para a limitação dos efeitos normais que a actividade jurídica do trabalhador teria sobre tal parte (essencial) do seu património.

Assim, vigora a regra da *inadmissibilidade da compensação integral* da retribuição em dívida com créditos da entidade patronal sobre o trabalhador (art. 279.°): a compensação, quando admitida (n.° 2 do mesmo art.), não pode exceder, em regra, *um sexto* do salário ([2]) ([3]).

([1]) Já tinham sido também eliminadas reduções fundadas na dimensão da empresa e no aumento de encargos da entidade empregadora, além das que diziam respeito à agricultura, silvicultura e pecuária – sectores que ficaram, assim, no âmbito da retribuição mínima garantida a nível nacional.

([2]) Exemplo: um mecânico de automóveis, com o ordenado mensal de 450 e, inutiliza um aparelho de calibragem de rodas pertencente ao patrão, no valor de 300 €. Esta quantia não pode ser integralmente descontada na retribuição vincenda; terá que sê-lo por parcelas do valor máximo de 75 €, em meses sucessivos.

Por outro lado, os créditos salariais são *parcialmente impenhoráveis* (em dois terços do seu montante: art. 823.°/1 CPC) e também *parcialmente insusceptíveis de cessão* (art. 280.°), aliás em medida idêntica.

Além disso, a retribuição do trabalho beneficia de importantes *privilégios creditórios* (art. 333.° CT) (¹), não apenas sobre os bens móveis do empregador mas também sobre os imóveis em que preste o seu trabalho. Os créditos dos trabalhadores são colocados em primeiro lugar tanto num caso como no outro. Deste modo, a situação dos créditos remuneratórios e indemnizatórios, anteriormente bastante débil (²), resultou consideravelmente reforçada.

De qualquer modo, é patente que as disposições referidas assentam numa concepção não puramente «retributiva» do salário

(³) Esta regra encontra um importante desvio no art. 279.°/4 – desconto dos preços de refeições ou outros fornecimentos por cooperativas de consumo criadas no âmbito da empresa –, em que se admite a compensação em medida mais elevada (com o acordo dos trabalhadores). Em conexão com este preceito, embora para uma hipótese algo diversa, o art. 259.° regula o pagamento do salário *em géneros,* rodeando-o de algumas cautelas. Qualquer destes preceitos, embora não o referindo expressamente, deve ser entendido como pressupondo a interdição do chamado *truck-system* (pagamento ao trabalhador através de crédito para a aquisição de géneros em estabelecimento, economato ou cantina do próprio empresário), ou seja, envolvendo a liberdade de opção por parte do trabalhador e a prática de preços iguais ou inferiores aos correntes. Veja-se sobretudo, no sentido da proibição expressa do *truck-system,* art. 129.°/*h*) e *i*).

(¹) Estes privilégios creditórios já tinham sido muito melhorados pelo regime legal de protecção dos salários em atraso anterior ao CT (L. 17/86, de 14/6). Na verdade, o CCiv. atribuía somente, aos «créditos emergentes do contrato de trabalho, ou da violação ou cessação deste contrato, pertencentes ao trabalhador e relativos aos últimos seis meses», um *privilégio mobiliário geral* situado em quarto lugar na ordem definida pelo art. 737.°/1. A L 17/86 foi muito mais longe. Assim, deslocou aquele privilégio mobiliário geral para uma posição mais elevada do que a de qualquer outro, na ordenação geral do art. 747.° (incluindo os créditos do Estado por impostos); e acrescentou-lhe um privilégio *imobiliário geral* com precedência sobre os restantes indicados no art. 748.° e também sobre os dos créditos de contribuições de segurança social.

(²) Sobre o tema, em geral, veja-se VAZ SERRA, *Privilégios creditórios,* «Bol. Min. Just.» n.° 64.

– antes sublinhando a inerência deste último à satisfação das necessidades pessoais e familiares do trabalhador [1].

330. Constitui também manifestação desse modo de encarar a retribuição do trabalho o regime aplicável nas situações de *não pagamento pontual dos salários*. A relativa generalização do fenómeno, com incidência mais forte em certos períodos de dificuldade económica para as empresas, mas com presença endémica praticamente desde os princípios da década de oitenta, conduziu à elaboração de medidas legislativas de emergência, claramente inspiradas na percepção da essencialidade dos rendimentos do trabalho para a economia pessoal e familiar dos trabalhadores.

Actualmente, essas medidas estão reguladas nos arts. 323.º a 327.º e 336.º CT.

Como, desde logo, resulta do disposto no art. 323.º/3, os trabalhadores com remunerações atrasadas têm, ao abrigo do art. 394.º/5, o direito de *resolver* o contrato por *justa causa culposa* (se o atraso for igual ou superior a 60 dias), ou, nos termos do art. 325.º, o direito de o *suspender* (se o atraso for de 15 ou mais dias). As condições em que estas medidas podem ser concretizadas estão definidas nesses artigos do Código. Por outro lado, se o atraso for culposo, o empregador fica obrigado ao pagamento de juros de mora (art. 323.º/2).

Esse regime oferece resposta financeira de emergência aos trabalhadores afectados pelo atraso no pagamento de remunerações, mas não lhes faculta meios de pronta efectivação desses créditos. Esta outra questão é abordada pelo art. 336.º CT, que prevê a existência de um Fundo de Garantia Salarial. Este Fundo assume e suporta a garantia do pagamento dos créditos do trabalhador que não possam ser pagos pelo empregador. As condições em que esse dispositivo actua são ainda as definidas pelos arts. 317.º ss. RCT, que foram mantidos, provisoriamente, em vigor pela L. 7/2009.

---

(1) No mesmo plano se enquadra, de resto, o princípio da irredutibilidade do salário.

Existia há longo tempo um diploma comunitário – a Directiva n.º 80/987/CE – sobre as situações de insolvência dos empregadores. A transposição dessa directiva foi, durante longos anos, incompleta ou imperfeita, como se reconheceu no preâmbulo do DL 219/99. O assunto foi, de certo modo, reactivado pelo Acordo de Concertação Estratégica de 1996, que incluía o compromisso da criação de um Fundo de Garantia Salarial, em conformidade com algumas directrizes gerais aí enunciadas.

O DL 219/99 instituiu esse Fundo, destinado a assegurar «o pagamento de créditos emergentes do contrato de trabalho ou da sua cessação, nos casos em que a entidade patronal esteja em situação de insolvência ou em situação económica difícil e, encontrando-se pendente contra ela uma acção nos termos do Código dos Processos Especiais de Recuperação da Empresa e de Falência ([1]), o juiz declare a falência ou mande prosseguir a acção como processo de falência ou como processo de recuperação da empresa» (art. 2.º/1)

A L. 35/2004 (RCT) retomou o assunto, estabelecendo que o Fundo paga créditos até ao valor de *seis meses de retribuição* (art. 320.º/1), vencidos nos seis meses anteriores ao início dos referidos processos (art. 319.º/1), e fica, consequentemente, *subrogado* nos direitos e privilégios creditórios dos trabalhadores, na medida dos pagamentos efectuados (art. 322.º). Este regime foi mantido em vigor pelo art. 12.º/6 L. 7/2009.

O Fundo é alimentado por uma parte das contribuições para a Segurança Social e por financiamentos do Estado (art. 321.º RCT).

D) *O salário como factor da política económica.*

331. Resta apontar, entre as possíveis, a visão da retribuição do salário como *dado* e *instrumento* de política económica.

Actualmente, a contratação colectiva de trabalho desenvolve-se, amplamente, fora do controlo do poder político. Mas nem sempre foi assim, mesmo depois da abolição do regime corporativo e da antiga prática do controlo político das convenções colectivas

---

([1]) Aprovado pelo DL 132/93, de 23/4, e alterado pelo DL 157/97, de 24/6.

através da homologação ministerial. Vale a pena recordar algumas medidas legislativas excepcionais de um passado já remoto – como a estabilização de remunerações iguais ou superiores a 12 000$, operada pelo art. 3.° DL 292/75, de 16/6 (1); o congelamento da negociação colectiva, que se prolongou desde 27 de Novembro de 1975 até 29 de Fevereiro de 1976. Pesaram em tais medidas não apenas objectivos de contenção dos consumos, mas também a preocupação do estreitamento do chamado «leque salarial», tema dominante, no período que se seguiu a Abril de 1974, na agenda da contratação colectiva. Elas traduziam-se, obviamente, em formas de compressão da liberdade contratual (liberdade de estipulação), não apenas ao nível individual mas também no plano da regulamentação colectiva do trabalho.

Algo de semelhante pode dizer-se dos dispositivos instituídos pelo DL 121/78, de 2/6 (2), para condicionamento da regulamentação colectiva, não apenas a de carácter convencional mas até a que decorresse da via administrativa. Esse condicionamento – que ia desde a exigência de certa normalização da classificação profissional, até à imposição de que as prestações complementares da retribuição-base não excedessem 50% desta – era abertamente fundamentado, no preâmbulo do diploma, num «conjunto de razões e princípios de política económico-laboral», entre os quais o da «moderação dos aumentos salariais» e o da «manutenção do poder de compra dos trabalhadores», decorrentes do programa económico então delineado. Tratava-se, igualmente, de medidas compressoras da

(1) Limitação que só vigorou até 31 de Dezembro do mesmo ano.

(2) Este diploma foi a última grande expressão de uma política legislativa característica da fase de "rescaldo" das sequelas revolucionárias do movimento de Abril de 1974: perante um movimento sindical que se mantinha pujante e mobilizador, a capacidade de resposta negocial das empresas e das associações patronais revelava-se demasiado débil para que pudesse manter-se a contratação colectiva em equilíbrio no domínio da compatibilidade económica. Era, por outro lado, a fase dos chamados "choques petrolíferos" que estiveram na origem da grande crise económica internacional dos anos oitenta do século passado. O legislador interveio no sentido de tutelar, pelos mecanismos da legalidade – e não já, como no período corporativo, pelos do controlo administrativo de oportunidade e conveniência –, a contratação colectiva da época, procurando mantê-la dentro dos parâmetros da política macroeconómica.

área de livre negociação colectiva, ditadas por pressupostos de carácter político-económico; todavia, o modo de actuação dessas medidas – no plano da hierarquia das fontes de direito – retirava-lhes o carácter discricionário que era inerente a formas de controlo político-económico da negociação colectiva características do regime corporativo, como a já referida «homologação» ministerial das convenções ([1]).

Mais recentemente, a funcionalização da contratação colectiva à política económica, sobretudo na vertente da política de rendimentos, passou a ser considerada no âmbito da *concertação social*. Desde meados da década de oitenta do século passado, foram celebrados vários acordos tripartidos, uns exclusivamente votados à definição de parâmetros para a contratação colectiva de salários, outros integrando esse vector com diversos temas negociais pertencentes ao domínio da política social. Em todos esses casos, porém, tratou-se de obter, em via consensual, e com a máxima amplitude possível, compromissos de influência dos parceiros sociais de cúpula (confederações sindicais e patronais) sobre as organizações de base, tendo em vista a observância de certos parâmetros na negociação de salários em conformidade com a política macroeconómica de conjuntura.

§ 38. O princípio «a trabalho igual salário igual».

332. O art. 59.°/1 *a*) CRP estabelece que «todos os trabalhadores», sem discriminação, têm direito «à retribuição do trabalho, segundo a quantidade, natureza e qualidade, observando-se o princípio de que para trabalho igual salário igual, de forma a garantir uma existência condigna».

([1]) Porém, no tocante às *empresas públicas*, o regime anterior – a LRCT – determinava a *provisoriedade do depósito* dos instrumentos de regulamentação colectiva aplicáveis àquelas empresas em caso de falta de «autorização ou aprovação tutelar». O regime do "depósito provisório", assim como o da exigência de aprovação tutelar, não foram adoptados pelo CT.

Afirmam-se, assim, dois princípios respeitantes ao salário: o da *equidade* e o da *suficiência*.

Quanto ao segundo, já se assinalou a relatividade das suas projecções no ordenamento jurídico português. Sem prejuízo das consequências que resultam da sua inclusão no âmbito do regime dos direitos, liberdades e garantias (art. 18.° CRP), é necessário reconhecer-lhe um alcance preceptivo muito reduzido, à semelhança, por exemplo, do direito ao trabalho (art. 58.°).

Já, pelo contrário, o *princípio de equidade retributiva* que se traduz na fórmula «para trabalho igual salário igual» assume projecção normativa directa e efectiva no plano das relações de trabalho. Ele significa, imediatamente, que não pode, por nenhuma das vias possíveis (contrato individual, convenção colectiva, regulamentação administrativa, legislação ordinária) atingir-se o resultado de, numa concreta relação de trabalho, ser prestada retribuição desigual da que seja paga, no âmbito da mesma organização, como contrapartida de «trabalho igual». Nessa perspectiva, a jurisprudência tem declarado o princípio como vinculante das entidades públicas e dos particulares ([1]). Trata-se, pois, de uma directriz imediatamente operatória, não apenas enquanto critério de validade da regulamentação legal e convencional, mas, sobretudo, como critério de licitude da prática contratual concreta.

As raízes deste princípio desenvolvem-se em várias direcções: mergulham, em primeiro lugar, no *princípio geral da igualdade*, consagrado no art. 13.° CRP; depois, e já no plano específico das situações laborais, prendem-se ao *princípio da igualdade de tratamento* ([2]), que, por seu turno, deriva do reconhecimento da posição de supremacia e de poder («autoridade», diz o art. 11.° CT), e, enfim, entrelaçam-se com as do *princípio da não-discriminação*, afirmado, em geral,

---

([1]) Cfr., por exemplo, os Acs. STJ 26/5/88 (CJ 88, 3, 15), 14/1/90 (BMJ 401, 368) e 17/2/93 (AD 378, 709).

([2]) Vd. o nosso *Observações sobre o «princípio da igualdade de tratamento» no direito do trabalho* Coimbra (1990) – sep. do vol. «Boletim da Faculdade de Direito de Coimbra» *Estudos em homenagem do Prof: Doutor António de Arruda Ferrer Correia*.

pelo art. 13.°/2 CPR, e retomado, justamente a propósito da retribuição do trabalho, pelo mesmo preceito constitucional em que tem assento a equidade salarial (art. 59.°/1 *a*)) ([1]).

333. O sentido geral do princípio é este: uma idêntica remuneração deve ser correspondida a dois trabalhadores que, *na mesma organização* (ou seja, sob as ordens de uma mesma entidade empregadora) ocupem postos de trabalho «iguais», isto é, desempenhem tarefas *qualitativamente* coincidentes, em idêntica *quantidade* (duração). Por outras palavras: salário igual em paridade funções, o que implica, simultaneamente, identidade de natureza da actividade e igualdade do tempo de trabalho. Assim, a retribuição aparece directamente conexionada à *posição funcional do trabalhador* na organização: o modo por que ele se insere na concreta articulação de meios através da qual a empresa funcione confere-lhe um certo posicionamento relativo na escala de salários. A uma dada organização de trabalho corresponde uma definida «organização de salários».

Nesta perspectiva, as convenções colectivas de trabalho, ao identificarem e definirem «categorias» e ao ligarem a estas certos valores remuneratórios, surgem como instrumentos de equidade salarial: a «grelha» de categorias é aplicada às tarefas concretamente exercidas pelos trabalhadores, o que permite agrupá-los por identidade ou semelhança de funções, e conferir a cada grupo um nível remuneratório mínimo que será comum aos trabalhadores que o integram.

Mas identidade ou semelhança de funções (determinada a partir da natureza da actividade e do tempo de prestação) não é, necessariamente, «trabalho igual». Mesmo que se trate de dois postos de trabalho absolutamente idênticos, a prestação de actividade em cada um deles pode ser diferente: um dos trabalhadores é

([1]) O princípio da equidade retributiva tem um nexo lógico e genético muito estreito com a não-discriminação em função do sexo: veja-se o art. 26.° CT. É, todavia, interessante notar que a equidade foi, depois de Abril de 1974, preconizada em primeiro lugar relativamente aos trabalhadores *menores* (art. 1.° DL 217/74, de 27 de Maio, e art. 2.° DL 292/75, de 16 de Junho).

mais pontual do que o outro; «rende» mais do que o outro; um realiza com maior perfeição técnica as suas tarefas do que o outro; um exerce a função com maior autonomia do que o outro. Tudo isto leva a perguntar se a equidade salarial deverá, ou não, ser sensível ao factor *rendimento* individual do trabalho. O princípio «a trabalho igual salário igual» torna forçosa a paridade retributiva sempre que ocorre identidade de tarefas, ou só se, além disso, houver também *equivalência de rendimento*?

É que, na verdade, o sentido do princípio está aí inteiramente em causa: ou se trata de uma directriz uniformizante e massificadora, ou de um princípio de verdadeira equidade, concreta e não abstracta ou formal.

334. Como se disse, o princípio «a trabalho igual salário igual» tem uma estreita conexão lógica e genética com o da não-discriminação em função do sexo. A diferenciação salarial com base no sexo tem tradições, inclusivamente, na contratação colectiva. Por isso, a moderna produção normativa sobre a paridade retributiva tem sido, sobretudo, centrada na questão da discriminação sexual.

Assim, a Conv. OIT n.° 100 (ratificada por Portugal em 1966), sobre a igualdade de remuneração entre homens e mulheres, assenta na noção de «trabalho de valor igual» – noção, de resto, algo equívoca, pois tanto pode reflectir a ideia de *valor útil* do trabalho (aferido pelo seu resultado ou produto), como a de *valência* ou *importância funcional* das tarefas desempenhadas (a apurar pelo enquadramento destas na estrutura da organização ou, dizendo de outra maneira, na hierarquia de funções que a caracteriza). É evidente que só na primeira hipótese caberia a ponderação do rendimento do trabalho como eventual factor da variação do salário em identidade de funções.

Por outro lado, o art. 119.° do Tratado de Roma – art. 141.° após o Tratado de Amsterdão –, sempre cuidando da igualdade entre os sexos, refere-se, simplesmente, a «trabalho igual», sem definir directamente o conceito; mas há que atender ainda aos corolários da «igualdade de remuneração» – que o trabalho pago à tarefa seja pago na base de «uma mesma unidade de medida» e que o trabalho remunerado em função do tempo (como é, sabidamente, a regra no contrato de trabalho) o seja com base num mesmo valor por unidade para «um mesmo posto de trabalho» ([1]). A ambiguidade persiste: se a primeira exigência toma em conta o rendimento, a segunda basta-se com a coincidência formal de funções.

No domínio do direito comunitário derivado, há que considerar a Directiva 75/117/CE, de 10/2/75, também referente à igualdade salarial entre os sexos. Aí se preconiza a paridade retributiva «para um mesmo trabalho ou para um trabalho a que seja atribuído um valor igual» (art. 1.°). Apesar do alcance sugestivo que se recolhe da expressão «valor igual», a regra mantém espaço bastante para que, por exemplo, se considere conforme com ela a tradicional orientação da jurisprudência italiana, segundo a qual a paridade retributiva deve ser aferida pela identidade ou «equivalência» de funções, isto é, pela paridade formal das posições funcionais na organização ([2]).

335. Voltemos agora a nossa atenção para os dados do direito positivo português.

A formulação da CRP (art. 59°/1-*a*)) não é, apesar das aparências, concludente. Se, por um lado, correlaciona a retribuição com a «quantidade, natureza e *qualidade»* do trabalho – abrindo, assim, espaço para a variabilidade do salário em função do «valor útil» da prestação de trabalho –, por outro, o ênfase conferido à *suficiência* da remuneração, isto é, ao nexo entre esta e a satisfação

---

([1]) Embora a letra do (agora) art. 141.° sugira que os seus destinatários são, exclusivamente, os Estados («Cada Estado membro garantirá, durante a primeira fase, e manterá em seguida, a aplicação do princípio da igualdade (...)»), o Tribunal de Justiça das Comunidades, por Ac. 8/4/76 (conhecido como «segundo acórdão *Defrenne*»), decidiu que a norma se dirige também aos particulares, uma vez que os salários são fixados por negociação (colectiva ou individual) entre entidades privadas. Cfr. G. LYON-CAEN/A. LYON-CAEN, *Droit social international* cit. 266.

([2]) ROCCELLA/TREU, *Diritto del lavoro della Comunità Europea,* Pádua (1992) 233.

das necessidades pessoais e familiares do trabalhador («de forma a garantir uma existência condigna») representa um apoio sério para a orientação segundo a qual o rendimento (ou o valor concreto) dos serviços prestados não deve constituir factor de diferenciação salarial em paridade de funções ou de categoria.

É, no entanto, necessário reconhecer que o preceito constitucional consagra, como atrás se notou, dois princípios distintos e autónomos, *ambos tributários da justiça retributiva,* mas cada um deles com a sua lógica; e que, no tocante à igualdade retributiva, o factor «qualidade do trabalho» (diferente da *natureza* da actividade) aponta no sentido da relevância das características individuais da prestação, do seu «valor útil» ou do seu «rendimento».

Esta leitura vingou na jurisprudência do TC: uma importante decisão interpretativa da norma em causa ([1]), depois de assinalar que os princípios nela enunciados «visam assegurar uma justa retribuição do trabalho», esclareceu que «o que se proíbe são as discriminações, as distinções sem fundamento material, designadamente porque assentes em meras categorias subjectivas; se as diferenças de remuneração assentarem em critérios objectivos, então elas são materialmente fundadas e não discriminatórias».

336. De resto, a orientação tradicional, nos domínios legislativo e jurisprudencial, é a da relevância do rendimento do trabalho para o efeito da parificação salarial.

Com efeito, já o art. 116.°/2 da velha LCT – na sua versão originária – garantia às mulheres «o direito de receber, em identidade de tarefas e qualificação *e idêntico rendimento de trabalho,* a mesma retribuição dos homens». A jurisprudência do STA era, também, constante no sentido de acolher o rendimento como factor de comparação, para além da «mera identidade de funções» ou do «aspecto formal da categoria» ([2]).

([1]) Trata-se do Ac. TC n.° 313/89, de 9/3/89 (BMJ 385, 188).

([2]) Cfr., por exemplo, os Acs. STA 17/2/76 (AD 172, 572) e 27/4/76 (AD 174, 902). Um aspecto comum dessa jurisprudência consistia em se exigir *a igual produtividade e perfeição técnica do trabalho,* postulando assim uma apreciação em concreto para a aplicação do princípio de paridade no plano individual.

Mas foi com a publicação do DL 392/79, de 20 de Outubro ([1]), regulador das condições de igualdade e não-discriminação com base no sexo, que o problema passou a ter tratamento legal desenvolvido e sistemático. Na esteira da Conv. OIT n.° 100, o art. 9.°/1 impõe a igualdade de remuneração «por um trabalho igual ou de *valor igual* prestado à mesma entidade patronal». E, no art. 2.° *e*), definia-se «trabalho de valor igual» nos seguintes termos: «trabalho prestado à mesma entidade patronal quando as tarefas desempenhadas, embora de diversa natureza, *são consideradas equivalentes em resultado da aplicação de critérios objectivos de avaliação de funções*». A referência ao «valor igual» resultava, finalmente, esclarecida pela negação de significado discriminatório às «variações de remuneração efectiva» que decorressem da aplicação de «critérios objectivos comuns a homens e mulheres» (art. 9.°/2). Entra aqui, manifestamente, a possibilidade da consideração da *qualidade da prestação* e do *rendimento do trabalho* como factores de variação do salário.

No CT, o art. 270.° consagra também, *expressis verbis*, o "princípio de que, para trabalho igual ou de valor igual, salário igual", esclarecendo que devem ser tidas em conta "a quantidade, natureza e qualidade do trabalho". E o art. 31.°/3, depois de garantida a igualdade retributiva entre os sexos, exclui o carácter discriminatório de diferenciações remuneratórias "assentes em critérios objectivos", admitindo-as quando fundadas no mérito, na produtividade, na assiduidade ou na antiguidade dos trabalhadores.

Essa consideração tinha já, de resto, obtido acolhimento pleno na jurisprudência: é admitida a atribuição de salários diferentes a trabalhadores da mesma categoria, desde que se demonstre a diferença de qualidade da prestação ([2]); os critérios fixados no art. 59.° CRP (quantidade, natureza, qualidade do trabalho) podem conduzir a uma diferenciação de tratamento remuneratório, assim objectivamente *justificada* ([3]); essa diferenciação tanto pode resultar

---

([1]) Que só foi revogado com a entrada em vigor da L. 35/2004 (regulamentação do CT de 2003).

([2]) Ac. STJ 22/9/93/CJ 93, 3, 269).

([3]) Veja-se, como amostra, o Ac. STJ 1/3/90 (BMJ 395, 396).

da qualidade, como da *natureza* do trabalho, ainda que dentro da mesma categoria ([1]).

Ou seja, para retomarmos uma formulação deixada atrás: a igualdade de retribuição não é um princípio massificador, é uma expressão de equidade.

337. Há, porém, que distinguir dois níveis de colocação do problema.

Um é o das *normas* ou *critérios gerais* por que se pauta a classificação das funções e o correlativo escalonamento dos níveis de retribuição. Estão aí em destaque as convenções colectivas e as regras internas das empresas (em matéria de qualificação de funções, de avaliação de mérito, etc.) como possíveis alvos do princípio da paridade. Não podem, *em geral,* ser estabelecidos níveis de retribuição, ou fórmulas de cálculo de prestações salariais, com diferenciação por outros factores (desde logo, o sexo) para além da *natureza das funções.* Assim, o art. 26.º/1 CT torna ineficazes (declarando-as aplicáveis a «trabalhadores de ambos os sexos") as disposições dos instrumentos de regulamentação colectiva que reservem profissões ou categorias a um dos sexos. Os padrões remuneratórios têm que ser *gerais,* colocando os trabalhadores da mesma organização em igualdade de oportunidades. As tabelas de remunerações mínimas que, usualmente, constam das convenções colectivas fixam, para todos os membros da mesma categoria, um valor remuneratório comum. Se o não fizerem, as disposições respectivas são substituídas pela mais favorável que se aplicará a ambos os sexos (n.º 2 do mesmo artigo).

Mas, num segundo plano, o da *determinação do valor concreto da retribuição* (com observância do padrão ou norma geral aplicável), entende-se juridicamente possível *a individualização do salário,* com base em avaliação do mérito ou do rendimento, segundo métodos objectivos e explicitados em termos genéricos – redundando, pela

---

([1]) Cfr. Ac. Rel. Lisboa 25/3/92 (CJ 92, 2, 199), Ac. STJ 24/4/91 (BMJ 406, 457).

própria natureza das coisas, em retribuições desiguais dentro da mesma categoria ou género de trabalho. É aqui que se alcança a realização plena do princípio «para trabalho, igual salário igual», uma vez que ele, para além da paridade, implica equidade, justiça concreta na retribuição do trabalho.

Em suma: o princípio «a trabalho igual salário igual» implica, em primeiro lugar, *a inadmissibilidade de regras de tratamento salarial diferenciado pelo sexo ou por outros factores discriminatórios;* mas comporta, em segundo lugar, *a individualização dos salários com base no mérito ou no rendimento,* apurados mediante critérios e métodos objectivos e explícitos.

§ 39. A determinação qualitativa da retribuição.

1. *O problema.*

338. O problema da qualificação de cada uma das atribuições patrimoniais feitas pelo empregador ao trabalhador, por referência ao conceito de *retribuição,* ganhou uma acuidade singular com a amplificação do leque daquelas atribuições, na contratação colectiva e na prática das empresas. É sabido que, por razões diversas – desde as que se relacionam com propósitos de aligeiramento da carga fiscal e para-fiscal até às derivadas da intenção de ladear limitações governamentais em matéria de política de rendimentos –, se registou, sobretudo a partir dos anos oitenta do século passado, uma considerável proliferação de «títulos» pelos quais são efectivadas vantagens económicas aos trabalhadores.

Essa proliferação originou uma nebulosa de conceitos (subsídios, abonos, compensações, indemnizações, prémios, complementos de prestações de segurança social, valor de uso de bens da empresa) que, referidos ou não ao pilar central do «sistema» remuneratório (a retribuição «certa» ou «de base» que o empregador está contratualmente obrigado a pagar por mês ou com diferente periodicidade), transportam consigo uma certa indeterminação quanto ao nexo de correspectividade com a prestação de trabalho.

Em muitos casos, com efeito, o trabalhador não recebe apenas da entidade patronal a quantia certa, paga no fim de cada semana, quinzena ou mês, que vulgarmente se designa salário, ordenado ou vencimento (e a que, tecnicamente, se costuma aplicar o rótulo de «retribuição-base»). Certo é que essa prestação regular e periódica é aquela que não só pretende corresponder *directamente* a uma certa «medida» da prestação de trabalho, mas também acompanha um dado «ritmo» de satisfação de necessidades – a das necessidades correntes, do dia a dia – do trabalhador e sua família. No entanto, várias razões explicam que, além dessa prestação básica, sejam hoje *devidas,* não só por efeito da lei, mas até sobretudo por imposição dos IRC, outras prestações pecuniárias de diversa natureza e periodicidade (quando esta existe).

Por um lado, a contabilidade das empresas conforma-se de modo a só se determinar com rigor o valor da produção (em que o trabalho se acha incorporado) por períodos mais amplos do que aqueles que dimensionam a retribuição-base (os chamados anos económicos); daí que os empregadores se disponham, por vezes, a efectuar, com essa periodicidade, *prestações salariais correctivas,* através das quais se aproxima (segundo o critério empresarial) a retribuição *global* do valor económico do trabalho obtido.

Por outro lado, há épocas do ano em que, normalmente, os trabalhadores ficam sujeitos, na sua vida privada, a dispêndios mais avultados – as férias, o Natal. Daí que algumas prestações correctivas comportem ainda o sentido *aparente* de ganhos extra-salariais, prémios de fidelidade ou assiduidade, ou mesmo liberalidades do empresário.

Em terceiro lugar, no próprio desenvolvimento da relação de trabalho, e em estreita conexão causal com a prestação de serviços, ocorrem situações que implicam para o trabalhador a realização de despesas (deslocações em serviço, transferência do local de trabalho), uma particular penosidade e perturbação da vida privada (trabalho nocturno, extraordinário, por turnos ou efectuado em dia de descanso semanal), etc.. Também dessas situações decorrem para o empregador obrigações pecuniárias específicas para com o trabalhador.

Significa isto que, durante a vigência do contrato individual de trabalho, são ou devem ser efectuadas diversas atribuições patrimoniais pelo empregador ao prestador de trabalho, sem que se torne imediatamente clara a sua inclusão no binómio trabalho/salário.

339. A medida de alguns direitos do trabalhador define-se com base no montante (global) da retribuição. É o que, desde logo, ocorre com «as retribuições que (o trabalhador) deixar de auferir desde o despedimento até ao trânsito em julgado da decisão do tribunal», sendo o despedimento ilícito (art. 390.º/1 CT).

Mais importante do que isso é, porém, a aplicação das disposições que, como se trás se viu, definem uma barreira de protecção para a retribuição do trabalho, encarada como única ou principal fonte de subsistência do trabalhador.

A aplicação de qualquer desses comandos legais exige, obviamente, que se analise a *composição* do referido salário global, quer dizer, que se procure um critério destinado a permitir a qualificação desta ou daquela prestação pecuniária como parcela da retribuição ou como atribuição patrimonial de outra natureza. O próprio art. 258.º/4 esclarece que «à prestação qualificada como retribuição é aplicável o correspondente regime de garantias previsto neste Código».

Trata-se, pois, de assegurar a *determinação qualitativa da retribuição,* como operação prévia relativamente ao cálculo do seu valor.

2. *O critério legal* (1).

340. O critério de qualificação retributiva tem que extrair-se da conjugação dos «princípios gerais» contidos no art. 258.º, e das aplicações feitas perante certas atribuições patrimoniais típicas, no art. 260.º.

---

(1) Acautele-se que o critério aqui referido é apenas o que se extrai da legislação do trabalho propriamente dita, e que nela assume relevância própria. Na verdade, a determinação qualitativa da retribuição do trabalho constitui também problema básico noutros sectores do ordenamento jurídico; e as respostas que, aí, lhe são dadas pela lei não coincidem em pleno com as decorrentes do regime «jurídico-laboral» do salário – se assim podemos exprimir-nos –, antes reflectindo os interesses e as preocupações subjacentes a essas outras áreas do Direito. Assim, como decerto se não ignora, a «retribuição», «remuneração»

A noção legal de retribuição, conforme se deduz do art. 258.°, será então a seguinte: o *conjunto dos valores* (pecuniários ou não) que a entidade patronal está *obrigada* a pagar *regular* e *periodicamente* ao trabalhador *em razão da actividade* por ele desempenhada (ou, mais rigorosamente, da disponibilidade de força do trabalho por ele oferecida).

341. A retribuição é, em primeiro lugar, um *conjunto de valores,* expressos ou não em moeda. Não se limita, desde logo, àquilo que o trabalhador recebe por semana, quinzena ou mês (conforme a periodicidade ajustada) como contrapartida directa da actividade realizada nesse período. Também cabe nela o valor de *bens (maxime* de consumo) e do *uso pessoal* de outros bens que, conjuntamente com uma parte pecuniária, sejam entregues pelo empregador em contrapartida dos serviços obtidos. Prevê-o o art. 259.° CT, acautelando, no entanto, que as prestações «não pecuniárias» não ultrapassem (no valor que lhes seja imputado) metade do total, e se componham de bens destinados à «satisfação de necessidades pessoais do trabalhador ou da sua família» – não a serem comerciados por quem os recebe.

Deve incluir-se neste tipo de prestações o *alojamento* por vezes assegurado pelo empregador, mas, de acordo com o entendimento que se afigura mais correcto, apenas se, nas circunstâncias concretas, for possível ao trabalhador consegui-lo directamente por sua conta (o que leva a excluir do cômputo da retribuição qualquer valor imputado ao alojamento que o empregador forneça, por exemplo, quando a área de laboração é deserta ou não oferece outras possibilidades razoáveis de habitação). Considerações idênticas podem fazer-se relativamente à *alimentação* fornecida pela entidade patronal ([1]).

---

ou «rendimentos de trabalho», conforme as ópticas legislativas, tem conteúdos específicos (aliás, de um modo geral, *mais amplos* do que na lei do trabalho), nomeadamente no regime jurídico da *segurança social* (art. 2.° DR 12/83, de 12/2).

([1]) No que respeita ao *vestuário,* haverá que excluir aquelas peças que, por serem inerentes à prestação de trabalho (e até, por vezes, impostas por regras

342. A segunda nota do critério legal de determinação qualitativa do salário consiste na *obrigatoriedade* das prestações efectuadas pelo empregador.

Pretende-se, assim, afastar as meras liberalidades, valores atribuídos com *animus donandi,* nomeadamente a título de «recompensa ou prémio» (são as gratificações ou prestações extraordinárias a que se reporta o art. 260.º/1-*b*)), sem prévia vinculação do empregador. Já se vê, todavia, que podem ser disfarçadas sob tal fórmula verdadeiras prestações salariais; as «liberalidades» podem inclusivamente assentar em *usos* da empresa – que, como se observou, constituem elementos integradores do contrato individual de trabalho (vd. uma alusão, nesse sentido, no art. 260.º/3) e são, por isso, susceptíveis de fundar obrigações do empregador.

Note-se, porém, que a lei (art. 260.º/1-*c*)) exclui o carácter retributivo de certos prémios de mérito ou de assiduidade que podem estar regulamentados pelo empregador, e que se relacionam, por sua natureza, com a prestação de trabalho. O mecanismo de exclusão assenta no facto de a atribuição desses prémios não estar antecipadamente garantida – justamente por depender da verificação dos factores a considerar – e não constituir, por conseguinte, fundamento de qualquer expectativa legítima de ganho, não sendo, neste sentido específico, *obrigatória.*

De um modo geral, exige-se, portanto, que as prestações realizadas pelo empregador sejam obrigatórias – quer a vinculação decorra directamente da lei, de IRCT, das estipulações expressas nos contratos individuais, de regulamentação interna ou dos usos laborais (art. 258.º/1).

343. Em terceiro lugar, requer-se uma certa *periodicidade ou regularidade* no pagamento – muito embora possa ser diversa de

---

legais de higiene e segurança, como o capacote de proteção, os protectores de ouvidos, as luvas de amianto, etc.), devem considerar-se equiparáveis aos instrumentos ou ferramentas utilizadas na laboração da empresa e, como estas, a fornecer pelo empregador. Cfr. KASKEL/DERSCH, 284.

umas prestações para outras (mensal quanto ao salário-base, anual relativamente a gratificação de Natal, trimestral para a comissão nas vendas, etc.).

Essa característica tem um duplo sentido indiciário: por um lado, sugere a existência de uma vinculação prévia (quando se não ache expressamente consignada) e, por conseguinte, de uma *prática vinculativa*; por outro, assinala a medida das expectativas de ganho do trabalhador e, por essa via, confere relevância ao nexo existente entre a retribuição e as necessidades pessoais e familiares daquele.

A repetição (por um número significativo de vezes, que não é possível fixar *a priori*) do pagamento de certo valor, com identidade de título e/ou de montante, cria a convicção da sua continuidade e conduz a que o trabalhador, razoavelmente, paute o seu padrão de consumo por tal expectativa – uma expectativa que é juridicamente protegida.

344. Enfim, é necessário que exista *correspectividade* entre as prestações do empregador e a situação de disponibilidade do trabalhador – ou seja, noutros termos, que essas prestações não tenham *causa específica e individualizável,* diversa da remuneração do trabalho.

Assim, se o trabalhador tem que se deslocar em serviço e recebe mais tarde o valor correspondente ao preço do transporte e do alojamento e alimentação envolvidos na deslocação, esse valor não pode, obviamente, ser computado como prestação salarial. No caso de transferência do local de trabalho (art. 194.° CT), os encargos com o transporte de mobílias, de bagagens e do agregado familiar do trabalhador (sendo caso disso), assim como os decorrentes do "acréscimo dos custos de deslocação", são suportados pelo empregador e o correspondente valor está também arredado do cômputo da retribuição.

É, em suma, necessário que se possa detectar uma *contrapartida específica* – diferente da disponibilidade da força de trabalho – para certa prestação do empregador, a fim de que esta se coloque à margem do salário global. O que, dito de outro modo, envolve a existência da *presunção* de que qualquer atribuição patrimonial efectuada pelo empregador em benefício do trabalhador, salvo prova em contrário, constitui parcela da retribuição (art. 258.º/3) ([1]).

3. *A função do critério legal.*

345. Face à existência de um conjunto articulado de proposições normativas como o do art. 258.º, sedimentou-se, na prática das relações laborais, o convencimento de que o problema da qualificação retributiva comporta uma abordagem unidireccional, ou seja, pode resolver-se de um só ponto de vista para todos os efeitos.

No limite, tal perspectiva envolveria a ideia de que a atribuição de índole retributiva a certa prestação do empregador conduziria, de modo rectilíneo, a uma multiplicidade de resultados operatórios: como exemplos, o de que o valor dessa prestação deveria ser integrado na base de cálculo de *todas* as prestações subordinadas ao montante da «retribuição» – desde a remuneração do trabalho suplementar até aos salários devidos por despedimento ilícito –; o de que a mesma prestação seria insusceptível de redução ou eliminação por vontade unilateral do empregador; e até o de que o seu valor deveria ser pago com a mesma pendularidade que o contrato estabeleça para a «retribuição-base». Essa perspectiva tem prosperado na prática: o critério do art. 258.º CT (art. 249.º do CT 2003) tem sido utilizado para os mais diversos fins que implicam a determinação (qualitativa ou quantitativa) da retribuição – e, ademais, alguma jurisprudência considera que esse critério é insusceptível de «modificação», genérica ou pontual, por parte dos instrumentos de regulamentação colectiva de trabalho ([2]).

([1]) O tratamento da afectação de viatura automóvel ao uso do trabalhador tem sido, na jurisprudência, inspirado em dois traços do critério legal: o da *correspectividade*, no sentido exposto (que leva a considerar o valor de uso como parte da retribuição se esse uso for pessoal), e o da *obrigatoriedade*, isto é, da existência de um direito do trabalhador, embora seja este último o critério decisivo para o STJ. Cfr. Acs. Rel. Lisboa 4/11/92 (CJ 92, 5, 184) e 5/5/93 (CJ 93, 3, 168), e o Ac. STJ 15/6/94 (BMJ 438, 308).

([2]) Veja-se, por exemplo, o Ac. Rel. Coimbra 15/3/84 (CJ 84, 2, 90) e Ac. Rel. Évora 5/3/87 (CJ 87, 2, 319).

O art. 258.º/4 atribui uma função a esse critério: ele serve de base à aplicação do «correspondente regime de garantias". A lei não é, neste ponto, um primor de clareza. Mas permite, pelo menos, considerar que esses regimes serão os dos arts. 279.º e 280.º (compensações, descontos, cessão de créditos), do art. 323.º (mora do empregador) e ainda os dos arts. 333.º a 336.º (garantias dos créditos).

A verdade, porém, é que a qualificação retributiva das atribuições patrimoniais feitas pelo empregador pode interessar para diversas finalidades, além dessas que são expressamente previstas; e nada permite afirmar *a priori* que o critério do art. 258.º CT tenha em vista a totalidade dessas operações ([1]).

346. O saber-se se uma certa prestação tem carácter retributivo interessa, em primeiro lugar, para a determinação do *âmbito da vinculação* do empregador com base no contrato de trabalho. Trata-se de responder, fundamentalmente, a esta primeira pergunta: está o empregador obrigado a *cumprir* tal prestação enquanto vigorar o contrato (e enquanto ela não seja, por qualquer razão legítima, excluída do cenário da relação de trabalho)? Esta pergunta visa, no seu momento lógico, separar a *obrigação* da *liberalidade* (o devido do facultativo); e, num segundo momento, concretizar o âmbito da *irredutibilidade* que, nos termos do art. 129.º, protege a retribuição.

Aquilo que, nesta primeira perspectiva, houver que considerar retribuição será *insusceptível de modificação unilateral* pelo empregador. Tal insusceptibilidade dirá respeito não só ao *valor,* mas também ao *título* da atribuição patrimonial (que não poderá, assim, deixar de ser *autonomamente* mantido no esquema remuneratório do trabalhador), no caso de ter o seu suporte na lei, em instrumento de regulamentação colectiva ou em estipulação individual;

([1]) Sobre o tema, veja-se o importante estudo de B. Lobo Xavier, *Introdução ao estudo da retribuição no direito português,* in RDES, (2.ª série), 1986, n.º 1, 98.

e respeitará apenas ao *valor* da prestação (podendo o empregador alterar ou eliminar o respectivo título) se ela assentar na regulamentação interna ou na prática continuada da empresa (como sucede com certos prémios e comissões).

347. Uma segunda equação é a que se refere, especificamente, ao *esquema temporal de cumprimento* das prestações remuneratórias. Tratar-se-á de encontrar resposta para esta pergunta: a prestação deve ser paga, anualmente, catorze vezes (integrando, portanto, os subsídios de férias e de Natal), doze vezes (sendo computada na remuneração do período de férias) ou só onze (isto é, correlacionando-se apenas com o tempo de serviço efectivo)?

O art. 264.°/1 CT estabelece uma relação de equivalência forçosa entre a retribuição do período de férias e a «que o trabalhador receberia se estivesse em serviço efectivo» (n.° 1) mas – ao contrário do direito anterior – não estende essa equivalência ao subsídio de férias (n.° 2). Na verdade, o valor deste subsídio integra "a retribuição base e outras prestações retributivas que sejam contrapartida do modo específico da execução do trabalho". Sabe-se o que é a retribuição base: está definida no art. 262.°/2-*a*). Mas as "demais prestações retributivas" não são facilmente identificáveis. Aparentemente, quer-se excluir algo que se contém no conjunto dos valores "que o trabalhador receberia se estivesse ao serviço efectivo" (n.° 1). A formulação legal abre espaço para muitas dúvidas. Estará incluída no subsídio a média das comissões nas vendas (art. 261.°/3)? E as diuturnidades, que apenas dependem da antiguidade? Há, por outro lado, aplicações claras e cuja justeza parece indiscutível: se, por exemplo, for devido ao trabalhador um «subsídio de renda de casa», compreende-se que ele integre a retribuição das férias, mas já se entenderia mal que fizesse parte do subsídio de férias; o mesmo se diga de um "subsídio de refeição" que esteja garantido doze meses por ano.

A questão fundamental é aqui a da *regularidade* e *periodicidade* dos benefícios patrimoniais auferidos pelo trabalhador. Ora é sabido que, por natureza, alguns desses benefícios têm uma pendularidade diversa da da chamada «retribuição base». Pode ser, por exemplo, que um «prémio de assiduidade» tenha sido convencionado como prestação *trimestral;* ou até que uma outra prestação apareça regulada em correlação estrita com o *tempo de trabalho efectivo* (excluindo-se do seu ciclo anual o período de férias).

Já se torna claro que o problema releva da *interpretação* das normas legais ou cláusulas que instituem e regulam cada prestação; e que essa interpretação, para além de ter como ponto de partida os termos de tais normas ou estipulações, deve tomar em consideração o *perfil funcional* de cada prestação – não se quedando, pois, no apriorismo da qualificação retributiva com base no art. 258.° CT. Isto significa, em suma, que uma atribuição patrimonial pode ter que qualificar-se como elemento de retribuição (face ao art. 258.°) e, não obstante isso, merecer o reconhecimento de uma pendularidade diferente da que caracteriza os restantes elementos, nomeadamente a chamada «retribuição base».

348. Surge, enfim, como terceira perspectiva em que a qualificação remuneratória pode colocar-se, a de se determinar, a partir das normas e estipulações que definem o conteúdo das vinculações entre empregador e trabalhador, e tendo em conta as indicações resultantes do próprio desenvolvimento dessas relações, um *valor* que constituirá a base de cálculo para certas atribuições patrimoniais colocadas na dependência da retribuição, como é o caso de determinadas prestações de segurança social (subsídio de doença, subsídio de desemprego, pensão de reforma) e as indemnizações e pensões por acidente de trabalho ([1]).

Note-se que o art. 262.°/1 estabelece uma regra supletiva genérica, pelo menos para aplicação no âmbito da legislação do trabalho: *à falta de indicação explícita noutro sentido, a base de cálculo de prestações complementares e acessórias é constituída apenas pela soma da retribuição base e das diuturnidades.* A mesma regra é, de resto, utilizada para o cálculo da indemnização por despedimento ilícito (art. 391.°) e por resolução do contrato, promovida pelo trabalhador, com justa causa culposa (art. 396.°).

([1]) Veja-se o art. 300.° CT de 2003 (mantido em vigor provisoriamente pelo art. 12.°/3-*a*) L. 7/2009), que adopta uma lógica porventura não coincidente, mas próxima da do art. 258.° CT actual.

Mas pode haver, para outros efeitos, necessidade de determinar o valor da "retribuição", no sentido correspondente à estrutura remuneratória que integra o "estatuto" do trabalhador. É o que ocorre – para citar um exemplo apenas – quando a lei garante ao trabalhador o valor das "retribuições que deixou de auferir" por facto do empregador (veja, entre outros, o art. 393.º/2-*a*)).

A determinação desse valor faz-se, caracteristicamente, *a posteriori;* ela opera sobre um conjunto de elementos verificados, em regra sobre a massa das atribuições patrimoniais consumadas pelo empregador em certo período ou ao longo da vigência do contrato de trabalho. A partir daí, é necessário desenhar uma estrutura retributiva que permitirá, utilizando os critérios de cálculo que os seus vários elementos requerem, determinar um «valor potencial» referido à unidade de tempo que se tome como padrão (em regra o mês). É o que já se tem chamado «retribuição modular» ([1]), no sentido de que exprime o padrão ou módulo (não a medida real e concreta da retribuição que foi paga *em* cada unidade de tempo) do esquema remuneratório de cada trabalhador, sintetizando, em referência à unidade de tempo relevante, a diversidade inorgânica das atribuições patrimoniais realizadas ou devidas até então.

A questão que aí se suscita é, pois, a de colocar cada prestação em confronto com um critério que permita dar conta da *totalidade* das características da retribuição como elemento do objecto do contrato de trabalho, isto é, um critério que sirva uma «concepção ampla de correspectividade», ultrapassando mesmo o nexo comutativo *retribuição/prestação de trabalho* para conferir relevância ao complexo circunstancial por que se exprime o envolvimento do trabalhador na relação de trabalho ([2]).

349. A colocação do art. 258.º CT perante estas três perspectivas de abordagem da qualificação retributiva esclarece, a nosso

([1]) B. LOBO XAVIER, *Introdução* cit. *passim*.

([2]) Neste sentido evoluiu a jurisprudência italiana, exactamente numa linha de revisão do princípio da «omnicompreensividade» da retribuição. Veja-se D'ANTONA, *Le nozioni giuridiche della retribuzione,* DLRI 1984, n.º 22, 274 ss..

ver, a específica função que ele desempenha no regime jurídico do salário: o critério legal (que, de resto, se desdobra por outros preceitos da mesma secção: art. 260.º) constitui um instrumento de resposta ao problema da determinação a posteriori da «retribuição modular» (1) ou «padrão retributivo» – como tal, necessariamente, *omnicompreensivo* (no sentido de que há-de reproduzir, sob forma sintética e potencial, o estatuto salarial do trabalhador).

O critério legal constitui, assim, o instrumento de despiste dos valores que, *no seu conjunto*, têm um nexo de correspectividade com a posição obrigacional do trabalhador, encarada também *na sua globalidade*. Ele serve, então, para definir *a posteriori* uma base de cálculo para certos valores derivados.

Mas isso não legitima que o mesmo critério seja linearmente utilizado como chave-mestra de todo o regime jurídico da retribuição. Uma prestação abarcável no amplo padrão retributivo definido pelo art. 258.º pode ter que ser afastada do campo de aplicação deste ou daquele preceito referente à retribuição. Pode ser, por exemplo, que um certo subsídio, embora pertencente à estrutura retributiva de harmonia com o art. 258.º, não tenha que ser incluído no cálculo do subsídio de férias ou de Natal; ou deva ser pago apenas em períodos de serviço efectivo. Já vimos que isso corresponde a dados do direito positivo.

Com efeito, «a retribuição em sentido correspectivo ou estrutural não é mais do que a descrição das compensações e das prestações que encontrem título (e causa) na relação de trabalho, fazendo parte da estrutura obrigacional desta» (2). Mas é também necessário reconhecer a possibilidade da existência de mecanismos fisiológicos autónomos, ligados à razão de ser ou causa diferenciada desta ou daquela prestação.

Na expressão curiosa de um Autor, a retribuição – até aí encarada estaticamente como uma estrutura fechada – «anima-se»

---

(1) Neste sentido, também, parece apontar, implicitamente, B. LOBO XAVIER, *ob. cit.*, loc. cit..

(2) D'ANTONA, *ob. cit.*, 279.

e diversifica-se em função «das cadências das prestações singulares, das causas específicas, da relação directa ou indirecta com o segmento elementar da prestação (hora, semana, mês), segundo mecanismos normativos que regulam o seu montante em proporção ao «quanto», ao «onde» e ao «como» da prestação de trabalho» ([1]).

350. Significa isto, em suma, que a aplicação do critério geral do art. 258.º a um certo tipo de prestação não permite, sem mais, fornecer um tratamento pré-determinado às vicissitudes dessa prestação.

A hipótese do desenvolvimento linear de um «regime homogéneo» da retribuição para todos os efeitos seria, de resto, insuportavelmente absurda. Conduziria, desde logo, a um emaranhado de círculos viciosos no conjunto dos processos de cálculo das prestações derivadas da retribuição (que, por um lado, seriam determinadas com base nela, mas, por outro, seriam nela integradas); traduzir-se-ia, depois, na neutralização das diferentes causas explicativas e legitimadoras dos elementos da retribuição, e, por esse caminho, no desvirtuamento dos produtos da autonomia privada, individual e colectiva, que têm neste domínio um espaço de actuação incontestável.

Há, pois, que assentar no seguinte: a qualificação de certa atribuição patrimonial como elemento do padrão retributivo definido pelo art. 258.º CT não afasta a possibilidade de se ligar a essa atribuição patrimonial uma cadência própria, nem a de se lhe reconhecer irrelevância para o cálculo deste ou daquele valor derivado «da retribuição».

O «ciclo vital» de cada elemento da retribuição depende do seu próprio regime jurídico, cuja interpretação há-de pautar-se pela específica *razão de ser* ou *função* desse elemento na fisiologia da relação de trabalho.

([1]) D'ANTONA, *ob. cit.*, 281 ss.

4. *Os componentes da retribuição.*

351. A principal parcela da retribuição é aquela que se designa usualmente por «ordenado» ou «salário» semanal, quinzenal ou mensal e que, como se disse, está afectada às necessidades *correntes* do trabalhador. Na linguagem do CT – que corresponde, de resto, ao uso linguístico corrente – é a "retribuição base" que, nos termos da definição oferecida pelo art. 262.°/2-*a*), é a contrapartida da "actividade do trabalhador no período normal de trabalho" (1).

A periodicidade do seu pagamento é um ponto susceptível de estipulação individual; só que, em regra, aparece coberto por regras constantes do regulamento interno ou pelos usos da empresa. Note-se, entretanto, que a regulamentação colectiva manifesta há muito tempo uma tendência generalizada no sentido da chamada *mensualização* do salário.

A retribuição base pode ser certa, variável ou mista (art. 261.°), sendo certa a «calculada em função de tempo de trabalho» (art. 261.°/2), ou seja, dimensionada por certa unidade de tempo – o dia, a semana, a quinzena, o mês – que, aliás, como já se assinalou, pode até nem ser integralmente preenchida por serviço efectivo.

Há, no entanto, que distinguir entre as *unidades de cálculo* da retribuição e os seus *períodos de pagamento* (o salário pode ser determinado com base no *dia* ou na *semana*, mas pago somente no fim de cada *mês*).

Ao invés, a retribuição variável baseia-se no *resultado* ou rendimento do trabalho (2), com maior ou menor independência

---

(1) A definição não é das mais felizes, pois, bem vistas as coisas, permitiria cobrir, indistintamente, todo o conjunto dos valores que, nos termos do art. 258.°, integram a "retribuição" *tout court*. É bem sabido que a definição em causa se reveste de grandes dificuldades, e o CT não podia evitá-las, dado o relevo que confere à noção. Seria, talvez, preferível dizer que a retribuição base corresponde ao tipo e à duração normal do trabalho convencionado.

(2) E daí que, por vezes, surjam dificuldades sérias na qualificação de situações que, apresentando características do contrato de trabalho, envolvem

da sua duração: é o que ocorre no chamado trabalho *à peça* (em que o salário decorre do número de *unidades* produzidas) e à *tarefa* (em que a base de cálculo é ainda, afinal, o tempo de trabalho consumido na realização de *certo objectivo,* mas valorizado em função do rendimento *normal* de cada unidade cronológica).

É também, obviamente, retribuição variável a que consiste numa *participação nos lucros* – só que, aí, releva o rendimento global da empresa e não o especificamente imputável à actividade de cada trabalhador. Por outro lado, a participação nos lucros é frequentemente «consolidada» em quantitativos certos, transformando-se numa espécie de gratificação (é o que ocorre, em determinadas empresas, com a chamada «gratificação de balanço») e perdendo assim a correlação com os resultados efectivos da empresa. No fundo, tal «descaracterização» aparente não exprime mais do que a realidade (até contabilística) dessas prestações como verdadeiros *custos de trabalho,* que incidem sobre o rendimento bruto das empresas *antes* da determinação dos lucros líquidos – ou seja, dos verdadeiros lucros (1) (2).

352. Ao lado da retribuição-base, generalizaram-se *gratificações* de diversa natureza, conhecidas pelas mais variadas designações: subsídio de férias, gratificação de Natal (ou também «décimo-

---

também este elemento do contrato de prestação de serviço – a relevância do *resultado.* Tudo estará em saber se, nesses casos, existe ou não subordinação jurídica do prestador de trabalho e se, paralelamente, o *resultado* da sua actividade constitui o próprio objecto do contrato ou a mera *base de cálculo* da retribuição.

(1) Este entendimento tem, aliás, ratificação jurisprudencial, embora indirecta; vd. Ac. STA 3/3/70 (AD 102, 897) e Ac. STJ 6/2/87 (BMJ 364, 714).

(2) A participação nos lucros como tal, isto é, quando efectivamente variável e extraída dos lucros líquidos é, pois, extremamente rara (apenas ocorrendo, pode dizer-se, quando aos trabalhadores estão atribuídas partes no capital social, ou seja, acções ou quotas da sociedade que é titular da empresa). E, relativamente àquela situação, *não havendo outra forma de retribuição,* bem se pode objectar que ela põe em causa os princípios fundamentais do salário, nomeadamente o *princípio da retribuição suficiente*: os lucros podem, com efeito, nem existir, com a resultante redução do salário a zero. Considera-se, pois, muito criticável que a lei admita de modo implícito (art. 260.°/1-*d*)) que a retribuição seja *integralmente* preenchida pela participação nos lucros.

-terceiro mês»), gratificação de balanço, subsídio de Páscoa, prémio ou gratificação de assiduidade, etc.. Sob a aparência de liberalidades recompensatórias que o próprio termo «gratificação» sugere, trata-se realmente, na maioria dos casos, de prestações salariais suplementares, caracterizadas por uma periodicidade distinta da do salário-base.

De um modo geral, tratar-se-á de atribuições patrimoniais *correctivas* daquele salário, em cujo escalonamento cronológico se atende, simultaneamente, às épocas ou datas em que, por via de regra, o trabalhador suportará um acréscimo de despesas em relação às correntes. Tais são as *gratificações ordinárias* a que se reporta o art. 261.°/2, e cuja integração no cômputo global da retribuição se fundamenta, quer na sua obrigatoriedade (legal ou convencional), quer na sua "importância" e no seu «carácter regular e permanente». Em relação a tais prestações, não pode o empregador eximir-se ao pagamento com a alegação de se tratar de uma liberalidade (evocando assim a analogia da revogabilidade da doação – art. 969.° CCiv.); e aplicam-se-lhes os vários dispositivos, já apontados, que constituem a tutela legal da retribuição (nomeadamente a impenhorabilidade, os privilégios creditórios, etc.).

353. O *subsídio de Natal* (também conhecido como «13.° mês») foi progressivamente consagrado através da contratação colectiva. Só com o DL 88/96, de 3/7, ele se tornou legalmente devido à generalidade dos trabalhadores [1], embora com um regime supletivo – o que permitiu que continuassem a prevalecer, quando existissem, as regras convencionalmente estabelecidas sobre o assunto. O art. 263.° CT retoma o essencial desse regime, reduzindo-o à expressão mais simples, mas nem por isso menos problemática.

O art. 263.°/1 dispõe que esse subsídio terá «valor igual a um mês de retribuição». Discute-se se este valor é apenas aquele que a entidade empregadora está obrigada a pagar, de modo certo e regu-

---

[1] Esse diploma foi concretização de um compromisso assumido no âmbito do Acordo de Concertação Social de Curto Prazo, celebrado em 24 de Janeiro de 1996.

lar, por cada mês de trabalho, ou se ele tem que abranger todos os elementos que, de acordo com o art. 258.°, devem ser computados no padrão retributivo de cada trabalhador.

A questão não é simples ([1]). Existem, com efeito, esquemas remuneratórios em que a prestação pecuniária certa e regular, paga em cada mês (a retribuição base), constitui uma parte, porventura até pouco importante, do valor global da «contrapartida do trabalho». Pense-se nos casos em que que, para além de uma pequena remuneração de base, são pagas comissões nas vendas realizadas e cobradas, ou é devida uma parte (em espécie ou por equivalente) da produção realizada.

Ora, apesar de tudo, o uso do termo «retribuição» pelo legislador pode comportar ambos os sentidos indicados. Basta recordar, por exemplo, o teor do art. 3.° DL 88/96: era manifesto que se partia aí do valor retributivo que, com carácter certo e regular, fosse mensalmente devido aos trabalhadores. Esse valor, *previamente determinável* (porque fixo e regular), podia ser pago de uma só vez (até 15 de Dezembro) ou dividido em parcelas adicionáveis a cada uma das retribuições mensais – caso em que deixa, naturalmente, de ser devido no final do ano. Tal possibilidade não é, porém, admitida pelo Código.

A consideração de valores ligados aos proveitos da empresa – as comissões nas vendas, as partes no produto agrícola ou piscatório –, no cálculo de prestações como a remuneração e o subsídio de férias ou o subsídio de Natal, implica que *se ficcione a prestação de trabalho* como contrapartida directa desses valores.

Porque a remuneração das férias e o respectivo subsídio, assim como o subsídio de Natal, são, indiscutivelmente, atribuições patrimoniais de carácter retributivo, mas que, ao contrário do «ordenado» mensal e os respectivos complementos, não têm uma relação de correspectividade directa e concreta com *certa prestação de trabalho*, realizada em tempo e espaço definidos. São, como se disse, valores que «corrigem» ou «ajustam» a retribuição global (anual, se se quiser) ao benefício auferido pela entidade empregadora. Mas

---

([1]) Apesar da revogação do DL 88/96 pelo CT, os regimes convencionais que previam e regulavam o subsídio de Natal, desde que compatíveis com o art. 263.°, mantêm-se aplicáveis, e fornecem, em regra, resposta para a questão.

isso só faz, em princípio, sentido quando se trata de valores «abstractamente» relacionados com a prestação de trabalho ao longo do tempo – não quando se está perante *valores que têm um nexo concreto com outros valores*, como é o caso das comissões e da participação no produto. Se o trabalhador, além do ordenado de 450 euros, tem direito a uma comissão de 3% na venda de automóveis, e consegue realizar negócios no valor de 50 mil euros, deverá receber *por isso* 1.500 euros. Admitamos que todos os meses realiza o mesmo volume de vendas, e aufere, consequentemente, o mesmo valor de comissões. Atinge-se Dezembro, de novo vende 50 mil euros; fará sentido que receba, além de 450 euros de ordenado, e de 1.500 euros de comissões, e de 450 euros de subsídio de Natal, *outros* 1.500 euros neste subsídio, correspondentes ao valor de «comissões» sem vendas efectuadas?

Dir-se-á: o cálculo da remuneração pelo período de férias é feito com base numa *ficção* de trabalho: dispõe o art. 264.º/1 CT que «a retribuição do período de férias corresponde à que o trabalhador receberia se estivesse em serviço efectivo». Por isso, no exemplo acima, haveria necessidade de calcular, com base nas comissões auferidas, um valor médio (nos termos do art. 261.º/3) para integrar a remuneração das férias.

Mas não existe, no regime legal do subsídio de Natal, disposição semelhante à do art. 264.º/1. Por outro lado, o art. 262.º/1 oferece a regra supletiva segundo a qual "a base de cálculo de prestação complementar ou acessória" será composta apenas pela retribuição base e diuturnidades. Esta disposição não terá sido criada, especificamente, para a determinação do subsídio de Natal, mas mostra-se susceptível de lhe ser aplicada: o subsídio é uma prestação "complementar" porque não tem correspectividade *directa* com certa quantidade de trabalho. Cremos, pois, que o "mês de retribuição" a que se refere o art. 263.º/1 CT é equivalente ao somatório da retribuição base e das diuturnidades.

354. Outro campo de análise que se abre no processo de determinação qualitativa da retribuição é o dos *aditivos* especificamente previstos na lei e na regulamentação colectiva quanto à remuneração do trabalho suplementar ou nocturno, assim como das *prestações complementares* correspondentes à prática de horários por turnos (subsídio de turno), relativas a actividades perigosas (subsídio de risco) ou realizadas em locais isolados (subsídio de isolamento), etc..

Ainda aqui prevalece o critério da regularidade ou normalidade que já várias vezes se referiu.

Assim, no tocante ao *trabalho suplementar,* a remuneração acrescida pode ser ou não computada no salário global conforme se verifique ou não a *regularidade* do recurso a horas suplementares de serviço. Nesse sentido apontava a lei anterior ao CT ([1]); e cremos que o facto de o preceito não ter correspondência no CT decorre apenas da sua evidente redundância.

O *trabalho nocturno,* por seu lado, pode ser – como se sabe – normal ou suplementar. No primeiro caso, nenhuma dúvida se suscita. No segundo, não há razão para tratamento diverso do que se apontou em geral para o trabalho suplementar em dia útil.

Sendo certo que o *trabalho prestado em dia de descanso semanal* é uma das modalidades do trabalho suplementar, o acréscimo de remuneração a que dá direito, pelo seu forçoso carácter de excepcionalidade, não parece ter lugar no cômputo da retribuição global. O mesmo se não dirá no concernente ao trabalho realizado nos *feriados obrigatórios,* pois aí poderá verificar-se normalidade (nas indústrias de laboração contínua e nas actividades dispensadas de encerrar semanalmente) e, sendo esse o caso, o aditivo previsto na lei há-de considerar-se integrado na retribuição.

Encarando, agora, conjuntamente, as prestações complementares que são determinadas pela penosidade, pelo risco, pelo isolamento, etc. (e de que apresentámos como exemplos os chamados subsídios *de turno, de risco, de isolamento),* ou seja, pelo próprio *condicionalismo externo* da prestação de trabalho, entendemos que elas

([1]) Art. 86.º LCT: «Não se considera retribuição a remuneração por trabalho extraordinário, salvo quando se deva entender que integra a retribuição do trabalhador». Note-se que, na versão inicial da LCT (a do DL 47 032, de 27 de Maio de 1966), a parte final era diferente e, a nosso ver, mais esclarecedora: «...salvo se ele for prestado com carácter habitual». Cfr. Ac. STJ 15/5/87 (BMJ 367, 428).

participam de todas as características englobadas no critério legal de qualificação: são meras *especificações* do salário, correspondentes a *particularidades* da prestação normal de trabalho.

Põe-se, no entanto, quanto a tais valores, o problema de saber se, face ao princípio da irredutibilidade da retribuição (art. 129.º, al. *d*) CT), eles deverão ser mantidos mesmo quando se alterem *condições externas* do serviço prestado (p. ex.; se o trabalhador deixa de estar integrado na organização dos turnos; se o risco desaparece; se regressa à sede da empresa). A nosso ver, a resposta afirmativa conduziria a tão patente absurdo que é forçoso admitir, nestes casos, uma solução específica; especificidade, aliás, bastante relativa, dado que a retribuição-base, correspondente à natureza intrínseca do trabalho prestado, está obviamente fora de questão. Assim, e em suma, entendemos que os referidos subsídios apenas são devidos enquanto persistir a situação que lhes serve de fundamento – ideia, aliás, usualmente expressa no clausulado correspondente das convenções colectivas que prevêem tais suplementos.

355. As *comissões* são importâncias calculadas sobre o preço de bens ou serviços fornecidos pela empresa, normalmente pela aplicação de taxas ou percentagens pré-determinadas, e que são devidas a trabalhadores com intervenção directa, ou mesmo indirecta, nas vendas correspondentes.

Quando tais prestações se enquadrem em verdadeiros contratos de trabalho, parece indiscutível que se revestem de carácter salarial, muito embora o seu montante seja naturalmente variável (1) e as convenções colectivas prevejam, em via de regra, o pagamento simultâneo de uma remuneração fixa (2). São, de resto, válidas para

---

(1) Cfr. Acs. STA 3/6/69 (AD 92-93, 1310) e 3/3/70 (AD 102, 897) e Ac. Rel. Évora 3/4/90 (CJ 90, 2, 309).

(2) É sobretudo a propósito das retribuições que compreendem, como parte variável, as comissões que se suscita o problema de saber se as tabelas salariais (definidoras de valores mínimos) constantes das convenções colectivas aplicáveis devem ter-se por referidas somente à *parte certa* dessas retribuições, ou, pelo contrário, ao seu *valor total*. A dúvida põe-se, sobretudo, quando não existe,

as comissões as referências feitas à «participação nos lucros», enquanto forma de retribuição do trabalho.

356. As *diuturnidades*, por seu lado, comportam duas acepções conforme os ângulos de que sejam observadas: fala-se de «diuturnidades» no sentido de certa antiguidade na categoria, e usa-se o mesmo termo para designar o valor do complemento pecuniário a que o trabalhador fica tendo direito desde que atinge aquela antiguidade. É esta segunda acepção que, evidentemente, nos interessa para o problema da determinação do salário global. Muito embora encarando a diuturnidade como um «prémio» ou um «estímulo», a jurisprudência não tem tido dúvidas em conferir-lhe carácter salarial ([1]). O art. 262.º CT não deixa dúvidas quanto ao acolhimento legal desse entendimento. Nem, de resto, os preceitos da regulamentação colectiva que consagram as diuturnidades deixariam espaço para outra qualificação, desde que fazem expressamente adicionar tais valores ao das retribuições mínimas das categorias respectivas, a fim de se achar o *mínimo salarial* próprio do trabalhador com certo tempo na mesma categoria.

---

na convenção, indicação expressa em qualquer dos sentidos. A jurisprudência tem manifestado considerável oscilação de posições. Assim, pode ver-se, no sentido da correcção do pagamento de retribuição mista mais elevada do que o mínimo da tabela, embora a parte certa seja inferior, o Ac. Rel. Lisboa 9/2/81 (CJ, 81, 1, 290), citando ainda em seu apoio um Ac. STA 17/7/73. Pela direcção oposta – a de que na retribuição mínima convencional não é computável o valor das comissões auferidas – optou o Ac. Rel. Évora 22/4/81 (CJ, 81, 2, 268), e, ainda, em termos próximos, o Ac. STJ 14/3/86 (AD 295, 928). Por nossa parte, não temos dúvidas em considerar correcta a segunda directriz, para os casos em que não existe menção expressa em contrário. É ela, com efeito, que melhor se harmoniza com a função normal das tabelas de retribuições mínimas estabelecidas pela regulamentac,ão colectiva de trabalho. Ver ainda, neste sentido, Ac. Rel. Évora 3/4/90 (CJ 90, 2, 309) e Ac. STJ 23/3/90 (AD 344-345, 1160).

([1]) Veja-se, por exemplo, o Ac. STA 26/6/73 (AD 144, 1743) e os Acs. STJ 14/2/86 (BMJ 354, 400) e 6/1/88 (BMJ 373, 423). Acerca da natureza dos *prémios de mérito* e de *produtividade*, vd. Ac. Rel. Lisboa 10/10/90 (CJ 90, 4, 194) e Ac. Rel. Porto 26/3/90 (CJ 90, 2, 259).

357. Cabe, ainda, referir – de entre as prestações mais usuais – o *abono para falhas e o subsídio de refeição.*

O *abono para falhas* é uma importância fixa, de pagamento simultâneo ao da retribuição base, que a regulamentação colectiva atribui geralmente aos trabalhadores com funções que impliquem responsabilidades de caixa ou de cobrança. Tal abono justifica-se pelo risco que as referidas funções implicam, em virtude da possibilidade de erros de cálculo e outras falhas determinadas ou, ao menos, propiciadas pela própria rotina do trabalho. Este específico fundamento leva a considerar que, muito embora o abono seja, na maioria dos casos, uma importância fixa e regularmente paga, ele não deve, em princípio, incluir-se na retribuição, para efeitos de periodicidade e irredutibilidade ([1]).

O art. 260.°/2 CT admite, no entanto, que lhe seja atribuído carácter retributivo se e na medida em que o seu valor exceder um montante considerado normal, ou quando, pelo contrato ou pelos usos, seja tido como elemento integrante da retribuição.

O CT toma posição idêntica perante o *subsídio de refeição* que muitas convenções colectivas consagram em benefício dos trabalhadores abrangidos. Este subsídio pode assumir carácter retributivo nas condições acima indicadas – ter um valor superior ao normal, ou ser qualificado como parte da retribuição pelo contrato ou pelos usos – sem por isso ser devido nos dias em que o trabalhador, por qualquer razão, não compareça ao trabalho.

5. *A alteração da estrutura da retribuição.*

358. A retribuição pode, como se viu, ter uma estrutura mais ou menos complexa: nela caberão prestações de dinheiro e de géneros ou utilidades directas (como o alojamento e a alimentação); valores fixos e variáveis; atribuições patrimoniais exigíveis segundo periodicidades diferentes (umas mensais, outras anuais, por exemplo). A composição da retribuição pode, além disso, derivar

---

([1]) Cfr. Ac. STA 18/4/72 (AD 130.°, 1286).

directamente das estipulações individuais, ou também de convenção colectiva, regulamento interno e até uso da empresa (cfr. art. 258.º/1 CT).

Desde que não resulte modificado – ou, melhor, diminuído – o valor total da retribuição (art. 129.º/*d*)), a estrutura dela pode ser unilateralmente alterada pelo empregador, mediante a supressão de algum componente, a mudança da frequência de outro, ou, ainda, a criação de um terceiro ([1]). Todavia, a alteração unilateral só é admissível, a nosso ver, quando se refira a elementos fundados nas estipulações individuais ou nos usos, excluindo-se, por conseguinte, os que derivem da lei ou da regulamentação colectiva.

A modificação da estrutura da retribuição traduzir-se-á, em regra, no acréscimo da parte pecuniária fixa (o «salário» propriamente dito), mediante a eliminação de prestações em espécie ou de carácter variável. Esse acréscimo terá que operar-se por aplicação dos critérios e métodos utilizáveis na determinação quantitativa da retribuição.

§ 40. A determinação quantitativa da retribuição.

359. Nem sempre o montante da retribuição é determinado com precisão.

Por um lado, há que tomar em conta a possibilidade de ela ser parcial ou mesmo totalmente variável (art. 261.º CT); por outro, verifica-se algumas vezes que o salário não é expressamente estipulado, ou o seu ajuste é apenas verbal, não havendo facilidade de prova posterior.

A contratação individual não é, muitas vezes, a via de fixação do salário: de um lado, a lei interfere – ela própria – no quantitativo da retribuição do trabalho, nomeadamente através da definição de *níveis mínimos garantidos;* de outro lado, surgem as *tabelas de*

([1]) Neste sentido, vd., por exemplo, Acs. Rel. Porto 30/11/81 (CJ, 81, 5 305), 28/2/83 (CJ, 83, 1, 283). Cfr. também Ac. STJ 15/10/80 (BMJ 300, 23[illegible]) e Ac. Rel. Porto 20/6/88 (CJ 88, 3, 275).

remunerações mínimas por categorias, insertas nas convenções colectivas ou nos regulamentos de condições mínimas – e é sabido que, embora apresentados como mínimos, esses valores tendem em muitos casos para uma aproximação dos salários efectivos –; em terceiro lugar, existem as próprias *tabelas salariais de empresa,* incluídas, por vezes, nos regulamentos internos e, por essa via, destinadas a projectarem-se nos contratos individuais. Daí que, frequentemente, o quantitativo do salário não seja fixado em termos expressos nas estipulações individuais.

Ora sucede que, sobretudo após a cessação do contrato, o trabalhador necessita de invocar e fazer valer um certo montante da retribuição, quer para impor a pretensão de ver satisfeitos créditos salariais, quer como base de cálculo de outras atribuições patrimoniais a que porventura se ache com direito. Suscita-se então o problema de saber *como* determinar, *a posteriori,* tão exactamente quanto possível, esse montante, – tarefa de que hão-de incumbir-se os órgãos da jurisdição laboral.

360. A indeterminação do salário (mormente quando resulte da inexistência de estipulação expressa) está em contradição com o carácter *essencial* da retribuição como elemento do contrato de trabalho. Em termos extremos, aquela situação pode mesmo ocorrer em casos relativamente aos quais não exista sequer norma legal, regulamentar ou convencional que cubra o silêncio das partes. Deverá, nesses casos, ter-se por *nulo* o contrato de trabalho (dada a falta de um dos seus elementos essenciais)?

A própria lei dá pronta resposta negativa no art. 272.º/1: o julgador deverá, mesmo naquelas condições, *fixar* o montante da retribuição (1) (2). Embora indeterminado, o salário é pois sempre

(1) Desde que, perante as circunstâncias concretas, se possa concluir que a prestação de trabalho não teria sido ajustada a título gratuito: cfr. KASKEL--DERSCH 252.

(2) Encontra-se aqui «uma extensão, justificada pela particular importância social do contrato de trabalho, do princípio de *conservação do contrato* incompleto», na expressão de SANTORO-PASSARELLI, *Nozioni di dirito del lavoro,* Nápoles, 14.ª ed. (1964) n.º 100.

tido como *determinável.* Para o preenchimento de tal objectivo, haverá que recorrer a um conjunto de factores, de entre os quais salientaremos o nível salarial praticado para profissão ou categoria idêntica, em actividade económica afim e na mesma região; aos usos profissionais e regionais, aos usos da empresa (1).

361. *Outra* questão é a da determinação da retribuição que não é fixa ou certa, mas *variável.* Aqui pressupõe-se a existência de estipulação contratual, sabe-se à partida que as partes tiveram em mente uma certa fórmula salarial (*à comissão,* por exemplo), mas a aplicação dessa fórmula conduz a resultados variáveis de mês para mês, de semana para semana, etc.. O problema põe-se sobretudo quando é necessário obter, a partir desses valores variáveis, um *quantitativo fixo* que sirva de base ao cálculo de indemnizações ou créditos salariais passados.

Para esse fim, estabelece o art. 261.º/3 que deverá calcular-se a *média* dos valores correspondentes aos *últimos doze meses* e ao *tempo de execução do contrato,* se inferior; e que a «fixação» da retribuição variável, quando *não deva* (2) praticar-se aquele processo, se fará conforme a regulamentação aplicável ou o prudente arbítrio do julgador.

§ 41. Forma, lugar e tempo do cumprimento.

362. Como se notou já, a retribuição deve ser paga, total ou parcialmente, *em dinheiro,* não podendo a parte não pecuniária ser

(1) Cfr. ZÖLLNER 154. Pode ainda entender-se que a retribuição *usual* é a correspondente ao conjunto dos índices apontados: «é a que costuma pagar-se, na mesma profissão ou semelhante, na localidade considerada, e para o correspondente trabalho, tidas em conta as condições pessoais (idade, situação familiar, número de filhos)» – HUECK/NIPPERDEY 244.

(2) Segundo B. LOBO XAVIER (a propósito do art. 84.º/2 e 3 LCT, que o art. 252.º CT praticamente reproduz), a expressão legal «caso o processo estabelecido no número anterior *não seja praticável*» deve entender-se em termos hábeis: ela «não contém uma noção de viabilidade ou possibilidade, mas uma ideia de justiça e adequação do critério indicado no n.º 2» (*Regime jurídico* cit. 136).

superior a metade do total (art. 259.º). Resulta daí, desde logo, que, se as prestações em espécie ultrapassarem aquele limite (segundo o valor corrente na região: n.º 1 do mesmo art.), o empregador nem por isso se há-de considerar exonerado do pagamento do valor excedente *em dinheiro* e o trabalhador pode reclamá-lo por via judicial (1).

Ponto que foi bastante discutido em vários sistemas de Direito do Trabalho é o da admissibilidade do cumprimento da obrigação retributiva mediante *cheque ou transferência bancária.*

A nossa lei assume perante a questão uma atitude largamente permissiva. O art. 276.º/2 CT (2) faculta ao empregador o pagamento por cheque bancário, vale postal ou depósito à ordem do trabalhador, independentemente de consentimento deste. A lei exige, todavia, que o valor da retribuição esteja disponível na data do vencimento ou no dia útil anterior (art. 278.º/4) e que as despesas efectuadas pelo trabalhador para embolsar o numerário correspondente sejam suportadas pelo empregador (art. 276.º/2).

363. Quanto ao *lugar* do cumprimento, a regra concernente às obrigações pecuniárias é, como se sabe, a do *domicílio do credor* (art. 774.º CCiv.) (3). Regra supletiva, bem entendido, já que sobre o ponto tem prevalência o acordo das partes. Relativamente à retribuição devida por contrato de trabalho, é outra a regra aplicável no silêncio das partes: o seu pagamento deve fazer-se no *local de trabalho,* ou seja, no estabelecimento ou outro lugar em que o trabalhador presta serviço (art. 277.º/1) (4). Nada impede, no entanto, que, por acordo expresso ou por regra constante do regulamento interno (devidamente aprovado), outro local seja estabelecido. Se for esta última a fórmula adoptada (por exemplo, se o trabalhador, ocupado num estabelecimento, tiver que deslocar-se à

(1) Cfr. Kaskel/Dersch 282-3.

(2) Na esteira do art. 91.º/4 LCT, com a redacção que lhe foi dada pelo DL 69/85, de 18/3.

(3) Embora a *regra geral* seja a do *domicílio do devedor* (art. 772.º/1).

(4) Trata-se do local (da empresa) em que, *fisicamente*, o trabalhador "presta a sua actividade", não do local de trabalho no sentido juridicamente relevante.

sede da empresa para receber o salário), é *tempo de trabalho* aquele que o trabalhador gastar por tal motivo, remunerável como normal ou suplementar conforme os casos (art. 277.º/2).

Ainda quanto ao lugar do cumprimento das obrigações salariais, cabe assinalar que a lei já interferiu de modo mais vincado no seu regime, tendo em vista assegurar a destinação primacial dos valores em causa – a satisfação das necessidades de subsistência do trabalhador e sua família. Na lei anterior ao Código (art. 92.º/3 LCT), proibia-se o pagamento da retribuição «em estabelecimentos de venda de bebidas alcoólicas ou em casas de jogo», com a óbvia excepção dos trabalhadores que aí prestassem serviço. Tratava-se de uma norma bastante generalizada nos sistemas de Direito do Trabalho (1), inserindo-se no conjunto dos dispositivos de protecção do salário a que já se fez referência. Todavia, reagindo porventura ao excessivo paternalismo dessa intervenção legislativa, o CT não a reproduziu.

364. O tempo pode, como se observou, desempenhar dupla função relativamente ao salário: a de *unidade de medida* e a de *unidade de vencimento* (ou de pagamento) (2). Significa isto que a retribuição pode ser estipulada com base na hora ou no dia de trabalho e, no entanto, *vencer-se* – ou seja, *tornar-se exigível* – somente de semana a semana ou de mês a mês. Pois bem: o regime do tempo de cumprimento das obrigações salariais diz obviamente respeito a esta perspectiva. Abrange não apenas a *periodicidade* do vencimento, mas também a *localização do momento* em que a retribuição deve ser paga (art. 278.º).

De qualquer modo, esse regime pressupõe o princípio da *anterioridade da prestação de trabalho em relação ao pagamento da*

(1) Cfr., em *França*, o art. 45.º do Código do Trabalho (Livro 1.º); na *Alemanha*, o § 115-a do GewO (*Gewerbeordnung* – Regulamento Industrial); no *México*, o art. 116.º da Lei Federal do Trabalho (1970).

(2) Esta dupla função reflecte-se claramente no art. 278.º/3: se a *unidade de medida ou de cálculo* estipulada for superior à quinzena, pode o trabalhador exigir que a *unidade de vencimento* ou de pagamento utilizada (mesmo sem acordo) seja essa: a quinzena.

retribuição ([1]) – donde resulta, face ao nexo sinalagmático existente entre as duas obrigações, uma situação de certa desigualdade favorável à entidade patronal: esta pode eximir-se ao cumprimento total ou parcial da retribuição se, no período correspondente, tiver faltado ou sido incompleta a disponibilidade da força de trabalho; mas o trabalhador já terá cumprido a sua parte quando, porventura, se verifique o não-pagamento da retribuição correspondente. A excepção de não cumprimento do contrato (art. 428.° CCiv.) jogará, pois, normalmente, em benefício do empregador. O trabalhador apenas poderá fazê-la funcionar fora da correlação existente entre a unidade de vencimento e o salário: ou seja, poderá negar o seu trabalho somente *depois* de ter decorrido o período de serviços não pago, ficando assim em posição relativamente menos consistente ([2]).

§ 42. A prescrição dos créditos salariais.

365. A prescrição extintiva levanta, no regime do contrato de trabalho, um problema relativo aos créditos do trabalhador: durante a vigência do contrato, pode presumir-se que ele não terá plena liberdade psicológica para reclamar o que lhe é devido.

A primitiva lei do contrato de trabalho (L 1952, de 10/3/37) partia desse pressuposto para fazer contar o prazo de prescrição dos créditos *do trabalhador* somente *a partir da data da cessação do contrato de trabalho* (arts. 23.° a 25.°).

O art. 38.°/1 LCT, por seu turno, fixou um mecanismo de prescrição *comum aos créditos do trabalhador e do empregador*, combinando assim, de modo discutível, a preocupação de proteger a liberdade psicológica do trabalhador com a de salvaguardar uma certa simetria de posições entre as partes.

([1]) É o princípio ou regra da *pós-numeração*. Vd., sobre o ponto, PERA, *Diritto del lavoro cit.*, 612.

([2]) Vd., sobre o ponto, KASKEL/DERSCH 287.

O art. 337.º CT mantém a regra antecedente: *todos* os créditos (de qualquer das partes) se extinguem por prescrição «decorrido um ano a partir do dia seguinte àquele em que cessou o contrato de trabalho». A solução é, como se disse, discutível. Na verdade, os créditos fundados no contrato de trabalho terão antiguidade muito variada, e o art. 337.º promove a concentração de todos eles (os do trabalhador e os do empregador), sob o ponto de vista da prescrição, num mesmo momento – o da cessação do contrato. Isso pode ter vantagens de certeza, e facilitar o mecanismo da compensação de créditos, mas traduz uma perspectiva igualitária que não parece socialmente fundada.

O CT de 2003 (tal como o de 2009) ultrapassou, porém, uma dificuldade que o texto correspondente da LCT – o do art. 38.º – suscitava. A regra prescricional era completada com o seguinte enunciado: " (...) sem prejuizo do disposto na lei geral acerca dos créditos pelos serviços prestados no exercício de profissões liberais". Sendo certo que esses serviços podiam ser prestados no âmbito de um contrato de trabalho (o que a LCT já admitia expressamente: art. 5.º/2), parecia decorrer do trecho transcrito a aplicabilidade, em tal caso, do prazo de *prescrição presuntiva* de dois anos, estabelecido pelo art. 317.º/*c*) CCiv.. A prescrição presuntiva funda-se na presunção de cumprimento (art. 312.º CCiv.) que pode ser ilidida por confissão do devedor. Haveria, assim, no mesmo texto, dois tipos de prescrição e dois prazos diferentes, o que não deixou de dar ensejo a debate alongado. No entanto, a jurisprudência assentou relativamente cedo uma posição firme – ainda que discutível – sobre o assunto: a de que o prazo de prescrição *extintiva* de um ano devia entender-se aplicável a *todos* os créditos emergentes do contrato de trabalho, incluindo os detidos por profissionais liberais – reservando-se a parte final do art. 38.º/1 para os casos de contrato de prestação de serviço ([1]). Como se disse, com o (actual) art. 337.º CT a questão deixou de se por.

([1]) Ver, neste sentido, por todos, o Ac. STJ 28/5/82, no *BMJ* 317, 137.

366. A regra especial ([1]) do art. 337.º/1 acaba por condicionar, sob o ponto de vista temporal, a efectivação dos direitos por via judicial, nomeadamente em caso de despedimento.

É esta a situação em que, geralmente, emergem créditos importantes do trabalhador. A própria apreciação da licitude do despedimento pode resultar, directamente, em créditos pecuniários: o despedimento ilícito implica o pagamento das retribuições correspondentes ao período decorrido entre o despedimento e o trânsito em julgado da decisão judicial e, eventualmente, de uma indemnização de antiguidade (art. 391.º CT). É a cessação do contrato que oferece, também, a oportunidade para o acerto final de contas entre as partes.

O prazo do art. 337.º/1 é um prazo a partir do qual ficam extintos esses direitos de crédito, não é um prazo para a propositura da acção judicial destinada a apreciar a licitude do despedimento ([2]), embora seja verdade que se reflecte, em grande parte, na *utilidade* dessa acção. Assim, no sistema do Código de 2003, o prazo do (agora) art. 337.º ligava-se ao relativo à propositura da acção de impugnação do despedimento, que estava fixado no art. 435.º daquele Código ([3]) ([4]). O Código de 2009 separou os dois condi-

---

([1]) Cfr. Ac. STJ 15/2/95 (AD 402, 754). Com isto, pretendeu o Tribunal afastar a aplicação de regras gerais sobre precrição extintiva, constantes do CCiv..

([2]) O que tem o alcance derivado do diferente regime legal que pertence a cada uma destas figuras (prescrição extintiva de créditos e caducidade do direito de acção): vd. Ac. STJ 4/11/92 (BMJ 421, 267).

([3]) Nesta mesma perspectiva, o STJ foi já ao ponto de considerar que o direito à reintegração do trabalhador, efeito primário da declaração de ilicitude do despedimento (agora no art. 389.º/1), é um «crédito» para os efeitos prescricionais do (então) art. 381.º – vd. Ac. STJ 15/5/91 *apud* A. NETO, *Contrato de trabalho* cit 218. Tratava-se de um produto lógico da sobreposição dos dois prazos legais.

([4]) Por isso teve o Tribunal Constitucional que se pronunciar sobre a questão de saber se o prazo prescricional de um ano, entendido também como prazo de propositura da acção de impugnação do despedimento, não constituiria limitação inconstitucional aos meios de efectivação do princípio da segurança do emprego (art. 53.º CRP). O TC pronunciou-se, por mais de uma vez, no

cionamentos temporais. A "oposição" do trabalhador ao despedimento, a fazer através de simples requerimento, está sujeita a um prazo de 60 dias, cabendo ao empregador (em termos e condições de tempo que terão que ser precisados em alteração da lei processual) instaurar a acção judicial de apreciação do despedimento (art. 387.º).

A contagem do prazo prescricional faz-se de acordo com o seu fundamento, que é o de que, durante a vigência do contrato, a situação de dependência do trabalhador não lhe permite, presumivelmente, exercer em pleno os seus direitos. Assim, o que importa (para o início da contagem) é o momento da *ruptura da relação de dependência*, não o momento da cessação efectiva do vínculo jurídico, a qual, em virtude de decisão judicial que (por exemplo) declare ilícito o despedimento, pode até ser juridicamente neutralizada. O momento decisivo é, por conseguinte, aquele em que a relação *factual* de trabalho cessa, ainda que, posteriormente, o acto que lhe tenha posto termo venha a ser invalidado ([1]).

367. A diferente antiguidade dos créditos laborais previstos no art. 337.º/1 levanta, à margem do regime da prescrição extintiva, o problema da *prova* daqueles que surgiram ou se venceram há mais tempo – problema tratado no n.º 2 do mesmo artigo.

Pode ser que, antes ou após a cessação do contrato, sejam invocados créditos com cinco, dez, quinze ou mais anos de existência (real ou alegada) – por prestação de horas suplementares não pagas, pelo não gozo de férias em certos anos, por atraso no pagamento de um subsídio de Natal ou de férias. A prescrição, em geral, visa, justamente, corresponder a exigências de «certeza do direito e segurança do comércio jurídico» ([2]), permitindo consi-

---

sentido da conformidade constitucional da solução: Acs. TC 6/5/87 (BMJ 367, 203) e 26/1/94 (BMJ 433, 168).

([1]) Trata-se de orientação constante da jurisprudência: cfr., entre muitos outros, os Acs. Rel. Lisboa 21/2/90 (AD 341, 711), Rel. Coimbra 14/3/90 (CJ 90, 2, 94), Rel. Coimbra 6/12/90 (BMJ 402, 680), Rel. Coimbra 6/6/91 (CJ 91, 3, 124); e Acs. STJ 4/11/92 (BMJ 421, 267).

([2]) Cfr. o importante Ac. TC 6/5/87, já citado.

derar inatendíveis pretensões não reclamadas durante muito tempo. Ora o regime prescricional especial do art. 337.º/1 acaba por se traduzir na possibilidade de efectivação de créditos independentemente da sua antiguidade.

Daí que a lei complete esse regime com uma singular exigência de *prova* quanto aos créditos mais antigos (vencidos há mais de cinco anos relativamente ao momento em que são reclamados) e que resultem de violação do direito a férias, da aplicação de sanções abusivas ou da realização de trabalho suplementar (art. 337.º/2). Essa exigência é a de *documento idóneo* – «um documento escrito que demonstre a existência dos factos constitutivos do crédito» [1], por exemplo o registo de horas suplementares imposto pelo art. 231.º CT.

Estes créditos estão cobertos pelo mesmo prazo prescricional que os restantes (um ano após a cessação do contrato), mas só podem ser invocados mediante prova particularmente segura da sua existência.

---

[1] B. LOBO XAVIER, *Regime jurídico* cit. 103.

CAPÍTULO V

A SUSPENSÃO DO CONTRATO DE TRABALHO E A REDUÇÃO DE ACTIVIDADE

§ 43. Noção e efeitos gerais da suspensão.

1. *Noção de suspensão do contrato de trabalho.*

368. A suspensão do contrato de trabalho consiste na manutenção do vínculo apesar da paralisação dos seus principais efeitos: desde logo, a obrigação de trabalho, e, nalgumas modalidades, também o dever de retribuir. As relações factuais de trabalho sofrem, assim, uma descontinuidade mais ou menos importante, que não afecta a vigência do contrato.

Essa descontinuidade pode ser causada por situações diversas, que se reconduzem, de um modo ou de outro, à *impossibilidade superveniente* (1) *temporária* (2) *da prestação de trabalho*, quando *não seja imputável (a título de culpa) ao trabalhador* (3). Como se verá, essa impossibilidade tanto pode resultar de um obstáculo que surja na

---

(1) Isto é: surgida após a celebração do contrato, durante a sua execução (cfr. art. 790.° CCiv.). Quanto à impossibilidade *originária,* rege em geral o art. 411.° CCiv.: o contrato é *nulo.*

(2) A impossibilidade *definitiva* determina a cessação do contrato por *caducidade*: art. 343.° CT.

(3) Se a impossibilidade for *imputável* ao devedor-trabalhador, este é, nos termos gerais do art. 801.° CCiv., «responsável como se faltasse culposamente ao cumprimento da obrigação» (n.° 1) – princípio que, conjugado com o art. 351.° CT, aponta para a integração de *justa causa* de despedimento.

esfera pessoal do trabalhador (uma doença, por exemplo) como do facto de a empresa não querer ou não poder receber a prestação de trabalho. Tendo, essencialmente, em vista a defesa da *estabilidade do emprego,* o regime jurídico da suspensão reduz as consequências *jurídicas* da impossibilidade da prestação de trabalho à dimensão dos efeitos *práticos* que ela comporta.

A circunstância de a prestação de trabalho ser normalmente programada ou seriada no tempo segundo certa ordem e certo ritmo conduz a que, *em rigor,* mesmo a impossibilidade temporária da sua execução implique, de certo ponto de vista, a sua perda (logo: impossibilidade) *definitiva.* «O trabalho não prestado no dia X converte-se num trabalho impossível» [1]: a lacuna ocorrida na prestação é irremediável. O mais que pode imaginar-se é a compensação dessa perda por um *sucedâneo* – trabalho executado *noutro* dia, além do que normalmente lhe respeitaria.

Levada às últimas consequências, esta verificação implicaria que o aparecimento de um obstáculo decisivo (embora transitório) à execução da actividade laboral configurasse sempre uma impossibilidade *definitiva,* se bem que *parcial,* da prestação a cargo do trabalhador, com vocação *extintiva* do contrato, por eventual resolução da iniciativa do credor-patrão (art. 802.°/1 CCiv.).

A suspensão do contrato, implicando a conservação deste *ex vi legis,* traduz-se justamente no afastamento de tais corolários, sob o lema da estabilidade do emprego: a sobrevivência do vínculo mantém-se até ao limite extremo da sua provável utilidade para as partes.

Assim, se, na vigência do contrato, o trabalhador é chamado à prestação de serviço militar obrigatório, fica impedido de cumprir a obrigação de trabalho por vários meses.

Se, noutro exemplo, o estabelecimento é destruído por um incêndio, ou o empresário decide encerrá-lo para renovação do equipamento e reorganização do processo de fabrico, os trabalhadores ficam privados da possibilidade de exercer a sua actividade.

---

[1] KASKEL-DERSCH 267. Cfr. no mesmo sentido, ZÖLLNER, *Arbeitsrecht* cit. 187 ss..

Perante tais situações, a lei mantém de pé o contrato, como que em estado latente (reduzido, como veremos, aos efeitos que não implicam a existência de *relações de facto* entre as partes), até ao momento em que possa retomar a plenitude dos seus efeitos.

Para além desses casos, a suspensão do contrato de trabalho pode dar-se também como efeito de um *acordo* entre o trabalhador e o empregador. Em tais hipóteses, não poderá decerto falar-se de impossibilidade da prestação de trabalho, mas sim de uma modificação convencional do contrato de trabalho, através da qual as partes utilizam a suspensão como *instrumento* para certos fins úteis.

2. *A (antiga) questão do regime aplicável.*

369. A determinação do regime aplicável a algumas situações de impossibilidade temporária da prestação de trabalho não imputável ao trabalhador, aptas a determinar a suspensão do contrato, suscitou, durante muitos anos, dúvidas sérias e fundadas.

Com efeito, a LCT de 1969 tratava do conjunto dessas situações. Aí se previa a suspensão do contrato «por motivo respeitante ao trabalhador» (arts. 73.° – 77.°), a determinada por «encerramento temporário do estabelecimento por facto imputável à entidade patronal ou por razões de interesse desta» (art. 78.°) e a decorrente de «encerramento temporário do estabelecimento ou diminuição de laboração por caso fortuito ou de força maior» (art. 79.°).

A disciplina da LCT caracterizava-se, fundamentalmente, pelo enfoque da suspensão como *vicissitude do contrato,* preocupando-se, por isso, sobretudo, com os dois aspectos cruciais que, desse ângulo de observação, a impossibilidade temporária do trabalho poria em causa: a *subsistência do vínculo* e o *destino da contraprestação* (salário). O legislador encarava especificamente factos e situações susceptíveis de provocarem perturbações no ciclo de vida do contrato, à luz das exigências de estabilidade do emprego e da repartição do risco com base nas esferas de actividade em que esses factos surgissem. Deste modo, as referidas perturbações resultavam como que «normalizadas» no quadro de uma visão pragmática da vida das empresas e das próprias características do contrato de trabalho.

Esse regime legal enquadrava-se num vasto capítulo da LCT em que tinham também lugar o descanso semanal, os feriados, as férias e as faltas (capítulo IV, arts. 51.° a 81.°). A expressão utilizada na epígrafe desse capítulo – *Da suspensão da prestação de trabalho* – traduzia meramente o cuidado de cingir o aspecto *prático* de tais situações, e que a todas era comum, não obstante a diversidade de natureza jurídica: *a inexecução provisória da prestação de trabalho.*

Essa arrumação teve, porém, uma consequência nefasta. A publicação de um novo regime das férias, feriados e faltas – DL 874/76, de 28/12 – deu oportunidade a uma imponderada disposição revogatória (o art. 31.° desse diploma) que devastou todo aquele capítulo da LCT, erradicando, aparentemente, do nosso sistema a suspensão do contrato de trabalho. A perplexidade a que a aludida norma revogatória deu lugar nunca veio a ser formalmente eliminada, não obstante as posições doutrinais (1) e até da Administração (2) que apontaram a existência de lapso notório e a consequente necessidade de considerar subsistente e em vigor o regime dos arts. 73.° ss. LCT. A verdade é que nunca chegou a ser publicada a rectificação do erro.

A suspensão do contrato de trabalho foi, sete anos depois, objecto de nova abordagem legislativa – pelo DL 398/83, de 2/11 – em termos que avolumaram as dúvidas sobre o regime aplicável às diversas situações de impossibilidade temporária da prestação de trabalho. Esse diploma surgiu *aparentemente* marcado pela pretensão de regular em *globo* as situações de carácter suspensivo, quer respeitassem ao trabalhador quer se inserissem na esfera do empregador (art. 1.°/1). O preâmbulo (3) supunha, até, efectivamente consumada a revogação do regime da LCT pelo DL 874/76, embora «sem que para tal se encontrem razões plausíveis». O diploma continha um

(1) Cfr., por exemplo, no sentido de que a referência ao regime da suspensão devia ter-se por «não escrita»: BARROS MOURA, *Compilação de Direito do Trabalho* cit., 147 s.; J. LEITE/F. J. COUTINHO DE ALMEIDA, *Colectânea* cit., 86 n. 1.

(2) Vd. o Desp. publicado no BTE 15, 1.ª série, 22/4/78, 965.

(3) Na verdade, parece ter ocorrido uma descuidada e embaraçosa troca de textos, a qual originou que fosse publicada a «memória justificativa» e omitido o verdadeiro «preâmbulo» do diploma. No entanto, o episódio acabou por não ter consequências práticas, pois a "memória" preenchia satisfatoriamente a utilidade de um preâmbulo.

capítulo referente à «suspensão do contrato de trabalho por impedimento respeitante ao trabalhador» (arts. 3.° e 4.°) e outro alusivo à «redução do período normal de trabalho ou suspensão do contrato por motivo respeitante à entidade empregadora» (arts. 5.° a 18.°). Mas, ao contrário da primeira aparência, a lacuna mantinha-se em aberto.

Na verdade, o DL 398/83 era um diploma enquadrável em certa produção legislativa «de emergência» cujo fluxo, aliás, se iniciara em 1977 (1), e que visava instituir, nomeadamente no terreno juslaboral, dispositivos de compatibilização perante a crise económica generalizada e os reflexos dela no tecido empresarial. O alvo central do legislador foram as situações críticas a que aludia o art. 5.°/1: aquelas em que estava em causa «a viabilidade da empresa e a manutenção dos postos de trabalho» (2). O DL 398/83 *não continha, na verdade, a disciplina geral da suspensão do contrato de trabalho* – susceptível de abranger todas as situações de impossibilidade temporária da prestação de trabalho por facto não imputável ao trabalhador –, mas tão-somente a cobertura normativa de um novo expediente, conhecido também como *lay-off*, que, *independentemente da verificação de impossibilidade*, se caracteriza pela colocação de trabalhadores em actividade reduzida ou nula, por decisão unilateral do empregador, durante um prazo determinado.

A verdade é que, enquanto a suspensão, no seu perfil originário, supõe a impossibilidade material do trabalho, por faltar o seu suporte ou «substrato» (encerramento total ou parcial do estabelecimento), o *lay-off* constitui uma medida directamente orientada a certos trabalhadores e até, porventura, compatível com a continuidade da laboração da empresa. No primeiro caso, a prestação de trabalho torna-se inviável *porque* reduz ou pára a laboração; no segundo, ela não resulta propriamente impossível, é interrompida em virtude de decisão do empregador baseada em propósitos de compressão de custos.

---

(1) Com relevo particular para os DL 353-H/77, de 29/8, 230/79, de 23/7 e 201/83, de 18/5.

(2) O preâmbulo salientava que "o instituto da redução ou suspensão da prestação de trabalho tem em vista a recuperação económica das empresas, meio necessário à manutenção dos postos de trabalho e à contenção do desemprego».

Ora o encerramento ou a diminuição da laboração da empresa podem inserir-se na normalidade da sua evolução, constituindo medidas sem carácter emergencial: será o caso da substituição de equipamentos, ou de acções de grande manutenção. Por outro lado um estabelecimento pode encerrar em consequência de *factum principis*, isto é, por ordem da autoridade pública, fundada, por exemplo em razões de índole sanitária ou de segurança. A simples leitura do DL 398/83 permitia constatar que nenhuma dessas hipóteses se comportava no seu campo de regulação ([1]).

Sendo obviamente necessário encontrar uma solução para tal carência, sustentámos então que deviam ser recuperadas, para esse efeito, as antigas regras da LCT que tratavam das situações a descoberto ([2]) – as que se caracterizam pela impossibilidade temporária da prestação de trabalho por causa inerente à esfera do empregador, sem que *na apreciação dessa impossibilidade* concorram preocupações de viabilização da empresa ou de manutenção dos postos de trabalho. Na verdade, ou essas situações se mantinham ao alcance da LCT, ou havia que reconhecer a existência de lacuna – e esta deveria ser suprida, nos termos do art. 10.°/3 CCiv., segundo directrizes idênticas às que a LCT consagrava.

O Código do Trabalho (desde a versão de 2003) resolve definitivamente o problema. No âmbito de um capítulo dedicado ao que o legislador designa por "Vicissitudes contratuais", são abordadas, de forma sistemática, as várias situações que podem determinar "redução da actividade" ou "suspensão do contrato" (arts. 394.° ss.) ([3]). Essas situações podem derivar de "facto respeitante a trabalhador" (arts. 296.° e 297.°) ou de "facto respeitante ao empregador" (arts. 298.° ss.). Nesta última categoria, são separadamente caracterizadas e reguladas as "situações de crise empresarial" e de "encerramento temporário do estabelecimento ou diminuição tem-

---

([1]) Cfr. no mesmo sentido J. LEITE/F. J. COUTINHO DE ALMEIDA, *Colectânea* cit. 215 ss.

([2]) Nesse sentido, cfr. Ac. Rel. Lisboa 31/1/83 (CJ 83, 1, 178). Relativamente à sobrevigência do art. 73.° : Ac. STJ 20/10/89 (BMJ 390, 294).

([3]) Essa secção abarca, para além das situações de redução e suspensão relacionadas com obstáculos à normal execução do contrato, figuras de perfil distinto: as licenças e a pré-reforma.

porária de actividade", quer por caso fortuito ou de força maior, quer por facto imputável ao empregador. Ficou assim ultrapassada uma das mais notórias e antigas anomalias do sistema legal do trabalho.

3. *Efeitos gerais da suspensão.*

370. Os efeitos comuns às várias modalidades de suspensão do contrato, e que, portanto, caracterizam, no essencial, este instituto jurídico, são os seguintes:

a) *Conservação do vínculo* – O efeito primacial da suspensão é a manutenção do contrato, embora em estado de transitória inexecução: "mantêm-se os direitos, deveres e garantias das partes que não pressuponham a efectiva prestação do trabalho" (art. 295.°/1).

Originariamente, LCT ligava à suspensão do contrato uma especial garantia do chamado «direito ao lugar», que tinha, então, um conteúdo preciso, visto que o trabalhador *e a entidade patronal* dispunham de uma lata faculdade de desvinculação unilateral independentemente da alegação de motivos: era a chamada «denúncia unilateral» mediante simples aviso-prévio. Nesse contexto, o "direito ao lugar" traduzia-se numa *proibição de despedimento* (1), ressalvada a hipótese de justa causa, e pressuposta a ideia de que a impossibilidade temporária não imputável ao trabalhador não podia ser justa causa. As profundas alterações que o regime da cessação do contrato de trabalho veio a sofrer esvaziaram de conteúdo útil o «direito ao lugar». O essencial da tutela do direito ao lugar corresponde hoje a uma garantia geral dos trabalhadores (2).

---

(1) Esta proibição era sancionada pela *invalidade* do despedimento pronunciado contra ela (cfr. B. Lobo Xavier. *A estabilidade no direito do trabalho português,* ESC. n.° 31, 46) e pela aplicação de uma *multa* à entidade patronal.

(2) Por isso se pode dizer que a sanção que estava configurada pela LCT para a não apresentação do trabalhador ao serviço após a cessação do impedimento – *perda do direito ao lugar* – careceria hoje, em si mesma, de alcance operatório. A hipótese aí prevista teria, no entanto, outro enquadramento

Ainda no âmbito da LCT, e mesmo ao abrigo da legislação que veio a ser produzida posteriormente em torno da cessação do contrato de trabalho, punha-se a questão de saber se trabalhadores com os contratos suspensos não deveriam considerar-se excluídos do âmbito do despedimento colectivo – justamente em nome do peculiar reforço do vínculo que advinha da afirmação do «direito ao lugar». Ora a verdade é que o despedimento colectivo introduz matizes específicos na cessação do contrato individual, de tal modo que sempre foi considerado, pelas própria leis restritivas do despedimento, uma espécie de "caso à parte", insusceptível de ser submetido ao mesmo nível de exigência quanto à intensidade e premência dos motivos. No lugar adequado se procurará evidenciar essa especificidade. Para a questão que nos ocupa, importa apenas retirar das observações precedentes a ideia de que a suspensão não afasta a possibilidade de inclusão do trabalhador «suspenso» num despedimento colectivo, sempre que a fundamentação deste envolva *objectivamente* a eliminação do posto de trabalho por ele ocupado – em termos idênticos aos que se hão-de observar relativamente aos trabalhadores em serviço efectivo. É o que, abertamente, resulta do art. 295.º/3 CT: durante a suspensão, qualquer das partes pode fazer «cessar o contrato nos termos gerais». A suspensão não representa, pois, para o contrato, um escudo impenetrável, mas simplesmente a exclusão da (eventual) vocação extintiva da impossibilidade da prestação de trabalho: o vínculo não pode desfazer-se por *esta* causa, mas não fica imune a outras que porventura ocorram durante o próprio período de suspensão.

b) *Conservação da antiguidade* (art. 295.º/2) – A suspensão do contrato não impede que prossiga a contagem da antiguidade: do ponto de vista jurídico – e tendo em conta, como na altura própria se notou, que a antiguidade se relaciona com a «pertença à empresa» – a impossibilidade temporária da prestação de trabalho não determina uma quebra da

possível – o das *faltas injustificadas,* susceptíveis de desencadear a acção disciplinar e, por aí, o despedimento com justa causa, ou ainda, em certas condições, o do *abandono do trabalho*, regulado no art. 403.º CT.

«continuidade» da relação laboral. Daí decorre que os efeitos ligados pela lei ou pelos IRCT à antiguidade (sem que esta se articule com outros factores) se produzam mesmo não estando o trabalhador no «activo»: diuturnidades, promoções automáticas, mudanças de escalão de férias, etc. Dois preceitos inseridos no regime específico do *lay-off* (suspensão de contratos em situação de crise empresarial) – os do art. 306.º/1 e 2 – ressalvam os direitos dos trabalhadores em matéria de férias pagas, em termos que justificam plenamente a sua extensão aos restantes casos de suspensão por facto ligado ao empregador.

c) *Permanência de deveres acessórios* (art. 295.º/1) – Como se sabe, o trabalhador e o empregador assumem, com a celebração do contrato, obrigações acessórias, algumas das quais independentes da efectiva prestação de trabalho – antes relacionadas com a situação de «pertença à empresa» ([1]). Ora é claro que a paralisia dos efeitos jurídico-práticos essenciais do contrato não quebra de modo radical o nexo existente entre as esferas jurídicas do empregador e do trabalhador (ainda e apesar de tudo) *pertencente à empresa,* dada a subsistência do contrato. O trabalhador pode, nomeadamente, praticar, na constância da suspensão, actos capazes de prejudicar a empresa – nomeadamente concorrer com ela, revelar os seus segredos de fabrico, contribuir para o descrédito dos seus produtos – incompatíveis com o chamado dever de lealdade cujo conteúdo se procurou já precisar. Este dever *mantém-se de pé* exactamente porque, *tal como a antiguidade,* não pressupõe em absoluto a normal execução do contrato, apenas lhe bastando como suporte a vinculação jurídica das partes e a consequente ligação do trabalhador à empresa. A violação de tal dever – do mesmo modo que a das restantes obrigações acessórias do trabalhador – pode integrar uma *infracção disciplinar* e conduzir

([1]) Cfr. Ac. Rel. Lisboa 16/5/83 (CJ 83, 3, 200).

até ao *despedimento por justa causa* durante a suspensão. Tudo está em saber se as características concretas do impedimento da prestação de trabalho e da situação suspensiva comportam a instauração de procedimento disciplinar (arts. 329.º e 330.º e 352º ss. CT). A lei define um prazo para o início do processo (60 dias, no art. 329.º/2) que se conta a partir do *conhecimento do facto* pelo empregador ou superior hierárquico com competência disciplinar. No entanto, *a utilidade* de tal prazo requer – dado o carácter «burocratizado» que a acção disciplinar assume presentemente na lei – a existência de uma *organização* em funcionamento, ainda que parcial. Parece, por isso, que, nos casos de *encerramento temporário da empresa ou estabelecimento,* aquele prazo só deve pôr-se a correr a partir da reabertura.

d) *Paralisação dos efeitos do contrato condicionados pela possibilidade da prestação de trabalho efectivo* (art. 295.º/1) – Desde logo, a suspensão do contrato implica a legítima inexecução da prestação de trabalho – quer dizer, exonera temporariamente o trabalhador do cumprimento da sua obrigação principal. Esta é a projecção directa e indubitável do acolhimento oferecido pela lei à impossibilidade temporária não-imputável como evento susceptível de ser absorvido pelo ciclo vital do contrato.

Mas quais são os outros «direitos, deveres e garantias das partes» a que se refere o art. 295.º/1? Há-de ver-se que a *obrigação salarial* permanece integralmente em certos casos e parcialmente noutros (art. 309.º), mas cessa, enquanto tal, nas situações derivadas de facto respeitante ao trabalhador e nas de crise empresarial (em que é substituída pela "compensação retributiva"). Quanto ao *direito a férias pagas,* e muito embora ele não inclua entre os pressupostos da sua *constituição* a efectividade do serviço, julga-se inegável que a existência de prestação de trabalho (ou, ao menos, da possibilidade dela) condiciona directamente a *efectivação* de tal direito. O fundamento do direito a férias não se harmoniza com a *ficção* do gozo de um período de repouso durante uma fase em que o contrato está suspenso e a prestação de trabalho se não realiza. Assim, o direito a férias permanece, durante a suspensão, em estado latente; ano após ano, a sua efectivação vai-se tornando impossível (enquanto perdurar o impedimento de trabalho), de harmonia com o princípio de que as férias correspondentes a cada ano devem ser nele gozadas (art. 240.°/1), não havendo, por conseguinte, lugar à acumulação de períodos não gozados no termo da suspensão. Quando esta situação cessa, seja qual for a altura do ano, o trabalhador recupera a possibilidade de gozar férias, *em relação a esse ano,* como se tivesse estado em serviço efectivo anteriormente. Essa possibilidade é, em todo o caso, condicionada pela especificidade da situação: o trabalhador deve prestar serviço durante seis meses antes de poder exercer direito a férias recuperado, e gozará apenas um período proporcional ao tempo trabalhado nesse ano (art. 239°/6). De modo correspondente, se a impossibilidade surgir *antes* do gozo das férias correspondentes ao ano de referência, prolongando-se para além do termo deste, o período a gozar ficará, em princípio, inutilizado e irrecuperável ([1]). Em termos tendenciais, este esquema, consagrado no art. 244.° CT, conduz a uma aproximada equivalência de benefícios e perdas para o trabalhador. Mas é preciso notar que ele se aplica apenas aos casos de impossibilidade por facto ligado ao trabalhador. Quanto às situações de suspensão por crise empresarial, o art. 306.° salvaguarda a efectivação do direito a férias ("a marcação e o gozo de férias", diz mesmo o n.° 2), ficcionando o período de redução ou suspensão como tempo de serviço efectivamente prestado «em condições normais de trabalho» (n.° 2). A artificialidade da solução – que nos parece, aliás, extensível,

---

([1]) Sendo esse o mais expectável resultado prático, não se ignore que o art. 244.°/3 CT não só reconhece ao trabalhador o direito à retribuição e ao subsídio correspondentes ao período perdido, mas admite até que, em alternativa, ele seja gozado até 30 de Abril do ano seguinte.

mesmo *a fortiori*, aos restantes casos de suspensão por facto ligado ao empregador –, no que toca à «efectivação» do repouso, é manifesta. O legislador terá querido, sobretudo – e tendo em vista que se trata de perturbações da execução do contrato a que o trabalhador é completamente alheio –, ressalvar a componente económica do direito a férias, na medida em que ela se traduz num «sobreganho» relativamente ao esquema normal de remuneração do trabalho.

Como se assinalou – em conformidade, de resto, com a sistemática do Código –, podem distinguir-se dois grupos de situações caracterizadas pela impossibilidade temporária da prestação de trabalho, não-imputável ao trabalhador, e determinantes da suspensão do contrato (embora com efeitos bastante diferenciados, como se verá): os de impedimento *ligado ao trabalhador* e os de impossibilidade por facto *ocorrido na esfera da empresa (maxime* encerramento temporário). Vamos, em seguida, examinar cada um deles nos traços essenciais do seu regime – traços esses que, basicamente, dizem respeito ao problema do *destino do salário.*

§ 44. Suspensão do contrato de trabalho por causa ligada ao trabalhador.

371. No art. 296.º/1, prevê o Código um conjunto de situações surgidas *na esfera do trabalhador* que determinam a suspensão do contrato, pelo facto de impossibilitarem temporariamente a prestação de trabalho. As características comuns a tais situações são as seguintes:

a) existência de um *impedimento temporário* (de duração *superior a um mês);*

b) ligação desse impedimento à *pessoa do trabalhador;*

c) *não imputabilidade* do impedimento ao trabalhador.

O facto ou situação em causa deve determinar a impossibilidade da execução do trabalho e, além disso, constituir obstáculo à disponibilidade do trabalhador, mesmo para outras funções compatíveis. É necessário, em suma, que o impedimento o *afaste* da actividade da empresa. É o que sucede nos casos expressamente previstos pelo texto legal citado – *serviço militar obrigatório ou serviço cívico substitutivo, doença, acidente* – e também noutros facilmente imagináveis, dotados de cobertura normativa em diplomas diversos.

Assim, por exemplo, o exercício de funções como membro do Governo, deputado, presidente e vereador a tempo inteiro de uma Câmara Municipal, gestor público, representante dos trabalhadores na gestão de instituições de segurança social.

A impossibilidade pode ser meramente *subjectiva,* isto é, relativa à pessoa concreta do trabalhador – não se exigindo que seja objectiva, quer dizer, existente para a generalidade das pessoas. É o que decorre da natureza pessoalmente *infungível* da prestação de trabalho (o trabalhador não pode dar outrem por si para executar o seu serviço) ou, por outras palavras, do facto de se presumir que o contrato de trabalho é celebrado *intuitus personae* relativamente ao trabalhador.

372. O carácter *temporário* da impossibilidade solicita algumas precisões.

Por um lado, a lei condiciona o funcionamento da suspensão a que o impedimento tenha duração, certa ou provável, de *mais de um mês* (art. 296.º/1); há, pois, um limite *mínimo* de transitoriedade, que decerto se explica pela possibilidade da aplicação do regime normal das *faltas* a situações de impedimento menos prolongado (1) (2).

Não existe, por outro lado, um limite máximo definido para estes casos de impossibilidade temporária – ou seja, uma fronteira

---

(1) Cfr. Bernardo Xavier 154.

(2) Anote-se que é tendo exactamente em vista os impedimentos de curta duração (quanto aos *empregados,* até *seis semanas* – n.º 2 do § 61 6 BGB) que no sistema *alemão* se acha consagrada a regra da *manutenção do salário,* apesar de o facto determinante da impossibilidade se situar na esfera do trabalhador. Para além de tal limite, passa a vigorar a regra (válida no nosso sistema) da suspensão do pagamento da retribuição.

exacta a partir da qual se passe a considerar definitiva, com o conhecido efeito da cessação do contrato por *caducidade* (arts. 296.º/4 e 343.º). Significará isto que se tenha por temporário – isto é: apto a permitir a sobrevivência do contrato em estado latente – um impedimento de *qualquer* duração, mesmo de dez ou vinte anos, enquanto se não tornar *provadamente definitivo* (com a morte do trabalhador, por exemplo) ([1])?

A resposta que deve ser dada a esta questão interessa apenas, obviamente, para os casos em que o impedimento não é determinado *por via legal* – caso de serviço militar, por exemplo – pois, quando o é, a transitoriedade do obstáculo mede-se pela própria duração da situação definida pelas respectivas normas. Fora desse círculo de hipóteses, o carácter temporário ou definitivo da impossibilidade há-de decorrer da aplicação de um critério de ponderação dos interesses em vista dos quais as partes se vincularam – ou seja, antes do mais, tendo em vista a conservação ou a perda da *utilidade* das prestações contratuais após a cessação do impedimento. É no quadro de tal critério que deve, a nosso ver, inserir-se o disposto no art. 295.º/3: se o contrato tiver sido celebrado a prazo, a suspensão não obsta ao decurso deste, nem à eventual caducidade do vínculo, se se esgotar ([2]).

373. O facto determinante da impossibilidade deve surgir conexionado à *pessoa do trabalhador,* embora porventura constitua reflexo da sua vida familiar ou social. Assim, também neste ponto há que estabelecer ligação com o regime das faltas: as situações

---

([1]) Convém ter presente que o serviço militar obrigatório se estende por vários meses; que o mandato dos deputados é de quatro anos; que há doenças cuja cura pode implicar o afastamento do trabalhador por muitos meses; etc..

([2]) «Com efeito, o que está suspenso é simplesmente uma situação de facto, a execução material e a sua possibilidade, e nunca a própria vida do contrato, que não cessa em momento algum de se encaminhar para o seu termo, tal como foi fixado pelas partes contrastantes». – T. YAMAGUCHI, *La théorie de la suspension du contrat de travail et ses applications pratiques dans le droit des pays membres de la Communauté Europeènne,* Paris (1963), 111.

capazes de justificar a não comparência ao trabalho determinam a suspensão do contrato se se prolongarem por mais de um mês.

Mas, por outro lado, é preciso que a situação impeditiva *não seja imputável ao trabalhador*. Caso contrário, estar-se-á perante a situação de incumprimento culposo, cujos efeitos, como se observou, são diferentes.

Há, todavia, que acautelar dois aspectos importantes. Em primeiro lugar, a imputação envolve aqui a *culpa grave* do trabalhador, não diz respeito à mera *causalidade* relativamente ao obstáculo surgido, nem tão pouco ao eventual descuido da sua conduta.

Assim, se, por inadvertência, aquele é vítima de insolação numa ida à praia; ou, ao passar junto de uma serra mecânica com a qual trabalha, sofre amputação de alguns dedos; ou, ainda, contrai uma grave doença das vias respiratórias em consequência de abuso do tabaco – em qualquer dessas situações pode certamente dizer-se que o trabalhador *provocou* o seu próprio impedimento, mas nem por isso há apoio suficiente, sem mais indagações, para que o mesmo lhe seja imputado do ponto de vista do art. 296.º.

É necessário que a sua conduta possa qualificar-se como culposa, não em termos de mera negligência, mas envolvendo *intencionalidade* – que seja, em suma, imputável a título de *dolo* ([1]). Por outras palavras, a suspensão não actuará somente se a impossibilidade da execução do trabalho tiver sido *voluntariamente provocada* pelo trabalhador ([2]).

A lei parece admitir, no entanto, hipóteses em que o impedimento *imputável* ao trabalhador determina a suspensão do contrato (art. 296.º/5): trata-se, contudo, de uma imputabilidade em sentido impróprio, a qual se traduz no mero *concurso* da vontade do traba-

---

([1]) Veja-se, sobre os conceitos de imputação, imputabilidade e culpa, ANTUNES VARELA, *Das obrigações em geral*, cit., 384 ss.

([2]) A não-imputação ao trabalhador não releva apenas como *pressuposto* da suspensão, mas também como *condição de subsistência da situação típica em que se traduz o funcionamento do instituto*. Esta ideia visa, nomeadamente, hipóteses como a da prática de actos, pelo trabalhador, no sentido de *intencionalmente* provocar o prolongamento da impossibilidade – casos em que se passa para o domínio do incumprimento culposo da prestação de trabalho.

lhador para a criação de situações legalmente *tipificadas* como causas de suspensão, isto é, de situações determinantes da *lícita* inexecução do trabalho.

Tem-se em vista, nomeadamente, o exercício de funções como as de membro do Governo e deputado: é a lei que as considera prioritárias em relação ao cumprimento das obrigações de trabalho contratualmente assumidas, dispondo ela própria, como consequência, a suspensão dos contratos de trabalho em causa.

Outra situação atípica é a de suspensão do contrato por *decisão unilateral do trabalhador*. Trata-se de uma opção oferecida pela lei (art. 325.º/2 CT) aos trabalhadores afectados pela falta de pagamento total ou parcial da retribuição devida, por causa que não lhes seja imputável; a particularidade fundamental do regime aplicável a esta situação consiste no acesso do trabalhador ao subsídio de desemprego (art. 306.º/2 RCT, mantido provisoriamente em vigor pelo art. 12.º/6-*n*) CT).

374. Quanto aos *efeitos* da suspensão, o CT, utilizando uma formulação da lei anterior, estabelece que se mantêm «os direitos, deveres e garantias das partes que não pressuponham a efectiva prestação de trabalho» (art. 295.º/1); e esta regra surge incorporada no *regime geral* da suspensão, o que, nomeadamente, parece implicar a exoneração do débito retributivo do empregador em todas as situações contempladas pela lei, incluindo as que nasçam de factos inerentes ao empregador ou à empresa. Ora não é assim. A retribuição – enquanto tal, e não um sucedâneo ou equivalente – continua a ser devida, na totalidade ou em grande parte, nas situações contempladas pelo art. 309.º CT.

O aproveitamento, que continua a fazer-se, do enunciado que se reproduz no art. 295.º/1 (oriundo, como se disse, da lei antiga) não é uma opção feliz. A formulação peca por ambiguidade. Sabendo-se que o dever de retribuir nem sempre pressupõe a prestação *efectiva* de trabalho (mas sim a disponibilidade do trabalhador), a norma sempre deixaria espaço para dúvida acerca do destino do crédito salarial. Força, assim, desnecessariamente, a uma interpretação enunciativa quanto a um aspecto *definitório* da suspensão do contrato.

O conjunto do regime da suspensão do contrato de trabalho mostra que o legislador parte do "princípio" segundo o qual "não havendo trabalho não há salário"; os desvios a esse pressuposto traduzem-se sempre em normas expressas acerca de rendimentos aos quais o trabalhador atingido pela suspensão tem direito (arts. 305.º, 309.º, 320.º). Não havendo norma desse tipo, aplica-se a "regra" da suspensão do crédito retributivo.

De acordo com essa lógica, resulta do silêncio da lei que a suspensão *por impedimento do trabalhador* implica a cessação temporária do crédito salarial.

Tal consequência pode ser compreendida à luz da *teoria das esferas de actividade* que será adiante referida com mais detalhe. Por outro lado, ela não é senão uma ampliação do princípio subjacente ao regime das faltas (a suspensão por facto ligado ao trabalhador é afinal, bem vistas as coisas, um período dilatado de faltas ao trabalho com justificação), constituindo também uma manifestação do conceito *retributivo* do salário.

§ 45. Suspensão do contrato de trabalho por facto ligado à empresa.

1. *Noções gerais.*

375. A prestação de trabalho pode também ser temporariamente impedida pelo *encerramento* total ou parcial da empresa ou estabelecimento onde se situa o local de trabalho. Nestes casos, mantém-se (ou resulta até de algum modo reforçado) o carácter não imputável ao trabalhador do obstáculo determinante da impossibilidade. Mas, para além disso, ocorre uma vincada diferença de natureza entre tais situações (em qualquer das modalidades que, como se verá, poderão assumir) e as de impedimento ligado ao trabalhador.

Com efeito, a possibilidade da prestação de trabalho está duplamente condicionada: do lado do trabalhador, requer que este se encontre *à disposição* do empregador; por parte deste último, é necessário que seja fornecida a *oportunidade* do trabalho (lugar, tempo e condições materiais). Quando o impedimento se verifica na esfera do trabalhador (doença, acidente, greve, serviço militar obrigatório, etc.), falta a primeira condição, embora exista a segunda; nos outros casos, pelo contrário, a prestação de trabalho é omitida por não ocorrer a *cooperação creditória* ([1]) que, constituindo ónus do credor no comum das relações obrigacionais (vd. art. 813.° *fine,* CCiv.), ganha no domínio do vínculo laboral uma singular acentuação, como se notou ([2]). Por não se verificar tal condição (haja ou não culpa do empregador) é que a prestação de trabalho se torna impossível.

Ora o fornecimento das condições de trabalho pelo empregador depende sempre, em maior ou menor medida, *do critério e da vontade deste.* Nuns casos, pode o encerramento temporário resultar exclusivamente de facto imputável ao empregador ou motivo do seu interesse (art. 309.°/1-*b*) CT); noutros, a decisão será imposta por factores objectivos e imperiosos, externos ou internos (cfr. arts. 298.° e 309.°/1-*a*)). Mas, em qualquer caso, a reabertura do estabelecimento e, portanto, o recomeço da oferta de condições de trabalho estará na disponibilidade do empresário, podendo não coincidir com a cessação do impedimento objectivo (quando exista) e não coincidindo, de facto, muitas vezes.

De resto, o próprio carácter temporário ou definitivo do encerramento depende, em larga medida, da vontade do empregador. Perante um acidente que destrua equipamento ou uma catástrofe natural que inutilize as instalações e toda a matéria prima armazenada, é o empregador que decide se vai reconstituir a capacidade produtiva da empresa, fazendo o necessário investimento, ou desiste de prosseguir com a empresa, tornando definitivo o encerramento.

([1]) Escreve Nikisch 487: «Impossível é só a cooperação *(Mitwirkungshandlung)* do empresário».

([2]) Vejam-se, no entanto, as judiciosas observações de B. Lobo Xavier, *A repercussão do encerramento definitivo do estabelecimento nos contratos de trabalho,* sep. de *Studi in onore di Giuseppe Chiarelli,* tomo III, Milão (1974), 2 281 e ss.

Assim, três notas gerais hão-de desde já ficar apontadas:

a) a impossibilidade da prestação de trabalho pode, nestes casos, ter base *voluntária* (por parte do empregador, como é óbvio);

b) não é forçoso que à suspensão de trabalho corresponda aqui a interrupção do pagamento do salário;

c) a própria *cessação da impossibilidade* depende objectivamente de uma *atitude positiva* do empresário.

2. *Encerramento por facto imputável ao empregador ou por motivo do interesse deste.*

376. O encerramento do local de trabalho pode ser devido a «facto imputável ao empregador» ou a «motivo de interesse deste» (art. 309.º/1-*b*)).

São de incluir nesta modalidade situações aparentemente muito diversas, desde as resultantes de decisão unilateral do empresário – que pode ser motivada por diminuição de encomendas, reestruturação da empresa, ampliação das instalações, substituição do equipamento e da tecnologia, etc. – até às que são determinadas por decisão da autoridade pública, em resultado da prática de delitos antieconómicos ou contra a saúde pública. Tudo está em que o encerramento se possa *imputar* à entidade patronal, quer, directamente, por um seu acto de vontade, quer, indirectamente, por atitudes ou práticas que tenham estado na origem daquela ocorrência.

O art. 309.º/1-*b*) CT consagra uma lata faculdade de disposição, por parte do empregador, relativamente à continuidade do processo de laboração da empresa ou estabelecimento. Perante o teor do preceito, fica-se com a ideia de que a motivação do encerramento é insusceptível de controlo externo, excepto para o efeito de se determinar a modalidade do regime de suspensão aplicável.

Mas não é assim. Essa faculdade tem, obviamente, que ser articulada com a proibição legal (e constitucional) de certo tipo de decisões de encerramento da empresa ou estabelecimento: as que se compreendem na noção de locaute ([1]). Basta pensar que um verdadeiro locaute pode ser dissimulado sob a aparência de um encerramento por razões técnicas, sobretudo se estas razões não forem susceptíveis de controlo externo.

O art. 544.° CT, na linha do art. 57.° CRP, estabelece aquela proibição. Define, além disso, o locaute, no n.° 1, em termos tão latos que certamente comportam, na sua letra, a generalidade daquelas situações: «considera-se *lock-out* qualquer paralisação total ou parcial da empresa ou a interdição do acesso a locais de trabalho a alguns ou à totalidade dos trabalhadores e, ainda, a recusa em fornecer trabalho, condições e instrumentos de trabalho que determine ou possa determinar a paralisação de todos ou alguns

---

([1]) Vale a pena recuar no tempo para entender a história do problema. O DL 392/74, de 27/8 (primeira "lei da greve" subsequente ao movimento revolucionário de Abril de 1974), ao regular o chamado «locaute defensivo», como modalidade lícita da conduta conflitual do empregador (art. 21.°), vinha, aparentemente, criar um condicionamento uniforme para as situações de encerramento temporário por decisão daquele, mesmo fora do contexto dum conflito colectivo de trabalho. Embora sob a referida epígrafe de «locaute defensivo», o legislador exprimia-se em termos muito amplos («As entidades patronais apenas poderão proceder ao encerramento da empresa...»), incluindo até na sua previsão uma hipótese declaradamente não conflitual («d). Quando, por razões de ordem técnica, reconhecidas pelo Ministério do Trabalho, se verifique a impossibilidade de continuação de laboração»). Não parecia possível outra conclusão: embora concebido, fundamentalmente, em ordem à delimitação do locaute (então) considerado lícito, o preceito alastrava a qualquer hipótese de encerramento promovido pela entidade patronal. O que, de resto, podia de algum modo explicar-se: se a noção do locaute é, no plano teórico, relativamente fácil de construir, o certo é que as situações concretas se mostram frequentemente ambíguas, dada a relevância do elemento intencional (a interpretar dentro de um contexto factual dado). Assim, a posição restritiva do legislador perante o locaute implicava, na prática, sujeição de todas as situações de encerramento a idênticos pressupostos e exigências processuais. Ou seja: o encerramento de empresa deixava de estar no círculo da livre disponibilidade do empresário. Esse regime foi inteiramente revogado pela L. 65/77 (lei da greve). Mas a evolução posterior do direito positivo processou-se em sentido inverso, como é assinalado no texto.

sectores da empresa, desde que, em qualquer caso, vise atingir finalidades alheias à normal actividade da empresa, por decisão unilateral do empregador».

Na altura própria se dedicará especial atenção a este conceito legal. Notaremos agora, apenas do ponto de vista da clarificação do regime do encerramento temporário por iniciativa patronal, que a formulação um tanto pesada e redundante do art. 544.°/1 ([1]) permite, apesar de tudo, *destacar o elemento intencional como denominador comum às várias cambiantes* («em qualquer caso...») *que o conceito assume.*

Já decorreria, pois, do art. 544.° CT o reconhecimento da *relevância dos motivos de qualquer decisão de encerramento temporário.* O empregador, para afastar a qualificação do locaute, necessita de demonstrar que o encerramento é determinado por razões de ordem técnica ou económica (renovação ou reparação de equipamentos, reorganização de serviços, mudança de instalações, etc.).

Mas a lei é hoje muito mais interventiva nesse tipo de situações. Com efeito, a motivação do encerramento pode, inclusivamente, ser «negociada» com representantes dos trabalhadores: o art. 311.° CT obriga o empregador a *informar* a estrutura representativa dos trabalhadores sobre «fundamento, duração previsível e consequências do encerramento» (n.° 3), e essa estrutura pode manifestar-se sobre eles. O art. 312.° vai mais longe: obriga o empregador responsável pelo encerramento a *prestar caução* que «garanta o pagamento de retribuições em mora, se existirem, de retribuições referentes ao período de encerramento e de compensações por despedimento». Finalmente, o encerramento temporário (desligado de procedimentos de despedimento colectivo, de despedimento por extinção de postos de trabalho ou de *lay-off*) determina um vasto conjunto de *inibições* para o empregador (art. 313.°).

([1]) Importada, quase letra por letra, do art. 14.°/2 L. 65/77, de 26/8 (anterior regime jurídico do exercício do direito de greve). No entanto, a revisão de 2009 eliminou a disjuntiva ("ou") que desvalorizava o peso definitório da motivação no locaute.

377. Nos termos do art. 309.º/1-*b*) CT, os trabalhadores impossibilitados de exercer a actividade prometida mantêm o direito «à totalidade da retribuição».

> A referência à «totalidade», introduzida pela revisão de 2009, parece significar que mesmo componentes da retribuição estreitamente ligadas ao modo de execução do trabalho (subsídios de intempérie ou de turnos) ou ao tempo de presença do trabalhador na empresa (subsídio de refeição) continuam a ser devidas. Devem, em suma, ser assegurados ao trabalhador os ganhos que normalmente auferiria se estivesse em serviço efectivo, incluindo, também, as *comissões ou participações nas vendas* a calcular de harmonia com o critério definido pelo art. 261.º. No entanto, tais valores sofrem dedução adequada, na hipótese de *ocupação substitutiva* (art 309.º/2).

A solução legal referida não encontra guarida idónea no quadro da *mora creditoris* – fenómeno de cuja caracterização legal participa a *inexistência de motivo justificado* (art. 813.º CCiv.). Como vimos, o encerramento temporário de que se trata deve ter, em princípio, motivo determinado ou determinável – sob pena de ser considerado locaute. Estamos a considerar situações em que, *tipicamente*, a não recepção da prestação de trabalho tem justificação.

Na perspectiva jurídico-laboral, a explicação da permanência do direito ao salário encontra-se na consideração de que, nas situações referidas, o trabalhador não deixa de cumprir o seu fundamental compromisso contratual, que é o de manter a sua força de trabalho à disposição do empregador. Se não trabalha, é porque falta (em resultado de uma decisão da outra parte ou de um facto que lhe é imputável) o suporte necessário, o "substracto do trabalho", que é a empresa ou estabelecimento em estado de funcionar.

O trabalhador mantém, pois, nos casos do art. 309.º/1-*b*) CT, o *direito à retribuição*, tal como se a prestação de actividade se mantivesse.

378. A circunstância de a impossibilidade ser determinada, como se disse, por impedimento imputável ao empregador explica que não baste a mera cessação dele, ou a sua conversão em definitivo (produto, como se disse, de uma decisão do empregador), para que a impossibilidade (e, por aí, a suspensão) se tenha por levantada ou, também, definitiva.

Para qualquer destes efeitos, é necessário ainda um *comportamento declarativo* da entidade patronal, que torne conhecida a cessação da impossibilidade (a reabertura da fábrica, por exemplo) ou a sua conversão em definitiva (através da decisão do encerramento definitivo) ([1]). Só após essa comunicação ou declaração se produz, conforme os casos, o efeito da reactivação do dever de prestação efectiva de trabalho ou o da caducidade do contrato (art. 310.º).

3. *Encerramento temporário por caso fortuito ou de força maior.*

379. Situações bem diversas, e contempladas na nossa lei em termos claramente distintos, são aquelas em que a impossibilidade da prestação de trabalho é determinada por encerramento temporário do estabelecimento por *caso fortuito* ou de *força maior.* Repare-se que estas noções são aqui chamadas, não na sua sede própria, quer dizer, a propósito da situação do devedor impossibilitado de cumprir (no caso, o trabalhador) – mas tendo em vista a falta da cooperação creditória, isto é, a situação do empregador que deixa de oferecer a oportunidade e as condições materiais necessárias à execução da prestação de trabalho. As hipóteses previstas contrapõem-se, assim, às de encerramento *imputável* ao empregador, e o aspecto fulcral é ainda o do *destino da contraprestação salarial.*

380. É entendimento corrente o de que os conceitos de *caso fortuito* e de *força maior* devem sofrer, nesta sede, uma acomodação no sentido restritivo. Encarados meramente na sua função negativa em relação à culpa, não permitem explicar que sejam objecto da cobertura legal estabelecida para as situações em que o encerramento é subjectivamente imputável ao empregador outras hipó-

---

([1]) Cfr. Bernardo Xavier, *A repercussão do encerramento definitivo* cit., 2276 e segs..

teses em que a culpa está ou pode estar ausente: aquelas em que a interrupção da laboração é devida apenas a razões «de interesse» do empregador ([1]). Deste modo, a aplicação do regime do art. 309.º/1-*a*) CT exige algo mais do que a mera ausência de culpa da entidade patronal: é necessário que o evento impeditivo da laboração da empresa seja *imprevisível* (caso fortuito) ou *inevitável* (força maior), mas, além disso, que exista um nexo de causalidade imediata entre tal evento e o encerramento da empresa (ou seja, por outras palavras, que as circunstâncias concretas não comportem uma outra opção, nomeadamente conduzida por critérios técnicos ou económicos). Tais serão os casos de falta de combustível ou energia eléctrica, carência absoluta de matérias-primas, intervenção da autoridade pública (não decorrente de comportamento culposo do empresário), cataclismo localizado ou geral, etc..

381. No que toca ao destino dos salários, a solução do nosso Código (art. 309.º/1-*a*)) exprime um compromisso dotado de certa originalidade. O tratamento dado às mesmas situações noutros sistemas não tem paralelo com esse regime.

Assim, por exemplo, no direito italiano, o princípio geral acolhido é o da *exoneração do empregador*, com intervenção de um mecanismo previdencial (a *cassa integrazione guadagni*) destinado a compensar parcialmente a perda do salário ([2]). No sistema alemão, atribui-se ao empresário o encargo de *manter o pagamento de salários*, com suporte no "risco de estabelecimento" ([3]). No entanto, admite-se

---

([1]) Cfr. Bernardo Xavier 161.

([2]) Cfr. Carinci/Tamajo/Tosi/Treu, 2, 256 ss..

([3]) A ideia de *risco de estabelecimento (Betriebsrisiko),* de elaboração jurisprudencial e, depois, doutrinal, visou servir de contraponto à regra civilística segundo a qual o devedor suporta a perda da contraprestação quando a sua prestação se torne impossível sem culpa de qualquer das partes *(casum sentit debitor). A* concepção do *Betriebsrisiko* constitui um ajustamento da mecânica obrigacional à realidade do enquadramento da relação de trabalho por uma organização (o *Betrieb*) portadora de *riscos próprios,* e que é ordenada e dirigida pelo credor da prestação laboral: usando a síntese de T. Yamagushi (*ob. cit.* 291), o empregador deve «pagar a totalidade do salário quando o trabalho não pode ser executado

a redução das retribuições, ou mesmo a exoneração total do empregador, nos casos em que a aplicação da mencionada regra coloque em perigo a própria subsistência da empresa, criando a ameaça do encerramento *definitivo* e, através dele, da cessação dos contratos de trabalho. Nestes casos, entra em funcionamento o sistema de subsídios de desemprego (1).

Os pressupostos a atender são: por um lado, o total alheamento do trabalhador relativamente à situação, havendo, portanto, que salvaguardar o seu interesse e deixar intocado o seu rendimento; por outro lado, o facto de *a sobrevivência da empresa ficar, ela própria, ameaçada, dependendo de um esforço económico e organizativo que o empresário pode empreender ou não*. A aplicação estrita do princípio da responsabilização do empregador poderia agravar o risco de o impedimento se transformar em definitivo.

Como se disse, a solução do art. 309.º CT é original.

Não reproduz a lógica da lei anterior ao Código, que oferecia, explicitamente, ao empregador uma opção quanto à modalidade das consequências a aplicar (pagamento dos salários por um mínimo de um mês, ficando os contratos suspensos; ou despedimento colectivo (2), afastando assim a hipótese de funcionamento do mecanismo da suspensão (3)). Não segue também a perspectiva

---

por razões que têm a sua origem na própria empresa». Assim, se a empresa encerra por falta de encomendas, ou por avarias mecânicas, ou por necessidade de reorganização, a prestação de trabalho fica impedida *mas o direito ao salário mantém-se*. Solução que, de resto, cabe no quadro mais amplo da chamada «teoria das esferas» *(Sphärentheorie)*, com a qual a concepção do risco de estabelecimento se acha estreitamente relacionada, e que justamente corresponde à questão de saber quem suporta o encargo (ou a perda) da *contraprestação possível*, conforme o obstáculo determinante da impossibilidade da prestação se situe na esfera do credor ou do devedor desta última.

(1) Cfr. HUECK/NIPPERDEY 321 ss.. Para reanálise, vd. ZÖLLNER 196 ss..

(2) Essa medida terá que observar o regime processual e material dos arts. 360.º ss. CT.

(3) Foi observado, por BERNARDO XAVIER 162, que «tal despedimento só pode ser determinado se a paralisação total ou parcial do estabelecimento for de longa duração», sob pena de se abrir margem a desproporcionado prejuízo à segurança do emprego com tal hipótese de desvinculação. A verdade é o que o

das soluções compósitas, em que os encargos retributivos são parcialmente assumidos por fundos públicos. Atende às peculiaridades das situações consideradas através de uma solução simples e geral: o empregador é obrigado a pagar, durante a suspensão, o valor correspondente a 75% da retribuição.

Mas é uma solução duvidosa sob o ponto de vista quantitativo: parece difícil explicá-la racionalmente; e não é seguro que a redução de encargos oferecida ao empregador seja suficiente para prevenir a extinção da empresa.

4. *Suspensão de contratos de trabalho em situações de crise empresarial ("lay off").*

382. A lei prevê ainda uma forma atípica de suspensão do contrato de trabalho por razões ligadas à empresa. Trata-se do expediente consagrado nos art.[os] 298.º ss. CT: o empregador pode, com observância de certas exigências processuais (arts. 299.º-300.º), suspender contratos de trabalho «*desde que tal medida se mostre indispensável para assegurar a viabilidade da empresa e a manutenção dos postos de trabalho*» (art. 298.º/1).

O carácter atípico desta modalidade de suspensão resulta, em primeiro lugar, do facto de não pressupor a impossibilidade *material* da prestação de trabalho (pois a empresa pode continuar em funcionamento); conexamente, a suspensão adquire uma feição individualizada e selectiva (cfr. art. 299.º/1) – aproximando-se, nesse aspecto, do despedimento colectivo – que a distingue bem das consequências do encerramento temporário; em terceiro lugar, a atipicidade ressalta ainda do facto de, não obstante a iniciativa do empregador e o carácter gestionário da medida, a lei acolher aqui, como ponto de partida, a solução adoptada para os casos de impedimento do trabalhador: cessação do crédito remuneratório

---

despedimento colectivo (pois é disso que obviamente se trata) está hoje rodeado de cautelas mínimas para que tais consequências sejam evitadas.

deste, substituindo-se-lhe uma prestação de carácter misto ([1]), a chamada «compensação retributiva» (art. 305.º/3).

Note-se que o art. 298.º/1 configura, conjuntamente, dois expedientes para ocorrer a situações de crise empresarial: a *redução temporária dos períodos normais de trabalho* (a que adiante nos referiremos) e a *suspensão de contratos de trabalho* propriamente dita. Qualquer deles depende de decisão da entidade empregadora, antecedida, ou não, de acordo com a estrutura representativa dos trabalhadores (art. 300.º/3).

A *escolha* dos contratos de trabalho a suspender não pode considerar-se (tal como no âmbito do despedimento colectivo) indiferente. No direito anterior ao Código (DL 398/83) chegou-se a estabelecer uma «preferência na manutenção das condições normais de trabalho» a favor dos trabalhadores com menor rendimento familiar, dos deficientes e dos mais antigos. O CT não contempla tal preferência; limita-se a garantir que os representantes dos trabalhadores continuem, apesar da suspensão, a poder exercer normalmente as suas funções (art. 308.º).

Cada trabalhador abrangido fica, assim, inactivo na empresa porque o empregador o considera (temporariamente) excedentário; mas pode exercer actividade profissional *fora da empresa* (art. 305.º/1-*c*)) desde que o comunique ao empregador (art. 304.º/1-*b*)). Deve, além disso, mostrar-se disponível para frequentar cursos adequados de formação profissional, mediante oferta do empregador (art. 304.º/1-*c*)); a suspensão pode, assim, conduzir a uma reconversão profissional, dentro da mesma empresa, ou preparar o trabalhador para uma inserção mais favorável no mercado de trabalho, na hipótese de sobrevir um despedimento colectivo.

383. Também nestes casos se suscita o problema do destino do crédito retributivo. Suscita-se, até, com particular acuidade, pois a suspensão (como a redução de actividade) tem justamente como primeiro objectivo poupar nos custos salariais.

([1]) Na verdade, ela apresenta, simultaneamente, características assistenciais e de benefício de segurança social.

A resposta da lei a este problema é, mais uma vez, um compromisso em que se procura atender a exigências contraditórias. Por um lado, os trabalhadores são colocados perante uma decisão do empregador que os priva de parte ou da totalidade do trabalho, mas, por outro lado, essa decisão é necessariamente fundada (segundo a perspectiva do legislador) no propósito de evitar o desaparecimento da empresa e, portanto, de salvaguardar os postos de trabalho. Acresce que a manobra pretende actuar, além do mais, através da redução dos custos.

Mais uma vez, o princípio a partir do qual se constrói a resposta legal é o de que, não havendo prestação efectiva de trabalho, não é devido o salário. Este princípio ganha, no caso, especial relevo, porque nele se radica a redução de custos visada.

A situação económica dos trabalhadores afectados é atendida através da chamada *compensação retributiva* (art. 305.º/3 CT).

Com origem no primitivo regime legal (DL 398/83), o Código de 2003 revelava considerável indecisão terminológica (referia-se, por exemplo, a «retribuição efectivamente auferida... a título de compensação retributiva» ([1])). Ora não se trata de retribuição em sentido próprio, mas de um sucedâneo dela, que pode, inclusivamente, adicionar-se a uma verdadeira retribuição por trabalho prestado, quando se aplique o regime da redução. A revisão de 2009 revela, neste ponto, maior rigor terminológico.

A compensação retributiva, como rendimento único ou somada à retribuição auferida por trabalho prestado (em caso de mera redução de actividade), tem um limite *mínimo* ([2]) (a retribuição mínima garantida para o sector) e um limite *máximo* (o triplo dessa retribuição mínima, conforme dispõe o art. 305.º/3).

Na realidade, ela destina-se a garantir ao trabalhador um rendimento equivalente à retribuição mínima garantida ou a 2/3 da remuneração que ele auferia normalmente (art. 305.º/1), conforme o que for mais alto. Mas a segunda alternativa só é válida até ao triplo do salário mínimo.

([1]) Em qualquer dos casos, trata-se de enunciados oriundos da lei anterior.

([2]) Este mínimo é, para o efeito, absoluto.

No caso de suspensão do contrato propriamente dita, a compensação pode ser o único ganho do trabalhador, ou, se este exercer a faculdade reconhecida no art. 304.º/1-*c*), destinar-se a complementar a remuneração auferida por trabalho prestado fora da empresa, até se perfazer o valor garantido (1). O montante da compensação é assim *variável,* podendo até reduzir-se a nada (se o trabalhador receber por trabalho prestado a outra entidade empregadora uma remuneração superior à garantia de ganho fixada no art. 305.º/1).

Cabe ao empregador a responsabilidade do *pagamento* da compensação ao trabalhador, embora o encargo respectivo seja comparticipado, em 70% (art. 344.º/1 do CT 2003, mantido provisoriamente em vigor pelo art. 12.º/3-*b*) L. 7/2009), pela instituição de segurança social competente (2). Deste modo, há sempre redução de custos para a empresa, naturalmente mais importante no caso de suspensão do que no de redução de actividade.

384. A suspensão de contratos de trabalho, nesta modalidade, resulta de uma *decisão unilateral* do empregador. Mas a preparação

---

(1) Tem-se omitido, por razões expositivas, a hipótese de *redução do período normal de trabalho,* tratada em paralelo com a de suspensão pelo CT. As soluções definidas para a redução serão analisadas um pouco adiante.

(2) A relativa indefinição terminológica que tem caracterizado o regime legal conduziu a que se pudesse supor que, sob o ponto de vista contributivo, e apesar do absurdo da solução, a compensação salarial seria *integralmente* tratada como retribuição (daí o emprego da expressão «retribuição efectivamente auferida» no art. 342.º/1-*b*) CT 2003), o que implicaria o pagamento de contribuições sobre a própria comparticipação de segurança social. Cremos que o Código de 2009 clarifica a questão: o empregador suporta as contribuições patronais sobre a *retribuição* paga por trabalho prestado (no caso de suspensão, pelos trabalhadores que se mantêm no activo; em caso de redução, por todos, na medida da prestação de trabalho) (art. 303.º/1-*b*)); os trabalhadores atingidos pela medida pagam contribuições sobre o *rendimento* que lhes é garantido (retribuição auferida + compensação retributiva: art. 304.º/1-*a*)). O critério da solução não parece consistente: se ele se baseia em que uns contribuem sobre o que *pagam* e outros sobre o que *recebem,* então o empregador deveria contribuir também sobre a sua parte na compensação retributiva.

desta decisão implica a observância de um procedimento formal que é regulado pelos arts. 299.º e 300.º CT.

Numa primeira fase, ele desenvolve-se no âmbito intra-empresarial: a lei visa criar a oportunidade de um consenso preliminar entre o empregador e as instâncias internas de representação dos trabalhadores (comissão de trabalhadores, comissões sindicais) quanto ao projecto fundamentado de suspensão. Fala-se mesmo de «negociação» (art. 300.º/1) tendente a definir "a modalidade, âmbito e duração das medidas a adoptar".

Mas o momento crucial do processo consiste na *decisão da entidade empregadora,* quanto à natureza, dimensão e duração da medida a aplicar. Estabelece-se, assim, a plena homologia com o regime do despedimento colectivo, no que respeita às exigências processuais: em ambos os casos se transitou de um regime de autorização administrativa para o de decisão do empregador precedida de consultas e negociação com estruturas representativas dos trabalhadores (1). A decisão deve ser transmitida, por escrito, com indicação do motivo e das datas de início e termo, a cada um dos trabalhadores afectados; além disso, o empregador tem que a comunicar também aos representantes dos trabalhadores e aos serviços competentes da Segurança Social (art. 300.º/3 e 4).

A suspensão dos contratos de trabalho, nesta modalidade, tem, necessariamente, duração definida. Essa duração tem que ser previamente fixada e tem como limite normal seis meses. Em casos mais graves, chega a um ano. Pode ser prorrogada, em certas condições, por mais seis meses, ou seja, pode estender-se até um máximo absoluto de um ano e meio (art. 301.º), após o que os contratos retomam plena eficácia.

A suspensão dos contratos de trabalho pode ser neutralizada por intervenção administrativa. Essa intervenção cabe aos serviços da inspecção do trabalho (2) – que tem uma presença efectiva no

(1) Essa fundamental alteração de perspectiva tem a sua raiz no direito comunitário.

(2) Segundo o Código de 2003 (art. 337.º/4), os produtos do processo de informação e consulta deviam ser transmitidos, não à inspecção do trabalho

terreno e pode verificar os pressupostos do art. 298.°/1. Tal decisão (de pôr termo á suspensão ou redução) pode fundar-se em razões de fundo ou de forma, como resulta do art. 307.°/2.

§ 46. Redução da actividade.

385. A redução de actividade constitui, por vezes, face à suspensão de contratos de trabalho, uma alternativa ajustada a situações práticas de natureza idêntica. O Código do Trabalho engloba os dois institutos num mesmo conjunto de preceitos. Trata-se aqui ainda das possíveis consequências jurídicas de *perturbações no funcionamento das unidades produtivas,* quer envolvam decisões gestionárias (correntes ou de emergência) dos titulares das empresas, quer resultem de caso fortuito ou de força maior.

A diminuição da actividade consiste numa contracção do tempo de funcionamento da empresa ou estabelecimento que se reflecte, no plano individual, pela *redução do período normal de trabalho praticado,* quer mediante a subtracção de uma ou mais horas do período diário, quer através da eliminação de um ou mais dias de trabalho por semana (art. 298.°/2 CT). Trata-se, como na suspensão do contrato, de uma vicissitude da relação individual de trabalho que dimana de necessidades ou conveniências da empresa. A diferença consiste em que, na redução, não ocorre, obviamente, o encerramento da empresa ou unidade produtiva, mas apenas uma alteração quantitativa do seu funcionamento, da qual não resulta a paralisia dos contratos de trabalho, mas apenas uma modificação temporária na sua execução. É verdade que a redução pode traduzir-se numa espécie de "meia suspensão", dado que certos períodos normalmente trabalhados passam a ser de inactividade. Mas isso significa apenas que a *estrutura* da prestação de trabalho é

(para verificação de pressupostos) nem à Segurança Social (para processamento da compensação retributiva), mas aos "serviços de conciliação" do Ministério do Trabalho – não se entendia para quê. A revisão de 2009 optou pelo envio à segurança social (art. 300.°/4).

alterada: a articulação entre tempo de trabalho e tempo de inactividade passa a obedecer a outra fórmula. Isso pode ocorrer em virtude de uma quebra notória e duradoura das encomendas, de dificuldades na obtenção de matérias-primas, de restrições no fornecimento de energia, ou, simplesmente, da necessidade de reduzir custos para salvar a empresa.

A redução de actividade pode resultar de *decisão unilateral* do empregador ou de *acordo* entre este e os trabalhadores. A decisão do empregador pode ser justificada por uma situação de crise empresarial – como medida destinada a salvar a empresa e os postos de trabalho – ou constituir medida de direcção da empresa, tomada por motivos de outra ordem.

A redução da duração do trabalho não se confunde com modalidades de organização do trabalho flexível que podem consistir na diminuição do número de dias de trabalho (como o horário concentrado: art. 209.º CT) ou na combinação de períodos com horários longos e períodos com horários curtos (a chamada "adaptabilidade", a que se referem os arts. 204.º a 206.º; ou mesmo o banco de horas, de que trata o art. 208.º). Nessas fórmulas organizacionais, *não há redução* do tempo de trabalho, mas diferentes arranjos dos *normais* períodos de actividade. É claro, porém, que a redução pode ser adoptada em simultâneo com alguma dessas modalidades de organização do tempo de trabalho, se houver o suporte convencional exigido pelos respectivos regimes legais.

386. Em primeiro lugar, há que considerar as hipóteses em que a redução surge como alternativa ao *lay-off,* ou seja, constitui medida de resposta a uma *crise empresarial.*

O regime dos arts. 298.º ss. CT é, todo ele, formulado tendo em vista o binómio «redução ou suspensão». As regras processuais e as disposições referentes aos direitos e obrigações das partes são as mesmas para as duas situações. Mas, ao contrário da suspensão, a redução implica a continuidade da prestação de trabalho *ao mesmo empregador,* embora não fique excluída, bem pelo contrário, a hipótese de exercício *cumulativo* da actividade do trabalhador noutra empresa.

Seja qual for a situação, não se altera a medida da *garantia de ganho* oferecida pelo sistema ao trabalhador: a compensação salarial dimensiona-se sempre (como na suspensão) a partir de 2/3 da «remuneração normal ilíquida» ou da retribuição mínima garantida (art. art. 305.º), com o «tecto» correspondente ao triplo desta última (n.º 3 desse artigo). Os valores auferidos pelo trabalhador como contrapartida de trabalho prestado (ao mesmo e/ou a outro empregador) são todos considerados para o rendimento garantido por aqueles preceitos (1). A compensação salarial poderá, assim, reduzir-se a zero (no caso de a contrapartida de trabalho prestado igualar ou exceder o valor aplicável nos termos do art. 305.º).

387. A decisão de redução pode também ser adoptada com base em critérios de *interesse económico* – nomeadamente por se prever uma quebra da procura dos produtos ou uma baixa dos seus preços –, enquadrando-se então no *risco económico* inerente à posição do empresário. Tratar-se-á, então, de uma decisão gestionária do empregador, naturalmente ditada pelo seu interesse e pela estratégia empresarial correspondente.

Em situações como essa, rege o disposto no art. 309.º/1-*b*) CT no aspecto fundamental do destino do salário. Este *não pode ser diminuído* em consequência do encurtamento do horário; e, por consequência, os benefícios resultantes da redução de laboração não irão além da economia de matérias-primas, da contenção de *stocks*, etc..

Noutros casos, enfim, a decisão de contrair a actividade da empresa ou estabelecimento surge como *consequência necessária de um caso fortuito ou de força maior*. Se ocorre o racionamento de combustíveis ou o súbito e imprevisto contingentamento da

(1) Esta solução tem longínquas raízes na LCT; também aí se estabelecia que do valor da remuneração a cargo do empregador seria dedutível «tudo o que o trabalhador receba por qualquer outra actividade remunerada, exercida durante o período em que o impedimento subsista». A lei sempre se preocupou com evitar que da suspensão pudesse resultar algum ganho adicional para os trabalhadores...

importação de peças, ou ainda, na linha de certa jurisprudência (1), o repentino corte de crédito bancário indispensável ao pagamento de matérias-primas, não sobram ao empresário alternativas para além da travagem da actividade produtiva – ou, em último caso, o encerramento da empresa. A essas situações se reporta o art. 309.º/ /1-*a*), cujo dispositivo já examinámos.

Note-se, porém, que a redução do salário (para 75%) parece, à luz da letra da lei, não ter qualquer correspondência com o (maior ou menor) encurtamento dos períodos normais de trabalho. O «horário reduzido» (designemo-lo assim por comodidade), considerado pela lei, manifestamente, como facto ligado à esfera de interesse e influência do empregador, teria agora uma consequência comum à paralisação temporária total – o que é, apesar de tudo, difícil de justificar (2). Por nossa parte, entendemos que o absurdo não é forçoso. O cânon interpretativo do art. 9.º CCiv. solicita um esforço adicional de busca do sentido da norma. E esse sentido parece ser o de referir a salvaguarda percentual do art. 309.º/1-*a*), não à totalidade da retribuição, mas à parte que deixa de ter correspectividade com o trabalho prestado, em consequência da redução. Se o horário é reduzido para metade, o empregador deve pagar 50% da retribuição, mais 75% do restante, ou seja, um total de 87.5% dessa mesma retribuição normal.

388. A diminuição de laboração, com a inerente redução dos períodos de trabalho, pode também (para além dos casos, certamente muito raros, de obtenção de consenso nos termos do art. 300.º CT), resultar de *acordo* entre o empregador e os trabalhadores, o qual, ao abrigo do Código, deve assumir natureza colectiva (3).

---

(1) Cfr. Ac. Rel. Évora 30/1/90 (CJ 90, 1, 318).

(2) Cfr. SCHAUB, *Arbeitsrechts* cit. 210 ss.. 195.

(3) A LCT admitia expressamente a redução da retribuição por acordo individual, desde que autorizado pela administração do trabalho; essa possibilidade não é contemplada, como se observa no texto, pelo art. 129.º CT. Mas parece difícil excluir tal possibilidade no plano prático.

Com efeito, o acordo destinar-se-á a tornar possível a *redução proporcional dos salários* – consequência particularmente significativa quando a empresa se ache em dificuldades ([1]). E a concordância dos trabalhadores pode surgir exactamente porque a situação concreta só deixa entrever, como alternativa, a suspensão de contratos, a redução do pessoal ou o próprio encerramento definitivo.

A baixa da retribuição (resultante, aí, não de uma quebra do salário-hora, mas da diminuição do número de horas de serviço) encontrava, em tais situações, apoio expresso na LCT; mas o art. 129.º CT só admite a diminuição da retribuição dentro das hipóteses previstas no Código e das que sejam contempladas nos instrumentos de regulamentação colectiva de trabalho. E do art. 5.º parece resultar que a possibilidade assim admitida quanto aos instrumentos de regulamentação colectiva não é extensível às estipulações individuais. Cremos, todavia, que – tendo em vista o carácter conjuntural dos fundamentos que a redução terá – a expressão dos interesses colectivos relevantes pode realizar-se através de instrumento negocial *ad hoc*, isto é, fora do ciclo de vigência da convenção colectiva de trabalho eventualmente aplicável. Nalguns casos, a obtenção de acordo pode ser forçada através de uma declaração de despedimento (colectivo), com esclarecimento das condições concretas da empresa, e com a oferta alternativa da hipótese de redução. Poderá ver-se nisso algo de semelhante ao «despedimento modificativo» (*Änderungskündigung*) existente no direito alemão ([2]).

§ 47. A pré-reforma.

389. Uma modalidade particular de modificação dos efeitos do contrato de trabalho encontra-se no regime de *pré-reforma*.

([1]) É, por isso, a estas situações que caracteristicamente se reporta o conceito germânico de *Kurzarbeit* («só se efectiva o trabalho reduzido quando não apenas a sua duração é encurtada, mas também o salário é diminuído em termos correspondentes» – NIKISCH). Vd. também EICHENHOFER, *Die rechtliche Behandlung von Kurzarbeit*, RdA 81, 208 ss. Cfr. Ac. Rel. Évora 3/3/88 (CJ 88, 2, 283).

([2]) Cfr. NIKISCH 524; HUECK/NIPPERDEY 496 ss..

Na esteira de inúmeras experiências de cariz convencional, e tendo em conta a possibilidade de uma convergência de interesses entre trabalhador e entidade empregadora quanto à gradualização da passagem da vida plenamente activa à situação de reforma, a lei veio admitir, relativamente a trabalhadores com 55 ou mais anos, a suspensão ou redução da prestação de trabalho, ficando o trabalhador com o direito de receber «uma prestação pecuniária mensal» enquanto a situação durar (art. 318.º CT).

A situação de pré-reforma tem que fundar-se em *acordo escrito* de que constem as condições concretas em que passarão a desenvolver-se as relações entre as partes (art. 319.º). Trata-se de um acordo novatório que não afecta a subsistência do vínculo entre trabalhador e empregador.

Nesse acordo, assume natural relevo a fixação da «prestação de pré-reforma», que pode surgir como contrapartida de trabalho realizado (com redução proporcional da remuneração normalmente auferida) ou como prestação de segurança social «privada», uma vez que, em qualquer caso, deve ser paga pelo empregador. A lei estabelece um limite mínimo, que é de 25% da última retribuição (art. 320.º/1). Respeitado esse valor, porém, existe plena liberdade de estipulação.

Como se disse, o trabalhador na situação de pré-reforma pode ficar, ou não, obrigado a prestar algum trabalho à entidade empregadora; e nada impede que ocupe o tempo liberto por essa situação contratual no exercício de outra actividade profissional remunerada (art. 321.º/1);

390. É manifesta a atipicidade desta figura face aos mecanismos próprios do regime do contrato de trabalho. Mais do que de uma forma atípica de suspensão ou redução, trata-se, como foi assinalado, de uma via de novação objectiva desse contrato.

É seu fundamento um acordo específico entre as partes; e os efeitos deste acordo não são provisórios, destinam-se a permanecer, em regra, até que o trabalhador e o empregador fiquem definitivamente desvinculados – o que pode suceder pela passagem à situação formal de reforma, pelo retorno ao regime normal de trabalho, ou pela cessação do contrato de trabalho (art. 322.º/1). A reversão da situação – isto é, o retorno à plena eficácia do contrato de trabalho –, cuja possibilidade é pressuposto do regime da suspensão, depende, em todo o caso, de acordo das partes ou do incumprimento culposo da prestação a cargo do empregador (arts. 321.º/3 e 322.º/1-*b*)).

CAPÍTULO VI

A CESSAÇÃO DO CONTRATO DE TRABALHO

§ 48. Significado e alcance do regime da cessação do contrato de trabalho.

391. Muitos dos mais delicados e complexos problemas surgidos na prática das relações de trabalho respeitam à desvinculação das partes, isto é, à cessação do contrato. O tema é juridicamente complexo e socialmente sensível.

A relação de trabalho caracteriza-se, do lado do trabalhador, por uma importante implicação da pessoa e de dimensões fundamentais da *vida pessoal e familiar*. Nas empresas de menor dimensão, também o empresário/empregador envolve a sua pessoa, em certa medida, nas relações de trabalho, e isso não é irrelevante. A pessoalidade da relação de trabalho projecta-se na ruptura do contrato sugerindo linhas divergentes de orientação para o seu regime, quer dizer, salientando interesses aparentemente inconciliáveis: por um lado, ela implica que às partes seja deixada a máxima amplitude de possibilidades de desvinculação, se for acentuada a atinência do contrato à liberdade pessoal dos sujeitos (muito particularmente, o trabalhador); por outro lado, sugere que aquelas possibilidades sejam limitadas e condicionadas, no essencial, tendo em vista o interesse da estabilidade (ainda este sobretudo relevante no caso do trabalhador).

Mas as posições *típicas* das partes são, nesse aspecto, muito diferentes.

A cessação do contrato tem consequências bastante mais consideráveis na esfera do trabalhador do que na do empregador. Só quanto ao primeiro se pode dizer que o vínculo é o suporte dum estatuto económico, social e profissional, dado que o trabalhador empenha nele a sua força de trabalho (através da oferta da sua disponibilidade) e condiciona por ele, em regra, toda a sua esfera económica e mesmo o seu estatuto social. A ruptura do contrato significará, deste modo, para o trabalhador, o termo de uma posição global a que se ligam necessidades fundamentais. Para o empregador, a cessação do contrato de trabalho – quando não decorrente de sanção disciplinar – representará, normalmente, a abertura de uma vaga na organização da empresa, eventualmente a perda de um trabalhador muito qualificado, ou seja, um facto com significado económico-organizacional, mas não um evento com incidência na sua vida pessoal.

Isto explica que o regime jurídico da cessação do contrato de trabalho não seja simétrico, isto é, uniforme para ambas as partes. Particularmente à luz da legislação vigente, o empregador está sujeito a um conjunto de exigências, para que possa promover a ruptura do contrato, que não encontram, de modo algum, paralelo no estatuto do trabalhador; desde logo, só quanto a ele (empregador) existem decisivas limitações referentes aos motivos pelos quais o vínculo pode ser dissolvido unilateralmente, com incidência na eficácia da desvinculação.

392. O regime legal da cessação do contrato de trabalho evoluiu muito a partir de 1974. A mudança de regime político foi acompanhada de uma vasta agitação social e ideológica que se centrou no mundo do trabalho. Essa movimentação, que se prolongou por vários anos, condensou-se fortemente no domínio mais sensível do regime das relações de trabalho, que é, como se notou, o das regras que viabilizam ou impedem a perda do emprego. Como se notou no lugar próprio, o principal diploma legal do sistema corporativo em matéria de trabalho – a LCT de 1969 – sobreviveu à profunda mudança política desse período, mantendo-se em vigor até 2003. Mas o capítulo em que se tratava da cessação do contrato de trabalho deixou de vigorar em 1975, para dar lugar a uma sucessão de diplomas legais autónomos ([1]). Esse movimento

---

([1]) O primeiro passo foi dado com a suspensão da faculdade de despedimento sem justa causa, por parte do empregador, através do DL 292/75, de

legislativo surgiu enquadrado pela crescente agudização da crise de desemprego, e deve ser entendido à luz de tal condicionalismo. O sentido geral da evolução verificada traduziu-se no estabelecimento de consideráveis restrições às faculdades de desvinculação unilateral que há muito a lei reconhecia aos empregadores. Em síntese, tais faculdades ficaram reduzidas às hipóteses de despedimento por justa causa disciplinar (requerendo a verificação desta um procedimento formal) e de despedimento colectivo (sujeito, ele também, a uma tramitação relativamente complexa, visando o exercício de um controlo externo das condições objectivas da empresa).

Outro aspecto fundamental consistiu na introdução da possibilidade de invalidação dos despedimentos irregulares, com a consequente abertura da hipótese de reintegração dos trabalhadores afectados, embora em termos de opção oferecida a estes últimos.

Esse regime vigorou, quase sempre sob a pressão da controvérsia, por quase uma década e meia. Veio a ser substituído, após um alongado e complexo processo legislativo, pelo DL 64-A/89, de 27/2, diploma que, além da cessação do contrato de trabalho, regulava também o contrato de trabalho a termo.

Vale a pena, desde já, anotar justamente esse facto: pela primeira vez, o legislador traduziu em moldes sistemáticos, em 1989, o reconhecimento da necessidade da articulação funcional dessas duas matérias, pelo menos sob o ponto de vista da política de emprego.

As possibilidades do recrutamento de trabalhadores a título precário (isto é, sem as garantias da estabilidade de emprego) devem, na verdade, combinar-se com a latitude das faculdades de despedimento que o sistema jurídico comporte. A precaridade pode ganhar volume e importância num sistema de despedimento bloqueado. Se, pelo contrário, no limite, o despedimento for inteiramente livre, nenhum empresário verá vantagem em contratar trabalhadores a termo.

16/6. Depois, surgiu o DL 372-A/75, de 16/7, que ainda reflectia preocupações de compromisso no tocante à largueza da faculdade de despedir; seguiram-se, em sentido mais radical, o DL 84/76, de 28/1, o DL 841-C/76, de 7/12, e a L 48/77, de 10/7, com a qual se estabilizou o regime legal da cessação do contrato de trabalho.

De modo global e muito esquemático, poderá reconhecer-se, no complexo normativo que a este respeito se estratificou em 1975/76, uma combinação de bloqueio dos despedimentos e certa facilitação do recrutamento precário; no regime de 1989, podia descortinar-se uma maior amplitude da possibilidade de despedir e um estreitamento do espaço da contratação precária. Com efeito, passou a ser admitido, ao lado do despedimento disciplinar, um *despedimento por causa objectiva* (veremos sob que formas e em que termos); por outro lado, o despedimento colectivo foi libertado da autorização administrativa que o condicionava, acentuando-se, assim, nele o perfil de um instrumento de gestão de pessoal nas empresas.

O Código do Trabalho – tanto na versão de 2003 como na de 2009 – não altera significativamente esse balanço. As modificações que introduz na matéria são pontuais e não exprimem uma verdadeira viragem de política legislativa. As modalidades de cessação do contrato de trabalho são as mesmas, e os respectivos regimes mantêm a traça fundamental que lhes foi impressa em 1989. Sem dúvida que a presença tutelar do art. 53.º CRP, com a afirmação expressa da proibição do despedimento sem justa causa, tem contribuido decisivamente para a estabilidade estrutural que esse regime jurídico experimenta desde 1989. É, no entanto, possível discernir no regime do CT um discreto aumento do "coeficiente de eficácia marginal" do despedimento, mesmo que não sejam totalmente cumpridas as regras: como adiante se notará, a efectiva cessação do contrato ganha algum espaço anteriormente indisponível, tanto nos casos de vício do processo de despedimento (com a perda de relevância de alguns defeitos processuais secundários), como, até, nos de insuficiência do motivo invocado pelo empregador (com a possibilidade, introduzida em 2003 e mantida na revisão, de decisão judicial contrária à reintegração).

§ 49. A revogação e a caducidade.

1. *Revogação* ([1]).

393. Consideramos, em primeiro lugar, e conforme a terminologia do CT, a *revogação* por acordo das partes.

Trata-se de um negócio *formal*: a lei exige documento escrito e assinado por ambas as partes (art. 349.º/2), em desarmonia com o princípio válido para a *celebração* do contrato ([2]). A solução é antiga. No contexto dos regimes restritivos do despedimento que se sucederam depois de 1974, o legislador terá sempre ponderado os riscos particulares de que a mera consensualidade da revogação se revestiria. Daí, ainda, que se proíba, no art. 129.º/1-*j*) CT, a revogação quando haja «o propósito de o prejudicar (*ao trabalhador*) em direito ou garantia decorrente da antiguidade». Trata-se, aí, do caso de um empregador que põe ao trabalhador um dilema deste género: ou aceita revogar o contrato, sendo posteriormente readmitido (com nova contagem da antiguidade, sem ligação à anterior), ou será definitivamente despedido.

A revogação é um processo de cessação do contrato de trabalho muito frequentemente utilizado, quer na sequência da apresentação de projectos de despedimento colectivo, quer como solução simples para os mais variados problemas práticos que podem suscitar-se tanto ao empregador como ao trabalhador.

> Surgem, por vezes, situações atípicas, como a de o documento revogatório ter sido, por qualquer razão, assinado somente pelo trabalhador. A jurisprudência tem revelado alguma hesitação perante tal hipótese ([3]).

([1]) Vd. sobre a *revogação* dos contratos, em confronto com a resolução e a denúncia, ANTUNES VARELA, *Das obrigações em geral* cit. II, 237 ss..

([2]) A forma é aqui exigida «ad substantiam», como resulta do silêncio da lei sobre o efeito da sua falta (vd. art. 220.º CCiv.).

([3]) Referimo-nos aos Tribunais de Relação; o Supremo tem-se mantido firme na orientação de só aceitar a validade da revogação se houver assinatura de ambas as partes: vd. nomeadamente Ac. STJ 5/11/97, *Col. Jur. /STJ*, 97, 3, 239.

Poderia argumentar-se, a favor da validade da revogação em tais casos, com o facto de este processo exprimir, normalmente, a consensualização de uma decisão desvinculatória do empregador. Mas esta afirmação peca por excessiva relatividade. Em muitos casos, é o trabalhador que procura a revogação para se libertar, sem encargos nem demoras, de um emprego para o qual já tem alternativa. De qualquer modo, a exigência de assinatura de ambas as partes é absolutamente explícita e imperativa na lei, não parecendo que haja razões para fazer do art. 349.º/2 uma leitura maleabilizante, inspirada num (suposto) critério de utilidade social. Entendemos, pois, que só é válida a revogação quando existe assinatura de ambas as partes no respectivo escrito.

Uma outra hipótese atípica é a da "aceitação do despedimento" pelo trabalhador, quer por afirmação expressa nesse sentido, constante de documento escrito, quer mediante dedução a partir da aceitação (por recibo assinado) da indemnização ou compensação paga pelo empregador. Poderá, nesses casos, entender-se que há uma "requalificação" do despedimento para revogação? Decididamente, não. A consequência prática fundamental da eventual resposta positiva a esse quesito seria o reconhecimento da possibilidade de revogação posterior pelo trabalhador, nos termos do art. 350.º – e essa revogação, se fosse viável, teria por efeito, simplesmente, e de novo, fazer vir à superfície o verdadeiro fenómeno em causa, que é o despedimento.

394. A revogação do contrato de trabalho opera a desvinculação das partes sem, por si mesma, envolver quaisquer outras consequências, nomeadamente patrimoniais. Quer isto dizer que, actuando a revogação apenas para futuro, não há lugar às indemnizações e compensações previstas para os casos de despedimento propriamente dito, mas nem por isso ficam inutilizados os créditos e débitos existentes entre os sujeitos por virtude da execução do contrato revogado. Se havia horas extraordinárias por pagar, se o trabalhador devia algumas prestações do preço de uma ferramenta culposamente inutilizada por ele, etc., tais créditos e débitos têm que ser satisfeitos de igual modo.

É, porém, usual que o acordo revogatório confira ao trabalhador uma compensação pecuniária – sinal de que, embora objecto de um consenso, a cessação do contrato interessa sobretudo ao empregador. Se é o trabalhador que pretende libertar-se do vínculo – por exemplo, para rapidamente assumir funções noutra empresa –, é natural que não ocorra o pagamento de qualquer compensação.

O significado da estipulação, no acordo revogatório, de uma compensação pecuniária a favor do trabalhador é um ponto sobre o qual a lei fez importante inflexão. O art. 349.º/5 prevê a hipótese de ser estabelecida «uma compensação pecuniária global» e faz assentar nela a presunção – de «que esta inclui os créditos vencidos à data da cessação do contrato ou exigíveis em virtude desta».

Há no preceito uma forte sugestão no sentido de se tratar de uma presunção *iuris et de iure* (1) e essa foi também a posição sustentada em anteriores edições deste livro. Um argumento robusto nesse sentido é o de que, se se tratasse de presunção *iuris tantum*, tudo se passaria como se a norma não existisse: o trabalhador, para a ilidir, teria que fazer a prova dos créditos adicionais, prova que sempre lhe caberia produzir. Cremos hoje, porém, que o *thema probandi* a considerar não é esse. O trabalhador tem sempre que provar os seus créditos e ao empregador cabe demonstrar que os satisfez. O que está em causa é outro ponto: o de saber se foram, na verdade, *considerados* todos os créditos do trabalhador no ajuste da compensação. De acordo com o art. 349.º/4, *presume-se que sim* quando a compensação é «global». Mas – é a opinião para a qual evoluímos – o trabalhador pode provar o contrário, isto é, provar que este ou aquele crédito *não foram, sequer, tidos em conta* quando se definiu o valor a pagar pelo empregador. E, sendo assim, torna-se possível atribuir sentido útil à presunção – como presunção *iuris tantum*. Imagine-se a seguinte situação (muito corrente): o empregador, interessado em reduzir o efectivo, oferece a certas categorias de trabalhadores, no caso de aceitarem revogar os seus contratos por acordo, uma compensação de 1,5 salários por ano de antiguidade, argumentando com o facto de a compensação por despedi-

(1) Cfr. neste sentido CASTRO SANTOS/M. TERESA RAPOULA, *Da cessação do contrato de trabalho e contratos a termo. Do trabalho temporário,* Lisboa (1990) 53. Na jurisprudência, o Ac. STJ 21/4/93 (BMJ 426, 372).

mento colectivo ser apenas de um mês de salário por ano. Resulta daqui, para o trabalhador *A*, que tem vinte anos de serviço, uma compensação de 30 vezes o seu salário. Há "compensação global", mas o seu cálculo seguiu uma lógica indiferente à consideração dos eventuais créditos de *A*. Em nossa opinião, o preceito citado não afasta, antes pelo contrário, a possibilidade de *A* os fazer valer, mediante a referida demonstração.

Deste entendimento resulta também que, à luz do preceito referido, pode acontecer que a compensação global seja inferior ao somatório dos créditos laborais vencidos; o trabalhador pode bem preferir a certeza da compensação à incerteza do ressarcimento integral. Tudo está em que esses créditos tenham sido considerados por ambas as partes ao ajustarem a compensação.

É claro que a presunção só se ergue no caso de não existir estipulação em contrário. Pode, em suma, ser fixado no acordo revogatório um montante «global» (5.000 euros, por exemplo) a pagar ao trabalhador, mas acrescentar-se no mesmo acordo uma menção como esta: «sem prejuízo dos créditos salariais correspondentes a 2002 e ainda não pagos».

A natureza «global» a que alude o preceito consiste na *indiscriminação* dos títulos ou fundamentos pelos quais o montante pecuniário em causa é estabelecido e pago. Isso significa que qualquer afectação específica de valores desvanece a presunção e autoriza que se faça valer créditos não explicitados. No caso acima referido, tornar-se-ia possível invocar, por exemplo, trabalho suplementar não pago, além do montante dito «global» e dos créditos salariais expressamente ressalvados.

A solução (1), que o CT herdou do DL 64-A/89, é manifestamente inspirada por preocupações de certeza jurídica, mas também susceptível de contestação face à efectiva ou suposta *indisponibilidade* de algumas vantagens contratuais do trabalhador. Ela contraria frontalmente a da legislação anterior a 1989: eram consideradas nulas as cláusulas do acordo revogatório pelas quais ficasse arredada a exigibilidade de direitos do trabalhador, nomeadamente créditos vencidos.

---

(1) Fala-se, na jurisprudência, de "um verdadeiro contrato de remissão abdicatória", a propósito da estipulação de uma compensação global a pagar ao trabalhador: cfr. Ac. STJ 6/6/94 (AD 396, 1461).

395. O acordo de cessação do contrato de trabalho pode dissimular um despedimento, isto é, a cessação do contrato por vontade unilateral do empregador. Entre os expedientes criados para defraudar as restrições legais ao despedimento, conta-se o de o empregador condicionar a admissão do trabalhador à assinatura por este de uma declaração de rescisão ou de um acordo revogatório sem data. O empregador ficaria, assim, com a possibilidade de determinar, sem qualquer constrangimento, o momento da cessação do contrato, datando e assinando o documento em conformidade.

Como se vê, um tal documento, criando a aparência de um acordo, destinar-se-ia a cobrir ou dissimular um verdadeiro despedimento. O CT (adoptando um regime que fora estabelecido pela L. 38/96, de 31 de Agosto), assume o combate a essa prática fraudulenta. Com efeito, o art. 350.º admite a revogação, pelo trabalhador, do acordo de cessação do contrato de trabalho até ao sétimo dia seguinte à data em que esse acordo produza efeitos. Essa revogação é um acto formal, pois deve constar de "comunicação escrita" ao empregador.

Todavia, a faculdade de revogação unilateral do acordo extintivo não existe se este acordo, estando devidamente datado, tiver as assinaturas das partes com "reconhecimento notarial presencial" (art. 350.º/4).

> Esta solução pode suscitar – e suscitou, de facto, quando foi consagrada – a impressão de se tratar de uma maneira de complicar formalmente a cessação do contrato sem uma proporcionada vantagem substancial. Mas trata-se de uma impressão ilusória. O objectivo do legislador consiste, manifestamente, em garantir a genuinidade do acordo de cessação do contrato de trabalho, em particular no que respeita à sua *actualidade*, ou, por outras palavras, à coincidência entre a data da assinatura do trabalhador e aquela em que se pretende fazer valer o acordo. O que se quer, em suma, é garantir que *existe, na realidade, um acordo* entre o empregador e o trabalhador, no sentido de por termo em certa data ao contrato de trabalho. O reconhecimento presencial das assinaturas ou a realização destas em presença do inspector do trabalho são formas de garantir a referida actualidade e a correspondente autenticidade.

Se tal garantia não existe, funciona então a válvula de escape em que se traduz a faculdade de revogação unilateral do acordo extintivo por parte do trabalhador. Se este realmente concorreu com a sua vontade para a extinção do contrato de trabalho, sendo até, porventura, beneficiário de compensação financeira, não é provável que, nos dois dias úteis seguintes, venha voltar atrás nessa decisão. Mas terá oportunidade, através da revogação, de inutilizar um pseudo-acordo para o qual a sua vontade real e actual não contribuiu.

2. *Caducidade*

A) *As causas de caducidade e o suposto automatismo da cessação do contrato.*

396. No entendimento mais corrente e tradicional, a caducidade é definida como a cessação «automática» do vínculo ([1]), em consequência directa e inelutável da ocorrência de certas situações de facto que tornam o contrato inviável ou inútil. Está implícita nessa visão das coisas a ideia de que a caducidade opera independentemente de qualquer manifestação de vontade extintiva: basta (diz-se) a ocorrência de certos factos ou situações objectivas.

O «automatismo» da caducidade é, porém, uma noção destituída de rigor. No processo pelo qual o contrato de trabalho «caduca» intervêm sempre, de uma maneira ou de outra, «momentos volitivos» que se exprimem através de declarações ou manifestações com carácter para-negocial.

397. É o que facilmente se constata ao percorrer as *causas* de caducidade indicadas no art. 343.º.

Na al. *a*), diz-se que o contrato cessa com a verificação do termo (resolutivo). Mas, como se sabe, se o contrato tem *termo,* não basta a mera «verificação» deste. Tratando-se de termo *certo,* é necessário um comportamento declarativo de um dos contraentes, a comunicação da vontade de fazer cessar o contrato (art. 388.º/1).

([1]) Cfr., por exemplo, o Ac. Rel. Lisboa 20/11/85 (BTE 2.ª série, 3-4/88, 479).

Se o termo for *incerto,* cabe ao empregador comunicar ao trabalhador a cessação do contrato (art. 389.º/1) – isto é, que *considera* concluída «a actividade, tarefa, obra ou projecto» para que o contrato foi celebrado (art. 144.º). Estas "comunicações" são demasiado semelhantes a declarações resolutivas ([1]) para que possa continuar a dizer-se que os contratos cessam "automaticamente".

Também a hipótese contemplada na al. *b*) do art. 343.º – impossibilidade superveniente, absoluta e definitiva, da prestação do trabalho ou da sua recepção – contraria a ideia de cessação automática, mormente se esse preceito for conjugado com o disposto no art. 359.º. A fábrica encerra – facto determinante da impossibilidade superveniente da prestação de trabalho. Mas *que* impossibilidade? Temporária ou definitiva? Só nesta última hipótese, como se sabe, poderá produzir-se a cessação *ope legis* do contrato. Mas, em primeiro lugar, só o empregador sabe ou pode prever, normalmente, se o encerramento será permanente ou provisório; é necessário que o *exteriorize* ou manifeste, através de comunicação adequada (um aviso afixado à porta da fábrica, por exemplo). Depois, esta exteriorização é requerida expressamente pela lei, com vista a outro objectivo; o de permitir o *controlo externo* da cessação colectiva de contratos de trabalho que o encerramento definitivo provocará (arts. 359.º ss. CT). A caducidade opera, pois, nestes casos, de modo atípico: *não basta a mera situação objectiva,* é necessário um comportamento declarativo da parte em cuja esfera ela surge. Mas tal comportamento não é, em si mesmo, uma declaração extintiva (um «despedimento»): «valerá, não como negócio jurídico, mas como acto que se destina a patentear o encerramento da empresa» ([2]), ou, noutros termos, a definir a extinção e o alcance da situação surgida. Em rigor, não ocorre

---

([1]) Na lei anterior ao Código (DL 64-A/89), as formulações utilizadas traduziam, manifestamente, a preocupação de atenuar, ao menos verbalmente, essa similitude. No contrato a termo certo, a caducidade resultaria (para além do esgotamento do prazo) da comunicação da "vontade de não renovação" (art. 46.º/1); no contrato a termo incerto, relevaria a comunicação, pelo empregador, do "termo" do contrato (art. 50.º/1).

([2]) B. Lobo Xavier, *A repercussão do encerramento definitivo* cit., 2 277.

nestes casos, verdadeiramente, um desvio à regra da cessação "automática". Sucede apenas que o pressuposto da caducidade (impossibilidade superveniente absoluta e definitiva da execução do trabalho) *integra aí um comportamento declarativo* – não bastando, para o preencher, o *facto* que originou a mesma impossibilidade, dada a sua ambiguidade do ponto de vista do destino do contrato de trabalho.

Cabe, enfim, contemplar a hipótese de *reforma* do trabalhador. Trate-se de velhice ou de invalidez, o facto de o direito à pensão nascer no quadro de uma relação basicamente bilateral (entre o trabalhador beneficiário e a instituição de segurança social) torna necessária, pelo menos, uma *informação* ao empregador para que a causa de cessação do contrato possa operar. Essa informação pode ser mais ou menos tardia em relação ao momento em que a «reforma» foi efectivamente «obtida», assim se condicionando voluntariamente a activação da caducidade. Na origem da caducidade estará, em tal caso, a decisão do trabalhador de requerer o acesso à pensão por velhice ou invalidez; mas ela só pode operar quando a reforma se tornar um facto bilateralmente conhecido. Esta exigência é, de resto, comum a todas as formas de caducidade do contrato de trabalho.

B) *A impossibilidade definitiva da execução do contrato.*

398. Em rigor, a caducidade só opera automaticamente num caso: o de morte do trabalhador. A obrigação de prestar trabalho é pessoal, não se transmite por via sucessória e não sobrevive, por conseguinte, ao devedor. Mesmo que o falecimento do trabalhador só venha a ser conhecido algum tempo depois da sua ocorrência nem por isso se admitirá que o contrato tenha perdurado para além do momento em que a morte se produziu.

E o desaparecimento do empregador – causará ele também a extinção do vínculo contratual?

O art. 346.º regula as situações de caducidade dos contratos de trabalho, por *morte do empregador em nome individual e por extinção da pessoa colectiva empregadora.*

Trata-se de especificações da hipótese geral de impossibilidade superveniente, absoluta e definitiva de o empregador receber a prestação de trabalho, que é prevista pela al. *b)* do art. 343.º. Na verdade, em qualquer dos casos a que o art. 346.º se reporta, supõe-se a inexistência de condições para, após o desaparecimento da entidade empregadora, prosseguir a actividade da empresa ou estabelecimento.

A lei parece querer distinguir estas situações das de *encerramento definitivo* da empresa ou estabelecimento, em resultado de decisão do empregador; aqui haverá que observar o processo específico de despedimento colectivo (arts. 360.º ss.).

O mesmo regime se aplica nas situações em que tenha sido declarada judicialmente a *insolvência* do empregador (art. 347.º CT): sendo certo que os contratos de trabalho não sofrem qualquer perturbação em resultado directo dessa situação, a sua cessação por decisão do administrador da insolvência ou por causa do encerramento definitivo envolve a observância do processo de despedimento colectivo (mesmo art., n.º 3).

Essa exigência legal sofre, no entanto, um desvio no caso das *microempresas*, as quais têm simplesmente que avisar os trabalhadores com certa antecedência sobre a data do encerramento (art. 347.º/4).

Nos termos expostos, a cessação da actividade por desaparecimento do empregador é tida como causa de caducidade, embora a esta se ligue o direito a uma compensação pecuniária de valor idêntico ao que seria devido em caso de despedimento colectivo: um mês de retribuição base e diuturnidades por cada ano completo de antiguidade (art. 366.º).

C) *Uma causa atípica: a reforma do trabalhador.*

399. Muito antes de haver expressa determinação legal neste sentido, já se discutia o problema de saber se a *reforma* do trabalhador determinaria a caducidade do contrato. No silêncio da lei anterior ao CT, esboçou-se, em tempos recuados, uma orientação jurisprudencial em sentido afirmativo ([1]), aliás muito criticável e

([1]) Ac. STA (Pleno) de 14/1/72, no *Bol. INTP* n.º 15, de 8/12/72.

efectivamente criticada na doutrina ([1]), pois buscava apoio na construção da passagem à reforma como *termo* do contrato, ou ainda como manifestação da *impossibilidade definitiva* do trabalhador para as funções que desempenhava.

Foi em 1975 que a reforma por velhice obteve expresso acolhimento no regime da caducidade, mas não decerto com base em qualquer das referidas construções. Do ponto de vista político-legislativo, entrevia-se nessa medida legislativa a preocupação de libertar postos de trabalho a partir de certo momento – o da obtenção da reforma –, no contexto de uma grave crise de desemprego. Com tal objectivo, ter-se-á o legislador limitado a atribuir à reforma o sentido correspondente à *função social normal* do seu regime, que é a de assegurar ao trabalhador um ganho mínimo destinado a constituir sucedâneo da retribuição do trabalho, quando a sua actividade profissional chegar ao fim.

Com o citado DL 64 A/89, foi incluída entre as causas de caducidade, ao lado da reforma «por velhice», a reforma «por invalidez» (art. 4.º/*c*). O próprio legislador incorria aí numa imprecisão terminológica lamentável e desnecessária. Na verdade, no sistema normativo de segurança social, o conceito de reforma restringe-se à protecção na velhice ([2]); e a situação de invalidez já seria susceptível de activar a caducidade por via da «impossibilidade superveniente, absoluta e definitiva, de o trabalhador prestar o seu trabalho» a que também se referia o diploma.

O CT recolheu integralmente essa solução, incluindo a imprecisão apontada. E, tal como podia dizer-se acerca dos diplomas antecedentes, decorre, com clareza, da própria inserção separada da hipótese de "reforma" entre as causas de caducidade, que essa posição do legislador não envolve nem a consideração de que a idade de reforma constitua um termo genericamente aposto aos contratos de trabalho de duração indeterminada (segundo as estipulações das partes), nem o pressuposto de que o atingir-se a referida idade equivalha à entrada numa situação de incapacidade definitiva para o trabalho.

([1]) Veja-se SÉRVULO CORREIA/B. LOBO XAVIER, *Reforma do trabalhador e caducidade,* RDES, ano XX, Janeiro-Março, n.º 1 (1975).

([2]) Neste sentido, veja-se, por exemplo, o Ac. STJ 22/2/85 (AD 284/285, 1005).

400. A qualificação da reforma como causa de caducidade – exactamente por se tratar de situação que não supõe a inutilidade nem a inviabilidade objectiva do contrato – é de molde a suscitar diversos problemas aplicativos.

Antes de mais, havia que fixar o *momento* da cessação do contrato (por caducidade) no caso de obtenção da reforma pelo trabalhador. É que o direito à pensão constitui-se, como dissemos, no quadro de uma relação bilateral entre o trabalhador beneficiário e a instituição de segurança social, relação a que a entidade empregadora é juridicamente alheia. Ora sucede que, com frequência, a obtenção da reforma (isto é, o «reconhecimento do direito à pensão») não chega ao conhecimento do empregador logo de imediato; pode até demorar meses esse conhecimento.

Como se observou, o conhecimento bilateral da ocorrência de um facto previsto como causa de caducidade é indispensável à produção do efeito extintivo que esta comporta. O contrato não pode cessar sem que alguma das partes disso se aperceba. A reforma só opera, em suma, a partir do momento em que a entidade empregadora a conheça. Mas, exactamente, *quando?*

Colocando-se numa perspectiva pragmática, a lei não fixa um momento preciso para a caducidade; tendo em conta que a reforma não é (ou pode não ser) materialmente impossibilitante da prestação de trabalho, oferece-se ao empregador certa margem para a escolha do momento em que o contrato há-de cessar. Esse momento localizar-se-á necessariamente dentro dos *trinta dias subsequentes* ao conhecimento, por ambas as partes, da reforma, como resulta do art. 348.º/1 CT (1).

---

(1) Esta solução permite superar alguns equívocos que o silêncio de lei anterior acerca do modo de actuação da caducidade por reforma facilitou. Certa jurisprudência via, por exemplo, na prestação de trabalho entre a obtenção da reforma e o conhecimento do empregador uma «manifestação de simples situação de facto sem causa». Vejam-se, por exemplo, o Ac. Rel. Coimbra 29/ /1/81 (CJ, 81,1, 85) e o Ac. STJ 10/10/86 (BTE, 2.ª série, 10.11.12/87,1404). Esta ideia assentava claramente na convicção de que a reforma atingia o contrato de modo inteiramente automático e «objectivo» – o que, mesmo no

401. Isto significa que a reforma *pode, afinal, não determinar a cessação do contrato*. O efeito extintivo da reforma depende não só do conhecimento pelo empregador mas também, em última análise, *da vontade das partes*.

O legislador admite, na linha de uma consideração pragmática ou utilitária das figuras extintivas, que a relação factual de trabalho prosseguisse para além da reforma do trabalhador, desde que isso conviesse a ambos os interessados.

Mas a técnica utilizada para servir essa hipótese não é a da sobrevivência do contrato originário – ou, por outras palavras, a da neutralização voluntária do efeito extintivo da reforma. O legislador parece ter entrado em conta, na determinação do tratamento mais adequado a tal hipótese, com a necessidade de articular as conveniências momentâneas e convergentes do trabalhador e do empregador – quando apontam para a continuidade dos serviços do primeiro – com a orientação político-jurídica básica que o levou a configurar a reforma como causa (desejável) de cessação do emprego.

Se a relação factual de trabalho subsiste, o título jurídico respectivo sofre uma modificação *ope legis*: o contrato originário recebe, no mesmo momento, um *termo*, cuja incorporação, por força da lei, resulta de uma situação de facto que é «a permanência do trabalhador ao serviço decorridos 30 dias sobre o conhecimento, por ambas as partes, da sua reforma por velhice» (art. 348.º/1).

Ou seja: as partes continuam contratualmente ligadas, mas o vínculo deixa de ser estável, torna-se *precário* e a situação ficará exposta a reconsideração periódica (de seis em seis meses) (1).

---

contexto do regime de 1975/76, se afigurava insustentável sob o ponto de vista jurídico, para não referir já a inconsequência da concepção no plano prático. Mesmo em jurisprudência mais recente aflora, por vezes, aquela perspectiva: cfr. Ac. Rel. Porto 12/2/90 (CJ 90, 1, 280).

(1) Note-se que o regime do contrato a termo assim surgido não é insensível ao facto de a vinculação ter sido, anteriormente, de carácter estável ou permanente. Basta ver que a caducidade fica, nos termos da al. *c*) do n.º 2 do

Assim, ocorrendo o conhecimento, por ambas as partes, da obtenção da reforma (reconhecimento do direito à pensão), a sequência pode processar-se de duas maneiras:

a) o empregador, o trabalhador, ou ambos decidem por termo, num dos trinta dias subsequentes, à relação factual de emprego, e o *contrato cessa nesse momento*, ficando as partes definitivamente desvinculadas;

b) o trabalhador permanece ao serviço do empregador no termo do trigésimo dia subsequente, e o contrato passa a ter um *termo de seis meses* ([1]).

D) *Os efeitos económicos da caducidade.*

402. Se o contrato de trabalho cessasse, efectivamente, de modo automático, em consequência directa de certas situações objectivas, seria natural que essa cessação não implicasse, para qualquer das partes, encargos económicos específicos – para além da efectivação dos créditos que cada uma delas tivesse perante a outra, com base na "história" da relação de trabalho.

Mas as coisas não se passam assim, como já vimos. O "automatismo" da caducidade não é pleno, e daí resultam consequências no plano das suas sequelas económicas.

---

art. 348.°, sujeita a *aviso prévio* (60 dias para o empregador, 15 dias para o trabalhador) diferente do normal (confronte-se com o art. 344.°).

([1]) Consideração separada – não obstante a sua afinidade funcional com o regime da caducidade por reforma – merece a solução encontrada pela lei para suprimento das mais extremas consequências da *voluntariedade* da reforma: veja-se o dispositivo do art. 348.°/3. Ele destina-se a cobrir as situações em que o trabalhador, depois de atingidas as condições (nomeadamente de idade) para a reforma, se abstém indefinidamente de a requerer, com o propósito de manter em vigor o seu contrato de trabalho. A lei opera a conversão do contrato de duração indeterminada em contrato a prazo, sem descontinuidade – isto é, sem que possa dizer-se que o primeiro cessou para dar lugar ao segundo. Não parece que a lei tenha querido, em rigor, a caducidade quando o trabalhador completa 70 anos, mas a mera transformação, *ope legis,* do vínculo quanto à sua duração. Trata-se, em todo o caso, de um expediente claramente heterodoxo no contexto do sistema.

Relativamente à caducidade do contrato *a termo certo*, o art 344.º/2 atribui ao trabalhador o direito a uma compensação, de importância variável com a duração do vínculo, mas só no caso de a cessação deste decorrer de declaração do empregador.

Idêntica compensação é devida no caso de caducidade do contrato *a termo incerto* (art. 345.º/4), a qual implica, caracteristicamente, uma declaração do empregador (n.º 1 do mesmo art.).

O mesmo se passa nas situações em que o contrato caduca por morte do empregador individual ou extinção da pessoa colectiva empregadora (art. 346.º/5).

Em contrapartida, quando opera o mecanismo de prolongamento da duração da relação de trabalho para além da reforma do trabalhador, ou para além dos setenta anos deste (não tendo obtido a reforma), a cessação do contrato a termo não determina o pagamento de qualquer compensação ao trabalhador (art. 348.º/ /2-*d*)).

§ 50. O despedimento individual em geral.

1. *Noções Comuns.*

A) *A problemática do despedimento individual. Tendências gerais.*

403. O tema da extinção do contrato de trabalho por iniciativa do empregador ocupou (sobretudo desde que, na década de setenta do século passado, se instalou o desequilíbrio crónico nos mercados de emprego) uma posição prioritária no domínio das políticas legislativas, das estratégias sindicais, das preocupações dos empresários e da sensibilidade da opinião pública.

A concepção dominial da empresa, como organização concebida e liderada por um *patrão* que exerce, de forma discricionária, determinados poderes sobre os seus componentes, forneceu, como é sabido, o pano de fundo da formação e da consolidação do Direito do Trabalho.

O poder de despedir livremente está ligado a essa concepção da empresa. A posição de supremacia do empregador afirma-se, fundamentalmente, com base na possibilidade de fazer cessar, em qualquer momento e por qualquer motivo, o vínculo jurídico que constitui o suporte da subsistência do trabalhador; e consolida-se com a afirmação do carácter «fiduciário» e «pessoal» da relação de trabalho, a partir do qual se opera a «subjectivação» do despedimento.

No entanto, a concepção dominial da empresa – que, curiosamente, pôde encontrar apoio nas teses institucionais como nas orientações individualistas e contratualistas que com elas têm constituído o binómio clássico na teoria juslaboral da empresa – é, há décadas, um entendimento em crise no domínio das ideias e dos factos.

No domínio das *ideias*, fundamentalmente, pela afirmação sucessiva de projectos teóricos de «reforma da empresa», de «participação», de «democracia industrial», visando a transformação da estrutura do poder nas organizações produtivas, o redimensionamento da clássica «autoridade patronal», a «integração activa» dos trabalhadores na vida da empresa.

No terreno dos *factos*, por força da explosão dos mecanismos negociais na determinação das condições de trabalho, da penetração da acção sindical no seio da empresa, do aparecimento, até, de dispositivos de controlo da gestão pelos trabalhadores. O exercício de alguns dos típicos poderes do empregador – no recrutamento, nas promoções, na organização dos tempos de trabalho, na regulamentação interna, na própria acção disciplinar – é, não raro, condicionado na contratação colectiva, por vezes até partilhado com representantes dos trabalhadores.

A imagem – forjada pela jurisprudência francesa – do «empregador único juiz» está claramente ultrapassada: a empresa «socializa-se» do mesmo passo que tendem a «objectivar-se» os critérios do exercício dos poderes patronais. A faculdade de desvinculação unilateral, como expressão e instrumento de poder do empregador, fica dependente dos motivos e das finalidades com que seja exercida.

404. Uma segunda ordem de pressupostos da evolução verificada neste domínio diz respeito ao modo por que se têm acentuado alguns aspectos da *posição jurídica do trabalho subordinado*.

A protecção assegurada pela legislação do trabalho centrou-se, por muito tempo, essencialmente, numa «garantia de conteúdo» das relações laborais. Reconhecida a «debilidade contratual» do trabalhador, em especial no tocante à liberdade de *estipulação,* o legislador preocupou-se sobretudo com a fixação de condições mínimas de trabalho, que os contratos individuais haviam de absorver e relativamente às quais se erguia a barreira da irrenunciabilidade. Complementarmente, a negociação colectiva desenvolvia-se em torno da questão salarial, fixando níveis mínimos de retribuição que permitiam libertá-la das leis estritas do mercado de trabalho e relacioná-la com as necessidades de subsistência. O que estava, pois, em causa era evitar que as condições de trabalho concretas se degradassem (por consequência das flutuações do mercado de trabalho) abaixo de certos níveis mínimos.

A partir dos anos 60 do século passado, desenhou-se uma viragem significativa: apesar de não poder então detectar-se (nem em Portugal nem no resto da Europa) uma situação verdadeiramente patológica no que respeita ao emprego – como a que se manifestou, em termos agudos e generalizados, nas décadas seguintes –, a *estabilidade do emprego* afirmou-se como referência fundamental para a legislação do trabalho. Além do conteúdo das relações de trabalho, passou a enfatizar-se a sua *continuidade.* E esta preocupação não se fundou apenas no reconhecimento de que a ocupação é, para o assalariado, a única ou, ao menos, a principal fonte de meios de subsistência (ou seja, na necessidade de garantir certo grau de *segurança económica*); inspirou-se também na constatação de que o emprego, o lugar, o posto de trabalho são factores de estatuto social e condições de equilíbrio psicológico, interferem com os valores da personalidade (situando-se no domínio da defesa da *dignidade pessoal* e da *inclusão social*). Daí que, na doutrina jurídica, tenham começado a singrar concepções como a de um *direito ao lugar* e a do «posto de trabalho como bem jurídico» (HEDEMANN).

No plano normativo, a actuação do princípio da estabilidade do emprego assumiu, como é sabido, duas expressões primordiais: a edificação do instituto da suspensão do contrato de trabalho (para as hipóteses de impossibilidade superveniente temporária da execução do contrato) e a contenção da faculdade de despedir.

405. Quanto ao último ponto, verificou-se a *quebra da tradicional paridade ou homologia dos regimes de extinção do contrato por iniciativa do trabalhador e do empregador.*

Tal atitude do legislador inspira-se, naturalmente, na aceitação de um *dado de facto* que é a diferença essencial entre as situações dos sujeitos perante a iniciativa desvinculatória de cada um deles: o empregador que a promove está a agir sobre os recursos e a organização da empresa; o trabalhador demissionário está a recuperar a liberdade pessoal. Encaradas as coisas na recíproca, o empregador está a privar a contraparte da fonte de subsistência e de uma posição social de utilidade; o trabalhador está a promover a abertura de uma vaga no quadro da empresa.

A quebra de paridade traduz-se, obviamente, na construção de um círculo de restrições em torno da faculdade de ruptura unilateral do empregador, tendendo, fundamentalmente, para a eliminação do subjectivismo ou do arbítrio de tal medida: a subjectividade do empregador tende, sob o ponto de vista jurídico, a tornar-se irrelevante.

406. O que se passou no domínio das ideias – a crise da concepção dominial da empresa, a afirmação da estabilidade do emprego como objectivo político-jurídico prioritário, a consagração da assimetria dos regimes de desvinculação – seria insuficiente para explicar a centralidade deste tema nas políticas legislativas do direito do trabalho, se não se tomasse em conta a agudização dos problemas do emprego, particularmente nos países industrializados, desde meados da década de setenta até hoje.

Seria mistificatório apresentar a limitação do despedimento individual como medida eficaz e consequente de política de emprego – ou melhor, um adequado preventivo do crescimento da desocupação. O que parece resultar da experiência das últimas décadas é que «a regulamentação do despedimento não deve ser considerada como um meio de política social, mas como uma finalidade por onde passam a dignidade e o respeito dos direitos dos trabalhadores» ([1]). Todavia, a situação do mercado de emprego contribui para acentuar poderosamente a sensibilidade social e o melindre político da temática do despedimento individual pelo empregador. Isto ajuda, porventura, a explicar que tenham surgido, por quase toda a Europa, importantes reformas legislativas nesse domínio; e, também, que a evolução das taxas de desemprego se tenha mostrado praticamente insensível ao impacto de tais medidas.

Dir-se-á, não sem razão, que em parte isso se deve à inoperância ou inefectividade dos regimes limitativos do despedimento arbitrário, sobretudo no que respeita à reintegração do trabalhador irregularmente despedido; na verdade, e desde logo, a própria lentidão dos mecanismos judiciais leva a que, na maioria dos casos, só a técnica indemnizatória se torne praticável. Mas o motivo fundamental da escassa relevância do tema no quadro de combate ao desemprego há-de procurar-se noutro lado: a crise de desocupação manifesta-se, em grande parte, pela incapacidade dos sistemas produtivos de absorverem a procura de primeiro emprego; e, noutra parte não negligenciável, pelo fenómeno de diminuição da oferta de ocupação que deriva do encerramento de empresas e da reorganização de sectores económicos; em suma, da deficiente harmonização do progresso tecnológico com as exigências sociais.

407. A primeira linha de evolução que se pode destacar a propósito da restrição da liberdade de desvinculação do empregador consiste na *exigência de motivação do despedimento*, isto é, na progressiva eliminação da possibilidade de extinção *ad nutum* do contrato de trabalho de duração indeterminada, por iniciativa do mesmo empregador.

O despedimento *ad nutum* funda-se numa ideia – a do carácter temporário das relações obrigacionais ([2]) – que implicava não só a liberdade de desvinculação a todo o tempo mas também a paridade dos contraentes quanto à amplitude dessa liberdade.

([1]) JAVILLIER, *Une nouvelle illustration du conflit des logiques (droit à lemploi et droit des obligations): «normalisation» du licenciement et sauvergarde des pouvoirs du chef d'entreprise*, in *Tendances du Droit du Travail contemporain*. Paris (1978) 111.

([2]) MAZZONI *Manuale* cit. 1 613 ss.

A evolução verificada nos ordenamentos jurídico-laborais traduziu-se, justamente, na negação de tais pressupostos: a relação de trabalho destina-se a perdurar (em homenagem à exigência de estabilidade do emprego); a liberdade de desvinculação não pode ser garantida em idêntico grau ao empregador e ao trabalhador; a extinção do vínculo pelo primeiro há-de fundar-se em motivos externamente controláveis.

Na expressão feliz de um autor fancês, a decisão de despedimento pelo empregador deixa de poder encarar-se como «o gesto individual dum contraente que se liberta», passa a ser vista como uma acção adoptada «no quadro da empresa a fim de assegurar o seu bom funcionamento» (1).

Assim, e não raro sob o influxo da contratação colectiva, o despedimento individual por iniciativa do empregador passou a estar, em qualquer das suas possíveis modalidades, submetido à exigência de *motivação* socialmente aceitável. Vale a pena salientar, a este propósito, em termos retrospectivos, a importância da afirmação de tal princípio, na Alemanha, pela famosa *lei de protecção contra o despedimento* (*Kündigungsschutzgesetz*), ainda na versão de 1951, como na posterior, de 1969, ao estabelecer que só o despedimento «socialmente justificado» é lícito. Na mesma fileira se podem alinhar a lei italiana de 1966 sobre os despedimentos individuais, com a exigência de «justa causa» ou «justificado motivo»; a lei francesa de 1973, subordinando a faculdade resolutória do empregador à existência de «causa real e séria»; a lei portuguesa de 1975, requerendo, um tanto pelo padrão italiano, «justa causa» ou «motivo atendível», o «Estatuto dos trabalhadores» espanhol, de 1980, com a generalização do princípio da causalidade de despedimento (2).

O significado fundamental desta evolução traduziu-se na progressiva *funcionalização* e *objectivação* da faculdade resolutória do empregador: este pode ver sancionada – segundo técnicas variáveis, é certo – a acção extintiva pelo facto de esta se basear em causas

(1) CAMERLYNCK *Contrat de travail,* vol. I do *Traité de Droit du Travail, Paris* (1968) 263.

(2) A. MARTIN VALVERDE/F. RODRIGUEZ-SAÑUDO GUTIERREZ/J. GARCIA MURCIA, *Derecho del Trabajo* cit. 701 ss..

que, sujeitas a controlo externo (judicial ou mesmo administrativo), não sejam consideradas consistentes ou atendíveis.

Tal evolução afectou sobretudo o clássico *despedimento com aviso prévio* (ou despedimento «ordinário», na terminologia de alguns sistemas legislativos), que continha em si mesmo, como um *alter ego,* uma segunda via possível de efectivação da ruptura do contrato: a do despedimento com indemnização compensatória da inobservância do pré-aviso. Neste mecanismo dúplice, descendente directo do dogma civilístico da liberdade de desvinculação, assentou por muito tempo a proeminência contratual do empregador. Com a necessidade de motivação (e com a imposição do ónus da prova ao empregador), deu-se um primeiro passo no sentido da «constitucionalização» desse poder.

Esse passo tinha sido, aliás, preparado pela utilização jurisprudencial, nomeadamente na França e na Bélgica, da noção de *abuso de direito,* como arma de contenção do exercício arbitrário do despedimento. De resto, a noção de despedimento «manifestamente não razoável», consagrada na Holanda, pode situar-se no mesmo terreno dogmático.

Importa no entanto sublinhar nitidamente a diferença qualitativa que, sob o ponto de vista da contenção do despedimento arbitrário, separa a técnica do *abuso de direito* da *exigência de motivação* do despedimento; só nesta última se trata propriamente dos *pressupostos do direito de despedir,* cuja comprovação cabe ao empregador e cuja inexistência pode pôr em causa a validade ou eficácia do acto extintivo.

408. Um segundo passo na linha evolutiva de condicionamento do direito de despedir é a *processualização* do despedimento, em qualquer das suas modalidades. Ao adensamento das condições de fundo, soma-se a definição de requisitos de forma para as acções desvinculatórias do empregador. Estes requisitos têm ou podem ter várias finalidades: a de assegurar uma mais aprofundada ponderação das decisões extintivas, a de fazer participar os trabalhadores nos processos decisórios e mantê-los ao corrente das perspectivas de actuação do empregador, e também a de garantir de meios de controlo, *a priori* ou *a posteriori,* da regularidade do despedimento. Tal controlo pode assumir a forma de uma *autorização administrativa* – como ocorria, em França, até 1986, relativamente ao "despedimento por motivos económicos" –, ou de uma *decisão judicial,* solução mais corrente, também adoptada entre nós.

A importância das exigências processuais manifesta-se sobretudo no domínio do despedimento «extraordinário», imediato, com alegação de justa causa. A relação de imediatismo que, na fórmula tradicional, poderia verificar-se entre a ocorrência da situação de justa causa e a extinção do vínculo é assim, ao menos na ordem prática (1), progressivamente desvalorizada. Mantém-se a concepção da justa causa como situação susceptível de impedir o prosseguimento, ainda que provisório, das relações de trabalho; mas a *verificação* ou *determinação* da justa causa é sujeita a regras de procedimento, não raro complexas, que tendem a distanciar o motivo da consequência. A antiga imagem do empregador que, presenciando uma falta grave de um trabalhador, lhe aponta de pronto a porta da rua, vai-se convertendo numa relíquia do passado industrial.

É assim que, no ordenamento francês, desde a já referida reforma legislativa de 1973, qualquer despedimento individual – seja ele devido a causas económicas ou a motivos disciplinares – supõe a convocação do trabalhador para uma entrevista prévia, com a eventual assistência de um companheiro de trabalho. E, ainda, tratando-se de «motivo económico de carácter estrutural ou conjuntural», a obtenção de autorização administrativa. Se, depois dessas diligências, o despedimento for consumado, o trabalhador pode requerer a indicação, por escrito, dos motivos invocados. Se este procedimento não for observado pelo empregador, o despedimento tem-se, sem mais, por injustificado.

Observe-se, no entanto, que a generalidade dos sistemas europeus não vai tão longe. As exigências processuais para a realização do despedimento individual variam bastante, de sistema para sistema, e

(1) Na verdade, o art. 351.º/1 CT ainda refere, a propósito da justa causa disciplinar, a existência de uma impossibilidade "prática" e "imediata"... O imediatismo só pode existir entre a decisão e a cessação do contrato.

com o tipo de despedimento. Pode dizer-se que o ordenamento francês é fortemente processualizado ([1]) e que o espanhol se situa na faixa oposta, com exigências formais bastante moderadas ([2]).

De todo modo, podem ainda apontar-se, na linha da tendência que, como dissemos, parece esboçar-se, o ordenamento italiano – o art. 7.º do «Statuto dei lavoratori», de 1970, exige acusação prévia e audiência de defesa – e o CT português que, na esteira da lei de 1989, regula detalhadamente o «processo disciplinar de despedimento». Em sentido próximo, a lei alemã sobre a organização social da empresa, de 1972, requer, em qualquer caso, uma consulta prévia ao comité da empresa. Em todo o caso, como adiante se notará, a revisão de 2009 exprimiu uma inclinação do legislador no sentido da menor valorização dos aspectos procedimentais do despedimento

409. O adensamento progressivo das condições legais de forma e de fundo do despedimento individual promovido pelo empregador leva a encarar um terceiro aspecto dos regimes limitativos da liberdade de desvinculação. Referimo-nos à evolução que se verifica no domínio das *técnicas sancionatórias do despedimento ilícito.*

Tem larga tradição a ideia de que é inadmissível a reintegração forçada do trabalhador irregularmente despedido. Essa ideia implicava a garantia de *eficácia extintiva* aos actos desvinculatórios do empregador, independentemente da observância das condições de forma e de fundo definidas pela lei, resolvendo-se a violação dessas condições em simples responsabilidade pelos danos da ruptura do vínculo, mediante dispositivos de reparação por meio equivalente e não sob forma específica. O despedimento irregular ou ilegal não deixaria, pois, de produzir o efeito prático visado: a cessação do contrato de trabalho.

A inviabilidade da sanção reconstitutiva tem sido tecnicamente relacionada com o ditame *nemo ad factum praecise cogi potest* (sendo considerada a readmissão do trabalhador, com a retoma da

---

([1]) Cfr. Javillier, *Droit du Travail*, 4.ª ed., Paris (1992) 222 ss..

([2]) Cfr. A. Martin Valverde/F. Rodriguez Sañudo Gutierrez/J. Garcia Murcia, *ob. cit.* 696 ss..

cooperação creditória e do exercício do poder directivo, uma prestação de facto infungível por parte do empregador); e, subsidiariamente, na visão fiduciária das relações de trabalho a que mais atrás nos referimos.

Trata-se de uma concepção incompatível com a elevação da estabilidade do emprego à condição de valor de referência para o legislador do trabalho: um «despedimento pago» – expressão corrente na doutrina espanhola – não deixa de ser um despedimento enquanto acto privativo da ocupação.

Deriva dessa incompatibilidade a aquisição da ideia de *ineficácia* do despedimento em cuja efectivação o empregador não tenha observado condições de forma ou de fundo consideradas *essenciais* pela lei. Contributo da jurisprudência nalguns países, essa abordagem tem penetrado no domínio legislativo em termos que definem uma tendência sensível para a garantia de uma «estabilidade real».

A já citada lei alemã de 1969 prevê que, se o despedimento for judicialmente tido por «socialmente injustificado» (*sozial ungerechtfertigt*), as relações de trabalho se tenham por subsistentes apesar dele. A lei italiana de 1970 (*Statuto dei lavoratori*) dispõe que, no caso de o despedimento ser declarado nulo, anulável ou ineficaz, o tribunal «ordena ao empregador que reintegre o trabalhador no posto de trabalho» (art. 18.º). O ordenamento jurídico português responde, desde 1975, com a sanção de ineficácia ao despedimento viciado por razões de fundo (carência de justa causa) ou de forma (inexistência ou insuficiência de processo). O «Estatuto dos trabalhadores» espanhol estabelece a ineficácia, quer do despedimento «disciplinar», quer do despedimento por «causas objectivas», em que não tenha sido respeitada a exigência de comunicação escrita com indicação dos fundamentos (arts. 52.º e 55.º ET).

E quando se menciona a invalidade ou a ineficácia, é a possibilidade de readmissão forçada (ou, noutra perspectiva, de revigoramento do contrato de trabalho irregularmente atingido) que se perfila como corolário natural. Há, no entanto, que registar uma limitação significativa: em certos ordenamentos, a readmissão insere-se num sistema em que se oferece ao empregador (assim como o trabalhador) a possibilidade de preferir a definitiva cessação do vínculo mediante o pagamento de uma indemnização – ou seja, em fim de contas, a eficácia da iniciativa desvinculatória.

Esse efeito – quando o despedimento seja declarado «socialmente injustificado» – pode, no sistema germânico, ser alcançado por sentença judicial constitutiva a pedido de qualquer das partes (§ 9 da lei de protecção contra o despedimento). Nos termos da lei espanhola, no caso de «improcedência» (isto é, inexistência de fundamento) da decisão extintiva, no despedimento «disciplinar» como no baseado em «causas objectivas», a opção entre a readmissão e a indemnização pertence ao empregador. No sistema francês, só para casos excepcionais se admite a nulidade do despedimento (mulher grávida, representantes do pessoal); em geral, a lei de 1973 deixa intacta a validade do despedimento sem «causa real e séria». O tribunal pode meramente *propor* a readmissão, mas qualquer das partes é livre de a recusar.

Em contrapartida, o *Statuto* italiano oferece, implicitamente, apenas ao trabalhador a mencionada opção: o empregador está adstrito a convidá-lo a retomar funções, e a relação de trabalho considerar-se-á dissolvida se o trabalhador não comparecer no prazo de trinta dias. E, no sistema português, a escolha entre as duas alternativas («reconstituição» do contrato ou desvinculação definitiva mediante indemnização) é oferecida, em exclusivo, ao trabalhador.

410. Assim, no quadro dos ordenamentos europeus considerados, parece constatar-se que só na Itália e em Portugal existem condições normativas definidoras de um sistema tendente à «estabilidade real», no sentido já focado. *Só aí a invalidação do despedimento ilícito acarreta a reintegração do trabalhador em termos que a fazem depender, quase exclusivamente, da vontade deste* (1). Dizemos "quase exclusivamente" porque, como se verá adiante, a lei admite, em certos casos (microempresas, dirigentes), que seja afastada por *decisão judicial* a reintegração pretendida pelo trabalhador, mesmo sendo declarado ilícito o despedimento (art. 392.º).

Mas a efectividade do direito à reintegração depende, de modo vital, da celeridade do processo de impugnação do despe-

(1) Convém assinalar que, em ambos os países, tal sistema teve consagração legislativa no seguimento de grandes convulsões sociais (o «outono quente» de 1969, o movimento revolucionário de 1974/75).

dimento; perante uma justiça lenta, a própria força das circunstâncias (em especial a necessidade de subsistência do trabalhador) se encarregará de esvaziar de sentido útil a hipótese de readmissão. Quando o despedimento for invalidado ou tornado ineficaz, o retorno à situação anterior não convirá sequer, porventura, ao próprio trabalhador. E tudo se resolverá num «despedimento pago», como outrora.

De entre os vários expedientes que têm sido encarados para superar esta dificuldade, cabe referir a solução da lei portuguesa, que admite a *suspensão do despedimento* (art. 386.º CT) por decisão judicial expedita, com base num mero juízo de probabilidade da existência de vícios de fundo ou de forma. Esta medida cautelar permite, em teoria (e sem embargo de algumas sérias dificuldades técnicas), que os efeitos do contrato declarado extinto se mantenham até à decisão final sobre a validade do despedimento.

Solução algo afim é a da lei alemã de 1972: se houver oposição do comité de empresa a um despedimento «ordinário», e o trabalhador instaurar acção de anulação, o empregador fica obrigado a ocupar o trabalhador nas mesmas condições de trabalho até que a acção chegue ao seu termo; o tribunal pode, no entanto, dispensar o empregador dessa obrigação com certos fundamentos.

B) *Os mecanismos do despedimento.*

a) Os antecedentes.

411. No sistema anterior ao Código (isto é, na vigência da LCT de 1969), o contrato de trabalho podia ser extinto, por mero efeito de uma declaração unilateral do empregador *(despedimento)*, através de três mecanismos diferentes: a «rescisão com justa causa», a «denúncia unilateral» e a «extinção do contrato (...) sem justa causa nem aviso prévio».

A via normal ou ordinária de cessação por iniciativa patronal era a «denúncia unilateral», independentemente da indicação de motivos, mas sujeita a aviso prévio: tratava-se pois aí de uma declaração extintiva com eficácia diferida.

A «rescisão com justa causa» aparecia como uma *válvula de escape* para situações de crise contratual aguda, em que deixava de se considerar exigível à parte interessada na ruptura que aguardasse o decurso do período pelo qual o contrato deveria normalmente perdurar (o prazo de aviso prévio de denúncia, sendo o contrato de duração indeterminada; o termo aposto ao vínculo, no caso contrário) ([1]). O despedimento por justa causa (que, no catálogo da LCT, era rotulado de «rescisão») assumia pois uma função de algum modo residual relativamente à via regular e ordinária de ruptura unilateral. Por isso, o mecanismo correspondente caracterizava-se pelo seu *imediatismo* face à verificação dos factos ou circunstâncias integrantes da justa causa, estabelecendo-se como que uma relação «mecânica» de causa a efeito entre a ocorrência (e o conhecimento) daqueles e a dissolução do contrato. A lei expressava-se claramente a este respeito: a ocorrência da justa causa autorizava a «pôr imediatamente termo ao contrato» (art. 101.º/1 LCT), o que não passava de um corolário directo da caracterização da justa causa como sendo «qualquer facto ou circunstância grave que torne praticamente impossível a subsistência das relações que o contrato de trabalho supõe» (n.º 2 do mesmo art.).

Finalmente, a LCT previa como mecanismo *eficaz* de ruptura do contrato o próprio despedimento irregular – isto é, a declaração extintiva proferida pelo empregador sem justa causa nem observância do devido prazo de aviso prévio. Haveria aí extinção imediata (ou, ao menos, antecipada relativamente ao prazo de aviso prévio aplicável) e *ad nutum*, isto é, independente de motivação. Mesmo este meio era pela lei considerado idóneo a fazer cessar o vínculo – embora implicando indemnização ao trabalhador.

412. Com a publicação do DL 372-A/75, de 16 de Julho, esse quadro de possibilidades modificou-se substancialmente. A quase

---

([1]) No direito alemão, a construção da justa causa ou «motivo importante» *(wichtige Grund)* com base na ideia de inexigibilidade apontada no texto está hoje expressa na própria lei (nova redacção do § 626 do BGB, introduzida em 1969) cfr. *Jura Europae – Droit du Travail/Arbeitsrecht,* T. I, Munique-Paris (1975), 10. 10-40 bis. Em Portugal, esse critério foi originalmente ensaiado por B. LOBO XAVIER, *Da justa causa do despedimento no contrato de trabalho,* Coimbra (1965).

absoluta liberdade de desvinculação que o sistema da LCT reconhecia à entidade empregador sofreu uma importante compressão. A *validade* (e, portanto, a eficácia plena) de uma declaração extintiva unilateral do empregador passou a depender da existência de justa causa *disciplinar* ou de «motivo atendível» de natureza *objectiva* – exigindo-se, para este último caso, a observância de aviso prévio.

Dois mecanismos apenas, portanto: o da extinção «imediata» por justa causa e o da ruptura diferida por «motivo atendível». Mas, no primeiro, o imediatismo deixava realmente de existir: restringindo-se a justa causa ao terreno disciplinar, o despedimento só podia consumar-se mediante um «processo» formal e mais ou menos demorado, o *processo disciplinar.* Por outro lado, desaparecia também a viabilidade do despedimento não motivado: a alegação e prova de um fundamento juridicamente aceitável passou a ser condição de *validade,* em qualquer caso, de uma declaração extintiva patronal. Na comparação com o sistema da LCT, verificava-se, em suma, o afastamento de situações de justa causa não disciplinar, deixava de admitir-se a denúncia não motivada e desaparecia a hipótese de despedimento irregular com eficácia extintiva (despedimento sem observância de requisitos legais passava a ser despedimento inválido, portanto ineficaz) (1).

---

(1) Pode dizer-se que esta evolução esvaziou, praticamente, de conteúdo a especial protecção contra o despedimento que a LCT anteriormente assegurava aos menores e às mulheres trabalhadoras. Quanto àqueles, a LCT impedia o despedimento sem justa causa, «salvo com fundamento nas necessida-des imperiosas do funcionamento da empresa e sem prejuízo das indemnizações legais». Neste caso (o dos *menores),* parecia ficar assim em aberto a possibilidade de inclusão num despedimento colectivo; mas, fora desta hipótese, o despedimento sem justa causa já não determinava apenas a obrigação de indemnização (cuja medida era aliás duvidosa: vd. B. LOBO XAVIER 237-8) e sim, nos termos gerais, a *invalidade* do despedimento. No que respeita às *mulheres,* a LCT proscrevia igualmente o despedimento sem justa causa durante a gravidez e até um ano após o parto, «desde que aquela e este sejam conhecidos da entidade patronal». Aqui, parecia afastada a própria possibilidade de despedimento colectivo (salvo o caso de encerramento definitivo, como é óbvio). Quanto às consequências da ruptura sem justa causa, a lei fixava uma indemnização equivalente aos salários vincendos até ao termo do ano posterior ao parto, «se outra maior lhe não for devida».

O cenário legislativo sofreu novo sobressalto poucos meses depois. Após a publicação do DL 84/76, de 28 de Janeiro, *uma* única via de despedimento individual permaneceu ao alcance das entidades empregadoras: a do despedimento por justa causa (disciplinar). Era assim afastada a cessação por declaração unilateral fundada em «motivo atendível» e sujeita a aviso prévio. O sentido principal da alteração foi o de erradicar do sistema a possibilidade de se por termo ao contrato de trabalho por razão alheia ao comportamento do trabalhador – isto é, numa terminologia imprecisa mas bastante usual, por «motivo objectivo».

Toda esta evolução dizia respeito ao despedimento *individual*. Ao longo do período em que ela se processou, o sistema manteve a figura do despedimento *colectivo* – para situações em que motivos de ordem técnica, económica ou organizativa tornem necessária a exclusão de uma pluralidade de trabalhadores – dentro de um modelo regulamentar praticamente inalterado.

413. O quadro legal resultante da entrada em vigor do DL 84/76 permaneceu intacto até 1989: até à publicação do DL 64-A/89, de 27/2.

Percorrendo a enumeração que o art. 3.º desse diploma fazia das «formas de cessação do contrato de trabalho», dir-se-ia que, no essencial, o padrão anterior era mantido. Entre elas, figurava o «despedimento promovido pela entidade empregadora» ([1]).

Na verdade, porém, eram contempladas *duas* formas de despedimento individual:

a) o *despedimento disciplinar*, requerendo processo disciplinar;

b) o *despedimento individual por causa objectiva,* designado pela expressão «cessação do contrato de trabalho por extinção de postos de trabalho» e configurado como uma decisão da entidade empregadora que devia ser precedida de um conjunto de comunicações.

Tratava-se de dois mecanismos significativamente diversos, mas com dois traços comuns de grande importância: em ambos os

([1]) Não se cuida aqui da «rescisão por qualquer das partes durante o período experimental», dado o seu carácter inespecífico em relação ao problema de que se está a tratar.

casos, a fundamentação da ruptura, embora de diferentes naturezas, era sujeita ao critério de aferição que consiste na *prática impossibilidade da subsistência da relação de trabalho* (arts. 9.°/1 e 27.°/1 *b)*; e ambos, também, sob a aparência do «imediatismo» do efeito extintivo, estavam cobertos por um conjunto de exigências processuais (arts. 10.° e 28.° a 30.°) que implicavam uma significativa *dilação* entre a formação do projecto de despedir e a sua consumação.

Destes dois aspectos, o primeiro era seguramente o mais importante: estava nele em causa a *natureza dos motivos* invocáveis pelo empregador para excluir da empresa um trabalhador; e sabemos que, neste ponto, se ergue sobretudo a necessidade de retomar e verificar a noção de *justa causa de despedimento* na perspectiva da lei.

O elenco das situações expressamente enquadradas na "justa causa objectiva" sofreu ainda alargamento pelo DL 400/91, de 16/10, que nele incluíu a «inadaptação do trabalhador ao posto de trabalho» (art. 1.°). O regime configurado para esta hipótese era perfeitamente homólogo do que o DL 64-A/89 estabelecia para a «extinção de postos de trabalho». Também aí se evidenciava, como momento fulcral, uma *decisão* da entidade empregadora (art. 6.°/1), que devia estar apoiada numa situação susceptível de tornar «praticamente impossível a subsistência da relação de trabalho» (art. 2.°/1). O *processo* delineado era também idêntico (art.^{os} 4 ° e 5.°).

b) O sistema do Código do Trabalho.

414. Sob o ponto de vista estrutural, o sistema de vias de cessação do contrato de trabalho por iniciativa do empregador quase não sofreu alteração com o Código do Trabalho. Essas vias são, sucessivamente, o despedimento por facto imputável ao trabalhador, reconduzivel ao despedimento como sanção disciplinar (art.^{os} 351° a 358.°); o despedimento colectivo (art.^{os} 359.° a 366.°), o despedimento por extinção de posto de trabalho (art.^{os} 367.° a 372.°) e o despedimento por inadaptação (art.^{os} 373.° a 380.°).

O Código de 2003, relativamente a cada uma das formas de despedimento, fez a separação entre as regras de fundo e as de processo, o que era de molde a causar algumas dificuldades ao operador jurídico. De resto, vários aspectos dos regimes jurídicos em causa eram insusceptíveis de recondução às noções alternativas de "forma" e de "fundo". A revisão de 2009 concentrou os regimes das várias modalidades de despedimento.

Há, no entanto, que assinalar uma importante alteração ao elenco das modalidades de cessação do contrato de trabalho, conexa ao despedimento, e que, por isso mesmo, adiante examinaremos nesse contexto: o Código do Trabalho introduziu a *resolução judiciária* do contrato, para situações de despedimento ilícito em que o tribunal considera não dever haver reintegração do trabalhador na empresa (art. 392.º).

C) *O conceito legal de «justa causa»* ([1]).

a) A constitucionalização da justa causa de despedimento.

415. Como se notou, está erradicada do ordenamento laboral português a admissibilidade do despedimento não motivado.

A *exteriorização* do fundamento da decisão de despedir – e, implicitamente, a *conformidade jurídica* desse fundamento que, assim, se torna controlável – é condição da eficácia da declaração extintiva em que o despedimento se traduz.

Mas a motivação, no despedimento, pode assumir diversas modalidades e gradações. Ela pode respeitar ao comportamento do trabalhador (confrontado com os padrões normativos instituídos na organização de trabalho), à relação entre ele e a função que lhe está atribuída, ao grau de viabilidade técnica ou económica do aproveitamento dos seus serviços e das suas aptidões na empresa. Noutra perspectiva, os fundamentos invocados para a exclusão de um trabalhador podem ser simplesmente reais (e não fictícios), ou também aceitáveis e razoáveis (e não caprichosos, arbitrários ou, por qualquer título, juridicamente censuráveis), ou mesmo, no limite, decisivos quanto à inviabilidade futura da vinculação.

([1]) Vd., sobre todos, o fundamental estudo de B. LOBO XAVIER, *Justa causa de despedimento: conceito e ónus da prova,* in RDES (2.ª série), 1988, n.º 1, 1 ss.; mas também, do mesmo A., *Da justa causa de despedimento no contrato de trabalho,* Supl. XIV ao Bol. Fac. Dir., 1966.

Para caracterizar o nosso sistema, não basta dizer que ele exclui o despedimento não motivado; é preciso apontar também os tipos e graus que a motivação pode assumir sem por em causa a eficácia da declaração extintiva do empregador.

Pesquisar esses aspectos é, no quadro do nosso ordenamento, reunir os elementos definidores do conceito de *justa causa* de despedimento individual.

416. O art. 53.º CRP declara «proibidos os despedimentos *sem justa causa* (...)». A existência (e invocação) de uma «justa causa» é condição substancial de validade do despedimento. Os motivos que levem o empregador a pretender a cessação do contrato hão-de ser enquadráveis neste conceito legal: o de «justa causa» de despedimento.

Abra-se aqui um parêntesis. Seja qual for o conteúdo que, no estado actual do nosso ordenamento, deva atribuir-se a esse conceito, é necessário ter presente a *função* que ele desempenha no sistema das formas de cessação do contrato de trabalho.

Na nossa tradição legislativa – e, nomeadamente, no regime da LCT, em qualquer das suas versões –, a justa causa era um meio da legitimação da ruptura *imediata* do vínculo: o empregador podia, em geral, declarar a extinção diferida do contrato, mas a existência de justa causa dispensava-o de esperar pelo esgotamento do prazo de aviso prévio.

Na legislação sobre despedimentos de 1975/76, a justa causa deixou de ser somente um fundamento da «antecipação» da ruptura; passou a desempenhar o papel de uma condição *sine qua non* da validade do despedimento: a inexistência de justa causa não deixava de pé outra possibilidade de desvinculação individual (1).

Algo de semelhante podia afirmar-se perante a reforma de 1989, assim como, agora, face ao CT: não existe, como se verá, alternativa (juridicamente eficaz) para o despedimento com justa causa (2).

---

(1) Vd. B. Lobo Xavier, *A recente legislação dos despedimentos,* RDES, 1978, n.os 1/4, p. 161.

(2) A possibilidade de não reintegração no despedimento ilícito, admitida no art. 392.º CT, não equivale a uma hipótese de eficácia desse despedimento;

A construção conceitual da justa causa adquiriu assim uma grande importância, em dois planos diferentes.

Primeiro, o da *interpretação do preceito constitucional* que a erigiu em meio de legitimação do despedimento individual (interpretação essa indispensável para a produção legislativa ordinária sobre a matéria); depois, o da *determinação do critério operatório* que conduzirá à validação ou invalidação dos despedimentos concretamente declarados (determinação necessária ao julgador).

417. Na primeira das perspectivas indicadas deve ser entendida, em grande parte, a controvérsia que se gerou, durante o processo legislativo conducente ao DL 64-A/89, em torno da questão da conformidade constitucional de um regime que admitisse o despedimento *por causa não disciplinar* ou por «motivo objectivo».

Face à proibição contida na CRP ([1]), qualquer reforma legislativa que abrangesse o despedimento teria que respeitar os limites do *conceito constitucional de justa causa* – conceito que a CRP não define.

De algum modo sob a inspiração da ideia de que à maior importância funcional do conceito – que, com a legislação de 1975/76, passou a incorporar o critério *exclusivo* de legitimação do despedimento – deveria corresponder uma amplificação das realidades susceptíveis de o preencher (e, portanto, uma menor exigência do referido critério), pode entender-se que o art. 53.º CRP visa simplesmente proscrever os despedimentos *injustificados,* ou seja, quer os desacompanhados da invocação de motivos, quer os fundados em causas não razoáveis, não sérias, socialmente inadequadas à

ela está ligada, não à causa do despedimento, mas a circunstâncias que podem estar, ou não, com ela relacionadas e cuja atendibilidade é apreciada pelo tribunal em decisão específica.

([1]) Na versão de 1976, a proibição inseria-se no art. 52.º: no quadro das «obrigações do Estado quanto ao direito ao trabalho», surgia a de «assegurar», entre outros aspectos, «a segurança do emprego, sendo proibidos os despedimentos sem justa causa (...)». A partir da revisão de 1982, o enunciado daquela que fora a alínea *b*) do art. 52.º passou a constar de artigo autónomo (53.º), com outra arrumação e separado da formulação respeitante ao direito ao trabalho (art. 59.º).

produção dessa grave consequência que é, em regra, a privação do emprego, ou mesmo ilícitas (como as de natureza discriminatória) (1).

Numa outra perspectiva – justamente a que veio a ser acolhida no Ac. TC 107/88, de 31/5/88 –, o art. 53.º teria adoptado o conceito de justa causa que vigorava à data da elaboração da CRP (em 1976, portanto), ou seja, o da justa causa *exclusivamente* disciplinar, definida como uma situação de extrema gravidade e elevado grau de culpabilidade do trabalhador. O DL 372-A/75, tantas vezes citado, definia a justa causa como «o comportamento culposo do trabalhador que, pela sua gravidade e consequência, constitua infracção disciplinar que não comporte a aplicação de outra sanção admitida por lei ou instrumento de regulamentação colectiva». Esta teria sido a fisionomia com que a justa causa se apresentou no campo de visão do legislador constitucional: ao usar a expressão «justa causa», ele estaria a «constitucionalizar» o sentido *historicamente* fixado para o conceito legal correspondente (2).

Ficaria, assim, constitucionalmente excluída a admissibilidade de despedimentos individuais por motivos de outra natureza (3).

418. O conceito de «justa causa», não obstante a elasticidade que lhe é própria, corresponde, no ordenamento jurídico português, *a um certo tipo de juízo normativo material*, com a sua plasticidade mas também com as suas fronteiras. É o que ressalta, com segurança, da consideração de uma alongada tradição legislativa em que avulta a *permanência* dos elementos essenciais do critério de valoração e decisão a que a «justa causa» se reconduz.

---

(1) A isto se poderia reconduzir o «conceito amplo de justa causa» que, com abundante fundamentação, foi defendido, nomeadamente, nas *declarações de voto* dos juízes do Tribunal Constitucional RAÚL MATEUS, JOSÉ MANUEL CARDOSO DA COSTA e MESSIAS BENTO, no AC. TC 107/88 *in* ARMANDO BRAGA, *A nova lei dos despedimentos e da contratação a termo,* Porto (1989), 169 ss.

(2) Sobre o tema, vd. GOMES CANOTILHO/VITAL MOREIRA, *Constituição da República Portuguesa Anotada,* 2.ª ed., Coimbra (1985), V. I, 47.

(3) Nesse sentido, podia ler-se no AC. TC n.º 107/88, in *ob. cit.* 178: «Tendo presente tudo quanto se observou no plano da evolução do conceito de justa causa, deve afirmar-se que o seu alargamento a factos, situações ou circunstâncias objectivas de todo alheias a qualquer comportamento culposo do trabalhador não deixará de envolver a sua transmutação substancial».

Esses elementos essenciais – correspondentes aos factores que tornam «justa» a «justa causa» – apontam para a natureza das consequências que a situação concreta determina quanto à hipótese do prosseguimento da relação do trabalho para além dela.

Percorrendo os sucesssivos diplomas legais que, ao longo de quatro décadas, e anteriormente à publicação da CRP, contiveram o regime da cessação do contrato de trabalho, verificar-se-á que a existência de justa causa invariavelmente assentou num certo tipo de consequências da situação considerada ([1]). Exigiu-se, sucessivamente, que ela:

a) «torne prática e imediatamente impossível a subsistência das relações que o contrato supõe» (§ ún. do art. 11.° L. 1952);

b) «torne praticamente impossível a subsistência das relações que o contrato supõe» (arts. 95.°/*j* e art. 100.°/*i* DL 47032);

c) «torne praticamente impossível a subsistência das relações que o contrato supõe, nomeadamente a falta de cumprimento dos deveres (...)» (art. 101.°/2 DL 49408);

d) «pela sua gravidade e consequências, constitua infracção disciplinar que não comporte a aplicação de outra sanção» (...)» (art. 10.°/1 DL 372-A/75);

e) «pela sua gravidade e consequências, torne imediata e praticamente impossível a subsistência da relação de trabalho» (nova redacção do art. 10.°/1 DL 372-A/75, introduzida pelo DL 841-C/76).

Esta sucessão de enunciados foi acompanhada de fenómenos de compressão e descompressão do âmbito das hipóteses explicitamente tidas por relevantes – isto é, susceptíveis de desencadearem aquele tipo de consequências –, sempre com o carácter de determinações *acidentais* ou *contingentes* relativamente ao núcleo da justa causa, como foi, tipicamente, o caso da limitação às infracções disciplinares mais graves, operada em 1976 (por força de opções político-jurídicas que as circunstâncias da época tornavam explicáveis), e superada tanto na reforma de 1989 como nas duas versões do CT.

([1]) Vd., sobre tudo isto, o estudo citado de B. LOBO XAVIER, *Justa causa de despedimento: conceito e ónus da prova*, sobretudo 10 ss..

419. Assim, os elementos definitórios da justa causa de despedimento, de acordo com os sinais oferecidos pela nossa tradição legislativa, respeitam às *consequências* atribuíveis a certas situações concretas.

A avaliação dessas consequências obedece a dois critérios básicos:

a) é necessária uma apreciação *em concreto,* de modo a que a resolução do contrato seja um imperativo «prático» (também neste sentido) e não o produto de um juízo de abstracta adequação entre *tipo* de causa e *tipo* de consequência (donde, igualmente, a tradicional exclusão da tipicidade nesse domínio);

b) é necessário que dessa apreciação decorra a verificação de uma «impossibilidade prática» (equivalente à inexistência ou inadequação prática de medida alternativa à extinção do vínculo ([1])), isto é, da *inexigibilidade,* nas circunstâncias concretas, do prosseguimento da relação laboral.

Se pode dizer-se que o art. 53.º «constitucionalizou» um conceito oriundo da lei ordinária, um conceito integrador de um *critério geral* de valoração e decisão de situações concretas como é o de justa causa de despedimento – então esse conceito só podia ser o resultante de uma (prévia) *consolidação* legislativa, e não de uma determinação acidental ou contingente, produto de um período de instabilidade social e cultural, como foi a da legislação de 1975/76 sobre o despedimento.

A concepção constitucional da justa causa será, assim, configurável em termos de abranger *toda e qualquer situação (de natureza disciplinar ou outra) capaz de, em concreto, suscitar a impossibilidade prática da subsistência das relações que o contrato de trabalho supõe.*

420. Noutro plano se situa a questão de saber em que consiste, ou como se identifica, do ponto de vista do CT, a justa causa

---

([1]) Era explícita, neste sentido, a formulação do DL 372-A/75.

de despedimento. Trata-se, aqui, da determinação de *critério operatório* que conduzirá à validação ou invalidação jurídica dos despedimentos concretamente declarados.

O art. art. 351.º/1 CT dispõe o seguinte:

> «Constitui justa causa de despedimento o comportamento culposo do trabalhador que, pela sua gravidade e consequências, torne imediata e praticamente impossível a subsistência da relação de trabalho» ([1]).

Estamos perante uma definição da «justa causa disciplinar», cobrindo as situações em que o despedimento surge como *sanção* imposta pela gravidade extrema do *comportamento* do trabalhador – um comportamento, em todo o caso, *culposo* e violador de deveres de conduta inerentes à disciplina laboral.

> Trata-se, em suma, do despedimento-sanção, assente num juízo de censura sobre a conduta pessoal do trabalhador. Por um longo período – entre a publicação do DL 84/76, de 28/1, e a do DL 64-A/89, de 27/2, ou seja, por cerca de treze anos – só essa configuração do despedimento individual foi reconhecida no nosso sistema.
>
> A reforma de 1989 veio, como se assinalou, modificar consideravelmente a situação: a justa causa de despedimento deixou de ser exclusivamente preenchida por situações de natureza disciplinar, isto é, por comportamentos culposos do trabalhador ([2]).

([1]) Usando as mesmas palavras, mas numa ordem diferente, a fórmula do Código de 2009 não se distingue, afinal, da do Código de 2003 (art. 396.º). Em qualquer dos casos, trata-se da reprodução quase literal do texto correspondente do DL 64-A/89 (art. 9.º). Este conservadorismo terminológico reflecte a extrema sensibilidade política de que a matéria se reveste.

([2]) Verificou-se, neste ponto, uma espécie de vai-vem semântico. Na formulação antiga (introduzida pela L. 48/77, de 11/7) dizia-se: «Considera-se justa causa o comportamento culposo...». Tal redacção transportava em si um sentido *definitório* (e era, na verdade, uma definição, pois só o despedimento disciplinar era admitido) e não meramente *qualificativo* como o da lei de 1989 («o comportamento culposo (...) constitui justa causa de despedimento»). Se do enunciado de 1977 resultava uma correspondência biunívoca entre justa causa e infracção disciplinar (grave), o modo de dizer do diploma de 1989, mantido no art. 396.º/1 do CT de 2003, supunha (e bem) um conceito mais amplo ou extenso da justa

Há outras situações enquadráveis na noção de "justa causa". Não é apenas o comportamento culposo do trabalhador (a chamada "justa causa subjectiva") que merece essa qualificxação. Também cabe no sistema de motivos lícitos de despedimento a chamada «justa causa objectiva», assente em factos ou situações diferentes do comportamento pessoal do trabalhador, e, de qualquer modo, alheia a qualquer juízo de censura (ética ou outra) sobre esse comportamento.

É o que decorre do elenco de requisitos que o art. 368.° CT estabelece para a admissibilidade do «despedimento por extinção de postos de trabalho». Como se verá adiante mais detalhadamente, trata-se de uma via de extinção do contrato de trabalho que consiste numa *decisão unilateral do empregador* (art. 371.°), a qual deverá fundar-se em «motivos de mercado, estruturais ou tecnológicos, relativos à empresa» (art. 367.°). A atendibilidade de uma tal motivação depende de vários requisitos (art. 368.°/1), entre os quais cabe salientar a *inexistência de culpa do empregador ou do trabalhador* e a *impossibilidade prática da subsistência da relação de trabalho.*

Ou seja: o mesmo *critério* da justa causa disciplinar, mas agora ligado a factos de natureza *não-disciplinar.* É a justa causa «objectiva», como se disse, a reentrar no quadro das motivações lícitas do despedimento.

Considerações de todo o ponto idênticas podem formular-se acerca do despedimento por "inadaptação" do trabalhador ao posto de trabalho (arts. 373.° a 380.° CT). Também aqui se exige a *impossibilidade prática da subsistência da relação de trabalho* (art. 374.°/1) e se impõe ao empregador um conjunto de diligências prévias à constatação dessa impossibilidade (art. 375.°), de modo que ela não lhe seja imputável. É indesmentível a essencial homologia das perspectivas de apreciação assumidas pelo legislador quanto aos factos e situações susceptíveis de preencherem *justa causa* de despedimento.

Em suma: ao contrário da aparência que pode resultar da epígrafe do art. 351.° CT ("Noção de justa causa de despedi-

---

causa. O Código de 2009, porém, regressou (erradamente) à fórmula antiga, embora sem correspondência na configuração actual da justa causa.

mento"), a nossa lei reconhece hoje vários tipos de justa causa: a justa causa decorrente de infracção disciplinar, caracterizada no art. 351.º; a justa causa que pode surgir na sequência da extinção de um posto de trabalho, conforme os arts. 367.º e 368.º; e a justa causa resultante da inadaptação do trabalhador, nas condições referidas pelos arts. 374.º e 375.º.

Caracterizada, em geral, a justa causa nos termos que atrás indicámos, este desdobramento da previsão legal não suscita qualquer problema no seu confronto com o art. 53.º CRP.

b) A noção operatória de justa causa.

421. A justa causa corresponde, pois, a uma situação de «impossibilidade prática» ([1]) da subsistência da relação laboral.

Não se trata, evidentemente, de uma impossibilidade material, mas de uma *inexigibilidade*, determinada mediante um balanço in concreto dos interesses em presença – fundamentalmente o da

([1]) No período em que vigorou o regime de cessação do contrato de trabalho da LCT (ou seja, entre 1969 e 1975), exigia-se que esta impossibilidade fosse também *imediata*: ela podia e devia justificar a súbita ruptura do vínculo, sem conteplações nem formalismos. A referência entendia-se no quadro de um sistema que, em paralelo, admitia formas de desvinculação *diferida* e, até, *não motivada*. Mas tornou-se "praticamente" inexplicável num regime em que o despedimento com justa causa, sendo a *única* via de desvinculação individual, pressupõe um *processo* de duração incerta, durante o qual o contrato se mantém. Ora, no tocante à justa causa *disciplinar*, a lei continua a exigir a impossibilidade *imediata* da subsistência da relação de trabalho – veja-se, no CT, agora, o art. 351.º/1. Sendo controversa, essa menção pode explicar-se como nota indicativa da gravidade extrema da situação que integra justa causa. Enquanto no regime da LCT de 1969, o carácter "imediato" da impossibilidade – não sendo uma nota factual, mas um produto de valoração ético-jurídica – servia para legitimar o afastamento da ruptura diferida (com aviso-prévio), na legislação pós-revolucionária, incluindo o CT, só pode funcionar como indicação da importância da situação e do seu potencial destrutivo sobre a relação de trabalho (embora seja difícil imaginar gradações nas situações de "impossibilidade"). O legislador diz, em suma, que a situação em causa é de tal ordem que poderia levar à ruptura imediata, se não houvesse que respeitar o direito de audiência prévia do trabalhador...

urgência da desvinculação e o da conservação do vínculo. «Haverá justa causa quando a premência do despedimento seja de decidir mais importante que os interesses opostos na permanência do contrato. Deve-se pois proceder a uma análise diferencial dos interesses em presença, análise essa que será feita em concreto, de acordo com a parificação real das conveniências contrastantes das duas partes» ([1]).

Basicamente, preenche-se a justa causa com situações que, em concreto (isto é, perante a realidade das relações de trabalho em que incidam e as circunstâncias específicas que rodeiem tais situações), tornem *inexigível* ao contraente interessado na desvinculação o respeito pelas garantias da estabilidade do vínculo (termo aposto ao contrato, sanções disciplinares conservatórias) ([2]).

422. Esta referência básica a uma *inexigibilidade* sugere algumas precisões.

Em primeiro lugar, ela tem como pressuposto a atribuição de um valor positivo à *permanência do contrato de trabalho*; não é indiferente, no pensamento da lei, que o vínculo em qualquer momento se desfaça ou seja mantido.

Esta ideia é corroborada, além do mais, pelo facto de a lei não associar ao contrato de duração indeterminada a plena liberdade de desvinculação: sobretudo do lado do empregador, essa liberdade está fortemente comprimida. Na mesma perspectiva se coloca o carácter restritivo dos regimes legais que têm por objecto formas precárias de contratação de trabalho (arts. 140.° ss. sobre o contrato de trabalho a termo; arts. 180.° ss. sobre o trabalho temporário). Há,

---

([1]) BERNARDO XAVIER, *Da justa causa* cit. 190.

([2]) Como se notou já, além de ter aí considerável tradição doutrinal, encontra expressa utilização legislativa no direito alemão a construção do «motivo importante» de despedimento com base na ideia de inexigibilidade *(Zumutbarkeit)* – § 626 BGB. Entre nós, o mérito da introdução e exploração dessa linha construtiva pertence a BERNARDO XAVIER, desde a citada monografia *Da justa causa de despedimento no contrato de trabalho* até ao posterior e fundamental ensaio *Justa causa de despedimento: conceito e ónus de prova*, RDES (2.ª série), 1988, n.° 1.

de certo modo, uma «semente de perpetuidade» na concepção legal das relações de trabalho subordinado, que, apesar das flutuações de política legislativa, permanece viva desde a regulamentação radical de 1975/76. A inexigibilidade que corporiza a justa causa parte dessa característica – que pode, também, ser vista como corolário da regra *pacta sunt servanda* –, devendo ter-se presente, para sua inteira compreensão, o princípio da *segurança do emprego*, nos termos em que o art. 53.º CRP o consagra (1).

Em segundo lugar, a inexigibilidade, como critério de decisão, é manifestamente *refractária à subsunção*, como modo de realizar a conexão entre uma situação de facto e uma consequência jurídica (2).

O facto de a justa causa disciplinar ser, na linha de uma antiga tradição legislativa, definida por meio de uma cláusula geral e de uma lista de situações «típicas» (art. 351.º CT) seria de molde a criar no julgador a tentação de se limitar a subsumir os factos numa das hipóteses «tipificadas» para considerar apurada a justa causa. A nossa jurisprudência, apoiada pela unanimidade da doutrina, tem, de um modo geral, resistido a essa tentação (3), exigindo, para além da verificação de alguma daquelas hipóteses, *uma apreciação em concreto*, à luz de todas as circunstâncias relevantes. Nesse sentido aponta, de resto, o mesmo artigo do CT em que se desdobra a "lista" de possíveis justas causas (art. 351.º/2).

Tal apreciação *em concreto* implica não só uma *selecção* dos factos e circunstâncias a atender, mas também uma série de valorações assentes em critérios de muito diferente natureza – éticos,

---

(1) A disposição constitucional estabelece, com efeito, uma conexão – nada casual, a nosso ver – entre a «garantia» da segurança do emprego e a proibição dos despedimentos sem justa causa: a justa causa resulta aí, claramente, como a marca distintiva das situações em que a segurança do emprego deixa de ser «garantível» – isto é, em que a permanência do contrato deixe de ser exigível ao empregador.

(2) Cfr., sobretudo, BERNARDO XAVIER, *Justa causa de despedimento* cit. 43-49 e *A extinção do contrato de trabalho*, RDES (2.ª série), 1989, n.ºs 3/4, 443.

(3) Vd., entre muitos outros, os Acs. Rel. Coimbra 18/3/82 (BMJ 317, 305), Rel. Porto 15/3/82 (BMJ 315, 234), STJ 8/6/84 (BMJ 338, 283), em que a enumeração legal é considerada meramente exemplificativa. Na mesma linha, vd. ACS. STJ 15/5/87 (BMJ 367, 411), 26/5/88 (BMJ 377, 411), 30/3/89 (BMJ 385, 503) e 3/10/90(AD 352, 539).

organizacionais, técnico-económicos, gestionários – e mesmo, não raro, relacionados com pressupostos de ordem sócio-cultural e até afectiva ([1]).

É que a inexigibilidade – envolvendo, como assinalou BERNARDO XAVIER, «um juízo de probabilidade, de prognose, sobre a viabilidade da relação de trabalho» ([2]) – surge apontada ao *suporte psicológico* do vínculo. O que ela significa – o que significa a referência legal à «impossibilidade prática» da subsistência da relação de trabalho – é que a continuidade da vinculação representaria (objectivamente) uma insuportável e injusta imposição ao empregador. Nas circunstância concretas, a permanência do contrato e das relações (pessoais e patrimoniais) que ele supõe seria de molde a ferir de modo desmesurado e violento a sensibilidade e a liberdade psicológica de uma pessoa normal colocada na posição do empregador ([3]). Embora num plano de objectividade, o elemento «impossibilidade prática» reporta-se a um padrão essencialmente *psicológico*: o das condições mínimas de suporte de uma vinculação duradoura, implicando mais ou menos frequentes e intensos contactos entre os sujeitos.

É evidente que nada disto pode ser objecto de redução a critérios uniformes de apreciação e decisão. O primeiro «juiz» a pronunciar-se sobre a justa causa – cabendo-lhe, aliás, o papel importantíssimo da inicial delimitação do âmbito factual em que a questão concretamente passará a debater-se – é o empregador.

Este partirá, em regra, da decisão de despedir para a necessidade de a legitimar. Submetida, depois, a questão ao tribunal, este terá, em última análise, que confrontar com o padrão de «resistência» psicológica considerado inerente ao comportamento normal de uma pessoal colocada na posição do empregador o conjunto dos

---

([1]) Como escreve BERNARDO XAVIER, «a apreciação final não é só de carácter valorativo mas tem ela própria base num conjunto impossível de descrever de subresultados, objecto eles próprios de valoração, susceptíveis das mais variadas combinações.» (*A extinção do contrato de trabalho* cit. 444).

([2]) BERNARDO XAVIER, *A extinção* cit. 442.

([3]) Por outras palavras: a *legitimar* a decisão de romper o vínculo que, em liberdade, seria inevitavelmente tomada.

factos e circunstâncias tidos por relevantes no contexto do despedimento. É aqui que se situa o juízo de prognose sinalizado por B. LOBO XAVIER, na sua complexidade (pois nele convergem valorações de diferentes naturezas, como se assinalou), na sua singularidade (porque insusceptível de estender a sua validade a priori a outros casos) ([1]) e, também, na sua inelutável relatividade (dado que, ressalvadas situações limítrofes, os mesmos factos são susceptíveis de decisões muito diferentes, consoante o «ângulo de ataque» e a organização de referências valorativas que em cada uma delas sejam utilizados).

423. Estas observações reconduzem-nos à jurisprudência e sugerem duas notas finais.

Na generalidade, as decisões judiciais sobre a determinação da justa causa são puramente assertórias. Define-se em termos gerais – muitas vezes retomando a formulação legal ou enunciados doutrinais que são dela tributários – a justa causa e, de seguida, descrita e analisada circunstancialmente a situação de facto, afirma-se o preenchimento ou o não preenchimento dessa noção, sem qualquer enunciado demonstrativo. É que a apreciação dos factos, nessa perspectiva, não se traduz, como vimos, numa estrutura lógica, num «raciocíno» – mas num conjunto de operações valorativas que nem sequer são todas susceptíveis de exteriorização verbal.

A segunda nota diz respeito ao facto de o critério legal da «impossibilidade prática» envolver a referência a um certo padrão de comportamento psicológico. Como vimos, a continuidade da vinculação jurídica duradoura que o contrato de trabalho implica pode ser, em certa medida, legalmente imposta à vontade de uma das partes (o empregador). É-o com a exigência de justa causa para despedir. Muitas situações que poderiam razoavelmente «motivar» o despedimento não são atendíveis sob o ponto de vista legal. O ordenamento impõe, nelas, ao empregador que «resista» à vontade de resolver o vínculo – considerando, naturalmente, que,

---

([1]) «Justa causa», pois *para* «despedimento» e *para* aquele concreto despedimento» – escreve BERNARDO XAVIER, *A extinção* cit. 445.

face ao padrão de comportamento psicológico adoptado, essa consequência é suportável e compatível com a manutenção das relações contratuais, em nome da estabilidade do emprego. Se a atitude da lei muda de sinal – perante a hipótese de justa causa – é porque se admite que, em certas situações, tal exigência deixa de ser proporcionada e justa, mesmo defronte da necessidade de protecção do emprego. É porque – noutros termos – a lei admite que deixa de existir, nas circunstâncias concretas, o suporte psicológico mínimo para que uma relação de trabalho se desenvolva.

Esta ideia tem sido, a propósito de muito diversas situações de facto, enunciada na jurisprudência em termos que enfatizam o papel da «confiança» nas relações de trabalho, tendendo para a afirmação de uma forte componente fiduciária na configuração jurídica dessas relações ([1]).

É evidente que existem relações de trabalho em que a «confiança pessoal» adquire relevância específica – justamente aquelas em que possa dizer-se que a actividade prometida pelo trabalhador se traduz no exercício de uma «função de confiança» na organização técnico-laboral criada e mantida pelo empregador.

Fora desse restrito domínio, porém, a «confiança» não pode ser senão um modo de formular o «suporte psicológico» de que a relação de trabalho, enquanto relação duradoura, necessita para subsistir. Ao fazer apelo às ideias de confiança, a jurisprudência reflecte a percepção desse elemento mas deriva, não raro, para a deformação consistente em se atribuir relevância absoluta e indiscriminada à «confiança pessoal» do empregador no trabalhador ([2]).

([1]) Vejam-se, nesse sentido, e como simples amostras, os Acs. Rel. Porto 2/2/81 (CJ 81, 1, 191); 25/10/82 (CJ 82, 2, 265); 5/12/83 (CJ 83, 5, 261); 24/10/83 (CJ 83, 4, 297); Rel. Coimbra 10/1/89 (CJ 89, 1, 87); Rel. Lisboa 26/6/85 (BTE 2.ª Série, 3-4/88, 440) e 11/1/89 (CJ 89, 1, 167); STJ 23/3/84 (AD 271, 923) e 10/1/86 (BTE 2.ª Série, 5-6/87, 792), Acs. Rel. Lisboa 7/11/89 (CJ 89, 5, 160), 25/5/88 (CJ 88, 3, 194), 11/1/89 (CJ 89, 1, 167), 16/1/91 (AD 354, 803), e os Acs. STJ 5/6/91 (AD 359, 1306) e 3/7/91 (AD 360, 1421).

([2]) É o que se constata em decisões que, por exemplo, consideram justa causa, em qualquer circunstância, o furto ou desvio de valores, por muito insignificantes que sejam. É o caso do Ac. STJ 10/1/86 (BTE 2.ª Série, 54/87, 797).

O entendimento constitucional das relações laborais, adverso ao paternalismo, ao solidarismo e ao comunitarismo de outras concepções – como a corporativa –, não se afigura compatível com tal indiferenciação.

D) *A suspensão do despedimento* ([1]).

424. A lei faculta ao trabalhador um meio excepcional de oposição provisória à eficácia da decisão de despedimento, em qualquer das suas modalidades.

Nos cinco dias úteis seguintes à recepção da respectiva comunicação, pode o trabalhador atingido recorrer ao tribunal competente para dele obter que seja decretada a suspensão do despedimento (art. 386.º CT). Esta declaração do tribunal tem o alcance de, apesar de proferido o despedimento, manter a vinculação entre as partes até que venha a ser decidida a respectiva acção de impugnação. Assim, o salário continua a ser devido durante o período de suspensão – o que não equivale, como é óbvio, no plano do trabalho economicamente dependente, à situação que resultaria da ruptura imediata do vínculo com posterior repristinação dos seus efeitos.

A situação do vínculo laboral entre a decisão de suspensão e a declaração final de licitude ou ilicitude do despedimento não deixa de ser problemática. É certo que, na prática, a suspensão redunda na manutenção do salário sem prestação de trabalho, por o empregador a dispensar. A peculiaridade desta figura consiste em que a decisão judicial definitiva, conforme o sentido em que se oriente, vai determinar, *a posteriori*, a natureza jurídica da situação em que estiveram as relações entre o empregador e o trabalhador envolvidos desde a suspensão. Esta implica a ineficácia provisória do despedimento e, portanto, faz a reviver o contrato que o empregador quis extinguir. Se a decisão definitiva for no sentido da ilicitude do despedimento (o que é, digamos, o mais provável,

([1]) Vd. Morais Antunes/Ribeiro Guerra 161 ss..

tendo em conta os pressupostos da providência), o período de suspensão terá sido, simplesmente, confirmado como um *tempo de permanência do vínculo*. Se, ao invés, essa decisão for no sentido da licitude do despedimento, ela terá o alcance de confirmar o seu originário efeito extintivo, não só pondo termo à suspensão mas, também, deixando *sem suporte contratual* as prestações de trabalho e salariais que se produziram a partir dela. Neste caso, a situação da relação entre o trabalhador e o empregador é idêntica à desenhada para a invalidade do contrato de trabalho (art. 122.º): ele "produz efeitos como válido em relação ao tempo em que foi executado". Mas – repete-se – só com a decisão judicial na apreciação do despedimento se pode ficar a saber como caracterizar juridicamente (aliás, sem grandes consequências práticas) a situação das relações entre as partes durante a suspensão.

A suspensão do despedimento é, assim, uma providência cautelar destinada a salvaguardar a utilidade da impugnação judicial do despedimento, dentro da perspectiva em que a nossa lei se coloca: a de que a declaração judicial da ilicitude do despedimento pode conduzir à plena restauração do vínculo laboral. Efeito que a demora da apreciação jurisdicional do acto extintivo do empregador tornaria inconsistente se, entretanto, o trabalhador permanecesse fora do serviço e privado da retribuição. Trata-se pois, em suma, de – como é próprio de qualquer providência cautelar: art. 381.º ss. CPC – «afastar o perigo de insatisfação do direito pela demora no reconhecimento deste em julgamento definitivo» ([1]).

425. Por isso, o processo de suspensão de despedimento individual é estruturado pelo CPT (arts. 34.º a 40.º) em termos simples e expeditos.

A observância estrita dos prazos aí fixados permitiria prever uma demora de cerca de um mês para se obter a decisão. As partes são simplesmente ouvidas, podendo apresentar qualquer meio de prova, excepto se tiver havido processo disciplinar, caso em que só é admitida prova documental (art. 35.º).

([1]) Ac. Rel. Porto 29/1/79 (CJ, 79, 1, 279).

A não comparência injustificada do trabalhador (só dele ou também do empregador) determina, sem mais, o indeferimento do pedido de suspensão; a não comparência injustificada do empregador tem como consequência imediata a concessão da suspensão, a não ser que tenha sido apresentado o processo disciplinar, caso em que o juiz decidirá perante ele (art. 37.º).

A decisão deve ser proferida, como regra, na própria audiência; mas pode ser retardada até oito dias, se a complexidade da causa o justificar (art. 36.º). Dela cabe recurso para a Relação, em regra com efeito meramente devolutivo; mas o empregador pode obter o efeito suspensivo se depositar no tribunal a quantia correspondente a seis meses de retribuição do trabalhador – caso em que o tribunal passará a actuar como pagador do salário enquanto a situação durar (art. 40.º).

426. A apreciação do pedido de suspensão, necessariamente expedita, bastar-se-á com os elementos indispensáveis ao estabelecimento de uma convicção provisória, em termos de «probabilidade», «aparência» ou «verosimilhança» (1), sobre a licitude do despedimento. Essa apreciação incidirá, normalmente, no próprio processo disciplinar (se for esse o caso) e outros documentos, não tendo o juiz que ouvir testemunhas (2) (art. 35.º CPT).

Os fundamentos da suspensão tanto podem respeitar às condições de forma do despedimento (idoneidade do processo disciplinar, cumprimento das diligências impostas pela lei para os casos de ex-tinção de posto de trabalho, inadaptação e despedimento colectivo) como à procedência da justa causa invocada. Assim, tratando-se de despedimento disciplinar, a suspensão pode fundar-se na prescrição do direito de acção disciplinar (art. 329.º/1 e 2) ou do próprio pro-cedimento disciplinar (art. 329.º/3) (3), na pura

(1) Cfr. Acs. Rel. Lisboa 26/2/79 (CJ, 79, 1, 181) e 14/2/83 (CJ, 83, 1,186), entre muitos outros. Vd. também Acs. Rel. Coimbra 26/1/88 (CJ 88, 1, 96) e 4/11/89 (CJ 89, 5, 97).

(2) Ac. Rel. Coimbra 22/4/86 (CJ 86, 2, 87).

(3) Cfr. Acs. Rel. Évora 21/2/80 (CJ, 80, 1, 186) e 8/4/80 (CJ, 80, 2, 106).

e simples inexistência de processo como na constatação de alguma nulidade insuprível (1). Neste sentido é, aliás, explícito o art. 39.º/1 CPT.

Por outro lado, se são controvertidas a própria qualificação do contrato (como de trabalho subordinado ou autónomo) ou a natureza da causa de ruptura (caducidade? revogação? despedimento?), nem por isso existe fundamento para a rejeição liminar da suspensão. Esta está prevista na lei para impedir que, em casos de razoável probabilidade de que o trabalhador tenha razão, ele seja, apesar disso, obrigado a suportar o custo da perda do salário – o que, frequentemente, como se disse, o levará à desistência do posto de trabalho. A "probabilidade séria de inexistência de justa causa" a que alude o CPT abrange a "probabilidade séria" da existência de contrato de trabalho, e a "probabilidade séria" da existência de um despedimento. Se o juiz formar tal convicção preliminar, a providência deve ser deferida. O indeferimento da suspensão com fundamentos relacionados com o carácter controvertido das qualificações abre caminho à sistemática frustração do objectivo da lei.

Mas é, naturalmente, a «aparência» de justa causa que se trata sobretudo de determinar. Essa aparência poderá, inclusivamente, no caso de despedimento disciplinar, resultar da verificação de que a situação invocada corresponde a um dos tipos factuais que a lei enumera (art. 351.º/2) (2).

---

(1) Parece, por isso, dificilmente sustentável a tese do Ac Rel. Évora 13/10/81 (CJ, 81, 4, 301), segundo a qual a suspensão não deve ser decretada quando se trate de um caso de (pretensa) caducidade de um contrato de trabalho a termo incerto. No mesmo sentido, MORAIS ANTUNES/RIBEIRO GUERRA 180. Cfr. ainda Ac. Rel. Lisboa 12/1/86 (CJ 86, 5, 184).

(2) Sobre o tema, tem-se desenvolvido, desde a legislação de 1975/76, uma importante casuística jurisprudencial. Vd. Acs. Rel. Lisboa 26/2/79 (CJ, 79, 1, 181), Rel. Porto 26/3/79 (CJ, 79, 2, 512), Rel. Lisboa 21/4/80 (CJ, 80, 2, 256), Rel. Évora 22/4/80 (CJ, 80, 2, 108), Rel. Coimbra 18/12/80 (CJ, 80, 5, 231), Rel. Coimbra 17/6/81 (CJ, 81, 3, 266), Rel. Évora 20/4/82 (CJ, 82, 2, 385), Rel. Lisboa 14/2/83 (CJ, 83, 1, 185), Rel. Coimbra 14/11/89 (CJ, 89, 5, 97), Rel. Porto 6/4/92 (CJ 92, 2, 269), Rel. Porto 24/4/95 (CJ 95, 2, 251) e Rel. Lisboa 17/5/95 (CJ 95, 3, 186).

Finalmente, os factos a tomar em conta na decisão de suspensão são exclusivamente os alegados como suporte do despedimento [1]. A apreciação da probabilidade (séria) de existência de justa causa fica originariamente circunscrita ao domínio factual demarcado na fundamentação do despedimento.

E) *Os efeitos da ilicitude do despedimento* [2].

a) A técnica sancionatória.

427. Traço comum aos regimes das várias modalidades de despedimento (incluindo o colectivo) é o conjunto dos efeitos da declaração judicial da ilegalidade (por defeito de processo ou por falta de fundamento) do acto de ruptura do vínculo pelo empregador.

Esses efeitos são indicados pelo art. 389.º CT e correspondem ao tratamento normal da *ineficácia* do negócio jurídico (art. 289.º/1 CCiv.): recomposição do estado de coisas que se teria verificado sem a prática do acto [3].

Assim, a entidade empregadora deverá pagar ao trabalhador o valor das retribuições correspondentes ao período entre o despedimento e "o trânsito em julgado da decisão do tribunal" [4] (art 390.º/1) – aquilo que ele «ganharia» se o contrato tivesse subsistido (o chamado «salário de tramitação», porque corresponde

---

[1] Neste sentido, Ac. Rel. Lisboa 15/2/84 (BTE 5-6/87, 933).

[2] Veja-se MESSIAS CARVALHO, *A ilicitude do despedimento e seus efeitos*, RDES (2.ª Série), 1989, 3/4, 379 ss.; P. FURTADO MARTINS, *Despedimento ilícito e reintegração do trabalhador*, RDES (2.ª Série), 1989, 3/4, 483 ss..

[3] Veja-se, explicitamente, neste sentido, entre muitos outros, o Ac. STJ 14/1/98, *Ac. Dout.* 438, 851.

[4] O Código resolveu assim – no sentido justo – uma questão que se suscitava ao abrigo da lei anterior. O art. 13.º/1-a) DL 64-A/89 mandava calcular os salários de tramitação "até á data da sentença", o que serviu para, em muitos casos, ser decidido que o momento final a ter em conta era a data da decisão de 1ª instância. A jurisprudência mais recente, porém, já havia inflectido na direcção mais razoável, que o CT veio a acolher.

ao tempo que demorou a apreciação judicial do caso) – e reintegrá-lo, com a categoria e a antiguidade devidas.

A técnica sancionatória do despedimento ilegal que o CT adopta é, no essencial, a que provém da legislação de 1975/76. Essa, por sua vez, tinha rompido com uma robusta tradição legislativa que era no sentido da mera reparação dos prejuízos resultantes, para o trabalhador, da cessação do vínculo (indemnização de despedimento). Tinha-se, na verdade, como indiscutível a insusceptibilidade da reintegração forçada do trabalhador no caso de despedimento ilegal. Esta ideia explicava, ainda, a declarada inclusão, pela lei, do despedimento irregular ou ilícito no elenco das vias eficazes de desvinculação unilateral do empregador (art. 98.º/2 LCT).

Note-se, porém, que, mesmo na vigência da LCT, e até antes, já se esboçava uma orientação jurisprudencial no sentido da invalidade do despedimento, quando fundado em infracção disciplinar, no caso de não terem sido facultadas ao trabalhador suficientes garantias de defesa ([1]).

428. Por outro lado, e cumulativamente com os "salários de tramitação", o despedimento ilícito pode implicar para o empregador responsabilidade por danos patrimoniais e não patrimoniais que o trabalhador tenha sofrido em consequência daquele acto e das circunstâncias que o tenham rodeado.

A solução constitui novidade na nossa lei, e põe termo a dúvidas que longamente se manifestaram na jurisprudência, sobretudo a respeito da ressarcibilidade dos danos não patrimoniais associados ao despedimento disciplinar.

A questão era e é frequentemente suscitada, em virtude do carácter infamante que esse tipo de despedimento normalmente assume, afectando por vezes irremediavelmente a imagem pessoal e profissional do trabalhador. A verdade é que, admitindo, em geral, o ressarcimento dos danos não patrimoniais ocorridos no âmbito da relação de trabalho, a jurisprudência (sobretudo do STJ) manteve-se, antes do aparecimento do Código, apegada à tese oposta,

---

([1]) Vd. sobretudo o Ac. STA 14/6/66 (ESC n.º 19,126 ss.).

sob a alegação de que a lei, estabelecendo certo sistema indemnizatório para o caso de despedimento ilícito, não contemplava especifica e separadamente os referidos danos ([1]).

No tocante aos danos patrimoniais, não levantava grandes dificuldades a aplicação das regras gerais da responsabilidade civil, por exemplo no tocante à privação de *gorgetas* (doações remuneratórias de terceiros) durante o período de tramitação da acção de impugnação ([2]).

429. Foi muito discutido o ponto de saber se, aproveitando o trabalhador a desocupação resultante do despedimento para exercer uma actividade remunerada, deveriam os respectivos rendimentos ser deduzidos no valor dos «salários de tramitação» a pagar pelo empregador.

O CT resolve explicitamente a questão, no sentido afirmativo (art. 390.º/2), contra a orientação jurisprudencial que chegou a predominar quando, no passado, a lei era omissa a este respeito ([3]). O CT vai mesmo ao ponto de declarar dedutíveis (para "devolução" à segurança social) os valores recebidos a título de subsídio de desemprego (art. 390.º/2-*c*)).

Estas soluções permitem fazer coincidir o valor devido pela entidade empregadora com o que corresponde à privação patrimonial efectivamente sofrida pelo trabalhador, como se da mera reparação de prejuízos se tratasse, mas é, por outro lado, penalizadora dos trabalhadores mais diligentes e produtivos que, com as ocupações exercidas, podem acabar por «exonerar» o autor do despedimento ilícito relativamente a uma parte importante das consequências do acto.

O «salário de tramitação» está, ainda, sujeito a outra dedução: a correspondente à demora na propositura da acção de impugnação

---

([1]) Veja-se, como amostra dessa corrente dominante, o Ac. STJ 9/2/93, *Ac. Dout.* 379, 836.

([2]) Cfr., por exemplo, Ac. Rel. Lisboa 8/3/95, *Col. Jur.* 95, 2, 165.

([3]) Cfr., por exemplo, os Acs. STJ 19/11/82 (AD 255, 408) e STJ 10/6/84 (AD 272/273, 1078).

do despedimento, relativamente ao prazo «ideal» que consiste nos trinta dias subsequentes. É a solução consagrada art. 390.°/2-*b*), que traduz um mecanismo incentivador da diligência do trabalhador despedido, sem afectar a subsistência do direito de acção propriamente dito. Ela surge, porém, pelo menos na forma, desarticulada com o novo esquema processual previsto pelo Código para a apreciação judicial do despedimento (art. 387.°). Nesse esquema, a iniciativa da acção deixa de pertencer ao trabalhador: este limita-se a produzir um "requerimento", cabendo ao empregador, querendo, a instauração do processo. Nestas condições, parece que a alusão à propositura da acção deve entender-se referida à apresentação do requerimento pelo trabalhador.

b) A reintegração obrigatória e a indemnização substitutiva.

430. A segunda consequência da declaração judicial da ilicitude do despedimento consiste, como se disse, na *reintegração* do trabalhador, «sem prejuízo da sua categoria e antiguidade» – art. 389.°/1-*b*).

Ela só não ocorrerá numa de duas hipóteses.

A primeira é a de, até à sentença, o trabalhador se desinteressar da reintegração e optar por uma *indemnização* – o que equivale a por definitivamente termo, de forma atípica, ao contrato de trabalho revitalizado pelo reconhecimento da ilicitude do despedimento.

É a hipótese regulada no art. 391.° CT: caberá ao tribunal fixar o valor dessa indemnização "atendendo ao valor da retribuição e ao grau de ilicitude" do despedimento. Tal valor situar-se-á entre 15 e 45 dias de retribuição base e diuturnidades por cada ano completo ou fracção de antiguidade, tomando-se em conta todo o tempo decorrido entre o despedimento e o trânsito em julgado da decisão judicial. Existe, além disso, um limite mínimo: três meses de retribuição base e diuturnidades (art. 391.°/3).

Os factores a tomar em conta na graduação da indemnização suscitam naturais dúvidas aplicativas. Quanto ao valor da retribuição, que sentido deverá ter a sua ponderação? Admite-se que a lei pretenda sugerir tanto maior aproximação do limite superior quanto mais baixo for o salário, visando garantir um valor absoluto compensador. Relativamente ao grau de ilicitude, o art. 391.º/1 referencia o art. 381.º, onde, na verdade, se encontram listadas, mas não hierarquizadas nem graduadas, as causas de ilicitude do despedimento. Pode supor-se – numa perspectiva inteiramente apriorística – que deva considerar-se "mais baixo" o grau de ilicitude do despedimento por vício processual do que o do despedimento por motivos políticos, e que seja razoável colocar em posição intermédia a improcedência de motivos ou a inexistência de justa causa. Trata-se de mera hipótese, que, de qualquer modo, haverá que completar com a ponderação concreta das circunstâncias que rodearam o despedimento.

De qualquer modo, nesta primeira hipótese, a lei oferece ao trabalhador ilegalmente despedido a faculdade de escolher o destino do vínculo a partir da sentença, visto que o período anterior a esta fica necessariamente coberto pela repristinação que o art. 389.º determina. E a opção será feita entre dois termos: reintegração ou indemnização de antiguidade. Esta última implica, como se assinalou, a extinção «definitiva» do vínculo por vontade do trabalhador, após uma operação repristinatória que o teria feito «renascer».

431. A segunda hipótese em que o despedimento ilícito não dá lugar à reintegração do trabalhador é a de *oposição fundamentada do empregador*, legitimada por decisão judicial específica (art. 392.º). Trata-se de uma significativa inovação do CT de 2003, mantida na revisão de 2009.

O regime estabelecido para tal hipótese é, porém, somente aplicável nas microempresas (1) ou aos trabalhadores que ocupem cargos de administração ou de direcção em empresas de qualquer dimensão.

Por outro lado, a inserção sistemática do art. 392.º sugere que se trata de regime aplicável a qualquer das modalidades de despedimento, mas torna-se evidente que a hipótese considerada pelo

(1) Que são, nos termos do art. 100.º/1 CT, as que empregam até 10 trabalhadores.

legislador foi a de despedimento disciplinar ilícito. A lei visará, essencialmente, as situações em que a invocação da justa causa, o desenvolvimento das averiguações internas e o próprio desenrolar do processo judicial tenham conduzido a uma deterioração das relações pessoais tão intensa que deixe de ser exigível (ou mesmo útil) a retoma da execução normal do contrato. A não reintegração surge pois, nesta hipótese legal, não como consequência do despedimento (ilícito), ou do móbil (não atendível) que conduziu o empregador a declará-lo, mas como consequência de uma situação de facto "posterior" ao despedimento, embora por ele influenciada.

A formulação do Código de 2003 ("o empregador pode opor-se à reintegração") não era feliz e, inclusivamente, podia sugerir inconstitucionalidade. Ela transmitia a ideia de que o empregador tinha uma espécie de "direito de oposição" à reintegração, de cujo exercício (ou não exercício) dependia a retoma do contrato ou a sua definitiva extinção. Claro que uma tal faculdade tinha pressupostos e cabia ao tribunal apreciar a sua verificação. Mas a intervenção do tribunal era apresentada pela lei como um mero trâmite confirmativo, não como o momento primacial do processo. O Código de 2009 repõe a real configuração da situação (o empregador requer, o tribunal aprecia e decide).

A "justificação" exigida pela lei ao empregador é praticamente incontrolável pelo juiz: tem o carácter de um prognóstico quanto ao comportamento futuro de um trabalhador (cujas culpas, por hipótese, ficaram arredadas) e às consequências (para a "actividade empresarial"...) que poderá ter o regresso desse trabalhador. Na prática, o juiz tenderá à verificação de uma das hipóteses do n.º 2 ou, em alternativa, à não condenação do fundamento invocado pelo empregador – que, assim, estará livre de avançar com a decisão. A nosso ver, esta configuração – que é possível, face ao texto legal – corresponde a algo a que a CRP, por enquanto, oferece obstáculo radical: a possibilidade de, eficazmente, se produzir a extinção do contrato de trabalho por decisão unilateral do empregador sem justa causa. Admitimos, no entanto, que seja outro – menos próximo da letra da lei – o desenho estrutural do mecanismo da não reintegração em caso de oposição do empregador.

Tratar-se-á então da introdução, num âmbito aplicativo restrito, de uma modalidade nova de extinção do contrato de trabalho: a *resolução judicial* desse contrato.

Decidida a ilicitude do despedimento, pode, na verdade, constatar-se que o processo – nas suas várias fases e vertentes – deixou como saldo uma deterioração extrema e irremediável das relações pessoais, quer entre o trabalhador e o empregador, quer do primeiro com chefias ou companheiros de trabalho. Uma tal situação pode ser invocada (factualmente descrita e comprovada) pelo empregador para pedir ao tribunal que não aplique a reintegração; e o tribunal diligenciará no sentido da apreciação contraditória desse pedido, decidindo, a final, pela reintegração ou pela não reintegração. Neste último caso, é a decisão do tribunal que extingue, definitivamente, o vínculo, com um fundamento específico. Cremos que, nesta configuração, a exposição à inconstitucionalidade deixa de constituir problema. Mas é verdade que o teor da lei não favo-rece o entendimento exposto.

De qualquer modo, o facto de a reintegração não ocorrer por esta razão – e de, por conseguinte, o contrato ficar definitivamente extinto – determina uma majoração da indemnização que o empregador deve pagar ao trabalhador. Nos termos do art. 392.º/3, a indemnização passa a ser fixada entre 30 e 60 dias de retribuição base e diuturnidades por ano de antiguidade, não podendo ser inferior a seis meses.

432. O sentido operatório da ordem judicial de reintegração tem oferecido margem para discussão.

Deverá entender-se que a decisão judicial em causa significa uma ordem de ocupação efectiva do trabalhador, a atribuição a este do «direito de (continuar a) trabalhar» e a imposição ao empregador do «dever jurídico de (continuar a) dar trabalho» ([1])? Em caso de resposta afirmativa, há-de então considerar-se devida a

([1]) Calvão de Silva, *Cumprimento e sanção pecuniária compulsória*, sep. vol. XXX do Supl. Bol. Fac. Dir., Coimbra (1987) 133.

reocupação do (mesmo) cargo ou posto de trabalho que o trabalhador preenchia quando foi despedido ([1])?

Cremos que não. Não parece viável encontrar fundamentos para se atribuir à condenação na reintegração efeitos autónomos relativamente aos que produziria o contrato de trabalho na sua vigência normal. A protecção dos interesses do trabalhador ilegalmente despedido não o justificaria; e, afinal, a impugnação do despedimento com opção pela reintegração não tem outro sentido senão o de romover uma causa juridicamente inadequada de interrupção das relações contratuais – isto é, o de repor em funcionamento o mecanismo do contrato.

É a tese de FURTADO MARTINS ([2]) que assim nos parece inteiramente de sufragar: «o direito à reintegração» tal como foi consagrado na lei, «apenas» significa a manutenção do vínculo entre as partes». A invalidação do despedimento tem aí o seu natural corolário: para além da repristinação dos efeitos do contrato, quanto ao período anterior à sentença, a afirmação da sua permanência e, portanto, da continuidade futura desses efeitos ([3]).

Este entendimento tem como principal consequência a desnecessidade de um tratamento específico para o não cumprimento, pelo empregador, da decisão judicial de reintegração: na medida em que esta se traduz na mera «reposição» do contrato ou, melhor, na declaração judicial da sua permanência na inteireza dos respectivos efeitos, os meios de reacção à não-reintegração não têm que ser outros senão os de reacção ao incumprimento do contrato ([4]).

([1]) É a tese de J. LEITE/COUTINHO DE ALMEIDA, *Colectânea de Leis do Trabalho,* Coimbra (1985) 263 s.. Trata-se de posição dominante na jurisprudência, desde a primitiva legislação sobre o despedimento, de 1975: cfr. Acs. STJ 22/11/84 (BMJ 341, 378), 9/5/86 (AD 298. 1258). 9/1/87 (AD 306. 912) e Ac. Rel. Évora de 27/11/90 (CJ 90, 5, 286).

([2]) No citado estudo *Despedimento ilícito e reintegração do trabalhador,* RDES (2.ª Série), 1989, 3/4, 507 ss..

([3]) É hoje a orientação constante do STJ: Acs. STJ 4/5/94 (AD 392/393, 1072), 11/10/94 (BMJ 440, 232) e 15/5/96 (CJ 96, 2, 255).

([4]) Cfr. FURTADO MARTINS, *est. cit.* 514 ss..

Na sua vigência normal, o contrato de trabalho não implica a forçosa utilização dos serviços do trabalhador, embora nele se filie, como assinalámos no lugar próprio, um dever de ocupação efectiva. Do mesmo modo, não se conta entre os normais efeitos do vínculo a garantia absoluta da permanência do posto de trabalho, não obstante a protecção da estabilidade da categoria e do local de trabalho.

O empregador não está, em suma, obrigado a «criar» uma função, a «libertar» um posto de trabalho, a «ficcionar» uma utilidade, para preenchimento do dever contratual de ocupação do trabalhador; nem está, tão pouco, adstrito a reservar-lhe em qualquer circunstância o «lugar» ou «cargo» normalmente desempenhado. Está obrigado a ocupá-lo efectivamente, em funções que correspondam à sua categoria e no local habitual, se não existir razão objectiva que o impeça; e está, enfim, adstrito a pagar-lhe pontualmente a remuneração, mesmo que lhe não possa dar efectiva ocupação. São os normais efeitos do contrato no que toca às vinculações da entidade empregador. Neles se encontra o essencial do sentido útil da reintegração em caso em despedimento ilícito (1).

Para além deles, haverá apenas que especificar um natural corolário do facto (iniludível, apesar de tudo) de que, na reintegração, se trata de fazer «retomar» o seu curso normal uma relação cuja continuidade fora quebrada. A reintegração não pode ser neutralizada por invocação da extinção do posto de trabalho. O mecanismo de extinção do vínculo (que, como veremos, se traduz no despedimento por motivo objectivo) não é utilizável, em caso de reintegração por despedimento ilícito, mediante a invocação de fundamentos factuais anteriores à data em que este mesmo despedimento tenha sido declarado.

---

(1) Neste sentido, notar-se-á, além do mais, que o art. 389.º/1-*b*) apenas ressalva, na reintegração, a *categoria* e a *antiguidade* do trabalhador.

F) *As medidas contra a dissimulação do despedimento.*

433. O regime jurídico do despedimento corresponde, porventura, à zona menos flexível do ordenamento laboral português. Esse regime, embora admita hoje uma gama de possibilidades de extinção do contrato pelo empregador que, em abstracto, cobre praticamente todas as situações em que o despedimento seria socialmente aceite, é encarado como um conjunto de constrangimentos que limitam fortemente a chamada "flexibilidade externa" do uso da força de trabalho pelas empresas. Acresce que esse quadro de possibilidades, e os requisitos inerentes a cada uma delas, são intocáveis pela contratação colectiva e por estipulações individuais (art. 339.º).

As exigências legais para a validade e eficácia do despedimento, em qualquer das sua modalidades, dizem respeito, por um lado, à motivação ou justificação da ruptura do vínculo, e, por outro, à forma e ao processo a observar na consumação dessa ruptura. O conjunto de tais condições leva a que um despedimento seja um decisão complexa, caracterizada por algum risco e envolvendo uma certa demora entre a sua adopção e o efeito prático pretendido.

Daí que, como se verá, algumas formas de despedimento que, abstractamente, encaixariam bem nas necessidades das empresas sejam praticadas com muito pouca frequência: é o caso despedimento por extinção de um posto de trabalho e do próprio despedimento colectivo.

Mas a reacção aos constrangimentos legais faz-se também por via menos legítima: a da *dissimulação do despedimento sob a aparência de outras formas de cessação do contrato de trabalho.*

434. A lei cuida de combater esse fenómeno, nomeadamente numa das suas manifestações típicas: a que consiste na criação da aparência de cessação do contrato por mútuo acordo ou da rescisão pelo trabalhador.

O expediente consiste em o empregador obter do trabalhador, como condição do celebração do contrato, e portanto do acesso ao emprego, documento por ele assinado, sem data, com o conteúdo de uma rescisão unilateral ou de um acordo de cessação do mesmo contrato de trabalho. De posse deste documento, o empregador estaria em condições de escolher, com absoluta liberdade, o momento e as circunstâncias da cessação do contrato, limitando-se a inscrever naquele a data mais conveniente.

Os arts. 397.º e 401.º CT estabelecem um mecanismo destinado a contrariar tal expediente (1). Ele consiste em, de modo alternativo: se assegurar, através de reconhecimento notarial presencial, a coincidência da assinatura do trabalhador com a data atribuída ao acto (formalidade que, no caso de resolução, pode ser exigida pelo próprio empregador: art. 395.º/4); ou, não existindo tal garantia, oferecer ao trabalhador a possibilidade de, sendo caso disso, neutralizar o aproveitamento simulatório do documento por ele assinado, através da faculdade de revogação unilateral, no prazo de sete dias, do suposto acordo de cessação do contrato de trabalho, ou da declaração de rescisão do mesmo contrato. A revogação só é eficaz se o trabalhador devolver a importância eventualmente recebida do empregador a título de compensação pela cessação do contrato (arts. 397.º/2 e 402.º/2, remetendo para o art. 350.º/3) (2).

435. Para além dessas medidas específicas, o regime legal da cessação do contrato de trabalho é, todo ele, construido sobre o pressuposto de que o despedimento individual ilícito é a figura residual na qual desaguam todas as formas de desvinculação irregular, excepto se esta for imputável ao trabalhador.

---

(1) Este mecanismo foi, na sua traça essencial, introduzido pela L. 38/96, de 31/8, e retomado pelo Código do Trabalho em qualquer das suas versões.

(2) Uma regra que não se continha na L 38/96 – o art. 395.º/4 CT – parece atenuar a eficácia do dispositivo, ao admitir um espaço de 60 dias entre o reconhecimento notarial (isto é, a data da efectiva assinatura do acordo revogatório) e a cessação do contrato. Mas o importante é que a data da cessação não tenha sido acordada antes do (ou no) momento da celebração do contrato; ora o facto de o período experimental mínimo ser de 90 dias leva a considerar que em nenhum caso o empregador pode ter interesse efectivo em obter uma revogação simulada a 60 dias de distância. A solução parece, pois, não resultar em prejuizo do objectivo da lei.

«Descobre-se» assim um despedimento – isto é, um caso de cessação de contrato de trabalho por iniciativa do empregador – em qualquer situação que não caiba num dos modelos legais de extinção do vínculo laboral (1).

Assim, se o contrato cessou por mútuo acordo não reduzido a escrito; ou se o empregador o considerou caducado face a um impedimento do trabalhador supostamente definitivo, mas afinal transitório; – em qualquer dos casos, se o empregador não quiser retomar o normal curso das relações de trabalho, tudo se passará, sob o ponto de vista jurídico, como se tivesse sido declarado um despedimento (2).

§ 51. O despedimento disciplinar.

1. *A justa causa disciplinar.*

436. A noção de justa causa que o art. 351.º/1 CT consagra não é mais do que a tradução ou especificação daquele conceito no domínio restrito da acção disciplinar. Com efeito, o art. 328.º

---

(1) O entendimento dos tribunais a este respeito não tem sido inequívoco. A consideração do carácter prefunctório do juízo em que assenta a decisão de suspender ou não o despedimento ocasionou uma corrente decisória (especialmente na Relação de Lisboa) segundo a qual a suspensão só poderia ser decretada nos casos em que a existência de despedimento fosse inequívoca, nomeadamente por assim ser designado o acto pelo próprio empregador. A suspensão teria, pois, que ser indeferida sempre que o despedimento estivesse dissimulado sob outra modalidade de cessação do contrato, sendo este facto invocado pelo trabalhador. Veja-se, neste sentido, como amostra, o Ac. Rel. Lisboa 14/11/2001, *Col. Jur.* 2001,5,158. No entanto, foi recentemente uniformizada a jurisprudência em sentido diferente, ou seja, no de que a suspensão poderia ser decretada perante a mera "verosimelhança" de um despedimento: Ac. Un. Jur. STJ 1/10//2003, www.stj.pt.

(2) Fala-se, a este respeito, da *requalificação* do acto ou facto extintivo: JAVILLIER 228 ss..

inclui o «despedimento sem indemnização ou compensação» [1] na tipologia de sanções disciplinares [2]. Daí a deslocação do problema da determinação da justa causa para o terreno da valoração disciplinar e da correlativa graduação de sanções.

Certa infracção poderá constituir justa causa quando, em concreto, se não possa exigir, segundo as regras da boa-fé, que o empregador se limite a aplicar ao trabalhador faltoso uma sanção disciplinar propriamente dita, quer dizer, uma medida punitiva que não afecte, antes viabilize, a permanência do vínculo. Como se vê, este enunciado reproduz a ideia de inexigibilidade que está subjacente ao conceito de justa causa, só que o refere aos instrumentos de defesa da conservação do contrato que são, no terreno disciplinar, as sanções de repreensão, multa e suspensão.

437. Convém, no entanto, precisar esse critério um pouco mais, face ao enunciado do art. 351.º. Referem-se aí, como factores a ponderar, a «gravidade» e as «consequências» do comportamento culposo, mas tal indicação não parece bastar para uma objectivação mínima da justa causa.

A valoração da falta, sob este ponto de vista (como, em geral, para qualquer juízo disciplinar), releva, antes do mais, como no lugar próprio se acentuou, do critério objectivado na prática disciplinar da empresa. É aí que fundamentalmente se realiza a "proporcionalidade" exigida pelo art. 330.º CT. A enorme largueza do espaço deixado, pela lei, ao critério do empregador – não obstante a intervenção de instâncias representativas dos trabalhadores, nos

(1) Observe-se que a designação legal deixou de incluir o adjectivo "imediato", que figurava no art. 27.º LCT. A alteração é de aplaudir, por razões que adiante serão retomadas.

(2) Um tanto *impropriamente,* a nosso ver, dado o fundamento preventivo e conservatório que se reconhece ao poder disciplinar; mas, também, *necessariamente,* pois o preceito em causa apenas traduz a possibilidade (irrecusável, em si mesma) de a matéria disciplinar fornecer a substância de uma justa causa de rescisão. Sobre o ponto, e em sentido oposto, vd. B. LOBO XAVIER, *O exercício da justa causa* cit. 40 e ss..

termos do art. 356.º/5 – envolve, em si mesma, pelo menos este redutor: as decisões disciplinares hão-de ser tomadas, não isoladamente, mas como emanações de um critério, obedecendo a uma lógica que vincula o empregador a não se desviar dela em decisões subsequentes, quer perante o mesmo trabalhador, quer relativamente a outros da empresa em causa. Quer dizer: uma importante limitação do poder disciplinar consiste justamente na necessária coerência interna da prática disciplinar da empresa.

Se, na empresa A, dois trabalhadores com a mesma categoria e função e sem antecedentes disciplinares faltarem três dias seguidos sem justificação, sendo um punido com multa e o outro despedido, poderá atacar-se esta última decisão, não apenas por (eventualmente) desproporcionada à sua gravidade, mas sobretudo por representar um desvio ao próprio critério disciplinar revelado pela empresa.

438. A ideia de que o despedimento constitui uma saída de recurso para as mais graves «crises» de disciplina – justamente aquelas que, pela sua agudeza, se convertem em crises do próprio contrato – implica que o uso de tal medida seja balanceado, face a cada caso concreto, com as restantes reacções disciplinares disponíveis. A justa causa só pode ter-se por verificada quando – repete-se – não seja exigível ao empregador o uso de medida disciplinar que possibilite a permanência do contrato.

Sabe-se que a lei fixa limites quantitativos às sanções de expressão quantitativa – a chamada "sanção pecuniária" (anteriormente designada por "multa"), a perda de dias de férias e a suspensão do trabalho (art. 328.º/3).

Estes limites contribuem, a priori, para a definição de um critério de escolha da sanção aplicável a cada infracção «individualizada»; mas, acessoriamente, fornecem também um enquadramento para a prática disciplinar da empresa, susceptível de servir de suporte à apreciação posterior do modo por que foram, nessa prática, escalonadas ou graduadas as sanções.

Na verdade, aqueles quantitativos definem a margem de disponibilidade de cada uma das sanções em causa: atingidos, em relação a certo trabalhador, e por um dado tipo de infracção, os mencionados limites, o que ocorre é o esgotamento das possibilidades de aplicação, nos mesmo termos, de cada uma daquelas medidas disciplinares.

Se a certa falta o empregador reagiu com multa equivalente a um décimo da retribuição diária, e se a reincidência for punida imediatamente com suspensão por doze dias, haverá que ponderar a circunstância de ter sido transposta uma série de degraus no escalonamento das sanções possíveis. Não se quer com isso dizer, como é óbvio, que, em relação a cada trabalhador, tenham de ser percorridos, de infracção em infracção, todos esses degraus; basta notar que a primeira reiteração pode determinar uma crise disciplinar muito mais grave do que a resultante da infracção inicial, desde logo por evidenciar a inoperância do tipo (não da medida) da sanção aí aplicada. Mas, se é certo não se poder ir tão longe, é verdade também que, na graduação das «penas», tem forçosamente que atender-se ao escalonamento antes praticado, em termos de se manter a acção disciplinar dentro da função conservatória e estabilizadora que lhe confere um sentido «contratual» útil.

E aqui revertemos ao problema da determinação da justa causa disciplinar. A graduação das sanções disciplinares deve ser feita de tal modo que, ao menos tendencialmente, a margem de disponibilidade das medidas disciplinares conservatórias se equipare à margem de viabilidade da relação de trabalho (do contrato, portanto). É exigível, por outras palavras, que se não antecipe «artificialmente» a necessidade do despedimento, pelo recurso a sanções-limites para infracções primárias ou cuja gravidade o não justifique. Também por este motivo se requer, na apreciação da justa causa, a análise da prática disciplinar anterior.

Em suma: a cessação do contrato, imputada a falta disciplinar, só é legítima quando tal falta gere uma situação de imediata impossibilidade de subsistência da relação laboral, ou seja, quando a crise disciplinar determine uma crise contratual irremediável, não havendo espaço para o uso de providência de índole conservatória. Na sua essência, a justa causa consiste exactamente nessa situação de inviabilidade do vínculo, a determinar em concreto (arts. 351.º/3 e 357.º/4) [1], através do balanço de interesses atrás referido. Mas tal valoração só pode ser controlada *a posteriori* (pelo tribunal) através de sinais externos ou elementos indiciários fornecidos pela mesma situação concreta, entre os quais avulta a prática disciplinar da empresa como emanação de um critério valorativo necessariamente coerente.

439. O art. 351.º/2 contém ainda uma lista de situações que «constituirão *nomeadamente* justa causa».

O preceito situa-se na linha de uma antiga tradição legislativa: o sistema legal português caracteriza a justa causa através de uma cláusula geral (definitória) e de uma lista de situações susceptíveis de a concretizar.

Também há muito se estabeleceu, na doutrina e na jurisprudência, o entendimento pacífico de que a enumeração é puramente exemplificativa (deixando cabimento para outros factos ou situações indutores de justa causa), e, simultaneamente, carecida de valor absoluto em cada uma das suas rubricas (podendo, assim, e sempre em concreto, não haver justa causa nalgumas das situações citadas). O preenchimento de um dos tipos constantes da lista não é condição necessária, nem suficiente, para que se considere verificada uma justa causa de despedimento.

É assim que, por exemplo, indicando o art. 351.º/2-*g*) a prática de cinco faltas injustificadas seguidas ou dez interpoladas num ano como justa causa, «independentemente de prejuízo ou risco», pode esperar-se que a jurisprudência mantenha o rumo que, de resto, lhe é sugerido pela noção contida no n.º 1 do mesmo artigo: o de não se bastar com a simples materialidade do comportamento, ainda que literalmente subsumível num pretenso «tipo legal» de justa causa; o de, enfim, requerer o preenchimento de condições de culpa e de gravidade objectiva para o preenchimento do mesmo

---

[1] Cfr., entre muitos outros, os Acs. STA 14/7/77 (AD 183-189, 819), Rel. Lisboa 5/3/79 (CJ, 79, 2, 633), Rel. Porto 9/3/81 (CJ, 81, 2, 144), Rel. Évora 5/1/82 (CJ 82, 1, 378), e Rel. Évora 3/1/83 (CJ 83, 1, 314); e ainda, mais recentemente, os Acs. STJ 23/2/90 (AD 343, 1005), 5/6/91 (AD 359, 1313), 17/4/91 (AD 366, 819) e o Ac. Rel. Lisboa 22/1/92 (CJ, 92, 1, 198).

«tipo legal» [1]. No caso específico da citada al. g), haverá mera desvalorização do elemento prejuízo (real ou potencial) na apreciação da gravidade dos factos; mas não se exclui a relevância do grau de culpa nem o alcance de outros factores de gravidade, como os respeitantes à prevenção especial e geral.

2. *O processo (disciplinar) de despedimento.*

A) *Visão geral.*

440. A existência de uma situação susceptível de constituir justa causa disciplinar não autoriza, sem mais, o despedimento imediato. É necessário que o empregador proceda à averiguação do ocorrido, ouça o que o trabalhador arguido tiver a alegar em sua defesa e pondere com alguma detença as circunstâncias do caso e a decisão a tomar. É necessária, em suma, a efectivação de um procedimento disciplinar (353.° ss.). Trata-se de uma exigência directamente ligada ao princípio segundo qual uma sanção disciplinar não pode ser aplicada sem audiência prévia do acusado (art. 329.°/6).

Há, pois, para que o despedimento seja admitido, além do pressuposto material da justa causa, a exigência formal de um certo processo, cuja inobservância pode inutilizar, como se verá, a própria eficácia potencial dessa justa causa [2].

---

(1) Neste sentido, com particular nitidez, veja-se o Ac. Rel. Lisboa 19/4/82 (CJ, 82, 2, 265), que sustentava ser o o enunciado geral da justa causa «o princípio geral definidor da *justa causa,* a norma principal e única a ter em consideração para o efeito, sendo a enumeração do seu n.° 2 meramente exemplificativa de aspectos que a justa causa definida pelo n.° 1 pode assumir». Vejam-se, na vigência do DL 64-A/89, Ac. Rel. Coimbra 7/7/94 (CJ 94, 4, 63) e Acs. STJ 9/2/93 (AD 379, 836) e 25/9/96 (AD 420, 1467).

(2) Note-se que o CT configura, se bem que de modo rudimentar, o procedimento a seguir no exercício da acção disciplinar (art. 329.°). O traço fundamental desse esboço de tramitação é a *audiência prévia* do trabalhador (n.° 6 do mesmo artigo), sem que, todavia, sejam minimamente especificados os termos em que ela deverá efectivar-se.

Desde a legislação dos anos setenta, encontra-se estabelecido um modelo detalhado de tramitação em que se cruzam, manifestamente, as influências do regime disciplinar da função pública e do próprio processo penal ([1]). Esse modelo foi aligeirado na revisão de 2009, mas mantém a traça fundamental.

A tonalidade «para-jurisdicional» que a lei confere ao processo de despedimento desvirtua-o em vários sentidos: retira-lhe a simplicidade e a celeridade que, nas circunstâncias, os interesses de qualquer das partes muitas vezes reclamariam, provocando o alongamento das crises disciplinares; cria a mistificação de que a decisão disciplinar é uma decisão «de terceiro», legitimada pela objectividade de uma apreciação processualizada e «para-judicial», como se de uma 1.ª instância se tratasse; gera uma fonte de nulidades «artificiais», susceptível de conduzir à invalidação de despedimentos materialmente justificados. Na realidade, a tramitação preparatória do despedimento disciplinar serve apenas para *delimitar o motivo da ruptura* – possibilitando a posterior impugnação judicial – e permitir *que o trabalhador se defenda antes* da consumação dela, obrigando à ponderação das suas razões pelo empregador. Não se trata, pois, de um procedimento que vise o "apuramento da verdade" ou a "realização da justiça" (a decisão será sempre a que melhor convenha ao empregador) e não faz, por isso, nenhum sentido invocar, como que por analogia, as garantias do processo criminal a que alude, nomeadamente, o art. 32.º CRP.

A hipertrofia procedimental do regime do despedimento disciplinar não tem, decerto, contribuído para que deixem de ocorrer despedimentos injustificados (ou para a salvaguarda de trabalhadores inocentes), mas forneceu seguramente pretextos para a inutilização de um bom número de despedimentos com verdadeira justa causa.

Essa convicção terá, inclusivamente, ditado o comando do art. 387.º/4: na apreciação do despedimento, para além dos aspectos

---

([1]) Não se pode deixar de subscrever, e até reforçar, algumas críticas que têm sido feitas a este modelo, nomeadamente por BERNARDO XAVIER (com relevo em *A extinção do contrato de trabalho* cit. 446 ss.).

formais, «o tribunal deve sempre pronunciar-se sobre a verificação e procedência dos fundamentos invocados para o despedimento».

De resto, o art. 358.° admite certa simplificação do modelo processual para as empresas cujo efectivo não ultrapasse dez trabalhadores, desde que o arguido não seja membro de comissão de trabalhadores ou representante sindical. Nestes casos, é aplicável, mesmo nas microempresas, o modelo «ordinário».

No âmbito deste modelo processual, é exigida forma escrita, ao menos quanto aos «momentos» essenciais da acção disciplinar: acusação, defesa e decisão. A inobservância dela tem por consequência a invalidade do processo e, através desta, a ilicitude do despedimento (art. 382.°/2). Mas, nas microempresas, o processo "sumario" só requer essa forma quanto à nota de culpa (e à conexa declaração do propósito de despedir) e à comunicação da decisão ao trabalhador (art. 358.°).

Vamos, em seguida, percorrer, nos seus aspectos mais salientes, o processo disciplinar de despedimento, como o delineiam os arts. 353.° a 357.° CT.

B) *A acusação.*

441. O processo inicia-se com a declaração, pela entidade patronal, do propósito de realizar o despedimento, acompanhada da correspondente *nota de culpa* (1). É o que se reconduz à ideia de *acusação*.

Há, assim, no arranque do processo, como que uma declaração de despedimento sob condição, no sentido de que a sua eficácia, enquanto negócio jurídico unilateral, depende da verificação final da justa causa. Este dispositivo legal sugere mesmo a existência de algo semelhante a uma presunção de culpa contra o trabalhador, desde que tenha ocorrido algum dos comportamentos citados na tipologia do art. 351.°/2. Mas não se trata disso. Trata-se

(1) Trata-se, quanto ao primeiro aspecto, de uma solução introduzida pela L 48/77, atrás referenciada.

de habilitar o trabalhador com a noção precisa da sanção que o espera, se não for possível defender-se cabalmente.

A comunicação escrita da intenção de proceder ao despedimento, anexa à nota de culpa, era há muito considerada nalguma jurisprudência como elemento essencial do processo, no sentido de que a sua falta determinaria a nulidade do processo ([1]). O DL 64-A/89 acolheu essa orientação e o CT manteve-a, agora no art. 382.º/2-*b*). Se a acusação, consubstanciada, em primeira linha, na nota de culpa, se destina a assegurar ao trabalhador a percepção nítida dos termos em que a sua conduta é considerada disciplinarmente relevante – percepção sem a qual não pode realizar-se em pleno o direito de defesa –, a identificação expressa da sanção prevista ou provável (mormente quando se trata da mais grave) constitui um elemento qualificativo indispensável à inteireza dessa percepção ([2]). Na hipótese de a referida comunicação não ter sido feita, e de, no decurso do processo, serem detectados elementos de apreciação que apontem para a justeza do despedimento, cremos que se torna indispensável comunicar tal intenção, reabrindo novo prazo para a defesa.

442. A nota de culpa, por seu turno, deve conter «a descrição circunstanciada dos factos» imputados ao trabalhador (art. 353.º/1).

A jurisprudência tem formulado, a este respeito, exigências correspondentes a critérios de graduação notoriamente diversos: é necessário que na nota de culpa figurem todas as circunstâncias de

---

([1]) É uma orientação que se desenhou, sobretudo, na Relação de Lisboa, e que se manifestou, por exemplo, nos Acs. Rel. Lisboa 22/3/82 (CJ, 82, 2, 255) e 26/7/82 (CJ, 82, 4, 172). Lê-se na primeira dessas decisões: «Se o trabalhador não sabe que corre o risco do despedimento, pode facilitar a defesa, não tomar todas as precauções possíveis e ser depois surpreendido com uma sanção gravíssima, como é o despedimento». Vd. também Acs. STJ 16/1/87 (BMJ 363, 370) e 30/3/89 (BMT 385, 503).

([2]) Observe-se, de resto, como o art. 48.º/3 do Estatuto Disciplinar dos Trabalhadores que exercem Funções Públicas (aprovado pela L. 58/2008, de 9/9) exige que a acusação articule «os factos integrantes (*da infracção*) (...) acrescentando sempre a referência aos preceitos legais respectivos e *às penas aplicáveis*» (sublinhado nosso).

modo, tempo e lugar dos factos imputados ao arguido (2), que ela enuncie «precisa e concretamente» esses factos (3), não bastando a «reprodução abstracta e genérica das disposições legais» ou uma descrição em termos vagos da conduta infractora (desinteresse das obrigações de trabalho, recusa de tarefas que competiam ao trabalhador) (4), nem a formulação de «simples juízos conclusivos» (5) Mas a jurisprudência da Relação do Porto assume, neste domínio uma posição de certo modo distinta, que se caracteriza pela colocação do acento tónico na aptidão funcional da nota de culpa enquanto suporte da defesa do arguido, aliás na esteira de uma directriz anteriormente seguida pelo STA. Assim, entende-se não obrigatória a «pormenorização dos factos», bastando que «se mostre que o arguido compreendeu a acusação e pôde defender-se dela»; o que é necessário é que o arguido «tivesse compreendido a acusação e soubesse do que estava a ser acusado» (1).

Compreende-se, decerto, a necessidade de formulação de um critério de adequação funcional que se contraponha à pretensão de colocar minúcias bizantinas como penhor da validade do processo disciplinar; mas o certo é que a lei exige a «descrição circunstanciada dos factos» que um enunciado obscuro ou lacunoso jamais poderá preencher; e deve recordar-se, enfim, que o conteúdo da nota de culpa recorta o substracto factual da decisão – esta não poderá dirigir-se a factos não especificados na acusação – e, bem assim, da apreciação judicial que mais tarde venha a recair sobre ela.

---

(2) Acs. Rel. Lisboa 20/7/81 (CJ, 81, 4, 156) e 2/11/81 (CJ, 81, 5, 205), Ac. STJ 30/3/89 (BMJ 385, 508) e Ac. Rel. Lisboa 24/5/89 (CJ 89, 3, 301).

(3) Ac. Rel. Évora 3/1/83 (CJ, 83, 1, 314); o mesmo Tribunal considera que, tratando-se de insultos e obscenidades, «é necessário referir concretamente em que consistiram esses insultos e obscenidades» – Ac. Rel. Évora 21/7/81 (CJ, 81, 4, 299).

(4) Acs. Rel. Lisboa 20/7/81 e 2/11/81, já citados.

(5) Ac. Rel. Lisboa 19/7/82 (CJ, 82, 4, 169) e Ac. Rel. Lisboa 28/11/90 (CJ 90, 5, 171).

(1) Acs. Rel. Porto 11/1/82 (CJ, 82, 1, 326) e 13/12/82 (CJ 82, 5, 252), 27/1/88 (CJ 88, 1, 176), 29/11/89 (CJ 89, 5, 170) e Ac. STJ 23/2/90 (AD 343, 1005).

C) *A defesa e a «instrução».*

443. Segue-se a dedução da *defesa* pelo trabalhador, para a qual (incluindo a eventual consulta do processo ([1]) e a elaboração da resposta à nota de culpa) este dispõe do prazo de dez ([2]) dias úteis (art. 355.º) ([3]). Está-se também perante um elemento essencial do procedimento disciplinar, correspondente à "audiência prévia" a que se refere o art. 329.º/6.

Na resposta à nota de culpa, o trabalhador poderá juntar documentos e solicitar diligências probatórias. Entra-se, então, naquilo que a lei – em conformidade com ao desenho para-jurisdicional do processo – designa por "instrução".

Na vigência do Código de 2003, como na legislação anterior, a realização dessas diligências – nomeadamente a audição de um certo número de testemunhas – era, em princípio, considerada

---

([1]) A lei não esclarece de que "processo" se trata. Na verdade, o processo disciplinar é iniciado com a emissão de nota de culpa e da comunicação da intenção de despedir – é o que decorre do art. 353.º/3. Tratar-se-á do (eventual) inquérito preliminar, destinado a apurar a factualidade em que a acusação veio a basear-se? Mas esse inquérito é um processo interno, cuja única finalidade consiste em desfazer dúvidas ou suprir o desconhecimento do empregador acerca de certas ocorrências – tal como pode resultar de uma carta ou de uma participação da hierarquia, que o empregador não tem que juntar ao processo nem patentear de outra forma. No Código de 2003, a consulta do processo parecia coberta pelo "princípio do contraditório" (vd. art. 430º/2-*b*)). Pelas razões indicadas, não se vê que o contraditório esteja aí verdadeiramente em causa. A exigência legal poderia compreender-se no âmbito da função pública, mas não tão bem no da disciplina laboral.

([2]) Em anterior legislação, o prazo já foi de cinco dias úteis (art. 10.º/4 DL 64-A/89).

([3]) Cfr., por exemplo, Ac. STA 13/11/73 (AD 147, 387 ss.) p. 387 ss.. Não basta, nomeadamente, que, havendo inquérito prévio ao processo disciplinar, o trabalhador arguido neste tenha sido ouvido em declarações. Com efeito, a audição do arguido não tem por único objectivo a *averiguação dos factos,* e sim também o conhecimento da eventual *justificação* deles (com vista ao apuramento do grau de culpa, etc.). Vd. também Acs. Rel. Coimbra 24/5/88 (CJ 88, 3, 133), 13/2/91 (CJ 91, 1, 115), e Acs. STJ 30/3/89 (BMJ 385, 508) e 14/11/90 (AD 352, 550).

obrigatória e, se defeituosa ou omissiva, susceptível de afectar a validade do procedimento disciplinar ([1]). O empregador podia furtar-se a tal obrigação mediante alegação escrita, e fundamentada, de que considerava as diligências probatórias meramente «dilatórias e impertinentes» (art. 414.º/1 daquele Código).

O Código de 2009 inflectiu no sentido de entregar ao empregador a *decisão* sobre a realização, ou não, das mencionadas diligências (art. 356.º/1). Dado que se trata, essencialmente, de *fundamentar uma decisão* (e não, verdadeiramente, de apurar a verdade dos factos – coisa que só em tribunal se fará), a solução sublinha o facto de o risco de insuficiência de fundamentos recair sobre o empregador.

No entanto, a realização das diligências probatórias requeridas mantém-se obrigatória quando se trate de trabalhadora grávida, puérpera ou lactante, ou de trabalhador no gozo de licença parental (art. 356.º/2).

Segue-se a consulta à comissão de trabalhadores ([2]) que, no prazo de cinco dias, pode fornecer parecer fundamentado, tendo já presente a perspectiva de que a medida disciplinar encarada pelo empregador é o despedimento ([3]).

([1]) No sentido de que a não *inquirição de testemunhas* apresentadas pelo arguido configurava, em geral, imperfeição da audiência obrigatória e, portanto, nulidade do processo, vd. Ac. Rel. Porto 13/12/82 (CJ, 82, 5, 252), aliás em contradição aparente com o Ac. Rel. Porto 12/5/80 (CJ, 80, 3, 132). Também contra, vd. Ac. Rel. Coimbra 17/6/81 (CJ, 81, 3, 266). O art. 414.º CT de 2003 limitava a obrigatoriedade da inquirição a três testemunhas por facto, a dez no total, e admitia ainda que o empregador deixasse de realizar alguma dessas diligências, alegando e fundamentando que as considerava não pertinentes e apenas destinadas a provocar demora do processo.

([2]) No caso de o trabalhador ser representante sindical, deve ser feito o envio, também, à associação sindical respectiva.

([3]) A importância deste trâmite, antes da reforma de 1989, era muito maior do que hoje: o parecer desfavorável (ao despedimento) da comissão de trabalhadores era pressuposto do pedido de suspensão do despedimento.

D) *A decisão.*

444. Finalmente, cabe ao empregador (ou a quem o represente no exercício do poder disciplinar) proferir a *decisão* disciplinar, dentro dos 30 dias subsequentes à recepção do parecer da comissão de trabalhadores ou ao esgotamento do prazo em que ela podia pronunciar-se.

A decisão de despedimento só se torna eficaz mediante comunicação escrita ao trabalhador, com indicação dos fundamentos – ou seja, dos elementos de facto tidos como suficientes para preencher justa causa (art. 357.º/5 e 7). O despedimento é, com efeito, um negócio jurídico integrado por uma declaração receptícia, isto é, cuja eficácia depende da recepção pelo destinatário, conforme dispõe o art. 224.º/1 CCiv. ([1]).

Por outro lado, a indicação dos fundamentos constitui um requisito comum à decisão do processo e à comunicação do despedimento. Aquela tem que ser, como resultaria, aliás, dos princípios gerais, apoiada no enunciado dos factos e circunstâncias que consubstanciam a infracção e fornecem a medida da sua gravidade objectiva e subjectiva (quer dizer, neste último aspecto, do grau de culpabilidade do infractor) (art. 357.º/4).

Relativamente à comunicação endereçada ao trabalhador, a referência aos fundamentos assume também notória relevância, pois delimita o espaço da (eventual) apreciação jurisdicional da justeza do despedimento. Não pode o empregador invocar, com sucesso, outros factos (porventura anteriores aos que alegou na decisão e por ele então desconhecidos) para demonstrar a adequação do despedimento. A lei di-lo expressamente: "(...) não podendo ser invocados factos não constantes da nota de culpa ou da resposta do trabalhador" (art. 357.º/4) ([2]). É um corolário forçoso da

---

([1]) A lei anterior ao CT não era, neste ponto, tão exigente: bastava que a declaração do despedimento revestisse «forma inequívoca» (art. 98.º/3 LCT), admitindo-se assim que ela fosse mesmo *tácita*, ou seja, que pudesse seguramente deduzir-se do comportamento do promotor.

([2]) A solução tem, entre nós, ampla tradição legislativa: já na LCT de 1969 se dispunha que «só serão atendidos para fundamentar a rescisão os factos e

exigência de processo disciplinar e do carácter essencial que os seus momentos principais assumem para a validade do despedimento. Admite-se, porém, no mesmo preceito, a consideração na decisão de factos "novos" que possam actuar como atenuantes na apreciação da conduta do trabalhador.

E) *A suspensão preventiva.*

445. A entidade empregadora tem a faculdade de determinar a suspensão preventiva do trabalhador, sem perda de retribuição, durante o desenvolvimento do processo – em regra, a partir da emissão da nota de culpa (art. 354.º/1).

Esta possibilidade está também admitida no âmbito do regime geral da acção disciplinar: o art. 329.º/5 prevê-a para o caso de a presença do trabalhador "se mostrar inconveniente" durante o processo disciplinar. O mesmo pressuposto, expresso pelas mesmas palavras, surge no art. 354.º/1.

No entanto, este último artigo admite mesmo (para o processo que vise o despedimento disciplinar) a possibilidade de suspensão preventiva *anterior* à emissão de nota de culpa, em certas condições que o empregador deve explicitar por escrito (art. 354.º/2). A invocação da existência de "indícios de factos imputáveis ao trabalhador" é sempre indispensável na justificação da suspensão preventiva antecipada.

É certo que a suspensão preventiva não representa, em princípio, sacrifício económico para o trabalhador ([1]). Mas implica, de qualquer modo, a colocação forçada dele em situação de inacti-

---

circunstâncias invocados na comunicação...». Tal era também a orientação pacífica da jurisprudência: vd. Acs. STA de 15/4/69, 6/5/69, 30/4/74 e 4/6/74, e ainda o Ac. STA (Pleno) de 21/6/74 (AD 90, 950; 91, 1092; 155, 1375; 157, 93; 155, 142). Cfr. ainda Acs. Rel. Lisboa 20/5/87 (CJ 87, 3, 149), 18/4/90 (CJ 90, 2, 200), e o Ac. STJ 20/5/88 (BMJ 377, 396).

([1]) Mas pode ter essa consequência, por exemplo se ele recebe habitualmente, no seu trabalho, gorgetas ou outras formas de gratificação pela qualidade do serviço, enquanto doações remuneratórias de terceiros.

vidade, por decisão unilateral do empregador – isto é, a neutralização do dever de ocupação efectiva (art. 129.º/1-*b*)).

Uma tal decisão reveste-se, pois, de gravidade suficiente para que os seus fundamentos devam ser externamente controláveis. Contra a aparência que pode ser sugerida pelo texto da lei – a de que tudo depende de uma apreciação subjectiva do empregador, dependente da sua sensibilidade pessoal, quanto à "conveniência" da presença do trabalhador em actividade durante o processo –, é forçoso reconhecer que a decisão de suspensão pode ser contestada judicialmente e os fundamentos invocados devem ser encarados de um ponto de vista objectivo, isto é, na óptica de uma pessoa de sensibilidade média colocada na situação concreta de que se trate.

§ 52. O despedimento individual por justa causa objectiva.

1. *O despedimento por extinção do posto de trabalho.*

A) *A justa causa.*

446. Como se observou, a reforma legislativa de 1989 reintroduziu, sob a capa de uma formulação perifrástica (cessação do contrato de trabalho, por extinção de postos de trabalho, não abrangida por despedimento colectivo), o despedimento individual fundado em motivo de natureza não disciplinar.

Esta modalidade de extinção do contrato de trabalho apresenta, no que toca ao fundamento, uma fisionomia híbrida: cruzam-se nela características do despedimento por justa causa e do despedimento colectivo.

Do primeiro, sobretudo, foi absorvido o critério de aferição da legitimidade do motivo de ruptura: o art. 368.º/1-*b*) exige que «seja praticamente impossível a subsistência da relação de trabalho». Para além das considerações já produzidas, em geral, acerca deste elemento do regime legal, notar-se-á agora que a sua referenciação parece ter sido imposta pela necessidade de compatibilização destes fundamentos objectivos com a proibição constitucional do despedimento «sem justa causa».

Mas, ao contrário do que sucede com a justa causa disciplinar, a lei cuida de explicitar, em certa medida, um critério de determinação da «impossibilidade prática» da subsistência da relação de trabalho. Esta existe quando, «uma vez extinto o posto de trabalho (...) o empregador não disponha de outro compatível com a categoria profissional do trabalhador» (art. 368.º/4).

Do despedimento colectivo proveio o tipo de enunciado que a lei emprega para definir a natureza do motivo invocável.

Há-de tratar-se de «motivos económicos, tanto de mercado como estruturais ou tecnológicos, relativos à empresa» (art. 367.º) [1]. E a lei remete para as definições que, a propósito do despedimento colectivo, são dadas – com grande imprecisão e reduzida utilidade potencial – das várias «classes» de motivos em causa (veja-se o art. 359.º/2).

447. O «momento» decisivo, sob o ponto de vista do regime do despedimento – isto é, da sua motivação relevante – parece localizar-se, não no feixe de ponderações técnico-económicas ou gestionárias a que alude o art. 359.º/2 (e que são cobertas pela liberdade de iniciativa do titular da empresa), mas, a jusante daquele, no facto da extinção do posto de trabalho, produto de uma decisão do empregador, e nesse outro facto que é a constatação da inexistência de função alternativa para o trabalhador que o ocupava – constatação essa também suportada, em certa medida, pelo critério organizacional do empregador.

Está-se, pois, perante uma forma de despedimento que culmina uma cadeia de decisões do empregador situadas em diferentes níveis mas causalmente interligadas: esquematicamente, uma

---

[1] Confronte-se a formulação com a parte final do art. 359.º/1, respeitante ao despedimento colectivo.

decisão gestionária inicial, uma decisão organizativa intermédia (a da extinção do posto) e uma decisão «contratual» terminal (a do despedimento).

A correlação com o despedimento colectivo é sobretudo lógica e sistemática: era «necessário» prever uma forma de despedimento individual por razões do tipo das que fundamentam o colectivo; e era «prudente» (sob o ponto de vista da constitucionalidade) arrumar esse mecanismo em conjunto com o despedimento colectivo, como se se tratasse meramente da sua «variante individual».

Sob o ponto de vista funcional, porém, já se viu que é outro o perfil: trata-se de uma modalidade natural do despedimento por justa causa.

Mas a apreciação da justa causa reveste-se aqui de importantes particularidades.

Ela incidirá, como se sugeriu, no nexo sequencial estabelecido entre a extinção do posto de trabalho e a decisão de extinguir o contrato, tendo de permeio o insucesso de diligências tendentes á recolocação do trabalhador. É em relação a esse nexo e a cada um dos seus elementos que deve fazer-se a verificação dos requisitos fundamentais do art. 368.°/1 ([1]), em especial a da impossibilidade prática da subsistência da relação de trabalho, nos termos já vistos.

Por outro lado, a lei assenta na ideia de individualização do posto de trabalho (um posto, um homem), estabelecendo, por isso, um condicionamento da escolha do «posto de trabalho a extinguir» que é, na verdade, uma ordem de prioridades baseada nas características dos trabalhadores a despedir (art. 368.°/2).

B) *O processo de despedimento.*

448. As exigências processuais que a lei formula para esta modalidade de ruptura do contrato de trabalho traduzem-se numa série de diligências preparatórias de uma decisão unilateral que pertence ao empregador (art. 371.°).

([1]) Cfr. Acs Rel. Coimbra 28/4/93 (BTE 2.ª série, 10-11-12/95, 1148), Rel. Lisboa 22/2/95 (BMJ 444, 693) e Rel. Coimbra 13/11/96 (CJ 96, 5, 66).

Trata-se de um processo de informação e consulta – envolvendo, de um lado, a entidade empregadora, e, do outro, uma estrutura representativa dos trabalhadores e cada trabalhador visado – que, todavia, não implica efectiva limitação da liberdade de decisão do empregador. Os tons participativos de que o processo é revestido não permitem ocultar a sua reduzida projecção operatória, salvo no que respeita à (artificial) dilação do despedimento.

449. A primeira fase do processo é preenchida pela comunicação escrita, pelo empregador, da «necessidade de extinguir o posto de trabalho» e da «necessidade de despedir o trabalhador afecto ao posto de trabalho a extinguir» (art. 369.°/1).

São destinatários dessa comunicação uma estrutura representativa dos trabalhadores (com prioridade para a comissão de trabalhadores) e o trabalhador visado.

Se algum desses destinatários discordar do projecto, poderá emitir parecer fundamentado no prazo de dez dias (art. 370.°).

Além disso, nos termos do art. 370.°/2 e 3, poderá suscitar a intervenção da inspecção do trabalho «para verificação dos requisitos» objectivos da admissibilidade do despedimento (a inexistência de contratos a termo para funções da mesma natureza, a inaplicabilidade do regime do despedimento colectivo, a observância da ordem de prioridades estabelecida pelo art. 368.°/2).

Esta «verificação» redundará, porém, simplesmente, na elaboração de um relatório sobre a matéria, o qual é enviado «ao requerente e ao empregador» (art. 370.°/3).

Segue-se a decisão do empregador, escrita e fundamentada, nos termos do art. 371.°.

C) *O aviso prévio e a compensação.*

450. Trata-se de uma modalidade de despedimento sujeita a *aviso prévio* – ou melhor, condicionada por uma dilação (entre a decisão e a efectiva extinção de contrato) que pode ir de quinze a setenta e cinco dias, conforme a antiguidade do trabalhador (art. 371.°/3). Esse prazo destina-se, sobretudo, a possibilitar ao trabalhador a obtenção de outro emprego – daí a atribuição de um crédito de horas correspondente a dois dias de trabalho por semana, sem prejuízo da retribuição (art. 364.°, por remissão do art. 372.°).

O trabalhador despedido tem direito a uma *compensação pecuniária* calculada nos moldes do despedimento colectivo (art. 366.°, também por remissão do art. 372.°): «um mês de retribuição base e diuturnidades por cada ano completo de antiguidade", não podendo ser inferior a três meses.

A lei relaciona com a realização desta atribuição patrimonial dois efeitos manifestamente atípicos.

Em primeiro lugar, o pagamento da compensação (ou melhor, como se verá, a sua oferta) é *condição de validade do despedimento*, solução surpreendente mas inequivocamente consagrada no art. 384.°/*d*).

Depois, o recebimento da compensação pelo trabalhador gera a *presunção de aceitação do despedimento*. Tal é o teor do art. 366.°/4, para o qual, como temos visto, remete o art. 372.°.

A configuração funcional deste dispositivo (muito criticável, a nosso ver) só parece encontrar chave interpretativa minimamente adequada na suposição do legislador de que a ruptura unilateral se transmuta, com a aceitação da compensação, e por via de uma arriscadíssima ficção jurídica, em algo de semelhante à cessação do contrato por mútuo acordo – como tal, normalmente insusceptível de impugnação pelo trabalhador com base em vícios de processo ou de motivação. Mas os argumentos de «segurança jurídica» não podem prevalecer sobre os de adequação ético-social. Voltar-se-á ao ponto a propósito do despedimento colectivo, domínio em que a controversa solução tomou raízes.

2. *O despedimento por inadaptação ao posto de trabalho.*

A) *A justa causa.*

451. Uma outra modalidade de despedimento por causa objectiva é a que se funda na "inadaptação superveniente do trabalhador ao posto de trabalho" (art. 373.°).

Foi com o DL 400/91, de 16/10, que penetrou no âmbito da justa causa a «inadaptação do trabalhador ao posto de trabalho», como causa objectiva da cessação do contrato por iniciativa do empregador, que o CT acolheu praticamente nos mesmos termos. Causa objectiva porque não imputável ao trabalhador a título de culpa.

Não se está aqui perante a «recuperação» de uma muito antiga postura da lei, segundo a qual poderia preencher justa causa de despedimento a «inaptidão do trabalhador para as funções ajustadas». O regime actual não cuida do desajustamento originário entre o objecto do contrato e as capacidades psico-físicas e técnicas do trabalhador. As situações agora visadas são apenas as que se sigam a «modificações no posto de trabalho» (art. 375.°/1-*a*)) derivadas da introdução de alterações tecnológicas – sejam elas relativas aos equipamentos, aos processos de fabrico ou à tecnologia utilizada.

Está pois aqui em causa – como expressamente diz a lei no art. 373.° – uma situação de superveniência no domínio dos modes técnicos da actividade contratada.

A consagração desta «justa causa» corresponde a um desígnio de flexibilização na gestão de recursos humanos, face às exigências do desenvolvimento tecnológico que condiciona a competitividade das empresas. Trata-se de libertar efectivos insusceptíveis de aproveitamento racional, num contexto de modernização das estruturas empresariais; de outro modo, seria necessário manter a oneração das empresas com um maior ou menor número de efectivos sub-ocupados ou mesmo realmente desocupados.

A lei refere um conjunto de situações que podem ser invocadas como reveladoras da situação de inadaptação do trabalhador a modificações técnicas introduzidas no seu posto de trabalho: redução de produtividade ou qualidade, avarias repetidas dos equipamentos usados, riscos de saúde e segurança, assim como, nos cargos de direcção ou de complexidade técnica, o incumprimento de objectivos acordados (art. 374.°) [1].

---

[1] Este último enunciado constitui um dos vários fragmentos de um regime de trabalho especial para quadros técnicos e dirigentes que se encontram disseminados pelo CT – as sementes de um desejável complexo normativo estruturado que o ordenamento laboral português ainda não comporta.

452. Exige-se, também aqui, que a situação gerada pela inadaptação torne praticamente impossível a subsistência da relação de trabalho (art. 374.º/1).

A constatação desta impossibilidade está legalmente condicionada por uma série de diligências precisas do empregador. Nos termos do art. 375.º/1, é necessário que este:

a) faculte ao trabalhador uma acção de formação profissional adequada ao seu ajustamento às modificações tecnológicas efectuadas;

b) lhe conceda um período suficiente de adaptação, que será, no mínimo, de 30 dias;

c) procure oferecer-lhe outro posto de trabalho compatível com a qualificação profissional.

Além disso, a inadaptação deixa de ser invocável se resultar da «falta de condições de segurança e saúde no trabalho imputável ao empregador».

Por fim, e já não como pressuposto do preenchimento de justa causa, mas como condição adicional da licitude do despedimento, a lei exige que seja, desde logo, posta à disposição do trabalhador a compensação devida (n.º 4 do mesmo artigo).

453. À semelhança do que se anotou a propósito da extinção de posto de trabalho, também nas situações de inadaptação superveniente se trata de uma justa causa que tem, a montante, uma cadeia de decisões técnicas e gestionárias do empregador/empresário. Essas decisões redundam, justamente, em «alterações nos processos de fabrico ou de comercialização, de novas tecnologias ou equipamentos baseados em diferente ou mais complexa tecnologia» (art. 375.º/1-*a*)).

Tais decisões não são susceptíveis de controlo judicial em sede de impugnação do despedimento. Prevalece aqui a liberdade de iniciativa económica; ficam intocadas as prerrogativas de gestão e organização da empresa. Tudo quanto a lei exige é que as consequentes modificações dos postos de trabalho sejam «objecto de informação e consulta» da estrutura representativa interna dos trabalhadores.

Assim, a apreciação da justa causa incide, apenas, sobre o nexo de adequação entre uma «consequência última» das referidas decisões – a inadaptação do trabalhador, manifestada em certos factos – e a «impossibilidade prática» do prosseguimento da relação de trabalho.

Esse nexo de adequação supõe a permanência do posto de trabalho (modificado) e a necessidade do seu preenchimento cabal – necessidade esta que é, decerto, um dos factores da aludida «impossibilidade prática». É por isso que a lei determina que, do despedimento, não deve resultar, no imediato, diminuição do volume de emprego na empresa ([1]), e que esta deve preencher o posto de trabalho deixado vago, quer por admissão, quer por transferência de um trabalhador cujo posto de trabalho seja extinto, no prazo de 90 dias (art. 380.º).

B) *O processo de despedimento.*

454. As regras processuais a observar nesta modalidade despedimento seguem um modelo idêntico ao que o CT estabelece para a extinção do posto de trabalho.

Trata-se também de um processo de informação e consulta, através do qual se pretende incorporar no processo decisório contributos do trabalhador visado e da estrutura representativa dos trabalhadores da empresa (comissão de trabalhadores ou comissão intersindical ou sindical).

O processo inicia-se com a comunicação escrita, aos referidos destinatários, do projecto de despedimento, com informação respeitante ao seu fundamento (art. 376.º).

Começa então a correr um prazo de dez dias, em que tanto o trabalhador como a estrutura representativa podem pronunciar-se sobre a adequação da medida anunciada (art. 377.º).

([1]) No regime originário desta modalidade de justa causa de despedimento (introduzida pelo DL 400/91), aludia-se a "emprego permanente". A alteração só pode significar que o legislador admite (surpreendentemente) o preenchimento do posto de trabalho (permanente) deixado vago, através de contrato a termo.

Esgotada essa dilação, começa a correr um prazo de decisão de cinco dias. Este prazo é meramente suspensivo: só depois dele pode ser proferida a decisão de despedimento. A lei pretende garantir assim um mínimo de ponderação por parte do empregador.

A decisão tem que ser exarada em documento escrito e acompanhada da respectiva fundamentação (art. 378.°/1); por cópia ou transcrição desse documento, será levada ao conhecimento do trabalhador, da estrutura representativa interveniente e da inspecção do trabalho (art. 378.°/2).

C) *O aviso prévio e a compensação.*

455. O despedimento por inadaptação do trabalhador está sujeito a dilação, nos mesmos termos que o despedimento individual por extinção do posto de trabalho e o próprio despedimento colectivo.

Assim, entre a data da comunicação da decisão de despedimento e a data da cessação do contrato, deve correr um prazo de aviso prévio variável com a antiguidade do trabalhador (art. 378.°/ /2); a última data deve, de resto, ser indicada na decisão final. É também aqui aplicável, por remissão do art. 379.°, o crédito de horas estabelecido no art. 364.°, tendo em vista a procura de novo emprego.

Do mesmo modo, esta modalidade de despedimento confere ao trabalhador o direito à compensação prevista no art. 366.°: «um mês de retribuição base e diuturnidades por cada ano completo de antiguidade», não podendo ser inferior a três meses.

Sempre em paralelo com o que se dispõe a propósito no regime do despedimento individual por extinção do posto de trabalho, a oferta do pagamento da compensação surge como condição de licitude do despedimento (art. 385.°/*c*)) e o recebimento dela faz presumir a «aceitação» do despedimento. Vale também aqui a observação já feita a propósito de idêntica regra que se estabelece para o despedimento por extinção de posto de trabalho, assim como a remissão para ulteriores considerações acerca do despedimento colectivo.

§ 53. O despedimento colectivo ([1]).

1. *A noção legal. Os motivos relevantes.*

456. Para além do despedimento individual com justa causa, a entidade patronal dispõe ainda de uma outra forma de desvinculação: o chamado *despedimento colectivo*, regulado pelos arts. 359.º a 366.º CT.

Tal expediente caracteriza-se por dois traços essenciais: primeiro, o de abranger uma pluralidade de trabalhadores da empresa; segundo, o de a ruptura dos contratos respectivos se fundar em razão comum a todos eles ([2]).

O motivo ou fundamento invocado pelo empregador é o elemento unificante que reconduz a cessação daquela pluralidade de vínculos a um fenómeno homogéneo, regulado pela lei em bloco. Note-se, todavia, que não pode ter-se como relevante qualquer fundamento invocado pela entidade patronal, desde que comum a vários trabalhadores; nomeadamente, não são de atender razões alusivas ao comportamento deles, ou seja, num certo sentido, razões de carácter «subjectivo», embora coincidentes – mas apenas motivos inerentes à organização produtiva em que se inserem, por isso alheios à conduta pessoal dos trabalhadores.

457. Pode suscitar-se o problema da constitucionalidade da admissão do despedimento colectivo entre as formas de cessação do contrato de trabalho. Com efeito, o art. 53.º CRP inclui entre as garantias dos trabalhadores «a segurança no emprego, sendo proibidos os despedimentos sem justa causa ou por motivos políticos

---

([1]) O tema é exaustivamente tratado na magnífica monografia de BERNARDO XAVIER, *O despedimento colectivo no dimensionamento da empresa*, Lisboa (2000).

([2]) Cfr. Ac. STJ 13/1/93 (CJ 93, 1, 222). Note-se que o processo de despedimento colectivo pode concluir-se com um só trabalhador, depois de terem sido encontradas soluções alternativas para os restantes: cfr. Ac. STJ 6/11/96 (CJ 96, 3, 248).

ou ideológicos». Perante este enunciado, dir-se-ia forçoso considerar limitada às situações de justa causa a faculdade de desvinculação unilateral do empregador. É indiscutível que os fundamentos admitidos pela lei para o despedimento colectivo (art. 359.º) não cabem no conceito (também legal) da justa causa de despedimento, atrás examinado. E, se assim é, o despedimento colectivo não se comporta também dentro da margem permitida pelo citado preceito constitucional.

Mas essa posição seria insustentável. O legislador constitucional preocupou-se, a nosso ver, com as possibilidades de desvinculação unilateral e individual oferecidas às entidades patronais, tendo em vista outros expedientes através dos quais poderia ganhar margem de manobra o arbítrio patronal, e que decididamente quis proscrever: a denúncia com aviso prévio, não motivada (a qual entre nós longa tradição legislativa), e o despedimento com base em «motivo atendível» (criado pelo DL 372-A/75 e, depois, eliminado pelo DL 84/76). O art. 53.º CRP visou pois proscrever as formas que pode assumir o chamado «despedimento ordinário», expediente consagrado na generalidade dos sistemas como via normal de desvinculação unilateral, isto é, como instrumento primário da liberdade do empregador de pôr termo ao contrato de trabalho ([1]).

O despedimento colectivo é, no entanto, como já se deixou entrever, um fenómeno diverso. Em via de regra, ele não constitui mais do que uma *consequência*, por assim dizer, «natural» de certos factos, situações ou decisões de gestão ocorridos na esfera da empresa. Não se quer dizer com isto que os fundamentos admitidos para a cessação colectiva de vínculos laborais sejam, por natureza,

([1]) Na medida do significado que pode ser atribuído aos trabalhos preparatórios do texto inicial da CRP (1976), cabe notar que foram expressamente arredadas, durante o debate do então art. 52.º, propostas no sentido de abranger nele, ao lado da «justa causa», referências ao «motivo atendível» ou «motivo socialmente justificado» (na linha do DL 372-A/75, que consagrava uma via de desvinculação construída sobre essa noção); e consta da explicação dada, sobre a redacção que acabou por obter vencimento, que com ela *se não entendia excluir os despedimentos colectivos* (donde a observação, feita por um deputado, de que daí resultaria afinal um conceito «um pouco mais amplo» da justa causa de despedimento). Vd. *Diário da Assembleia Constituinte,* n.º 48 (sessão de 18/9/75), 1 386 ss..

independentes da vontade do empregador: a empresa pode encerrar porque o seu titular pretende investir noutro negócio, ou por ter sido declarada a sua falência, porventura fraudulenta; o encerramento de uma secção pode resultar de uma reorganização interna com o propósito de fazer economias. O que, todavia, importa é que o objectivo da entidade patronal – na medida em que seja externamente controlável – se não possa reconduzir à extinção dos concretos contratos em causa, ao despedimento de *certos* trabalhadores individualmente considerados; que a cessação dos contratos seja uma consequência e não um fim.

De todo o modo, a proibição do despedimento colectivo tornar-se-ia fatalmente ineficaz; como impedir, com efeito, que se rompam os contratos existentes entre uma sociedade que se dissolve, um empresário falido, e os trabalhadores ao seu serviço? São concebíveis – e existem, nalguns aspectos – mecanismos legais de substituição do empresário que se retira ou desinteressa; mas não cabem no contexto do ordenamento jurídico expedientes destinados a manter coercivamente em vigor contratos de trabalho sem o suporte de uma organização produtiva.

458. A lei oferece, no art. 359.°, uma noção do despedimento colectivo: trata-se da cessação de contratos de trabalho, «operada simultânea ou sucessivamente no período de três meses, abrangendo, pelo menos, dois ou cinco trabalhadores, conforme se trate, respectivamente, de microempresa ou de pequena empresa, por um lado, ou de média ou grande empresa, por outro, sempre que aquela ocorrência se fundamente em encerramento de uma ou várias secções ou estrutura equivalente ou redução do número de trabalhadores determinada por motivos de mercado, estruturais ou tecnológicos».

A preocupação, que o legislador revela, de enunciar pormenorizadamente os traços definidores deste fenómeno tem uma explicação clara: é que a validade (e eficácia) do despedimento colectivo está condicionada pela verificação externa de que se não pretende encapotar, sob a aparência de tal expediente legalmente admitido, um conjunto de despedimentos individuais irregulares –

isto é, sem justa causa verificada nos termos e segundo os processos definidos pela lei [1]. Exige-se, portanto, que esteja em causa a extinção de uma pluralidade de vínculos, mas acresce que exista para o facto um fundamento organizativo ou técnico que a explique e justifique.

Assim, e em suma, a verificação da existência ou inexistência de despedimento colectivo conexiona-se com o dispositivo do despedimento individual por justa causa; aquilo que não couber no primeiro terá que corresponder aos pressupostos do segundo, sob pena de ineficácia.

O actual regime do despedimento colectivo é claramente liberal. Embora os fundamentos da decisão patronal fiquem sujeitos a certo escrutínio prévio, através da análise das informações prestadas e da negociação com a estrutura representativa dos trabalhadores, a sua validade e, por conseguinte, a licitude do despedimento só estão sujeitas a controlo judicial *a posteriori*. Mas a natureza dos fundamentos da decisão de romper os contratos torna-os de muito difícil julgamento pelos tribunais: tratar-se-á de pré-decisões de gestão, de ponderações de natureza técnica ou económica, relacionáveis, estas mesmas, com factores subjectivos como as «expectativas», as «previsões» e as «tendências» percepcionadas pelos empresários e gestores. Por isso se constata que o despedimento colectivo é sobretudo vulnerável a formas de controlo político e social: a contestação sindical, a reacção da Administração. E daí, porventura, que, até há pouco, ele tivesse sido um expediente utilizado com muito pouca frequência. Quando as entidades empregadoras pretendiam reduzir o pessoal das empresas, recorriam preferencialmente à revogação dos contratos por mútuo

---

[1] A necessidade de um critério rigoroso de determinação do despedimento colectivo tinha ainda mais forte justificação durante a vigência do DL 783/74, já citado. Com efeito, a matéria dos despedimentos individuais permanecia, na altura, regulada pelos dispositivos da LCT – que, além do mais, comportavam a possibilidade de denúncia não motivada por parte do empregador.

acordo, processo que excluía o risco de fricção política e também, em princípio, de contestação judicial ([1]).

Tudo isto aponta para que a discussão judicial sobre um despedimento colectivo tenda a incidir, quase invariavelmente, sobre aspectos formais, processuais, isto é, sobre eventuais deficiências do procedimento seguido, face à tramitação legalmente imposta.

2. *A execução do despedimento colectivo.*

A) *O processo.*

459. A concretização de um despedimento colectivo implica, legalmente, a observância de uma certa tramitação, cuja importância se reflecte no facto de a ruptura dos contratos de trabalho poder ser neutralizada com base em mera deficiência processual.

Esta tramitação consiste num processo de informação e consulta – com uma componente de negociação, como já se vai ver – entre a entidade empregadora e uma estrutura representativa

---

([1]) A concretização do afastamento de trabalhadores pela via da revogação por mútuo acordo prevalecia mesmo nos casos em que a opção processual começava por ser o despedimento colectivo. É sabido que uma das técnicas de redução de pessoal consiste em exteriorizar a intenção de despedimento colectivo – através do desencadeamento da respectiva tramitação legal – para assim facilitar o consentimento dos trabalhadores na revogação, mediante compensação superior à indemnização de despedimento. Em 2004, por exemplo, foram concluídos 95 processos de despedimento colectivo, que acabavam por definir a cessação dos contratos de trabalho de 2624 trabalhadores. Esses despedimentos colectivos atingiram 848 trabalhadores, e 1337 viram os contratos terminar por mútuo acordo. Em 2008, terminaram 231 processos, que fixaram em 3745 o número de trabalhadores a afastar; pelo despedimento, foram abrangidos 3538, e só 167 concluíram acordos revogatórios. Esta enorme diferença resultou de uma alteração do regime do subsídio de desemprego, que restringiu o acesso a esse benefício nos casos de mútuo acordo (Fonte: *Boletim Estatístico. Emprego/Formação/Trabalho*, Fevereiro 2009).

dos trabalhadores (prioritariamente a comissão de trabalhadores, podendo ser, na falta dela, uma comissão de delegados sindicais, ou mesmo uma comissão eleita *ad hoc* pelos trabalhadores em causa) (art. 360.º/1 e 3).

O desígnio da lei, ao impor essa diligência, parece ser o de permitir, por um lado, a reacção preventiva dos trabalhadores visados (mesmo assim, em muitos casos, de eficiência duvidosa, por ser já irreversível a cadeia de decisões conducente ao afastamento daqueles), e, por outro, a de abrir a oportunidade de uma concertação acerca da extensão dos efeitos do despedimento colectivo. Porém, como se notará, este depende sempre, em última análise, da vontade unilateral do empregador.

460. O processo inicia-se com a comunicação inicial da intenção de despedir e dos seus fundamentos, endereçada à estrutura representativa dos trabalhadores a abranger, e cujo conteúdo obedece a um padrão legalmente fixado (art. 360.º/2): dela devem constar, entre outras informações (1), os fundamentos económicos, financeiros e técnicos da intenção de despedir e o número de trabalhadores visados, por categorias profissionais.

Durante o período de dez dias que se segue à comunicação, deve desenvolver-se uma fase de informações e negociação, nos termos do art. 361.º. Existe aí um objectivo declarado: a obtenção de «um acordo sobre a dimensão e efeitos das medidas a aplicar e, bem assim, de outras medidas que reduzam o número de trabalhadores a despedir» (art. 361.º/1).

A complexidade técnica de que se podem revestir a análise da situação e a discussão dos argumentos do empregador explica que a lei preveja a participação de peritos, designados por ele e pela estrutura representativa dos trabalhadores, nas reuniões de negociação (art. 361.º/4). Para além disso, a fase de informação e nego-

(1) Merece especial relevo a exigência, constante da al. *f)* de que da comunicação se faça constar o «método de cálculo de compensação a conceder genericamente aos trabalhadores a despedir, se for caso disso», *para além* da normal indemnização.

ciação será «assistida» pelos serviços da Administração do Trabalho, para efeitos de controlo preventivo de legalidade e também em veste conciliatória (art. 362.º/1) – mas, de todo o modo, sem a possibilidade de interferir em termos decisivos e vinculantes no resultado final [1].

Como se disse, a «fase de informação e negociação» tem por finalidade a descoberta de soluções alternativas. Estas podem consistir na suspensão ou redução da prestação de trabalho (por aplicação do regime dos arts. 298.º ss., com a óbvia excepção, por redundância, das regras processuais que nele se estabelecem), na reconversão e reclassificação profissionais, em reformas antecipadas e pré-reformas (quanto a estas, em conformidade com os arts. 318.º ss.). A reconversão, a reclassificação e as reformas antecipadas e pré-reformas são expedientes que supõem o acordo individual de cada trabalhador afectado (art. 361.º/3).

Seja qual for o resultado da tentativa de consensualização das medidas a tomar, a entidade empregadora tem a faculdade de *decidir* sobre a consumação do despedimento. Fá-lo-á, naturalmente, de harmonia com o acordo porventura alcançado, e que constará de acta específica (art. 361.º/5), ou seguindo o seu próprio critério, no caso de não ter havido consenso. Em qualquer das hipóteses, deverá comunicar a decisão por escrito a cada trabalhador afectado, indicando o motivo e a data da cessação do contrato (art. 363.º/1), que é condicionada por prazos legais de aviso prévio variáveis com a antiguidade dos trabalhadores. Cada trabalhador dispõe, durante esse período, do tempo correspondente a dois dias de trabalho por semana, sem perda de retribuição (art. 364.º).

---

[1] No regime legal anterior a 1989, o despedimento colectivo era antecedido de um *processo administrativo especial*, cuja finalidade consistia na verificação dos fundamentos do projecto do empregador. No quadro desse processo, o Ministro do Trabalho podia decidir a *proibição* do despedimento colectivo, na totalidade ou em parte da dimensão que o projecto do empregador lhe atribuía. A alteração deste regime foi ao encontro do padrão definido, a nível comunitário, pela Directiva n.º 75/129/CE, embora à custa de uma descida do nível de protecção assegurado.

B) *A compensação.*

461. Em conformidade com o art. 366.°, o despedimento colectivo confere aos trabalhadores abrangidos o direito a uma «compensação» equivalente a um mês de retribuição base e diuturnidades por cada ano completo de antiguidade.

Tal como nas duas modalidades de despedimento individual por justa causa objectiva que vimos anteriormente (extinção de posto de trabalho e inadaptação), o legislador rompe com o expediente, de uso tradicional no nosso sistema, de equiparação desta compensação, que é devida no caso de despedimento realizado de acordo com a lei, à indemnização de antiguidade que substitui a reintegração, aplicável na hipótese de despedimento ilícito (art. 391.°). Independentemente do acerto ou desacerto dos processos de cálculo estabelecidos, a diferença essencial de fundamentos justifica a não coincidência de regimes.

Por outro lado, o pagamento da compensação (assim como, de resto, de outros créditos vencidos ou exigíveis pelo trabalhador) até ao fim do prazo de aviso prévio é um dos requisitos da *licitude* do despedimento colectivo (art. 383.°/*c*)). Isso significa que, mesmo se a motivação alegada é bastante e o procedimento estabelecido pela lei foi observado, o não pagamento atempado da compensação implica a declaração de ilicitude e, portanto, a inutilização do despedimento ([1]).

462. Um último aspecto digno de nota consta do art. 366.°/4 CT: o recebimento da indemnização faz *presumir a aceitação do despedimento*. Foi, assim, retomada em parte pelo Código de 2003, e mantida na revisão de 2009, uma solução muito controversa que, proveniente da lei de 1989 sobre o despedimento, tinha sido eliminada, entretanto, em 1999 ([2]).

([1]) Este regime provém directamente do DL 64-A/89.

([2]) Pela L. 32/99, de 18/5. Com o CT, a primitiva ficção de aceitação do despedimento desapareceu também do regime de outras formas de despedimento por causa objectiva. Tanto no despedimento individual por extinção do

Na primeira fase, tratava-se de uma ficção jurídica, fundada em preocupações de certeza, e imensamente contestada. Ao recebimento da compensação era atribuído pela lei o significado de uma manifestação de vontade (ficta) no sentido da aceitação do despedimento – o art. 23.º/3 DL 64-A/89 dizia: o recebimento da compensação "*vale* como aceitação do despedimento" –, com o corolário de uma renúncia à impugnação do mesmo. Em 1999, desapareceu da lei o expediente de se atribuir à aceitação da compensação esse sentido consolidante do despedimento. Com o CT de 2003, o expediente ressurgiu, mas passando a configurar-se como mera presunção, que, à falta de menção expressa, só pode ser *iuris tantum*.

O recebimento da compensação pelo trabalhador oferece a base da presunção legal da aceitação do despedimento. Ela pode, pois, ser afastada pelo trabalhador – o que significa que, contrariamente ao que podia entender-se a partir do regime de 1989, não fica precludida a possibilidade de impugnação do despedimento. Esse é o alcance da substituição da técnica da ficção pela da presunção. Mas, perguntar-se-á: como se ilide a presunção de que existe um certo conteúdo volitivo por detrás da aceitação das compensação? Como pode o trabalhador *provar* que essa aceitação não significava concordância com o despedimento? De uma maneira, apenas: *declarando* a discordância e procedendo em conformidade com o disposto no art. 387.º/2, isto é, manifestando a sua oposição ao despedimento pela forma aí indicada. Sendo assim, perguntar-se-á que sentido útil tem esta presunção legal – uma estranha presunção que o encarregado da prova em contrário (o trabalhador) pode afastar mediante mera declaração de vontade.

C) *O regime especial de suspensão do despedimento.*

463. A providência cautelar de suspensão do despedimento é também aqui utilizável (art. 386.º).

---

posto de trabalho como no despedimento por inadaptação do trabalhador, passou a funcionar igualmente uma simples presunção.

Em consequência da salvaguarda do direito de impugnação – isto é, do carácter contingente da presunção de aceitação do despedimento –, também os trabalhadores atingidos pelo despedimento que tenham aceite e recebido a compensação a que se refere o art. 366.º/1 mantêm o direito de requerem a suspensão.

A lei encara a fundamentação da suspensão, no caso específico de despedimento colectivo, em termos diferenciados.

Logo na versão inicial da lei de 1989 se admitia o pedido de suspensão *do despedimento colectivo* apenas com base em razões de índole *processual*: falta de comunicações, ausência de negociação, inobservância de prazos, não pagamento da compensação. A inadequação, ainda que patente, das razões tecnico-económicas invocadas pelo empregador não seria, assim, atendível para neutralizar os efeitos do despedimento até à decisão da acção de impugnação. Era a lei a revelar desconfiança perante a possibilidade de apreciação consistente do juiz relativamente aos pressupostos da decisão de gestão que o despedimento colectivo exprime. Em 1999, uma alteração pontual da lei (L. 32/99, citada) incluiu entre os alicerces possíveis do pedido (e da decisão) de suspensão do despedimento colectivo a improcedência dos fundamentos invocados, o que supunha um juizo (ainda que prefunctório) sobre a adequação e a racionalidade da decisão do empregador.

O art. 386.º CT limita-se a referenciar, em termos genéricos, a possibilidade de suspensão de qualquer despedimento – mas nos termos do CPT. E a lei processual (art. 42.º) não admite, relativamente ao despedimento colectivo, senão fundamentos de natureza *formal*, além do não pagamento da compensação. A motivação do despedimento colectivo – cuja eventual improcedência pode, nos termos gerais, vir a determinar a ilicitude da decisão extintiva do empregador – é, assim, subtraida a julgamento preliminar para efeitos de suspensão do despedimento.

§ 54. Cessação do contrato de trabalho por iniciativa do trabalhador.

1. *Visão geral.*

464. As faculdades de desvinculação unilateral reconhecidas pela lei ao trabalhador subordinado são notoriamente mais amplas do que as conferidas ao empregador. O ordenamento jurídico-laboral atribui assim projecção à ideia de que a cessação do contrato constitui fenómeno dotado de significação prática muito diferente, conforme o seu promotor seja um ou outro dos contraentes.

Assim, a tutela da estabilidade do emprego, em que se inspiram os especiais mecanismos restritivos da liberdade de desvinculação do empregador, carece praticamente de sentido quando a extinção do vínculo seja do interesse do trabalhador. Hão-de então prevalecer sobre a segurança do emprego (e a correlativa continuidade da relação laboral) as motivações que conduzem o trabalhador a desvincular-se, quer a da recuperação da liberdade pessoal (que, como é sabido, resulta fortemente limitada pelo vínculo laboral, através da subordinação jurídica), quer a da obtenção de emprego mais adequado às suas aptidões e aspirações económicas.

Com base nestas considerações, a lei limita-se a cuidar das garantias que o interesse económico-empresarial pode requerer, face à eventualidade da demissão promovida pelo trabalhador – e que se cingem à reintegração da organização produtiva mediante o adequado preenchimento da vaga aberta –, sem assumir perante tal fenómeno uma atitude especialmente restritiva.

Diga-se, em suma, que o regime da cessação do contrato por declaração unilateral do trabalhador obedece, na sua traça fundamental, às características que anteriormente definiam a estrutura do *regime comum* do despedimento declarado por qualquer das partes.

Assim, o trabalhador dispõe de dois mecanismos para a ruptura do contrato de trabalho: a *resolução*, que produz efeito extintivo imediato mas implica a apresentação de um motivo procedente, e a *denúncia*, que não requer motivação mas apenas a observância de um aviso prévio. Além disso, a ruptura irregular do contrato – ou seja, a resolução sem motivo bastante e a denúncia sem respeito pelo prazo de aviso prévio – não deixa de ter o efeito prático-jurídico visado pelo trabalhador, determinando apenas a obrigação de indemnizar o empregador.

2. *A denúncia.*

465. O trabalhador dispõe, antes de mais, de uma via "ordinária" de desvinculação: a *denúncia com aviso prévio*. O carácter "ordinário" deste mecanismo decorre da sua normalidade, na perspectiva da lei. Quando um trabalhador se quer desvincular, sem ter propriamente motivos graves para o fazer, mas apenas para recuperar a liberdade pessoal ou para se afastar de uma experiência profissional menos agradável, tem ao seu alcance este meio, com a vantagem de o dispensar de qualquer justificação.

Em qualquer momento, pode, pois, o trabalhador obter a cessação do contrato, independentemente da invocação de motivo, contanto que avise a entidade patronal com certa antecedência (aviso prévio). A lei fixa, para o efeito, o prazo normal de 30 ou 60 dias, conforme a antiguidade do trabalhador seja de até dois anos ou mais de dois anos (art. 400.º/1).

466. O «aviso prévio» – designação pela qual é também vulgarmente conhecido o prazo de antecipação a observar – é, por outro lado, um período em que a relação de trabalho se mantém de pé, agora como que sujeita a termo resolutivo ([1]), permanecendo, por conseguinte, de modo integral, os direitos e obrigações recíprocos das partes. Significa isto, basicamente, que o desenvolvimento das relações contratuais pode, no decurso de tal lapso de

([1]) Mais rigorosamente se diria que à declaração de despedimento é aposto termo *suspensivo* – BERNARDO XAVIER, *Regime jurídico* cit. 202 ss..

tempo, gerar situações novas e anómalas que (porventura) confiram a qualquer das partes justa causa para romper antecipadamente o vínculo.

A função do aviso prévio – comunicação antecipada, em termos inequívocos, do propósito de desvinculação em certa data – é a de possibilitar ao empregador destinatário a realização de diligências necessárias à substituição do trabalhador interessado, ou, até, à dispensa das funções por ele desempenhadas. Daí, ao que cremos, a variação do prazo com a antiguidade: presume-se mais complexa e delicada a tarefa da procura de um substituto para um trabalhador mais antigo, portanto com aptidões específicas mais desenvolvidas e uma mais profunda integração nos moldes do funcionamento da empresa.

Esta configuração do período de aviso prévio explica a solução excepcional do art. 365.º CT: durante o prazo de aviso prévio que o empregador deve observar no despedimento colectivo, qualquer dos trabalhadores abrangidos pode denunciar o contrato (antecipando, assim, a sua cessação) mediante pré-aviso de três dias.

3. *A resolução.*

467. A segunda via de desvinculação utilizável pelo trabalhador – a *resolução* – respeita a situações anormais e particularmente graves, em que deixa de ser-lhe exigível que permaneça ligado à empresa por mais tempo, isto é, pelo período fixado para o aviso prévio. Assim, a resolução opera *imediatamente* o seu efeito extintivo (art. 394.º/1).

Para que a resolução seja lícita, é preciso que o trabalhador invoque e demonstre a existência de *justa causa*. E a leitura do art. 394.º CT evidencia que esta noção assenta também – como quando se trata de justificar um despedimento – na ideia de *inexigibilidade* do prosseguimento da relação de trabalho, mas agora do lado do trabalhador.

Há, no entanto, importantes diferenças a assinalar, em face do esquema segundo o qual, nos termos do CT, o empregador pode promover despedimentos individuais.

Assim, o art. 394.º não só omite um conceito geral de justa causa, como inclui uma enumeração, que tende a ser *taxativa*, das situações susceptíveis de tal relevância.

Se tal critério tem a vantagem de simplificar a tarefa do julgador – o qual apenas cuidará de subsumir a situação concreta invocada pelo trabalhador num dos «tipos legais» de justa causa, embora devendo apreciá-lo em concreto (n.º 4 do mesmo artigo) –, é bem certo que a grande variedade de hipóteses possíveis transcende inevitavelmente a capacidade de previsão demonstrada pelo legislador, podendo colocar o trabalhador em circunstâncias difíceis para romper expeditamente o contrato, quando seria justa e correcta tal possibilidade.

Por outro lado, a tipologia legal comporta situações que não só são inimputáveis à entidade patronal, como nem sequer se podem inserir no contexto do funcionamento da empresa, antes surgindo na esfera pessoal do trabalhador. Nos termos do art. 394.º/3-*a*), o trabalhador pode romper subitamente o contrato em virtude da «necessidade de cumprimento de obrigação legal incompatível com a continuação do contrato» ([1]).

468. O CT – na esteira da lei anterior – desenha, também no domínio da resolução pelo trabalhador, uma diferenciação entre justa causa *subjectiva* (culposa) e justa causa *objectiva* (não culposa). É o que resulta do confronto entre os n.os 2 e 3 do art. 394.º: o primeiro contém situações de comportamento culposo do empregador, o segundo arruma hipóteses em que a culpa do empregador está ausente.

Esta separação não é feita pelo legislador simplesmente por homologia com o regime da ruptura unilateral pelo empregador.

([1]) Convém assinalar que a necessidade do cumprimento de obrigações legais é atendida, nos termos da lei, como justificação válida de faltas ao trabalho (art. 249.º/2-*d*)); e entende-se, sob pena de entorse à coerência do sistema, que igualmente cabe na previsão do art. 296.º/1 quanto à suspensão do contrato por facto ligado ao trabalhador. Verifica-se pois que a lei oferece a este, colocado perante a referida necessidade, uma opção livre entre permanecer vinculado, embora em regime de suspensão, ou fazer cessar o contrato imediatamente.

Ela tem uma projecção muito importante no tocante aos efeitos da resolução: só quando esta se fundamente em conduta culposa do empregador (ou seja, numa das situações abrangidas pelo n.º 2) tem o trabalhador direito a uma indemnização. O valor desta é calculado de harmonia com os parâmetros estabelecidos para o despedimento ilicito: trata-se de compensar os prejuízos patrimoniais e não patrimoniais sofridos pelo trabalhador, dentro de uma faixa pré-definida: entre quinze e quarenta e cinco dias de retribuição base e diuturnidades por cada ano completo de antiguidade (art. 396.º).

468-a. Em termos idênticos ao que se estabelece no art. 350.º para a revogação por mútuo acordo, e com o mesmo fundamento, a lei admite que o trabalhador *revogue* a resolução dentro dos sete dias seguintes à sua recepção pelo empregador (art. 397.º). Essa faculdade não existe, porém, se a comunicação da resolução estiver datada e a assinatura do trabalhador tiver reconhecimento notarial presencial. Trata-se de obstar à prática ilícita que consiste em o empregador exigir, no momento da admissão do trabalhador, e como condição dela, a entrega de carta de resolução assinada, sem data, reservando-se o mesmo empregador a possibilidade de mais tarde a datar e fazer valer segundo a sua vontade e conveniência. O que está, pois, em causa não é um suposto "direito de arrependimento" – que existiu em legislação mais antiga –, mas um dispositivo destinado a prevenir a encapotada violação da lei, outrora frequentíssima. Com efeito, o empregador pode mesmo *exigir* que o trabalhador cumpra, na resolução, o mencionado formalismo (art. 395.º/4), garantindo assim a inadmissibilidade da revogação.

4. *A extinção irregular do contrato pelo trabalhador.*

469. Resta examinar as consequências jurídicas da desvinculação unilateral irregular por parte do trabalhador.

Já se observou que não tem aqui cabimento a ideia de ineficácia da declaração extintiva: mesmo procedendo incorrectamente, face aos padrões legais de conduta por que deve orientar-se para fazer cessar o contrato de trabalho, o trabalhador obtém sempre o seu objectivo primário. O vínculo extingue-se no momento desejado, as relações laborais cessam.

A preocupação basilar do legislador, no tocante à garantia da estabilidade do emprego que inspira a regra da inutilização do despedimento ilícito quando a iniciativa dele pertença ao empregador, deixa de ter cabimento em tais hipóteses. A liberdade de desvinculação do trabalhador é e deve ser absoluta, em certo sentido: justamente no de que não pode ser-lhe imposta a subsistência de um vínculo por ele não mais desejado. O elemento pessoalidade, que só pode considerar-se característico da posição assumida pelo trabalhador com base no contrato, actua aí no sentido da eliminação de qualquer obstáculo legal à eficácia da vontade desvinculatória por ele manifestada.

Todavia, como igualmente se assinalou já, se a conservação do vínculo – em nome da segurança do emprego – perde relevância nas situações em causa, haverá ainda que atender aos interesses que, do lado da empresa, sinalizam a mesma direcção, isto é, a do desenvolvimento normal da relação de trabalho. No tratamento a dar à desvinculação operada pelo trabalhador deve, na verdade, ponderar-se o prejuízo causado ao empregador e ao funcionamento da empresa pela intempestiva demissão de um trabalhador que nela preenchia certa função. Os prejuízos desse tipo podem ser de pequena monta – se, por exemplo, o profissional desempenhava tarefas secundárias e indiferenciadas ou se, nas condições do mercado de trabalho, for viável a sua rápida e cabal substituição –, mas podem também atingir elevada expressão, como ocorrerá no caso de se tratar de um empregado altamente especializado, cuja actividade constitua um elo essencial da cadeia de funcionamento da empresa, havendo escassa ou nula oferta de força de trabalho com tais características.

470. O conjunto dos pressupostos apontados está, visivelmente, subjacente ao regime legal da ruptura irregular pelo trabalhador.

A hipótese a considerar é a de o trabalhador, sem motivo razoável (sem justa causa) declarar extinto o contrato, não esperando que decorra o prazo de aviso prévio legalmente estabelecido. O contrato cessa, de facto, no momento desejado – não há maneira de o evitar. Mas existe violação da lei e é postergado o interesse do empregador. Que consequências deverão recair sobre o trabalhador que assim procede?

Basicamente, a medida da responsabilidade do trabalhador à do próprio prazo de «aviso prévio» que deveria ter observado, uma vez que não apresentou justificação suficiente do acto extintivo. Assim, caber-lhe-á pagar ao empregador uma indemnização equivalente à retribuição base e diuturnidades que corresponderiam ao lapso de tempo em falta (art. 401.º). Com esta solução, cobrem-se, obviamente, não só os casos de ausência absoluta de aviso prévio (ou sejam os de resolução sem justa causa) mas também aqueles em que, embora havendo comunicação antecipada de despedimento, o período observado seja inferior ao legal (denúncia com aviso prévio insuficiente).

Relativamente às situações de maior prejuízo para a empresa, configura o art. 399.º, ainda, a possibilidade de acréscimo da indemnização na medida daquele prejuizo («indemnização dos prejuízos causados»). O valor encontrado por aplicação do art. 401º é o *mínimo,* ou seja, não depende da existência nem da dimensão dos prejuízos causados. Mas, se estes forem mais importantes, a indemnização cresce até ao seu valor. Para isso, é necessário que o empregador alegue e prove em juízo a existência de prejuízos extraordinários causados pela extinção irregular do contrato a que o trabalhador procedeu ([1]).

([1]) O agravamento da indemnização a pagar pelo trabalhador provém da lei anterior ao Código de 2003. No entanto, ele não era admitido na LCT de 1969, sendo o contrato de duração indeterminada. No domínio do contrato a prazo, a indemnização devida por qualquer das partes tinha (também na LCT) como base os «prejuízos sofridos», mas deparava com o limite do «valor das retribuições vincendas». Veja-se a crítica à primeira solução em BERNARDO XAVIER *Regime jurídico* cit. 208.

Esses prejuízos não serão, naturalmente, avaliáveis a partir do mero facto de o dador de trabalho deixar de contar, continuadamente, com o trabalhador em causa, ainda que daí decorram consequências muito importantes no plano da economia e da organização da empresa. Quer-se com isso dizer que não configuram tais prejuízos extraordinários consequências como uma duradoura quebra da qualidade ou da quantidade da produção – qualidade e quantidade essas condicionadas pela acção de um profissional particularmente hábil ou diligente. Está-se aí perante corolários normais do jogo da oferta e procura da força de trabalho. Os danos a que a lei se refere são somente aqueles que decorrem imediatamente da própria irregularidade do despedimento, ou seja, do modo súbito por que injustificadamente se operou: perturbações ou quebras no processo produtivo directamente causadas pela falha imprevista de um dos seus elementos fundamentais ([1]).

O art. 401.º *in fine* prevê ainda a possibilidade de responsabilização do trabalhador por violação de um eventual "pacto de permanência". Trata-se de figura a que voltaremos um pouco adiante: nos casos em que tenham sido feitas pelo empregador despesas avultadas com a formação do trabalhador, pode ser estipulado entre eles que o contrato tenha uma duração garantida, não superior a três anos. Se o trabalhador quiser desvincular-se com antecipação, deve restituir "a soma das importâncias despendidas".

5. *O abandono do trabalho.*

471. Cabe, enfim, referir uma hipótese particular de cessação do contrato de trabalho considerada, pela lei, como imputável ao trabalhador: a do *abandono do trabalho*, que o CT contempla expressamente no art. 403.º ([2]).

([1]) Vd. BERNARDO XAVIER, *Regime jurídico* cit. 201.

([2]) A situação de ausência prolongada do trabalhador sem comunicação nem justificação era, até 1989, tida correntemente pela jurisprudência como

A lei constrói essa figura sobre um certo complexo factual, constituído pela ausência do trabalhador e por factos concludentes no sentido da existência da «intenção de não o retomar» (art. 403.º/1).

A não comparência ao serviço por dez ou mais dias úteis seguidos, «sem que o empregador seja informado do motivo da ausência» ([1]), oferece suporte a uma presunção *iuris tantum* de abandono do lugar; o afastamento dessa presunção pode ser obtido mediante "prova da ocorrência de motivo de força maior impeditivo da comunicação ao empregador da causa da ausência" (art. 403.º/4).

Tendo-se por verificado o abandono, a lei faz-lhe corresponder o efeito de uma denúncia sem aviso prévio (n.º 3), nomeadamente no tocante à indemnização devida ao empregador: ela deve cobrir os prejuízos causados, não devendo ser inferior à importância relativa ao aviso prévio em falta. Todavia, tal efeito só se produz mediante «comunicação ao trabalhador dos factos constitutivos do abandono ou da presunção do mesmo», comunicação a remeter «para a última morada conhecida (*do trabalhador*)».

472. O regime do art. 403.º não é inteiramente claro acerca da questão crucial que é a de se determinar o momento da cessação do contrato de trabalho. O texto legal sugere que a

---

insusceptível de agir, por si só, sobre o destino do contrato: a cessação deste teria que efectivar-se por despedimento disciplinar com fundamento em faltas injustificadas. Nesse sentido, os Acs. STJ 15/11/85 (BTE, 2.ª série, 5-6/87, 776), Rel. Lisboa 9/4/86 (CJ 86, 2,166) e 6/1/88 (CJ 88, 1, 168). Na doutrina, pronunciava-se em sentido oposto BERNARDO XAVIER, *Notas sobre o abandono do lugar nas relações de trabalho privadas,* RDES, 1.ª Série, 1976. Na prática, experimentavam-se grandes dificuldades na organização de processos disciplinares, face à impossibilidade do contacto directo com o arguido que ocorria em muitas situações deste tipo.

([1]) Num passado não muito distante, desenhou-se uma linha jurisprudencial admitindo que esta comunicação seja *tácita*, podendo revelar-se através de factos que, simplesmente, exprimem a intenção do trabalhador de manter o vínculo para futuro. Cfr. Ac. STJ 13/12/95 (AD 410, 249).

presunção *iuris tantum* estabelecida no n.º 2 não tem limite de duração: a qualquer momento, aparentemente, poderá o trabalhador fazer valer o dispositivo de ilisão da presunção (n.º 4), mesmo que o empregador tenha remetido a comunicação a que se refere o n.º 3. Esta serviria apenas para legitimar a *invocação* da cessação do contrato por abandono – mas o aparecimento do trabalhador com justificação cabal inutilizaria expeditamente essa cessação.

Não se sabe que alcance poderia ter a "invocabilidade" da cessação do contrato – após a comunicação – se ela não correspondesse à *constatação dessa mesma cessação*, como consequência jurídica definitiva da aplicação do regime legal. O facto de a lei a fazer depender da comunicação do empregador explica-se pelo propósito de admitir vários graus de tolerância por parte dele. Por outro lado, a referência à invocabilidade pode destinar-se a excluir com clareza o facto de, dependendo em última análise a cessação do contrato de uma atitude do empregador, ela não lhe ser imputada (como despedimento).

Convém, na verdade, ter presente que, antes da introdução da figura do abandono do trabalho (com a lei de 1989), as ausências prolongadas e sem comunicação nem justificação do trabalhador tinham que ser enquadradas no regime das faltas injustificadas, como possível motivo de despedimento. O abandono do trabalho acarreta a inversão dessa imputação: ele equivale a denúncia pelo trabalhador, sem aviso prévio (art. 403.º/3 e 5).

§ 55. Pactos de não concorrência e de permanência.

1. *O pacto de não concorrência.*

473. No âmbito do seu dever de lealdade, não pode o trabalhador, como se notou, negociar por conta própria ou alheia em concorrência com o empregador (art. 128.º/1-*f*)). Esta obrigação abstensiva vigora durante o desenvolvimento das relações contratuais. Mas a verdade é que, após o termo dessas relações, o ex-empregador pode manter um forte interesse em que o trabalhador use a sua capacidade profissional, nomeadamente os conhecimentos adquiridos na empresa, para os colocar ao serviço da concorrência.

Suponha-se que o trabalhador adquiriu, na empresa, conhecimentos técnicos especializados, ou ganhou acesso a uma vasta clientela, que, após a ruptura do contrato (eventualmente por sua iniciativa), se prontifica a colocar à disposição de uma empresa concorrente da primeira. Esta sofrerá assim prejuízos graves, relacionados com a posição que perante ela teve o trabalhador em causa – posição essa que, enquanto perdurou, envolvia justamente a abstenção de tal comportamento.

A lei, por si mesma, não estabelece qualquer restrição à conduta profissional do trabalhador após a cessação do contrato. Tal atitude abstensiva do legislador é, aliás, comum à generalidade dos sistemas ([1]), na linha da protecção da liberdade de trabalho (arts. 136.º/1 e 138.º) que se encontra estreitamente associada ao conteúdo do direito ao trabalho (art. 58.º CRP) ([2]).

Só por acordo com o trabalhador pode a entidade patronal prevenir, em certa medida, os riscos apontados. Tal acordo toma a designação generalizada de pacto de não concorrência (*patto di non concorrenza, Wettbewerbsabrede*), muito embora possa não estar nele em causa, estritamente, o impedimento de uma conduta concorrencial do trabalhador, mas outro tipo de limitação à sua actividade profissional após a cessação do contrato ([3]).

A limitação da actividade profissional de um trabalhador, após a cessação do contrato de trabalho, poderia ser tentada também através de acordo entre empregadores, pelo qual estes procurarão proteger-se mutuamente do factor de concorrência que resulta do

---

([1]) Cfr., por exemplo, GHIDINI 196; RIVERO-SAVATER *cit.* 537; KASKEL--DERSCH 411.

([2]) Relativamente à Const. Política de 1933, vd. SILVA LEAL, *O princípio constitucional da liberdade de trabalho,* «Rev. Gab. Est. Corp.» 46,148 ss. .

([3]) Vd. sobre o tema, com desenvolvimento, NIKISCH 395 ss. e HUECK//NIPPERDEY 230 ss.; ZÖLLNER 90; GAUL, *Das Arbeitsrecht* cit. 2, 227 ss.; ALONSO OLEA, *Derecho del Trabajo* cit. 247 s..

aproveitamento de pessoal de uns por outros. Tal expediente acaba por se traduzir na compressão do direito ao trabalho. Por isso a lei o proíbe expressamente (art. 138.º).

474. O pacto de não concorrência é expressamente admitido pelo art. 136.º/2, desde que a sua duração não ultrapasse certo limite (em geral, dois anos; em casos de cargos de confiança ou de acesso a informações sensíveis, três anos – n.º 5 do mesmo artigo) e se verifiquem, cumulativamente, certas condições.

Uma breve leitura das condições legais do pacto de não concorrência mostra que com essa figura se pretende atender à necessidade de protecção de dois tipos de interesses do empregador: por um lado, o de evitar que um concorrente venha a utilizar informações, conhecimentos ou recursos (como a clientela) a que o trabalhador teve acesso pela especial posição que detinha na empresa de onde agora parte; por outro lado, o de evitar o desperdício de meios investidos na qualificação profissional trabalhador.

Assim, a al. *b*) do n.º 2 do art. 136.º põe como condição da licitude do pacto o risco de prejuízos, para a entidade empregadora que o subscreve, derivados do exercício da actividade do trabalhador para além do momento em que cesse o contrato de trabalho.

Esta condição tem que ser encarada com cautela. O «prejuízo» de que aqui se trata refere-se aos objectivos económicos do ex-empregador, à sua clientela e ao seu volume de negócios; é este o critério a utilizar na apreciação de cada caso concreto. O trabalhador aprendeu a dominar certa técnica, participou na concepção de um projecto ou de um novo produto, conhece a fundo a estratégia de gestão delineada pelo empregador – está, obviamente, em condições de causar prejuízos a este último se, de imediato, for trabalhar para uma empresa do mesmo ramo ou inserida na mesma área de mercado. Mas, para além disto, há inúmeras situações em que esses caracteres diferenciais não ocorrem, e em que, apesar disso, a saída do trabalhador e a sua passagem para outra empresa pode ter um genérico efeito prejudicial nos interesses do ex-empregador. Nem por isso estará legitimada a existência de pacto de não concorrência.

Outra condição é a de que o trabalhador seja economicamente compensado pela limitação de actividade a que se obriga. A al. *c*) do n.º 2 do artigo citado refere-se aqui a «uma compensação». Sendo evidente que se trata de prestação com natureza distinta da do salário – visto que não há prestação, mas abstenção de trabalho –, pensamos que lhe é aplicável, na generalidade, e por manifesta analogia, o regime protectivo que a lei desenha para a retribuição do trabalho. Trata-se, com efeito, e apesar de tudo, do contravalor de um trabalho que o trabalhador fica privado de prestar. Os fundamentos da protecção jurídica do salário estão inteiramente presentes. No entanto, o valor acordado pode ser reduzido equitativamente se o empregador tiver tido despesas avultadas com a formação do trabalhador.

A terceira condição é de natureza formal: o art. 136.º/2-*a*) exige que a cláusula limitativa da actividade do trabalhador conste de *acordo escrito*, nomeadamente (mas não necessariamente) do contrato de trabalho ou do acordo de cessação deste.

No CT de 2003 (art. 146.º), o pacto de não concorrência deveria ser uma cláusula "do contrato de trabalho ou do acordo de cessação deste". Parecia ser, assim, admitido apenas como compromisso *inicial* entre as partes ou, em alternativa, simultâneo com o acto *extintivo* do contrato de trabalho. Numa primeira análise, dir-se-ia que tal limitação se harmonizava com a diminuição de capacidade de resistência contratual que se presume afectar o trabalhador na vigência do contrato. Mas a verdade é que, em regra, não há momento de maior debilidade contratual do trabalhador do que o do nascimento do vínculo, aquele em que se trata de obter o emprego remunerado. Por outro lado, só o desenvolvimento das relações contratuais permite, em muitos casos, ajuizar sobre os factores de que depende a oportunidade do pacto de não concorrência. O objectivo da lei é, em primeiro lugar, o de garantir a forma escrita (tendo em conta a gravidade do acto) e, depois, o de promover o balanceamento desse compromisso com as restantes condições do contrato de trabalho. Mas isso não obriga a que o pacto seja estipulado no mesmo momento que o contrato é celebrado ou se extingue. De resto, a referência que no CT de 2003 se fazia ao *contrato* não implicava que se tratasse apenas do momento da sua *celebração*; o contrato de trabalho tem um conteúdo largamente evolutivo, vai sendo integrado e recomposto através de múltiplas manifestações de vontade expressas ou tácitas, ajustando-se assim ao quadro técnico e organizacional em que é executado, sem deixar de ser o mesmo contrato entre as mesmas pessoas. O contrato pode, pois, sofrer modificações e receber cláusulas adicionais – como o pacto de não concorrência – em qualquer momento da sua vigência ([1]).

2. *O pacto de permanência.*

475. Se o pacto de não concorrência constitui uma limitação da liberdade de trabalho depois da cessação do contrato, o pacto de permanência actua na vigência do contrato e destina-se a garantir que ele dure o suficiente para que certas despesas importantes do empregador fiquem compensadas.

Trata-se do regime contido no art. 137.º CT ([2]): pode ser acordada entre o empregador e o trabalhador uma duração garantida do contrato, implicando o compromisso, por parte do segundo, de «não denunciar o contrato» por certo prazo – que não pode ultrapassar três anos – como compensação de despesas avultadas de formação. Estamos perante algo de semelhante a um "termo estabilizador", concebido como instrumento de protecção de interesses do empregador. A garantia de duração da relação de trabalho joga aqui, não em prol da estabilidade do emprego, mas a favor de uma pretensão razoavel do empregador, que é a de tirar proveito suficiente do investimento que fez em formação.

O novo ênfase dado pela lei à protecção desse interesse deve relacionar-se com a postura que ela assume relativamente ao papel do empregador no desenvolvimento das aptidões profissionais dos

([1]) Em edições anteriores deste livro, sustentámos esta mesma tese *de iure constituendo*, fazendo, porém, uma interpretação mais literal do texto da lei, contrária à que hoje se adopta.

([2]) O regime do pacto de permanência só aparentemente constitui uma novidade do Código. Ele tem a sua origem no art. 36.º/3 LCT.

trabalhadores. Os arts. 131.º a 134.º CT definem um quadro de responsabilidades formativas do empregador no quadro da relação de trabalho – algumas delas quantificadas em concreto – que podem acarretar-lhe, relativamente a certas qualificações, encargos importantes. O pacto de permanência ganha um relevo acrescido (em relação ao que lhe era dado na lei anterior) justamente como parcela do dispositivo incentivador que o CT estabelece.

476. O pacto de permanência é, pois, um compromisso de estabilidade assumido pelo trabalhador perante o empregador. Esse compromisso é consolidado por uma obrigação de restituição do "montante correspondente às despesas nele referidas" pelo empregador na formação do trabalhador (art. 137.º/2).

Importa fazer a este respeito duas precisões.

Em primeiro lugar, a existência de pacto de permanência é requisito essencial para que o empregador possa reclamar a restituição de importâncias gastas com a formação do trabalhador. O facto de terem sido feitas despesas de formação não releva – fora desse caso – para a quantificação dos prejuizos que o trabalhador deve indemnizar, por romper irregularmente o contrato, nos termos dos arts. 399.º e 401.º.

Em segundo lugar, a mesma perspectiva de ressarcimento adequado leva a considerar que a restituição devida, nos termos do art. 137.º/1 *in fine*, não pode deixar de medir-se pela proporção do tempo em falta relativamente à duração do contrato que foi garantida pelo pacto. O sentido do proprio pacto de permanência é o de uma garantia de "amortização" ou de "retorno" para um investimento particularmente significativo em formação. Se a duração estipulada não é cumprida, a restituição deve, a nosso ver, limitar-se à proporção do tempo em falta.

III PARTE

AS RELAÇÕES COLECTIVAS DE TRABALHO

CAPÍTULO I

AS DIMENSÕES COLECTIVAS DO DIREITO DO TRABALHO

§ 56. O Direito Colectivo do Trabalho: objecto e características gerais.

1. *O objecto do Direito Colectivo.*

477. O ordenamento jurídico-laboral não visa apenas as relações individuais que se constituem em torno do fenómeno da alienação da disponibilidade da força de trabalho. A esfera destas relações está envolvida por uma coroa de fenómenos *colectivos* dotados de enorme relevância social e que, perante o Direito, assumem o duplo significado de *objecto* e *fonte* de normas jurídicas. Esses fenómenos exprimem, por um lado, em diversas formas (a negociação, a greve, a acção sindical na empresa, etc.), a tensão mais ou menos declarada entre interesses de grupos sociais contrapostos: o ordenamento jurídico cuida de dispor as formas de equilíbrio e os instrumentos de composição de tais interesses em conflito, regulamentando os fenómenos que os projectam no quadro social. Mas, por outro lado, os mesmos fenómenos podem encerrar uma dinâmica geradora de normas; o conflito de interesses colectivos diz respeito, frequentemente, a uma pretensão de mudança das condições de trabalho praticadas numa certa categoria de empresas ou relativamente a determinada camada profissional; e desse conflito podem portanto emergir regras definidoras de um novo padrão de condições de trabalho no mesmo âmbito – padrão destinado a penetrar o conteúdo das correspondentes relações individuais.

As normas assim produzidas (cujo instrumento característico é a convenção colectiva de trabalho) inserem-se no domínio do *regime das relações individuais de trabalho*, aí ombreando com aquelas que o Estado emite, nomeadamente sob a forma de leis. Pelo objecto de umas e de outras, verifica-se que está nelas em causa a delimitação da liberdade individual de estipulação nos contratos de trabalho. Tanto as normas legais referentes a estes contratos como as cláusulas das convenções colectivas definem períodos mínimos de férias, exigências a observar na extinção dos vínculos, condições de fixação dos salários; em suma, direitos e deveres dos trabalhadores e empregadores individualmente vinculados. As normas convencionais, como as normas legais, integram o Direito Individual do Trabalho.

478. Mas, como se notou, os fenómenos colectivos laborais não são encarados pelo Direito somente como origem de normas. O ordenamento jurídico não se limita, perante tais fenómenos a *receber* ou *incorporar* (e adiante se verá como) os padrões normativos produzidos pela confrontação de grupos sociais animados de pretensões opostas. Primeiro, porque o Direito se não pode desinteressar da validade ou genuinidade social dos processos por que tais normas são geradas. Segundo porque a preservação da integridade do ordenamento jurídico global implica que sejam enquadrados em formas institucionais os processos sociais baseados na forca relativa dos grupos. Terceiro, porque os conflitos de interesses colectivos envolvem, ou podem envolver, situações mais ou menos graves de prejuízo para a satisfação de necessidades colectivas, quando não prenunciam crises sociais generalizadas. Por estas e outras razões – que irão ressaltando da exposição subsequente –, o Direito do Trabalho incorpora hoje, na generalidade dos sistemas (embora sob formas e em graus bastante diversos), um corpo de normas ([1]) reguladoras das *formas de organização* de interesses colectivos – o regime das organizações sócio-profissionais – e dos *processos* e *instrumentos* da acção colectiva – a disciplina das relações e dos conflitos colectivos. A esse corpo de normas se aplica doutrinalmente o rótulo de *Direito Colectivo do Trabalho* ([2]).

O Direito Colectivo tem as suas raízes embebidas na estrutura da relação individual de trabalho. É ainda dos interesses e relações mútuas dos trabalhadores subordinados e dos empregadores que nele se trata. Mas a sua acção sobre tais interesses e relações é mediata e instrumental. As normas de Direito Colectivo não conformam directamente as relações individuais de trabalho, não criam direitos nem deveres para o trabalhador subordinado e seu empregador; regulam ou condicionam somente certos *modos* de produção de normas aplicáveis aos contratos de trabalho – modos esses que envolvem a composição de determinados interesses (colectivos), ou seja, postulam a existência de *organizações* e de *conflitos*.

479. O carácter mediato da influência das normas do Direito Colectivo na determinação das condições de trabalho, bem como a instrumentalidade dos dispositivos que lhe são próprios, não prejudicam a sua inserção no Direito do Trabalho nomeadamente pelo que respeita à validade dos princípios básicos deste ramo do ordenamento jurídico.

([1]) Nalguns países – como é o caso paradigmático da Suécia –, tal regulamentação provém, ela própria, do confronto de interesses colectivos e exprime-se por *acordos básicos* subscritos pelas organizações centrais de trabalhadores e empregadores. Noutros, como Portugal, trata-se de produção normativa estadual (leis), muito embora, por vezes, as convenções colectivas incluam disposições isoladas com possível pertinência ao Direito Colectivo, como na altura própria se assinalará.

([2]) A esta designação, de matriz germânica, contrapõe-se a de *Direito Sindical*, acolhida, nomeadamente, na tradição doutrinal italiana. Todavia, este rótulo não permite abranger fenómenos colectivos em que não intervém o *sindicato*; por outro lado, não se harmoniza com sistemas como o português em que a designação de sindicato só se aplica a um tipo de associação profissional – não abrangendo, nomeadamente, as organizações patronais.

O Direito Colectivo constituiu-se e desenvolveu-se em torno do jogo de interesses de trabalhadores e empregadores, mas encarando estes para além do plano individual, *recebendo* a realidade da integração deles nos grupos sociais e nas formas associativas historicamente adoptadas, assumindo a noção de *interesse colectivo*, identificando e recobrindo uma outra dimensão das relações sociais de trabalho – justamente a dimensão *colectiva*.

Os fenómenos colectivos laborais envolvem, pois, por um lado, processos de confronto entre grupos sociais e, de outra perspectiva, processos de criação de direito objectivo. Isto explica que, em medida maior ou menor conforme os sistemas, o Direito Colectivo traduza o papel que o Estado se reserva perante os fenómenos colectivos, quer se trate de uma *atitude de intervenção* confiada a orgãos administrativos e tendente à prevenção ou à resolução (nomeadamente em forma arbitral) de conflitos (sobressaindo aí as preocupações de paz social); quer surja como uma *delimitação qualitativa* das áreas susceptíveis de regulamentação por via colectiva ou, ainda, como um *controlo* e uma *validação* das soluções assim atingidas (colocando-se o acento tónico no facto da produção normativa que acompanha o jogo de interesses colectivos); quer, noutra perspectiva, a de oferecer um *quadro institucional* susceptível de utilização pelos interlocutores colectivos; quer, enfim (para terminar um enunciado que não pode ser senão exemplificativo) a de meramente cuidar de dispositivos de emergência (a requisição civil, por exemplo) para as situações de ruptura na satisfação de necessidades essenciais, sem qualquer outra actuação sobre a forma ou o fundo dos fenómenos colectivos de trabalho.

2. *Caracteres gerais do Direito Colectivo.*

480. O Direito Colectivo não é, simplesmente, o direito das colectividades de trabalhadores e de empregadores. Ele exprime desde logo, uma *intervenção reguladora* do Estado sobre o modo por que se desenvolvem as relações e actividades desses grupos. Mas essa intervenção não é meramente promocional ou facilitadora: ela está relacionada com interesses próprios. Antes do mais, a contratação colectiva contende com elementos relevantes para as políticas públicas no domínio económico e social: a variação dos salários, as limitações ao recrutamento e ao despedimento, as reduções de tempos de trabalho, os esquemas complementares de protecção social.

Mesmo que se ignore a eventualidade de as condições salariais (por exemplo) ajustadas para os trabalhadores de certa indústria conflituarem com aspectos importantes da política económica e social do Estado (nomeadamente por excessivo encarecimento dos bens de consumo fabricados ou pela marginalização de empresas que ocupam um número importante de trabalhadores), há que ponderar, como pressuposto de facto, que o Estado é ele próprio (ainda) empresário, no mínimo accionista importante, e, em regra, em sectores básicos da economia. E o efeito «imitação» ou «alinhamento» que, desde logo pela publicidade que os rodeia, os processos de ajuste colectivo desencadeiam – sobretudo, o que também importa, os de carácter mais arrojado – coloca ao Estado menos intervencionista a necessidade imperiosa de estar presente, de uma maneira ou de outra. É o que, em síntese, observa M. DESPAX: «O Estado, que não é apenas soberano mas que é também empresário, pode tanto menos desinteressar-se das negociações colectivas do sector privado quanto é certo que as reivindicações do seu pessoal têm a sua fonte na exigência da «paridade» entre as remunerações do sector público e do sector privado» ([1]).

Tende-se, por isso, para enfatizar os objectivos económicos da intervenção estatal nas relações colectivas de trabalho: ela visaria sobretudo garantir certas metas de política económica e também, eventualmente, uma estratégia de gestão das empresas controladas pelo Estado. Mas essa visão peca por demasiado limitada. Estão sempre em causa, igualmente, objectivos sócio-políticos básicos que asseguram «a diferenciação política e, consequentemente, a acção governativa diferenciada» ([2]).

Encontram-se aqui as raízes de uma insanável ambiguidade: o Estado empresário e empregador, que, como tal, é parte em conflitos de interesses (mais ou menos ostensivos e declarados) com os trabalhadores e as suas organizações, é a mesma entidade, e movi-

---

([1]) *Conventions collectives*, in *Traité de Droit du Travail*, dir. CAMERLYNCK, vol. VII, 23.

([2]) M. SALAMON, *Industrial Relations. Theory and Practice*, London (1987) 220.

menta-se de acordo com os mesmos pressupostos ideológicos e as mesmas finalidades políticas, que o Estado soberano a quem cabe garantir a estabilidade e o equilíbrio nas tensões de interesses, intervindo de modo mais ou menos pronunciado nas situações de conflito, em nome do «interesse geral» ([1]).

Assim, no âmbito do sistema português, as condições de trabalho nas empresas pertencentes ao Estado ou por ele controladas (e na própria função pública) são objecto de negociação com organizações sindicais que representam os respectivos trabalhadores – e a negociação colectiva assenta, como qualquer outra, na livre expressão das vontades e dos interesses e na vinculatividade dos acordos celebrados. Todavia, a força jurídica dos acordos respeitantes à função pública é inteiramente relativizada pelo primado do poder regulador da Administração: tais acordos têm natureza meramente «participativa» num processo legislativo ou regulamentar estatal (veja-se o DL 23/98, de 26/5). No respeitante às empresas públicas, o quadro é já diferente: a antiga exigência legal de prova da autorização ou aprovação tutelar para que as convenções respectivas pudessem ser depositadas e, portanto, vigorar, foi sofrendo alterações ([2]) que culminaram na sua eliminação. Mas, se é assim no plano formal, a verdade é que o exercício da tutela sobre a gestão das empresas cujo capiutal pertence total ou majoritariamente ao Estado subsiste – embora limitada ao círculo das relações entre o órgão de gestão e o Ministério competente –, reflectindo, frequentemente, a articulação das perspectivas necessariamente diversas do titular de uma empresa e da autoridade responsável por uma política económica e social.

([1]) Acerca das várias perspectivas segundo as quais pode ser encarada a «posição representativa do governo» nas relações laborais, vd. ainda M.SALAMON, *Industrial Relations*, cit.220-222. Aí se refere a visão segundo a qual se trata de uma posição neutral assente na expressão do interesse nacional, ao lado da que identifica a postura do governo com a manifestação do interesse sectorial de um partido eleitoralmente legitimado, e ainda da que, radicalmente, liga essa postura, de modo indiferenciado, à garantia dos «interesses capitalistas».

([2]) Começou-se por prever, para o caso de falta de autorização ou aprovação, um «depósito provisório» da convenção (DL 87/89, de 23/3); mais tarde, essa exigência foi totalmente excluída do elenco dos pressupostos da recusa do depósito (DL 209/92, de 2/10).

Essa ambiguidade não se resolve também pela pura e simples exclusão da presença governamental no cenário das relações colectivas de trabalho.

Um não-intervencionismo absoluto começaria por não exprimir sequer uma posição de neutralidade. Existem enormes desigualdades nas posições dos próprios interesses colectivamente afirmados: elas derivam dos desequilíbrios do mercado de trabalho (hoje com uma tendência geral para o acréscimo do desemprego em grande número de profissões tradicionais), das diferentes posições na estrutura dos processos de laboração, da volubilidade dos preços (e, por conseguinte, do custo de vida), entre outros factores. O tempo é, nas relações colectivas de trabalho, uma dimensão de grande importância: é tudo menos indiferente que uma negociação de salários ou uma greve durem dias, semanas ou meses. Em regra, a premência dos resultados corresponde ao interesse colectivo dos trabalhadores; mas, seguramente, a prevenção e a rápida superação dos conflitos vão ao encontro, pelo menos, das conveniências da «colectividade dos consumidores» com que usualmente se identifica o «interesse geral» (1).

481. O Direito Colectivo é o sector do ordenamento jurídico-laboral mais directamente condicionado pelos pressupostos ideológicos e pelas orientações político-económicas dominantes em cada país (2). É também ele, frequentemente, um arsenal em que se procuram alguns dos instrumentos típicos de actuação sobre a conjuntura económica (por exemplo a prática, utilizada no passado, no quadro do combate a tensões inflaccionistas, da definição legal de limites aos aumentos de salários por via negocial colectiva). Os modelos consagrados em cada sistema legal são inseparáveis da fisionomia que no país assumam as organizações sócio-profissionais (sindicatos, associações patronais) e das práticas colectivas que nele estejam historicamente sedimentadas.

(1) Sobre as diferentes formas de intervenção, e numa perspectiva de direito comparado, vd. B.Veneziani, *Stato e autonomia collectiva*, Bari (1986).

(2) Cfr. Giugni, *Diritto Sindacale*, Bari (1980) 13.

Por outro lado, este é um domínio pouco favorável à comparação entre sistemas jurídicos nacionais. «Decerto que as técnicas utilizadas por vezes se assemelham, mas é forçoso constatar que elas não se aplicam, de facto, à mesma matéria e não servem para resolver os mesmos problemas» (1).

No entanto, os temas de Direito Colectivo exercem particular fascínio sobre os comparatistas; e rara é a obra geral sobre esta parte do Direito de Trabalho que não faça, a cada passo, referência às soluções de sistemas estrangeiros. Há, por certo, várias explicações para tal facto, mas uma delas interessa-nos sobremaneira; os grandes problemas suscitados, no plano social, pelo desenvolvimento dos fenómenos colectivos laborais são, na sua traça geral, comuns a todos os países industrializados; as técnicas e os instrumentos jurídicos correspondentes compõem um receituário relativamente escasso, de utilização comum embora com muito diversos resultados; a análise comparativa é pois, por um lado, uma forma de juízo pragmático e, por outro lado, uma possível fonte de inspiração. Com efeito, as combinações de meios que caracterizam os vários sistemas de Direito Colectivo, depois de serem o produto de opções ideológicas, constituem igualmente criações da iniciativa e do pragmatismo (2).

482. O estudo do Direito Colectivo requer abertura ao conhecimento experimental, dado que as normas que o constituem dizem respeito a «uma complexa trama de relações cuja dinâmica se funda numa realidade subjacente de força e de poder» (3); daí a inoperância de «uma perspectiva rigidamente formalística» (4) para o conhecimento desse domínio da realidade jurídica.

---

(1) DESPAX 112.

(2) Sobre o ponto, escreve GIUGNI: «Em substância, o substrato real ou de estrutura (o conflito industrial) pode ter valências políticas diversas, assumir ou não caracteres típicos de luta de classes, e o direito sindical pode, por isso, ser penetrado por motivos ideológicos diversos, muitas vezes até, como indica o esclarecedor estudo do direito comparado, com semelhança de instituições formais», – cit.12.

(3) GIUGNI 14.

(4) ID., id..

A abordagem do Direito Colectivo supõe a consciência da especificidade dos fenómenos sociais a que ele se reporta e a percepção dos mecanismos e dos comportamentos pelo quais se manifesta a dinâmica sócio-laboral. Mecanismos e comportamentos que, não raro, conflituam eficazmente com o ordenamento estadual, na medida em que o poder social das colectividades profissionais logra afirmar-se como contraposto à autoridade pública, fazendo prevalecer critérios valorativos que não coincidem com os daquele ordenamento. Assim é que, como salienta GIUGNI, (1) «boa parte da realidade das relações colectivas pode ser lida, à luz do ordenamento estadual, como relações contratuais, enquanto, substancialmente, aparece radicada em razões de equilíbrio que transcendem de largo a força da relação obrigacional e da conexa responsabilidade patrimonial consagrada no direito civil».

Se é certo que as normas procedentes de tais mecanismos – *maxime* da negociação – se impõem aos tribunais (ao menos quando compatíveis com o ordenamento estadual), é preciso notar também que elas aparecem munidas de outras vias de coerção: as da autotutela colectiva (nomeadamente a greve), que assentam directamente na relação de forças entre as colectividades profissionais envolvidas. Seria sempre deficitária uma aproximação ao regime das relações colectivas de trabalho que prescindisse do conhecimento, em termos formais e substanciais, dos processos de confronto social em que assenta esse regime.

483. O Direito Colectivo tem latente uma dificuldade operatória praticamente insanável: através dele, procura o legislador cingir em módulos pré-figurados e articulados entre si uma realidade que constantemente assume formas e cambiantes atípicas ou imprevistas – logo colocando em crise a própria viabilidade prática dos dispositivos construídos a partir de tais módulos.

A evolução dos sistemas de Direito Colectivo é, em grande parte, motorizada pelo confronto entre a inventiva do legislador e a inovação no domínio da acção colectiva – pois que, amiúde, os

(1) Ob. Cit., 15.

grupos sociais intentam furtar-se, com a atipicidade dos seus comportamentos, às exigências ou aos efeitos previstos nos esquemas normativos vigentes (é, por exemplo, o caso da greve de zelo).

O modo por que tais fenómenos reagem no imediato (isto é antes que possa operar-se o eventual reajustamento do sistema às novas realidades) sobre o ordenamento jurídico varia, além do mais, com a inspiração ideológica deste: pode sobrevir a repressão a tolerância ou mesmo a extensão, por semelhança real ou alegada dos modelos estabelecidos. De todo o modo, os comportamentos colectivos atípicos constituem formas de expressão de poder social e de afirmação de pretensões ou interesses colectivos, que, por natureza, escapam, ao menos num primeiro momento, às malhas do Direito Colectivo. Todavia, contribuem de facto, frequentemente, para a definição ou modificação das condições de trabalho praticadas nas empresas – isto é, produzem efeitos práticos idênticos aos dos fenómenos juridicamente enquadrados.

Cabe aqui referir, de entre eles, tomando particularmente em conta a recente experiência nacional, a *negociação colectiva informal* ao nível de empresa e a chamada *negociação permanente* em torno dos clássicos poderes de direcção e organização de empresa.

484. O primeiro desses fenómenos assumiu particular relevância no período posterior a 25 de Abril de 1974 em que permaneceram intactas as estruturas representativas do corporativismo e subsistiu mesmo o regime legal da negociação colectiva que fora definido, de acordo com a doutrina então vigente, em 1969. A movimentação reivindicativa dos trabalhadores centrou-se fundamentalmente na empresa, originando processos de negociação pelos quais se intentava a expedita modificação das condições de trabalho (sobretudo as referentes a remunerações) constantes de convenções colectivas anteriormente celebradas ao nível de profissão, de ramo de actividade e mesmo de empresa.

Tais processos evoluíam, não raro, à margem das organizações patronais e sindicais, estando aliás na origem do surto das comissões de trabalhadores que por essa altura se desenvolveu. E os «acordos», «protocolos» e outros instrumentos negociais resultantes não foram, em muitos casos, objecto de publicação oficial ([1]), exprimindo assim meros compromissos entre os empresários e o pessoal ao seu serviço. Cremos que a eficácia jurídica de tais compromissos se localizava no plano das relações individuais – isto é, traduzia-se na modificação directa do conteúdo dos contratos do trabalho, não relevando dos mecanismos próprios da regulamentação colectiva formal.

Para além dessa experiência particular, que reflectia o espontaneismo de uma fase de desagregação de esquemas institucionais e processuais, a negociação colectiva informal não perdeu actualidade. Muitos aspectos das relações entre trabalhadores e empregadores têm sido, ao nível da empresa, regulados por «protocolos» e outras configurações convencionais, quando não por «regulamentos internos» que não provêm de acção unilateral do empregador, antes são verdadeiramente negociados. As delongas e complexidades da negociação colectiva formal puderam ser assim torneadas. As dificuldades que o sistema formal opõe a uma negociação verdadeiramente radicada na empresa foram superadas desse modo. E, se é certo que as regras acordadas não beneficiam dos atributos das normas constantes das convenções colectivas de trabalho, a verdade é que se tornam operativas por outras vias: a da «absorção contratual» ao nível das relações individuais, e a da pressão colectiva dos grupos interessados.

485. O segundo fenómeno corresponde, pelo contrário, a uma tendência mais ou menos generalizada e até, em certos casos, institucionalizada por convenção colectiva. Desde 1974, e em termos muito variáveis conforma as conjunturas políticas e sociais, verificou-se nas empresas a interferência de orgãos de representa-

---

([1]) De resto, e como atrás se observou, os próprios instrumentos convencionais, publicados no então *Boletim do Ministério do Trabalho*, reflectiam de algum modo a atipicidade da prática negocial da época. Aí se encontrava, com efeito, ao lado das clássicas modalidades previstas na lei (*o contrato colectivo e o acordo colectivo*), uma gama variada e sugestiva de formas convencionais, como *o protocolo, as conclusões da negociação, a acta da negociação, a acta de acordo, o adicional, o acordo salarial, a decisão da negociação (!), as condições de trabalho acordadas*, etc..

ção interna dos trabalhadores (comissões sindicais ou intersindicais, comissões de trabalhadores) nos processos de decisão referentes à direcção, organização e regulamentação do serviço. Adiante faremos a este fenómeno uma referência centrada nas acomodações que dele resultam ou podem resultar para a estrutura das relações individuais de trabalho.

> No período pós-revolucionário – até meados da década de oitenta do século passado – tais interferências não assumiam directamente o sentido (nem o espírito) de formas de simples «participação», mas o de momentos de «disputa» do poder social no seio da empresa. Os contactos entre os representantes dos trabalhadores e os gestores das empresas traduziam-se em formas larvares de negociação. Uma das linhas de força da acção colectiva dos trabalhadores na empresa consistia, justamente, em *fazer entrar no campo de negociação o próprio exercício dos clássicos poderes patronais* ([1]). Daí resultava algo de semelhante – no plano da empresa – àquilo que, a outro propósito, a doutrina italiana designa por «conflitualidade permanente»; donde também, embora de modo mais ou menos oculto, uma situação de constante (ainda que latente) e quase indiscriminada negociabilidade, frequentemente para além do domínio estrito das condições de trabalho e retribuições.

As circunstâncias mudaram consideravelmente, desde o início dos anos noventa, em função do generalizado enfraquecimento das estruturas representativas dos trabalhadores. As condições desvantajosas do mercado de emprego convergiram com outros factores para que se alterasse, em sentido desfavorável aos trabalhadores e às suas organizações, a correlação de forças existente até meados dos anos oitenta. Essa alteração fez-se acompanhar de uma notória desregulação socio-laboral, facilitada pela debilitação do sistema público de tutela. Ao mesmo tempo, o movimento das comissões de trabalhadores entrou em forte declínio, até se tornar praticamente irrelevante.

([1]) Sobre a «contratação das políticas da empresa», e acerca das relações desta com os direitos de informação e consulta de representantes dos trabalhadores, que as convenções colectivas muitas vezes estabelecem, veja-se MARIUCCI, *La contrattazzione collettiva*, Bolonha (1985) 259 ss..

Deste conjunto de factores resulta que os espaços de negociação que se tinham estabelecido no interior das próprias empresas diminuiram de modo considerável, enquanto cresciam, rapidamente, as margens de decisão e actuação unilateral dos empregadores.

§ 57. Breve esboço histórico: o Direito e os fenómenos colectivos laborais.

486. O associativismo profissional e a acção colectiva laboral não são fenómenos exclusivos da época contemporânea: para não referir senão um antecedente (aliás historicamente significativo), bastará lembrar as organizações – «grémios» ou «corporações» – de artes e ofícios que, na Idade Média e até ao dealbar do surto industrial, funcionaram como meios de defesa e disciplina das profissões, aliás em termos notoriamente diversos dos que caracterizam o sindicalismo moderno.

Este surgiu (de resto, por todo o lado, com uma ilegalidade melhor ou pior disfarçada) como uma via de superação, ainda que só tendencial, do enorme desnível que, no tocante a poder contratual, caracterizava as posições do patrão-empresário e do trabalhador, lançado este no isolamento pelas leis repressivas do associativismo profissional – leis, de resto, e como se sabe, destinadas a libertar as actividades económicas de qualquer constrangimento –, num movimento iniciado, naturalmente, pela França, com a célebre Lei de Chapelier, de 1791.

Em Portugal, apesar de não ter ocorrido uma verdadeira revolução industrial, a evolução do associativismo profissional obedeceu, esquematicamente, ao padrão geral, quer no tocante às posições sucessivas do ordenamento jurídico perante o fenómeno, quer pelo que respeita às vicissitudes experimentadas no domínio dos factos e do debate de ideias [1].

---

[1] De novo se remete para M.C.Tavares da Silva, *Direito do Trabalho*, cit.300 ss., cuja exposição seguimos de perto neste ponto do texto.

Desde que, em Maio de 1834 ([1]) foram abolidos «os lugares de Juiz e Procurador do Povo, Mesteres, Casa dos Vinte e Quatro e os Grémios dos diferentes ofícios» – tidos como outros tantos «estorvos à indústria nacional» –, até que, em Setembro de 1933, o Estatuto do Trabalho Nacional delineou as bases doutrinais e orgânicas do corporativismo, o desenvolvimento da fenomenologia colectiva laboral, correlacionado com a evolução da política legislativa, atravessou as fases bem conhecidas em outros países que, pela mesma época, trilharam a senda da industrialização: a da ilegalidade, a do disfarce (tolerado) da acção colectiva sob a capa de associações de socorros mútuos – coincidindo aproximadamente com as primeiras greves de que há notícia –, a do reconhecimento legal, já esboçado em 1870, mas só consumado em Maio de 1891, no quadro de uma séria crise económica e de fortes tensões sociais.

Na verdade, muito antes do aparecimento de verdadeiros sindicatos (sob este ou outro rótulo), o associativismo dos trabalhadores desenvolveu-se sobretudo em torno de associações de socorros mútuos e cooperativas, duas fórmulas organizativas que, com maior ou menor pureza, tinham em Portugal tradições muito anteriores a 1834 ([2]). Tais associações não só resistiram, no plano dos factos, ao embate da proscrição legal, como alastraram consideravelmente, em parte sob os auspícios do Centro Promotor dos Melhoramentos das Classes Laboriosas (fundado em 1852), em parte por consequência de uma legislação relativamente precoce (a das mutualidades em 1864, a das cooperativas em 1867), se for tido em conta que só um quarto de século depois seria publicado o estatuto das associações de classe.

As mutualidades e as cooperativas terão correspondido, na época, ao primeiro impulso associativo de uma massa trabalhadora atingida por graves carências económicas, no contexto de um tardio esboço de industrialização. Esse impulso, «se não traduzia ainda uma verdadeira consciência de classe pelo menos traduzia a

([1]) Entretanto, na Grã-Bretanha, já antes (em 1824) havia sido posta de parte a proibição do associativismo profissional.

([2]) Vd., para uma excelente síntese, J.F.Almeida Policarpo, *O pensamento social do grupo católico de «A Palavra» (1872-1913)*, vol. I, Coimbra (1977) 63 ss. – obra de que frequentemente nos socorremos nesta parte.

consciência da existência de interesses colectivos reais. Com efeito, não deverá esquecer-se, a este respeito, que as mutualidades, como as cooperativas, eram, muitas vezes, verdadeiras associações de classe ou «associações de resistência», aliando aos fins que lhe eram próprios, ou simplesmente prosseguindo sob a capa daqueles fins, objectivos de natureza estritamente sindical» (1).

É certo, porém, que só no último terço do séc. XIX se conjugaram duas condições essenciais à germinação de um associativismo de classe propriamente dito: um certo grau de desenvolvimento da industrialização, a implantação de um conjunto de ideias-força (de matriz socialista ou anarquista), sobretudo resultante do impacto da Comuna de Paris e da penetração da Associação Internacional dos Trabalhadores. Assim é que se situa em 1872-73 o primeiro grande surto de greves, iniciado nas fábricas de fundição (2) e sobretudo apoiado pelos anarquistas. Por essa altura se iniciava também o grande debate ideológico, no seio do associativismo operário, entre socialistas, anarquistas, católicos, sobre o fundo da tentativa de aproveitamento da força social nascente pela propaganda republicana.

487. A atitude do ordenamento jurídico perante tais fenómenos encontra-se bem documentada no decreto de 9 de Maio de 1891 que, como é sabido, constituiu a resposta legislativa, dada no contexto de uma grave crise económica e social, à proliferação de verdadeiras associações de resistência e à expansão de reivindicações colectivas. Essa resposta traduzia-se na configuração de um *modelo associativo* determinado pelos fins (promoção de interesses *económicos*, que não de outra ordem, nomeadamente política), pela *dimensão* (mais de 20 membros – com o que se ultrapassava a proibição constante do art.° 282.° CP de então), pela *classe* dos associados (trabalhadores, patrões ou ambas, na mesma profissão ou afins) e pela *forma de reconhecimento* ou aquisição de personalidade jurídica (a prévia aprovação dos estatutos pelo governo).

Através de cada um dos elementos do modelo consagrado – de que, note-se, não participava ainda a possibilidade de constituição

(1) ALMEIDA POLICARPO, 66-67.

(2) Cfr. CAMPOS LIMA, *O movimento operário em Portugal*, Lisboa (1972) 83.

de associações de segundo grau (uniões ou federações) nem a capacidade para a celebração de convenções colectivas de trabalho – se terá procurado introduzir, com o diploma de 1891, um factor de «racionalização» ou «normalização» de uma realidade inorgânica, torrencial e, sobretudo, incontrolada como a que se manifestava no campo da acção colectiva laboral ([1]).

Bem merece este diploma, apesar da modéstia do seu articulado e da relativa estreiteza da sua inspiração, a referência que usualmente lhe é feita nos estudos sobre a história do sindicalismo em Portugal. Na verdade – e se ressalvarmos a consagração expressa, pela Const. 1911, do direito de associação, e o reconhecimento do direito de greve, pelo Decreto de 6 de Dezembro de 1910 –, só muito mais tarde, esgotadas três décadas de quase incessante perturbação social e de grande desenvolvimento das organizações sócio-profissionais (sempre mais distanciadas, é certo, do «modelo» visado pelo legislador de 1891), voltou o tema a ser objecto de regulamentação. E, ainda assim, no sentido de reajustar o dispositivo do Decreto de 9 de Maio de 1891 a realidades entretanto surgidas e por certo incontíveis: o Decreto n.º 10415, de 27 de Dezembro de 1924, veio autorizar a constituição de *uniões e federações* de associações de classe, com dispensa da prévia aprovação de estatuto, e conferiu a estas (às uniões e federações) *capacidade para a celebração de convenções colectivas*, estendendo-a expressamente às «associações de classe ou sindicatos profissionais».

Assim surgiu, no sistema jurídico-laboral português, o reconhecimento da *autonomia colectiva* às organizações sócio-profissionais – em vésperas de uma viragem radical do enquadramento normativo dos fenómenos colectivos de trabalho.

([1]) O diploma em causa deve ser integrado num conjunto de que fazem parte também o Decreto de 28 de Fevereiro de 1891 (referente às mutualidades) que, numa das suas disposições, revelou a preocupação fundamental de «depurar as associações de socorros mútuos de quaisquer objectivos ou actividades sindicais» (M. C. TAVARES DA SILVA, ob. cit., 356); e o Decreto de 5 de Julho de 1894, regulador dos sindicatos agrícolas, que expressamente permitiu a constituição de uniões desses sindicatos (ao contrário do que fizera o legislador de 1891 para a generalidade das associações de classe).

488. O sistema corporativo assentou, em larga medida, numa concepção doutrinal (logo político-legislativa) acerca dos fenómenos colectivos de trabalho – uma concepção marcadamente *ordenadora e conformadora* desses fenómenos, em especial das formas de organização profissional, na linha dos princípios da «hierarquia dos interesses sociais» (art.º 8.º ETN) – partindo do geral para o particular –, da «colaboração» e da «associação» dos trabalhadores com as empresas (art.º 22.º), bem como da subordinação dos «indivíduos» e dos «organismos corporativos» ao «espírito de paz social» (art.º 5.º) – donde, novamente, a proibição e a punibilidade da greve e do *lock-out* (art.º 9.º).

No mesmo sentido, a Const. 1933 atribuía à propriedade, ao capital e ao trabalho «uma função social, em regime de cooperação económica e de solidariedade» (art.º 35.º) e proibia, sob o rótulo comum de «suspensão de actividade», a greve e o *lock-out* (art.º 39.º).

O sistema corporativo postulava pois a existência de uma organização de interesses colectivos que a lei pré-ordenava e que, por outro lado, era dominada pelo primado do interesse geral, cuja realização decorreria da própria formalização orgânica da solidariedade social.

Assim se erigiu a organização corporativa, estrutura composta de associações representativas de categorias dos trabalhadores (os sindicatos nacionais) e de associações de empregadores (os grémios) – organismos primários – que se agrupavam em federações e uniões – organismos intermédios ou secundários –, apontando para um terceiro nível, o das corporações, no qual se encontravam e condensavam as representações de trabalhadores e entidades patronais.

O sistema corporativo não ignorava de todo a realidade dos conflitos de interesses colectivos nem os mecanismos negociais que constituem a sua expressão institucional. Apenas os considerava limitados pelos princípios de paz social e de hierarquia de interesses. Assim, por um lado, os meios de luta laboral mantiveram-se sempre qualificados criminalmente (embora, no plano dos factos, os movimentos grevistas que apesar de tudo ocorreram não houvessem, geralmente, desencadeado os correspondentes mecanismos judiciais, mas sobretudo a repressão directa); e, por outro lado, a negociação colectiva, nos termos da regulamentação legal existente, estava submetida ao controlo administrativo da legalidade e mesmo do mérito das soluções acordadas (através da exigência de *homologação* como pressuposto de publicação e entrada em vigor).

No que respeita, especialmente, ao regime das relações colectivas de trabalho, deve referir-se a inflexão legislativa verificada em 1969, com a publicação do DL 49212, de 28/8 desse ano.

A regulamentação anterior – a primeira sobre a matéria, no nosso Direito – constava do DL 36173, de 6/3/47, dominado por uma concepção acentuadamente regulamentar da convenção colectiva de trabalho. Significa isto que a negociação colectiva era nele disciplinada mais como *modo de produção de normas, do que como meio de composição de interesses contrapostos*. O diploma tomava posição perante os problemas relativos à *forma*, ao *conteúdo*, às *condições de eficácia* das convenções e às relações entre estas, a lei e os contratos individuais, mas abstinha-se de regular o processo negocial e omitia os meios pacíficos de superação de conflitos declarados.

O diploma de 1969 exprimiu uma importante deslocação do acento tónico para o aspecto *negocial* da contratação colectiva e para a resolução dos conflitos de interesses com ela relacionados.

Assim, instituíu-se uma detalhada disciplina processual quanto às relações entre os sujeitos colectivos, com definição de fases sucessivas até à arbitragem, meio forçoso de resolução dos conflitos entretanto surgidos. A evolução do processo foi condicionada por prazos destinados a impedir ou a limitar os efeitos de eventuais comportamentos dilatórios ou situações de impasse irremovível. E, ao mesmo tempo – agora num contexto lógico que faltava no sistema de 1947 –, permanecia a interdição dos meios de luta laboral, bem como a exigência de homologação das convenções enquanto pressuposto da publicação.

As alusões feitas à orientação concretizada no DL 49212 justificam-se, além do mais, por duas razões ligadas à posterior evolução do nosso sistema de relações colectivas de trabalho.

A primeira é a de que esse regime perdurou muito para além de 25 de Abril de 1974 [1] – como, de resto, ocorreu em larga

---

[1] Só com o DL 292/75, de 16-6, surgiu nova regulamentação da contratação colectiva, aliás com carácter abertamente transitório (vd. art.° 10.°). E a revogação expressa do DL 49212 só se operou com o DL 164-A/76, de 28-3.

medida com as estruturas sindicais provenientes da organização corporativa. A sobrevivência da disciplina jurídica contida no DL 49212 encontra expressão vincada, por exemplo, no facto de, após aquela data, numerosas convenções colectivas, terem sido ainda submetidas à homologação do Ministério do Trabalho. Mas o papel do diploma foi consideravelmente limitado pela proliferação, que então se verificou, de *instrumentos negociais atípicos* – protocolos, actas de reunião, etc. – que, frequentemente, não preenchiam os requisitos gerais de validade das convenções colectivas e, em não poucos casos, nem sequer foram objecto de publicação oficial ([1]).

A segunda razão diz respeito ao regime legal instituído mais tarde pelo DL 164-A/76, o qual se inspirou visivelmente no diploma de 1969, não apenas no aspecto sistemático, mas também no que toca aos instrumentos jurídicos fundamentais aí consagrados – embora, como é obvio, a uma inspiração intervencionista tenha sucedido um pendor acentuadamente «liberal».

489. Como se observou, as alterações políticas, sociais e económicas subsequentes a 25 de Abril de 1974 não se reflectiram desde logo no plano do Direito Colectivo do Trabalho. Apesar da enorme relevância que assumiram, durante o período revolucionário, os temas relacionados com a democratização das relações de trabalho, o certo é que, por bastante tempo, subsistiram a regulamentação e os modelos organizativos oriundos do sistema corporativo.

Fosse pela dificuldade prática da pronta substituição de instrumentos legislativos tecnicamente cuidados, e susceptíveis, em todo o caso, de assegurar algum enquadramento da realidade sócio-laboral, em fase de indefinição política e ideológica; fosse em virtude da prioridade atribuída pelas forças políticas ao controlo dos aparelhos e dispositivos existentes, sobre a sua transformação de fundo; fosse pela própria inviabilidade da concepção de relações sociais de novo tipo num ambiente de elevada tensão reivindicativa e de espontaneismo nas formas de acção colectiva – fosse por alguma

([1]) Cfr. CAUPERS/MAGALHÃES, *Relações colectivas de trabalho*, Lisboa (1978) 16-18; MENEZES CORDEIRO, *Manual de Direito do Trabalho*, Lisboa (1990) 241-242.

ou por todas essas razões, ou ainda por outras possíveis, o certo é que as estruturas de representação socioprofissional, as grandes linhas do regime das relações colectivas e até os meios de superação de conflitos laborais pouco ou nada se modificaram nos tempos que se seguiram ao movimento de 25 de Abril de 1974.

Assim:

a) No tocante às *associações sindicais*, ficou intacta, por mais de um ano, a quadrícula da organização corporativa ([1]), baseada na profissão (não no ramo de actividade) e geralmente no distrito; só em Abril de 1975 surgiu legislação reformadora (DL 215-B/75, de 30-4), orientada para a unicidade sindical ([2]) e a «verticalização» (isto é a organização com base no ramo de actividade), mas sobretudo para a reciclagem das estruturas associativas pré-existentes;

b) Quanto à *negociação colectiva*, permaneceu, embora progressivamente em desuso, o regime do DL 49212, como se assinalou já; só em Fevereiro de 1976 surgiu um diploma a substituí-lo integramente, com uma inspiração liberal que, todavia, não inutilizou o instrumental básico da regulamentação revogada (nomeadamente a possibilidade do recurso à via administrativa como sucedâneo da negociação);

c) O reconhecimento e a regulamentação do exercício do *direito de greve* (DL 392/74) foi, porventura, a primeira novidade significativa no campo do Direito Colectivo; mas tal regime quase não passou das páginas do diário oficial; proliferaram as greves à margem dele ([3]) e, de resto, foram inequívocas as declarações de forças políticas ligadas ao movimento operário, no sentido do «desajustamento», logo da «inoperância» da lei; e só em 1977, sob a influência da CRP, foi publicado novo diploma sobre a matéria (a L 65/77).

([1]) Com ressalva das corporações, que foram extintas pelo DL 362/74, de 17-8.

([2]) Que já caracterizava, de resto, a organização corporativa.

([3]) O diploma aproximava-se em muitos pontos do Decreto de 6-12-10, que, como se sabe, assinalou um significativo recrudescimento dos movimentos grevistas.

490. Desde 1977 – ano em que se poderá localizar o fecho da abóbada no edifício legislativo laboral pós-revolucionário – até à actualidade, o sistema do Direito Colectivo sofreu poucas modificações. As mais importantes incidiram nos domínios da *negociação colectiva* e do *direito de greve.*

Quanto à primeira dessas áreas, assumiu particular importância o DL 519-C1/79, de 29 de Dezembro (conhecido pela sigla LRCT).

Nos termos do seu preâmbulo, o diploma corporizava a «tentativa de obtenção de um tendencial equilíbrio entre os princípios de livre negociação colectiva internacionalmente reconhecidos e consagrados na lei constitucional portuguesa e a intervenção do Governo, tida ainda como necessária, mas que, gradualmente, se tem vindo a procurar restringir e aperfeiçoar».

Na realidade, o regime legal anterior (DL 164-A/76) tinha sofrido, no espaço de três anos, vários ajustamentos por diplomas avulso, ao mesmo tempo que se desenvolvia uma *praxis* negocial autónoma e diversificada no que toca aos procedimentos negociais.

Por outro lado, a conflitualidade laboral, de dimensão relativamente elevada, adquirira carácter fisiológico e institucional: ultrapassada a fase para-revolucionária em que os movimentos reivindicativos proliferavam sob formas inorgânicas e normativamente não enquadradas, a contratação e o conflito estavam, em geral, reconduzidos ao domínio sindical, à formalização e à padronização de comportamentos.

A crise económica estava em pleno desenvolvimento (no próprio ano da publicação do diploma, experimentava-se o segundo «choque petrolífero»), avolumando as exigências de rigor no controlo da economia; o sector público empresarial encontrava-se estruturado e apto a desempenhar um papel central no conjunto dos instrumentos desse controlo – sendo também certo que a dinâmica contratual e a conflitualidade laborais adquiriam uma particular intensidade no cenário das empresas públicas.

A LRCT veio regular o exercício da contratação colectiva em conformidade com as seguintes directrizes:

a) *reforço da «formalização» dos processos negociais*, mediante a definição de um modelo de procedimento indicativo e a articulação deste com métodos de superação de conflitos;

b) *afirmação de um intervencionismo estatal mitigado* na contratação em geral, quer em termos de simples acompanhamento dos processos, quer a título de apoio informativo às partes, quer no suprimento das insuficiências do sistema contratual (regulamento por via administrativa);

c) *especialização do regime da negociação nas empresas públicas*, através da autonomização dos processos e de um controlo tutelar governamental susceptível de condicionar a eficácia dos acordos (limitando, por conseguinte, a autonomia colectiva dos interlocutores dessas empresas);

d) *consagração da voluntariedade e da legitimação associativa* como princípios gerais do sistema contratual, quer no desenvolvimento dos processos e na obtenção dos acordos, quer no momento da «formalização» destes (pelo depósito), quer na determinação do seu âmbito de eficácia, quer, ainda, no recurso aos métodos de resolução pacífica de conflitos;

e) mas *condicionamento da periodicidade das negociações no mesmo âmbito*, decerto em nome da estabilidade social e da viabilidade do controlo da evolução dos custos do trabalho.

491. Com apoio nesse regime legal, desenvolveu-se ao longo de um acidentado quarto de século um movimento contratual pouco linear, condicionado pelas flutuações de conjuntura económica, pela evolução das atitudes do poder político face ao mundo do trabalho, e pelas consequentes variações das relações de forças sociais.

Na primeira década de vigência da LRCT (1979-1989), as tendências que, na experiência da contratação colectiva, se manifestaram foram as seguintes:

a) *maior densidade dos conteúdos contratuais nas negociações relativas às empresas públicas*, que assumiram, em muitos casos, uma influência determinante no cenário negocial geral;

b) *progressivo abandono dos meios de intervenção administrativa de regulamentação do trabalho*, espelhando uma evolução «liberalizante» da atitude do poder político, ou seja, uma tendência para o «laissez faire» colectivo;

c) em contrapartida, *a manutenção de um nível elevado de condicionamento tutelar nas negociações envolvendo empresas públicas*, na linha de uma explícita concepção do seu papel como instrumentos de política económica e financeira;

d) finalmente, a quase total *desvalorização dos meios de resolução de conflitos* legalmente previstos (conciliação, mediação e arbitragem), reduzindo a dinâmica sócio-laboral à oscilação pendular entre negociação directa e conflito declarado.

A progressiva redução da importância relativa do sector público empresarial (nomeadamente em consequência dos projectos de privatização e do desenvolvimento de novos grupos económicos), assim como as alterações favoráveis da conjuntura económica terão contribuído para a revisão, em aspectos parcelares, do regime da LRCT, pelos DL's 87/89, de 23/3, e 209/ /92, de 2/10.

O sentido geral desses ajustamentos pode sintetizar-se nas seguintes orientações:

a) *sujeição das empresas públicas ao regime geral*, pelo menos nos aspectos fundamentais, nomeadamente os que respeitavam à interferência tutelar na eficácia dos acordos;

b) *redução de constrangimentos processuais*, sobretudo no tocante à periodicidade das negociações;

c) *acentuação da dominante voluntária na determinação do ciclo de vigência dos acordos*, particularmente por se colocar o acento tónico no momento da entrega para depósito das convenções (e não já no depósito em si);

d) *revalorização dos meios de resolução pacífica de conflitos*, mediante o enriquecimento da conciliação e a generalização da arbitragem obrigatória.

De um modo geral, pode dizer-se que o sentido dessas alterações foi o de "libertar" a negociação colectiva de algumas peias formais, incentivar a contratualidade laboral e reduzir na maior medida possivel a interferência do poder público na regulamentação colectiva do trabalho.

No plano dos factos, esses intentos não tiveram concretização.

A contratação colectiva deixou, praticamente, de funcionar, salvo na rotina anual da actualização das tabelas salariais. Numa visão muito sintética, pode-se atribuir essa situação à irredutivel crispação que se gerou entre a preocupação dos sindicatos de salvaguardarem as vantagens adquiridas sobretudo ao longo da segunda metade da década de setenta (opondo-se, por isso, às aspirações de flexibilidade dos empregadores) e a recusa patronal de negociar qualquer vantagem adicional para os trabalhadores sem que os regimes antigos fossem postos em causa. Contribuiu, decerto, para agravar essa crispação o facto de – por razões diversas, mas sobretudo derivadas da evolução da economia – a correlação de forças sociais se ter alterado em favor dos empregadores.

Por outro lado, os meios de resolução de conflitos – deixada de lado a conciliação, efectuada pelos serviços competentes do Ministério do Trabalho – nunca chegaram a utilizados com a normalidade prevista. Tanto a mediação como a arbitragem – incluindo a obrigatória – constituiram, ao longo da vigência desse regime, autênticas raridades.

492. Essa legislação foi, como se sabe, inteiramente substituída pelo CT de 2003, assim como pela revisão de 2009. Mas o modelo regulador da codificação coincide, em substância, com o anterior. As novidades são relativamente escassas. Para além da alteração de certas designações – *portaria de condições de trabalho* em vez de portaria de regulamentação de trabalho, por exemplo –, pode dizer-se que as grandes linhas da lei de 1989 continuam a pautar o regime codificado.

Devem apontar-se, contudo, pela sua importância, as seguintes orientações novas:

a) um considerável desenvolvimento ou explicitação da parte obrigacional das convenções colectivas;

b) a afirmação da relevância da alteração de circunstâncias na execução das convenções colectivas;

c) a expressa responsabilização das organizações outorgantes e dos seus filiados por prejuízos decorrentes do incumprimento das convenções;

d) a limitação da sobrevigência das convenções, isto é, da sua vigência para além do prazo pertinente, por falta de convenção substitutiva.

Todas estas linhas de solução serão examinadas em pormenor mais adiante. O seu sentido tendencial pode, porém, ser desde já tentativamente enunciado: trata-se de contrariar, por diversas formas e a partir de diferentes ângulos de ataque, o alongamento da permanência da regulamentação do trabalho convencional, a estabilização dos equilíbrios negociais e a consequente "aquisição" de benefícios – ou seja, em suma, trata-se de promover a contratualidade sobretudo pelo lado do seu objecto, procurando garantir que "tudo" possa ser, "em qualquer momento", posto em causa.

493. Por seu lado, o regime legal da greve que se continha na L 65/77, de 26/8 (LG) manteve uma notória estabilidade e, sobretudo, um grau elevado de efectividade – o que evidencia o nível apreciável de institucionalização e organicidade que se atingiu no sistema de relações colectivas de trabalho. Como se observará adiante, a LG teve que respeitar limites impostos pela CRP (art.º 57.º) e, assim, quase se limitou à disciplina dos procedimentos por que se traduz o *exercício* do direito de greve, abstendo-se de dispor sobre o conteúdo e os limites deste direito.

O aspecto crucial desse regime é o da determinação dos *serviços mínimos* que os trabalhadores em greve devem prestar para que necessidades colectivas essenciais não deixem de ser satisfeitas. Na versão originária da LG, esse problema estava a descoberto: impunha-se (às associações sindicais e aos trabalhadores) a obrigação de prestar esses serviços, mas não se estabelecia qualquer mecanismo para a definição dos termos concretos em que ela havia de ser cumprida (1). A revisão constitucional de 1997 introduziu, no art. 57.º CRP, um n.º 3 que, expressamente, encarregava o legislador ordinário de regular a matéria.

---

(1) Essa carência veio a ser suprida pela L 30/92, de 20/10, que consagrou o princípio da definição dos serviços mínimos por acordo prévio, e estruturou um dispositivo subsidiário para que tal determinação se obtivesse mesmo no caso de desacordo das partes. Todavia, como se dirá no lugar próprio, esse regime veio a ser declarado inconstitucional, o que se traduziu na reposição das dúvidas anteriores.

O CT incorporou, na quase totalidade, o regime da velha LG. A opção é inteiramente plausível, dado que, apesar de se tratar de matéria caracterizada por suma delicadeza – quer do ponto de vista da constitucionalidade, quer no plano do atrito social –, essa lei vigorou e foi, na generalidade, cumprida de modo pacífico.

No entanto, o CT procurou fornecer resposta a algumas questões que a LG deixara em aberto. Assim:

a) define um mecanismo de determinação dos serviços mínimos a prestar em caso de greve, aliás semelhante ao que fora instituido pela L. 30/92, de 20/10;

b) esclarece o regime pelo qual ficam cobertos os trabalhadores afectos à prestação desses serviços;

c) admite, em certos termos, a estipulação, nas convenções colectivas, de cláusulas de paz social relativa.

O significado e o alcance destas orientações serão evidenciados no lugar adequado.

§ 58. Os fenómenos colectivos e a estrutura da relação individual de trabalho.

494. Os fenómenos colectivos laborais relacionam-se estreitamente com a estrutura da relação individual de trabalho.

O traço característico desta encontra-se, como abundantemente tem sido notado, na *subordinação jurídica* de um dos sujeitos ao outro; e a subordinação jurídica, em paralelo com a dependência económica em que o trabalhador normalmente se encontra face ao empregador, determina com frequência a diminuição da capacidade prática de afirmação e defesa de direitos e expectativas por parte do primeiro. *O trabalhador, individualmente, está pois jurídica e economicamente subordinado a alguém cujo interesse económico imediato se opõe ao seu.*

Mas o mesmo se não passa entre o sindicato e a associação patronal ou a empresa isolada, entidades que se apresentam, teoricamente, em posição material de paridade, cada uma delas com as suas técnicas e as suas armas para defesa e promoção dos interesses colectivos próprios. *Os sujeitos colectivos* (sindicatos, associações patronais e empresas) *têm entre si, sob o ponto de vista jurídico, relações de coordenação*, não de subordinação de uns a outros ([1]).

495. Um dos vectores da acção colectiva dos trabalhadores consiste, como se disse, no confinamento da subordinação individual – ou, por outras palavras, na compressão dos poderes do empresário/empregador.

Entre nós, a contratação colectiva vigente oferece numerosas indicações nesse sentido: muitos são os domínios tradicionalmente reservados à competência patronal que passaram a admitir intervenções, mais ou menos extensas, de instâncias representativas dos trabalhadores (organização de horários de trabalho, admissão de trabalhadores nas empresas, elaboração de regulamentos internos, exercício da acção disciplinar, etc.). Os fenómenos colectivos laborais tendem, pois, para uma progressiva superação do esquema tradicional da subordinação jurídica, tal como este se exprime no esquema dos *poderes de direcção e organização na empresa* ([2]).

Essa tendência tem, no entanto, uma fronteira: a das condições mínimas de viabilidade de uma organização de trabalho. Com efeito, a subordinação jurídica não é *apenas* o corolário do fenómeno de alienação da disponibilidade de força de trabalho – é *também* uma exigência universal do trabalho colectivo e organizado que se não destine imediatamente à satisfação de necessidades dos próprios agentes. «Não pode haver relação de emprego sem um poder de comando e um dever de obediência (...). Todavia, o poder de direcção e o dever de obediência podem ser regulados. Pode ser introduzido um elemento de coordenação na relação de trabalho. A coordenação e a subordinação são questões de grau,

([1]) Ver, sobre tudo isto, as luminosas observações de Otto Kahn-Freund, na introdução ao seu *Labour and the Law*, Londres (1972).

([2]) Vd., relativamente ao período imediatamente seguinte a 25 de Abril de 1974, Bernardo Xavier, *As recentes intervenções dos trabalhadores nas empresas*, «Rev. Ord. Adv.» (Set.-Dez. 1975) 417 ss.

mas, por muito forte que seja o elemento de coordenação, permanecerá sempre um resíduo de poder directivo» ([1]).

§ 59. A autonomia colectiva.

1. *Conceito de autonomia colectiva.*

496. O conceito de autonomia constrói-se sobre o fenómeno de «descentralização normativa» resultante do reconhecimento ou atribuição a certas entidades da capacidade de emitirem regras de conduta como «centros normativos menores e periféricos relativamente ao centro normativo estadual» ([2]).

O que confere conteúdo próprio ao conceito é a circunstância de o fundamento das normas assim produzidas se situar na esfera de fins ou interesses da entidade emissora e ter por alvo comportamentos pertencentes à sua própria área da actuação.

Pode assim falar-se da autonomia *privada* individual, que é a capacidade para a auto-regulação de interesses dos particulares através de declarações de vontade negocial; da autonomia *pública* (administrativa, financeira) dos orgãos e serviços que podem emitir regras ou comandos internos orientados pela realização das suas atribuições; da autonomia *colectiva* profissional, finalmente, quando se tem em vista a possibilidade da composição de interesses colectivos através da emissão de normas pela via do acordo entre grupos sociais radicados no mundo do trabalho – normas abstractamente endereçadas aos membros desses grupos e destinadas portanto a reagir sobre as relações individuais entre eles.

Assim, a autonomia colectiva é a capacidade reconhecida pelo Estado a certos grupos sociais organizados de emitirem, por um processo próprio de expressão do confronto entre os seus interesses

---

([1]) KAHN-FREUND, *Labour and the law*, Londres (1972) 9.

([2]) PROSPERETTI 22. Sobre o tema, amplamente, vd.GIUGNI, *Introduzione allo studio della autonomia collectiva*, reimp., Milão (1977).

colectivos (o negócio colectivo), normas que simultaneamente constituem fórmulas de equilíbrio entre estes interesses e padrões de conduta para os membros dos grupos nas suas relações individuais (isto é, limitações à autonomia privada).

O art.º 56.º/3 e 4 CRP confere às associações sindicais [1] competência para «exercer o direito de contratação colectiva», deferindo-se, no n.º 4, para a lei o encargo de estabelecer «as regras respeitantes à legitimidade para a celebração das convenções colectivas de trabalho, bem como *à eficácia das respectivas normas*». Essas regras contêm-se, actualmente, nos arts. 485.º ss. CT. Mas uma manifestação porventura mais vincada (embora indirecta) da autonomia colectiva encontra-se no art.º 57.º/2 CRP, que atribui «aos trabalhadores» (colectivamente, através de sindicatos ou assembleias) o poder *exclusivo* de «definir o âmbito de interesses a defender através da greve, *não podendo a lei limitar esse âmbito*».

497. Os termos em que a CRP se refere ao «direito de contratação colectiva» evidenciam o carácter *originário* de que a autonomia colectiva se reveste no nosso ordenamento.

Esse atributo dos grupos profissionais organizados não é o resultado de uma «concessão» ou «delegação» de poder normativo por parte do Estado, constitui um dado «pré-constitucional» inerente à fisiologia das organizações socio-profissionais. O «direito de contratação colectiva» é *garantido* nos termos da lei, não é «criado» nem «outorgado» pelo legislador constitucional.

À lei ordinária, por seu turno, é, decerto, conferida a missão de regular a «legitimidade» negocial e a «eficácia» dos acordos. Mas esta intervenção do legislador não contende senão com as condições do reconhecimento das convenções colectivas de trabalho como fontes de Direito, ou seja, com a garantia dos *meios de efectivação próprios do ordenamento estatal.*

O rigor definitório que a CRP utiliza na delimitação do objecto da intervenção legislativa é demonstrativo de que não pode

[1] A CRP não inclui, estranhamente, qualquer referência às associações patronais, nem mesmo aos empregadores enquanto sujeitos colectivos.

estar nela em causa a atribuição ou recusa da autonomia, em si mesma, mas sim, e apenas, um conjunto de aspectos concernentes ao seu exercício ([1]), tendo em vista certas finalidades específicas.

498. O conceito de autonomia colectiva, como se recordará mais adiante, contrapõe-se aos de *autonomia privada individual* e de *heteronomia*.

O contrato (tomemos como ilustração o contrato de trabalho) constitui um meio de ordenação dos interesses individuais dos sujeitos, que apresenta de característico a criação de deveres de conduta (obrigações) para eles mesmos. O contrato individual tem assim um conteúdo "normativo" para as partes, composto de comandos coercíveis que têm a sua origem na vontade dos próprios destinatários e o seu fundamento nos interesses deles. Diz-se, por isso, que o contrato é expressão da *autonomia privada*.

Noutro plano, verifica-se que certos grupos sociais organizados (e definidos por interesses comuns) têm o poder, reconhecido pela lei, de, por acordo, emitirem normas destinadas aos seus membros e que correspondem ao ponto de equilíbrio (de satisfação possível) dos interesses contrapostos de que os mesmos grupos são portadores. A expressão típica desse poder é, como se sabe, a convenção colectiva de trabalho, conjunto de normas reguladoras dos contratos individuais – tal como a legislação estadual do trabalho. Só que aquelas normas são, como se disse, geradas no seio dos grupos interessados (*ab intus*), relevam de uma autonomia – a autonomia colectiva profissional. Ao passo que as normas de origem estadual provêm de fora desses grupos, fundam-se numa vontade alheia e são impostas do exterior – constituem uma regulamentação *heterónoma*.

([1]) Em que se traduz, afinal, essa regulamentação legal? No regime das associações sindicais e de empregadores (arts. 440° ss. CT), nas regras respeitantes à eficácia subjectiva e temporal dos acordos e à formalização destes, através do depósito e publicação (arts. 496.° a 503°, 494° e 519.°). Este complexo de normas releva, manifestamente, do processo de «atracação» da regulamentação colectiva à coerção estatal.

499. A questão de saber se esta autonomia assume carácter público ou privado – relacionada estreitamente com a da natureza jurídica das organizações sócio-profissionais – resolve-se, em cada momento e no quadro de cada sistema, à luz do direito positivo e não por uma consideração apriorística do conteúdo dela ([1]). Tal qualificação depende da posição que o ordenamento jurídico assume perante a organização e actuação de interesses profissionais; e, desta perspectiva, não há dúvida de que a autonomia colectiva constitui, entre nós, uma modalidade da *autonomia privada.*

De modo significativo, o art.º 55.º/4 CRP afirma a *independência das associações sindicais perante o Estado*; o art.º 55.º/1 reconhece aos trabalhadores a liberdade sindical tendo em vista a defesa dos *seus* direitos e interesses; e, entre outras expressões típicas dessa liberdade, inclui a de organização e regulamentação interna. Assim, quer no tocante à natureza dos interesses a prosseguir, quer no que respeita à estrutura e ao funcionamento das organizações, não contempla o ordenamento jurídico qualquer atinência ou conexão com os fins ou a organização do Estado.

Ademais, no que se refere a uma característica forma de acção colectiva, como é a greve, a CRP, no art.º 57.º/2, reserva aos trabalhadores a «competência» para a determinação do âmbito de interesses a defender através dela, «não podendo a lei limitar esse âmbito». O reconhecimento do direito de greve exprime a aceitação, pelo ordenamento estatal, da *autotutela colectiva.*

Não existe coincidência necessária entre a área de interesses coberta pela autotutela e a que é susceptível de auto-regulamentação (autonomia). Há interesses colectivos relativamente aos quais a con-

---

([1]) Cfr. GIUGNI 124; aí se mostra como, nos ordenamentos corporativos, os sindicatos apareciam virados para a realização de interesses gerais ou públicos e, assim, investidos de uma «autonomia» que era afinal o produto de uma delegação de competência normativa; e como, nos sistemas de livre organização e acção sindicais, a «autonomia sindical assume uma fisionomia oposta, pois o interesse que através dela é tutelado já não se identifica, como no regime anterior, com o interesse geral do Estado; ela entra assim no *genus* da autonomia privada».

tratação colectiva não é, em princípio, meio idóneo de efectivação ou regulação (ex.: uma modificação do regime das pensões de reforma, a adopção de medidas de promoção do emprego), mas que podem ser servidos pelo exercício da autotutela. O domínio da autonomia ([1]) é mais restrito do que o da autotutela, mas contém-se neste. Todos os interesses colectivos reguláveis por via autónoma são susceptíveis de autotutela. Por isso, todos eles estão cobertos pela larga afirmação do art.° 57.°/2 CRP: cabe aos trabalhadores, através das suas organizações, defini-los e hierarquizá-los.

2. *O «interesse colectivo».*

500. A noção de autonomia colectiva supõe uma outra: a de *interesses colectivos* profissionais. É que os interesses particulares de cada trabalhador e cada empregador podem não coincidir e muitas vezes não coincidem com os dos grupos a que pertencem ([2]).

Um dos factores do associativismo profissional consiste na limitação da *concorrência* entre os membros de uma mesma categoria profissional ou económica: os sindicatos tendem para o limite de funcionarem como «cartéis da força de trabalho». O interesse *comum* do conjunto dos trabalhadores de escritório pode centrar-se na salvaguarda e expansão do emprego, enquanto o do trabalhador *A* será porventura o de, na empresa que serve, ter o menor número de competidores e ver assim a sua função valorizada e bem remunerada. Na mesma perspectiva, o interesse da

---

([1]) Este domínio está descrito no art.° 492.°/2 CT: é o dos *interesses profissionais em sentido estrito*, ou seja, o dos que se centram nas relações contratuais entre empregadores e trabalhadores. Todavia, o art.° 478.°/1 CT estabelece certos «limites» (também aplicáveis) ao objecto das convenções, os quais levantam dúvidas sérias sob o ponto de vista da legitimidade constitucional.

([2]) A acção colectiva traduz, por isso, também uma prévia compatibilização (composição) de interesses individuais no seio do grupo social, com limitação mais ou menos intensa da satisfação desses interesses: a organização profissional funciona assim como um instrumento de racionalização das pretensões dos seus membros.

categoria apontará no sentido do nivelamento das condições de trabalho, ao passo que o do indivíduo será o da diferenciação ([1]).

A determinação do *interesse colectivo profissional*, suporte das relações colectivas de trabalho, envolve uma simples *agregação* ou somatório de pretensões individuais, ou implica o sacrifício destas (ou de algumas destas), ou, enfim, traduz-se num outro tipo de correlação entre as necessidades sentidas por cada indivíduo e as que se apresentem como objectivos do grupo a que pertence?

A noção do interesse colectivo há-de delinear-se em função do específico modo por que, no seio das colectividades profissionais organizadas (*maxime* do sindicato) se transita das pretensões individuais dos respectivos membros – nem sempre coincidentes entre si – para a identificação dos fins da acção colectiva, ou, noutros termos, daqueles interesses que pertencem à pluralidade desses membros e são (ou passam a ser) sentidos por cada um deles *enquanto elementos do grupo e não como pessoas isoladas*. Seja qual for a correlação entre o interesse individual e o interesse colectivo, este, pelo menos no quadro de um sindicalismo livre, não surge como um dado mas como o produto de uma reelaboração do conjunto das pretensões individuais dos membros da colectividade em causa ([2]).

O interesse colectivo *não se reduz ao mero somatório dos interesses individuais* dos membros do grupo: pode, eventualmente, existir uma pretensão coincidente e simultânea de todos eles, mas pode também (e será a regra) verificar-se divergência, se não conflito, de interesses individuais no seio da colectividade. A organização profissional (um sindicato, por exemplo) não constitui um dispositivo de representação cuja legitimidade se cinja aos casos de coincidência (ou complementaridade) originária de pretensões dos

---

([1]) Sobre a absorção do interesse individual no interesse colectivo ou grupal, vd. GARCIA ABELLAN, *Introduccion al Derecho Sindical*, Madrid (1961) 5 ss.

([2]) Cfr. DELL'OLIO/BRANCA, *L'organizazzione e l'azione sindacale*, vol. 1 da *Enciclopédia Giuridica del Lavoro*, Padua (1980) 46. No mesmo sentido, escreveu GIUGNI: «O interesse colectivo é uma criação da vontade normativa dos sujeitos contratuais» (*Introduzione allo studio della autonomia collettiva* cit., 103 n. 8).

seus associados. «O interesse colectivo sindical é o interesse unitário do grupo; unidade no sentido de unificação de vontades, ainda que dissidentes; o contrário, por isso, da soma ou da uniformidade» ([1]).

501. Daí que, na concepção tradicional do interesse colectivo, se tenha propendido para a ideia de que a determinação deste implica, ou pode implicar, a *negação*, logo o *sacrifício* do individual ([2]); nesta perspectiva, o acto de filiação associativa seria a expressão de uma renúncia à possibilidade de afirmação do interesse individual, em troca dos benefícios da tutela colectiva ([3]).

Todavia, mais recentemente, tem-se defendido que a elaboração do interesse colectivo, no seio da colectividade profissional, e tendo em conta os mecanismos pelos quais a «vontade colectiva» aí se forma, envolve antes uma «escolha ou selecção entre interesses diversos, ou entre diversas situações de interesses», tendo em vista a definição de prioridades ou prevalências entre eles, mas de modo que a «preterição» de uns se apresente como «instrumento da promoção de outros» – o que permite discernir um nexo de «continuidade» lógica entre uns e outros ([4]).

Neste sentido, e só nele, se pode afirmar – como é corrente – que a organização profissional é um *instrumento da prevalência do interesse colectivo sobre o individual.* Esta prevalência é, tipicamente, garantida pela eficácia das *normas* ditadas pelo mesmo interesse colectivo no plano das relações individuais de trabalho – ou seja, noutros termos, pela *autonomia colectiva profissional.* Prevalência, porém – não verdadeira negação ou puro sacrifício. Com efeito, a autonomia privada individual não resulta cerceada no tocante à possibilidade de efectivação de condições de trabalho, para cada

---

([1]) MAZZONI, *Manuale* 1083.

([2]) Cfr., por todos, SANTORO-PASSARELLI, Nozioni do diritto del lavoro, 30.ª ed., Nápoles (1978), n-14.

([3]) Cfr. SANTORO-PASSARELLI, *Autonomia collettiva. giurisdizione, diritto di sciopero, in Saggi di diritto civile*, Nápoles (1961), vol. I, 76 ss.

([4]) DELL'OLIO/BRANCA, *L'organizzazione* cit.48.

membro do grupo, mais vantajosas do que as estabelecidas pela via colectiva. Isto para além do facto de o próprio interesse colectivo prosseguido ser a resultante de um processo de reelaboração ou de «organização» de interesses individuais (1).

3. *Autonomia privada, heteronomia, autonomia colectiva.*

502. A evolução do ordenamento jurídico-laboral pode esquematizar-se, de certo ponto de vista – o da origem predominante das regras de conduta –, a partir das noções de autonomia privada, heteronomia e autonomia colectiva.

Com efeito, numa primeira fase, as relações de salariato eram fundamentalmente conformadas pelo contrato individual, encarado como negócio sujeito às regras gerais do Direito Civil, sob o pressuposto da igualdade formal dos sujeitos – era a época do primado da *autonomia privada* individual.

Numa segunda fase, verificou-se a progressiva intervenção tutelar do Estado no condicionamento das relações de trabalho, através de legislação imperativa que se norteou pelo propósito de compensar, nalguma medida, a «ditadura contratual» do empregador, ou seja, de suprir a insuficiência da autonomia privada face à desigualdade material dos sujeitos – é o surto da regulamentação laboral *heterónoma* que, aliás, coincide, com a formação do Direito do Trabalho enquanto ramo destacado do ordenamento jurídico.

Enfim (e, como se compreende, fora de uma sucessão cronológica), registou-se o desenvolvimento do associativismo profissional, a progressiva afirmação dos interesses colectivos e o reconhecimento do poder de auto-regulação desses interesses através da negociação entre as correspondentes organizações de categoria – é o momento da *autonomia colectiva*, enquanto terceira via de conformação das condições de trabalho.

(1) DELL'OLIO/BRANCA, *L'organizzazione* 47.

A combinação da autonomia colectiva e da heteronomia pode, naturalmente, ser doseada de modo muito variável de sistema para sistema. Em todo o caso, a radicação da autonomia colectiva tende a reduzir a importância quantitativa e o papel inovatório da regulamentação de origem estadual, bem como a remeter para proporções meramente residuais a função da autonomia privada individual.

§ 60. Noção de «relação colectiva de trabalho».

503. Nos fenómenos colectivos de trabalho, é o aspecto «relacional» que serve de ponto de partida para a construção do seu tratamento jurídico – sabido como é que todo o Direito visa as relações sociais, nas múltiplas formas que podem assumir.

Partindo dos dados objectivos da realidade sócio-laboral, a noção de *relação jurídico-colectiva de trabalho* é porém já um produto da reelaboração desses dados numa (variável) óptica de política legislativa.

Uma formulação que parece ajustar-se ao sistema português é a seguinte: relação colectiva de trabalho é a relação jurídica que se estabelece entre dois grupos, respectivamente, de empregadores e de prestadores de trabalho, sindicalmente representados, ou entre um empresário e um sindicato de trabalhadores, para regular as condições de trabalho dos sócios representados e o comportamento dos próprios grupos em ordem às relações individuais de trabalho consideradas ou aos interesses colectivos dos mesmos grupos (1) (2).

---

(1) Recorde-se a fórmula da antiga LRCT (sem correspondência no CT): «O presente diploma regulamenta as relações colectivas de trabalho que se estabeleçam entre trabalhadores e entidades patronais *através das respectivas associações* ou entre associações sindicais e entidades patronais».

(2) Cfr. MAZZONI, *Relações colectivas de trabalho*, trad., São Paulo (1972) 109 ss.; e ainda *Manuale* 1203 ss.. Apontando as situações típicas em que se especifica a «relação colectiva de trabalho», o mesmo Autor enumera (*Manuale 1213*): a) a relação colectiva que se instaura *através do contrato colectivo de trabalho*, seja ele entendido como *contrato normativo* para os associados, ou como *contrato obrigacional* para os sindicatos estipulantes; b) a relação colectiva que se concretiza pelo

Convém destacar, nesta noção, os seguintes aspectos:

a) Não cabem nela os *factos colectivos unilaterais*, portanto da iniciativa de uma colectividade de trabalhadores ou de patrões (uma greve, um *lock-out*, uma proposta de contrato colectivo), ainda que dirigidos ao grupo contraposto e destinado a provocar uma «resposta» deste – até porventura um processo que envolva a verdadeira relação jurídico-colectiva.

b) É necessário (art.º 491.º/1 CT) que os sujeitos da relação sejam, pelo lado dos trabalhadores, um *sindicato* e, pelo lado patronal, uma *associação* ou um empresário singularmente considerado (uma sociedade comercial, por exemplo); ficam pois fora do conceito os contactos que se estabelecem entre grupos informais, à margem da organização institucionalizada (p.ex. negociações entre os projeccionistas e as empresas de cinema, sem intervenção do sindicato que representa aqueles trabalhadores).

c) Distingue-se a relação jurídico-colectiva de trabalho da relação individual (estabelecida por contrato, nos termos já vistos), porque, enquanto os efeitos desta última se projectam *imediatamente* na situação do trabalhador e do empregador envolvidos, os da primeira constituem apenas *um modelo* a que ficam submetidas aquelas situações, repercutindo-se nelas somente *através* dos contratos individuais.

d) A maioria (quando não a quase totalidade) dos efeitos das relações colectivas consiste pois em verdadeiras *normas* reguladoras das relações *individuais* de trabalho, em certo sector profissional (veja-se o art.º 492º/2 CT); assumem, na verdade, menor vulto os efeitos que essas relações desencadeiam em relação aos próprios sujeitos (sindicatos e associações patronais).

---

recurso colectivo, precedentemente acordado, a *um árbitro ou a um conciliador*, cujo processo é determinado pelo próprio contrato colectivo (parte obrigacional); c) relação colectiva que se manifesta por uma *transacção colectiva* em seguida a actos, sindicais ou empresariais, extra-contratuais, unilaterais (greve e *lock-out*)»

Fora dos limites do conceito exposto, há outros fenómenos colectivos de cariz relacional que a lei prevê e a que confere um tratamento específico, inspirado no balanço dos interesses contrastantes em presença e, por conseguinte, supondo ela mesma (a lei) a inserção de tais fenómenos numa *concepção ampla da relação colectiva de trabalho*.

Dentro de tal concepção, entendemos dever incluir-se toda a espécie de contactos, entre categorias de trabalhadores a categorias de empresas (ou alguma destas singularmente consideradas), *aos quais a lei atribui relevância*, ou seja, efeitos específicos, mesmo que eles se localizem na fase preparatória duma convenção colectiva – e desde que esses efeitos tendam à definição de novas condições de trabalho (isto é, condições a incluir nos contratos individuais) no âmbito considerado.

504. A teoria geral do Direito Civil ensina que a *relação jurídica* em sentido estrito consiste na «relação da vida social disciplinada pelo Direito, mediante a atribuição a uma pessoa (em sentido jurídico) de um direito subjectivo e a correspondente imposição a outra pessoa de um dever ou de uma sujeição» (1); ou, ainda, pela qual se «estabelece (...) a posição de *poder* de uma pessoa e a correspectiva posição de *dever* de outra ou de outras pessoas» (2). O facto gerador ou constitutivo da relação jurídica (facto jurídico) é, frequentemente, o negócio jurídico, na modalidade do *contrato*.

A extensão destes conceitos ao terreno do Direito Colectivo do Trabalho inculcaria a ideia de que a relação colectiva é a que se estabelece entre os outorgantes de uma convenção colectiva, consistindo na atribuição de poderes e deveres recíprocos a qualquer deles. A relação jurídico-colectiva produziria, essencialmente, poderes ou direitos do sindicato perante o empregador ou a associação patronal contraposta, e vice-versa.

---

(1) M. ANDRADE, *Teoria Geral da Relação Jurídica*, I 2.

(2) SANTORO PASSARELLI, Teoria Geral do Direito Civil (trad. port.) Coimbra (1967) 49.

Mas o essencial dos efeitos da convenção colectiva é bem outro (pois consiste num conjunto de verdadeiras *normas jurídicas*, dirigidas, não concretamente aos sujeitos colectivos outorgantes, mas genérica e abstractamente aos trabalhadores e empregadores *actual* e *potencialmente* representados por aqueles), e o Direito Colectivo preocupa-se sobretudo (como se indicou) com *outros tipos* de relações (a negociação, o conflito) entre os mesmos sujeitos colectivos, conferindo-lhes relevância jurídica. Tudo isto está bastante para lá de uma perspectiva puramente civilística.

De resto, a construção do conceito de «relação colectiva de trabalho» tem sido muito criticada, *maxime* na doutrina italiana. A sua vastidão e fluidez (1) e a sua discutível tecnicidade explicam que essa noção seja tida por alguns como um mero «esquema lógico com que se identifica a gestão integrada das relações individuais» (2). Mas, no sentido da necessidade de autonomização do conceito, milita a já apontada *indivisibilidade* dos interesses (colectivos) que entram em jogo nessas relações – «interesses, em concreto, insusceptíveis de satisfação, em cada contexto produtivo de certa amplitude, senão por todos os indivíduos ou por grupos que exactamente por isso se dizem homogéneos» (3) e que, portanto, «escapariam a uma gestão meramente individual e, por assim dizer, atomística» (4). A noção – que se tem por adquirida – de interesse colectivo é, assim, o suporte da «relação colectiva», não obstante a complexidade e multiplicidade das suas concretizações e a correspondente falta de fixidez das suas referências conceituais.

A noção de relação colectiva, embora por certo enquadrável num conceito amplo de relação jurídica, não assenta numa criação

---

(1) Reconhecida por MAZZONI: cfr. *Relações colectivas* 107.

(2) Cfr. DELL'OLIO/G. BRANCA, *L'organizzazione e l'azione sindacale*, vol. 1 da *Enciclopédia giuridica del lavoro* dir. G. MAZZONI, Pádua (1980) 126.

(3) DELL'OLIO/BRANCA 115.

(4) DELL'OLIO/BRANCA 122. Exemplifica-se com os interesses da integridade física e da personalidade moral do trabalhador, os que respeitam aos ritmos e cadências da laboração, à organização do trabalho em geral, à manutenção ou consecução de um certo nível de emprego, à repartição funcional de rendimentos, à não-discriminação no emprego, etc..

do Direito (atribuição de direitos e obrigações) mas sim, basicamente, numa realidade sociológica que o Direito recebe *qua tale*.

O facto que a gera não é, normalmente, um acordo mas um acto colectivo unilateral – a formulação de uma proposta ou exigência – ao qual pode suceder-se, não o consenso, mas a oposição e o conflito. A verificação de tais actos unilaterais gera desde logo deveres de conduta (de conteúdo variável conforme os sistemas), como, entre nós, resulta do art.º 489.º. E o acordo que venha a atingir-se não origina, primariamente, obrigações para os sujeitos colectivos (embora possa dar origem a deveres instrumentais, como o do recurso a certos dispositivos conciliatórios ou o da manutenção do acordo por determinado prazo, dirigidos aos próprios outorgantes) mas sim, como se tem notado, normas endereçadas aos trabalhadores e aos empregadores pertencentes às categorias abrangidas.

§ 61. A perspectiva das «relações industriais».

505. O estudo das relações colectivas de trabalho não pode, por razões que parcialmente decorrem do já exposto, esgotar-se na análise de regulamentação que as tem por objecto ([1]). O carácter multidimensional dos fenómenos em causa inspirou, justamente, a noção de *relações industriais* ([2]), que constitui um instrumento de agregação sistémica dos vários aspectos (jurídico, económico, sociológico, etc.) que esses fenómenos comportam; noção interdisciplinar, portanto, que recolhe contribuições do direito, da sociologia, da economia, da ciência política, da psicologia, da história social, sem as quais o estudo das relações colectivas careceria do quadro contextual que as torna compreensíveis e passíveis de comparações no tempo e no espaço.

([1]) Cfr. CARINCI/DE LUCA TAMAJO/TOSI/TREU, *Diritto del Lavoro*. 1 – *Il Diritto Sindacale*, 2.ª ed., Torino (1989) 6.

([2]) A expressão, de cunhagem norte-americana, tem sido traduzida, nomeadamente na literatura francesa e em documentos da O.I.T., por «relações profissionais», em tudo equivalente.

Por «relações industriais» entende-se, correntemente, «o conjunto das *normas* (formais e informais, gerais ou específicas, genéricas ou precisas) que regulamentam o emprego dos trabalhadores (salário, horário e muitos outros institutos); assim como os diferentes *métodos* (contratação colectiva, lei, etc.) através dos quais essas normas são estabelecidas e podem ser interpretadas, aplicadas e modificadas; métodos escolhidos ou aceites pelos *actores* (organizações e representações dos trabalhadores, empregadores e suas organizações, Estado e suas específicas agências institucionais) que em tais relações interagem, com base em *processos* nos quais podem encontrar-se graus diversos de cooperação e de conflitualidade, de convergência e de antagonismo» ([1]).

Pode assim, para cada país, construir-se, a partir da análise articulada desses vários elementos, um «sistema de relações industriais» que, no mínimo, se reveste de um seguro alcance interpretativo face aos fenómenos colectivos laborais que aí se desenvolvam, isto é, fundamentalmente, a organização profissional, a negociação e o conflito ([2]).

506. A noção (e a perspectiva) das relações industriais tem ganho progressiva relevância na Europa continental, sobretudo a partir do início da década de setenta, dada a projecção sociopolítica de acontecimentos complexos como os de Maio-Junho de 1968, em França, e o «Outono quente» de 1969, na Itália ([3]) – vicissitudes que abriram uma fase de grande desenvolvimento da dinâmica sindical e de acentuado acréscimo da relevância político-económica dos factores emergentes das relações colectivas de trabalho.

Não sendo estritamente jurídica, a perspectiva das relações industriais tem privilegiado, manifestamente, no contexto europeu, o papel das *normas*, enquanto *pressupostos* e como *produtos* do «fun-

---

([1]) G. BAGLIONI in *Relazioni industriali. Manuale per l'analisi della esperienza italiana*, dir. G. P. CELLA/T. TREU, Bolonha (1982) 14. Vd., em termos próximos, D. WEISS, *Relations industrielles*, Paris (1973) 15.

([2]) Cfr. M. SALAMON, *Industrial Relations*, cit., 33 ss.

([3]) Cfr. G. P. CELLA/G. AMATO/C. DELL'ARINGA, *Lo stato delle informazioni e della ricerca nelle relazioni industriali*, DLRI n.º 14 (1982) 275 ss.

cionamento» de cada sistema (1). Mas o estudo das normas é aí fortemente marcado pelos aspectos *contextuais* que lhes determinam o sentido: o regime político, o quadro institucional, a estrutura económica, a composição da população activa, a situação do mercado de trabalho, os tipos de organização sindical, etc..

O estudo das relações colectivas a que se vai proceder, não se situando na referida perspectiva, não poderá também abstrair inteiramente dela; uma visão formalística das relações colectivas de trabalho seria, desde logo, um exercício de estilo mais ou menos distanciado da essência dos fenómenos a que o Direito se reporta; dir-se-á, em suma, que os vários temas a abordar de seguida solicitarão, por si mesmos, referências contextuais do tipo que caracteriza a metodologia das relações industriais.

§ 62. A concertação social.

507. Um tipo particular de fenómeno colectivo é o que se exprime nos processos de concertação social. O que caracteriza estes processos é o seu carácter *participativo* e *tripartido,* e o facto de versar sobre matérias atinentes *à política económica e social* (2). Trata-se sempre, com efeito, de negociações, ou debates conjuntos, entre o Governo, as confederações sindicais e as confederações patronais, sobre temas como salários, política de emprego, dispositivos de protecção social, controlo da inflação, condições de melhoria da competitividade das empresas e da economia.

Em Portugal, ao contrário de outros países, esse fenómeno tem reconhecimento constitucional (vejam-se os arts. 56.°/2-*d*) e 92/1 CRP) e enquadramento institucional próprio: a Comissão Permanente de Concertação Social (CPCS), integrada no Conselho Económico e Social (art. 6.° L. 108/91, de 17 de Agosto).

---

(1) Cfr. D. Weiss, *ob.* cit. 39.

(2) Veja-se M. A. Solans Latre, *Concertación social y otras formas de neocorporatismo en España y en la Comunidad Europea,* Madrid (1995) 68 ss..

Todavia, essa ressonância formal não tem correspondência no modo por que a concertação social se relaciona com o sistema político: não existe, nesse plano, nenhum definido nexo orgânico-funcional.

A concertação social abrange uma gama variada de procedimentos, de natureza negocial ou consultiva ([1]), que se desenvolvem entre determinados sujeitos que são o Governo, as Confederações Sindicais (CGTP-In e UGT) e as Confederações Patronais (da Indústria, do Comércio, da Agricultura e do Turismo).

Não obstante o grau aparentemente elevado de institucionalização que atingiu entre nós, a concertação social não está enquadrada por nenhum modelo processual definido. Existe um Regulamento Interno da Comissão Permanente da Concertação Social, aprovado no seu próprio âmbito e objecto de publicação oficial ([2]), mas a experiência tem revelado que os produtos mais importantes e significativos da concertação social têm surgido independentemente da aplicação do regime formalístico que esse regulamento estabeleceu.

A concertação social, é, assim, um mecanismo *auto-regulador*, através do qual as organizações de cúpula, representativas dos trabalhadores e dos empregadores, *participam*, com intensidade variável, nos processos de decisão que cabem na competência do Governo ([3]).

A concertação social não deve ser confundida com a *negociação colectiva interconfederal*.

Como se assinalará adiante, o regime jurídico da contratação colectiva não exclui a possibilidade de serem celebradas convenções colectivas entre confederações sindicais e confederações patronais. É o que resulta da combinação dos arts. 2.°/3, 440.°/3 e 4 CT.

([1]) A imagem que a regulamentação existente fornece é, sobretudo, a de um mecanismo de natureza consultiva. Mas mesmo as «audições» e «apreciações» no âmbito da concertação social assumem, no fundo, carácter negocial: o objectivo visado é sempre a descoberta de plataformas de consenso, mesmo que não se trate de «celebrar acordos».

([2]) DR II Série, n.° 204 de 31/8/93, p. 183-186.

([3]) Incluem-se, naturalmente os processos legislativos, que aqueles que se esgotam na esfera de decisão do Governo (decretos lei), quer os que se destinam a discussão e aprovação na Assembleia da República (propostas de lei).

Tais convenções colectivas, se existissem, [1] seriam aplicáveis às relações de trabalho existentes entre os filiados em todas as organizações confederadas. Um acordo interconfederal subscrito pela Confederação da Indústria Portuguesa (CIP), pela Confederação Geral dos Trabalhadores Portugueses (CGTP) e pela União Geral dos Trabalhadores (UGT) seria uma espécie de «lei contratada do trabalho industrial», o que lhe conferiria notória relevância social e económica. Ele seria directamente aplicável às relações individuais entre os empregadores e os trabalhadores filiados nas associações pertencentes às confederações subscritoras. No entanto, tais acordos não existem, apesar da importância de que se revestiriam para a afirmação da autonomia e da capacidade prática de regulação dos parceiros sociais.

Os acordos de concertação social, porém, não assumem o carácter de *acordos normativos,* como as convenções colectivas de trabalho. O seu efeito não é o de definir imediatamente regras de comportamento para os trabalhadores e as empresas representadas pelas organizações. Trata-se de *acordos políticos* tripartidos, destinados a condicionar as decisões das entidades subscritoras: as decisões políticas do Governo, nomeadamente no plano legislativo; as decisões e actuações dos sindicatos e das associações patronais, designadamente no domínio da contratação colectiva.

Caracteriza-se, por isso, a concertação social como um mecanismo de «troca política» [2]: o Governo e os parceiros sociais condicionam mutuamente as suas escolhas através dos compromissos assumidos na concertação social. Mas estes compromissos não assumem natureza normativa nem dispõem de sanção jurídica. Eles são, quando muito, o fundamento de normas futuras (legais ou convencionais) e surgem revestidos da *sanção política* que decorre da interdependência das obrigações assumidas [3].

---

(1) Como existem noutros países europeus, nomeadamente a Itália e a Espanha.

(2) C. Crouch/ A. Pizzorno, *Conflitti in Europa,* Milão (1977) 407 ss..

(3) Veja-se, sobre isto, o nosso estudo *Aspectos jurídicos da concertação social,* publicado na edição do Conselho Económico e Social *Os acordos de concertação social em Portugal (I – Estudos),* Lisboa (1993) 93 ss..

508. A experiência da concertação social em Portugal produziu, desde de 1987, diversos acordos sobre matérias de variável amplitude (desde acordos de política de rendimentos, como os de 1988 e 1992, até convénios de largo espectro como o Acordo Económico e Social de 1990 e o Acordo de Concertação Estratégica de 1996), e também com distintas representatividades (tendo em conta que vários deles foram subscritos apenas por uma parte dos parceiros sociais).

Em todos esses acordos, todavia, se encontram disposições endereçadas à contratação colectiva de trabalho. Quer se trate de simples recomendações ou referenciais para a negociação de salários, quer se toquem outras matérias, como as respeitantes à duração do trabalho e à qualificação profissional, essas disposições traduzem um papel de *enquadramento e orientação da contratação colectiva de trabalho* que faz penetrar a concertação social no campo próprio do direito colectivo de trabalho.

É certo que essas directrizes à contratação não têm eficácia jurídica garantida. A sua concretização depende da capacidade de influência das organizações de cúpula sobre as associações sindicais e patronais suas filiadas, às quais caberá protagonizar os processos de negociação colectiva laboral. Não existe vinculação jurídica destas organizações relativamente aos compromissos assumidos, em sede de concertação social, pelas confederações a que pertencem.

Mas a prática evidencia que essas directrizes são largamente respeitadas e cumpridas na acção contratual das organizações de base. Os acordos de concertação social, manifestando a autonomia colectiva das organizações cimeiras, revelam-se instrumentos eficazes de organização e disciplina da contratação colectiva, nomeadamente em aspectos particularmente delicados como os que se relacionam com as variações salariais.

CAPÍTULO II

AS ASSOCIAÇÕES SINDICAIS

§ 63. O sindicalismo: sentido e fundamento.

509. O sindicalismo tem sido tema de vasta literatura, não apenas sob a perspectiva jurídica, mas também no âmbito da economia, da sociologia, da ciência política, da história social. A título introdutório, vale a pena considerá-lo como *facto*, quer sob o ponto de vista do seu sentido e razão de ser, quer numa perspectiva funcional.

É sobretudo nos E.U.A. que se encontram importantes desenvolvimentos no campo das *teorias sindicais* – quer dizer, das explicações propostas para a origem e a actuação dos sindicatos –, que tomam o associativismo operário como *objecto de análise* ou, quando muito, de formulações prospectivas sob a influência da psicologia, da sociologia e da economia ([1]).

Assim, numa perspectiva marcadamente psicossociológica, pode encarar-se o movimento sindical como um fenómeno originado e condicionado pelo sentimento de revolta decorrente da frustração e da inadaptação do trabalhador ao ambiente; pela nascença de uma «interpretação comum da situação social» e de um consequente «programa de acção comum para a melhorar», potenciada pelo «temperamento» dos líderes e dos membros do grupo; e pelo sentimento de «comunidade moral e psicológica» entre homens ligados por uma tarefa comum, contra a atomização social e a

---

([1]) Veja-se, entre nós, para uma síntese crítica das várias orientações, C. A. FERNANDES DE ALMEIDA, *Sindicalismo*, vol. I, Lisboa (1977), obra de que o texto seguinte é, em muitos pontos, tributário.

insegurança económica decorrentes da mecanização do trabalho. Uma abordagem deste tipo envolve a atribuição ao sindicato de um papel fundamental na mudança social, e tenderá a visualizá-lo como instrumento particularmente afeiçoado à acção política e à promoção de projectos ideológicos reformistas ou revolucionários. O movimento sindical europeu-continental (se acaso é legítimo falar-se de uma tal realidade) tem a sua tradição repassada deste modo de encarar e viver o sindicato. Na história do sindicalismo europeu, ressalvadas as importantíssimas peculiaridades nacionais, a vertente política (e, muitas vezes, partidária) da acção sindical combina-se com orientações de promoção social e económica, segundo uma fórmula tendencialmente homogénea.

Noutra perspectiva (que tem em DUNLOP uma representação saliente), encara-se genericamente o sindicato como uma espécie de «empresa» (*business enterprise*) cujo objecto seria a maximização de benefícios obtidos a partir de um certo produto – a força do trabalho dos seus membros. Daí a possibilidade de explicar a sua actuação à luz de um modelo económico em que se defrontam a oferta expressa no número de filiados e a procura correspondente ao nível de emprego.

Sempre na óptica económica, cabe referir ainda a visão de MARSHALL ([1]).

Em termos de oferta e procura, a situação do trabalhador isolado (e, acrescente-se, competindo com uma massa enorme, e sempre crescente, de outros indivíduos circunscritos à sua força de trabalho como meio de sobrevivência) é a de um vendedor que dispõe de uma só unidade – a jornada de trabalho – e tem necessariamente que vendê-la, num mercado em que a oferta excede, por sistema, a procura. Tudo joga em benefício do comprador (empresa): o «atrito económico», o custo da negociação, é suportado pelo vendedor (trabalhador), visto que o decurso do tempo gera perdas acumuladas, podendo reduzi-lo a preços (salários) inferiores ao próprio mínimo vital – em todo o caso, a salários inferiores aos que resultariam do jogo de uma procura e uma oferta com idêntica margem de manobra. A associação dos trabalhadores pode permitir que a oferta de força de trabalho seja limitada por

([1]) No cap. XIV da *Economics of Industry*, cit. por MAZZONI, *I rapporti colletivi di Lavoro*, Milão (1967) 36.

uma «reserva de preço», tendendo para o restabelecimento do equilíbrio com a procura e a aproximação entre o rendimento esperado do trabalho e o correspondente salário.

Estas formulações, enfatizando a função económica do sindicato – mais precisamente, apresentando-o como verdadeiro agente económico num mercado que lhe é próprio –, tendem a configurá-lo como realidade alheia à acção política, a atribuir-lhe uma *business orientation* que adere estreitamente às realidades específicas do sindicalismo norte-americano ([1]): os sindicatos tendem a funcionar aí como verdadeiros «cartéis de força de trabalho», para o que contribuem acordos feitos com as entidades empregadoras e suas associações (as chamadas *cláusulas de garantia sindical*).

510. Perante a diversidade das concepções sindicais, correspondente a uma vasta gama de pressupostos, nomeadamente ideológicos, é, apesar de tudo, possível enunciar o conjunto das *funções* ou *utilidades* que estão na base do desenvolvimento do associativismo de trabalhadores.

A CRP, depois de, no art.º 55.º/1, considerar a liberdade sindical dos trabalhadores «condição e garantia da construção da sua unidade para defesa dos seus direitos e interesses», enumera, no art.º 56.º, «direitos das associações sindicais» que correspondem, sobretudo, a funções *participativas* em diversos domínios e instâncias. Acresce-lhes o exercício do «direito de contratação colectiva».

Mas tudo isto não passa de um conjunto incompleto de afloramentos do perfil funcional do sindicato; serão, se quisermos, a expressão da vertente *institucional* do sindicato, mas não esgotam as funções que, na sua globalidade, o explicam como organização permanente de interesses.

Assim, e utilizando a formulação de M. SALAMON ([2]), pode definir-se esse perfil:

a) «*em termos de poder*, proteger e apoiar o indivíduo, assegurando uma força colectiva para defrontar o empregador e um grupo de pressão na sociedade;

([1]) Cfr. M. SALAMON, *Industrial relations. Theory and practice.*, cit. 73.

([2]) M. SALAMON, *Industrial Relations*, cit., 74-75.

b) *em termos de regulação económica*, maximizar os salários e o emprego dos seus membros, no quadro do contrato de trabalho;

c) *em termos de regulamentação profissional*, estabelecer um sistema de regulamentação participada que não só proteja os seus membros perante actos arbitrários do empregador, mas também lhes permita participar nas decisões dentro da organização para a qual trabalham;

d) *em termos de mudança social*, exprimir a coesão social e as aspirações ou a ideologia política dos seus membros e procurar desenvolver uma sociedade que reflicta essa visão;

e) *em termos de realização pessoal*, facultar um mecanismo pelo qual os indivíduos possam desenvolver-se fora dos limites imediatos dos seus empregos e participar em processos decisórios».

Este enunciado evidencia a possibilidade do reconhecimento ao sindicato de funções que transcendem os limites da defesa de pretensões relativas à regulamentação das condições de trabalho, isto é, as fronteiras de uma actuação puramente «contratual». Como se verá adiante, o perfil que o art.º 56.º CRP traça é o de uma associação sindical que, na linha da «defesa dos direitos e interesses dos trabalhadores», dispõe de uma vasta capacidade de intervenção participativa (incluindo, por exemplo, o «controlo da execução dos planos económico-sociais») que não se reduz à melhoria das concretas condições de trabalho dos associados.

§ 64. A liberdade sindical.

1. *Noções gerais.*

511. Dispõe o art.º 55.º/1 CRP: «É reconhecida aos trabalhadores a liberdade sindical, condição e garantia da construção da sua unidade para a defesa dos seus direitos e interesses». É a consagração de um princípio fundamental do Direito Colectivo, pressuposto da autonomia colectiva e condição fundamental de defesa genuína e eficaz dos interesses dos trabalhadores (1).

A formulação constitucional não é feliz. Contém uma desnecessária ressonância ideológica que sugere uma postura mais «promocional», por parte do ordenamento (e da própria CRP), do que aquela que efectivamente vem a retirar-se das normas vigentes.

Como se verá, as regras constitucionais e legais que definem o conteúdo da liberdade sindical acentuam sobremaneira a sua dimensão *individual* – e esta pode não convergir, nas suas consequências, com a vertente *colectiva*, na qual se afirma o fenómeno sindical, justamente, como instrumento peculiar de defesa e promoção de interesses.

A liberdade sindical é uma liberdade *individual*, porque cada trabalhador é livre de participar na constituição de um sindicato, e de se tornar, ou não, sócio de um existente, ou ainda de deixar de ser sindicalizado. Mas é também uma liberdade *colectiva*: o conjunto dos trabalhadores organizados em sindicato é livre de o estruturar, de regular o seu funcionamento, de eleger e destituir os seus dirigentes, de associar o sindicato a outros em federações ou uniões, de definir as formas e as finalidades da acção colectiva.

---

(1) Sustenta-se que «a liberdade sindical é uma forma particular da liberdade de associação (art.° 46.°), mas constitui um tipo autónomo» – GOMES CANOTILHO e VITAL MOREIRA, *Constituição da República Portuguesa Anotada*, Coimbra (1978) 151. No mesmo sentido, por exemplo, GHIDINI 41. Parece-nos, contudo, que o sindicato não é apenas uma associação com a diferença específica da defesa de interesses de classe. A génese da ideia de liberdade sindical seguiu um processo inteiramente privativo, e a sua recepção no ordenamento jurídico não coincidiu, em lado algum, com a da liberdade de associação. Recorde-se, por outro lado, que *uma associação de trabalhadores com o objectivo de defesa dos seus interesses* não consubstancia um sindicato se, embora observado o regime geral do direito de associação (DL 594/74, de 7-11), não se mostrarem preenchidos os requisitos de que a lei faz depender a sua integração no *quadro institucional* das organizações sócio-profissionais. Afigura-se tão pouco precisa a afirmação de que a liberdade sindical é uma espécie do género liberdade de associação como seria a de que as assembleias gerais dos sindicatos constituem emanações do direito de reunião. Cfr. VERDIER 185 nota 4; SPYROPOULOS, *La liberté syndicale* (1956) 5 e 17.

Ora parece indiscutível que o teor do preceito citado privilegia, ilusoriamente, este segundo aspecto – não conseguindo, assim, sequer, transmitir a «tonalidade geral» do regime sindical português, que, por razões adiante expostas, tutela prioritariamente a liberdade sindical individual.

512. A liberdade sindical corresponde a eminentes preocupações sociais que encontram eco em documentos internacionais relevantes na ordem jurídica portuguesa. A Declaração Universal dos Direitos do Homem [1], proclamada pela Assembleia-geral da ONU em 10-12-48, estabelece que «toda a pessoa tem o direito de fundar com outras pessoas sindicatos e de se filiar em sindicatos para defesa dos seus interesses».

No mesmo sentido aponta a Conv. OIT n.º 87 [2], relativa à *liberdade sindical* e à protecção do *direito sindical*, que, muito embora remonte também a 1948, continua a desempenhar papel fulcral na expansão dos princípios (aliás, na aparência, tão genéricos) que consagra. Esses princípios podem esquematizar-se como o faz VERDIER [3]: o direito individual de sindicalização (constituição e filiação), a independência dos sindicatos perante o Estado, o direito de formação de uniões sindicais (de âmbito geográfico variável), a limitação do exercício da liberdade sindical pelo respeito da legalidade em cada país (pressupondo, como é obvio, que nesta se comporte a observância dos princípios precedentes) [4].

Também a Conv. OIT n.º 98, sobre o *direito de organização e de negociação colectiva* (adoptada em 1949), tem incidência no campo da liberdade sindical, instituindo princípios protectivos como o da proscrição de tratamentos discriminatórios em matéria de emprego

---

[1] Publicada no DR, 1.ª série, de 9-3-78. Nos termos do n.º 2 do art.º 16.º CRP, constitui elemento de interpretação e integração dos «preceitos constitucionais e legais relativos aos direitos fundamentais».

[2] Ratificada pela L 45/77, de 7-7.

[3] *Syndicats* cit. 127-128.

[4] O conteúdo de tal limitação ajuda a explicar que só em 1977 tenha sido ratificada esta convenção pelo Estado Português.

com base na filiação ou não filiação sindical, e o da não ingerência recíproca das organizações socioprofissionais, com relevo particular no que toca à independência das associações sindicais face aos empregadores (1).

No que toca à *não-discriminação por motivos sindicais*, salienta-se que a mera afirmação do princípio e mesmo a sua explicitação em normas legais proibitivas não basta para lhe assegurar consistência no plano da prática social. «É necessário ainda – como assinala G. CAIRE – que estas disposições sejam acompanhadas de processos eficazes, que garantam a sua aplicação prática, especialmente em matéria de despedimentos, de transferências, de despromoção, de reforma, etc.» (2). É que, como se sabe, a fraude à lei encontra aí terreno particularmente propício, dada a possibilidade de dissimulação de motivos sindicais sob a aparência de causas emergentes das relações de trabalho. Esta preocupação esteve na origem da Conv. OIT n.º 135, sobre a protecção de representantes dos trabalhadores, adoptada, em 1971, conjuntamente com a Recom. n.º 143. A ideia central desta recomendação é a de que o despedimento de dirigentes sindicais seja impedido ou fortemente condicionado «quer durante a desempenho do seu mandato, quer durante um certo lapso de tempo após o seu termo» (3), nomeadamente pela intervenção de um organismo independente (por exemplo um tribunal) antes que o despedimento se torne definitivo (4).

Mas, por outro lado, as chamadas «cláusulas de garantia sindical» – disposições acordadas entre sindicatos e empregadores no sentido de condicionar o acesso ao emprego pela filiação sindical – não são frontalmente excluídas pela Conv. n.º 98, deixando-se a sua valoração aos ordenamentos e à prática nacionais (5).

---

(1) Esta convenção foi ratificada por Portugal em 1964, não só por os seus princípios serem harmonizáveis com o direito então vigente.

(2) G. CAIRE, *Liberdade sindical e desenvolvimento económico*, trad., Lisboa (s/d) 41.

(3) G. CAIRE 41.

(4) Sobre outros aspectos dessa protecção, vd. VALTICOS, *Derecho Internacional del Trabajo*, trad. Madrid (1977) 252 ss..

(5) Cfr. VALTICOS 250.

Quanto à *negociação colectiva* – também contemplada pela Conv. n.º 98 –, ela situa-se dentro do círculo das manifestações da liberdade sindical enquanto forma de actividade do sindicato; não surpreende, portanto, que os dois temas surjam normalmente associados na actividade da OIT. Todavia, aquele convénio limita-se a prever que sejam tomadas, a nível nacional, medidas tendentes ao desenvolvimento dos processos de negociação colectiva para a determinação das condições de trabalho, visando sobretudo prevenir a obstrução sistemática dos interlocutores patronais (1).

Por fim, o *direito de greve* «é um prolongamento necessário da liberdade sindical e da negociação colectiva» (2); o seu exercício constitui, como se sabe, uma relevante modalidade da acção sindical. Trata-se de um direito dotado de tutela autónoma nos ordenamentos nacionais que o reconhecem, e que não está expressamente contemplado em convenção da OIT; no entanto, a fiscalização do cumprimento da Conv. n.º 87 – relativa, como se disse, à liberdade sindical – deu origem a uma abundante jurisprudência, quer da Comissão de Peritos para a Aplicação de Convenções e Recomendações, quer do Comité de Liberdade Sindical, que hoje configura a salvaguarda do direito de greve como uma das projecções do princípio da liberdade sindical, na medida em que a limitação daquele direito redunda em condicionamento das «possibilidades de acção das organizações sindicais» (3).

513. O reconhecimento constitucional da liberdade sindical envolve um conjunto de garantias que reflecte o essencial das

---

(1) Cfr. VALTICOS 251. Para além disso, porém, entende-se que «as prescrições legais que subordinam a entrada em vigor de uma convenção colectiva à autorização prévia das autoridades, como as que têm por efeito modificar as condições de trabalho fixadas pelas convenções colectivas ou impedir as partes de negociar as condições que lhes pareçam desejáveis podem representar igual número de violações do direito dos interessados a negociar colectivamente». G. CAIRE 41-42.

(2) G. CAIRE 42.

(3) Cfr. VALTICOS 249.

grandes orientações apontadas pelos diplomas internacionais acima referidos. Podemos, neste domínio, distinguir um feixe de *direitos e liberdades individuais* de cada trabalhador e um complexo de *direitos e liberdades colectivos* atribuídos às associações sindicais propriamente ditas, e dos quais ressalta o reconhecimento da *autonomia sindical* (1).

Cada legislação sobre sindicatos exprime uma fórmula de combinação destas duas dimensões da liberdade sindical. Como se disse a propósito da noção de «interesse colectivo», pode haver conflito, ou insuficiente coincidência, entre pretensões individuais de trabalhadores pertencentes a uma associação sindical e pretensões colectivas por esta prosseguidas. A organização de indivíduos num sindicato implica, em si mesma, o reforço de pretensões comuns, mediante um preço que é a renúncia parcial ao interesse individual. Neste sentido, a acção do sindicato privilegia, por definição, o grupo sobre o indivíduo.

Mas a questão a que aludimos é outra, e diz respeito à orientação adoptada pelo legislador face ao fenómeno sindical. É aí que se coloca o problema do equilíbrio entre defesa do indivíduo e protecção do grupo.

Se a prioridade for a liberdade individual, a lei procurará garantir que as opções sindicais de cada trabalhador sejam imunes a condicionamentos de ordem económica, social ou psicológica – desinteressando-se da consistência e da estabilidade das organizações. Se, ao invés, o legislador atribuir a prevalência à necessidade social de organizações de trabalhadores sólidas e estáveis, então desvalorizará as opções individuais e admitirá que elas sejam limitadas ou condicionadas. Um exemplo desta dualidade de posturas possíveis é, mais uma vez, oferecido pelas «cláusulas de garantia sindical»: a sua legitimação representa uma atitude de sustentação do sindicato e de desvalorização da liberdade individual; a sua rejeição exprime a prevalência da liberdade individual de opção sindical sobre o reforço das organizações.

---

(1) SALA FRANCO/ALBIOL MONTESINOS, *Derecho sindical*, 3.ª ed., Valência (1994) 67 ss..

Vejamos, então, de seguida, que conteúdo tem a liberdade sindical no direito português.

2. *As dimensões individuais da liberdade sindical.*

514. No tocante à liberdade sindical enquanto liberdade *individual*, e seguindo o esquema do art.º 55.º CRP, cabe salientar:

a) A *liberdade de constituição de sindicatos*, ou melhor, de concurso para a formação de tais associações (o que significa que um pressuposto necessário do seu exercício é a convergência com uma pluralidade de trabalhadores no mesmo sentido). Não se trata aqui, segundo cremos, da inadmissibilidade do condicionamento por autorização ou aprovação administrativa (1), mas fundamentalmente da admissibilidade do pluralismo sindical, isto é, da possibilidade de constituição de mais de um sindicato no mesmo âmbito pessoal e geográfico (2) (3). Para além disto, a liberdade de constituição deve ser interpretada à luz do art.º 2.º da Conv. 87 da OIT, que a estende a *todos* os trabalhadores «sem nenhuma distinção», e, ainda, do n.º 1 do art.º 9.º da

(1) Isto é, porventura, da afirmação de uma atitude legal contraposta à do diploma de 1891 que entre nós reconheceu o direito de associação de classe, ou à da legislação sobre os sindicatos corporativos. Tal parece ser o aspecto posto em evidência em Gomes Canotilho-Vital Moreira 152. Ora esse aspecto já tem cobertura suficiente, ao que julgamos, no n.º 4 do art.º 56.º CRP.

(2) É o que sugere a história do preceito, quer no plano do debate parlamentar, quer face aos antecedentes legais (a LS de 1975 vedava expressamente tal possibilidade no n.º 1 do art.º 11.º, depois revogado pelo DL 773/76, de 27-10, como um dos «princípios contrários» à liberdade afirmada pela CRP) quer aos próprios termos em que se desenvolveu a querela acerca da «unicidade sindical»

(3) Um conjunto de princípios formulados, neste sentido, pelo Comité da Liberdade Sindical do Conselho de Administração do BIT pode ser visto em BIT, *La liberté syndicale*, 4.ª ed., Genève (1996) 63 ss..

mesma convenção, que confere a cada Estado a faculdade de excluir ou limitar o exercício dos direitos sindicais às forças armadas e de polícia.

b) A *liberdade de inscrição*, com duas facetas: uma, dita *negativa*, que se refere à possibilidade de não inscrição (ou não permanência) em qualquer sindicato; outra, chamada *positiva*, que, supondo a vontade de filiação, respeita à escolha entre sindicatos possíveis, «sem dependência de um acto de admissão discricionário» do que tenha sido preferido ([1]).

515. A liberdade sindical *negativa* tem o fundamental alcance de uma *defesa contra discriminações*; na verdade, mesmo no quadro do regime corporativo, a filiação sindical não era obrigatória ([2]); o que pode suceder é que – nomeadamente por acordos entre os sindicatos e os empregadores – a condição profissional dos trabalhadores seja posta na dependência da inscrição sindical, como ocorre nos países em que são admitidas e praticadas as «cláusulas de garantia sindical».

Neste sentido e com este alcance, a liberdade negativa acha-se consagrada, entre nós, no art.º 406.º CT, que proíbe e fere de nulidade «todo o acordo ou outro acto» que subordine o emprego à filiação ou não filiação sindical ou conduza ao despedimento, transferência ou outra desvantagem para o trabalhador pelo mesmo motivo. Ficam, assim, interditas as já mencionadas *cláusulas de garantia sindical*, seja qual for a forma que assumam. Daí resulta, como atrás se assinalou, que o interesse da «livre escolha por parte do trabalhador» é considerado prevalente sobre o do «reforço da organização» ([3]) – uma das ideias-força da concepção sindical acolhida pela nossa lei fundamental.

Mas, para além do seu fundamental sentido não-discriminatório, a liberdade negativa envolve a proscrição de limitações

---

([1]) Gomes Canotilho-Vital Moreira 152.

([2]) E o *abandono* do sindicato é também livre (art.º 444.º/6 CT).

([3]) Cfr. Giugni 62.

indirectas, nomeadamente o afastamento da quotização obrigatória (sem filiação) a que se referem explicitamente o art.° 55.°/2 b) CRP e, na sua esteira, o art.° 457.° CT ([1]) ([2]).

515-a. Perante isso, pode, naturalmente, indagar-se se a disposição contida no art. 492.°/4 CT (introduzida pela revisão de 2009) é compatível com a liberdade sindical, na sua dimensão individual. Em conexão com a faculdade de escolha da convenção colectiva aplicável que o art. 497.° atribui aos trabalhadores não sindicalizados, o preceito acima citado admite que as convenções colectivas estabeleçam uma espécie de *taxa de adesão individual* – um "montante" a pagar às "associações sindicais envolvidas, a título de comparticipação nos encargos da negociação".

Por um lado, a solução justifica-se pela necessidade de fazer participar todos os beneficiários de um processo de negociação colectiva nos custos que ele envolve para os sindicatos. Mas, por outro, oferece algumas dificuldades de princípio. Como se observará adiante, as convenções colectivas acabam por ver, muito frequentemente, os seus âmbitos pessoais de aplicação consideravelmente ampliados por mecanismos (portaria de extensão, decisões de gestão dos empregadores) que não envolvem "escolhas" individuais mas nem por isso deixam de gerar um grande número de beneficiários não sindicalizados, aos quais o art. 492.°/4 não se aplica. Por outro lado, a eventual periodicidade do pagamento da

([1]) O mesmo princípio provém da legislação pós-revolucionária: ele foi inserido na LS de 1975 pelo DL 841-B/76, de 7/12. Até lá, manteve-se o regime de quotização obrigatória.

([2]) Pelo DL 29 931, de 15-9-39, foi autorizado o (então) Subsecretário de Estado das Corporações a determinar a obrigatoriedade do pagamento de quotas pelos «profissionais não inscritos nos sindicatos nacionais que os representem» (art.° 2.°). Note-se que os sindicatos corporativos representavam, nomeadamente na negociação colectiva, *categorias* e não apenas membros delas que fossem inscritos como *sócios* (como hoje resulta do art. 496.° CT). A vigência do regime de quotização obrigatória generalizou-se, através de despachos avulsos, e manteve-se algum tempo depois de 25 de Abril de 1974.

"taxa de adesão" correrá o risco de confusão com uma quotização sindical, e, portanto, de colisão com a CRP e a lei.

Não cremos, porém, que haja incompatibilidade entre o binómio constituído pelos arts. 492.°/4 e 497/1 e a liberdade negativa de filiação sindical. A "escolha" individual da convenção colectiva aplicável, por um trabalhador não sindicalizado, não é mais gravemente conflituante com esse princípio constitucional e legal do que a extensão do âmbito da convenção por via administrativa, cuja admissibilidade constitucional ninguém parece discutir. E a "taxa de adesão" tem que ser acordada pelas partes outorgantes na convenção, não é uma imposição unilateral do sindicato nem de qualquer entidade exterior à mesa de negociações. O trabalhador sem sindicato não é, desse modo, forçado a filiar-se. O sistema de soluções que rege a aplicação das convenções colectivas respeita a sua opção de não se inscrever num sindicato e extrai dela a consequência natural. Com as normas introduzidas na revisão de 2009, o que surge é a possibilidade de acesso desse trabalhador a um benefício a que não teria direito, mediante um "preço": ele paga-o justamente porque a sua opção sindical é integralmente respeitada.

As questões que este regime levanta são outras, de ordem prática, e situam-se em dois planos: o da promoção da sindicalização, que dificilmente se julgará potenciada pela abertura do "mercado das convenções"; e o da governabilidade das empresas em que existam várias convenções, face à eventual multiplicidade das opções individuais dos trabalhadores não sindicalizados, que são, em regra, a larga maioria.

516. A liberdade sindical *positiva*, por seu turno, não pode considerar-se irrestrita. Ela admite, pelo menos, duas importantes limitações.

A primeira consiste na *proibição da dupla inscrição*, que resulta do art.° 444.°/5 CT e, muito embora não conste da CRP, não parece que conflitue com esta, desde que respeite certos limites. Um deles resulta da hipótese, legalmente não contemplada, de a actividade estar organizada em sindicatos regionais (sindicatos de engenheiros do Norte e do Sul), sendo naturalmente possível que o trabalhador exerça a profissão em mais de um local (1). O objectivo da lei parece ser o de excluir a filiação simultânea num sindicato de profissão e noutro de ramo de actividade.

A segunda limitação localiza-se no *âmbito categorial e geográfico* de cada associação sindical, conforme os estatutos: usando um exemplo extremo, é óbvio que pode ser recusada a filiação, num sindicato de enfermeiros, de um trabalhador que não tem formação de enfermagem e exerce exclusivamente a profissão de soldador (2); mais clara ainda é a situação de um trabalhador que tenha sido alvo da pena de *expulsão* do sindicato (expressamente prevista no art.° 452.° CT) e pretenda inscrever-se nele de novo.

Mas a liberdade positiva de inscrição pode funcionar ainda, de certo modo, *contra o próprio sindicato*. Nesta acepção, ela significa que o trabalhador não pode ver recusada a sua inscrição por razões que não decorram da lei ou dos estatutos da associação sindical por ele escolhida. Já vimos que tipos de razões podem ser esses. Se nenhum deles for aplicável, o sindicato tem que aceitar a filiação pretendida (3).

3. *As dimensões colectivas da liberdade sindical.*

517. Sob o ponto de vista do grupo detentor de um interesse colectivo próprio, e que adoptou a solução de se organizar sob a

(1) De resto, os termos usados no art. 444.°/5 deixam espaço para a situação em que a filiação em mais de um sindicato se mostra mais razoável: a do exercício de mais de uma profissão pelo mesmo trabalhador.

(2) A questão está longe de ser académica: a coexistência de sindicatos baseados na *profissão* (p. ex. empregados de escritório) com sindicatos formados sobre o *ramo de actividade* (p. ex. indústria química) confere-lhe enorme acuidade.

(3) Cfr. Ac. STJ 28/6/85, BMJ 348, 303: «Não se provando quaisquer circunstâncias impeditivas da inscrição, previstas na lei ou nos estatutos, devem ser julgados procedentes os pedidos de anulação da recusa tácita e do reconhecimento do direito de admissão como sócio do sindicato requerido».

forma de sindicato, há que assinalar as projecções colectivas da liberdade sindical:

a) A *liberdade de organização e regulamentação interna*. Encontra-se aqui uma vincada expressão da *autonomia* sindical, no sentido que atrás se apontou. Esta liberdade manifesta-se na elaboração dos estatutos – que não estão sujeitos a aprovação administrativa mas apenas a controlo judicial de legalidade (art.° 447.° CT) –, e também na emissão de regulamentos internos ([1]) e na independência da gestão face a qualquer tutela externa. No entanto, a liberdade de organização e regulamentação interna acha-se, desde logo, constitucionalmente condicionada pelos «princípios da organização e da gestão democráticas» a que se refere o n.° 3 do art.° 55.° CRP. Esses princípios, que do preceito citado não colhem senão um breve aceno, concretizam-se no CT, nomeadamente no art. 451.°. É, em primeiro lugar, o princípio de *autogoverno*, segundo o qual os dirigentes da organização são escolhidos (eleitos) pelos e de entre os membros da mesma organização ([2]). Com efeito, o art.° 451.°/*a*) atribui a cada sócio no gozo dos seus direitos sindicais o direito de participação na actividade da associação sindical, «incluindo o de eleger e ser eleito para a direcção e ser nomeado para qualquer cargo associativo».

O Código de 2003 (arts. 485.° e 486.°), na esteira, aliás, da lei anterior, oferecia, nesta matéria, uma longa lista de exigências a que os estatutos sindicais deveriam obedecer. Eram nisso visíveis os resíduos da concepção corporativa do sindicato que, por razões diversas, sobreviveram ao período revolucionário e se precipitaram, sem grandes obstáculos, nas bases do regime sindical democrático. Os referidos artigos do CT de 2003 constituíam o esboço de um "modelo de estatutos"

([1]) A autonomia estatutária e regulamentar interna está consagrada no art.° 3.° da Conv. 87, implicando o dever de abstenção das autoridades públicas no tocante a intervenções que a limitem.

([2]) Cfr. BIT, *La liberté syndicale* cit. 83 ss..

para as associações sindicais – de resto, estendido às associações de empregadores, no art. 516°. Num sistema dominado pelo princípio da auto-regulamentação das associações sindicais, como expressão vincada da liberdade sindical, era natural que surgissem dúvidas sérias acerca da consistência e da ortodoxia de tal abordagem legal. Alguns exemplos: a longa lista de tópicos a regular nos estatutos (art. 485.°), as detalhadas regras sobre a convocação de assembleias, incluindo limites mínimos quanto ao número de proponentes, assim como sobre a organização de eleições (art. 486.°). A revisão de 2009 reduziu consideravelmente a dimensão dessa ingerência legislativa.

Para além disso, estabelecem-se apenas um princípio de *transparência e autenticidade na eleição dos dirigentes,* e a *limitação dos mandatos* por quadriénios ([1]), embora renováveis. Os dois primeiros princípios não são, evidentemente, antagónicos relativamente à autonomia sindical ([2]): apresentam-se como legítimos (e até forçosos) desenvolvimentos da concepção constitucional do sindicato, enquanto elemento do sistema das instituições democráticas. Já a fixação de um limite de duração dos mandatos parece pouco compatível com a auto-regulamentação. Nenhum referencial de interesse e ordem pública parece invocável para o justificar. Tem por seu lado uma longa tradição legislativa, mas nem por isso deixará de haver margem para que se suscite a questão da conformidade constitucional.

De resto, a tutela da liberdade de organização e regulamentação internas nas associações sindicais, com base na alínea *c)* do n.° 2 do art.° 55.° CRP, tem alimentado a jurisprudência do Tribunal Constitucional, sobretudo quanto à questão da conformidade constitucional da norma que hoje se contém no art. 441.° CT. Este preceito define como regime subsidiá-

---

([1]) Existia a regra da limitação de mandatos ao triénio. A solução acolhida pelo CT tem a sua origem na L. 23/99, de 21/4.

([2]) Cfr., para o caso espanhol, SALA FRANCO/ALBIOL MONTESINOS, *Derecho Sindical*, 3.ª ed., Valencia (1994) 68.

rio para as associações sindicais o do direito de associação em geral, contido no DL 594/74, de 7-11, que, por sua vez, remete, nalguns aspectos (nomeadamente quanto aos requisitos de formação das deliberações), para a disciplina das associações, constante dos art.os 167.º e segs. CCiv.. O regime decorrente destas remissões traduzir-se-ia em condicionamentos (particularmente a exigência de maioria qualificada para certas deliberações) que, na perspectiva do Tribunal Constitucional (1), podiam constituir limitações da liberdade de auto-regulamentação (nomeadamente por via estatutária) não impostas pelo respeito dos «princípios da organização e da gestão democráticas» (art.º 55.º/3 CRP) (2). Este critério, de resto, levara já o mesmo Tribunal a considerar compatível com a CRP, como mera expressão do «princípio democrático», uma outra consequência da remissão para o regime do direito de associação: a aplicação da regra, contida no n.º 1 do art.º 175.º CCiv., do «quorum» de metade dos membros do sindicato para o funcionamento da sua assembleia geral em primeira convocação (3). A ideia básica desta jurisprudência era sempre a de que são admissíveis injunções legais em matéria de organização sindical, desde que (e *só* desde que) se filiem nos «princípios da organização e da gestão democráticas» a que alude o n.º 3 do art.º 55.º CRP (4) e que têm hoje expressão bastante contida no art. 451º. A redacção do art. 441.º CT (como já antes a do art. 482.º do Código de 2003) reflecte as cautelas resultantes desse debate constitucional. Para além da salvaguarda da "natureza especifica da auto-

(1) E já antes, também, da Rel. Porto: vd. Ac. Rel. Porto 4/3/86, CJ 86, 2, 173.

(2) Veja-se, por exemplo, o Ac. TC 22/3/88, BMJ 375, 169.

(3) Ac. TC 10/12/87, BMJ 372, 154.

(4) Na mesma perspectiva, foram consideradas inconstitucionais as exigências que constavam das alíneas *c*) e *h*) do art.º 14.º LS: que nos estatutos da associação sindical figurassem o regime disciplinar e o da liquidação e destino do património. Cfr. Ac. TC 14/2/91, BMJ 404. No CT actual (art.º 450.º), omite-se o regime disciplinar, mas continua a referir-se o destino do património.

nomia sindical" (n.º 1), verifica-se a exclusão das normas do regime geral do direito de associação que possam "determinar restrições inadmissiveis à liberdade de organização dos sindicatos" (n.º 2).

b) O *direito de exercício da actividade sindical na empresa*. Muito embora já antes de 1974 tivesse sido legalmente consagrada a figura do *delegado sindical*, só a partir da LS (1975) veio ele a assumir a relevância prática plena. A al. *d*) do preceito constitucional que temos vindo a referenciar não fez mais do que acolher uma realidade que já estava perfeitamente radicada – e até regulamentada com certa minúcia (arts. 25.º e 33.º LS). No CT, esse regime encontra-se nos arts. 460.º ss.. A actividade sindical na empresa centra-se em representantes do sindicato (os *delegados sindicais*), normalmente eleitos pelos trabalhadores nele filiados que ali prestam serviço. Engloba a possibilidade de criação de organizações internas de delegados (as comissões sindicais e intersindicais), o direito de reunião dos trabalhadores sindicalizados dentro e fora dos períodos de trabalho, a liberdade de informação sindical (incluindo a de afixação em locais reservados pelo empregador). Embora a lei o não diga, a função característica dos delegados sindicais é, decerto, a de assegurar a circulação da informação entre sindicato e filiados e a de, por outro lado, representar estes, para certos efeitos, perante a direcção da empresa ou do estabelecimento. Mesmo assim, porém, a actividade sindical na empresa suscita, como se observará adiante, sérias dificuldades de distinção, sob o ponto de vista funcional, no confronto com a actuação das comissões de trabalhadores.

c) A *autonomia e a autotutela colectivas*. O «direito de contratação colectiva» é exercido através das associações sindicais (art.º 56.º/3 CRP). Este direito é, também, uma liberdade em que se torna possível distinguir duas faces: a liberdade de *iniciativa negocial*, que se exerce mediante decisões (colectivamente formadas no seio do sindicato) referentes à oportunidade ou necessidade das pretensões a prosseguir por via contratual; e a *liberdade de estipulação*, no que respeita à definição dos conteúdos acordados. Na primeira das suas vertentes, a autonomia colectiva serviria de fundamento para que se considerasse inconstitucional qualquer limitação da lei ordinária à periodicidade das negociações ([1]). O art. 500.° CT admite que a convenção seja denunciada a qualquer momento, e nem sequer já impõe (como o CT de 2003, art. 558.°) antecedência relativamente ao fim do período de vigência estabelecido. Não só não existe "prazo de espera" para a denúncia, como deixa de se impor um "pré-aviso", o que garante a conformidade constitucional do respectivo regime. Na verdade, o art.° 56.°/4 CRP autoriza a lei ordinária a dispor sobre a «legitimidade para a celebração das convenções» e sobre a «eficácia das respectivas normas», o que manifestamente não compreende a limitação da liberdade de *iniciativa* negocial por parte de organizações legitimadas para o efeito. Isto, quanto à autonomia colectiva. Acresce-lhe a autotutela colectiva. Ela traduz-se, explicitamente, na consagração constitucional do direito de greve (art.° 57.°/1), cujo exercício postula, em geral, a intervenção das associações sindicais. Esse direito é, igualmente, uma liberdade, como no lugar próprio se assinalará; uma liberdade tão vasta quanto é certo que o próprio «âmbito dos interesses a defender» só pode ser definido pelos trabalhadores (art.° 57.°/2). A liberdade de greve, como atrás se notou, constitui uma projecção da liberdade sindical.

([1]) Por isso se nos afigurava de constitucionalidade duvidosa a norma da LRCT, segundo a qual a denúncia (isto é, a proposta de revisão) de uma convenção colectiva só podia ter lugar dez meses depois da sua entrega para depósito.

§ 65. O estatuto jurídico dos sindicatos.

1. *O conceito legal de sindicato.*

518. Na definição do art.º 442.º CT, o sindicato é uma «associação permanente de trabalhadores para defesa e promoção dos seus interesses sócio-profissionais».

Associação *permanente* que se não confunde, pois, com as chamadas «coligações ocasionais», isto é, com os agrupamentos temporários de trabalhadores que se reúnem para certa acção comum e se desfazem quando ela termina ([1]). Associação *permanente* ainda porventura, noutro sentido menos específico: o de que a sua existência se torna, após a fundação, independente dos movimentos de saída e entrada de associados, o que de resto se relaciona propriamente com o reconhecimento da personalidade jurídica do sindicato ([2]).

Ademais, porém, o sindicato é ainda, no nosso ordenamento uma associação *voluntária*, dado que a sua criação e a sua subsistência dependem exclusivamente da vontade dos trabalhadores interessados ([3]). Distingue-se, nisso, da associação *obrigatória*, criada por lei ou acto administrativo para integrar os membros de certa categoria e representar a totalidade dela – uma figura característica do corporativismo.

([1]) Embora seja exacto, à luz da história do movimento operário, que algumas coligações ocasionais ou temporárias de especial dimensão e alcance estiveram na génese da formação de verdadeiros sindicatos e, de um modo geral constituíram fortes impulsos no desenvolvimento do sindicalismo.

([2]) A «permanência» é, de resto, um elemento essencial da concepção institucional do sindicato que a nossa ordem jurídica consagra. O sindicato não é apenas uma associação, é uma peça de um *sistema de instituições laborais* que serve de suporte não só a processos específicos de produção de normas (a regulamentação colectiva de trabalho) mas também a mecanismos de participação e concertação social.

([3]) E não depende de autorização prévia de qualquer autoridade: BIT, *La liberté* cit. 47 ss..

A circunstância de a lei definir alguns requisitos *processuais* para a constituição dos sindicatos (arts. 447.° CT) não exclui nem limita a voluntariedade de tais associações, sobretudo desde que, em obediência à Constituição, foram eliminados os preceitos que se inspiravam no princípio da unicidade sindical ([1]). Na verdade, os mencionados requisitos deixam intacta a liberdade de iniciativa na constituição de associações sindicais; e, se é certo que se prevê a hipótese de extinção judicial, é também verdade que esta só pode fundar-se em ilegalidade, ou seja, na inobservância de requisitos que visam garantir a autenticidade e a democraticidade das mesmas associações. Por outro lado, o volume e a importância das exigências legais quanto ao conteúdo dos estatutos e ao modo de funcionamento da associação sindical, ainda relativamente importantes no Código de 2003, foram, como se assinalou, muito reduzidos na revisão de 2009.

519. Trata-se, por outro lado, de uma associação que se identifica pela condição de *trabalhadores* dos seus membros.

A definição constante do art. 442.° diz respeito às pessoas que exercem uma actividade profissional em regime de subordinação jurídica, de acordo com o critério delimitador da legislação do trabalho.

Estão pois excluídas do estatuto sindical, para além das associações cujos filiados não figuram nelas por causa do exercício de uma actividade laboral remunerada (como as de estudantes e as de inquilinos), mesmo aquelas que, embora assentes na actividade profissional, e tendo por fim a defesa dos interesses sócio-profissionais dos seus membros extravasem o domínio do trabalho subordinado (como as associações de titulares das profissões liberais *enquanto tais*: as Ordens dos Médicos, dos Advogados, dos Engenheiros). Todavia, o fenómeno da coexistência das profissões liberais com a subordinação jurídica (reflectido no art.° 116.° CT) torna admissível a formação de sindicatos de membros dessas profissões, desde que se associem *na qualidade de empregados ou trabalhadores por conta de outrem.*

([1]) Pelo DL 773/76, de 27/10.

A noção de *trabalhador* a ter em conta não se restringe ao âmbito das relações jurídico-privadas de trabalho. Estamos a ocupar-nos do princípio constitucional da liberdade sindical, compreendido no elenco dos direitos fundamentais dos trabalhadores; e a noção utilizada pelo legislador constitucional é unificante de todos aqueles que se encontram vinculados a trabalhar em regime de subordinação jurídica (sob a autoridade e direcção de outrem), como é, decerto, também o caso dos «trabalhadores da Administração e demais agentes do Estado» – esclarecedora expressão adoptada no art.º 269.º CRP.

Assim, «de acordo com a CRP, a classificação de uma pessoa como trabalhador para efeitos de definir a respectiva posição relativamente ao âmbito subjectivo dos direitos fundamentais dos trabalhadores é válida tanto para o sector privado como público, sendo, por isso, indiferente a natureza do vínculo que a enquadre» ([1]). Está, pois, reconhecida aos funcionários e agentes públicos a liberdade de se organizarem em sindicatos.

O conceito de «categoria» é, por outro lado, juridicamente irrelevante no que respeita ao recorte da noção de sindicato e à identificação das realidades correspondentes. A primitiva lei sindical, de 1975 (anterior ao afastamento do regime de unicidade sindical, que ocorreu em 1976), incluía, no art.º 2.º, uma definição de categoria, porque a versão original do diploma assumia, face à organização dos sindicatos, uma atitude acentuadamente *modeladora*, de resto um pouco na linha da tradição corporativa. Na verdade, a estrutura sindical corporativa, em si mesma unicitária, era dominada por uma concepção apriorística da categoria profissional como elemento da construção do sindicato.

Actualmente não é possível, no quadro do nosso ordenamento jurídico-sindical, conceber a categoria como um *prius* a que «deva» corresponder um certo enquadramento associativo; ela só é, pelo contrário, reconhecível *ex post*, através do peculiar critério de agregação livremente escolhido pelos trabalhadores na iniciativa da

---

([1]) F. LIBERAL FERNANDES, *Autonomia colectiva dos trabalhadores da Administração. Crise do modelo clássico de emprego público*, Coimbra (1995) 124.

criação do sindicato; e, então, assume a relevância jurídica decorrente da limitação estatutária do âmbito de representação do mesmo sindicato. «O grupo profissional só adquire relevância jurídica quando se auto-organiza e se torna centro propulsor de uma actividade juridicamente relevante» (1).

Isto significa, na prática, que o exercício da liberdade sindical, sobretudo nos momentos específicos que são a liberdade de constituição e a auto-organização, gera (como um resultado, portanto) aquilo que se poderia designar por «categoria sindical» e que não é mais do que a representação abstracta de um substrato associativo, tal como os seus membros o quiseram, e que se exprime no estatuto do sindicato. A «categoria sindical», nesse sentido, pode corresponder a um conjunto de categorias profissionais (funções) integráveis num mesmo género de actividade laboral (profissão) – e ter-se-á um sindicato *horizontal* ou de *profissão* –, ou inseridas num mesmo ramo de actividade empresarial – e estar-se-á perante um sindicato *vertical*, de *indústria* ou de *ramo*.

520. O sindicato é, finalmente, uma associação com fins específicos, pré-determinados na lei: *a defesa e promoção dos «interesses sócio-profissionais» dos seus membros*.

A expressão utilizada pela lei é muito ampla e comporta, pelo menos, duas leituras.

Numa primeira perspectiva, a expressão «interesses sócio-profissionais» pode entender-se de modo estrito, considerando-se o elemento «social» como ligado à condição de trabalhador (no mesmo sentido em que, por exemplo, se fala do «direito social» e da «questão social») – podendo fundar-se em tal interpretação uma atitude restritiva quanto aos fins do sindicato e à admissibilidade das suas frentes de actuação.

(1) GIUGNI, *Diritto Sindacale*, cit., 72. O mesmo Autor, criticando a concepção da categoria como qualidade pré-associativa, observa: «Qualquer determinação apriorística dos papéis profissionais para cuja tutela se desenvolve a acção sindical comporta a expropriação de um momento particularmente qualificativo da autonomia da organização em causa» (cit. 71).

Encarado o preceito de outro ângulo, não se trata apenas dos interesses colectivos atinentes ao exercício da profissão, mas de mais alguma coisa que pode inclusivamente relacionar-se com a *condição social* dos trabalhadores enquanto cidadãos, legitimando-se por aí o eventual alastramento da acção sindical a problemas sociais de carácter extra-profissional (a questão do aborto, a do divórcio, debates ambientais, etc.).

O mais que, para já, se pode dizer a este respeito é que ambas as leituras são susceptíveis de se apoiarem na própria CRP: a segunda corresponde melhor à largueza com que o n.º 2 do art.º 57.º contempla os possíveis motivos da greve ([1]), a primeira ajusta-se sobretudo à natureza e à amplitude da contratação colectiva, domínio característico da acção sindical na defesa e promoção dos interesses dos associados.

2. *O sindicato como pessoa jurídica.*

521. O CT reconhece personalidade jurídica aos sindicatos (art. 447.º/1), a partir do *registo* dos seus estatutos ([2]).

([1]) E até ao elenco dos «direitos das associações sindicais» (n.º 2 do art.º 56.º) em que se insere o de «pronunciar-se sobre os planos económico-sociais e acompanhar a sua execução». Mas ainda aqui se poderá dizer que está em causa a aludida duplicidade de leituras possíveis: este controlo pode fundar-se em interesses meramente profissionais ou em pressupostos de carácter mais amplo.

([2]) Em Portugal, a personalidade jurídica parecia ser tida por inerente à *existência* do sindicato enquanto tal (art. 483.º do CT de 2003). Esta concepção relacionava-se, além do mais, com a tradição corporativa que, como já a vários propósitos se sugeriu, deixou marcas persistentes na organização sindical democrática. No Código de 2009 (art. 447º), parece haver mudança de perspectiva: os momentos da constituição da associação sindical e da aquisição de personalidade jurídica são explicitamente diferenciados. A associação sindical constitui-se por *deliberação da assembleia constituinte*, mas só adquire personalidade jurídica com o *registo* dos estatutos. A diferenciação não é inócua: a associação sindical pode actuar como *organização* (conduzindo, por exemplo, negociações ou conflitos) antes de agir como *sujeito* de direito, por exemplo na celebração de convenções

A questão teórica de saber se se trata de personalidade jurídico-pública ou jurídico-privada oferece tantas dificuldades quantas as que se deparam a quem procure encaixar o próprio Direito Colectivo na clássica bipartição do ordenamento jurídico. Na verdade, o sindicato é, por certo, uma pessoa de direito privado, não só por assentar num agrupamento de particulares (uma associação), criado exclusivamente por iniciativa destes para a representação e defesa dos seus interesses, mas também por lhe não assentar qualquer das prerrogativas e limitações tutelares que caracterizem o estatuto dos entes públicos. Mas, por outro lado, é certo que, entre outras manifestações da sua capacidade jurídica, o sindicato contribui para a produção de normas (através da negociação colectiva) revestidas de sanção jurídico-pública (art.º 521.º CT) e os seus fins não são de livre escolha dos associados, estão tipificados na lei. Por isso falam alguns autores de uma personalidade «semi-pública» (1), sem todavia se afastarem da visão segundo a qual o sindicato é, na essência, uma entidade *privada* (2) (3).

---

colectivas formais. O disposto no n.º 7 do art. 447.º não parece obstar a este entendimento. De resto, no quadro de outros sistemas, é bem conhecido o fenómeno da criação de sindicatos à margem do esquema da personalidade jurídica (*associação não reconhecida* ou *associação de facto*), «considerada mais conforme à necessidade de salvaguardar a autonomia da organização perante os poderes públicos» (GIUGNI, *Diritto Sindacale* 80). É, tipicamente, o caso da estrutura sindical italiana, da maioria das *trade unions* britânicas e dos sindicatos alemães. Não assim, os sindicatos franceses (art.º L. 411-10 C.Trav.) e espanhóis (art.º 3.º L. 19/77, de 1-4). Veja-se, sobre o ponto, MONTOYA MELGAR, *Derecho del trabajo*, 4ª ed., Madrid (1981) 125 e 144. Observa-se, enfim, que a «associação sem personalidade jurídica» é uma figura prevista e regulada entre nós (art.os 195.º ss. C.Civ.). Ela parecia ser de utilização inviável no terreno sindical, em virtude da posição assumida pela legislação anterior (incluindo o Código de 2003), mas surge agora com outro tipo de potencialidades.

(1) Vd., por todos, VERDIER 184 ss.

(2) Tal é, de resto, a concepção mais ajustada aos sistemas em que os sindicatos, enquanto pessoas jurídicas (pois, nalguns, como o italiano e o britânico, não o são), provêm da livre iniciativa dos interessados e não têm qualquer vínculo de dependência ou integração na organização do Estado. Não assim em outros quadros políticos institucionais – como o que vigorou em Portugal até 1974 – em que a existência de tutela estadual ou mesmo a ligação do complexo

A aprovação dos estatutos e, antes dela, a deliberação de constituir o sindicato cabem à *assembleia constituinte* ([1]). Tomadas as deliberações de criação do sindicato e aprovação dos estatutos, devem estes ser remetidos ao Ministério do Trabalho, juntamente com o requerimento de registo e respectiva documentação instrutória (art. 447.°/1 e 2). O acto de registo não é condicionado por qualquer apreciação administrativa de legalidade dos estatutos: o Ministério do Trabalho não pode recusá-lo senão por deficiência documental: Nos termos do art. 447.°/4, o Ministério procede ao registo do estatutos, mesmo que, eventualmente, se aperceba da existência de alguma ilegalidade.

Depois do registo, o Ministério deve, em princípio, promover a *publicação* dos estatutos no *Boletim do Trabalho e do Trabalho – para o que dispõe de 30 dias –*, e só *depois dela* pode submetê-los à apreciação do Ministério Público junto do tribunal competente. Este ultimo poderá então, dentro de certo prazo (quinze dias), declarar a extinção, por ilegalidade, da associação sindical.

Existe, porém, uma outra possibilidade, prevenida no n.° 5 do artigo citado. Após o registo e a publicação, se houver ilegalidades o Ministério *retarda* o envio ao Ministério Público, notificando a associação para que esta as elimine, no prazo de 180 dias. Se houver

---

sindical à organização do Estado postulam a atribuição de personalidade jurídico--pública (traço comum aos «estados corporativos» e às «repúblicas populares»). Vd., em síntese, MONTOYA MELGAR 126.

([3]) De resto, como observa AMAURI MASCARO NASCIMENTO, «*a privatização do sindicato é imperativo da liberdade sindical*». – *Direito Sindical*, São Paulo (1982), 162.

([1]) O CT não integra disposição correspondente ao art. 8.° LS, onde se estabeleciam regras de funcionamento da assembleia constituinte de uma associação sindical. Eram nomeadamente definidas com certo detalhe as condições de convocação, e também de deliberação, para a qual era exigido o *quorum* de 10% ou 2000 dos trabalhadores a abranger, prevalecendo o menor desses valores. Todavia, essas disposições foram, desde cedo, muito contestadas – inclusivamente ao nivel da jurisdição constitucional – sob o ponto de vista da conformidade constitucional, em especial com a liberdade de constituição de associações sindicais a todos os níveis (art. 55.°/2-*a*) CRP).

rectificação, esse envio não terá lugar. Se, porém, a alteração for recusada, o processo segue para apreciação e eventual actuação do Ministério Público.

Vigora, com efeito, em pleno, o sistema do *controlo judicial «a posteriori»* da legalidade do *processo de constituição* e dos *estatutos* dos sindicatos. Decorre claramente do art. 447.° que o registo e a publicação ([1]) constituem um processo (administrativo) independente do procedimento de controlo de legalidade, e que este (no caso de desconformidade com a lei) culmina na declaração judicial de *extinção* do sindicato. Este processo, como se notou, desencadeia-se já depois de registados e publicados os estatutos – ou seja, *reconhecida personalidade jurídica ao sindicato* e iniciadas porventura as suas actividades formais – e poderá culminar no *cancelamento do registo* com base na sentença declaratória da extinção (art.° 456.°). No essencial, este procedimento vale também para as alterações estatutárias (art. 449.°) e para as de extinção da associação por deliberação da assembleia-geral (art. 456.°/2 ss.), a qual pode sobretudo ocorrer em casos de absorção, fusão ou cisão.

O art. 447.°/7 só admite o "inicio do exercício" das actividade da associação sindical depois da publicação dos estatutos ou, na falta dela, quando tenham decorrido trinta dias sobre a data do registo. Esta exigência de publicidade do nascimento da associação sindical não parece incompatível com a consideração de que, tratando-se de uma associação *constituída* desde a deliberação da assembleia constituinte (reveja-se o n.° 1 do mesmo artigo), embora ainda destituída de personalidade, ela possa actuar legitimamente como *organização*, em tudo aquilo que não lhe requeira a qualidade de sujeito de direito. Não poderá, decerto, celebrar convenções colectivas, mas nada parece impedir que, por exemplo, se envolva em negociações ou aja na condução de conflitos.

522. O sindicato é uma espécie dentro do género *associação sindical.*

([1]) Hoje no *Boletim do Trabalho e Emprego*, por força do DL 224/77, de 30-5.

Outras espécies são a união, a federação e a confederação (art.° 440.°/3). Há, todavia, uma importante diferença entre as três últimas modalidades de associação sindical e o sindicato: enquanto este é uma associação de *trabalhadores*, aquelas são, em princípio, associações de *sindicatos*. Na federação, com o denominador comum da profissão ou do ramo de actividade; na união, com o da região (ou distrito); na confederação, com carácter nacional e (por certo) interprofissional ([1]). No entanto, a lei admite que, pelos estatutos das associações de segundo e terceiro nível, seja prevista a filiação directa de trabalhadores não inscritos nos sindicatos (n.° 5 do artigo citado).

Havia, no texto originario da LS, ainda dominado pela ideia de unicidade sindical, um preceito (o art.° 7.°) que admitia em termos explícitos a possibilidade de associação dos sindicatos «em uniões e federações e *numa* confederação geral», limitando aos sindicatos constituintes e posteriormente aderentes o âmbito de representação de cada uma dessas entidades. Esse artigo, como outros que se baseavam na unicidade sindical, foi revogado por força da «liberdade de constituição de associações sindicais a todos os níveis», consagrada (hoje) no art.° 55.°/2 CRP.

O que se expôs acerca do sindicato, no tocante à aquisição de personalidade jurídica (como, de resto, o conjunto das disposições do CT que definem o estatuto jurídico das associações sindicais), é plenamente válido relativamente às uniões, federações e confederações ([2]). O mesmo se dirá relativamente aos pontos fundamentais

---

([1]) Na redacção primitiva da LS, em consonância com o princípio da unicidade sindical, e em consonância com o DL 215-A/75, de 30-5, o art.° 7.° referia-se expressamente a *uma* só confederação geral de sindicatos. Recorde-se que o último diploma citado *instituía* a Intersindical Nacional como confederação única dos trabalhadores portugueses. Com base no que se dispõe no art.° 55.° CRP acerca da liberdade sindical, esse regime unicitário foi posto de parte.

([2]) O processo de criação das uniões e federações tinha, na LS, como aspecto especifico, o regime de funcionamento da assembleia constituinte das federações e uniões, visto que são formadas por sindicatos e não por trabalhadores individualmente considerados. Essa matéria era tratada no art. 8.°/3 LS, que exigia a presença, na assembleia, de um mínimo de um terço dos sindicatos da região (quanto às uniões) ou da categoria (quanto às federações), e que a

da exposição subsequente, em que apenas se refere o sindicato por constituir a modalidade típica e historicamente mais importante de associação sindical [1].

523. Também na primitiva formulação da lei sindical (a de 1975) era vedada às associações sindicais de qualquer tipo a filiação em «associações ou organizações sindicais estrangeiras ou internacionais» [2], admitindo-se somente o estabelecimento de «relações» e a cooperação com elas. Na esteira do (actual) art. 55.°/5 CRP, que veio reconhecer o direito de filiação em organizações sindicais internacionais, aquela disposição proibitiva foi revogada. Surgiu assim mais uma vertente colectiva da liberdade sindical: a liberdade de filiação das associações portuguesas em organizações sindicais internacionais, expressamente consagrada também no art. 443.°/1-*e*) CT.

3. *Capacidade jurídica do sindicato.*

524. A capacidade jurídica de qualquer associação sindical é condicionada pelos seus fins gerais e estatutários, e analisa-se num

---

deliberação constitutiva contasse com os votos de sindicatos representativos, no seu conjunto, da maioria dos trabalhadores sindicalizados no âmbito em causa. Esta disposição, embora menos exposta à inconstitucionalidade que as relativas à constituição de sindicatos, não foi também acolhida no CT.

[1] Não se ignore, porém, o fundamental papel que tem sido desempenhado pelas *federações* sindicais na contratação colectiva, nem a função naturalmente reservada às *confederações* nos processos de concertação social.

[2] Actualmente, e limitando a referência às organizações de nível confederal (pois existem diversas federações internacionais fundadas na profissão ou no ramo de actividade), existem a Federação Sindical Mundial (F.S.M.), em que predominam os sindicatos de inspiração comunista; a Confederação Internacional dos Sindicatos Livres (C.I.S.L.) em que ocupam posição dominante os sindicatos britânicos e americanos; e a Confederação Mundial do Trabalho (C.M.T.), derivada do sindicalismo cristão mas hoje dotada de inspiração diversa (pertence-lhe, nomeadamente, a C.F.D.T. francesa). Cabe ainda referir a Confederação Europeia de Sindicatos (C.E.S.), criada no âmbito das Comunidades Europeias, e à qual aderiram já as duas confederações portuguesas.

conjunto de direitos de que a associação é titular. Assim, fundamentalmente:

a) *Capacidade negocial.* O art.º 56.º/3 CRP atribui às associações sindicais «competência» para «exercer o direito de contratação colectiva».

Não parece que este «direito» se inscreva na titularidade originária dessas associações (antes se sustentando que se trata de um «direito colectivo de trabalhadores» [1], isto é, de um direito que lhes pertence enquanto membros de uma colectividade organizada, a categoria). Mas parece-nos que a questão seria pouco mais do que académica, face ao monopólio sindical da negociação colectiva que o referido preceito constitucional e a lei (art. 491.º) expressamente consagram. Um monopólio que não é prejudicado pelas hipóteses de "delegação" de poderes negociais – nomeadamente em comissões de trabalhadores – abertas pelo n.º 3 do mesmo artigo.

Para além disso, porém, podem as associações sindicais celebrar contratos de outros tipos, nomeadamente os necessários à admissão de pessoal para os seus serviços (contratos de trabalho), e, em geral, à aquisição de bens móveis e imóveis a título oneroso (art.º 453.º). Convém, a este respeito, assinalar que a prestação de «serviços de carácter económico e social» aos associados (art. 443.º/1-*b*)) envolve ou pode envolver, igualmente, uma actividade negocial mais ou menos variada (contratos com casas de saúde, por exemplo). Tem-se, no entanto, por incompatível com o objecto da associação o exercício de qualquer actividade comercial, pelo menos de fim lucrativo.

b) *Capacidade judiciária.* Como pessoas jurídicas, as associações sindicais têm capacidade judiciária relativamente à sua esfera de direitos e obrigações. Mas o CPT vai bastante mais longe. As associações sindicais podem intervir, como partes legítimas, nas acções respeitantes à anulação e interpretação

---

(1) Cfr., por exemplo, GOMES CANOTILHO-VITAL MOREIRA 156.

de cláusulas das convenções colectivas em que sejam outorgantes (art.° 5.° CPT) [1]. Para além disso, dispõem de legitimidade para a autoria em «acções respeitantes aos interesses colectivos que representam» [2]; e ainda, o que é porventura mais importante, da possibilidade de agirem judicialmente «em representação e substituição de trabalhadores que o autorizem» em certas situações, nomeadamente quando se trate de "acções respeitantes à violação, com carácter de generalidade, de direitos individuais de idêntica natureza de trabalhadores seus associados" (art.° 6.°/2 CPT). Finalmente, as associações sindicais podem intervir como "assistentes" dos associados, desde que haja expressa aceitação destes (art. 6.°/5).

c) *Direitos de participação* [3]. O art.° 56.°/2 CRP reconhece às associações sindicais um conjunto de direitos que se efectivam pela participação delas em funções exteriores à defesa directa de interesses sócio-profissionais. Em primeiro lugar, assiste-lhes o direito de participarem (conjuntamente com as comissões de trabalhadores) na *elaboração da legislação do trabalho*, mediante um dispositivo de consulta regulado pelos arts. 469.° ss. CT.

Esse dispositivo consiste, essencialmente, como no momento adequado se disse, na obrigatória publicação prévia dos projectos e propostas de diplomas em separatas dos devidos

---

(1) Como se salientará no lugar apropriado, o controlo da legalidade das cláusulas das convenções é feito a posteriori e exclusivamente por via judicial. No que respeita à interpretação dessas cláusulas, o CT prevê um dispositivo não-judiciário – a intervenção das comissões paritárias (arts. 492.°/3 e 493.°) – que, todavia, não preclude a possibilidade de recurso aos tribunais.

(2) Poderá, nomeadamente, tratar-se de comportamentos patronais tendentes a obstar ou neutralizar ilicitamente a acção do sindicato e, como tais, susceptíveis de afectar a instrumentalidade deste (como a lei a configura) em relação aos interesses colectivos por ele defendidos – realidades correspondentes à noção italiana de «conduta anti-sindical», relacionada com o art.° 28.° do *Statuto dei lavoratori*. Cfr. GIUGNI, *Diritto sindacale* cit. 87.

(3) Vd. GHEZZI/ROMAGNOLI, *Il diritto sindacale*, Bolonha (1982) 142 ss..

boletins oficiais (*Diário da Assembleia da República, Boletim do Trabalho e Emprego, Diários* das assembleias regionais, *Jornal Oficial* das regiões autónomas), com um prazo suficiente para apreciação pública. Os pareceres que as associações sindicais (bem como as comissões de trabalhadores e as associações de empregadores) entenderem formular hão-de ser tomados em conta, embora como meros *elementos de trabalho*, na versão final dos diplomas; mas devem, além disso, ser referidos nos respectivos preâmbulos e relatórios ([1]).

Em segundo lugar, cabe às associações sindicais o direito de intervirem na *gestão das instituições de segurança social* e outras «organizações que visem satisfazer os interesses dos trabalhadores» (como o Instituto Nacional para o Aproveitamento dos Tempos Livres dos Trabalhadores – INATEL), de cujos órgãos directivos hão-de pois fazer parte representantes sindicais, em regime de «verdadeira cogestão entre o Estado e as associações sindicais» ([2]). Enfim, cabe salientar com especial ênfase os recentes desenvolvimentos que, sob o signo da *concertação social*, teve o âmbito dos direitos de participação das associações sindicais (como, igualmente, das associações de empregadores): essa participação está hoje, nomeadamente, consagrada nas várias áreas de actuação do Conselho Económico e Social (L 108/91, de 17-8, e DL 90/92, de 21-5).

([1]) Observam GOMES CANOTILHO/VITAL MOREIRA (cit., 149) que este direito de participação não é «um simples meio de pressão institucional com eficácia política mas não jurídica», dado que a sua violação (isto é, a omissão das condições legalmente necessárias à formulação de pareceres pelas organizações de trabalhadores) envolve *inconstitucionalidade* dos diplomas em cuja elaboração se verifique. Vd. também BARROS MOURA. *Notas para uma introdução ao Direito do Trabalho*, ed. copiog., Lisboa (1980) 194. Em sentido oposto – defendendo que se está perante um *«lobby» inconstitucionalizado* mas pondo de parte a hipótese de inconstitucionalidade –, v. LUCAS PIRES, art.º 56.º, alínea d) (*Direito das comissões de trabalhadores de participar na elaboração da legislação do trabalho e dos planos económico-sociais que contemplam o respectivo sector*), in *Estudos sobre a Constituição*, 1.º vol., Lisboa (1977) 376 ss..

([2]) GOMES CANOTILHO-VITAL MOREIRA loc. cit.

Os vários domínios de participação na composição ou na gestão de entidades estatais ou para-estatais não bastam, notoriamente, para definir um modelo de sindicalismo integrado, mas podem decerto ser encarados como reveladores de uma tendência, reforçada pelos acordos de concertação social, no sentido do reconhecimento de uma genérica posição de controlo *sócio-político* à organização sindical, na linha do que se tem designado pela ambígua expressão «neo-corporativismo».

4. *O exercício da actividade sindical na empresa: os delegados sindicais.*

525. A história do sindicalismo desenvolveu-se, em grande parte, fora dos muros da empresa. Como espaço de afirmação e exercício do poder do empresário/empregador, a empresa foi, durante muito tempo, território interdito à acção sindical. Um passo muito significativo na evolução do estatuto jurídico dos sindicatos consistiu na consagração da possibilidade de agirem, por intermédio de delegados, no interior das empresas, isto é, *nos próprios locais de trabalho.* Tal possibilidade concretizou-se em formas variáveis de país para país, nalguns casos com suporte legal (p. ex., Portugal), noutros com apoio directo em acordos colectivos nacionais ou interprofissionais (como na Bélgica e no Reino Unido).

A institucionalização da actividade sindical nos locais de trabalho culminou, um pouco por todo o lado, processos evolutivos em que se confrontaram longamente as reivindicações dos sindicatos e a resistência dos empresários. Algumas das leis que consagraram tais fórmulas traduzem compromissos assumidos pelo patronato e pelos governos na sequência de movimentações sociais importantes: é o caso da lei francesa de 1968, que reconheceu os delegados sindicais e as secções sindicais de empresa, e da lei italiana de 1970, que acolheu a figura dos *rappresentanti sindacali.*

O direito de intervenção sindical na empresa tem duas fundamentais expressões: o direito de *reunião nos locais de trabalho* e o direito de actuação dos *delegados sindicais.*

526. Os trabalhadores têm o direito de se reunirem nos locais de trabalho, dentro ou fora do horário de trabalho, nos termos do art. 461.° CT. Este direito de reunião, embora regulado no âmbito da "actividade sindical na empresa", não se restringe aos sindicalizados. O teor do art.° 461.° parece bastante claro a esse respeito: para além do sistema de iniciativa e convocação, a participação nas reuniões está aberta a todos os trabalhadores do estabelecimento.

No tocante às reuniões no tempo de trabalho, a lei define um limite de duração (quinze horas por ano) e exige que os trabalhadores «assegurem o funcionamento dos serviços de natureza urgente e essencial» (n.° 1-b)). Além disso, estabelece algumas condições para a convocação das reuniões (n.° 1).

Problema importante, sob o ponto de vista prático, é o suscitado pelo exercício do direito de reunião quando os trabalhadores se encontram a prestar trabalho nas instalações de *outra* empresa (por exemplo, em cumprimento de um contrato de prestação de serviço celebrado entre o empregador e essa empresa). A jurisprudência dominante vai no sentido, que se afigura correcto, de não obrigar a empresa utilizadora dos serviços a proporcionar o exercício do direito de reunião a trabalhadores que não são seus empregados ([1]).

527. A segunda expressão do direito de actuação no interior da empresa consiste na figura do delegado sindical. Face à lei portuguesa, parece dever entender-se que s etrata de *representantes do sindicato*, embora eleitos pelos trabalhadores ([2]) – entenda-se, pelos que estejam sindicalizados.

Esquematicamente, pode, pois, dizer-se que a acção sindical na empresa de desdobra em dois níveis: um, o do conjunto dos *trabalhadores* membros de um ou mais sindicatos, quando utilizam a faculdade de *reunião nos locais de trabalho*, dentro ou fora do horário

---

([1]) Neste sentido, o Ac. STJ 7/11/86, BMJ 361, 393.

([2]) Note-se que a solução não é universal. Em França, os delegados sindicais são designados pelo sindicato, diferentemente dos *delegados do pessoal* que são eleitos pelos trabalhadores.

normal; outro, o do *sindicato*, fazendo-se representar pelos delegados sindicais ([1]) no interior da empresa ou estabelecimento.

A lei não indica funções próprias do delegado sindical: trata-se de matéria pertencente, em parte, aos *estatutos dos sindicatos* (no que toca às relações entre associação e delegado) e, noutra parte, à *negociação colectiva* (pelo que respeita aos tipos de actuação e intervenção no interior da empresa). Em termos gerais, pode dizer-se que essas funções se reconduzem a dois pontos essenciais: a *informação* nos dois sentidos (sindicato-trabalhadores ([2]) e vice-versa) e a *fiscalização* do cumprimento das normas reguladoras do trabalho, *maxime* das convenções colectivas.

Ao contrário do que ocorre noutros sistemas (como, tipicamente, o britânico e o sueco), os delegados sindicais não têm entre nós competência para negociar, em representação dos sindicatos, acordos de empresa. Mas verifica-se, na recente contratação colectiva, certa tendência no sentido de se lhes reconhecer direitos de participação na regulamentação interna, que por vezes se aproximam de um verdadeiro poder de negociação.

528. Em tal qualidade, os delegados sindicais são trabalhadores garantidos por uma *protecção legal específica* – no essencial, comum aos "representantes dos trabalhadores" (arts. 454.° e segs.) –, que se traduz fundamentalmente no seguinte:

a) *regime especial de protecção face ao despedimento* (vd., nomeadamente, arts. 353.°/2, 356.°/5 e 6, 357.°/6, 358.°/1, 410.°);

b) *inamovibilidade* (ou seja: inadmissibilidade da transferência do local de trabalho), a não ser por acordo e com conhecimento prévio da direcção do sindicato respectivo (art.° 411.°);

([1]) O CT de 2009 admite ainda a participação de dirigentes do sindicato, que não sejam trabalhadores da empresa, nas reuniões inerentes à actividade sindical na empresa.

([2]) Tratar-se-á sobretudo da informação divulgada através dos meios referidos no art. 465.°, e que são objecto do direito de afixação e distribuição nos locais de trabalho.

c) *crédito de horas*, ou seja; a faculdade de utilização de certa porção do período normal de trabalho, sem perda de retribuição, para o exercício da actividade sindical na empresa (art.º arts. 408.º e 467.º).

Para além destes créditos de tempo, os delegados sindicais têm garantida a justificação das ausências motivadas pela "prática de actos necessários e inadiáveis no exercício das suas funções" (art. 409.º/2).

A lei não define qualquer limitação ao número de delegados sindicais que podem ser designado numa empresa ou num local de trabalho.

Fá-lo, todavia, indirectamente, ao fixar, no art.º 463.º, o processo de cálculo do número de delegados *beneficiários da referida protecção.*

Esse preceito mostra, em primeiro lugar, que não é exigido um efectivo mínimo de trabalhadores da empresa: teoricamente pode conceber-se uma empresa com um só trabalhador que é também delegado sindical. No entanto, a circunstância de o processo de designação consistir numa eleição (art. 462.º/1) parece postular a existência de uma pluralidade de trabalhadores sindicalizados.

Por outro lado, o art.º 463.º esclarece uma questão que podia suscitar-se ao abrigo do direito anterior ao Código: a de saber se nele se define apenas o número máximo de delegados *com crédito de horas* ou se, mais do que isso, através dele se determina o número de delegados que beneficiam do *conjunto de protecção legal* acima referida. A nova norma oferece, nitidamente, esta segunda resposta.

Tal era já, de resto, o entendimento mais corrente do preceito correspondente da antiga LS: o que estava nele em causa era a atribuição do *estatuto especial* que a qualidade de delegado sindical investe em certos trabalhadores.

CAPÍTULO III

AS ASSOCIAÇÕES DE EMPREGADORES

§ 66. A «liberdade sindical» dos empregadores.

529. Designam-se *associações de empregadores* aquelas que agrupam e representam empregadores (pessoas físicas ou colectivas) tendo por fim a defesa e promoção dos seus interesses colectivos enquanto tais, nomeadamente na celebração de convenções colectivas de trabalho.

O conceito de associação de empregadores distingue-se do de *associação empresarial*, embora o substrato coincida. São os interesses dos empresários enquanto empregadores (ou seja, sujeitos de contratos de trabalho) que fornecem a razão de ser das associações de empregadores – não os interesses comerciais ou industriais desses empresários enquanto tais (ou seja, agentes económicos). Assim, se uma agremiação empresarial pode constituir-se nos termos gerais do direito de associação, uma associação de empregadores só surge mediante um mecanismo especial de reconhecimento que estreitamente se relaciona com a atribuição de autonomia colectiva no campo das relações laborais.

É, pois, criticável a formulação do art. 440.º/2 CT que assinala às associações de empregadores fins de "defesa e promoção dos seus interesses *empresariais*" (itálico nosso). Os interesses dos empregadores enquanto empresários transcendem largamente o domínio das relações de trabalho. Nem sequer se pode invocar qualquer preocupação de simetria, pois as associações sindicais são definidas em função de "interesses socio-profissionais" dos trabalhadores.

Acresce que *existem*, de facto, associações empresariais ao lado de associações de empregadores, para as mesmas áreas de actividade económica.

Por outro lado, nada impede que uma associação empresarial seja *também* associação de empregadores, desde que, quanto a ela, tenha sido observado o processo legal de reconhecimento a que adiante faremos referência (cfr. art.° 448.° CT).

530. A CRP não faz qualquer referência ao associativismo patronal, embora (por exemplo) reconheça expressamente às associações sindicais a competência para «exercer o direito de contratação colectiva» (n.° 3 do art.° 56.°) ([1]).

Depois, o regime jurídico das associações de empregadores é muito menos circunstanciado do que o das associações sindicais,

---

([1]) Este preceito constitucional suscita alguma reflexão. Em primeiro lugar, parece evidente que com ele pretendeu o legislador constitucional estabelecer o monopólio sindical da contratação colectiva – afastando-a da competência das comissões de trabalhadores e da de qualquer outra organização, instância ou agrupamento profissional. No plano do confronto com as associações patronais, é óbvio também que o silêncio da CRP não equivale à negação da capacidade negocial colectiva dessas associações (aliás legalmente reconhecida: art.° 443.°/1-a) CT). Por outro lado, a negociação colectiva (enquanto meio de prossecução de interesses e expressão de autonomia) pode decerto configurar-se igualmente como um «direito» dos empregadores. Mas a fisionomia especial do fenómeno, enquanto vocacionado para a melhoria sucessiva das condições de trabalho, e portanto do especial interesse dos trabalhadores, sugere uma segunda «leitura» do preceito. Na verdade, o «direito de contratação colectiva» surge, de certo ponto de vista, como algo de semelhante a um direito potestativo: face ao desencadeamento do impulso negocial, a lei assume a posição de garantir a produção de um resultado (quer pela dinâmica processual, quer pelos meios de resolução de conflitos, quer pela regulamentação administrativa sucedânea, quer ainda pela latitude do direito de greve e pelas sanções directas em caso de má-fé negocial). A parte patronal pode certamente impedir a conclusão de um instrumento convencional, mas não a de uma nova regulamentação colectiva para as relações de trabalho. Será em vista disso que a CRP alude ao «direito de contratação colectiva», aparentemente, como um direito dos trabalhadores e só deles?

embora surja em paralelo com este ([1]). O paralelismo verifica-se em tudo o que respeita à constituição, à organização e à extinção das associações dos dois tipos (arts. 440.°-456.° CT).

A circunstância de o art.° 55.° CRP referir exclusivamente a liberdade sindical aos trabalhadores, silenciando de todo o associativismo patronal, coloca o problema de saber se as explicitações e garantias daquela liberdade podem, ou não, considerar-se extensivas às associações de empregadores. Se a resposta devesse ser afirmativa, ela equivaleria ao reconhecimento da *paridade* entre trabalhadores e empregadores no tocante à disponibilidade de meios de defesa e promoção de interesses colectivos. Caso contrário, ter-se-ia o acolhimento, no quadro do nosso ordenamento jurídico, da «doutrina da liberdade sindical unilateral», que encara as organizações de empregadores como projecções da iniciativa económica, susceptíveis de admitir as restrições a que esta última está submetida ([2]).

> Tal doutrina conta, por certo, a seu favor, com a manifesta diferença de posições do trabalhador e do empregador, ambos considerados individualmente, no que respeita à *carência* de meios de expressão *colectiva* de interesses. É correntemente reconhecida ao empregador isolado a qualidade de potencial «sujeito colectivo»: o CT prevê duas modalidades de convenções colectivas de trabalho (*o acordo de empresa e o acordo colectivo*: art. 2.°/3) protagonizadas por empregadores isolados. Estas modalidades correspondem, de resto, à matriz originária da negociação colectiva, em que se defrontavam uma colectividade de trabalhadores e um empresário (*shop bargain*) ([3]);

([1]) Antes do CT, vigorava o DL 215-C/75, de 30/4, conhecido como "lei das associações patronais" (LAP). A LAP surgiu, em 1975, claramente inspirada no propósito de, por um lado, gizar um instrumento idóneo de representação colectiva dos empregadores – de acordo com a preocupação de criar condições de existência de *interlocutores válidos* para a negociação com as associações sindicais – e, por outro, substituir a complexa rede de organismos patronais (*os grémios*) existentes no contexto do regime corporativo, não só como instrumentos de representação de interesses nas relações colectivas, mas também como meios de controlo recíproco do Estado e das actividades económicas privadas.

([2]) G. GIUGNI, *Diritto Sindacale* 65.

([3]) V. SIMI, *Il contratto collettivo di lavoro*, vol. 2 da *Enciclopedia Giuridica del Lavoro*, Pádua (1980) 3.

nesses termos – anotavam já há décadas RIVERO/SAVATIER [1] –, «o equilíbrio de forças restabelece-se; torna-se possível a livre negociação; encontra-se aí um dos traços fundamentais do direito do trabalho: transportando para o plano colectivo as relações de trabalho, compensa a inferioridade económica que, no plano individual, coloca o trabalhador à mercê do patrão». Assim, o associativismo patronal surge como instrumento de resistência, como meio reactivo à acção organizada dos trabalhadores [2] – evoluindo depois, não raro, para formas de intervenção política do tipo «lobby» ou para o papel de instrumento de direcção concertada da política económica e social do patronato [3]. Daí que as preocupações sociais subjacentes à consagração da liberdade sindical, e à concepção das suas fundamentais garantias, não se verifiquem no concernente às associações de empregadores.

Esta lógica tem, de algum modo, reflexos no regime jurídico destas associações. Manifesta-se, desde logo, no art. 452.°/2, que exclui do domínio da acção disciplinar nessas associações a actividade económica exercida pelos seus membros. Além disso, o art. 451.°/2 visa impedir o domínio das associações pelas empresas de maior dimensão: se os estatutos atribuírem os votos com base na dimensão das empresas, nenhum associado pode ter mais do décuplo dos votos do que dispuser de menor número.

Por outro lado, não oferece dúvidas o nosso texto constitucional (art.° 55.° cit.) quanto a saber quem são os beneficiários da liberdade sindical: trata-se aí apenas dos trabalhadores.

Mas é, a nosso ver, forçoso rejeitar a tese da «liberdade sindical unilateral» em face da posição que o nosso ordenamento jurídico assume perante o associativismo patronal.

Na verdade, não se verifica nenhum dos naturais corolários jurídico-positivos de referida doutrina. O principal consistiria em se deixar sem reconhecimento legal específico a associação de

---

[1] *Droit du travail* cit. 374. Cfr. ainda GHEZI/ROMAGNOLI 94.

[2] GIUGNI 65.

[3] Como, caracteristicamente, ocorria com o C.N.P.F. (*Conseil National du Patronat Français*), cujo presidente era conhecido como o «patrão dos patrões». Algo de semelhante ocorre hoje, no mesmo País, com o MEDEF.

empregadores *enquanto organização representativa de interesses sócio-profissionais*, remetendo-se a sua cobertura para o regime geral do direito de associação.

Não é esse o caso, como se sabe. A associação de empregadores, como vimos, não é uma simples associação de empresários; é, mais propriamente, um «sindicato de empregadores», dotado de uma disciplina legal paralela à das associações de trabalhadores e capacitado, fundamentalmente, para agir no terreno das relações colectivas de trabalho.

De resto, os postulados básicos da liberdade sindical – liberdade de constituição e filiação, auto-organização, auto-regulamentação e auto-governo – são reproduzidos relativamente às associações de empregadores (arts. 440.°, 444.°, 451.° CT).

§ 67. A constituição de associações patronais.

531. Tal como para as associações sindicais, a aquisição de personalidade jurídica pelas associações de empregadores opera-se com o *registo dos estatutos* no Ministério do Trabalho (art. 447.°/1).

Este acto não pode ser recusado, seguindo-se necessariamente (no prazo de 30 dias) a publicação dos estatutos no *Boletim do Trabalho e Emprego* (1).

Não existe, pois, qualquer controlo administrativo directo da legalidade formal ou substancial das regras estatutárias: esse controlo está reservado aos tribunais), sob o impulso processual do Ministério Público (n.° 8 do art. cit.) (2).

---

(1) A antiga LAP exigia a publicação no então *Diário do Governo*, hoje *Diário da República*. No entanto, essa imposição foi eliminada pelo DL 244/77, de 30-5, que admitiu como suficiente a inclusão no *Boletim* mencionado no texto.

(2) No entanto, esse impulso será na prática condicionado pela apreciação de legalidade de que o Ministério do Trabalho faça acompanhar a remessa do processo ao Ministério Público (art. 447.°/4-b)).

O controlo judicial de legalidade é feito *a posteriori*, quer dizer, depois de consumado o registo e publicados os estatutos – o mesmo é que dizer, após a aquisição de personalidade jurídica por parte da associação de empregadores. Significa isto que a verificação judicial da ilegalidade dos estatutos, dos actos de constituição ou do pedido de registo, não actua como um impedimento à aquisição de personalidade jurídica, antes conduz à *extinção* de uma associação já constituída.

Todavia, a lei acautela de algum modo os riscos de um tal dispositivo (nomeadamente a da inutilização de um contrato colectivo, pela inesperada extinção da associação de empregadores outorgante), ao fixar, como termo suspensivo do exercício das actividades associativas, o prazo para a publicação (n.º 7 do art.º cit.).

532. Como se disse, podem as «associações de empresários constituídas ao abrigo do regime geral do direito de associação» adquirir a "qualidade de associação de empregadores" (art.º 448.º).

Aparentemente, isto pode ocorrer de duas maneiras: ou pela *cumulação* das qualidades de associação de empresários e associação patronal, ou pela *conversão* da primeira na segunda. Só que o art. 452.º/2 impede que o regime disciplinar constante dos estatutos interfira «com a actividade económica exercida pelos associados», limitação porventura dificilmente harmonizável com o perfil estatutário de algumas associações empresariais. Assim, o caminho normal será o da conversão (implicando a exclusividade dos escopos relacionados com a posição dos associados como empregadores); no entanto, a outra alternativa fica em aberto, sob a condição de eventual ajustamento dos estatutos originários.

A aquisição do estatuto de associação de empregadores (isto é, especialmente, da legitimidade para a intervenção no domínio das relações colectivas de trabalho) por parte de uma agremiação de empresários segue o mesmo processo definido no art.º 447.º para a constituição das primeiras.

§ 68. Princípios sobre a organização e actividade das associações de empregadores.

533. Vigora também quanto às associações de empregadores *o princípio da auto-organização* (art.º 445.º).

No entanto, o esquema organizativo definido nos estatutos está legalmente condicionado em alguns pontos, a que se refere o art. 451.º. Entre outras preocupações que podem relacionar-se com a tutela da liberdade de associação, cabe salientar a que respeita à *prevenção do excessivo controlo de uma associação patronal por uma minoria de empresários*. É o que resulta, nomeadamente, do afastamento da cumulação de cargos electivos e da limitação do número de votos atribuível a um só associado (em função da dimensão da empresa) ao décuplo do que couber ao associado menor.

Poderá, certamente, discutir-se – por ser considerado excessivo – o zelo e a meticulosidade que o legislador manifesta nesse conjunto de condições impostas aos estatutos das associações de empregadores. Há, todavia, uma explicação que deve ser ponderada: o reconhecimento de uma associação desse tipo implica, antes de tudo, o reconhecimento de autonomia colectiva – ou seja, de capacidade para a intervenção na produção autónoma de normas reguladoras das relações de trabalho. O domínio absoluto da associação por uma empresa ou por um grupo de empresas de maior dimensão pode, além do mais, dificultar a genuína identificação de interesses colectivos que o exercício da autonomia colectiva pressupõe.

534. No art.º 443.º, define-se a competência das associações de empregadores para a celebração de *convenções colectivas de trabalho*, competência essa que, como no lugar próprio se assinalou já, não constitui seu exclusivo, pois também os empregadores podem *isoladamente* figurar como sujeitos de relações colectivas de trabalho – logo, outorgantes *iure proprio* de convenções.

Mas, para além da negociação colectiva, podem também as associações de empregadores *prestar serviços* aos seus associados (por exemplo, assistência jurídica ou apoio técnico-económico) ou criar instituições para o mesmo efeito, desde que essa prestação não assuma o carácter de actividade empresarial. Esta, com efeito, é inteiramente vedada (ainda que em termos cuja amplitude se afigura mal definida), quer às associações de empregadores quer às instituições que criam na sua dependência (art. 443.°/3). Parece ser sobretudo o risco de *cartelização* da actividade económica que o legislador pretende prevenir. Repare-se, com efeito, que não existe interdição idêntica para as associações sindicais.

Assinale-se que o mesmo preceito também veda às associações de empregadores *a intervenção no mercado* por qualquer modo, tendo por certo em vista o afastamento de mecanismos próprios da organização corporativa, como os dos grémios da lavoura, que eram sobretudo organismos reguladores da produção agrícola.

CAPÍTULO IV

AS COMISSÕES DE TRABALHADORES

§ 69. O "duplo canal" de representação e as comissões de trabalhadores.

1. *O "duplo canal" de representação.*

535. O n.º 1 do art.º 54.º CRP reconhece aos trabalhadores o direito de «criarem comissões de trabalhadores para defesa dos seus interesses e intervenção democrática na vida da empresa». Assim obteve expresso acolhimento na nossa ordem jurídica uma forma de organização dos trabalhadores *no interior da empresa* – que, de resto, se encontrava já largamente estabelecida na experiência social.

O art.º 54.º CRP consagra o princípio da *auto-organização* das comissões (n.º 2) e atribui aos seus membros a protecção legal reconhecida aos delegados sindicais (n.º 4). Mas só três anos depois da publicação da Lei Fundamental foi definido, através L 46/79, de 12/9 (LComT), o estatuto jurídico das comissões, particularmente no que toca aos seus *direitos*, em parcial desenvolvimento do que se dispõe no art.º 54.º/5 CRP.

Tratava-se do *direito à informação, do direito ao exercício do controlo de gestão nas empresas, do direito de participação nos processos de reestruturação da empresa* e *do direito de participação na elaboração da legislação do trabalho* (que, todavia, estava regulado em diploma próprio: a L 16/79, de 26 de Maio) *e dos planos económico-sociais que contemplam o respectivo sector*. Não tratados pela LcomT eram os direitos de gestão e participação na gestão das obras sociais das empresas (al. e) do n.º 5 do art. 54.º CRP). Por outro lado, passou a estar constitucionalizado o direito de eleger representantes dos trabalhadores para os órgãos sociais da empresas do sector público, que a LcomT configurava, há mais de um quarto de século, como uma das manifestações do «direito ao exercício do controlo de gestão», sem que jamais tenha sido concretizado.

Na esteira da impressiva prática social que se desenvolveu, em muitas empresas, nos últimos anos da década de setenta, a lei reconhecia assim a *dualidade* de instâncias representativas dos trabalhadores no âmbito da empresa, revelando, todavia, a preocupação de traçar uma divisória funcional, que nem sempre se reflectiu na realidade. Teoricamente, aos delegados sindicais e suas comissões (sindicais e intersindicais) caberiam, essencialmente, funções de fiscalização do cumprimento das normas legais e convencionais e de ligação entre o sindicato e os associados; à comissão de trabalhadores incumbiria o «controlo da gestão» e a defesa dos interesses do conjunto do pessoal da empresa. Mas essa distribuição de papéis foi sofrendo, na prática, numerosos desvios.

536. O dualismo (ou "sistema de duplo canal de representação") não é alheio à experiência social de outros países. Na Itália, a acção sindical teve como contraponto, ao nível da empresa, *as comissões internas*, que subsistiram até ao fim da década de 70 – momento-chave na história da organização e acção colectiva dos trabalhadores naquele país ([1]). Na França, os *delegados do pessoal* coexistem com os *delegados sindicais* e *a secção sindical da empresa* (desde 1968) e, ainda, numa outra perspectiva, com os *comités de empresa* ([2]). Na Espanha, existem, de um lado, os *delegados sindicais* e as *secções sindicais de empresa*, e, de outro, a chamada «representação

---

([1]) Cfr. GIUGNI 39 ss..

([2]) Assinale-se a afinidade funcional existente entre estes comités e a concepção legal das comissões de trabalhadores, como resulta da LComT. Cfr. CAMERLYNCK/LYON-CAEN 489 ss..

unitária» dos trabalhadores nos centros de trabalho, assegurada pelos *delegados de pessoal* e pelos representantes dos trabalhadores nos *comités de empresa*.

São frequentemente apontadas as dificuldades de articulação que caracterizam os modelos dualistas, mas a verdade é que eles correspondem a necessidades objectivas de representação e defesa dos interesses dos trabalhadores: a representação sindical, no tocante aos padrões normativos e contratuais em matéria de condições de trabalho; a representação unitária, no plano do controlo social da empresa, isto é, do acompanhamento da vida da organização enquanto suporte de emprego, e da participação nos processos de decisão com efeitos no domínio socio-laboral.

537. O direito comunitário veio, há alguns anos, dar relevo à ideia de representação unitária dos trabalhadores da empresa, tendo em vista a efectivação de direitos de informação e consulta acerca sobre a vida da empresa.

Com efeito, a Directiva 94/45/CE, de 22/9/94, estabeleceu, para as empresas ou grupos de empresas de dimensão comunitária, a obrigatoriedade da abertura de negociações internas para a criação de um «comité de empresa europeu» ou, em alternativa, de um processo de informação e consulta adequado. Se as negociações não se fizessem ou não resultassem, aplicar-se-ia um regime «subsidiário» que é o da constituição do *comité de empresa europeu*.

Em Portugal, essa directiva foi transposta para a ordem jurídica interna através da L. 40/99, de 9 de Junho, cujo conteúdo foi absorvido pelo Código de 2003 (arts. 471.º-474.º) e pela Lei regulamentar desse Código (arts. 365.º ss.) – regimes mantidos provisoriamente em vigor pela L. 7/2009, que aprovou o Código de 2009 (art. 12.º/3-c) e 6-p)).

Mais recentemente, um novo acto comunitário veio colocar em evidência o tema da informação e consulta. Trata-se da Directiva 2002/14, de 11/3/02, que estabeleceu um "quadro geral relativo á informação e consulta dos trabalhadores", com o objectivo de garantir certo nível de participação destes na vida da empresa. O legislador português considerou que o CT constitui instrumento bastante de transposição desta directiva (art. 2.º/*m*) L. 7/2009), certamente através do regime das comissões de trabalhadores.

2. *O movimento das comissões de trabalhadores.*

538. A origem e a evolução das comissões de trabalhadores, sobretudo no período que se seguiu a Abril de 1974, relacionam-se com vicissitudes ocorridas no domínio da organização sindical [1]. Essas comissões e as instâncias sindicais (nomeadamente as que surgem e actuam no interior das empresas) constituíam peças de uma realidade complexa e mutável, que respeitava não apenas à problemática da intervenção «orgânica» dos trabalhadores nas empresas, mas também à da própria negociação colectiva.

O grande surto das comissões verificou-se em 1974/75, em coincidência com a fase de «reordenamento» sindical que se seguiu à queda do regime corporativo. Fez-se, nessa altura, a opção de manter as estruturas organizativas do sindicalismo corporativo, substituindo quase somente as pessoas que as dirigiam. Isto desencadeou a luta pelo controlo político-partidário dos «velhos» sindicatos, luta essa que assumiu expressão ideológica no debate nacional gerado em torno do tema «unicidade ou pluralismo».

Por outro lado, desenhou-se um movimento no sentido da conversão dos sindicatos de profissão, típicos do corporativismo, em sindicatos de ramo de actividade, ou «verticais», que melhor correspondiam às necessidades da acção reivindicativa «de massas» e aos vectores igualitários da dinâmica social da época. Também por isso se gerou o atrito no seio da organização sindical, percorrida, deste modo, por várias perturbações de natureza estrutural.

A fase crítica do sindicalismo, assim parcialmente caracterizada pelos aspectos mais marcantes, coincidiu com um período de ascensão muito viva das exigências de melhoria das condições de vida e de trabalho, por um lado, e de aberta contestação das hierarquias, ou seja, de disputa do poder na empresa, por outro lado.

Os sindicatos não se mostravam aptos a dar expressão e projecção prática a esses impulsos, quer pelas dificuldades estruturais e pela tensão ideológica que os atravessam, quer pela sua modesta radicação no interior das empresas.

---

(1) Embora existissem e actuassem comissões de trabalhadores, nalgumas empresas, já antes de 1974. Vd., sobre o assunto, M. L. LIMA DOS SANTOS/M. PIRES DE LIMA/V. MATIAS FERREIRA, *O 25 de Abril e as lutas sociais nas empresas*, 1.º vol., Lisboa (1977).

As comissões de trabalhadores surgiram e desenvolveram-se, de modo espectacular, como organizações legitimadas pelo sufrágio do conjunto dos trabalhadores de cada empresa, e permanentemente ligadas a essa «base», em função das necessidades da *acção reivindicativa centrada no local de trabalho*. Acção reivindicativa que respeitava não só às *condições de trabalho* (*maxime* salários, que subiram fortemente no biénio 74/75) mas também ao *controlo da empresa*.

539. As comissões foram, assim, em larga medida, o produto de um espontaneísmo e de um «basismo» bastante característicos do período revolucionário que Portugal atravessou.

O enquadramento político-partidário e o perfil funcional dessas organizações representativas nunca foram homogéneos. Se, na maioria, nasceram das necessidades da acção colectiva dos trabalhadores no quadro da empresa, é também verdade que, nalguns casos, surgiram em conformidade com um modelo participativo não apenas tolerado, mas até incentivado, pelos empresários. A necessidade de interlocutor nítido e «controlável», num ambiente de generalizada perturbação das estruturas sociais e produtivas, ajuda a explicar o fenómeno.

Num certo número de casos, as comissões apareceram envolvidas em processos autogestionários. O abandono de empresas pelos seus titulares, a expulsão de hierarquias contestadas, a perspectiva da falência e do encerramento foram algumas das circunstâncias determinantes dos casos de autogestão que – aliás em número de algumas centenas – se verificaram ([1]). O «movimento» autogestionário foi pois, nessa época, mais uma consequência do «vazio de poder» nas organizações e da necessidade de defesa do emprego, do que a realização de um projecto ideológico estruturado. As comissões assumiram aí um papel importante, como organizações representativas do conjunto do pessoal de cada empresa. Coube-lhes, não raro, liderar as acções tendentes à tomada do controlo da empresa,

([1]) Sobre o tema, veja-se *Autogestão em Portugal. Relatório da Comissão Interministerial para Análise da Problemática das Empresas em Autogestão*, sep. de «Ciência e Técnica Fiscal», Lisboa (1980).

e «representar» a sociedade sua titular nas relações com fornecedores e clientes, bancos e autoridades públicas. Este fenómeno ajuda a compreender a extrema descoordenação das iniciativas autogestionárias e a debilidade da maioria delas perante os desafios que lhes foram lançados (desde a desconfiança dos fornecedores e clientes até ao regresso dos antigos titulares de algumas empresas, no período pós-revolucionário).

Desde o início dos anos oitenta, o «movimento» das comissões de trabalhadores entrou e manteve-se, até hoje, em processo de incessante declínio. Diversos factores contribuíram para isso: a consolidação da dominante sindical na negociação e no conflito, a restauração das estruturas de poder nas empresas, as condições de crise económica que afectaram decisivamente o destino de muitas empresas e colocaram em evidência a necessidade (defensiva) de salvaguarda do emprego, a decadência das ideologias basistas face ao surto do produtivismo. Grande número de comissões deixou de existir ou foi remetido a uma actividade simbólica. Em casos residuais, é ainda a necessidade de interlocutor social directo por parte da entidade empregadora ou da direcção da empresa que conduz a uma certa incentivação patronal da manutenção dessas estruturas representativas. A realidade encontra-se, de todo o modo, a grande distância do modelo imaginado pelo legislador em 1979 ([1]) – para não falar do quadro inicial que o movimento das comissões de trabalhadores ofereceu.

O CT, no capítulo reservado às "estruturas de representação colectiva dos trabalhadores", insere o regime das comissões de trabalhadores, retomando, no essencial, a orientação da lei de 1979. Na versão resultante da revisão de 2009, o Código reúne o conjunto das disposições referentes à matéria, anteriormente tratada em poucos artigos da codificação de 2003 e, sobretudo – no tocante à constituição, aos estatutos, à eleição e aos direitos das comissões e subcomissões de trabalhadores –, na L. 35/2004.

([1]) Veja-se, em geral, BRITO CORREIA, *A lei sobre as comissões de trabalhadores*, ROA 40, 443.

§ 70. A concepção legal da comissão de trabalhadores.

540. A comissão de trabalhadores é uma organização dotada de personalidade jurídica (art. 416.°/1) ([1]), constituída por membros do pessoal da empresa, em número variável e dependente do efectivo global, que são eleitos de entre os trabalhadores da mesma empresa mediante votação destes.

A sua organização e o seu funcionamento são regulados por estatutos aprovados também pelos trabalhadores da empresa. Estes estatutos são objecto de registo pelo Ministério do Trabalho, mas nem por isso fica certificada a sua conformidade legal, assim como são ineficazes as obrigações que pretendam impor às entidades empregadoras e que não tenham suporte legal ([2]).

Da concepção legal da comissão de trabalhadores decorre, com inteira clareza, que tal entidade não é um *órgão* nem um *serviço* da empresa. Significa isto que, por um lado, não participa da estrutura jurídica da empresa (como pessoa colectiva) e, por outro, se não insere na estrutura funcional dela (como organização produtiva).

Constitui, por certo, uma instância representativa dos trabalhadores, e dotada de competência legal para agir no interior da empresa, estabelecendo relações com os seus órgãos – mas nem por isso deixam de reconhecer-se no seu estatuto legal os traços da *exterioridade* relativamente à empresa (tal como ocorre com a figura do delegado sindical e com as respectivas comissões).

541. Essa exterioridade é particularmente relevante no que respeita ao problema do *financiamento* das actividades das comissões de trabalhadores. Antes de publicada a lei de 1979 , era frequente a prática da inclusão de verbas para esse fim nos orçamentos das empresas. O art.° 10.°/2 dessa lei, ao definir o conteúdo mínimo

([1]) Trata-se de uma inovação do CT. Na vigência da lei anterior,, era geralmente entendido que as comissões, embora dotadas de capacidade judiciária, não eram pessoas colectivas.

([2]) Estes pontos foram esclarecidos por Desp. de 4/3/80, do então Ministro do Trabalho, publicado no BTE n.° 10, de 15/3/80.

dos estatutos das comissões, estabeleceu que eles deviam prover sobre o modo de financiamento, acrescentando que este «não poderá, em caso algum, ser assegurado por qualquer entidade alheia ao conjunto dos trabalhadores da correspondente empresa». A regra foi transposta, praticamente nos mesmos termos, para o art. 434.º/1-*e)* CT.

É evidente que essa directriz, inspirada no princípio da independência das comissões face à entidade empregadora – se não também, porventura, relativamente aos sindicatos e ao Estado –, coloca as comissões perante a alternativa de instituir, por via estatutária, quotizações próprias a pagar pelos trabalhadores (hipótese rodeada de dificuldades práticas e sobretudo jurídicas, pois não existe aqui a possibilidade de distinguir entre filiados não filiados), ou cingir a sua actividade ao que seja permitido pelo apoio logístico a que a lei obriga a entidade empregadora. O art. 421.º/1 CT refere-se, a este propósito, a «instalações adequadas», e ainda aos «meios materiais e técnicos necessários ao desempenho das suas funções». A elasticidade destas noções tem permitido resolver o problema, fundamentalmente, no segundo sentido.

De qualquer modo, a prática da inclusão de um «orçamento da comissão de trabalhadores» no orçamento geral da empresa será sempre ofensiva do princípio de independência financeira gravado na lei. E este princípio constitui emanação da concepção de exterioridade que caracteriza o regime das comissões de trabalhadores.

§ 71. Os direitos à informação, à consulta prévia e de controlo de gestão.

542. Para exercer a sua actividade, a comissão de trabalhadores dispõe, legalmente, de direitos básicos perante a empresa, o seu titular ou o seu órgão de gestão: o direito à *informação*, o direito à *consulta prévia* e o direito ao *controlo de gestão*.

A própria circunstância de a lei utilizar, a esse respeito, o termo «direito» evidencia que se trata de domínios em que se confrontam, sem se interpenetrarem, as esferas jurídicas da empresa (do empresário, melhor dizendo) e da comissão de trabalhadores.

Se existisse qualquer forma de integração orgânica ou funcional da comissão de trabalhadores na empresa, falar-se-ia de «atribuições» e de «competências», não de direitos.

O *direito à informação* aparece consagrado no art.° 423°/1-a) CT em termos genéricos: face ao teor do preceito, as necessidades suscitadas pelo exercício da actividade da comissão de trabalhadores constituiriam o único critério de demarcação do objecto desse direito. E já se vê que, a ser assim, não só se tornaria muito difícil assinalar quaisquer fronteiras gerais a esse objecto, mas também se revelaria votada ao insucesso a tentativa de sobrepor, a uma exigência de informação tida como excessiva pelo órgão de gestão da empresa, um critério de apreciação diverso do da própria comissão.

Que a lei não quis, efectivamente, conferir ao direito à informação uma amplitude indefinida – e, portanto, habilitar as comissões com a faculdade de requererem, de modo eficaz, *qualquer informação sobre qualquer assunto* –, mostra-o, em termos indubitáveis, o disposto no art.° 424.° CT. O direito à informação – isto é, no reverso, *o dever de prestação de informação* – tem um âmbito definido e carece, por conseguinte, de universalidade ou (muito menos) de carácter «absoluto».

Assim, e em primeiro lugar, ele refere-se ao conhecimento de certos *instrumentos de gestão* que, pela sua natureza, constituem também, em si mesmos, elementos informativos: planos, orçamentos, regulamentos internos, balanços, contas de resultados e balancetes trimestrais (als. *a*), *b*) e *g*) do n.° 1 do art.° 23.°). O dever de informação deve considerar-se preenchido, nestes casos, pelo simples fornecimento de cópias dos mencionados documentos.

Em segundo lugar, o direito à informação respeita a *indicadores de gestão* económica, financeira e social: os relativos às funções de aprovisionamento, vendas, pessoal e financeira (als. *d*), *e*), *f*), *h*) e *i*) do mesmo artigo). De notar, todavia, que a lei cuida de precisar, quanto a cada uma delas, a natureza dos elementos que devem ser facultados; face a essas previsões, entende-se excluído do âmbito do direito à informação o fornecimento de elementos de suporte documentais (com fins comprovativos ou não) relativamente às comunicações informativas em causa. A empresa tem que *dar conhecimento* à comissão dos indicadores por ela elaborados; não pode ser-lhe exigido que faça demonstrações, que explane o processo de produção de dados, ou que prove a sua exactidão. Com efeito, não cabe à comissão de trabalhadores (mas ao órgão de fiscalização estatutário) verificar a realidade e a correcção dos dados referentes à gestão, que a empresa elabore e apresente.

Por fim, integram-se no objecto do mesmo direito *aspectos globais da actividade da empresa*, isto é, os que respeitam à organização da produção e suas implicações no grau de utilização da mão-de-obra e do equipamento (matéria a que podem referir-se informações do tipo «indicador de gestão»), e os relativos a eventuais projectos de alteração estatutária ou de reconversão da empresa. Ainda aqui se tratará de dar a conhecer à comissão de *trabalhadores os próprios projectos*, com exclusão de trabalhos preparatórios e de elementos documentais acessórios.

543. Mas deve notar-se que, em parte desses domínios, incide também o direito de formular *parecer prévio*, nos termos do art.º 425.º CT.

Na verdade, as medidas sobre as quais é obrigatório ouvir a comissão de trabalhadores completam e detalham o elenco das matérias sobre as quais incide o dever de informação.

A obrigatoriedade de parecer prévio respeita sobretudo a actos ou medidas de gestão *com incidência na situação dos trabalhadores*, isto é, de outro ponto de vista, a actos ou medidas que se situam ou reflectem no domínio da gestão de recursos humanos. Daí que a enumeração do art.º 425.º se deva considerar funcionalmente ligada a algumas matérias contempladas no âmbito do direito à informação *tout court*, nomeadamente as das als. *b*), *e*) e *i*) do art. 424.º/1.

Por outro lado, art.º 425.º/1 diz respeito a *projectos de medidas* que devem ser levados ao conhecimento da comissão de trabalhadores, acompanhados de fundamentação, mas não, forçosamente, de documentação preparatória. Assim, a circunstância de o dever de informação aparecer, nesses casos, instrumentalizado à consulta prévia obrigatória leva a considerar que o mencionado dever tem aí a sua amplitude e o seu conteúdo directamente condicionados pelas necessidades próprias da *elaboração de um parecer não vinculativo*.

544. O CT estabelece, em geral para as estruturas representativas dos trabalhadores, mas com particular aplicação às comissões de trabalhadores, *deveres de reserva e sigilo* que são complementos naturais dos direitos de informação. O objecto desses deveres é limitado pelo empregador a certas informações, através da "menção expressa da respectiva confidencialidade" (art. 412.°/1 CT). Por outro lado, esses deveres sobrevivem, indefinidamente, à cessação dos mandatos dos membros das comissões.

De resto, o art. 412.°/3 (e trata-se de inovação do CT) dispensa o empregador de prestar informações ou proceder a consultas "cuja natureza seja susceptível de prejudicar ou afectar gravemente o funcionamento da empresa ou do estabelecimento". Uma formulação deste teor – apesar da exigência de justificação por escrito, "com base em critérios objectivos, assentes em exigências de gestão" (art. 413.°/1) – redunda em colocar nas mãos do empregador um amplo poder de decisão sobre o conteúdo e a amplitude dos direitos de informação e consulta.

545. Finalmente, o *conteúdo do controlo de gestão*, tal como a lei o explicita (art.° 426.° CT), é susceptível de identificar algumas modalidades específicas de informação devida à comissão de trabalhadores, dentro das áreas mencionadas nos arts. 424.° e 425.°. Há-de, com efeito, reconhecer-se que os pontos de incidência do referido controlo se situam todos, de modo mais ou menos patente, nessas mesmas áreas de interesse.

Pode dizer-se que a concepção legal do controle de gestão o decompõe em dois tipos distintos de actuação: a *fiscalização* propriamente dita (compreendendo a reclamação) e a *recomendação*. O primeiro tipo é ilustrado pelas als. *a*) e *b*); constituem exemplos do segundo as als. *c*) e *d*) – todas do citado art.° 426.° CT.

Qualquer desses tipos de actuação supõe ainda a possibilidade do uso de informação prestada pela administração da empresa. Mas supõe sobretudo o conhecimento da vida interna da organização técnico-laboral, quer por observação directa, quer mediante informações ou reclamações dos trabalhadores. São essas, com efeito, as fontes essenciais do conhecimento da comissão de trabalhadores relativamente à vida da empresa.

Mas o que importa sobretudo salientar é que o «controle de gestão», na fisionomia que dele oferece o art.º 426.º, é essencialmente uma forma de *participação* na vida da empresa, ancorada em dois critérios fundamentais: o da defesa dos *interesses dos trabalhadores* (melhoria das condições ambientais de trabalho, segurança do emprego) e do próprio *interesse da empresa* (apreciação de orçamentos e planos, utilização de recursos, produtividade, etc.).

CAPÍTULO V

A NEGOCIAÇÃO COLECTIVA: NOÇÕES E PRINCÍPIOS GERAIS

§ 72. O significado social e jurídico da negociação colectiva.

546. As relações colectivas constituem, como se observou na altura própria, o suporte de uma importantíssima fonte de Direito de Trabalho: *a convenção colectiva.*

É na convenção colectiva de trabalho que cristaliza juridicamente a dinâmica social dos interesses profissionais, fazendo penetrar no círculo da regulamentação do trabalho normas directamente conformadas pelo jogo das forças que integram aquela dinâmica, e, por outro ângulo, ajustadas ao particularismo das profissões, dos ramos de actividade económica e das zonas geográficas.

A convenção colectiva comporta uma face regulamentar e uma face negocial: aí surge a negociação, o *acordo de vontades* (colectivas [1]), como especial modo de produção de *normas jurídicas.*

---

[1] Pode tratar-se da vontade (e do interesse) de uma só entidade empregadora. Isto nada tem de perturbador. Sob o ponto de vista da determinação das condições de trabalho, a entidade empregadora apresenta-se como «sujeito colectivo» porque compreende na sua esfera uma pluralidade de vínculos laborais e está, portanto, em condições de definir, de modo unilateral ou consensual, os «padrões» laborais de que trata a contratação colectiva.

Por isso, a teoria jurídica da convenção colectiva projecta-se, em simultâneo, no campo das *fontes* de Direito do Trabalho, em que relevam essencialmente os seus conteúdos e efeitos, e no das *relações colectivas*, onde interessam sobretudo as características do seu processo de formação.

A negociação colectiva, enquanto *processo*, pode ser, antes do mais, objecto de estudo sociológico e politológico; destes pontos de vista, interessará analisar as vias de identificação de interesses colectivos, os modos de explicitação e actuação da vontade colectiva, a interacção dos poderes sociais com o sistema político formal. Mas admite, desde logo, na sua dimensão processual, uma abordagem jurídica ou normativa: como forma de expressão e gestão autónoma de divergências de interesses, podem os processos de negociação ser *regulados*, no sentido de garantir a sua eficiência como instrumentos de equilíbrio e paz social. Esta regulação, quando existe, é heterónoma, se resulta da lei, ou autónoma, se são os próprios sujeitos colectivos a defini-la. Em qualquer dos casos, ela insere-se no campo do direito colectivo do trabalho. Uma boa parte deste capítulo dedica-se, justamente, às condições normativas da *eficiência* da negociação colectiva.

A importância que a contratação colectiva adquiriu no âmbito do Direito do Trabalho explica-se por diversas razões de *utilidade* social e económica.

Como meio de composição de interesses colectivos contrapostos através de fórmulas gerais e abstractas, pode dizer-se que nela convergem o interesse dos *trabalhadores* (pela eliminação da concorrência entre eles, pelo acréscimo do seu poder negocial, pela diminuição de desigualdades de estatuto dentro da mesma profissão ou actividade) e o dos *empregadores* (pela tendencial uniformização de custos imputáveis ao factor trabalho, pela relativa estabilização destes, permitindo ou facilitando o planeamento, e ainda pela possibilidade de fazer valer as condições concretas de capacidade económica da empresa na determinação dos mesmos custos).

Finalmente, constitui um factor de *equilíbrio social*, uma vez que se traduz na implantação de uma trégua, ainda que transitória, quer nos conflitos declarados através de meios de luta laboral, quer nos que se mantenham latentes (1).

547. O *objecto* da convenção colectiva consiste, principalmente, na conformação normativa do conteúdo dos contratos individuais de trabalho surgidos no âmbito pessoal, temporal e geográfico coberto pela convenção. Avulta aí a sua função *regulamentar*, projectada sobre uma generalidade (limitada) de relações individuais, e que está na base de qualificações como a de um «contrato criador de normas» ou «contrato normativo» (*Normenvertrag*), com importante tradição na doutrina alemã deste século, a partir de LOTMAR (2) (3).

Em segunda linha, a convenção colectiva evidencia a sua matriz *contratual*, originando obrigações entre as próprias entidades outorgantes (o sindicato, de um lado, o empregador ou a associação de empregadores, por outro). São expressões dessa matriz contratual, elaboradas pela jurisprudência alemã, a "obrigação de influência" (*Einwirkungspflicht*) no sentido de os contratos individuais obedecerem às normas acordadas (vd., entre nós, o art. 520.° CT) e o dever recíproco de «paz» ou de «trégua social» durante o período

---

(1) Cf. GHIDINI 80-81; SUPPIEJ, *Funzione del contratto collectivo in Nuovo Tratado di Diritto del Lavoro*, dir. RIVA SANSEVERINO/MAZZONI, t. I, Pádua 1971, 211 ss.; KASKEL/DERSCH 79/80.

(2) Cf. KASKEL/DERSCH 81; e, numa visão crítica geral, ZANGARI *Contenu o del contratto collectivo di lavoro, in Nuovo Trattato* cit., t. I 241 ss..

(3) Importa distinguir as noções de «contrato normativo» e de «contrato-tipo», que por vezes aparecem confundidas na qualificação da convenção colectiva. O primeiro não origina imediatamente deveres de prestação entre os sujeitos senão na medida em que «determina os conteúdos de uma futura produção contratual»; o segundo traduz-se num «módulo predisposto por uma parte para qualquer estipulação contratual», mas que só se torna determinante (vinculante) através da posterior aceitação de outra parte. É certo que o contrato normativo (nomeadamente a convenção colectiva do trabalho) tem efeitos obrigacionais imediatos (o que não ocorre com a mera proposta que se substancia no chamado «contrato-tipo»), mas esses efeitos são basicamente instrumentais em relação à subsequente produção contratual. Cfr. GIUGNI, 131, ss.; SIMI, *Il contratto collectivo* cit. 12 ss..

de vigência da convenção (*Friedenspflicht*), implicando, nomeadamente, que não sejam desencadeados conflitos tendentes à sua modificação antecipada ([1]). Na contratação colectiva portuguesa, assumem particular relevo as cláusulas dos acordos colectivos de trabalho em que se definem e regulamentam os direitos e deveres recíprocos da parte patronal e dos sindicatos no tocante ao exercício da *acção sindical na empresa*, bem como os respeitantes a *obrigações de comunicação, informação e consulta* sobre diversas matérias e ao sistema de *cobrança das quotizações sindicais* (veja-se o art. 458.º/1 CT).

A contratação colectiva evoluiu, pois, consideravelmente, quanto à amplitude e à complexidade do seu objecto, desde a fase primitiva em nela se tratava essencialmente de salários ([2]). As «condições de trabalho» convencionalmente reguladas envolvem uma enorme (e porventura crescente) variedade de aspectos, entre os quais, pode dizer-se, a matéria «quantitativa» (isto é, directamente expressa em prestações pecuniárias) cedeu há muito o passo à matéria «qualitativa», nomeadamente ao que respeita à delimitação das categorias e carreiras profissionais, à organização do tempo de trabalho, à configuração do direito ao repouso, à intervenção dos trabalhadores na vida da empresa ([3]).

548. No que toca ao seu papel *sociopolítico*, a negociação colectiva chegou a assumir – sobretudo nas décadas de sessenta e

---

([1]) Cf. KASKEL/DERSCH 139 ss.; ZANGARI 279 ss. Esse dever tinha um afloramento na proposta de lei n.º 4/I, apresentada pelo Governo em Outubro de 1976, sobre o exercício do direito à greve. Com efeito, o art.º 2.º era do seguinte teor: «A greve tem por objectivo a defesa dos trabalhadores, *não considerando como tais as meras modificações de contratos colectivos de trabalho em vigor*». Este preceito não figurava no texto da LG finalmente aprovado em 1977.

([2]) Daí a designação de «contrato de tarifa» (*concordato di tariffa, Tarifvertrag*), que ainda hoje é utilizada no direito alemão.

([3]) Esta tendência mostra-se naturalmente mais vincada em situações de acentuada inflação, em que os benefícios pecuniários, «cristalizados» num convénio colectivo com vigência superior a um ano, estejam expostos a rápido desgaste.

setenta do século passado, e na generalidade dos sistemas de relações industriais europeus – características de um processo de *intervenção organizada* dos trabalhadores na conformação e na gestão das empresas e na definição de parâmetros fundamentais da conjuntura económica e social. A negociação colectiva, encarada globalmente, surgiu então como um mecanismo de mudança social e económica, condicionando os ambientes de trabalho, a estrutura do emprego, a repartição funcional de rendimentos, a satisfação de necessidades colectivas, a estabilidade social e até, em certa medida, o funcionamento das instituições políticas.

Um particular desenvolvimento da negociação colectiva – a chamada *concertação social* (ver atrás, 61) – surge como a expressão mais vincada dessa tendência. Através dela, estabelecem-se «pactos sociais» de âmbito nacional, negociados entre as organizações de cúpula de trabalhadores e empregadores e os governos, pelos quais, «em troca da cooperação com os esforços governamentais para restaurar o pleno emprego – mantendo a moderação salarial, embora frequentemente com perdas dos salários reais e de posições relativas –, os sindicatos asseguram influência nas políticas fiscais, monetárias e sociais» ([1]), assim se inserindo, directamente, os parceiros sociais nos processos de decisão política.

Todavia, a evolução das condições económicas, sociais e políticas nas duas décadas derradeiras do século XX conduziu à neutralização de grande parte das mencionadas virtualidades da negociação colectiva de trabalho. Uma prolongada crise de desemprego, associada ao enfraquecimento das organizações sindicais e aos primeiros efeitos da internacionalização das empresas, reduziram o papel da negociação colectiva a bem pouco: em Portugal, ela atravessa, desde meados dos anos 80 do século passado, um situação de paralisia que apenas é agitada pela rotina das revisões salariais anuais. Os incentivos que a lei por vezes aplicou no sentido de destravar o movimento da contratação – colocando no espaço da contratualização matérias como a adaptabilidade dos horários de

([1]) W. STREECK, *The rise and decline of neocorporatism*, in AA.VV., *Labor and an integrated Europe*, Washington (1993) 83 ss..

trabalho ou o ritmo da redução dos períodos normais de trabalho – não funcionaram de modo generalizado e, sobretudo, duradouro. De resto, o CT surge, declaradamente ([1]), ao serviço do propósito de dinamizar a contratação colectiva – adiante veremos por que meios.

549. Como *método* de determinação das condições de trabalho, o domínio de utilização da negociação colectiva – originariamente cingido ao salariato industrial e depois ampliado a todas as formas de trabalho subordinado em relações privadas – alargou-se consideravelmente.

No passado, esteve-lhe longamente subtraída a área da *função pública*, não só pela sua exterioridade em relação ao ordenamento jurídico-laboral, mas também pela persistência da concepção clássica que sobrevaloriza a atinência das condições de trabalho nos serviços públicos à realização dos fins do Estado e à salvaguarda da autoridade pública.

A CRP, ela própria, mostra-se tributária dessa maneira de encarar as relações de trabalho nos serviços públicos. O art.° 269.°/1 declara que, «no exercício das suas funções, os trabalhadores da Administração Pública e demais agentes do Estado e outras entidades públicas estão exclusivamente ao serviço do interesse público, tal como é definido, nos termos da lei, pelos órgãos competentes da Administração». E é da competência exclusiva da Assembleia da República, salvo autorização legislativa ao Governo, a definição das «bases do regime e âmbito da função pública» (art.° 165.°/1-t) CRP).

Decerto por isso, a antiga lei das relações colectivas de trabalho (de 1979) excluía do seu âmbito «os funcionários e agentes do Estado...», embora sem deixar de remeter para «lei especial».

([1]) Da Exposição de Motivos da L. 7/2009 constam, na verdade, entre as orientações que presidiram à revisão do CT, "a promoção das dinâmicas da negociação colectiva" e a criação de "um cenário favorável ao reforço do protagonismo dos parceiros sociais na definição das orientações de mudança da realidade social e económica" (n.° 8).

Essa lei especial veio a surgir algum tempo depois da ratificação, pelo Estado português, da Conv. OIT n.º 151, referente à protecção do direito de organização e processos de fixação das condições de trabalho na função pública ([1]).

Tratava-se do DL 45-A/84, de 3/2, que, reconhecendo aos trabalhadores da Administração Pública o *direito de negociação*, lhe atribuía um conteúdo complexo: esse direito, dizia o diploma, «abrange a negociação colectiva e a participação na fixação das condições de trabalho» (art.º 1.º).

A matéria está hoje regulada pela L. 23/98, de 26/5, segundo um modelo semelhante: direitos de negociação colectiva e de participação. No entanto, após a recente e profunda reforma do regime jurídico do trabalho no sector público, esse diploma teve o seu âmbito de aplicação limitado aos *trabalhadores que exercem funções públicas na modalidade de nomeação* – e que são, em suma, as enquadráveis nas chamadas "funções de soberania". Estes trabalhadores têm o seu estatuto profissional definido pela L. 12-A/2008, de 27/2, que não revogou o diploma de 1998 acima referido.

A modalidade de *negociação colectiva* que a L. 23/98 define tem, essencialmente, por objecto as "matérias relativas ao estatuto" dos trabalhadores da Administração Pública, entre as quais, naturalmente, os vencimentos e outras prestações remuneratórias, as pensões e as regalias de acção social e de acção social complementar, a duração do trabalho e os repousos, etc. (art.º 6.º).

Por seu turno, o direito de *participação* refere-se a inúmeros domínios relacionados com a gestão de pessoal na Administração Pública, entre os quais o da «elaboração da legislação relativa ao regime geral ou especial da função pública que não for objecto de negociação» (art.º 10.º).

Os direitos de negociação colectiva e de participação diferem consideravelmente na sua essência e no seu alcance. Na verdade os produtos desta negociação colectiva, embora não tenham, verdadeiramente, a natureza de convenção colectiva, possuem certos efeitos jurídicos autónomos: os acordos obtidos constam de

---

([1]) Ratificação operada pela L 17/80, de 15 de Julho.

documento subscrito pelos sindicatos e pelo Governo e obrigam este último a legislar em conformidade (art.º 5.º/3). Diversamente, a participação tem, essencialmente, natureza consultiva (art.º 10.º). Assim, a «negociação colectiva» prevista pelo diploma, tendo em vista a prévia consensualização de medidas legislativas ou regulamentares, e tendo por objecto os aspectos remuneratórios do estatuto profissional dos trabalhadores abrangidos, constitui uma via de intervenção mais influente (para os sindicatos) do que a «participação», no sentido restrito que o legislador adoptou.

Não se trata, porém, da celebração de verdadeiras convenções colectivas, com efeito normativo imediato. Verifica-se, simplesmente, a assimilação do *método* próprio da negociação colectiva ([1]) em procedimentos de determinação legislativa ou regulamentar cujo resultado final não muda de natureza ([2]).

550. Deve distinguir-se claramente dessa modalidade de negociação colectiva aquela outra que produz verdadeiras convenções, aplicáveis aos *contratos de trabalho em funções públicas*, nos termos da L. 59/2008, de 11/9. Este diploma afasta expressamente a aplicabilidade da L. 23/98 a tais trabalhadores e contém um longo articulado sobre a negociação colectiva, de que podem resultar acordos *colectivos* de duas modalidades: o *acordo colectivo de carreira* e o *acordo colectivo de entidade empregadora pública* (art. 2.º).

O regime da L. 59/2008 é, nesta matéria, muito semelhante ao do Código do Trabalho, com algumas particularidades. A mais marcante consiste no facto de haver *articulação* entre convenções situadas em níveis diversos de generalidade (art. 343.º L. 59/2008). A articulação consiste no facto de "o acordo colectivo de carreira indicar as matérias que podem ser reguladas pelos acordos colectivos de entidade empregadora", isto é, na prevalência da convenção

([1]) Compare-se o regime processual estabelecido nos art.^{os} 7.º a 9.º L. 23/98, de 26/5, com o dos art.^{os} 485.º ss. CT.

([2]) A solução da nossa lei situa-se na linha da consagrada explicitamente no ordenamento italiano (cfr. GIUGNI 139) e praticada noutros países, como a França (RIVERO/SAVATIER 306).

mais ampla sobre a mais restrita, e, ademais, na prevalência do regime convencional de profissão sobre um regime vertical – em ambos os aspectos, contra a orientação geral do CT (arts. 481.º e 482.º).

§ 73. O «dever de negociar» e o princípio da boa-fé na negociação colectiva.

551. A negociação colectiva é não apenas *reconhecida* como meio de produção de normas reguladoras das condições de trabalho, é também *protegida* ou *promovida* pelo ordenamento jurídico como técnica preferencial de composição de interesses colectivos (1).

Por essa razão, o estatuto da negociação colectiva diferencia-se claramente do da contratação individual, enquanto expressão de autonomia privada.

A liberdade de negociação colectiva não é, com efeito, absoluta: os sujeitos colectivos não são inteiramente livres de negociar ou de se absterem de o fazer. *Devem* esforçar-se razoavelmente para que o mecanismo funcione e produza. O «produto» visado é, como se sabe, ao mesmo tempo, um *regime* das relações de trabalho ajustado ás circunstâncias, normativo, e uma fórmula de combinação de pretensões que permite estabelecer uma *trégua* entre interesses colectivos contraditórios. Por outro lado, a negociação colectiva é um dos corolários da liberdade sindical.

É sobretudo assim no contexto dos sistemas em que a lei desempenha um papel relativamente secundário na regulamentação do trabalho, verificando-se o primado dos métodos negociais. Estes métodos são aí rodeados de cautelas destinadas não apenas a assegurar a máxima expansão da contratualidade, mas também a conferir-lhe garantias de genuinidade e eficácia.

---

(1) Neste sentido, sublinhando como a negociação tem valor autónomo e independente em relação ao resultado obtido, vd. MENEZES CORDEIRO, *Manual*, cit., 259.

Assim, por exemplo, nos Estados Unidos, a lei Taft-Hartley (*Labour-Management Relations Act*, 1947) proíbe as chamadas «práticas desleais» (*unfair labor practices*) nas relações entre os empregadores e os trabalhadores ou os sindicatos ([1]), com especial relevo para a negociação colectiva. Assim, constitui «prática desleal» de um empregador a recusa de negociar colectivamente com os representantes dos seus trabalhadores (secção 8a, al. 5); e o mesmo se estabelece quanto à recusa, por parte de um sindicato, de negociar colectivamente com um empregador cujos trabalhadores representa (Secção 8b, a. 3). Constroi-se a partir daí um *dever legal, para os empregadores, de negociarem de boa fé* sobre salários, duração do trabalho ou outras «condições de emprego» com os representantes designados pela maioria dos seus trabalhadores num adequado nível ou unidade de negociação (*bargaining unit*). Esse dever tem, entre outros, os seguintes corolários fundamentais: a interdição do chamado *Boulwarism* ([2]), o dever de informação e a obrigação de não

([1]) Apontaremos alguns exemplos de práticas desleais segundo a lei Taft-Hartley. Pelo lado do *empregador*: o domínio ou a ingerência na formação ou administração de qualquer organização de trabalhadores; o incentivo ou desincentivo da inscrição sindical pela discriminação nas admissões ou na conservação de empregos ou pelas condições de trabalho; o despedimento ou outra forma de discriminação contra um trabalhador por ter feito queixas ou prestado testemunho nos termos da lei. No que se refere aos *sindicatos*: induzir ou tentar induzir um empregador a fazer discriminação contra um empregado em violação da lei ou contra um trabalhador cuja filiação no sindicato tenha sido negada ou cancelada por fundamento diverso do não pagamento de quotas e jóias de inscrição uniformemente exigidas como requisito de aquisição e conservação de qualidade de sócio; forçar ou exigir a alguém que deixe de usar, vender, manusear, transportar ou de outra forma contactar com os produtos de qualquer outro produto, processador ou fabricante ou que deixe de fazer negócios com outra pessoa; forçar ou exigir a qualquer outro empregador que reconheça ou negoceie com sindicatos como representativo dos seus trabalhadores, excepto se essa organização estiver legalmente indicada como representativa deles (isto sem prejuízo do direito de greve e de fazer os chamados «piquetes primários»).

Cfr. Herman/Skinner, *Labour Law: cases, text and legislation*, New York (1972) 185 e 219.

([2]) Técnica de negociação lançada, num caso célebre, pela *General Electric* (1969), e que consiste basicamente na neutralização do método negocial (logo, introduzir unilateralmente alterações a condições de trabalho inegociáveis antes de dar ao sindicato competente a oportunidade de sobre elas se estabelecer acordo ([1]).

Algo de semelhante pode dizer-se do regime vigente na Suécia (lei sobre a co-determinação no trabalho, de 1975), no quadro do qual se consagra um *direito de negociação* na titularidade dos empregadores e suas associações, por um lado, e organizações de trabalhadores, por outro. Esse direito assume no entanto a sua expressão mais relevante enquanto determina *um dever de negociar dos empregadores e suas associações*. Dispõe-se na referida lei, nomeadamente, o seguinte: «Sempre que uma questão se relacione especialmente com as condições de trabalho ou de emprego de trabalhadores pertencentes a um sindicato perante o qual o empregador não esteja vinculado por um contrato colectivo, o empregador será obrigado a negociar com o sindicato (...)» (§ 13) esse dever torna-se actual com a apresentação de uma proposta (§ 16) e a sua violação pode dar lugar a *responsabilidade por prejuízos*. Acresce que também aí se encontra expressamente consagrado o princípio do primado da negociação no que toca à modificação das condições de trabalho ou emprego ([2]), bem como um lato dever de informação, sobretudo a cargo do empregador, quer com vista à negociação colectiva, quer para efeitos de co-determinação (§ 18 e ss.).

No Reino Unido, pode também configurar-se um dever de negociar a cargo do empregador: este não deve recusar-se (sob pena de a sua conduta ser qualificável como «prática industrial desleal») a aceitar como interlocutor negocial um sindicato reco-

---

da acção sindical), através da determinação, pela empresa, mediante os canais internos de comunicação com os trabalhadores, de uma fórmula correspondente às pretensões reais destes – fórmula essa apresentada ao sindicato, logo no início de negociação, em termos de oferta última e inalterável.

([1]) Cfr. HERMAN/SKINNER 245 ss..

([2]) Dispõe a 1.ª parte do § 11: «Antes de um empregador decidir sobre qualquer mudança importante da sua actividade, deverá, por sua própria iniciativa, negociar com a organização de trabalhadores perante a qual está vinculado por um contrato colectivo. O mesmo se aplicará antes de um empregador decidir sobre qualquer alteração importante nas condições de trabalho ou de emprego de trabalhadores pertencentes à organização».

nhecido pelo Tribunal de Relações de Trabalho (*Industrial Court*) como representativo ([1]).

Estes três exemplos, apesar de envolverem características distintas, apontam na direcção comum da consagração, em termos jurídico-positivos, de um verdadeiro dever de negociar a cargo dos empregadores ou das suas associações. Um dever cujo objecto se poderá reduzir também a um denominador comum: a abstenção de condutas obstrutivas de um processo negocial cuja iniciativa haja sido tomada por um interlocutor legítimo ([2]).

Assinale-se, ainda, que um «dever de negociar» se encontra expressamente consagrado no ordenamento espanhol (*Estatuto de los Trabajadores*), em consonância com o reconhecimento constitucional do direito à negociação colectiva ([3]). Por outro lado, embora sem unanimidade, o mesmo entendimento é acolhido na doutrina e na jurisprudência italianas, com base no lato conceito de «conduta anti-sindical» que o *Statuto dei lavoratori* (1970) consagrou ([4]). Cabe notar, por fim, que a Conv. OIT n.° 98, ratificada também por Portugal, postula uma atitude positiva, não-neutral, dos ordenamentos jurídicos quanto à efectividade e ao desenvolvimento da negociação colectiva ([5]).

552. Entre nós, o art. 489.°/1 CT obriga as associações sindicais, as associações de empregadores e as empresas a responderem e a fazerem-se representar «em contactos e reuniões destinados à prevenção ou resolução de conflitos».

Julgamos, porém, que este preceito não autoriza a afirmação de um autêntico dever (positivo) de negociar atribuível aos sujeitos colectivos.

Não se trata de *obrigar* as associações sindicais ou de empregadores a adoptarem um comportamento activo em todos os casos, no contexto de qualquer processo negocial aberto, mas de lhes

([1]) Veja-se, por todos, DRAKE, *Labour Law*, London (1973) 526.

([2]) Por isso, o dever de negociar relaciona-se com o problema do «reconhecimento» do interlocutor negocial, que será adiante tratado.

([3]) MONTOYA MELGAR, *Derecho del trabajo*, 161.

([4]) MAZZONI, *Manuale* II 1274 ss..

([5]) MAZZONI, cit. 1275.

vedar manobras dilatórias ou obstrutivas – como, numa hipótese-limite, a pura e simples *recusa de negociar*, seja em que termos for.

Na verdade, o processo de formação de uma convenção colectiva não é, necessariamente, contínuo – desde logo porque, a cada passo, podem surgir situações de desacordo aparentemente insanável, perante as quais o prosseguimento de contactos negociais se revelaria inútil. O destinatário de uma proposta negocial pode não ter condições para formular uma resposta substancial, embora esteja disponível para contactos negociais. A presença numa reunião previamente marcada pode não ter qualquer significado ou expressão prática sob o ponto de vista da eficiência processual. Uma consulta à entidade representada nas negociações (a administração de uma sociedade, por exemplo; mas também um grupo de trabalhadores sindicalizados) pode determinar uma paragem legítima e útil das negociações, ainda que demore vários dias.

Isto quer dizer que as directrizes constantes do art.º 489.º (e que são relativamente detalhadas) não podem, sob o ponto de vista da utilidade e da eficiência dos processos de contratação (interesses fundamentais que as explicam), ser interpretadas – com excepção do n.º 4, relativo ao fornecimento de relatórios e contas já publicados e de certos dados sobre o pessoal das empresas – como regras imperativas de conduta, nas quais se corporize um estrito dever *positivo* de negociar (1).

A posição da lei só é verdadeiramente tributária de uma noção de "dever de negociar" em aspectos limitados e, de resto, pouco significativos do ponto de vista da produtividade negocial: a observância do protocolo negocial, a participação em reuniões (art. 489.º/1) e, sobretudo, o cumprimento das exigências legais respeitantes às declarações iniciais dos sujeitos colectivos. Apresentada uma proposta (inicial), a entidade destinatária – diz o art. 487.º CT – deve responder, por escrito e com fundamentação, nos trinta dias subsequentes. Essa resposta deve "exprimir uma posição

(1) Apenas exceptuaremos a do 489.º/3 e 4, que consagra um dever de informação com carácter injuntivo. Mas mesmo aí se depara com indecisão relativamente à sanção jurídica aplicável.

relativa a todas as cláusulas da proposta" (art. 487.º/3). Tanto o incumprimento das regras do art. 489.º/1 como a inobservância destas últimas directrizes constitui contra-ordenação *grave*.

553. De resto, o «dever de negociar», nos termos descritos, não é mais, afinal, do que uma das expressões várias que, no contexto da negociação colectiva, assume o *princípio da boa-fé*, tal como resulta do teor do art.º 489.º CT, já citado.

Só que o respeito da boa-fé não se liga apenas, no terreno de negociação colectiva, aos interesses das associações envolvidas em certo processo. É que este processo conduz, como se sabe, à emanação de normas reguladoras das relações de trabalho em certo sector económico ou para certa ou certas profissões, traduzindo-se numa particularização dos dispositivos gerais da lei e na tendencial diminuição de distorções ou assimetrias quanto aos estatutos laborais praticados. A negociação colectiva, sendo a expressão de uma liberdade e de uma autonomia (justamente a *autonomia colectiva*), é também uma função de interesse *social* ([1]). Daí o significado que julgamos dever atribuir-se, neste plano, à Conv. OIT 98 e à sua ratificação pelo Estado português.

Na verdade, todo o conteúdo do já citado art.º 489.º, assim como outras disposições da parte processual do regime da contratação colectiva contida no CT, manifestam uma atitude político-legislativa de sentido *promocional* relativamente à negociação colectiva como método de superação de conflitos e de determinação das condições de trabalho, seguindo a esteira de uma orientação muito generalizada sob a inspiração da OIT.

É fundamentalmente nesse quadro que deve ser compreendida a postura da nossa lei no tocante ao chamado «dever de negociar»: ele não surge principalmente como uma «garantia

---

([1]) Neste sentido, cabe recordar a configuração constitucional de um «direito de contratação colectiva», que só se explica por nela se ver um instrumento de progresso social. A interacção das convenções com a lei geral do trabalho oferece igualmente um espaço de afirmação da vantagem social de se articularem os interesses categoriais com o interesse geral.

sindical», isto é, como um meio de tutela e de apoio à acção do sindicato (e é nessa acepção que, em regra, se fala de tal «dever»), mas sim como uma vinculação de tipo orientador para todo e qualquer sujeito colectivo, no sentido de favorecer a *produtividade* ou *eficiência* da negociação como método e de, assim, a promover e expandir.

Esta conclusão encontra apoio cabal na *sanção* que a lei estabelece para as condutas «anti-negociais» dos sujeitos colectivos: trata-se de medidas de reposição da dinâmica negocial normal, visando fazer *frustrar* os objectivos das referidas condutas. Na verdade, a parte interessada em negociar pode desencadear unilateralmente a conciliação, depois a mediação e ainda, sendo o caso, a arbitragem obrigatória (respectivamente, arts. 487.°/4, 526.°/2 e 508.°/1 CT).

CAPÍTULO VI

AS BALIZAS DA NEGOCIAÇÃO COLECTIVA

§ 74. O nível de negociação.

554. Um processo de negociação colectiva pode situar-se no nível da *empresa*, do *ramo de actividade* ou da *profissão*. Se a convenção for outorgada por um só empregador, designa-se *acordo de empresa*; se a subscreverem vários empregadores isolados, ter-se-á um *acordo colectivo*. Sendo a convenção celebrada por uma ou mais associações patronais, denominar-se-á *contrato colectivo*. Não pode, enfim, excluir-se que um acordo colectivo seja celebrado ao nível de profissão (ex.: o ACT para os quadros técnicos das empresas petrolíferas) ([1]), embora aí outorguem, do lado patronal, vários empregadores isolados e não uma associação representativa.

Graficamente, as três modalidades podem representar-se deste modo (ver página seguinte):

Como exemplos, podem apontar-se o *acordo de empresa* celebrado entre a QUIMIGAL e várias associações sindicais ([2]); o *acordo colectivo* para o sector cervejeiro ([3]); e o *contrato colectivo* para as empresas de trabalho temporário ([4]).

([1]) Trata-se do ACT entre a SHELL, a BP, a ESSO, a MOBIL e a CEPSA, por um lado e vários sindicatos de quadros técnicos, por outro (cuja alteração salarial de 1990 pode ser vista no BTE 1.ª série, n.º 27, de 23-7-90).

([2]) BTE 1.ª série, n.º 5, de 8-2-90.

([3]) BTE 1.ª série, n.º 30, de 15-8-90.

([4]) BTE 1.ª série, n.º 47, de 22-12-89.

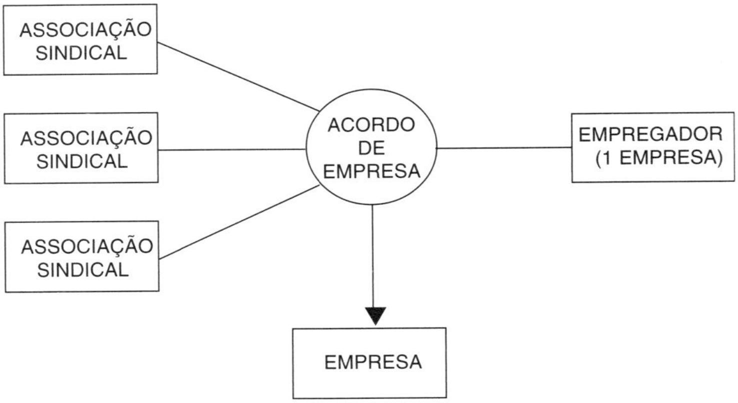
ASSOCIAÇÃO SINDICAL
ASSOCIAÇÃO SINDICAL
ASSOCIAÇÃO SINDICAL
ACORDO DE EMPRESA
EMPREGADOR (1 EMPRESA)
EMPRESA

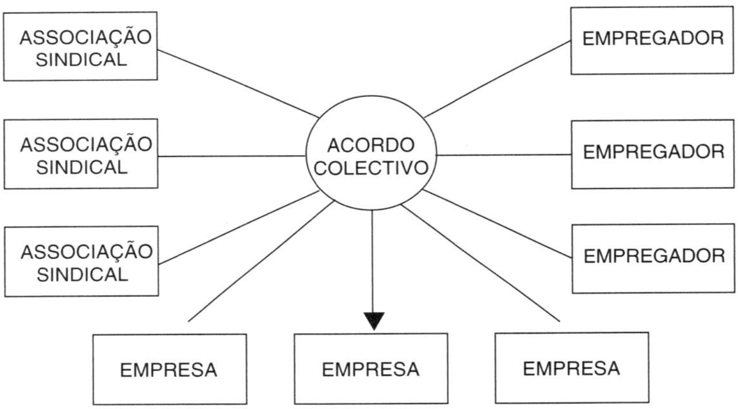
ASSOCIAÇÃO SINDICAL
ASSOCIAÇÃO SINDICAL
ASSOCIAÇÃO SINDICAL
ACORDO COLECTIVO
EMPREGADOR
EMPREGADOR
EMPREGADOR
EMPRESA
EMPRESA
EMPRESA

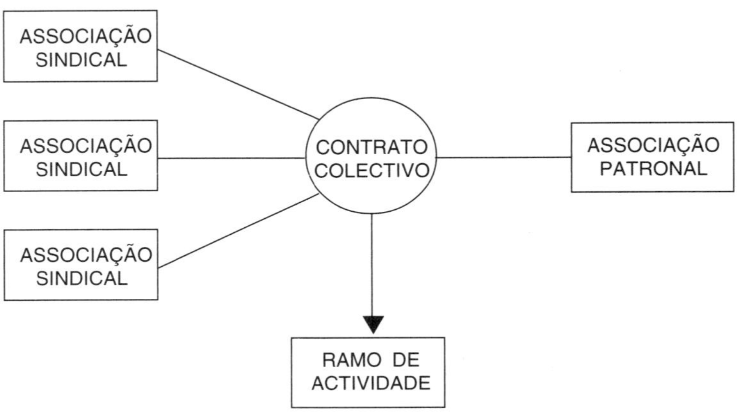
ASSOCIAÇÃO SINDICAL
ASSOCIAÇÃO SINDICAL
ASSOCIAÇÃO SINDICAL
CONTRATO COLECTIVO
ASSOCIAÇÃO PATRONAL
RAMO DE ACTIVIDADE

As designações de acordo colectivo e contrato colectivo provêm da tradição legislativa anterior a 1974 e, embora nalgumas fases não tivessem expresso acolhimento na lei, sempre foram utilizadas oficialmente na rotulação das convenções publicadas no *Boletim do Trabalho e Emprego*. A denominação de *acordo de empresa* foi introduzida pela LRCT de 1979.

Quando ocorreu a expressa admissão legal dessa «nova» modalidade de convenção – que não só tem excessiva semelhança com o tradicional «acordo colectivo», mas também acaba por não merecer especficidades de tratamento dignas de nota –, ela foi entendida à luz de um propósito incentivador da negociação colectiva ao nível da empresa. Esta modalidade fora sempre indesejada pelo regime corporativo, e, por outras razões, tivera também o desfavor do poder político pós-revolucionário. Com a preferência dada ao sindicalismo vertical e de massas, articulava-se naturalmente o propósito de conferir à contratação colectiva um papel igualitário e massificador das condições de trabalho, que a negociação ao nível da empresa acabaria por contrariar. Todavia, esta negociação não prosperou como se esperava. Os acordos de empresa surgiram, mas, essencialmente, confinados às empresas de maiores dimensões, o que não esgota, obviamente, o papel renovador e dinamizador que se pretendeu atribuir-lhe.

555. Não existe qualquer condicionamento jurídico da escolha de um dos referidos níveis de negociação.

A entidade que tome a iniciativa da celebração de um negócio colectivo – em regra, como é óbvio, uma ou mais associações sindicais – pode, em princípio, optar livremente (1) pelo interlocutor

---

(1) Na versão inicial da LRCT, era prevista uma limitação importante a essa liberdade de escolha: a decorrente da possibilidade de *autonomização* do processo negocial, no que respeitava às *empresas públicas ou de capitais públicos*, face à negociação relativa ao sector económico a que pertencessem. Por despacho conjunto dos Ministros do Trabalho e de tutela, podia ser determinado que quanto a essas empresas fosse negociada uma convenção autónoma – a qual seria, em regra, necessariamente, um *acordo de empresa*. Este dispositivo fundar-se-ia, porventura, na importância estratégica que as unidades do sector público assumiam, nomeadamente como instrumentos da política de rendimentos; e não

que mais lhe convenha (um empregador, uma associação de empregadores) conforme o nível em que deseje projectar os produtos da negociação. Normalmente, seguirá a via do acordo colectivo quando um número significativo de trabalhadores representados pertença a uma só ou a um reduzido número de empresas com apreciável capacidade económica; o contrato colectivo será a fórmula adoptada nos restantes casos (e cabe anotar que, dado o predomínio da pequena empresa, é esse, de longe, o tipo de convenção mais frequente).

Na experiência negocial portuguesa, a adopção do *acordo de empresa* verifica-se, como se disse, em relação às maiores organizações empresariais, sobretudo as empresas públicas que resultaram do movimento de estatização e fusão posterior de 1974 (1), e também algumas sociedades anónimas que nasceram dos recentes processos de privatização. Em regra, cerca de um quarto dos instrumentos convencionais publicados são acordos de empresa.

De qualquer modo, a negociação de um acordo de empresa é (ou pode ser) tecnicamente mais fundamentada, em virtude da homogeneidade do «universo» a que se dirige, do presumível rigor dos dados disponíveis e da possibilidade de controlo dos resultados; por outro lado, é nesse nível de negociação que o matiz «participativo» da acção sindical adquire maior acentuação.

A negociação de *acordos colectivos* é relativamente rara. O número de instrumentos convencionais desse tipo ronda, em regra, os 5% do movimento contratual total. Em rigor, a negociação de um acordo colectivo só se justifica quando não existe associação patronal num

seria talvez de excluir que, com ele, tivesse querido o legislador de então subtrair ao controlo das congéneres privadas do mesmo sector a evolução dos padrões salariais daquelas unidades. A autonomização levantava, no entanto, problemas vários, de natureza jurídica e prática, traduzindo-se, desde logo, numa expressão exagerada do intervencionismo estatal na área própria da autonomia colectiva. Não surpreende que a referida disposição legal tenha sido revogada, numa época em que estavam inteiramente modificadas as dimensões e as funções do sector empresarial do Estado (DL 209/92, de 2-10).

(1) Muitos AE's foram, porém, celebrados nos anos oitenta por entidades empregadoras privadas de dimensão importante: em 1990, 22% das convenções publicadas eram dessa espécie.

ramo de actividade ocupado por diversas empresas, ou quando algumas destas (sobretudo se dotadas de dimensão importante) não estão representadas na associação respectiva. Tendencialmente, o acordo colectivo favorece a uniformização de custos do trabalho nas empresas outorgantes e constitui, por isso, um elemento regularizador da concorrência: o alinhamento das condições de trabalho pelo padrão mais elevado torna-se viável nesta modalidade.

O *contrato colectivo* é, como se disse, o instrumento afeiçoado à regulamentação do trabalho por ramo de actividade, desde que exista associação de empregadores. O predomínio da pequena e média empresa explica a prevalência desta modalidade de convenção (quase três quartos dos instrumentos convencionais são contratos colectivos). Para as associações sindicais, ela representa a vantagem da amplitude do campo coberto num só processo negocial, mas, em contrapartida, oferece os inconvenientes derivados da heterogeneidade do universo empresarial visado. O alinhamento das condições de trabalho (em particular dos salários) pelo padrão mais elevado torna-se inviável, sob pena de se por em perigo de sobrevivência um número elevado de empresas mais débeis; assim, as empresas dominantes do sector podem não ser sequer atingidas pelos resultados da negociação (1).

Por isso surgiu a prática complementar (insusceptível de enquadramento na negociação colectiva formal) da negociação de condições específicas de trabalho nas empresas de maior dimensão. As propostas de negociação interna *informal* (2), visando sobretudo a fixação de condições remuneratórias superiores às do contrato colectivo aplicável, têm sido por vezes veiculadas pelos delegados sindicais (3), mas sempre foi mais frequente a intervenção de comissões de trabalhadores (um tanto à margem das suas normais atribuições) nesse género de processos.

(1) Foi esta uma das razões inspiradoras da iniciativa dos sindicatos italianos no sentido da instauração de um sistema de «contratação articulada» (vide *infra*), que se manteve em prática até 1969, com base consensual. Cfr. GIUGNI 189 ss..

(2) Cfr. sobre o tema ROMAGNOLI, *Il contratto collettivo d'impresa*, Milão (1962) 102.

(3) Mas também, não raro, pelas comissões de trabalhadores, não obstante o facto de estas carecerem de legitimidade para a contratação colectiva.

Os efeitos jurídicos destes acordos são controvertidos. Parece claro que não se trata de convenções colectivas, na configuração que a lei lhes confere. Esses acordos não têm, por conseguinte, eficácia normativa. Mas nada impede que lhes seja reconhecida eficácia obrigacional, com incidência no conteúdo dos contratos individuais, pelo menos na medida em que tais acordos incorporam a auto-vinculação do empregador ([1]).

556. A experiência negocial portuguesa caracteriza-se pela *desarticulação* entre os vários níveis ([2]). Significa isto que não só não existem relações de precedência entre as várias modalidades de convenção, mas, sobretudo, é praticamente desconhecida a negociação de acordos com diferente grau de generalidade para um mesmo âmbito de aplicação, adentro de um sistema coordenado ou articulado ([3]), ou não.

([1]) Dentro dessa perspectiva se tem pronunciado, acerca dos chamados "acordos atípicos de empresa" (celebrados sem intervenção do sindicato), a *Cour de Cassation* francesa. Cfr. A. MAZEAUD, *Droit du travail*, 3.ª ed., Paris (2002) 190.

([2]) Exceptua-se o caso especial da contratação colectiva que tem por objecto os contratos de trabalho celebrados pelo Estado e outras pessoas colectivas públicas. Por outro lado, a articulação, quando surja, tem expresso acolhimento legal: art. 482.º/5 CT.

([3]) Exemplo marcante foi a «contratação articulada», na Itália, durante a década de sessenta – mais precisamente a partir do acordo de 1962 celebrado entre as federações de metalomecânicos e as associações representativas das empresas com participação estatal. Em síntese: «O sistema articulava-se numa série de remissões do nível superior ou inferior, pelo que o contrato nacional *a nível de categoria* (contrato dos metalomecânicos) remetia ao *nível de sector* (na metalomecânica os sectores reconhecidos são a siderurgia, fundição, mecânica naval electromecânica, motores de automóveis e aviões, mecânica diversa) a regulamentação de determinados institutos, como por exemplo, horário de trabalho classificação das funções, retribuições mínimas; e ao *nível de empresa* fazia-se depois a remissão – «a fim de dar aplicação aos critérios de ordem geral predeterminados pelo próprio contrato nacional» – só quanto às seguintes matérias: modalidades de aplicação da disciplina sobre o pagamento à peça, sistemas de avaliação de funções, incentivos colectivos (prémios de produção)» – GIUGNI, 190. Depois da crise social de 1969, o sistema foi abandonado; hoje, a negociação verifica-se em «dois níveis, o nacional e o de empresa, não coordenados por

Se existe contrato colectivo para um ramo de actividade, não é, na prática, intentada pela associação sindical outorgante a negociação de um acordo colectivo ou de empresa *dentro do âmbito coberto por aquele contrato*. O acordo colectivo e o acordo de empresa são modalidades negociais adoptadas, em geral, somente quanto a empresas *não associadas* – como é, além do mais, o caso das empresas cujo capital pertence, na totalidade ou na maioria, ao Estado.

Trata-se de um fenómeno destituído de base normativa. Explicam-no diversos factores, nomeadamente a influência residual (mas ainda poderosa) da lógica característica do sistema sindical corporativo – na qual se inseria uma articulação «hierárquica» dos vários níveis de contratação – e a própria debilidade de recursos humanos e técnicos das estruturas sindicais portuguesas. Um sistema de negociação articulada em vários níveis é necessariamente complexo e oneroso, não só no aspecto «externo» da condução dos contactos negociais, mas também na vertente «interna» da harmonização e compatibilização de interesses colectivos dos vários grupos agregados no sindicato.

Mas, como se disse, não existe limitação legal a que, por exemplo, seja celebrado um acordo de empresa durante a vigência de um contrato colectivo que abranja a mesma empresa ([1]). A iniciativa da negociação de um acordo de empresa, como convenção especial, não importa a denúncia do contrato colectivo que até então abrangia a empresa, tal como a publicação de uma lei especial não implica a revogação da lei geral.

Com efeito, a própria lei *admite a concorrência entre um contrato colectivo e um acordo colectivo ou um acordo de empresa*, estabelecendo,

---

conexões jurídico-contratuais». – ID. 193. Sobre a experiência da negociação articulada, vejam-se entre muitos outros: SIMI, *Il contratto collettivo* cit. 122 s.; G. P. CELLA/T. TREU in *Relazioni industriali* cit. 159 ss..

([1]) Ao abrigo da LRCT de 1979, a questão ainda podia discutir-se; com efeito, esse diploma só admitia a denúncia de uma convenção dez meses depois de feita a sua entrega para depósito. Mas o argumento era facilmente desmontado através da consideração da relação entre norma geral e norma especial. O CT, como se notou no texto, nem sequer reproduz essa norma limitativa da liberdade de denúncia.

aliás, que prevalecerá, no tratamento do caso concreto, a convenção especial (art. 482.°/1). Ora, como adiante se notará, a concorrência é um fenómeno que só pode verificar-se quando exista coincidência, ao menos parcial, do âmbito de aplicação de duas convenções – isto é, dos âmbitos de representação das entidades outorgantes de ambas.

No entanto, o CT admite expressamente (art. 482.°/5) a articulação entre os vários níveis de contratação colectiva, desde que ela seja estabelecida por via convencional. Noutros termos, a lei aceita agora a possibilidade de, por exemplo, um contrato colectivo estabelecer que, no seu âmbito, os acordos (colectivos ou de empresa) posteriormente celebrados podem regular diferentemente certas matérias, mas não outras.

§ 75. Os sujeitos.

1. *O «reconhecimento» dos interlocutores negociais.*

557. Têm capacidade para celebrar convenções colectivas as associações patronais e os empregadores, por um lado, e as associações sindicais, por outro (art. 2.°/2 CT). As empresas do sector público estão englobadas (art. 491°/2-*c*)) como empregadores visto que as relações de trabalho com o seu pessoal assumem carácter jurídico-privado (1) (2) (3).

(1) No entanto, parece que as empresas públicas não podem filiar-se em associações patronais constituídas ao abrigo do CT. Com efeito, encontra-se no art. 442.° uma definição de «associação de empregadores» que inclui entre as suas notas características a natureza jurídico-privada dos associados.

(2) O DL 224/96, de 26/11, atribuiu também capacidade negocial colectiva às "uniões, federações e confederações de instituições particulares de solidariedade social".

(3) Sublinhe-se que estas empresas não estão abrangidas pelo regime especial de contratação consagrado para trabalhadores que exercem funções públicas em regime de contrato de trabalho. O regime geral do Código aplica-se-lhes integralmente.

Mas o facto de um sindicato existir e pretender negociar colectivamente condições de trabalho para os seus associados pode não bastar para que ele seja assumido como interlocutor válido.

Com efeito, em vários sistemas de relações colectivas de trabalho suscita-se o problema do *reconhecimento* de uma ou mais associações sindicais para o efeito da celebração de convenções. Se, por exemplo, os trabalhadores de certo grupo profissional numa empresa ou ramo de actividade estão representados por dois sindicatos, qual deles deverá ser considerado porta-voz legítimo do interesse colectivo da categoria em causa?

Esta questão não se refere apenas à atribuição de legitimidade negocial colectiva, mas igualmente à actuação do «dever de negociar» a que já se fez referência. O «reconhecimento» de uma associação sindical como sujeito de um processo de negociação pode não contender com o momento da aquisição de personalidade, nem diz respeito, meramente, às condições exigidas pelo ordenamento jurídico para a «recepção» das normas que dele venham a resultar; esse "reconhecimento" implica também a existência de pressupostos que, a verificarem-se, colocam a parte patronal na situação de ter que aceitar a associação sindical como interlocutor negocial, logo de não poder recusar-se, em princípio, a tratar com ela.

«Os processos de reconhecimento supõem, se não impõem, que os empregadores negoceiem com os sindicatos reconhecidos no momento e no local indicados. Qualquer reconhecimento que não comportasse o compromisso de negociar ficaria letra morta» (1).

O problema do reconhecimento só se suscita no quadro do *pluralismo sindical de facto*. É alheio àqueles sistemas em que vigora a unicidade sindical e quase se não faz sentir nos que incorporam uma tendencial e expontânea unidade da organização ou da acção sindicais (como a que se verifica na Alemanha e nos países escandinavos).

Pode, pois, dizer-se que a questão é privativa dos sistemas em que vigora a liberdade de constituição de associações sindicais e

(1) GLADSTONE/OZAKI, *La reconnaissance des syndicats aux fins de la negociation collective* in «Rev. Int. Travail», Ago.-Set., 1975, 186.

patronais, havendo margem para o aparecimento de várias organizações com a mesma base geográfica e categorial (pluralismo sindical de direito e/ou de facto).

É o caso marcante da França, onde está consagrado em favor dos sindicatos tidos por «mais representativos» o exclusivo da negociação colectiva com eficácia geral. Na sequência de uma tradição legislativa e jurisprudencial sedimentar, fixou-se na lei (em 1950) um conjunto de índices de «representatividade», entre as quais se incluem os efectivos e o montante das quotizações, a antiguidade e a independência perante o patronato, o Estado e os partidos políticos. Só as convenções celebradas pelos sindicatos «mais representativos» são susceptíveis de extensão, isto é, do alargamento do seu âmbito de aplicação a todos os empregadores e trabalhadores do mesmo ramo, *incluindo os filiados noutras associações e sindicatos*.

Nos Estados Unidos da América, a questão desdobra-se em dois planos, qualquer deles com intervenção de um organismo estadual especializado, o Conselho Nacional das Relações de Trabalho (*National Labor Relations Board*) criado em 1935 pela lei Wagner (*National Labor Relations Act*). Em primeiro lugar, determina-se a «unidade de negociação» (*bargaining unit*) – a empresa ou o grupo de empresas, o ramo, a profissão. Depois, tendo em vista essa unidade, cabe apontar o sindicato que será considerado «representante exclusivo de todos os trabalhadores na mesma unidade para efeitos de negociação colectiva» (lei Taft-Hartley, secção 9-*a*). Essa designação assenta na escolha da *maioria* dos trabalhadores compreendidos na unidade de negociação (1).

É, no entanto, no Reino Unido que a questão do reconhecimento do interlocutor negocial assume contornos verdadeiramente singulares, sobretudo se se usar como termo de comparação a postura dos sistemas jurídicos continentais perante ela. O reconhecimento (*recognition*) do sindicato pelo empregador ou por um conjunto de empregadores associados é condição da aquisição, por aquele, do direito de negociar com estes (2). Mas esse reconheci-

---

(1) Cfr. HERMAN/SKINNER 137 ss.

(2) Trata-se de regime constante de lei escrita: o *Trade Union and Labour Relations Act* de 1992, secção 178 (2).

mento é um acto voluntário do empregador e não existe nenhum mecanismo de controlo da escolha do sindicato que reconheceu para com ele negociar (¹).

558. Entre nós, a capacidade negocial colectiva é inerente à personalidade jurídica das associações sindicais e de empregadores: é o momento da aquisição de personalidade (registo dos estatutos) que define a assunção de capacidade para celebração de convenções colectivas.

Significa isto que *qualquer* associação sindical ou de empregadores regularmente constituída pode intervir em processos negociais que interessem aos *seus* membros, independentemente da sua dimensão e da sua representatividade. Nenhum requisito, para além da mera existência jurídica (e, naturalmente, da legitimidade decorrente do interesse dos associados), condiciona essa possibilidade relativamente a cada processo negocial em concreto. O único critério de representatividade decorre da filiação sindical e do âmbito da negociação (a «unidade» ou o «nível» a que se refere o processo): qualquer sindicato que conte entre os seus associados alguns trabalhadores a exercerem actividade nesse *âmbito é a única entidade representativa* dos mesmos trabalhadores e, sem a sua participação, a convenção a celebrar não os abrangerá originariamente (²). É o que, nomeadamente, resulta do art.° 496.° CT.

A inexistência de um critério *selectivo* de representatividade no nosso sistema tornou-se problemática com o aparecimento de numerosos sindicatos «paralelos», na sequência da consagração constitucional, em 1976, do princípio da liberdade sindical, incluindo a vertente da livre constituição de sindicatos (art.° 55.° CRP), e da consequente revogação do regime legal que impunha a existência de um único sindicato para cada domínio de representação (art.°

(¹) Sobre o tema, nomeadamente os desenvolvimentos jurisprudenciais da doutrina da *recognition*, pode ver-se S. DEAKIN/G. S. MORRIS, *Labour Law*, 2a. ed., London (1998) 760 ss..

(²) Poderá apenas tornar-se-lhes aplicável por virtude de regulamento de extensão (art.° 514.° CT).

11.º da versão originária do DL 215-B/75, citado) pelo DL 773/76, de 27-10 [1] [2]. A circunstância de a legitimidade negocial depender exclusivamente do princípio associativo baseado na filiação conduziu à *fragmentação* da actividade negocial, nomeadamente em virtude da existência de correntes político-sindicais conflituantes. Sucede frequentemente que, para uma mesma «unidade de negociação» – o ramo de actividade, a empresa –, existam dois ou três acordos simultâneos, nem sempre coincidentes no seu conteúdo, como resultado da inviabilidade da negociação conjunta. Essa fragmentação tem consequências graves para qualquer dos sujeitos colectivos envolvidos: redução do poder contratual dos sindicatos, agravada amiúde pelo carácter contraditório das pretensões que veiculam; maior onerosidade da negociação para a parte patronal, usualmente mais interessada na unidade de regulamentação do que na exploração das divisões entre os sindicatos [3].

2. *Pluralidade de sujeitos e negociação conjunta.*

559. O processo de negociação colectiva só raramente corresponde ao modelo ideal de um contacto entre duas entidades, *um* sindicato e *uma* associação de empregadores ou um empregador.

---

(1) Cfr. CAUPERS/MAGALHÃES 51 ss.

(2) Na lei anterior, a inexistência de um critério de representatividade que permitisse tornar, de algum modo, "selectivo" o acesso à negociação colectiva, era, melhor ou pior, compensada pelo grau de exigência de que se revestia o processo de constituição das associações sindicais, nomeadamente no respeitante ao quorum da assembleia constituinte. A verdade é que esse grau de exigência não tinha paralelo nos sistemas em que funcionam critérios de representatividade ou de reconhecimento. Por outro lado, era duvidosa a compatibilidade desse preceito da LS com a Conv. 87 da OIT, ratificada por Portugal em 1977 – cfr., sobre o ponto, B.I.T., *La liberté syndicale. Recueil de décisions et de principes du Comité de la liberté syndicale du Conseil d'Administration du BIT*, 4a. ed., Genève (1996) 72. Decerto em consideração destas ponderações, o CT não formula restrições quantitativas ao processo de constituição das associações sindicais.

(3) Por isso, não é raro que a parte patronal se veja investida num papel "mediador", que não abona a maturidade do sistema de relações industriais.

Tanto pode surgir, do lado patronal, uma pluralidade de empregadores ou mesmo um conjunto de associações de empregadores; como, do lado oposto, aparecer num mesmo processo negocial uma pluralidade de sindicatos.

Quando tal fenómeno ocorra, duas soluções são possíveis:

a) ou cada um dos sujeitos colectivos entabula uma relação negocial privativa com a outra parte – e estar-se-á perante a *negociação separada* no âmbito de um mesmo feixe de interesses colectivos, definido pelo nível em que essa negociação se processa;

b) ou os sujeitos colectivos que exprimem interesses complementares ou interdependentes se conjugam numa «frente negocial», organizada ou não, constituindo assim uma *parte plúrima* na relação com o interlocutor comum – e será a *negociação conjunta.*

No primeiro caso, resultarão tantas convenções quantos (por exemplo) os sindicatos representativos dos trabalhadores duma empresa ou de um ramo de actividade. No segundo, o produto consistirá numa só convenção, subscrita por todos eles ([1]).

A negociação conjunta não tem lugar apenas quando existe, à partida, plena comunidade de interesses entre as diferentes categorias envolvidas. Pode verificar-se até em situações bem diversas, caracterizadas pela existência de zonas de conflito de interesses entre grupos profissionais (os «quadros» e o pessoal fabril, por exemplo), mas também pela conveniência da junção de forças no confronto negocial. A negociação conjunta não é, pois, um somatório de negociações separadas – pressupõe um *consórcio negocial* que, ele próprio, requer prévio ajustamento dos interesses colectivos que vão fazer-se ouvir do mesmo lado da mesa.

([1]) A escolha entre estas fórmulas não está juridicamente vinculada. Nada impede, sequer, que um processo negocial concentrado ou simultâneo venha a produzir acordos formalmente distintos, embora coincidentes no conteúdo. A questão da unidade ou pluralidade processual deve ser abordada e resolvida no âmbito do acordo disciplinador das negociações (o chamado "protocolo negocial") a que, embora de passagem, se refere o art.º 489.º/1 CT.

560. Juridicamente, a pluralidade de sujeitos de um (ou de ambos) dos lados do complexo negocial suscita a questão da *identidade* da convenção resultante. Pode esta ser posteriormente revista apenas por iniciativa de (e com efeitos para) um dos componentes de parte plúrima? Ou deverá entender-se que, sendo a convenção um «arranjo» produzido *também* pela compatibilização das pretensões existentes no seio de cada parte, a quebra da unidade desta implica a celebração de *novos* acordos sem ligação material com a convenção originária?

O relevo deste ponto decorre, fundamentalmente, da circunstância de a lei prever e regular situações que, de algum modo, supõem nexos de continuidade ou de homologia entre regimes convencionais. São exemplos a definição dos efeitos da transmissão de empresa ou estabelecimento (art. 498.°) e os regimes da denúncia (art. 500.°), da "sobrevigência" (art. 501.°) e da sucessão de convenções (art. 503.°).

A posição do nosso ordenamento perante a pluralidade de sujeitos é, a nosso ver, a de que, embora em suporte de um só instrumento de regulamentação colectiva, cada uma das entidades com capacidade negocial colectiva que constituem a «parte plúrima» é realmente *sujeito de um negócio autónomo*. A negociação conjunta não implica a permanência forçosa do consórcio sindical ou patronal no futuro; e a faculdade de denúncia isolada do acordo por um dos subscritores não é limitada por qualquer condicionamento ligado aos restantes componentes do grupo negocial originário.

O que acontece é apenas que a negociação conjunta, ocultando uma pluralidade de vínculos negociais, origina *um instrumento de regulamentação de trabalho* – esse sim – *único*. Em tal qualidade – a de instrumento de regulamentação colectiva –, a convenção colectiva apresenta a particularidade de o seu âmbito de aplicação pessoal e temporal depender da vigência dos acordos que lhe servem de suporte. Esse âmbito tanto pode ser diminuído por uma ou mais denúncias isoladas (desde que tempestivas), como aumentado por um ou mais acordos de adesão (art.° 504.°), em qualquer caso sem prejuízo da identidade e do conteúdo do instrumento regulamentar *enquanto tal*.

§ 76. Objecto e conteúdo da convenção.

561. O «objecto possível» do negócio colectivo laboral está delimitado pela lei, em termos positivos e negativos.

A delimitação positiva – isto é, a indicação das matérias que, em abstracto, são susceptíveis de tratamento por esta forma – é feita pelo art.° 492.° CT. A formulação do preceito – em que repetidamente surge a expressão "a convenção colectiva *deve...*" –, embora manifestamente inspirada em propósitos promocionais e incentivadores da negociação, não é feliz. A determinação dos objectos e conteúdos das convenções não implica a obrigatoriedade da negociação sobre todos eles; não existe um modelo ou paradigma legal da convenção colectiva, a que os outorgantes devam obediência; a liberdade de estipulação é, aí, plena. A lei, mais do que verdadeiramente desenhar os «limites» do domínio contratável, quis definir de modo compreensivo a *função jurídica típica* das convenções enquanto produtos de uma autonomia colectiva. Na escolha dos temas negociais, as partes têm quase total liberdade. Têm apenas que respeitar as restrições constantes do art. 478° e que incluir os elementos identificativos exigidos pelo art. 492.°/1. Assim, de modo algum podem interpretar-se os n.os 2 e 3 do art. 492.° como um conjunto de imposições temáticas da lei; quando muito, eles exprimem o paradigma da "convenção perfeita" ou "plena".

Seguindo a ordem da enumeração contida nesse artigo, verifica-se que, em primeiro lugar, as convenções colectivas de trabalho são consideradas como os modos adequados de fixação das regras da *administração* do seu próprio conteúdo, isto é, aquelas pelas quais seja instrumentalmente assegurada a efectividade das normas acordadas e a resolução de conflitos no seu âmbito, além da definição dos parâmetros temporais da sua vigência – regras estas que integram compromissos de natureza *obrigacional* entre os outorgantes (sindicatos, associações de empregadores, empresas). Depois, e ainda no domínio dos compromissos de natureza obrigacional, são as convenções colectivas o lugar próprio para a caracterização das acções de formação profissional que o empregador terá a seu cargo. Finalmente, a "zona de compromisso obrigacional" incorpora a definição e aplicação dos serviços mínimos em caso de greve.

Em seguida, avulta o papel das convenções como *fontes de direito*. Primeiro, de direito *substantivo*, regulando as relações individuais de trabalho no seu âmbito de aplicação, através de verdadeiras normas jurídicas contratadas. Depois, elas surgem ainda como *fontes de direito adjectivo*, ao instituírem e regularem mecanismos de resolução de litígios *individuais* de trabalho (conciliação, mediação e arbitragem), sugerindo-se com isso uma via alternativa em relação ao recurso aos tribunais.

562. Como se notou já, o CT subtrai expressamente ao objecto possível da regulamentação colectiva de trabalho, em qualquer das suas modalidades e, portanto, também das convenções colectivas, um conjunto de matérias que é designado por "regulamentação das actividades económicas", e de que são referidos alguns exemplos: os períodos de funcionamento das empresas, o regime fiscal, a formação dos preços e a actividade das empresas de trabalho temporário (art. 478.°/1-*b*)).

Na lei anterior ao Código, eram também excluidos os *benefícios complementares dos da segurança social*. Tratava-se, sobretudo, das prestações complementares das pensões de reforma por velhice e invalidez, dos subsídios de doença e outros – prestações complementares essas que, já na década de setenta, foram consagradas em numerosas convenções, com fundamento nas insuficiências manifestas do sistema geral de cobertura de riscos sociais. Oscilando entre as preocupações de igualdade e de suficiência, o legislador manifestava a cautela de deixar intactos os esquemas de benefícios anteriormente convencionados (1), embora apenas «em termos de

(1) Assinale-se, no entanto, que, aberta ou encapotadamente, os complementos de prestação previdenciais não deixaram de ser objecto de negociação colectiva, não só porque as razões primitivas subsistiam, mas também por ser técnica e socialmente difícil uma travagem efectiva de tal tendência, depois de concretizada em termos tão latos.

contrato individual de trabalho» – referência pouco clara, se se contemplar a situação dos trabalhadores admitidos subsequentemente (2).

O CT adopta, a esse respeito, uma orientação diferente, em consonância com as tendências recentes de valorização dos dispositivos de previdência privada complementar: o art. 478.°/2 admite expressamente, e sem condições para além das que resultem da legislação pertinente, a instituição, por instrumento de regulamentação colectiva, de regimes complementares contratuais que atribuam "prestações complementares do subsistema previdencial na parte não coberta por este".

563. Para além das matérias vedadas à negociação, há que atender às *coordenadas gerais da legalidade* das convenções, as quais se encontram definidas em dois grupos de disposições, com naturezas muito diversas.

O primeiro grupo é constituído por *condições gerais da validade material* (e da eficácia) da convenção colectiva. Na realidade, assumem até um carácter de certo modo redundante, pois resultado semelhante se obteria por aplicação dos princípios gerais em matéria de hierarquia das fontes de Direito. Trata-se da disposição geral do art. 478.°/1-*a*): não podem as convenções contrariar normas legais imperativas (1).

---

(2) A estipulação de benefícios previdenciais suscita, aliás, um outro problema: o da situação dos trabalhadores não inscritos no sindicato outorgante. Problema que se agrava quando (como é o caso do sector bancário) o único esquema previdencial existente é, justamente, o consagrado em convenção colectiva. O art.° 406.° é invocável contra a hipótese de *exclusão absoluta* dos não sindicalizados; não pode ser-lhes vedada a integração em tais esquemas. Mas requer-se a *adesão individual* de cada um deles, de modo que se possa incorporar no respectivo contrato o direito aos benefícios em causa (e qualquer eventual obrigação que lhes corresponda). Cfr., em referência ao caso italiano, SIMI, *cit.*, 97.

(1) A lei anterior ao Código levava mais longe a redundância. Com efeito, proclamava também que as convenções não podiam limitar o exercício dos direitos fundamentais constitucionalmente garantidos. Por outro lado, impedia-as

Esta explicitação assume pelo menos um significado prático: o de habilitar qualquer das partes a rejeitar *in limine* a negociação de matérias que entrem em contradição com elas.

O segundo grupo compõe-se dos preceitos que fixam *limitações à amplitude da negociação* sobre matérias não subtraídas ao objecto possível da convenção nem susceptíveis de liminar afastamento por ilegalidade. Ou antes: esses preceitos, pelo facto de se dirigirem especificamente à compressão da liberdade de estipulação, acabam por se subsumir no primeiro grupo, constituindo normas legais imperativas que se sobrepõem às convenções.

É, desde logo, o caso do art. 478.°/1-*c*) que impede a atribuição de retroactividade às cláusulas das convenções, com excepção das "de natureza pecuniária" [1].

Mas o condicionamento legal do conteúdo das convenções colectivas é mais amplo ainda: há matérias de *inclusão obrigatória*, com fundamento na necessidade de *certeza* do regime convencional. Assim, como se observou já, nos termos do art.° 492.°/1, as convenções devem referir obrigatoriamente a designação das entidades celebrantes, a identidade dos representantes negociais, a área e o âmbito de aplicação, a data da celebração, os elementos identificativos da convenção alterada, caso exista, o prazo de vigência porventura acordado. Mas a exigência legal vai mais longe: devem constar também da convenção, em detalhe, os valores das remunerações fixadas e uma estimativa do número de trabalhadores e

---

ainda de incluir qualquer disposição que importasse tratamento para os trabalhadores menos favorável do que o estabelecido por lei; neste ponto, a omissão do CT é coerente com o disposto no art. 3.°/1: não se tratando de norma legal imperativa, uma convenção pode estabelecer tratamento mais ou menos favorável para o trabalhador.

[1] A prática contratual já ia nesse sentido. Por um lado, generalizou-se o uso da indexação de prestações remuneratórias diversas aos valores das tabelas salariais, o que redundava na possibilidade da discreta retroacção dessas prestações em simultâneo com as mesmas tabelas. Por outro, a própria contratação formal se destacou, amiúde, dos modelos injuntivos da lei – nomeadamente pela atribuição explícita de eficácia retroactiva a cláusulas de variado conteúdo.

empregadores abrangidos. A falta de qualquer destas menções implica, conforme resulta do art. 494.°/4-*c*), a *recusa do depósito* da convenção.

564. Um balanço global destes condicionamentos sugere a constatação de que a atitude do Estado-legislador perante o objecto e conteúdo da negociação colectiva é ainda acentuadamente *reguladora e restritiva*. Não pode deixar de reconhecer-se nela alguma reminiscência da política inspiradora da legislação corporativa sobre a matéria, em especial da que surgiu na última fase do regime.

A concepção predominante parece ser a da «funcionalização» da negociação colectiva no quadro da política económica e social do Estado; logo, de certa maneira, a da hierarquização de interesses *sob tutela legal*, e não com suporte consensual. Se esta situação pode, de algum modo, atribuir-se à manifesta sobrevivência de alguns aspectos de inspiração corporativa – sobretudo os que se relacionam com o grau de controlo ou de «governo» estatal das relações industriais e com a correlativa proeminência da intervenção legislativa nesse domínio –, é também evidente que a tem favorecido o teor *antagonístico* das relações entre os interlocutores sociais e destes com os governos, complementado (e condicionado) pela estreita ligação existente entre a acção sindical e o quadro político-partidário.

É, todavia, necessário acrescentar três notas de esclarecimento.

A primeira diz respeito ao *grau de efectividade* dos mencionados condicionamentos.

Verifica-se aí, por um lado, uma acentuada diferença entre o sector público e o sector privado: com naturalidade, a contratação relativa às empresas do sector público tende a cingir-se mais estreitamente aos módulos legais. Mas, por outro lado, assinala-se em qualquer dos casos um pronunciado e constante afastamento da prática convencional relativamente aos constrangimentos impostos pela lei ([1]). A complexidade dos contextos económicos e o

---

([1]) A tutela da legalidade das convenções colectivas está estruturada de modo que ajuda a explicar o êxito dessa tendência. O controlo da legalidade

adensamento das aspirações sociais colocaram à contratação colectiva exigências de maleabilidade e adaptabilidade que colidem com qualquer restrição ao «objecto possível» da negociação. A experiência contratual distanciou-se, assim, em muitos casos, de cânones parcialmente herdados do corporativismo. Todavia, as limitações legais – particularmente no que toca aos benefícios complementares de segurança social – foram efectivadas por uma jurisprudência constante ([1]).

A segunda nota respeita à *muito duvidosa conformidade constitucional* das restrições ao objecto das convenções que o art.º 478. º estabelece.

É preciso ter presente que, como se assinalou, a autonomia colectiva constitui um atributo originário, pré-constitucional, dos grupos organizados de trabalhadores e empregadores. A configuração que a CRP lhe empresta é a de uma capacidade de produção de normas que só comporta duas vias de condicionamento: a da própria lei fundamental, à qual incumbe institucionalizá-la como elemento do sistema de fontes de direito, e a da lei ordinária, que actua por delegação constitucional. Esta delegação consta dos n.os 3 e 4 do art.º 56.º CRP: o direito de contratação colectiva é garantido «nos termos da lei» – à qual cumpre, assim, antes do mais, reconhecer os métodos negociais e criar condições favoráveis à sua eficiência –; além disso, é conferido ao legislador ordinário o mandato para uma intervenção reguladora e imperativa, que incide sobre duas matérias claramente designadas: a *legitimidade* para a celebração das convenções e a *eficácia* das respectivas normas.

Ora a legitimidade diz respeito à caracterização dos actores negociais e da relação entre estes e os interesses colectivos que se

---

material é feito exclusivamente «a posteriori» e por via judicial, mediante impulso dos próprios intervenientes e interessados. O depósito e a publicação – logo, também, a entrada em vigor das convenções não podem ser recusadas por contradição material com a lei. Só um litígio, nomeadamente individual, poderá evidenciar a desconformidade e levar o tribunal a declarar a prevalência da lei.

([1]) Vejam-se, por exemplo, os Acs. STJ 10/10/90, BMJ 400, 467, e 16/6/93, CJ 93, 3, 261.

trata de prosseguir; e a eficácia das normas convencionais refere-se às condições da sua vigência e ao âmbito (pessoal, temporal, geográfico) da sua aplicação. Em nenhum destes planos se enquadra a possibilidade de *proibir a regulação convencional* de certas matérias, no sentido de restringir o objecto possível da negociação colectiva. O art.º 478.º CT, na medida em que se aplica às convenções colectivas, extravasa, claramente, o mandato constitucional.

É evidente que, sob o ponto de vista constitucional, as únicas limitações objectivas legítimas à contratação colectiva são as que derivam da aplicação do *critério da hierarquia das fontes*. O art. 478.º não faz mais do que exprimir uma evidência que directamente resultaria do referido critério: serão sempre ineficazes as cláusulas convencionais colectivas que contrariem «normas legais imperativas».

O mesmo se não dirá das alíneas seguintes do mesmo preceito. Qualquer delas contém verdadeiros *impedimentos de contratar*, com prováveis implicações na eficiência do método negocial [1]. A proibição de incursões convencionais no domínio da «regulamentação das actividades económicas» supõe um tipo de intervencionismo estatal que seria ajustado ao regime corporativo, e mesmo à situação político-económica dos primeiros dez anos após a queda dele, mas que se reveste de notório anacronismo na época da concertação social, e pode ser factor de ineficiência da contratação. O mesmo se dirá acerca da proibição da retroactividade das cláusulas convencionais de natureza não retributiva.

É evidente que a lei pode intervir nesses domínios através de disposições imperativas, contra as quais a contratação colectiva seria ineficaz. O que a lei não pode, face ao art.º 56.º CRP, é proibir (como faz) a *negociação* sobre tais matérias, a *inclusão* de disposições referentes a elas nas convenções colectivas. Mais ainda do que a

---

[1] O quadro era, como se disse, mais amplo na lei anterior à codificação. O CT omite, nomeadamente, a interdição de cláusulas que importassem, para os trabalhadores, tratamento menos favorável do que o estabelecido por lei, regime esse que era criticado por constituir obstáculo à negociação transaccional, que pode ser imperiosa em certas situações concretas.

substância da intervenção legal, é a *técnica* utilizada nessa intervenção que se afigura inconstitucional.

A terceira nota refere-se às mais recentes *tendências* que neste domínio se verificam. Deve sobretudo salientar-se o novo enquadramento que à contratação tradicional é oferecido pelos produtos da chamada *concertação social*.

Basta notar, por exemplo, que o Acordo de Concertação Estratégica de 1996 continha, ao lado de um vasto programa de acção legislativa, um conjunto de recomendações ou orientações à contratação colectiva que, sem assumirem carácter estritamente injuntivo, têm manifestamente a pretensão de constituir um decisivo quadro de referência para a actividade negocial concreta.

Os acordos de concertação social, na parte em que definem directrizes básicas para a contratação colectiva sectorial, exprimem um importante desenvolvimento das projecções da autonomia colectiva: a «ponte» entre os interesses categoriais e os interesses gerais – nomeadamente os que respeitam ao governo da economia – deixa de fazer-se por via heterónoma, isto é, através de condicionamentos legais ou administrativos, para ser assegurada mediante um dispositivo autónomo. A técnica do «convénio para convenir» ([1]), ou seja, da convenção sobre o conteúdo de acordos futuros, introduz uma nova legitimidade na conexão da contratação colectiva à política económica conjuntural.

§ 77. Forma. O depósito e os motivos de recusa. A alteração superveniente. A publicação.

565. A lei exige que a convenção colectiva, como os outros instrumentos de regulamentação colectiva, assuma forma *escrita* (art. 477.°), o que se relaciona com o seu carácter de fonte de Direito. Por esta mesma razão, afigura-se inadequada a sanção de «nulidade» que o mesmo preceito comina para o caso de inobser-

([1]) Expressão usada na doutrina espanhola: vd. ALONSO OLEA, *Derecho del Trabajo*, Madrid (1985) 565.

vância da forma prescrita: tratar-se-á, sim, a nosso ver, da pura e simples *inexistência* da convenção, enquanto convenção colectiva de trabalho.

Mas, como instrumento de regulamentação colectiva, a convenção deve ainda obedecer a um ritual predisposto pela lei, ele próprio assente na existência de um documento escrito que, por um lado, corporiza o acordo das partes e, por outro, se destina a constituir meio de revelação do conteúdo normativo desse acordo. Este ritual é composto pelo *depósito* e pela *publicação* do mencionado documento.

O *depósito* consiste na recepção e registo, pelo Ministério do Trabalho, do texto do acordo, assinado pelas partes. Esse acto está subordinado a pressupostos legais indicados no art. 494.° ([1]). Muito

---

([1]) Os pressupostos do depósito de convenções sofreram uma evolução muito significativa no tocante às *empresas públicas*. Na redacção inicial da LRCT, era motivo de recusa de depósito, quando se tratasse de convenções subscritas por empresas públicas, a falta de prova da autorização ou aprovação tutelar (havendo mesmo um procedimento específico para a sua obtenção, estabelecido pela Resolução do Conselho de Ministros n.° 163/80, de 15-4). Num primeiro momento, o DL 87/89 alterou aquela regra no sentido de se ligar a tal falta, simplesmente, a *provisoriedade do depósito*. Até então, um acordo livremente outorgado por uma empresa pública e um ou vários sindicatos podia ser inutilizado – ao menos no plano normativo – por discordância entre o departamento tutelar e o órgão de gestão da empresa quanto à matéria convencionada A alteração referida teve, desde logo, esta consequência: a disciplina tutelar passou a esgotar as suas manifestações no círculo estrito das relações entre o Governo e órgão de gestão da empresa. Se este ultrapassasse, na negociação colectiva, as orientações ou limitações ditadas pelo departamento tutelar, *nem por isso o acordo concluído com o sindicato ficaria neutralizado*. Mas em 1992 sobreveio nova alteração (DL 209/92): a exigência de prova da autorização ou aprovação tutelar foi eliminada. O depósito passou a ser possível, em termos *definitivos*, mesmo que essa prova não fosse feita. Completou-se, assim, a «normalização» das convenções colectivas de que as empresas públicas são outorgantes, e repôs-se a coerência do seu regime com os respectivos pressupostos. Com efeito, o nosso ordenamento jurídico optou, desde o início, no tocante à regulamentação do trabalho nas empresas públicas, pelo primado da *via negocial* sobre a *via estatutária*. No entanto, a apertada malha processual que rodeava a contratação colectiva com essas empresas, e, sobretudo, a possibilidade de inutilização dos acordos por vontade da Administração, conferiam

embora não possa dizer-se que as convenções colectivas estão globalmente sujeitas a um controlo administrativo do seu conteúdo, esse controlo existe todavia em relação a aspectos individualizados, pela via da (eventual) recusa do depósito e, por conseguinte, da não publicação do texto acordado, que determina a sua ineficácia enquanto instrumento de regulamentação colectiva de trabalho (1)

Tal recusa deve ser *expressa e fundamentada* (art. 494.°/6); se não ocorrer no prazo de 15 dias sobre a data da entrega do texto acordado, o depósito considera-se *feito* (art. 494.°/7).

Constituem, em geral, *motivos de recusa do depósito*:

a) a omissão total ou parcial dos elementos do chamado «conteúdo obrigatório» da convenção, indicados no art.° 492.°/1;

b) a falta dos títulos de representação dos mandatários das partes, títulos esses que assumem na prática negocial corrente a designação de «credenciais» e que devem acompanhar no final o texto acordado para efeitos de depósito;

c) a falta de capacidade negocial colectiva de algum dos signatários;

d) a entrega prematura do texto da convenção: é necessário que tenham decorrido dez meses sobre a data da entrada em vigor da convenção que se altera ou substitui;

e) a não entrega de texto consolidado, após três revisões parciais (2).

---

um carácter *semi-estatutário* à regulamentação colectiva assim estabelecida. Esse carácter redundava num entorse evidente à autonomia colectiva: ele derivava, não do exercício da supervisão e controlo tutelares sobre a gestão das empresas públicas (em si mesmo, de legitimidade indiscutível), mas do facto de as injunções tutelares serem oponíveis a entidades (as associações sindicais) alheias à relação de tutela. Com as alterações de 1992, a opção pela via negocial de regulamentação do trabalho nas empresas públicas tornou-se plena e genuína. Aliás, o CT mantém integralmente essa orientação.

(1) Há, por conseguinte, um controlo administrativo da legalidade *formal* da convenção – cfr. MENEZES CORDEIRO, *Manual*, cit., 273.

(2) Esta exigência é imposta pela necessidade de fixação dos regimes aplicáveis em cada momento. As sucessivas revisões parciais das convenções, expressas

Entre a entrega para depósito e a consumação deste, pode ser alterado o conteúdo do acordo. Nem a outorga, nem a entrega do texto no Ministério do Trabalho tornam, pois, imodificável a matéria acordada.

Pode suceder que as partes detectem, entretanto, alguma divergência entre o querido e o declarado, ou considerem conveniente precisar o teor do clausulado em pontos susceptíveis de ocasionar dúvidas de interpretação, ou, ainda, pretendam regular uma matéria não considerada no texto entregue.

A alteração superveniente à entrega para depósito não se considera revisão do acordo; pode ser livremente feita, naturalmente por consenso das partes, que, para isso, solicitam a devolução do texto ao Ministério – provocando com isso a interrupção do prazo de depósito (art. 495.°). Daí que, com a nova entrega, comece a correr desde o início o período fixado no art. 494.°/5.

As convenções colectivas (tal como, de resto, qualquer instrumento de regulamentação colectiva) dependem de *publicação oficial* para entrarem em vigor como normas jurídicas. Nos termos do art. 519.°, essa publicação faz-se no *Boletim do Trabalho e Emprego*, cuja produção é assegurada pelo Ministério do Trabalho. No entanto, os instrumentos de regulamentação colectiva de carácter administrativo – a portaria de extensão e a portaria de condições de trabalho – são *também* objecto de publicação no *Diário da República*.

Em coerência com a imposição de entrega pelas partes do texto consolidado (art. 494.°/4-d)), o CT impõe, de modo inovatório, a *publicação integral* desse texto (art. 519.°/3).

Sendo os acordos de revisão parcial das convenções, eles próprios, produtos de processos negociais autónomos, que podem, inclusivamente, envolver apenas uma parte dos subscritores iniciais

---

em textos de que só constavam as novas disposições, conduziu, em muitos casos, a enormes dificuldades na determinação do estado real da convenção depois de um certo número de acordos parcelares. O imperativo da acessibilidade, particularmente forte no que toca ás convenções colectivas, estava totalmente comprometido nos casos (a larga maioria) em que as próprias partes não tomavam a iniciativa da consolidação.

da convenção modificada, parece que esta publicação integral não dispensa, por razões de certeza e de clareza, a publicação simultânea dos acordos parciais. Além de outras razões, há que ter em conta a determinação precisa dos períodos de vigência das disposições acordadas.

CAPÍTULO VII

O PROCESSO DE NEGOCIAÇÃO

§ 78. Nota prévia: a atitude da lei perante a negociação.

566. A menor acentuação que, no período pós-corporativo, a lei sempre conferiu ao carácter *regulamentar* da convenção colectiva, relativamente ao seu papel *transaccional* e à sua natureza de produto do *diálogo social*, reflecte-se também na posição *não conformadora* que o CT assume perante esse processo.

Poderia dar-se que o legislador, movido por preocupações de prevenção de conflitos e de garantia da eficiência dos processos de regulamentação colectiva, optasse por estabelecer um modelo processual mais ou menos estruturado e obrigatório. Esse modelo teria que ser observado para que os produtos da autonomia colectiva pudessem ser acolhidos no acervo das normas jurídicas do trabalho, e ofereceria, por outro lado, uma espécie de "folha de rota" aos interlocutores sociais, que os conduziria, seguramente, de um modo ou de outro, a um resultado regulatório. Era, no fundo, essa a configuração do sistema que vigorou nos últimos anos do corporativismo – inspirado no propósito de "legitimar" a proibição do recurso aos meios de luta laboral.

Não é essa a orientação geral do regime legal da contratação colectiva que se encontra no CT. Esse regime desenha um esquema de procedimento que pode considerar-se racionalmente estruturado, mas que é colocado na disponibilidade das partes, face à presença discreta de um controlo estadual que respeita quase só a requisitos formais mínimos. Nada impede que as relações negociais se organizem de modo completamente diferente do que a lei aponta. Existe mesmo, na prática contratual que, ao longo dos anos, se foi convertendo em uso, um modelo de regulamentação pactuada do processo negocial, que é o chamado "protocolo" incial, em que podem ser estabelecidas regras próprias, e distintas das da lei, acerca da tramitação e dos prazos a observar.

Todavia, essa disciplina consensual surge sempre como instrumento de gestão de *cada* processo negocial; não existe, nomeadamente, regulamentação processual centralizada (a nível confederal) como tem ocorrido na experiência convencional de outros países. O que não implica também a heterogeneidade de modelos processuais: foi-se consolidando ao longo dos anos um conjunto de usos ou praxes negociais em relação ao qual se verificam desvios pontuais e pouco significativos.

Por outro lado, o recurso à greve – único meio de luta laboral que está, entre nós, coberto por um *direito* – não está legalmente condicionado pelo recurso aos meios de resolução pacífica de conflitos. Não existe, pois, uma sequência processual forçosa que actue como factor inibitório do conflito – ou, melhor, condicionante da sua licitude.

567. Esta posição não conformadora ou meramente indicativa em matéria *processual* contrasta, de algum modo, com a já referida tendência reguladora e limitativa no tocante ao *conteúdo* e à *eficácia* das convenções.

Recordemos que esse condicionamento se exprime de várias maneiras:

a) pelo impedimento da negociação de certas matérias ou soluções (art. 478.°/1);

b) pela orientação (que só pode ser meramente facultativa) segundo a qual "devem" ser tratadas certas matérias, em correspondência com as prioridades politico-jurídicas traduzidas no próprio Código (art. 488.°);

c) pela exigência (esta de natureza imperativa) de que a convenção colectiva contenha certas menções (art. 492.°/1).

Mas, para além destas expressões textuais de uma atitude de cuidado do legislador relativamente ao conteúdo das convenções, há que referir diversas outras normas através das quais é directa ou indirectamente condicionado o impacto regulador da convenção colectiva no âmbito de aplicação que lhe é próprio.

Assim, por exemplo, a lei estabelece um sistema de prevalências entre instrumentos de regulamentação colectiva (arts. 481.° a 484.°) que, aplicado às convenções, pode conduzir à inutilização de umas (embora legitimamente celebradas e em vigor) em benefício de outras. Nuns casos (arts. 482.° e 483.°), essas soluções são impostas pela necessidade de ultrapassar impasses aplicativos (concorrência de convenções). Mas, nos outros, trata-se de afirmar preferências do legislador, no quadro de uma estratégia por ele prosseguida em relação á regulamentação colectiva de trabalho.

Algo de semelhante ocorre no regime da chamada "sobrevigência" de convenções (art. 501.°) – em que o propósito de provocar a renovação dos regimes convencionais leva o legislador a intervir sobre o ciclo de vigência das actuais, ou no da sucessão de convenções (art. 503.°) em que é definida pela lei a fórmula de repartição de efeitos entre uma convenção e a que a substitua.

§ 79. As declarações preliminares: proposta e resposta.

1. *A iniciativa negocial: a proposta.*

568. Como ocorre com qualquer negócio jurídico bilateral, a formação de uma convenção colectiva inicia-se com a apresentação da *proposta* de uma das partes à outra ([1]).

A proposta deve ser *escrita* e *fundamentada* (art. 486.°/2). Tal exigência destina-se a conduzir a iniciativa negocial a um plano

([1]) Sobre os desvios relativamente às propostas contratuais comuns, vd. MENEZES CORDEIRO, *Manual*, cit., 262-263.

de racionalidade [1], mas pode também ser entendida como critério legitimador da *recusa de negociação* por parte de entidade destinatária da proposta [2].

A proposta é, por outro lado, uma declaração *receptícia*: só produz efeitos (nomeadamente o de se iniciar o prazo legal de resposta: art. 487.°/1) com a recepção pelo destinatário. A entrega pode fazer-se por via postal ou até em mão (o que é usual quando se trate de uma só entidade destinatária: por exemplo, o órgão de gestão da empresa com que se pretende celebrar um acordo colectivo).

A proposta deve ser também remetida, por cópia, ao Ministério do Trabalho (art.° 490.°/2). Trata-se aí de facultar à administração estadual do trabalho meios de acompanhamento dos processos negociais, porventura em vista da eventual necessidade de intervenção conciliatória (cfr. 524.°/1).

A elaboração da proposta obedece a um procedimento interno do próprio sindicato, que pode assumir variadas formas e modalidades [3]. Esquematicamente, esse procedimento compreenderá dois tipos de consulta às bases do sindicato: *recolha de pretensões*, nomeadamente através dos delegados sindicais; *apresentação do projecto de proposta* em assembleia plenária de trabalhadores, ou em reuniões por locais de trabalho, para aprovação.

---

(1) Na lei anterior, fazia-se uma exigência de fundamentação muito ampla e detalhada: ela destinava-se a garantir a comportabilidade da proposta para a empresa, e ainda a prevenir que dela decorressem distorções salariais dentro do mesmo sector e profissão («mediante a ponderação da evolução dos índices de preços no consumidor, dos de produtividade e de capacidade económica das empresas ou sectores (...) bem como das condições de trabalho praticadas em empresas ou sectores afins e em actividades profissionais idênticas ou similares (...)».

(2) Cabe, todavia, notar que a exigência de fundamentação, tanto das propostas como das contrapropostas, assumida como factor de racionalização das posições negociais à partida, acabou por se revelar inoperante e até ilógica. A fundamentação económica das posições iniciais das partes, ou é inautêntica e inconsistente, ou pode traduzir-se num factor de rigidez da negociação. Daí o escasso significado que tal fundamentação assume no plano negocial.

(3) Cfr. Simi 51.

569. A proposta negocial pode destinar-se à celebração de uma nova convenção colectiva, ou – o que é mais frequente – à revisão e modificação de uma convenção existente. Neste segundo caso, ela supõe a *denúncia* da convenção a rever. A denúncia é uma manifestação de vontade colectiva – no sentido de promover a modificação, normalmente apenas parcial, da convenção existente – que se exprime por uma "comunicação escrita" de uma das partes à outra.

O regime da denúncia foi, no CT – desde a versão de 2003 até à actual –, consideravelmente modificado. A lei anterior (a LRCT) impunha um período de espera após a entrada em vigor das convenções: elas não podiam ser denunciadas antes de decorridos dez meses sobre a data da sua entrega para depósito ([1]) ([2]). O propósito do legislador era, visivelmente, garantir uma certa estabilidade do regime convencional, fazendo que a "trégua" nele baseada pudesse estender-se por um mínimo de tempo. O CT de 2003 já prescindia de tal propósito. A denúncia era condicionada por um único parâmetro temporal: a antecipação (de três meses) em relação ao termo do prazo de vigência da convenção a rever (art. 558.º/2). A preocupação do legislador era, pois, a de evitar a estabilização dos regimes convencionais; a de, portanto, favorecer a dinâmica de renovação desses regimes. A exigência de antecipação da denúncia destinava-se a limitar ao máximo a chamada "sobrevigência"

([1]) A referenciação à entrega para depósito constitui inovação introduzida pelo DL 87/89, de 23/3; na versão originária do LRCT, o momento de referência era o da publicação da convenção.

([2]) O «ciclo de existência» das convenções colectivas estava antes (desde a publicação do DL 87/89, que introduziu várias alterações na LRCT) centrado no momento da *entrega para depósito*. Se é certo que a vigência só se iniciava após a publicação, a verdade é que o condicionamento legal da periodicidade das revisões obedecia a uma lógica de *existência* do acordo e não de vigência propriamente dita. O que relevava era o momento da entrega para depósito: podia ser *depositado* um acordo de revisão desde que tivessem decorrido doze meses sobre a *entrega* do que se pretendia rever. E, consumado que estivesse o depósito, o início da vigência do novo acordo já só dependia do funcionamento das regras então contidas na LRCT: publicação no BTE no prazo de quinze dias.

das convenções, isto é, a sua vigência para além do prazo convencionado. Com efeito, a convenção denunciada tem dois destinos alternativos: ou é substituída por outra, ou "cessa os seus efeitos" sem substituição (art. 502.º). Em qualquer dos casos, vigorará, independentemente do período de vigência acordado ou supletivamente aplicável, até que um dos dois resultados se venha a produzir. Era essa vigência "adicional" que o legislador de 2003 queria encurtar. O Código de 2009 eliminou o prazo de antecipação da denúncia: ela pode, pois, ser declarada a qualquer momento.

O regime introduzido pela revisão de 2009 (art. 500.º) apresenta duas salientes particularidades.

A primeira consiste na exigência de que a denúncia seja "acompanhada de proposta negocial *global*". Não basta, aparentemente, uma simples reformulação parcial da convenção, referida a certas cláusulas que a parte proponente deseja modificar: é necessário que a declaração de denúncia tenha como anexo um novo *projecto integral de clausulado*, incluindo as matérias sobre as quais não há alterações a fazer. O propósito do legislador pareceria ser, simplesmente, o de convidar o proponente à ponderação balanceada das suas pretensões no contexto global da convenção. Mas não se trata apenas disso. A denúncia assume, no sistema do Código (desde 2003), uma importância fundamental: ela é, como adiante se verá com maior detença, o pressuposto da eventual cessação da vigência da convenção por *caducidade*. O mecanismo que pode conduzir a este resultado inicia-se com a denúncia (art. 501.º/3). Ora a caducidade é um efeito apontado à *globalidade da convenção*: não é apenas esta ou aquela cláusula, eventualmente posta em causa por uma das partes, que "caduca" – é a convenção, no seu todo, que deixa de vigorar. Daí que se exija que, com a denúncia, a convenção seja colocada *globalmente* em discussão – ainda que só algumas das suas cláusulas sejam objecto de proposta de alteração. A lei deixa, assim, de admitir a "denúncia parcial" de uma convenção colectiva.

Na mesma linha se situa a eliminação da regra, constante do art. 556.º do Código de 2003, segundo a qual a convenção colectiva poderia ter períodos de vigência diferenciados pelas matérias e "grupos homogéneos de cláusulas". Esta eliminação não deixa de ser problemática, face à prática fortemente radicada de revisão das tabelas salariais com periodicidade distinta da revisão "global" das convenções.

Teoricamente, a *denúncia* da convenção e a *apresentação de proposta de revisão* são «momentos» de natureza diversa: a denúncia é uma declaração da vontade de não prorrogação da vigência do acordo, a apresentação da proposta constitui uma manifestação da vontade de celebração de um *novo* acordo, cujo «projecto» ao mesmo tempo se formula. E era porventura sob a inspiração desta destrinça que alguns autores propunham questões como a da eficácia da denúncia desacompanhada de proposta da revisão (1). Mas, presentemente (2), essa questão está hoje respondida pela lei de modo inequívoco: a denúncia só é *perfeita* (e, portanto, eficaz, no sentido exposto) se acompanhada de proposta. Isto significa duas coisas: que o destinatário da denúncia pode recusar-se a negociar, e que o processo eventualmente dirigido à caducidade da convenção não se desencadeia.

Hipótese diferente é a de apresentação de proposta de revisão de uma convenção *sem que seja feita denúncia*. O art. 500.º/2 CT determina, também aí, a ineficácia do acto: a "mera proposta" não equivale a denúncia, não gerando o dever de negociar nem abrindo espaço à aplicação do regime da caducidade. O regime legal é discutível. Não se entende bem o que outro sentido pode ser atribuído a uma proposta de alteração de uma convenção que não seja o de uma manifestação da vontade de a alterar ou fazer cessar – ou seja, *de uma denúncia*. Julga-se que a razão de ser da particular exigência formal que a lei faz acerca da denúncia, procurando destacá-la de forma nítida como um "momento" distinto da expressão da vontade de renegociar a convenção, estará no dramatismo do processo que com ela se abre, e que pode conduzir à cessação da vigência daquela, sem regime substitutivo.

---

(1) CAUPERS/MAGALHÃES, *ob.* cit..

(2) Assim como, de resto, já no domínio da lei anterior à codificação (n.º 4 do art.º 16.º LRCT).

2. *A reacção à proposta de negociação: resposta e contraproposta.*

570. Abre-se, com a apresentação da proposta, um prazo de 30 dias ([1]) para a *resposta* (art. 487.º/1), a qual pode assumir a forma de contraproposta substantiva ou a de aceitação de uns pontos e recusa de outros da proposta (n.º 3). Na verdade, a lei preconiza um certo conteúdo para a resposta (aceitação, recusa ou contraproposta sobre todos os pontos da proposta), manifestamente de acordo com o propósito de facilitar a definição dos termos de uma verdadeira negociação. Nesse ponto, a lei não se limita a sugerir um padrão de comportamento negocial: a violação do preceito constitui contra-ordenação grave (n.º 5).

Poderia supor-se que a falta de resposta no mencionado prazo envolvesse aceitação tácita da proposta, como forma de estimular a diligência do destinatário. Mas tal entendimento estaria em aberta contradição com os princípios gerais ([2]). A falta de resposta é inconsequente do ponto de vista dos resultados do processo.

O prazo legal de 30 dias assume um duplo alcance. Por um lado, define o período durante o qual *a proposta deve ser mantida* pela entidade que a emitiu – ou seja, o período em que o proponente se acha, ele próprio, vinculado ao «projecto negocial» que exprimiu. Decorre daqui, ao menos em termos embrionários, um dever de trégua social: pode entender-se, com efeito, que o proponente, ao formular o seu projecto de composição de interesses, renuncia, pelo menos durante o período necessário à ponderação e definição da atitude da outra parte, ao exercício das formas de coação directa, entre as quais a própria greve ([3]). Em paralelo,

---

([1]) Prazo que é meramente supletivo: prazo diverso pode ser acordado ou fixado unilateralmente pelo proponente (art. 487.º/1).

([2]) O art.º 487.º/3, à primeira leitura, sugere o contrário. Mas os restantes números do mesmo artigo logo esclarecem que a consequência da falta de resposta (total ou parcial) é simplesmente a possibilidade de recurso imediato à conciliação – além da qualificação como contra-ordenação grave.

([3]) Esta exigência de ética negocial, que pode inserir-se no círculo das expressões de boa fé, não é de fácil concretização na experiência da contratação. Ocorre, com efeito, por vezes, que o sindicato proponente procure reforçar a sua

trata-se de um lapso de tempo durante o qual não pode ser exigido o início de contactos negociais, não havendo portanto margem para se invocar as consequências da recusa de negociação e de outras manobras dilatórias.

A resposta à proposta está sujeita aos mesmos requisitos, quer de forma quer de fundamentação, que vimos serem impostos relativamente ao documento que corporiza a iniciativa negocial.

§ 80. Os contactos negociais.

571. Após a fase de declarações preliminares, em que se lançam as bases de discussão e se delimita o seu objecto, inicia-se a *negociação* propriamente dita, isto é, a fase dos contactos directos entre os representantes das partes com vista à aproximação das posições inicialmente expressas.

A lei não interfere na tramitação desta fase, quer no que toca à frequência das sessões, quer no respeitante à ordem dos pontos a abordar, quer mesmo relativamente à duração total daquela. Trata-se de matéria deixada na disponibilidade das partes, e que pode, ela mesma, ser objecto de *negociação prévia*. Este ajuste, embora por vezes ocorra no contexto de uma convenção colectiva anterior (em que se estabelecem prazos, regras processuais e outros compromissos relativos à sua própria revisão), tem sede própria no chamado *protocolo negocial* ou *acordo protocolar para as negociações*, que se tornou usual entre nós, e que não é mais do que um acordo sobre matéria adjectiva ou de processo ([1]) ([2]).

---

posição com uma imediata ameaça de greve. É conduta para a qual mostram particular inclinação certos sindicatos de profissão que dominam posições estratégicas em processos produtivos de natureza essencial. A atitude pouco favorável da CRP e da lei ao controlo dos motivos da greve – que adiante analisaremos – agrava a dificuldade de se fazer valer uma censura jurídica eficaz relativamente a tais procedimentos.

([1]) Por vezes, verificam-se acordos deste tipo *no decurso das negociações*, como consequência de «incidentes processuais» não previstos no protocolo inicial. Pode suceder que, por exemplo, as partes se vejam forçadas a diferir para outra

A relevância jurídica dos referidos acordos protocolares reside fundamentalmente na possibilidade de se identificarem, a partir da inobservância de algumas das suas cláusulas, situações de recusa de negociação ou de manobra dilatória, ou seja, de se concretizarem condições para o recurso à conciliação, mediação e arbitragem, se não mesmo para a passagem à via administrativa de regulamentação. O cumprimento das regras protocolares constitui, de resto, exigência contida nos «princípios da boa-fé» a que alude o art.º 489.º.

572. Estabelecida, pelo "protocolo" inicial, a disciplina das negociações (em que assumirão natural relevo as referentes ao calendário e duração das negociações) iniciam-se as reuniões entre os representantes credenciados das partes.

É frequente que, havendo parte ou partes plúrimas, se definam formas de organização dos sujeitos colectivos interessados, com regras internas de funcionamento previamente acordadas. É o caso das *comissões negociadoras* (patronais ou sindicais), que não podem ser tidas, enquanto tais, como sujeitos da relação negocial – não tendo por exemplo, competência para *outorgar* as convenções resultantes –, antes constituem meros arranjos temporários, destinados a corresponder às exigências pragmáticas da negociação conjunta. A lei é, neste aspecto, perfeitamente clara: só podem assinar convenções colectivas os representantes das associações sindicais e das associações de empregadores, ou os próprios empregadores, conforme a modalidade de convenção (art. 491.º).

época ou a deslocar para outra instância o tratamento de certas matérias, de modo a simplificar ou desbloquear o processo negocial. Outra hipótese será a de ruptura de uma frente negocial comum de sindicatos, conduzindo à necessidade de formalizar negociações paralelas. Acerca de tudo isto, embora utilizando terminologia pouco usual, vd. MENEZES CORDEIRO, *Manual*, cit., 268.

(2) Na lei anterior à codificação, preconizava-se a fixação do calendário e da disciplina das negociações por *protocolo escrito*; desse protocolo devia ser enviada cópia ao Ministério do Trabalho e ao Ministério de tutela do sector. O CT omite tais directrizes, limitando-se a incluir, entre os corolários da boa fé negocial, a observância do protocolo negocial, "caso exista" (art. 489.º/1).

Não só não existem limites legais para a duração das negociações directas, mas nem sequer está configurado um «modelo» indicativo nesse domínio.

Não é raro que os protocolos iniciais definam prazos para a conclusão dos contactos directos entre as partes. No entanto, esses prazos são, quase sempre, meramente indicativos e prorrogáveis, destinando-se apenas a fornecer apoio para o eventual recurso à conciliação, em casos de injustificada dilação imputável a uma das partes.

Assim, a duração dos contactos negociais depende, em geral, da vontade das partes. Conforme a natureza e a complexidade das matérias, podem eles estender-se por dias ou meses, sofrer interrupções mais ou menos dilatadas ou articular-se com diligências conciliatórias ou processos arbitrais. O facto de decorrerem negociações não impede, juridicamente, que ocorra uma greve. Entre o início dos contactos negociais e o momento da assinatura do acordo, ou da constatação de um conflito aberto e declarado, é total a liberdade de movimentos dos contratantes.

573. Se a negociação conduz ao estabelecimento de acordo sobre toda a matéria em debate, o conflito colectivo de interesses que lhe está subjacente encontra uma fórmula de composição, embora transitória. Resta a outorga do texto acordado – pelos titulares de poderes de representação dos vários sujeitos colectivos interessados ([1]) – e a entrega do mesmo, no Ministério do Trabalho, para depósito.

([1]) Na prática corrente, os intervenientes na negociação dispõem frequentemente de poderes para *negociar*, não para *outorgar* a convenção resultante. Significa isto que uma entidade «representada» na negociação se reserva à possibilidade de recusar a assinatura do acordo final. Por outro lado, tal prática implica a necessidade de *nova* credencial para a outorga. Cremos que se trata de um expediente contrário à boa-fé negocial, susceptível de justificar a recusa de negociação pela parte contrária. Com efeito, a atribuição de meros poderes para negociar não significa rigorosamente nada no plano de representação de interesses, visto não envolver qualquer vinculação da entidade «representada» aos compromissos que, no decurso do processo, a pessoa por ela credenciada for assumindo.

Se, pelo contrário, toda ou parte daquela matéria (cujas coordenadas são as decorrentes da proposta e da resposta, quando esta existe) permanece controvertida, fica-se perante um conflito colectivo potencial. Ele pode converter-se em conflito declarado se surgirem comportamentos colectivos ("formas de luta") destinados ao exercício da pressão directa de um dos interlocutores sobre o outro. De resto, tal situação pode ocorrer como *incidente* num processo negocial que mantém condições para prosseguir após a resolução daquele (1).

Abre-se, desse modo, uma fase em que o confronto de posições mais ou menos distanciadas pode originar o recurso aos processos de resolução pacífica de conflitos que a lei prevê, ou o desencadeamento de formas de coação directa – aspectos novos, que constituem a temática de um capítulo próprio.

A incerteza – mesmo que hipotética – desses compromissos afigura-se claramente incompatível com a boa-fé. De resto, o art.º 491.º refere-se, de modo inequívoco, à representação dos sujeitos colectivos na assinatura das convenções.

(1) O conflito incidental respeita, em regra, ao âmbito da negociação (entrada ou saída de entidades potencialmente interessadas nelas) ou a problemas de interpretação da lei.

CAPÍTULO VIII

A EFICÁCIA DA CONVENÇÃO COLECTIVA

§ 81. Efeitos obrigacionais e normativos.

1. *Efeitos obrigacionais*

A) *O dever de influência.*

574. A convenção colectiva é um *contrato* gerador de *obrigações* para ambas as partes (o sindicato e a associação patronal, por hipótese). Um desses efeitos é o *dever de influência ou de execução leal* do convencionado, um dever cujo incumprimento parece desprovido de sanção, salvo nos casos em que, de acordo com o mesmo preceito, as partes tenham *promovido*, elas próprias, a violação do convénio – casos em que funcionam os mecanismos da responsabilidade contratual ([1]).

([1]) No sentido da «autónoma configurabilidade, em regra, mesmo se não expressamente previsto no corpo do contrato colectivo» deste dever de influência da associação outorgante sobre os seus membros, vd. GHEZZI, *La responsabilità contrattuale delle associazioni sindacali*, Milão (1963) 65 ss.. E argumenta: «a conclusão dum contrato colectivo repousa sempre numa deliberação ou numa manifestação de consenso prestado pelos órgãos competentes, e o associado fica adstrito, enquanto tal, à observância das decisões estatutariamente assumidas» (p. 66) – no que se manifesta a «função organizatória» da convenção colectiva. Este dever, de cunhagem germânica (vd., p.ex., KASKEL/DERSCH, 92), tem tido porém, na experiência dos países latinos, escassa ou nula expressão jurídica, antes se remetendo ao plano ético. Cfr. uma referência a este aspecto em GIUGNI 175.

Entretanto, o art. 520.º CT exige que as partes outorgantes da convenção procedam "de boa fé" no cumprimento das suas disposições. Dificilmente se encontrará expressão mais clara da boa fé, neste domínio, do que a actuação das organizações subscritoras no sentido de que os seus associados se comportem em conformidade com o acordado. Cremos, pois, que tem agora suporte jurídico-positivo bastante o dever de influência – embora seja verdade, também, que as suas violações só encontram sanção em sede de responsabilidade civil, nos termos do art. 520.º/3. Essas violações podem traduzir omissão da influência devida (com base na boa fé), e tal omissão pode envolver algum grau de culpa que reconduza a situação aos moldes desse preceito.

B) *As «cláusulas de garantia sindical».*

575. Mas as partes são livres de criar outras obrigações, recíprocas ou não, de conteúdo bastante diversificado.

Entre as disposições de natureza obrigacional podem incluir-se as chamadas *cláusulas de garantia sindical (union security),* de matriz anglo-saxónica, muito ligadas à contratação colectiva ao nível de empresa. Trata-se de disposições de distintas modalidades, pelas quais o acesso e a manutenção do emprego são postos na dependência da filiação nos sindicatos subscritores da convenção. Salienta-se, pela importância das suas implicações, a conhecida (e, porventura, de todas a mais característica) *closed shop*, que restringe em absoluto o campo de recrutamento do empregador aos trabalhadores inscritos no sindicato – funcionando pois este como um serviço de emprego dotado de exclusividade na oferta de mão-de-obra (1).

(1) Legalmente, a cláusula *closed shop* está de há muito proscrita (pela lei TAFT/HARTLEY, de 1947); mas é verdade que, na prática, continua a figurar na maioria – cerca de dois terços – das convenções colectivas actuais, na linha de uma forte tradição bem característica do sistema de relações industriais norte-americano. De resto, a citada lei de 1947 admite expressamente, a *contrário*, que seja objecto de tratamento discriminatório qualquer trabalhador que tenha deixado de pertencer ao sindicato por falta de pagamento de quotas ou jóias de inscrição fixadas em termos uniformes para os seus membros.

Estas estipulações correspondem a conveniências de ambas as partes: o sindicato, obviamente, recolhe não apenas benefícios financeiros indirectos (maior volume de quotizações), mas sobretudo um reforço do seu poder contratual e da sua capacidade de controlo social; o empregador, por seu turno, obtém a corresponsabilização do sindicato no tocante à qualificação profissional dos trabalhadores admitidos, além de averbar a vantagem do recorte nítido do interlocutor legítimo nas questões laborais colectivas. Razões desta espécie estão, aliás, subjacentes a grande número de particularidades que caracterizam o sistema norte-americano de relações industriais.

Esse tipo de cláusulas é tido por inaceitável na generalidade dos sistemas europeus. O mesmo pode sem dúvida dizer-se no quadro da nossa legislação.

Com efeito, o art. 406.º CT proíbe que, por acordo, seja subordinado o emprego à filiação sindical, quer no aspecto *positivo* (reserva de emprego aos filiados em certo sindicato) quer no aspecto *negativo* (recusa de emprego ou despedimento dos não filiados). Esta proibição – garantida pela *nulidade* dos acordos que a infrinjam – visa, de resto, não só as convenções colectivas mas os próprios contratos individuais em que se pretenda introduzir tal condicionamento.

C) *As cláusulas de paz social.*

576. Outro tipo de cláusulas de cariz obrigacional será aquele que pretenda consagrar a chamada obrigação de paz social: o dever de abstenção de certos comportamentos conflituais por certo período, que poderá coincidir com o da vigência da convenção colectiva.

Em alguns sistemas jurídicos, nomeadamente o alemão, a obrigação de paz (*Friedenspflicht*) é tida como elemento necessário do conteúdo da convenção, nem sequer dependendo de estipulação expressa ([1]). A ideia subjacente a tal entendimento é a de que a convenção colectiva de trabalho tem como papel primordial a

---

([1]) Cfr. por todos HUECK/NIPPERDEY, *Compendio* 316.

criação e a manutenção de uma trégua nas relações entre trabalhadores e empregadores – daí que o dever de paz se considere «imanente» ([1]) à regulamentação convencionada, como «elemento constitutivo da causa do contrato colectivo» ([2]).

O reconhecimento de tal figura pode ainda relacionar-se com o dever de influência ou de execução leal a que já se fez referência. É, de resto, esse o fundamento apontado pela orientação dominante na doutrina francesa ([3]): a correcta e leal execução do convencionado, pelo período que se estipulou, implica, antes de mais, que nenhuma das partes desencadeie, durante esse período, lutas laborais tendo como objectivo a modificação do acordo existente ([4]).

No direito espanhol, existe reconhecimento legal para o dever implícito de paz. A lei declara ilegais as greves que tenham por objectivo a alteração, durante o respectivo período de vigência, dos regimes convencionados – as chamadas "greves novatórias" que são, por conseguinte, proibidas ([5]).

Um dever «implícito» de trégua ou paz social foi também admitido em parte da doutrina italiana ([6]) como inerente à fórmula de superação do conflito de interesses que a convenção consubstancia. Mas a orientação dominante na Itália é a oposta: «a assunção do dever de trégua só pode ser explícita», observa GIUGNI ([7]), não podendo ter-se como um dado apriorístico ou ser dedutivamente construída.

([1]) Cfr. GHEZZI, *ob. cit.*, 86.

([2]) Cfr. GHEZZI, *ob. cit.*, 86.

([3]) Cfr. M. DESPAX 271 ss..

([4]) Esta formulação é, aliás, também enquadrável no princípio da boa-fé: ef. GHIDINI 87.

([5]) Esta proibição encontra-se no art. 11-*c)* do Real Decreto Ley 17/1977, de 4/3. Cfr. sobre o ponto A. MARTIN VALVERDE/F. RODRIGUEZ-SAÑUDO/ J. GARCIA MURCIA, *Derecho del trabajo*, 5ª ed., Madrid (1996) 395.

([6]) Com especial relevo para SANTORO-PASSARELLI, sob a inspiração do princípio *pacta sunt servanda* – apud GIUGNI 178.

([7]) Cit., 78. Nesse sentido já se pronunciava, nomeadamente, GHEZZI, *La responsabilità*, cit. 92 ss..

Na verdade, a concepção do dever *implícito* de paz social supõe a pré-determinação do fim social do convénio como sendo o de cristalizar, por certo tempo, uma fórmula de equilíbrio de interesses colectivos ([1]); noutros termos, a afirmação da inerência ou coessencialidade do dever de trégua à conclusão de uma convenção assenta numa petição de princípio, sempre que não exista uma definição convencional (isto é, a consagração *explícita* de tal dever no clausulado) ou legal da função «estabilizadora» do acordo obtido. E em qualquer destes casos deixará de ser possível falar-se, como é obvio, de uma cláusula *implícita* de paz: no primeiro, a obrigação surge expressamente exarada no conteúdo da convenção; no segundo, o dever de trégua (independentemente da eventual questão de compatibilidade constitucional) tem fundamento legal, como reflexo da concepção adoptada pelo ordenamento estadual a respeito da função social de contratação colectiva.

577. Pode falar-se de um dever de paz social *absoluto* ou *relativo*.

No primeiro caso, resultam vedados quaisquer conflitos laborais, respeitantes ou não a matérias incluídas em convenção vigente: os subscritores da respectiva cláusula ficam comprometidos a não suscitarem, em certo período, qualquer controvérsia que possa traduzir-se em conflito declarado, e, no caso de necessidade, a recorrerem aos processos de resolução pacífica que veremos adiante.

Na segunda modalidade, apenas ficarão proscritos os comportamentos conflituais cujo objecto respeite ao conteúdo da mesma convenção, e durante a vigência desta. As partes obrigam-se a não adoptarem qualquer acção destinada a obter a modificação do regime convencionado, antes de decorrido o seu prazo de vigência.

([1]) Na doutrina italiana, a orientação mais antiga – favorável ao reconhecimento da cláusula implícita – fundava-se no entendimento de que a convenção colectiva estabelece um nexo de correspectividade entre o compromisso do empregador de cumprir as normas convencionadas e o dos trabalhadores de se absterem da reivindicação de modificações a essas normas sem que tenha havido anormal alteração de circunstâncias. Este dever abstensivo implicaria a obrigação de paz relativa. Cfr. sobre isto F. MAZZIOTTI, *Diritto del Lavoro*, 5ª ed., Nápoles (1998) 94.

Enquanto elemento considerado conatural a qualquer convénio colectivo, e portanto independente da expressa consagração no seu texto, só o dever *relativo* de paz social será admissível, mesmo nos sistemas (como o alemão) em que se vai mais longe em tal domínio.

No entanto, a jurisprudência e a doutrina germânicas aceitam que seja convencionalmente amplificado o conteúdo desse dever, até ao ponto de se lhe conferir forma absoluta – o que se traduzirá numa renúncia completa aos meios de luta laboral, nomeadamente ao exercício da greve –, exigindo, contudo, *estipulação expressa* para esse efeito ([1]). Tal estipulação pode, por exemplo, traduzir-se na obrigatoriedade do recurso a processos de conciliação e arbitragem ([2]) em qualquer diferendo laboral colectivo.

578. É óbvia a conexão existente entre o dever de paz social e a amplitude do direito de greve. O reconhecimento daquele dever implica, em certa medida ou âmbito, a ilicitude do exercício da greve. E a admissibilidade da estipulação do mesmo dever, com maior ou menor amplitude, pode implicar a *renúncia* (ainda que parcial) *do direito de greve.*

Ora o art.º 530.º/3 CT dispõe que «o direito à greve é irrenunciável» – e, com base nesse preceito, que já vem do direito antigo, tem-se entendido inviável a consagração convencional do dever de paz social, com qualquer amplitude ([3]).

Está, pois, assente a irrenunciabilidade do direito de greve enquanto inadmissibilidade da exclusão desse elemento da capacidade jurídica dos trabalhadores. E só isso basta para que se deva ter por excluída do nosso ordenamento a hipótese de um dever *absoluto* de paz social, mesmo que fundado em estipulação expressa.

([1]) Cfr. HUECK-NIPPERDEY 318.

([2]) É o caso famoso da metalurgia e da relojoaria suíças, desde 1937; cfr. SCHREGLE, *Les relations profissionelles en Europe occidentale: Questions d'actualité* in «Rev. Int. Trav.» jan. 1974, 13.

([3]) Cfr. GOMES CANOTILHO e VITAL MOREIRA, *Constituição da República Portuguesa Anotada* cit., 160.

Mas há-de pensar-se necessariamente do mesmo modo no que respeita ao *exercício* desse direito, em quaisquer circunstâncias?

Convém assinalar que, nas situações normais (ou seja, relativamente a trabalhadores sindicalizados), «o recurso à greve é decidido pelas associações sindicais» (art.º 531.º/1). O exercício do direito é, nesses casos, legalmente condicionado pela intervenção do sindicato. Se este é, simultaneamente, a (única) entidade legitimada para a outorga de convenções aplicáveis aos seus filiados e, na qualidade de contraente, fica adstrito à obrigação de influência ou execução leal do convencionado, parece difícil afastar a ideia de que *sobre ele* recai igualmente um dever *relativo* de paz, mero corolário dos princípios *pacta sunt servanda* e da boa-fé na execução dos contratos.

A questão podia, com alguma segurança, encarar-se deste modo no quadro da lei anterior à codificação, porque (e só porque) existiam disposições legais limitativas da possibilidade de alteração das convenções colectivas: o preceito definidor de um período mínimo de vigência dos acordos (que se encontrava na LRCT) constituia, como se notou, obstáculo imperativo à *modificação ante tempus* da matéria acordada. A lei anterior ao CT traduzia assim uma definida concepção do papel do contrato colectivo como *instrumento estabilizador* do conflito de interesses através de uma fórmula de equilíbrio temporariamente inalterável, afastando a relevância – mantida nalguns sectores da doutrina italiana (1) – da cláusula *rebus sic stantibus*, da pressuposição, etc., nos casos de modificação significativa das circunstâncias perante as quais foi negociada e outorgada a convenção (p.ex., súbita elevação do custo de vida, saneamento financeiro da empresa, brusco afluxo de encomendas), para o efeito de se considerar legitimada a revisão prematura do acordo.

Sendo, nesses termos, admitida a existência de um dever implícito de paz, é preciso ter presente que ele decorria de uma imposição *legal* e não de uma construção dedutiva a partir do conteúdo das convenções. Desse modo, o reconhecimento de tal dever não contendia com a irrenunciabilidade do direito de

(1) Vd., para exposição e crítica geral, GHEZZI 96 ss..

greve ([1]), mas, porventura, com a limitação constitucional ao campo de intervenção da lei ordinária na disciplina do exercício daquele direito. Ora o art.º 57.º/2 CRP já vedava à lei ordinária a limitação do «âmbito dos interesses a defender através da greve» – âmbito que só aos trabalhadores incumbe definir. E uma das várias projecções da norma constitucional consiste, decerto, na ruptura do nexo lógico-funcional entre contratação colectiva e exercício da greve; ruptura que implica, nomeadamente, a possibilidade de reacendimento do conflito na vigência da convenção que pretendeu por-lhe termo, isto é, a admissibilidade do exercício da greve por motivos relacionados com a fórmula de equilíbrio de interesses que se plasma na mesma convenção. O que estava impedido (pela lei ordinária) era, pois, somente, a revisão formal da convenção *ante tempus*. Mas daí só decorria que não podia resultar da renovação do conflito *uma convenção colectiva segundo o modelo legalmente fixado*; o que é, apesar de tudo, diferente da genérica afirmação da inadmissibilidade do exercício da greve, como algo de semelhante a uma «suspensão» do correspondente direito.

Por conseguinte, mesmo em face do condicionamento da revisão das convenções, que a lei antiga impunha, podia discutir-se, à luz da CRP e do regime jurídico da greve, a existência de um dever implícito de paz relativo com suporte nessa mesma injunção legal.

579. O CT de 2009 veio, no entanto, modificar consideravelmente os dados do problema.

Logo na versão de 2003, ele não incorporou a antiga regra estabilizadora segundo a qual a revisão das convenções só pode ser iniciada (através da denúncia) após um certo período de vigência. A prioridade do legislador passou a ser, aparentemente, a de conferir o máximo de adequabilidade aos regimes convencionais, através de uma dinâmica renovadora que a lei procura promover. A própria fixação de um período *mínimo* de vigência (que era de um ano) desapareceu do Código com a revisão de 2009. Deixa, assim, de ter validade o argumento segundo o qual a concepção legal da convenção colectiva envolve um elemento de *conservação*

([1]) Sublinhe-se que a irrenunciabilidade não está explicitada no art. 57.º CRP; era e é uma afirmação da lei ordinária.

ou permanência dos regimes convencionados. Por outro lado, o art. 542.º/2 consagra a relevância da alteração das "circunstâncias em que as partes fundamentaram a decisão de contratar". O regime convencionado em certo momento é, pois, colocado sob a condição *rebus sic stantibus*.

Perante o novo quadro normativo, parece resultar (no mínimo) consideravelmente fragilizado o entendimento de que o regime legal traz implícito um dever de paz relativo.

Essa constatação é, de resto, reforçada pelo disposto no art. 542.º/1 CT. Aí se admite que uma convenção colectiva limite "o recurso a greve por parte de associação sindical celebrante, durante a vigência daquela, com a finalidade de modificar o seu conteúdo"(¹). Limitações essas que, todavia, não impedirão a declaração de greve com fundamento em alteração anormal de circunstâncias ou no incumprimento da convenção (art. 542.º/2).

São, pois, admissíveis *cláusulas de paz social relativa*, cuja previsão só faz sentido se da concepção do legislador acerca da função da contratação colectiva *não* constar o reconhecimento de um dever *implícito* de paz. Existe, assim, inteira coerência, no CT, entre o regime da denúncia das convenções e a possibilidade de estipulação deste tipo de cláusulas.

Voltando ao ponto de partida, há que reconhecer que tais cláusulas nem sequer colidem com o princípio legal da *irrenunciabilidade* do direito de greve. A questão nelas envolvida é, meramente, a da possibilidade de *auto-limitação da faculdade de decidir o exercício* desse direito, isto é, a da sua *concreta aplicação* à promoção de certos fins (logo, ainda, a da «definição do âmbito de interesses a defender»...). Por outro lado, uma estipulação desse tipo assume o sentido fundamental da atribuição *voluntária* e *explícita* de um papel *estabilizador* ao regime acordado, no tocante à matéria conflitual que nele se contempla. Nenhum destes significados põe em causa a subsistência do direito de greve na titularidade dos trabalhadores

(¹) Esta formulação, introduzida pela revisão de 2009, parece menos correcta do que a constante do Código de 2003, onde se falava de "limitações à *declaração* de greve por parte dos sindicatos outorgantes".

abrangidos. De resto – mantendo a perfeita coerência interna deste regime do CT –, o art. 542.°/3 exonera os trabalhadores de responsabilidade individual pela adesão a uma greve declarada com inobservância do compromisso de paz.

D) *Outras cláusulas obrigacionais.*

580. Para além dos pontos referidos, o conteúdo das convenções colectivas pode englobar outras obrigações assumidas directamente pelos outorgantes enquanto tais.

Exemplo frisante é o das cláusulas que instituem mecanismos *autónomos* para a interpretação dos preceitos convencionados: as *comissões paritárias* (art. 493.° CT) ([1]).

Tais cláusulas não prejudicam a possibilidade de a interpretação das convenções respectivas ser intentada pelos tribunais, a propósito das questões individuais que lhes sejam submetidas. Os indivíduos representados pelas entidades outorgantes de uma convenção não ficam, por virtude da existência de comissão paritária, impedidos de provocar o acerto judicial de uma interpretação que sirva os seus interesses concretos, nem obrigados a veicular a sua visão interpretativa por intermédio das organizações representativas com assento na mesma comissão. O que ocorre é que, tendo sido acordada e formada a comissão, tanto o sindicato como a associação de empregadores ou o empregador isolado se vinculam a gerir de certa forma os conflitos interpretativos que entre eles surjam – isto é, a accionarem a comissão paritária em vez de procurarem o confronto directo ([2]).

Outro exemplo diz respeito ao *sistema de cobrança de quotas sindicais*. O art.° 458.°, retomando, no essencial, o regime anteriormente vigente ([3]), estabelece um sistema-padrão de cobrança e

([1]) De resto, as partes podem convencionar outros dispositivos e procedimentos para a "administração" da convenção, nomeadamente no que toca à prevenção e resolução de conflitos aplicativos (art. 492.°/2-*a*)).

([2]) Deve, contudo, assinalar-se que são ainda relativamente poucas as convenções de que consta a instituição de comissões paritárias – e, sobretudo, é bem escasso o número de comissões em efectivo funcionamento.

([3]) Estabelecido pela L. 81/2001, de 28/7.

entrega das quotas sindicais assente na retenção do seu valor na fonte (isto é, dedução no salário) e entrega directa ao sindicato pelo empregador. Este sistema carece, porém, de *activação* – seja através de disposição de um instrumento de regulamentação colectiva, acrescida de autorização do trabalhador, seja mediante pedido expresso deste ao empregador ([1]). É evidente que o primeiro desses meios de activação do sistema pode ser uma cláusula da convenção colectiva aplicável, com efeitos obrigacionais entre sindicato e empregador, independentemente do facto de ser ainda necessária a autorização individual do trabalhador ([2]).

([1]) Verificou-se nesta matéria uma curiosa evolução legislativa. Um dos aspectos característicos do regime sindical corporativo consistia na possibilidade de, por despacho ministerial, ser tornado obrigatório o pagamento de quotizações para um sindicato por todos os membros da categoria representada (os sindicatos corporativos representavam categorias e não só trabalhadores inscritos), *estivessem ou não filiados nele*. Pouco antes de 25 de Abril de 1974, porém, foi adoptada uma medida legislativa destinada a restringir a obrigatoriedade da quotização aos casos em que «as circunstâncias o aconselharem», sendo os respectivos despachos sujeitos a prazo de vigência, renovável ou não, foi o DL 30/74, de 1-2. Alguns meses depois, o sistema anterior (ou seja: a quotização obrigatória, mesmo para não sindicalizados, como aspecto geral do regime sindical) era surpreendentemente retomado em toda a pureza: o art.° 1.° DL 329/74, de 10-6, revogou o DL 30/74, «mantendo-se em vigor toda a legislação anterior sobre a matéria, bem como os despachos de quotização obrigatória actualmente existentes». Só a LS (em 1975) foi revogada a legislação «que vincula os trabalhadores não sindicalizados ao pagamento obrigatório de quotas» (art.° 53.°). No entanto, para os *sindicalizados,* o n.° 1 do art.° 21.° tornava ainda independente da vontade de cada trabalhador o sistema de cobrança da quotização, definindo como regra o da retenção na fonte («salvo se as associações sindicais deliberarem diversamente»). Mais tarde, o DL 841-B/76, de 7-12, para além de reafirmar o afastamento da obrigatoriedade de quotização dos não inscritos, operou uma viragem radical quanto ao sistema de cobrança: esta última passava a competir às associações sindicais, ficando assim arredada a retenção na fonte. Depois, a questão foi ainda regulada pela L 57/77, e, por fim, pela L. 81/2001, em termos que vieram a ser absorvidos pelo CT. Assinale-se que a atitude tutelar assumida pela lei no concernente às quotizações sindicais foi frequentemente apresentada como um dos suportes da sindicalização ainda existente entre nós.

([2]) A circunstância de se tratar, manifestamente, de cláusula obrigacional leva a considerar que só será concebível no conteúdo de uma convenção colectiva

2. *Efeitos normativos.*

A) *A eficácia normativa como característica dominante das convenções.*

581. O que diferencia a convenção colectiva de outros contratos é a sua eficácia *normativa*: a quase-totalidade do clausulado aparece, não como um conjunto de compromissos entre os outorgantes (à imagem dos contratos em geral), mas como um complexo de autênticas *normas jurídicas* endereçadas aos trabalhadores e aos empregadores que cabem no âmbito representativo dos mesmos outorgantes. Tais normas definem um «modelo» para as relações individuais de trabalho que se desenvolvam nesse âmbito – são pois normas reguladoras dos contratos de trabalho (cfr. art.º 1.º CT).

Quem percorre o texto de uma convenção colectiva depara com uma *regulamentação* mais ou menos detalhada de todos os pontos característicos do conteúdo das relações laborais individuais, desde as condições de admissão e promoção, passando pela disciplina da duração de trabalho e dos períodos de repouso e culminando no montante dos salários, quase sempre em último lugar. Essa regulamentação manifestou, ao longo dos anos, uma tendência expansiva: foi-se alargando o elenco das matérias tratadas na mesa de negociações, entre as quais se encontram algumas pertencentes ao domínio tradicional do poder regulamentar do empregador (p.ex. prestações sociais, critérios de promoção, regime disciplinar). Outras surgiram em consequência do acréscimo de complexidade da organização do trabalho e dos processos de laboração, e sobretudo da evolução das concepções sobre a responsabilidade social da empresa. É vulgar que as convenções contenham mais de uma centena de cláusulas; mas tem que notar-se o facto de muitas delas, na linha de uma tradição proveniente do período corporativo, se limitarem a reproduzir o teor de disposições legais, visando com isso facilitar o seu conhecimento pelos interessados directos. De qualquer modo, o conteúdo privativo das convenções é predominante.

---

e não – ao contrário do que o art. 458.º sugere – de um qualquer instrumento de regulamentação colectiva, mesmo não negocial.

B) *O mecanismo do efeito normativo: incorporação e controlo externo.*

582. A eficácia normativa das convenções colectivas de trabalho (nas relações entre estas e os contratos individuais) pode, em tese geral, produzir-se de duas maneiras:

a) uma, que poderemos designar por *recepção automática* ou *incorporação*, consiste na substituição, de pleno direito, das estipulações individuais pelas normas jurídico-colectivas que aquelas contrariam;

b) outra, a do *controlo externo* (1), que, mais de acordo com o direito comum dos contratos, postula a invalidade das estipulações individuais desconformes com as regras colectivas mas não a penetração directa e automática destas no conteúdo dos contratos.

Poderia entender-se que a opção legislativa por uma destas modalidades se relaciona necessariamente com a concepção predominante acerca da natureza jurídica da convenção colectiva. A ideia de «incorporação», *prima facie*, harmonizar-se-ia melhor com a prevalência do carácter *contratual* das convenções, evocando os dispositivos da representação civil: a penetração das cláusulas colectivas nos contratos individuais resultaria simplesmente da celebração, por entidades habilitadas com poderes de representação de cada um dos trabalhadores e empregadores, de um negócio directamente *modificativo* do conteúdo desses contratos. Por isso se encontraria consagrado o dispositivo da recepção automática nos sistemas em que o âmbito de aplicação das convenções colectivas é limitado aos *membros* das associações outorgantes.

Paralelamente, a fórmula do «controlo externo» estaria relacionada, de modo muito íntimo, com a visão *regulamentar* das convenções colectivas. A forma de actuação sobre os contratos individuais de trabalho seria idêntica à da lei civil sobre os contratos em geral: condicionamento da validade das estipulações, mas não, em princípio, substituição destas (em caso de contradição) pelos comandos normativos violados.

(1) Menezes Cordeiro, no *Manual*, cit., 309, usa o rótulo de «eficácia invalidante».

De modo algum se pode, porém, aceitar o esquematismo dessas pretensas conexões.

Quanto à primeira, basta notar duas coisas: a convenção colectiva não se aplica apenas aos inscritos nas associações celebrantes (os únicos que poderiam considerar-se *representados* no acto da outorga); aplica-se também aos que venham a filiar-se nelas durante a vigência da convenção. Mais: abrange aqueles que, não sendo já membros da associação no momento da outorga, todavia o eram no início do processo negocial (art.° 496.°); e ainda, no caso de cessão total ou parcial da empresa cujo anterior titular fosse membro da associação patronal celebrante, o empregador cessionário mesmo que não inscrito nessa associação (art.° 498.°).

A primeira constatação é pois a de que a convenção colectiva não tem, na verdade, limitada a sua eficácia ao vínculo dos «representados» no momento da outorga. A segunda é a de que o dispositivo de incorporação não pode considerar-se privativo dos sistemas em que a aplicação das convenções é restrita aos membros (actuais ou futuros) das associações celebrantes. Com efeito, esse dispositivo actuava no âmbito do regime legal corporativo, que espraiava a eficácia das convenções a toda a área das «categorias» representadas pelos sindicatos e grémios subscritores – categorias essas que, naturalmente, englobavam inscritos e não inscritos.

A opção entre os dois mecanismos apontados não releva da concepção adoptada no que se refere à natureza jurídica das convenções colectivas, mas antes da posição básica do legislador quanto à consideração da negociação colectiva como *instrumento de progresso social*.

Esse papel é reforçado no sistema da incorporação: as regras estabelecidas por negociação colectiva não se limitam a enquadrar os contratos individuais, e a impedir que se apliquem condições individualmente estipuladas em desconformidade com elas. É algo mais do que isso: as regras colectivamente fixadas *penetram* nos contratos individuais, como que se "transformam em estipulações individuais", de modo a tornarem-se imediatamente eficazes nas relações entre empregador e trabalhador. Assim, a convenção colectiva «impõe-se às partes do contrato de trabalho com mais força do que uma lei, pois, quando um contrato derroga uma lei, ele é nulo ao menos na disposição derrogatória e, por vezes, na sua totalidade, mas nunca se sustentou que fosse então rectificado automaticamente pela lei» (1).

C) *A solução do ordenamento português* (2).

583. O art. 121.º/2 CT dispõe o seguinte: "A cláusula de contrato de trabalho que viole norma imperativa considera-se substituída por esta" (3).

Por outro lado, o art. 503.º/3 CT admite a «redução» de «direitos decorrentes de convenção», por força de outra «de cujo texto conste, em termos expressos, *o seu carácter globalmente mais favorável*»; e o n.º 4 do mesmo artigo dispõe que «a nova convenção

---

(1) DESPAX 343-4, citando ROUAST, *Rapport au II.º Congès International de Droit du Travail* (Genève, 1975) 19.

(2) Sobre o tema, vd. MENEZES CORDEIRO, *Manual*, cit., 309 ss..

(3) O art.º 14.º/2 LCT, antecessor da norma transcrita, tinha redacção diferente: «As cláusulas do contrato de trabalho *que importarem para o trabalhador regime menos favorável* do que o estabelecido em preceitos imperativos consideram-se substituídos por estes». A lei referia-se à situação *típica* de oposição entre contrato e normas convencionais ou legais (oposição que só existe quando estas sejam imperativas): a de o contrato conter condições *menos favoráveis para o trabalhador*. Perguntava-se, então: e se as condições estabelecidas pelo contrato de trabalho fossem, pelo contrário, *mais favoráveis* do que as constantes de cláusulas correspondentes da convenção colectiva? Do carácter *normativo* do conteúdo das convenções colectivas, decorreria que, na hipótese de se tratar de disposições convencionais *imperativas* (como sucede na esmagadora maioria dos casos), a solução não podia ser senão a da prevalência dessas disposições. Como se explicaria, então, que o art.º 14.º/2 LCT apenas referisse a recepção automática aos casos em que a cláusula da convenção contivesse tratamento mais favorável? Há uma razão evidente: a recepção de cláusulas menos favoráveis no contrato de trabalho implicaria a redução ou eliminação de direitos. Na visão da LCT, a recepção automática (nos contratos de trabalho em vigor, portanto) apenas podia verificar-se no sentido da melhoria de condições de trabalho ou do acréscimo de direitos. Ora, como de seguida se assinala no texto, o certo é que, com o art. 15.º/1 LRCT, e hoje com o art. 503.º/4 CT, passou a existir disposição legal expressa a admitir o *prejuízo de direitos adquiridos* por efeito de cláusulas convencionais colectivas.

prejudica os direitos decorrentes de convenção precedente», excepto se forem naquela expressamente ressalvados [1].

A arquitectura desse artigo merece ser observada. Ele contém um conjunto alargado de normas que podem traduzir-se deste modo: a convenção nova revoga, *enquanto norma*, a convenção antiga; mas a convenção nova só *penetra* nos contratos de trabalho integrados pela convenção antiga, dando novo conteúdo às cláusulas destes contratos a que ambas dizem respeito, em duas hipóteses – a de a convenção nova *acrescer* direitos dos trabalhadores (criar novos direitos ou alargar os direitos já introduzidos pela antiga); e a de a convenção nova, *reduzindo* ou *eliminando* direitos, se declarar, no entanto, "globalmente mais favorável".

As normas contidas no art. 503.º significam que um direito conferido por uma convenção e, como tal «recebido» nos contratos de trabalho que ela abranja, passando assim à titularidade de *cada* trabalhador sujeito de um desses contratos, pode ser *retirado* do conteúdo dos mesmos contratos e da aludida titularidade, pela *recepção* ou *incorporação* de uma cláusula revogatória constante da convenção que lhe suceda ou que opere a sua revisão. Ou seja: consagração do mecanismo da incorporação também para cláusulas convencionais colectivas de conteúdo *menos favorável* do que o dos contratos individuais.

Nesses casos, o que se verifica é uma *sucessão de regimes convencionais imperativos*, que (declaradamente) se traduz por uma *melhoria global* de condições de trabalho.

Não há-de pois, a nosso ver, tomar-se a aludida solução como um princípio válido para qualquer situação de confronto entre um contrato de trabalho vigente e uma nova convenção colectiva introdutória de *singulares* condições menos favoráveis do que as correspondentes naquele contrato. O confronto deve, em primeira linha, estabelecer-se entre *convenções colectivas* que se sucedem e tomando cada uma *na globalidade* (conglobação). Desse confronto

---

[1] Estes preceitos reproduzem, praticamente, os que constavam da lei anterior ao Código (art. 15.º LRCT).

há-de emergir a resposta à questão de saber se a cláusula *X* da 2.ª convenção, embora menos vantajosa do que a correspondente da 1.ª convenção, prevalece sobre esta. Num segundo momento é que se opera a recepção da cláusula prevalecente no conteúdo dos contratos de trabalho, substituindo (através da redução ou eliminação de um «direito adquirido») ou confirmando o que dele conste sobre o mesmo ponto. *Ora esta consequência não pode isolar-se do fenómeno da sucessão de regimes colectivos* (1).

Por outras palavras: o mecanismo da recepção automática *não funciona quando uma disposição convencional colectiva se defronta com uma cláusula do contrato individual*, fruto da vontade dos outorgantes deste, mais favorável do que aquela. O art.° 503.°/3 não deve ser tomado como afloramento de um princípio geral – só podem estar nele em jogo os «direitos» cujo suporte seja um instrumento regulamentação colectiva. É o que, explicitamente, se estabelece no n.° 4 do mesmo artigo: são prejudicados somente os "direitos decorrentes de convenção anterior" (2).

Em tese, GIUGNI explica esta divergência de tratamentos de modo particularmente penetrante: «com efeito, não se pode entender que as normas da convenção colectiva, penetrando no contrato individual, geram um *direito adquirido* à conservação do tratamento por parte dos indivíduos mesmo no confronto com a autonomia colectiva. Conformando a regulamentação contratual da relação de trabalho individual, a convenção colectiva não perde a sua natureza heterónoma perante o contrato individual. Em outros termos, a cláusula do contrato do contrato individual conformada segundo a norma colectiva segue naturalmente a sorte desta última, ficando permanentemente exposta ao efeito integrativo da parte dela: é por isso inevitável que uma modificação surgida na esfera

(1) O tema da sucessão de convenções será analisado mais adiante.

(2) Assinale-se que o CT evitou usar aqui a expressão "direitos adquiridos", certamente por esses direitos estarem expostos a eliminação na sucessão de convenções. Por outro lado, a lógica da origem convencional-colectiva tais direitos é mantida na previsão de "ressalva expressa" pelas partes na convenção nova.

da autonomia colectiva se reflicta nos conteúdos do contrato individual anteriormente disciplinados por ela» (1).

584. Assim, *a incorporação das convenções colectivas nos contratos individuais nem é plena nem é definitiva.*

Não é plena porque não pode ocorrer quando cláusulas da convenção sejam menos favoráveis do que disposições originárias dos contratos individuais – mas sim, apenas, quando essas normas colectivas se destinem a substituir outras normas colectivas.

Não é definitiva porque, como se acaba de ver, a absorção das disposições colectivas nos contratos individuais dura apenas, em princípio, pelo período de vigência das convenções que as estabelecem; as convenções subsequentes (desde que, como é sabido, se declarem globalmente mais favoráveis) virão substituir esse «conteúdo colectivo» dos contratos de trabalho, com disposições que tanto podem ser mais favoráveis como menos vantajosas para os trabalhadores.

Dir-se-á pois, em suma, que o nosso sistema acolhe um mecanismo, de *incorporação provisória*, como de resto ocorre, por exemplo, no ordenamento jurídico francês (2).

No entanto, esse dispositivo não assume, entre nós, a plenitude dos seus corolários naturais. O primeiro consistiria no sancionamento das violações da convenção colectiva exclusivamente pelos meios próprios da responsabilidade contratual (ao violar-se a convenção, é o contrato individual «receptor» que não está a ser cumprido): o art.° 521.° CT (3) trata essas violações no quadro da responsabilidade contra-ordenacional, associando-lhe o ressarcimento dos prejuízos individualmente sofridos pelos trabalhadores lesados (4). Depois, a «provisoriedade» da recepção não se mede

(1) GIUGNI, 173-174.

(2) DESPAX 78 ss..

(3) Como já ocorria com o art. 44.° LRCT, na redacção introduzida pela L. 118/99, de 11/8.

(4) De resto, esta responsabilidade decorreria já do princípio expresso no art. 520.°/3.

exactamente pelo prazo de vigência da convenção colectiva: resulta do art.° 501.° que, mesmo depois de esgotado esse prazo, a convenção se manterá em vigor, mediante renovações sucessivas, até que haja denúncia; e, após esta, prosseguirá em aplicação por um período que não será, em regra, inferior a dois anos e meio.

§ 82. O âmbito pessoal da convenção colectiva.

1. *O princípio da dupla filiação e as suas consequências.*

585. Do art.° 496.° CT resulta que as normas constantes de uma convenção colectiva se aplicam aos contratos de trabalho que existam ou, durante a sua vigência, venham a existir entre trabalhadores e empregadores *representados* no processo negocial que lhe deu origem (isto é, que sejam *membros* das associações subscritoras), ou, quanto aos empregadores, que tenham outorgado directamente a mesma convenção.

A nossa lei adopta pois, como directriz fundamental para a determinação da eficácia das convenções colectivas, o *princípio da dupla filiação*. Este princípio, na sua pureza, implicaria que, em cada momento, um trabalhador e um empregador ligados por contrato de trabalho só tivessem que atender ao regime convencional subscrito pelo sindicato e pela associação de empregadores de que cada um deles, nesse mesmo momento, fosse membro.

A adopção do princípio da dupla filiação não é, ao contrário do que por vezes se supõe, um corolário forçoso da liberdade sindical. A circunstância de a lei conferir ao sindicato o monopólio da negociação colectiva não implica, necessariamente, que as convenções só abranjam os respectivos membros (assim como os empregadores inscritos nas associações subscritoras). Para só citar um exemplo entre muitos, o *Estatuto de los Trabajadores* espanhol (arts. 82 e 83) dispõe que as convenções obrigam *todos* os trabalhadores e empregadores no âmbito de aplicação acordado (independentemente de filiação), o que, podendo suscitar questões complexas de concorrência, não levanta nenhuma dificuldade no que respeita à liberdade sindical. Entre nós, o art. 56.º/4 CRP encarrega o legislador ordinário de regular a *eficácia* das disposições convencionais, podendo fazê-lo segundo variados critérios. A opção que, neste plano, foi feita e permanece – a dupla filiação como critério delimitador da aplicabilidade directa das convenções – é apenas uma de entre as possíveis.

Correspondendo, porventura, do modo mais cabal ao sentido do fenómeno associativo e à salvaguarda das liberdades individuais, o princípio da filiação determina, porém, no que toca à eficácia normativa das convenções, consequências disfuncionais.

Essas consequências dizem respeito, por um lado, à hipótese de flutuação da filiação associativa (com prejuizo da estabilidade e da segurança dos regimes jurídicos aplicáveis) e à necessidade de aplicação de um regime convencional único no âmbito de cada organização de trabalho. Esta última questão deriva não só do facto de a maioria dos trabalhadores e das empresas não ter filiação associativa, mas também da circunstância de existirem sindicatos que, em paralelo, representam as mesmas categorias, dispondo de legitimidade idêntica para a negociação colectiva respeitante a uma mesma empresa ou a um certo sector de actividade.

Estes problemas não são ignorados pelo legislador, embora as soluções encontradas nem sempre permitam debelar as dificuldades inevitáveis que derivam do princípio da filiação.

2. *As flutuações da filiação.*

586. A *inscrição* no sindicato subscritor é o pressuposto necessário para que um trabalhador fique *originariamente* coberto pelo regime da convenção (1).

---

(1) A aplicação da convenção para além do círculo de pessoas cobertas pela filiação pode resultar de decisão da entidade empregadora, inspirada na vantagem da uniformidade de regimes laborais no âmbito da empresa. Essa decisão constituirá uma forma de auto-vinculação, plasmada na prática subsequente. Mas, de acordo com a jurisprudência dominante, o mesmo efeito pode produzir-se,

Mas as hipóteses de flutuação da filiação e de desconexão da convenção relativamente às coordenadas associativas originárias servem de fundamento a soluções específicas que traduzem desvios ao estado de pureza do princípio da filiação.

O art. 496.º CT oferece resposta ao problema que poderia suscitar-se com a perda daquela qualidade *no decurso do processo negocial*, prevenindo assim a hipótese de um empregador ou um trabalhador pretenderem furtar-se, com tal manobra, à aplicação do regime convencional a estabelecer; mas a norma é aplicável também à hipótese de desfiliação após a conclusão do processo negocial. «O momento de conexão» entre o conteúdo da convenção e o corpo dos inscritos nas associações subscritoras é o do *início* do processo negocial, quer dizer, o da apresentação da proposta. Resulta, assim, em larga medida, inoperante a manipulação da filiação associativa durante ou após o processo negocial.

O n.º 4 do mesmo artigo esclarece a duração dessa vinculação (de desfiliados durante as negociações, ou mesmo já na vigência da convenção): o regime convencional aplica-se a esses trabalhadores e empregadores até ao seu termo de vigência ou, no mínimo, por um ano.

3. *A transmissão da empresa ou estabelecimento.*

587. Por fim, o art. 498.º reporta-se ao fenómeno de transferência da exploração de um estabelecimento ou empresa – «transmissão, por qualquer título, da titularidade de empresa, ou estabe-

---

também, no tocante às remunerações, por aplicação do princípio constitucional de que «para trabalho igual salário igual». Cfr., nomeadamente, o Ac. STJ 26/5/88, BTE 2.ª série, 4-5-6/90, 396. Esta orientação jurisprudencial é criticável, por tornar irrelevante, sob o ponto de vista salarial, a filiação sindical, isto é, o exercício da liberdade (positiva e negativa) de inscrição num sindicato. Mas sempre se dirá que o princípio da equidade salarial é uma directriz constitucional, ao passo que o da filiação constitui uma determinação, porventura contingente, do legislador ordinário.

lecimento, ou ainda de parte de empresa ou estabelecimento que constitua uma unidade económica», diz o n.º 1 desse artigo –, e visa acautelar que a mudança de empregador não ocasione a alteração do regime das relações individuais de trabalho (por o adquirente não estar filiado em qualquer associação de empregadores nem ser parte em nenhuma convenção).

O princípio subjacente à solução contida no art.º 498.º já decorreria do regime legal da transmissão de empresa ou estabelecimento. O art.º 285.º/1 dispõe, como se viu, que se transmite «para o adquirente a posição jurídica de empregador nos contratos de trabalho dos respectivos trabalhadores» – e o art.º 498.º não faz mais do que explicitar o corolário natural da articulação do citado princípio com o da recepção automática das convenções colectivas nos contratos de trabalho.

Para além disso, procura garantir uma certa *estabilidade* do regime convencional que, assim, se aplica a uma entidade empregadora não originariamente abrangida ([1]). Esse regime vincula este empregador por um período mínimo de doze meses, o que pode significar que seja *ultrapassado o seu prazo de vigência acordado.*

588. Mas o art. 498.º/1, na parte final, ressalva a hipótese de a convenção em causa ter sido *substituída* por outra. Estão aqui em jogo duas hipóteses distintas.

Uma é a de *sucessão*, propriamente dita, de uma nova convenção, resultante da revisão da que vinculava o «transmitente», antes de se esgotar o prazo de doze meses. Tratar-se-á, então, de evitar que perdure, por mera aplicação da norma em causa, uma regulamentação colectiva que deixou de se aplicar no seu mesmo âmbito originário. Esta hipótese verificar-se-á somente quando a convenção «substitutiva» entrar em vigor entre o fim do prazo de vigência da anterior e o esgotamento do prazo de doze meses. O adquirente deixa de dever observância à convenção que vinculava

([1]) A solução tem a sua origem numa alteração da LRCT, efectuada pelo DL 209/92, de 2 de Outubro.

o transmitente, pelo simples facto de que ela deixou de vigorar. E, como parece claro, o mesmo adquirente não fica abrangido pela convenção substitutiva. Abre-se-lhe um vazio convencional-colectivo, com consequências semelhantes às da hipótese de caducidade de uma convenção colectiva, que analisaremos adiante.

A segunda hipótese é a de *substituição* de convenções sem conexão temporal entre si. Ela constitui um dos corolários possíveis dos processos de privatização de empresas do sector público – para além de se apresentar como consequência dos fenómenos recentes de reorganização empresarial no sector privado. A modificação da titularidade da empresa pode traduzir-se, ou ser seguida, pelo desmembramento e pela reestruturação do respectivo complexo de negócios e de estabelecimentos. Tal processo pode evoluir no sentido da criação de sociedades autónomas, tendo por objecto a exploração de negócios individualizados e homogéneos que antes faziam parte de um complexo empresarial mais ou menos unitário.

Aí, de novo, se produzirão fenómenos de transmissão da titularidade ou de transferência da exploração de estabelecimentos – ou seja, cair-se-á no âmbito da previsão do art.° 498.°. Pode ser que uma das novas sociedades celebre com os sindicatos uma convenção colectiva privativa, destinada a *substituir*, quanto a essa sociedade, a convenção que ela (nos termos do mesmo art. 498.°) "herdara" por ser, anteriormente, aplicável no conjunto do complexo empresarial originário. Não se trata, verdadeiramente, de sucessão, até porque a convenção «substituída» quanto a uma parte do seu âmbito de aplicação poderá manter-se em vigor no espaço restante. Mas do art.° 498.° resulta que a nova convenção se aplicará, *de imediato*, ou seja, independentemente do ponto em que se encontre a vigência da anterior ou de qualquer prazo mínimo, à sociedade outorgante e aos seus trabalhadores.

4. *Para lá da dupla filiação: a extensão e a adesão; a adesão ("escolha") individual por não sindicalizados.*

589. Tanto a equidade social como a racionalidade económico-organizacional impõem que, dentro de um conjunto homogéneo de relações de trabalho – como o que se determina pelos limites da empresa ou do sector de actividade –, sejam aplicáveis os mesmos padrões normativos.

Como se notou, o princípio da filiação, nos seus estritos termos, conduz a que, dentro de uma mesma organização de trabalho, possam ser aplicáveis, a trabalhadores com as mesmas funções, regimes diferentes, por haver duas convenções colectivas subscritas por mais de um sindicato com a mesma parte patronal. Por outro lado, os trabalhadores e as empresas que não têm filiação associativa estariam fora do alcance da regulamentação colectiva que deve ser observada, dentro do mesmo sector, por empregadores e trabalhadores associados.

Em muitos casos, a racionalidade da gestão leva a que os próprios empregadores procurem generalizar ao conjunto do pessoal das suas empresas um só regime convencional, ainda que assumindo com isso custos adicionais. Contudo, essa uniformização por decisão gestionária levanta também dificuldades: o empregador pode estender benefícios, mas não pode, unilateralmente, impor desvantagens – que, por outro lado, teriam, no equilíbrio interno da convenção negociada, uma relação estreita com aqueles benefícios.

Para além da iniciativa do empregador, existem dois dispositivos legais destinados a estender adequadamente o âmbito de aplicação das convenções: um processo administrativo de *extensão* e um processo negocial de *adesão*.

590. A *extensão* [1] é regulada pelos arts. 514.° a 516.° CT. Opera-se por portaria do Ministro do Trabalho e (no caso previsto no art. 516.°/1) também do Ministro de tutela.

---

[1] Veja-se, sobre o tema, A. NUNES DE CARVALHO, *Regulamentação do trabalho por portarias de extensão*, RDES 4, 1988, 437 ss..

A chamada "portaria de extensão" pode ampliar o âmbito originário da convenção (ou, também, da decisão arbitral) a todo o sector de actividade ou a trabalhadores de profissão definida naquela, desde que não se produza sobreposição com outra convenção colectiva vigente (art. 515.º).

Em conformidade com longa tradição legislativa, o Código de 2003 (art. 575.º) era bem mais específico acerca dos pressupostos da extensão. Em princípio, o alargamento do âmbito a empregadores do mesmo sector e a trabalhadores da mesma profissão ou profissão análoga só podia dar-se desde que exercessem a sua actividade no âmbito *territorial*, sectorial e profissional ([1]) da convenção ou decisão arbitral; fora dessa área geográfica, era pressuposto da extensão a *inexistência de associações sindicais ou de empregadores*, ou seja, a falta de interlocutores para a negociação colectiva, verificando-se "identidade ou semelhança económica e social" ([2]). Além disso, a codificação de 2003 continha, no art. 3.º, uma regra geral de que derivava a inadmissibilidade da extensão no caso de já existir (isto é, vigorar) convenção colectiva ou decisão de arbitragem voluntária no âmbito que se tratava de cobrir – disposição agora explicitamente consagrada no art. 515.º. Aquela regra não se aplicava, no entanto, à decisão de arbitragem obrigatória.

Na prática, a extensão é frequentemente determinada logo que entra em vigor uma convenção, tendo em vista a cobertura de trabalhadores não sindicalizados ou membros de sindicatos minoritários que a não subscreveram.

O processo de extensão ([3]) inicia-se com a publicação de um projecto de portaria no *Boletim do Trabalho e Emprego* (art. 516.º), do qual constem o âmbito (sectores económicos, profissões) e a área a cobrir. Abre-se com essa publicação um prazo de quinze dias,

---

([1]) Trata-se, tipicamente, de garantir a cobertura de trabalhadores não sindicalizados e empregadores não associados.

([2]) De qualquer modo, é líquido que a convenção objecto de extensão só produz efeitos em relação aos trabalhadores abrangidos pela portaria, a partir da entrada em vigor deste: Ac. Rel. Lisboa 31/7/85, CJ 85, 4, 203.

([3]) Note-se, ainda, a aplicabilidade subsidiária do Código do Procedimento Administrativo (art. 516.º/4).

durante o qual podem os interessados deduzir oposição fundamentada. Conforme os casos, estes «interessados» serão, em regra, associações sindicais não outorgantes da convenção extensível ou empregadores não filiados nas associações de empregadores subscritoras, quer com fundamento no propósito de encetarem um processo negocial autónomo, quer, simplesmente, por entenderem inadequado o regime convencional cuja extensão se projecta. De qualquer modo, a lei, numa postura de grande cautela, reconhece legitimidade para a oposição a "qualquer pessoa singular ou colectiva que possa ser, ainda que indirectamente, afectada pela extensão".

De qualquer modo, os pressupostos da extensão tornam evidente que se trata de um processo estritamente supletivo ou residual perante a negociação colectiva, não podendo sobrepor-se-lhe quando esta exista ou seja viável.

591. A *adesão* consiste num acordo superveniente entre uma das partes da convenção e um sindicato, uma associação de empregadores ou um empregador isolado, que nela não outorgou e deseja ser por ela abrangido (art. 504.º).

Como o próprio nome indica, a adesão implica a aceitação integral do conteúdo da convenção – dela "não pode resultar modificação do conteúdo da convenção ou da decisão arbitral", diz o nº 3 daquele artigo – e não pressupõe, portanto, verdadeiras negociações de fundo.

São pressupostos gerais da adesão:

a) a capacidade negocial colectiva da entidade proponente: deve mostrar-se observado o disposto nos arts. 2.º/3 e 491.º/2;

b) a vigência efectiva da convenção a que se refere: é necessário que esteja depositada, publicada e na pendência do prazo de vigência.

O acordo de adesão está sujeito a depósito e publicação, nos mesmos termos das convenções colectivas (art. 504.º/4). A vinculação da entidade aderente à convenção em causa só se opera depois da publicação do acordo de adesão, mas o prazo de vigência da mesma convenção permanece inalterado. A referida entidade fica legitimada a participar no processo negocial de revisão que se venha a abrir, independentemente das regras legais que fixam os prazos mínimos de vigência das convenções.

592. Embora tenham em comum o efeito de alargamento do âmbito de um instrumento de regulamentação colectiva pré-existente, a extensão e a adesão diferem, claramente, quanto à natureza e ao fundamento.

A extensão é o efeito de um *acto administrativo*, cuja índole se não modifica pelo facto de ser precedido de consulta aos interessados. A oposição eventualmente deduzida por estes não constitui impedimento à emissão da portaria (apenas implicará, em certos casos, que este seja também subscrito pelo Ministro de tutela: art.° 516.°/1).

O fundamento da extensão localiza-se na necessidade social ([1]) de suprir a inevitável insuficiência do sistema de contratação colectiva, já que este se baseia na exclusiva legitimidade de certos sujeitos e no princípio da filiação. Actuando como meio de aproveitamento de conteúdos contratados, a portaria de extensão é, assim, um instrumento correctivo relativamente aos princípios estruturantes do sistema. Não se trata, pois, de uma "norma em branco", dotada de vigência própria, cujo conteúdo seja preenchido pelo de uma convenção colectiva ou decisão arbitral, mas, estritamente, de um meio de modificação das condições de aplicação dessa convenção ou decisão, o que, desde logo, implica que são os termos de vigência deste último instrumento que determinam o ciclo de eficácia da portaria.

A adesão, por seu turno, é o efeito típico de um *acordo* que coloca a entidade aderente em posição igual à dos outorgantes originários da convenção colectiva a que se refere. Esse efeito insere-se na linha de desenvolvimento dos princípios básicos da contratação colectiva: só se consideram legitimadas para a adesão

([1]) O art. 514.° inclui entre os pressupostos da extensão a existência de "circunstâncias sociais e económicas que a justifiquem".

entidades que podem ser partes numa convenção colectiva, e os efeitos prático-normativos do acto produzem-se pela via do princípio da filiação.

Desde logo, isto significa que uma convenção colectiva pode ver o seu âmbito de aplicação alargado, cumulativamente, por extensão e por adesão.

592-a. Com a revisão de 2009, surgiu, no art. 497.°, uma nova possibilidade de superação das consequências naturais do princípio da dupla filiação. Ela consiste na *adesão individual* dos trabalhadores não sindicalizados a uma convenção colectiva vigente na empresa em que exercem a sua actividade.

Na aparência, a hipótese refere-se apenas aos casos em que existem, para uma mesma organização de trabalho, vários regimes convencionais paralelos, isto é, aplicáveis aos mesmos grupos profissionais. Mas não. O n.° 1 do artigo citado reporta-se à existência (isto é, aplicabilidade), numa empresa, de "*uma* ou mais convenções colectivas ou decisões arbitrais", conferindo aos trabalhadores não sindicalizados a faculdade de *escolha* do regime colectivo que a cada um deles deverá ser aplicado. Esta escolha redunda na adesão do trabalhador a um regime laboral pré-definido por convenção colectiva ou decisão arbitral que não lhe é directamente aplicável.

Na verdade, a ideia pouco tem de novo. O art. 15.° L. 99/2003 (que, recorde-se, aprovou o CT na sua versão originária) consagrava já um direito de escolha da convenção aplicável, mas com pressupostos e consequências diferentes. O que estava aí em causa era um mecanismo de transição de convenções anteriores ao Código para convenções mais modernas. A celebração, posterior ao Código, de uma convenção aplicável numa empresa em que vigorasse convenção antiga daria lugar à faculdade de escolha entre uma e outra por parte de trabalhadores não abrangidos pela primeira, isto é, não filiados no sindicato que a outorgou – fossem eles não sindicalizados, ou filiados noutro sindicato. Por outras palavras: uma convenção nova, subscrita pelo sindicato A, poderia ser preferida à convenção antiga, celebrada pelo sindicato B, por escolha dos trabalhadores não filiados no sindicato A. O art. 497.° da nova codificação converte esse dispositivo transitório numa regra geral, em todo o caso aplicável apenas a trabalhadores *não sindicalizados*.

De resto, há também faculdade de escolha da convenção aplicável na hipótese, que versaremos a seguir, de *concorrência* entre convenções.

À regra do art. 497.°, liga-se uma outra, claramente inovatória: a que admite a possibilidade de a convenção "escolhida" estabelecer uma espécie de *taxa de adesão* a pagar pelo trabalhador optante aos sindicatos celebrantes, "a título de comparticipação nos encargos da negociação" (art. 492.°/4). A lei não esclarece se este "montante" deve ser pago de uma só vez ou se destina a ser dividido pelos meses que, por exemplo, medeiam entre a data da escolha e o termo da vigência da convenção. Esta última hipótese parece a mais plausível, mas acentua a semelhança entre a taxa de adesão e a quotização sindical, suscitando o risco de inconstitucionalidade, face ao teor do art. art. 55.°/2-*b*) CRP. Cremos, todavia, que a semelhança não se confunde com identidade. A razão de ser da taxa de adesão é clara e concreta. Não se trata de participar nos custos do funcionamento do sindicato, numa perspectiva de solidariedade de classe ou de grupo profissional – trata-se de pagar um «preço» por um benefício que o trabalhador não sindicalizado não teria, de acordo com as regras normais, o direito de exigir. Questão diferente é a de saber se o novo dispositivo legal é de molde a favorecer ou a desfavorecer a sindicalização.

5. *A concorrência de convenções* (1).

593. Pode ainda dar-se o caso de uma mesma relação de trabalho se encontrar no âmbito de aplicação de duas convenções colectivas diferentes, porventura com regimes conflituantes entre si.

---

(1) O problema da concorrência é tratado no CT tanto em relação às convenções colectivas (ou, melhor, aos instrumentos de regulamentação colectiva "negociais") como tendo em vista os instrumentos de origem administrativa. A eventualidade de concorrência neste último caso não é de excluir. Mas as soluções do art. 483.° seriam atingíveis por aplicação de outras regras respeitantes à preferência legal por alguns instrumentos sobre outros. E deixam em

Na prática, tal situação ocorrerá somente nas empresas que se dediquem a mais de uma actividade económica.

Se a firma A fabrica móveis e simultaneamente os vende em estabelecimento próprio, sendo por isso filiada em duas associações patronais (uma de industriais e outra de comerciantes), pode ser que o trabalhador B, empregado de escritório, ao serviço da firma e filiado no respectivo sindicato, se veja confrontado com uma convenção celebrada por este com a associação de industriais e outra com a de comerciantes.

Qualquer das convenções em presença pode aspirar, legitimamente, à regulação desse contrato de trabalho. Nenhuma delas pode ser excluída *a priori*. Mesmo depois de resolvida a concorrência, ambas continuarão a vigorar, nos respectivos âmbitos. Mas, para o caso concreto do contrato de trabalho em que o empregador está simultaneamente no raio de acção de duas convenções com conteúdos divergentes, parece necessário realizar (para além do que se obtém através do critério geral da filiação) uma operação complementar de determinação do regime convencional aplicável.

Tal é o problema da concorrência de convenções.

594. O primeiro aspecto desse problema consiste em se saber *se é ou não necessário* eleger uma das convenções concorrentes como único estatuto das relações de trabalho em causa – ou se, pelo contrário, poderá admitir-se a aplicação de ambas, segundo um adequado arranjo das suas cláusulas (por exemplo, o que resultaria do aproveitamento, em cada convenção, dos pontos em que ela é mais favorável ao trabalhador do que a outra). Conforme a resposta, estar-se-á, respectivamente, a aplicar o critério da *conglobação* ou o critério do *cúmulo*.

Quanto a este aspecto, é largamente dominante, de *iure constituendo*, a tese da conglobação, a única conforme ao princípio da

---

aberto a possibilidade de concorrência entre regulamentos de condições mínimas que, embora pouco provável, pode ocorrer. De qualquer modo, trata-se no texto somente da concorrência que deriva do factor intra-sistemático que é o princípio da filiação, e, portanto, da que pode surgir entre convenções colectivas de trabalho.

"unidade da convenção" a que se refere a doutrina germânica (1). Na verdade, «uma convenção colectiva é um acordo global sobre condições de trabalho que traduz um equilíbrio temporário entre o que se dá e o que se pede» (2). Construir uma combinação de elementos colhidos nas duas convenções equivaleria a abstrair de que cada um deles se explica pelo contexto em que está integrado e só foi objecto de acordo nesse mesmo contexto, tendo com os restantes aspectos dele um nexo de recíproca condicionalidade.

As soluções oferecidas pela nossa lei, no art. 482.º, assentam no acolhimento do princípio da conglobação.

595. Mas, se é preciso eleger uma das convenções concorrentes, para só essa se aplicar às relações de trabalho em questão, que critério há-de presidir a tal escolha?

São, a este respeito, bastante divergentes as soluções propostas. Uma delas consiste em se preferir a convenção aplicável à actividade predominante da empresa (3); outra, em se destacar a que se mostra mais favorável aos trabalhadores abrangidos pela concorrência.

A lei anterior à codificação acolhia, claramente, esta última orientação (4), pressupondo a necessidade de se designar uma só das convenções concorrentes, e atribuindo aos sindicatos um papel de relevo nessa designação A alínea *b*) do n.º 2 do art.º 14.º LRCT dispunha: «prevalecerá o instrumento que for considerado no seu conjunto mais favorável pelo sindicato representativo do maior número dos trabalhadores em relação aos quais se verifica a concorrência desses instrumentos».

---

(1) Cfr. HUECK/NIPPERDEY, *Compendio* 368. Não assim, porém na doutrina e na jurisprudência francesas: cfr. DESPAX 305.

(2) CAUPERS/MAGALHÃES 61.

(3) Era a orientação da nossa jurisprudência até 1974 e é ainda a directriz preferida na doutrina alemã cfr. HUECK-NIPPERDEY 368.

(4) Salvo no que toca ao caso de confronto que envolva um acordo colectivo ou um acordo de empresa – em que este prevalecerá em homenagem à ideia de preferência do regime especial sobre o geral (art. 482.º/1-*a*)).

Tratava-se, pois, de uma opção entregue a um dos sindicatos outorgantes das convenções concorrentes, faculdade que devia ser exercida em certas condições de tempo e de forma e cujo não exercício era suprível, quer pela expressão directa da vontade da maioria dos trabalhadores atingidos, quer, em último recurso, pela prevalência da convenção mais recente.

O regime contido no art. 482.° CT só difere do antecedente pelo facto de excluir a intervenção sindical na determinação da convenção prevalecente.

Com efeito, o primeiro critério utilizável é o da preferência pela especialidade sobre a generalidade: o acordo de empresa prevalece sempre, o acordo colectivo sobrepõe-se ao contrato colectivo. Trata-se, porém, de um critério supletivo: o n.° 5 do artigo citado admite que ele seja afastado por um qualquer regime de articulação convencionalmente estabelecido entre as várias modalidades de convenção colectiva.

Num segundo plano, surge o mecanismo de escolha entre convenções com o mesmo nível de generalidade. Esse critério é ainda, certamente, o da maior vantagem para os trabalhadores; todavia, a escolha é feita, não pelo sindicato, mas pela maioria dos trabalhadores em relação aos quais se verifique a concorrência. O modo por que essa preferência maioritária pode ser encontrada não é definido pelo CT; o art. 482.°/2 limita-se a fixar um prazo (30 dias) para que ela seja comunicada ao empregador e ao Ministério do Trabalho. Se o não for, entrará em jogo o critério de recurso que a lei anterior também já adoptava: aplica-se a convenção mais recente. E, se mesmo este falhar (por ter havido simultaneidade da publicação), lançar-se-á mão do critério da actividade predominante.

Anote-se, por outro lado, que a escolha feita pela maioria dos trabalhadores é irrevogável enquanto vigorar a convenção eleita (n.° 4), solução dirigida à salvaguarda da certeza do direito, mas relacionada também, por certo, com o fenómeno da «modelação interna» do conteúdo das relações de trabalho pela convenção aplicável, tal como resulta do mecanismo de recepção automática a que oportunamente se aludiu. Por isso, cremos que a regra se aplica a qualquer das restantes formas de determinação da convenção aplicável.

A lei regula ainda outras hipóteses de concorrência: a que pode ocorrer entre instrumentos de regulamentação colectiva não negociais – que são, recorde-se, a portaria de extensão, a portaria de condições de trabalho e a decisão de arbitragem não voluntária – (art. 483.º) e a que surge entre instrumentos negociais e não negociais (art. 484.º).

Quanto à primeira, há que salientar duas notas: a prevalência conferida à decisão arbitral sobre os instrumentos de origem administrativa, e a prevalência da portaria de extensão sobre a portaria de condições de trabalho, que reflecte a natureza de "norma em branco" que pertence à primeira, na sua ligação a uma convenção colectiva – ou seja, ainda, no seu papel de expressão de uma regulamentação colectivamente autónoma.

Quanto à segunda modalidade, ela vem evidenciar que existe, na "categoria" dos IRCT, uma *hierarquia*: as convenções colectivas prevalecem sobre ("afastam a aplicação" de) os instrumentos não negociais.

§ 83. O âmbito territorial da convenção colectiva.

596. A definição da área geográfica em que se aplica uma convenção colectiva é um dos elementos do seu «conteúdo obrigatório», nos termos do art.º 492.º. Essa área pode, com efeito, ser a de todo o território nacional, a de uma província ou distrito, ou, simplesmente, a de uma empresa.

Em princípio, a área de aplicação das convenções não constitui uma referência autónoma: ela será a correspondente à zona de intersecção dos âmbitos geográficos cobertos pelas entidades outorgantes ([1]).

([1]) A definição do âmbito geográfico é também um dos pontos do conteúdo obrigatório dos estatutos das associações sindicais e das associações de empregadores (art.º 450.º).

Se uma federação nacional de sindicatos subscreve um contrato colectivo com uma associação distrital de comerciantes, o âmbito territorial desse contrato, será, *em princípio*, o do distrito em causa.

Pode, todavia, não ser esse o objectivo das partes – pode, por exemplo, dar-se o caso de se querer cobrir apenas as empresas comerciais da cidade capital do distrito –, e daí que a definição expressa desse ponto seja exigida para rigoroso apuramento da identidade da convenção.

597. Como se assinalou já, o âmbito territorial da convenção pode ser também alargado, depois da sua entrada em vigor, mediante *extensão*.

Uma das hipóteses para as quais o Código de 2003 previa a faculdade de emissão de regulamentos de extensão era a de se pretender cobrir empregadores e trabalhadores do mesmo «âmbito sectorial e profissional», mas de *área diversa* da da convenção, pelo facto de não existirem organizações representativas daqueles. Tudo quanto, adicionalmente, se exigia era a «identidade ou semelhança económica e social» entre a área originariamente visada pela convenção e a da extensão.

O regime da extensão é, no Código de 2009, manifestamente mais liberal do que a tradição legislativa correspondente. Mas o critério de adequação económica e social mantém-se: o âmbito territorial de uma convenção só pode ser objecto de alargamento administrativo "mediante ponderação de circunstâncias sociais e económicas", entre as quais avulta a aludida "identidade ou semelhança económica e social" (art. 514.º/2).

O mesmo efeito se pode obter por *adesão*, nos termos atrás apontados. Tudo está em que a entidade destinatária da proposta de adesão (e, obviamente, subscritora da convenção a que se pretende aderir) inclua no seu próprio âmbito territorial de representação (constante dos respectivos estatutos) a área ou zona relativamente à qual a adesão produzirá efeitos.

§ 84. O âmbito temporal da convenção colectiva.

1. *Vigência e sobrevigência. A produção de efeitos da convenção.*

A) *A vigência da convenção e o regime da sobrevigência.*

598. Os efeitos de uma convenção colectiva produzem-se durante um certo período que a lei, tendo em atenção a natureza *normativa* do essencial desses efeitos, designa como *prazo de vigência.* Ele é, normalmente, fixado pela vontade das partes; mas o CT oferece uma regra supletiva: no caso de a convenção ser omissa sobre o ponto, considera-se que vigora por um ano (art. 499.º).

O Código de 2003 formulava, a este respeito, uma estranha solução: como resultava do seu art.º 543.º/*f*), a indicação do prazo de vigência constituía um dos elementos do conteúdo *obrigatório* do negócio colectivo – *se existisse.* Ou seja: as partes não tinham que o estabelecer, mas, se o acordassem, teriam que o fazer figurar na convenção. Tratava-se pois de um elemento facultativo do conteúdo obrigatório da convenção...

A *vigência* de uma convenção inicia-se (o que equivale a dizer que ela «entra em vigor») somente *após a publicação,* «nos termos da lei», como dispõe, para o conjunto dos instrumentos de regulamentação colectiva, o art. 519.º/1.

Dado que a data da publicação é, em geral, incerta para as partes – dependendo, além do mais, da maior ou menor prontidão do depósito, que é um processo administrativo conduzido pelo Ministério do Trabalho –, o momento da entrada em vigor está subtraído à disponibilidade dos outorgantes (1).

Por outro lado, a própria determinação da data da publicação suscitou algumas dúvidas, em consequência do desfasamento entre o momento em que cada número do *Boletim do Trabalho e Emprego* é efectivamente distribuído (posto à disposição dos interessados) e a

(1) No domínio da lei anterior, e apesar de a LRCT determinar que a publicação se fizesse «nos quinze dias seguintes ao depósito», verificavam-se correntemente intervalos maiores.

data que nele figura. Desde 1978, está pacificamente estabelecida a orientação segundo a qual deve considerar-se que a data da publicação é *a data da distribuição* ([1]).

Se o início da vigência pode, certa medida, ser incerto, a lei preocupa-se com a *certeza* do momento em que as convenções *cessam* a sua vigência. O Ministério do Trabalho, quer nocaso de revogação, quer no de caducidade, está incumbido de publicar, no *Boletim do Trabalho e Emprego*, "avisos" de que constem as respectivas datas (art. 502.º/4).

599. A concepção mais tradicional da contratação colectiva ligava-lhe uma ideia de forçosa continuidade: sem prejuízo das alterações mais ou menos frequentes que a evolução das circunstâncias impusesse, e independentemente do período de vigência estabelecido, a regulamentação convencional não deveria poder sofrer descontinuidades. Desde que houvesse uma convenção para certo âmbito, ela só cessaria os seus efeitos se e quando surgisse convenção *substitutiva*. Esse resultado era garantido, na lei anterior ao Código, por uma norma expressa e inequívoca: a do art. 11.º/2 da antiga LRCT ([2]). Daí, em suma, uma *sobrevigência* ou *ultra-actividade* potencialmente ilimitada.

O CT segue orientação radicalmente diversa ([3]): é preciso dar prioridade à renovação periódica dos regimes convencionais, atribuindo-lhes vigência limitada, ainda que à custa de alguma eventual descontinuidade (por não surgir, no tempo considerado conveniente, convenção substitutiva).

([1]) Vd. BTE n.º 3, 1.ª série, de 22-1-78, 266.

([2]) Era a seguinte a redacção do preceito: "A convenção colectiva e a decisão arbitral mantêm-se em vigor até serem substituídas por outro instrumento de regulamentação colectiva".

([3]) Tão diversa que, na revisão de 2009, foi introduzida uma regra (art.º 10.º L. 7/2009) destinada a neutralizar, nas convenções anteriores ao Código, as cláusulas que reproduziam o regime da LRCT, e que eram invocadas, na vigência do CT de 2003, para garantir a sobrevigência ilimitada dessas convenções.

Assim, a convenção colectiva vigora pelo prazo nela acordado, cu pelo de um ano, como determina o art. 499.º/1. O n.º 2 do mesmo artigo esclarece também que, esgotado o prazo de vigência, há lugar a renovações sucessivas, que, no caso de o período respectivo não estar acordado, serão por prazos de um ano (1). O princípio da continuidade está expresso neste regime. Ele implica que a vigência de uma convenção nunca cessa por mero efeito do esgotamento de um prazo, seja ele o estipulado pelas partes, ou o fixado supletivamente pela lei, ou, ainda, o resultante da renovação de qualquer deles. A cessação de uma convenção colectiva só pode ser causada por manifestações de vontade: ou de ambas as partes, e ter-se-á a *revogação* (certamente ligada à entrada em vigor de uma convenção nova e, por conseguinte, coberta pelo regime da *sucessão* de convenções, a que aludiremos adiante); ou de um só dos contraentes, e tratar-se-á do mecanismo da *caducidade*.

Esta mecanismo é, com efeito, posto em marcha pela *denúncia* da convenção, a qual, nos termos do art. 500.º, pode ser efectuada por qualquer dos outorgantes e a todo o tempo.

Como se notou atrás, a revisão de 2009 eliminou a condição de que a declaração de denúncia fosse pronunciada com certa antecedência (três meses) relativamente ao termo do prazo de vigência (inicial ou decorrente de renovação) que estivesse em curso (2).

Essa denúncia põe, como se disse, em movimento um mecanismo destinado a garantir um de dois resultados: a substituição da convenção por outra, ou a sua cessação pura e simples. O CT

(1) O sistema de renovações sucessivas das convenções colectivas, que permite recolocar, de tempos a tempos, a questão da sua cessação, constitui inovação do CT. Como se notou, a LRCT limitava-se a determinar a prorrogação indefinida da vigência da convenção até surgir outra que a substituisse. Estava, pois, excluído qualquer sistema de renovação automática como aquele que o CT agora define.

(2) Note-se, pois, que a convenção pode ser denunciada imediatamente depois da publicação e entrada em vigor, embora o produto da negociação subsequente só possa entrar em vigor no termo da vigência da convenção objecto de denúncia. Nos termos da LRCT, a denúncia só podia, em regra, ser feita dez meses depois da entrega para depósito da convenção.

estabelece, pois, ao contrário da lei anterior, um sistema de *sobrevigência ou ultra-actividade limitada*. O sistema pressupõe, no entanto, como se disse, um comportamento activo de um dos outorgantes: a denúncia da convenção, a qual implica (isto é, só se considera atendível com) apresentação de uma proposta negocial. Isto significa que uma convenção continua a poder ter sobrevigência indeterminada, desde que nenhum dos outorgantes tome a inicativa de a denunciar.

600. A denúncia determina, por si só, que a vigência da convenção seja prolongada, *ope legis*, pelo tempo que dure o processo negocial assim encetado, ou, no mínimo (ainda que não ocorram negociações), por 18 meses (art. 501.º/3). Dado que a lei se refere a um "regime de sobrevigência", parece dever entender-se que este prazo se conta a partir do termo do período de vigência que esteja em curso, e não do momento da denúncia.

No seu decurso, podem ocorrer três hipóteses:

a) desenvolvem-se negociações que terminam em acordo, o que permite a substituição da convenção denunciada;

b) desenvolvem-se negociações, ou está em curso conciliação, mediação ou arbitragem ([1]), que determinam automaticamente sobrevigência;

c) não chegou a haver negociações, ou abortaram, não estando sequer, no termo do período da renovação, a proceder-se a conciliação, mediação ou arbitragem – e, como se assinalou, prepara-se a cessação da vigência da convenção sem substituição, que ocorre (por caducidade) no termo de novo prazo de 60 dias.

Neste último caso, ela terá tido uma vigência adicional (relativamente à que estava definida no momento da denúncia) de *vinte meses*. Esta é a "sobrevigência mínima" que o CT oferece às

---

([1]) Esta hipótese não era contemplada explicitamente no art. 557.º do Código de 2003, mas resultava já então da estrutura geral do processo conducente à caducidade.

convenções ([1]), contanto que, entre a denúncia e o termo do período de vigência em curso, não tenha sido possível (como, em regra, não será) concluir acordo substitutivo.

No segundo caso, a negociação directa, complementada ou não por conciliação, mediação ou arbitragem, pode resultar em convenção substitutiva quando esses procedimentos terminarem – para o que a lei não estabelece qualquer limite temporal.

No Código de 2003, havia parâmetros temporais mais estritos para o mecanismo da (possível) caducidade (vd. art. 557.º). A denúncia determinava a renovação por um ano, e por ainda outro se houvesse negociação. Para além disso, a sobrevigência podia ainda alongar-se. Se, havendo negociação, se atingisse o termo do segundo ano de renovação (após a denúncia), não existindo ainda convenção substitutiva, mas estando em curso um processo de conciliação, mediação ou arbitragem, a vigência da convenção era prorrogada (sempre *ope legis*): no caso de conciliação ou mediação, por seis meses; no caso de arbitragem, até à entrada em vigor da respectiva decisão.

Atingido o limite temporal (isto é, esgotado o prazo de 60 dias contado a partir da comunicação de inexistência ou frustração das negociações), a convenção denunciada *cessa a sua vigência*, mesmo que não tenha sido possível atingir convenção substitutiva. Ela terá tido uma sobrevigência mínima de vinte meses, e, no caso de recurso a conciliação, mediação ou arbitragem, uma sobrevigência indeterminável *a priori*.

B) *A produção de efeitos no tempo.*

601. Se é certo que a data da entrada em vigor ou do início da vigência de uma convenção só em pequena medida depende da vontade das partes, é verdade também que estas podem determinar com rigor o momento ou os momentos a que devem reportar-se

---

([1]) Este mecanismo era também aplicável às convenções que vigoravam à data da entrada em vigor do CT de 2003, isto é, em 1 de Dezembro de 2003. O art. 13.º L. 99/2003 admitia, quanto a elas, a denúncia com efeitos imediatos, desde que tivessem vigorado, pelo menos, um ano. Essa disposição foi revogada pela L. 7/2009.

os respectivos *efeitos jurídicos*. É realmente possível que a eficácia de determinadas cláusulas de uma convenção seja localizada num momento anterior ou posterior ao da entrada em vigor (embora, de todo o modo, essa eficácia só possa concretizar-se quando e desde que *a vigência* da convenção se inicie).

É, em suma, necessário distinguir, no processo de produção de efeitos de uma convenção (ou de outra fonte de direito) dois momentos com características próprias.

Um desses momentos é aquele em que as normas em causa ganham força vinculante, projectando os seus efeitos para certas situações concretas a regular; ele não pode ser senão *coincidente ou posterior ao da publicação* (as normas não podem impor-se aos indivíduos enquanto estes não puderem reconhecê-las), tudo dependendo, quanto a isso, da existência ou inexistência de *vaccatio*. Designemos esse momento, como de resto o fazem a lei e as convenções colectivas, muito frequentemente, pelas expressões «entrada em vigor» ou «início do período de vigência».

O outro momento do processo de produção de efeitos é justamente *aquele a que esses efeitos se reportam*, ou seja, o instante ou a data a partir da qual se procede, na aplicação das normas, ao seu confronto com as situações concretas da espécie visada ou em que as relações jurídicas (se for esse o alvo dos preceitos) vêem modificado o seu conteúdo pelas mesmas normas. Esse momento é, como se sabe, normalmente também posterior ao da publicação e coincidente com o da «entrada em vigor» no sentido acima indicado. Pode também ser posterior em relação ao próprio início de vigência – quando sejam atribuídos às normas *efeitos diferidos*. Mas pode ser *anterior*, o que significa que a «entrada em vigor» determina a projecção de efeitos não só para o futuro, mas também para o passado – e estaremos então perante o fenómeno da *retroactividade*. Poderá designar-se esse segundo (embora, porventura, cronologicamente primeiro) momento como o do «reporte de efeitos» ou «da eficácia» das mesmas normas (ou cláusulas).

Uma convenção foi publicada em 1 de Fevereiro de 2008; mas dela constava uma cláusula pela qual a tabela de salários «produz efeitos» desde 1 de Dezembro de 2007. Muito embora a tabela e a cláusula de retroactividade tivessem sido acordadas antes, os trabalhadores abrangidos só poderiam exigir os novos salários depois de 1 de Fevereiro (porventura em 28 desse mês); mas teriam o direito de receber, nessa altura, as diferenças entre as antigas retribuições e as fixadas pela nova convenção, relativamente aos meses de Dezembro e Janeiro.

A mesma convenção continha uma segunda tabela de salários para produzir efeitos a partir de 1 de Agosto de 2009. Os trabalhadores só podem exigir as remunerações constantes dessa tabela *diferida* a partir da data acordada.

Há, pois, que distinguir entre *período de vigência* e *período de eficácia* das convenções colectivas de trabalho. O período de vigência pertence ao domínio da lei e da vontade das partes, o período de eficácia é modelado pela vontade dos outorgantes. No entanto, o período de eficácia é objecto de atenção do legislador, no que respeita à retroactividade das disposições convencionais.

2. *Retroactividade e efeitos diferidos.*

602. Ao contrário do que acontece com a generalidade das normas legais, a retroactividade é frequente quanto às disposições convencionais que têm por objecto elementos económicos do conteúdo das relações de trabalho.

Uma convenção colectiva, particularmente naquilo que assume expressão económica imediata, surge como uma forma estática de equilíbrio de interesses; através dela, cristaliza-se em certos valores o nível da contrapartida económica do trabalho no respectivo âmbito de aplicação – e dizemos «cristaliza-se» porque tais valores se destinam a permanecer juridicamente vinculantes durante um período maior ou menor.

Com o carácter estático da solução convencionada contrasta a dinâmica do custo de vida; e os trabalhadores estão, pelo mecanismo da sucessão de convenções (ainda que não ocorram soluções de continuidade, como as que podem resultar da limitação de sobrevigência), sujeitos a um constante desfasamento entre cada estatuto salarial obtido por negociação e as condições de subsistência com as quais aquele estatuto se relaciona intimamente. Os salários sobem por degraus, o custo de vida eleva-se de modo contínuo. A própria duração do processo de negociação importa custos, maiores ou menores, para os trabalhadores envolvidos.

A atribuição de efeitos retroactivos às cláusulas da convenção colectiva assume, sobretudo, o sentido de uma tendencial recuperação do desgaste sofrido pelos salários reais por efeito do (ineluтável) não acompanhamento da subida do custo de vida pelos níveis de retribuição precedentes, quer ao longo do período da convenção antecessora, quer no decurso do próprio processo de negociação. A retroactividade surge, pois, de algum modo, como um sucedâneo (aliás meramente aproximativo) da indexação dos salários pelo custo de vida.

Suponha-se que, no início de certo ano (ano I), é fixada por tabela convencional a remuneração de 1000 euros para uma dada categoria.

Essa tabela destina-se a vigorar até ao termo do ano II – momento em que o valor nominal se manterá em 1000 euros. Mas o custo de vida subiu 4% no ano I e 4% no ano II. Quando cessar a vigência da tabela o trabalhador pertencente à categoria em causa verá já reduzido o seu poder de compra em um pouco mais que 8%. Se se iniciar então um processo de revisão da tabela, com a duração de três meses, e admitindo que se mantenha a taxa anual de inflação de 4%, a desvalorização do salário atingirá 9,24%. E isto, note-se, de modo progressivo e com reflexos em cada mês. Se a nova tabela corresponder a esse aumento de custo de vida, a categoria em causa passará a ter o salário de 1092,4 euros – a partir do momento em que entrar em vigor a convenção em que a mesma tabela se integra. Ou seja: ficará, nesse momento, reposto o poder de compra que o trabalhador obtivera no ano I; mas a verdade é que as perdas sucessivas e crescentes por ele sofridas anteriormente não terão cobertura (1) – e, a partir daquele momento, novo processo de erosão se inicia com idênticas consequências.

---

(1) Estas perdas de poder de compra que se verificam mês após mês, se não dia após dia, podem ser avultadíssimas, em períodos de elevada inflação, como ocorreu em Portugal na década de oitenta do século passado.

A atribuição de efeitos retroactivos, particularmente às cláusulas salariais, obedece assim ao propósito de minorar as perdas acumuladas no passado, através do recuo do momento a que a nova retribuição passe a reportar-se.

Como pode utilizar-se (embora seja muito menos corrente) o expediente do escalonamento de salários para futuro – ou da fixação de acréscimos salariais *diferidos* –, com o objectivo de colmatar a brecha que, em seguida à entrada em vigor da convenção, começará de novo a abrir-se entre o poder de compra representado pela retribuição nela fixada e o custo de vida. Dir-se-á então: para a categoria A, o salário será de 1000 no 1.º semestre, de 1010 no 2.º e de 1020 no 3.º da vigência da convenção.

603. Qual a posição da lei perante estes meios de salvaguarda (relativa) do salário real?

Quanto à *retroactividade*, o CT de 2009 admite-a relativamente às cláusulas "de natureza pecuniária" de qualquer tipo de instrumento de regulamentação colectiva de trabalho.

O CT de 2003 só aceitava essa possibilidade quanto às convenções colectivas e às decisões de arbitragem voluntária (art. 533.º/ /1-*c*)), ou seja, impedia os regulamentos de condições mínimas e as decisões de arbitragem obrigatória de fazerem antecipar os seus efeitos salariais em relação ao momento da entrada em vigor. A restrição não parecia explicável pela natureza dos instrumentos, a não ser na perspectiva dos compromissos políticos que serviram de suporte àquela codificação.

A admissão da retroactividade no que diz respeito à matéria remuneratória é incondicionada: a lei não coloca aí limites de nenhuma espécie ([1]). Mas está excluída relativamente a todo o

---

([1]) Na lei anterior à codificação, o regime era bem mais restritivo: admitia-se a atribuição de eficácia retroactiva às convenções, mas apenas o bastante para cobrir as perdas resultantes *do processo de negociação*: o recuo máximo dessa eficácia era definido pela «data em que se tenha esgotado o prazo de resposta à proposta» (art.º 17.º/1 LRCT) ou, tratando-se de revisão de convenção anterior, pelo «termo do prazo de doze meses após a data da sua entrega para depósito» (art.º 13.º LRCT).

restante conteúdo das convenções. Não é, por exemplo, admissível em relação a novos regimes de carreiras profissionais.

No tocante a *efeitos diferidos*, não existe no CT qualquer referência limitativa ou impeditiva. Prevalece a liberdade de estipulação como regra contida na autonomia colectiva. É, pois, em princípio, admissível conferir esse tipo de eficácia a qualquer conteúdo convencional. O diferimento de efeitos pode, aliás, revestir-se de utilidade quando se mostre possível consensualizar o alargamento da vigência de uma convenção, por exemplo até três ou quatro anos, com vantagens de estabilidade e previsibilidade.

604. Pode suscitar-se o problema de saber se as cláusulas retroactivas das convenções colectivas de trabalho se aplicam somente aos contratos individuais existentes no momento da sua publicação ou, também, aos que vigoraram entre a data a que se reportam os efeitos dessas cláusulas e a da publicação ou entrada em vigor.

Está aí em causa o fenómeno do *contacto* de um facto jurídico ou de uma relação jurídica com duas leis (ou dois contratos colectivos) sucessivas que regulam em termos diferentes a espécie a que ela pertence. E quando se diz *contacto* poderá dizer-se coexistência. Ora uma lei (ou um contrato colectivo) só existe a partir do momento da sua publicação – logo, só *nesse momento*, em referência às *relações jurídicas* igualmente nele *existentes*, poderá dizer-se que há o *contacto* que porventura induz o problema da aplicação no tempo. Daí, que, ainda dentro do mesmo raciocínio, o momento da produção das normas seja o decisivo para recortar o respectivo campo de aplicação: só as relações jurídicas, do tipo visado, que persistam nesse momento poderão ser reguladas, *ainda que relativamente a efeitos passados*, pela norma nova.

É o que resulta do disposto no art.º 12.º/2 CCiv, cuja 2.ª parte estabelece: «quando (a lei) dispuser directamente sobre o conteúdo de certas relações jurídicas, abstraindo dos factos que lhes deram origem, entender-se-á que a lei abrange as próprias relações já constituídas, que subsistem à data da sua entrada em vigor».

A *subsistência actual* das relações jurídicas (no momento da entrada em vigor ou em qualquer ponto do período de vigência das normas de cuja aplicação se trata) constitui, assim, a condição mínima para que tais relações entrem no potencial domínio de aplicação das normas (1).

§ 85. A sucessão de convenções colectivas.

605. As convenções colectivas são, não apenas sob o ponto de vista sociológico, mas também na sua configuração legal, negócios *modificáveis*: a sua alterabilidade é um traço de carácter, não uma simples contingência.

Encaradas como plataformas de equilíbrio transitórias – seja pela volubilidade das conjunturas económicas e sociais, seja pela mobilidade das concepções dominantes acerca dos valores e exigências ligados à condição humana do trabalho –, as convenções colectivas são acordos a termo *estabilizador*, isto é, destinados a vigorar por um certo tempo (limitado), que ou é acordado pelos outorgantes ou resulta da lei, no mínimo de um ano. São, por outro lado, como se viu, acordos susceptíveis de *renovação automática* (art. 501.º). São, enfim, acordos cuja vigência pode ser atalhada por via de *denúncia* de qualquer dos outorgantes, embora mediante um processo mais ou menos demorado.

Assim, o art.º 499.º/1 CT estabelece: «A convenção colectiva vigora pelo prazo ou prazos que dela constarem e renova-se nos termos nela previstos». E as normas que imediatamente se seguem a esse artigo definem o trajecto que, lançado com a denúncia por qualquer das partes e suportado por renovações sucessivas da convenção, conduz à sua substituição por outra ou à cessação pura e simples da sua vigência, ficando o respectivo âmbito sem cobertura convencional colectiva.

De qualquer modo, esse regime assenta numa concepção legal de normalidade quanto à dinâmica da contratação: de harmonia

(1) Em anteriores edições deste livro, sustentámos opinião oposta à que se enuncia no texto.

com esta, as convenções são ou devem ser (parcial ou totalmente) *revistas e alteradas*, a partir do momento em que termine o seu prazo de vigência, mediante denúncia e o desenvolvimento de um processo igual ao da própria formação dos acordos de que se partiu.

Nisto consiste o fenómeno da *sucessão* de convenções colectivas de trabalho, regulado no art.º 503.º CT. Ele corresponde à *revisão* ou *substituição* (1) de um instrumento de regulamentação colectiva por outro da mesma natureza e com idêntico âmbito potencial (2) – de tal modo que possa falar-se de uma *renegociação* das condições de trabalho existentes em certo quadro económico-organizativo.

Pressupõe-se, assim, uma certa *conexão formal* entre instrumentos que se sucedem no tempo, assente na identidade do complexo de interesses colectivos e do contexto económico e social que os explica e determina.

606. Tributário da concepção tradicional de «irreversibilidade de vantagens», o art.º 503.º confronta-se com o problema da interacção entre conteúdos convencionais colectivos que evoluem no tempo e os contratos individuais de trabalho inseridos no seu âmbito de aplicação. E o tratamento dado a tal fenómeno é inspirado por uma concepção «realista» da contratação colectiva.

O legislador não podia ignorar que a negociação – seja qual for o domínio em que se exerça – envolve necessariamente um jogo de concessões. Este «jogo» pode estabelecer-se tanto entre vantagens propriamente contratuais (um acréscimo extraordinário das retribuições versus um aumento do período normal de trabalho, por exemplo), como entre benefícios «internos» e «externos» às condições de trabalho (a eliminação de elementos da estrutura remuneratória *versus* a garantia da manutenção do volume de emprego).

---

(1) A ideia de substituição parece ajustar-se melhor á regra da revogação integral da convenção anterior pela posterior, constante do art. 503.º/1.

(2) Cfr. Bernardo Xavier, *Sucessão no tempo de instrumentos de regulamentação colectiva e princípio do tratamento mais favorável*, RDES 4, 1987, 465 ss..

Nessa perspectiva, o n.º 3 do citado artigo dispõe:

«Os direitos decorrentes de convenção só podem ser reduzidos por nova convenção de cujo texto conste, em termos expressos, o seu carácter globalmente mais favorável».

Este enunciado tem um significado primário no que respeita à relação entre os conteúdos normativos de convenções que se sucedam: em princípio, uma convenção posterior não pode incorporar disposições menos favoráveis do que as que lhes correspondam, na antecedente. O princípio admite, porém, desvio se as próprias partes, no clausulado da convenção, exprimirem o consenso de que ela é «globalmente mais favorável» do que a anterior (1).

Trata-se de uma aplicação do mecanismo da *conglobação*, que assim se tem por consagrado no nosso direito para as hipóteses de concorrência e de sucessão de regimes convencionais (2). Em lugar de se fazer um cotejo *ponto por ponto* dos regimes concorrentes

(1) Esta exigência só vale para os casos qualificáveis de verdadeira sucessão de convenções, nos termos expostos. Não há sucessão, por exemplo, quando cessa uma convenção, e surgem mais tarde, a regular de modo fragmentário relações de trabalho anteriormente compreendidas no seu domínio de aplicação, vários instrumentos colectivos novos, concebidos de origem para organizações de trabalho entretanto nascidas, com dimensões e características organizativas e funcionais insusceptíveis de assimilação às do complexo empresarial a que respeitava a convenção inicial. Estas convenções não estão originariamente limitadas pelo conteúdo da primeira. Não faz sentido, quanto a elas, a exigência da declaração do seu «carácter globalmente mais favorável», para que possam eficazmente dispor de modo a não contemplarem ou a «reduzirem» condições que a convenção inicial estabelecia. Algo de semelhante se dirá acerca da celebração de um acordo de empresa no âmbito já coberto por um contrato colectivo.

(2) No tocante à concorrência, o CT não é tão explícito, nesse sentido, como a lei anterior. O art. 14.º/2-*b*) LRCT dispunha que, para além da aplicação do critério de especialidade, deveria, "em todos os outros casos", prevalecer "o instrumento que for considerado, no seu conjunto, mais favorável pelo sindicato...". O art. 482.º/2 CT atribui aos trabalhadores (e não ao sindicato) um direito de "escolha" do instrumento aplicável, sem qualificação do critério que presidirá a essa escolha. Sem dificuldade se entenderá a lógica desta formulação. Ela assenta, no entanto, na ideia de identificação de "um instrumento de regulamentação colectiva" a aplicar, o que exclui a hipótese de cúmulo.

(considerando-se aplicável o conjunto das condições mais favoráveis assim identificadas) – procedimento apontado pela chamada *teoria do cúmulo* ou da *cumulação* –, procede-se ao confronto desses regimes, encarando cada um deles na sua globalidade (optando-se pelo mais favorável, ainda que contenha condições isoladamente menos vantajosas).

Mas, perante isto, subsistiria a questão da *projecção nos contratos individuais*, pela via da incorporação. Admitindo que a nova convenção obedeça ao requisito do art. 503.º/3 (declaração expressa do «seu carácter globalmente mais favorável»), que sucede às condições de trabalho recepcionadas nos contratos individuais que já existiam no domínio temporal da vigência da convenção revista ou substituída?

A resposta a este quesito é fornecida pelo n.º 4 do mesmo artigo:

«No caso previsto no número anterior, a nova convenção prejudica os direitos decorrentes de convenção precedente (...)».

Esta norma tem, imediatamente, um primeiro significado útil: a redução de direitos admitida não se cinge ao plano normativo (donde derivaria a limitação da sua eficácia a novos contratos individuais celebrados no âmbito da convenção colectiva), mas é também susceptível de absorção contratual, no sentido de que irá atingir («reduzindo-os» enquanto direitos ou regalias para os trabalhadores ([1])) certos conteúdos recepcionados (a partir da convenção anterior) nos contratos individuais pré-vigentes.

Que direitos são estes? Que parte do conteúdo do contrato individual é susceptível de ser afectada pela sucessão?

607. O conteúdo do contrato de trabalho é condicionado por diversos factores.

Primeiro que tudo, integram-no as *estipulações das partes*, aquilo que consta das declarações (iniciais ou supervenientes) destinadas a

---

([1]) A lei anterior à codificação referia-se, justamente, a prejuízo de certos "direitos adquiridos" (art. 15.º/2 LRCT).

estabelecer a vinculação e a definir, com maior ou menor amplitude, a natureza e a medida das prestações das partes (natureza da actividade, valor e estrutura da retribuição, período normal e local de trabalho). A extensão, o detalhe e a precisão destas determinações são, como se sabe, muitíssimo variáveis.

Depois, há que tomar em conta os factos integrativos que derivam da própria *prática* das relações de trabalho e que adquirem foros de contratualidade pelo expediente das manifestações tácitas de vontade. Trata-se, em primeiro lugar, dos «usos laborais» (art.º 1.º CT); mas também, depois, das meras práticas reiteradas, sobretudo da entidade empregadora, que se traduzem em auto-vinculações susceptíveis de absorção contratual.

Em terceiro lugar, surgem as *condições normativamente definidas por instrumento de regulamentação colectiva de trabalho*. De acordo do mecanismo de recepção automática que, como se disse, rege a relação entre convenção colectiva e contrato individual, é óbvio que uma parte mais ou menos importante do «regulamento contratual» das relações de trabalho concretas deriva ou pode derivar de fonte colectiva (ou, é claro, legal). A usual incompletude das estipulações fixadas pela autonomia individual explica que uma parte importante do conteúdo dos contratos de trabalho acabe por ser preenchida por determinações colectivas.

Isto significa que o conteúdo do «regulamento contratual» das relações de trabalho – revestido, sob o ponto de vista juridico-formal, pelo «contrato individual de trabalho» – é, na realidade, um «composto» geneticamente heterogéneo, em que se articulam elementos positivamente «queridos» pelos sujeitos (ainda quando os conteúdos volitivos não tenham tradução expressa), e que exprimem o balanço de interesses e pretensões subjacente ao acto de vinculação (à celebração do contrato), com elementos de origem normativa, «contratualizados» por recepção ou absorção.

Estes últimos traduzem modelos de solução ditados por critérios diferentes: os da harmonização de interesses colectivos e os da realização de políticas laborais gerais, ainda que segundo interpretações objectivas do interesse individual.

Ora esta heterogeneidade não é juridicamente irrelevante.

Há na lei indicações claras no sentido da diferenciação.

O art. 3.º/4 CT previne que o contrato individual de trabalho (e não assim a convenção colectiva: veja-se o n.º 1 do mesmo artigo) só pode "afastar" normas do Código se estabelecer condições mais favoráveis.

Por seu turno, o nº 5 do mesmo artigo dispõe:

«Sempre que uma norma legal reguladora de contrato de trabalho determine que a mesma pode ser afastada por instrumento de regulamentação colectiva de trabalho, entende-se que o não pode ser por contrato de trabalho».

O art. 476.º só admite o "afastamento" de disposições de instrumentos de regulamentação colectiva por contrato de trabalho "quando este estabeleça condições mais favoráveis para o trabalhador".

Em qualquer destas normas, é patente a destrinça entre estipulações individuais e disposições colectivas que se destinam à incorporação nos contratos de trabalho ([1]).

Assim, no tocante à interacção do contrato individual e da convenção colectiva, o mecanismo da incorporação não tem a consequência linear de operar a «homogeneização» dos conteúdos provenientes da autonomia individual e da autonomia colectiva. Os direitos e obrigações que o trabalhador e o empregador assumem pelas estipulações individuais (em sede de formação ou modificação do contrato de trabalho) irão articular-se com outros provenientes

---

([1]) Havia, no direito anterior, uma manifestação particularmente vincada desta ideia, mas que não foi adoptada pelo CT. Referimo-nos ao modo por que a LRCT ressalvava certos regimes complementares de segurança social estabelecidos por convenção colectiva antes da proibição legal então imposta (e que o CT abertamente rejeita: art. 533.º/2). Essa ressalva era feita apenas «em termos de contrato individual». Queria isto dizer que, embora com origem convencional colectiva, e, como tais, sujeitos, em princípio, às vicissitudes próprias do regime dos instrumentos de regulamentação colectiva de trabalho, os benefícios em causa adquiriram uma espécie de «imunidade» a essas vicissitudes, pelo facto de transitarem para a plataforma das meras vinculações individuais, mas perdendo, em contrapartida, a dignidade normativa – isto é, nomeadamente, a aplicabilidade a trabalhadores posteriormente entrados no âmbito da convenção.

da «contratualização» de conteúdos normativos (colectivos ou legais). Mas nem por isso uns e outros perderão a sua *identidade genética*, nomeadamente no confronto com fenómenos como o da modificação dos regimes convencionais colectivos.

Ora o que o art.º 503.º/4 esclarece é que a sucessão só pode, nos contratos individuais pré-existentes, atingir conteúdos (entre os quais, alguns «direitos») que neles se inseriram por efeito da regulamentação colectiva antecedente. Alguns desses "direitos" poderão ainda ser "expressamente ressalvados pelas partes", o que equivalerá à sua incorporação no novo regime convencional colectivo. De resto, ficarão intactos os direitos e obrigações gerados pelas estipulações individuais.

608. Em que consistem, afinal de contas, os «direitos» susceptíveis de «redução» ou eliminação?

Não poderá, em nossa opinião, dizer-se que se trata daqueles direitos, consagrados normativamente numa convenção, que se achem já cristalizados na *titularidade* deste ou daquele trabalhador (p. ex. um crédito por horas extraordinárias *prestadas*), em virtude de este ter preenchido os respectivos pressupostos na vigência do regime convencional que lhes liga tal efeito. O «prejuízo» de tais direitos, em consequência da substituição do regime convencional por outro que os não consagra, equivaleria a conferir a este último uma eficácia retroactiva a que nenhuma ponderação poderia explicar. Esses direitos *adquiridos e vencidos* são intocáveis pelo fenómeno da sucessão de convenções.

Coisa diversa se poderá afirmar a propósito dos direitos cujos pressupostos são realizáveis, na normalidade do desenvolvimento das relações de trabalho, mas não têm ainda (no momento da sucessão) realidade efectiva, não se encontram subjectivados – não sendo, afinal, verdadeiros direitos subjectivos (como os primeiros) mas simples expectativas juridicamente tuteladas.

> Uma convenção estabelece que cada hora de trabalho suplementar em dia útil será paga com o acréscimo de 100%. O direito a receber esse acréscimo só se subjectiva com a efectiva prestação de trabalho suplementar; mas, mesmo assim, a cláusula que o consagra

não pode, em princípio, ser reduzida (passando o acréscimo para 75%, por exemplo) – só pode sê-lo por uma convenção «globalmente mais favorável».

O mesmo se poderá dizer de prestações periódicas cujo pressuposto esteja já realizado em cada trabalhador, como é o caso do subsídio de turnos: o *direito* a este subsídio subjectiva-se em cada período de efectiva prestação de trabalho em turnos; mas qualquer trabalhador nessas condições tem a legítima expectativa de continuar a recebê-lo, no mesmo montante, por cada período futuro em que a situação se reproduza ([1]). Essa expectativa só pode ser negada por um novo regime colectivo que se considere «globalmente mais favorável».

Quando, pois, a lei prevê o prejuízo de «direitos adquiridos», é ao direito *objectivo*, não ao direito *subjectivo*, que verdadeiramente alude. E a referência à «aquisição» desses direitos ou vantagens deve, a nosso ver, entender-se à luz da ideia, já exposta, de recepção automática nos contratos de trabalho: trata-se de regalias que, embora ainda não subjectivadas, se precipitaram já no conteúdo dos contratos individuais e estão, a esse título, de algum modo *adquiridas* pelos trabalhadores que neles são partes.

([1]) Cfr. em sentido próximo, DESPAX 319 ss..

CAPÍTULO IX

A DINÂMICA DA NEGOCIAÇÃO COLECTIVA: FACTOS E TENDÊNCIAS

§ 86. A evolução da regulamentação colectiva de trabalho em Portugal.

609. A chamada «regulamentação colectiva de trabalho» abrange, como é sabido, os instrumentos de índole convencional, autónoma (contratos colectivos, acordos colectivos, acordos de empresa, acordos de adesão), os de natureza administrativa, heterónoma (portarias de condições de trabalho, portarias de extensão), e ainda as decisões arbitrais, que assumem uma fisionomia semi-autónoma.

A consideração unitária de um conjunto aparentemente tão heterogéneo sob o ponto de vista jurídico é possibilitada pela circunstância de que os seus diversos elementos descendem de uma mesma ordem de exigências sociais – a da adequação dos regimes de prestação de trabalho às características dos vários sectores, empresas e profissões, numa perspectiva de gradual melhoria das condições em que tal prestação é realizada –, e situam-se num mesmo ângulo de observação e actuação sobre as realidades do trabalho, que é o ângulo das "colectividades", dos grupos organizados, dos interesses colectivos.

Entre esses vários instrumentos podem estabelecer-se relações lógicas e funcionais modeladas, em cada momento, por opções de política contratual das organizações sindicais e patronais, e de política laboral dos Governos. Essas escolhas podem, nomeadamente, apontar para níveis mais ou menos elevados de intervenção administrativa na regulamentação do trabalho.

Assim é que, por exemplo, a "portaria de regulamentação do trabalho", que era encarada na lei, antes de 1979 ([1]), como sucedâneo de uma convenção possível mas cuja negociação estivesse bloqueada, reproduzindo, não raro, as soluções sobre as quais fora obtido acordo ([2]), passou a ser vista pelo legislador como instrumento de superação de impasses negociais (na LRCT) ([3]), e volta agora a ser tratada, no CT, sob a designação de "portaria de condições de trabalho", como substitutivo de uma convenção impossível (art. 517.º).

No passado, a emissão de tais regulamentos resultou, por vezes, da improdutividade de tentativas de conciliação empreendidas pelos serviços competentes do Ministério do Trabalho. Desde meados da década de oitenta do século passado, a regulamentação administrativa do trabalho passou a ser extremamente rara, sendo utilizada apenas para algumas das situações em que não havia interlocutores negociais: eram normalmente emitidos um ou dois desses regulamentos por ano.

A portaria de extensão, por seu turno, é um mero instrumento de alargamento do âmbito de aplicação de uma convenção colectiva; está-lhe, por isso, funcionalmente associada. Em princípio, destinar-se-á a suprir as insuficiências de cobertura das convenções colectivas, uma vez que estas só são directamente aplicáveis aos filiados nas associações subscritoras.

Mas também as PE podem ter graus de utilização variável, como resulta da relativa maleabilidade do critério enunciados no

---

([1]) Ou seja: no primeiro regime legal da contratação colectiva surgido na sequência do período revolucionário, o qual foi estabelecido pelo DL 164-A/76, de 28 de Fevereiro.

([2]) O carácter «para-negocial» da PRT denunciava-se também na exigência legal da constituição de uma «comissão técnica» com a participação (sendo possível) de «assessores designados pelas entidades patronais e pelos trabalhadores interessados» (n.º 5 do art.º 36.º LRCT).

([3]) Por isso, a LRCT colocava a portaria de regulamentação entre os meios de resolução de conflitos negociais.

art. 514.º. Assim, não são desconhecidos casos, ocorridos no passado, em que portarias de extensão foram utilizadas para alargar o âmbito de convenções celebradas por sindicatos minoritários, com o propósito aparente de desencorajar (ou, pelo contrário, acelerar) processos de negociação paralelos conduzidos por sindicatos maioritários. Na maioria das situações, contudo, as PE foram emitidas com extremos cuidados de respeito pelas fronteiras da autonomia colectiva.

Enfim, a decisão arbitral surge como o produto de uma iniciativa das partes interessadas num processo negocial, quando se trate de arbitragem voluntária, ou do Ministro do Trabalho, no caso de arbitragem obrigatória; é pois, ainda ela, um sucedâneo da convenção colectiva; normalmente, até, recai sobre uma parte limitada da matéria negocial, ficando depois a constituir mero complemento do acordo obtido quanto ao restante.

É, pois, lícito – numa perspectiva não estritamente técnico-jurídica – englobar numa observação simultânea e articulada essas várias formas de «regulamentação colectiva de trabalho». É o que faz o CT, ao desenhar a categoria dos "instrumentos de regulamentação do trabalho" (art. 2.º) dotada de algumas regras comuns (arts. 476.º ss.).

610. Se considerarmos somente os instrumentos convencionais, haverá que assinalar, antes de tudo, que ao larguíssimo predomínio da pequena e média empresa corresponde o facto, já assinalado, de a maioria das convenções ser do tipo *contrato colectivo*.

A negociação ao nível de empresa foi uma hipótese encarada com desfavor no período corporativo; e, depois de 1974, quase só ocorreu nas grandes empresas públicas ou privadas. De resto, a contratação por sector harmonizava-se também com a inspiração igualitária do movimento sócio-laboral que se desenvolveu a partir daquele ano, e era indispensável à consolidação dos sindicatos «verticais» (de ramo de actividade), expressão da doutrina sindical predominante. Os *acordos colectivos* são relativamente raros: eles requerem um tipo de associação de interesses entre empresas do mesmo sector que não é frequente entre nós.

A cobertura *directa* das convenções – dado o acolhimento estrito do princípio da filiação – é relativamente limitada, em virtude da modesta taxa de sindicalização, estimada em nível inferior a 20%.

Apesar de o número de instrumentos convencionais publicados ser importante (próximo do meio milhar anual), todas as indicações apontam no sentido de que a contratação colectiva, em Portugal, atingiu e se mantém há algum tempo em estado de estagnação. A maioria desses acordos limita-se a alterar tabelas salariais e a ajustar outros valores remuneratórios. Uma boa parte das convenções de sector (contratos colectivos) mantém-se inalterada desde fins da década de setenta. O potencial criativo que a negociação colectiva manifestou, no passado, e que explica algumas aquisições legislativas, tem estado, praticamente, bloqueado, apesar do contributo incentivador da concertação social.

Por tudo isto, vale a pena volver os olhos para a situação dos instrumentos de regulamentação administrativa.

Quanto a eles, deve por-se em relevo uma primeira fase (aproximadamente entre 1975 e 1980) de abundante emissão de *portarias de regulamentação*, fruto de uma conjuntura política favorável aos sindicatos: perante o forte poder contratual exibido por estes, as empresas e as associações patronais resistiam à conclusão de acordos, mas o departamento dos assuntos laborais acabava por aceitar intervir por portaria.

Numa segunda fase, verificou-se, sobretudo desde 1985, um rápido decréscimo do recurso a esse instrumento de intervenção substantiva e um grande aumento do número de *portarias de extensão*. Era a expressão de uma política de «desintervenção» e de maior aproveitamento dos resultados obtidos por negociação.

A situação não se alterou desde então. Aparentemente, o baixo grau de intervenção administrativa reflecte hoje, sobretudo, a preocupação de não obstar à eventual retoma da negociação colectiva, quer sob o ponto de vista da sua dinâmica, quer na perspectiva da renovação de conteúdos. Mas uma postura decididamente promocional da contratação colectiva pode passar por um uso mais dilatado das portarias de condições de trabalho previstas no CT.

§ 87. A negociação colectiva numa visão panorâmica internacional.

1. *A pluralidade dos modelos.*

611. A negociação colectiva não constitui, quer no plano dos factos, quer na ordem jurídica, uma realidade uniforme ou homogénea. Diversos factores concorrem para que, em qualquer desses planos, se torne imperioso distinguir entre diversos *modelos* constituídos a partir da observação dos sistemas nacionais de relações colectivas de trabalho.

Entre esses factores, cabe salientar a doutrina político-social vigente, as características das estruturas representativas de interesses colectivos (em especial o modelo de sindicalismo), as próprias linhas mestras do sistema jurídico global (ocorrendo aí, nomeadamente, a referência aos sistemas de *common law*, contraposta aos de *civil law*).

Na perspectiva jurídica, encontramos sistemas em que a contratação colectiva é verdadeiramente um processo de produção de normas (sendo a convenção colectiva uma fonte de direito) – de que são exemplos Portugal, Espanha e França – e sistemas em que a negociação colectiva dá origem a acordos não normativos, assentes na boa fé, como é o caso do Reino Unido.

Convém precisar a situação jurídica das convenções colectivas, no direito britânico. Mercê de particularidades derivadas da evolução legislativa referente ao assunto e da combinação da lei escrita com o *common law*, distinguem-se hoje *três* categorias de convenções. A primeira, e mais comum, é a dos acordos legalmente denominados "contratos colectivos" (*collective agreements*), feitos entre sindicatos e empregadores ou associações de empregadores, antes de 1/12/71 e depois de 31/7/74, sobre uma ou mais matérias das que são discriminadas numa lei específica – o *Trade Union and Labour Relations (Consolidation) Act*, de 1992. Para que uma convenção deste tipo seja considerada legalmente vinculante, é necessário que esteja passada a escrito e deste conste que as partes decidiram dar-lhe esse carácter. A segunda compreende as convenções concluídas entre as referidas datas. São consideradas legalmente vinculantes, a não ser que contenham uma cláusula expressa de exclusão (o que, na verdade, aconteceu na maioria dos casos). A terceira categoria abrange os acordos que não correspondem ao modelo legal. Estes estão no domínio do *common law*, e são tidos, em princípio, como não vinculantes sob o ponto de vista jurídico. De tudo isto resulta a perduração do estereótipo segundo o qual as convenções negociadas obedecem à lógica do *gentlemen's agreement* (1).

A questão do âmbito de aplicação directa das convenções é resolvida nos vários sistemas de acordo com a maior ou menor relevância atribuída á filiação associativa e, ao mesmo tempo, à maior ou menor atenção dada à racionalidade da gestão das relações de trabalho na empresa (2).

612. Numa perspectiva aberta por KAHN-FREUND, podem distinguir-se sistemas de negociação *dinâmica* ou *institucional* e sistemas de negociação *estática* ou contratual (3).

Com efeito, alguns modelos nacionais de relações colectivas caracterizam-se pela existência de instituições (em regra integradas por representações patronais e sindicais) no seio das quais são estabelecidas as regras sobre condições de trabalho, e se procede à sua interpretação e modificação sempre que as circunstâncias o imponham. A regulamentação colectiva é pois o produto instável de um *mecanismo de negociação constante*, adaptado às condições concretas e conjunturais, e impelida pelos conflitos (quer interpretativos, quer modificativos) que vão ocorrendo. É o caso típico das «comissões paritárias» belgas e das comissões mistas britânicas. No primeiro exemplo, de resto, trata-se de instituições criadas (sem cobertura legal originária) por impulso governamental.

---

(1) Sobre tudo isto, cfr. GILLIAN S. MORRIS/TIMOTHY J. ARCHER, *Collective Labour Law*, Oxford (2000) 288 ss..

(2) Para um quadro amplo das respostas dadas, nos vários sistemas nacionais, a estes e outros problemas da contratação colectiva, veja-se *Collective bargaining in Europe*, ed. Comissión Consultiva Nacional de Convenios Colectivos, Madrid (2005).

(3) Cfr. KAHN-FREUND, *Labour and the law*, cit., 56 ss..

O que caracteriza tais sistemas não é – já se vê – a existência de instituições paritárias dotadas de capacidade de intervenção no domínio das relações colectivas. Importa, isso sim, sublinhar nelas que a negociação não se reconduz a um processo de elaboração periódica de um complexo normativo acabado e destinado a vigorar intacto durante um certo período (um «regulamento convencional» a prazo), mas a um método consensual de produção normativa teoricamente ininterrupta, ao sabor das exigências concretas que se suscitam e dos conflitos que se vão manifestando.

Por isso se diz, a propósito de tal modelo, que «é o mecanismo que conta, o processo, o remédio, não o seu produto, o acordo, o código ou o direito» (1).

Contrapõe-se-lhe a maioria dos sistemas de relações colectivas, em que os processos negociais se recortam com nitidez no tempo, e se identificam por um resultado que é a *convenção* com o seu período de vigência. O acordo estabelece-se directamente entre sindicatos e empregadores ou associações patronais e no seu conteúdo cristalizam-se as condições de trabalho que hão-de valer por certo tempo, imutáveis, entre os interessados. A eventual alteração de circunstâncias só excepcionalmente poderá servir de fundamento à prematura revisão dessa «lei negociada» cuja estabilidade é uma das suas razões de ser.

O sistema português constitui bom exemplo de uma negociação colectiva «estática» e «contratual», nos termos expostos. De resto, a seu lado perfilam-se quase todos os restantes, com maior grau de especificidade.

Deve no entanto assinalar-se que existem já, no nosso sistema como nos demais, vestígios de uma tendência para a negociação dinâmica, embora no quadro de convenções colectivas dotadas de estabilidade. Em primeiro lugar, o mecanismo configurado pela lei para a resolução de diferendos sobre a aplicação das convenções – o das *comissões paritárias* (art.º 493.º CT) – pode funcionar também para integrar lacunas; e é sabido que a própria actividade interpretativa se reconduz frequentemente a algo de semelhante a uma

(1) Kahn-Freund 60.

«renegociação» dos pontos conflituais. Está-se aí perante uma realidade próxima da negociação institucional, nos termos apontados.

Mas há outros indícios do mesmo fenómeno. Para lá dos processos negociais periódicos («estáticos», no sentido que se indicou), a realidade evidencia que se estabelecem, no seio da empresa, múltiplas relações cujo objecto consiste ainda no ajuste de condições de trabalho – relações entre organizações de trabalhadores (comissões sindicais, comissões de trabalhadores) e o empregador ou as hierarquias que o representam – e que definem um quadro de negociação permanente, embora desprovida da solenidade e do significado jurídico da contratação colectiva. É um dado do quotidiano da grande (e mesmo da média) empresa, embora a lei portuguesa continue a abster-se de lhe fazer corresponder um modelo contratual específico – como o «acordo de estabelecimento» francês e o «pacto de empresa» germânico.

2. *Os quadros institucionais da negociação.*

613. Como se observou, a existência de instituições especializadas, de composição paritária ou não, para intervirem nos processos de regulamentação colectiva, não constitui apanágio de um dos modelos que acabamos de referir.

Pode mesmo dizer-se que a criação de tais instituições corresponde a uma tendência cada vez mais generalizada, à medida que se vai expandindo a prática negocial e se vai acentuando a sua relevância sócio-económica.

Não é possível definir-se uma tipologia dessas instituições, visto que elas se caracterizam sobretudo pela natureza da sua participação no quadro das relações colectivas – e essa só pode tornar-se inteligível desde que sejam tomados em consideração o contexto sindical, as tradições sócio-laborais e o próprio envolvimento constitucional de cada sistema.

Poderá no entanto dizer-se que são de três tipos os quadros institucionais da negociação colectiva (sendo comum a todos eles a integração na organização estadual):

a) *Instituições permanentes de composição paritária independentes da Administração* (com suporte legal ou não), abrangendo ainda em regra representantes do Estado: a Comissão Superior das Convenções Colectivas, na França; as comissões paritárias, na Bélgica; a Fundação do Trabalho, na Holanda.

b) *Serviços públicos autónomos*, compostos por pessoas de nomeação governamental, com ou sem audiência prévia dos sindicatos e associações patronais: a Comissão para as Relações Industriais, no Reino Unido; o Conselho Nacional para as Relações de Trabalho, nos Estados Unidos; o Colégio de Conciliadores do Estado, na Holanda.

c) *Departamentos governamentais* (Ministérios do Trabalho ou equivalentes), em numerosos sistemas, com especial relevo para o Departamento do Emprego e Produtividade, no Reino Unido (após a lei das relações industriais, de 1971).

Essas instituições ou serviços intervêm em termos bastante diversos: fornecimento de informação económica e profissional às partes, assistência técnica à negociação, designação ou destacamento de conciliadores e árbitros, registo dos acordos firmados, interpretação desses acordos, determinação dos interlocutores legítimos, etc..

Assim, quer pela oferta de mecanismos propiciatórios da superação de conflitos, quer pelo acompanhamento e, em certos pontos, tutela das negociações, quer pela formalização dos acordos e sua transposição para o plano normativo, a existência das referidas instituições reflecte quase sempre um certo grau, ainda que mínimo e subtil, de intervenção do Estado no domínio das relações colectivas, seja ela mitigada por uma tonalidade processual, ou condicionada pela exigência do impulso das partes.

Entre nós, como se observou, a negociação colectiva decorre, em muitos aspectos, sob a genérica tutela do Ministério do Trabalho – uma tutela que pode estender-se até ao ponto da emissão de regulamentação administrativa sucedânea de uma convenção que se mostre difícil ou inviável.

3. *A negociação transnacional.*

614. O desenvolvimento da negociação colectiva, especialmente nos países europeus, gerou a perspectiva da sua extensão por sobre as fronteiras dos Estados. A ideia de *negociação colectiva transnacional* tornou-se particularmente sugestiva sobretudo por virtude de dois fenómenos: a integração económica europeia e a proliferação das empresas multinacionais.

Entre os princípios inspiradores da criação da Comunidade Europeia (Tratado de Paris de 1952, Tratado de Roma de 1958) contam-se os de melhoria ou promoção das condições de vida e de trabalho, e da sua progressiva harmonização no conjunto dos países ([1]); e reconhece-se que «a convenção colectiva, mais do que qualquer outra técnica, aparece como adequada a realizar o equilíbrio entre as exigências sociais e as possibilidades económicas» ([2]).

Por outro lado, o surto das empresas multinacionais suscita questões novas no domínio da determinação das condições de trabalho. Entre organizações sindicais nacionais e empresas que repartem a sua actividade em vários países, beneficiando da maleabilidade suficiente para transferirem os seus estabelecimentos de uns para os outros consoante a maior vantagem económica e financeira, não existe o «equilíbrio de poderes» que a negociação supõe ([3]).

A negociação transnacional mantém-se, todavia, no domínio das ideias-força ([4]), mercê das dificuldades técnicas, políticas e organizativas que se lhe opõem ([5]), e não obstante o suporte jurí-

---

([1]) DESPAX, 152.

([2]) DESPAX, 153.

([3]) Cfr. ERMIDA URIARTE, *Empresas multinacionales y derecho laboral*, Montevideu (1981) 225 ss..

([4]) Registam-se, porém, realizações isoladas, como a convenção de 1959 sobre as condições de trabalho dos barqueiros renanos, os acordos de 1985 que instituíram instâncias participativas de nível europeu, no grupo Thompson Grand Public, e a que foi celebrada em 1988, sobre o mesmo tema, no grupo Bull. Veja-se DESPAX 150; G. CEDROLA SPREMOLLA, *Negociación colectiva internacional: realidade o utopía*, in «Relasur» n.º 6 (1995) 59 ss...

([5]) Cfr. G. CEDROLA SPREMOLLA, *Negociación colectiva internacional* cit. 69 ss .

dico fundamental que lhe oferecem as Conv. OIT n.os 87 e 98 [1]. A situação resulta, fundamentalmente, da falta de interesse que as entidades empregadoras e as próprias organizações de trabalhadores têm mantido em relação à possibilidade de negociação colectiva transnacional.

615. O tema sofreu, no entanto, uma importante evolução a nível *europeu*, nos últimos anos.

Em primeiro lugar, deve assinalar-se a existência de *organizações europeias* de trabalhadores e empregadores: a Confederação Europeia de Sindicatos (CES) que abrange organizações sindicais dos doze Estados membros da União Europeia, e que tem funcionado, essencialmente, como estrutura de coordenação; a UNICE, englobante das associações patronais; e o CEEP, que representa o sector público empresarial dos Estados membros.

Depois, o Acto Único Europeu incluiu na redacção do art.º 118.º-B do Tratado CEE a referência à possibilidade de os parceiros sociais ao nível comunitário estabelecerem entre eles «relações convencionais», como forma de aprofundamento dos mecanismos de diálogo social já existentes.

Finalmente, em 1992, o Tratado da União Europeia (Maastricht) tem anexo um Acordo sobre a Política Social (não subscrito pelo Reino Unido) que se traduz numa ampla viragem quanto às perspectivas da negociação colectiva à escala europeia.

Na verdade, esse Acordo prevê, antes de mais, *a transposição das directivas para o direito interno dos Estados membros por meio de convenção colectiva* (art.º 2.º/4). Note-se que a obrigação de transposição impende sobre os Estados, e é normalmente cumprida através da adequada actividade legislativa e administrativa. Pois bem: se os parceiros sociais nacionais o solicitarem, poderão os Estados abster-se de medidas de transposição e confiá-las à negociação colectiva. Esta «delegação de responsabilidades políticas» confere, decerto, à autonomia colectiva um perfil renovado e enriquecido.

---

[1] Cfr. Ermida Uriarte, 227; Despax, 153 ss.; Simi, *Il contratto collettivo*, cit., 231 ss..

Mas não só isso. *A própria actividade reguladora dos órgãos comunitários pode ser substituída por convenções colectivas celebradas entre os parceiros sociais a nível europeu.* Se a Comissão Europeia projecta certas medidas, deve consultar os parceiros sociais; estes podem informá-la de que desejam encetar um processo de negociação com esse objecto; e os acordos que venham a resultar terão uma eficácia semelhante à dos actos comunitários (directivas) (art.os 3.º/4 e 4.º).

Estes dispositivos suscitam, naturalmente, diversos e complexos problemas, não só no domínio técnico-jurídico, mas também, e sobretudo, sob o ponto de vista da exequibilidade. Desde logo, e face à diversidade dos sistemas nacionais no que toca à eficácia das convenções colectivas, gerou-se a convicção de que uma contratação colectiva à escala europeia dificilmente poderia vir a configurar-se como portadora de efeitos normativos (e sim, apenas, obrigacionais); os princípios definidos pelo Acordo anexo ao Tratado de Maastricht colocaram-se nos antípodas de tal concepção e obrigaram a uma revisão global de todo o tema.

CAPÍTULO X

O CONFLITO COLECTIVO DE TRABALHO: NOÇÃO E MODALIDADES

§ 88. O conflito colectivo como facto social e objecto de estudo.

616. Um dos temas mais importantes e complexos que se deparam no domínio do Direito Colectivo é o dos *conflitos*.

Na verdade, «o conflito, latente ou ostensivo, é a essência das relações industriais» [1]; a negociação colectiva é, não só uma técnica de produção de normas, mas também um método de superação de conflitos actuais ou potenciais; envolve um processo jurídico e uma dinâmica social.

É sobretudo a realidade dos conflitos que impele a convenção colectiva para o elenco das fontes de Direito; realidade tão marcante que sobressai mesmo no contexto daqueles regimes político-sociais que procuram negar a existência de uma fundamental oposição de interesses entre empregadores e trabalhadores.

Em Portugal, o DL 49212, de 28-8-69, constituiu bom exemplo da penetração da realidade dos conflitos num ordenamento assente em pressupostos que a negavam. Esse fenómeno traduziu-se justamente na configuração do processo de formação das convenções colectivas mais como um método de resolução de conflitos do que como uma via de regulamentação.

---

(1) J. BARBASH, *Collective bargaining and the theory of conflict* (copiog.), comunicação ao 5.º Congresso da Associação Internacional de Relações Industriais (Paris, 1979).

617. A amplificação da negociação colectiva está directamente relacionada com o aumento da conflitualidade laboral, quer no aspecto quantitativo, quer no que respeita às matérias litigiosas.

Na verdade, a circunstância de a contratação colectiva ver progressivamente amplificado o seu objecto (que hoje, transcende, de largo, a tradicional questão dos salários) conduziu à multiplicação das áreas potencialmente litigiosas. Esta tendência resulta acrescida dos efeitos do aumento de importância da negociação ao nível de empresa, onde adquirem maior transparência os moldes de organização e gestão, bem como os respectivos efeitos práticos. Por isso se escreveu já que «o contrato colectivo entra, de facto, em contradição consigo mesmo pois, em vez de conduzir a uma superação durável do conflito, alimenta as circunstâncias de novos conflitos» (1).

Na inversa, o incremento da conflitualidade laboral – que se pode relacionar com factores económicos, políticos e, mais amplamente, civilizacionais – engendra a aceleração e o enriquecimento dos mecanismos negociais ou para-negociais.

Não é outra a origem da «negociação permanente» que já constituiu, mesmo entre nós, uma realidade marcante, sobretudo ao nível da grande empresa. A convenção colectiva, como instrumento regulador «estático», deixou de bastar como resposta ao teor dos conflitos colectivos que, no seio das empresas, se fundam nas relações individuais de trabalho; é muitas vezes necessário desenvolver contactos verdadeiramente negociais sobre questões não previstas pela convenção ou, simplesmente, geradas no quotidiano das relações de trabalho à margem das soluções cristalizadas na mesma convenção. Noutros casos, é a convenção colectiva, ela mesma, que defere para processos negociais «derivados» ou «complementares» o tratamento de matérias que, pela sua tecnicidade ou pelo seu melindre, poriam em risco a viabilidade do acordo sobre as matérias básicas.

618. Os litígios colectivos laborais podem constituir objecto de análise sob diversas perspectivas científicas e técnicas.

---

(1) *Apud* D. Weiss, *Relations industrielles*, Paris (1973) 55.

Dado que envolvem formas de comportamento grupal caracterizadas por dinâmicas e motivações específicas, oferecem matéria de relevo no domínio da *psicologia* e da *sociologia do trabalho.*

Enquanto mecanismos relacionados com o mercado de emprego e influentes na determinação dos salários, pertencem à área de interesses da *economia do trabalho.* Pelo facto de constituírem modos de afirmação de poder social – implicando a consideração de factores *tácticos* e *estratégicos* – e se conexionarem estreitamente com a organização e a actuação de instituições políticas, podem ser observados do ângulo da *ciência política.*

Porque no seu desenvolvimento interferem ou podem interferir processos e técnicas que são objecto de uma disciplina jurídica – inspirada na ideia básica da integração dos conflitos em padrões ditados por uma certa concepção de equilíbrio social –, penetram no campo do *direito do trabalho*, preenchendo, como se disse, um dos seus capítulos mais importantes.

A atitude básica do nosso actual ordenamento jurídico perante a realidade social dos conflitos de trabalho pode inferir-se deste conjunto de posições parcelares: reconhecimento da liberdade de organização e acção sindicais, incluindo garantias da actividade sindical no interior da empresa; reconhecimento da liberdade de procedimentos negociais; limitações imperativas ao conteúdo e à periodicidade da negociação formal; previsão de métodos facultativos ou voluntários de resolução de conflitos; reconhecimento e garantia do direito de greve em termos amplos, nomeadamente no que concerne aos motivos do seu exercício; proibição do *lock-out* – logo, recusa da ideia de paridade entre as partes em litígio.

O que, a nosso ver, pode retirar-se deste feixe de orientações é a constatação de que o conflito deixa de poder encarar-se como uma manifestação de *patologia* social, antes se configurando como uma particular expressão dinâmica da contraposição de interesses colectivos que se «positiva», de modo típico e formal, na contratação colectiva, como instrumento de progresso social. O regime jurídico do conflito colectivo – desde logo nas suas bases constitucionais – não revela, pois, uma inspiração «defensiva», ou, sequer, um projecto de «organização» ou «racionalização» da conflitualidade ([1]), como ocorre noutros sistemas de relações industriais.

É na perspectiva jurídica, e só nela, que o tema vai de seguida prender-nos a atenção.

Começaremos por tentar estabelecer uma noção de conflito colectivo de trabalho e caracterizar as suas modalidades. Depois, tratar-se-á de estudar os dispositivos previstos pela lei para a gestão e resolução «pacífica» dos litígios. Por fim, serão abordados os comportamentos conflituais típicos – greve e *lock-out* – à luz das posições que perante eles manifesta o ordenamento jurídico português.

§ 89. A noção de conflito colectivo de trabalho.

619. Existe conflito colectivo de trabalho quando se manifesta, através de comportamentos colectivos, uma divergência de interesses por parte de uma categoria organizada de trabalhadores, de um lado, e uma categoria organizada de empregadores, ou um só destes, de outro lado, em torno da regulamentação existente ou futura das relações de trabalho que interessam membros das mesmas categorias.

Esta é, naturalmente, uma definição puramente descritiva e aproximativa, dado que as realidades subjacentes são muito complexas e comportam aspectos económicos, sociais, políticos e jurídicos diversificados ([2]).

([1]) Só a exigência de pré-aviso de greve e a da prestação de serviços mínimos (pontos que adiante serão focados) constituem elementos organizadores e integradores do conflito, na prespectiva do interesse geral.

([2]) A noção de que se trata no texto é, no entanto, inspirada no regime jurídico dos conflitos colectivos de trabalho. Não é uma noção sociológica, é uma aproximação ao paradigma utilizado pelo ordenamento jurídico para a regulação do fenómeno. Neste sentido, trata-se de uma noção dotada de certa relatividade, pois depende de opções político-jurídicas variáveis. Considere-se o caso do Reino Unido, onde o tradicional conceito de *trade dispute*, estabelecido legalmente no início deste século (*Trade Disputes Act* de 1906), sofreu

Cabe, todavia, assumir a noção apontada como ponto de partida sujeito a correcções e ajustamentos, examinando os seus elementos fundamentais.

620. O primeiro consiste na manifestação de uma *divergência de pretensões colectivas.*

A divergência há-de estar *expressa*, por comportamentos colectivos que a façam passar do plano de mera desconformidade de interesses para o das realidades sociais. Não se cuida, pois, aqui dos conflitos latentes, não declarados ([1]).

Essa manifestação pode operar-se de muitas maneiras. Uma delas, já conhecida, consiste no conjunto das *declarações negociais* que dão início ao processo de celebração de uma convenção colectiva de trabalho. Tal processo é, necessariamente, um meio de superação de um conflito colectivo, ainda que o seu desenvolvimento (as «negociações» propriamente ditas) permitam atingir, sem incidentes, o resultado esperado: uma fórmula de equilíbrio de interesses colectivos, ainda que transitória.

O litígio pode, no entanto, exteriorizar-se através de comportamentos que equivalem a *afirmações de força ou de poder* social (ameaças, greve, *lock-out*) de par com as mencionadas declarações negociais. O resultado pretendido consistirá, em regra, no mesmo (o acordo), mas a via escolhida não é a da mútua transigência, é a do confronto.

Estes dois modos de manifestação de conflitos podem motivar a utilização de rótulos diversificados. Em Itália, por exemplo, e sob a inspiração de SANTORO PASSARELLI, difundiu-se o uso das expressões *conflito colectivo* (para a primeira hipótese) e *controvérsia colectiva* (para a segunda). Não existe aí porém, como é óbvio, uma diferença estrutural ou de natureza. Apenas deve notar-se que, entre nós, a

---

especificações limitativas com a legislação das últimas décadas (*Trade Union and Labour Relations Act* de 1974, *Employment Act* de 1982), tendo em vista a redução do campo das «imunidades» de que gozavam os sindicatos e os trabalhadores. Cfr. M. SALAMON, *Industrial Relations* cit. 345 ss..

([1]) Cfr. A. OJEDA AVILÉS, *Derecho Sindical*, 4.ª ed., Madrid (1980) 309.

designação de conflito colectivo se aplica apenas às situações de *inviabilidade do método negocial puro*, ou seja, àquelas em que a composição de interesses opostos se não obtém pela mera troca directa de declarações negociais.

621. *Os sujeitos* do conflito hão-de ser, como se notou, *categorias organizadas*, com ressalva da possibilidade de, do lado patronal, figurar um empregador isolado (ou mais).

Observámos como, no quadro de uma concepção unitária do conflito colectivo, o resultado ou solução consiste sempre num *acordo* que retrata a fórmula possível de equilíbrio ou reequilíbrio de interesses. Em última análise, a greve é tipicamente um meio de pressão sobre a vontade da contraparte no sentido de a determinar de modo conforme à pretensão colectiva dos grevistas – ou seja, no sentido de *forçar o consenso* em sentido favorável.

Filia-se nessa constatação o entendimento, bastante vulgarizado, de que «a legitimação activa e passiva no conflito colectivo decorre da legitimação para a estipulação do contrato colectivo» ([1]).

Entre nós, como é sabido, podem celebrar convenções colectivas as associações sindicais, os empregadores e as associações de empregadores (art. 2.º/3 CT). Dir-se-á pois que decorre daí a implícita garantia legal de um *monopólio sindical* no que toca à protagonização dos conflitos colectivos pelo lado dos trabalhadores.

Todavia, o art. 531.º/2 CT admite que a decisão do recurso à greve seja tomada, ao nível de empresa, pela *assembleia de trabalhadores*, quanto a maioria destes não esteja sindicalizada; e o art. 532.º/1 prevê que, em tais casos, os trabalhadores fiquem representados por uma *comissão de greve* «ad hoc».

Parece pois que, no nosso ordenamento jurídico (tal como, de resto, em todos aqueles em que se comporta o fenómeno recente da «descentralização representativa» quanto aos trabalhadores, tendendo a deslocar o centro das operações conflituais para o interior das empresas e unidades produtivas), não pode singelamente operar-se

---

([1]) ARANGUREN, *Le controversie collettive in Nuovo Trattato di Diritto de Lavoro* cit., I, Pádua (1971) 472.

a transposição das regras de capacidade negocial colectiva para o plano da legitimação quanto aos conflitos. Há que introduzir aí acomodações, e uma delas consiste na forçosa admissibilidade de protagonismo conflitual por parte de organizações diversas das sindicais (as comissões de greve).

Nem por isso terá, a nosso ver, que pôr-se em causa a subsistência das regras de capacidade negocial colectiva. O que deve reconhecer-se é que o comportamento conflitual desencadeado à margem do sindicato, ainda que nos moldes especificados pela lei, não pode desembocar numa convenção colectiva propriamente dita sem que o mesmo sindicato intervenha.

A verdade é que o regime jurídico do exercício do direito de greve não restringe o uso deste instrumento às situações em que estejam em causa condições de trabalho. O «âmbito de interesses a defender através de greve» constitui matéria cuja definição cabe em exclusivo aos trabalhadores (art. 57.º/2 CRP; art. 530.º/2 CT).

A convenção colectiva é, por seu turno, um instrumento normativo cujo objecto se restringe ao círculo das chamadas *condições de trabalho*; visa instituir um padrão definido para o conteúdo das *relações individuais de trabalho* em certo âmbito.

Pode, em suma, configurar-se uma vasta área (cujas fronteiras são tudo menos precisas) em que os meios juridicamente ajustados aos conflitos laborais são utilizáveis sem que possa esperar-se, como solução ou resultado, o aparecimento de uma convenção colectiva.

Mesmo quedando-nos dentro dos limites da matéria laboral, não custa admitir o seguinte: que, embora a «comissão de greve» conduza o conflito contra o empregador, tendo em vista a obtenção de uma vantagem no plano das condições de trabalho, a consagração desta mesma vantagem venha a assumir a forma de convenção colectiva mediante a intervenção do sindicato representativo da categoria interessada [1]. Isso sucederá se a declaração de

---

[1] Esta afirmação deve entender-se em termos prudentes; os sindicatos, no nosso actual ordenamento, representam *trabalhadores inscritos* e não categorias

conflito na empresa (por intermédio da assembleia de trabalhadores) se integra no contexto de uma controvérsia categorial (conduzida pelo sindicato competente).

E se o litígio tiver objecto restrito à empresa, sendo representados os trabalhadores por uma comissão de greve?

A solução dele poderá traduzir-se materialmente num acordo, mas não numa verdadeira convenção colectiva (salvo se a questão for evocada por um sindicato que represente parte dos trabalhadores empenhados). Isso quer dizer que o consenso obtido carecerá de força normativa e não terá efeitos senão relativamente aos trabalhadores (e a cada um deles) que de facto o litígio abrange, ou seja, *uti singuli* – o que equivale a dizer que o conteúdo desse acordo se traduzirá na modificação de certos contratos individuais de trabalho e só desses. Daqui resulta que um tal dissídio não corresponde juridicamente à noção de conflito colectivo de trabalho. Tratar-se-á, meramente, de um conflito *plural* ou *plúrimo*, com efeitos restritos à esfera individual de cada um dos trabalhadores envolvidos. Tem isso que ver com a *natureza dos interesses* que caracterizam o conflito colectivo.

622. Os *interesses* cuja oposição produz o conflito colectivo hão-de ser também *interesses colectivos*.

Já noutro lugar houve oportunidade para se salientar que o conceito de *interesse colectivo* não só difere do de *totalização de interesses individuais* como visa constituir uma superação deste. O conflito potencial entre o interesse colectivo (de uma categoria) e o interesse individual (de cada membro dela) oferece justamente uma das razões que convergem na formação e no desenvolvimento do associativismo profissional (operário e patronal).

Observe-se, no entanto, que o interesse colectivo não pode definir-se *a priori*, é «estruturalmente elástico» ([1]) – tanto que pode

---

abstractamente determinadas. Todavia, isso não impede que cada um deles se mostre legitimado para a representação de todos os trabalhadores de certa categoria, em conformidade com os estatutos.

([1]) Aranguren cit. 480.

formar-se sobre ou a partir de pretensões individuais (p.ex. a neutralização de um despedimento).

Não existe, pois, um critério para a determinação da existência de interesses colectivos. Pode, sim, deduzir-se da via (sindical) pela qual se afirmam as pretensões, do *método* pelo qual são prosseguidas (a negociação nos termos regulados pela lei) e da amplitude dos *efeitos* que se vise desencadear com o resultado final: efeitos destinados a cristalizarem em *certos* contratos individuais ou, ao invés, os efeitos de um padrão geral para um conjunto abstracto de relações laborais (efeitos normativos, portanto). São estes traços os que particularmente definem o fenómeno de superação (e, em certa medida, apagamento) dos interesses singulares ou individuais que leva à afirmação de interesses colectivos e às correspondentes formas de prossecução.

623. É, enfim, característico dos conflitos colectivos de trabalho que eles se desenvolvam em torno da *regulamentação colectiva das relações de trabalho* ([1]).

Essa conexão objectiva pode assumir, basicamente, duas formas, que definem outras tantas modalidades de conflito – como adiante se assinalará.

Com efeito, pode ser que o litígio se centre no propósito (afirmado por uma das partes) da criação de novas condições normativas, ou da modificação das que existem: pretende-se ajustar o regime das relações de trabalho em certo sector, nomeadamente no que toca a retribuições ([2]), à evolução das condições técnicas e

([1]) Não decorre daqui que só o «litígio contratual» esteja coberto pelo ordenamento jurídico. Ver-se-á que a natureza dos objectivos que podem estar em jogo num conflito laboral pode ultrapassar largamente os limites dos processos de negociação colectiva. Todavia, é indiscutível que a maioria dos conflitos assume índole contratual.

([2]) «Tal hipótese verifica-se quer no caso de a própria convenção colectiva prever a variabilidade do padrão face a variações económicas objectivamente detectáveis, quer no caso de se tratar, *lato sensu*, da hipótese de excessiva onerosidade superveniente, para a qual a acção contratual seria idêntica a um pedido de *reductio ad equitatem* do contrato». – Aranguren, *ob. cit.*, 483. Entre nós, com

económicas, ou simplesmente à ascensão das expectativas e aspirações colectivas dos trabalhadores envolvidos.

Mas pode ser também que se gere a controvérsia em torno da interpretação ou do modo de aplicação desta ou daquela cláusula de uma convenção em vigor, que se não pretende por em causa como regulamento das relações laborais: visa-se, de ambos os lados, obter a comum aceitação do critério mais vantajoso para a concretização das normas questionadas – propósito tanto mais compreensível quanto é certo que, muitas vezes, a realização do acordo só se viabiliza ao preço de alguma ambiguidade na sua formulação.

Em qualquer caso – repete-se –, o conflito colectivo relaciona-se estreitamente com o exercício da autonomia colectiva; e mesmo quando, aparentemente, é outro o seu objecto (uma classificação profissional tida por incorrecta, um despedimento considerado injusto), não se reveste usualmente de grande dificuldade a constatação de que, no fundo, é da modificação de normas ou de critérios de aplicação destas que se trata.

§ 90. Conflitos «jurídicos» e conflitos «de interesses» (1).

624. O que se acaba de observar permite-nos pôr em relevo a existência de duas *modalidades* de conflitos colectivos de trabalho cuja diferenciação é feita em certos sistemas, como o português: a dos conflitos *jurídicos, de direito, ou de interpretação e aplicação*, por um lado, e a dos conflitos *económicos, de ordem económica ou de interesses*, por outro.

Os primeiros são os que dizem respeito à *interpretação e aplicação das normas já vigentes*, sobretudo as constantes duma convenção

---

o Código do Trabalho, a hipótese de excessiva onerosidade superveniente parece susceptível de relevar (em termos de tornar admissível a modificação antecipada do regime convencional), pelo menos no sentido de legitimar uma negociação antecipada (vejam-se os arts. 520.º/2 e 542.º/2).

(1) Cfr. A. Ojeda Avilés, *Derecho Sindical* cit. 319 ss..

colectiva. Trata-se neles, pois, duma questão «de direito», embora naturalmente esteja subjacente e *implícita* uma afirmação de interesses opostos.

Aos conflitos chamados «jurídicos» opõem-se, de acordo com o critério que estamos seguindo, os conflitos económicos ou de interesses. Como ponto de partida para estes, pode haver ou não um regime de trabalho definido; mas o objecto do litígio será o *estabelecimento de novas normas*, ou melhor, «a modificação duma norma jurídica já existente ou a criação dum preceito novo» ([1]). Acentua-se nestes diferendos o carácter *reivindicativo* e ajusta-se--lhes particularmente o *recurso aos meios de luta laboral*.

O conflito "jurídico" comporta, em regra, um processo de resolução semelhante ao que é assegurado pelos tribunais nos litígios de carácter individual: tratar-se-á de eleger, entre as possíveis, a *interpretação* mais correcta duma dada cláusula, o que, não sendo, obviamente, uma simples questão de técnica jurídica, pode contudo facilmente submeter-se a regras de solução pacífica num certo quadro institucional.

O mesmo se não dirá dos conflitos "de interesses" ([2]), por duas razões básicas: a primeira é que se trata de *criar normas* no ponto de equilíbrio de interesses opostos, estando presente um certo *jogo de forças* correspondente; a segunda resulta do facto de esses litígios só *se resolverem* perante uma fórmula que satisfaça autenticamente as partes, ainda que apenas em relação a dado momento – não cabendo falar de verdadeira *solução* quando surja uma fórmula baseada em autoridade exterior ao conflito (como

---

([1]) VILLEBRUN, *Traité théorique et pratique de la juridiction prud'homale*, Paris (1963), 113.

([2]) Em certos sistemas, porém, é reconhecida a possibilidade de resolução de tais conflitos pelos tribunais, naturalmente através de «sentenças normativas». É o caso notório do Brasil, onde a competência normativa dos tribunais do trabalho tem assento constitucional, existindo uma forma especial de processo para o efeito – o «dissídio colectivo». A solução tem sido, porém, muito discutida. Cfr. A. MASCARO NASCIMENTO, *Direito Sindical*, São Paulo (1982) 322. Retomaremos o tema um pouco adiante.

seria um tribunal, um departamento governamental), caso em que este poderá subsistir, ainda que em estado latente. Daí que, na doutrina germânica, se reserve para este tipo de litígios o rótulo de *arbitráveis* (1).

625. A distinção tem sido abundantemente criticada, de diversos pontos de vista.

Pode, em primeiro lugar, assacar-se-lhe o defeito da *relatividade*: é uma distinção válida ou artificial consoante se esteja perante um ou outro tipo de sistemas de resolução de conflitos. Em certos países (os pertencentes à família do *common law*), todos os litígios colectivos, independentemente do objecto, são submetidos a mecanismos não jurisdicionais criados a partir dos sindicatos (de trabalhadores e empregadores) ou suportados por estes.

Mesmo abstraindo das características do sistema instituído, pode ainda realçar-se a identidade de natureza que se descobre nas diversas formas de conflito pertencentes a cada uma das modalidades apontadas (2).

Com efeito – diz-se – os conflitos jurídicos têm, eles próprios, por objecto a fixação de um *sentido* operativo da norma questionada que, do ponto de vista de cada uma das partes, se traduza numa vantagem adicional em relação ao estado de coisas existente. Trata-se, ainda aí, de «criar uma norma» dentro da margem de indefinição ou de ambiguidade que o texto vigente comporta. Isso corresponde, muitas vezes, à realidade das coisas: o conflito de interpretação ou de aplicação não é mais do que a renovação, sob forma diversa, de uma controvérsia de interesses incompletamente dirimida pelo acordo que se celebrou (3).

---

(1) «Do ponto de vista processual, estes conflitos não podem ser decididos, podem somente ser compostos» – KASKEL/DERSCH 509.

(2) Cfr., p.ex., BAYON CHACÓN/PEREZ BOTIJA, *Manual de Derecho del Trabajo*, II, Madrid (1962) 717.

(3) A ambiguidade das formulações convencionais é, muitas vezes, intencional. Com ela, pretendem as partes ultrapassar uma dificuldade negocial, remetendo

Daí que, como se verá, também o conflito jurídico possa submeter-se (mesmo nos sistemas de *civil law*, como o português) aos dispositivos de solução que tipicamente se construíram sob a realidade do conflito de interesses (1).

626. A distinção tem, contudo, significado e utilidade (2).

Na verdade, existe uma importante diferença de *natureza* que pode ser formulada nos seguintes termos: «ninguém pode duvidar de que também a controvérsia colectiva jurídica se funda num

---

para a sede interpretativa (isto é, na realidade, para subsequentes momentos negociais) a sua resolução.

(1) E a inversa – será ela igualmente verdadeira? Poderão configurar-se dispositivos *jurisdicionais* para a resolução de conflitos de *interesses*? Ocorre isso, nomeadamente, no Brasil, país em que se dispõe de uma forma especial de processo perante a jurisdição do trabalho (o processo de *dissídios colectivos*), cujo produto é a *sentença normativa*. Esta «cria uma *norma* e, por conseguinte, vale para o *futuro*», além de que é susceptível de *extensão* a pessoas não representadas no processo. Como é óbvio, o critério de tais sentenças é o da equidade. Não se trata aí de aplicar o direito (positivo) mas de o conformar em termos tidos por social e economicamente adequados. O processo de dissídio colectivo (que, em caso de greve, pode ser instaurado *ex officio*) representa um sucedâneo da negociação colectiva (muito incipiente naquele país) e da intervenção administrativa nos conflitos declarados. Todavia, o sistema suscita inúmeras dificuldades, em particular as que respaitam à adaptação dos juízes (igualmente chamados a decidir *de direito* questões individuais) e à uniformização de critérios salariais (donde a fixação periódica, por «prejulgados» do Tribunal Superior do Trabalho, dos métodos e dos índices a empregar). E, de todo o modo, é um mecanismo alheio às exigências da autonomia colectiva. Para uma descrição sintética, vd. por todos SUSSEKIND-MARANHÃO-VIANNA, *Instituições de Direito do Trabalho*, 7.ª ed., Rio de Janeiro (1978) 930 ss.

(2) A LRCT acolhia-a na sua sistematização (*conflitos relativos à celebração ou revisão de convenções colectivas*, por um lado, *conflitos sobre a aplicação das convenções*, por outro), configurando para cada uma dessas modalidades processos apropriados de resolução específica. Questão diferente era a de saber se tais processos deviam considerar-se *privativos* (só utilizáveis na modalidade para que a lei previa cada um deles) ou susceptíveis de *uso comum*. O CT abandonou essa divisão, embora mantendo métodos de resolução diferenciados conforme o objecto do conflito.

interesse económico, só que, como é evidente, o interesse a agir na controvérsia colectiva jurídica se concretiza numa lesão de direitos, consequência da violação da norma colectiva (não aplicada ou erroneamente interpretada) (...)»; «o interesse económico pelo qual se age e que determina o *petitum* é, por assim dizer, mediatizado pela *causa petendi* (...)», ao passo que, no conflito económico ou de interesses, «o interesse colectivo de que o sindicato é portador (. .) pode ser realizado independentemente de a pretensão ser, de facto ou de direito, fundada ou não» [1].

É, em suma, o que atrás se observou quanto à melhor adequação dos vários dispositivos de solução a cada uma das modalidades de litígio colectivo. No conflito de interesses, com efeito, pode criar-se algum espaço para a relevância dos *fundamentos objectivos* das prestações em presença. Mas, em última análise, a solução do dissídio corresponderá à *resultante do jogo de forças em confronto*, não ao produto de uma comum valoração dos fundamentos invocados (isto é, à partilha de uma *convicção* pelos litigantes).

No conflito jurídico, pelo contrário, e ainda que sempre actue ou possa actuar o jogo de forças sociais contrapostas, a solução terá que basear-se em algo de pré-definido e que pertence ao conhecimento comum das partes; ela terá que assentar na convicção aceite de que é a *mais correcta* entre as comportáveis na norma questionada.

---

(1) ARANGUREN, *Le controversie collettive* cit., 492.

CAPÍTULO XI

OS PROCESSOS DE RESOLUÇÃO DOS CONFLITOS

§ 91. Os processos de resolução de conflitos colectivos jurídicos.

627. Como se notou, os chamados conflitos jurídicos comportam, por sua natureza, uma via de resolução semelhante à que, nos tribunais, é assegurada aos litígios individuais, pois trata-se, num como noutro caso, de *interpretar e aplicar normas existentes*.

Exemplo típico de tratamento comum dos litígios jurídicos (*Rechtsstreitigkeiten*), individuais ou colectivos, é-nos dado pela lei dos tribunais do trabalho da Alemanha (1). Idêntica é a solução acolhida pela lei federal do trabalho do México (2) (3).

---

(1) Cfr. BROX/RÜTHERS, *Arbeitskampfrecht*, 2.ª ed., Berlin (1982) 436. Note-se, entretanto, que esses tribunais são constituídos por juízes de carreira e representantes dos trabalhadores e empregadores.

(2) É evidente que estamos a referir-nos aos casos em que os conflitos jurídicos se apresentam na forma colectiva, isto é, como questões enunciadas em termos de generalidade e abstracção – não às hipóteses de «individualização» do conflito colectivo jurídico, ou seja, de instauração de acções judiciais por indivíduos que pretendem fazer valer em concreto pretensões fundadas nas normas controvertidas.

(3) Na Itália do período fascista, seguiu-se idêntica directriz (L.de 3-4-26), que teve ainda ressonância no Cód. Processo Civil de 1942; mas a abolição do regime corporativo, no pós-guerra, tornou praticamente inaplicáveis muitas das suas disposições, as quais, de resto, quanto ao ponto, não haviam funcionado satisfatoriamente.

Mesmo nos sistemas caracterizados pela prática oposta (ou seja: por um tratamento *comum* dos conflitos colectivos, seja qual for a modalidade), de que o francês constitui razoável amostra, manifestam-se dúvidas quanto à possibilidade de, no domínio das técnicas de resolução pacífica, se abstrair da diversidade do objecto dos litígios, sobrevalorizando-se simplesmente o seu carácter colectivo. Diz-se então: «sobre uma questão de direito, não há solução intermédia: um tem razão, o outro não» (1).

Mas a utilização estrita das técnicas de interpretação de normas ou de declarações negociais equivale a ignorar o sentido da acção "interpretativa" ou "integradora" da convenção colectiva. O papel do jogo de forças e do confronto de interesses não se esgota na formação do convénio colectivo. A interpretação e a integração das suas cláusulas constituem, na maioria dos casos, dois momentos adicionais na procura do equilíbrio de interesses colectivos: a convenção refaz-se e completa-se através da sua própria aplicação.

No entanto, o reconhecimento desta evidência não obriga a aceitar um tratamento comum para os conflitos jurídicos e para os conflitos de interesses. Os primeiros surgem ancorados numa realidade objectiva que é o texto da *convenção*. Ainda que deva conceber-se, neste domínio, algo de semelhante a uma interpretação «criativa», produto do confronto de interesses que se gere em torno da margem de indeterminação oferecida por esta ou aquela cláusula; e em qualquer das opções possíveis acerca das técnicas interpretativas a utilizar, sempre terá que se ressalvar a necessidade da correspondência mínima entre o sentido atribuído à cláusula e seu texto (vejam-se o n.º 2 do art.º 9.º e o n.º 1 do art.º 238.º CC).

De resto, como assinala DESPAX, a referida opção (entre as técnicas de interpretação dos negócios jurídicos e as de interpretação da lei) careceria de grandes consequências práticas «na medida em que a interpretação de um texto legislativo se aproxima muito da interpretação de um acto jurídico-privado; trate-se da

---

(1) RIVERO/SAVATIER, *Droit du Travail*, 7.ª ed., Paris (1978) 316. Com base nessa ponderação, os mesmos Autores consideram que só a arbitragem de adequa às características dos conflitos jurídicos (colectivos).

vontade do legislador ou da vontade comum das partes, é sempre de uma investigação de intenções que se trata ...» (1). Acrescente-se que, no caso das convenções colectivas, a «vontade do legislador» é justamente a «vontade comum das partes»....

628. A directriz mais geralmente consagrada aponta no sentido do recurso a dispositivos *autónomos* para a resolução dos conflitos colectivos jurídicos.

Nuns casos (Bélgica, por exemplo) existem comissões paritárias com mais vasta competência mas também incumbidas de fixar a interpretação de cláusulas controversas. Noutros, prevê-se que comissões do mesmo tipo (ou seja, integradas por representantes das partes subscritoras) possam ser criadas *pelas próprias convenções* para se encarregarem da mesma tarefa.

É esta a posição da lei portuguesa. O art.º 492.º/3 CT dispõe, com efeito:

«A convenção colectiva deve prever a constituição e regular o funcionamento de comissão paritária com competência para interpretar e integrar as suas cláusulas».

Trata-se de um modelo com tradições no nosso ordenamento jurídico. Na verdade, após um período em que vigorou o sistema *jurisdicional* (consagrado, nomeadamente, pela versão primitiva da Constituição de 1933), instituiu-se, em 1960, uma via *intermédia* (2) de resolução dos conflitos jurídicos (com o DL 43 179, de 23/9/60) – a do recurso às chamadas «comissões corporativas» (3). Após a mu-7dança de regime político, o DL 164-A/76, de 28-2 adoptou esse modelo ao prever que, no próprio clausulado das convenções

(1) *Conventions collectives* cit. 262.

(2) Entenda-se: entre o sistema *jurisdicional* e o do tratamento *comum* dos conflitos colectivos jurídicos e de interesse, pelas vias da conciliação e da arbitragem.

(3) Tratava-se de orgãos instituídos pelas convenções colectivas e compostos de representantes das partes (em paridade) e presididos por um representante do I.N.T.P.. Nos termos do n.º 3 do art.º 11.º do citado diploma, cabia-lhes, designadamente, «*interpretar e integrar* as convenções colectivas de trabalho» e, ainda, de acordo com o n.º 2 do aludido artigo «deliberar sobre as questões de

colectivas, fossem criadas *comissões paritárias* «com competência para interpretar e integrar as suas lacunas» (n.º 1 do art.º 18.º). Todavia, só as deliberações tomadas por *unanimidade* seriam vinculantes em termos idênticos aos das convenções em causa. Entretanto, a redacção dada àquele preceito pelo DL 887/76, de 29-12, veio a excluir da competência das comissões a integração de lacunas. A LRCT acolheu, no essencial, a orientação que provinha do antecedente: resolução dos conflitos jurídicos por comissões paritárias instituídas pelas convenções ([1]).

O CT abrange na competência das comissões paritárias a interpretação e a integração de lacunas das convenções. Está-se aqui, patentemente, perante uma questão de *grau*, não face a uma diferenciação qualitativa ou essencial. Com efeito, a integração de lacunas (tal como a interpretação) é uma actividade necessariamente enquadrada pelo contexto da convenção; por outro lado, a realidade mostra que, em muitos casos, se torna praticamente evanescente a distinção entre interpretação e integração das cláusulas de uma convenção.

629. Apesar de a instituição, a competência e as regras de funcionamento das comissões paritárias estarem na disponibilidade das partes, a lei cuida de estabelecer algumas condições imperativas que hão-de ser respeitadas, quer pelas convenções que as criam, quer pelos «estatutos» ou «regimentos» de que mais tarde venham a ser providas.

---

natureza exclusivamente técnica abrangidas pelas mesmas convenções». Conforme o art.º 14.º, n.º 2, as decisões interpretativas e integradoras das comissões corporativas seriam «publicadas no *Boletim do Instituto Nacional do Trabalho e Previdência*, depois de homologadas pelo Ministro das Corporações e Previdência Social, *passando a obrigar nos mesmos termos da convenção colectiva de trabalho*».

([1]) Deve salientar-se, no entanto, que essas comissões eram incumbidas somente da *interpretação*, não da integração de lacunas. A posição do legislador de 1979 explicava-se, decerto, pela ponderação de que os «conflitos de integração», enquanto neles está em causa a criação de normas para casos omissos (lacunas), encaixam melhor na categoria dos conflitos de interesses do que na dos conflitos jurídicos. A atitude da lei parece pois consistir em se co-locar o problema do preenchimento da lacuna no plano da negociação e, portanto, do conflito de interesses.

A primeira consiste numa exigência de «quorum»: as deliberações só são válidas se estiver presente *metade dos representantes de cada parte* (art.° 493.°/2).

O alcance desta regra relaciona-se estreitamente com um segundo aspecto de condicionamento legal: as deliberações tomadas por *unanimidade* (e, ao que se julga, só essas) consideram-se como *parte integrante* da convenção e ficam por isso sujeitas a depósito e publicação (n.° 4 do mesmo artigo).

Significa isto, desde logo, que pode acolher-se como regulamentação de uma certa cláusula, ou como explicitação de um regime para caso omisso, uma deliberação tomada na ausência de representantes do sindicato a que pertencem os trabalhadores especialmente afectados por essa cláusula (por ex. condições de promoção e acesso de trabalhadores de certa categoria). Ou seja, noutros termos: que estes trabalhadores podem ver-se atingidos por uma regulamentação *colectiva* para cuja formação não concorreu o sindicato a que pertencem.

Esta possibilidade, que ao menos em teoria deve admitir-se, traduz um desvio às regras pelas quais se explicita entre nós a autonomia colectiva; só se entende à luz de intenções marcadamente pragmáticas quanto ao funcionamento das comissões paritárias.

Outra questão é a de se saber se a unanimidade requerida pelo art.° 493.°/2 diz respeito ao conjunto dos *representantes* que são membros da comissão, ou ao conjunto das *partes* (equivalendo, neste caso, ao *consenso* entre a parte patronal e a parte sindical).

Um exemplo: numa comissão paritária têm assento três representantes da associação de empregadores e três representantes sindicais, um por sindicato; estando todos presentes, poderá considerar-se unânime uma deliberação que recolhe os votos favoráveis dos três representantes patronais e de apenas dois sindicatos (considerando-se que a vontade da representação sindical se formou por maioria)?

Ao abrigo de regime idêntico da lei anterior ao Código, defendeu-se, embora com dúvidas, a resposta afirmativa [1], invocando-se

---

(1) CAUPERS/MAGALHÃES 83.

em seu apoio a regra de «quorum» expressa no n.º 2 do mesmo artigo – regra que, como se viu, comporta consequências próximas das que resultariam da solução em causa.

Não podemos, por nossa parte, concordar com ela. Primeiro por não ser a que melhor corresponde ao teor do preceito: referir a unanimidade às *partes* representadas e não aos *membros* da comissão (componentes de um órgão colegial) não é apenas forçado; deixaria sem fundamento a exigência de «igual número de representantes» das partes, expressa (actualmente) no art.º 542.º/3. Depois, conduziria à conclusão, pelo menos perturbadora, de que as deliberações, a existirem, sempre seriam unânimes – coisa que a lei decerto não pressupõe.

§ 92. Resolução de conflitos colectivos de interesses.

1. *A lei perante o conflito colectivo.*

630. Os conflitos colectivos de interesses consistem, tipicamente, em situações de *crise da negociação directa.* As partes não conseguem (ou não desejam) avançar, por declarações negociais recíprocas e encadeadas, até uma fórmula de composição dos interesses que representam. Essa fórmula não surgirá, pois, espontaneamente: entre a máxima transigência de uma das partes e da outra, subsiste uma distância insusceptível de ser percorrida pelo desenvolvimento dos contactos directos entre elas. Pode ser até que nem mesmo tenha chegado a haver negociação, tal a radicalidade inicial das pretensões formuladas.

O ordenamento jurídico pode, naturalmente, permanecer numa atitude de indiferença perante tais situações. Fá-lo-á se tiver por pressuposto ideológico a *plena autonomia* dos sujeitos colectivos na gestão dos seus conflitos e na regulamentação das relações jurídicas a estabelecer na sua esfera de representação.

E, como é obvio, a esse pressuposto corresponderá a ideia de *suma responsabilidade social* dos grupos de trabalhadores e empregadores quanto às consequências que os litígios venham a lançar sobre a comunidade a que pertencem.

631. Todavia, a posição mais corrente dos sistemas jurídicos não é essa. Predomina, antes, se bem que em graus e modalidades bastante diversos, a atitude de intervenção nos conflitos colectivos laborais.

É fácil descortinar as razões que lhe estão subjacentes.

A primeira relaciona-se com a necessidade de *prevenir* ou, ao menos, *limitar no tempo* as situações de tensão social e desgaste económico que sempre se associam, em medida maior ou menor, aos dissídios laborais.

A segunda deriva do vector de *progresso social* que percorre a negociação colectiva e do seu papel simultaneamente nivelador das condições de vida da população. A inviabilidade de uma convenção colectiva em certo sector de actividade abre um *vazio* e promete um desequilíbrio que é necessário suster. Por isso se diz que a negociação colectiva tem a vocação da universalidade e da mutabilidade, potenciada até pelas tensões inflacionistas que caracterizam a nossa época. A frustração de um processo negocial não representa em regra apenas uma paragem, mas um retrocesso.

A terceira decorre da posição proeminente que a convenção colectiva de trabalho ocupa no elenco das fontes de Direito. Ela é, para além de um instrumento de progresso, um meio de adaptação das regras e dos princípios gerais às características técnicas e económicas de cada sector de actividade. Como *modo de produção de normas de adequação*, a negociação colectiva carece de ser assistida e fomentada pelo ordenamento jurídico; as crises que venham a afectá-la serão também crises de certeza do Direito.

2. *Os modelos nacionais e os procedimentos-tipo.*

632. Existem mecanismos de resolução destes conflitos que são característicos ou privativos de certos sistemas nacionais. Mas há também um catálogo de procedimentos-tipo que é quase universalmente aceites, inclusivamente fora do domínio laboral.

De entre os primeiros, cabe apontar apenas alguns exemplos.

No Brasil, como se anotou já, existe um processo jurisdicional específico – o de «dissídio colectivo» – para apreciação e resolução desses conflitos. O tribunal é investido de verdadeira competência normativa – a decisão desses processos designa-se mesmo por «sentença normativa» – cujo exercício implica o uso do critério de equidade. Os riscos notórios de falta de uniformidade de perspectivas decisórias – em particular no que toca à fixação dos salários – explicam que os métodos e índices utilizáveis na explicitação da equidade em matéria remuneratória sejam periodicamente definidos por «préjulgados» do Tribunal Superior do Trabalho.

Outro mecanismo peculiar é o instituído em 1947, pela Lei Taft-Hartley (*Labor Management Relations Act*) nos Estados Unidos da América, para os conflitos que ponham em perigo a saúde pública ou a segurança nacional.

O Presidente dos Estados Unidos nomeará uma comissão de inquérito que lhe fornecerá um relatório sobre a situação, com base no qual pode ser obtida uma ordem (*injunction*) do Tribunal territorialmente competente, no sentido de que não seja desencadeada ou não prossiga a greve, por um período de 80 dias – curiosamente designado como período de «arrefecimento» (*cooling off*). Essa trégua será aproveitada para diversas diligências de tipo conciliatório; mas, se o conflito não puder ser entretanto superado, a ordem judicial esgota a sua eficácia e (nomeadamente) o exercício da greve torna-se lícito.

633. Existem, como se assinalou, procedimentos-tipo para o tratamento dos conflitos colectivos de interesses. São eles *a conciliação, a mediação e a arbitragem* (1) (2).

Cada sistema nacional pode caracterizar-se pelo modo por que se definem e combinam esses meios de superação de litígios, e ainda pelo grau de intervenção estadual na sua activação.

A *conciliação* consiste, em geral, numa «negociação assistida»: além das partes, participa nela uma terceira entidade (que pode ser

(1) Para uma abordagem na perspectiva das relações industriais, veja-se M. SALAMON, *Industrial Relations* cit. 361 ss..

(2) Trata-se, de resto, de procedimentos inespecíficos, ou seja, utilizáveis em conflitos sobre qualquer objecto, como os de carácter comercial, os de consumo, etc..

um representante do Estado ou uma pessoa escolhida pelos próprios interessados) que se incumbe de auxiliar os interlocutores a encontrarem uma plataforma de acordo. A medida e a modalidade dessa intervenção são muito variáveis, desde o mero apoio processual (convocação, elaboração de actas) até à formulação de propostas ou sugestões às partes, aproveitando os indícios que estas vão fornecendo quanto a zonas de cedência possível.

Por vezes, com efeito, o acordo é dificultado simplesmente por falta de iniciativa dos contendores; nenhum deles deseja avançar com uma proposta que exprima uma cedência, sem a garantia de que esse passo seja correspondido da mesma forma pela outra parte.

Esta consideração tem também correspondência num outro expediente: *a mediação*.

Trata-se de um processo caracterizado pela intervenção de uma entidade alheia ao conflito, que, depois de se inteirar das posições das partes e dos seus fundamentos, lhes endereça uma recomendação ou proposta de solução.

Ainda aqui se trata de procurar o *acordo* dos intervenientes no litígio: o produto da mediação (quando bem sucedida) é uma convenção colectiva ou parte dela.

O acordo obtém-se, assim, pela via de uma relação triangular cuja complexidade pode variar muito de caso para caso. Na sua expressão mais elementar, a mediação consuma-se pela aceitação pura e simples da recomendação do mediador; mas não está fora da natureza desse procedimento que se estabeleça uma rede de declarações das partes e do mediador, através da qual se operam sucessivas aproximações a uma plataforma de acordo viável.

Estar-se-á então perante algo de semelhante, não já à «negociação assistida», mas à «negociação por interposta pessoa», sem que, todavia, o mediador assuma poderes de representação de qualquer das partes.

Resulta daí que a intervenção mediatória não tem que cingir-se a critérios de equidade ou de conveniência técnico-económica. O critério fundamental da mediação é o da *eficácia na procura do acordo possível*: cumpre ao mediador, não propriamente apontar a solução justa, sim descobrir e facultar às partes o ponto exacto de maior aproximação possível entre as suas posições.

A eficácia da mediação pode, ainda, ser potenciada pela intervenção de um quarto elemento: a opinião pública. Com efeito, se o mediador levar ao conhecimento geral o teor da sua recomendação, é possível, em determinadas situações, que o acordo seja facilitado pela pressão social consequente.

634. Cabe, enfim, referir a *arbitragem*. Também nela se verifica a intervenção de uma terceira entidade, mas o objectivo já não consiste na procura de uma solução acordada para o conflito; ao árbitro, ou à comissão arbitral, cumpre emitir uma *decisão* vinculante para as partes.

A *decisão, sentença ou laudo arbitral*, é pronunciada após exame das pretensões e dos seus fundamentos, com ou sem audiência das partes, e, em regra, independentemente de modelos processuais estritos.

Ao contrário do que se observou quanto à mediação, o critério da arbitragem é o da *equidade*. Trata-se, com efeito, de definir a solução *justa* para o conflito, dentro do espaço delimitado pelas últimas posições das partes.

Como é óbvio, tal solução pode não se localizar num ponto intermédio, mas coincidir inteiramente, porventura, com uma das pretensões em presença.

O critério da equidade pode ser, além disso, temperado pelo da *viabilidade económico-social*.

Com efeito, e por um lado, a decisão arbitral há-de ser não apenas *justa* mas também *prudente*: pode dar-se o caso de a pretensão do sindicato ser abstractamente correcta e atendível, mas pôr em causa a sobrevivência da empresa e, portanto, a ser satisfeita (como seria «justo»), conduzir ao desemprego dos trabalhadores interessados, ou seja, à cessação das relações que se visa regular.

Por outro lado, ocorre frequentemente que os conflitos entre sindicatos e entidades patronais tenham subjacentes antagonismos de interesses entre os grupos profissionais envolvidos e outros que são aparentemente alheios à lide. A solução «equitativa» (no plano do confronto entre os interesses dos trabalhadores representados e os das entidades patronais) pode gerar *outras* injustiças e, por conseguinte, outros litígios. O *equilíbrio social* do juízo arbitral constitui, pois, um dos parâmetros a observar: a decisão de um conflito colectivo pode, noutros termos, implicar a introdução, no juízo da equidade, de interesses aparentemente exteriores aos que se acham em confronto directo.

O recurso à arbitragem pode decorrer da *lei*, com ou sem intervenção da Administração, ou de *acordo das partes* (a chamada "convenção de arbitragem"). No primeiro caso, está-se perante sistemas de *arbitragem obrigatória* (exemplo clássico é-nos fornecido pela Austrália; mas pode ocorrer também, excepcionalmente, em Portugal); no segundo, tem-se a *arbitragem facultativa ou voluntária* (que, como se verá, está consagrada no sistema português).

635. Num sistema dominado pela voluntariedade dos procedimentos colectivos, em que a lei desempenha, fundamentalmente, um papel supletivo, não existe nenhuma relação necessária entre a negociação directa, o recurso aos mecanismos de resolução de divergências e o uso de formas de luta laboral. Não pode, sequer, dizer-se que esteja pré-condicionada a escolha, de entre os possíveis, do processo de resolução de conflitos a aplicar em cada caso.

Assim, uma greve pode ser decretada sem que haja negociação prévia (como reacção a decisões de gestão de recusros humanos consideradas prejudiciais para os trabalhadores); a frustração da negociação sobre salários pode conduzir, directamente, à luta laboral; as partes num conflito podem recorrer, sem mais, à arbitragem, e, após a decisão que nesta seja proferida, prosseguir as negociações; o inêxito da conciliação pode dar lugar a uma mediação, ou a uma arbitragem, ou ao retorno às negociações, ou, ainda, à greve.

As relações entre os vários tipos de procedimento utilizáveis na gestão de uma divergência de interesses colectivos podem esquematizar-se do seguinte modo ([1]):

([1]) O quadro é adaptado de M. SALAMON, *Industrial Relations* cit. 365.

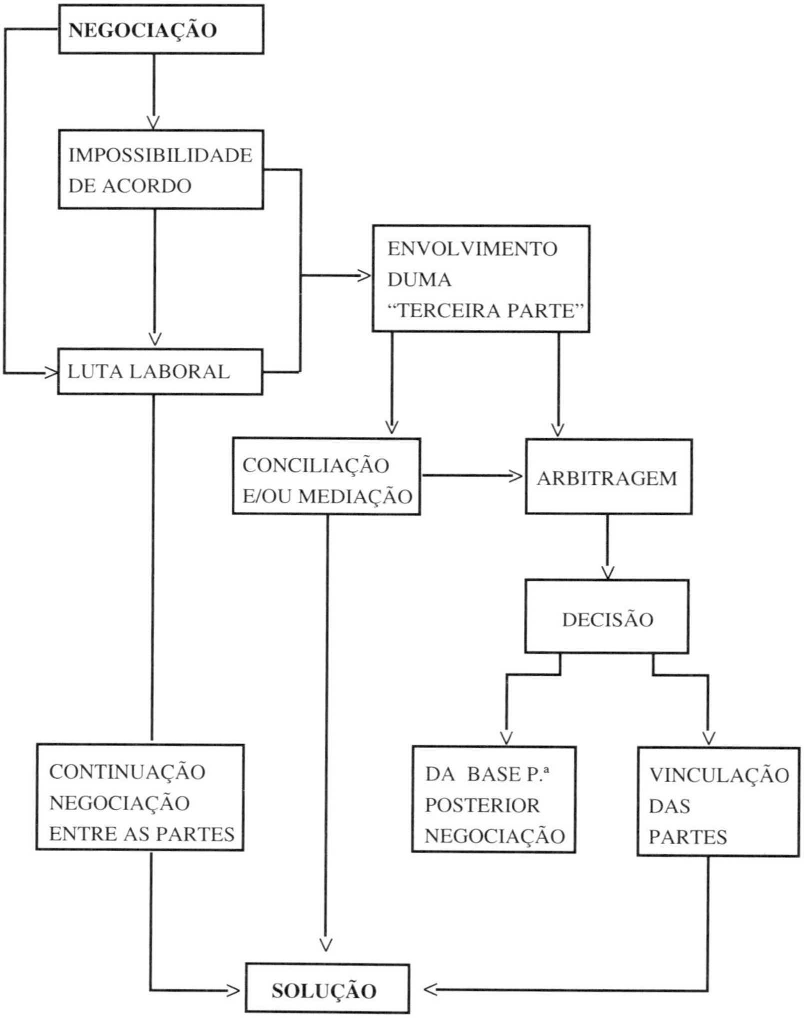

O desvio mais significativo que um tal esquema pode sofrer é o da instituição da arbitragem obrigatória, para a generalidade dos conflitos ou somente para aqueles que se revistam de maior relevância sob o ponto de vista do interesse geral.

3. *A resolução de conflitos na lei portuguesa.*

A) *Observações preliminares.*

636. O CT prevê e regula os três processos indicados (arts. 523.º ss.). A posição do legislador sobre a matéria, encarada globalmente, obedece às seguintes ideias gerais:

a) o recurso a qualquer dos referidos expedientes é, em regra, *facultativo*;

b) não existe qualquer relação de precedência entre eles: pode ocorrer somente arbitragem, uma mediação frustrada sem que se lhe siga uma arbitragem, etc.;

c) a disciplina processual contida na lei é (com algumas ressalvas) puramente *supletiva*: cederá perante as regras eventualmente convencionadas pelas partes.

Estes traços são comuns à conciliação, à mediação e à arbitragem voluntária. Há, todavia, que considerar ainda a hipótese de arbitragem obrigatória ([1]). Aí, o juízo de oportunidade do recurso à arbitragem e a regulação do processo de designação dos árbitros deixam de estar na disponibilidade das partes.

No quadro da lei que precedeu o Código, podia entender-se que, além dos expedientes apontados, também a intervenção regulamentar administrativa constituía um meio de resolução de conflitos colectivos de interesses.

Com efeito, a LRCT inseria a disciplina da *portaria de regulamentação do trabalho* no âmbito do regime da resolução desses dissídios. O legislador de 1979 mostrou-se, porventura, permeável ao modo por que, à época, era utilizado esse instrumento regulamentar pela Administração. Com efeito, e muito embora não pudesse considerar-se tal prática como correspondendo estritamente aos termos e pressupostos da autorização legal da emissão das

---

([1]) Esta possibilidade foi, no passado, admitida inicialmente apenas para os conflitos que envolvessem empresas públicas (na LRCT, com a redacção dada pelo DL 209/92), e só depois generalizada.

(então) PRT, é verdade que, em várias situações, inclusivamente na década de oitenta, a regulamentação administrativa foi usada como forma última de superação de conflitos. Também na prática, a emissão de uma PRT constituía, amiúde, a sequência de uma conciliação frustrada [1].

De resto, lei previa o recurso a portaria de regulamentação de trabalho em *situações tipicamente conflituais* (daí, também a inserção sistemática do regime dessas intervenções administrativas): a de *recusa reiterada de negociação* e a de *práticas dilatórias do processo negocial* (art.° 36.°/1 LRCT). Mas, do ponto de vista legal, eram essas e só essas as situações litigiosas legitimadoras da utilização de tal meio. Não bastava que se verificasse uma situação de impasse ou de ruptura negocial, era necessário que ela decorresse de comportamentos que manifestamente visassem impedir o normal desenvolvimento de um processo de negociação.

Isto permite compreender que a inclusão da PRT no elenco dos meios de resolução de conflitos de interesses não exprimia senão indirectamente a vocação que sempre foi a desse instrumento regulamentar, desde os tempos longínquos em que a legislação corporativa consagrou a via regulamentar administrativa como alternativa à contratação colectiva [2].

Tal vocação consistia fundamentalmente na cobertura das «zonas brancas» deixadas pela contratação colectiva – cobertura que, de resto, se produziria, em certos casos, por outro meio: a portaria de extensão. As «zonas brancas» podem resultar *da inviabilidade jurídica ou prática de regulamentação autónoma* (negocial e arbitral). A inviabilidade jurídica ocorrerá quando não existam interlocutores negociais (associações sindicais e de empregadores); a inviabilidade prática poderá derivar da ausência de vontade negocial de uma ou ambas as partes, exteriorizada por atitudes de recusa expressa ou implícita de encetar ou prosseguir negociações efectivas. A diferença

---

(1) Convém ter presente que, nos termos do regime supletivo da conciliação (art.° 524.° CT), esta compete hoje primacialmente aos serviços de conciliação do Ministério do Trabalho, embora possa ser confiada a terceiros.

(2) A base jurídica mais importante para essa possibilidade encontrava-se no DL 32 749, de 15/4/43.

fundamental entre o regime do Código e o da lei anterior consiste em que as PRT podiam ser chamadas a responder aos dois tipos de situações, ao passo que as (agora chamadas) *portarias de condições de trabalho* só são admissíveis na primeira.

B) *Conciliação.*

637. Em regra, o recurso à conciliação assenta no acordo das partes, mas a lei admite que o impulso pertença a uma delas em certos casos e condições (art.º 523.º/3) (1). Como é óbvio, esta última possibilidade só terá, em princípio, lugar quando seja aplicável a disciplina processual que a lei supletivamente estabelece. O impulso unilateral consistirá então num pedido ou requerimento dirigido ao Ministério do Trabalho (art. 524.º).

Se não existir acordo prévio quanto à entidade à qual será confiada a tentativa de conciliação (e não existe, a esse respeito, qualquer restrição legal), compete aos serviços de conciliação do Ministério do Trabalho realizar essa diligência, convocando as partes, no prazo de dez dias após a recepção do pedido, e orientando os contactos subsequentes.

638. Pode dar-se o caso de o conflito se referir apenas a *uma parte* das matérias que constituíram inicialmente o objecto de um processo de negociação directa. A conciliação (bem como, de resto, a mediação e a arbitragem) assume, nesses casos, um aspecto *residual* – que, desde logo, coloca o problema dos limites dentro dos quais há-de desenvolver-se. Está consumado o acordo das partes sobre um certo número de pontos; deverá a tentativa de conciliação cingir-se à procura de soluções de compromisso *avulsas* quanto

(1) No DL 164-A/76, de 28-2, previa-se a *obrigatoriedade da conciliação* para o caso de se tratar de conflito envolvendo empresas públicas ou nacionalizadas. Uma das alterações introduzidas naquele diploma pelo DL 887/76, de 29-2, consistiu justamente no alargamento da possibilidade de conciliação obrigatória a todos os conflitos de interesses. Por fim, a LRCT afastou totalmente esse mecanismo, mesmo relativamente às empresas públicas.

ao resíduo litigioso – ou, ao invés, poderá ela traduzir-se num novo *balanço global* de interesses e pretensões, isto é, numa reconstrução total e orgânica do acordo?

A questão tem a sua razão de ser no facto de se encarar, ao menos para certos efeitos, a convenção colectiva (em cuja formação ou revisão surge o dissídio) como um conjunto de normas interdependentes, se não no plano técnico, pelo menos do ponto dos interesses dos outorgantes. É, como se sabe, esta concepção que inspira a preferência revelada na nossa lei pelo método da *conglobação*, quando se verifica concorrência de convenções no espaço ou no tempo (art.°s 482.° e 503.°) ([1]).

Sendo assim, parece que deve admitir-se a hipótese de uma solução encontrada por via conciliatória vir a pôr em causa o equilíbrio global dos acordos anteriormente atingidos, requerendo o *reexame* de pelo menos algumas das matérias contempladas por elas. A conciliação poderia, em último termo, estender-se ao conjunto dos temas abrangidos pelo instrumento convencional de cuja formação se trata, embora, o conflito colectivo se houvesse manifestado apenas, de início, relativamente a alguns deles.

Cremos que a posição da lei é *adversa* a tal hipótese. O art.° 524.°/6, ao atribuir a prioridade, no processo conciliatório, à «definição das matérias sobre as quais vai incidir», revela a preocupação de que o objecto do conflito se *circunscreva* de início com o possível rigor, de modo a evitar-se a reabertura de questões já ultrapassadas ou ainda susceptíveis de encontrar solução negociada.

Não se pode, todavia, ignorar que o recurso à conciliação e os tipos de procedimento em que ela se traduza estão, em princípio, na disponibilidade das partes: o regime legal é, como se notou, supletivo. Por outro lado, as soluções encontradas ao longo das negociações directas só se tornam definitivas e vinculantes com o depósito e a publicação do instrumento convencional que as englobe. Os protocolos reguladores dos processos negociais

---

([1]) De resto, e também pela razão indicada, o problema é comum à conciliação, à mediação e à arbitragem.

estabelecem mesmo, na maioria dos casos, o princípio da *livre retratabilidade dos acordos parcelares* até à conclusão das convenções em que virão a inserir-se.

Assim, afigura-se mais correcto o entendimento de que, definido embora, nos termos do art.º 524.º/6, o objecto inicial da conciliação, é admissível o subsequente alargamento desse objecto no próprio contexto do processo conciliatório.

639. O *produto* da conciliação, quando tenha èxito, consiste num texto que integrará a convenção colectiva em cujo processo de formação o conflito surgiu.

Ao contrário do que já vigorou entre nós ([1]), a regulamentação estabelecida por via conciliatória não assume expressão formal autónoma: muito embora os resultados da diligência fiquem exarados em acta subscrita pelos intervenientes, trata-se de uma simples forma de integração (parcial ou total) do conteúdo de uma convenção colectiva. Nem outra coisa faria sentido, de resto: a conciliação é ainda uma modalidade de negociação e o resultado dela (quando positivo) assenta exclusivamente no acordo das partes.

Deste modo, a acta de conciliação não se destina, em si mesma, a depósito e publicação, mas apenas a condicionar, na parte correspondente, o *texto final da convenção colectiva* a que respeita.

C) *Mediação* ([2])

640. A mediação consiste, basicamente, numa tentativa de resolução consensual do conflito colectivo, a partir de uma *proposta* ou *recomendação* formulada por um terceiro designado por acordo das partes (o mediador).

Tal como se observou a propósito da conciliação, o recurso à mediação pode resultar de acordo dos contendores ou de impulso

---

([1]) O DL 49 212, de 28-8-69, autonomizava, em certa medida, *a acta de conciliação*.

([2]) O processo de mediação foi introduzido no nosso sistema pelo DL 164-A/76, de 28-2, e só muito raramente tem sido utilizado, pelo menos de modo formal e publicitado.

unilateral de um deles. A segunda possibilidade depende, porém, de ter havido conciliação e esta ter durado, no mínimo, um mês (art. 526.º/3-*b*)). A mediação pode ser realizada pelos serviços do Ministério do Trabalho, por «uma personalidade constante da lista de árbitros presidentes» ([1]) ou, ainda, por mediador escolhido pelas partes (art. 528.º/3).

Muito embora a intervenção do mediador se destine, tal como a conciliação, a propiciar uma solução convencionada, mantendo assim as partes o pleno controlo do desenvolvimento do conflito, a verdade é que existe uma diferença importante relativamente ao procedimento que acima se examinou. A diferença reside na *formalização de um projecto de solução* (a proposta ou recomendação) correspondente ao juízo de *viabilidade* do *acordo* feito por uma entidade considerada, pelas próprias partes, como independente e idónea para o efeito.

Esta característica confere à mediação um potencial de persuasão mais elevado – com o eventual acréscimo resultante da publicidade que à proposta seja dada – do que o da conciliação. A recusa da proposta do mediador por uma das partes – e convém notar que as respostas delas são reciprocamente conhecidas ao mesmo tempo (art.º 527.º/9) – é uma atitude caracterizada por riscos negociais particularmente ponderosos.

A circunstância de a mediação se traduzir, caracteristicamente, por uma relação *angular* (a própria lei regula o processo em termos de o mediador comunicar *separadamente* com cada uma das partes) não pode ter-se por acessória. Visa-se com isso, por um lado, limitar os efeitos de eventuais factores emocionais e, por outro, possibilitar que o mediador obtenha informações que as partes não estariam dispostas a revelar em negociação directa.

([1]) Trata-se da lista de árbitros existente no Conselho Económico Social, para efeitos de constituição de tribunais arbitrais, por sorteio, nos processos de arbitragem obrigatória (veja-se o art. 512.º CT). Ao abrigo do art. 12.º L. 7/ /2009, a matéria mantém-se provisoriamente regulada pelos arts. 569.º e 570.º CT 2003 e pelos arts. 407.º a 449.º L. 35/2004.

Este aspecto, que constitui, por assim dizer, a «chave» da mediação, acarreta, no entanto, exigências deontológicas precisas. Assim, em especial, o *dever de sigilo* que o art.º 527.º/10 impõe ao mediador.

641. As regras processuais dos arts. 527.º e 528.º apontam para uma moderada celeridade das diligências mediatórias. Com efeito, somados os prazos que ali se fixam, atinge-se um total de mais de um mês – período que, assumindo porventura as vantagens de um *cooling off*, se tem que considerar excessivo face às características e exigências da maioria dos litígios.

É certo, por outro lado, que a mediação pode não se esgotar nos seus momentos típicos e formais – a proposta do mediador, as respostas das partes –, mas integrar diligências conciliatórias tendentes a facilitar o acordo.

Não existem, obviamente, fronteiras estritas para a actuação do mediador; muito embora o art. 527.º sugira que a mediação tem limite de tempo, mesmo não havendo resposta explícita dos contendores, nada impede que o processo se desenvolva para além do prazo, enquanto o seu fim útil se mostrar viável.

Embora – ao contrário do Código de 2003 – a lei não o diga, a falta de resposta à proposta do mediador equivale a *não aceitação*. Tal consequência produz-se com o decurso de dez dias sobre a data da recepção da proposta pelas partes –, mas, ainda aqui, e independentemente da prévia definição convencional a que se refere o art. 526.º/2, a *utilidade* do processo prevalece sobre o rigor dos prazos: pode ser, com efeito, que as partes manifestem o propósito de responder, mas mais tarde, invocando, por exemplo, a complexidade dos pontos controvertidos – e, em tal hipótese, o esgotamento do prazo legal não permitirá que se ficcione a recusa da proposta. É, porventura, essa a razão pela qual, na revisão de 2009, não foi taxativamente estabelecida a equivalência entre omissão de aceitação e recusa da proposta.

Tal como se anotou relativamente ao produto da conciliação, o resultado (positivo) da mediação não assume expressão formal autónoma: trata-se, ainda aqui, da mera integração, parcial ou total, do *conteúdo da convenção colectiva* a que o litígio respeita.

D) *Arbitragem.*

642. A arbitragem é um processo *decisório*: uma entidade estranha ao conflito é chamada a estabelecer em termos definitivos a regulamentação das matérias controvertidas.

Entre nós (e desde 1992), a arbitragem pode ser voluntária ou obrigatória (art.^{os} 506.º e 508.º CT).

A arbitragem é *voluntária* quando a sua realização se fundamenta em acordo das partes (convenção de arbitragem), sendo também por elas feita a escolha dos árbitros e definidas as regras do processo (arts. 507.º). A arbitragem voluntária pode basear-se em cláusula compromissória contida na convenção colectiva a que se refira o conflito (art.º 492.º/2-*a*)).

A arbitragem é *obrigatória* quando a sua realização é determinada por despacho do Ministro do Trabalho e a escolha dos árbitros pode não ser feita pelas partes no conflito (art.º 508.º e 509.º). Aquela decisão pode corresponder a pedido de uma das partes no conflito ou a recomendação da Comissão Permanente de Concertação Social. Trata-se de uma *medida de recurso* na panóplia dos meios de resolução pacífica de litígios colectivos laborais: legitimam-na a frustração da conciliação e da mediação e a inexistência de acordo para a realização de arbitragem voluntária.

O Código de 2009 prevê ainda uma terceira modalidade: a "arbitragem necessária". Trata-se de um procedimento susceptível de ser adoptado quando, após a caducidade de uma convenção colectiva, não seja celebrada convenção nova aplicável a, pelo menos, metade dos trabalhadores anteriormente cobertos (art. 510.º). Mas, na realidade,não se está perante uma espécie diferenciada de arbitragem. A verdadeira arbitragem necessária realiza-se *por força da lei*, verificados que sejam certos pressupostos. Ora o dispositivo previsto nos arts. 510.º e 511.º CT depende de uma *decisão* (um "despacho fundamentado"...) do Ministro do Trabalho, mediante solicitação de qualquer das partes interessadas. Trata-se de um subtipo da arbitragem obrigatória, diferenciado apenas pela natureza dos pressupostos (caducidade de uma convenção, inexistência de convenção nova).

O «regime comum» da arbitragem nos conflitos colectivos de trabalho contém-se no arts. 505.° CT, havendo, todavia, que considerar ainda, a título subsidiário, o regime geral da arbitragem voluntária, contido na L 31/86, de 29-8; e, no tocante ao processo de decisão de promover a arbitragem obrigatória, o regime do Código do Procedimento Administrativo (art. 509.°/5).

643. As partes em conflito podem escolher os árbitros com bastante liberdade ([1]). Em regra, tratar-se-á de designar dois "árbitros de parte", que escolherão, por acordo, o "terceiro árbitro"; mas nada impede que a arbitragem seja confiada ao "árbitro único" a que se refere o art. 6.° L. 31/86.

A escolha dos árbitros (*de parte e terceiro*) era condicionada, tanto na legislação anterior ao Código, por certos requisitos de *independência* ([2]) que o CT não reproduz. A liberdade de escolha das partes deixou, pois, de encontrar, no regime da arbitragem laboral, limitações específicas. A nova posição do legislador explica-se pelo facto de que a realidade se distanciou consideravelmente dos propósitos dos diplomas publicados na segunda metade da década de setenta: nos escassos processos arbitrais que efectivamente ocorreram, o «árbitro de parte», embora juridicamente desvinculado de qualquer múnus representativo, actuou sempre (ou quase sempre) como um defensor das pretensões da parte que tinha designado. É o que, de resto, facilmente se recolhe da análise da escassa

---

([1]) O art. 10.° L. 31/86 estende o "regime de impedimentos e escusas estabelecido na lei de processo civil para os juízes" *somente* aos árbitros que não sejam designados pelas partes.

([2]) A circunstância de tais exigências serem comuns a qualquer das mencionadas qualidades permitia concluir que o legislador de 1979 concebia a figura do «árbitro de parte» à margem de qualquer ideia de representação dos interesses de quem procedia à sua designação: na visão da lei, o «árbitro de parte» era um componente do tribunal arbitral cuja idoneidade moral e técnica resultava atestada pela parte que o nomeava. Assim – e ainda na perspectiva da LRCT – o acto de designação do «árbitro de parte» exprimia uma atitude de confiança e não um mandato para a defesa de certos interesses ou pretensões.

«jurisprudência arbitral» existente, mormente das declarações de voto dos «árbitros de parte» ([1]).

Nem sequer foi inédito que uma «comissão arbitral» surgisse, abertamente, constituída por autênticos *representantes das partes*, embora com o suporte de um compromisso arbitral constante da própria convenção a que o conflito respeita ([2]).

O padrão imposto pela realidade parece mais adequado, em termos pragmáticos (e já várias vezes se notou a prevalência que, neste domínio, deve ser atribuída à avaliação dos resultados), do que o modelo apontado na lei anterior ao CT. É vantajoso que os pontos de vista das partes e a respectiva fundamentação tenham eco no interior da arbitragem, e que a decisão seja o produto de uma indagação contraditória.

O "árbitro presidente" (ou «terceiro», ou «comum», ou "neutro", designações utilizadas nos textos de algumas decisões) é a verdadeira instância decisória: é o seu voto que faz pender, para um lado ou para o outro, a maioria necessária. É esse, com efeito, o único árbitro propriamente dito ([3]).

644. Não existem no CT regras definidoras de um *rito processual* de arbitragem. A condução do processo, a natureza e a ordem das diligências a realizar, a própria duração delas, são pontos que se acham na plena disponibilidade dos membros do tribunal (ou comissão), salvo se houver prévio acordo das partes sobre a

---

([1]) Podem ver-se, por exemplo, as decisões arbitrais de 24/5/76 (Bol.Min. Trab. n.º 14, de 30/7/76, 1255 ss.); 18/11/76 (Bol.Min.Trab. n.º 24, de 30/12/76, 2639 ss.); 3/8/77 (BTE, 1.ª série, n.º 42, de 15/11/77, 2603 ss.); 3/10/77 (BTE 1.ª série n.º 4, de 29/1/78, 336 ss.).

([2]) Referimo-nos, por exemplo, à comissão arbitral emergente do ACT/ /SATA, que emitiu uma decisão publicada no BTE, 1.ª série, n.º 31, de 22/8/78, 1982 ss.. No entanto, tratava-se nesse caso de um conflito jurídico e a comissão agiu mais propriamente nos moldes da comissão paritária a que se refere o art.º 41.º LRCT.

([3]) Situou-se nesta linha de entendimento um projecto de diploma sobre as relações colectivas de trabalho que foi publicado, para discussão pública, na Separata n.º 1 do BTE de 11/6/79 (projecto A). Aí se previa a realização da arbitragem por *um só árbitro* e dois assessores designados pelas partes (art.º 54.º).

disciplina processual a cumprir (art.° 507.°/1) (1). Vai nesse sentido, também, o regime geral contido na L. 31/86: se as partes não regularem o processo, deverão fazê-lo os próprios árbitros (art. 15.°/3).

Por isso, o tribunal arbitral explicita, em regra, no início dos trabalhos, as regras de procedimento e os prazos que observará (2).

O processo arbitral desenvolve-se por uma série mais ou menos longa de reuniões do tribunal, sendo rara a audiência directa de representantes das partes. A estas pode ser, logo de início, solicitada a exposição escrita do que pretende e dos fundamentos respectivos, bem como o fornecimento dos dados técnicos que se tenham por necessários para a análise da controvérsia. A partir destes elementos, cada árbitro de parte enuncia a sua posição e, eventualmente, formula propostas de resolução do conflito. O terceiro árbitro terá que formar uma convicção e exprimi-la por um voto conclusivo.

Não raro, porém, e dada a estrutura do tribunal, o processo decisório evolui em termos para-negociais ou, mais precisamente, para-conciliatórios: o terceiro árbitro procura uma fórmula que possa obter o voto concordante dos dois restantes (o efeito social da decisão é naturalmente potenciado pela unanimidade) e só enuncia uma opção própria quando se mostra inviável esse consenso.

Para além dos dados fornecidos pelas partes, o tribunal pode socorrer-se de informações (de ordem técnica, económica e financeira) obtidas de certos departamentos do Estado (art.° 507.°/4). Existe também a possibilidade do recurso a peritos.

---

(1) Por exemplo, na Decisão Arbitral de 17/8/76 (*Bol.Min.Trab.* n.° 17, de 15/9/76, 1929) transcrevia-se a seguinte regra anteriormente acordada pelas partes no protocolo das negociações: «No caso de ser necessário o recurso à arbitragem, as partes nomearão os árbitros respectivos no prazo máximo de oito dias um terceiro árbitro. Depois de este nomeado proferirão a decisão no prazo máximo de quinze dias».

(2) No «protocolo de arbitragem» inserto na Decisão Arbitral de 3/8/77 (BTE 1.ª série, n.° 42, de 15/11/77), fixava-se (por acordo entre os três árbitros) o prazo de dois meses, para ser emitida a decisão.

645. A decisão arbitral assenta, como se observou, na *equidade*. Mas este critério há-de mover-se dentro de certas fronteiras, sob pena de *inutilidade* do processo e da solução emergente.

Em primeiro lugar, a arbitragem tem que respeitar as fronteiras da autonomia dos próprios litigantes: a decisão destina-se a constituir um sucedâneo do acordo entre eles, dispõe de eficácia idêntica (art.º 505.º/3) e tem, no caso de arbitragem voluntária, como suporte um compromisso básico das partes. É, meramente, a «solução justa» que os sujeitos não lograram fixar pelos seus meios.

Assim, e nos termos do art.º 478.º (que directamente se aplica às decisões arbitrais, por força do art.º 2.º CT), as soluções estabelecidas pelo tribunal arbitral não podem contrariar normas legais imperativas; estabelecer regulamentação das actividades económicas, nomeadamente no tocante aos períodos de funcionamento das empresas, ao regime fiscal e à formação dos preços; nem conferir eficácia retroactiva a qualquer disposição que não trate de matéria remuneratória. ([1]).

Ao contrário da acta final de conciliação e do acordo obtido em mediação, a decisão arbitral, tanto na arbitragem voluntária como na obrigatória, é um *instrumento regulamentar autónomo* (art.º 2.º). Por isso, está sujeita às exigências de *depósito* e *publicação* (art.ºs 505.º/2).

646. Como se disse, a arbitragem pode ser tornada *obrigatória* em certas situações que são descritas pelo art.º 508.º/1 CT: a *requerimento de uma das partes*, quando «tenha havido negociações prolongadas e infrutíferas, conciliação ou mediação frustrada e não tenha sido possível dirimir o conflito por meio de arbitragem voluntária, em virtude má-fé negocial da outra parte»; mediante *recomendação da Comissão Permanente de Concertação Social*; e por *iniciativa do Ministro*

([1]) Na vigência da LRCT, o tribunal arbitral estava legalmente impedido de «diminuir direitos ou garantias consagradas em convenções colectivas de trabalho anteriores», o que restringia consideravelmente a possibilidade de novos "arranjos" normativos ditados pela necessidade de encontrar solução equitativa para o conflito. O CT não adoptou essa regra limitativa.

do Trabalho, «quando estejam em causa serviços essenciais destinados a proteger a vida, a saúde e a segurança das pessoas».

Trata-se, como foi observado, de uma medida extrema no quadro das possibilidades de solução pacífica de um conflito colectivo. Para se entender que assim é, basta notar que a decisão do recurso a arbitragem obrigatória só pode ser tomada após audição das partes e da «entidade reguladora e de supervisão do sector de actividade em causa», e mediante explícita ponderação de um conjunto de factores apontados pela lei (art. 509.º). Mantendo-se dentro destes limites e condicionamentos, a arbitragem obrigatória não constitui, necessariamente, entorse a um sistema baseado na autonomia e na autotutela colectivas, constitucionalmente consagradas. De resto, em qualquer das hipóteses contempladas tem intervenção necessária a Comissão Permanente de Concertação Social – quer a título consultivo, quer mediante recomendação –, onde figuram os parceiros sociais mais relevantes.

O problema mais complexo que a montagem da arbitragem obrigatória levanta é, naturalmente, o da *escolha dos árbitros*, uma vez que, em regra, as partes em conflito se absterão de cooperar nela. Os arts. 569.º e 570.º CT 2003 (mantidos em vigor, pelo art. 12.º L. 7/2009, até que surja novo diploma sobre a matéria) tratam, quase exclusivamente, deste ponto crucial. Aí se define, minuciosamente, um processo em degraus, tendo em vista garantir a constituição do tribunal arbitral.

O ponto de partida é, naturalmente, a designação de um árbitro por cada uma das partes, cabendo aos dois a escolha de um terceiro. A recusa ou omissão de qualquer das partes, ou de ambas, e ainda a falta de acordo quanto à escolha do terceiro árbitro, serão supridas por designação do secretário-geral do Conselho Económico e Social – solução decerto surpreendente, de entre as várias possíveis –, mediante sorteio de entre árbitros constantes de uma "lista de árbitros dos representantes dos trabalhadores ou dos empregadores", no primeiro caso, ou da "lista de árbitros presidentes", no segundo caso. Essas listas são elaboradas no âmbito da Comissão Permanente de Concertação Social ou mediante diligências do presidente do Conselho Económico e Social.

CAPÍTULO XII

OS MEIOS DE LUTA LABORAL

§ 93. Noções gerais.

1. *As modalidades clássicas.*

647. Os conflitos colectivos de trabalho, esgotados que sejam os processos negociais e para-negociais de harmonização das posições em presença, manifestam-se, tipicamente, através do recurso a "meios de luta" com finalidade coactiva (quer dizer: comportamentos colectivos destinados a pressionar o interlocutor no sentido de este ceder).

Esses comportamentos colectivos podem assumir diversas formas:

Os que têm maior tradição, do lado dos trabalhadores são:

a) A greve (*huelga, grève, sciopero, strike, Streik*), abstenção colectiva de trabalho, resultante de acordo no seio dum grupo ou categoria de trabalhadores, com o propósito de forçar a aceitação, por parte do empregador, de um benefício exigido anterior ou simultaneamente;

b) O boicote (do alemão *Boykott*), que se traduz na obstrução sistemática e colectiva ao recrutamento de pessoal para uma empresa (bloqueio de trabalho) ou ao consumo dos seus produtos (bloqueio de consumo).

Do lado dos empregadores, as reacções a movimentos reivindicativos, traduzidos ou não em formas de "luta laboral", podem assumir modalidades muito diversas, e por vezes discretas ou não explícitas, de represália ou de pressão psicológica (jogando, por exemplo, com a hipótese de encerramento ou deslocalização da empresa), a maioria das quais inteiramente fora do alcance da lei. No entanto, a modalidade clássica é:

O locaute [1] (*cierre patronal, serrata, Aussperrung*), exclusão sistemática de um certo número de trabalhadores das suas actividades e dos seus locais de trabalho, com a perspectiva de extinção dos contratos de trabalho, para a obtenção de um objectivo litigioso do empregador.

2. *O enquadramento jurídico.*

648. O Direito Colectivo do Trabalho encontra grande parte da sua razão de ser no tratamento dado a estes fenómenos conflituais. Em geral, embora com matizes bastante variados (segundo os pressupostos político-económicos do sistema vigente em cada país), esse núcleo do Direito do Trabalho adopta, perante as "lutas laborais", posições destinadas a combater os seus efeitos de desgaste, e a «integrá-los» ou «absorvê-los» na ordem jurídica, com maior ou menor restrição da legitimidade das formas que podem assumir.

No que respeita propriamente aos métodos de coação directa, essas posições tendem combinar duas linhas de orientação: em primeiro lugar, cura-se de estabelecer processos *preventivos*, destinado a funcionar, obrigatória ou facultativamente, no sentido da resolução dum conflito de interesses; depois, configura-se um dispositivo jurídico *enquadrante* dos "meios de luta", definindo regras

---

(1) Usaremos, a partir daqui, esta forma aportuguesada da designação inglesa "lock-out", para a qual não existe termo vernáculo equivalente na nossa língua. O uso deste neologismo parece ter sido iniciado por JORGE LEITE, e, recentemente, reiterado no próprio título e no texto da monografia de RONALD AMORIM E SOUZA, *Greve e locaute*, Coimbra (2004). Esse uso parece-nos inteiramente justificado – tanto como o da palavra "greve" que, à passagem do francês para o português, perdeu apenas um acento. Ou ainda, como se vê no texto, o caso do termo "boicote". A opção parecerá decerto menos chocante a quem esteja ao par do que se passa no domínio do vocabulário informático.

para o seu uso, distinguindo modalidades lícitas e ilícitas, e prevendo, eventualmente, modalidades de intervenção pública no sentido de salvaguardar necessidades sociais intangíveis. Assim, dispõem-se meios de prevenção – e estabelece-se o "dirreito da guerra" para os casos em que aquela falhe.

Este enquadramento jurídico exclui, nomeadamente, as violências físicas e os danos patrimoniais – ou, mais amplamente, as condutas que configuram, nos termos da lei penal, crimes contra a vida, a integridade física e a honra das pessoas, contra o património e contra a realização do Estado de Direito (1).

É evidente que a configurabilidade criminal dessas condutas só pode dar-se quando não devam considerar-se cobertas pelo exercício de direitos – em especial, o direito de greve.

649. O ordenamento jurídico português adopta posições muito diferentes em face dos métodos coactivos mais característicos: a greve, pelo lado dos trabalhadores, e o locaute, no que respeita aos empregadores.

Enquanto a greve constitui objecto de um *direito* constitucionalmente consagrado – de resto nos termos mais amplos (art.º 57.º CRP) –, e cujo exercício é regulado pela lei, o locaute é alvo de sumária proibição constitucional (n.º 3 do art.º 57.º CRP) e legal (art.º 544.º/2 CT).

Significa isto que o nosso ordenamento jurídico não acolhe nada de semelhante ao *princípio da paridade de armas* (*Waffengleichheit*) (2) consagrado no sistema germânico no que toca aos conflitos colectivos laborais (3), e de que se extrai a licitude do locaute.

---

(1) Vejam-se, nomeadamente, os arts. 131.º ss., 143.º ss., 158.º, 180.º, 181.º, 187.º, 212.º ss., 329.º, 330.º, todos CP.

(2) Nesse sentido, e confrontando a probição do locaute com o princípio da igualdade consagrado no art.º 13.º CRP – na mira de verificar se o actual art.º 57.º/4 conteria uma «norma constitucional inconstitucional» –, pronunciou-se o Tribunal Constitucional pelo Ac. n.º 480/89 (DR 2.ª série, de 31-1-90).

(3) Trata-se de uma construção jurisprudencial desenvolvida a partir de um acórdão do Tribunal Federal do Trabalho de 28-1-55, e fundada no princípio constitucional da igualdade perante a lei.

Esta posição surge-nos, de resto, isolada no contexto europeu: nenhum outro sistema comporta a ideia de «paridade de armas» com a latitude que a jurisprudência alemã lhe reconhece. De um modo geral, e apesar do silêncio dos textos legais, o encerramento conflitual é encarado, pelos tribunais e pela doutrina, como um comportamento indutor de responsabilidade pelos prejuízos causados aos trabalhadores (1).

A «assimetria» revelada pelo ordenamento português em face do arsenal de meios de coacção directa – em correspondência, aliás, com a posição dominante nos sistemas europeus – justifica que a greve, enquanto objecto de um direito, seja tomada como centro de interesse preferencial na doutrina e na jurisprudência.

Nessa mesma linha, abordaremos em seguida, ainda que sumariamente, alguns dos tópicos mais importantes da teoria jurídica da greve, tomando como referência o regime legal vigente entre nós.

§ 94. A greve: noção e modalidades (2).

1. *A noção de greve em sentido jurídico.*

A) *A ausência de uma definição legal.*

650. O regime legal do exercício do direito de greve (arts. 591.º e segs. CT) não contém uma definição do conceito *normativo*

---

(1) Crf., em síntese comparativa, H. SINAY 364 ss..

(2) Na profusão dos estudos (não só jurídicos) sobre o tema, deve salientar-se, para uma perspectiva de direito comparado, a notável exposição elaborada por KAHN-FREUND para o Secretariado Geral do Conselho da Europa e por este publicada sob o título *Le droit de grève. Son étendue et ses limites*, Strasbourg (1974). Na literatura portuguesa, merece indiscutível destaque a monografia pioneira de BERNARDO XAVIER, *Direito da Greve*, Lisboa (1984). Mais recentemente, veja-se, numa perspectiva luso-brasileira, a obra de RONALD AMORIM E SOUSA, *Greve e locaute*, Coimbra (2004).

de «greve». A lei adopta, nesse ponto, uma atitude abstensiva que tem dado margem a diversos exercícios interpretativos. Quase todos eles incorrem num risco sério de apriorismo: a abordagem ideológica do problema da determinação da greve *em sentido jurídico* encontra aí excelentes oportunidades. A ausência de uma noção legal de greve pode servir para a demonstração de postulados tão contrastantes como estes: todo o tipo de «perturbação» colectiva do trabalho *cabe* no direito de greve; só a abstenção colectiva de trabalho com fins «contratuais» merece a cobertura desse direito.

Mas o silêncio da lei não pode deixar de ser encarado como um «facto» significativo para a nossa questão.

O partido que, em sede hermenêutica, pode ser tirado de tal omissão – e que, como vimos, comporta direcções e consequências conflituantes – deve ser «afastado do caminho» do intérprete. Por outras palavras: *da falta de uma definição legal de greve não pode extrair-se nenhum conceito de greve.*

651. Mas se a omissão da lei não «implica» um enunciado positivo acerca da noção jurídica da greve, ela representa, pelo menos, uma certa postura legal perante a questão da determinação da greve em sentido jurídico, isto é, acerca do problema (que o legislador não poderia, *a priori*, ignorar) da qualificação de comportamentos colectivos conflituais face à consagração constitucional de um direito de greve.

Deve, desde logo, evitar-se o apriorismo de uma visão «omnicompreensiva» da greve em sentido jurídico: não é legítimo afirmar-se que o legislador quis eliminar radicalmente qualquer possibilidade de «restrição definitória» e, portanto, admitir no âmbito protegido pela estruturação do direito de greve *todo* o tipo de comportamento colectivo conflitual que como «greve» seja apresentado ou proclamado.

Mas as coisas não são tão simples. Existe uma teoria dos «limites internos» do direito de greve que assume como referencial uma configuração «típica» do fenómeno regulado, ou seja, um *conceito de greve* previamente adoptado. Nessa perspectiva, haveria limites conaturais ao conceito de greve, ínsitos nele, e portanto susceptíveis de actuar como restrições jurídicas ao exercício da paralisação do trabalho (1). Qualquer definição legal, se existisse, prestar-se-ia desde logo a uma utilização restritiva nesse sentido, mais ou menos precisa e «molecular».

Ora o regime constitucional do direito de greve mostra-se hostil à delimitação legal desse direito, pelo menos de um dos pontos de vista possíveis: o dos motivos. O art.º 57.º, depois da expressão de reconhecimento e «garantia» do direito de greve, *veda à lei ordinária a limitação do «âmbito de interesses a defender através da greve»* (n.º 2). O objectivo ou motivação do comportamento colectivo é um dos elementos da noção de greve em sentido jurídico: em cada sistema, a amplitude dessa noção será, em grande parte, definida pela maior ou menor abertura do «leque» de motivações juridicamente admissíveis. Ora esse é um elemento sobre o qual a lei ordinária não pode dispor, nomeadamente em via definitória. A lei não pode *criar* motivações ilícitas da greve; estas existem só na medida em que derivam do próprio sistema normativo constitucional.

Esta restrição constitucional ajuda a explicar a omissão da lei no que toca à definição da greve como objecto de um direito. O legislador não terá «querido» definir a greve justamente porque, se o fizesse, teria que calar *qualquer* referência finalística; e, sem tal referência, o fenómeno ficaria por caracterizar. O elemento intencional da paralisação é, com efeito, decisivo para que possa ver-se nela uma greve e não um aglomerado de violações contratuais;

(1) A teoria dos «limites internos» foi sobretudo trabalhada na jurisprudência da *Corte di Cassazione* italiana, e desenvolvida por um importante sector da doutrina; todavia, foi abandonada no início dos anos 80, numa viragem de rumo daquele tribunal superior. Cfr. M. Persiani, *Diritto Sindacale*, 3.ª ed., Pádua (1992) 128 ss.; Carinci/de Luca Tamajo/Tosi/Treu, *Diritto del Lavoro – 1. Il Diritto Sindacale* cit. 374 ss.. Estes AA. assinalam, porém, como a mais recente orientação da *Cassazione*, ao assentar em que o sentido jurídico do termo greve corresponde ao seu significado comum, e este consiste em uma «abstenção de trabalho», é ainda tributária de um critério de «limites internos» – tal como, de resto, a orientação que defendemos no texto.

definir a greve *em sentido jurídico* implica referir esse elemento, mas referi-lo poderia facilmente redundar em limitá-lo – e é isso que a lei ordinária não pode fazer.

B) *A noção jurídica de greve.*

652. Mas daqui não se retira a inexistência, no pensamento da lei, de uma definida (e, portanto, delimitada) configuração dos fenómenos que integram a hipótese de referência para o regime do exercício do direito de greve.

Na jurisprudência italiana, tem-se considerado que o silêncio da lei aponta no sentido de que ao termo greve deve ser atribuído um significado jurídico coincidente com o «significado comum, acreditado no social», mas o significado comum entendido em termos «objectivos»: «só é greve o que está consolidado como tal no sentir e na prática social, isto é, um abandono do trabalho, colectivo no desenvolvimento e na finalidade» (1).

Esse é o entendimento comum do que seja um fenómeno chamado «greve». Para além da crescente diversidade que a experiência conflitual revela, e até dos particularismos nacionais no tocante ao seu tratamento jurídico, deve reconhecer-se que esse entendimento permanece suficientemente generalizado e difundido para, em qualquer caso, suprir a omissão de um explícito enunciado definitório do correspondente conceito normativo (2).

A literatura jurídico-laboral documenta cabalmente essa universalidade de entendimento: a greve é definida como «a suspensão colectiva e concertada da prestação de trabalho por iniciativa dos trabalhadores» (ALONSO OLEA); ou como «uma suspensão do trabalho efectuada de modo planeado e conjunto por uma pluralidade de trabalhadores para a obtenção de uma finalidade»

(1) CARINCI/TOSI/DE LUCA TAMAJO/TREU, *Diritto del Lavoro 1 – Il diritto sindacale*, 2.ª ed., Torino (1989), p. 367.

(2) Isto significa que, como é óbvio, sempre prevalecerá o conceito (mais ou menos amplo) que a lei porventura defina de modo explícito – ou que dela seguramente se extraia por via interpretativa.

(BROX/RUTHERS); e no mesmo conceito distinguem-se «dois elementos: um é a cessação do trabalho, o outro é o elemento da acção concertada» (KAHN-FREUND/HEPPLE) (1).

Temos assim, como certo que o regime legal da greve assenta num modelo de acção conflitual dos trabalhadores que corresponde, quanto ao modo de proceder, àquilo que usualmente se designa por «greve clássica» – embora se afaste dele no tocante ao elemento finalístico ou intencional, que, face ao texto constitucional, pode não se restringir a motivações de ordem exclusivamente contratual-profissional.

Esta convicção é impressivamente reforçada por soluções contidas no CT: a suspensão do contrato de trabalho (art.º 536.º) só é consequência jurídica adequada de uma cessação completa de actividade; a imposição de «serviços mínimos» (art.º 537.º) supõe a recusa total de trabalho; a avocação do regime das faltas injustificadas para o caso de greve ilegalmente exercida (art. 541.º) aponta no mesmo sentido.

Tudo aponta no mesmo sentido: a greve em sentido jurídico só é preenchida por comportamentos conflituais consistentes na *abstenção colectiva e concertada da prestação de trabalho, através da qual um grupo de trabalhadores intenta exercer pressão no sentido de obter a realização de certo interesse ou objectivo comum* (2).

653. Trata-se, em primeiro lugar, de uma *abstenção de trabalho*. Isso significa, desde logo, que, seja qual for a duração do fenómeno, haverá recusa da prestação de trabalho na sua inteireza

---

(1) ALONSO OLEA, *Derecho del Trabajo*, 9.ª ed., Madrid (1985), p.648; BROX/ /RUTHERS, *Arbeitskampfrecht*, 2.ª ed., Stuttgart, p.17; KAHN-FREUD/HEPPLE, *Laws against strikes*, London (1972), p.4-5. Nesta última obra, lê-se ainda adiante: «A não ser que se verifique completa cessação de trabalho, não há greve. ... Pode haver acção conflitual concertada que não preencha uma greve: diminuição de rendimento (*go slow*), «greve de zelo», recusa de trabalho suplementar».

(2) O contencioso da greve é, em Portugal, muito escasso, e daí, também, a reduzida contribuição dos tribunais para a conceptualização deste direito. Veja-se, todavia, em termos inteiramente nítidos, o Ac. STJ 14/12/89, *Ac. Dout.* 338, 293.

qualitativa, isto é, na totalidade dos elementos que a constituem. Não é configurável como greve em sentido jurídico um comportamento consistente na exclusão de *parte* dos actos constitutivos da actividade contratualmente devida; ou na realização integral dessa actividade segundo cadências, sequências ou modos de articulação *diversos* dos que estão definidos pela entidade empregadora ou, simplesmente, são os usuais na organização de trabalho ([1]).

Trata-se, depois, de uma abstenção *colectiva* da prestação de trabalho. É necessário o carácter colectivo do comportamento e do fim (caso contrário, verificar-se-ia um conjunto de abstenções individuais).

Pode perguntar-se se (considerando a dimensão individual do direito de greve, que adiante se focará) pode ser qualificada como tal a paralisação de um só trabalhador (*greve monoplace*), ao menos quando seja o único membro da categoria interessada no conflito.

A orientação dominante, colocando o acento tónico na essencialidade do exercício *colectivo* da greve, tem apontado para a negativa ([2]).

No entanto, há que considerar duas hipóteses em que a solução deverá ser positiva: uma é a de o trabalhador ser, em certa empresa, o único elemento da categoria que, a nível de sector, se encontra em greve; outra é a de, na evolução de uma paralisação colectiva, os trabalhadores regressarem, um a um, ao trabalho, mantendo a postura conflitual um único e último que, como os outros, havia aderido à greve. Neste caso, porém, o grevista renitente pode ficar a descoberto a partir do momento em que o sindicato promotor da greve declarar o seu termo (art. 539.º CT).

O carácter colectivo do fenómeno não postula exigências especiais quanto à importância relativa do número de trabalhadores parados: a circunstância de se tratar de uma minoria no efectivo da empresa atingida não rouba ao comportamento colectivo a qualificação de greve.

([1]) É a posição já acolhida, por exemplo, no Ac. STA 28/11/85, AD 319, 963, acerca da «greve de rendimento» ou *slow-down*.

([2]) Vd., por exemplo, GHIDINI 128; RIVERO/SAVATIER 281.

O enquadramento jurídico da paralisação colectiva (ao menos enquanto objecto de um direito) restringe-se aos *trabalhadores subordinados*, ou seja, aos sujeitos de contratos individuais de trabalho. Esta afirmação pareceria desnecessária, se não houvesse que tomar em conta certas realidades que, no plano sociológico, se têm manifestado a coberto do rótulo e do sentido funcional da «greve»: assim, as paralisações de estudantes, de médicos (enquanto profissionais livres) ([1]), de camionistas autónomos, de «mandatários» nos mercados de abastecimento de géneros alimentares, de abastecedores de combustíveis para automóveis. Essas diferentes situações fogem, inteiramente, ao domínio da greve como objecto de um direito constitucionalmente garantido ([2]).

654. O último aspecto a considerar na noção exposta diz respeito ao *móbil* da abstenção colectiva de trabalho. Existe uma pretensão comum aos trabalhadores envolvidos, a qual serve de fundamento à *decisão concertada* de empreender a greve.

> O art.° 2.° DL 392/74, de 27-8 (diploma que pretendeu, sem êxito, enquadrar a conflitualidade da época), ao enunciar o conceito de greve, atribuía-lhe como finalidade «a defesa e promoção dos interesses profissionais dos trabalhadores». E não parece poder duvidar-se que a correlação assim estabelecida entre o instituto da greve e *certo tipo de pretensões colectivas* se harmonizaria com a génese do fenómeno e com os próprios pressupostos da sua absorção nos quadros do ordenamento jurídico.

O art.° 57.°/2 CRP veio reservar aos próprios trabalhadores a competência para «definir o âmbito de interesses a defender através da greve», excluindo mesmo a possibilidade de «a lei limitar esse âmbito».

([1]) O direito de greve só pode ser reconhecido aos médicos que exerçam a profissão em regime de trabalho subordinado, mas a Ordem dos Médicos – visto não ser uma associação sindical – não pode decretar uma paralisação colectiva de médicos: vd. Parecer PGR n.° 91/82, de 9-6-82 (DR 2.ª série, n.° 70, de 25-3-83, 2171 ss.).

([2]) Crf. PERA, *Lo Sciopero e la Serrata in Nuovo Trattato*, c.t., 586 s..

Na mesma linha se situou depois a L. 65/77, de 26/8, que expressamente revogou o citado DL 392/74, não consubstanciando qualquer tentativa no sentido de qualificar, em termos precisos, os *motivos* ou *fundamentos* da greve.

O CT reproduz o comando constitucional (art. 530º/2), abstendo-se também de interferir na configuração de motivos legítimos ou ilegítimos para fazer greve. Voltaremos ao ponto. Todavia, ainda que provisoriamente, poderá assentar-se em que o conceito de greve acentua a necessidade de uma *pretensão comum ou colectiva*, independentemente da natureza dela.

2. *As "greves atípicas".*

655. Há fenómenos correntemente designados como «greves» que, sem deixarem de funcionar como meios, colectivamente assumidos, de coacção directa ou indirecta em conflitos laborais, oferecem dúvidas quanto ao acerto dessa qualificação.

Assim, existem meios de luta laboral, correntemente designados como «greves», em que *não ocorre abstenção de trabalho*:

a) a «greve de zelo», em que as tarefas ou funções são efectivamente exercidas, embora de modo tão detalhado e minucioso que acabam por causar a desorganização do processo produtivo;

b) a «greve de rendimento», caracterizada pela diminuição das cadências de trabalho, pela quebra do ritmo de produção e pela consequente redução do resultado.

Podem, por outro lado, apontar-se situações em *que a abstenção é meramente parcial*, quer dizer, respeita apenas a certos actos, tarefas ou formas de conduta, de entre os que se contêm nas funções normalmente exercidas. São exemplos desta modalidade:

a) a «greve da mala» nos transportes colectivos, que se manifesta pela abstenção da cobrança de bilhetes, muito embora os trabalhadores dela encarregados se encontrem presentes e realizem as restantes tarefas de que estão incumbidos;

b) a «greve da amabilidade», em estabelecimentos comerciais, caracterizada pela ausência de cortesia no contacto com os clientes (1);

c) a «greve das horas extraordinárias», sem prejuízo da regular prestação de trabalho no horário normal.

Assinalem-se, enfim, as paralisações que, embora resultantes de concertação em grupos determinados, *não abrangem simultaneamente todos os trabalhadores envolvidos*.

Constituem modalidades dessa espécie, geralmente apontadas pela doutrina:

a) a «greve rotativa» ou «articulada», em que ocorre a paragem sucessiva ou alternada em sectores do processo produtivo ou de grupos profissionais nele envolvidos, ao abrigo de uma concertação que a todos abrange, de modo a inviabilizar a laboração, mantendo-se sempre a aparência da disponibilidade de uma parte importante dos trabalhadores (2);

b) a «greve trombose», caracterizada pela paralização de apenas uma parte dos trabalhadores empenhados no litígio, os quais ocupam um sector vital ou estratégico do processo produtivo, pelo que a Empresa deixa de poder funcionar, embora subsista, na aparência, a disponibilidade de todo o restante pessoal (3).

A diversidade de modos de actuação pelos quais se pode traduz a atitude colectiva de incumprimento da obrigação de

---

(1) *Apud* PERA 594.

(2) Por exemplo: numa empresa de transportes rodoviários, param primeiro, durante quatro horas, as bilheteiras, depois por outras quatro, osmotoristas; enfim por novo período de quatro horas, o pessoal de manutenção e limpeza de viaturas. «Esta recente forma de greve parcelar constitui de algum modo a réplica ao trabalho parcelar, característico da sociedade industrial contenporânea» – observa H. SINAY 35.

(3) É um comportamento colectivo particularmente ajustado às condições de trabalho em cadeia. Ex.: numa linha de montagem de automóveis, pára o sector encarregado da colocação de carrocerias, mantendo-se os restantes em laboração.

trabalho explica-se por razões de *economia de meios* e de *potenciação do efeito coactivo* pretendido.

Trata-se, em suma, de procurar meios de obter *um máximo de mobilização* dos trabalhadores e *um máximo de prejuízos* para a entidade patronal, *com um mínimo de esforço persuasivo e de desvantagens* (nomeadamente pecuniárias) para os grevistas. É assim que o princípio clássico da correspectividade entre o trabalho e o salário, se possibilita a dedução da recusa do salário na pura e simples abstenção de trabalho, depara com alguma dificuldade de projecção sobre os casos em que os trabalhadores se achem presentes no local de trabalho e a executar as tarefas correspondentes ([1]).

656. Como se notou, a nossa lei abstém-se de estabelecer uma definição de greve ([2]). Todavia, o regime jurídico da greve pressupõe a noção enunciada como seu suporte.

Mas, para além de se abster de definir a greve, o legislador também não se pronuncia sobre as várias modalidades que o fenómeno da *perturbação da execução do contrato de trabalho* assume na realidade social e que, tendo propósito coactivos e conflituais, se não traduzem, todavia, *pela abstenção plena da prestação de trabalho.* Essas modalidades ficam, pois, entregues ao regime do incumprimento contratual, nas suas várias formas e gradações, pondo em marcha os mecanismos de responsabilidade inerentes.

Assim, o legislador do trabalho, pelo que respeita a comportamentos colectivos conflituais dos trabalhadores, toma em consideração, exclusivamente, um dos tipos possíveis: a abstenção colectiva do trabalho.

É o que, a nosso ver, decorre com suficiente clareza de preceitos como o art.° 533.° (em que se ressalva «a liberdade de trabalho dos não aderentes»), o art.° 535.° (proibição da substituição

---

([1]) Convém notar que a existência dos chamados *fundos de greve* constitui, ao que parece, uma raridade no movimento sindical português.

([2]) Não assim no DL 392/74, de 27-8, que, no art.° 2.°, dispunha: «Considera-se greve a recusa colectiva e concertada do trabalho tendente à defesa e promoção dos interesses colectivos profissionais dos trabalhadores».

dos grevistas) e, sobretudo, o art.º 536.º, que associa à greve a suspensão do contrato de trabalho, com perda do salário e cessação dos «deveres de subordinação e assiduidade».

§ 95. O direito de greve: natureza e conteúdo.

1. *A greve-liberdade.*

657. Um preceito como o art.º 57.º/1 – «É garantido o direito à greve» – sugere duas «leituras» diferentes, quer no plano conceitual, quer no seu alcance jurídico-prático.

Uma dessas leituras é a da de que se não «garante» um verdadeiro *direito*, mas uma simples *liberdade*, semelhante, quanto à natureza, à liberdade de culto (art.º 41.º), ou ainda, na esfera propriamente colectiva, à liberdade de associação (art.º 46.º). E à objecção liminar que poderia fazer-se a partir do próprio termo usado, de pronto se responderia que coisa semelhante ocorre com o «direito» de deslocação no território nacional (n.º 1 do art.º 44.º) e com o «direito» de reunião e manifestação (art.º 45.º).

A garantia do «direito» à greve traduzir-se-ia, segundo tal entendimento, na mera eliminação ou proscrição – nomeadamente pela via da inconstitucionalidade – de todos os obstáculos, factuais ou normativos, à possibilidade de os trabalhadores colectivamente se absterem de prestar os serviços prometidos através dos contratos de trabalho. Daí decorreriam o afastamento das normas incriminadoras da greve [1] (como as que existiram desde o início do

---

[1] É, de certo modo, o caso típico do direito italiano, em que a queda do regime corporativo foi entendida, por parte considerável da doutrina – mesmo para além dos corolários do art.º 40.º da constituição de 1948, que consagrou o «direito de greve» – como causa de ab-rogação das disposições do Código Penal de 1930 que tipificavam e puniam o crime de abstenção colectiva, em termos quase ilimitados – isto é, *com amplitude maior do que a do direito constitucionalmente consagrado*. Cfr., entre outros, RIVA SANSEVERINO, *Diritto sindacale*, 2.ª ed., Turim

período corporativo: DL 23 870, de 18-5-34), a denegação ao Estado da faculdade de intervir de modo impeditivo ou repressivo perante as paralisações de trabalho, e, inclusivamente, a exclusão da responsabilidade extracontratual dos trabalhadores parados pelos eventuais prejuízos sofridos pelos empregadores.

658. O fundamento mais significativo de tal concepção é o de que, estando juridicamente conformados certos processos de resolução (pacífica) de conflitos colectivos – e, portanto, de prossecução de interesses colectivos juridicamente relevantes –, o exercício colectivo de coação directa não encontra espaço entre os instrumentos *positivamente* oferecidos pelo Direito à acção dos sujeitos colectivos, constituindo, em si mesmo, uma *negação* das formas jurídicas de tutela daqueles interesses ([1]).

Em poucas palavras, toma-se como ponto de partida a *intrínseca antijuridicidade da greve*, reconhecendo-se que, por vezes, ela é socialmente *justificada* em face das circunstâncias ([2]).

Dir-se-á pois, nesta ordem de pensamento, que a atitude do ordenamento jurídico, ao reconhecer a justificação social das abstenções de trabalho em certos contextos concretos, e sobretudo ao acolher, neste domínio específico, os reflexos das ideias gerais de liberdade pessoal e de inadmissibilidade do trabalho imposto, não poderia, em estrita coerência, ir além de uma «garantia de liber-

---

(1968) 451 ss.; MAZZIOTTI, *Il diritto al lavoro*, Milão (1956) 268 ss.; D'EUFEMIA, *Diritto sindacale*, Nápoles (1967) 135 ss..

([1]) Sustentando que a greve não constitui senão um «mero facto jurídico», explicável pela «insuficiência dos meios práticos de solução, através do Estado, do conflito colectivo de trabalho», escreve, em obra recente, um conceituado Autor brasileiro: «Reconhecer a greve como direito significa proclamar a impotência do ordenamento jurídico nacional em face daquele tipo de conflitos. (...) Como o ordenamento jurídico está longe de ser perfeito, em várias hipóteses se reconhece o *direito de auto-defesa directa*. Apenas nesse sentido se pode falar em direito de greve (...)» – M. RUSSOMANO, *Direito sindical – Princípios gerais*, Rio de Janeiro (1975) 232 ss..

([2]) Cfr. PERA, *Lo sciopero e la serrata in Nuovo trattato di diritto del lavoro*, dir. por SANSEVERINO e MAZZONI Pádua (1971), vol. I 556.

dade», pelo menos no sentido de *imunidade* perante os mecanismos de responsabilidade criminal e civil extracontratual ([1]).

Porém, como nota SANTORO-PASSARELLI, o (eventual) reconhecimento da liberdade de greve não basta para descaracterizar a paragem do trabalho como *violação do contrato* ([2]). Embora tal paragem se comporte nos limites de um direito *perante o Estado*, de um «direito público de liberdade» ([3]), nem por isso deixa de assumir, *perante o empregador*, a dimensão «individual» do incumprimento da obrigação laboral fundada no trabalho. O trabalhador é socialmente «livre» de participar na abstenção colectiva de trabalho, não pode ser por isso incriminado ou sancionado; mas tal participação envolve necessariamente o inadimplemento de um débito pelo qual permanece responsável. E a consequência normal dessa violação seria a legitimação do despedimento pelo empregador (da ruptura do contrato), com eventual ressarcimento de prejuízos.

Ora o regime jurídico da greve, em Portugal, aponta noutra direcção: a de que a paralisação, em tal contexto, normalmente não legitima a extinção do contrato, mas antes a sua *suspensão*.

Por outras palavras, a greve é colocada de par com as situações de impossibilidade superveniente temporária da prestação do trabalho, *não imputável ao trabalhador* – como as resultantes de

---

([1]) Cfr. KAHN-FREUND, *Labour and law*, Londres (1972) 223. Tal é, sem termos diversos e na sequência de desenvolvimento histórico também dissemelhantes, a posição dos sistemas britânicos e alemão-federal; acresce que, neste último, a construção jurisprudencial da doutrina da «adequação social» (*Sozialadäquanz*) visou justamente delimitar o âmbito da exclusão de responsabilidade criminal e civil extracontratual, ou seja, no sentido exposto, a latitude da liberdade de greve – vd., por todos, HUECK-NIPPERDEY, *Compêndio* 423 ss.. Sobre o sistema britânico, vd., em síntese, DRAKE, *Labour law*, Londres (1973) 559 ss.. Note-se, por outro lado, que o termo «imunidade», correntemente usado na doutrina anglo-saxónica, com o sentido do texto, comporta acepção diversa, mais ampla, que recobre a própria responsabilidade contra-tual; cfr. GHEZZI, *Diritto di sciopero e attività creatrice dei suoi interpreti*, in «Riv. trim. proc. viv.», (1968), 24.

([2]) SANTORO-PASSARELLI *Nociones de derecho del trabajo* (trad. esp.), Madrid (1963) 49.

([3]) Cfr. PERA 561.

doença, da prestação de serviço militar obrigatório ou do cumprimento de deveres legais (vejam-se, no nosso sistema, os art.ºs 296.º ss. CT).

Assim, no nosso ordenamento jurídico, a "resposta" que é dada à greve é esta: o contrato de trabalho permanece, não obstante a interrupção da prestação de actividade, por causa que a lei reconhece como apta a legitimar essa interrupção do lado do trabalhador, ou seja, *a descaracterizá-la como violação contratual* ([1]).

2. *A greve-direito.*

659. O exercício, em certos termos, da «liberdade» de não cumprir o compromisso contratualmente assumido pelo trabalhador face à outra parte não representa violação contratual porque, durante a paralisação colectiva, o trabalhador fica *exonerado do seu débito* perante o empregador.

Por outras palavras, o ordenamento jurídico afirma, aí, a prevalência do interesse do trabalhador (prosseguido por uma lícita abstenção de trabalho) sobre o interesse da outra parte na prestação de trabalho acordada, conferindo ao primeiro a faculdade de agir de certo modo. Qual seja o conteúdo de tal relação jurídica «anexa» e contingente é ponto que adiante retomaremos; por agora, reconheça-se nisto algo mais de uma simples liberdade – trata-se de um verdadeiro *direito*, oponível à contraparte no contrato e prevalente sobre a obrigação laboral.

A concepção do direito à greve – ou antes, porventura, do direito *de* greve – oferece algumas dificuldades de acomodação dogmática. Desde logo, aquelas que resultam do facto de certas

---

([1]) Assim, entre nós, o art.º 536.º CT; em França, o art.º 4.º da Lei de Fevereiro de 1950; na Itália e na Alemanha, a jurisprudência construíu solução idêntica, à falta de legislação específica. Contudo, no último destes países, a suspensão do contrato e a inadmissibilidade de despedimento apenas se contêm no círculo relativamente apertado do critério de adequação social a que se fez referência – para além do facto de se admitir, mesmo dentro dele, o locaute com despedimento colectivo. Cfr. HUECK-NIPPERDEY 414.

modalidades de abstenção colectiva de trabalho – como a greve de solidariedade, verdadeiro exemplo de escola – visarem objectivos que estão *fora da área de disponibilidade do empregador* vinculado ao grevista. Mal se compreenderia, na visão de alguns autores – com saliência, na doutrina italiana, para MENGONI ([1]) – a afirmação de um direito do trabalhador perante a contraparte, com reflexo no conteúdo da relação laboral, sem que esteja em causa uma pretensão ou um motivo situado no domínio da mesma relação e na zona de influência do empregador. A construção da greve-direito relevaria, pois, necessariamente, duma concepção *restritiva* das modalidades lícitas de paralisação: cobriria apenas aquelas que se fundassem em reivindicações dirigidas ao conteúdo da relação laboral concreta de cada trabalhador envolvido – ou seja, noutros termos, as greves económico-profissionais ([2]).

Todavia, esta objecção não levanta, em si mesma, um escolho insuperável à construção do *direito* de greve, mormente se – como, pode dizer-se, propõe a maioria dos autores – ela não for amoldada pelo arquétipo do direito subjectivo, mas sim pelo do direito potestativo ([3]) ([4]).

([1]) MENGONI, *Lo sciopero nel diritto civile* in «Atti Primo Convegno di Dir. Proced. Penali» *apud* PERA 563.

([2]) Cabe notar que era esta, segundo cremos, a posição expressa no DL 392/74, de 27-8. No art.° 2.°, definia-se a greve por referência à «defesa e promoção dos *interesses colectivos profissionais* dos trabalhadores»; no art.° 6.°, declaravam-se ilícitas as greves desencadeadas por motivos políticos ou religiosos, e ainda, em princípio, as de solidariedade; no art.° 8.°, enfim, estabelcia-se em termos obrigatórios, a articulação da greve com o *iter* da negociação colectiva e, am particular, com os processos de resolução pacífica de conflitos laborais (conciliação ou mediação).

([3]) É, na verdade, a posição dominante, designadamente na doutrina italiana, em que a controvérsia àcerca da natureza e estrutura do direito de greve é, há décadas, particularmente viva e profunda. Cfr., entre outros, e naturalmente em versões diferentes: SANTORO-PASSARELLI 50, PERA 564 ss..

([4]) Na tipologia exposta por M. ANDRADE, tratar-se-á de um direito *potestativo modificativo*, pois que, no seu exercício, o conteúdo normal da relação de trabalho resulta efectivamente alterado: a abstenção intencional de actividade, pela circunstância de se inscrever no exercício da greve, não só se descaracteriza como violação do contrato, mas desencadeia efeitos atípicos, não apoiados no acordo das partes, em particular os que se condensam no estado de suspensão do

Porque a posição do empregador perante ele não assume carácter obrigacional, mas o perfil da sujeição – ou seja, traduz-se na necessidade de suportar as modificações introduzidas pelo titular do direito no conteúdo da relação laboral.

3. *A dupla dimensão do direito de greve.*

660. Mas o exercício exercício *individual* da greve comporta uma *dimensão individual* e uma *dimensão colectiva* inseparáveis.

Por um lado, o trabalhador, enquanto membro de uma categoria portadora de interesses colectivos, pode abster-se de trabalhar em conjunto com outros, sem que a sua conduta (individual e encarada na perspectiva de grupo) fique exposta à incriminação que poderia encarar-se tendo-se em vista o carácter *colectivo e concertado* da paralisação (as normas tipificadoras do delito de greve, quando existem, centram-se primacialmente, como é óbvio, no aspecto *associativo* do facto, não no carácter abstensivo da conduta individual) (1).

Por outro lado, e agora sob o ponto de vista individual, o mesmo trabalhador tem a faculdade de, aderindo a uma paralisação colectiva, interromper a prestação de trabalho, sem que possa ser contratualmente responsabilizado, antes *determinando, mediante uma opção pessoal, o desencadeamento do mecanismo jurídico da suspensão do vínculo.*

A greve apresenta-se, pois, perante o ordenamento jurídico, como uma realidade bifronte (2), e a questão está, afinal, em saber se suporta ou não o esforço de uma construção conceitual unitária.

---

contrato. Sobre a referida tipologia, vd. M. ANDRADE, *Teoria geral da relação jurídica*, Coimbra (1964), vol.I, 13 ss..

(1) Cabe, a este propósito, recordar que, na evolução do *common law*, as construções jurisprudenciais com maior significado para a restrição da licitude da greve se centraram na noção de *conspiracy* (*criminal conspiracy, civil conspiracy*, sucessivamente) ou seja, no momento colectivo ou associativo do fenómeno, que, justamente, lhe é essencial. Cfr. KAHN-FREUND 227 ss..

(2) Assinale-se, com esta fisionomia, a síntese de SANTORO-PASSARELLI, segundo o qual se trata, quanto ao *conteúdo*, de um *direito potestativo*, e, quanto ao *interesse tutelado*, de um *direito subjectivo colectivo*. Cfr. *Nociones* 50.

Ora uma construção unitária só oferece dificuldades nos sistemas jurídicos em que estejam definidas restrições sérias à licitude da greve em razão dos motivos. Nesses sistemas, poderá dizer-se que a greve não é propriamente livre senão quando seja praticada com certos objectivos. E a "funcionalização" de uma liberdade acaba por a aniquilar. Torna-se, pois, muito difícil harmonizar o genérico reconhecimento da liberdade de greve – resultante da queda de normas especificamente incriminadoras –, e de uma particular restrição do exercício lícito da greve ([1]) ao campo de interesses especificamente profissionais ([2]) – pois tal é a referência que, usualmente, serve para delimitar o campo da greve lícita.

Não é esse o caso do nosso actual sistema jurídico. Nele confluem a não incriminabilidade e uma genérica descompressão das motivações lícitas da greve, como decorre do art.º 57.º CRP e do art. 530.º CT. Estamos, pois, perante um verdadeiro direito de greve, articulando uma liberdade pública e um direito potestativo – como resulta do facto de não existir funcionalização a interesses económico-profissionais em sentido estrito, e, por outro lado, o seu exercício importar o efeito da suspensão dos contratos de trabalho ([3]).

([1]) Daí, entre outras, a laboriosa tese dualista de SUPPIEJ, ao distinguir entre um *direito subjectivo público* (liberdade) *de greve*, com grande amplitude, mas sem ressalva das consequências da violação do contrato – a tanto se reconduzindo o alcance da consagração constitucional do referido direito; e um *poder* («potestà») *de greve* face ao empregador, fundado no predomínio da autonomia colectiva sobre a individual (deduzindo este de *outros* preceitos, *maxime* constitucionais), mas *ipso facto* cingido ao campo dos interesses económico-profissionais. Cfr., do A. citado, *Diritto di sciopero e potestà do sciopero nel sistema della Constituzione*, in «Riv. Dir. Lav.», 1965, I, 3 ss..

([2]) Foi o que ocorreu na vigência do DL 392/74, atrás citado.

([3]) A exoneração do débito salarial (art.º 536.º/1 CT) não pode ser invocada como um argumento no sentido de uma estrutural oponibilidade do direito de greve ao empregador. Ela é mera consequência do sinalagma funcional que conexiona a obrigação de trabalho e a obrigação retributiva (cfr., para o regime geral da suspensão do contrato de trabalho, o art.º 295.º CT). Trata-se de uma consequência jurídica da situação factual criada pelo exercício do *direito* de greve, não é um elemento da estrutura deste direito. A greve faz cessar o direito

Assim, o n.º 2 do art.º 57.º da CRP visa superar a (pelo menos aparente) contradição formal e teleológica que, no seio de um complexivo direito à greve, existiria entre o factor *liberdade* e o factor *direito potestativo*, como reflexo do desajustamento das dimensões colectivas e individual que o mesmo direito comporta. Muito embora, no segundo aspecto, a faculdade de abstenção colectiva se projecte nas relações individuais de trabalho, reagindo sobre os interesses particulares nela se confrontam, não resulta daí qualquer restrição à largueza da licitude da greve: a actuação do «direito de greve» tem, à luz do n.º 2 do art.º 57.º, o mesmo espaço (e sujeita-se portanto aos mesmos limites eventuais) que o exercício da «liberdade de greve», nas acepções anteriores propostas.

661. O carácter unitário da concepção que, segundo cremos, está subjacente ao art.º 57.º CRP, nos termos expostos, encontra apoio na especial natureza dos interesses juridicamente tutelados e na relação dialéctica que se estabelece entre eles e os que se confrontam na relação individual de trabalho. Trata-se de interesses colectivos que se não confundem com o interesse singular de cada trabalhador envolvido, mas cuja tutela directa há-de necessariamente passar por *comportamentos individuais*, embora coligados ou agregados ([1]).

A auto-defesa de direitos, admitida em certos termos no art. 21.º CRP, concretiza-se aqui de forma peculiar, perante a figura do interesse colectivo ([2]) e o princípio da autonomia colectiva ([3]), ambos quase omnipresentes no capítulo II do título III da CRP.

---

ao salário porque determina uma interrupção temporária (lícita) da prestação do trabalho não imediatamente imputável ao empregador.

([1]) Na verdade, como alguém observou, os sindicatos não podem, por definição, *fazer* a greve, mas apenas declará-la e conduzir o inerente processo – CESARINI SFORZA, *Verso il «diritto di serrata»* in «Dir.Lav.», 1960, p.1, 327.

([2]) Cfr. GHIDINI 139.

([3]) Vd., em síntese, HUECK/NIPPERDEY 323.

Mas a circunstância de estarem em causa interesses colectivos, e de a defesa desses interesses implicar uma dimensão colectiva, não contende com a questão da *titularidade* do direito de greve. Essa titularidade recai sobre o trabalhador individualmente considerado ([1]). O momento decisivo e crucial do exercício da greve é o da *adesão individual*, através da qual cada trabalhador interessado deixa de prestar o trabalho contratualmente devido. Pode haver deliberação da greve no âmbito do sindicato, aviso solene e formal de que ela vai realizar-se – mas não haverá greve alguma se não for tomada, no foro individual de cada trabalhador, e por ele concretizada, a decisão de parar o trabalho. Essa decisão, como se verá, é querida pela ordem jurídica como *livre* de condicionamento externo, nomeadamente de pressão colectiva por parte do grupo interessado.

Assim, a instrumentalidade colectiva do direito de greve não implica o reconhecimento da «titularidade colectiva» do mesmo direito ([2]). Basta notar que, na nossa lei, são admitidas paralisações decretadas à margem do sindicato (art.º 531.º/2 CT). Os sindicatos, as próprias assembleias de trabalhadores e as comissões de greve previstas no art.º 532.º CT surgem como *instrumentos* do exercício da abstenção colectiva, não como *titulares* do direito correspondente – que é, repetimo-lo, um direito do trabalhador singular. Mas um direito instrumentalmente condicionado pela natureza dos interesses tutelados – interesses colectivos, de categoria ou de grupo – em termos de pressupor a coligação ou associação intencional com outros trabalhadores ([3]).

Dir-se-á então que, embora perfeita como direito individual na esfera de cada trabalhador, a faculdade de paralisação comporta apenas o elemento colectivo *como condição da sua efectivação*. Afinal, esse elemento colectivo participa do próprio *conteúdo* do direito de

---

([1]) Cfr., por exemplo, o Ac. Rel. Lisboa 20/1/93, BTE 2ª série, 10-11--12/94, 1103.

([2]) Cfr., por exemplo, ZANGARI, *Principi di diritto sindacale nel sistema della costituzione formale*, Milão (1962) 363.

([3]) Vd., neste sentido GHIDINI 139.

greve (tal como o direito de reunião) sem que lhe apague a fisionomia de direito individual. É um *direito colectivo de cada trabalhador.*

4. *O conteúdo do direito de greve.*

662. O direito de greve surge como instrumento de auto-tutela de interesses colectivos. Situa-se no ponto de cruzamento do dogma da *liberdade pessoal* e do princípio da *autotutela de interesses colectivos*, ambos constitucionalmente consagrados ([1]).

Aos trabalhadores é reconhecida, pelo ordenamento jurídico, a possibilidade de agirem em defesa de fins colectivos que se proponham, negando por certo tempo ao empregador aquilo que originariamente lhes pertence e que alienaram em benefício dele através dos contratos individuais de trabalho: a disponibilidade da sua força de trabalho. Esta disponibilidade condiciona vantagens e utilidades visadas pelo empregador; pois bem: no contexto de um dissídio colectivo, é retirada àquele tal fonte de benefício, passando a desenvolver-se o confronto de capacidades de resistência entre o empresário privado de recursos humanos e os trabalhadores desprovidos de condições de subsistência.

Assim, o exercício da greve representa a sobreposição (lícita) da liberdade pessoal a um compromisso de actividade contratualmente assumido: os trabalhadores colocam-se provisoriamente «fora do contrato» ([2]).

Sendo a posição obrigacional do trabalhador subordinado constituída por um feixe de deveres principais e aces-sórios que convergem num complexivo *comportamento devido* (em si mesmo incidível) – correspondente, no essencial, a uma situação de disponibilidade condicionada perante outrem –, parece inviável conceber-se mais do que duas hipóteses: ou bem que aquela disponi-

([1]) Sobre a noção de autotutela colectiva, vd. GIUGNI 197 ss..
([2]) H. SINAY 135.

bilidade e o inerente comportamento são mantidos – e estar-se-á perante a normal execução do contrato –, ou bem que cessam na sua globalidade, e poderá tratar-se do exercício do direito de greve.

«Se a greve é abstenção colectiva do trabalho – escreve PERA (1) –, ou se faz greve ou se trabalha nas condições normais do contrato: *tertium nom datur*». O que se entende (juridicamente) inviável é fazer «meia greve», observar apenas algumas obrigações acessórias e não outras, ou, em última análise, realizar o comportamento devido só em certos aspectos, aspirando-se simultaneamente (e na medida restante) à cobertura do direito de greve.

O direito de greve significa, para cada trabalhador, a possibilidade de, em certas condições (nomeadamente a do enquadramento colectivo), deixar de cumprir o compromisso contratual – mas não a de, exercendo porventura o *tipo* de actividade prometido, o fazer em termos *por si mesmo* ordenados ou predispostos a causar um prejuízo à contraparte. A negação da disponibilidade (e, por conseguinte, da subordinação) só pode ter-se por correspondente a um direito na medida em que se traduz na *omissão do comportamento devido*; não assim se se manifestar por um *comportamento diverso* e *substitutivo* daquele.

> Comentando a orientação dominante na jurisprudência francesa (adversa à absorção no conceito de greve dos comportamentos colectivos que não envolvam paragem de actividade), escreve H. SINAY: «pretendendo, ao mesmo tempo, fazer greve e continuar a trabalhar, o trabalhador procura conciliar o inconciliável. Pois, enquanto faz greve, escapa à alçada contratual, ao passo que, prosseguindo o trabalho, se sujeita necessariamente à autoridade do empresário e, portanto, à disciplina da empresa» (2).

663. Mas, como se viu, não dispomos de uma definição legal da greve, que permita separar formas lícitas e ilícitas de perturbação da prestação de trabalho.

---

(1) *Lo sciopero* cit..

(2) *La greve* cit. 202.

No quadro de sistemas jurídicos em que ocorre idêntica omissão legislativa, a posição mais corrente na doutrina e na jurisprudência é a do reconhecimento da «regularidade de princípio da greve, exercício de um direito, sejam quais forem as normas utilizadas» (1). Nesta linha parece situar-se a ousada – e pouco fundamentada — tese da Relação de Lisboa, segundo o qual, não havendo uma «tipicidade legal das formas de autodefesa de categoria» e *ainda quando se adopta um conceito restrito de greve*, «terão necessariamente de admitir-se a seu lado, também como legítimas, certas espécies que recebam designações distintas, como, v.g., o *boicote* (primário ou secundário) ou o próprio *picketing*» (2).

A inexistência de uma delimitação legal dos comportamentos cobertos pelo direito de greve, pode, assim, ser interpretada como expressão de uma atitude de «recepção», pela ordem jurídica, dos dados da experiência social, a qual por vezes se conjuga com tentativas doutrinais de «dar corpo a um processo de adequação dinâmica à experiência do fenómeno da abstenção colectiva de trabalho» (3).

Mas esse necessário ajustamento não pode contornar dados do direito positivo, já apontados, que supõem – aliás de acordo com a experiência historicamente gerada em torno do fenómeno da greve e da formação, em torno dela, de um "direito" – a ocorrência de *recusa ou abstenção colectiva* do cumprimento (total ou parcial) da prestação de trabalho enquanto objecto de obrigação contratual do trabalhador. E daí que devam excluir-se do conceito de greve comportamentos como «a greve de zelo» e o *slow down*, justamente porque não envolvem abstenção do trabalho, mas antes actividades em moldes diferentes dos devidos (4); do mesmo modo, admite-se no âmbito do conceito todo o género de paralisações

---

(1) Camerlynck/Lyon-Caen, *Droit du travail* 750.

(2) Ac. Rel. Lisboa (Sec. Cível) 24-7-79, in *Colectânea de Jurisprudência* ano IV, 1194 ss..

(3) Cf. G. Branca, *Sciopero, controversia collettiva, mediazione dei pubblicipoteri* in *L'organizzazione e l'azione sindacale*, 363. Vd. também Carinci/Tamajo/Tosi/Treu, *Il diritto sindacale*, cit., 367.

(4) Cfr. Ghidini 135.

do trabalho de curta duração, intermitentes, rotativas, etc. (1). Assim se tem entendido que «a greve selectiva, greve tampão ou greve trombose – greve num sector fundamental da empresa de tal modo que acaba por implicar a paralisação total – é, em princípio, lícita» (2).

664. Assim, o conceito jurídico de greve requer que haja, por parte dos trabalhadores integrantes da concertação grevista, períodos (mais ou menos longos, simultâneos ou não) de *efectiva e total abstenção de actividade*. As questões que se suscitam, no plano dos *efeitos* da greve a propósito da tais comportamentos breves, intermitentes ou rotativos – questões a que pode ser necessário dar respostas não lineares, como adiante se observará –, não afectam, a nosso ver, o problema diverso da *legitimidade* dos mesmos comportamentos.

É o que não ocorre na «greve de zelo», na «greve de rendimento», e, de um modo geral, nas formas de paralisação fraccionária. Trata-se de situações alheias ao direito de greve, susceptíveis do tratamento próprio do comprimento defeituoso do contrato (3) ou (na perspectiva da doutrina italiana) da chamada *non collaborazione* (descrita na antiga lei penal como consistindo na prestação de actividade «de modo a perturbar a sua própria continuidade e irregularidade») (4).

O mesmo se não dirá de todas aquelas outras modalidades de conduta conflitual dos trabalhadores que, em condições diversas têm de comum a ocorrência de verdadeira *abstenção de trabalho* Poderá eventualmente discutir-se a sua licitude, em função de

(1) Cfr. LYON-CAEN/PELISSIER, *Les grands arrêts de droit du travail*. 2.ª edição Paris 1980 p.32.

(2) Cfr. Parecer PGR 91/82, de 9/6/82, BMJ 324, 377. No mesmo sentido, por exemplo, o Ac. Rel. Lisboa 12/12/90, CJ 90, 5, 179.

(3) E a posição da jurisdiprudência francesa (cfr. H. SINAY 201). Em sentido semelhante, entre nós, quanto à «greve de rendimento», vd. CAUPERS e MAGALHÃES.

(4) Cfr., por todos, PERA 593 ss..

modo por que se opera essa abstenção e dos *efeitos* que produz, mas não cabem, a nosso ver, dúvidas de que se estará no domínio próprio da greve enquanto objecto de um direito dos trabalhadores.

Pode exemplificar-se com a *recusa colectiva de trabalho extraordinário* (1). Por um lado, trata-se de um comportamento qualitativamente idêntico ao que caracteriza a greve «clássica»; consiste na não realização de uma prestação de trabalho devida, isto é, numa omissão ou abstenção que redunda em privar o empregador de um período de actividade necessária à realização dos seus fins. Por outro, tem uma suficiente homologia *funcional* com a recusa colectiva da prestação num período normal de trabalho, nos casos (mais frequentes) em que ela exprime o repúdio da contra-prestação (isto é, do salário no valor oferecido pela entidade patronal). Pois será de recusar a legitimidade da recusa colectiva do trabalho extraordinário quando ela *vise obter um acréscimo da taxa de remuneração desse trabalho*, ou seja, quando essa recusa exprima o desacordo do conjunto dos trabalhadores perante o valor em aplicação para esse efeito? Se – como nos parece – a resposta a tal questão deve ser afirmativa, então não se vê maneira de obstar à generalização dessa resposta quanto à legitimidade e idoneidade do comportamento em causa como *espécie de greve sob o ponto de vista jurídico* (2).

Nem parece convincente a argumentação que poderia aduzir-se com base no carácter pretensamente *acessório* da prestação de trabalho extraordinário, relativamente à actividade convencionada.

Para o efeito da determinação da greve, um elemento decisivo consiste na *abstenção colectiva de trabalho devido*, independentemente das relações funcionais que tenha no seio da actividade da empresa. *Em referência ao período em que ocorre*, a recusa do trabalho extraordinário envolve uma abstenção total (temporária) e não apenas a omissão de *uma parte* ou de *um acessório* do comportamento devido. Não vemos, por isso, razão para configurar tal abstenção em moldes diversos dos da recusa de trabalho normal *numa fracção do horário* – fenómeno que não suscita dúvidas quanto à qualificação de greve.

---

(1) Esta modalidade de greve é também admitida pela jurisprudência da *Cassazione* italiana, depois de, durante décadas, ter tido dela apreciação negativa. Cfr. CARINCI/DE LUCA TAMAJO/TOSI/TREU, *ob. cit.* 380.

(2) Neste sentido, H. SINAY 40.

§ 96. A greve no direito positivo português: esboço histórico.

665. Em Portugal, a lei foi, durante muito tempo, expressa no sentido da proibição dos meios de luta laboral e na qualificação criminal de tais procedimentos. Reconhecido que fora o direito de greve (e também o direito de locaute) pelo Dec. de 6-12-1910, a Constituição de 1933 colocou-se em posição radicalmente oposta ao *proibir* o uso da «suspensão de actividade», tanto dos trabalhadores como das empresas, como meio de imposição de interesses colectivos (art.º 39.º) (1). Na mesma linha se situou o E.T.N. (art.º 9.º), ao estabelecer expressamente a punibilidade de tais práticas.

Estes princípios foram concretizados, em primeiro lugar, pelo DL 23870, de 18-5-34, que abordava sucessivamente o locaute (art.º 1.º), a greve (art.º 2.º), o locaute e a greve «com fins políticos» (art.ºs 3.º e 4.º), o locaute e a greve «por solidariedade ou simpatia» (art.º 5.º), a suspensão colectiva de actividade nas empresas individuais (art.º 6.º), o boicote (art.º 7.º), a sabotagem (art.º 9.º), etc. – estabelecendo, para todos esses actos, penas que iam da multa ao «desterro», de 4 a 10 anos. Com particular severidade eram tratadas as mesmas situações quando nelas estivessem envolvidos funcionários públicos, trabalhadores de «empresas de interesse colectivo» ou de «quaisquer outras, singulares ou colectivas, que se destinem ao abastecimento e satisfação das necessidades gerais e impreteríveis das populações» (art.º 13.º ss.).

Mais tarde, o Código Penal, no art.º 170.º (2), veio, por seu turno, prever e sancionar «o encerramento de estabelecimentos comerciais ou industriais e a suspensão ou cessação do trabalho em qualquer serviço do Estado, serviços concessionários ou em outros de interesse público, bem como de qualquer actividade económica sem causa legítima».

666. A atitude do Direito português perante a greve revelou, a partir de 1974, uma decisiva inflexão. O DL 392/74, de 28 de Agosto, reconheceu-a como um direito dos trabalhadores, embora

(1) Essa posição fora já iniciada com o decreto 13 138, de 15-11-27, ao revogar o diploma de 1910.

(2) Com redacção dada por DL 41736 de 17-7-58.

regulando detalhadamente o seu exercício, quer no aspecto processual, quer no respeitante à natureza e amplitude dos objectivos (interesses) prosseguidos. Assim, o conceito de *greve ilícita* recobria, de igual modo, a paralisação de um sector-chave, a greve com ocupação dos locais de trabalho ou iniciada sem aviso-prévio, por um lado, e a greve de solidariedade ou com propósitos políticos, por outro ([1]). Dentro da mesma perspectiva, o exercício da greve foi integrado na lógica do processo de negociação colectiva, requerendo por isso a lei que houvesse tratativas prévias entre as partes e que fosse observada certa tramitação (incluindo um pré-aviso) no desencadeamento da greve.

Por outro lado, os efeitos da greve (conforme fosse lícita ou ilícita), sobre as relações individuais de trabalho, não resultavam com suficiente clareza do contexto legal. Apenas se dispunha (art.º 16.º) que a greve suspende os contratos de trabalho, continuando a correr a antiguidade dos trabalhadores grevistas. Ora, como se sabe, a suspensão do contrato pode assumir várias modalidades, particularmente no que toca aos seus efeitos sobre o *salário* (vd. art.ºs 330.º ss. CT); e, *a priori*, seriam paralelamente defensáveis (embora

([1]) O diploma em causa reflectiu claramente as influências de diversos sistemas estrangeiros, particularmente da Europa Ocidental. No que diz respeito, em especial, à demarcação da licitude da greve, são singularmente víncadas as semelhanças com o sistema francês – muito embora este seja ainda, fundamentalmente, o produto de uma longa e complexa sedimentação jurisprudencial. Acrescente-se que as divergências reveladas pelo dispositivo do DL 392/74 perante tais modelos apontavam sobretudo no sentido restritivo. Assim, por exemplo, a ausência de uma «cláusula geral» como a da adequação social (*Sozialadäquanz*) da greve – aceite pela jurisprudência alemã, na esteira do pensamento de NIPPERDEY (veja-se, em síntese, o *Compêndio* cit., 423 ss.) – acarretou a definição de uma apertada tipologia de situações, reduzindo ou eliminando quase a margem de apreciação qualificativa pelos tribunais. A greve de solidariedade ou simpatia (*Sympathiestreik*) é aceite pela jurisprudência alemã, não pela francesa, ainda sim pela italiana. Quanto à greve política, pesem embora as reconhecidas dificuldades que oferece o recorte de tal noção, é praticamente pacífico, na doutrina e na jurisprudência dos referidos países, o entendimento segundo o qual se trata de comportamento ilícito, quer no plano colectivo, quer no das relações individuais de trabalho. Para completa informação, veja-se *Jura Europa – Droit du travail/Asrbeitsrecht* cit..

com razões dotadas de peso diferente) a posição segundo a qual a greve constitui facto ligado ao trabalhador e o entendimento de que se trata de situação inerente à empresa; como, por outro lado depararia com assinaláveis dificuldades o estabelecimento da *imputação* da greve, como pressuposto do destino a dar ao salário.

É, de todo o modo, princípio comum aos vários sistemas jurídicos que reconhecem o direito à greve o de que se, por um lado, o exercício deste direito não pode ser, em si mesmo, invocado pelo empregador para romper justificadamente o contrato, por outro lado ele determina a *perda do salário* por parte dos trabalhadores grevistas ([1]). Cremos que esta mesma ideia reproduz o espírito do art.º 16.º DL 392/74, embora nele apenas se referisse o fenómeno da suspensão do contrato – ou seja, o primeiro aspecto acima apontado.

De qualquer modo, e não apenas pelas notórias dificuldades técnicas que a sua aplicação suscita, o DL 392/74 teve, como se sabe, muita escassa ou nula projecção prática.

667. Com a entrada em vigor da CRP, verificou-se a consolidação do direito à greve, com o afastamento das aludidas restrições *legais ao âmbito e natureza dos interesses subjacentes.*

Dispõe, com efeito, o art.º 57.º: «1. É garantido o direito à greve. 2. Compete aos trabalhadores definir o âmbito de interesses a defender através da greve, não podendo a lei limitar esse âmbito».

À luz deste preceito, ficou naturalmente em causa a possibilidade de limitação do direito de greve em função dos motivos. Mas, por outro lado, permaneceu aberto o espaço para que o legislador ordinário limitasse o exercício do direito assim reconhecido, quer no plano das *formas* que tal exercício pode assumir (isto é, dos tipos de comportamento em que a própria greve se traduz: paralisação parcial, ocupação dos locais de trabalho, braços caídos, alteração de cadências, etc.), quer no das *regras processuais* a observar no seu desencadeamento (competência exclusiva, ou não, dos sindicatos e delegados sindicais; aviso prévio, comunicações a autoridades administrativas, etc.) – tudo aspectos que, como se notou, o DL 392/74 contemplou com certo detalhe.

([1]) Vd., por exemplo, GHIDINI 122; HUECK/NIPPERDEY, *Compêndio* 411 ss ; RIVERO/SAVATIER 227 ss.

A posição assumida pelo legislador constitucional perante o direito à greve projectou-se na L 65/77, de 26/8 (LG), que revogou o DL 392/74. O diploma de 1977 não consubstanciava qualquer tentativa no sentido de qualificar, em termos algo precisos, os *motivos* ou *fundamentos* da greve; nem mesmo no de introduzir alguma precisão do tocante às *formas* que o exercício daquele direito pode assumir. Apenas assumiam relevo notório os *aspectos processuais* relativos à deliberação e declaração da greve (art.^{os} 2.º, 3.º e 5.º), bem como os referentes à salvaguarda da liberdade de trabalho (art.^{os} 4.º e 10.º) e dos serviços essenciais (art.º 8.º). No que toca aos efeitos da greve, mantinha-se, no essencial, a solução do DL 392/74.

A circunstância de o regime da LG ter revelado um grau importante de efectividade explica, talvez, o facto de o CT o ter absorvido quase literalmente, salvo no que toca à organização dos "serviços mínimos" que foi objecto de consideração parcialmente inovatória (art.^{os} 538.º). Tendo em vista a determinação desses serviços em organizações controladas pelo Estado, é consagrada a "arbitragem de serviços mínimos", que permanece, provisoriamente, regulada pelos art.^{os} 439.º ss. L. 35/2004.

§ 97. Os motivos da greve.

668. O art.º art. 57.º/2 CRP tem sido considerado obstáculo insuperável a qualquer tentativa de ilegitimação da greve em função dos *motivos*: ele veda mesmo a ingerência da legislação ordinária na delimitação do «âmbito de interesses» susceptível de fundar a licitude da paralisação colectiva de trabalho.

É certo que, tomada literalmente, a expressão da CRP (retomada na lei ordinária: art. 530.º/2 CT) comporta uma leitura bastante menos radical acerca da relevância dos motivos da greve. O «âmbito» dos interesses é coisa diferente da «natureza» deles: diz respeito à maior ou menor *generalidade*, às dimensões *categorial e geográfica* da pretensão deduzida, não à *qualidade intrínseca* desta. Os trabalhadores que participam no concerto grevista podem *livremente* definir aquela amplitude, mesmo para além dos limites da sua esfera de interesses próprios. Daí, nomeadamente, a licitude da *greve de solidariedade* [1] e a admissibilidade de *qualquer âmbito geográfico* para a abstenção colectiva de trabalho. Mas os trabalhadores não podem, em contrapartida, fazer greve (ou melhor, não o farão sob a cobertura do correspondente directo) por motivos de qualquer natureza.

Por muito sugestiva que pareça, esta construção não se harmoniza, porém, com a presumível intenção do preceito – considerada à luz do debate na Assembleia Constituinte e das concepções dominantes na época. Que assim é, reconheceu-o, desde logo, o próprio legislador ordinário, ao abster-se de conferir qualquer relevância, no tocante à licitude da greve, à natureza dos motivos que a impelem. Não consta, efectivamente, do CT nenhum preceito condicionante do recurso à paralisação colectiva com um tal fundamento.

É, por outro lado, seguro que «os constituintes rejeitaram a vinculação dos objectivos da greve à prossecução ou à defesa de *interesses estritamente profissionais*» [2].

Mas mesmo que se admita a mais lata interpretação do disposto neste n.º 2, é forçoso reconhecer que a motivação da greve *não é, não pode ser, constitucionalmente irrelevante*. A paralisação colectiva de trabalho não é objecto de um direito absoluto e restrito. A jurisprudência tem, de modo irrefutável, entendido que, além o mais, «há os limites que resultam de não poder prosseguir objectivos que colidam com os interesses fundamentais da Colectividade e dos Cidadãos, aos quais a mesma Constituição garante e protege, sem excluir os interesses políticos do próprio Estado» [3].

São, pois, ilícitas as greves que tenham por finalidade «atacar a organização política do Estado, quer no tocante à sua estrutura quer relativamente às instituições constitucionais, assim como as

(1) Na escassa jurisprudência portuguesa sobre a licitude da greve, esta modalidade tem tido apreciações contraditórias. Assim, no sentido defendido no texto, veja-se o Ac. Rel. Coimbra 4/12/79, CJ 79, 5, 1434; e, sobretudo, o Ac. STJ 21/1/83, BMJ 323, 287. Mas contra, veja-se o Ac. Rel. Lisboa 24/7/79, BMJ 294, 395.

(2) Parecer PGR n.º 123/76B, de 3/3/77, BMJ, 265, 57 ss..

(3) Ac. Rel. Coimbra 4/12/79, CJ 79, 4, 1434.

que colidem com os direitos fundamentais dos cidadãos legítima e legalmente atribuídos e tutelados» (1) (2).

A colisão do exercício da greve com estes direitos não implica, no entanto, imediatamente, a ilicitude da paralisação. A lei admite um certo grau de prejuízo de direitos fundamentais por força da greve; o que não admite é a negação ou destruição de uns ou de outros. O regime dos serviços mínimos, estabelecido no art. 537.º, exprime a preocupação de ressalvar, em certa medida – na medida *essencial* – tanto os direitos fundamentais como o direito de greve que com eles se encontre em colisão.

É, assim, necessário reconhecer certa relevância aos motivos da greve, nomeadamente para o efeito de se admitir o *abuso do direito* correspondente.

669. Merece, a este propósito, menção especial a doutrina defendida por BERNARDO XAVIER (3): o sentido do n.º 2 do art.º 57.º CRP traduz-se basicamente na afirmação da *incondicionável coincidência entre o âmbito do direito de greve e o da autonomia colectiva dos trabalhadores*. «No fundo, há aqui ainda a ideia de preservação da autonomia colectiva das organizações dos trabalhadores, de modo a que a greve, como instrumento ou arma dessas organizações no sistema conflitual existente, possa garantir com plena eficácia a totalidade dos interesses que lhe pertencem. *Não será assim*

---

(1) J. REVEZ, *Greve e «lock-out» na história e na Lei*, Lisboa (1980) 107.

(2) A Procuradoria Geral da República tem persistentemente defendido a mesma tese, a partir do citado Parecer n.º 123/76-B. Aí se conclui, nomeadamente, que «a greve com fins políticos é ilícita quando se propõe atacar o organismo político do Estado e lesa ou põe em perigo a sua personalidade, seja relativamente aos seus elementos constitutivos (soberania, autonomia, independência), seja relativamente às instituições constitucionais, seja relativamente aos direitos públicos dos cidadãos»; e, ainda, que «não é legítima a greve que tenha por objectivo a lesão de interesses que não seja consequência necessária imediata da abstenção ou cessação de trabalho, traduzindo antes uma exasperação de conflitos, susceptível de atingir interesses pessoais e patrimoniais legalmente protegidos».

(3) *A licitude dos objectivos da greve (A propósito do art.º 59.º, n.º 2, da Constituição)*, RDES 2 (Jul/Dez 79) 267 ss..

lícito ao legislador restringir, para efeitos de greve, a área confiada à autonomia colectiva dos trabalhadores nisto se cifrando o conteúdo do n.º 2 do art.º 59.º».

A lógica da construção citada desemboca na conclusão operatória de que «o exercício do direito à greve tem de se circunscrever aos interesses a defender pelo sindicato» ([1]) – ou seja, os «interesses sócio-profissionais» dos trabalhadores, como os define o art. 440.º CT. E a questão que pode colocar-se é a de saber se a consagração do direito de greve, nos termos do art. 57.º/2 CRP, não deverá, ao invés, induzir uma amplificação da acção sindical lícita, sob o ponto de vista teleológico, dada a instrumentalidade do sindicato no *iter* da actuação do direito de abstenção colectiva.

Antes da CRP, um diploma legal sobre o direito de greve – o DL 392/74, de 27/8 – atribuía explicitamente ao exercício da greve um tipo de objectivos: a «defesa e promoção dos *interesses colectivos profissionais dos trabalhadores*» (itálico nosso). O art. 57.º/2 CRP tem que ser interpretado, também, no seu contexto histórico e face ao cenário legislativo contemporâneo. Ora, perante aquela postura do legislador ordinário, o constituinte quis, patentemente, impedir que ela se reproduzisse e prevalecesse. Afigura-se de todo inviável interpretar a posição do legislador constitucional como permissiva de que, por via jurisprudencial ou doutrinal, se produzisse o condicionamento anteriormente constante da lei.

Tudo está, afinal, na amplitude que se confira ao conceito de «interesses sócio-profissionais»; tudo está, sobretudo, em que se não adopte *como ponto de partida* uma concepção desses interesses estritamente delimitada pelo círculo de matérias a que se reporta a negociação colectiva de trabalho.

Ora, na tese a que nos referimos, a conexão funcional entre o direito de greve e os «interesses sócio-profissionais» dos trabalhadores verificar-se-á não só quando estejam em causa as condições contratuais a praticar nas concretas relações de trabalho em que eles se achem envolvidos, mas também quando se suscitem

([1]) BERNARDO XAVIER, *Ob.Cit.*, 289.

questões atinentes a quaisquer outros «interesses directos e próprios» dos mesmos trabalhadores enquanto tais ([1]) – isto é, diríamos, enquanto membros de uma categoria ou camada definida no seio da comunidade.

É assim – segundo cremos – que o Autor referenciado reputa lícitas as greves inseridas em *conflitos jurídicos* (não obstante a existência do dispositivo judicial) e certas greves *políticas* e de *solidariedade*, como as que se motivam pela *emissão* ou pela *carência* de legislação que afecte ou possa afectar a condição social e económica dos trabalhadores.

Mas parece necessário ir um pouco mais longe. Não pode, a nosso ver, retirar-se o direito de greve do contexto que lhe é próprio, na CRP: o dos *direitos fundamentais* de conteúdo *económico*, fundados em interesses que se não esgotam na estreita qualificação sócio-profissional. «O direito de greve, se é certo que não pode compreender abstenções de trabalho proclamadas com fins meramente políticos, é exercido legitimamente quando, embora sem conexão estrita com reivindicações contratuais, é posto em prática em função do interesse dos trabalhadores na realização daquele vasto complexo de bens que encontram reconhecimento e tutela na disciplina constitucional das relações económicas» ([2]).

§ 98. O exercício do direito de greve.

670. A questão da licitude da greve coloca-se, no nosso sistema, fundamentalmente, a propósito dos comportamentos pelos quais a paralisação é posta em prática.

Do ponto de vista jurídico, já vimos que há condutas conflituais que são greves e outras que o não são (muito embora apresentem afinidades ou aspectos coincidentes com as primeiras); neste último caso, o regime aplicável situa-se no plano da disciplina

---

([1]) A expressão, ente aspas, é de BERNARDO XAVIER 299 com itálico nosso.

([2]) *Sentença da* Corte Costituzionale italiana de 14/1/74, MGL (1974) 145 ss., anot. MAZZONI.

jurídica dos contratos de trabalho (como formas de *violação* destes), com a eventual qualificação decorrente do carácter colectivo e intencional das referidas condutas.

Mas, no primeiro caso, ou seja, no de o comportamento colectivo dos trabalhadores *corresponder à greve enquanto direito*, pode ser que o modo do seu exercício, o procedimento utilizado, se mostre violador das regras que estão estabelecidas pela lei – e ter-se-á então uma greve *irregular* ou *ilegal*.

Na verdade, o regime legal é, essencialmente, o regime do *exercício* do direito de greve. E o exercício do direito de greve desdobra-se, no padrão legal, por vários momentos: a decisão, a declaração (através de um pré-aviso), a adesão, a prestação de serviços essenciais, o termo da paragem.

1. *A decisão de greve.*

671. O juízo de *oportunidade* da greve não está legalmente condicionado: compete, em exclusivo, aos trabalhadores e às suas organizações representativas (as associações sindicais) escolher o momento em que a paralisação será posta em prática.

Significa isto, fundamentalmente, que, do ponto de vista legal, não existe qualquer articulação *necessária* entre o recurso à greve e a utilização dos processos de resolução de conflitos (conciliação, mediação e arbitragem): estes podem ser rejeitados, ou deixados para uma fase posterior ao exercício da pressão directa ([1]).

Há, todavia, que introduzir neste ponto algumas precisões importantes.

([1]) A doutrina alemã "clássica" construiu um conjunto de princípios que devem ser respeitados pelo desencadeamento dos conflitos de trabalho – entre eles o de que o recurso aos meios de coacção directa deve ser a *última ratio*, só justificável depois de esgotados todos os meios possíveis de resolução apssífica. O alcance deste princípio no contexto do sistema germânico, tem sido por vezes exagerado; com efeito, e além do mais, ele não permite pôr em causa uma greve decidida sem recurso a meios de resolução que não sejam *obrigatórios* (por anterior compromisso das partes).

A primeira diz respeito ao problema de saber se, durante a vigência de uma convenção colectiva, é admissível o desencadeamento de uma greve com o objectivo de se conseguir a alteração da mesma convenção – isto, naturalmente, sem que exista cláusula de paz social como a que se admite no art. 542.º/1 CT.

Já vimos que, ao invés do que estabelecia a lei anterior, a denúncia das convenções pode fazer-se em qualquer momento (art. 500.º). Ora a denúncia exprime simplesmente a pretensão de negociar alterações ao acordado, independentemente do início da *vigência* dessas alterações; em rigor, pois, o exercício da denúncia não contende com as regras alusivas à eficácia jurídica (normativa) das convenções. Sendo assim, parece claro que a greve pode ser exercida, desde que esteja legitimamente expressa uma pretensão modificativa.

Hipótese diferente seria a de se pretender conferir às alterações visadas uma eficácia *ante tempus*, isto é, neutralizar o período de vigência da convenção. A resposta teria que ser aí, em geral, negativa: uma greve decretada com tal objectivo careceria de objecto legalmente possível (estando-se na área de legítima intervenção do legislador ordinário). Mas a lei deixa entrever hoje uma excepção a essa regra: perante uma *alteração anormal de circunstâncias*, a greve pode ser exercida – mesmo havendo cláusula de paz – em apoio da pretensão de modificação antecipada da convenção. É o que parece poder depreender-se dos arts. 520.º/2 e 542.º/2 CT.

Por maioria de razão, se a greve decretada na vigência da convenção visa *forçar a aplicação pontual desta* (constituindo, portanto, uma reacção ao não cumprimento de alguma cláusula pela parte patronal) ou tem por objecto *uma pretensão alheia ao conteúdo da convenção*, nenhum condicionamento referente ao ciclo temporal da convenção prevalecerá e o procedimento adoptado pelos trabalhadores deverá ter-se por inteiramente lícito ([1]).

672. Outro problema se suscita a propósito dos poucos casos em que, seja por força de cláusulas das convenções colectivas, seja

([1]) Cfr., neste sentido, embora quanto a um sistema normativo diferente, H. Sinay 204.

por virtude de disposições legais (é o caso, já visto, do art. 508.º CT), o recurso aos processos de resolução de conflitos se mostre *obrigatório*.

Haverá que extrair de tais preceitos a subordinação do exercício do direito de greve ao *prévio* esgotamento dos aludidos processos?

É, a nosso ver, necessário articular as disposições desse tipo com o princípio geral da *voluntariedade* do recurso aos processos de resolução de conflitos – princípio claramente implantado nos art.ºs 506.º, 523.º e 526.º CT. Perante ele, o que as partes, ou a lei, fazem ao tornar obrigatória a adopção de certos procedimentos *não é*, ou *não pode ser*, limitar o *exercício* do direito de greve constitucionalmente garantido – ao que sempre obstaria de modo expresso o art. 478.º/1-*a*), relativamente às cláusulas de convenções colectivas –, é apenas *isso mesmo*, quer dizer, *tornar forçoso o que, originariamente, se apresenta como dependente de um juízo «ad hoc» das partes*.

Todavia, no caso mais marcante – o de ser declarada obrigatória a arbitragem, nos termos do art. 508.º –, o eventual desencadeamento ou a continuação de uma greve *contra* (e apesar de) a *decisão arbitral* não parece admissível. Sendo a decisão arbitral obrigatória um «sucedâneo» (heterónomo, é certo) de um acordo colectivo, o exercício da greve deve ser apreciado em termos paralelos aos desta última hipótese. Ora uma greve decretada ou mantida contra uma solução acabada de contratar constitui, manifestamente procedimento *contrário à boa fé*. Só assim não será, naturalmente, se a paralisação for dirigida contra um aspecto não resolvido no acordo ou na decisão arbitral.

673. A decisão de greve cabe, em primeira linha, *à associação sindical*.

Será essa a regra ao menos válida para as paralisações que abranjam um ramo da actividade ou toda uma profissão. Mas, nas paragens limitadas a uma só empresa, existe ainda a possibilidade de a decisão do recurso à greve ser tomada em *assembleia de trabalhadores*, quando a maioria deles não esteja sindicalizada (art. 531.º/2). Nesta hipótese, porém, há que observar diversos requisitos de genuinidade da decisão: número mínimo de convocantes da assembleia (20% ou 200 trabalhadores); participação da maioria dos trabalhadores; maioria absoluta de votos favoráveis à paralisação. A mesma possibilidade existe quando se trate de empresa pertencente a um ramo de actividade abrangido por uma declaração de greve, mas em que a maioria ou a totalidade dos trabalhadores não seja filiada no sindicato promotor.

Põe-se ainda a questão de saber se assiste a uma *comissão negociadora sindical* legitimidade para decidir sobre o exercício da greve. A resposta não pode ser senão negativa ([1]). A comissão negociadora não é um sujeito colectivo, não pode ser tida como uma «associação de sindicatos»; é tão-somente, como se assinalou, um arranjo temporário e circunstancial tornado necessário pela negociação conjunta, e que pode mesmo não incluir representantes de todas as associações sindicais que, afinal, outorgarão o acordo. Não se confunde, pois, com os sindicatos que a constituem; e, o que é mais, não está, manifestamente legitimada para substituir o específico processo decisório interno que esteja definido nos estatutos das associações sindicais em causa – processo esse que é vinculante para os próprios orgãos dotados de competência para o efeito, no sentido de que esta competência se há-de ter por indelegável.

2. *A declaração de greve: o pré-aviso.*

674. A decisão de greve não basta para que produzam os efeitos do exercício do direito; é necessário que essa decisão seja *exteriorizada* com certa antecedência relativamente ao momento da sua concretização. O art.° 534.° impõe, com efeito, um *aviso prévio* «dirigido empregador ou à associação de empregadores» e ao Ministério do Trabalho.

([1]) Neste sentido, vd. Parecer PGR in DR 2.ª série, 121, 28-5-82, 4295 ss.: «esta (a comissão negociadora) poderá apenas desempenhar uma função de *núncio* da decisão tomada por aqueles orgãos, para além de qualquer colaboração ou serviço prestado àquelas associações no decurso do processo grevistas, nomeadamente nas negociações a encetar com as entidades patronais».

Em geral, o prazo mínimo de antecipação é de 5 dias úteis; mas, para as «empresas ou estabelecimentos que se destinam à satisfação de necessidades sociais impreteríveis» (art.º 537.º), está fixado em 10 dias.

Não é, assim, legalmente admissível entre nós a chamada «greve surpresa»: o ordenamento jurídico reflecte a preocupação de permitir, às entidades empregadoras e aos destinatários dos bens e serviços produzidos pelas empresas atingidas, a prevenção de prejuízos excessivos ou desproporcionados. Acessoriamente, e no que toca às empresas contempladas pelo art.º 537.º, trata-se também de viabilizar o processo de determinação dos serviços mínimos a prestar durante a greve.

O requisito legal de aviso prévio da greve não está universalmente consagrado. Contra a sua consagração, argumenta-se que ele redundaria no enfraquecimento do impacto da greve e, portanto, na debilitação do correspondente direito, ao permitir que os empregadores e as autoridades públicas adoptem medidas de amortecimento e compensação antes do início da paralisação.

Na Itália, por exemplo, não existe regra geral que consagre tal exigência. Só em 1990 foi ela legalmente imposta para os «serviços públicos essenciais» (L 146/90, de 12-6): a duração mínima é aí, também, de 10 dias. Mas, quanto à generalidade das greves, a própria jurisprudência a tem negado: o interesse «preventivo» do empregador só tem sido valorizado quando se articula com a salvaguarda de direitos fundamentais constitucionalmente tutelados (1).

Não falta, porém, na doutrina italiana, quem considere «ilegítima, por violação do princípio da boa-fé, a greve exercida subitamente, sem qualquer aviso e em circunstâncias tais (por exemplo logo em seguida à entrada da matéria prima em laboração) que podem demonstrar o propósito específico, por partes dos agentes de infligirem dolosamente um dano exorbitante à empresa» (2).

---

(1) Cfr. PERSIANI, *Diritto Sindacale* cit. 139.

(2) PERA cit. 625. Há que notar, todavia, a correlação existente entre esta postura doutrinal e a tese desenvolvida na própria jurisprudência italiana em torno da ideia de «proporcionalidade» dos danos emergentes da greve para cada um dos lados.

Na França, igualmente, a lei abstem-se de impor a comunicação prévia, salvo no tocante às empresas nacionalizadas e aos serviço públicos – explorados por empresas privadas ou de economia mista (lei de 31-7-63). Todavia, por vezes, as convenções colectivas (em particular os acordos de empresa) incluem cláusulas constitutivas da obrigação de pré-aviso: assim, por exemplo, nas indústrias alimentares [1].

Noutros países, pelo contrário, a comunicação prévia é requerida, mas *em conexão com o funcionamento dos meios de resolução de conflitos colectivos*: o prazo destina-se fundamentalmente a possibilitar a intervenção *in extremis* de um conciliador ou mediador oficial: é o mecanismo instituído nos países escandinavos.

675. No nosso ordenamento, a exigência de pré-aviso relaciona-se primacialmente com a necessidade de habilitar a empresa com o conhecimento antecipado da paralisação, a fim de poderem ser adoptadas (em particular naquelas que têm a seu cargo a satisfação de necessidades sociais impreteríveis – daí o prazo alongado que se lhes aplica) providências destinadas a evitar danos nos equipamentos e a minorar as perturbações nos abastecimentos, permitindo aos utentes ou consumidores que se preparem para as suportar. Acessoriamente, poderá apontar-se ao pré-aviso a função de possibilitar a intervenção conciliatória do Ministério do Trabalho, visto que a comunicação deve ser também enviada a este departamento do Estado.

Nestas condições, o pré-aviso deve constituir uma declaração inequívoca [2], contendo um conjunto de indicações acerca das modalidades do comportamento conflitual projectado. Entre elas, são decerto essenciais as que respeitam à identificação dos estabelecimentos ou serviços abrangido, bem como a indicação das associações sindicais (ou, no caso do art.° 531.°/2, da assembleia de trabalhadores) que promovem a paralisação. Esta última menção tem duplo alcance: através dela se pode verificar a observância do

---

(1) Sinay 209.

(2) Ac. Rel. Porto 8-2-82 (Col. Jur., 1981, t. 1, 337).

que exige o art.º 531.º; e, além disso, é ela que permite determinar a amplitude dos efectivos potencialmente envolvidos na greve (ou seja, noutros termos, o contingente de trabalhadores «cobertos» pela declaração de greve).

O pré-aviso há-de, por outro lado, conter o enunciado (embora sucinto) dos *objectivos* em vista (1). A circunstância de o art.º 530.º/2 reconhecer aos trabalhadores a «competência exclusiva» para a fixação do «âmbito de interesses a defender» é irrelevante quanto ao ponto; a exigência da indicação expressa da finalidade da paralisação não põe em causa, de nenhum modo, tal prerrogativa – e a verdade é que, não obstante a mencionada posição da lei (derivada, como se viu, da CRP), não pode excluir-se de todo a ilicitude da greve em função dos motivos. A indicação destes é, ao menos, necessária para que se torne viável a correcta identificação do conflito através do seu objecto.

676. O pré-aviso deve, naturalmente, conter no mínimo a *data* e a *hora do início* da greve, nada obrigando a que nele se aponte o momento em que terminará. A greve pode, pois, ser de duração indeterminada.

Mas se assim não for – quer dizer, se o pré-aviso indicar os momentos de início e fim de paragem –, deve entender-se tal comunicação como *vinculante* para quem a emitir e, em consequência para os trabalhadores aderentes.

Esta posição diverge da que se exprimiu em parecer da Procuradoria-Geral da República (2): «se num pré-aviso se fixar um prazo para a duração da greve e no decurso desta, mas antes de expirado aquele prazo, vem a ser decidida a prorrogação da greve por tempo indeterminado, não é necessário observar um novo pré-aviso». Não cremos que a *ratio* da exigência de pré-aviso – aliás expressamente reconhecida no parecer (3) – seja compatível com tal

(1) *Parecer* PGR in DR 2.ª série, 121, 28-5-82, 4295 ss..

(2) *Diário da República*, 2.ª série, n.º 236, 6232 ss..

(3) Lê-se, com efeito, a dado passo: «.. os utentes, sempre interessados em saber, atempadamente, quando terminarão as incomodidades resultantes da cessão da actividade, em consequência da greve».

entendimento. Os interesses tutelados por aquela exigência – sejam eles os do empresário visado ou os dos consumidores e utentes dos bens e serviços produzidos e seja qual for a graduação da relevância desses interesses – indicam que o pré-aviso seja encarado como uma declaração que vincula o emissor nos seus precisos termos, apenas podendo ser inobservado o projecto que ela contenha no caso de menor prejuízo para os destinatários.

Se o pré-aviso se destina a transmitir o conhecimento antecipado de uma conduta é, obviamente, necessário que esta se contenha nos termos do declarado. O prolongamento da paragem além do momento anunciado carece pois, a nosso ver, de novo pré-aviso. Nem se diga que tal solução conduz, ou pode em certos casos conduzir (nomeadamente se o período de greve anunciado é de duração inferior ao do prazo de pré-aviso aplicável), a situações gravosas ou aberrantes para quem declare a greve: não pode esquecer-se que não é obrigatória a fixação antecipada do termo, e que essa fixação, quando ocorre, corresponde por certo, também, a interesses da entidade declarante.

677. O pré-aviso de greve desempenha um papel na delimitação do *âmbito da paralisação* – isto é, do âmbito dentro do qual a abstenção individual de trabalho *pode* ser juridicamente qualificada como *adesão à greve* no sentido de *exercício do direito correspondente*.

Esse âmbito será, sob o ponto de vista «espacial», o que venha declarado no pré-aviso; e, sob o ponto de vista «pessoal», o correspondente ao agregado profissional «potencialmente enquadrável pelo sindicato» ([1]).

O efeito delimitador do pré-aviso reflecte-se também na efectivação da proibição constante do art. 535.º CT: os trabalhadores que constavam do efectivo do estabelecimento ou serviço no momento do pré-aviso não podem ser substituídos por outros vindos do exterior ([2]).

Mas o que importa salientar é que o pré-aviso, como «declaração» ou «proclamação» do projecto grevista funciona como

---

([1]) BERNARDO XAVIER, *Direito da greve*, cit., 165.

([2]) Cfr. Ac. Rel. Coimbra 16/1/90, *Col. Jur.* 90, 1, 121.

condição formal, de natureza colectiva, para o exercício individual do direito, através da *adesão*, para todos os trabalhadores que, em abstracto, e de acordo com a razoabilidade, possam considerar-se dentro desse «âmbito».

Não é, em suma, seguramente, admissível restringir o efeito legitimador do pré-aviso aos trabalhadores filiados no sindicato que o emitiu. Como escreve BERNARDO XAVIER, «qualquer trabalhador inscrito num sindicato que não tenha declarado a greve pode aderir à paralisação decretada por um outro que potencialmente o enquadre» ([1]).

678. A lei exige que o pré-aviso seja feito «por meios idóneos, nomeadamente por escrito ou através dos meios de comunicação social». Como se disse, tudo está em que o instrumento de comunicação utilizado seja eficaz relativamente aos destinatários que o art.º 534.º/1 aponta: a entidade empregadora, ou a associação de empregadores, e o Ministério do Trabalho.

Na prática, o meio geralmente utilizado é a *carta*; mas, por vezes, o grande número de sindicatos envolvidos, ou a pluralidade e dispersão das empresas interessadas – mesmo que o «interlocutor conflitual» seja a associação patronal representativa de todas elas – leva a que seja preferido, ou utilizado cumulativamente, o *anúncio* em jornais de maior expansão.

Perguntar-se-á se a qualidade de «meio idóneo» comporta tão grande flexibilidade que possa ser reconhecida a qualquer forma de *exteriorização* do propósito de fazer uma greve – como, por exemplo, a distribuição de panfletos ([2]).

A questão não pode ser encarada abstractamente. A idoneidade do meio de comunicação utilizado depende das condições concretas do contexto e do ambiente em que o conflito se manifesta e desenvolve. A publicação num jornal de grande expansão pode ser «inidónea» se se trata de uma instalação fabril isolada aonde a imprensa não chega senão com grande atraso. A distribuição de

---

([1]) Ob. e loc. cit..

([2]) Este meio é tido por admissível nalguma jurisprudência: vd. Ac. Rel. Évora 5-11-87 (CJ 87, 5, 290).

panfletos é susceptível de preencher a exigência legal – desde que o texto contenha inequivocamente uma «declaração de greve» com todas as precisões que já vimos serem necessárias e não possa ser confundido com a expressão de uma simples «ameaça», ou de uma mera «proposta» aos trabalhadores, ou seja, com uma formulação «hipotética» e não definitiva.

3. *A adesão à greve.*

679. A decisão de greve não é juridicamente vinculante para cada trabalhador representado pelo sindicato ou participante na assembleia. Ela traduz uma vontade colectiva à qual os comportamentos individuais podem ajustar-se ou não; oferece o quadro colectivo necessário ao exercício do direito de greve como faculdade individual. Este exercício concretiza-se pela *adesão* à greve, que é uma manifestação de vontade traduzível pela abstenção *individual* de trabalhar.

É pelo acto de adesão à greve, por conseguinte, que se perfecciona a situação típica de exercício do correspondente direito; e a lei toma em conta a possibilidade, de resto frequentemente verificada, de a adesão individual ser um acto posterior, não só à decisão da greve, mas ao próprio início dela. Assim, como adiante se verá melhor, o art.º 533.º CT prevê a formação de piquetes destinados a «persuadir os trabalhador a aderirem à greve», ressalvando a «liberdade de trabalho dos não aderentes».

Torna-se, assim, pelo menos imaginável a hipótese de uma greve decidida e declarada não ocorrer por falta de adesão dos trabalhadores individualmente considerados – o que contribui para reforçar a ideia de que a paralisação corresponde essencialmente a uma faculdade individual, ainda que revestida de pressupostos colectivos.

680. Cabe, então, abordar a questão de saber por que meios há-de detectar-se o *elemento intencional* da abstenção *individual* de trabalho, ou, por outras palavras, o *animus* que permite qualificar essa abstenção como *adesão a uma greve.*

Há quem, a este respeito, sustente a existência de «uma obrigação de *informação (do trabalhador)* quanto ao sentido do seu comportamento abstensivo» ([1]).

Mas a relevância do *animus* na adesão à greve não exige, a nosso ver, que se vá tão longe, sobretudo e desde logo no que respeita aos *trabalhadores filiados no sindicato declarante da paralisação*. Julgamos evidente que a mera ausência ou abstenção de trabalho de um desses trabalhadores constitui suporte bastante da presunção de adesão à greve; e a elisão desta presunção nem sequer implica uma específica conduta declaratória do trabalhador: basta, manifestamente, a apresentação de diversa *justificação* da ausência.

As situações remanescentes – as dos trabalhadores membros de sindicatos não declarantes de greve e as dos trabalhadores não sindicalizados – podem e devem, a nosso ver, ser tratadas de harmonia com um critério uniforme, pelo que respeita ao problema da determinação do *animus* de aderir à paralisação.

Na verdade, a «cobertura» do pré-aviso autoriza, sem mais, a presunção de adesão quanto aos trabalhadores que por ela estão «institucionalmente» abrangidos; a falta de tal cobertura coloca todos os restantes, no aspecto em referência, basicamente nas mesmas condições.

E, quanto a esses, não se vê, na verdade, que possa ser dispensada uma *expressa* manifestação da vontade de aderir à paralisação colectiva declarada, embora no quadro do processo normal de justificação de ausências e não, necessariamente, através de meio declarativo específico.

Não se afigura, com efeito, juridicamente possível, para além do reconhecimento da faculdade de adesão a uma greve declarada por sindicato ao qual o trabalhador não pertence, atribuir à ausência ou abstenção de trabalho deste, destituída de justificação específica e sem mais, o sentido do exercício dessa faculdade – o que até poderia representar uma contrafacção insuportável da sua real postura sócio-profissional perante o conflito (isto, naturalmente, dentro do âmbito espacial/organizativo em que este se manifesta).

([1]) BERNARDO XAVIER, *Direito da greve*, cit., 165.

Assim, quanto aos não sindicalizados e aos membros de sindicatos não declarantes, a adesão à greve sendo abstractamente lícita, só pode ter-se por verificada mediante *expressa «manifestação de vontade»* ou, melhor, *declaração de ciência* do trabalhador no quadro do processo de justificação de faltas ao trabalho.

4. *Os piquetes de greve.*

681. O art.º 533.º CT admite a constituição dos chamados *piquetes de greve*, grupos organizados de trabalhadores cuja função consiste em, no decurso da paralisação, «desenvolverem actividades tendentes a persuadir, por meios pacíficos, os trabalhadores a aderirem à greve, sem prejuízo do respeito pela liberdade de trabalho dos não aderentes».

Não falta quem aponte a quase impossível compatibilidade entre a admissão dos piquetes e a simultânea afirmação do primado da liberdade de trabalho.

Em França, por exemplo, o *picketing* é aceite pela jurisprudência em termos muito próximos dos do art.º 533.º. Mas a doutrina não deixa de vacilar perante a lógica de tal orientação. «Esse reconhecimento jurisprudencial da legitimidade do piquete de greve parece, a uma primeira abordagem, surpreendente porque a instituição mesma do piquete de greve tem por finalidade assegurar o êxito da greve, incitando o máximo de trabalhadores a não trabalharem. Isso parece, em si, um atentado à liberdade de trabalho, que seria seguramente mais bem protegida se as imediações do estabelecimento estivessem inteiramente livres de modo a permitir que os trabalhadores desejosos de trabalhar se apresentassem com plena independência» ([1]).

Todavia, a admissibilidade dos piquetes encontra justificação noutra ordem de ideias.

Em simultâneo com a decisão de greve – que nem todos os trabalhadores terão inicialmente subscrito, mesmo quando ela seja tomada em assembleia plenária – age sobre a vontade individual

([1]) H. Sinay 228.

dos trabalhadores a consciência da subordinação, dos seus deveres contratuais e dos riscos que se assumem com adesão à greve. A liberdade individual de trabalho está assim condicionada *a priori* pelo estatuto contratual de cada um dos trabalhadores a que se dirige a decisão de greve; a acção perssuasiva dos piquetes pode, pois, ser encarada como uma forma de compensar tal condicionamento, convertendo a não adesão num acto de vontade responsável, isto é, numa opção entre os dois vectores que incidem sobre a liberdade individual do trabalhador e que justamente se contrapõem quando uma paralização é empreendida: a subordinação e a disciplina da empresa, por um lado, e a solidariedade profissional, por outro.

682. Por vezes, os piquetes procuram desenvolver actividades de *fiscalização de entradas e saídas e de comunicações com o exterior* ou mesmo tendentes a *impedir fisicamente o acesso às instalações da empresa.* Tais procedimentos estão obviamente fora da cobertura oferecida pelo art.° 533.° à intervenção de piquetes de greve, sendo, por conseguinte, desqualificados como modalidades de exercício do direito de greve e perdendo a inerente imunidade criminal.

Neste sentido se tem pronunciado, de resto, a Procuradoria-Geral da República: «aliás, semelhante actuação na medida em que se traduz em actos atentatórios da liberdade individual, do direito ao trabalho e da livre circulação de pessoas e bens, nunca poderia deixar de ter-se como ilícita. (...). Importa, por outro lado, salientar que o exercício do direito à greve não dirime a responsabilidade criminal decorrente da ofensa de interesses penalmente tutelados, através de actos ou comportamentos praticados ou assumidos por ocasião da greve, muitos dos quais se encontram tipificados na lei penal portuguesa (cfr. art.°s 328.°, 329.°, 330.°, 359.°, 472.° e seguintes e 481.° do Código Penal») (1).

É certo que a «persuasão» a que alude o art.° 594.° pode assumir diversas cambiantes. A jurisprudência francesa tem até pro-

(1) Parecer n.° 106/79, publicado no DR, 2.ª série, n.° 82, de 8-4-80, 2412 ss..

curado construir "critérios de graduação" das acções persuasivas, de modo a fixar a divisória a partir da qual existe coacção moral ou física e, portanto, comportamento ilícito. Mas é forçoso reconhecer que a fluidez desses critérios (com relevo para maior ou menor «firmeza» das intervenções dos piquetes junto dos trabalhadores) aponta para um casuísmo sem grande homogeneidade ([1]).

De todo o modo, o uso de violência física ou da simples ameaça dela tem que considera-se – pela sua relevância penal específica – como excluído do âmbito da conduta lícita do piquete de greve ([2]).

Por outro lado, as actividades de fiscalização de entradas e saídas de pessoas e veículos, bem como a obstrução a tais movimentos, ainda que se trate de elementos estranhos à empresa, fogem também à função própria dos piquetes, embora possam, noutros termos, constituir comportamentos lícitos e até obrigatórios dos grevistas, como se verá a seguir.

5. *O termo da greve.*

683. A greve *termina*, como diz a lei, «por acordo entre as partes ou por deliberação das entidades que a tiverem declarado» (art.º 539.º).

Este preceito seria dificilmente compreensível se nele se quisesse ver uma (decerto supérflua e deslocada) hetero-determinação de elementos que antes pertencem à órbita da dinâmica social e da experiência conflitual. A greve, neste sentido, termina quando ... terminar (nomeadamente se deixar de ter aderentes, embora não haja «acordo entre as partes» nem «deliberação» do sindicato).

Na verdade, o art.º 539.º pretende outra coisa: operar a determinação do termo dos *efeitos jurídicos* da paralisação colectiva, *maxime* a suspensão dos contratos de trabalho prevista no art.º 536.º.

([1]) Cfr. H. SINAY 237.

([2]) Neste sentido, o Ac. Rel. Coimbra 23/2/84, CJ 84, 1, 92.

Na prática, o art.º 539.º traduz-se em dois fundamentais comandos operatórios: antes de ocorrido o termo «formal» da greve, e não obstante (por exemplo) a totalidade dos trabalhadores se apresente ao trabalho, o empregador não pode *exigir-lhes* o cumprimento pontual das suas prestações; e, depois de verificadas algumas das condições previstas no art.º 539.º, os trabalhadores que persistam na recusa (mesmo concertada) da prestação de trabalho estarão fora da protecção do direito de greve e, nomeadamente, cairão no regime das ausências injustificadas, com possível relevância disciplinar.

§ 99. As obrigações dos trabalhadores durante a greve. Os "serviços mínimos".

1. *Trabalhar em greve.*

684. Dispõe o art.º 536.º/1 que «a greve suspende o contrato de trabalho de trabalhador aderente, incluindo o direito à retribuição e os deveres de subordinação e assiduidade».

A greve coloca, em suma, os trabalhadores «fora do contrato» (quanto aos *efeitos característicos* deste), embora a vinculação jurídica se mantenha e, com ela, a antiguidade (n.º 3) bem como a situação de beneficiário da segurança social (n.º 2).

Todavia, e por outro lado, a lei investe os aderentes à paralisação em certos deveres *que podem mesmo implicar a necessidade de exercício da sua actividade normal.*

O CT estabelece, no art. 537.º, *obrigações de trabalho durante a greve* correspondentes a duas finalidades e caracterizadas por graus diversos de generalidade; como *regra geral*, devem ser prestados, durante a greve, «os serviços necessários à segurança e manutenção de equipamentos e instalações» da empresa (n.º 3); *em especial*, hão-de ser prestados os «serviços mínimos indispensáveis» à satisfação de «necessidades sociais impreteríveis» (n.º 1).

Estas duas exigências legais – que, de resto, normalmente convergem num certo número de empresas ou sectores – merecem tratamento separado.

Desde logo, os *fundamentos* em que assentam são de diversa natureza; depois, os *critérios delimitadores* da obrigação de trabalho também não coincidem. Apenas é comum a consequência legalmente prevista para a hipótese de inobservância de qualquer dessas obrigações: a legitimação do recurso à «requisição ou mobilização, nos termos previstos em legislação específica» (art.º 541.º/3).

2. *A salvaguarda do equipamento e das instalações da empresa.*

685. A obrigação estabelecida no art. 537.º/3 redunda numa compressão do direito de greve que, de algum modo, pode relacionar-se com a funcionalidade do mecanismo de autotutela colectiva.

Supõe-se que todas as pessoas envolvidas num processo de greve têm interesse em que a organização produtiva se mantenha intacta e apta a funcionar após a paralisação de trabalho [1]. A destruição ou deterioração de equipamentos e instalações não cabe nos objectivos legalmente protegidos pelo direito de greve, nem mesmo é admissível como consequência do modo de exercício desse direito. A autotutela colectiva, como complexo de faculdades constitucionalmente reconhecidas e tuteladas, postula a salvaguarda da *operacionalidade futura da organização produtiva*, para além dos prejuízos económicos que a suspensão do trabalho actualmente determina.

Por isso se pode afirmar que a exigência geral da prestação dos «serviços necessários à segurança e manutenção do equipamento e instalações» tem um fundamento *imanente* à autotutela colectiva, ou, mais especificamente, ao direito de greve, na medida em que este não é, no quadro do sistema português, concebível como instrumento de destruição do suporte do emprego dos trabalhadores que o exerçam.

---

(1) Cfr. Brox/Rüthers, *Arbeitskampfrecht* cit. 178.

686. Por outro lado, deve notar-se que a regra do art.º 537.º/3 não implica uma delimitação de «serviços mínimos» ou de um nível *mínimo* de laboração.

Em princípio, essa regra tem como consequência a necessidade de permanência ou continuidade dos serviços que, nas circunstâncias concretas e face ao modo porque a empresa se encontra estruturada, têm por finalidade garantir a *segurança* – no sentido de prevenção de acidentes (*safety*) e prevenção de desvios de bens, danos nos equipamentos, prejuízo da reserva do negócio (*security*) – e a *manutenção* (prevenção e reparação de avarias) dos componentes materiais da organização produtiva.

A lei portuguesa adopta, assim, uma posição de explícito acolhimento de limitações importantes ao exercício da greve, que, no quadro de outros sistemas, têm que ser (sempre com alguma margem para controvérsia) deduzidas de princípios como o da *fairness* na condução do conflito (1), mas que nem por isso deixam, como foi notado, de se relacionar estreitamente com a natureza genérica dos objectivos da greve.

3. *A satisfação de necessidades sociais impreteríveis.*

A) *Os "limites externos" do direito de greve.*

687. São mais problemáticos o fundamento e a amplitude do dever de prestação de «serviços mínimos» a que alude o art.º 537.º/1.

Esse artigo do Código tem o seu antecedente num preceito praticamente igual (o art. 8.º) da LG que vigorava desde 1977. O debate parlamentar sobre o projecto dessa lei (2) evidencia que a necessidade da inclusão de um artigo como aquele a que nos reportamos reuniu largo consenso, inspirado no reconhecimento da possibilidade de *colisão* entre o direito de greve e outros direitos fundamentais com assento constitucional. Foi a ideia de que o

(1) HANAU/ADOMEIT, *Arbeitsrecht*, 8.ª ed., Frankfurt a. Main (1987) 88.

(2) O texto do projecto havia sido elaborado pela Comissão de Trabalho da Assembleia da República, na sequência da apresentação de uma proposta de lei do Governo e de dois projectos de origem partidária.

preceito quis fornecer um quadro de referências para a obtenção, em concreto, do *ponto de equilíbrio* entre um e outros que levou a Procuradoria-Geral da República, num dos seus utilíssimos pareceres sobre o direito de greve, a resumir: «visando o questionado art.° 8.° conciliar o exercício do direito de greve com a subsistência de outros direitos fundamentais, da interpretação e aplicação do texto não pode resultar, de forma alguma, a prática inutilização do direito de greve» (1).

Está-se, claramente, perante o problema dos chamados «limites externos» do direito de greve (2), isto é, das fronteiras de exercício desse direito que não estão traçadas em função das características do sistema de autotutela, mas a partir da necessidade de *respeito de outras garantias constitucionais* que podem entrar em contacto com o direito de greve.

Esta preocupação tem, há muito, na Constituição espanhola (art.° 28.°/2), uma explicita projecção – a lei reguladora do exercício do direito de greve deverá estabelecer «as garantias precisas para assegurar a permanência dos serviços essenciais da comunidade» (3) –, mas só em 1997 adquiriu entre nós relevância constitucional explícita (art. 57.°/3).

688. A definição desses «limites externos» reveste-se de particulares complexidade e melindre, porque a sua abordagem envolve a articulação de dois conceitos difusos: o de «necessidade social impreterível» e o de «serviços mínimos».

O primeiro desses conceitos é, claramente, *subordinante*. É preciso identificar as «necessidades sociais impreteríveis» a que o art.° 537.°/1 faz referência para, num segundo momento lógico, definir a *medida* de prestação que está referenciada pela expressão «serviços mínimos indispensáveis».

A PGR, no citado parecer, pronuncia-se nestes termos «(...) aos elementos da comunidade social de que eles (os *trabalhadores*) inclusivamente fazem parte também cabe o direito de verem satisfeitas

---

(1) Parecer PGR 4-1-82, DR 2.ª série, 8-6-83, 4.758-4.761.

(2) Cfr. GIUGNI, *Diritto sindacale*, cit., 230.

(3) Cfr. ALONSO/OLEA, *Derecho del trabajo*, 9.ª ed., Madrid (1985) 655.

as necessidades sociais a cuja satisfação visa a actividade do correspondente complexo laboral, em termos de esse direito só dever ser sacrificado dentro de limites que não ponham em causa a própria subsistência da vida individual ou social pelo sacrifício, ou tão-só pelo incomportável agravamento das condições da sua satisfação, de necessidades, primárias e de concretização imediata, do agregado social em que o complexo laboral se insere».

E acrescenta, precisando, que as empresas e estabelecimentos a que (agora) alude o art.º 537.º/1 são «aquelas cuja actividade se proponha facultar aos membros da comunidade aquilo que, sendo essencial ao desenvolvimento da vida individual ou colectiva, envolvendo, portanto, uma *necessidade primária, careça de imediata utilização ou aproveitamento, sob pena de irremediável prejuízo daquela*».

A lei contém uma mera enumeração exemplificativa dos «sectores» em que está em causa a «satisfação de necessidades sociais impreteríveis» (art. 537.º/2). Esse elenco – aliás susceptível, ele próprio, de originar dúvidas, como a respeitante à *amplitude* da referência aos «transportes» – pouco adianta à questão, salvo na medida em que pode desempenhar um papel indiciário quanto à perspectiva que o legislador tem acerca da amplitude das necessidades sociais visadas.

Mas o problema deve colocar-se «a montante» da identificação de sectores, empresas ou estabelecimentos. Acompanhando a sugestão de uma marcante sentença do Tribunal Constitucional espanhol (de 17-7-81), importa fundamentalmente fixar «a natureza dos interesses» ou dos «bens e interesses da pessoa» que se trata de salvaguardar, tendo em vista que «o essencial é o livre exercício dos direitos constitucionais e o livre disfrute dos bens constitucionalmente protegidos» ([1]). No mesmo sentido básico, de resto, se pronuncia, há mais de duas décadas, a Corte Constitucional italiana, ao referenciar os «interesses gerais que encontram protecção em princípios consagrados na Constituição» ([2]).

([1]) DURAN LOPEZ, *El Derecho del Trabajo en la Jurisprudencia del Tribunal Constitucional*, Madrid (1985) 107.

([2]) CARINCI/TAMAJO/TOSI/TREU, *Diritto sindacale*, cit., 397 ss. Cfr. também TREU/GARILLI/ROCCELLA/PASCUCCI, *Sciopero e servizi essenziali, Pádua*

É evidente que uma tal orientação assenta no acolhimento de uma *hierarquização* de interesses sociais, partindo da generalidade para a especialidade: os interesses e bens geralmente protegidos pela Constituição, no quadro do estatuto da personalidade e da cidadania, prevalecem, por princípio, sobre os interesses de âmbito pessoal mais restrito, como são os de ordem colectiva e sócio-profissional.

Mas essa prevalência, como observou a PGR, não significa que possa resultar aniquilado o interesse colectivo ou categorial; noutros termos, a salvaguarda a que se refere o art.° 537.° não implica a privação da titularidade do direito de greve (1), nem a exclusão absoluta do seu exercício. Trata-se, apenas, de assegurar o nível *mínimo* de prestação susceptível de cobrir aquilo que, no leque das necessidades constitucionalmente revestidas pela estruturação dos direitos fundamentais, mereça a qualificação restrita de «necessidades sociais impreteríveis».

Nalguns casos, existirá coincidência: é o que decerto sucede com os direitos à *vida* (art.° 24.° CRP), à *integridade pessoal* (art.° 25.°), à *liberdade e segurança* (art.° 27.°); eles evidenciam interesses que, pela sua inerência à vida individual e social, assumem carácter básico, «vital», insusceptível de compressão: a medida da sua satisfação é *irredutível*, por natureza.

Noutras hipóteses, poderá distinguir-se uma zona de necessidades básicas e impreteríveis no campo mais vasto dos interesses cobertos pela tutela constitucional. É o que ocorre com os direitos à *informação* (art.° 37.°/1), de *deslocação* (art.° 44.°) e à *saúde* (art.° 64.°). A vida comunitária cada vez menos é possível sem uma circulação mínima de informação; a possibilidade de deslocação (transporte) entre áreas do país é vital, desde logo em articulação com os direitos à vida e à saúde; a continuidade dos serviços de recolha de lixo e esgotos, a disponibilidade permanente de assistência

(1991) 9. Aí se salienta que tanto os «serviços» como as «prestações indispensáveis» só podem definir-se por um critério teleológico, isto é, por referência aos interesses ou bens constitucionais a proteger.

(1) GIUGNI, *Diritto sindacale*, cit., 234.

médica da urgência são, de igual modo, necessidades básicas e de carácter universal.

B) *As "necessidades sociais impreteríveis".*

689. Há, em todo o caso, a possibilidade e a necessidade de desenvolver um critério qualificador das «necessidades sociais impreteríveis» a que alude o art.º 537.º/1, de *entre o conjunto das necessidades inerentes aos bens e interesses constitucionalmente protegidos em sede de direitos fundamentais.*

São traços desse critério:

a) a *insusceptilidade de auto-satisfação individual,* em termos de razoável onerosidade; é o que confere a essas necessidades o carácter social (embora, no fundo se trate de interesses individuais): elas supõem meios de solução comuns, «socializados», pertencentes ao suporte material da vida comunitária;

b) a *inexistência de meios paralelos sucedâneos ou alternativos viáveis* da satisfação das necessidades concretas em causa; não há aqui que tomar em conta a equivalência de custos: basta que, demonstradamente (dada a experiência anterior, por exemplo), existam recursos socialmente disponíveis para cobrir as necessidades básicas, tendo também em conta a antecipação com que a greve tenha sido declarada;

c) a *impreteribilidade ou inadiabilidade*, que significa não poderem as necessidades, pela sua natureza, ficar privadas de satisfação pelo tempo que a paralisação durará, ou melhor, pelo período em que se verificarão os efeitos práticos previsíveis da greve nesse capítulo; há aqui, naturalmente, que ter em conta a duração declarada no pré-aviso e o facto de haver necessidades básicas que não são prejudicadas, por exemplo, por uma greve de 24 horas nos serviços destinados a assegurar a satisfação delas.

A aplicação destes traços pode conduzir por exemplo a que:

a) paralisações em *sectores especificados pelo art.º 537.º/2* não activem a obrigação de serviços mínimos (embora, *sempre* esteja em jogo a do art.º 537.º/3): será o caso de uma greve de curta duração nos serviços de distribuição de energia eléctrica ou de abastecimento de águas, que não provocará, sem mais, a *descontinuidade* dos fornecimentos;

b) no domínio dos *transportes*, haverá que considerar abrangidos o serviços que asseguram a deslocação de pessoas entre as ilhas e o continente (ligações aéreas) e aquelas que, em exclusivo, permitem o acesso de pessoas a zonas remotas;

c) no que respeita ao *abastecimento de géneros*, devam estar cobertos os serviços sem os quais em certas zonas poderão verificar-se carências alimentares;

d) na área dos serviços *médicos e hospitalares*, esteja em causa o atendimento da urgência e a dotação adequada de médicos e enfermeiros para assistência aos doentes internados;

e) no sector *funerário* e no dos *bombeiros*, fique assegurada a cobertura normal das específicas necessidades práticas que se destinam a satisfazer;

f) na área da *produção e distribuição de combustível*, seja prevenida a eventualidade de ruptura no abastecimento público e, antes do mais, nos fornecimentos necessários aos serviços que garantem a satisfação de outras necessidades sociais impreteríveis.

C) *A determinação dos "serviços mínimos".*

690. Mas, como se disse, num segundo momento é ainda necessário encontrar o critério de aplicação do conceito de «serviços mínimos indispensáveis para ocorrer à satisfação daquelas necessidades».

O conceito de «serviços mínimos» comporta, a nosso ver, alternativamente, duas perspectivas definitórias.

A primeira exprime a correlação entre a *medida* (ou o volume) da prestação e a *natureza* das necessidades a satisfazer: trata-se de serviços *mínimos* (relativamente ao padrão normal de laboração de empresa ou estabelecimento) por serem os *adequados* a cobertura daquelas necessidades que são *impreteríveis* (dentro do campo mais vasto das utilidades garantidas pelo referido padrão *normal*). Neste sentido, os «serviços mínimos» têm como medida a *normal* satisfação das referidas necessidades marginais.

De um outro ângulo, o carácter *mínimo* dos serviços a manter corresponderá a um certo grau de satisfação (porventura inferior ao normal) das necessidades identificadas como impreteríveis – um grau abaixo do qual se entraria em situação idêntica à de *insatisfação* dessas necessidades.

A título de exemplo, pense-se no caso de um serviço hospitalar de urgências normalmente dotado de um generalista e três especialistas. O primeiro entendimento levaria a considerar exigível, no contexto de uma greve de médicos dos hospitais, a manutenção integral da equipa. O segundo poderia levar a que se considerasse «suficiente» a permanência do generalista, com a inerente descida (qualitativa e quantitativa) do grau da satisfação das necessidades em causa.

A abordagem deste problema requer desde já uma precisão: nenhuma solução abstractamente enunciada será satisfatória. A medida dos «serviços mínimos», em si mesma portadora de uma conotação de relatividade, só pode ser determinada *em concreto* diante de estrutura dos serviços e da natureza das *necessidades práticas* que, em cada caso, seja posta em causa.

Em via de princípio, cremos que só a primeira das duas perspectivas expostas permite corresponder ao sentido da lei. É manifesto que a referência a necessidades *impreteríveis* transporta consigo uma exigência de satisfação *imediata e plena*; esta é que, por seu turno, pode corresponder a um nível de prestação inferior ao que constitui o padrão do funcionamento normal de empresa ou estabelecimento. Mas, encaradas as coisas com um inevitável esquematismo, a correlação, estabelecida pela lei, entre a *natureza* das necessidades e a *medida* dos serviços a manter implica que – pressuposta a racionalidade da organização do trabalho – não seja admissível uma «graduação» adicional dos recursos afectados à cobertura das primeiras.

A existência de excedentes de pessoal na área dos serviços a manter pode justificar a afectação de trabalhadores em número inferior ao que constitui a dotação «normal» nessa área; os suportes administrativos do serviço cuja continuidade deve ser assegurada (nomeadamente os departamentos de facturação e cobrança), na medida em que não condicionem *tecnicamente* essa continuidade, estão fora do âmbito da obrigação legal.

A ideia básica é a de que deve ser assegurado o *volume de trabalho em cada momento necessário à imediata e plena satisfação das necessidades que, conforme o critério indicado, merecem a qualificação de impreteríveis*.

691. A doutrina exposta deixa, todavia, em aberto o problema de saber *quem* tem o poder e o dever de definir, em concreto, o âmbito e a natureza dos «serviços mínimos» a prestar durante a greve. Referimo-nos, obviamente, à *determinação prévia* desses pontos, em termos de se fixar o objecto e o conteúdo da obrigação imposta pelo art.º 537.º/1 e de se tornar, assim, exigível o seu cumprimento. *Depois* da greve, caberá, naturalmente, aos tribunais ajuizar sobre a correcção da observância de tal imperativo.

O problema deve ser colocado em três níveis distintos: o da *determinação das necessidades* a satisfazer e do *nível de serviço* adequado a essa satisfação; o da definição do *esquema organizativo* destinado a garantir a realização desse nível de serviço e a correspondente satisfação de necessidades públicas; o da designação das *pessoas*, em concreto, que, apesar de terem aderido à greve, deverão prestar trabalho no quadro desse esquema organizativo.

No primeiro nível, trata-se de identificar necessidades sociais inadiáveis, apontar bens e interesses gerais que são tutelados por direitos constitucionalmente consagrados. Não parece que a legitimidade para tais determinações possa ser reconhecida, de modo genérico, à entidade empregadora ou ao sindicato, isto é, aos titulares dos interesses (privados) em conflito. Esta reserva é tanto mais fundada quanto é certo que o conflito laboral tende, cada vez mais, a ser conduzido com recurso a medidas de privação incidentes sobre a vida comunitária.

Compreende-se, pois, a posição sustentada pela PGR, em parecer de 5/4/90: «A definição do nível, conteúdo e extensão dos serviços mínimos indispensáveis releva de interesses fundamentais da colectividade, depende em cada caso da consideração de circunstâncias específicas segundo juizos de oportunidade, está condicionada por critérios de acomodação constitucional, adequação e proporcionalidade e compete ao Governo».

Ao Governo cabe, como é sabido, decidir sobre se há incumprimento dos serviços mínimos que justifique o recurso a requisição civil (art. 541.º); como lhe cabe também, por recurso a esse instrumento, «assegurar o regular funcionamento de serviços essenciais de interesse público ou de sectores vitais da economia nacional» (art. 1.º/1 DL 637/74, de 20 de Novembro).

No segundo nível, há que determinar o complexo organizado de meios tecnicamente adequados à prestação do nível de serviço que as necessidades públicas a satisfazer requerem. Que departamentos, que unidades, que equipamentos, que número e que categorias de trabalhadores, que cadeia hierárquica devem ser accionados com essa finalidade?

Não se vê que tais determinações possam ser mais certeiramente confiadas do que à entidade responsável pela gestão da organização afectada pela greve. E não se diga que estarão assim a ser reavivados os poderes patronais, enquanto a paralisação suspende os contratos de trabalho. O empregador estará a intervir, não no exercício da autoridade na empresa, nem como credor de trabalho, mas como agente do interesse público – assim como os trabalhadores grevistas que forem chamados a prestar serviços mínimos não estarão a efectivar os contratos de trabalho, nem a obedecer ao empregador, mas a cumprir uma obrigação legal fundada no interesse geral.

No terceiro nível, trata-se de identificar os trabalhadores que irão ocupar-se, durante a greve, na prestação dos serviços mínimos indispensáveis. Este é o ponto seguramente mais consensual: tratando-se da afectação de recursos ao cumprimento da obrigação, parece dever ser atribuído ao sindicato o encargo de proceder a essa designação. Localizar-se-á aqui, a nosso ver, o cerne da responsabilidade atribuída pela lei ao sindicato e aos trabalhadores: garantir, em concreto, a *disponibilidade dos meios* necessários à efectivação dos serviços mínimos.

692. Na versão originária da LG, não existia qualquer indicação explícita sobre o problema. Para além das divergências doutrinais – resultantes, quase sempre, da diversidade de pressupostos ideológicos –, manifestou-se, perante o silêncio da lei, uma tendência jurisprudencial no sentido de se atribuir ao *sindicato* a competência para a especificação do objecto da obrigação legal de prestação de serviços mínimos (1).

Um diploma de 1992 – a L 30/92, de 20-10 – veio dar uma resposta à questão, introduzindo no art.° 8.° LG um conjunto de regras novas sobre o processo de determinação dos serviços mínimos (n.os 4 a 9). O princípio inspirador de todo esse regime era o de que o âmbito e a natureza dos serviços mínimos deviam ser definidos por acordo das partes (n.os 4 e 5). Uma segunda ideia básica era a de que cabia ao sindicato designar os trabalhadores que ficariam adstritos à prestação desses serviços (n.° 8) (2). No entanto, o diploma veio a ser declarado formalmente inconstitucional.

A revisão constitucional de 1997 introduziu no art. 57.° CRP um novo n.° 3 que incumbiu o legislador ordinário de definir "as condições de prestação, durante a greve, de serviços necessários à segurança e manutenção de equipamentos e instalações, bem como de serviços mínimos indispensáveis para ocorrer à satisfação de necessidades sociais impreteríveis". O CT, agora nos arts. 537.° e 538.°, responde à delegação constitucional, retomando, em parte, as soluções da L. 30/92.

---

(1) Cfr., por exemplo, o Ac. Rel. Lisboa 26/9/90, CJ 90, 4, 190. No mesmo sentido, veja-se, nomeadamente, numa postura crítica relativamente à L 30/92, J. J. ABRANTES, *Direito do trabalho – Ensaios*, Lisboa (1995) 219 ss..

(2) Não por razões substantivas, mas por motivos ligados à regularidade do processo de votação na Assembleia da República, vieram a ser declarados inconstitucionais os preceitos, introduzidos pela L 30/92, que regulavam, nos termos descritos, a determinação dos serviços mínimos. O Ac. TC 868/96 (publicado no DR 1.ª série de 16/10/96) veio, assim, invalidar todo o sistema, incluindo as regras que apontavam para o primado da definição consensual do âmbito desses serviços, o que implicou a repristinação da redacção originária do art. 8.° LG. Reabriu-se, assim, o espaço para dúvidas acerca do processo de determinação dos serviços mínimos e de designação dos trabalhadores a afectar à prestação de tais serviços. A recuperação das soluções de 1992 pelo CT não permitiu, porém, superar essas dúvidas.

Em síntese, a definição dos serviços mínimos pode fazer-se pelas seguintes vias (art. 538.º):

a) instrumento de regulamentação colectiva de trabalho;

b) acordo específico entre o empregador e os «representantes dos trabalhadores», o que parece indicar que não é forçosa a intervenção do sindicato;

c) acordo entre as partes num conflito declarado, obtido durante o período de pré-aviso, mediante impulso do Ministério do Trabalho;

d) despacho conjunto do Ministro do Trabalho e do ministro responsável pelo sector de actividade;

e) no caso de empregador pertencente ao sector público, decisão de um tribunal arbitral.

Seja qual for o modo utilizado, a lei atribui aos «representantes dos trabalhadores» (entendendo-se como tais os que, nos termos do art.º 532.º, intervêm no processo de greve: sindicato ou comissão de greve, conforme os casos) competência para a designação dos «trabalhadores que ficam adstritos à prestação dos serviços» – tanto aqueles que se destinam à satisfação de «necessidades sociais impreteríveis» como os «necessários à segurança e manutenção do equipamento e instalações». É, repete-se, uma solução congruente com a construção legal da imposição desses serviços como *obrigação das associações sindicais e dos trabalhadores*, recolhendo assim, em parte, os contributos da jurisprudência.

Se essa indicação não for feita até 24 horas antes do início da greve, cabe ao *empregador* proceder à designação em falta. Não se trata então do exercício de um poder patronal, mas do cumprimento de um dever legalmente imposto, em nome de interesses diferentes dos do empregador: este é obrigado a cooperar no processo de salvaguarda das necessidades em vista das quais os serviços havia de ser prestados.

A apreciação deste regime sugere, desde logo, uma crítica: ele padece do defeito básico de, aparentemente, confiar às partes em conflito (actual ou potencial) a avaliação das necessidades sociais a salvaguardar e dos meios que a sua satisfação requer. Os acordos sobre «serviços mínimos» tenderão a constituir arranjos contingentes dos interesses colectivos em presença, que se não podem confundir com os visados pela lei no art.º 537.º; a salvaguarda do «bem comum» é assim confiada à arbitragem dos interesses categoriais (1).

693. Vale a pena atentar em dois curiosos exemplos, extraídos da realidade laboral italiana – que reflecte um nível de conflitualidade laboral, especialmente no sector público, muito mais alto do que o existente em Portugal –, e que em tudo se situam na perspectiva das observações que atrás dedicámos a esse ponto.

O primeiro deriva da *lei* e respeita aos serviços de *controlo do tráfego aéreo*. A lei n.º 242, de 23/5/80, impõe que, havendo greve por parte dos controladores, seja «em qualquer caso, assegurada, de acordo com as normas e as ordens de serviço, a assistência aos voos de Estado, quer nacionais quer estrangeiros, incluindo os militares que de qualquer modo operem, os de emergência e as ligações com as ilhas».

O segundo é de base *contratual*: extraímo-lo de um protocolo subscrito, em 16/7/84, pelas empresas e as confederações sindicais acerca da disciplina da greve nos *transportes* e nos *serviços instrumentais* em relação a eles. Esse protocolo contém regras deste tipo: a greve não será praticada nos períodos de 15/12 a 5/1, nas semanas anteriores e posteriores à Páscoa, nas datas de eleições, nos dias de «ponta» do início a fim das férias de Verão; a primeira greve num conflito não pode durar mais de 24 horas e as seguintes 48 horas; serão evitadas greves simultâneas em vários tipos de transportes públicos (comboios, aviões, barcos, rodoviários).

---

(1) Este mesmo problema foi sentido pelo legislador italiano, ao regular o exercício da greve nos «serviços públicos essenciais» (L 146/90, de 12-6). Também aí se impõe a efectivação das «prestações indispensáveis» à satisfação das necessidades básicas dos utentes, e se prevê que a especificação de tais prestações seja feita pela contratação colectiva. Mas a tutela dos interesses gerais é entregue a uma «comissão de garantia» que deve verificar a adequação dos meios acordados e, eventualmente, propor o seu ajustamento.

D) *A situação dos grevistas em serviço.*

694. A obrigação imposta pelo 537.º/1 envolve a necessidade de permanência ao serviço de um certo número (variável, nos termos apontados) de trabalhadores, *ainda que participantes no concerto grevista e aderentes à paralisação* (1).

Não fica essa obrigação afastada pela circunstância de, desencadeada a greve e suspensa a satisfação de necessidades sociais impreteríveis, serem postos a funcionar, pela empresa ou pelo Governo, *dispositivos de emergência* destinados a cumprir essa função em termos mais ou menos precários.

É o que ocorre se, numa greve de bombeiros, as tarefas destes são atribuídas a unidades militares; ou se, numa paralisação dos transportes aéreos, a evacuação de doentes das regiões isoladas passa a fazer-se por aviões militares; ou se o fornecimento normal de um elemento gasoso indispensável para a produção de gás de cidade, interrompido por uma greve na refinaria de petróleo de que partem as respectivas condutas, passa a ser precariamente assegurado por uma *navette* de camiões-cisternas a partir de outra empresa, envolvendo ainda a necessidade de dispositivos de emergência para a recomposição do mesmo componente gasoso.

695. O CT dispõe ainda sobre a situação em que ficam esses trabalhadores aderentes à greve durante o período em que são obrigados a trabalhar. O art. 537.º/4 estabelece que os encarregados da prestação dos serviços mínimos se mantêm, "na estrita medida necessária a essa prestação, sob a autoridade e direcção do empregador, tendo nomeadamente direito a retribuição".

A solução, por razões que já resultam de observações precedentes, é criticável, inclusivamente sob o ponto de vista da conformidade constitucional. Ela traduz-se num desvio ao regime da suspensão do contrato definido no art. 536.º, e representa, formalmente, a negação do direito de greve dos mesmos trabalhadores,

---

(1) No sentido de que ao sindicato compete *designar* esses trabalhadores, *não podendo o empregador fazê-lo em caso algum*, veja-se o Ac. Rel. Lisboa 26-9-90 (Col. Jur. 1990, t. 4, 190).

na medida em que impõe a autoridade patronal numa situação em que ela se confronta com esse direito.

Seria possível configurar juridicamente a situação – em que se trata de reunir e conjugar meios e comportamentos para a realização de um objectivo legal, e não para a execução de contratos que estão, suspensos – de modo a garantir a operacionalidade dos "serviços mínimos" sem negar o direito de greve.

O desenho mais recomendável, sob o ponto de vista da conformidade constitucional, seria o do cumprimento de obrigações legais, tanto pelos trabalhadores como pelo próprio empregador (que, assim, se encarregaria da organização e direcção do trabalho, não no exercício de uma autoridade própria mas no cumprimento de uma incumbência legal), podendo fundar-se o direito à contrapartida económica desse trabalho na doutrina do enriquecimento sem causa.

O CT opta, aparentemente, pela artificial revitalização dos contratos de trabalho envolvidos e pela consequente reactivação das obrigações neles fundadas.

E) *O último recurso: a requisição civil.*

696. A inobservância das obrigações impostas pelo art.º 537.º pode servir de fundamento à *requisição civil* do pessoal necessário para a cobertura dos «serviços mínimos» em falta, conforme dispõe o art. 541.º/3.

O regime jurídico da requisição encontra-se, ainda hoje, no DL 637/74, de 20-11, diploma que só em termos muito genéricos refere os pressupostos de tal medida.

A requisição pode incidir sobre pessoas (prestação de serviços) ou bens (cedência ou utilização temporária), ou sobre uns e outros (serviços públicos ou empresas) (n.º 2 do art.º 1.º do diploma citado).

O processo de requisição inicia-se com o reconhecimento formal da sua necessidade, por *resolução do Conselho de Ministros* (n.º 1 do art.º 4.º). Segue-se a efectivação da requisição por *portaria conjunta* dos Ministros responsáveis pelo sector ou ramo de actividade, ou, quando implique a intervenção das forças armadas [1], portaria do Chefe do Estado-Maior General das Forças Armadas, referendada pelo Ministro da Defesa e pelos Ministros interessados (n.os 2 e 3 do mesmo art.º).

A decisão de requisição (expressa na portaria aludida) torna-se imediatamente eficaz com a sua difusão pelos meios de comunicação social (art.º 8.º). Não é, pois, necessária a publicação oficial do diploma para que a obediência à requisição (isto é, no caso de ela incidir sobre pessoas, para que a prestação dos serviços visados) seja devida [2].

A desobediência à requisição é sancionada em conformidade com o regime para o qual remeter a portaria que implementou tal medida. *À priori*, esse regime pode ser o da acção disciplinar na empresa ou o do estatuto disciplinar da função pública; e ainda o do regulamento de disciplina militar ou o regime criminal militar (com preenchimento do crime de deserção), quando a requisição envolva a intervenção das forças armadas (art.º 5.º).

§ 100. Os efeitos jurídicos da greve (quanto às relações individuais de trabalho).

697. A consequência jurídica mais saliente do exercício da greve é apontada pelo art.º 536.º CT: o contrato individual de trabalho de cada um dos aderentes *suspende-se*, isto é, deixa provisoriamente de produzir os seus efeitos característicos. Sem que a vinculação das partes resulte destruída, cessam o dever de disponibilidade do trabalhador e o correspondente débito salarial do empregador. O contrato entra num estado idêntico ao que o art. 295.º

---

(1) Será o caso típico da requisição de meios de transporte rodoviários para serem conduzidos por militares, em caso de greve dos trabalhadores do sector.

(2) Nos casos, relativamente raros, em que se tem lançado mão da requisição, a determinação do momento exacto a partir do qual ela produziu efeitos nem sempre se mostrou isenta de dificuldades: basta pensar na diversidade dos meios de comunicação social existentes e na diferente acessibilidade de cada um deles.

CT descreve para os casos de impossibilidade superveniente temporária da prestação de trabalho por facto ligado (mas não imputável) ao trabalhador ([1]).

O instituto da suspensão encontra-se estruturado, em termos gerais, no CT, de um modo que não se ajusta linearmente às características da situação que se estabelece com o exercício da greve. Desde logo, a suspensão por motivo atinente ao trabalhador está condicionada pela inimputabilidade desse motivo; ora, o facto que determina a suspensão é, no caso de greve, a *adesão* do trabalhador e a sua *recusa* da prestação de trabalho – ou seja, um comportamento voluntário por natureza.

Por outro lado, o regime geral da suspensão do contrato de trabalho supõe a existência de um impedimento *prolongado* à execução do trabalho; esse regime estrutura-se sobre a hipótese de uma situação mais ou menos duradoura, que justamente determina a *temporária* neutralização dos principais efeitos do contrato de trabalho.

Ora o exercício do direito de greve só muito raramente redundará em situações desse tipo. Abundam os casos de paralisação por algumas horas ou por um dia; outros caracterizam-se pela descontinuidade ou intermitência das paragens de trabalho – tudo fenómenos aos quais a suspensão do contrato, na sua fisionomia geral, manifestamente se não ajusta.

Não parece, também, que possa retirar-se, dedutivamente, da figura jurídica escolhida pela lei para caracterizar os efeitos «contratuais» da greve a identificação do fenómeno visado pela mesma lei como correspondente à «greve em sentido jurídico». Resultaria desse processo lógico que só a paragem *contínua* do trabalho seria apta a preencher esse noção – e já vimos não ser, sem mais, aceitável tal conclusão.

([1]) A necessidade da expressa referência legal ao efeito suspensivo da greve entende-se bem se se tiver presente a possibilidade de, reconduzida a uma dimensão estritamente individual a paragem de trabalho ser qualificada como causa de cessação do contrato. Tal era a concepção da «greve-ruptura», mantida pela jurisprudência francesa antes da Constituição de 1946 e, sobretudo, antes da posição adversa que, em 1936, a *Cour Supérieure d'arbitrage* adoptou perante aquela corrente Vd. sobre a evolução do problema em França, BRUN-GALLAND 903 ss.; H. SINAY 244 ss.

Muito embora o tempo de paralisação seja, de facto, um período de voluntária indisponibilidade do trabalhador, a antiguidade não deixa de correr: «a continuidade jurídica» subsiste, apesar da interrupção da prestação de trabalho (art. 536.º/3).

698. O corolário mais importante da suspensão por causa da greve consiste na inadmissibilidade do despedimento durante ou após a greve, e *com fundamento nela*. Abundam, na história do direito de greve, exemplos de represálias desse tipo: afastamento de todos os aderentes e, porventura, subsequente readmissão de alguns deles, os menos activos ou os considerados recuperáveis.

Assim, *qualquer despedimento se presume abusivo* se for pronunciado durante a greve ou até 6 meses depois dela, ainda que precedido de procedimento disciplinar e aparentemente fundado noutro comportamento do trabalhador (cfr. art. 331.º/2).

Note-se, porém, que o exercício ilegal da greve, nos termos do art.º 541.º, faz incorrer os trabalhadores aderentes no regime das faltas injustificadas; e o art. 351.º/2-*g*) possibilita o preenchimento de justa causa de despedimento com cinco faltas injustificadas consecutivas ou dez interpoladas. Significa isto que, ao menos num tipo de situações, é viável o despedimento por causa de exercício da greve – exercício ilegal, como é evidente.

699. Pode colocar-se a questão de saber se o empregador dispõe, durante a greve, da faculdade (admitida, em geral, pelo art.º 140.º/2, para os casos de susopensão do contrato por impedimento ligado ao trabalhador) de recrutar, ainda que a termo (isto é, a título manifestamente precário), substitutos para os aderentes à paralisação.

Mas a lei fornece-lhe resposta claramente negativa: o empregador não pode recrutar substitutos, nem sequer admitir novos trabalhadores desde a data do pré-aviso de greve até ao termo desta. Mais: a própria movimentação interna de trabalhadores, com vista ao preenchimento dos postos de trabalho temporariamente desguarnecidos, lhe é expressamente vedada pela lei (art.º 535.º).

Assim, a única possibilidade que resta ao empregador, para manter em funcionamento os serviços afectados, consiste em aplicar do modo mais conveniente o trabalho dos não-aderentes que *já pertencessem* aos mesmos serviços. Nem mesmo o recurso à contratação de outra empresa para esse fim lhe é permitido, salvo em caso de incumprimento dos "serviços mínimos" (art. 535.º/2).

A lei pretende assim obviar ao «esvaziamento» do direito de greve por expedientes destinados a manter a laboração sem significativo acréscimo de encargos (a substituição, por qualquer das formas apontadas, cifrar-se-ia numa transferência de salários dos grevistas para os substitutos).

700. A suspensão do contrato decorrente de greve faz cessar, temporariamente, o *direito à retribuição*.

Trata-se de uma solução geralmente consagrada nos sistemas jurídicos que reconhecem o direito de greve; e é usual explicá-la pelo carácter sinalagmático do contrato de trabalho, em virtude do qual a obrigação salarial fica privada de causa durante a interrupção do trabalho ([1]).

Havendo retribuição certa mensal, cabe proceder ao *desconto* da importância correspondente ao período de greve. Esse desconto há-de operar-se segundo as regras de cálculo que vigorem para a determinação do salário-hora ou do salário diário – regras que, normalmente, as convenções colectivas de trabalho estabelecem tendo especialmente em vista a remuneração do trabalho extraordinário e o desconto dos dias de falta não pagáveis ([2]).

No que toca à retribuição variável, isto é, dependente do rendimento (número de unidades produzidas ou vendidas), deve utilizar-se um critério de *proporcionalidade*, tomando como ponto

---

([1]) Cfr. H. SINAY 264.

([2]) A fórmula mais usual do salário-hora (que reflecte a conexão do salário *aos dias de trabalho* e não ao conjunto dos dias do mês) está consagrada na lei (art. 271° CT):

$\frac{Rm \times 12}{Pts \times 52}$, em que Rm é a retribuição mensal e Pts o período normal de trabalho semanal.

de partida o valor normal daquele retribuição, calculado de harmonia com o art.º 261.º.

No entanto, a greve *rotativa* ou *articulada* – em que, ao longo de certo período, se verificam sucessivas paralisações de curta duração, por parte de grupos ou serviços que se acham funcionalmente articulados na organização da empresa, de modo que esta fica parada em todo aquele período – reclama um ajustamento destas directrizes. Com efeito, a estrita correlação ou proporcionalidade entre o tempo de abstenção individual de trabalho e o desconto no salário implicaria a abstracção das características reais desse tipo de comportamento conflitual.

Se o concerto ou acordo de greve abrange todos os trabalhadores que procedem à paralisação – embora segundo a formula estruturalmente diversa da greve clássica – o desconto proporcional ao tempo de abstenção de cada um deles estaria, afinal, em desconformidade com o próprio substrato voluntário do comportamento conflitual: o que os grevistas pretendem é a suspensão *total* do trabalho durante o período coberto pela rotação ou articulação de paragens individuais ou sectoriais. Independentemente da questão da licitude desta conduta colectiva – perante a qual a nossa posição de princípio é afirmativa –, o problema (diverso) dos efeitos jurídicos (contratuais) dela há-de resolver-se mediante a extensão do dispositivo do art. 536.º/1 ao *conjunto* dos trabalhadores envolvidos, por todo o tempo de paragem global ([1]).

([1]) Neste sentido, pronunciou-se claramente a PGR (Parecer emitido no Proc. n.º 156/81, in *Diário da República*, II série, n.º 121, de 28/5/82, 4295 ss.), considerando aliás, de modo discutível, existir «fraude à lei» no procedimento colectivo em causa: «De facto, as entidades a quem cabe decidir do recurso à greve, ao anunciá-la por determinados períodos de tempo para cada um dos sectores, desejam-na, na prática, por um período maior, correspondente à soma das paralisações dos diversos sectores de serviço, conseguindo os seus objectivcs, nos termos apontados. É evidente a divergência, nos seus efeitos, entre a greve anunciada e a greve efectivamente posta em prática. Tratando-se de um processo fraudulento, assentando na divergência entre a declaração e a vontade real, deve prevalecer esta última». A verdade, porém, é que não ocorre diferença entre o comportamento anunciado e o realizado; a distorção (se existe) verifica-se no

Mas é evidente que esta solução só se justifica no caso de a arti-culação de abstenções de trabalho tornar efectivamente *impossível* (e não apenas mais difícil ou menos produtiva [1]) a prestação de actividade dos trabalhadores que, sucessivamente, se coloquem em posição de aparente disponibilidade para a realizarem.

§ 101. A proibição do locaute.

701. Quando se abordam os meios de coacção directa nos conflitos colectivos de trabalho, é usual colocar defronte da greve, do lado patronal, o locaute, isto é, o encerramento da empresa ou estabelecimento por decisão do empregador, com base em motivos ligados a um litígio laboral que opõe aos trabalhadores ali ocupados.

O conceito de encerramento conflitual não está estabilizado. Condicionam-no, por um lado, as linhas fundamentais de cada ordenamento jurídico-laboral (sobretudo no que respeita aos domínios da suspensão e cessação do contrato de trabalho) e, por outro, a conjuntura sócio-política de resto tão estreitamente ligada, como se sabe, à primeira ordem de factores.

Vale a pena percorrer algumas formulações colhidas na doutrina de vários países.

Assim, GHIDINI define o encerramento conflitual (*serrata*) nestes termos: «a suspensão do processo produtivo, actuada unilateralmente pelo empregador, com o propósito de não pagar as retribuições

---

resultado, e este depende do modo por que se acham articuladas as prestações de trabalho na organização da empresa – um dado conhecido e até determinado pelo empregador –, não é um produto originário da vontade do grupo grevista. Ao enunciar o projecto de paragem articulada, este grupo está desde logo a manifestar explicitamente a pretensão de um resultado – a paralisação total – cujas natureza e extensão se tornam imediatamente apreensíveis pelo destinatário do pré-aviso. A invocação da fraude à lei a este propósito parece assentar no apriorismo de que a paralisação da empresa supõe a abstenção «simultânea» de todos os trabalhadores interessados.

(1) Cfr. GHEZZI/ROMAGNOLI, *Il diritto sindacale*, Bologna (1982) 60 ss.

durante o período da suspensão, para impor aos trabalhadores a sua vontade no que respeita às condições de trabalho» (1).

SANTORO-PASSARELLI, por seu turno, apresenta-o como «uma *suspensão da actividade da empresa*, por parte de um ou mais empresários, para tutelar um interesse *individual* ou *colectivo* e sempre *contra o interesse colectivo dos trabalhadores*» (2).

Na visão de PERA, trata-se da «suspensão da actividade empresarial, com a consequente perda da retribuição por parte dos trabalhadores, visando fins sindicais» (3).

Em sentido semelhante RIVERO e SAVATIER: «encerramento, por um ou vários empregadores, das suas empresas, até que os trabalhadores tenham adoptado a atitude que aqueles pretendem impor-lhes. Privados de trabalho, portanto de salários, os trabalhadores podem, ao fim de certo tempo, ver-se constrangidos a capitular» (4). Escreveu, por seu lado, H. SINAY: «em caso de locaute, a actividade da empresa económica ou de uma fracção desta é interrompida, por decisão da própria Direcção. A fábrica é encerrada e os trabalhadores que se apresentam para ocupar os seus postos encontram a porta fechada» (5).

Claramente noutra perspectiva, HUECK e NIPPERDEY formulam esta noção do encerramento conflitual «*Aussperrung*»: «exclusão sistemática de um grande número de trabalhadores do trabalho, para a obtenção de um fim litigioso, com o propósito de readmissão depois de terminado o conflito» (6).

No contexto do sistema britânico, surge como «a exclusão de trabalhadores do seu local de trabalho ou a suspensão da laboração por um ou mais empregadores tendo em vista um conflito industrial de que esse empregador (ou empregadores) não tem necessariamente que ser parte» (7).

---

(1) *Diritto del lavoro*, cit. 142.

(2) *Nozioni* cit. 55-56.

(3) *Nuovo tratatto* cit., I 647. A expressão «fins sindicais» diz respeito à natureza dos motivos ou interesses subjacentes que se referem às condições de trabalho objecto do conflito colectivo.

(4) *Droit du travail* cit. 305.

(5) *La grève* cit. 333.

(6) *Compêndio* cit.409.

(7) DRAKE. *Labour Law* cit. 563.

702. Estas formulações contêm duas referências comuns: uma, respeitante à *materialidade* do comportamento patronal, que consiste no encerramento temporário de locais de trabalho, assim vedados aos trabalhadores que neles exercem normalmente a sua actividade; outra, alusiva à *motivação* desse comportamento que necessariamente se relaciona com um conflito colectivo e, em geral, é a de «exercer pressão sobre os trabalhadores, para manter as condições existentes ou criar outras mais favoráveis ao empresário» (1).

Estes dois elementos do conceito são inseparáveis. Na verdade, o encerramento de uma fábrica pode dever-se a razões de ordem técnica ou económica (desde a necessidade de renovação de equipamentos até à falta de matérias primas por carência de fundos do empresário).

Pode discutir-se – como no lugar próprio se fez – se, apesar do disposto no art.º 309.º CT, o empregador mantém plena liberdade de decisão, quanto à continuidade do funcionamento da empresa, mesmo quando existam motivos técnicos, económicos ou organizativos para a suspender; mas o que decerto se pode afirmar é que *não há locaute quando o encerramento temporário se funda nesses motivos* (2).

É verdade que um encerramento conflitual pode ser disfarçado mediante a invocação de razões objectivas, ligadas à economia ou à organização da empresa. Mas isso não basta para que se entenda, como alguns autores (3), que não é possível distinguir, devendo considerar-se, do ponto de vista jurídico, que há locaute sempre que ocorra encerramento temporário. Tudo quanto pode justificar-se, a essa luz, é a sujeição de tal medida ao *controlo externo dos motivos* – mormente nos sistemas que adoptam a posição de princípio de proscrever o locaute como arma contraposta à greve.

---

(1) ALONSO GARCIA e outros, *La Huelga y el cierre empresarial*, Madrid (1979) 86.

(2) Cfr. H. SINAY 341.

(3) ZANGARI, *Serrata (libertà di) in Nuovissimo digesto italiano*, n.º 1 apud PERA 647.

703. Quanto à natureza do *fim litigioso*, o locaute pode ser *ofensivo* ou *defensivo*. Na primeira modalidade, o encerramento destina-se a pressionar os trabalhadores a aceitarem uma alteração das condições de trabalho favorável ao empregador ([1]). Na segunda, visa-se obter a desistência, por parte dos trabalhadores, de uma pretensão de melhoria por elas apresentada.

Em qualquer destas modalidades, o locaute constitui, nos nossos dias, *um fenómeno muito raro*. Pelo que toca ao ofensivo, pode dizer-se que deixou de ter cabimento em face da generalização de princípios e dispositivos legais impeditivos da modificação *in peius* das condições de trabalho ([2]). Mesmo o encerramento defensivo se reveste de escassa utilidade, em virtude da revalorização e do desenvolvimento das técnicas negociais de fixação de condições de trabalho.

Mas há uma subespécie de locaute defensivo que ocorre com certa frequência e suscita, até, o acolhimento favorável de alguns sistemas: é aquilo que poderíamos designar como «encerramento reactivo» (*serrata di ritorsione* na terminologia italiana) e que consiste na «suspensão da actividade empresarial, não por razões de mérito relativas à pretensão em jogo, mas por reacção à luta sindical dos trabalhadores conduzida em formas anómalas e de duvidosa legitimidade» ([3]). É o caso de encerramento por ocupação dos locais de trabalho, para evitar a destruição de equipamentos ou para prevenir a total desorganização da empresa por uma «greve de zelo».

704. A tradicional correlação entre a greve e o locaute – expressa no entendimento vulgar deste último como *greve patronal* ([4]) –

([1]) Porque o encerramento conflitual tem, no sistema da RFA, quando lícito, efeito resolutivo dos contratos de trabalho, discute-se ali a distinção entre aquele comportamento e o chamado «despedimento modificativo conjunto ou colectivo».

([2]) PERA 649.

([3]) PERA 649.

([4]) Expressão muito usada na antiga doutrina francesa, sob a inspiração de PAUL PIC. Cfr. H. SINAY 334.

encontra algum reforço justamente no facto de predominar a modalidade acima designada por «encerramento reactivo» ou «de represália».

Mas, aparte essa conexão, e naturalmente a que resulta do facto de se tratar de comportamentos conflituais atinentes ao domínio das relações colectivas de trabalho, é forçoso reconhecer que existe entre ambos os fenómenos uma *radical diferença de natureza e significado social.*

Assim:

a) O encerramento atinge um conjunto de trabalhadores que abrange ou pode abranger alguns (muitos ou poucos, tanto faz) alheios ao conflito, não aderentes à greve ou até positivamente dispostos a aceitar as condições oferecidas pelo empregador. Resulta pois dele uma limitação à *liberdade de trabalho* que a greve, quando licitamente exercida, não implica (1).

b) Dada a situação originariamente desnivelada entre as partes, a greve é um contrapeso, ao passo que o locaute é uma medida de reforço de poder. Se, no primeiro caso, há tendencial equilíbrio, no segundo há acentuação do desequilíbrio originário (2).

c) A greve, embora objecto de um direito individual, é um comportamento baseado numa *decisão colectiva* e funda-se em *interesses colectivos*; o encerramento é uma *decisão individual* do empresário (mesmo quando decorra de uma posição colectiva) visando a imposição de pretensões individuais.

Tais diferenças explicam a tendência actual dos ordenamentos jurídicos no sentido do *não reconhecimento da paridade de posições* dos trabalhadores e dos empregadores no domínio dos conflitos laborais.

---

(1) ALONSO GARCIA cit. 87; H. SINAY 335.

(2) H. SINAY 335.

No contexto europeu, o princípio da *igualdade de armas* só se acha firmemente radicado no ordenamento laboral alemão (1). A jurisprudência extraiu-o do princípio constitucional da igualdade perante a lei, e combinou-o com um outro – o da liberdade de escolha dos meios de luta – para legitimar, em termos aliás bastante discutidos por sectores da doutrina germânica, o exercício do locaute (inclusivamente com efeito *resolutivo* sobe os contratos de trabalho), tanto defensivo como ofensivo (2).

Mas a posição mais generalizada nos sistemas europeus é a do reconhecimento de que *não existe correspectividade ou simetria entre a greve e o locaute*, pelas razões acima indicadas.

Assim, na Itália, face à consagração do direito de greve no art.º 40.º da Constituição e ao *silêncio* desta relativamente ao locaute, a orientação dominante na doutrina é a de que assim se pretendeu privilegiar a posição dos trabalhadores nos conflitos colectivos (ou seja, negar o princípio da paridade). A jurisprudência propende para considerar afastadas as normas incriminadoras do encerramento conflitual (*serrata*) provenientes do ordenamento corporativo, mas parece não decorrer daí mais do que uma liberdade «de facto» (imunidade penal), coisa diversa de um «direito» ou de uma «liberdade constitucionalmente garantida». Nessa linha, e verificando-se a falta de expresso reconhecimento jurídico, a *serrata* deve ser considerada à luz das regras gerais do direito das obrigações – e, nessa perspectiva, como *violação dos contratos individuais de trabalho*. O efeito desta qualificação traduz-se no dever de pagamento do salário durante o período de encerramento (3).

Também na França se depara com o silêncio da Constituição perante o locaute – e com a expressa consagração do direito de greve. A doutrina mais moderna pronuncia-se quase em bloco no

---

(1) Esta posição do direito germânico possibilita o tratamento conjunto, e segundo princípios tendencialmente comuns, da greve e do locaute, sob o conceito unitário de «luta laboral» (*Arbeitskampf*). Uma boa ilustração deste tipo de abordagem é BROX-RÜTHERS, *Arbeitskampfrecht* cit..

(2) A licitude do locaute depende da observância dos mesmos requisitos gerais (adequação social, etc.) a que está ligado o recurso à greve. Cfr., em síntese, HUECK/NIPPERDEY cit. 419 ss..

(3) Cfr., por todos, PERA cit. 650 ss..

sentido da negação da igualdade de armas – mais precisamente, no da licitude de princípio do encerramento conflitual. A jurisprudência tem acompanhado esta posição no tocante ao locaute que se confronta com o exercício *lícito* da greve: o comportamento patronal é qualificado como *violação dos contratos*, geradora de indemnização que se resolve no pagamento dos salários. Admite-se, todavia, que essa responsabilidade seja excluída em caso de *força maior* (acto de autoridade, grave desorganização do serviço) que obste à continuidade da laboração, e, em especial, no caso de *greve ilícita* (greve de zelo, greve política) (1). Ou seja: algo de semelhante à *serrata di ritorsione* a que atrás se aludiu.

Em síntese, pode dizer-se que o encerramento conflitual tende a ser encarado, pelos ordenamentos jurídicos que consagram o direito de greve, como uma arma cuja utilização (se admitida em algum caso) tem como limites as próprias fronteiras daquele direito. Em geral, com efeito, o locaute é tido por *insusceptível de se confrontar com o exercício lícito da greve*; numa palavra, a «igualdade de armas» no conflito colectivo é uma ideia em crise.

705. No Direito português, o locaute nunca foi encarado de modo favorável.

A Const. 1933, no art.º 39.º (2), dispunha que «nas relações económicas entre o capital e o trabalho não é permitida a suspensão de actividade por qualquer das partes com o fim de fazer vingar os respectivos interesses». O ETN (DL 23048, de 23-9-33) veio, na mesma linha, con-siderar como «acto punível» a suspensão das actividades económicas pelas empresas «sem motivo justificado e com o objectivo único de obter vantagens da parte do pessoal empregado, ou dos seus fornecedores de matérias primas, produtos ou serviços, ou do Estado ou corpos administrativos» (n.º 1 do art.º 9.º), dispondo aliás de modo idêntico quanto à greve.

---

(1) Cfr. H. SINAY 356 ss.. As duas modalidades de greve assinaladas no texto são consideradas ilícitas pela jurisprudência e pela doutrina francesas.

(2) A alteração da redacção deste artigo, pela L 3/71, de 16-8, não introduziu modificações relevantes quanto ao ponto aqui focado.

Estes princípios foram desenvolvidos pelo DL 23870, de 18-5-34, que cominava penas diversas (desde a multa até ao desterro) para as diversas formas de coacção directa de trabalhadores e empregadores. O locaute clássico era aí definido como a suspensão total ou parcial de laboração «com o objectivo único de impor às pessoas suas subordinadas ou dependentes quaisquer modificações nos contratos estabelecidos, ou de impedir a modificação desses contratos (...)» (art.° 1.°).

A posição do ordenamento corporativo era pois a de *colocar no mesmo plano a greve e o locaute, qualificando-os como delitos*. Mas a própria circunstância de se tratar de normas incriminatórias permitiu recolher, ao menos, a utilidade de uma caracterização bastante precisa dos comportamentos visados. E, sob esse ponto de vista, cabe sublinhar a referência fundamental à *finalidade* («objectivo único») do encerramento como nota definidora do locaute.

Com a abolição do regime corporativo, a posição do ordenamento jurídico perante os meios de luta laboral alterou-se radicalmente, como é sabido. Pelo DL 392/74, foi reconhecido o direito de greve e regulado o seu exercício; mas foi também aceite o chamado *locaute defensivo*, para situações idênticas às que, como atrás se observou, são tidas como justificativas do encerramento conflitual nos sistemas francês e italiano (*serrata di ritorsione*): greve irregularmente declarada, ocupação ilícita dos locais de trabalho, actos de destruição ou deterioração voluntária de mercadorias, de matérias-primas, equipamentos e instalações – e ainda a impossibilidade de continuação de laboração por razões de ordem técnica (1) (art.° 21.°).

Note-se, contudo, que a *posição de princípio* do legislador de 1974 era a da *proibição do locaute*, definido em geral como «encerramento total ou parcial da empresa para impor condições de trabalho aos trabalhadores ao seu serviço» (n.° 1 do art.° 20.°).

Os empregadores não passavam, por conseguinte, a dispor de um meio de coacção ou de resistência simétrico da greve, mas apenas

(1) É aqui visível a influência da orientação doutrinal e jurisprudencial francesa no sentido da relevância da *força maior* derivada do próprio contexto da greve (desorganização total de um sistema de transportes, por exemplo).

de um recurso de *autodefesa contra comportamentos ilícitos* dos trabalhadores ou uma solução de emergência para os casos de *força maior*.

Por outro lado, o encerramento «defensivo» ficava sujeito ao *controlo administrativo* (naturalmente sobre os seus motivos), podendo ser determinada, pelo Ministério do Trabalho, a reabertura da empresa (art.º 25.º).

Finalmente, o efeito do locaute sobre os contratos de trabalho era meramente suspensivo (art.º 24.º).

Este regime envolvia naturais consequências no que respeita à amplitude das faculdades de encerramento temporário ou diminuição da laboração. Essas consequências foram consideradas no lugar próprio, a propósito da disciplina da suspensão do contrato de trabalho.

A posição actual do ordenamento jurídico nacional perante o locaute tem a sua raiz na CRP e foi concretizada na LG, relativamente à qual o CT se posicionou numa linha de continuidade rigorosa.

O art. 57.º/4 CRP dispõe laconicamente: «É proibido o "lock out"» ([1]). É do mesmo teor o n.º 2 do art.º 544.º CT; mas o n.º 1 adianta um conceito: trata-se de «qualquer paralisação total ou parcial da empresa ou a interdição do acesso a locais de trabalho a alguns ou à totalidade dos trabalhadores e, ainda, a recusa em fornecer trabalho, condições e instrumentos de trabalho que determine ou possa determinar a paralisação de todos ou alguns sectores da empresa, desde que, em qualquer caso, vise atingir finalidades alheias à normal actividade da empresa, por decisão unilateral do empregador».

O sistema sancionatório do locaute é complexo e inusitado. Em primeiro lugar, trata-se de um *crime* punido com prisão (até dois anos) ou multa até 240 dias (art. 545.º). Mas, ao mesmo tempo, a prática de locaute é qualificada como *contra-ordenação*

([1]) Suscitada a questão da compatibilidade entre a proibição do locaute e o princípio da igualdade consagrado pelo art.º 13.º CRP, o Tribunal Constitucional decidiu afirmativamente: a desigualdade de armas é considerada condição da igualdade material. Cfr. Ac. TC. n.º 480/89 (DR 2.ª série, 31-1-90).

muito grave, punível, como tal, com uma coima (art. 544º/3). Esta duplicidade de sanções não é exclusiva do locaute: também ocorre nos casos de substituição de grevistas e de coacção ou discriminação exercida pelo empregador em relação à adesão a uma greve (veja-se o art. 543.º). Se, no primeiro caso, pode dizer-se que são cumulativamente atingidos o interesse público (dos utentes e consumidores) e o direito de greve, já no segundo essa cumulação não ocorre. De qualquer modo, este sistema sancionatório foi mantido na revisão do Código.

706. A noção legal do locaute engloba, como se observou, dois elementos incidíveis: um dado *comportamento* a suspensão de laboração ou a recusa de trabalho) e uma certa *finalidade* (a de reforçar uma posição conflitual do empregador) ([1]).

O primeiro elemento sem o segundo coloca-nos no domínio das decisões gestionárias ou dos efeitos da força maior (art.º 309.º). Mas também é verdade que o empregador pode dissimular um encerramento conflitual sob a capa de uma reorganização de serviços ou de outras razões de idêntica natureza. Já noutro lugar ([2]) assinalámos as dificuldades que essa hipótese suscita, no confronto das citadas disposições do CT.

De todo o modo, a proibição do locaute implica a *relevância dos motivos* do encerramento temporário da empresa. E, se o encerramento ocorre em contexto litigioso, deve presumir-se que a sua motivação se relaciona com a posição conflitual do empregador: caber-lhe-á demonstrar que assim procedeu por razões técnicas ou económicas independentes dos termos do dissídio.

Não pode, porém, excluir-se a possibilidade de *licitude do encerramento conexo a uma situação de conflito*. É que o desenvolvimento deste pode suscitar um circunstancialismo qualificável como *força maior*, no quadro do art.º 309.º. Referimo-nos aos casos em que, por exemplo, uma greve rotativa, uma greve trombose ou

---

([1]) Veja-se, neste sentido, o Ac. STJ 16/12/87, *BMJ* 372, 286.

([2]) Vd. *supra*, o cap. V deste livro.

mesmo a ocupação activa dos locais de trabalho determinem a total desorganização e a impossibilidade do funcionamento da empresa ([1]) – casos em que a continuidade da laboração deixa de ser exigível e em que nem mesmo pode rigorosamente falar-se de locaute em face do próprio art. 544.º/1. Com efeito, é a viabilidade do retorno à laboração normal, após o conflito, que está em causa nessas situações: a finalidade do encerramento relaciona-se estreitamente com a «normal actividade da empresa» a que, de modo significativo, se refere a parte final daquele preceito ([2]) ([3]).

A admissibilidade do encerramento «não conflitual» teve já algum eco na jurisprudência: o Ac. Rel Coimbra (Sec. Crim.) de 2/12/81 ([4]), considerando que «o conflito laboral localizado numa das expressões em que pode aparecer não existe por si se não for impulsionado por espírito de reivindicação», configurava o locaute como «acção directa patronal tendente à satisfação das suas pretensões», e enfatizava assim o móbil do encerramento como peça fulcral do conceito. Daí que, no mesmo Acórdão, se fizesse, de algum modo, reviver a postura do DL 392/74 (art.º 22.º), segundo a qual «o encerramento da empresa sem características de luta laboral é regulamentado nos termos gerais da lei do contrato de trabalho», isto é, de acordo com o regime da suspensão dos contratos de trabalho por facto ligado à empresa (art.º 309.º) ([5]).

De qualquer modo, o regime desses casos de encerramento ou suspensão temporária da laboração não comportará nunca as consequências usuais do locaute ilícito (nos sistemas que o admitem). Tais consequências – que podem ir desde a suspensão dos salários até à resolução dos contratos para posterior readmissão selectiva – não têm guarida no quadro de soluções admitidas pelo

---

([1]) Exemplo de escola é o de uma greve nos caminhos de ferro que provoque a acumulação de comboios numa estação terminal; ou a neutralização dos dispositivos de segurança em instalações perigosas.

([2]) Quanto a idêntica posição da jurisprudência francesa, cfr LYON-CAEN/ /PELISSIER, *Les grands arrêts de Droit du Travail*, 2.º ed., Paris (1980) 66 ss..

([3]) Em sentido próximo, vd. Ac. TC n.º 480/89 (DR 2.ª série, 31-1-90).

([4]) CJ 81, 5, 91.

([5]) Sobre o ponto, vd. o nosso *Direito de greve*, Coimbra (1982) 80 ss..

nosso ordenamento. O encerramento deverá ser encarado, nos termos do CT, como causa de suspensão do contrato por facto ligado à empresa, com o tratamento que corresponda à situação concreta – estando excluída a interrupção do pagamento do salário durante a paragem de laboração.

ÍNDICE GERAL

I PARTE
NOÇÕES GERAIS

II PARTE
AS RELAÇÕES INDIVIDUAIS DE TRABALHO

III PARTE

AS RELAÇÕES COLECTIVAS DE TRABALHO